'세상 속의 교회', 그 위기와 해법
공동서신의 신학

'세상 속의 교회, 그 위기와 해법
공동서신의 신학

지은이 채영삼

1쇄 발행   2017년 4월 8일
5쇄 발행   2025년 3월 30일

기획, 마케팅   도전욱
편집   송혜숙
총무   곽현자

발행처   도서출판 이레서원
발행인   문영이
출판신고   2005년 9월 13일 제2015-000099호
경기도 고양시 일산동구 백석로71번길 46, 1층 1호
Tel. 02)402-3238, 406-3273 / Fax. 02)401-3387
E-mail: Jireh@changjisa.com   Facebook: facebook.com/jirehpub

ISBN 978-89-7435-484-8 03230

신저작권법에 의해 한국 내에서 보호받는 저작물이므로 저작권자의 서면 허락 없이 이 책의 어떠한 부분이라도 전자적인 혹은 기계적인 형태나 방법을 포함해서 그 어떤 형태로든 무단 전재하거나 무단 복제하는 것을 금합니다.

이 도서의 국립중앙도서관 출판예정도서목록(CIP)은 서지정보유통지원시스템 홈페이지(http://seoji.nl.go.kr)와 국가자료공동목록시스템(http://www.nl.go.kr/kolisnet)에서 이용하실 수 있습니다.(CIP 제어번호: CIP2017006787)

'세상 속의 교회', 그 위기와 해법

공동서신의 신학

채영삼 지음

Theology of the Catholic Epistles:
The Church facing the World, its Crises and Strategies.

이레서원

추 천 사

신약학계에서 공동서신이 다른 성경에 비해 비교적 소홀히 다루어져 온 것을 감안할 때, 이 책은 참으로 의미심장한 공헌이 될 것으로 확신한다. 이 책은 학문성, 신학적 건전성, 독창성에 있어서 탁월하다. 저자는 한국 교회를 책임지는 신학자로서의 신실함을 보여 주었다. 한국 교회의 문제에 대해 치열하게 고민하고 갈 길을 제시하고자 노력한 흔적이 여실히 드러난다.

김추성_합동신학대학원대학교 신약학 교수

바울서신들이 하나님의 구원의 심오함을 각 개인들에게 어떻게 적용하고 수납되어야 할지를 설파하였다면, 공동서신들은 유목민 그리스도인들에게 파고(波高)가 높은 이 거친 세상 안에서 어떻게 당당하게 노를 저어 가야 할지를 가르치고 격려하고 방향을 제시하는 나침판적 메시지들이다. 공동서신 연구의 불모지에 세워진 이 책은 가히 이 분야에 선구자적 이정표가 될 것이다. 한국교회는 바울서신들만 아니라 공동서신들도 있음을 알아야 하리라!

류호준_백석대학교 신학대학원 구약학 교수

채영삼 교수는 공동서신의 연구에 신선하면서도 독보적인 견해를 갖춘 전문가이다. 이 책은 특히 공동서신에 관한 새 관점을 제안하는 전문적인 연구로 학술적인 가치가 높지만, 세상(Κόσμος) 속에 있는 교회가 추구해야 할 믿음과 지혜와 행함과 성도의 교제를 자세하게 논하고 있다는 점에서 신학자나 목회자뿐만 아니라 일반 성도들도 관심을 기울일 필요가 있다. 영적 지도자들이 회람시킨 공동서신이야말로 정통에 입각한 복음의 참된 가르침을 제공해 줄 수 있기 때문이다. 그동안 이와 같은 일관된 주제로 연구된 적이 없었기에 신선한 자극을 준다.

소기천_장로회신학대학교 신약성서신학과 교수

신약성경 연구에 있어 미흡한 공동서신을 '세상 속의 교회'라는 포괄적이며 실제적인 주제로 관통하여 묶음으로써, 야고보서, 베드로전후서, 요한서신, 그리고 유다서의 주요 신학과 적용을 파악하도록 한 책이다. 무엇보다 주요 자료들을 체계적으로 활용함으로써 본문 주해에 충실하고, 현대에 적용하기에 적실하다.

송영목_고신대학교 신학과 교수

이 책은 공동서신의 중요성을 외치는 절규일 뿐 아니라 이 서신들의 내용에 대한 아기자기하고 흥미진진한 이야기이다. 연구자가 없는 이 공동서신의 광야에서 채영삼 교수가 오래도록 외롭게 칩거하며 마침내 지어 올린 망대이다. 독자들은 이 높은 망대에 올라 광활한 공동서신의 광야의 경건한 아름다움을 조망하고, 우리 시대의 교회들이 이 광야로 들어가도록 하는 시대적 사명을 감당하는 일에 많은 도움을 얻을 수 있을 것이다.

신현우_총신대학교 신학대학원 신약학 교수

교향곡을 한 곡 듣는 것 같다. 채영삼 교수는 이 책으로 바울에 밀려 묻혀 있던 공동서신 저자들의 다양한 소리를 드러냈다. 공동서신 저자들은 1세기 교회가 현실적으로 직면한 '세상'의 다양한 도전을 염두에 두고 저마다 다른 음색으로 대응했다는 것이다. 저자는 공동서신을 단락별로 설명하면서 각 책들의 다양한 신학적인 문제와 해결을 설명한다. 이 책은 공동서신 연구의 필독서가 될 것이다.

오광만_대한신학대학원대학교 신약학 교수

글쓴이는 이 책에서 세상의 유혹 앞에 힘없이 흔들리는 한국 교회를 향해 공동서신이 제시하는 해법을 쉽고도 깊이 있게 풀어낸다: 세상과 짝하지 말고(야고보서), 나그네로 세상을 지나가며(베드로전서), 거짓이 판치는 세상에 맞서(베드로후서), 주님과의 사귐 안에서 세상을 이기고(요일이삼서), 스스로를 지켜 내라(유다서)! 믿음을 삶 속에서 보여 주도록 불을 지피는 이 책이 한국 교회를 새롭게 하는 불쏘시개가 되기를 바란다.

이두희_대한성서공회 번역실장

채영삼 교수는 이미,『긍휼의 목자 예수』를 시작으로『지붕 없는 교회』와『십자가와 선한 양심』에서, 뛰어난 학자이면서도 따뜻한 목자의 모습을 우리에게 아낌없이 보여 주었다. 이번『공동서신의 신학: '세상 속의 교회', 그 위기와 해법』에서는 그러한 글들을 써 내려간 그의 학자적인 면모를 숨김없이 보여 준다. 바울서신에 밀려 늘 소외되었던 공동서신에 대한 저자의 학문적인 열정, 특히 세상 속의 교회라는 그의 해석학적 관점이 우리의 마음과 눈을 사로잡는다. 본 공동서신 연구가 한국 교회 '신약 해석사의 태풍의 눈'이 되기를 소망한다.

장동수_침례신학대학교 신약학 교수

공동서신에 대한 보기 드문 연구서이다. 채영삼 교수는 공동서신이 '한 묶음의 정경'으로서 '세상 속에 자리 잡기 시작한 교회'의 문제들에 대해 대답하고 있음을 보인다. 이 책을 통해 야고보, 베드로, 요한, 유다의 목소리는 그 잃었던 지위를 되찾고, 신학적, 윤리적 위기에 봉착한 한국 교회는 교회론적 해답을 얻게 될 것이다. 이 책은 공동서신 연구에 교과서가 될 역작이다.

정성국_아세아연합신학대학교 신약학 교수

저자는 이 책에서 공동서신을 꿰뚫는 통일된 주제가 있다고 과감하게 선언하며 그것을 '세상 속에 있는 교회'라고 제안한다. 채영삼 교수가 말하는 '공동서신의 새 관점'은 주목받기에 충분하다. 이 책은 공동서신에 대한 새로운 시각을 열어 주며, 구원받은 성도의 행위 문제와 관련하여 바울서신에 치우쳐 있는 한국 교회의 이해를 바로잡아 주는 역할을 할 것이다. 나아가 현재 한국 교회가 겪는 문제에 대한 성경적 진단과 해결책을 제시해 주리라 기대한다.

정창욱_총신대학교 신약학 교수

| 차 례 |

추천사 | 4
머리말 | 13

제1장 서론 | 17

1. 주제의 제안과 최근의 공동서신 연구 동향 | 18
   1.1 한국 교회의 위기와 공동서신 | 18
2. 공동서신의 주제로서 '세상 속의 교회' | 46
   2.1 공동서신의 사회적, 역사적 배경 | 46
   2.2 공동서신의 본문에 나타난 '세상'(Κόσμος) | 57
3. 연구 방법론과 논문의 전개 | 60

제2장 야고보서에 나타난 '세상과 교회' | 63

1. '야고보서 신학'의 가능성과 '세상'의 특징들 | 64
   1.1 일관된 신학적 주제의 가능성 | 65
   1.2 '세상'(Κόσμος) 관련 개념들 | 68
2. 부(富)와 시험의 Κόσμος – '나뉜 마음'과 '심긴 말씀' | 78
   2.1 이중 서론(1:1-11, 12-27)의 문맥 | 78
   2.2 '나뉜 마음'(1:8)의 의미와 배경 | 84
   2.3 '심긴 말씀'(1:18, 21b), '나뉜 마음'의 해법 | 96
   2.4 '심긴 말씀'의 배경, '말씀-교회론' | 116
   2.5 요약과 결어 | 126
3. 가난과 차별의 Κόσμος – 긍휼을 행하는 믿음 | 128
   3.1 차별, 교회 안에 들어온 세상(2:1-7) | 129
   3.2 긍휼, 자유의 온전한 율법(2:8-13) | 139
   3.3 행함, 믿음의 대치가 아닌 성취(2:14-26) | 152
   3.4 요약과 결어 | 163

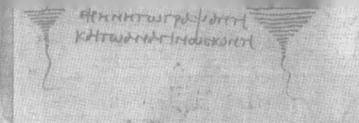

4. 말(言)과 혼돈의 Κόσμος – 위로부터 오는 지혜 | 165

    4.1 말(言)과 불의의 세상(ὁ Κόσμος τῆς ἀδικίας, 3:1-12) | 166

    4.2 위로부터 오는 지혜(3:13-18; 4:1-5:6) | 173

    4.3 요약과 결어 | 179

5. 하나님과 세상(Κόσμος) 사이에 선 교회 – 종말의 지혜 | 181

    5.1 '세상과 짝'하는 나뉜 마음과 낮춤의 지혜 | 182

    5.2 세속적인 사업가와 불의한 대지주들, 종말의 지혜 | 190

    5.3 '주의 결말'과 '맹세', 종말의 회복된 공동체(5:7-20) | 195

    5.4 요약과 결어 | 205

6. 결론 – 야고보서의 신학과 윤리 | 207

제3장 베드로전서에 나타난 '세상 속의 교회' | 211

1. 수신자와 배경에 나타난 '세상'의 특징(1:1) | 212

    1.1 πάροικος와 παρεπίδημος의 번역과 수신자들의 정체 | 214

    1.2 베드로전서의 배경과 Κόσμος | 220

2. Κόσμος와 '제사장 교회'(1:1–2:10) | 231

    2.1 교회, 세상과는 다른 소속, 방향, 목적(1:1-2) | 231

    2.2 삼위 하나님과 교회, 그리고 세상(1:2) | 237

    2.3 출애굽 모티브와 여행자 윤리(1:13-21) | 248

    2.4 '말씀-구원론'과 세상(1:22-25) | 253

    2.5 세상 속의 교회의 정체성과 사명(2:9) | 267

3. Κόσμος와 '선한 양심'(2:11–3:22) | 279

    3.1 이방인들 속에서(2:11-12, 16-17) | 280

    3.2 베드로전서의 '집안 경영 전통'의 사용 | 307

    3.3 세속 국가 통치자들에 대하여(2:13-15) | 312

    3.4 일터에서 – '제사장인 종'(2:18-20) | 322

    3.5 그리스도의 길(2:21-25) | 334

    3.6 가정에서 – '그리스도의 길을 따르는 아내'(3:1-7) | 339

    3.7 선한 양심, 그리스도와 교회의 길(3:8-22) | 347

4. Κόσμος와 종말, 그리고 교회(4:1–5:14) | 379
    4.1 종말과 교회 - 공간적, 시간적 '여정' | 380
    4.2 종말론적이고 기독론적인 '고난'의 특징들 | 383
    4.3 세상을 이기는 교회, '제사장 공동체'의 의미 | 399
5. 결론 –제사장 교회의 선한 양심과 '참된 은혜' | 408

제4장 베드로후서에 나타난 '교회 속의 세상' | 413

1. 베드로후서에서 Κόσμος 개념과 '거짓 교사들' | 414
    1.1 거짓 교사들의 특징 | 417
    1.2 거짓 교사들의 정체 | 427
    1.3 베드로후서의 문학적 구조 | 437
2. Κόσμος의 썩어질 것과 '신적 성품'(1:1–11) | 448
    2.1 Κόσμος의 특징과 '영원한 나라'(Βασιλεία)의 신적 성품(1:3-4, 11) | 449
    2.2 거짓 교사들의 윤리적 부패와 '신적 성품'(1:5-7) | 456
    2.3 종말의 구원과 신적 성품(1:8-11) | 484
3. Κόσμος의 더러움, 거짓 가르침과 성경 해석(2:20; 1:19–20) | 491
    3.1 Κόσμος와 거짓 가르침(2:18-20; 1:3-4) | 491
    3.2 거짓 교사들의 해석학적 특징들 | 495
    3.3 '사사로이(ἰδίας) 푸는' 일과 '기다림'의 해석학(1:19-21) | 512
    3.4 성경 해석과 신적 성품 | 540
4. Κόσμος의 일시성과 '재창조'(3:6; 2:5) | 544
    4.1 세상과 종말에 대한 거짓 교사들의 주장 | 545
    4.2 세상의 심판과 재창조에 관한 말씀 | 550
5. 결론 – 거짓 가르침과 신적 성품 | 567

제5장 요한서신에 나타난 '세상을 이기는 교회' | 569

1. 요한일서의 Κόσμος와 적대자들 | 570
    1.1 Κόσμος 본문의 분류와 개념 | 572
    1.2 적대자들의 특징과 정체 | 578
2. '사귐'의 해법(1): '그 아들'과 세상 | 582
    2.1 '사귐' 개념 중심의 구조 이해 | 582
    2.2 '그 아들'과 세상 | 587
    2.3 '그 아들'과 '악한 자'(2:16[x2], 4:4, 14; 5:19; 3:8) | 598
    2.4 '그 아들'을 믿음과 승리(4:4; 5:4[x2], 5) | 642
3. 사귐의 해법(2): '아버지의 사랑'과 세상 | 654
    3.1 '세상을 사랑함'과 아버지의 사랑(2:15-17) | 654
    3.2 세상의 증오와 형제 사랑(3:11-18) | 672
    3.3 온전한 사랑과 교회(4:7-21) | 683
4. 사귐의 해법(3): 새 언약의 성령과 세상 | 696
    4.1 성령의 지식과 '하나님께로부터' | 696
    4.2 성령의 지식과 '그 아들' | 698
    4.3 성령의 지식, 사랑, 그리고 '상호 거주' | 700
    4.4 요한일서의 결론 - 삼위 하나님과의 사귐과 세상을 이김 | 706
5. 요한이서와 요한삼서에 나타난 '사귐'의 해법 | 708
    5.1 요한이서, '사귐과 진리' | 709
    5.2 요한삼서, '사귐과 사랑' | 727
6. 결론 – 세상 속의 교회, 삼위 하나님과의 사귐 안에서 세상을 이김 | 746

제6장 유다서에 나타난 '세상에서 자기를 지키는 교회' | 751

1. 거짓 교사들의 정체와 특징 | 752
    1.1 해석학적 권위 - '꿈꾸는 자들' | 757
    1.2 반율법주의적 자유주의자들 | 759
    1.3 자신의 지위를 떠남 | 763
2. 하나님의 사랑과 그리스도 안에서 지키심 | 766
3. 유다서 결론 및 총 결론 – 세상 속의 교회, 그 위기와 해법 | 774

부록 : 공동서신 참고 문헌 | 779

머리말

공동서신의 신학:
'세상 속의 교회', 그 위기와 해법

　예수님 이후 초기 교회의 사도 전통은, 바울의 이신칭의의 복음을 보완하기 위하여 오늘날과 같은 '바울의 새 관점'(New Perspective on Paul)을 제시하는 식의 접근을 하지 않았다. 대신, 예루살렘의 사도들이 기록한 공동서신을 교회에 줌으로써 바울 신학을 보완하고, 보다 온전하고 균형 잡힌 신앙을 가르쳤다. 오늘날에도 바울의 이신칭의의 복음을 보완하기 위해 '바울의 새 관점'이 필요한 것이 아니라, 공동서신을 '새롭게' 재발견하는 것이 필요하다. 이것이 공동서신이 바울서신과 함께 신약의 정경 안에 포함되어 교회에 주어진 이유이기도 하다.

　종교개혁 500주년을 맞아, 교회는 이신칭의의 전통을 견고히 보전하면서, 동시에 바울과 협력하여 교회의 '온전한 신앙'(regula fidei)을 세워 갔던 '기둥과 같은 사도들'(갈 2:9)의 목소리를 '함께' 듣는 일이 필요하다. 초기의 사도적 교회는 바울 혼자 세워 간 것이 아니었다. 안디옥을 중심으로 한 이방인 선교의 물결도 거셌지만, 예루살렘을 중심으로 한 뿌리 깊은 신학과 교회 통합적 노력도 빛을 발했다. 공동서신은 예루살렘을 거점으로 했던 사도들의 목소리요 그들의 신학을 담고 있다. 초기 교회의 정신은 '혼자'가 아니라 '함께'였다. 그래서 신약신학은 '독창'(solo)이 아니라 '합창'(chorus)이다. '오직 성경'(Sola Scriptura)은 '모든 성경'(Tota Scriptura)을 포함한다. 교회는 언제나 '말씀'으로 돌아가 자신을 개혁해야 한다. 공동서신의 중요성이 여기에 있다.

　공동서신을 가르치면서 얻게 된 두 가지 확신이 있다. 하나는, 공동서신이 일관된 신학을 가진 정경 모음집이라는 것이다. 야고보서, 베드로전후서, 요한일이삼서, 그리고 유다서는 '세상 속의 교회'라는 거대한 주제 아래 하나의 일관된 신학으로 모아질 수 있다. 한편으로는 유대교를 상대해야 했던 초기 교회가 바울서신들을 남겼다면, 다른 한편으로는 로마라는 거대하고 적대적인 세상을 상대해야 했던 교회가 남긴 성경이 공동서신이다. 그래서 갖게 된 두 번째 확신은, 공동서신이 오늘날 한국 교회에 대하여 갖는 적실성(適實性)이다. '오직 믿음'과 '오직 은혜'로 받은 구원을 확신하는 이 땅의 교회가, 참으로 다루기 어려워하는 대상은 '세상'이기 때문이다. 예수 믿고 복을 받고, 그 받은 세상 복 속에서 점점 더 세상처럼 되어 가는 교회의 위기를 바라보며, 공동서신이 제공하는 전략과 메시지에 더욱 주목하게 된다.

세상과 짝하지 않는 전심(全心)의 교회(야고보서), 그래서 나그네와 행인처럼 세상을 지나가며 제사장 나라의 역할을 다 하는 교회(베드로전서), 그런 교회 속으로 밀려들어 온 세상을 몰아내고 신적 성품에 꾸준히 성장하는 교회(베드로후서), 무엇보다 삼위 하나님과의 깊은 사귐 가운데 거하며 세상을 이기는 교회(요한서신), 그래서 끝내 세상 속에서 성도의 구원과 영광을 지켜 내는 교회(유다서). 이것이 공동서신이 그리고 있는 세상 속의 교회의 큰 그림이다. 오직 믿음으로 '의롭다 하심'을 입은 교회가 이 세상 속에서 꿈꾸고 이루어야 할 모습이다. 조목조목, 이 땅의 교회가 실패한 영역들이다. 그래서 반드시 회복해야 할 교회의 영광스러운 모습들이다.

이 논문집은 한국연구재단의 도움으로 지난 4년 동안 쓰게 된 책이다. 그동안 공동서신을 가르치면서 여러 논문을 썼고, 책들을 냈고, 강의와 설교를 했다. 상대적으로 소외되고 연구가 미진한 공동서신, 이 귀한 성경을 배우고 가르치고 누리게 하신 하나님의 섭리와 그 은혜에 한없이 감사드린다. 주께서는 교회에게 필요한 모든 것을 주셨다. 성경이다. 여기에 길이 있다. 거짓 없는 자기 이해와 냉철한 분석, 피할 수 없는 회개와 살아 있는 소망, 승리를 위한 확실한 전략과 우리를 붙들어 줄 하나님의 뜨거운 격려 그 모두가 들어 있다. 모쪼록, 공동서신이 더 많이 읽히고, 설교되고, 가르쳐지기를 기도한다. 교회인 우리 자신이 이 말씀으로 빚어져 갈 때, 주께서 친히 세워 가시는 진정한 '한국 교회의 건축'이 이루어질 것이다.

공동서신 각 권에 대한 책들을 내는 일에도 큰 도움을 준 이레서원 형제자매들이 이번에도 귀한 도움을 주셨다. 나기영 부사장님, 이혜성 팀장님, 그리고 교정을 꼼꼼히 보아 준 송혜숙 과장님께 감사드린다. 무엇보다, 그간 공동서신 수업에 참여하며 말씀의 생명을 함께 누렸던 사랑하는 많은 학생이 떠오른다. 함께 배운 그 말씀이 계속해서 우리를 빚어가기를, 우리 속에 떨어진 그 하늘의 씨앗들이, 마침내 싹트고 꽃 피고 열매 맺어, 이 땅의 교회가 더욱 풍성한 하늘 생명의 열매를 드리우는 날들이 속히 오기를 엎드려 기도한다. 이 책을 쓰게 해 주신 주님께 감사드린다.

"사랑하는 주님, 이 책을 주님의 발 앞에 내려놓습니다. 주의 교회를 위하여 사용하여 주소서."

2017년 2월 23일

채영삼

* 이 저서는 정부(교육부) 재원으로 2012년 한국연구재단 저술출판사업(2012S1A6A4017243)의 지원을 받아 수행되었음.

일러두기

이 책에서는 개역개정과 개정한글, 저자 사역을 혼용하여 사용하였으며, 문맥에 따라 저자가 조금씩 다르게 번역하기도 하였다.

제1장
서론

1. 주제의 제안과 최근의 공동서신 연구 동향
    1.1 한국 교회의 위기와 공동서신
2. 공동서신의 주제로서 '세상 속의 교회'
    2.1 공동서신의 사회적, 역사적 배경
    2.2 공동서신의 본문에 나타난 '세상'(Κόσμος)
3. 연구 방법론과 논문의 전개

1. 주제의 제안과 최근의 공동서신 연구 동향

1.1 한국 교회의 위기와 공동서신

본문에서 발견하는 의미의 본질은 같겠지만, 그 의미의 강조점들은 해석자와 그 해석을 받는 공동체의 상황에 따라 달라질 수 있다는 것은 상식에 속한다. 한국 교회와 사회 한복판에서 성서를 마주 대하면서, 한국 교회가 당면하는 여러 가지 문제점들과 이에 대한 신학적 응답이라는 책임을 피할 수 있는 신약학자는 없을 것이다. 물론 세계 학계에서 제기된 여러 가지 신약학의 문제들도 있다.

예를 들어, 최근 한국 신약 학계에서도 서구 학계에서처럼 '바울 신학의 새 관점'(New Perspective on Paul)에 대한 논쟁이 일고 있지만, 사실 바울 신학의 이런 '문제 제기'의 배경에도 역시, 독일의 역사비평학 중심의 해석학이 주도권을 잃어가는 시대적 조류와 또한 영미 세계에서 독일 나치(Nazi) 치하 유대인 학살이라는 '홀로코스트'(Holocaust)의 경험이 후기 현대주의의 다원성과 주변성에 대한 강조, 그리고 신약성경의 유대적 배경의 재조명과 함께 새롭게 부각된 상황을 무시할 수 없다.[1] 그만큼 성서해석학은 해석 공동체의 주어진 상황에 영향을 받지 않을 수 없다.

물론 이러한 세계 신학계의 흐름을 한국 신학계가 진지하게 다루는 것은 필수적이다. 시간이 걸리지만 결국 교회에 지대한 영향력을 미치기 때문이다. 하지만 세계 신약 학계에서 이슈가 되는 주제들도 실은 어떤 구체적인 역사적, 시대적 '상황들' 속에서 형성되는 것임을 기억한다면, 과연 지역 교회로서 한국 교회가 풀어야 하는 신학적, 신앙적, 교회적 차원의 문제는 무엇이며, 또한 그런 문제들에 대한 성서적 '응답'을 어떻게 나름대로 찾을 수 있을까를 고민하는 것 역시, 한국 교회에 속한 성서학자의 마땅한 책임일 수밖에 없다.

그런 점에서, 한국 교회가 현재 당면한 다양한 문제들, 곧 가장 두드러지게는 70년대 이후 '성장 증후군'에 포함되는 각종 부패와 윤리적 타락의 문제, 특별히 교회가 사회 속에서 다른 종교들이나 정치, 사회 문화적 영역에서 부딪히면서 생겨나는 문제들을 다루지 않을 수 없다.[2] 개신교 선교가 150여 년을 향해 가는 마당에, 한국 교회는 선교사들이 이 땅에 들어와서 교회를 세우고 그 교회의 기초를 놓았던 시기를 지나, 이제는 세계에서 두 번째로 선교사를 많이 파송하는 선교대국으로 성장했다. 분명 60년대 이후 90년대 초까지 지속되었던 왕성한 성장의 시기도 거의 다 지나갔다. 한국 교회는 한국 사회 속에서 눈에 두드러지지 않을 수 없는 '조직' 혹은 '집단'으로 인식되고 있다.

---

[1] E. P. Sanders를 위시한 '바울 신학의 새 관점'을 주장한 학자들이 바울 신학의 배경이 되는 1세기 유대교를 재검토하면서 문제 제기를 한 것도, 이러한 문화적, 시대적, 학문적 환경이 조성된 상황들과 무관하지 않다. 필자는 이런 분석을 여러 차례 제시한 바 있다. Young S. Chae, *Jesus as the Eschatological Davidic Shepherd: Studies in the Old Testament, Second Temple Judaism and in the Gospel of Matthew* (WUNT 2/216, Tübingen: Mohr Siebeck, 2006), 249-251; 채영삼, "후기현대주의 해석학의 조류들과 신약해석학의 방향", 〈진리와 학문의 세계〉 (2008): 35-54; 참조. 흥미롭게도 Todd C. Penner는 "The Epistle of James in Current Research", *CurBS* 7 (1999): 261에서, Sanders를 비롯한 바울 신학의 새 관점이 불러일으킨 유대교적 배경에 대한 강조가, 최근 공동서신 연구에 있어서 유대교적 뿌리에 주목하게 했다는 점을 잘 지적하고 있다. 이하는, 채영삼, "공동서신의 새 관점", 〈신약논단〉 21/3 (2014), 761-796에 발표되었다.

[2] 이만열, "한국 교회가 나아갈 길: 한국 교회의 성장과 그 문화를 반추하면서", 〈한국복음주의신학회 제60차 정기논문발표회 논문집〉 (2012년 10월 27일), 1-18.

이렇게 대략 1980년대부터이기는 하지만, 21세기에 들어서 한국 교회는 이 사회 속에서 더욱더 많은 문제에 부딪히고 있고, 이것이 더 이상 억제되지 않고 거침없이 표출되며 가감 없이 드러나고 있는 현실이다. 선교를 강조해 왔지만, 정작 선교지에서 한국 선교사들의 사역 방법이나 교회 활동 등이 종종 비상식적이고 한국 사회의 부정적 특징들을 모두 드러내는 식으로 진행되기도 해서 많은 문제를 야기시키기도 한다.[3] 또한 한국 사회 내에서도 상식적인 수준에 어긋나는 일들을 함으로써 조간신문의 일면 기사를 채우는 일도 다반사이다. 많은 기독교인들이 사회 속에서 정치인이 되고 경제인이 되고 공무원들이 되는 마당에 한국 사회는 더 이상 이러한 문제들을 간과하지 못하며, 한국 교회도 반드시 이 문제들을 풀어야만 하는 입장에 놓여 있는 것이다.

교회가 이러한 위기 앞에서, 이제는 어쩌면 교회의 존폐 여부가 달린 결정적인 문제를 안고 있는데, 성서를 해석하고 갈 길을 제시하는 신학 작업은 어떻게 응답하고 있는가? 사실 세계 신약 학계도 마찬가지이지만,[4] 한국 신약 학계에서도 '공동서신'은 거의 주목받지 못한 책들이다. 전문적인 논문들은 물론, 단행본의 경우에도 주석이나 강해 수준의 책들이 간혹 보이지만, 박사논문 수준의 전문적인 연구는 거의 전무하다고 볼 수 있다. 그래서 그런지 한국 교회가 당면한 세상과의 관계의 문제, 윤리의 문제 등에 관해서도, 대부분 복음서와 바울서신에 대한 연구를 통해 답을 주려는 경향이 주를 이루고 있다고 말할 수 있다.

예를 들어, 한국 교회의 윤리적 위기도 바울의 신학에서 '믿음과 행위'의 주제를 중심으로 자주 '이신칭의'(justification by faith)로 말미암은 구원이 성화와 관련되는 문제나, '행위'가 구원과 심판에 있어서 갖는 의미의 문제들과 연관되는 경우들이 그러하다. 물론 이런 노력들도 소중하고 깊은 의미가 있다. 하지만 '믿음과 행위'의 문제는 바울서신뿐 아니라, 이미 16세기 종교개혁의 신학에 있어서도 '오직 믿음'의 교리를 바탕으로 할 때 성화(sanctification)를 어디에 어떻

---

3   안점식, 『세계관, 종교, 문화』(죠이선교회, 2008), 187-189.
4   다음 단락에서 소개하겠지만, 세계 학계에서도 1990년대 중반까지는 공동서신 연구에 이렇다 할 진전을 찾아볼 수 없었다. Karl-Wilhelm Niebuhr and Robert W. Wall (eds.), *The Catholic Epistles & Apostolic Tradition: A New Perspective on James to Jude* (Baylor University Press, 2009), 4-5.

게 위치시킬 것인가의 주제로 수없는 논쟁을 거친 신학적 숙제로 남아 있다.[5]

생각해 보면 종교개혁 이후 정리된 현재 신약성경의 정경적 순서에서 공동서신들은 모두 바울서신서 이후에 배열되어 있다. 이런 정경적 순서가 시사하는 바는 무엇인가? 아니, 도대체 공동서신이 신약에 포함된 이유가 무엇일까부터 물어야 할지 모른다. 사실 바울서신들은 '선교적' 서신이라 할 수 있다. 논증이 많이 필요하지만, 바울서신들은 대체로 유대교와의 대립과 설득의 과정 속에서 종말의 새 백성인 교회의 정초(定礎)를 놓는 단계에서 기록된 문서들이다.

말하자면, 초대 교회의 그 선교 초기, 곧 지역 교회들이 세워지기 시작할 당시에는 바울의 선교적 서신들이 중요한 역할을 했을 것이다. 하지만 교회가 로마의 변방에서부터 서서히 뿌리를 내리고 체계를 세워갈 무렵, 교회는 세상 속에서 더욱 두드러지기 시작했다. 부분적으로는, 바울의 '이신칭의'의 교리가 초대 교회에 널리 퍼지기 시작했을 때, 이 칭의의 교리를 오해한 자들이 생겨난 것도 어느 정도 사실이다.

이런 상황에서 공동서신이 바울의 복음을 잘못 이해한 자들을 전적으로 겨냥한 것이라고 말할 수는 없다 하더라도, 적어도 바울의 이신칭의의 복음에 따라 기초를 세우고 그 위에 서기 시작한 교회들이 '세상 속에 자리 잡아가는' 과정에서 매우 유익하게 사용되었던 서신들이었을 수 있다. 당시 역사적 예수에 대한 목격자(eye-witness)이었던 사도들이 하나둘씩 세상을 떠나는 시점에서 '미루어진 종말론'(delay of the *Parousia*)은 교회적으로 매우 큰 문제가 되었을 상황도 한몫했을 것이다.[6] 이와 같은 배경에서, 교회는 예수 그리스

---

5 한국 교회의 상황을 고려한 성서해석학에서, 윤리 문제가 어떻게 구원론에 관한 신학적 문제들과 쉽게 맞물리게 되는지를 보려면, 채영삼, "마태의 산상수훈(마 5-7장)에 대한 구원론적 해석과 마태의 기독론", 〈기독신학저널〉(2007): 5-37를 참조하라.

6 Margaret M. Mitchell, "The Letter of James as a Document of Paulinism?", *Reading James with New Eyes: Methodological Reassessments and the Letter of James* (Robert L. Webb and John S. Kloppenborg; LNTS 342; London: T&T Clark, 2007), 77-78. 야고보서와 바울서신의 역사적, 문학적 관계들에 대하여 논리적으로 가능한 서로 다른 제안들을 열거한다: (i) 야고보서와 바울서신은 완전히 서로 독립적이며 교차하는 부분은 우연에 의한 것이다(주장하는 학자는 없지만, 논리적으로 가능). (ii) 야고보와 바울은 서로 관계는 없지만, 둘 다 '헬라적 유대주의'나 '초기 유대적 기독교의 첫 세대'를 반영한다(Bauckham, Johnson). (iii) 바울은 야고보를 알았고, 이를 반박하기 위해 갈라디아서 그리고/또는 로마서를 기록하였다(Joshep Mayor). (iv) 야고보는 바울의 서신들을 알지 못했지만, 바울의 신학에 관한 정확한

도를 믿는 믿음에 정초했지만, 여전히 세상 속에서 표류할 수밖에 없는 기간을 보내야 했고, 어쩔 수 없이 주변 세상과 부딪히면서 다양한 문제들에 봉착하게 된 것이다.

가설적인 수준의 생각이지만 이런 견해가 맞는다면, 공동서신은 초대 교회의 형성과 정착, 그 이후의 전개 상황에 있어서 매우 중요한 역할을 했으리라고 짐작해 볼 수 있다. 흥미로운 점은, 이 가설을 한국 교회에 적용해 볼 때 공동서신이 줄 수 있는 메시지와 전략, 유익과 그 영향력을 가늠해 볼 수 있다는 사실이다. 종교개혁적 신학의 영향이 지대한 한국 교회 역시 이신칭의의 구원론을 바탕으로 그 기초를 다졌으며, 이제 그 기초를 닦는 시기를 지나 주변 사회 속에 하나의 조직으로 정착해가며, 끊임없이 부딪치고 갈등하면서 그 정체성과 지향하는 방향, 주고받는 영향들 속에서 새로운 신학적, 신앙적 지평을 열어야 하는 과제에 봉착해 있기 때문이다. 그리고 정말 흥미롭게도, 실로 '공동서신의 새 관점'(New Perspective on the Catholic Epistles)이라고 부를 수도 있을 만한, 최근에 논의되는 학계의 공동서신 연구 동향은 바로 이런 가설과 방향이 상당한 개연성을 가질 수 있다는 확신을 준다.

(1) 최근의 공동서신 연구 현황

확실히, 공동서신은 20세기 말에 이르기까지도 오랫동안 학계에서 소외된 서신들이다. 국내외를 불문하고, '공동서신의 신학'이라는 주제로 야고보서부터 베드로전후서, 요한서신, 그리고 유다서를 한데 묶어 이를 하나의 정경 모음(canonical collection)으로 보고, 그 안에 일관된 신학의 주제들을 찾아보려는 시도는 거의 없었다고 할 수 있다. 공동서신 전체를 묶어 '공동서신의 신학'이라

정보를 듣고 있었다(Adamson). (v) 야고보는 바울의 서신들을 알지 못했고, 바울에 대해서도 부정확하게 듣고 있었다(Ropes, Laws, Mussner). (vi) 야고보는 바울서신들에 의존했으며(특히 갈라디아서, 아마도 로마서 역시), 이에 반해서 바울의 이신칭의 복음이 너무 과격하다고 생각하고 이를 수정하려 하였다(M. Hengel, Lindemann). (vii) 야고보는 바울서신들에 의존했고(갈라디아서, 그리고 로마서 역시), 이를 반박하려 썼지만, 그가 맞서 싸우고자 했던 바울의 이신칭의 교리를 '오해'하였다(Dibelius, Gerd Luedemann). 결론적으로, Michell은 야고보서 연구에 있어서 바울과의 관계를 다루는 것을 필수적이며, '바울과 바울'(Paul and Paul) 곧 함축적으로 '바울과 기둥들'(Paul and pillars)을 조화시키려는 노력의 일환이었다고 본다(97-98).

고 상정하는 것조차 생소하기 때문이다. 공동서신 각 권에 대한 주석을 쓴 학자들도, 주로 역사비평학적(historical-ciritical) 접근에 의해 각 서신의 저자와 역사적 배경 혹은 서신서 내의 문학적 구조 정도만을 분석하는 방식을 취한다. 베드로후서와 유다서의 관계는 역사비평학적 분석에 의해서 그 연관성이 부각되었지만, 공동서신 안의 한 책을 다른 책과 연관해서 일관된 주제나 신학을 끌어내는 시도는 일반적이 아니다.

예컨대, 베드로전서 연구에 있어서 기념비적 주석을 쓴 John H. Elliott의 경우에도 주로 사회학적 분석 방법을 취한 그의 방대한 베드로전서 주석에서 그 신학적 중요성을 다룰 때에조차, 단지 베드로전서가 그 정경성(canonicity)을 일찍부터 인정받았으며 "교회의 복음적인 증거가 도전받고 교회가 주변 문화와 심하게 충돌하던 교회 역사의 시기"에 "그리스도를 따라 무고한 고난의 길도 가야 함을 가르치는 권면"을 하고 있다고 요약하는 정도에 그친다.[7] 그런 '세상과 맞부딪치는 교회'와 같은 주제가 공동서신의 다른 책들 곧 야고보서나 베드로후서, 요한서신에서 찾아지고 연결되는가를 다루는 데에까지는 나아가지 않는다. 그것은 근본적으로 Elliott이 취한 사회학적 방법론의 제한 때문일 수도 있지만, 더러 '신학'(theology)적 분석을 표방하는 주석에서 공동서신 각 권의 신학을 다루는 경우에도 공동서신 전체의 신학을 다루는 항목을 찾기는 마찬가지로 쉽지 않다.[8]

이러한 상황은 국내의 공동서신 연구에서도 마찬가지이다. 그 연구 결과도 희박하거니와, 주석들의 경우에 공동서신 전체를 하나로 묶어 신학을 서술하는 일은 거의 없다. 박윤선은, 공동서신의 정경성을 다루면서 야고보서에 이신득의(以信得義)와 다른 경향이 있다는 이유로 야고보서의 정경성을 의심하는 경우를 의식해서, 바울은 '생명 있는 믿음'을, 야고보는 '생명 없는 믿음'을 각기

---

[7] John H. Elliott, *1 Peter: A New Translation with Introduction and Commentary* (AB 37, New Haven: Yale University Press, 2000), 150-153, 서문뿐 아니라 주석의 결론 부분에서도 이런 시도를 찾아볼 수는 없다.

[8] Adrew Chester & Ralph P. Martin, *The Theology of the Letters of James, Peter, and Jude* (New Testament Theology Series, Cambridge: Cambridge University Press, 1994).

설명한 것이라고 부연하는 데에 그친다.[9] 박수암은, 공동서신이 신약 가운데서도 잘 설교되지도 않고 연구되지도 않는 책들이라고 지적한 후, "1970년대 한국 신약 학계를 돌아본 어떤 연구서를 보면, 한국 교회는 복음서와 바울서신에는 많은 관심을 가지고 설교하고 연구도 하지만, 히브리서, 공동서신, 요한계시록 등에 대해서는 아무런 관심도 기울이지 않는 것을 볼 수 있다"고 말하나, 역시 공동서신 전체의 신학을 의식하지는 않는다.[10] 다만 권오현이 『공동서신』의 결론으로 '공동서신의 세계'라 하여 공동서신의 일반적인 성격과 공헌에 대하여 기술한 것은 예외적이고, 주목을 끈다.[11]

권오현은 공동서신이 일반적으로 학자들이 많이 읽고 연구하거나 또한 교회에서 성경공부로 가르치지는 않지만 그 중요성을 지적하면서, 공동서신은 속(續)사도 시대에 사도전승을 이어가야 하는 과제를 끌어안고 신앙의 교리화, 교회의 조직화, '권위 있는 성경의 확립' 등의 주제를 다루며, 초기 가톨릭 교회(Early Catholic Church)의 시기에 형성되었다는 전제하에, 공동서신의 특징과 공헌에 대해 언급한다: (i) 그리스도 예수의 재림으로 완성되는 묵시묵학적 구원에 이르는 길, (ii) 이 사회에서 자기의 본분과 사명을 완수해야 되는 교회의 설립과 유지, (iii) 특히 공동서신이 강조하는 신행일치(信行一致)의 행함의 문제,[12] (iv) 그리고 사도전승을 어떻게 해석하여 보존하느냐 하는 문제와 관련된 '권위 있는 성경의 확립' 등이다.[13] 이 중에서, 두 번째 항목 곧 사회 속에서 도전에 직면한 교회의 본분과 사명이라는 주제에 주목한 것은 흥미롭다.[14] 필자는 바로

---

9   박윤선, 『성경주석: 히브리서, 공동서신』(영음사, 1981), 174. 흥미롭게도 박윤선은 야고보서에서 믿음으로만 구원받는 도리에 대하여 말하는 부분으로 1:17-18을 지목한다.
10   박수암, 『공동서신』(대한기독교서회, 2001), 전반적으로 최근 신천지 등 이단들의 활동에 의해서, 요한계시록에 대한 관심은 다소 증대하고 있지만, 공동서신에 대한 설교나 관심은 여전히 미약하다.
11   권오현, 『공동서신』(대한기독교서회, 1998), 574-663.
12   참고. 베드로전서의 '신행일치'에 대하여는, 최승락, "베드로서신에 나타난 세상 속 그리스도인의 신행일체(信行一體)", 〈신약연구〉 7/1 (2008): 71-106; 혹은 야고보서의 믿음과 행함의 관계에 관련된 문제에 관해서는 상대적으로 많은 논문들이 있어왔다. 뒤에 참고문헌을 참고하라.
13   이런 점에서, 권위 있는 성경의 확립 과정에서 말씀의 해석의 '문제'가 부각되었는데 베드로후서의 경우를 보려면, 채영삼, "'너희 마음에 떠오르기까지': 베드로후서 1:19에 나타난 '기다림'의 해석학", 〈신약연구〉 10/3 (2011): 689-730.
14   권오현, 『공동서신』, 648, 이후 위의 한 항목씩 설명하는데, 히브리서를 포함한다.

이 부분이 공동서신 전체를 아우를 수 있는 주제들 가운데 중요한 부분이며, 이런 점에서 현재 세상 속에서 세속화의 강력한 도전 속에 휘말려 있는 한국 교회에 공동서신이 적실한 성경이라고 보고 있다. 권오현의 독자적인 연구는 공동서신 전체에 대한 연구가 희박한 상황에서 다소간의 위안을 주며 향후 연구에 디딤돌이 될 수 있다고 본다.[15]

한편 최근 서구 학계로 눈을 돌리면, 20세기 중반 이후 그리고 2000년대 초반에 이르러서야 비로소 공동서신을 하나의 정경 모음집으로 보고 그것을 한데 묶는 신학을 찾고자 하는 연구가 활발하게 일어나는 현상을 목격할 수 있다. 그간에 역사비평학적 방법론을 근간으로 공동서신 각 권의 배경과 신학을 찾던 흐름에서, 공동서신을 하나의 정경 모음집으로 보는 시각이 점점 더 발전되고 있다. 한 예로, Darian Lockett은 2012년에 출판된 공동서신 입문을 위한 그의 책의 결론 부분에서, '독창들인가, 혹은 합창인가?'(Solo Voices or Chorus?)라는 주제를 다루며 이렇게 질문한다: "지난 300여 년 동안, 대부분의 학자들은 역사비평학적인 방법을 따라 공동서신 각 권을 서로 고립된 배경과 청중으로 여기는 방식으로 해석해왔다. 따라서 누가 야고보서를 썼으며, 혹은 '베드로전서의 수신자들은 어떤 민족적 배경들을 갖고 있었는지'와 같은 질문들이, 야고보서와 베드로전후서가 '어떻게 유사한 신학적 관심들을 갖고 있었는지'보다 훨씬 중요하게 취급되어 왔다. 더구나 이런 질문은 거의 상상하기 어려웠을 것이다: '공동서신의 공통된 신학적 주제들을 바울서신의 신학적 주제들과 비교하면 어

---

15 이외에도, 이상근, 『공동서신』(대한예수교장로회 총회교육부, 1961), 3-4, 공동서신이라 부르게 된 경위를 설명하면서, 바울 이외의 사도들의 저작이라 하여 '사도적 서신'(Apostolic Epistles)이라 불렸다는 점, 또한 그 내용이 공동적(catholic)으로 인정되는 그리스도교의 정통신앙(orthodoxy)을 논하고 있기 때문에 '정경적 서신'(Canonic Epistles)이라 불리운다(Junilius, Gelasius)는 것을 지적하는 점, 그리고 이 책들이 거의 한 그룹으로서 정경으로 '공인'되었기 때문에, '정경적 서신'(epistolae canoicae)이라고도 불린다고 언급한 것은, 공동서신의 사도성, 정통성, 그리고 정경성을 의식한 것이라 볼 수 있다; 또한 김수홍, 『공동서신 주해』(UCN, 2006), 4, 공동서신 각 권을 주해하면서 공동서신의 신학을 정리하려는 시도는 하지 않았으나, 공동서신이 바울의 교회들과 다른 전통에 서 있고 또한 보완적이었다는 언급을 한다: "온전한 신앙이 되기 위해서는 성경의 총체성을 염두에 두어야 한다. 우리는 이 공동서신의 말씀들 가운데서 바울의 교회들과 다른 또 다른 교회들의 모습을 접할 수 있으며, 그 교회들의 문제와 상황을 대면할 수 있다. 그것은 주로 팔레스타인 유대 그리스도 교단과 요한 교단의 전승을 따르는 교회의 글들이라 할 수 있다."

떻게 될까?'"¹⁶

단지 야고보서만이 아니라, '공동서신의 공통된'(!) 신학적 주제들을 바울서신 전체의 신학적 주제들과 비교할 수 있는 가능성에 관한 질문이다. 하지만 이러한 비교가 가능하려면 먼저 공동서신이 하나의 정경 모음집으로 처음부터 한 덩어리로 취급되었었다는 역사적 증거가 있어야 할 것이다. 또한 야고보서부터 유다서까지 7개의 공동서신 책들이 문학적으로나 신학적 주제들에 관해서도 일관성을 갖고 있다는 것이 논증되어야 할 것이다. 이런 새로운 작업을 시도하는 학자들이 있다. 공동서신에 대한 학계의 새로운 접근법은 사실 매우 최근의 움직임이다.¹⁷ 2001년도부터 Robert W. Wall, Earnest Bassland, Reinhard Feldmeier, 그리고 Karl-Wilhelm Niebuhr 같은 학자들이 SNTS(Society of the New Testament Studies)에서 "공동서신과 사도전승들"(Catholic Epistles and Apostolic Traditions)이라는 주제로 세미나를 열면서 본격적으로 시도되었다. 이후 공동서신에 대한 증대하는 관심은 J. Schlosser의 지도하에 2003년도에 열린 Coloquium Biblicum Lovaniense의 대회 주제를 "공동서신과 전승"(Catholic Epistles and the Tradition)으로 정하면서 계속되었고, 2005년도에는 J. S. Kloppenborg와 R. L. Webb이 합류하면서 SBL(Society of the Biblical Literature)에 "야고보, 베드로 그리고 유다의 서신들에 대한 방법론적 재평가"(Methodological Reassessment of the Letters of James, Peter, and Jude)라는 과제를 설정하고 이 연구를 위한 소모임을 정식으로 출범시키면서 서서히 신약 학계 연구의 새로운 핵이 되어가고 있다.¹⁸

사실 근대 이후 비평학에 따르면 공동서신은 서로 분리되어 있고 관련이 없

---

16   Darian Lockett, *An Introduction to the Catholic Epistles* (London: T&T Clark, 2012), 5, 그리고 Lockett은 마지막 장인 8장에서, 공동서신의 정경적 문맥에 따른 해석을 나름대로 평가하기에 이른다(123-142).
17   야고보서의 경우, 1980년대에만 발표된 논문들이 20세기 전체에 걸쳐 나온 야고보서에 대한 단행본들보다 많았다. SBL에서 본격적으로 야고보서 연구 그룹을 만든 것도 1998년에 이르러서였다. Penner, "Current Research", 257-261.
18   이들의 연구 논문집으로, Karl-Wilhelm Niebuhr and Robert W. Wall, *The Catholic Epistles & Apostolic Tradition*가 있다; Karl-Wilhelm Niebuhr, "The SNTS Seminar on the Catholic Epistles (2001-2005)", *Catholic Epistles & Apostolic Tradition*, 4-5.

는 서신들의 집합으로, 주로 바울서신이라는 렌즈를 통해서 해석되어 왔고 독자적인 정경적 모음집(canonical collection)으로 다루어지지 못했다.[19] 그런데 21세기에 들어 학계에 변화가 생긴 것이다. 그것은 바울서신을 중심축으로 놓은 상태에서 공동서신을 바라보지 않고, 공동서신 자체를 사도전승과 연결하여 그 독자적인 흐름을 추적하려는 시도이다.[20] 공동서신 7개의 책이 모두 바울 신학과는 별도로 사도적 전승을 따라 형성되고 모아진 정경으로, 전체가 '일관된 신학적 주제에 따른 한 덩어리'일 수 있다는 해석적 전략을 시도하고 있는 것이다. 그렇다면 이들이 주장하는 '공동서신의 새 관점'의 핵심적인 내용과 이를 뒷받침하는 근거와 논증들은 어떤 것들인가? 필자가 정리한 바에 따르면, 공동서신의 새 관점의 주장은 아래와 같이 요약될 수 있다:

첫째, 공동서신의 정경화 과정을 살펴볼 때, 공동서신은 예루살렘의 주요 사도적 전승을 따라 내려오는, 유대적 전통에 깊이 뿌리내린 기독교 신앙의 유산이다.[21] 둘째, 사도행전이 전해 주는 사도들 간의 관계와 신앙에 대한 합의들은, 공동서신의 정경화 과정을 통해 이루어진 초대 교회의 '신앙의 규범'(regula fidei)의 원리와 일치한다.[22] 따라서 공동서신이 바울서신과 갖는 정경 내적(intra-canonical) 관계의 본질은, '반(反)바울적'(anti-Pauline)이 아니라 '비(非)바울적'(non-Pauline)이며, 서로 충돌한다기보다는 보완적(complimentary)이다. 더 나아가, 공동서신은 바울서신의 부록이 아니며, 오히려 바울서신이 공동서신의 틀 안에서 읽혀져야 한다.[23] 마지막으로, 공동서신이 정경으로 제시하는 하나의

---

19 Niebuhr and Wall, *Catholic Epistles & Apostolic Tradition*, 1-2.
20 Robert. W. Wall, "A Unifying Theology of Catholic Epistles: A Critical Approach", *Catholic Epistles & Apostolic Tradition*, 13.
21 주로 Niebuhr, "James in the Minds of the Recipients", *Catholic Epistles & Apostolic Tradition*, 43-54; Patrick J. Hartin, "James and the Jesus Tradition", *Catholic Epistles & Apostolic Tradition*, 55-70; 그리고 Matthias Konradt, "The Historical Context of the Letter of James in Light of Its Traditio-Historical Relations with First Peter", *Catholic Epistles & Apostolic Tradition*, 101-126에서 논증된다.
22 Wall, "Acts and James", *Catholic Epistles & Apostolic Tradition*, 127-152; 또한 "A Unifying Theology", 27-29을 참조하라.
23 Penner, "Current Research", 257-308; 그리고 Wall, "A Grammar for a Unifying Theology of the Catholic Epistles Collection: A Proposal", *Catholic Epistles & Apostolic Tradition*, 27;

일관된 신학(gramma)은, 고난과 시험이라는 문제, '진리의 말씀'이라는 해답, 하나님과 세상의 이분법 속에서 세속으로부터의 순결, '하나님의 친구' 됨, 그리고 신학적 정통성과 함께 행위로 온전해지는 믿음의 강조, 또한 최종적인 구원은 '생명의 면류관' 혹은 '영생'이라는 주제들로 표현된다.[24]

'공동서신의 새 관점'은 현재까지 공동서신에 대해 학계가 대체로 동의하는 일치된 견해를 뒤집는다.[25] 현재까지 학계는, 공동서신이 어떤 일관된 신학이나 정경적인 기능 때문에 하나로 묶여진 것이 아니라, 신약의 정경화 과정에서 단지 바울서신이 아니라는 이유로 우발적으로 함께 묶여진 문서들이라고 본다. 하지만 공동서신의 정경화 과정에서 새로 발견된 바에 따르면, 공동서신 7개의 책들은 오히려 바울서신과 다른 전통에 서 있는 가르침을 교회에 줌으로써, "바울서신들이 제공하는 것과 균형을 맞추며, 또한 사도적 증언들에 대한 더 폭넓은 기록들을 제공하기 위해 함께 묶여진 것"이라고 한다.[26]

여기서 '정경화 과정'이라든지 '균형을 맞춘다', '사도적 증언들에 대한 더 폭넓은 기록'이라는 표현들이 중요하다. 공동서신이 정경으로 정착되는 과정 자체가 당시 바울서신의 영향력에 대한 교회적 균형을 맞춘 결과였으며, 또한 교회 전체를 위해 사도 바울의 전통뿐만이 아니라 다른 사도들이 남긴 신앙적 전통도 갖추게 된 것이다. 그러므로 공동서신은 애초부터 바울서신의 신학과 충돌되도록 의도된 것이 아니었으며, 공동서신의 신학은 하나의 통합된 신학으로, 초대 교회 안에서 바울 신학과는 또 다른 중대한 전통과 유산을 대표한다는 주장이다. 그렇다면 '공동서신의 새 관점' 학자들은 어떻게 해서 이런 결과에 도달하게 되었는가? 이것이 더 정당한 사실이라는 점을 어떻게 알 수 있는가?

Painter, "James as the First Catholic Epistle", *Catholic Epistles & Apostolic Tradition*, 162-163.
24   Wall, "A Unifying Theology", 30-40, 특히 30을 보라.
25   베드로전서의 경우, M. Eugene Boring이 최근 연구 동향을 분석한, "First Peter in Recent Study", *Word & World* 24/4 (2004), 358-367에서도, 바울과 조화를 이루고자 했으며, 베드로전서에서 강조된 기독론적 패턴 역시 바울의 '케노시스 기독론'(kenosis Christology)에 기초한 것으로 봄으로써 바울서신과의 의존성에 기초한다고 간주한다.
26   H. Y. Gamble, "The New Testament Canon: Recent Research and the Status Questions", *The Canon Debate* (L. McDonald and J. A. Sanders, Peabody (eds.), Mass: Hendrickson, 2002), 208, Wall, "A Unifying Theology", 14에서 재인용.

(2) 공동서신과 '정경화 과정'의 해석학

'정경화 과정의 해석학'(hermeneutics of the cannonical process)은 2001년도부터 시작된 SNTS(Society of the New Testament Studies)의 공동서신 세미나에 참여한 학자들이 함께 취한 접근법으로, 공동서신을 바울서신과 비교한다거나 공동서신 각 권의 배경과 신학을 다루는 것이 아니라, '어떤 요소들이 공동서신의 각 권들을 서로 연결하며 신약의 정경들 안에서 그들의 위치를 결정하는지를 찾고자' 하는 방법론이다.[27] 특별히 이를 위해 '교회적 전통의 맨 처음, 곧 예루살렘 초기 공동체에서 지도력을 발휘했던 사도들에 대한 공동서신의 언급들을 살피는 것으로 시작'하는 방법론이다.[28]

그렇다면 '정경화 과정의 해석학'을 공동서신에 적용하는 과정과 그 결과는 어떠한가? M. Luther는 야고보서를 정경에 관한 한 문제가 있는 서신으로 여겼지만, Eusebius에 의하면, 야고보서와 같은 경우는 그 내용 때문이 아니라, 초대 교회 안에서 보편적으로 사용되는 정도가 낮았기 때문에 정경으로 쉽게 인정받지 못했다(Hist. eccl. 3.14).[29] 또한, 2세기부터 4세기까지 동방과 서방에 걸친 다양한 정경 목록들과 이 시기에 공동서신을 언급하는 교부들의 증언들은, 공동서신이 하나로 묶여지는 과정에서 어떤 신학적인 판단과 교회적인 판단이 작용했음을 보여 준다.[30] 특히 Robert W. Wall은 이 정경화 과정에서, 야고보서가 공동서신의 맨 앞에 서론 격(格)으로 놓이게 된 점과 또한 공동서신이 정경으로 교회에 회람될 때 사도행전이 공동서신을 소개하는 내러티브로 함께 사용되었다는 점에 주목한다.[31] 이것이 의미하는 바가 무엇인가?

공동서신이 하나로 묶여지는 과정, 야고보서가 그 맨 앞에 공동서신의 서론 격으로 놓인 이유, 그리고 공동서신이 사도행전과 더불어 회람되었던 이유는 무엇인가? 공동서신이 지금처럼 야고보서가 맨 앞에 오는 순서로 처음 목격되

---

27   Wall, "A Unifying Theology", 13-15.
28   Niebuhr, "The SNTS Seminar", 6-7.
29   Wall, "A Unifying Theology", 15, 370, 각주 3.
30   Bruce M. Metzger, *The Canon of the New Testament: Its Origin, Development, and Significance* (Oxford: Oxford Universtiy Press, 1987), 299-300, 305-315.
31   Wall, "A Unifying Theology", 15-16.

는 것은 Eusebius에 의해서이다(주후 320년). 하지만 Eusebius는 나머지 6개의 서신들의 순서를 명시하지 않았다. 단지 유다서만을 언급했다. 공동서신이 지금의 순서대로 언급된 경우는 Athanasius의 39번째 Pascal Letter에서였다(주후 367년경).[32] 사실 공동서신이라는 이름은 수신자가 특별히 정해져 있지 않다는 뜻에서 붙여진 것이지만, 이것 역시 잘 맞지 않는다. 요한삼서는 특정한 인물, 곧 '가이오'에게 보내졌다. 또한 바울서신서들의 순서는 긴 것이 먼저 나오고 짧은 것들이 뒤이어 나온다. 하지만 공동서신의 경우는 다르다. 야고보서(모두 1749단어)는 베드로전서(1678단어)보다 약간 길다. 하지만 요한일서는 이 둘보다 길다(2137단어). 그리고 유다서는 공동서신의 맨 뒤에 오지만, 요한이서나 삼서보다 길다. 그래서 전체적으로는 길이 순서대로 되어 있지 않지만, 각 서신서 그룹 안에서는 길이별로 되어 있는 듯하다. 즉 베드로전서는 베드로후서보다 길고, 요한일서 역시 이서나 삼서보다 길다. 이런 사실들을 관찰하면, 야고보서와 유다서가 맨 앞과 뒤에 놓인 것이 더욱 의도적이었다는 사실을 알 수 있다.[33] 왜 그랬을까?

더구나 요한일이삼서의 경우에 이 3개의 서신들이 유다서를 경계로 해서 요한계시록과 떨어져 있다. 정경적인 관점에서 해석하면 이 3개의 요한서신서들은, 오늘날 역사비평학적 분석의 결과로 요한복음과 요한계시록, 그리고 요한서신서들을 한데 묶어 요한 문헌으로 취급하는데, 마치 그렇게 읽지 말 것을 당부하는 듯하다. 즉 요한서신만큼은 '주의 형제'였던 야고보 사도의 서신으로 시작해서 역시 '주의 형제'였던 유다의 서신으로 끝나는, 이를테면 주의 '거룩한 가족'(Holy Family)의 권위로 인봉(?)된 공동서신의 일부로 읽어야 한다고 역설하는 셈이다.[34] John Painter는 이렇듯 공동서신이 그 처음에 "하나님과 주 예수 그리스도의 종 야고보"(약 1:1)로 시작해서, 다시 '야고보'를 언급하면서 "예

---

32 Painter, "James as the First Catholic Epistle", 161.
33 Painter, "James as the First Catholic Epistle", 162-163.
34 John Painter, *1, 2, and 3 John* (Sacra pagina 18, Collegeville, Minn: Liturgical, 2002), 52-56; 또한 C. C. Black, "The First, Second, And Third Letters of John", *The New Interpreter's Bible* 12 (ed. L. E. Keck, Neshville: Abingdon, 1998), 366.

수 그리스도의 종이요 야고보의 형제인 유다"(유 1절)로 마무리되는 유다서로 끝나는 것은, 확실히 공동서신이 '주의 형제들'로 묶이는 효과를 주며, 이는 초대 교회의 수장(首長) 격이었던 주의 형제 야고보를 필두로 하여 또한 주의 형제 유다로 끝나는 '예루살렘 서신'(Jerusalem Epistles)이 바울서신들과 함께 견주어도 그 권위에 있어 전혀 뒤떨어지지 않음을 보여 주는 것이라고 밝힌다.[35]

그렇다면 베드로전후서는 어떠한가? Wall은 먼저 베드로전서로 시작해서 이 베드로전서의 신학을 보완하고 완성하기 위해 베드로후서가 공동서신으로 들어왔다고 본다. 따라서 지금의 정경적 순서가 보여 주는 것처럼, 베드로후서는 유다서와의 관계에서가 아니라 먼저 베드로전서와의 관계에서 이해될 수 있다는 것이다.[36] 유다서는 공동서신의 맨 앞에 야고보서가 오는 것처럼, 야고보 사도의 권위와 짝을 이룬다는 의미에서 정경적 중요성을 갖는다. 그렇다면 유다서를 공동서신의 총 결론으로 볼 수도 있지 않을까? 특히 유다서 24-25절이 공동서신의 전체 결론인 셈이다. 잘못된 가르침이나 부패한 삶에 빠지는 것에서 자신을 지키는 것, 이 결론은 야고보서의 결론과도 유사하다(약 5:19-20).[37] 흥미롭게도, 이렇게 보면, 공동서신의 맨 처음은 야고보서의 '인내'에 대한 격려로 시작해서, 유다서의 끝에서 '예수 그리스도의 긍휼을 기다리라'(유 21절)고 한 것과도 짝을 이룬다.

이처럼 공동서신의 책들이 그 안에서 배열된 순차를 눈여겨보면, 야고보를 필두로, 베드로, 그리고 요한이 순서대로 나온다. 여기서 중요한 것은, 야고보, 베드로, 요한, 이 셋이 모두 예루살렘 교회를 대표하는 위대한 사도들이었다는 사실이다. 그리고 '야고보, 베드로, 요한'이라는 순서도 중요하다. 이것은 갈라디아서 2:9에서 바울이 예루살렘의 '기둥들'(στῦλοι) 같은 사도들을 언급할 때와 같은 순서이기 때문이다. 야고보는 그 '기둥들'의 맨 우두머리로서, 예수님의 형제로 중요한 자리를 차지한다.[38] 공동서신은 이렇게 초기 교회에서 맨 앞에 야

---

35 Painter, "James as the First Catholic Epistle", 162.
36 Wall, "Cannonical Function of 2 Peter", 76-81.
37 Wall, "A Unifying Theology", 18.
38 Painter, "James as the First Catholic Epistle", 161-163; Wall, "A Unifying Theology", 18-19.

고보 사도를 필두로 해서, 기둥들 같은 사도들을 포함하고, 맨 뒤에 유다가 놓임으로써 예수님의 형제의 권위로 둘러싸여 있는 셈이다.

이것은 무엇을 말하는가? 일부 '바리새적 그리스도인들'(행 15:5)이나 바울이 '거짓 형제들'(갈 2:4)이라 칭한 극단적 유대주의자들을 제외하면, 예루살렘을 중심으로 한 사도들의 공동체는 상당히 조화와 협력의 분위기 속에 있었다는 사실을 가리킨다. 사도행전의 야고보와 베드로, 바울과 바나바도 함께 이런 모습을 보여 준다.[39] 더 나아가 초대 교회에서 예루살렘의 '기둥들'과 같은 사도들이 사도 바울의 혁명적인 복음을 인정하고 협력했던 것처럼, 정경으로서 공동서신과 바울서신 역시 근본적으로 서로 충돌하지 않는다는 것이다. 이처럼 정경으로서의 신약성서가 교회의 '규범적 신앙'(regula fidei)을 반영한다면, 초대 교회에서 정경화 과정의 해석학의 본질은 일관성이었지 불협화음이 아니었다 ([t]he heremeneutics of the canonical process were of coherence, not dissonance).[40]

한 걸음 더 나아가, 공동서신의 권위가 바울서신의 권위만큼이나 중요하면 중요했지, 그보다 덜하지는 않았다. 그뿐 아니다. 매우 흥미로운 사실이 있다. 공동서신의 정경적 순서가, 현재의 성경이 보여 주는 정경적 순서와는 달랐다는 점이다. 즉 초기 사본들에서, 예컨대 '예루살렘의 씨릴(Cyril of Jerusalem)의 교리서'(주후 348년)에서나, 라오디게아 공의회 59번째 정경(390년)에는 Athanasius의 39번째 부활절 편지(367년)에 기록된 정경 목록에서처럼, 현재의 공동서신이 바울서신들 뒤가 아니라, 사도행전 바로 뒤에 나온다.[41] 다시 말해서, 예루살렘의 '기둥들'과 같은 사도들이 기록한 서신들이 사도행전에 뒤이어 바로 나오고, 그다음 바울의 서신들이 수록되어 있는 것이다. 이것은 무엇을 말하는가? Painter는 신약 안에서 이런 정경적 순서는, "바울의 서신들이 원래부터 예루살렘 사도들의 서신서들의 토대 위에서 읽도록 되어졌다는 사실을 시사

---

39   Niebuhr, "James in the Minds of the Recipients", *Catholic Epistles & Apostolic Tradition*, 52-53; Konradt, "The Historical Context of the Letter of James", 112.
40   Wall, "A Unifying Theology", 29; 또한 "Acts and James", 142-143.
41   Painter, "James as the First Catholic Epistles", 162; 또한 Metzger, *The Canon of the New Testament*, 311-312에서 제시된 정경 목록들을 참조하라.

한다"고 설명한다.⁴² 이 주장은 과연 얼마나 타당할까?

(3) 사도행전과 공동서신, 그리고 바울서신

여기서 확실히, '공동서신의 새 관점'이 제시하는 역전이 일어날 수도 있다는 사실을 보게 된다. 그간의 관행처럼 바울서신의 신학적 관점으로 야고보서나 다른 공동서신을 읽는 것이 아니라, 오히려 공동서신이 바울서신의 신학을 포괄하는 거대한 우산과 같은 역할을 한다는 주장은 분명한 도전일 것이다. 하지만 이 주장은, 특별히 정경화 과정에서 사도행전과 공동서신의 관계를 설명하면서 더욱 탄력을 얻게 된다. 먼저 Wall과 같은 학자는 사도행전이 정경화되는 과정을 언급한다. 교부인 Irenaeus는 사도행전을 사용해서 당시 이단들의 공격을 방어하곤 했다. 예를 들어, *Adversus haereses*에서 그는 사도들의 전통들 가운데 어느 한 사도의 전통만을 강조하고 다른 전통들을 배제하는 형태의 주장에 대해서, 사도행전에 나타난 사도들의 합의, 다양하면서도 서로 보완하는 일치의 태도를 들어서, 그런 이단적인 주장이 잘못되었음을 논증했다. Irenaeus는 이것을 '신앙의 규범'(Rule of Faith) 곧 사도적인 신앙을 확증하는 근거로 사용한 것이다.⁴³

예를 들어서, 사복음서 역시 이들이 서로 일치하며 서로 보완하는 현상을 사도행전에 나타나는 사복음서의 저자들의 일치와 보완 관계로 증명하는 식이다. 그래서 Irenaeus는 사도행전의 가치를, 예수 그리스도의 가르침들로부터 유래한 균형 잡힌 규범적 신앙을 증거하는 다른 모든 사도적 전승들을 배제한, 어떤 단독적인 사도전승만으로는 불완전하다는 사실을 논증하는 데에 있다고 보았다. 이렇게 함으로써, 사도행전 자체가 정경으로 인정받을 만하다고 여겨지고, 또한 사도행전이 그 안에 기록된 사도들의 복음서나 서신서들의 관계도 설정하는 정경적인 규범의 역할을 하도록 한 것이다. 그래서 Wall에 의하면, 사도행전은 그 이후에 오는 서신서들을 읽어내는 '해석학적 열쇠'(hermeneutical key)로

---

42 Painter, "James as the First Catholic Epistles", 162.
43 Wall, "The Priority of James", *Catholic Epistles & Apostolic Tradition*, 154-155.

서 그 서신의 기록자들인 사도들 곧 야고보, 베드로, 요한, 그리고 바울에 대한 '서술적 서론'(narrative introduction)을 제공하는 역할을 한다는 것이다. 이로써 사도행전은 신약의 정경들이 '함께' 당시 '신학적 이해'를 어떻게 형성해갔는지를 보여 준다.[44] 그는 이런 관계를 인상적인 방식으로 요약한다: "사도행전에서 사도들에 대해 전한 내용은 또한 그 사도들의 서신서들에게도 정확히 들어맞는 이야기이다"(What is true of Gospels of the apostles is also true of letters of the apostles).[45]

여기서 '그 사도들의 서신서들'은 다름 아닌 공동서신과 바울의 서신들이다. 그래서 공동서신과 바울서신들의 관계는, 사도행전 15장에 기록된 예루살렘 공의회를 비롯해서, 초대 교회의 기둥과 같은 사도들이 당시 바울의 복음과 그의 신학을 추인하고 서로 합의한 형식과 절차와 정확히 일치한다고 주장하는 것이다.[46] 이것이 공동서신의 정경화 과정에서 사도행전이 차지하는 위치의 중요성이다. 따라서 초대 교회에서 1세기 말에 정경으로 확정되었던 사도행전이, 그때 즈음 시작된 신약의 정경화 과정에 중요한 역할을 했고, 사도행전이 묘사하는 사도들의 신학과 서로의 관계들은, 당시 모아지기 시작했던 신약의 정경들 간의 관계들에 대해서도 하나의 '설명적 모델'(explanatory model)이 될 수 있다는 것이다.[47] 즉 정경화 과정이 보여 주는 바대로 각 정경의 책들이 서로에 대해 갖는 관계들은 사실 사도행전이 보여 주는 사도들의 신앙적 특징과 서로의 관계에 대한 초대 교회의 '감각'(sense)의 또 다른 표현인 셈이다.

예컨대, 베드로와 요한이 사도행전에서 동역자로 묘사되었다면(행 1:13; 3:1-10), 신약의 정경이 생겨날 즈음에 그들의 서신들 역시 함께 묶여서 나타날 것

---

44 Wall, "A Unifying Theology", 23; 또한 "Acts and James", 129.
45 Wall, "The Priority of James", 159-160.
46 Douglas J. Moo, *The Letter of James* (The Pillar New Testament Commentary, Grand Rapids: Eerdmans, 2000), 12, 야고보서에 나타난 단어나 표현들이 예수의 형제 야고보의 말들이 기록되어 있는 사도행전 15장의 예루살렘 공의회 기록들과 유사한 점들을 드러낸다(13-21); 또한 Luke Timothy Johnson, *Brother of Jesus, Friend of God: Studies in the Letter of James* (Grand Rapids: Eerdmans, 2004), 10.
47 Wall, "A Unifying Theology", 24.

을 기대해도 좋고, 또 그렇게 되는 것이 자연스러운 현상이다.[48] 사도행전 15장 (또한 21장)에 기록된 야고보와 바울 사이의 협력 관계 역시, 그 이후 그들의 서신서들이 교회를 형성해 나아갈 때도, 종교개혁자들이 이를 뒤집기는 했지만, 유사한 협력 관계로 작용했으리라고 보는 것이 마땅하다는 것이다. 그리고 사도행전에 묘사된 베드로 사도의 특징들은 역시 베드로전후서 모두에 공통되는 요소들을 언급하는 점도 주목할 만하다. 특히 예수를 '이사야가 내다본 하나님의 종'(벧전 2:21-25; 참조. 1:10-12)으로 보는 베드로전서의 해석은 베드로서신의 기독론의 핵심인데, 이는 이미 예수를 '종'으로 제시한 사도행전의 4개의 본문에 명확히 드러나 있다(베드로의 설교, 행 3:13, 26; 베드로가 이끈 사도들의 기도, 행 4:27, 30). 또한 베드로서신의 하나님은, 주로 예수 그리스도의 부활을 통해서 알려진 하나님이다(벧전 1:3, 21; 3:21; 참조. 행 2:22-36). '신실하신 창조주'(벧전 4:19; 참조. 행 4:24)라는 개념도 일반적으로 사도행전이 묘사하는 베드로의 선포 내용과 일치한다. 심지어, 이방인의 개종에 있어서 가장 큰 특징으로 거론하는 '깨끗한 마음'(행 15:9)도 베드로전서 1:22에 드러나 있다. 또한 사도행전에서 비교적 드물게 언급되는 사상인 종말론이 그나마 가장 강력하게 언급되는 경우도, 역시 베드로의 입술을 통해서이다(행 3:20-23). 그리고 이것은 여지없이 베드로전후서에서 구원의 묵시론적 성격을 예상하게 만든다는 것이다(참조. 벧후 3:1-13).[49]

사도행전에서 훨씬 흐릿하게 묘사되는 요한 사도의 경우도 마찬가지이다. 4장에서 요한은 베드로와 짝을 이루어 함께 공회에 서는데, 그들의 입을 통해 이러한 말이 나온다: "하나님 말씀 듣는 것보다 옳은가 판단하라. 우리는 보고 들은 것을 말하지 아니할 수 없다 하니"(행 4:19-20). 이런 표현은 요한에게 있어

---

48 베드로후서의 사도 베드로 저작설에 대한 최근 점증하는 논의에 대하여는, Bruce M. Metzger, "Literary Forgeries and Canonical Pseudepigrapha", *JBL* 92 (1972): 2-24; 채영삼, "베드로후서 1:19"에 나타난 '기다림'의 해석학", 689을 참조하라.

49 특히 베드로후서의 묵시론적 성격에 대해서는, Terrance Callan, "Rhetography and Rhetology of Apocalyptic Discourse in Second Peter", *Reading Second Peter with New Eyes: Methodological Reassessments of the Letter of Second Peter* (ed. Robert L. Webb & Daune F. Watson, Library of New Testament Studies 382, London: T&T Clark, 2007), 65-87을 참조하라.

서 매우 특징적이다(참조. 요일 1:1-3). 여기서 19절은 베드로의 언급이고, 20절은 요한의 언급일 수 있다.[50] 그런데 누가는 이를 '한 팀으로' 묶는다. 이와 같은 현상은 초대 교회가 그 두 사도의 신학과 사역을 어떻게 생각했는지를 보여 주는 단서가 된다. 결국 사도 바울 역시 야고보가 그 배후에 서 있는 유대적 전통, 곧 율법을 준수하는 일에 크게 반대하지 않았다는 사도행전의 서술과 묘사는, 곧바로 야고보서와 바울서신 간의 관계를 보는 시각을 제공하는 것이다. 이것은 예루살렘의 '기둥들'과 같은 사도들과 바울이 함께, "하나님의 의의 충분한 성취는 그것이 얼마나 정통적이고 신실하게 고백되든지 간에 단지 '오직 믿음으로만' 되지 않고 하나님을 기쁘시게 하는 행함을 통하여 된다는 사실을 시사한다"고 보는 것이다.[51] 이렇듯, 사도 바울의 신학은 공동서신이 제시하는 보다 큰 틀 안에서 이해되어야 한다. 초대 교회에서 공동서신이 정경화되는 과정에서 사도행전이 함께 사용된 사실, 그리고 사도행전의 내용 자체가 이를 지지해 준다.

한편 David Nienhuis는 공동서신의 정경화 과정에 대한 '역사적 재구성'을 시도하면서, 정경적으로 사도행전의 사도들의 행적들에 대한 이야기(narrative)로 지원을 받으며, 동시에 바울서신의 강조점에 대한 잘못된 이해들을 교정하고자 하는 정경적 역할(canonical function)을 하게 되었던 공동서신은, 신약의 정경화 과정에서 가장 늦게 합류했다고 주장한다. 그리고 동방 교회 내에서 공동서신이 사도행전 바로 뒤에 또한 바울서신보다 먼저 위치한 점에 주목해야 한다고 강조한다.[52] 그리고 야고보서의 경우, 1세기의 유대적 기독교인들을 대상으로 한 것이 아니라, 사실은 2세기 중반이나 후반쯤 그리스도인 저자가 주의 형제 야고보의 이름을 빌려,[53] 당시 이미 정경으로 인정받았던 베드로전서나 요한일서, 그리고 바울서신들을 '정경적으로 의식하면서' 바울서신을 잘못 이

---

50 P. N. Anderson, *The Christology of the Fourth Gospel* (Valley Forge: Trinity, 1996), 274-277.
51 Wall, "A Unifying Theology", 25-27.
52 David Nienhuis, *Not by Paul Alone: The Formation of the Catholic Epistles Collection and the Christian Canon* (Waco: Baylor University Press, 2007), 5, 162-163.
53 Harry Y. Gamble, *The New Testament Canon: Its Making and Meaning* (Oregon: Wipe and Stock Publishers, 2002), 7, 48, 공동서신은 2세기경까지 사용된 흔적들이 많이 남아 있지 않다. 또한 야고보서와 요한삼서, 그리고 베드로후서는 2세기까지 사용 흔적이 거의 남아 있지 않으며, 정경으로 인정받는 과정이 쉽지 않았다.

해한 경향에 대하여 사도적 전통을 재구성하고 신앙의 균형을 맞추고자 기록되었다고 주장한다.[54] Nienhuis는 야고보서가 가장 늦은 시기에 정경을 의식하면서 기록된 가경(pseudepigraph)이라고 주장하는 점에서, 공동서신의 저자들과 기록 시기, 역사적 배경들에 대한 문제가 그리 단순하지만은 않다는 과제를 남기지만, 야고보서를 비롯한 공동서신의 공통적 주제들을 재확인한다는 점에서, 공동서신의 공통된 신학의 가능성에 기여한다.

(4) 공동서신의 '공통된' 신학적 주제들

그렇다면 공동서신의 공통된 신학적 주제들은 구체적으로 어떤 것일까? '공동서신의 새로운 관점'은, 공동서신과 바울서신을 바라보는 새로운 시각을 제공할 수 있다고 주장한다. 공동서신들은 그 자체로 일관된 신학도 없고, 그저 바울서신의 주변에 들러리를 서는 정도의 서신들이 아니라는 주장은 확실히 설득력이 있다. 유대주의의 거대한 유산을 기독교 신앙의 필터(filter)로 소화하면서, 바울의 획기적이고 거의 혁명적인 성령 운동 혹은 옛 언약을 성취하는 새 언약에 기초한 '오직 믿음' 운동을 인준하고 끌어안으며, 초대 교회의 규범적인 신앙(regula fidei)의 틀을 제공하고, 동시에 바울의 복음 선포가 '오직 믿음주의'(sola fideism)로 전락하는 것을 막으면서 전체적 균형을 유지하는 역할을 한 중대한 서신이라는 주장은 충분히 고려해 볼만하다. 더구나 사도 바울이 스스로 '기둥들'이라 불렀던, 야고보, 베드로, 요한 사도의 신학이며, 예수의 형제 '유다'의 서신까지 포함해서, 그야말로 그들이 주장하는 대로 초대 교회의 '주류' 신학이었을 가능성도 진지하게 검토해 볼만하다.

그렇다면 공동서신 전체를 총괄할만한, 그러니까 '공동서신의 신학'이라 부를만한 신학적 통일성도 있는가? '공동서신의 새 관점'을 제시하면서 주로 문학적, 신학적 통일성에 주목한 Wall은 만일 야고보서가 공동서신 전체의 도입(introduction)부 역할을 한다면, 야고보서에서 두드러진 주제들이 그 이후 공동서신의 다른 책들에서도 계속된다고 볼 수 있다는 논리를 펼친다. 그리고 이

---

54 Nienhuis, *Not by Paul Alone*, 98-102, 166-169.

'핵심 주제들'이 공동서신을 하나로 묶는 신학적 주제들의 고리 역할을 하는데, 그 특징들을 다음과 같이 추려낸다:[55] (i) 인간적 고난은, 하나님께 대한 믿음 공동체의 사랑을 시험한다. (ii) 하나님 백성의 고난에 대한 응답으로써, 하나님은 구원의 유일한 길을 찾아갈 수 있도록 '진리의 말씀'을 계시하신다. (iii) 이 말씀에 대한 순종으로, 믿음의 공동체는 '하나님의 친구' 된 표지인 순전하고 더럽혀지지 않은 '행실을 견지'해야 한다. (iv) 신학적 정통성은 그 자체로는 '하나님의 친구'가 되는 일에 결정적이지 않다. 그 신앙 고백이 오직 사랑의 행위들로 표현되어 나올 때만 효력을 갖는다. (v) 마지막으로, 하나님의 말씀에 대한 지속적인 순종에 대한 상급은 영원한 삶, 곧 영생이다.[56]

또한 이러한 주제들은 공동서신에서 '공통'될 뿐 아니라, 야고보서 2:2이나 22절처럼 다른 주제들을 '통제하는 본문'(controlling text)들을 중심으로, 바울서신의 사상을 오해한 '오직-믿음주의'(sola-fideism)를 교정하여 신앙의 정상화를 회복하는 데 기여했을 것이라고 보는 것이다.[57] 그리고 세상의 '세속주의'와 부딪치면서 발생하는 시험과 고난, '나뉜 마음'(약 1:18, 21)과 세상을 사랑하는 문제(요일 2:15-16) 등은 공동서신이 염두에 두는 교회 문제를 잘 드러낸다고 볼 수 있다. 즉 바울서신이 주력하는 대로 유대교와 맞부딪치면서 옛 언약을 성취하고 새 언약을 따라 오직 예수 그리스도의 반석 위에 기초한 교회를 세우는 데 요긴한 권면들이라기보다, 로마의 주변부에서 세속 사회에 부딪치면서 갈등하는 교회에게 주는 권면들이 주를 이룬다고 볼 수 있다.

이런 점에서 분명, 교회가 겪는 이와 같은 시험과 고난에 대한 하나님의 해결책으로 '진리의 말씀'이 제시된다는 것은 충분히 동의할 수 있는, 매우 중요

---

55 Wall, "A Unifying Theology", 29-40, 이러한 '공통된 신학'적 주제들을 야고보서부터 시작하여 유다서에 이르기까지 본문들을 열거하며 조목조목 논증하고 있다.

56 Nienhuis, *Not by Paul Alone*, 189-190, 225-228, 야고보서가 정경적으로 공동서신의 책들이나 바울서신을 의식하면서 가장 늦게 기록되었다는 이유로, 야고보서와 베드로전후서, 그리고 요한서신 사이의 공통된 주제들이 쉽게 설명된다. 예컨대, '흩어진' 교회(약 1:1; 벧전 1:1), 시험에 대한 인내(약 1:2-4; 벧전 1:6-9), 이사야 40장에 대한 사용과 말씀으로 거듭남(약 1:9-11, 21; 벧전 1:23-25), 그리고 '들음과 행함'(약 2:14-17; 요일 3:16-18), 하나님과 세상 사이의 사랑의 문제(약 4:4; 요일 2:15-16) 등이 포함된다. 또한 율법과 자유의 문제를 논한 야고보서 1:13-25와 로마서 7:7-11의 유사성도 언급된다.

57 Wall, "A Unifying Theology", 17.

하고 흥미로운 관찰이다. 야고보서(약 1:18, 21)뿐 아니라 베드로전후서와 요한 서신에서도 '말씀'은 거의 핵심적인 전략이 된다(벧전 1:22-2:2; 벧후 1:19-21; 요일 1:1, 10; 2:14, 27).[58] 무엇보다 '세상과 하나님과의 이분법적 구도'와 이와 연관된 경건 곧 '하나님과 친구 됨'의 신앙은 공동서신의 핵심적인 주제에 해당할 것이다.[59] 또한 공동서신이 신앙 고백뿐 아니라, 그 믿음의 행동을 강조한다는 사실은 잘 알려져 있다(약 2:14-26; 요일 2:6; 3:7, 18; 4:16; 5:3).[60] 결국 이런 신앙의 특징은 '세속으로부터의 정결함'으로 나타나고(약 1:27; 벧전 1:16; 벧후 3:11; 요일 5:21), 그 순결한 신앙의 결과로 '생명의 면류관'(약 1:12)과 '영생'(요일 5:12-13)이 제시되는 것도 흥미롭다.

그렇다면 과연, 이런 주제들이 공동서신에 공통되는 신학적 특징들로 정말 맞는 것일까? 그것은 실제적인 주제들을 따라 공동서신 전체를 살펴야 할 문제이지만, 사실 공동서신이 공통의 신학적 주제들을 갖는다는 것은, 공동서신 '전체'에 걸쳐 일관성을 갖는다는 주장 이전에도 '부분적으로' 타당할 수 있는 가능성이 얼마든지 있었다. 우선 역사비평학적 분석에 의해서도 베드로후서와 유다서의 상관성은 잘 알려져 있었다. '어느 쪽이 어느 쪽을 의존했는지'에 상관없이 이 두 서신은 그 용어들과 이미지들이 서로 중첩되는 것이 많다. 통상 주석을 쓰는 경우에도, 베드로후서와 유다서를 함께 묶는 이유이다.[61] 발생학적으

---

58   채영삼, "'마음에 심긴 도를 온유함으로 받으라': 야고보서 1:21b의 신학적 중심성", 〈신약연구〉 9/3 (2010): 455-505; "Toward a Theology of the Words, not just the Works, in the Epistle of James", 〈신약연구〉 12/22 (2013): 356-391을 참조.

59   이 점은 특히 야고보서에서부터 강하게 드러난다. Luke T. Johnson, *The Letter of James* (AB 37A, New York: Doubleday, 1995), 14; 또한, "James 3:12-4:10 and the Topos PERI PHTHONOU", *NovT* 25 (1985): 327-347; Patrick J. Hartin, *A Spirituality of Perfection: Faith in Action in the Letter of James* (Minnesota: A Michael Glazier Book, 1999), 41-56, 야고보서의 성격과 목적에 있어서, '주변 사회에 반대되는 태도'에 대한 강조를 참조하라; 임진수, "야고보의 경제윤리", 〈神學과 世界〉 50 (2004): 96-121; 마찬가지로 David Rhoads, "The Letter of James: Friend of God", *CurTM* 25 (1998): 473-486; 또한 김득중, "야고보서의 反바울주의와 反世俗主義", 〈神學과 世界〉 56 (2006): 11-35.

60   이 부분도 야고보서 자체의 신학이라는 관점에서 재조명되어야 한다. 채영삼, "야고보서의 τελ-어군(語群)의 사용과 '온전함'의 의미", 〈신약연구〉 11/1 (2012): 93-128을 참조.

61   유다서에 관한 주석들 가운데, 유다서를 베드로후서와 함께 다루는 것은 사실 역사비평학적 분석을 전제한 것인 셈이다. 반면에 정경적인 순서를 따라 유다서를 요한서신과 함께 다룬 주석은 비평학 시대 이후 거의 찾아보기 어렵다.

로 유사한 것이다. 베드로전서와 베드로후서의 관계도 역사적 분석뿐 아니라, 문학적 분석에 의해서도 서로 유사한 내용이나 연속성을 갖고 있음이 연구되어 왔다.⁶² 또한 요한일이삼서의 경우에도, 처음 5세기 동안 살아남아 온 사본들의 외적 증거의 대부분은 거의 요한서신이 공동서신과 한 묶음으로 다루어졌으며, 비평학 이후 시대의 주석들이 그러했던 것처럼 요한복음이나 요한계시록과 결코 함께 묶여 받아들여지지 않았음을 증거한다.⁶³ 이런 사실은, 유다서가 요한서신과 요한계시록 사이에 위치함으로써, 요한서신이 요한계시록이 아니라 공동서신과의 연관성이 훨씬 강조된 정경적 메시지에 의해서도 뒷받침된다.⁶⁴

그러므로 이미 공동서신 안에서도, 베드로후서와 유다서 간에, 베드로전서와 후서 간에, 그리고 요한일이삼서 안에 강한 유사성들이 있었다는 점은, 공동서신의 새 관점 학자들이 주장하는 바대로 야고보서가 공동서신의 서문 역할을 통해 전체를 아우르는 신학적 주제들을 다루며, 마지막에 놓인 또 다른 '주의 형제' 유다의 서신은 공동서신 전체의 결론을 제시한다는 주장도 기존의 공동서신 내의 부분적인 유사성들을 확대하는 측면으로 바라볼 수도 있게 되는 것이다. 특별히 공동서신의 새 관점의 주장이 어느 정도 타당하다면, 공동서신의 각 책들은 정경적 관계 속에서 분명히 새로운 조명을 얻게 될 것이다. 더 나아가, 공동서신의 신학이 하나의 일관된 흐름으로, 신약신학의 다른 영역들과 어떤 관계를 맺으며 어떤 공헌을 하게 될지는 차후의 의미 있는 연구 영역이 될 수 있다.

---

62 Joel B. Green, *1 Peter* (The Two Horizons New Testament Commentary, Grand Rapids: Eerdmans, 2007), 234-239, "'This is Now ⋯ the Second Letter I Am Writing to You'(2 Pet 3:1): 1 and 2 Peter"라는 제하에, 베드로전서는 베드로후서와 연속적으로 읽도록 구성되어 있음을 주장한다. 마치 사무엘상이 사무엘하와, 그리고 고린도전서가 고린도후서와 연속적으로 읽게 되어 있는 것과 같다. 특히 베드로후서와 유다서의 연결보다, 베드로전후서의 연결은, 베드로의 내러티브적 특징인, (i) '이스라엘의 과거'로부터 (ii) 그리스도의 사건으로, (iii) 그리고 현재 (iv) 마지막으로 종말론적인 심판의 구조를 따라 진행된다는 점에서 동질적이라고 분석한다.

63 Lockett, *Catholic Epistles*, 134.

64 John Painter, "The Johannine Epistles as Catholic Epistles", *Catholic Epistles & Apostolic Tradition*, 248-249.

(5) 가능성, 문제점들, 그리고 제안들

분명히, 공동서신은 정경적으로 볼 때 Eusebius나 Athanasius의 경우에 선명히 증거되는 대로, 하나의 묶음으로 취급되어 왔고 그런 정경적 구도 속에서 읽히도록 의도된 것은 해석학적으로 중요한 사실이다. 공동서신이 매우 이른 시기부터 오래도록 교회에서 이런 식으로 읽혀 왔다는 사실은, 교회의 '균형 잡힌 건강한 신앙'을 위한 가이드로 공동서신이 하나의 정경적 전체로서 의미심장한 역할을 했음을 의미한다. 좋은 예로, Lockett은 Augustine이 *On Faith and Works*(주후 413년)에서 공동서신을 하나의 신학적 일관성을 가진 정경으로 사용하면서, 그것으로 어떻게 사도 바울의 서신들을 잘못 이해한 자들의 신앙을 바로잡으려 했는지를 언급한다. Augustine은 소위 '계속적으로 죄를 짓는 죄인들'이라도 고린도전서 3:10-15에 근거해서 '불 가운데서 구원을 얻는' 것 같더라도 구원은 받는다는 주장에 대하여 어떻게 믿음과 행함이 본질적으로 연결되어 있는지를 설득하는데, 여기서 공동서신의 본문들을 일관되게 사용한다. 바른 믿음은 반드시 '물 없는 샘'(벧후 2:17)이나, '물 없는 구름'(유 12절)이 되지 말아야 하며, '죽은 믿음'(약 2:26)의 위험을 피해야 한다는 것이다. 또한 '사악할 만큼 거짓된 믿음'에 속지 말아야 함을 강조하면서, 사도 바울 시대에도 그를 오해하여 그가 "선을 이루기 위하여 악을 행하자"(롬 3:8)라고 했다거나, "죄가 더한 곳에 은혜가 넘친다"(롬 5:20)고 한 말을 오해한 자들이 있었다고 상기시킨다. 그러므로 '오늘날'에도 이런 거짓된 믿음에 속는 자들이 있는 것은 새로운 일이 아니며, Augustine 자신은 이런 거짓된 믿음을 거부하며, "선한 일을 행하지 않는 믿음은 쓸모가 없다"(참고. 약 2:14)는 교리를 굳게 지지한다고 말한다(*De fide et operibus* 21[*CSEL* 41,61-2; *FC* 27,246-8]).[65]

믿음과 행함에 대한 바울의 가르침을 오해한 자들에게 공동서신을 사용하여 설명한 Augustine을 두고, Nienhuis는 의미 있는 평가를 내린다: "Augustine은 바울의 본문들과 균형을 맞춤에 있어서, 야고보, 베드로, 요한, 그리고 유다의 가르침들을 불러오는데, 이로써 믿음과 행함에 관한 '하나의 온

---

65 Lockett, *Catholic Epistles*, 124에서 재인용.

전한 사도적 이해'(a wholly apostolic understanding)에 도달함에 있어서 '단지 바울만이 아니라 사도적 증언 전체'(the entire apostolic witness and not by Paul alone)를 불러오는 것이다"라고 평가한다.[66] 흥미롭게도, 공동서신 전체를 두고 바울서신만이 아닌 '사도적 증언 전체'를 확보하는 중요한 근거라고 말하는 것은, 뜻밖에도 오늘날의 교회 특히 한국 교회의 상황에도 상당한 적실성을 가질 수 있다.

이미 한국 교회에도 널리 알려지고 논쟁이 되고 있는 '바울 신학의 새 관점'은 바울의 칭의론에 대한 재해석을 요구한다고 볼 수 있다. 실제로, 이제는 거침없었던 성장시대를 끝내고, 여러 가지 윤리적 문제, 행함의 결핍 문제로 세상으로부터 비난과 수치의 모욕을 당하고 있는 한국 교회의 문제를 해결하기 위해, 일부에서는 바울 신학의 새 관점 해석에 부응하여 그 칭의론을 재해석하고자 하는 시도도 종종 있어왔다. 바울의 칭의론에 대한 오해는, 위의 Augustine이 반박했던 것처럼, 종종 선한 행실을 결핍하고도 '잘못된 구원의 확신'에 스스로 속게 만들기 때문이다. 하지만 '바울 신학의 새 관점'이 기존의 전통적 교회가 받아들여 왔던 칭의론의 기초를 흔들지 않은 것은 아니다. 중요한 점은, Augustine이 그러했던 것처럼, 그리고 사도 시대와 그 이후 초기의 교회들이 그러했던 것처럼, 바로 이런 문제에 있어서 공동서신 전체가 한 묶음의 정경으로서, 바울서신들과 '함께' 교회의 균형 잡힌 신앙을 위해 믿음과 행함에 대한 '하나의 온전한 사도적 이해'에 도달할 수 있게 해 주는 결정적인 방식이 될 수 있다는 가능성이다. 즉 '새 관점'은 바울 신학에서 일어날 것이 아니라, 그 바울서신의 그늘에 가려져, 교회 전통 속에서 상당한 의미와 역할로 보존되어 왔던 공동서신의 정경적 의미와 역할에 대한 '새 관점'이 먼저 일어났어야 했다는 생각도 하게 되는 것이다. 왜냐하면 바로 공동서신의 정경적 사용이 초기의 사도적 교회가 '믿음과 행함'과 같은 문제에 있어서 바울서신을 쉽게 오해할만한 위험을 바로잡고 바른 신앙을 회복하게 하는 교회적, 정경적 '방식'이었기 때문이다.

공동서신의 새 관점은 그래서 앞으로도 상당한 발전을 약속하는 분야일 수

---

66 Nienhuis, *Not by Paul Alone*, 4; 또한 Lockett, *Catholic Epistles*, 124.

밖에 없다고 판단된다. 하지만 지금껏 제안된 논의들에 대해 어떤 문제 제기가 없을 수는 없다. 우선 Nienhuis가 공동서신의 기록과 정경화 과정을 역사적으로 재구성하는 방식에는 그리 순탄치 않은 장애들이 예상된다. Nienhuis는 예를 들어 야고보서가 베드로전서와 요한서신을 포함한 다른 공동서신들이 모두 기록된 후인 2세기 중후반에 정경적 의식을 가지고 가경적으로 기록되었다고 했지만, 여전히 야고보서의 저자가 '주의 형제' 야고보 자신이며, 기록 시기도 매우 이른 시기로 여겨지는 증거들도 만만치 않기 때문이다.[67] 이런 식으로 그간 역사비평학적 분석을 통해 논의된 공동서신 각 권의 저자 문제나 각 권의 수신자들의 역사적 배경들이 서로 다른데,[68] 이를 단지 정경적 일관성에 파묻히게 하다가는 불일치하는 증거들이 고개를 속속 들 가능성이 많고, 이런 문제들을 다루어가는 것이 난관이 될 것임을 예측해 볼 수 있다. 또한 Athanasius의 정경목록처럼(주후 367년) 공동서신이 정경으로 인정될 때 복음서와 사도행전 뒤이어 그리고 바울서신들 앞에 언급된 정경 목록들이 있었지만, 그것은 매우 이른 시기였고 또 주로 동방 교회 전통에서 그러했다. 서방 교회나 후기에 오면서 결국 지금의 정경적 순서로 정착된 점은,[69] 어느 정도 설명이 필요한 부분일 것이다.

---

67   야고보서의 경우, 기록 시기를 Moo(*The Letter of James*, 18-26)의 입장처럼, 예루살렘 공의회(주후 48년) 이전으로 잡는 경우도 있다. 이럴 때 야고보서는 신약 중에서 가장 이른 시기에 기록된 서신이 될 것이다. 하지만 비록 매우 이른 시기라 하더라도, M. Dibelius, *A Commentary on the Epistle of James* (trans. M. Williams; Hermeneia, Philadelphia: Fortress Press, 1976), 117-119, 야고보서가 서 있는 전통은 처음부터 바울이 선교했던 교회들과는 다소 구별되는 흐름에 속해 있었을 가능성도 고려해야 한다; 또한 베드로후서의 사도 베드로 저작설에 대한 최근 접증하는 논의에 대하여는, Metzger, "Literary Forgeries and Canonical Pseudepigrapha", 2-24; C. P. Thiede, "A Pagan Reader of 2 Peter: Cosmic Conflagration in 2 Pet 3 and Octavius of Minucius Felix", *JSNT* 26 (1986): 79-96; Bauckham, *Jude, 2 Peter*, 157-158; Michael Green, *2 Peter and Jude* (Tyndale New Testament Commentaries, Nottingham: IVP, 1987), 13-39; 채영삼, "베드로후서 1:19"에 나타난 '기다림'의 해석학", 689.
68   Lockett, *Catholic Epistles*, 124-125.
69   Metzger, *The Canon of the New Testament*, 226-227, 고대 에디오피아 교회의 정경의 경우에도, 먼저 사복음서가 나오고 그다음 사도행전, 그리고 7개의 공동서신이 나온 후에 14개의 바울서신이 나온다. 아타나시우스(Athanasius)의 39번째 부활절 편지에 포함된 정경 목록 외에도, 예루살렘의 씨릴(Cyril of Jerusalem, 주후 350년), 그리고 라오디게아 공의회(주후 363년)의 정경 목록 역시 사복음서와 사도행전에 이어 공동서신을 배치하고 그다음 바울서신을 위치시킨다. 물론, 나지안주스의 그레고리우스(Gregory of Nazianzus, 주후 328-389년)나 카르타고 공의회(주후 397년)의 경우처럼 사도행전 바로 뒤에 바울서신을 배치시키는 경우도 있다.

하지만 그럼에도 불구하고, 공동서신을 정경적으로나 신학적으로 바울서신의 그늘에서 보아 왔던 관행에서 벗어나 공동서신 자체의 정경적 역할과 신학을 찾아가는 과정은 신약신학의 풍성함을 위해서뿐 아니라, 한국 교회의 현 상황을 말씀으로 해석하고 풀어나가야 하는 해석학적 과제를 위해서도 유익하다. 무엇보다, 여전히 '오직 믿음'의 기초 위에서 '선행'을 어디에 위치시켜야 할지 고민하는 한국 교회에게, 공동서신은 비단 구원론적으로가 아니라 정경론적인 혹은 교회론적인 해법을 줄 가능성이 높다.[70] 또한 공동서신의 중요한 관심들 가운데 '세상 속의 교회'라는 주제는 한국 교회의 현 상황에 상당히 적실해 보인다. '오직 믿음, 오직 은혜'와 '예수천당 불신지옥', '오직 예수 그리스도'의 기초 위에 세워졌지만, 이제는 그 성장을 멈춘 후 지속적으로 세속의 맹렬한 유혹과 조롱, 핍박과 공격, 그리고 탐욕과 방탕으로 비롯된 거짓 가르침의 미혹(迷惑)들을 맞닥뜨린 교회가, 과연 그 어둠 한복판에서 어떻게 빛으로 가득한 공동체가 되어가느냐 하는 문제를 다루는 일에 있어, 공동서신은 한국 교회에 적실하고 의미 있는 분석과 지침을 줄 충분한 전통과 유산을 갖고 있다.

다시 말해서, 공동서신에서 가장 기초적 틀이 되는 문제 혹은 배경은 '세상과 하나님 사이에 선 교회' 그리고 '세상 속의 교회'라는 정황일 것이다. 이런 정황을 상정하면, 바로 그런 정황에 놓인 교회가 시험에 들거나 고난을 받는 문제가 쉽게 이해된다. 그리고 이런 정황에 놓인 성도들에게 결정적인 것은 그들로 하여금 교회에 소속되게 하는 '믿음의 고백만'이 아니다. 바울이 염두에 두었던 것처럼, 유대교에서 강조했을 '율법의 준수'로 말미암지 않고 '믿고 고백하는 것'만으로 하나님의 새로운 언약 백성이 되는 문제가 아닌 것이다. 문제는 이런 신앙 고백을 하는 교회가 이제 주변의 '세상'을 맞닥뜨리고 있다는 사실에 있다. 거기서 시험의 문제가 생긴다. 거기서 가장 강조되는 신앙은 '정결함'이다. 이런 식이다. 그것은 세상이 아니라 하나님을 택하고 하나님과 짝하고자 하는 결단에서 비롯한다. 그것은 또한 실제적인 행동을 포함하는 삶의 신앙을 강

---

[70] 믿음과 행함의 문제에 관련해서 야고보서를 비단 구원론적으로만이 아니라 교회론적으로 접근한 예를 보려면, 채영삼, 『지붕 없는 교회』(이레서원, 2012)를 참조하라.

조할 수밖에 없다. 여기에다, 공동서신은 이 세상적 혹은 세속의 도전 앞에 선 교회에게 하나님께서 '진리의 말씀'을 주시고, 또한 '영원한 생명'을 바라보게 하셨다고 설명할 수 있는 것이다.

물론 이것은 구체적으로 많은 증거와 논증이 필요한 가설이다. 그러나 공동서신의 공통적인 신학적 특징들을 '세상과 하나님 사이에 선 교회' 그리고 '세상 속의 교회'라는 근본적인 구도에서 바라볼 때, 위의 다양한 공통적 특징들은 하나의 중심축을 갖게 된다. 즉 바울서신에서처럼 교회가 옛 언약 백성의 틀이었던 유대교를 상대하고 있거나 아니면 이방 종교들의 신학적 주장들 앞에서 '개종'과 '교회의 기초'를 놓는 도전에 맞서 있지 않고, 공동서신이 염두에 두는 수신자들 곧 그들의 교회들은 무엇보다 '세상, 곧 세속'의 도전 앞에 서 있고 또한 그것에 맞서는 것이 중심된 정황이라고 생각하는 것이다. 이런 설정이 타당할까?

만일 '세상 속의 교회'라는 설정이 공동서신의 많은 공통적인 특징들을 일관되게 설명하는 데 있어서 상당한 정도의 수월성과 탁월성을 갖는다면 그 개연성은 훨씬 높아질 것이다. 논문의 본론으로 들어가기 전에, 이제 공동서신의 본문에 비친 역사적 배경들이 '세상을 맞닥뜨린 교회'(the church facing the world), 그리고 '세상 속의 교회'라는 공동서신의 중심 개념과 어떤 관련이 있는지를 개관해보자. 공동서신 본문 자체 안에서 '세상 속의 교회'라는 주제가 어떻게 나타나는지도 함께 살펴보고자 한다.

2. 공동서신의 주제로서 '세상 속의 교회'

2.1 공동서신의 사회적, 역사적 배경

'공동서신의 새 관점'은 공동서신의 '정경화 과정'(canonical process)의 역사를 통해서 공동서신이 일관된 신학을 갖고 있다고 주장했다. 그렇다면 공동서신 각 권이 형성되는 그 '사회적, 역사적 배경들'(social and historical backgrounds) 역시 모두 '세상 속의 교회'라는 공통적 주제를 반영하는가? 이것이 이 단락의 중심 질문이다. 표면상으로 보면, 이는 매우 야심 찬 질문일 수밖에 없다. 우선 공동서신 각 권의 기록 시기나 수신자들의 정체와 맞물려 그 책이 기록된 역사적, 사회적, 문화적 배경들이 다 달라질 수 있기 때문이다. 그리고 과연 야고보서부터 시작해서 요한서신에 이르기까지 그 역사적 배경이 모두 '세상 속의 교회'라는 일관된 범주 안에서 이해될 수 있을까?

이러한 질문은 비록 무모해 보이지만 그 질문 자체만으로도 가치가 있다고 여겨진다. 공동서신에 '공통된 신학적 특징들'이 있다면, 그러한 내용들을 가능하게 한 '역사적 배경들'의 공통된 특징들도 있으리라는 가정은 전혀 불가능한 것은 아니기 때문이다. 물론 공동서신 전체를 아우르는 사회적, 역사적 배경이란 있을 수 없을 것이다. 하지만 각 권들의 본문 배후에 있는 사회적, 역사적 배경들을 찾는 것은 가능하고, 그 배경들의 공통점을 찾는 것도 이론적으로 가능한 접근일 것이다. 이에 관한 자세한 논증들은 논문의 본론에서 각 서신을 직접 다룰 때 구체적으로 이루어지겠지만, 이 단락에서는 각 서신서의 역사적 배경들을 그 본문의 창(窓)을 통해 바라봄으로써 이러한 가능성을 간략히 가늠해보고자 한다.

(1) 야고보서와 '가난한 자, 부유한 자들'

야고보서의 독자들이 누구였든지 또는 기록 시기가 언제였든지 간에, 그들이 '흩어져'(약 1:1) 있었다는 것 외에 그들의 삶의 정황에 대한 학계의 최종적인 결론은 찾기 어려울 것이다. 하지만 현재의 학계는 대체로 야고보서에 '수사학적 상황'(rhetorical situation)이 있다는 것을 전제한다. 즉 본문이 특정한 부류의 교회 공동체의 구체적인 정황적 필요들에 응답하기 위해 설득력 있게 기록되었다는 전제하에, 이 본문들 배후에 어떤 특정한 사회적, 역사적 정황(social and/or historical situation)을 재구성할 수 있다고 보는 것이다.[71] 그리고 중요하게도 많은 경우에 사회적, 역사적 배경은 야고보서에 나타난 '가난과 부'의 문제에 집중된다. 실로 '흩어진 열두 지파들'에게 보내졌다고 표현되었듯이,[72] 강제적으로 이주되었든, 핍박에 의해서 흩어졌든, 흩어져 살았던 유대적 그리스도인들은, 그 새로운 지역들에서 불리한 조건들을 어쩔 수 없이 받아들이고 살아야 했을 것이다.[73] 야고보서의 본문 속에는 가난과 부함, 그리고 세속적 탐욕 등에 대한 표현들이 편만하다.[74] 1장 초두에서부터 '낮은 형제'와 '부한 자들'을 대조하며 세속적인 부를 좇는 일의 허망함'을 역설한다(약 1:9-11). 고아와 과부를 돕는 경건의 중대함을 언급하기도 하고(약 1:27), 가난한 자와 부자를 차별 대우하는 일(약 2:1-13), 궁핍한 형제들을 돕는 일(약 2:14-26), 물질적 탐욕에 관한 경고들(약 4:1-4; 4:13-17; 5:1-6)이 가득하다.

최근에 야고보서의 도덕적 비전을 체계적으로 연구한 James R. Strange는 본문에 나타난 야고보서의 회중들이 대부분 도시에 살고 있는 낮은 계층의 사

---

[71] Penner, "Current Research", 293-296에서 야고보서의 'Rhetoric and Social World/History'를 따로 다룬다. 야고보서에 '양식비평'(Form Criticism)을 적용했던 Dibelius의 지대한 영향으로, '무질서한 교훈집'으로 불리던 야고보서의 본문 배후에 청중의 어떤 구체적 삶의 정황을 상정할 수 있는지에 대한 문제도 있다. 하지만 최근의 학계는 야고보서의 사회적 정황에 점점 더 관심을 기울인다. Penner는 P. U. Maynard-Reid, *Poverty and Wealth in James* (New York: Orbis Books, 1987), R. P. Martin, *James* (WBC 48, Waco: Word Books, 1988), S. J. Patterson, *The Gospel of Thomas and Jesus* (Sonoma: Polebridge, 1993); M. Ahrens, *Der Realitäten Widerschein oder Arm und Reich im Jakobusbrief: Eine sozialgeschichtliche Untersuchung* (Berlin: Alektor, 1994) 등을 열거한다(295).
[72] I-Jin Loh and Howard A. Hatton, *A Handbook on The Letter from James* (United Bible Societies, 1997), 8-9, 시리아와 소아시아에 흩어진 유대인들이라고 보는 견해가 대부분이다; Gerald Bray (ed.), *James, 1-2 Peter, 1-3 John, Jude* (ACCS vol. 11, Downers Grove: IVP, 2000), 2-3, 스데반 집사가 순교했을 때, 많은 유대교 신자들이 유대와 사마리아에 흩어진 사실을 그 배경으로 보는 견해는 상당히 오래된 것이다(행 12:1-4; 8:1).
[73] Salo Wittmayer Baron, *A Social and Religious History of the Jews* (New York: Columbia University Press, 1952), 1:259, Maynard-reid, *Poverty and Wealth in James*, 110에서 재인용.
[74] 김득중, "야고보서의 反바울주의와 反世俗主義", 11-35, 교회 안을 파고드는 세속화의 경향이 야고보가 염두에 두었던 본질적인 위협이었음을 지적한다.

람들인 것으로 추정한다.[75] 그들은 주변 사회의 세속적 영향에 둘러싸여 있고, 대체로 멸시받는 가난한 자들로서 종종 부자들에 의해 재판에 끌려가거나(약 2:6-7), 하루 삯을 위해 도시 밖으로 일하러 나가는 도시 근로자들인 것처럼 보이며 일터에서 부유한 이방인들의 손에서 종종 고통당하는 모습을 보여 주기도 한다(약 5:1-6).

특히 4:13-5:6에 기록된 묵시론적인 '저주'(apocalyptic woes)의 대상들로 여겨지는 '상인 그룹'(약 4:13-17)과 농업을 하는 대지주들(약 5:1-6)의 모습은 주후 70년 이전 팔레스타인이나 소아시아의 상황과 잘 들어맞는다. 헬라 권에서 흘러들어 온 많은 상품들은 많은 이들로 하여금 무역을 통해 부를 축적할 수 있는 기회들을 제공했고(참조. 마 13:45-46), 특히 해변에 위치한 도시들에서는 지역의 특성상 상업적 활동이 활발하게 일어났다.[76] 야고보서에 나타난 이들 '부자 상인들'은 가난한 자들을 억압하는 계층은 아니었지만, 스스로 자만하여 하나님의 뜻을 잊고 세속에 취한 그들의 태도가 교회 공동체 안의 가난한 성도들에게 상당한 영향을 미친 배경으로 보인다(약 2:1-6; 4:1-5, 11-17).

한편 대지주들은 다소 다르다. 이들은 야고보서에 나타난 '가난한 자들'을 적극적으로 핍박하는 부류인 듯이 보인다. 이스라엘의 경우 군주제가 시작되면서 소수만 장악해 왔던 토지는 포로기 이후나 로마의 통치 아래서도 크게 달라지지 않았다. 제한된 토지가 소수의 지주들에게 집중된 상태에서 그 땅의 사람들 대부분은 소작농이나 품꾼으로 남게 되었다. 더구나 이들에게는 대체로 과도한 세금이 부과되었고, 적은 땅을 가진 자가 지주들에게 농기구나 씨앗, 돈 등을 빌렸을 경우 자연재해 등의 이유로 그것을 갚을 수 없었다면 쉽사리 땅을 빼앗겼다. 그래서 토지는 더욱 소수에게 집중되고, 땅을 잃거나 맡아서 농작할 수도 없는 품꾼도 늘어나는 악순환이 계속되었다(참조. 마 20:1-16; 25:14-30).[77]

---

75 James Riley Strange, *The Moral World of James: Setting the Epistle in its Greco-Roman and Judaic Environment* (Studies in Biblical Literature 136, New York: Peter Lang, 2010), 46-48, 192-193.
76 Peter H. Davids, *The Epistle of James: A Commentary on the Greek Text* (Grand Rapids: Eerdmans, 1982), 28-32.
77 Davids, *James*, 31.

이렇게 보면, 야고보서의 수신자들에 해당하는 주로 가난한 성도들은 대지주들이라는 거대한 그룹과 대척 관계에 놓여 있음을 가정해 볼 수 있다.

특히 Pedrito U. Maynard-Reid에 의하면 당시 팔레스타인에서 부유한 지주들, 상업적 농업가들, 유력한 상인들은 지배층이었던 사두개인들과 연관되거나 동조적이었다. 이들이 부에 대한 그들의 태도를 정당화하기 위해 사두개인들의 신학(Sadducean theology)을 사용한 것은 사실에 가깝다. 사두개인들은 부를 '구원의 증거와 중요한 내용'으로 간주했기 때문이다. 이런 신학을 등에 업고, 그들은 부를 얻고 지키기 위해 억압적인 수단들을 정당화했다. 유대인들이 비교적 자치적인 체제를 보장받았던 팔레스타인의 사정이 이러했다면, '흩어져 있던' 유대인들의 사정은 이와 비교할 수 없이 비참하고 억압적이었을 것이다.[78]

이런 정황을 배경으로, 야고보서의 저자가 '주의 형제 야고보'(James, the Just)라는 가정하에 Ralph P. Martin은 가능성 있는 역사적 배경을 제시하기도 한다. 야고보 사도의 죽음에 관한 이야기는 Josepus의 역사적 증언에 기초하는데, 야고보가 안나스 2세에게 62년경에 순교당한 사실을 염두에 두고 있다(Antiquities 20.9.1). 안나스 2세는 사두개인들의 총수로서 대제사장이었고, 사두개인들은 또한 율법을 지킨다 했던 자들이었다(참조. 약 1:22-25; 2:8-13). 그들이 가장 경계했던 것은 묵시론적 종말 사상에 근거한 폭동, 혁명이었고 또 이를 지지하는 열심당이었다.[79]

즉 야고보서의 수신자들은 가난한 자들로, '주의 형제 야고보'처럼, 그들의 지도자였던 사두개인들의 통치 아래서 고통을 당하고 있었다는 것이다. 야고보서의 저자가 '주의 형제 야고보'가 맞고, 사두개인이었던 안나스가 그 야고보의 순교에 결정적인 역할을 했다면, Martin이 재구성한 이러한 배경은 의미가 있을 수 있다. 이런 배경에서 보면, 야보고서는 수신자들을 향해서, 열심당원들이 대항했던 것과는 다른 대응, 곧 예수 그리스도의 가르침을 따라 전혀 다른 길을 제시한 셈이다.

---

78 Maynard-reid, *Poverty and Wealth in James*, 30-31; 참조. J. Jeremias, *Jerusalem in the Time of Jesus* (Philadelphia: Fortress, 1969), 95-99, 228-232.
79 Martin, *James*, lxiv-lxv.

(2) 베드로전서와 '비난하는 세상'

야고보서에서 교회가 맞닥뜨린 세상이 주로 '부한 자들'이요 그들의 부(富)였다면, 베드로전서에서 교회가 맞닥뜨린 세상은 그 도전의 배경과 방식이 다른 특징들을 갖고 있다. 베드로전서 역시 야고보서 1:1에서처럼 그 수신자들이 '흩어진' 하나님의 새로운 백성이다: "본도, 갈라디아, 갑바도기아, 아시아와 비두니아에 흩어진 나그네"(παρεπιδήμοις διασπορᾶς Πόντου, Γαλατίας, Καππαδοκίας, Ἀσίας καὶ Βιθυνίας, 벧전 1:1).

이 지역들은 어떤 지역들인가? 본도는 비두니아의 동쪽에 위치해 있는 지역으로, 흑해 남쪽인데, 주후 110년경에는 기독교가 넓게 퍼진 것으로 알려져 있다.[80] 갈라디아 지역은 주전 25년에 아우구스투스(Augustus) 치하에서 로마 제국에 편입되었고 후에 갑바도기아와 병합하여 소아시아 동쪽을 관할하는 지역으로 대대적으로 정비되었는데, 소아시아의 다른 지역들에 비해 헬라 문명이 덜 미친 곳으로 알려져 있다.[81] 하지만 이 지역은 매우 이른 시기에 선교가 이루어졌다(행 2:9). 또한 아시아는 로마의 지방들 중에서 가장 인구 밀집도가 높았고 헬라 문명이 가장 번창한 곳이었으며, 버가몬을 비롯해서 초대 교회에서 중대한 역할을 했던 많은 부요한 도시들이 위치해 있었다(계 2:1-3:22).[82]

다시 말해서, 베드로전서 1:1에서 수신자들이 처한 배경으로 언급된 지역들은 한결같이 기독교가 이른 시기에 전파되었으며, 동시에 헬라화가 비교적 많이 진행되었고 또 로마의 행정력이 잘 유지되었던 지역들이었다. 이런 지역들에서 예수 그리스도를 따르는 교회들이 주변 사회와 갈등을 빚은 것은 어찌 보면 당연한 현상이었을 것이다. 그 부딪침의 정도가 아직 공식적인 핍박이나 순교의 수준은 아니었을 것이지만, 종교적이고 또 문화적, 도덕적인 여러 가지 이유들로 해서 교회는 끊임없이 주변 사회와 부딪치며 비난을 들어야 했다.

---

80 C. J. Hermer, "The Address of 1 Peter", *Expository Times* 89 (1977/78): 241.
81 David Magie, *Roman Rule in Asia Minor to the End of the Third* Century after Christ (vol. 1, rep. New York: Arno, 1988), 493-495, 574.
82 Paul J. Achtemeier, *1 Peter: A Commentary on First Peter* (Minneapolis: Fortress, 1996), 85.

베드로전서가 1:1에서부터 묘사하는 수신자들의 이러한 정황은 그들을 '나그네와 행인'(παροίκους καὶ παρεπιδήμους)으로 표현한 것에서도 잘 나타난다 (2:11). John H. Elliott은 전통적으로 이 칭호들이 '천국의 순례자(pilgrims)나 이 세상으로 쫓겨나 포로 된 자들'(exiles)로 이해되는 경향(KJV/RSV/NRSV)을 비판하면서, 이를 우선적으로 그리고 주도적으로 사회적, 문화적 표현인 '거주 외국인과 방문객들'(resident aliens and visiting strangers)로 번역한다.[83] 그만큼 베드로전서가 이 용어들을 통해서 당시 수신자들인 이 지역들에 흩어진 교회들이 주변 사회에서 겪는 갈등과 이질감, 비난과 핍박들을 강조하려 했다는 것이다. 이 '사회적 소외'(social alienation)가 베드로전서의 수신자들인 교회가 외부 사람들로부터 받았던 의혹과 적대감, 그리고 그 결과로 고통을 당했던 이유라고 본 것이다.

이 관점에서 Reinhard Feldmeier는 4:12의 '불같은 시험'을 베드로전서의 배경 이해를 위한 중요한 단서로 언급한다. 당시의 상황을 묘사한 것이거나 그 상황을 해석한 표현이라고 보는 것이다. 그것은 교회가 주변 사회와 지속적인 갈등 속에서 고난을 겪고 있었다는 방증이다. 그리고 Feldmeier는 기독교 공동체에 대한 주변 이방 사회의 '적대감'(hostility)에서 오는 문제들이 이 고난의 주원인이었다고 본다. 이런 일상적이고 대중적인 적대감은 당시 로마 행정 관리들에게서 오는 것이 아니었다. 베드로전서에서 이들은 대체로 긍정적으로 묘사된다(2:13 이하). 문제는 동료 시민들이었고, 종교가 정치, 사회, 그리고 문화와 거의 구분되지 않았던 당시의 일상적인 생활양식 속에서의 충돌이었다.[84]

하지만 Feldmeier는 Elliott의 분석과는 다르게, 교회가 그 주변 사회와 겪는 사회적 갈등, 곧 그리스도인 공동체의 낯섦(foreignness)은 그 본질이 사회적, 문화적인 것이라기보다 하나님의 새로운 공동체에 속해 있는 그들로서, 그들이 처한 사회 속에서 하나님께 대한 응답의 결과로 이해되어야 한다는 점을 강조

---

83 Elliott, *1 Peter*, 458, 480-483.
84 Reinhard Feldmeier, *The First Letter of Peter: A Commentary on the Greek Text* (trans. Peter H. Davids, Baylor: Baylor University Press, 2008), 2-13.

한다.⁸⁵ 강조점이야 어찌 되었든, 베드로전서 역시 수신자들의 정황으로 '세상'을 결정적인 요소로 다루며, 특별히 교회와 주변 사회의 '관계' 문제에 집중한다는 사실을 알 수 있다.

(3) 베드로후서, 유다서와 '거짓 교사'

전통적으로 베드로후서와 유다서의 배경이 되는 '거짓 선지자'나 '거짓 교사들'(벧후 2:1), 그리고 '꿈꾸는 자들'(유 8절)과 같은 반대자들은 과거에는 영지주의자들로 알려졌었지만, 실제로는 바울의 '이신칭의'의 복음을 오해한 자들로서 주로 무율법주의적인 방랑 선교사들이 그 뿌리였다고 볼 수 있다. 또한 본론에서 자세히 다루겠지만, 베드로후서의 거짓 교사들이 세속 철학에 의해 영향을 받은 자들이라면, 유다서의 거짓 교사들은 신비 체험을 강조했다고 할 수 있다.⁸⁶

따라서 베드로후서에 대한 종래의 주장들도 더욱 엄밀하게 검토될 필요가 있다. 베드로후서는 통상 매우 늦은 시기, 곧 임박한 종말론에 대한 의식이 수그러질 즈음에 교회가 헬라화된 윤리 의식으로 무장하고, 제도적 교회로서 주변 사회 속에서 지역을 넘어서서 조직적 단체로 인식되기 시작한 초기 공교회(early Catholic Church) 시기에 기록된 서신이며, 베드로의 이름을 빌린 가경이라는 것이다.⁸⁷ 하지만 최근의 연구들은 베드로서신이 가경이라는 주장도 반박하지만, 서신서 본문의 내용에 더욱더 주목한다.

일단 영지주의가 주후 2세기경 훨씬 더 늦은 시기에 나타나기도 하지만, 우선 서신서에 나타난 반대자들에게서 영지주의적인 어떤 이원론적 주장들을 찾기 어렵기 때문이기도 하다.⁸⁸ 서신서 본문에 나타나는 '반대자들'이 종말의 심판과 최종적 구원을 조롱하는 것을 보면(벧후 3:3-5) 베드로후서의 수신자들은

---

85 Feldmeier, *First Letter of Peter*, 14.
86 Bauckham, *Jude, 2 Peter*, 57-59.
87 E. Käsemann, "Apologia for Primitive Christian Eschatology", *Essays on the New Testament Themes* (SBT 41, trans. W. J. Montague, London: SCM Press, 1964), 168-180.
88 Michael J. Kruger, "The Authenticity of 2 Peter", *JETS* 42/4 (1999): 645-671.

'여전히' 임박한 종말론적인 기대 안에 머물러 있었고, 그것이 흔들리는 단계에 있었을 가능성이 훨씬 높다. 그들이 받은 도전은 오히려, 현세주의적인 방임과 불경건한 쾌락으로 유혹되어 도덕적 방종과 짝하게 되는 일이었다(벧후 2:2-3, 18-19). 반대자들은 사도적 권위를 흔들며(벧후 2:1, 10-11; 3:1-5), 기록된 말씀을 혼란스럽게 하고(벧후 1:16, 20), 거짓 가르침으로 미혹했던(벧후 2:1-3, 12-19) 자들이다.

이런 시각에서, Jerome H. Neyrey는 베드로후서의 배경이 되는 반대자들이 2세기 중반 이후에나 두드러지게 나타나는 영지주의자들이 아니라, 이미 헬라 문화에서 주류를 이루었던 쾌락주의자들 곧 에피큐리언(Epicurean)에 가까운 자들이라고 생각한다. 이들은 유대-기독교적 역사관에 따른 최종적인 공의로운 심판과 하나님의 주권적 섭리에 따른 종말의 구원의 소망을 믿지 않으며, 현세에서 얻을 수 있는 지혜와 쾌락에 집중한 자들이었다.[89]

또한 Michel Desjardins도 영지주의적 배경이 설득력이 없음을 제시한 후에,[90] 베드로후서의 교회는 1세기 중반 이후 초대 교회의 주류가 주변의 세상 친화적인(world-accepting) 시류(時流)에 공격을 받으며 이에 쏠리려 했을 때, 종말의 강력한 소망, 미래의 확실한 심판과 새 하늘과 새 땅을 바라보는 구원의 복된 소망을 붙잡으며, 현실 속에서는 강력한 세상 부인(world-denying) 패턴에 따라 보수적 신앙과 엄격한 윤리적 삶을 고수하려 했던 소수의 교회에 해당한다고 설명한다.[91]

이렇듯 베드로후서의 배경이 당대의 영지주의자들이라기보다는 쾌락주의자들이라는 설명은, 베드로후서가 보여 주는 매우 종말론적이고 또한 신앙적으로 보수적인 면모와 잘 들어맞는다. 베드로후서가 경고하는 바는, 수신자들이

---

89 J. H. Neyrey, "The Form and Background of the Polemic in 2 Peter", *JBL* 99 (1980): 407-431.
90 Michel Desjardins, "The Portrayal of the Dissents in 2 Peter and Jude: Does it tell us more about the 'godly' than the 'ungodly'?" *JSNT* 30 (1987): 89-102.
91 Käsemann, "Apologia for Primitive Christian Eschatology", 169, 174-180; Desjardins, "The Portrayal of the Dissents in 2 Peter and Jude", 89-90, 96-99; 또한 H. C. C. Cavalin, "The False Teachers of 2 Pt as Pseudo-Prophets", *NovT* 21 (1979): 263-270을 참조하라; 야고보서의 경우, Wall, "A Unifying Theology", 36, 가난과 청빈의 경건을 언급하면서(약 1:27; 2:1, 2-7; 4:1-5:6; 또한 요일 2:15-17), '세상 부인적 태도'라는 근본적 시각을 지적한다.

주변의 거대한 세속의 쾌락주의적이고 불경건한 가르침과 삶의 태도에 휩쓸리지 않고, 여전히 선명한 종말론적 비전 안에서 계속해서 순결함과 경건함을 유지하는 소수들로 남기를 강력히 촉구한 것으로 보인다.

(4) 요한서신과 '어둠의 세상'

요한서신에도 사회적, 역사적 배경이 있는가? 요한이서와 삼서는 수신자가 분명하지만, 요한일서는 다른 공동서신의 책들처럼 특정한 대상이 없는 것으로 여겨져 왔다. 베드로전서의 경우는 수신자들이 속한 특정한 지역들에 대한 언급이 있지만, 요한일서의 경우에는 특정한 지역이나 시기를 명시하는 본문도 없다. 하지만 본문을 잘 살펴보면, 기존의 공동체에서 분리되어 떨어져 나간 무리가 있고, '요한'이 이를 염두에 두고 전략적으로 교리와 교훈들을 주고 있다는 인상을 받는다(요일 1:10; 2:4, 9-11, 특히 19-23; 4:1-6). 반대자들이 있는 것이다. 그래서 요한일서를 이런 반대자들을 대적하고 이들로부터 수신자들의 공동체를 보호하기 위한 전략적인 서신으로 보기도 한다.[92]

물론 이 반대자 혹은 '분리주의자'들의 정체가 무엇이었는지에 대해서는 학자들 간에 일치된 견해가 없다. 하지만 사도 요한이 요한서신을 기록한 지역과 시대적 배경이 1세기 말경의 소아시아라는 사실은 교부들의 증언에 의해 훌륭히 뒷받침된다.[93] 정경적으로 볼 때, 유다서가 공동서신을 마무리하지만, 바로 그 이전에 놓인 요한서신은 그 이후 연이어 나오는 요한계시록의 배경이 되는 소아시아의 모든 종교적, 사회적, 그리고 영적인 배경, 즉 한마디로 '어둠'(darkness)으로 표현할 수 있는 '세상'을 예견하게 하는 역할을 한다고 볼 수 있다. 즉 소아시아의 일곱 교회들을 배경으로 한 요한계시록은 최후의 심판과

---

[92] Painter, *1, 2, and 3 John*, 85; D. Rusam, *Die Gemeinschaft der Kinder Gottes: Das Motiv der Gotteskindschaft und die Gemeinden der johanneischen Briefe* (Beiträge zur Wissenschaft vom Alten und Neuen Testament 7/13, Berlin: Kohlhammer, 1993), 232; 한편 그 강조점이 외부의 반대자가 아니라 내부의 수신자들이라는 주장을 보려면, L. T. Johnson, *The Writings of the New Testament: An Interpretation* (rev. Minneapolis: Fortress, 1999), 566; 참조. Robert W. Yarbrough, *1-3 John* (Baker Exegetical Commentary on the New Testament, Grand Rapids: Baker Academic, 2008), 21.

[93] Yarbrough, *1-3 John*, 17.

구원의 전망을 제시하고 결국 '세상이 그리스도의 나라가 되는'(계 11:15) 최종적인 충돌과 결말로 끝난다.

하지만 요한서신의 수신자들은 아직 이 충돌을 우주적이고 총체적인 파국으로 경험하지 않는다. 다만 그 피할 수 없는 '세상'과의 충돌을 우선 교리적이고, 또한 도덕적이고, 결국 영적이며 또한 교회적인, 그런 모든 차원에서, 마치 빛이 어둠과 충돌하듯이 경험한다.[94] 만일, 요한일서의 배경이 에베소 교회를 중심으로 한 1세기 후반의 소아시아라면, 요한계시록 2-3장에 나오는 일곱 교회의 정황은 요한일서의 '반대자들'과 서신서 전체의 배경을 이해하는 데 중요한 도움을 줄 수 있다.

이제, 이 단락을 시작하면서 했던 처음 질문으로 돌아가보자. 과연, 공동서신 전체에 걸친 '공통적인 사회적, 역사적 배경'이 있는 것일까? 혹은 각기 시대나 지역, 그리고 구체적 정황은 다를지라도, 공동서신이 염두에 두고 있는 도전 혹은 배경이라고 함께 묶을 수 있는 공통적인 요소들이 발견되는가? 물론 그 어느 이론도 공동서신 각 권의 배경으로 확정할 수는 없을 것이다. 하지만 그렇다고 위에서 제시한 역사적 배경들의 개연성이 낮은 것은 결코 아니다. 적어도, 이들 공동서신 각 권의 배경이, 바울의 서신들이 종종 부딪혔던 '율법주의적 유대교'라든지 할례나 음식법, 의례법 준수와 같은 '언약 백성의 과거(過去)로부터의 도전들'이라고 할 수는 없다.

사도 바울은 옛 언약 체계인 모세의 율법과 이스라엘의 종교를 향해, 이제 종말의 실현으로 나타나신 예수 그리스도의 복음을 설명하고 이를 설득하여 새로운 교회의 기초를 놓는 선교적 신학에 힘을 쏟았다. 하지만 공동서신을 있게 한 그 사회적, 역사적 배경들은 그런 '언약 백성의 과거로부터의 도전들'이라기

94　D. Rensberger, *1 John, 2 John, 3 John* (Abingdon New Testament Commentaries, Nashville: Abingdon, 1997), 75. 요한서신에서 빛과 어둠의 이원론적인 대립에 대해서는, E. Malatesta, *Interiority and Covenant: An Exegetical Study of EINAI EN and MEINEIN EN in the First Letter of Saint John* (Rome: Pontifical Biblical Institute Press, 1978), 99-102; G. Strecker, *The Johannine Letters: A Commentary on 1, 2, and 3 John* (trans. L. M. Maloney, ed. H. W. Attridge, Hermenia, Minneapolis: Fortress, 1996), 26.

보다는 오히려 그렇게 해서 새롭게 기초가 놓인 교회가 세상 한복판에서 직면하게 되는, 주로 '외부(外部)로부터의 도전' 곧 '세상으로부터의 도전'이라고 할 수 있다.

야고보서에서 '가난과 부', 그리고 이로 인한 탐욕과 분쟁, 시험과 긍휼의 문제를 다루지 않으면 야고보서의 배경이 되는 정황을 이해할 수 없을 것이다. 베드로전서는 1:1에서 수신자들의 지역적 배경을 언급하고 있다. 1세기 이전의 아시아는 대치와 충돌의 상황은 아니었지만 이미 퍼진 기독교 신앙과 로마의 종교적, 정치적, 문화적 삶의 양식이 일상생활의 수준에서 부딪치고 있는 정황이었다. 베드로후서나 유다서의 경우는, 주변의 쾌락주의적인 철학과 가르침, 세속주의적 불경건의 배경을 그 정황으로 상정할 때 가장 잘 이해될 수 있다. 요한서신의 경우는 그 배경으로서의 '세상'이 훨씬 더 상징적이고 복합적으로 나타난다. '빛과 어둠'으로 상징되지만, 초대 교회의 전통적인 증거들을 따르면, 그 배경이 베드로전서와 같은 아시아, 특히 요한계시록 2-3장에 나오는 일곱 교회들, 그리고 하나님과 그의 아들을 적대하던 '세상'과 중첩된다.

흥미로운 점은, 공동서신의 배경이 되는 '세상'이 대체로 '적대적'으로 비치고 있다는 것이며, 이에 대해 교회 역시 대체로 '세상 부인적(world-denying ethos) 정서와 태도'를 견지하고 있다는 점이다. 이를테면, 그곳은 가난한 자들이 핍박을 받는 곳이며(약 2:1-7), 허망한 부의 유혹이 사람들을 죄와 사망으로 몰고 가는 장소이다(약 4:1-4; 2:12-15). 혹은 하나님의 집에 속한 자들을 소외(alineation)시키며(벧전 1:1, 11), 교회가 가는 길과는 전혀 다른 성향과 방향을 가진 장소이다(벧전 4:1-6). 불경건의 소굴이고, 심판의 대상이다(벧후 2:1-5; 3:1-6; 유 13-15절). 마침내, 그곳은 결코 사랑해서는 안 될 어둠과 거짓, 미움과 사망의 처소이다(요일 2:15-17; 3:13-14; 4:1-6). 이렇듯, 공동서신의 배경이 되는 '세상'은 공동서신을 이해하는 데 결정적인 역할을 한다. 그렇다면 공동서신의 배경으로 추정되는 세상이 아니라, 공동서신의 본문에 나오는 '세상'은 어떻게 나타나는가?

2.2 공동서신의 본문에 나타난 '세상'(Κόσμος)

공동서신의 사회적, 역사적 배경으로서의 '세상'이 아니라, 공동서신 본문 안에서 나타나는 '세상'은 어떤 의미를 갖고 있는가?[95] 이 질문에 대한 답은 본론에서 공동서신 각 권에 나타난 '세상 속의 교회'가 직면한 문제들과 해결책을 분석할 때, 집중적으로 다루어야 할 것이다. 다만 서론에 해당하는 이 단락에서는 공동서신 전체에 나타나는 '세상'이라는 개념을 문맥 안에서의 구문론적(syntactical)인 이해보다는, 단순히 '세상'(Κόσμος)이라는 용어가 실제로 공동서신 본문에서 사용되는 경우들을 찾아보고, 개략적인 의미의 폭을 가늠해보는 것으로 충분할 것이다.

먼저 Κόσμος라는 용어는 야고보서에 4회(약 1:27; 2:5; 3:6; 4:4), 베드로전서에 3회(벧전 1:20; 3:3; 5:9), 베드로후서에 5회(벧후 1:4; 2:5[x2], 20; 3:6), 그리고 요한서신에서는 집중적으로 18회(요일 2:2, 15[x3], 16[x2], 17; 3:1, 13, 17; 4:3, 5[x3]; 4:4, 17; 5:19; 요이 7절)나 사용된다. 야고보서의 경우를 살펴보자. 1:27에 나오는 ἀπὸ τοῦ κόσμου는 '세상(세속, 개역개정)으로부터 오염되지 않게 자신을 지키라'는 문맥에서 사용되었다. 같은 구절 안에 '고아와 과부', 그리고 '긍휼의 구제'라는 주제가 포함되어 있다. 2:5에 사용된 τῷ κόσμῳ는 '하나님께서 세상에서 가난한 자들을 택하셔서 그들을 믿음에 부요하게 하셨다'는 문맥에서 사용된다. 또한 3:6에서 주격으로 사용된 ὁ Κόσμος τῆς ἀδικίας는 혀 곧 말의 사용이 만들어 내는 '불의한 세계'라는 의미이다. 마지막으로 4:4에서 ἡ φιλία τοῦ κόσμου는 '세상과 짝하는 사랑'을 가리키는 것으로 하나님을 사랑하는 것과 대치 관계를 이룬다.

베드로전서의 본문 속에는 '세상'과 연관된 용어들이나 개념들이 풍부하지만, Κόσμος라는 용어 자체는 3회 정도 나온다. 이 중에서 3:3의 ἱματίων Κόσμος는 '옷들을 단장'하는 의미로 예외이다. 1:20에 나오는 πρὸ καταβολῆς κόσμου(세상의 기초가 놓이기 전에)는 예수 그리스도와 대조된 피조 세계를 묘사

---

95 BDAG, 562, "the system of human existence in its many aspects."

하는 문맥이다. 또한 5:9에 쓰인 τῇ ἐν τῷ κόσμῳ는 '세상에 있는 너희의 형제들도 같은 고난을' 당한다는 문맥에 놓여 있다.

베드로후서에서 Κόσμος는 흥미로운 문맥들에서 모두 5회 사용된다. 먼저 1:4에 나오는 ἐν τῷ κόσμῳ는 '너희가 정욕 때문에 세상에서 썩어질 것을 피하라'는 문맥에서 사용되었고, 2:20의 τὰ μιάσματα τοῦ κόσμου 역시 '세상의 더러움을 피하라'는 문맥에서 사용된다. 한편 2:5에 나오는 ἀρχαίου κόσμου는 '옛 세상'을 용서치 않는다는 심판의 문맥이고, κόσμῳ ἀσεβῶν은 '경건치 않은 자들의 세상'이라는 의미로, 똑같이 심판의 문맥이다. 그리고 마지막으로 3:6에 나오는 ὁ τότε Κόσμος 역시 '그때의 세상'으로, 불경건 때문에 물의 심판을 불러온 세상을 의미한다.

요한서신에서 Κόσμος 사용의 빈도수는 절정에 이르고(요일 17회, 요이 1회), 그 문맥이나 의미의 폭도 더 다양하고 풍성해진다. 요한일서 2:2에 περὶ ὅλου τοῦ κόσμου라는 표현은 색다르다. '온 세상을 위한' 하나님의 사랑과 죄 사함을 통한 화목의 문맥이다. 2:15에서는 전반부의 Μὴ ἀγαπᾶτε τὸν κόσμον μηδὲ τὰ ἐν τῷ κόσμῳ ἐάν τις ἀγαπᾷ τὸν κόσμον라는 문구 속에서만 3회나 사용된다. 역시 '사랑'의 문제와 관련되어 있다. 그다음 구절인 2:16에서도 πᾶν τὸ ἐν τῷ κόσμῳ와 ἐκ τοῦ κόσμου가 나오는데 역시 하나님과 세상이 대치되면서 사랑의 문제가 대두되는 문맥이다. 3:1에서는 διὰ τοῦτο ὁ Κόσμος οὐ γινώσκει라는 문구인데 여기서도 하나님과 세상, 사랑, 그리고 '아는' 일의 중요성이 강조되는 문맥이다. 3:13에서는 εἰ μισεῖ ὑμᾶς ὁ Κόσμος(세상이 너희를 미워하거든)이 나오고, 17절에서는 τὸν βίον τοῦ κόσμου(세상의 재물/생명)이라는 문구 속에 쓰인다.

요한일서 4장은 Κόσμος라는 이 용어를 6차례나 사용하는데, 먼저 3절에 νῦν ἐν τῷ κόσμῳ라 해서 '적그리스도가 벌써 세상에 와 있다'는 문맥에서 쓰였고, 4:5에는 ἐκ τοῦ κόσμου가 2회, 그리고 주격인 ὁ Κόσμος가 1회 사용되었다. 세상은 하나님의 자녀와 대치되는 어떤 기원과 소속을 뜻하는 영역으로 쓰였다. 또한 4:4의 ἢ ὁ ἐν τῷ κόσμῳ는 세상이 악한 자의 지배하에 있는 영역임을 표시하며, 17절의 ἐν τῷ κόσμῳ τούτῳ에서 Κόσμος는 그리스도께서 보내심을 받았던, 그리고 그를 믿는 자들이 보냄을 받은 그 세상을 지칭하는 듯하다. 그리고

5:19에서는 ὁ Κόσμος ὅλος ἐν τῷ πονηρῷ κεῖται라 하여 온 세상이 그 악한 자 안에 거한다는 의미로 4:4에서와 같은 맥락에서 쓰였다. 마지막으로 요한이서 7절에서 εἰς τὸν κόσμον는 미혹하는 자들이 많이 들어온 세상으로, 미혹이 가득한 처소로 쓰였다.

3. 연구 방법론과 논문의 전개

이렇듯, 공동서신의 역사적 배경뿐 아니라, 본문 안에서도 '세상'이라는 개념은 문자 그대로 두드러진다. 각 서신서 안에서 '세상'이라는 개념이 어떤 의미를 갖는지 찾으려면, 단지 '세상'이라는 용어만이 아니라 이와 연관되는 해당 구문(syntax)이나 문맥 전체를 분석해야겠지만, 공동서신의 각 책들이 Κόσμος라는 용어를 사용하는 문맥들을 개략적으로 살펴보아도 서로 다른 강조점들을 갖고 있음을 알 수 있다. 예컨대, 야고보서는 '세상-가난/부'의 조합이, 베드로전서의 경우에는 '세상-임시 거주지'의 개념이, 베드로후서는 '세상-불경건'의 특징이, 그리고 요한서신의 경우는 '세상-총체적 어둠'이라 할 수 있을 것이다.

방법론적으로 볼 때, 공동서신이 배경으로 하고 또 본문을 통해 드러내는 '세상'의 개념과 Κόσμος라는 특정한 단어가 반드시 본문에 나타나는 것과 필연적인 관계가 있는 것은 아니다.[96] 이론상으로는, 공동서신 각 권에 나타나는 '세상'의 이해가 Κόσμος라는 단어의 등장 여부와 직접적으로 관련이 없을 수도 있다. 하지만 위에서 살펴본 대로, 공동서신의 각 권에서 Κόσμος를 사용하는 문맥들은, 흥미롭게도, 각 서신 나름대로 그 서신의 배경이 되는 '세상적 도전들'을 이해하는 데에 결정적인 관련 개념들이나 특징적인 정황을 엿볼 수 있게 하는 실마리들을 제공한다.[97]

---

96 이를테면, Richard B. Hays, *Echoes of Scripture in the Letter of Paul* (New Haven: Yale University Press, 1989), 23, 157-158, 신약의 구약 사용에 있어 본문 간(inter-textual)의 대화적(dialectic) 문맥을 중시하면, 명백한 인용이 아니라 암시나 메아리(echo)의 형태도 중대한 의미의 층으로 분간해 낼 수 있다; 복음서의 경우, Ulrich Luz, "Eine thetische Skizze der matthäschen Christologie", 221-235, *Anfänge der Christologie* (ed. C. Breytenbach, H. Paulsen and F. Hahn. Göttingen: Vandenhoeck & Ruprecht, 1991), 221-225, 마태복음의 기독론을 명백한 '칭호들'(titles)이 아니라, 내러티브의 문맥 안에서 파악하려는 최근의 '내러티브 기독론'의 시도를 잘 보여 준다. 방법론에 대한 논의를 보려면, T. E. Morgan, "Is There an Intertext in this Text?: Literary and Interdisciplinary Approaches to Intertextuality", *American Journal of Semiotics* 3, no. 4 (1985): 1-40.

97 이와 같은 접근법은, 신약의 구약 사용에 있어서, '인용'(citation)의 존재 여부가 그 주변 문맥에서 암시(allusion)나 메아리(echo)의 존재 여부를 확증하는 데 결정적인 단서로 사용되는 점들을 예로 들 수 있다. Chae, *Jesus as the Eschatological Davidic Shepherd*, 6-17, Introduction, '3. Methodology'를 참조하라.

이렇듯, 공동서신의 배경과 본문에 비친 '세상'의 모습은 본론에서 다룰 각 권의 세밀한 분석을 통해서 더욱 뚜렷하게 떠오를 것이다. 즉 서신의 사회적, 역사적 배경을 고려할 뿐 아니라, Κόσμος라는 용어가 직접 사용되는 문맥들을 통해서 '세상-관련어들'이나 개념들을 찾고 이를 본문에서 추적하여 그 서신에서 염두에 두고 있는 '세상'에 대한 이해를 재구성하는 것이다. 그리고 이렇게 공동서신의 각 책에서 '세상'의 개념을 재구성한다는 것은 또한, 각 서신마다 특징적으로 묘사되는 '그러한' 세상의 도전들에 맞서서 발신자가 과연 수신자들에게 과연 어떤 식의 해법을 제시하는지를 규명하는 분석에도 결정적인 역할을 할 것이다.

따라서 공동서신 각 권에서 '세상 속의 교회'의 주제를 다룰 때, 먼저 그 서신에서 전제하는 '세상'의 개념과 그 '세상으로부터의 도전들'을 재구성하여 이를 중심으로 발신자의 대응책들을 차례로 분석해 나갈 것이다. 이를테면, 야고보서에서는 '두 마음'(약 1:8; 4:8)의 문제나 '부와 가난'의 문제(약 1:9-10; 2:1-7; 그리고 4:13-5:6) 등이 보다 세밀한 관심을 받아야 할 것이다. 베드로전서의 경우에는 과연 '양심'(벧전 3:16)이나 혹은 '선한 행실'(벧전 2:20; 3:17)이 무엇을 의미하는지를 밝혀야 한다. 베드로후서나 유다서의 경우에는 이들 서신이 '경건'(벧후 3:11; 유 15, 21절)을 어떻게 정의하고 어떻게 표현하는지, 또한 요한서신에서는 '빛, 진리, 거짓, 행함, 사랑' 등의 중심 개념들이 어떻게 교회와 세상 사이의 관계를 규정하고 당면한 문제들을 해결하는 전략이 되는지를 살필 것이다.

이렇게, 공동서신 각 권에 대한 연구가 마무리된다면, 마지막으로 야고보서에서부터 요한서신까지 그 정경적인(canonical) 의미를 따라 일관된 배경이나 신학의 가능성을 다시 점검해 볼 것이다. 공동서신을 함께 묶어서 초대 교회에 전달한 교회 전통은 과연 이 공동서신을 통해서 어떠한 일관된 메시지와 전략을 전달하고자 했는가? 이 질문에 대한 대답에 따라, 공동서신이 한국 교회의 정황을 분석하고 성서적 전략을 제시하는 데에 어떻게 사용될 수 있을지를 가늠해 볼 수 있을 것이다.

제2장
야고보서에 나타난 '세상과 교회'

1. '야고보서 신학'의 가능성과 '세상'의 특징들
   - 1.1 일관된 신학적 주제의 가능성
   - 1.2 '세상'(Κόσμος) 관련 개념들

2. 부(富)와 시험의 Κόσμος - '진리의 말씀'과 '심긴 말씀'
   - 2.1 이중 서론(1:1-11, 12-27)의 문맥
   - 2.2 '나뉜 마음'(1:8)의 의미와 배경
   - 2.3 '심긴 말씀'(1:18, 21b), '나뉜 마음'의 해법
   - 2.4 '심긴 말씀'의 배경, '말씀-교회론'
   - 2.5 요약과 결어

3. 가난과 차별의 Κόσμος - 긍휼을 행하는 믿음
   - 3.1 차별, 교회 안에 들어온 세상(2:1-7)
   - 3.2 긍휼, 자유의 온전한 율법(2:8-13)
   - 3.3 행함, 믿음의 대치가 아닌 성취(2:14-26)
   - 3.4 요약과 결어

4. 말(言)과 혼돈의 Κόσμος - 위로부터 오는 지혜
   - 4.1 말(言)과 불의의 세상(ὁ Κόσμος τῆς ἀδικίας, 3:1-12)
   - 4.2 위로부터 오는 지혜(3:13-18; 4:1-5:6)
   - 4.3 요약과 결어

5. 하나님과 세상(Κόσμος) 사이에 선 교회 - 종말의 지혜
   - 5.1 '세상과 짝'하는 나뉜 마음과 낮춤의 지혜
   - 5.2 세속적인 사업가와 불의한 대지주들, 종말의 지혜
   - 5.3 '주의 결말'과 '맹세', 종말의 회복된 공동체(5:7-20)
   - 5.4 요약과 결어

6. 결론 - 야고보서의 신학과 윤리

1. '야고보서 신학'의 가능성과 '세상'의 특징들

　야고보서의 기록 목적은 무엇인가? 야고보서는 정말 '세상 속의 교회'라는 주제를 드러내는가? 만일 그렇다면 '야고보'가 서신의 배경으로 묘사하는 그 세상의 특징들은 무엇인가? 또한 '야고보'는 세상으로부터의 도전들에 대해 어떤 신학과 윤리적 대응책들을 내놓는가? 이러한 질문들에 대답하는 것이 이번 단락의 목적이다. 하지만 질문들에 대답하기 전에, 먼저 야고보서에는 일관된 신학도, 일관된 문학적 구조도 존재하지 않는다는 기존의 견해들에 대답할 필요가 있다.

　신약 해석학에 있어 다양한 문학적 접근(literary analysis) 방식들이 시도되면서, 야고보서에 신학적, 문학적 통일성이 없다는 주장은 서서히 옛말이 되어가고 있다. Peter H. Davids는 이미 야고보서 연구에 있어서 양식비평의 시대가 가고 편집비평의 시대가 왔다고 말하면서, "서신서를 진주들을 꿰어놓은 목걸이로 보던 시대는 과거이고, 이제 서신서의 본질적 통일성을 찾는 탐구가 본격

적으로 시작되었다"고 덧붙였다.[1]

하지만 야고보서의 신학적 중심 주제나 문학적 구조에 대한 논의는 여전히 대체적인 합의에 이르지 못하고 있는 것도 사실이다. 본 논문은 야고보서의 중심 주제에 대한 학계의 탐구 동향과 성과들을 살피면서, 야고보서 1장 특히 1:21b가 서신서 전체에 대하여 갖는 신학적 중심성을 논증한다. 이를 위해 21b절의 분석과, 전후 문맥, 그리고 21b절에 나타난 중대한 표현들의 배경을 추적하여 이 절이, 야고보서의 구원론의 요약인 동시에 다양한 교훈적 명령(paraenesis)들이 그것에 근거해 펼쳐지는 중요한 신학적 축임을 설명하고자 한다.

1.1 일관된 신학적 주제의 가능성

실로, 야고보서에는 이렇다 할 일관된 신학이 없는가?[2] 야고보서를 연구하는 최근의 많은 학자들은 그렇지 않다고 생각한다.[3] 우선 Dibelius가 야고보서를 "서로 연결이 되지 않는 교훈들의 잡다한 모음집"[4]이라고 보고 원래 이런 '교훈들'은 신학적 일관성이나 통일성을 가질 필요가 없다는 전제에서 그가 단단히 묶어 놓았던 야고보서와 '교훈들'(paraenesis)의 연결 고리는, 이런 교훈들조차도 어떤 사회적 정황을 상정할 수 있다는 주장들이 힘을 얻으면서 서서히

---

[1] Peter H. Davids, "Theological Perspectives on the Epistle of James", *Journal of Evangelical Theological Studies* 23/2 (1980): 97; Davids는 일찍이 R. Hoppe가 *Der theologische Hintergrund des Jakobusbriefes* (Würzburg: Echter, 1977), 야고보서의 가장 중심된 두 가지 신학적 주제는 지혜와 믿음이라고 주장한 것을 언급한다(97, 각주 3); 또한 야고보서의 중심 주제가 바울서신에서와 마찬가지로 '사랑으로 역사하는 믿음'(갈 5:6)이라고 주장했던 D. Edmond Hiebert의 "The Unifying Theme of the Epistle of James", *Bibliotheca Sacra* (1978): 221-231 같은 논문과 비교해 볼 때, 최근 William R. Baker의 "Christology in the Epistle of James", *Evangelical Quarterly* 54 (2002): 47-58나 Matt A. Jackson-McCabe의 "The Messiah Jesus in the Mythic World of James", *JBL* 22/4 (2003): 701-709과 같은 논문들은, 야고보서 나름대로의 신학을 찾는 탐구에 있어 진전된 연구로 볼 수 있다.
[2] 이 단락(1.1)은 채영삼, "야고보서 1:21b의 신학적 중심성", 465-471의 내용을 수정, 보완한 것이다.
[3] 야고보서에서 '논리적으로 일관된' 주제를 확신하는 것은 무리라고 보는 학자들도 있다: Bauckham, *James: Wisdom of James, Disciple of Jesus the Sage* (London: Routledge, 1999), 62-67이나 Moo, *James*, 46도 이런 유보적인 입장을 취한다.
[4] Dibelius, *James*, 2.

해체되기 시작했다.⁵ 실제로 야고보서가 Dibelius의 주장대로 교훈 모음집이라 하더라도 그것이 그렇게 아무런 신학 없이 모아진 것이 아니며, '지혜'가 야고보서의 중심 주제이고 더 나아가 이를 통해 '지혜 신학'(wisdom theology)을 찾을 수 있다는 시도들도 있었다.⁶

하지만 야고보서는 단순히 지혜 문학에 포함시킬 수 없는, 매우 강한 종말론적인 내용들도 갖고 있다. 예컨대, Donald J. Verseput는 1:1에 나타난 야고보서의 수신자인 '흩어져 있는 열두 지파'를 매우 중요한 단서로 보면서, 야고보서는 단순한 지혜 문학이 아니라 4Q185처럼 종말론적인 구조 속에서 지혜를 언급하는 특별한 서신이라고 주장한다.⁷ 이렇게 야고보서가 단순히 지혜 문학에 속하지 않으며 종말론적인 큰 틀 안에서 지혜를 다루고 있다는 사실에 대한 확인은, 야고보서 나름대로의 신학에 한 걸음 더 접근하는 것으로 볼 수 있다.⁸

사실 그동안 야고보서의 신학이라고 하는 것은 주로 바울 신학의 틀과 시각에서 비추어 보는 경우가 큰 흐름을 형성했다. 대표적으로 야고보서 2:14-26을 중심으로 바울의 이신칭의론(Justification by faith)과 야고보서의 강조점인 행위에 대한 무수한 논쟁들이 그 예이다.⁹ 그러나 이런 경향에 대한 반성으로

---

5 Mark E. Taylor의 "Recent Scholarship on the Structure of James", *Currents in Biblical Research* 3/1 (2004), 89-90를 보라. Taylor는 특히 W. Popkes의 "James and Paraenesis Reconsidered", *Texts and Contexts: Biblical Texts in their Textual and Situational Contexts* (eds. T. Fornberg and D. Hellholm, Oslo: Scandinavian University Press, 1995), 535-561의 공헌에 주목한다; 또한 Todd C. Penner, *The Epistle of James and Eschatology: Re-reading an Ancient Christian Letter* (JSNTSupS 121, Sheffield: Sheffield University Press, 1996), 33-103.

6 일찍이 H. J. Cladder, "Die Anfang des Jakobusbriefes", *ZKT* 28:37-57에 의해 '지혜'의 주제적 중심성이 부각되었지만, B. R. Halson, "The Epistle of James: Christian Wisdom?" in *Studia Evangelica* 4/1 (ed. F. L. Cross; TU 102; Berlin: Akademie-Verlag, 1968), 308-314이나, 최근의 Robert W. Wall, *Community of the Wise: the Letter of James* (Valley Forge: Trinity Press International, 1997), Bauckham의 *James* 등은 이 주제를 체계적으로 다룬 시도로 볼 수 있다.

7 D. Verseput, "Wisdom, 4Q185, and the Epistle of James", *JBL* 117/4 (1998): 691-707, 특히 705-707.

8 Darian Lockett의 "The Spectrum of Wisdom and Eschatology in the Epistle of James and 4QInstruction", *Tyndale Bulletin* 56/2 (2005): 131-148도 이런 주장을 뒷받침한다.

9 물론 이것은 바울서신에서 두드러진 이신칭의의 교리를 복음 중의 복음으로 보았던 Luther의 영향이 크다. Luther는 야고보서를 "여러 가지 내용들을 아무렇게나 늘어놓은"(M. Luther, "Preface to the New Testament" [1522], LW 33.397) 서신으로 "지푸라기들로 가득한 서신"이라 한 것이나, 거기에는 "그 어떤 복음적인 것도 들어 있지 않다"고 한 평가는 아직도 충분히 넘지 못한 도전으로 남아 있다(참조. W. G.

William R. Baker는 야고보서를 끊임없이 바울 신학과 동일 선상에 놓고 보면 바울서신에는 있는데 야고보서에 없는 것에 집중하게 된다고 지적한다.

야고보서를 이렇게 보기 시작하면 야고보서에는 성령론이 없다든지 기독론도 매우 희미하고 구원론도 명확치 않으며 이신칭의와 같은 교리는 전혀 나타나지 않는다는 식으로 평가한다는 것이다.[10] 그래서 이제는 야고보서 나름의 상황과 용어들로 그 나름의 신학 세계를 끌어내 보고자 하는 방법들이 적극적으로 시도되고 있다.[11]

물론 야고보서의 중심 주제는 다양하게 나타날 수 있고 또 다양하게 제안되어 왔다.[12] 그중 1:14-15를 배경으로, 18절과 21절이 갖는 '신학적' 중심성에 주목하는 이유는, 이 구절들을 중심으로 한, 1장의 일부분 혹은 1장 전체가 신학적으로만이 아니라 문학적 구조로서도 '서신서의 나머지 부분의 기조를 형성'하는 서론에 해당한다는 학계의 대체적인 의견에 의해서도 뒷받침된다.

야고보서의 신학적 주제들에 대한 탐구와 더불어, 야고보서를 통괄하는 어떤 일관된 문학적 구조에 대한 탐색은 더욱 활발하게 이루어져 왔는데, 보다 본격적이고 정밀한 분석은 F. O. Francis가 제안하고 P. Davies가 더 발전시킨 구조에서 시작되었다고 할 수 있다.[13] 특히 Francis가 주장한, 고대 헬라의 서신서

Kummel, *Introduction to the New Testament*, 406).

10   William Baker, "Who's your daddy? Gendered birth images in the soteriology of the Epistle of James (1:14-15, 18, 21)", *Evangelical Quarterly* 79/3 (2007): 195-207, 특히 196-197.

11   McCabe, "Mythic World of James", 702; 참조. 이런 점에서 H. Marshall은 *New Testament Theology on James* (NIGTC, Grand Rapids: Eerdmans, 1982), 55, 야고보서의 전형적이지 않은 표현들에 주목하여 이를 충분히 이해함으로써 야고보서 나름대로의 신학을 찾아가는 것이 바른 전략일 것이라고 제안한 바 있다.

12   Mark E. Taylor는 "Recent Scholarship on the Structure of James", *Currents in Biblical Research* 3/1 (2004): 86-115에서 이런 다양한 제안들을 열거한다: E. Pfeiffer는 1:19의 세 가지 명령이 야고보서의 전체를 관통하는 핵심적 주제의 역할을 한다고 보았다(91); H. J Cladder는 1:5과 3:15-18에서 집중적으로 다루어지는 '지혜'가 중심 주제라고 보았고(91), F. Vouga는 '믿음'이라는 주제(95)를, L. T. Johnson은 '세상과 벗하는 것'과 '하나님과 벗하는 것' 이 두 가지 양극단 사이에 놓인 갈등(97)을, 그리고 Todd Penner는 야고보서의 종말론(99)을, T. Cargal은 1:1과 5:19-20에 나타나는 '회복'(restoration)의 모티브(102)를 중심 주제로 보았으며, Bauckham은 야고보서의 문학적 배열에 있어서 가장 중요한 요소가 있다면 그것은 '온전함'이라는 모티브일 것이라고 주장한다(106-107).

13   F. O. Francis, "The Form and Function of the Opening and Closing Paragraphs of James and I John", *ZNW* 61 (1970): 110-126; Davids, *James*, 특히 24-26.

양식에 대한 연구를 통해 야고보서의 인사말과 맺음말이 서신서의 전체 구조를 예시(foreshadowing)한다는 논증, 곧 서신서 전체의 이해에 있어서 서론이 갖는 중요성에 대한 주장은 대체적으로 설득력을 얻고 있다.[14] 이와 더불어 어떤 형식으로든 야고보서의 처음과 나중이 전후 대칭적(chiastic) 구조를 갖고 있다는 점을 고려하면, 서론이 본론에 대해서 갖는 예시 기능은 한층 더 강화된다고 할 수 있다.[15]

따라서 야고보서 전체의 신학적 주제나 문학적으로 일관된 구조가 있다면, 그것은 야고보서의 서론에서 예시될 가능성이 높은 것이다. 이런 점에서, Taylor가 자신의 제안까지를 포함해 야고보서의 문학적 구조에 대한 최근의 연구들을 요약하면서, "야고보서 1장이 서신서 전체의 구조에 열쇠를 쥐고 있다는 데에는 모두가 동의한다"(All agree that ch. 1 holds the key to the letter's structure)[16]고 결론지은 것은 야고보서의 문학적 구조에 관해 최소한의 합의점은 분명하다는 사실을 보여 준다. 결론적으로, 야고보서 나름대로의 신학과 그 신학적 표현을 찾고자 할 때, '믿음과 행위'의 문제를 다루는 2:14-26보다는 서신서의 서론에 해당하는 1장이 야고보서의 일관된 신학을 제시하는 발단이 될 가능성이 상당히 높은 것이다.

1.2 '세상'(Κόσμος) 관련 개념들

그렇다면 야고보서 서신 전체의 신학적 주제와 일관된 문학적 구조를 제시할 가능성이 높은 1장의 이중 서론의 핵심적인 내용은 무엇인가?[17] 만일 서신서 전체에 대하여 서론 역할을 하는 1장에서 전체의 신학과 구조를 드러낼 수 있

14　Francis, "The Form and Function", 110-111.
15　J. M. Reese는 "The Exegesis as Sage: Hearing the Messages of James", *BTB* 12 (1982): 82-85, 3:1-18이 편지의 핵심이며 이를 중심으로 1:2-27과 5:7-20, 그리고 2:1-26과 4:1-5:6이 대칭을 이루고 있다고 보았고, R. B. Crotty, "The Literary Structure of James", *ABR* 40 (1992): 45-57, 1:16-18과 5:19-20이 서로 대칭을 이루며 편지의 틀을 감싸고 그 핵심에는 4:1-3이 놓여 있다고 본다.
16　Taylor, "Structure of James", 112.
17　이하의 논증은, 채영삼, "야고보서 1:21b의 신학적 중심성", 469-470을 보라.

는 해석적 열쇠(hermeneutical key)가 있다면 그것이 무엇일까?

이런 점에서 최근 Baker의 연구는 주목을 받을만하다. 그는 "야고보와 바울의 비교 연구는 야고보서의 문맥에서 보면, 달려야 하는 말 앞에 수레를 둔 격이 되고 말았다"고 말하면서 야고보서는 "2:14-26에서 '믿음과 행위'의 문제를 다루기 전에 이미 나름대로의 신학, 곧 그의 구원론을 1:14-15, 18, 21에서 전개하고 있으며, 이 본문들은 서신서의 나머지 부분의 기조를 형성한다"고 주장한다.[18]

실제로, 야고보서가 갖고 있는 신학적 문제로 자주 부각되는 '믿음과 행위'의 주제가 본격적으로 논의되는 2장 이전에, 서론으로 분류되는 야고보서 1장, 특히 1:14-15, 18, 그리고 21절의 신학적 중요성에 주목하는 것은 드문 일이 아니다. 최근 Matt Jackson-McCabe의 연구는 비록 21절의 '심긴 말씀'을 자연법 혹은 인간 이성이나 양심으로 보기는 하지만, 이 구절들이 야고보서에서 갖는 신학적 중요성에 주목한다.[19] 또한 Verseput에 의하면, 야고보서는 그 어디에서도 청중이 되는 공동체의 주된 특징이 지혜라고 규정하지 않으며, 오히려 그 공동체의 경계선을 긋는 가장 큰 특징이 있다면 그것은 '진리의 말씀'(1:18), '심겨진 말씀'(1:21), 그리고 '자유하게 하는 온전한 율법'(1:25) 등의 표현들 속에 놓여 있다고 제안한다.[20]

유사하게, 필자 역시 야고보서가 선포하는 복음의 핵심적 내용, 그 신학적 중심이 1:18-21에서 발견된다고 본다. '진리의 말씀'(1:18)과 '마음에 심긴 말씀'(21절)이다. 흥미롭게도 공동서신의 정경적 역할을 재발견한 R. Wall이 공동서신 전체에 걸친 '공통된 신학'이 있다고 주장하면서 그 한 가지 중요한 요소로 '말씀'을 지목한다. 공동서신은 공통적으로, 백성의 고난에 대한 하나님의 응

18　Baker는 "Who's your daddy?", 이런 점에서 야고보서에 나타난 구원과 그 반대 곧 심판과 멸망을 '잉태와 출산'의 이미지로 표현한다는 점에 주목하면서(196), 1:14-15, 18, 21에 표현된 탄생/회심의 이미지는 바울 서신에 나타난 세례의 이미지를 빌린 것이 아니라, '하나님의 창조'에 근거한 이미지(원래 Hort, Law의 견해)라는 주장을 전개한다(198).
19　Jackson-McCabe, *Logos and Law in the Letter of James: The Law of Nature, the Law of Moses, and the Law of Freedom* (Leiden: Brill, 2001); 그가 주장하는 야고보서의 기독론도 이러한 율법 이해와 부합하는 보다 유대적인 메시아관에 집중한다("Mythic World of James", 701-706).
20　Verseput, "Wisdom, 4Q185", 706.

답으로 '진리의 말씀을 계시'하심을 강조한다는 것이다. 이 말씀은 "인간의 경험적 지혜가 아니라, 하나님에 의해 계시된다(1:18). 특별히 율법을 통해서(1:22-25; 2:8-10; 4:11-12), 그리고 예수 그리스도의 가르침을 통해서이다."[21]

또한 Wall은 공동서신의 또 다른 특징으로, 하나님께서 해법으로 주신 '말씀'의 배경이 되는 공통적인 정황이 '고난'(suffering)이라고 보았는데, 야고보서에서는 핍박에 의해서 일어나기도 하고(2:6-7), 말로 헐뜯는 것으로 나타나기도 하지만(3:7-8), 결국 피조 세계 자체가 '마귀'에 의해 시험당하고 있기 때문으로 분석한다(4:7-10).[22] 이런 점에서, 공동서신에서 공통적으로 나타나는 '고난'이나 '말씀'이라는 주제들이 야고보서에서는 구체적으로 어떻게 묘사되고, 또 어떻게 제시되는가?

우리는 앞서 공동서신에서 '세상'(Κόσμος)이라는 특정한 용어가 각 책마다 어떤 본문에서, 어떤 문맥에서 나타나는지 개략적으로 살펴보았다. 이제는 야고보서가 이 용어를 어떤 본문에서, 그리고 구체적으로 어떤 문맥에서 사용하는지 살펴보아야 한다.[23] 방법론적으로 볼 때, 야고보서가 '세상'의 개념을 표현하고 전개하기 위해 Κόσμος라는 특정한 단어를 반드시 본문에 사용해야 하는 것은 아니다.[24] 하지만 이렇게 함으로써, 한편으로는 야고보서가 분석하고 묘사하는 '세상'이라는 개념을 연관되는 용어들이나 개념들과 더불어 이해함으로

---

21 Wall, "A Unifying Theology", 33-35, 또한 베드로전서 1:12, 22-25, 베드로후서 3:7, 13, 그리고 요한일서 1:1, 2, 3-4; 3:3, 4-10; 4:10, 유다서 3, 17, 20절을 예로 든다.

22 Wall, "A Unifying Theology", 31-32, 또한 베드로전서에서 이 고난은 주로 악한 사회, 세상 때문에 생기며(3:13-17; 4:1-6), 베드로후서와 요한서신도 언급하지만, 다소 근거가 약하다.

23 Luke Timothy Johnson, "Friendship of the World and Friendship with God: A Study of Discipleship in James", *Discipleship in the New Testament* (Fernando F. Segovia, Philadelphia: Fortress Press, 1985), 172-173, 4:4의 Κόσμος 개념을 정의하기 위하여 나머지 용례들을 간략하게 살핀다. 결론적으로 야고보서에서 '세상' 개념은 긍정적인 의미에서 하나님의 피조 세계가 아니며, 인간이 노력을 경주하는 가치중립 지대도 아니고, 하나님의 세계와 그 의미와 실재에 있어서 상반되는 영역으로 정의한다.

24 "제1장 서론, 3. 연구 방법론과 논문의 전개"를 참고하라. Richard B. Hays, *Echoes of Scripture in the Letter of Paul* (New Haven: Yale University Press, 1989), 23, 157-158; Ulrich Luz, "Eine thetische Skizze der matthäschen Christologie", 221-235, *Anfänge der Christologie*, 221-225; T. E. Morgan, "Is There an Intertext in this Text?: Literary and Interdisciplinary Approaches to Intertextuality", *American Journal of Semiotics* 3, no. 4 (1985): 1-40; Graig Bartholomew, *"Behind the Text": History and Biblical Interpretation* (Grand Rapids: Zondervan, 2003).

써, 본문을 분석하는 데 있어 더욱 유용한 방편을 갖게 될 것이고, 또 다른 면에서는 야고보서가 '세상'의 도전에 대하여 그 수신자들을 위해 어떠한 전략들을 제시하는지 그 특징들을 더욱 세심하게 분별해 낼 수 있을 것이다.

앞서 언급했듯이 Κόσμος라는 용어는 야고보서에서 모두 4회(1:27; 2:5; 3:6; 4:4) 사용된다. 결말에 해당되는 5:7-20에는 사용되지 않았지만, 1장부터 2장, 3장, 그리고 4장에 모두 각각 1회씩 고르게 분포되어 있다. 흥미로운 사실은, 이렇게 각 장에 나타나는 Κόσμος는 문맥 속에서 각기 다른 관련 개념이나 강조점들을 제시하고 있다는 것이다. 즉 1:27에서 사용된 Κόσμος는 '세속에 물들지 않는 정결'(purity)과 관련이 있고, 2:5에서는 '가난한 자들을 대접하는 일', 그리고 3:6에서 Κόσμος는 특별히 '말의 사용'에 연관되어 있으며, 4:4에서는 하나님 대신에 '사랑'하는 대상으로 제시된다. 이렇게 Κόσμος라는 동일한 용어를 사용하면서도, 문맥에 따라 서로 다른 관련 개념이나 강조점들을 갖는 것은, 개별적으로 또한 종합해서 볼 때, 야고보서가 이해하고 분석하는 '세상으로부터의 도전'을 재구성할 수 있는 흥미로운 실마리를 제공해 준다.

(1) 1:27, Κόσμος와 세속으로부터의 정결

먼저 27절에서 Κόσμος가 사용된 가장 가까운 인접 문맥은 ἄσπιλον ἑαυτὸν τηρεῖν ἀπὸ τοῦ κόσμου(세속으로부터 그 자신을 때묻지 않게 지키는 것, 27c절)이다. ἄσπιλος는 마치 흙탕물이 튀어 결국 옷 전체가 더럽혀진 것 같은 상태를 표현한다.[25] 문맥은 여기서 그 '세상' 혹은 '세속'이 흙탕물처럼 성도를 더럽힐 수 있는 영역으로 보도록 허락한다. 수신자들은 세속으로부터 자신이 그렇게 더럽혀지지 않도록 '지켜야'(τηρεῖν) 한다. 세상은 더러움으로 오염된 영역이기 때문이다.[26]

또한 τηρέω는 물건이나 사람을 지킨다는 뜻 외에, 율법의 규정들이나 특

---

25 H. G. Liddell & R. Scott, *Greek-English Lexicon: With a Revised Supplement* (Oxford: Clarendon Press, 1996), 259, 1628; BDAG 144.
26 Bauckham, *James*, 145-146, 세상에서 자기를 지키는 것이, 곧 물리적인 공간으로서의 세상을 떠나 분리되어 사는 것을 의미하지 않음을 강조한다.

히 의례법과 같은 율례들을 '준수한다'(observe)고 할 때도 자주 쓰이는 동사이다.[27] 야고보서에는 의례법에 대한 언급이 전혀 없다는 것을 염두에 둔다면,[28] τηρέω와 같은 동사를 이런 경우에 썼다는 것은 역설적인 의미가 있을 수 있다.[29] 여기서 '경건'(θρησκεία)이란 원래 '종교생활'을 뜻하는데,[30] 이런 문맥에서 보면, 정작 지켜내야 할 것은 의례법의 조항들이 아니라 자기 자신이며, 27a절의 언급을 고려하면 특별히 세속에 휩쓸리지 않고,[31] 헛된 종교적 경건으로부터 자신을 지키는 것이라는 의미에 가깝게 된다.

정작 참된 경건은 종교적 의례들을 '준수하는' 것이 아니라 삶 속에서, 이미 오염된 세상 한가운데서 자신을 '지켜'내는 정결함에 있다는 뜻이 된다. 더 구체적으로 말하면, 27c절에 사용된 ἄσπιλος, τηρέω, 그리고 Κόσμος의 정확한 의미는, 결국 이와 같은 개념들과 강조점들이 부각된 야고보서의 문맥을 살펴봄으로써 결정할 수밖에 없다. 그러므로 1:27이 야고보서 전체의 문학적 구조 속에서 갖는 역할은 매우 중요하다. 필자는 27절이 그 앞에 나오는 26절과 함께, 그 이후에 나오는 서신서의 본론(2:1-5:6)의 구조를 결정하는 문법과 같은 역할을 한다고 본다.[32]

즉 26-27절은 첫 번째 서론인 1:1-11과 두 번째 서론인 1:12-27의 전체 결론으로,[33] 야고보가 이 이중 서론(1:1-27)에서 수신자들의 위기적 상황과 문제를 지적하고 그에 대한 해법으로 신학적인 복음 선포(1:18, 21)와 윤리적 권면(특히 19-25절)을 제시한 내용에 따라, 결론적으로 참된 '종교생활'(θρησκεία) 곧 참된

---

27 채영삼, "야고보서의 τελ-어군(語群)의 사용과 '온전함'의 의미", 93-128, 특히 τελέω(성취하다)와 비교해서 논한 부분을 보려면, 110-114를 참조하라.
28 Dibelius, *James*, 116-120, 146.
29 채영삼, 『지붕 없는 교회』, 158-159에서 유사하게 언급하였다.
30 여기서 θρησκεία는 '종교적'이라고 번역하는 편이 가장 정확할 것이다. Loh and Hatton, *James*, 53, 신약에서 여기에만 나오는 단어로서, "경건하고 주의 깊은 제의적이고 예전적인 행위들에 대한 외적인 표현"으로서의 종교이다; Davids, *James*, 102.
31 김득중, "야고보서의 反바울주의와 反世俗主義", 30-31, 1:27의 경건에 대한 정의, 곧 '참 종교'에 대한 정의는 야고보서의 반세속주의적 경향을 결정적으로 드러낸다고 본다.
32 Francis, "The Form and Function", 118.
33 Mark E. Taylor, *A Text-Linguistic Investigation into the Discourse Structure of James* (London: T&T Clark International, 2006), 121-123.

경건을 세 가지 국면으로 정의한 본문이다.

첫 번째로, 27b절의 '어려운 가운데 처한 고아와 과부들을 돌보는' 긍휼을 행하는 경건은 바로 뒤이어 서신서 본론이 시작되는 2:1-26에서 집중적으로 다루어진다. 두 번째로, 26절의 '그의 혀를 재갈 먹이는' 말에 있어 온전함을 이루는 경건은 3:1-18에서 다루어지고, 마지막으로 27c절의 '세속에서 자신을 지켜 더럽혀지지 않는' 경건은 본론의 마지막 부분인 4:1-5:6에서 집중적으로 논한다.[34] 이렇게 보면, 1:27c에서 사용된 특정한 Κόσμος의 개념은, '고아와 과부를 돌보는 긍휼'(2:1-26)과 더불어 '세속에서 자신을 지키는 정결'의 관련 개념과 함께, 주로 4:1-5:6에서 구체적으로 드러날 것이고,[35] 또 이에 대한 대응이나 해법도 그 문맥에서 제시될 것을 예상할 수 있다.

(2) 2:5, Κόσμος와 가난한 자들을 택하심

여기서 Κόσμος가 사용된 관련 개념들이나 전체 문맥은 흥미롭기 그지없다. 우선 (i) '가난한 자들'(τοὺς πτωχοὺς)과 '부자들'(πλουσίους)이 함께 대조되고, (ii) 세상에서 가난한 자들을 하나님께서 '택하셨다'(ἐξελέξατο)는 사실과 더불어, (iii) 그들을 '믿음에는 부요한 자들'(πλουσίους ἐν πίστει)이 되게 하셨다는 '신적 역전'(divine reversal)의 모티브까지 나온다. (iv) 더욱이 이렇게 택함을 받은 자들은, 이 세상에서는 비록 '가난한 자들'이지만, 약속된 하나님의 나라를 유업으로 받을(κληρονόμους τῆς βασιλείας) 언약 백성이다. 그들은 하나님의 언약적 사랑 안에 있고, 또한 하나님을 그런 사랑으로 사랑하는 자들인 것이다(ἧς ἐπηγγείλατο τοῖς ἀγαπῶσιν αὐτόν).

이렇게 Κόσμος가 '가난한 자들, 부자들'과 연관되는 문맥은, 앞서 제시한 야

---

34 여기서 (i) 2:1-26은 다시, '이웃에 대한 긍휼'(2:1-14)과 '보충: 행하는 믿음의 지혜'(2:14-26)로, (ii) 3:1-18은 '말에 온전한 사람'(3:1-12)과 '보충: 위로부터의 지혜'(3:13-18), (iii) 그리고 4:1-5:6은, '세속으로부터의 정결'(4:1-17)과 '보충: 종말로부터 얻는 지혜'(5:1-6)로 나뉠 수 있다. 채영삼, "야고보서 1:21b의 신학적 중심성", 513, fn. 92;『지붕 없는 교회』, 48 참조.

35 Davids, *James*, 104, "27절에서 '자기를 지켜 세속에 물들지 않고'라 했을 때, 야고보는 특별히 그 주변의 사회 문화 환경, 곧 '모으고 쌓는', 그래서 맘몬을 섬기는 그런 우상 숭배적인 탐욕을 염두에 두고 있다(4:4). 이런 세속에 물들지 않은 노력은, 교회 안에서 분쟁을 일으킬 소지를 줄여줄 것이다(1:26). 그리고 자선의 길을 열어 줄 것이다."

고보서의 문학적 구조를 따를 때, 27b절의 '어려운 가운데 처한 고아와 과부들을 돌보는' 긍휼을 행하는 경건을 설명하는 2:1-26에서 가장 잘 설명될 것으로 예상할 수 있다. 여기서 Κόσμος는, 4:1-5:6에서 본격적으로 설명되는 '세속에서 자신을 지키는 정결'(1:27c)의 경우처럼 더러움과 오염이 넘치는 영역이라기보다는, 구체적으로 가난한 자들과 부유한 자들 사이에 구분과 차별이 있으며 부유한 자들에 의해 가난한 자들이 억압받는 정황임을 암시적으로 보여 준다.

즉 가난과 부를 중심으로 한 사회적, 경제적, 문화적 배경을 엿볼 수도 있고,[36] 동시에 그런 불의한 상황이 종말론적으로 또 묵시론적으로 역전되는 모티브도 볼 수 있다(2:8-13; 참조. 5:1-6).[37] 과연 이러한 정황들이 야고보서가 이해하고 제시하는 Κόσμος의 개념에 어떤 색채를 더하는가? 이런 정황 이해를 바탕으로 '가난한 자들과 부자들'의 문제, 장차 약속으로 받을 유업에 대한 종말론적 그리고 묵시론적 전망에 관해서 야고보가 어떤 신학과 윤리적 대응을 내놓는지는 2:1-26의 분석을 통해서 살펴보게 될 것이다.

(3) 3:6, Κόσμος와 혀/말의 불의한 세계

야고보가 Κόσμος라는 용어를 의도적이고 전략적으로 사용하고 있다는 추측을 가능하게 하는 것은, 서신서 전체에서 단 4회밖에 나오지 않지만 각 장에 적절히 분포되어 있고 또 서로 다른 관련어들과 문맥에서 사용하고 있다는 점 때문이다. 3:6의 경우, 뜻밖에도 '혀' 또는 '말'과 관련되어 있다.

얼핏 보아도, Κόσμος와 연관되어 6절에 나오는 γένεσις(삶, 피조 세계)나 γεέννης(지옥) 같은 용어들은 창세기 1-3장에 기록된 '피조 세계'(the creation)를 떠올리게 한다.[38] 동시에 '혀'는 '불의의 세계'이며, 비록 작지만 그것이 속해 있

36　Jackson-McCabe, "Mythic World of James", 707-708, 야고보서의 묵시론적 개념들은, 대표적으로 경제적으로 가난한 자에 대한 강조와 세상에 대한 부정적인 의식, 그리고 임박한 종말의 심판에 대한 높은 기대로 나타난다.

37　Pedrito U. Maynard-Reid, *Poverty and Wealth in James*, 38; Penner, *James and Eschatology*, 165-166; 또한 Davids, *James*, 41-46, 가난-경건의 연결은 거의 유대적 전통이다(1:2, 12; 2:5; 5:7). 가난한 자들은 인내할 것을 독려받고, 부자들의 손에 의해 고난을 당한다. 역전의 모티브는 1:9-11에서 이사야 40:6-7을 배경으로, 그리고 묵시론적 배경을 가지고 5:1-6에서 또 나온다.

38　Wall, *Community of the Wise*, 172; Dibelius, *James*, 200-201.

는 전체를 '오염'(σπιλόω)시킬 수 있다. 흥미롭게도 여기서 Κόσμος와 σπιλόω가 연관되는데, 이것은 이미 1:27c에서 '세속에 더럽혀지지 않는 정결'이라 할 때, 그 세속(Κόσμος)과 '더럽혀지지 않는'(ἄσπιλος)의 연결 관계로 나타난 바 있다. 전체적으로 볼 때, 세상은 부정하게 오염된 영역이다. 이렇게 3:6에서 Κόσμος는 앞에 나온 1:27과 2:5의 경우와는 달리 또 다른 관련어들과 문맥 속에서 쓰였다. 이것은 야고보가 수신자들이 처한 '세상'이라는 배경을 어떻게 이해했으며, 그런 세상으로부터 어떤 도전을 받았다고 판단했는지를 보여 주는 단서가 된다. 특히 3장에서 '세상'에 대한 야고보의 이해는 매우 독특하며, 이를 배경으로 야고보가 제시하는 '온전한 사람'(3:1-2)에 관한 이해도 특별하다. '혀' 또는 '말'에 관한 가르침은 야고보가 1:26에서 정의하고 제시한 참된 경건의 세 가지 요소 중 하나로, 3:1-18에서 집중적으로 다룰 것이다.

(4) 4:4, Κόσμος와 '하나님과 반립(反立)하는 사랑의 대상'

마지막으로 4:4에서 ἡ φιλία τοῦ κόσμου는 '세상과 짝하는 사랑'을 가리키는 것으로 하나님을 사랑하는 것과 반립하는 관계에 놓인다. 세상을 사랑하든지, 하나님을 사랑하든지 둘 중 하나이다. 둘 다일 수는 없다. 여기서 Κόσμος는 그 본질을 드러내는 듯하다. 1:27에서처럼 단순히 사람을 더럽히는 정도도 아니고, 2:5에서처럼 가난한 자들을 억압하는 영역도 아니다. 야고보는 3:6에서 세상과 '말'(言)의 관계를 밝힌 후에, 4:4에서 이 세상이 교회의 사랑의 대상인 하나님과 경쟁 관계에 놓인다고 말한다.[39] 세상으로부터의 도전이라면 가장 대담한 도전이요, 교회의 위기라면 가장 치명적인 위기일 수 있다.

이는 야고보가 4:4의 문맥에서 '간음하는 자들'(μοιχαλίδες)이라는 표현을 쓰는 것에서도 잘 나타난다. 하나님과 그의 새 백성 사이의 언약 관계가 암시되어 있는 듯하다.[40] 특별히 '사랑(φιλία)-원수(ἐχθρὸς)'라는 관련 개념도, 여기서 야고

---

39 Dibelius, *James*, 220, 여기서 '세상'은 윤리적 이원론에 근거한 '세상'이며, 종말론적이고 형이상학적인 면에서 Κόσμος가 아니라고 본다. 하지만 4:13-5:6은 여기에 묵시록적, 종말론적 색채를 더한다.
40 Dan G. McCartney, *James* (Baker Exegetical Commentary on the New Testament, Grand Rapids: Baker Academic, 2009), 209-210, 구약에서 하나님과 이스라엘의 배타적인 언약 관계를 또한 그

보가 제시하는 세상으로부터 오는 도전 내용과 그에 대한 교회의 대응 방식을 이해하는 데에 결정적인 단서를 제공해 준다.[41]

어떤 의미에서 보면, 4:4의 '세상' 개념은 앞의 2:5에서 그려진 '세상'과 '가난한 자들'의 문맥과 유사하다. 넓게 보면, 4:1-4에서도 세상의 재물을 탐하고 헛된 정욕을 얻으려 애쓰는 문맥이 나온다(1-3절). 또한 1:27에서 언급된 '세상의 더러움을 피하여 자신을 지키는 정결'이라는 모티브는 세속 사회에서 사업을 하고(4:13-17) 또 세상의 땅 부자들에게 속해 일하는 품꾼들의 배경(5:1-6)을 포함하는 4:1-5:6에서 자세히 설명되는데, 4:4에 나타나는 '세상-사랑' 개념은 바로 이 문단에 속해 있다.

여기서 4:4에 나타나는 '세상-사랑' 개념은 '하나님의 원수'라는 극단적인 표현을 통해 야고보서가 그려내는 '세상'의 도전들과 그 '세상 속의 교회'의 대응이라는 주제의 절정을 이루는 대목에 속한다. 따라서 4:4의 Κόσμος와 그 관련 개념들은 1:27c의 '세상' 개념과 함께 4:1-5:6 문단 안에서 다루고자 한다.

요약하면, 야고보서에서 일관된 신학을 찾는 것은 불가능하지 않다. 오히려 야고보서를 '윤리적 교훈들의 무질서하고 잡다한 모음집'으로 규정한 Dibelius가 놓은 연구의 기초가 흔들리고 있는 중이다.[42] 최근 학계에서는 야고보서의 중심적인 신학적 주제나 문학적 구조의 틀이 '믿음과 행함'을 다루는 2장이 아니라 1장에서 찾아진다고 본다. 그렇다면 1장 어디에서 신학적 중심 주제와 문학적 구조를 여는 열쇠를 찾을 수 있을 것인가? 적지 않은 학자들이 1:18-21에서 제시되는 '진리의 말씀'(18절) 또는 '심긴 말씀'(21절)의 중요성에 밑줄을 긋는다. 만일, 이 '말씀' 신학이 응답으로 주어지게 된 문제 상황이 있다면 그것은 무엇일까?

이는 이중 서론의 결말인 26-27절에서 참된 경건의 개념을 다룰 때, 27c절

리스도와 그의 교회 사이에 적용한 경우라고 본다(호 1-3장; 사 62:4; 겔 16:32; 23:45; 참조. 음란한 세대, 막 8:38[마 12:39]); Dibelius, *James*, 220, '간음하는 여인들'은 '거룩한 결혼'의 개념에 근거한다.

41   Craig L. Blomberg & Mariam J. Kamell, *James* (Grand Rapids: Zondervan, 2008), 190, 당시 배타성과 동질 그룹 사이의 친밀도가 중요시되던 팔레스타인 지중해의 문화 속에서, 친구나 적의 개념은 배신이나 신뢰가 얼마나 중요한 가치 척도였는지를 보여 준다.

42   Penner, "Current Research", 298-300.

의 Κόσμος 개념과 함께 나오는 '고아와 과부에게 긍휼을 행함'이라는 관련 개념에도 깃들어 있고, 또 2:5에서 '세상의 가난한 자들'이라고 하면서 가난한 자와 부한 자들을 대조시킨 정황에서도 찾을 수 있다.

다음 단락에서는 2:5와 1:27에 나타난 Κόσμος의 이해와 관련 개념들을 배경으로, 본격적으로 어떻게 야고보서가 '말씀'을 신학적 중심 주제로 제시하고 있는지를 1장을 중심으로 논증해 보고자 한다.

2. 부(富)와 시험의 Κόσμος – '나뉜 마음'과 '심긴 말씀'

야고보서는 서신서의 첫 마디에서 수신자들을 '흩어져 있는 열두 지파'(ταῖς δώδεκα φυλαῖς ταῖς ἐν τῇ διασπορᾷ, 1:1)로 지칭한다. '열두 지파'는 다분히 하나님의 언약 백성으로서의 정체성을 드러내는 표현이고, '흩어져 있는'이라는 표현은 지리적이면서도, 상징적이고 또 신학적인 표현이기도 하다.[43] 수신자들에 대한 이런 표현을 두고 수신자들의 정체성에 대한 단서로 삼아 논란을 펴기도 하지만,[44] 우리의 관심은 이 표현이 그들이 처한 상황 혹은 그들이 당하는 여러 가지 시험들과 어떤 관련이 있는가 하는 것이다.

따라서, 이 단락에서는 1:1-11과 12-27절의 이중 서론을 통해서 야고보가 드러내고 있는 시험의 가장 근본적인 문제와 그 해법을 제시하는 논리를 찾아보고자 한다. 이를 위해서 먼저 '흩어져 있는'(ἐν τῇ διασπορᾷ)이라는 표현, '여러 가지 시험'(2절)과 9-11절의 문맥, 또한 두 번째 서론 안에서 12-15절과 16-17절의 관계를 살펴봄으로써, 야고보서가 염두에 두고 있는 세상적 도전이 주로 '부'(富)의 문제로 비롯된 것이며, 이에 대한 응답으로 매우 독특한 방식으로 '말씀'의 신학과 윤리를 제시하고 있음을 논증하려 한다.

2.1 이중 서론(1:1-11, 12-27)의 문맥

야고보서를 이해하려면 야고보서의 서문인 1장을 이해해야 한다. 신약의 서

---

[43] Bray, *James, 1-2 Peter, 1-3 John, Jude*, 2-3, 스데반 집사가 순교했을 때 신자들이 흩어진 사건과 관련 있거나(행 12:1-4; 8:1), Loh and Hatton, *James*, 8-9, 시리아와 소아시아를 지리적 배경으로 언급하기도 한다; 한편 Dibelius, *James*, 66, 이를 '참 이스라엘'에 대한 언급으로 보며(갈 4:21-31; 빌 3:3; 고전 10:18), "함께 택하심을 받은 바벨론에 있는 교회"라는 구절은 야고보가 교회를 '흩어진 열두 지파'로 이해하는 것과 잘 어울린다고 설명한다(계 2:14; 2:20); Chae, *Jesus as the Eschatological Davidic Shepherd*, 247-326, '흩어진'이라는 표현이나 '열두 지파'라는 표현들은 복음서에서 이스라엘의 회복이라는 주제와 얽혀있다; Wall, *Community of the Wise*, 40, 본문의 배경으로 이사야 49:5-6에서 흩어진 야곱의 지파들을 모으신다는 종말의 약속을 언급한다.

[44] Moo, *James*, 23-24, 이들이 유대인인가(다수의 학자들), 유대 그리스도인들인가, 이방인 그리스도인들도 포함하는 모든 그리스도인들인가(Klein, Vouga, Baasland), 혹은 그리스도인들과 그리스도인이 아닌 유대인들인가(Adamson)의 문제를 다룬다.

신들이 모두 그러한데, 서신서 전체 내용과 구조를 예시해주는 인사말이나 서문의 중요성은 그동안 익히 잘 알려졌다. 야고보서의 경우는 1절에서 발신자와 수신자를 밝힌 후에, 2-11절에서 첫 번째 서론을, 그리고 12-27절에서 이를 심화하고 발전시키는 두 번째 서론을 제시한다.[45] 이중 서론은 서로 주제들도 비슷하고 그 주제들을 제시하는 흐름도 유사하다. 그리고 이런 유사한 구조를 통해서 앞에서 제시되었던 내용들을 받아서(recapitulating) 더욱 명확하게 설명하고 결론으로 이끌어가며 다음 단락을 준비하게 하는 역할을 한다. 이중 서론의 구조를 도표로 요약하면 아래와 같다:[46]

발신자와 수신자	
2-11절 첫 번째 서론	12-27절 두 번째 서론
a 시험(2절)	a´ 시험(12절)
b 인내(3절)	b´ 참는 자(12절)
c 온전함(4절)	c´ 생명의 면류관(12절)
	[온전한 선물(17절)]
d 인내를 이루라(4절)	d´ 죄 잉태, 장성, 사망(14-15절)
e 지혜가 부족하거든(5절)	e´ 속지 말라(16절)
	[말씀(18, 21절), 율법(22-25절)]
f 후한 하나님께 기도(5절)	f´ 아버지께로 내려오나니(17절)
g 의심하지 말라(6절)	g´ 변함도 없으시고(17절)
h 나뉜 마음(8절)	h´ 자기의 뜻을 좇아(18절)
i 믿음과 세상(9-11절)	i´ 경건과 세상(26-27절)

도표를 통해서 한눈에 알 수 있지만, 이중 서론의 첫 구절인 2절과 12절은

---

45 Francis, "The Form and Function", 118; 또한 Francis의 이론을 토대로 발전시킨, Daivids, *James*, 23-25.

46 이 도표는 채영삼, 『지붕 없는 교회』, 50에 수록된 것을 다소 수정(e´, g´; 특히 h´), 보완하였다.

모두 '시험'으로 시작한다(a와 a′). 수신자들이 당면하고 있고 발신자가 언급하고 싶은 가장 직접적인 상황이 바로 그들이 '시험'에 직면해 있다는 사실을 보여 주는 것이다. 이어서 야고보는 이 시험의 원인을 지적하거나 그 근본적인 뿌리를 캐내기 전에, 격려와 함께 처방을 제시한다. 이를 자세히 살펴보자.

먼저 인내해야 한다(b와 b′). 그리고 그 인내의 결국, 인내의 목적이 제시된다(c와 c′). 첫 번째 서론에서는 '온전한 자들'(τέλειοι)이다(4절).[47] 두 번째 서론에서 이 인내의 결국 혹은 목적은 '생명의 면류관'으로 제시된다(12절). 두 번째 서론의 문맥을 살펴보면, 이것은 바로 뒤이어 나오는 '온전한 선물'(δώρημα τέλειον)과 병행을 이룬다(17절). 다시 말해서, 시험을 겪으면서 인내하게 하는 목적 혹은 그 결과로 얻어지는 '온전함'이란 더 구체적으로 말해서, '생명의 면류관'이요, 그것은 풍성하신 하나님께서 주시는 '온전한 선물'이라는 문맥적 연결 고리들이 형성된다.

하지만 첫 번째 서론과 두 번째 서론 사이에 대조적인 면도 두드러진다(d, e, f와 d′, e′, f′). 첫 번째 서론(2-11절)이 시험에 응답하는 긍정적인 방향을 독려한 것이라면, 두 번째 서론은 12절에서 잠시 인내의 결국으로 얻어지는 '생명의 면류관'을 언급한 후에, 13절부터 16절까지는 주로 그렇게 가서는 '안 되는' 부정적인 방향을 분석하고 이를 경고하는 역할을 한다. 즉 같은 내용이지만, 첫 번째는 긍정적으로 격려하고 두 번째는 동일한 내용을 부정적인 경고의 형식으로 전달함으로써 다시 한 번 강조하는 구조를 보여 준다. 사실 13-16절의 경고 형식은 이미 6절에서 발단이 되어 11절에서 끝나지만, 13절 이후에서는 시험에 실패하여 사망에 이르는 경우를 보다 적극적으로 보여 준다.

인내도 과정(process)이고(d), 시험에 들어서 사망에 이르는 것도 과정이다(d′). 5절과 6절은 인내를 이루는 과정이 지혜와 간구, 믿음과 기도로 채워져야 함을 보여 준다. 하지만 이런 것들 곧 지혜와 믿음, 간구와 기도가 결핍된다면 어떻게 될까? 마치 동영상처럼 그 비참한 과정을 보여 주는 것이 12-15절이다.

---

[47] 4절에서 인내를 '온전히 이루라'고 할 때 그 '온전히'도 τέλειος인데, Dibelius, *James*, 74, 이를 뒤에 나오는 '온전한 자들'(τέλειοι)과 같은 의미로 읽는다. 하지만 채영삼, "야고보서의 τελ-어근의 사용", 94-97, 둘은 서로 다른 대상을 지칭하고 있음을 논증했다.

그 과정은 시험을 받아 욕심을 잉태한 후 사망에 이르기까지 모두 6단계로 되어 있다.[48] 한마디로, 16절에서 결정적으로 경고하는 것처럼, '속는'(πλανάω) 과정이다.

역설적으로 말해서, 바로 그렇기 때문에 첫 번째 서론에서 인내를 강조할 때 (4절) '지혜'(σοφία)를 언급하고 있는 것이다(e).[49] 시험을 당해 인내를 요구받지만, 지혜가 결핍되면 속게 된다(e′). 즉 욕심을 잉태하여 스스로 생명(생명의 면류관, 12절)을 얻게 되는 것처럼 생각되지만, 결국에는 도리어 사망에 이르게 된다. 흥미롭게도 두 번째 서론에서 시험에 들어 사망에 이르는 과정을 묘사할 때, '지혜'에 대한 언급이 없다. 하지만 속는 일은 어리석은 것이고 지혜 없음의 반증이다(e′; 말씀[18, 21절]이나 율법[22-25절]은 훨씬 뒤에 언급된다). 욕심을 잉태하고 그것이 생명을 낳을 것이라고 착각하기 때문에, 말 그대로 지혜가 끼어들 틈이 없는 것이다.

그렇다면 어떻게 해야 '지혜가 결핍'(5절)되는 상황 곧 '속는' 어리석은 일 (16절)을 피할 수 있는가?[50] 첫 번째 서론은 기도를 강조한다. 구하는 것이다 (αἰτείτω, 5절). 간구하는 일은 시험을 당하고 인내하는 과정에 있어서 긴급하고 또 필수불가결한 처방인 셈이다. 하지만 첫 번째 서론에서는 간구할 것을 강조하는 반면, 두 번째 서론에서는 간구하라는 권고가 없다. 그 대신 '하나님이 어떠한 분이신가'를 설명하는 데 치중한다(13, 17-18절).

왜 그럴까? 그것은 간구하는 문제와 관련이 있다. 하나님을 어떻게 알고 있는지에 따라(f와 f′), 간구하거나 간구하지 않을 수 있다. 그래서 첫 번째 서론에서 기도할 것을 권면한 후에 바로 '후히(ἁπλῶς)[51] 주시고 꾸짖지 않으시는 하나

48　Bray, *James, 1-2 Peter, 1-3 John, Jude*, 12, 교부 Bede는 유혹에는 세 단계가 있는데, 첫째는 제안 (suggestion)이고, 둘째는 실험(experiment)이고, 마지막은 동의(consent)라고 했다. 하지만 야고보의 본문은 이보다 훨씬 더 상세한 단계들을 서술한다.

49　Loh and Hatton, *James*, 15. '지혜'는 헬라적 배경에서는 주로 영리함 혹은 학식을 의미하지만, 구약 전통에서는 선과 악을 구별하며 이를 깨달아 택할 수 있게 하는 도덕적 분별력을 의미한다.

50　16절이 13-15절과 16-18절을 연결하는 고리 역할이라는 점에 관하여는, Dibelius, *James*, 99; Davids, *James*, 86; 그리고 Moo, *James*, 76을 참조하라.

51　Dibelius, *James*, 79. ἁπλῶς의 의미로서 '순수하게'와 '관대하게' 두 가지를 들며, '꾸짖지 않고, 주저함이 없이, 망설이지 않는'(Shepherd Hermas, *Man*. 2.4; *Did*. 4.7)의 태도를 가리킨다고 말한다. 문맥을 살펴

님'을 강조한다(5절). 그런 하나님이시기 때문에 얼마든지 간구할 수 있는 것이다. 역으로 말해서 만일 하나님을 '후히 주시는' 분으로 알고 있지 않고 또 믿고 있지 않다면, 시험을 당해도 그에게 간구할 수 없다. 간구할 필요를 느끼지 못하기 때문이다. 도리어 그를 오해하게 될 위험에 놓인다. 두 번째 서론은 이런 우려를 현실로 다룬다.

5절에서와 마찬가지로 13절에서 야고보는 시험을 당해 실패하는 방향으로 기울어져 있는 자들을 향해 이렇게 말한다: "하나님은 악한 일로 시험을 당하지 않으시는 분이고, 또한 그 자신이 아무도 시험하지 않으십니다." 그들이 간구하지 않는 이유, 간구할 필요를 느끼지 않는 이유는, 이 이중 서론의 구조가 강조하는 바에 의하면, 확실히 하나님을 잘못 알고 있거나, 하나님을 아는 지식에 문제가 생겼기 때문이다. 하나님은 부족함이 없는 분이시고, 그분이 주시는 모든 것은 온전하며 또 아낌없이 풍성히 주신다(17절).

그렇다면 야고보는 왜 시험을 당해 인내 속을 지나가는 수신자들에게 하나님께 대해 오해를 품지 않도록, 하나님의 풍성하심과 선한 의도를 다시 설명해야 했을까? 아마도 그들의 심령이 이미 하나님을 떠나, 다른 것에 이끌리며, 하나님을 오해하고 하나님께 대한 무지(無知) 속에서 멀어져 갈 위험에 있었기 때문이 아닌가? 야고보는 이런 상태를 두고, '믿음으로 구하는' 것이 아니라 '스스로 판단받는'(διακρινόμενος, 6절, 의심하는, 개역개정/개역한글) 마음 상태로 기도하는 것이라고 분석한다(g).

마음이 이미 그 안에서 '스스로 판단을 받는' 상태이다. 온전하지 않은 것이다. 하나님께 구하면서도, 하나님이 풍성하시며, '후히 주시고 꾸짖지 않으실' 분임을 잊고 있는 상태이다. 그 이유는 알 수 없다 하더라도, 이런 믿음의 상태는 하나님의 어떠하심과 그 태도와는 상반되고 또 대조됨을 알 수 있다(g′). 하나님에게는 '바뀌는 것도 회전으로 인해 드리우는 그림자도 없기' 때문이다 (17절). 그분은 변질되지 않으신다. 반면에 이미 시험에 흔들리고 실패하는 자들은 그 믿음과 심령이 변질될 위험에 놓인 셈이다. 여기에 모든 시험의 뿌리가

보면, '나뉜 마음'(1:6, 8)이 아닌 것과 '속이는'(1:16) 것과 대조되는 태도를 의미할 수 있다.

놓여 있다.

이렇게 해서, 이중 서론은 동일한 주제들, 곧 시험, 인내, 온전함과 생명, 지혜와 어리석음, 간구와 무지, 변질과 풍성하심 등을 병행시키고 반복하면서, 그 의미를 심화하고 핵심적인 문제로 나아간다. 즉 시험이라는 현상을 먼저 지적한 후, 긴급한 목회적 처방으로 인내와 온전함을 격려하고, 그다음 서서히 문제의 뿌리로 접근하는 것이다. 시험을 당해 인내하지 못하는 이유는, 시험 자체가 주는 어려움도 있지만, 무엇보다 '속게 되기' 때문이다. 그래서 지혜가 필요한데도 그 지혜를 간구하지 않는다. 그런 믿음으로는 결코 하나님을 신뢰하는 가운데 그분께 간구할 수 없게 되기 때문이다.

야고보는 첫째 서론의 결론에 가까이 가면서 드디어 이 문제의 핵심, 병명(病名)을 밝힌다(8절). 근본적인 시험의 뿌리, 병의 근원은 '나뉜 마음'(δίψυχος)이다(h).[52] 신자의 마음이 하나님과 세상 사이에서 나뉜 것이다. 대조적으로 둘째 서론은 하나님께서 그의 백성을 향해 일관된 뜻(h′), 곧 그들에게 생명을 주시는 뜻을 품으신 것을 선포한다(18절). 결국은 마음의 문제에 이른다. 수신자들이 시험 속에 있을 때, 가장 밑바닥에 놓여 있는 결정적인 어려움은 그들의 '나뉜 마음'이다.

그렇다면 그들의 마음은 어떻게 나뉘게 되었을까? 그들은 어떤 유혹을 받았는가? 여전히 9-11절을 그 이전 문맥과 전혀 상관없는 것처럼 읽어야 한다고 보기도 하지만,[53] 이중 서론의 구조의 문학적 분석을 중시한다면, '나뉜 마음'을 언급한 8절 바로 뒤이어 9-11절에서 '세상의 헛된 부와 자랑'에 관한 이사야 40:6-8a를 사용하는 이유는 거의 명백하다 할 수 있다(i).[54]

또한 세상의 부와 자랑, 그 부나 부자들로 말미암아 생기는 유혹과 시험의

---

52 구조적으로 보면, 1:5에서 '지혜'를 먼저 언급하고 6-8절에서 '나뉜 마음'을 언급하는 순차는, 3장 13-18절에서 '지혜'를 먼저 언급하고 뒤이어 4:1-4에서 '나뉜 마음'에 대해 언급하는 순차와 일치한다. '나뉜 마음'은 지혜 없음, 곧 어리석음의 증거요, 원인이고 또 결과인 셈이다.

53 Dibelius, *James*, 83-84.

54 F. J. A. Hort, *The Epistle of James* (London: MacMillan, 1909), 14, 9절이 시작되면서 사용된 δὲ(하지만)에 주목하여 앞의 2절의 '시험들'이나 8절의 '나뉜 마음'과 연결 짓는다; E. H. Plumptre (ed.), *The General Epistle of St. James* (Cambridge: Cambridge University Press, 1915), 51, 9-11에서 맘몬을 섬기는 것은 6-8절의 정함이 없는 나뉜 마음의 원인임을 지적한다.

주제는 단지 8절과 9-11절 사이의 문맥상의 문제만은 아니다. 이는 야고보서 전체에 걸쳐 나타나는 편만한 주제이며, 앞서 Κόσμος라는 용어와 그 연관 개념들을 살폈을 때 드러났듯이(1:27, 특히 2:5와 4:4), 야고보서가 그리는 '세상'과 그 이해, 그 도전을 해석하는 데 중심적인 위치를 차지한다. 이처럼, 첫째 서론의 결론 부분이 '믿음과 세상'(6-8, 9-11절)의 문제로 끝난다면, 둘째 서론의 결말 부분 역시 유사하게 '경건과 세상'(26-27절)이라는 주제로 마무리된다고 할 수 있다.

2.2 '나뉜 마음'(1:8)의 의미와 배경

우리는 이중 서론의 병렬적인 대조를 살피면서, 그리고 두 서론이 각자 문맥에서 갖는 흐름을 살피면서, '시험'(2, 12절)의 배경이 주로 '가난과 부'의 문제(9-11절)일 것으로 추정하였고, 욕심을 품어 죄를 잉태하고 사망에 이를 수 있는 실패(14-15절)의 뿌리는 결국 '하나님의 뜻'(18절)과 대조되는 '나뉜 마음'(8절)임을 확인하였다.

(1) 6-8절의 문맥과 δίψυχος(8절)과 διακρινόμενος(6절)의 의미

그렇다면 '나뉜 마음', 정확히 말해서 '마음이 나뉜 사람'(ἀνὴρ δίψυχος, 8절)은 무슨 의미인가? 문자적으로 δίψυχος는 사람의 혼적인 기능, 지정의(知情意)의 기능을 하는 마음이 둘로 나뉜 상태를 가리키며,[55] 매우 독창적인 기독교적 용어이다.[56] 8절의 ἀνὴρ δίψυχος의 의미를 구체적으로 이해하기 위해서는 인접 문맥인 5-8절을 살펴야 한다. 특히 8절의 ἀνὴρ는 7절에 나오는 ὁ ἄνθρωπος를

---

55 Ropes, *St. James*, 143-144, δίψυχος는 당시 세속 문헌이나 LXX, 신약에도 나오지 않고, 오직 야고보서에만 나온다. Ropes에 의하면, 구약의 '두 마음으로'(ἐν καρδίᾳ καὶ ἐν καρδίᾳ, 시 12:2[11:3, LXX])와 가까운 의미로서, 당시 기독교 문헌에는 두루 등장한다(Shepherd of Hermas, *Mand*. 9; *Clem. Rom.* 11.2; *2 Clem. Rom.* 11.2; *Did.* 4.4; *Barn.* 19.6; etc.).
56 Stanley E. Porter, "Is dispsuchos [James 1,8; 4,8] a 'Christian' Word?", *Bib* 71 (1990): 469-98; Sophie Laws, *The Epistle of James* (Black's New Testament Commentary, London: A&C Black, 1980), 58, 구약에서는 죄의 본질로 다루어졌다(시 12:2; 대상 12:33; 전 1:28).

받는 다른 표현이고,[57] 이 ἄνθρωπος는 다시 6절에서 그 마음에 '<u>스스로 판단받는 자</u>'(διακρινόμενος, 의심하는 자, 개역개정/개역한글)를 가리킬 수밖에 없다.

이처럼, '나뉜 마음'과 '의심하는 것' 그리고 '기도'의 문제가 서로 함께 엮여 나오는 경우는 초대 교회 문헌들에서도 자주 등장한다. 예컨대, "이 성경 말씀이 우리와 상관없도록 하자. 일렀으되, 두 마음을 가진 자들(οἱ δίψυχοι)은 저주 받을진저, 그 마음에 의심하는 자들(οἱ διστάζοντες)이니"(*1 Clem.* 23.3); 또한, "하나님께 대하여 의심하는 자들은 두 마음을 가진 자들(οἱ δίψυχοι)이며 이런 자들이 구하는 바를 얻을 일은 없을 것이다"(*Herm. mand.* 9.5).[58]

한편 6절의 διακρινόμενος가 시험에 흔들리는 현상(現象)을 표현한다면, 8절의 δίψυχος는 그 본질(本質)을 묘사하는 것이라 할 수 있다. 무엇을 해도 그 안에서 '<u>스스로 판단받고 정죄받아</u>', 온전한 믿음으로 나아가지 못하는 현상이 일어나는 것은, 그 마음이 두 갈래로 나뉘어 있기 때문이다. 여기서 διακρινόμενος를 '의심하는'으로 옮기는 것은 오해를 불러일으킬 소지가 많다.[59] 예컨대, 7절과 연결해서 이해할 때, 자기가 구하는 것은 무엇이든지 받을 줄로 전혀 의심하지 않기만 하면, 전부 자기가 '구하는 그대로' 받을 것이라고 확신하는 경우이다(참조. 마 21:21-22). 그 흔들림 없는 믿음의 초점이, 어쨌거나 자기가 구한 것이 관철될 것이라는 확신에 맞추어져 있는 식으로 해석하는 것이다.

이와 같은 해석은 사실 본문의 의도와는 정반대이다. 왜냐하면 6절의 διακρινόμενος의 정확한 의미는 하나님께 구하기는 구하면서도 그것이 정말 자기의 잘못된 정욕으로 구하는 것인지 아닌지 확신이 없는 것과 같은 경우들이기 때문이다. 로마서 14:3에서처럼, 우상 제물이나 음식법에 따른 음식들을 대할 때, 그에 대한 자신의 신학적이고 신앙적인 양심의 판단, 곧 하나님을 아는 지식과 그 앞에서 갖는 양심의 판단과 선택이 이루어지지 않은 상태에서, 다

---

57 Dibelius, *James*, 82-83, 사람을 가리키는 이 두 용어의 교차 사용은 LXX에서 시편이나 지혜 문학서에 자주 사용된다.
58 Dibelius, *James*, 83; Ropes, *James*, 143.
59 Peter Spitaler, "James 1:5-8: A Dispute with God", *CBQ* 71 (2009): 560-579, διακρίνομαι를 신약 헬라어의 용법에 따라 '의심하다'(doubt)로 옮기는 대다수의 번역에 반대한다.

른 동기에 끌려 그 음식을 먹는 경우(ὁ δὲ διακρινόμενος ἐὰν φάγῃ) 그가 이미 '정죄받은'(κατακέκριται)이라 할 때와 같은 맥락이다.

그래서 야고보서 1:6의 διακρινόμενος는 διακρίνω의 중간태로, 하나님 앞에서 무언가 거리낄 수도 있는 선택 앞에서,[60] 여전히 스스로 판단받고 정죄받는 마음 상태를 가리키는 것으로 해석하는 것이 적절하다. 그리고 διακρινόμενος의 이런 의미가 곧바로 8절의 '나뉜 마음'(δίψυχος)의 의미를 이해하는 데 중요한 역할을 한다. Dibelius가 설명한 The Shepherd of Hermas의 본문들처럼, δίψυχια(마음이 나뉜 것)은 '기도하는 사람이 하나님께 큰 죄를 짓고 나서 담대함을 잃을 경우'라든지(Man. 9.1), 보다 명확하게 '세상의 모든 헛된 것들을 제거하여 순결하게 된 마음'(Man. 9.2), 그리고 '회개해야 하는'(Man. 9.6) 심령을 가리키는 데 사용되었다.[61]

그러므로 6절과 8절에서 표현되는 '나뉜 마음'은 그저 기도에 확신이 없는 마음 정도가 아니라, 순결하지 못한 마음, 유혹을 받거나 잘못된 정욕이 일어나 시험에 든 마음이다.[62] 물론 야고보가 언급한 시험은, 말 그대로 '여러 가지'(ποικίλοις) 시험이다(1:2). 하지만 이중 서론 안에서만 해도 9-11절과 12-18절의 문맥은 이 시험이, 예수 그리스도에 관한 신앙 고백을 부인하게 만드는 어떤 외부적인 종교적 탄압이나 핍박(persecution)과 같은 것이라기보다는,[63] 주로 주변 환경과 내부 공동체 안에서 일어난 부(富)와 재물에 대한 탐심, 그리고 그 세속적 자랑을 향한 정욕의 문제라는 사실을 분명하게 시사한다.

이런 점에서, 1:8에서 결론적으로 시험의 뿌리가 되는 '나뉜 마음'을 언급한 후에 바로 9-11절에서 세속적인 부와 자랑의 헛됨을 노래한 이사야 40:6-8a를

---

60 Loh and Hatton, James, 17, διακρινόμενος를 'to be divided against yourself'의 상태로 본다.
61 Dibelius, James, 80.
62 William R. Baker, James-Jude: Unlocking the Scriptures for You (ed. W. Baker and Paul. Carrier, Cincinnati: Standard, 1990), 20, 여기서 '의심'이라는 것은 간구하는 자가 갖고 있는 확신에 대한 것이 아니라, 그 사람이 '갖고 있지 않은 하나님의 본성에 대한 확신'을 가리킨다; 참조, 한편 James B. Adamson, The Epistle of James (NICTNT, Grand Rapids: Eerdmans, 1976), 34, Luther의 견해를 들며, 대체로 기도하는 자가 갖는 확신으로 해석한다(히 11:6; 마 26:39).
63 Dibelius, James, 71, 1:2, 12의 '시험들'을 주로 핍박의 경우들로 간주한다. 예컨대, 제1마카비서 16,19, "그대들은 하나님을 위하여 모든 환난을 감내해야 할 책임이 있습니다."

인용한 것은 문맥적으로 상당히 시사하는 바가 많고 적절한 것이다. 이러한 가능성은 9-11절 이후의 문맥으로도 뒷받침된다. 9-11절에서 세속의 부와 그 자랑의 헛됨을 지적한 후에, 12절에서 야고보는 다시 '시험'의 주제를 꺼내든다. 그리고 13-15절에서는 다시 9절에서 언급했던 그 '나뉜 마음'이 극단적으로 가는 부정적인 경우를 상정하고 이를 경고한다. 이런 문맥적 흐름은 야고보서 초두부터 언급된 '시험'(2절)을 다시 둘째 서론 초두에서 언급함으로써 9절의 '나뉜 마음'이 얼마나 중요한 문제인지를 환기시킨다.

(2) 9-11절과 3:12-4:12, 그리고 이사야 40:6-8의 사용 - '나뉜 마음'의 배경

비록 짧기는 하지만, 서신의 서론에서 9-11절이 차지하는 의미는 결정적이다. 여기서 시험의 배경이 되는 가난-부의 문제가 간접적이기는 하지만 선명하게 드러나 있고, 본론에서 거듭해서 나오는 '가난-부', 그리고 '자랑과 다툼'의 모티브들도 여기에서 그 발단을 보이고 있기 때문이다(1:27; 2:1-13; 4:1-10, 11-12; 5:1-6).[64]

흥미롭게도 8절의 '나뉜 마음'과 9-11절이 서로 연관성이 있다는 증거가 하나 더 있다. 그것은 1:5-11과 3:13-5:6의 본문들 간의 병행 구조이다.[65] 두 본문 모두에서, 먼저 (i) 지혜의 중요성이 언급되고(1:5a; 3:13-18), 다음 (ii) '기도'의 문제(1:5b-7; 4:1-3)가 나오고, 그리고 (ii) '나뉜 마음, 두 마음'(1:8; 4:4-8)의 주제가 언급된 다음, 마지막으로 (iii) 가난과 부의 대립적인 국면(1:9-11; 4:9-5:6)이 제시된다. 즉 시험 한복판에서 지혜가 필요하다는 것과 기도의 능력, 그리고 잘못 구하는 기도, 무엇보다 이 모든 현상의 뿌리인 두 마음, 최종적으로 이 '나뉜 마음'의 배경이 되는 가난한 자들과 부자들의 대립적인 국면이 묘사된다.

이로써 야고보가 수신자들을 향해서 조언을 하려 할 때, 그의 상황 분석과

---

64   Davids, *James*, 28-34; Martin, *James*, lxiv-lxv.
65   Maynard-Reid, *Poverty and Wealth*, 39, 8절과 9-11절 사이의 연관성을 확신하지만, 3:13-4:12과의 연결은 언급하지 않는다; Penner, *James and Eschatology*, 209-210, 1:2-12는 4:6-5:12에 대한 탁월한 보충 설명인데, 둘 다 종말론적인 구조 속에 놓여 있고, 서신서 본문의 앞뒤에서 교차 대구의 구조(inclusio)를 이루고 있다고 본다.

해법의 순차가 거듭 확인된 셈이다. 다만 주제들이나 주제들이 언급되는 순차는 동일하지만, 3:13-18의 경우가 1:5-11의 경우보다 더 확연하고 구체적이며 풍성하다. 무엇보다, 가난-부, 자랑-차별, 가난한 자들과 부자들 사이의 갈등 등의 모티브는 문제의 뿌리에 놓여 있는 배경이 된다. 그러므로 1:9-11은 후에 4:9-5:6에서 마치 드라마를 보듯 생생하게 전개되는 논증들의 서곡(prelude)인 셈이다.

하지만 주제는 같다. 즉 세상에서 가난한 자와 부자들의 관계가 하나님의 개입으로 어떤 '신적 역전'(divine reversal)의 국면을 띤다는 것(1:9-10a; 그리고 4:9-10; 5:1-3),[66] 그리고 특별히 부한 자들, 세속적인 부를 추구하는 자들의 허무하고 비극적인 결말이다(1:10b-11 그리고 4:14; 5:5). 우선 1:9-10a는 가난한 자와 부자, 낮음과 높음에 대한 교차적 대조가 뚜렷하다. 그리고 문제는, 가난한 형제 즉 '비천한 자'(ταπεινὸς)는 '그의 높음으로 인해서'(ἐν τῷ ὕψει αὐτοῦ) 자랑할 줄을 모르고(9절), 부유한 자는 '그의 비천함으로 인해'(ἐν τῇ ταπεινώσει αὐτοῦ) 통곡할 줄 모른다는 그 어리석음이다(10a절). 한글 번역은 모두 10a절에서 '부한 자(개역개정)/부한 형제(개역한글)'는 '자랑할지니'라고 했지만 원문에는 '형제'(ἀδελφὸς)라는 호칭이 생략되어 있고, 또한 καυχάομαι 동사도 생략되어 있다. 먼저 10절의 '부한 자'는 다소 공동체 내부의 형제들에 속하는 것처럼 들리는 반면,[67] 11절의 '부한 자'는 반드시 믿음의 공동체의 일원일 필요는 없는, 훨씬 일반적인 칭호로 여겨진다.[68] 이렇게 명확한 구분이 어렵다는 것 자체가, 10절

---

66 Maynard-Reid, *Poverty and Wealth*, 38-47, 특히 "부한 자들도 그 '행하는 일'에(개역개정/개역한글, πορεία) 이와 같이 사라져 없어질 것이라"(11c절)에서 πορεία는 원래 '사업상의 여행길'을 뜻하며, 이는 또한 8절의 '모든 일'(개역개정/개역한글, ὁδός, '길')과 연관이 있고, 후에는 4:13-17과 병행을 이룬다는 점을 강조한다(46-47); 또한 Martin, *James*, 22-28.

67 H. H. Drake Williams, "Of Rags and Riches: The Benefits of Hearing Jeremiah 9:23-24 within James 1:9-11", *Tyndale Bulletin* 53/2 (2002): 273-282, 9-11절의 '자랑' 모티브의 배경으로 예레미야 9:23-24와 초기 유대 문헌들(*LAB* 50-64; *Pseudo-Phocylides* 1:53; *Sir.* 11.1-6)을 들어, 야고보서 1:9-11의 '부자'가 하나님 백성의 일원임을 논증한다.

68 Ropes, *St. James*, 145-146, 10절에서 '부유한 자에게는' '형제'(ὁ ἀδελφὸς)라는 호칭이 생략되어 있지만 믿는 자로 본다; 또한 L. W. Countryman, *The Rich Christians in the Church of the Early Empire: Contradictions and Accommodations* (New York: Edwin Mellen Press, 1980), 82, 98, 야고보서 2:6-7과 5:21-6에서는 믿지 않는 부자들이지만, 9절의 ὁ ἀδελφὸς이 10절에도 함축되어 있다고 생각

의 '부한 자'의 헛된 자랑이 11절의 믿지 않는 세속적인 부자가 가는 길들과 크게 다르지 않다는 경고의 의미를 함축한다.

이런 식으로, 위에서 언급한 대로 1:9-11과 4:9-5:6의 내용적, 순차적 병행 구조를 고려하면, καυχάομαι도 차라리 '통곡하라'고 옮기는 것이 적절할 수 있다(참조. 4:5; 5:1).[69] 문맥적 의미는 보다 선명하다. 문제는 가난한 자들도 부자들도 지혜를 결핍하고 있다는 점이다. 가난과 부, 구체적으로 수신자들의 주변 상황(5:1-6)이나 공동체 내부에서 자주 불거진 가난한 자들과 부자들 간의 관계 문제(2:1-13; 4:11-12)의 뿌리는 결국, 가난이나 부 자체의 문제라기보다는 믿음과 관련된 지혜의 문제이다. R. Bauckham이 말한 바 있듯이, 야고보서에서 비판하는 것은 부나 계급이 아니라 그가 '세상'(Κόσμος)이라고 부르는 '가치 체계'(value system)이다.[70]

따라서 9-11절의 비판은, 부자가 그 부의 추구 속에서 하나님을 잊고 이웃도 종말도 잊는 위험에 빠지는 것과 마찬가지로(특히 5:1-6), 가난한 자들도 믿음을 버리고 헛된 부를 욕망하는 진짜 비참 속에 떨어질 위험이 있다는 것에 우선적인 강조점이 있다. 물론 하나님과 그의 뜻을 잊은 부자들의 종말의 비참은 말할 것도 없다(4:15-17; 5:1-6). 그리고 가난한 자든 부자든 믿음의 공동체 내부에서 이런 위험에 빠진다면, 차별과 위선, 다툼과 분쟁을 피할 수 없을 것이다(2:1-4, 16; 3:1-12; 4:1-4, 11-12).

그렇다면 야고보는 왜 9-11절에서 이사야 40:6-8a를 사용하는 것일까? '나뉜 마음'(8절)이라는 위기적인 상황에 있어서, 그 배경을 제시하기 위한 다른 방식들도 있었을 것이다. 굳이 이사야 40:6-8a를 선택한 데에는 어떤 이유가 있었을까? 만일, 이런 질문이 정당하다면, 그에 적절한 답을 해볼 수도 있다. 우선 이사야 40:6-8a는 8b절까지 포함해서("우리 하나님의 말씀은 영영히 서리라"; τὸ δὲ ῥῆμα τοῦ θεοῦ ἡμῶν μένει εἰς τὸν αἰῶνα, 사 40:8, LXX), 포로기 이후 '흩어진' 유대

하여, 1:9-11에서는 전체적으로 공동체 내부의 부유한 신자들을 가리킨다고 본다; 참조. 하지만 Adamson, *James*, 30, 그리고 Dibelius, *James*, 85-87를 따라, 10-11절의 부한 자들은 일반적인 호칭이라고 본다.
69 Penner, *James and Eschatology*, 209, 5:1-6의 종말론적 심판과 연결하여 강조한다.
70 Bauckham, *James*, 198.

인 디아스포라(Diaspora)에게는 매우 의미심장한 구절이었다.[71]

야고보서도 수신자들을 '흩어진 열두 지파'로 묘사하듯이(1:1), 수신자들을 '흩어진 나그네들'로 묘사하는 베드로전서 역시 이사야의 이 구절들을 인용하고 사용한다(벧전 1:23-25). '나뉜 마음'의 비극이 얼마나 어리석은 것인지, 하나님의 언약 백성의 지혜에 얼마나 걸맞지 않은 것인지, 야고보는 8절에서 '나뉜 마음'을 지적한 후에 곧바로, 이스라엘 포로기 이후부터 중대한 의미를 갖게 되었던 이사야의 본문을 부분적으로 인용하고 또 자신의 상황에 맞게 사용한다. 먼저 야고보서 1:9-11, 정확히 말해서 10b-11절은 이사야 40:6b-7절(LXX) 부분을 거의 직접적으로 인용하는 방식으로 사용한다. 야고보서 1:9-11, LXX 그리고 MT의 이사야 40:5-8의 본문을 서로 비교해 보면, 매우 흥미로운 사실들이 드러난다.

첫째로, 야고보서가 LXX와 MT 본문에 있는 문구를 사용하지 '않은' 부분이다. 이사야 40:6a(말하는 자의 소리여, 이르되 외치라 대답하되 내가 무엇이라 외치리이까, 개역개정)도 누락되었지만, 더 중요한 것은 그 앞 절인 5절을 제쳐두었다는 점이다: "여호와의 영광이 나타나고 모든 육체가 그것을 함께 보리라. 이는 여호와의 입이 말씀하셨느니라." 야고보는 1:10b(이는 [그 부가] 풀의 꽃처럼 사라져 없어지기 때문이다)에서 이사야 40:6b(모든 육체는 풀이요 그의 모든 아름다움은 들의 꽃과 같으니)를 부분적으로 사용할 뿐이다.

하지만 야고보서가 남겨둔 이사야 40:5에서 언급되는 '여호와의 영광'(δόξα κυρίου; כְּבוֹד יְהוָה, MT)이나 '하나님의 구원'(τὸ σωτήριον τοῦ θεοῦ, LXX에 첨가됨)에 대한 종말론적인 약속의 말씀은, 흥미롭게도, 야고보서가 이사야의 본문을 직접적으로 암시하기 직전 9-10a절에서 마치 메아리처럼 울림을 남기고 있다. 야고보는 특히 9절에서 구약에서 언약 백성으로서 신실하고 '경건한 자'와 거의 동격으로 사용되는 '가난한 자'[72] 혹은 '비천한 자'의 '높음'(ἐν τῷ ὕψει)의 이미

---

71 예컨대, *1 En.* 1.6; 53.7/사 40:4(심판의 날), *Pss. Sol.* 11:4/사 40:4(종말의 심판), 1QS 8:14/사 40:3(마지막 날들), *Sib. Or.* 3.680; 8.324/사 40:3, 4(종말의 심판), *2 Bar.* 82/사 40:6(악한 자들의 종말의 심판), Penner, *James and Eschatology*, 204-205; 또한 Martin, *James*, 23.

72 Franz Mußner, 『야고보서』(*Der Jacobusbrief*, 윤선아 역, 국제성서 주석, 한국신학연구소, 1987),

지를 강조하고 있는 것이다.

혹시 야고보는 이사야 40:5에서 내다본 종말에 나타날 하나님의 '영광'이 이미 수신자들의 공동체에 '임해 있다'고 본 것이 아닐까? 그럴 가능성이 높다. 흥미롭게도 야고보는 이미 이 '영광'이라는 단어를 예수 그리스도를 묘사하는 데 적용한다: "나의 형제자매 여러분, 여러분들이 우리 영광의 주 예수 그리스도(τοῦ κυρίου ἡμῶν Ἰησοῦ Χριστοῦ τῆς δόξης)를 믿는 믿음을 가졌다면, 사람을 외모로 취하면 안 될 것입니다"(2:1). 만일 이 연관성이 맞는다면, 야고보는 이사야가 바라보았던 종말의 '여호와의 영광'을 '영광의 주 예수 그리스도'에게서 찾은 셈이다.

2:1의 표현들이, 1:9-11에서 이사야 40:5을 누락한 점과 연관을 갖는 것은 이 점뿐만이 아니다. 1:9-10이 가난한 자와 부자를 대조하는 것처럼, '영광'이 언급된 2:1에서도 같은 대조가 나온다. 1절에서 언급된 '나의 형제들'은, 최소한 2:1-13의 문맥에서 수신자들인 '나의 형제들'(2:5)이나 '너희들'(2:2, 3, 4-12)의 경우처럼 단연코 '가난한 자들'에 속한다. 이 가난한 자들이 '영광의 주' 예수 그리스도를 받은 자들이다. 그렇다면 그들은 당연히 '믿음에 있어 높은' 지위에 속한다. 그들은 믿음에 부요한 자들이다(참조. 2:5).

하지만 문제는 무엇인가? 2:1에서 야고보는 이렇게 '영광의 주'를 믿음으로 받은 '가난한' 수신자들에게 무엇을 경고하는가? 저들이 가난한 자들임에도 불구하고, 부한 자들을 동경하여, 그들이 모일 때에 도리어 비천한 자들을 '차별대우'하는 것이다. 믿음으로 행치 않고, 그들의 세속적 가치 판단에 따라 사람들을 대접하는 것이다. 그것은, 1:9-11의 논증에 따르면, 세상적으로 볼 때 그 가난한 자들이 자신들의 진정한 영적 부요함을 깨닫지 못하기 때문이다. '자랑'의

158-169, 구약과 중간기의 쿰란 같은 경우, 가난한 자들과 경건한 자들은 대체로 동일시되며(159-163), 야고보서의 '가난한 자의 경건'은 예수의 설교와 밀접한 관계를 맺고 있다고 본다. 두 경우 모두, 가난한 이들은 하나님 나라를 상속받은 자들이고, 부자를 질책하며, 부자들의 물욕을 경계하라고 가르친다(168). Mußner에 의하면, 가난한 자들이 부자들에 의해 억눌림을 당하는 측면이나, 부자들에 대한 경고의 강도에 있어서 야고보가 예수의 가르침의 경우보다 더 체계적이고 강경하다(169)고 말한다; 한편 Maynard-Reid, *Poverty and Wealth*, 53, 가난한 자 = 경건한 자의 도식이 야고보의 실제 상황, 곧 경제적, 사회적으로 가난한 자들과 부자들이 대립되어 있는 상황을 단지 교훈을 위한 상징적인 표현으로 보아서는 안 된다는 점을 잘 지적하고 있다.

문제에서 잘못된 것이다.[73] 가난한 자들이 '그의 높음'을 자랑하지 못하는 것은, 그들이 가진 세속적 가치관 때문이요, 결국 그들의 '나뉜 두 마음' 때문이 아닌가?

이것이 1:9-11이 8절과 긴밀히 연관되는 이유이다. 야고보는 8절에서 문제의 뿌리가 되는 '나뉜 마음'을 지적하고, 9절에서 사실은 이사야 40:5에 예언된 종말의 '여호와의 영광'의 약속이 지금 가난한 수신자들에게 이미 임해 있다고 선언하는 셈이다.[74] 그래서 그들은 세상의 부를 탐낼 필요도 없고, 부자들을 부러워하는 마음 때문에 함께 가난한 자 된 형제들이나 이방인들을 차별 대우할 수 없다. 그것은 스스로가 믿음 안에서 누구인지 깨닫지 못하는, 지혜 없는 판단이며 어리석은 행동이기 때문이다. 야고보의 우선적인 의도는 수신자들인 가난한 자들을 겨냥한다. 부 자체가 잘못되었기보다, 부자들도 종말에 공의로운 심판을 면하지 못하지만(4:13-5:6), 문제는 가난한 자들의 헛된 욕망과 그로 인해 실족하고 공동체를 파괴하는 일이다.

반면에 부자들에게도 분명 경고가 주어진다(1:10-11). 이 부분은 야고보서의 본론 안에 4:1-5:6에서 더욱 강력하게 전개된다. 야보고가 이사야 40:6b를 본격적으로 사용하면서 그의 강조점은 세상적인 부와 그것을 좇는 것의 허망함에 있다. 하지만 야고보는 부자들을 향하여 그 부의 허망함과 세속적 부의 자랑의 헛됨을 경고하면서, 동시에 수신자들의 대부분을 구성하는 가난한 자들에 대한 간접적인 권면과 위로와 함께 경고의 의도를 잊지 않는다. 12절 뒤에 바로 13절

---

73 William R. Baker, *Personal Speech-Ethics in the Epistle of James* (WUNT 2/68, Tübingen: Mohr Siebeck, 1995), 247-248, 278-282, '자랑을 세속적인 것으로 간주하는 것'은 당시 지중해 문화의 '개인적 대화 윤리'(personal speech-ethics)의 관행들에는 잘 나타나지 않는, 야고보서나 신약에서만 나타나는 기독교적 관심이나 특징들 중 하나였다. Baker에 의하면, 그 특징들은 다음과 같다(286): (i) 복음을 듣고 순종하는 것, (ii) 예수의 윤리를 존중하는 것, (iii) 예수의 이름의 권능을 깨닫는 것, (iv) '심긴 말씀'을 복음과 연결짓는 것(또한 89-92), (v) 그리스도인들의 공동체 안에서 조화를 강조하는 것, (vi) 남을 핍박하려고 하는 중상, 조롱, 위증이 죄라는 것, (vii) 속이는 것을 거짓 가르침으로 규정하는 것, (viii) 중보 기도를 강조하는 것, (ix) 예수를 신성 모독의 대상으로 여기는 것, (x) 그리스도인들을 말로 욕하는 것을 신성 모독으로 간주하는 것, (xi) 자랑을 세속적인 것으로 간주하는 것, (xii) 맹세하는 것을 전적으로 금지하는 것이다.

74 Moo, *James*, 65, '비천한 자의 높음'을 그리스도의 승귀(엡 4:9)와 연결시키고, 2:5에서 하나님 나라의 상속자 됨과 연결하면서도, 이사야 40:5의 성취에 대해서는 언급하지 않는다; 유사하게 Martin, *James*, 23, 하나님 나라의 '이미'와 '아직'의 구조 속에서 설명하지만, 역시 이사야 40:5의 성취로 연결하지 않는다.

에서, 다시 이로 인한 모든 시험들에 대한 '인내'와 주께 인정받은 자들에게 주어질 종말의 '생명의 면류관'을 바라보게 하는 권면은 가난한 자들인 수신자들을 항상 염두에 두고 있음을 내비치는 것이다.

둘째로, 이와 연관해서 야고보가 이사야를 사용하는 방식에서 보여 주는 또 한 가지는, 이사야 40:5-8에서 주된 대조는 '하나님의 영광'/'영원한 말씀'과 '모든 육체들'(πᾶσα σάρξ)/'사람의 영광'(δόξα ἀνθρώπου) 사이에 놓여 있다. 즉 하나님과 사람의 대조이고, 하나님의 영광과 인간의 영광, 하나님의 말씀과 세상의 헛됨의 대조이다. 하지만 야고보는 이런 '수직적'(?)인 대조를 다소 '수평적'(?)인 대조로 옮겨 놓는다. 즉 가난한 자들과 부한 자들의 사회적 관계의 대조로 그 틀을 다소 바꾸어 놓는 것이다.

이런 점은 아마도, 이사야 40:5의 이미지가 극심한 사회적 불의와 가난한 자들의 고통, 불의한 부자들에 대한 심판 등의 모티브를 강조하는 제2성전기의 묵시론적 전통을 거쳤고, 야고보의 이런 특징적으로 '묵시론적이고 동시에 사회적, 경제적인' 대조에 영향을 미친 것으로 생각된다.[75] 하지만 야고보서의 강조점은 이사야 원문의 강조점과 일치한다. 여전히 하나님의 영광, 예수 그리스도를 통해서 그 영광의 주를 받은 신자들의 높음(1:9; 2:1), 그리고 하나님의 말씀의 영원성이 강조되는 것이다. 이런 시각에서 보면, 야고보가 1:8에서 '나뉜 마음'이라고 표현한 것은 사회적으로 세속적 부의 유혹과 헛된 영광에 휩쓸리는 마음이면서 동시에 묵시론적으로 종말을 잊는 행위이고, 또 하나님의 영광의 임재를 폐기하는 불신앙적인 태도일 수밖에 없다.[76]

세 번째로, 야고보서 1:9-11, LXX 그리고 MT의 이사야 40:5-8의 본문을 서로 비교해 볼 때 또 한 가지 야고보가 사용하지 '않은' 문구가 있다. 그것은 MT 7b절의 בּוֹ נָשְׁבָה יְהוָה רוּחַ כִּי (왜냐하면 여호와의 숨/영[רוּחַ]이 그 위에 붊이라)는 문구

---

75 Penner, *James and Eschatology*, 203-205, 9-11절에서 사용된 이사야 40장 자체가 하나님의 심판과 현재의 상황을 뒤집는(reverse) 종말을 예언하는 본문이다; 또한 Adamson, *James*, 29; Mußner, 『야고보서』, 155; Dibelius, *James*, 84.

76 Hartin, "Who is wise and understanding among you?(James 3:13) An analysis of wisdom, eschatology and apocalypticism in the epistle of James", *HTS* 53/4 (1997): 986-987, 1:2, "모든 기쁨"이나 1:12, "생명의 면류관", 그리고 2:1, "영광의 주" 모두 묵시론적 고난의 현실 너머에 있는 실재이다.

이다.[77] 물론 이 문구는 LXX에서도 빠져 있다. 그렇다면 야고보는 여기서 주로 LXX을 따른 것일까?[78] 야고보가 '성령'이라는 용어를 거의 쓰지 않는다는 것은 잘 알려진 사실이다. 하지만 LXX에서 이미 이 문구가 빠진 것을 고려하면, 아마도 '말씀'의 역할이 '하나님의 영'의 역할을 대신하는 현상의 하나라고 볼 수 있다.[79] 아무튼지, 이렇게 '하나님의 영'이 빠진 사실은, 도리어 야고보서 1:9-11과 그 이후 문맥 특별히 17-18절, 그리고 21절 이후 문맥에서 강조되는 '말씀'의 역할을 더욱 두드러지게 한다.

마지막으로 야고보가 이사야 40:5-8을 사용하면서 또 누락시킨 것이 있다. 그것은 위에서 언급한 '말씀'의 강조점에 의문을 달게 만드는 부분이다. 즉 야고보는 이사야 40:6b-7을 사용하면서도 정작 1:9-11에서는 그 하나님의 언약의 말씀의 영원성, 그 영속적과 신실함을 강조하는 이사야 40:8을 인용하지 않은 것이다. 왜 그랬을까? 실제로 이 점은, 야고보가 이사야를 사용한 사실에서 가장 흥미로운 부분이다. 필자는 이것이 야고보서 1:13-17 이후, 18절부터 21절까지 본격적으로 '말씀'을 다루는 이유라고 본다.

야고보는 1:9-11에서 이사야 40:5-8을 불러낸다. 하지만 정작 '말씀'이라는 해법이 들어 있는 이사야 40:8은 사용하지 않는다. 문맥적으로 여기서 야고보는 '나뉜 마음'(8절)을 좇아갔을 때, 그리고 9-11절에서 세상의 부를 좇는 헛됨의 경고를 듣지 않았을 때 과연 어떤 치명적인 파국이 오는지를 13-17절에서 설명한다. 마치, 어두운 배경을 깔아두고 그 위에 한 줄기 빛을 비추듯이, 18절부터 다시 '말씀'에 관한 해법을 꺼내어 드는 것이다. 이 점은 다음 단락인 '심

---

77   Loh and Hatton, *James*, 26, 11절의 '뜨거운 열기'는 중동의 사막의 '시로코'(sirocco) 같은 뜨거운 바람을 가리키는 것일 수 있다; 또한 Mußner, 『야고보서』, 157, 이사야 24:7, 에스겔 17:10, 호세아 12:2, 13:5의 경우를 예로 든다; 혹은 '뜨거운 열기'라는 이미지가 '불의한 부자들의 악행에 대한 인내'를 강조하는 시편 37:6-7을 생각나게도 한다(네 의를 빛같이 나타내시며 네 공의를 정오의 빛같이 하시리로다 여호와 앞에 잠잠하고 참아 기다리라 자기 길이 형통하며 악한 꾀를 이루는 자를 인하여 불평하여 말지어다). 이 배경이 맞다면, 종말론적인 색채도 강하다(참조. 약 4:13-5:6).

78   Penner, *James and Eschatology*, 207-210, 야고보서 1:10-11의 이사야 40장의 사용에 관해 비교적 자세히 논하고 있지만, MT 원문과의 비교를 다루고 있지 않다.

79   Davids, *James*, 34, 잠언이나 시락서에서 지혜는 구약의 토라, 율법과 동일시되고, 구약에서 성령과 함께 나오기도 하며(사 11:2), 지혜의 열매(약 3:17)는 바울이 말하는 성령의 열매들(갈 5:22-23)과 병행을 이루는 것처럼, 야고보에게 있어서 지혜는 바울에게 있어서 성령의 역할을 수행한다고 본다.

긴 말씀'(1:21b)을 논증할 때 자세히 다룰 것이다.

결론적으로, 야고보가 1:9-11에서 이사야 40:5-8을 불러내는 것은 8절에서 문제의 뿌리로 지적한 '나뉜 마음'(δίψυχος)의 사회적(또는 수평적), 신학적(또는 수직적) 배경을 불러내기 위함이다. 그것은 구약성경에서부터 경고되어 온바, 하나님의 영광을 저버리는 일이며 사람의 영광을 취하는 것이고, 영영히 서는 하나님의 말씀이 아니라 풀의 꽃과 같은 허망한 세상을 좇아 사라질 길을 가는 것이다. 야고보는 이사야의 이런 수직적이고 신학적인 구도에, 가난한 자들과 부자들이라는 사회적, 수평적 대조의 축을 포함시키고 또 강조한다.

야고보의 이런 묘사는 매우 묵시론적인 색채를 드러낸다.[80] 여기에 종말론적 역전이 있다.[81] 야고보는 '두 마음'의 배경을, 부와 영화로 화려하지만 하나님의 언약 백성을 향해 시험과 시련으로 도전해오는 위협적인 세상(Κόσμος)으로 보고 있는 것이다(참조. 1:27; 2:5). 하지만 성도는 이미 믿음 안에서 부요하고 지극히 높은 자들이다. 반면에 세속적인 부한 자들과 더불어 헛된 부를 좇는 세상 위에는 불같은 심판이 임박해 있다. 해가 떠서 뜨거운 바람이 불면 곧 이 모든 풀과 같은 세상의 부와 영화들은 시들고 타버려 없어질 것이다(1:11; 5:1-6).

이제 야고보는 '나뉜 마음'의 시험에 봉착해 있는 수신자들에게 다시 '인내'를 종용한다(1:2-4, 13). 참고 견디는 자, 주께로부터 인정을 받은 자들에게는 참된 영광의 열매인 '생명의 면류관'이 약속되어 있다(13절). 만일 계속 '나뉜 마음'을 따라 시험 속으로 들어간다면, 그 결과는 사망이요 파국이다(14-16절). 결코 속지 말아야 한다(17절). 그래서 지혜가 필요하다. 하나님의 새로운 언약 백성은 그런 길을 갈 수 없고, 가서도 안 된다. 이렇게 설득하기 위해 이제부터 야고보는 18절 이하 21절에서, 본문에서 상세하게 전개될 '말씀의 신학과 그에 상응하는 윤리'의 근본적인 토대를 놓을 것이다.

---

80 Hartin, "Who is wise and understanding", 986-987, 특히 1:27의 '과부와 고아'가 당하는 고난 혹은 시련을 뜻하는 θλῖψις라는 용어는 전형적인 묵시론적 배경을 가진 단어이지만, 야고보는 이를 일상적인 고난에 적용함으로써 재해석했다고 본다(참조. 마 24:21).

81 Williams, "Of Rags and Riches", 280-281, 9-11절의 배경으로 시락서 11.1-6의 경우를 들어 부자들의 '자랑'과 '하나님의 역사'(works of the Lord, 참조. 약 2:5)를 대조시키면서, 종말의 역전 모티브를 예시한다.

2.3 '심긴 말씀'(1:18, 21b), '나쁜 마음'의 해법

야고보서의 서론으로서 1장이 서신서 전체의 구조뿐 아니라 주제에 있어서도 중요한 역할을 한다는 사실을 감안할 때, 특별히 21b절, 곧 ἐν πραΰτητι, δέξασθε τὸν ἔμφυτον λόγον τὸν δυνάμενον σῶσαι τὰς ψυχὰς ὑμῶν(너희 영혼을 구원할바 마음에 심긴 도를 온유함으로 받으라, 개역한글)이 시사하는 중요성은 야고보서를 면밀히 읽는 독자에게는 간과하기 어려운 대목일 것이다.[82] 그것은 우선 야고보서 1장이 서론으로서 전체 서신서에 대해 신학적 주제를 던지는 역할을 한다고 했을 때, 18절이나 21절이 시사하는 신학적 주제는 단순한 중심 주제의 수준을 넘어서기 때문이다.

사실 1장에서 전체 서신서를 통괄하는 일관된 주제의 시작을 찾는 경우들이 많다. 이를테면, 19절의 "사람마다 듣기는 속히 하고 말하기는 더디 하며 성내기도 더디 하라"는 명령 혹은 교훈에서 전체 주제를 보는 경우,[83] 시험과 인내(1:2-4/12-18절)와 지혜-말씀(5-8절/19-25절), 그리고 부-가난/행함(9-11절/22-25절)의 주제가 본론과 결론에서 심화 반복된다고 본 경우,[84] 그리고 보다 신학적인 주제로 1:2-4에 나타난 '온전함의 추구'가 전체 주제로서 서론에 소개된다고 보는 경우 등을 들 수 있다.[85]

하지만 대부분은 야고보서의 특징이라고 생각해왔던 '교훈'(paraenesis)들 가운데 찾아진 주제들이다. 즉 주로 '어떻게 하라'는 식의 명령(imperative)이나 교훈들로, 그러한 명령이나 교훈들이 주어지게 된 근거로서의 신학적, 존재론적(indicative) 설명은 아니다. 이에 비해, 최근 야고보서 나름대로의 구원론을

---

82 이 단락(2.3)은 뒤이어 나오는, "2.4 '심긴 말씀'의 배경, '말씀-교회론'"과 더불어, 채영삼, "야고보서 1:21b의 신학적 중심성", 471-494, 500-513을 수정, 보완하여 정리한 것이다.

83 E. Pfeiffer, "Der Zusammen des Jakobusbriefes", *TSK* 1 (1850): 163-180, Taylor, "Structure of James", 91에서 재인용; 이와 유사하게, 박수암은 "야고보서 구조에 관한 석의적 고찰", 〈장신논단〉 18 (2002): 119-145에서 야고보서는 전체가 반복적 구조와 주제어 연결 구조로 연결되며, 1:2-18에서 보여지는 바 "압박과 박해의 상황에서" 특히 "말하기를 더디 하며 노하기를 더디 하라"는 중심 주제의 전개라고 본다; 배종렬도, "야고보서 구성", 〈신약연구〉 6/1 (2007): 123-146, 1:19의 명령을 중심 주제로 본다.

84 Francis, "The Form and Function", 117-118; 이와 유사하게 Davids, *James*, 25-26.

85 Bauckham, *James*, 74.

제시하는 것으로 주목을 받는 1:12-15이나 18, 21절, 그리고 25절 등은 야고보서에 편만한 명령/교훈들의 근거가 되는 견고한 신학적 토대에 관련되어 있다. 이런 점에서, 21b절은 살펴보아야 할 몇 가지 중요한 문제점들을 제기한다. 첫째는, 21b절에서 ἔμφυτος의 의미이다. 둘째는, 이 ἔμφυτος와 연결된 λόγος가 무엇을 가리키는가 하는 점이다. 세 번째는, 21b절의 전후 인접 문맥을 살피는 일이고, 마지막으로 '심긴 도'라는 표현의 배경을 고려해봄으로써 그 의미를 타진하는 문제이다.

그렇다면 "마음에 심긴 도를 온유함으로 받으라"(21b절)는 말씀에서 '마음에 심긴 도'(τὸν ἔμφυτον λόγον)란 무슨 뜻일까? 교훈집으로 알려진 야고보서의 서론에서 '마음에 심긴 도'라는 표현은 생소하게 들리기까지 한다. 또한 이 '심긴 도/말씀'과 앞의 문맥 18절에서 '진리의 말씀'(λόγος)은 서로 연관이 있는가, 있다면 서로 어떻게 연결되는가? 더 나아가 문맥상 이와 밀접하게 연결되는 25절의 '자유하게 하는 온전한 율법'(νόμος), 또한 다소 먼 2:8에 위치한 '최고한 법'(νόμος), 그리고 조금 뒤 12절에 나오는 '자유의 율법'(νόμος)과는 어떤 관계에 놓여 있는가? 문맥상, '말씀/도'(λόγος, 1:18, 21)는 율법(νόμος, 1:22, 23, 25; 2:8, 12)과 동등한 위치에 놓여 있다. 이것은 무엇을 의미하는가?

(1) 21b절에서 ἔμφυτος의 의미

우선 '심긴 도'(21b절) 그 자체의 의미에 관해서는 여러 의견들이 있다. '심긴'으로 번역된 ἔμφυτος의 정확한 의미도 문제이고, '도/말씀'(λόγος)이 무엇을 의미하는지도 난제에 속한다. 신약에서 야고보서의 이 구절에만 나오는(*hapax legomenon*) ἔμφυτος는 문자적으로, (i) '내재하는 혹은 타고난'(innate, inborn)을 의미하기도 하고,[86] (ii) '심겨진'(implanted)[87]이나 그래서 '뿌리내린'(rooted),[88]

---

86 Hort, *St. James*, 37-38; Laws, *James*, 84-85.
87 Dibelius, *James*, 113; Davids, *James*, 95; Moo, *James*, 87; Mußner, 『야고보서』, 196-197; Patrick J. Hartin, *James* (Sacra Pagnia Series 14, Collegeville, Minnesota: Litugical Press, 2003), 107; George M. Stulac, *James* (The IVP New Testament Commentary, Downers Grove: IVP, 1993), 69; Martin, *James*, 49.
88 James H. Ropes, *A Critical and Exegetical Commentary on the Epistle of St. James*

또한 (iii) '접붙여진'(engrafted)을 뜻할 수도 있다.[89]

ἔμφυτος를 '타고난'의 의미로 보는 입장은, '심긴 도'를 창조된 사람 안에 원래부터 내재된 보편적 능력 혹은 기능으로 이해한다. Hort는 헬레니즘, 특히 스토아 철학에서 평행문을 찾아 여기서의 '말씀'(λόγος)이 하나님의 계시에 응답할 수 있는 인간 본성에 심어진 능력으로서의 이성이라고 생각했다.[90] 근래에 이 입장을 고수하는 Sophie Laws는 이 τὸν ἔμφυτον λόγον을 스토아학파의 'logos spermatikos'와 연관시킨다. 스토아학파의 이 '이성'(reason; λόγος) 개념은 우주의 원리이며 또한 사람의 내적인 원리이기도 한데, 이 개념은 후기 유대교에도 적용된다. Philo가 스토아학파의 '옳은 이성'(ho orthos logos)을 율법과 연관시킨 것이나(출 16:4; De Virt, 127), 제4마카비서에서 순교자들이 스토아학파의 덕목인 '무감각'(apatheia)에 대해 말하고, Eleazer는 율법에 따라 사는 것은 곧 이성과 자연을 따라 사는 것이라고 말한(5:22 이하) 것이 그 예들이다.[91]

이와 유사하게 Jackson-McCabe도, 야고보가 율법에 대한 유대적 개념을, 신이 인간을 창조했을 때 인간의 욕망에 대적하는 어떤 법을 인간 안에 '심어 놓았다'는 스토아학파의 이성(reason) 개념에 연결시켰다고 주장한다.[92] 또한 이런 맥락에서 Laws는 바울이 이방인들에게는 율법이 그 마음에 기록되어 있다(롬 2:14 이하)고 한 것도 같은 의미로 이해하며, 교부 시대에는 Justin Martyr가 '모든 작가들은, 그들 안에 심겨 있는 말씀의 씨앗을 통해, 진리를 희미하게나마 볼 수 있다'(II Apol. xiii. 5; 참조. viii. 1)고 말한 것 등을 들어 야고보서가 이러한 표현에 접촉된 것으로 판단한다.[93]

위의 자료들을 보면, ἔμφυτος의 문자적 의미가 우선적으로 이 입장을 선호

(Edinburgh: T&T Clark, 1916), 172; John Calvin, *Commentaries on the Catholic Epistles* (trans. J. Owen. rep. Grand Rapids: Eerdmans, 1948), 294-295.

89   Bo Reicke, *The Epistle of James, Peter, and Jude* (2nd ed. AB 37, New York: Doubleday, 1978), 19-25.

90   Hort, *St. James*, 37-38; 특별히 Ropes, *St. James*, 172-173는 이 ἔμφυτος는 자주 '후천적인/가르쳐진' 혹은 '외부에서 온'이나 '획득된'이라는 개념과 대조되는 의미에서 '자연적인'을 의미했다고 말한다.

91   Laws, *James*, 83-84.

92   Jackson-McCabe, *Logos and Law*, 113-133; 마찬가지로 "Mythic World of James", 709-712.

93   Laws, *James*, 84.

하게 하지만, 이 입장은 몇 가지 난점들로 많은 지지자들을 얻지 못하고 있다. 먼저 21절과 18절의 관계이다. 만일 18절의 '진리의 말씀'(λόγῳ ἀληθείας)이 21절의 '마음에 심긴 도'와 - 대부분의 학자들이 인정하듯이 - 동일한 것이라면, 21절의 '마음에 심긴 도'를 단순히 인간의 보편적인 이성이나 양심과 일반인 '율법'이라고 보는 것은 문맥 안에 포함된 역동성을 너무 평이한 것으로 만들어 버리는 것이 된다.

즉 18절의 '진리의 말씀'이 거의 의심의 여지없이 신약 안에서 '복음'의 다른 표현이라는 것을 감안할 때(고후 6:7 [λόγῳ ἀληθείας]; 엡 1:18; 골 1:5; 딤후 2:15; 벧전 1:25)[94] 21절의 '심긴 도'가 18절의 '진리의 말씀'과 동격으로 '복음'을 뜻한다고 보는 것이 적절하다.[95] 또한 이 '복음'을 모든 사람들에게 보편적으로 내재되어 있는 이성이나 양심과 같은 기능을 하는 단순한 율법이라고 말하는 것은 야고보서가 '기독교적' 서신이라는 점(1:1; 2:1, 5)조차 무색하게 만드는 평이한 해석이 되고 마는 것이다.[96]

더구나 '마음에 심긴 도'는 21절에서 '너희의 영혼을 구원할바'(개역한글, τὸν δυνάμενον σῶσαι τὰς ψυχὰς ὑμῶν), 곧 '능히 너희 영혼을 구원할 능력이 있는'이라는 의미의 부정사구의 수식을 받는다. 만일 21b절의 이 '(너희) 마음에 심긴 도'가 인간의 이성이나 사람의 마음에 심긴 양심과 방불한 율법에 불과하다면, 그

94　Davids, *James*, 89; Ropes, *St. James*, 166-167; Moo, *James*, 79; 참조. Jackson-McCabe는 *Logos and Law*, 196-200, '진리의 말씀'도 '심긴 말씀'과 같이 스토아학파에서 말하는 '이성'으로 본다.
95　흥미롭게도, Baker, *Personal Speech-Ethics*, 286, '심긴 말씀'을 복음과 연결 짓는 것은, 당시 지중해 문화에서 통용되었던 '개인적 대화 윤리'의 내용들 가운데 나타나지 않는, 야고보서나 신약에서만 나타나는 기독교적 관심이나 특징들 중 하나였다.
96　Verseput, "Wisdom, 4Q185", 704-706을 참조하라; 참조. 또한 McCabe는 "Mythic World of James", 702, 야고보서에는 두드러지게 '복음'이랄지 '예수 그리스도'에 관한 복음적 선포의 내용이 눈에 띄지 않는다고 말하면서, '주 예수 그리스도'라고 언급된 곳은 1:1과 2:1 단 두 곳뿐이고, 예수의 죽으심이나 부활도 언급되지 않았으며, 성령이나 중생과 같은 개념도 논란의 여지가 많이 남아 있다고 한다. 바로 이런 점 때문에 19세기에서 20세기 중엽까지 어떤 학자들은 야고보서는 원래 기독교적 문서가 아니었으며, 후대에 기독교 편집자에 의해서 몇몇 부분이 수정된 것이라는 평가까지 받았다는 점을 언급한다(예컨대, L. Massebieau, "L'Épître de Jacques: Est-elle l'oeuvre d'un Chrétien", *RHR* 32[1885]: 249-283; Friedrich Spitta, *Der Brief des Jakobus*, Gottingen: Vandenhoeck & Ruprecht, [1896]; Arnold Meyer, *Das Rätsel des Jacobusbriefes*, BZNW 10: Gießen: Töpelmann, [1930]).

것이 어떻게 사람의 영혼을 능히 구원할 능력이 있다고 말할 수 있겠는가?[97] 이런 점에서, 일찍이 Dibelius조차 여기서 ἔμφυτος는 '타고난'이라고 해야 하지만 이 부정사구와 더불어 '심긴 말씀'은 '구원하는' 말씀, 곧 '복음'으로 해석해야 한다고 판단했다.[98]

또한 ἔμφυτος를 '타고난'으로 보고 '심긴 도'를 단순한 이성이나 양심 혹은 율법으로 보기 어려운 이유는, 21절에서 '벗어 버리고'와 '받으라'라는 명령의 조합 안에 있는 '받으라'(δέξασθε) 때문인데, 아무래도 '타고난' 것을 '받으라'는 식으로 말하는 것은 이해하기 어렵다. 원래 본성처럼 생래적으로 '타고난' 것을 '온유함으로' 받지 않으면 안 되는 것으로 보는 것은 자연스럽지 않기 때문이다.[99]

이런 맥락에서 21b절에서 '받아들이라'는 명령에 보조적인 역할을 하는 '온유함으로'(ἐν πραΰτητι)라는 부사구도 의미를 가진다. 비록 내재(innate)되어 있더라도 무엇인가 외래적인 것, 원래 본성에 속하지 않은 다른 성질의 내용이라야 이미 심겨진 그 '다른 것'을 인정하고 품어내라는 식으로 이해할 수 있는 것이다. 심겨지기는 했지만, '온유하지 않다면' 받아들일 수 없는 경우가 생기는 것을 전제하기 때문이다. 여기에는 심기는 것과 받아들이는 것이 서로 긴밀하게 연관되어 있으면서 또한 서로 다른 과정임이 시사되어 있다.

그렇다고 ἔμφυτος가 '타고난'(inborn)의 의미보다는 본성상 다른 것을 전제한다고 해서 '접붙여진'(engrafted)으로 해석하기는 곤란하다. Reicke는 21절의 '벗어 버리고'라든지 '심겨진'이라는 이미지가 초대 교회에서 거의 세례에 대한 표상이라고 하면서(롬 6:5) 이를 '접붙여진'의 의미로 해석하는데, 21절에서는 신자가 로마서와는 다르게 그리스도의 몸에 접붙여진 것이 아니라, 말씀이 그리스도인 안에 접붙여진(곧, '심겨진') 것으로 그 이미지가 다르게 쓰인 것이라고

---

97 야고보서에서, '능하다'(δύναμαι)는 개념은 '말씀'(1:21), 믿음(2:14), 혀/말(3:8), 기도(4:2), 그리고 심판(4:12) 등의 주제와 연관되어 사용되면서 신학적으로 중요한 의미를 가진다.

98 Dibelius, *James*, 113; 하지만 Dibelius는 '심긴 도'가 단지 관용적 표현일 뿐, 강조점은 '심긴 말씀'이 아니라, '온유하게 받으라' 혹은 '온유한 삶'을 강조하는 데 있다고 주장한다(113-114).

99 Ropes, *St. James*, 172.

해석한다.[100] 이렇게 ἔμφυτος를 '접붙여진'으로 해석하는 것은 주로 21절의 배경을 초대 교회의 세례로 보는 경향에 크게 의존한다.[101] 특별히 21절의 '벗어 버리고'와 '받으라'는 명령의 조합에서 '벗어 버리고'(ἀποθέμενοι)를 바울 신학적 표현(롬 6:3-6; 참조. 엡 4:22, 25; 골 3:8)으로 보기 때문에, '심긴 도'나 '받으라'는 명령도 같은 문맥에서 이해하고자 하는 것이다.

하지만 야고보서 1:21b는 '입으라'는 명령 대신 '받으라'는 명령을 쓰고 있고, 그 대상도 '새 사람' 혹은 '그리스도'가 아니라 더 구체적으로 마음에 심긴 '말씀'이다. ἔμφυτος를 '접붙여진'으로 해석하는 것은 이런 세밀한 차이들을 정확히 설명해내지 못한다. 그리고 '받으라'는 명령도 단순히 이스라엘에게 이방인들이 '접붙여진' 것처럼(참조. 롬 10:8-10; 11:17-19) 이해될 것이 아니라, '도/말씀'과 '받으라'는 명령이 함께 나오는 다른 신약의 본문들에서처럼(살전 1:6[δεξάμενοι τὸν λόγον ἐν θλίψει]; 2:13; 눅 8:13; 행 8:14; 11:1), 그 말씀을 받은 사람 '안에서' 일어나는 현상과 관련해서 이해되는 것이 적절해 보인다.

그렇다면 ἔμφυτος를 '심긴'(implanted)으로 옮길 경우는 어떤 해석이 되는가? 물론 사전적 의미로도 ἔμφυτος는 야고보서 1:21의 경우, '심긴'으로 이해하는 것이 옳다.[102] 하지만 더 중요한 것은 이 용어를 '심긴'으로 옮기는 문맥상의 근거와 그 문구의 배경을 살피는 일이다. 생각해 보면, 여기서 ἔμφυτος를 '심긴'으로 해석한다 해도 '내재하는'(innate)이라는 개념을 완전히 배제할 필요는 없다. 물론 '내재하는'이라는 개념은 '심겨진'이라는 개념과 배타적일 수 있다. 즉 처음부터 생래적(inborn)이어서 내재적이라면, 밖에서부터 와서 심겨질 수 없음을 전제하기 때문이다. 반면에 '심겨진'이라는 표현은 '내재하는'이라는 개념이나 '뿌리내린'(rooted)이라는 개념과 상보적일 수 있다. 왜냐하면 한 번 심겨진 후에 그것이 내재하는 형태로 남아 있을 수 있기 때문이고 또한 그와 같이 깊이

---

100 Reicke, *James, Peter, and Jude*, 85.
101 Davids, *James*, 95.
102 Liddell & Scott, *Greek-English Lexicon*, 551, 역시, ἔμφυτος의 우선적인 의미가 '타고난'이지만, 야고보서 1:21에서는 '심긴'의 의미로 제시한다.

뿌리내릴 수 있기 때문이다.[103]

(2) 21b절에서 '심긴' λόγος의 의미

21b절의 ἔμφυτος에 대한 이러한 이해는 이 용어를 '심긴', 그리고 이 '심긴'과 어울리는 한에서 '내재하는'으로 해석할 때, 그 문맥이나 배경 곧, 야고보서는 어떤 이유로 '도/말씀'(λόγος)을 '마음에 심긴'으로 표현했는가 하는 문제와 깊이 연관되지만, 우선적으로 이 '심긴 도'의 정체, 곧 21b절에서 '마음에 심긴 도'가 무엇인가와도 연결된다. 그것은 구약의 율법(참조. 신 30:1)인가, 아니면 복음인가? 아니면, 다른 무엇인가? 만일 복음이라면, 왜 그것을 '심긴'으로 표현했는가?

일단 여기서, '심긴 도'의 정체에 관해, 인간의 보편적인 양심이나 이성, 또는 양심과 방불한 '이방인들의 마음에 심긴 율법'(참조. 롬 2:14-15)의 경우는 아니라고 판단한다. 왜냐하면 앞서 논증한 대로, 이 경우에 ἔμφυτος를 '타고난 (그래서) 내재하는'으로 해석하게 되는데, 이것은 18절과의 관계와 21b절에서 '너희를 구원할 능력이 있는'의 부정사구, 그리고 '받으라'는 명령과의 부조화를 고려할 때 받아들이기 어려운 견해이기 때문이다.

물론 이 '심긴 도'에서 '도'의 정체에 관해, '벗으라'/'받으라'의 명령 조합의 이미지를 근거로 로마서 6:3-6를 떠올리며, 이를 '예수 그리스도'(혹은, '새 사람')와 동일시할 수 있다.[104] 이 견해는 보다 큰 범주에서 보면 들어맞는 해석일 수 있지만, 예수 그리스도/새 사람을 '심었다'(implant)는 식의 표현은 신약에서 매우 생소한 이미지일 수밖에 없다. 더 나아가, 이런 입장은 예수 그리스도보다는 시험, 온전케 함, 그리고 말씀/율법에 대한 논의들이 더 지배적인 야고보서 1:21b의 전후 문맥에서, 야고보서가 굳이 '마음에 심긴' 것을 '도/말씀'(λόγος)이라고 표현한 점을 충분히 설명하지 못한다.[105]

---

103 이런 맥락에서, Stulac은 *James*, 69, '심겨진 말씀'은 그리스도인 안에 이미 씨앗처럼 '심겨진' 말씀의 '내적인 임재'(신약이든 구약이든)를 가리키는 것으로 이해한다.
104 안진호, "야고보서와 윤리적 이원주의", 〈한국복음주의 신학회 연구〉 (2004): 222-224.
105 야고보서 2:1에 '우리 주 예수 그리스도를 믿는 믿음'에 대한 언급이 있지만(참조. 1:1), 여기서 '받는다'로

그렇다면 '심긴 도'라는 표현에서 '심긴'을 받아들인다고 할 때, 이 '심긴'과 어울리는 '도/말씀'은 무엇을 가리키는가? 또한 '마음에 말씀을 심었다'는 것은 무엇을 뜻하는가? M. Klein은 일찍이 '심겨진'은 신명기 30장의 전통에서 가져온 표현이며, 야고보서에서 '말씀'은 신명기적 율법을 뜻하고, 여기서 '심겨진 말씀'은 신명기 30:11-14의 배경에서 이해해야 한다고 주장했다. Klein은 Philo가 하나님에 의해 인간 안에 놓여진 '덕의 뿌리내림'이라고 하며 신명기 30:14를 인용한 것에서 그 용례를 찾는다.[106]

하지만 실제로 신명기 30:14(ἔστιν σου ἐγγὺς τὸ ῥῆμα σφόδρα ἐν τῷ στόματί σου καὶ ἐν τῇ καρδίᾳ σου καὶ ἐν ταῖς χερσίν σου αὐτὸ ποιεῖν, LXX)에는 '가깝다'(ἐγγὺς)는 표현 외에 '심겨진'이라는 표현을 추정할만한 용어나 개념을 찾기 어렵다. 물론 21b절의 '심긴 도'가 신명기 30:14의 표현처럼 구약의 율법과 어떤 식의 연속성을 가지지 않는 것은 아닐 것이다. 1:21 이후 2장 전반에 걸쳐 나오는 율법에 대한 야고보서의 관심과 논의는 이 '심긴 도'가 율법과 긴밀한 관계에 있음을 시사한다. 그러나 21b절의 인접한 전후 문맥에서, 이 '심긴 λόγος'의 정체를 그대로 신명기의 율법처럼 구약의 율법으로 보는 것에는 무리가 따른다.

우선 많은 학자들이 그렇게 보는 대로, '복음의 말씀'으로 이해되는 18절의 '진리의 말씀'이 21b절의 '심긴 말씀', 25절의 '자유하게 하는 온전한 율법', 그리고 2:8의 '최고한 법' 곧 '왕국의 법'(νόμος βασιλικός)과 본질적으로 같다고 간주할 때, 21b절의 '심긴 λόγος'를 구약의 율법과 그대로 동일시하고 읽을 수는 없다. 또한 λόγος를 양심으로 보는 경우와 마찬가지로 이를 구약의 율법으로 보는 경우도 21b절의 '너희 영혼을 구원할 수 있는'이라는 부정사구와도 쉽게 조화되지 않는다.

만일 그렇다면 야고보서는 율법만으로 구원을 얻을 수 있다고 가르치는 셈

번역된 용어는 δέχομαι(1:21b)가 아니라 ἔχω이다. 또한 1:22-2:26까지는 율법에 대한 논의가 훨씬 더 지배적이다.

106 M. Klein, "Ein vollkommenes Wer": Vollkommenheit, Gesetz und Gericht als theologische Themen des Jakobusbriefes (Stuttgart: Kohlhammer, 1995), 136-137; Ropes, St. James, 167, 또한 이 '진리의 말씀'을 유대교의 율법으로 본다.

이 될 것이다. 하지만 야고보서의 저자는 자신을 '주 예수 그리스도의 종'으로 선포하며(1:1a), '흩어져 있는 열두 지파'(1:1b)라는 표현도 '주 예수 그리스도'가 결국 그들을 모으실, 그 흩어져 있는 양 무리의 목자임을 시사한다. 무엇보다, 이들은 이미 '영광의 주 곧 우리 주 예수 그리스도를 믿는 믿음을 받은' 자들이다(2:1).

또한 21b절의 '심긴 도'에서 그 '도'를 구약의 율법으로 보는 견해와 유사하게, 그것의 정체를 포괄적으로 '하나님의 뜻을 아는 임재하는 지식의 총합'(the sum of present knowledge of God's will)이라거나,[107] 더 구체적으로 야고보서의 보다 큰 문맥에서 '지혜'와 동일시하는 해석도 있다. Wall은 '심긴 말씀'이 이방인들을 이스라엘에 '접붙인다'거나 '가깝게 한다'는 의미가 아니며, 또한 여기서 기독교 전통이나 복음의 흔적을 찾는 것도 적절치 않고, 더구나 '내주하는 그리스도'라든지 '성육하신 말씀'(요 1:1-18)으로 읽어내서는 안 된다고 말하면서, 이 '심긴 말씀'은 도리어 야고보서 1:19이 내포하는 '지혜'이고, 그 말씀의 길을 따름으로써 죄와 사망에서 구원을 얻는 지혜(1:15; 참조. 잠 2:12), 그리고 위로부터 와서 열매 맺는 지혜(3:17-18)라고 주장한다.[108]

Wall의 견해는 야고보서의 문맥을 고려한다는 점에서 흥미롭다. '심긴 도'를 복음과 동일시하지 않으면서 또 동시에 모호한 '하나님의 뜻을 아는 지식의 총합'이라든지, 아니면 단순히 구약의 율법과 동일시하지 않는다는 점에서 흥미로운 해석이다. 특히 1:21b에서 마음에 '심긴 도'를 '온유함으로(ἐν πραΰτητι) 받으라'는 표현과 3:13에서 '지혜의 온유함으로(ἐν πραΰτητι σοφίας) 그 행함을 보일지라'는 표현은 '심긴 도'와 '지혜' 사이에 어떤 긴밀한 관계가 있음을 시사한다고 본다.

하지만 Wall의 견해처럼 이 '지혜'를 복음과 다른 것으로 완연하게 구분하는 것은 본문에 의해 지지되기 어렵다. 일단, Wall이 '심긴 도'의 해석과 관련해서 1:18의 '진리의 말씀'도 단순히 '지혜'로 해석한다거나,[109] 1:12-15과 짝을

---

107 Ropes, *St. James*, 173.
108 Wall, *Community of the Wise*, 72-73.
109 Wall, *Community of the Wise*, 66-67.

이루는 18절의 '재창조'의 문맥에서도 굳이 복음적인 중생(rebirth)의 의미를 제거하려고 하는 것은, 야고보서를 비기독교적 서신으로 즉, 유대적 문헌으로 국한하는 결과를 가져올 것이고, 이는 예수 그리스도에 대한 믿음을 명백히 드러내는 본문들과 어울리지 않는다(참조. 1:1; 2:1, 5; 5:15).

물론 이 '심긴 도'는 Wall이 말하는 것처럼 야고보서 곳곳에 등장하는 '지혜'(σοφία)와 관련이 있을 수밖에 없다. 야고보서에서 참된 '지혜'는 하나님께 구하여 하나님께서 주시는 선물이며(1:5), 위로부터 오는 선물이다(3:13-18). 이런 점에서 야고보서의 지혜는 신적 수동태를 연상하게 하는 '심긴'(ἔμφυτος)이라는 표현과 유사한 차원이 포함되어 있다. 하지만 이 '심긴 도'가 18절에서는 복음과 동일시되는 '말씀'(λόγος)¹¹⁰이라는 점에서 이 '심긴 도'를 단순히 지혜로 규정하는 것은 무리가 있다.

더구나 21b절과 매우 인접한 이전 문맥인 18절에서 '심긴 도'가 진리의 말씀으로 '낳으셨느니라'(ἀπεκύησεν)라는 중대한 개념과 긴밀히 연관된다고 생각하면, '마음에 (단번에) 심긴' 말씀을 지혜의 경우처럼 '부족하다'(lack)는 개념을 적용하기도 어렵고 또한 단순히 부족할 때마다 '기도를 통해' 얻거나(1:5) '위로부터' 공급받는 지혜(3:13-18)와 동일시할 수 없다. 또한 21b절에서 '심긴 도'는 '너희 영혼을 구원할 능력이 있는'이라는 부정사구의 수식을 받는다. 이런 점들은 21b절의 '심긴 말씀'의 정체성을 찾기 위해서, 21b절이 기록되기까지 그 이전 문맥, 특별히 1:12-15와 18절을 진지하게 고려할 필요성을 제기한다.

(3) 21b절 이전(以前)의 문맥 - '심긴 말씀이 어떻게 구원하는가?'

그렇다면 야고보서는 무슨 이유로 말씀을 '마음에 심긴'으로 표현했는가? 또, '마음에 심긴' 이 '말씀'이란 무엇인가? 물론 1:21에서 '심긴 도'라는 표현을 관용적으로 보고 그 강조점을 '온유함'이나¹¹¹ '받으라'에 둠으로써, 이 문제를

---

110 예컨대, Davids, *James*, 95; Moo, *James*, 87; Adamson, *James*, 98-100; McCartney, *James*, 117; Hartin, *James*, 106.

111 Dibelius, *James*, 113-114, 'implanted'의 견해를 택하고 심긴 '도' 역시 복음이라고 말하지만, 이는 관용적인 표현일 뿐이고, 21b절의 의미는 '온유한 삶'을 강조하는 데 있다고 한다.

간과하려는 경향도 있다. 하지만 학자들은 최근에 와서 야고보서가 2장에서 '믿음과 행위'의 신학적 문제를 거론하기 이전에 이미 1장 후반부에서 그 구원론이나 신학을 두텁게 전개하고 있음에 주목하고 있다.[112]

사실 야고보서 1장은 초두부터 시험에 대한 문제를 제기하면서(1:2-4) 점차로 그 시험당하는 원인과 해결책에 대한 문제들을 차례로 깊이 있게 추적해 들어가는 흐름을 보여 준다(5-8절, 9-11절, 그리고 12-18절). 먼저 시험을 당할 때 가장 문제가 되는 것은 실족하게 되는 경우, 곧 견뎌내지 못하는 경우이다. 그래서 야고보서는 인내를 주문한다(3절). 왜냐하면 인내의 최종적 목적이 시험 속을 지나가는 그 신자의 온전함인데, 시험을 견디지 못한다는 것은 그 온전함에 이르지 못함을 의미하기 때문이다(4절; 참조. 12-15절).

그래서 4절에서, "이는 너희로 온전하고 구비하여 조금도 부족함이 없게 하려 함이라"는 ἵνα절은 인내의 목적이면서 또한 결과이다. 여기서 '온전함'(τέλειος)이란 야고보서에서 매우 중요한 신학적 개념이다. 그것은 그 신자 속에서 역사하는 무엇이 그 목적(τέλος)에 도달하는 '과정'(process)과 '결과' 혹은 '열매'(참조. 1:11; 3:18; 5:7-11)를 상정하는 것과 관련이 있다.

1:2-4을 면밀히 살펴보면, 시험을 만날 때 '전적으로 기뻐할' 이유(2절)가 이 시험을 통해 인내라는 과정을 거쳐, 그들 속에서 시작되었던 어떤 것이 그 원래의 목적에 이르는 완성의 과정이 의도되어 있기 때문이라는 점을 알 수 있다(4절). 시험은 인내를 통해 그 사람 안에서 시작된 어떤 과정이 '원래의 목적에 이르는 것', 곧 '온전함'(τέλειος)에 이르도록 일어나는 현상이다. 그렇다면 무엇이 온전해진다는 것인가? 무엇이 원래의 목적에 이른다는 것인가?

2절에서 '내 형제들아'라고 불리는 수신자는 1절에서 명백히 밝힌 바대로, "흩어져 있는 열두 지파"라는 것과, 저들 속에서 무엇인가 시작되었고, 그것이 그 목적에까지 이르러 저들이 '온전하고 구비하여 부족함이 없는 자들'이 되는 것이 야고보가 정의하는 구원과 깊은 관련이 있음을 암시한다. 그렇다면 이 구

---

112 William R. Baker, Walter T. Wilson, Sophie Laws, Darian Lockett, 그리고 Peter H. Davids나 Donald J. Verseput 등을 들 수 있을 것이다.

원, 이 '원래의 목적'은 무엇인가? 야고보서는 1:12-15를 지나 18절과 21절에 이르기까지 아직 이러한 질문에 명확히 대답하지 않는다.

다만 1장에서 '시험'을 언급하는 대표적인 두 구절 즉, 2절(시험을 만나거든 온전히 기쁘게 여기라)의 맥락에서는 '온전함'(4절)으로 표현되는 내용이, '시험을 참는 자는 복이 있도다'라고 시작하는 12절의 맥락에서는 '주께서 약속하신 생명의 면류관'으로 표현되었음을 알 수 있다. 그러므로 시험을 인내하며 얻는 결국, 그 '온전함' 곧 그 목적에 도달하는 내용은 '생명의 면류관'과 깊은 관련이 있는 것이다.

야고보서는 이 '온전함' 혹은 '생명의 면류관'을 얻는 것을 궁극적 구원의 내용으로 상정하고, 무엇보다 이제 그것에 이르지 못하게 하는 원인들과 그것에 이르는 길에 대해 말하려고 한다. 이렇게 야고보서는 서서히 그리고 심도 있게 청중을 문제의 원인 분석과 해결점으로 인도해 나아간다. 즉 표면적으로 시험으로 나타나는 문제에 머물지 않고 실제로 보다 근본적인 원인을 간파하며 전진하는 것이다. 우선 시험을 당하면서 인내하지 못하는 이유, 그래서 온전함, 곧 그 원래의 목적에 이르지 못하게 하는 '부족함'(4절의 λειπόμενοι, 5절의 λείπεται)의 이유들 가운데 하나는 '지혜'의 결핍이다(5절).[113]

그리고 시험을 통해 인내를 얻고 그 인내의 과정을 통해 온전함에 이르는 이 구원의 길을 방해하는 더욱 결정적인 원인이 있는데, 야고보서는 그것을 '두 마음'이라고 부른다(1:8). 두 마음이란 '마음이 나뉜 것'(δίψυχος)을 의미한다. 야고보서에서 '나뉘지 않은 것' 곧 하나이고 일관된 것은 매우 중요한 개념이다(2:19).[114] 즉 시험을 통해 그 온전함, 그 목적지에 도달하지 못하게 하는 가장 치명적인 원인은 '나뉜 마음'이다.[115]

---

113 3:14-16 역시, 이 참된 지혜의 결핍으로 '온전함'에 이르지 못하는 경우를 보여 준다. 이와는 대조적으로 바로 뒤이은 3:17-18은 이 참된 지혜의 도움으로 '온전함' 곧 '원래의 목적에 이르는' 열매를 맺는 길을 보여 준다(18절, 화평으로 심어 의의 열매를 거두느니라).

114 Moo, *James*, 28-31, 130-131; 또한 Bauckham, *James*, 165-167.

115 3장에서도 13-18절에서 '지혜'를 먼저 언급하고 이어서 4:1-4에서 하나님 대신 세상을 사랑하는 나뉜 마음에 대해 언급하는 것처럼, 1:5에서 '지혜'를 먼저 언급하고 6-8절에서 '두 마음'을 언급하는 순차는 야고보서의 특색이다.

다시 말해서 야고보서는, 1장에서 시험을 언급하면서 이 시험에 대한 응급 처방, 곧 인내와 기도를 통해 지혜를 얻는 것뿐 아니라, 온전함에 이르지 못하게 하는 궁극적인 문제도 지적한다. 그것은, '두 마음' 곧 마음이 나뉜 현상 때문이다. 그렇다면 이것은 어떻게 치료하는가? 야고보서는 이 문제에 대한 해답을 내기 전에, 이 '두 마음' 혹은 '나뉜 마음'의 본질을 더욱 정밀히 해부한다. 1:12-15는 이 해부도를 보여 준다.

이 단락은 '두 마음', 곧 4:1-4의 표현대로 하면, 세상을 하나님보다 더 사랑하는 마음의 내부와 그 결국을 보여 준다. 그것은 욕심(ἐπιθυμία)에 끌리고, 걸려들고, 더 나아가 그것을 품어서 죄를 낳고 결국 사망이라는 결과를 '낳는' 과정, 곧 '온전함'이라는 원래의 의도된 목적의 반대 방향과 그 끝에 이르는 과정이다. 이는 문맥을 따르면 '두 마음', '나뉜 마음'의 결과이다. 즉 '나뉜 마음'(8절)은 시험을 견딜 수 없는 마음, 인내하지 못하는(3절) 마음이며, 지혜가 결핍된 (5절) 마음이며, 욕망의 유혹에 점차로 얽혀(14절) 결국 죄를 낳고 사망에 이르는(15절) 마음이다.

그렇다면 이 '두 마음'에 대한 근본적인 치료책은 어디에 있는가? 야고보서가 제시하는 해결책은 무엇인가? 그것은 단순히 19절에서 명령하는 대로, '듣기는 속히 하고 말하기는 더디 하며 성내기도 더디 하라'는 교훈에만 있지 않다. 또한 신자들의 마음속에 있는 '악한 정욕'(yetzer)과[116] '위로부터 오는 지혜'가 서로 싸우는 갈등의 이원론의 구조 속에서 이 '악한 정욕'을 '벗어 버리는'(1:21a) 데에만 있는 것도 아니다. 야고보서가 제시하는 해결책은 이것들보다 훨씬 근본적이고 신학적이다.

야고보서가 시험이라는 직접적인 현상을 둘러싸고, 그것을 통해 성도를 '온

---

116 Joel Marcus, "Evil Inclination in the Epistle of James", *CBQ* 44 (1982): 606-621; Walter T. Wilson, "Sin as Sex and Sex with Sin: The Anthropology of James 1:12-15", *HTR* 95 (2002): 162-163; Davids, *James*, 85-86; Wall, *Community of the Wise*, 61; Hartin, *James*, 91, 등 많은 학자들은 이런 '욕망'의 실체가 '12족장의 유언'(*Testament of the Twelve Patriarchs*)에서 보듯 후기 유대주의에서 발전된 *yetzer* 개념에 기원한다고 말한다. *yetzer*는 하나님께서 사람에게 주신, 본능적으로 생존하고 번성하며 출산하고자 하는 욕망에 가까운데 이것이 왜곡되어 부정적인 성향으로 나아가면 살인, 도적질, 질투, 탐욕을 가져온다. 선한 사람 곧 의인은 자신을 유혹하는 이런 악한 성향, 곧 악한 *yetzer*에 자신을 내주지 않는 사람이라는 윤리적 이원론을 형성하는 중요 개념이 된다.

전함'에 이르게 하는 그 구원의 과정에서 가장 큰 걸림돌이 되는 '두 마음' 혹은 '나뉜 마음'을 해결하는 방식은, 1:18에서 선포되는 복음, 곧 "그가 그 조물 중에 우리로 한 첫 열매가 되게 하시려고, 자기의 뜻을 좇아 진리의 말씀으로 우리를 낳으셨느니라"에 나타난다. 이는 이를테면 야고보서식으로 선포된 복음이다.

이 구절은 12-15절에서 '악한 정욕'으로 죄와 사망에 끌려가는 마음, 곧 '나뉜 마음'에 대한 야고보서 나름의 해결책을 선포하는 위치라는 점에서 매우 중요하다. 즉 야고보서에 있어서, '악한 정욕'에 대한 처방은 우선적으로, 3장에서 본격적으로 다루는 '위로부터 오는 지혜'(3:17-18; 참조. 1:5)가 아니다. 14-15절과 18절은 그 결과가 죽음과 생명으로 극히 대조적이지만, 그 죽음이나 생명을 초래하는 방식이 의지로부터 기인하는 잉태요 출산이라는 점에서 동일한 구조를 갖는다. 14-15절에서 각 사람은 자기의 '욕심'(ἡ ἐπιθυμία) 곧 왜곡된 욕구/뜻을 품어, 죄를 낳고 사망을 낳는다(ἀποκύει). 반면 18절에서, 하나님은 '자기의 뜻을 좇으신'(βουληθεὶς) 결과로 '우리' 곧 '그의 백성'(1:1)을 '낳으셨다'(ἀπεκύησεν). 또한 이 구절은, 하나님의 백성이 '진리의 말씀으로'(λόγῳ ἀληθείας) 태어났다는 것이 그들을 낳으시겠다고 품으신 하나님의 뜻과 깊은 관련이 있음을 드러낸다.

그러므로 '악한 정욕'(14-15절)에 대한 야고보서의 우선적이고 보다 근본적인 답은 '하나님의 뜻'(18절)에서 찾아지는데, 이 '하나님의 뜻'은 위로부터 받아야 할 '지혜'이기 이전에, 그가 '자기의 뜻대로 우리를 낳으신'(18절) 복음의 사실 속에 선포되어 있다. 결국, '두 마음'(8절)이 하나의 마음, 곧 하나님을 사랑하는 '성결한 마음'(4:8)으로 치유되어, 그 신자의 속에서 역사하는 생명의 원래의 목적(1:4, 12절), 즉 그 온전함에 이르게 하는 신학적 근거는 하나님께서 '자기의 뜻을 좇아'(βουληθεὶς) 진리의 말씀으로 '우리를 낳으신'(ἀπεκύησεν ἡμᾶς) 사실에 있다는 것이다(1:18). 이것이 야고보서 1장에 나타난 야고보서의 구원론의 기조(基調)이다.

이 복음은 21절에서 야고보서 나름대로의 특색을 띠며 새롭게 표현된다. 하나님께서 '자기의 뜻을 좇아' '진리의 말씀으로' '우리를 낳으신'(18절) 그 사실이 곧바로 '마음에 심긴 도'(21b절)로 표현되는데, 이 '심긴 도'가 바로 '너희의 영혼을 구원할 능력이 있는 말씀'이다. 18절에서 '낳았다'는 사실과 21절에서

'심겼다'는 것은 이렇게 서로 뗄 수 없는 '신학적이며 존재론적인' 관계 속에 얽혀 있는 것이다.

즉 야고보서에서 구원이란 우선적으로 하나님께서 '흩어져 있는 열두 지파'(1:1)인 하나님의 백성을 '자기의 뜻대로 낳으신'(1:18) 사실에 있다. 그리고 이런 구원관의 야고보서다운 특징은, 바로 하나님께서 낳으사 그의 백성 속에 주신 생명의 특징이 '진리의 말씀'이며, 이 구원은 신자에게 지금 '마음에 심긴 말씀'으로 현존하면서 그 안에서 그와 더불어 역사한다는 점이다.

다시 말해서, 야고보서가 선포하는 대로 '나뉜 마음'(1:8)의 근본적인 해결책은 하나님께서 바로 '진리의 말씀'으로 낳으신 그 '말씀'이 '너희를 구원할 능력이 있는 마음에 심겨있다'(1:21b)는 신학적이고 존재론적인 선포에 있는 것이다. 시험이라는 당면한 문제를 다루는 구원론적 시각에서 말하자면, 그 시험에 실패하도록 만드는 근본적 원인인 '나뉜 마음'을 원천적으로 봉합할 능력은 성도가 그로 인해 태어난 바로 그 '진리의 말씀', 곧 그들의 마음에 이미 심겨있는 '말씀' 안에 있다. 그래서 이미 심겨 있는 이 '말씀'을 '온유함으로' 받아들이는 것은, 이렇게 나뉜 마음을 근본적으로 하나로 붙들고 있는 '심긴 말씀'에 따라 그 말씀이 원래의 목적을 이루도록 돕는 역할, 즉 그로 하여금 온전한 사람이 되기 위해 주어지는 실천적인 해결책이 된다.[117]

이것이 야고보서에서 구원론의 기조가 되는 이유는, '마음에 심긴 말씀'이 이를테면 밭에 뿌려진 씨앗처럼 그 마음 안에서 그 말씀 안에 있는 생명을 펼치기 때문이다. 물론 이것은 또한 야고보서에서 비단 현재적이고 구체적인 구원의 모습일 뿐 아니라, 동시에 종말론적인 과정을 의미한다(1:12, '약속하신 생명의 면류관'; 5:7-8).[118] 그러나 이 생명의 약속은 현재적으로는 '시험'을 통한 인내

117　David Rhoads, "The Letter of James: Friend of God", *CurTM* 25 (1998): 484-485, 야고보서에서 '변화'의 핵심적인 원동력은 1:18, 21에서 표현된 진리의 말씀, 심긴 말씀이다. 이는 또한 5:20에서 다시 확증된다. '진리의 말씀'이란, 하나님에 관한 진리, 예수에 관한 진리, 사람들에 관한 진리로, 이것이 '위로부터 오는 지혜'(3:13)이다.

118　Penner, *James and Eschatology*, 197-200, 야고보서 1:12의 '생명의 면류관'의 배경으로 스가랴 6:14(ὁ δὲ στέφανος ἔσται τοῖς ὑπομένουσιν)를 지목한다(참조, 유사하게 Thoedotion of Dan 2:12; 계 1:9; 2:2, 19; 3:10; 13:10; 14:12 등).

를 요구하는 과정을 통해서 이루어진다.[119] '마음에 심긴 말씀'이 그 신자 속에서 원래의 목적에 이르러, 그 말씀과 화합한 신자로 하여금 '온전하고 구비하여 조금도 부족함이 없는 사람'으로 만들어가는 것이다. 이것이 야고보서가 말하는 식의 구원인 셈이다. 바로 이런 식의 구원을 이루기 위해서, 야고보서는 우선 세상 속에 흩어져서 여러 가지 시험을 통과하는 하나님의 백성에게, 하나님께서 그들을 낳으셨다는 사실, 곧 그들 속에 생명의 면류관을 얻을 약속의 씨앗인 '진리의 말씀'을 주셨다는 사실과 생명에 이르게 하는 이 '진리의 말씀'이 그들의 마음에 심겨 있다는 사실을 선포한다. 이것이 야고보서가 선포하는 복음이다.

그래서 어떻게 '심긴 말씀'이 구원하는가? 그것은 '자기의 뜻을 좇아' 구속의 생명을 주신 하나님께서 심으신 뜻, 심으신 말씀이라는 계시의 사실을 알고 믿는 믿음에서 시작한다. 사람이 악한 욕망에 끌리고 걸리고 그 욕망을 품으면, 죄를 낳고 반드시 죽음을 낳는 것이 피할 수 없는 생명과 죽음의 법칙이듯이, 하나님께서 '자기의 뜻'을 따라 낳으신 생명, 곧 그의 진리의 말씀을 그의 백성 안에 심으심으로 그들에게 주신 생명도 피할 수 없는 열매를 맺는다는 사실에 대한 지식과 믿음에서 시작하는 것이다.

어떻게 '심긴 말씀'이 구원하는가? 야고보서의 대답은, 이 '심긴 말씀'이 그 말씀이 심긴 신자 안에 거하는 생명의 약속이며, 그가 그 '심긴 말씀'을 온유하게 받음으로써, 그 말씀이 그의 안에서 자라고 뿌리내리고 열매 맺어 그 말씀이 심긴 그 사람 자신을 온전하고 구비하여 조금도 부족함이 없게 하는 구원에 이르게 하는 하나님의 능력이라는 데에 있다.

이렇게 18절과 21절은 동일한 복음을 선포하고 동일한 계시의 사실, 곧 신자는 하나님의 뜻인 '진리의 말씀'으로 태어나 이미 생명의 약속을 얻은 것이며 또한 그의 영적 생명의 가장 큰 특징은 그의 속에 심긴 말씀이라는 사실을 말한다. 하지만 이 두 구절은 동시에 같은 사실의 다소 다른 측면들을 강조한다. 즉

---

119 Hartin, *James*, 106, 역시, 1:18과 21절을 서로 연결 지으면서 야고보에게 있어 구원은 일방적이지 않은 하나의 실재(a reality)라고 말한다. 야고보서는 구원이 은혜로서 하나님께로부터 오지만, 그것은 또한 받는 사람에 의해 행동으로 환영받고 받아들여져 실재가 되어야 함을 강조한다.

18절에서 '진리의 말씀으로 낳으셨느니라'가 신자의 존재에 대한 하나님의 주권적 의지를 강조하는 표현이라면, 21절의 '심긴 도를 온유함으로 받으라'는 그 동일한 '심긴 말씀' 곧 신자의 영적 생명의 특징인 그 '말씀'을 신자가 모든 겸손함으로 받아들일 때 얻게 되는 실제적인 온전함으로서의 구원을 강조하는 표현이다.

따라서 21b절의 '심긴 말씀'이 '진리의 말씀으로 낳으셨느니라'(18절)에서 드러난 야고보서의 신학적인 선포를 다시 표현한 것이라면, 21b 하반절의 '온유함으로 받으라'는 명령은 그 신학적 사실을 구원론적으로 실현하게 하는 명령이 된다. 이런 점에서 '온유함'은 1:21 이후에 더 명확하고 다양하게 그려지는(1:26-27; 2:13; 3:17-18; 4:10-12, 특히 10절, '주 앞에서 낮추라'; 5:7) 야고보서의 구원론적 영성을 이해하는 중요한 단서가 되는 것이다. 결국 1:21b의 '마음에 심긴 도를 온유함으로 받으라'는 명제는, 1:26-27이 서신서의 나머지 부분과 연결 고리 역할을 한다는 것을 가정할 때,[120] 야고보서의 구원론을 결정적인 위치에서 요약한, 결정적인 선포이다.

(4) 13-18절의 '잉태, 출산' 이미지에 관한 주석적 문제

1:18이나 21절과 같은 야고보서의 독특한 구원론적 표현들은 모두 신자의 탄생이 '진리의 말씀'으로 말미암은 것이며 신자의 영적 생명의 가장 큰 특징이 그들의 마음에 심겨진 영원하신 '말씀'(1:10-11; 참조. 사 40:7-8)이라는 사실을 강조한다는 면에서 두드러진다.

물론 1:18에서 '진리의 말씀으로 낳으셨느니라'고 했을 때 이것이 처음의 창조를 가리키는지, 아니면 복음을 통한 중생을 가리키는지 의견이 갈리기도 한다. 창세기에 따르면 하나님께서 세상을 '말씀'으로 지으셨고, 또한 Philo도 하나님께서 세상을 '낳으셨다'는 표현을 쓴다(Ebr. 8; Leg. All. 3.31, 51)는 것 등에 근거하여, 적지 않은 학자들이 18절을 '창조'에 관한 것으로 보려 한다.[121]

---

120 Francis, "Form and Function", 117-118; Taylor, "Structure of James", 91.
121 Laws, *James*, 75-78; L. E. Elliott-Binns, "James 1,18: Creation or Redemption?" *NTS* 3 (1956-1957): 148-161.

하지만 17절의 '빛들의 아버지'라는 표현도 비단 창조주만을 드러내는 문구는 아니다. 유대인들의 아침 기도는 하나님을 하늘의 빛들을 지으신 창조주로 묘사하면서 동시에 곧바로 그의 백성을 구원하시는 구속주로 표현한다.[122] 또한 '하나님의 말씀'이 아니라 '진리의 말씀'이라는 구체적인 표현이나 '진리의 말씀으로 낳으셨느니라'는 야고보서의 표현은 오직 초기 기독교나 후기 기독교적 자료에서만 그 평행구를 발견할 수 있다는 점도 18절이 단순한 창조가 아니라 복음에 의한 재창조를 언급하는 것으로 보게 한다.[123]

사실 신약에서 '진리의 말씀'은 네 번 등장하는데 구원을 가져오는 복음을 지칭하며, '첫 열매'는 그리스도인들을 지칭하는 관용적 표현임을 고려하면(살후 2:13; 계 14:4; 롬 16:5; 고전 15:20)[124] 18절에서 처음 '창조'를 보려는 학자들은 로마서 8:18-25이 예시하는 것처럼 구속(redemption)이라는 맥락에서도 인류는 다시 창조계와 깊이 연관된다는 점을 간과했다는 사실을 알 수 있다.[125]

또한 사소해 보이지만 쉽게 간과되는 점은 창세기에 기록된 사람의 창조가 '말씀'으로 된 것이 아니라는 사실이다. 반면에 야고보서 1:18에서 '우리' 곧 '흩어져 있는 열두 지파'(1:1)인 하나님의 백성은 '진리의 말씀'으로 태어나게 되었다. 즉 첫 번째 창조된 인류는 하나님께서 흙으로 지으셨고 생기를 그 코에 불어넣으셨지만(창 2:7), 종말에 새롭게 창조된 그의 백성은, 야고보서에 의하면, 하나님께서 '진리의 말씀'으로 낳으셨다는 것이다. 야고보서는 이런 차이점, 이런 강조점을 어디서 가져온 것일까?

최근에 Walter T. Wilson이나 William R. Baker의 논문들은 이런 점에서

---

122 Donald Verseput, "James 1:17 and the Jewish Morning Prayers", *NovT* 38 (1996): 1-15; 참조. 이런 점에서 베드로전서 1:3은 흥미롭다. 이 구절에서 '아버지'와 '거듭나게 하심'의 두 개념이 함께 묶여서 나온다. 또한 4QDibHama(*Dibre Hamme'orot*)도 흥미로운 문서인데, 이는 주전 2세기경에 쓰여진 문서로, '빛들(광명들)'에 관한 '말씀'들인데, 6일 동안 천지(특히 광명들)를 창조하신 하나님을 향한 기도들이지만, 동시에 이스라엘의 구속과 회복을 기원하는 간구들로 가득 차 있다. "*Dibre Hamme'orot*: Prayer for the Sixth Day (4Q504 1-2 v-vi), 23-27, *Prayer from Alexander to Constantine: A Critical Anthology* (ed. Mark Kiley et al.; London: Routledge, 1997)을 참조하라.
123 Davids, *James*, 89.
124 Moo, *James*, 79.
125 Davids, *James*, 90.

매우 흥미로운 분석들을 내놓고 있다. Wilson은 야고보서의 구원을 '잉태와 생명의 탄생'의 관점에서 본다는 점에 주목한다. Philo가 인간 속에 있는 이성적이고 합리적이며 '남성적인' 정신이 비합리적이고 '여성적인' 욕망들을 제어할 때 쾌락과 죽음을 낳지 않을 수 있다고 보는 플라톤적 이원론을 성경적 틀에 적용한 것이 야고보서의 구원 이해에 영향을 주었다고 보는 것이다. 즉 신적 말씀(divine logos)이 사람 속에서 악한 욕망들을 제어하도록 함으로써 생명과 영원에 이르게 한다는 것이다.[126]

하지만 이러한 윤리적 이원론은 야고보서 1:18과 21절에 나타난 구원론적 강조점을 놓치는 해석이다. Baker는 미묘한 차이를 놓치지 않는다. 그에 의하면 1:14-15에 나타난 잉태와 생명의 탄생의 부정적인 알레고리, 즉 여성 명사로 표현된 욕망(ἐπιθυμία)을[127] 따라 그에 유혹되고 그것을 품는 사람은 결국 죄와 사망을 낳는 이미지는, 18절에서 긍정적 알레고리로서 잉태와 탄생의 이미지와 대조되어 나온다. 만일 플라톤적인 Philo의 이원론을 따른다면, 사람이 '신적 말씀'을 따라 그것을 품어 의를 낳고 생명을 낳는다고 해야 할 것이다. 하지만 18절의 주어는 욕망도 아니고 사람도 아니고, 하나님 자신이다. 17절에서 '아버지'로 표현된 하나님이 18절에서 '낳으셨느니라'(ἀπεκύησεν)의 주어이기 때문이다. 이를 도표로 보이면 아래와 같다:

'각 사람이' – '자기 욕망[ἐπιθυμία]에 의해'(14절) – '사망[θάνατον]을 낳는다'(15절)
'아버지'가(17절) – '[그의] 뜻을 품으셔서'[βουληθείς] – '우리[ἡμᾶς]를 낳았다'(18절)

여기서 대조되는 대상이 서로 다르다는 사실이 매우 중요하다. 즉 14-15절에서는 사람이 욕망의 유혹에 이끌리고 그것을 품어 죄와 사망을 낳지만, 18절에서는 사람이 아니라, 하나님이 '자기 뜻을 좇아' '우리' 곧 자기 백성을 낳으신 것이다. 따라서 잉태되고 태어나는 그 대상도 다르다. 사람이 악한 욕망을

---

126 Wilson, "Sin as Sex", 151-157.
127 Davids, *James*, 84나 Moo, *James*, 76은 여기서 욕망의 역할이 잠언 5, 7장에 나타나는 유혹하는 여자를 떠올리게 한다는 점을 지적한다.

품으면 죄를 낳고 사망을 낳지만, 이에 대조되는 기쁜 소식, 곧 복음은 하나님이 자기의 뜻을 품어 그 뜻을 따라 의와 생명이 아니라, '자기 백성'을 낳으셨다는 사실이다.

Baker는 "한 사람(남성적 이미지로서)이 욕망(여성적 이미지로서)과 결합하여 죄와 사망을 낳는 부정적 이미지와 대조되는 것은 윤리적인 거룩과 생명을 낳은 그 개인의 의지가 아니다. 이것은 가능하지도 않다. 왜냐하면 윤리적 거룩과 생명은 오직 하나님 안에만 있기 때문이다."[128] 이 대조의 차이는 야고보서의 중심적 관심이 악한 욕망 곧 'yetzer'(에쩨르)와 지혜/율법 사이의 윤리적 이원론이라는 점을 부정한다.[129] 야고보서는 이미 1장의 결론 부분에서 이 대조의 열쇠가 악한 사람의 악한 뜻 곧 욕망(ἐπιθυμία)과 하나님 자신의 뜻(βουληθείς) 사이에 있음을 명확히 밝힌다.

그렇다면 의와 생명은 어떻게 되는 것인가? 사람이 자기 욕망에 의해 죄와 사망을 낳는 반면, 하나님은 자신의 뜻을 품으셔서 그 반대인 '의와 생명'을 낳으신 것이 아니라, 의와 생명을 열매 맺을 '자기 백성'을 낳으신 것이다. 더 나아가, 창조주이신 아버지 하나님이 자기의 뜻대로 자기 백성을 낳으실 때 '진리의 말씀'으로 낳으셨는데, 이 '진리의 말씀'(18절)이 그들 안에, Baker의 표현대로 하면 유전인자(DNA)처럼 심겨져 있어서,[130] 그것을 온유함으로 받을 때, 비로소 의와 생명이 온전하게 열매 맺히는 것이다. 따라서 12절에서 '시험을 참는 자가 복이 있는' 이유는, 자기 안에 심긴 그 말씀, 곧 뿌리내리고 자라서 의와 생명을 열매 맺을 수 있는 그 '진리의 말씀'이 그의 안에 '심겨서 이미 내재해' 있다는 데 초점이 있다. 그러므로 야고보서가 말하는 구원은 신자의 영적 생명의 본질이 '말씀'이라는 것이며, 더 놀라운 사실은 이 '말씀'이 우선적으로 그의 안에 이미 심겨 있다는 사실에 있다.

---

128 Baker, "Who's your daddy?", 203.
129 Jackson-McCabe는 *Logos and Law*, 195-196, 이런 점에서 '로고스'(이성)와 '욕망'과의 갈등을 극대화시킨다. 그 배후에는 하나님과 악마 사이의 갈등이 있다고 본다. 하지만 본문에서의 대조는 '사람의 뜻'(사망)과 '하나님의 뜻'(생명) 사이의 대립이며, 야고보서에서 마귀와의 주된 갈등도 하나님이 아니라 '너희'와의 사이에서 일어난다: "너희 믿음을 굳게 하여 저를 대적하라"(5:8-9).
130 Baker, "Who's your daddy?", 204.

다시, 이렇게 이해된 21b절의 '심긴 말씀'의 의미는 2-20절의 문맥에서 보다 심층적인 의미를 드러낸다. 즉 우리가 앞에서 이미 분석한 대로, 야고보서가 '시험을 만나거든 온전히 기쁘게 여기라'(2절)고 단언한 이유도 하나님께서 진리의 말씀으로 새로 낳으신 그의 새 백성 안에 '심긴 말씀'이 그 원래의 목적대로 의와 생명을 열매 맺는 것이, '자기의 뜻대로' 곧 그가 '원하신 바'(βουληθείς, 18절)대로 그의 백성을 낳으신 하나님의 최종적 목적이기 때문이라는 해석이 된다.

따라서 야고보서가 주문하는 '인내'는 억누르거나 무조건 참는 맹목적 금욕주의와는 거리가 멀다. 그것은 신자의 영적 생명의 본질인 그의 안에 심긴 말씀의 능력을 펼치고 드러내는 수납의 과정이다. 여기에 '온유함으로 받아들이는' 태도가 요구되고 순종과 행위가 요구되는 것이다. 즉 단순히 윤리적 이원론의 틀에서 악한 욕망을 신적 이성(divine logos)으로 억누르는 금욕주의가 아니다. 의와 생명은 씨앗처럼, 혹은 살아 있는 약속으로(12절) 이미 그들 안에 말씀의 형태로 심겨 있기 때문이다.

이것이 하나님의 새 백성으로 하여금 시험에 실패하게 하는 '나뉜 마음'(8절)에 대한 야고보서의 신학적이고 근본적인 답이다. 신자의 나뉜 마음 근저에 그 마음을 하나의 마음으로 연합시키고 있는 실체는 바로 그 '심긴 말씀'(21b절)이기 때문이다. 야고보서에 의하면, 신자가 자신의 나뉜 마음을 치유하려면, 먼저 그 자신 안에 하나님께서 의와 생명의 약속으로 주신 '진리의 말씀'이 이미 심겨 있다는 사실, 즉 그의 영적 생명의 본질인 이 말씀이 그의 안에 이미 주어져 있다는 사실을 믿고 깨닫는 것이 결정적이다(18절). 그리고 더 적극적으로 이 심긴 말씀을 '온유하게 받아들이는'(21b절) 과정을 통해 그 구원을 구체화해야 하는 것이다.

2.4 '심긴 말씀'의 배경, '말씀-교회론'

그렇다면 야고보서는 왜 '심긴 말씀'이라는 표현을 쓰는가? 구원을, 사람이 욕망을 따라 죄와 사망을 잉태하고 출산하는 것과 대조해서, 하나님께서 사람을 진리의 말씀으로 낳는 것으로 표현하는 야고보서의 개념은 어디에서 나왔는가? 그리고 종말의 새 백성의 탄생에 있어서 그 가장 중심적인 특징이 '진리의 말씀'이며, 신자들에게는 그 마음에 바로 이 말씀이 심겨 있다는 생각은 어디에 근거를 두고 있는가?

일찍이 학자들은 야고보서 1:18, 21을 세례와 연관시켜 왔다. 세례란 신자의 탄생의 시점이며 또 복음을 들음으로써 그 복음에 따라 공개적으로 신앙 고백을 하는 결정적 계기이기 때문이다. 그래서 '심겨진 말씀'은 '진리의 말씀'과 같은 것으로 세례 때의 교리 시간에 배운 말씀이나[131] 세례 시 말씀이 선포될 때 행해지는 응답 혹은 선교적 상황에서 세례인적 지침(고전 3:6)과 연관되었다.[132] 하지만 이 견해는 바울서신과 유비적이긴 해도, 점차로 야고보서 나름대로의 구원론, 즉 13-18절에서 강조되는 잉태와 출산의 이미지, 거기에 깃든 창조의 모티브, 그리고 '말씀'에 대한 강조 등을 충분히 담지 못하는 견해로 여겨지고 있다.

세례라는 배경보다 더 강하게 두드러지는 것은 예수의 '씨 뿌리는 자'의 비유와의 연관성이다. '심긴 말씀'이라는 표현은 자연스럽게 예수의 이 가르침을 생각나게 한다(마 13:3-9, 18-23; 눅 8:4-8; 막 4:1-9).[133] Davids는 '야고보서와 공관복음 전승'에 관해 말하면서 1:21을 특히 누가복음 8:8의 씨 뿌리는 비유의 마지막 대목, 곧 좋은 땅에 떨어진 씨앗이 많은 결실을 맺는 이미지와 연관시키면서 '심겨진 도'란 선포된 복음, 설교된 복음을 의미한다고 말한다.[134]

(1) 베드로전서 1:23, '썩지 아니할 씨'

하지만 야고보서 1:21b의 표현은 보다 더 구체적이다. 이 '심겨진 말씀'은 또한 '너희를 구원할 능력이 있는' 말씀이다. Stulac은 이런 점에서 '구원하는 말씀'의 기원은 마태복음 7:24이며, 이는 베드로전서 2:2에서도 마찬가지로 나

---

131 Mußner, 『야고보서』, 186-187, 196-197.
132 Martin, *James*, 49; Moo, *James*, 88; 반면, 예수의 씨 뿌리는 자의 비유와 상관이 없는 것으로 보는 학자들도 있다. Ropes, *St. James*, 173을 참고하라.
133 Laws, *James*, 85.
134 Davids, *James*, 47, 물론 마태복음 13장과의 연관성이나, 1QH 4:10도 예로 든다.

타난다고 말한다.¹³⁵ 실제로 야고보서 1:18, 21과 베드로전서 1:13-2:2는 서로 매우 닮아 있다. 두 본문은 모두 신자가 '하나님의 말씀으로 태어난 것'을 상기시킨다.¹³⁶

그중 야고보서 1:18, 21은 베드로전서 1:23-25과 가장 많은 공통점들을 나누어 갖고 있다: "너희가 거듭난 것이 썩어질 씨로 된 것이 아니요 썩지 아니할 씨로 된 것이니 하나님의 살아 있고 항상 있는 말씀으로 되었느니라." 이 구절이 야고보서 1:18, 21과 함께 공유하는 개념들은 서로 놀랍도록 닮아 있다: (i) 먼저 신자의 잉태와 출생의 이미지가 말씀과 긴밀히 연결되어 있다는 점, (ii) 말씀을 '씨앗'에 비유하여 마음에 심겨있다는 이미지를 유도하는 점(참조. 마 13:3-9), (iii) 그리고 '하나님의 살아 있고 항상 있는 말씀'이라는 표현으로 그 말씀에 구원의 능력이 있음을 시사하는 점, (iv) 마지막으로 베드로전서는 바로 다음 구절인 1:24에서, 그리고 야고보서는 앞의 구절인 1:11에서 각기 이사야 40:7-8을 인용하고 암시하는 점 등이다.

이뿐 아니라, 베드로전서 1:21-23은 야고보서 1:18-21과 그 구조적인 흐름에 있어서도 닮아 있다. 두 문맥은 모두 먼저 신자의 중생을 언급하고(벧전 1:21; 약 1:18), 이에 기초해서 변화되는 성결한 삶을 명령하는데, 그 내용도 '이웃 사랑'에 관한 것이다(벧전 1:22; 약 1:19-21a; 참조. 약 2:8).¹³⁷ 마지막으로, 각각 그런 명령을 수행할 수 있게 하는 내적 근거 곧 '심긴 말씀'(약 1:21b)과 '썩지 아니할 씨인 하나님의 말씀'(벧전 1:23)을 차례로 언급한다.

먼저 야고보서와 마찬가지로 베드로전서도 아버지 하나님께서 주도하신 신

---

135 Stulac, *James*, 70; Laws는 *James*, 84-85, 두 본문이 유사한 점들도 있지만 다른 점들도 많아, 각 저자가 독립적으로 또 다른 자료를 사용한 것으로 본다.
136 William L. Schutter, *Hermeneutic and Composition in 1 Peter* (WUNT 2/30, Tübingen: Mohr Siebeck, 1989), 35; Laws, *James*, 84-85는 또한 야고보서와 베드로전서가 서로 유사한 세 단락을 언급한다(18): 약 1:2-4; 벧전 1:6-7, 약 1:18, 21; 벧전 1:23-2:2, 약 4:6-8; 벧전 5:5-9.
137 베드로전서 1:22에서 '너희 영혼을 깨끗하게 하여'(Τὰς ψυχὰς ὑμῶν ἡγνικότες)라는 표현도 흥미롭다. 이와 평행 구문을 이루는 야고보서 1:18-21은 가장 근본적인 문제인 '마음이 나뉜'(δίψυχος) 것에 대한 해결로서 제시되기 때문이다. 더 흥미로운 것은 베드로전서 1:22에 '진리'(ἀληθείας)가 언급되고 마찬가지로 야고보서 1:18에도 '진리의 말씀'(λόγῳ ἀληθείας)이 언급된다는 점과, 둘 다 이웃 사랑(벧 1:22; 약 1:19-20)의 태도와 행위들에 깊이 연관되는 점이다.

자의 잉태와 출생(rebegetting)의 이미지가 말씀과 긴밀히 연결되어 있다.[138] 야고보서 1:18에서 그들을 '낳으신' 분이 창조주이신 아버지 하나님인 것처럼, 베드로전서 1:3에서도 '흩어진 나그네들'인 '우리를' 거듭나게 하신 분은 우리 주 예수 그리스도의 '아버지' 하나님이시다.[139] 또한 이 아버지 하나님께서 그들을 거듭나게 하신 것은 '썩지 아니할 씨'인 '하나님의 말씀'(벧전 1:23), 곧 '너희에게 전한 복음'(벧전 1:25)으로 된 것이다.[140]

이렇게 만물의 창조주이신 하나님 아버지께서 '말씀으로' 자신의 새 백성을 자기의 뜻에 따라 잉태하시고 창조하셨다는 생각은 야고보서와 베드로전서의 관련 구절 모두에서 찾아진다. 이런 표현은 확실히 단순히 세례 의식이 그 배경이라기보다, 이제 이 새 백성의 출현이, 구약에서부터 하나님께서 주도하시고 이루어 오신 언약, 혹은 말씀을 통한 사역의 결과로 보도록 유도한다. 실로 새 백성 곧 '흩어진 교회'의 탄생에 있어서 '말씀'의 역할은, 이를 '말씀-교회론'이라 부를 수 있을 만큼 결정적이고 또한 본질적이다. 야고보서 1:21에서는 단순히 '심긴' 말씀이라고 표현되지만, 베드로전서 1:23에서는 이렇게 심겨진 것이 바로 '썩지 아니할 씨앗'(σποράς ἀφθάρτου)이라고 말한다(참조. 마 13:3-9). 그리고 야고보서 문맥에서 이 '심긴 말씀'은 '구원할 능력이 있는' 말씀이다(1:21b). 유사하게 베드로전서 1:23에서는 '썩지 아니하며' 또한 '살아 있고 항상 있는 말씀'이다.[141]

흥미로운 것은, 베드로전서와 야고보서 모두, 이렇게 하나님께서 그의 새 백

---

138 Achtemeier, *1 Peter*, 139, 이 표현이 중생(rebirth)보다는 '다시 잉태됨/낳으심'(rebegetting)에 가깝다고 말한다. 또한 이런 개념은 세례와 같은 의식적(ritual)인 것과의 연관성보다는 구약 배경에 더 밀접하다고 말한다.

139 Thomas R. Schreiner, *1, 2 Peter, Jude* (The New American Commentary 37, Nashville: Broadman & Holman Publishers, 2003), 92-93; J. Ramsey Michaels, *1 Peter* (WBC 49, Waco: Word Books, 1988), 76.

140 Leonhart Goppelt, *A Commentary on 1 Peter* (ed. Ferdinant Hahn; trans. John E. Alsup, Grand Rapids: Eerdmans, 1978), 126에 의하면, 23절의 말씀은 25절의 '너희에게 전한 복음'이고, 이것은 전통적으로 예수의 부활의 복음 선포와 동일시되었다.

141 '살아 있고 항상 있는'(ζῶντος καὶ μένοντος)은 이 문맥에서 '하나님'보다는(어쩌면, 하나님과 더불어, 단 7:22) '말씀'을 수식하는 것으로 보는 것이 더 자연스럽다(참조. 히 4:12; 요일 1:1; 2:14). Elliott, *1 Peter*, 389; 마찬가지로 Achtemeier, *I Peter*, 139-140.

성을 창조하시는 데 그들 안에 구원할 능력이 있는 영원한 생명의 말씀을 심으심으로 그렇게 하셨다는 것, 소위 '말씀-교회론'을 펼치는데 두 본문 모두(약 1:9-11; 벧전 1:24) 이사야 40:6-8을 직간접으로 인용하고 또 암시하고 있다는 점이다.

(2) 이사야 40:6-8, '영영히 서는 말씀'

자주 간과되는 사실이지만 야고보서 1:18, 21을 이해하는 데 있어서, 10-11절에 인용된 이사야 40:6-7은 중대한 역할을 한다.[142] 야고보서 문맥에서 이사야 40:6-7은 불의한 현실 속에서 종말론적인 위로를 전한다. 원래 이사야 문맥도 '위로'에 관한 것이다. 이제 예루살렘의 복역의 때가 끝났고 광야에 외치는 자의 소리가 있어 죄 사함과 회복의 복음이 선포된다(사 40:1-3).

포로로 잡혀간 이방 땅, 바벨론에 흩어져 사는 하나님의 언약 백성을 양 무리처럼 다시 모으실 목자의 이미지도 등장한다. 여호와께서 곧 임할 것이며, 그는 목자 같이 양 무리를 먹이시며 어린양을 그 팔로 '모아' 품에 안으시며 온순히 인도하실 것이다(사 40:10-11; 참조. 약 1:1, '흩어진 열두 지파'). 그리고 무엇보다 풀과 같은 인생들에 비해 영영히 서는 하나님의 말씀과의 대조가 두드러진다(사 40:6-8).[143]

흥미로운 점은, 베드로전서와 달리 야고보서는 1:10b-11에서 이사야 40:7만을 인용하는 점이다: "풀은 마르고 꽃은 시듦은 여호와의 기운이 그 위에 붊이라. 이 백성은 실로 풀이로다." 하지만 야고보서가 인용하지 않는 바로 그다음 구절인 8절은 이렇게 되어 있다: "풀은 마르고 꽃은 시드나 우리 하나님의 말씀은 영영히 서리라"(참조. 벧전 1:25a). 풀과 같은 백성에 대한 하나님의 해답은, 영영히 굳게 서는 '말씀'이다. 이사야 40:7-8a를 사용하면서, 야고보서가 1:10b-11에서 말하지 않은 부분이 '우리 하나님의 말씀은 영영히 서리라'라는 대목이다.

---

142 Verseput은 "Wisdom, 4Q185", 705-707, 야고보서와 같은 '언약적 디아스포라 서신'들(2 Bar. 82.7; 4Q185 1-2 i 9-13)에서 이사야 40:6-7이 차지하는 중요성을 언급한다.

143 Schreiner, 1, 2 Peter, Jude, 96.

그러나 베드로전서의 경우와는 달리 야고보서에서는 직접 인용되지 않은 이 구절이 1장에서 2-11절(시험을 만나거든 기쁘게 여기라, 2절)과 상응하는 다음 단락인 12-18절(시험을 참는 자는 복이 있도다, 12절)에서는 표면으로 떠오른다. 즉 이사야 40:6-7의 배경으로 야고보서 1:10b-11을 읽어보면, '풀 같은 백성'이란 부에 의해 시험에 든 부한 자들이든지 부한 자들에 의해 시험에 든 가난한 자들이든지(약 1:9-10), 이렇게 '나뉜 마음'(1:8)으로 자기의 욕심에 유혹을 받아, 시험에 들고, 결국 그것을 '받아들여'(잉태하여, 15절), 죄와 사망을 낳는 길로 가는 백성이다.

시험을 견디지 못하게 하는 이런 치명적인 문제에 대한 야고보서의 해답은, 10b-11절에서 '풀의 꽃과 같이 지나가는' 영광과 대조되기는 하지만 직접 인용되지 않은 내용, 곧 이사야 40:8의 '영영히 서는 하나님의 말씀'에 숨겨져 있다. 이렇게 보면, 야고보서 1:10-11은 12-18절의 도입부이며, 12-18절은 10-11절에 대한 주석이다. 그리고 중요한 열쇠의 역할을 하는 구절은 야고보서 1:18과, 직접 인용되지는 않았지만 이사야 40:6-7의 배경으로 암시된 이사야 40:8의 '영영히 서는 하나님의 말씀'이다.

이사야의 이 숨겨진 부분이 야고보서 1:12-18의 단락에서 18절에 나타난다: "그가 … 자기의 뜻을 좇아 진리의 말씀으로 우리를 낳으셨느니라." 즉 이사야 40:8에서 '영영히 서는 것은' 하나님의 말씀이지만, 이를 인용하고 암시하는 야고보서 1:10b-11과 18절에서 영영히 서는 것은 이제 '그 말씀으로 태어난' '우리' 즉, 하나님의 새 백성, 곧 1:1에서 언급된 '흩어져 있는 열두 지파'이다.

중요하고 흥미로운 부분, 곧 야고보서의 구원관이 잘 드러나 있는 부분이 바로 1:18이다. 영원한 말씀이 그 백성과 함께 떼어질 수 없는 생명의 관계로 연결되어 있다. 곧 말씀과 그 말씀의 생명을 가진 백성이다. 이 백성의 구원은 하나님께서 그 백성 안에 '영영히 서는 말씀'(사 40:8)을 두셨기 때문인 것이다. 야고보서 1:21b의 '너희 마음에 심긴 말씀'이 '너희를 구원할 능력이 있는' 이유가 여기에 있다.[144]

144　Baker, *Personal Speech-Ethics*, 287, '심긴 말씀'이 구원과 관련되는 것은 구약과의 관계라고 추정하

이런 해석은 이사야 40:6-7뿐 아니라, 8절까지 직접 인용된 베드로전서 1:23-25에서도 확증된다. 마찬가지로 '흩어진'(벧전 1:1; 참조. 약 1:1) 나그네들인 하나님의 새 백성이 '거듭나는 일'이 '세세토록 있는 하나님의 말씀'(사 40:8; 벧전 1:23) 곧 이제 그들에게 전해진 '그 복음'(벧전 1:25)으로 되었으므로, 그들은 비록 흩어진 나그네들이지만, 그들이 지나가는 세상과 같은 운명이 아니다(벧전 4:3-7, 17-19; 5:10). '썩지 아니할 씨'가 거하는 그들도 그 말씀처럼 영영히 선다.[145] 그들 안에 거하는 '세세토록 있는 말씀' 곧 '살아 있고 항상 있는 말씀'으로 인해서 영영토록 굳게 서는 것이다.

이것은 야고보서 1:1과 베드로전서 1:1에서 모두 '흩어진'(διασπορά)이라는 단어를 사용하였고, 야고보서 1:21b에서 말씀이 '심겨 있다'는 이미지, 그리고 베드로전서 1:23에서는 보다 명확하게 그 새 백성을 거듭나게 한 말씀이 '씨앗'(σπορά)으로 표현되었다는 사실에서 더욱 분명하게 드러난다. Douglas Harink는 그 심층적 구조에서 베드로전서 1:23에서 말씀인 씨앗을 뜻하는 '스포라'(σπορά)는 베드로전서 1:1의 '디아스포라'(διασπορά)와 의미상 연결이 있다고 말한다.[146]

즉 하나님께서 그의 새 백성을 마치 씨 뿌리는 자가 씨를 뿌리는 것처럼 여러 곳에 흩어 뿌리신 것이다. 그들은 세상이라는 밭에 흩어져 심겨 자란다. 그리고 또한 그들 자신이 세상에 흩어져 뿌려진 씨앗인 것처럼, 그들 자신이 영원한 말씀이라는 씨앗으로 다시 태어난 자들이며, 하나님의 말씀이 그들의 심령 안에 뿌려져 있다. 마치, 하나님께서 그의 말씀을 그들 안에 뿌리시고, 그들을 다시 세상에 씨앗처럼 흩어 뿌리신 이미지이다.

만일 베드로전서 1:1과 1:23이 이렇게 연결될 수 있다면, 야고보서 1:1과 1:21b 사이에도 유사한 심층적 의미의 연결이 있다고 볼 수 있다. 이것은 야고

지만, 어떻게 연관되는지 그 배경을 설명하지는 않는다.
145 Goppelt, *1 Peter*, 127, "썩지 아니할 씨를 가진 그 사람 역시 영원히 선다"; J. De Waal Dryden, *Theology and Ethics in 1 Peter* (WUNT 2/209, Tübingen: Mohr Siebeck, 2006), 108-109, "하나님께서 그들을 구원하시는 방식이 이 썩지 않는 말씀의 씨앗이기 때문에, 그들 공동체의 삶도 이런 썩지 아니함, 곧 피차 진실한 마음으로 뜨겁게 사랑함을 드러내야 한다"(108).
146 Douglas Harink, *1 & 2 Peter* (Grand Rapids: Brazos Press, 2009), 62-63.

보서 이해에 있어서 매우 의미심장한 신앙적, 윤리적 방향을 제시한다. 로마 제국 주변에 '흩어진 열두 지파'(1:1)인 하나님의 새 백성의 심령에는 이미 말씀이 '흩어져 심겨' 있다. 그들은 말씀으로 다시 태어났으며, 말씀이 그들의 영적 생명의 본질이고, 그 말씀에 따라 온전케 되도록 되어 있으며, 그 말씀이 영영히 서는 것처럼 그들 역시 영영히 서는 운명(?)을 가진 자들이다.

즉 그들을 진정으로 자라게 하고 뿌리내리게 하고 풍성하게 열매 맺도록 하는 것은, 세상을 따라 세상의 방식대로 열매를 맺는 패턴이 아니다(4:4).[147] 그들은 그들이 흩어 뿌려져 있는 세상 속에서, 이미 그들 속에 심긴 말씀을 따라 자라고 뿌리내리고 열매를 맺도록 되어 있다. 생명과 성장의 원리가 그들 밖 세상에 있지 않고, 이미 그들 안에 하나님께서 심어 놓으신 말씀에 있으며, 동시에 그들이 흩어 뿌려진 세상 속에서 말씀의 성장과 드러남, 그 열매의 시현(示現)을 증거하도록 되어 있는 것이다.

그래서 야고보서 1:21b의 '심긴 말씀' 역시 씨앗의 이미지는 1:1과 더불어 읽을 때, 이중적 이미지를 갖는다. 저들의 심령에 하나님의 영원한 말씀이 뿌려지고 심긴 것이고, 또한, 그 영원한 말씀이 심긴 심령을 가진 그들이 온 세상에 뿌려지고 심긴 것이다. 이렇게 보면, '심긴 말씀'이라는 표현은 개인적이고 또 공동체적이다. 매우 구속사적이고 또한 열방들을 향한 하나님의 선교적인 개념이 된다. 이런 해석이 불가능하지 않은 것은, 원래 예수의 씨 뿌리는 비유가 이렇게 이중적으로 해석될 수 있기 때문이기도 하다.

말하자면 야고보서는 그 수신자들을 '흩어져 있는 열두 지파'라고 부름으로써 그들이야말로 '풀의 꽃과 같이 그 영광이 순식간에 사라지는' 열방 제국의 곳곳에서 영원토록 남을 말씀의 씨앗이 심긴 자들이며, 그들은 결코 그들 주변의 악함을 따르지 않고, 자기들 안에 심겨 있는 말씀을 따라 살아야 할 것과, 그들 자신이 이런 역할을 세상 속에서 감당해야 함을 역설하고 있는 것이다.

---

147 참조, Bauckham, *James*, 198, 야고보서에서 비판하는 것은 부나 계급이 아니라, 그가 '세상'이라고 부르는 '가치 체계'(value system)이다.

(3) 예레미야 31:33, '마음에 새겨신 율법'

이렇듯, 야고보서 1:21b의 '심긴 말씀'은 흩어진 하나님의 새 백성이 열방들 가운데서 산출해내는 의의 열매와 깊이 관련되어 있다. 이런 관점에서 볼 때, 이 '심긴 말씀'의 배경으로 몇몇 학자들이 예레미야 31:33에 기록된 새 언약의 성취를 거론하는 것은 결코 무리한 제안이 아니다.

Martin은 이 '심긴 말씀'을 예레미야 31:33에서 하나님께서 마음에 새겨준 '새 언약의 말씀'의 배경에서 이해해야 한다고 하면서, '심긴 말씀'은 인간 본성의 일부가 아니라 하나님에 의해 심겨진 것으로, 기독교인들에게 하나님이 새겨준 종말론적인 '새 언약의 말씀'이라고 주장한다.[148] 그러나 이 '심긴 말씀'은 복음뿐 아니라, 보다 구체적으로 '율법'도 포함한다. Moo는 야고보서가 '심긴 말씀'과 같은 놀라운 개념을 아마도 예레미야 31:33(또한 겔 36:24-32의 새 언약의 본문)에서 가져왔을 것이라고 주장하면서, "하나님은 그것(율법)을 그의 백성의 심령 안에 심어 항구적이며 그 신자 자신과 분리되지 않도록 하셨고, 그들 안에서 그들을 인도하고 지도하도록 하셨다"고 설명한다.[149]

야고보서 1:21b의 '심긴(ἔμφυτος) 도'라는 표현의 배경으로 사실, 예레미야 31:33(LXX)의 "나의 [율]법을 너희에게 생각나게 하며, 너희의 마음에 그것들을 새길[기록할] 것이다"(διδοὺς δώσω νόμους μου εἰς τὴν διάνοιαν αὐτῶν καὶ ἐπὶ καρδίας αὐτῶν γράψω αὐτούς)라는 표현보다 더 많은 가능성을 제시하는 배경은 찾기 어렵다. 예레미야의 이 '새 언약'의 약속은 이스라엘 백성의 갱신이 그들의 실패에 가장 치명적인 원인이 되었던 율법 준수의 문제를 해결하는 것과 맞물려 있음을 드러내는데, 이것이 야고보서 1:1, 18에 나타난 하나님의 새로운 백성이 '진리의 도/말씀'으로 새롭게 태어났다는 문맥에 잘 어울린다.

또한 '심긴(ἔμφυτος) 말씀'이라는 표현의 배경으로 거론되는 신명기 30:14의

---

148 Martin, *James*, 214-215; 또한 Blomberg & Kamell, *James*, 88.
149 Moo, *James*, 87; 참조. Baker는 "Who's your daddy?", 204, '심긴 도'를 새 언약이라고는 말하지 않지만, "another breath God breathed into people"이라고 표현한다. 그러나 이것이 성령과 더불어 역사하는 마음에 새겨진 새 언약의 법이 아니라면 무엇인가? 사실 야고보서에서 '심긴 말씀'은 바울서신에서 '성령'의 역할을 한다. 야고보서에서 성령의 열매들을 맺게 하는 주도적 역할을 하는 것은 신자 안에 심긴 말씀인 것이다.

'너의 마음에 가깝다'(ἐγγύς, LXX)는 표현에 비해, 예레미야 31:33의 '너희 마음에 새길 것이라'(γράψω)는 이미지는 훨씬 근접한 연관성을 보인다. 마음에 새겼다든지 기록했다는 이미지가 마음에 '심겼다'는, 신자의 존재와 말씀 사이의 본질적인 관계를 더 명확히 드러내기 때문이다(참조. 고후 3:3).

무엇보다, 야고보서 1:21b에서 '심긴 말씀'을 거론한 후에, 본격적으로 율법에 관하여, 그리고 그 율법이 요구하는 의를 성취하는 행위에 관하여 야고보서가 적극적이고 긍정적인 방식으로 논의하는 태도는, '심긴 도'와 새 언약과의 관계를 상정하기에 충분한 토양을 제공한다. 특별히 야고보서는 21b절의 '심긴 도'의 표현 이후에 율법을 단순히 구약의 율법과 동일시하지 않고, '자유하게 하는 온전한 율법'(1:25), '최고한/나라의 율법'(2:8), 그리고 '자유의 율법'(2:12) 등으로 표현하는 데에서도 예레미야 31:33의 새 언약에서 말하는 마음에 기록된 율법을 떠올리게 한다. 이 새 율법은 그 내용이 완전히 새로워서라기보다 '우리 주 예수 그리스도를 믿는 믿음'(2:1)과 함께 주어지고 새롭게 명해진 새 계명(2:8)이라는 점에서 '심긴 말씀'과 연관성을 갖게 된다.[150]

'흩어진 열두 지파'에게 있어서 율법을 듣는 것뿐 아니라 그것을 행하는 것이 중요한 이유는, 그들이 영영히 거하는 하나님의 말씀을 따라(1:18, 21), 풀의 꽃과 같이 그 영광이 잠깐뿐인 세상 한가운데에서(1:10-11; 특히 4:4) 그 율법이 요구하는 의(義)의 열매를 맺어야 하기 때문이다(3:18). 구약의 옛 백성에게 있어서 이 사명은 그들에게 주어진 율법을 통해서 이루어져야 했을 사명이었다(참조. 출 19:6; 신 4-5장). 그러나 옛 이스라엘은 이 사명에 실패했고, 그들은 아직 '흩어져' 있으며(약 1:1), 이들의 완전한 회복은 여전히 종말론적인 미래의 약속으로 남아 있다(1:12; 특히 5:1-11).

이렇게 보면, 야고보서의 역사와 종말에 대한 이해는 중간기의 이스라엘의 신명기적 역사관, 곧 이스라엘 왕정의 실패와 포로 됨이 율법을 준행하지 못한 죄의 결과이며 따라서 이스라엘의 회복의 관건은 다시 율법이 요구하는 의를

---

150 Edward G. Selwyn은 *The First Epistle of St. Peter* (London: Macmillan, 1955), 150-151, 베드로전서 1:22이 새 계명에 관한 것이며, 23절에서 신자들이 거듭나게 된 하나님의 말씀 곧 썩지 아니할 씨가 궁극적으로 이 새 계명이라고 말한다. 이런 관계는 야고보서 1:19-20(참조. 2:8)과 21b절의 관계에서도 성립된다.

성취해내는 데에 있다고 보았던 역사관과 매우 닮아 있다.[151] 야고보서는 이 역사관에 대한 응답을 하는데 그것은 새 언약(렘 31:33)을 따라, 하나님께서 그의 새 백성을 창조하시며 이제 그들의 심령에 이 법을 심어 두셨다는 것이다.

하지만 이 '흩어진 열두 지파'의 완전한 회복은 이 흩어진 양 무리를 다시 모으실 '주 예수 그리스도'의 강림에서야 온전히 이루어질 것이다(5:7-11). 그때까지 그들의 인내는 시험과 관련되어 있고, 그 시험은 그들이 말씀을 따라 의와 생명의 열매를 맺는 일에 직결되어 있다. 실패한 구약의 율법이 요구하는 의와 생명의 열매가, 이제 '진리의 말씀'으로 태어난 '열두 지파'를 통해서 그들이 '흩어진' 열방 속에서 그들 속에 '심긴 말씀'과 이제 성취되고 새롭게 명해진 '자유하게 하는 온전한 그 나라의 법'에 따라, 그들 안에 실제적으로 맺혀가는 것, 야고보서는 그것을 위한 인내에 새 백성 각 개인의 구원과 공동체의 명운이 달려 있다고 보는 것이다.

2.5 요약과 결어

야고보서의 신학이 '믿음과 행위'의 문제를 본격적으로 다루는 2장이 아니라 1장에서 찾아진다는 점증하는 학계의 동의, 그리고 야고보서의 문학적 구조에 있어서 서론인 1장이 갖는 '예시적 기능' 등을 고려하면, 1:18과 21절의 신학적, 그리고 문학적 결정성은 충분히 조명될 가치가 있다. 실상 1:21b의 '심긴 말씀'이란 야고보서 1장이 전개하는 '잉태와 출산의 말씀-구원론'(1:12-15)의 절정이고 요약이다. 특히 21b절의 '심긴 말씀'은 '온유하게 받으라'는 명령의 기초요 근거가 되며, '온유하게 받으라'는 실천적이고 윤리적인 명령은 그 이후

---

151 제2성전기의 이스라엘의 신명기적 역사 이해에 대해서는 다음을 참고하라: M. A. Knibb, "The Exile in the Literature of the Intertestamental Period", *HeyJ* 17 (1976): 253-279; 참조. O. H. Steck, *Israel und das gewaltsame Geschick der Propheten: Untersuchungen zur gberlieferung des deuteronomistischen Geschichtsbildes im Alten Testament, Spätjudentum und Urchristentum* (WMANT 23; Neukirchen-Vluyn: Neukirchner Verlag, 1967), 100-189; Deines, "The Pharisees Between Judaisms and Common Judaism", 443-504 in *The Complexities of Second Temple Judaism* (vol. 1 of *Justification and Varigated Nomism*, ed. D. A. Carson, Peter T. O'Brian, and Mark A. Seifried, Tübingen: Mohr Siebeck, 2001), 454.

야고보서에서 본격적으로 등장하는 많은 '교훈들'의 요체요 근간이 된다.

야고보서 1:21b의 '심긴 도'는 야고보서가 표면상 다루고 있는 흩어진 하나님의 백성의 직접적인 문제, 곧 세상 속에서의 '시험'의 문제를 근본적으로 해결하는 복음이다. 왜냐하면 그 시험의 가장 결정적인 원인은 '두 마음' 곧 '나뉜 마음'(1:8; 4:4)이고, 이 '나뉜 마음'은 하나님께서 자기의 뜻대로 '진리의 말씀'에 따라 낳으신(1:18) 새 백성의 마음에 '심긴 말씀'에 의해 이미 하나로 봉합되어 있다는 것이 21b절이 시사하는 복음이기 때문이다.

그러나 이 구원이 현실화되기 위해서는 이 '심긴 말씀을 온유함으로 받는 과정'이 있어야 하는데, 이 과정에서 '인내'(1:3, 12; 5:7-8), '위로부터 오는 지혜'(1:5; 3:17-18), 그리고 무엇보다 '온유함' 곧 '주 앞에서 낮추는 일'(4:10)이 요구되는 것이다. 이것은 그 백성으로 하여금 '온전함'(1:4) 즉, 그들 속에 심겨 있고, 새롭게 성취되고 명령된 율법의 요구인 의와 생명의 열매(1:12; 3:18)를 자신들 속에 이루는 구원이 된다.

결론적으로, 야고보서는 단순히 교훈들의 다양하고 무질서한 모음집이 아니다. 1:18(진리의 말씀으로 낳으셨느니라)과 21b절(심긴 말씀)에 표현된 야고보서의 구원론과 교회론의 존재는 매우 간결하지만 야고보서에 있어서 외면할 수도 흔들 수도 없는 신학적 닻이 되고 있다. 만일 야고보서의 신학과 윤리를 한마디로 요약할 수 있다면, 그것은 1:21b의 '(능히 너희 영혼을 구원할바), 마음에 심긴 도를 온유함으로 받으라'는 압축된 구절에서 찾을 수 있다.

3. 가난과 차별의 Κόσμος – 긍휼을 행하는 믿음

야고보서가 '세상'(Κόσμος)이라는 용어를 직접 거론한 구절들 가운데 하나인 2:5의 "하나님께서 세상에서 가난한 자들을 택하셨다"(ὁ θεὸς ἐξελέξατο τοὺς πτωχοὺς τῷ κόσμῳ)는 표현은 5절 안에서 다른 연관 개념들과 함께 2장에서 전개되는 수신자들의 상황과 문제, 그리고 그에 대한 야고보의 처방들을 이해하는 데 중요한 실마리들을 제공한다:[152] 먼저 (i) '세상에서 가난한 자들'이라는 표현은 가난과 부, 가난한 자들과 부자들을 통해 바라보는 세상이라는 관점, 그리고 그런 맥락에서 이해되는 수신자들의 정황을 잘 드러낸다. (ii) 하지만 다소 묵시론적인 '신적 역전'(divine reversal)의 모티브도 깃들어 있다.[153] 그들은 하나님의 택하심을 받았고, 믿음에 부요한(πλουσίους) 자들이며, 장차 오는 하나님의 나라를 소유할 약속을 받은 상속자들(κληρονόμους)이다. '이미와 아직'의 종말론적 모티브도 함께 있다.[154] (iii) 마지막으로, 그들은 언약적 사랑 안에 있는 자들로서, 하나님을 '사랑하는'(τοῖς ἀγαπῶσιν) 자들이며 또한 그러해야 한다는 윤리적 권면이 포함되어 있다.

이렇게 5절의 '세상'(Κόσμος)의 의미와 그 연관 개념들은 야고보가 이해하고 분석하는 수신자들의 정황을 엿볼 수 있게 해 주고, 동시에 그들에게 어떠한 해법을 주고자 했는지를 예측하게 만든다. 5절에 깃든 수사학적인 호소력은, 세상에서 가난한 자들로 분류되는 수신자들이 정작 '믿음 안에서 부요함'이라는 그들의 실상을 모른다는 데에 있다. 그래서 가난과 부의 문제에 있어서 여전히 세

---

152 Maynard-Reidd, *Poverty and Wealth*, 61-62, 2:5의 '가난한 자들'을 경건한 자들로 보는 종교적 이해(Dibelius 등 다수의 학자들)와 거리를 두고, 마태복음의 전통에서 가난한 자에 관해 물질적 가난의 배경의 문맥에서 말하는 것처럼, 야고보서의 경우도 그러하다고 주장한다.
153 Penner, *James and Eschatology*, 247-248, 야고보서의 배경으로 유대교와 기독교적 전통 속에서 공동체 규례와 예언적 심판의 경고가 함께 묶이는 경우가 많으며, 2:5의 경우도 의인들의 현재 상태가 종말론적으로 역전될 것을 기대시키는 본문이다(참조. Q 6.20b-23; 눅 6:24-26).
154 Martin, *James*, 74, 야고보가 복음서에서처럼, 새 이스라엘(the new Israel)인 수신자 교회의 윤리를 예수께서 성취하신 하나님 나라의 도래와 구현의 선포와 연결하고 있다고 주장한다; Moo, *James*, 107-108, 누가복음 1:15b-53을 인용하면서 세상 사람들을 향한 하나님 나라 복음의 종말론적 역전의 성취 모티브임을 설명한다(또한 고전 1:26-29).

속적인 가치관을 따라감으로써 그 세속적 가치관에 따라 사람들을 '외모로 취하는' 문제에 부딪힌다(2:1-4).[155] 그들은 하나님께로부터 택함을 받았고 종말에 하나님의 나라를 유업으로 받았지만, 하나님을 '사랑하는' 자들로 남아야 한다(참조. 4:1-11). 여기서 하나님을 '사랑'하는 것(2:5)과 '네 이웃을 네 몸과 같이 사랑하는'(8-13절) 긍휼의 법은 예수의 가르침에서처럼 하나로 묶인다. 그래서 '차별'이라는 문제 상황에 대해 '긍휼'이라는 해법이 제시된다.

또 한 가지 중요한 점은, 1장에서 야고보가 다룬 세상으로부터의 도전은 수신자들이 '외부의 세상의 물질과 부'의 유혹에 이끌리는 형국이지만(1:9-11, 14-16), 2장에 들어서는 보다 구체적으로, 교회 '내부 공동체' 안에 들어온 세상, 그 세속적인 가치관과 관점이 주로 가난한 자들로 이루어진 믿음의 공동체 안에서 어떻게 문제를 일으키는지를 해부한다.[156] 그러므로 우리는 아래에서, 수신자들이 겪는 세상의 도전이 어떻게 세속적 가치관으로 그들 공동체 안에서 문제를 일으켰는지, 또한 이에 대한 해법으로 이미 제시된 1:18-21b의 '말씀'이 어떻게 '율법'의 문제로 연결되는지, 또한 '자유의 율법'(8-13절)은 무엇인지, 마지막으로 이런 해법의 절정인 '긍휼을 행하는 믿음'에 대해 차례로 논증하고자 한다.

3.1 차별, 교회 안에 들어온 세상(2:1-7)

2장의 문맥을 고려한다면, 14-26절에서 논하는 소위 '믿음과 행위'의 문제는 신학적인 문제가 아니라 실천적인 문제이다. 2장의 논리를 이해하려면, '믿음과 행위'의 변론보다 중요한 열쇠가 '긍휼'에 있음에 주목해야 한다. 이미 8절에서부터 시작하는 율법 준수의 문제는 결국 긍휼을 행하는 문제로 집약된다(13절). 이렇게 긍휼이 강조되는 이유는 1-7절까지 지적되는, 수신자들의 공동체 내부에서 일어나는 가난과 부에 따른 차별의 상황 때문이다.

---

155 Dibelius, *James*, 183; Ropes, *St. James*, 193, '믿음의 영역'과 '세상'을 대조시키면서, '세상에서의 가난'이란 결국 신앙적 가치관의 문제임을 강조한다.
156 '만일 너희가 모일 때에'(2절), '너희끼리 서로 구별하며'(4절) 등의 표현들.

야고보는 먼저 구체적으로 저들이 모일 때에 형제들이나 방문객들을 겉모습에 따라, 부하고 가난한 모습에 따라 어떻게 차별하는지를 지적한다(1-3절). 긍휼의 행함이 없는 믿음(9-13절)이라는 주제는 1-4절에서부터 소개되며, 야고보의 해법도 문제를 다루고 표현하는 방식 속에 이미 포함되어 있다.

(1) '영광의' 예수 그리스도와 '눈부신' 옷의 부자들(1, 2-4절)

1장에서는, 야고보가 다룬 시험(1:1-4, 12)이나 그 배경이 되는 세속적인 부에 대한 욕망(9-11, 13-17절)이 대체로 개인적(εἴ τις, 23, 26절)으로 나타나고, 또 그 수신자 개인이 각기 세상에 맞서 있는 정황을 상정하며(27절),[157] 그 교훈도 보편적인 것처럼 들린다(26-27절). 하지만 2장에 들어와서는 분위기가 달라진다. 야고보는 이들이 함께 회중으로 모이는 정황을 배경으로 말하려 한다(2:2, 4).[158] 개인적이기보다는 집단적이다. 개별적이기보다는 공동체인 교회에게 말하고자 한다.

이렇듯, 1장에서 각 개인들에게 경고했던 세상의 헛된 부의 유혹이나 그에 빠져들게 되는 시험이 2장에 오면 공동체적으로 일어난다. 1장의 언어들이나 이미지들로 표현하면, 저들은 교회로서 시험에 들 위기에 놓인 것이며(1:2-4), 죄를 짓고 개인이 사망에 이르는 것처럼 공동체로서 파멸에 이를 수 있다(1:15; 2:9-13).

이런 이해를 전제로 하면, 1장에서 야고보가 세상 유혹에 직면하여 시험을 통과하는 각 개인들에게 주었던 처방들 곧, 인내와 온전함의 목적(1:2-4), 특별히 지혜와 기도(5-8절), 그리고 풍성하신 하나님, 모든 것을 변질됨이 없이 온전한 것으로 아낌없이 주시는 하나님(17절), 그리고 무엇보다 '자기의 뜻을 좇아'(βουληθείς) 그들을 진리의 말씀으로 낳으신 하나님 아버지를 알고 신뢰해야 한다(18-21절).

---

157 참조. McCarthy, *James*, 107, 특히 시험과 유혹에 관한 개인적 선택과 책임을 강조한 1:15의 경우, 당시 이방 사회의 집단적, 공동체적 윤리적 성향에 비추어볼 때 인상적임을 지적한다.

158 Adamson, *James*, 102, 1:9의 '부자와 가난한 자'의 주제를 이어받지만, 이제는 '기독교 사회와 기독교 공동체의 관계'(Christian society and Christian congregation) 안에서 다룬다.

2장에서 야고보가 교회 내부를 들여다보며, 이제는 공동체적으로 직면하는 세상 유혹과 시험의 문제를 다루면서 논리를 진행하는 방식도 이와 같다. 그들은 지혜가 없다(2:1, 5). 기도하는 대신 서로 구별하며 악한 생각으로 판단한다(4절). 율법을 가졌지만, 하나님의 뜻을 알지 못하고 그 심긴 말씀에 따라 살지 못한다(8-12절). 가장 중요한 뜻은 '긍휼'(13절)인데도 말이다. 이제 수신자들의 공동체가 당면한 정황부터 살펴보자.

1절에서 야고보는 수신자들을 부를 때 '우리 주이신 영광의 예수 그리스도(τοῦ κυρίου ἡμῶν Ἰησοῦ Χριστοῦ τῆς δόξης)를 믿는 믿음을 가진 자들'(ἔχετε τὴν πίστιν)로 묘사한다. 먼저 예수 그리스도를 '주'(κύριος)로 부른다. 야고보서에서 '주'(主)는 하나님 또는 예수 그리스도를 가리킨다.[159] 서신을 시작하면서 야고보가 자신을 소개할 때에도 예수 그리스도는 '주'이시다(1:1). 또한 '주'께서 기도에 응답하시고(1:7), '주 예수 그리스도'가 믿음의 대상이며(2:1), '주' 앞에서 낮추어야 하고(4:10), 그가 공의로 심판하실 만군의 '주'이시며(5:4), 다시 오실 '주'이실 뿐 아니라(5:7, 8), 오래전 선지자들이 '주의 이름으로' 예언하고 고난을 받았으며(5:10), 성도들의 인내에 대하여 최종적인 결말을 주실 분이 '주'이시다(5:11). 교회는 또한 병자들을 위하여 기도할 때에 여전히 그들 가운데에서 치유를 행하시는 '주'의 이름으로 기름을 바르며 기도한다(5:14).[160] 수신자들이 가진 믿음은 하나님께 대한 믿음이고 동시에 예수 그리스도에 대한 믿음이다. 그리고 그 예수 그리스도는 자주 이렇게 묘사되는 '주'이시다. 이런 '주'를 믿는 그들은 어떻게 행하고 있는가?

야고보가 2:1에서 교회의 문제 상황을 지적하기 전에 예수 그리스도를 이렇게 소개하는 것은 의미가 깊다. 결국 그들은 지혜가 없는 셈이다. 왜냐하면 '주'를 믿는다는 것이 그들에게 무엇을 의미하는지 진정 깨닫지 못하기 때문이다.

---

159 Moo, *James*, 29. 야고보서에서 기독론은 제대로 발전되지 않았다는 견해를 피력하면서, '주'라는 표현은 주로 하나님을 지칭하는 가운데(3:9; 4:10, 15; 5:4, 10, 11, 15), 예외적으로 예수에게도 적용된다(2:1; 5:7, 8)고 본다; McCabe, "Mythic World of James", 702. 어떤 학자들은 여기서 '우리'나 '예수 그리스도'라는 칭호 자체가 후대의 삽입이라고 본다; 또한 Ropes, *St. James*, 188; Dibelius, *James*, 127-128.
160 Ropes, *James*, 1:7의 '주'는 하나님을 지칭하고(142), 5:14의 '주'는 원래는 여호와를 지칭했으며(289), 5:14의 '주의 이름'은 예수 그리스도의 이름이다(307).

또 '주' 이외에 예수 그리스도를 소개하며 특별히 '영광의'(τῆς δόξης)라는 형용사로 수식한다. '영광'이라는 표현은 야고보서에서도 여기 한 곳에 나온다. 그만큼 집중적이고 의도적이다. 일반적으로 '영광의'라는 수식어는 승귀(昇歸), 계시 그리고 종말의 구원을 의미한다(마 16:17; 24:30; 딛 2:13; 벧전 4:13 등). 그래서 이 본문에서도 '승귀하신 그리스도와 심판을 위해 돌아오실 재림 사건'이 의도된 것이라 볼 수도 있다.[161]

하지만 그런 일반적인 의미와는 별도로 2:1-4의 문맥은 1절의 '영광의'라는 용어에 또 다른 색채를 보탠다. 2절과 3절에 반복해서 나오는 부자들이 입은 옷이다. 야고보는 그것을 '빛나는, 광채가 나는' 혹은 그야말로 '눈부신'(λαμπρός, 아름다운, 개역개정/개역한글) 옷으로 묘사한다(참조. 1:9-11; 사 40:5, 6-8).[162] 한 걸음 더 나아가, 야고보가 의도했던 그렇지 않았든, 2:1-4에 나오는 '영광' 또는 '빛나는, 화려한, 눈부신' 등의 이미지들은 1:9-11의 문맥을 생각나게 만든다. 흥미롭게도 9-11절에서 사용된 이사야 40:5에는 실제로, 인간 세상의 영화의 헛됨과 하나님의 영광을 비교하면서, '주의 영광'(δόξα κυρίου; יהוה כבוד, MT), '사람의 영광'(δόξα ἀνθρώπου)이라는 표현들이 등장한다.

1:9-11과 12절 이하의 문맥은, 시험에 빠져 죄를 짓고 사망에 이르는 경우를 예상하게 만든다(1:13-15). 그런데 2:2-4의 수신자들은 '광채가 나는' 옷을 입은 부자들을 좋게 대접하고, 더러운 옷을 입은 가난한 자들을 차별한다. 야고보는 그것을 '죄'로 규정한다(2:9). 뒤에서 더욱 뚜렷이 논증하겠지만, 문제의 핵심은 단지 경제적인 것이 아니다. 저들은 '광채 나는, 눈부신' 옷을 입은 부자들을 알아보고 그들을 대우하지만, 정작 그들 자신이 그보다 더 빛나는 '영광의' 주를 믿었다는 믿음의 사실과 '일관되지 않은' 행동을 하고 있다. 이것이 더 큰 문제이다.

---

161 Penner, *James and Eschatology*, 170. 2:1의 '영광의 주'와 5:7의 '주의 강림'을 연결해서 고려한다. 야고보서에서 κύριος는 심판과 관련되어 있다는 인상을 많이 준다(5:7). 하지만 κύριος는 하나님과 그리스도에게 함께 적용되고, 이런 점에서 기독론은 다소 모호(ambiguous)하다.

162 Reicke, *James, Peter, and Jude*, 27. '빛나는 옷'은 공의회의 의원 수준에 해당하는 차림새라고 본다(*equites*의 회원; Cicero, *In Verrem* 3.76, 176; Suetonius, *Div. Iulius* 33). 그 정도의 사회적 신분이라면 사회적으로 불리한 처지에 놓인 가난한 교회 공동체에게는 사회적 '혜택'을 의미할 수도 있다.

그리고 학계가 대체로 인정하는 것처럼, 발신자인 '야고보'(1:1)가 '주의 형제'인 사도 야고보인 것이 분명하듯이, 야고보가 예수 그리스도를 '영광의 주'로 묘사하는 것은 바울이 전해 주듯 부활하신 주께서 친히 그에게 나타나신 전승에 비추어 볼 때 매우 수긍이 가는 묘사이다(고전 15:7). 그는 예수의 세 제자들처럼 변화산에서의 '빛나는 예수' 형상을 보지는 못했지만(마 17:1-8; 막 9:2-13; 눅 9:28-36), '영광의 주'를 친히 보았다. 그가 그 이전에 육체대로는 알아보지 못했던 형제 예수의 모습이었다. 사람을 '겉모양으로만 보고 받아들이는'(ἐν προσωπολημψίαις, 2:1) 것이 얼마나 큰 오류인지를 야고보는 후회스러울 만큼 잘 알지 않았을까.

야고보의 논리는 그런 점에서 설득력이 있다. 지금 '영광의 예수 그리스도' 역시 부활하시기 전에는 그 실체를 알아볼 수 없는 분이었다. 야고보는 그런 실수를 한 것이다. 그런데 지금 수신자들이 동일한 실수, 아니 그보다 더 큰 잘못을 하고 있는 셈이다. 야고보는 몰랐다가 부활하신 주께서 나타나신 후에야 깨달았지만, 수신자들은 이미 영광의 주를 받은 믿음을 가진 것이다. 그런데 그 믿음의 내용을 따라 행하지 않고 있다.

그래서 야고보는 2:1-7에서 사람을 차별 대우하는 상황을 꾸짖고, 곧바로 8절부터 율법 곧 하나님의 말씀을 행하는 문제로 나아가고, 2:14-26에서는 본격적으로 믿음과 행함 사이의 조화와 일치를 강조하게 되는 것이다. 즉 2장의 배경은 세상의 특징들 가운데 야고보가 강조하는 '가난과 부', '가난한 자들과 부자들'의 대조이지만, 문제는 '다만' 사회적, 경제적인 구조적 문제가 아니다. 야고보는 그 핵심적인 문제가 가난한 자들과 부자들의 갈등 관계가 아니라, 그보다 더 본질적으로 그들이 가진 '믿음'에 대해서 어떤 이해와 행동을 취할 것인가의 문제라고 본다.

(2) 부자들의 법정과 '스스로 판단받는'(διεκρίθητε) 교회 (2-4절)

주로 가난한 자들이었던 수신자들이 함께 모일 때에, 그들은 '영광의 예수 그리스도'를 '주'로 믿는 그 믿음을 따라 행하지 않았다. 도리어 물질에 관한 세속적인 가치관에 따라 사람을 차별 대우함으로써(2-4절), 결국 그들의 믿음에 역행하는 행동을 한 것이고, 후에 야고보는 이것이 율법도 어긴 것이라고 논증한다(8-13절). 세상적 부를 추구한 것 자체가 잘못이라기보다는, 그들이 받은 믿음에 따라 행하지 않았고, 그들이 받은 말씀에 따라 행하지 않은 것이 문제였다 (참조. 1:22-25; 2:8-13). 일치되지 않은 것이다(2:19). 믿음과 행함(2:14-26), 그리고 사람을 대접하는 것과 하나님을 사랑하는 것이 서로 일치하지 않은 것이었다 (참조. 3:9).

야고보는 수신자들이 세속적인 부와 가난, 부자들과 가난한 자들의 문제가 주는 현실적인 유혹과 압박 아래서, 그들이 모여 예배하는 자리에서조차 세속적인 가치관에 따라 행하는 것을 질타한다. 2-3절의 상황을 두고 선뜻 이해되지 않는 점들이 있다. '너희 회당'(συναγωγὴν ὑμῶ, 2절, 개역개정/개역한글)이라는 표현은 복음서의 경우에 대부분 유대인의 회당을 지칭하지만, 신약 문서 밖에서는 '어떤 모임이든지 정기적인 회합에 쓰이는 기술적 용어'였다.[163] 마찬가지로 초대 교회에서도 당대 사회 용법에 따라 συναγωγή는 자연스럽게 그들의 모임을 가리킬 때도 사용되었다.[164] 다만 야고보가 이를 '교회'(ἐκκλησία)와 같은 용어로 사용하지 않고 συναγωγή로 사용한 것은 유대적 전통의 친숙함의 한 예라고 할 수도 있을 것이다.

따라서 이들이 모인 모습들 가운데 누구는 서 있고 누구는 앉아 있는 상황이 예배처럼 보이지 않는다고 해서 어떤 재판의 광경으로 보기도 한다.[165] 하지만 '발등상 아래(ὑπὸ τὸ ὑποπόδιόν)에 앉으라'(3절)는 표현도 관용적으로 '발 옆에, 아래'로 옮길 수 있고,[166] 공적인 모임에 개개인들에게 각기 발등상이 있는 것은 흔치 않은 일이므로, 이를 지위와 신분을 나타내는 수사학적 표현으로 보는 것

---

163 Moo, *James*, 103-104, 설령 2절의 συναγωγή가 유대인들이 모였던 회당이라도, 이런 경우는 유대인들로서 기독교로 개종한 성도들이 장악한 회당이었을 것이다; 또한 Davids, *James*, 108.
164 Dibelius, *James*, 133-134, 예를 들어, Ignatius, "모임(συναγωγή)을 더 자주 가지라"(*Pol.* 4.2); The Shepherd of Hermas, "그러므로 성령을 받은 사람은 의로운 자들의 모임(συναγωγή)에 오게 마련이다"(*Man.* 11.9).
165 R. B. Ward, "Partiality in the Assembly: James 2:2-4", *HTR* 62 (1968): 87-97.
166 Loh and Hatton, *James*, 132.

이 타당하다(시 99:5; 110:1; 132:7; 사 66:1; 애 2:1; 마 5:35).[167] 2-3절은 통상적인 회합을 일컫는 것으로, 모임에서 앉고 서는 모양만으로는 그 정황을 확정하기 어렵다. 다만 1절에서 '영광의 예수 그리스도'요 '주'를 믿는 믿음을 언급했으므로, 2-4절의 정황도 믿음에 관련된 정황으로 보는 것이 문맥에 자연스럽다.

또한 본문에는 부자들이 들어오는 것이 먼저 언급되고, 그다음 더러운 옷을 입은 가난한 자들이 나중에 언급된다(2절). 구성원의 과반수 이상이 소작농이나 종들로 구성된 당시의 사회에서 부자 주인들이 앞서고 더러운 옷을 입은 종들이 뒤따라오는 광경은 자연스럽다.[168] 또는, 상대적으로 시간적 여유가 많은 부자들보다, 그들을 위해 일하는 가난한 자들 종들이 할 일을 마치고 교회의 모임에 뒤늦게 들어오는 경우도 생각해볼 수 있다. 고린도 교회에서 성만찬을 할 때, 애찬 때에 먼저 온 자들이 나중에 온 자들을 배려하지 않아서 생겼던 분쟁이 그 좋은 예이다(고전 11:17-22).

이런 점에서 '너희끼리 스스로 판단받으며'(διεκρίθητε ἐν ἑαυτοῖς, 4절)라는 표현은 흥미롭다. 여기서 ἐν ἑαυτοῖς와 함께 쓰인 διακρίνω는 1:6의 διακρινόμενος(스스로 판단받는 자)의 용례를 생각나게 한다. 이것은 어떤 한 사람이든지, 공동체이든지, 그 안에서 어떤 가치 판단과 그 선택에 의해 내분(內分) 즉 나뉘고 분리되는 모양새를 그려낸다(참조. 반면, 하나님은 '한 분'이시다. 2:19). 하나로 묶여 있지 못하고, 서로 다른 의향과 판단으로 인해 나뉘는 것이다. 1:6의 경우는 한 사람 안에서 일어났지만, 2:4의 경우는 공동체 안에서 집단적으로 일어난다.

중요한 관찰들이 더 있다. 이렇게 스스로 안에서 나뉘는 경우, 겉으로 나타나는 현상은 그들이 율법을 지키는 자들이 아니요 도리어 형제들 위에 서서 서로를 판단하는 '재판관들'(κριταὶ, 4절)이 되는 것이다(참조. 4:11-12; 2:14-26). 흥미로운 것은, 6-7절에서 이들이 세상 법정에서 부자들에게 재판을 받는 경우를

---

167 Davids, *James*, 109-110.
168 Maynard-Reid, *Poverty and Wealth*, 49-66, 2:2-4를 재판의 광경으로 보면서도 가난과 부의 차이를 강조해야 한다고 주장하지만, 부자와 가난한 자가 언급되는 순차에 주목하지 않는다.

들어 말하고 있는 점이다.[169] 당시 가난한 자들이 땅을 소유한 경우는 많지 않았으므로, 대부분이 소작농들이거나 품꾼으로 일했을 것을 가정하고,[170] 또 야고보서의 경우 도시 빈민들이라고 생각했을 때, 저들이 부자들에게 빚을 지는 일은 다반사였다. 그래서 종종 가뭄으로 소출이 적어 세금을 제때에 내지 못하거나 농기구나 생활고 때문에 부자들에게 고리로 빚을 얻었다가 갚지 못하는 경우, 그들은 법정에 끌려갈 수밖에 없었다.[171]

이런 정황에서 야고보는 지금 부자들의 횡포나 불의를 꾸짖고 있지 않다. 공의를 잊은 세속적인 부자들에게 종말의 심판을 선고하기 전에(5:1-6), 야고보는 그들의 가치관과 똑같은 가치관으로 교회 안에서 행하고 있는 수신자들 자신을 꾸짖고 있다. 그것이 '너희끼리 스스로 판단받는'(διεκρίθητε ἐν ἑαυτοῖς)의 문맥적인 의미이다(4절). 밖에서, 세상에서 부자들에게 재판받는 것이 문제가 아니라, 이미 그들 안에서 동일한 세속적 가치관에 따라 스스로 재판을 자초하고 있다는 역설이다. 문제는 저들이 세상에서 부와 가난의 문제로 고통을 당하고 불의를 당하는 것이 아니다. 그 불의한 부자들은 하나님의 공의로운 심판에 직면해 있고, 가난한 일꾼들의 억울한 상황은 '만군의 주'께서 들으시고 구원하신다(5:1-6). 더 결정적인 문제는 세속적인 부자들이 세상 법정에서나 행하는 그런 동일한 판단과 재판하는 일이, 믿음의 공동체인 수신자들의 회중 안에서 서로를 향해서도 일어난다는 사실이다.

그래서 야고보는 이들이 '스스로 판단받는 자들'이 되어, 서로에게 '재판관' 노릇을 한다고 지적한다. 그들을 고소하여 법정으로 끌고 가는 부자들을 비난하기 전에, 먼저 그들 스스로를 살펴보라는 것이다. 부자들과 하나도 다르지 않다는 것이다. 가치관이 똑같기 때문이다. 그래서 야고보는 그들이 서로에게 '재판관들이' 되는 이유는 '악한 생각들'(διαλογισμῶν πονηρῶν, 4절) 때문이라고 밝

---

169 Dibelius, *James*, 139-140, 특별한 핍박의 상황이라기보다는, 기독교의 선교가 부자들에게 자주 경제적인 불이익을 가져다준 경우들도 포함할 것이다(행 16:19; 19:24).

170 Maynard-Reid, *Poverty and Wealth*, 62-64.

171 Strange, *The Moral World of James*, 46-48, 192-193.

힌다. 여기서 2격은 근원(source)을 가리킬 것이다.[172] 야고보서에서 '악한 것들'은 곧 '세상적'이고 또 '마귀적'이다(3:15; 4:4, 7). 충격적이지만, '영광의 예수 그리스도'요 '주'를 믿는 그들 안에 있는 세상적이요 마귀적인 생각들을 지적하는 것이다.

(3) '세상에서(τῷ κόσμῳ) 가난한 자들, 믿음으로는(ἐν πίστει) 부요한 자들'(5-7절)

야고보는 하나님을 잊은 불의한 부의 축적과 사용을 간과하지 않는다. 그것들은 모두 허무한 것이며(1:9-11), '주의 뜻'을 고려하지 않는 죄이며(4:15, 17), 종말의 충격적인 반전(反轉)의 심판을 불러오는 악이다(5:1-6). 하지만 칼날의 끝은 먼저 세속적 가치관에 매몰된 믿음의 공동체를 향한다. Wall의 표현대로 하면, 이들은 '가난하지만 부자가 되고 싶어 하는 그리스도인들'(poor-but-wanna-be-rich Christians)이다.[173] 사람을 외모로 차별하는 이들은, 이미 세속적 가치 판단에 따라 스스로를 재판한다. 그들 속에서부터 이미 '나뉜 마음'(1:6, 8; 참조. 2:4)을 따라 행하는 것이고, 이제는 개인적인 차원(1장)에서뿐 아니라 공동체의 차원에서 그 '나뉜 마음'의 현상과 결과들이 나타나는 것이다.

야고보의 이런 날카로운 지적은 하나님과 그들의 행동 사이의 극명한 대조를 통해 더욱 증폭된다(5-7절). '세상을 대하여는 가난한 자'(개역한글) 혹은 보다 적절하게, '세상에서 가난한 자'(개역개정, τοὺς πτωχοὺς τῷ κόσμῳ)라는 전치사구와 '믿음으로는 부요한 자'(πλουσίους ἐν πίστει, 5절)가 선명하게 대조되어 있다. 수신자들은 세상에서는 가난한 자들로 분류되지만, 그들은 진정코 부유한 자들이다. 영역이 다르고, 그 영역에 속한 실재(reality)가 다르기 때문이다. 야고보서는 가난과 부의 주제와 더불어 묵시론적인 색채를 띠고 있다.

묵시론적 사상에 있어서, '어느 것이 진짜 현실(true reality)인가?'의 문제는

---

172 야고보서는 시험과 악한 지혜, 나뉜 마음의 배경으로 결국 '마귀'를 거론한다(3:15; 4:7); 참조. Blomberg & Kamell, *James*, 109나 Ropes, *St. James*, 193은 수사적(descriptive) 2격으로 본다.
173 Wall, *Community of the Wise*, 215.

결정적이다.[174] 5절은 '믿음의 영역'을 '세상'과 대치시키고 있다. 그리고 그 믿음의 영역에서는 세상에 있는 질서의 역전(reversal)이 일어난다. 수신자들은 이 믿음 안에서의 역전 속에서 살도록 되어 있다. 그러나 그들은 '믿음 안에서'도 여전히 '세상 안에서'처럼 살고 있다. 이것이 가장 큰 문제이다.

야고보는 믿음 안에서 부요한 자들인 수신자들이 과연 얼마나 더 부요한 자들인지를 부가적으로 설명한다. 5절에서 '그를 사랑하는 자들'(τοῖς ἀγαπῶσιν αὐτόν)은 최종적 구원을 받기 위한 행위적 조건을 표시하는 표현이 아니다. 도리어, 그들을 언약적 사랑으로 사랑하신 하나님의 사랑을 받은 백성이 그의 대한 응답으로 사랑하는 하나님께 대한 '지속적인 사랑'을 표시한다(1:12; 롬 8:28).[175] 그들은 그 '약속된' 나라를 유업으로 받을 '상속자들'(κληρονόμους, 5절)이다(마 5:3; 눅 6:20).[176] 지금도 이미 믿음 안에서 택하심을 받은 부요한 자들이고, 장차 종말에도 그 나라를 상속받을 부요한 자들이다. 어떻게 이보다 더 이상 부요할 수가 있는가? 5절의 이런 선포들은 그래서 수신자들의 지혜 없음을(1:5, 16; 3:1-18), 그리고 그들의 '나뉜 마음'(1:6, 8)과 '나뉜 공동체'(2:4)의 정황을 더욱 예리하게 부각시킨다.

여기에 더하여, 6-7절은 수신자들의 '나뉜 마음'과 그로 인해 야기된 교회 안에서의 차별 대우와 세속적 판단이, 그들이 세상과 맺는 관계에서 얼마나 소망이 없는 행동인지를 지적한다. 여기서 교회와 세상은 더욱 선명하게 '가난한 자들'과 '부자들'로 구별된다. '너희가 그것으로 불리는 그 아름다운 이름'(τὸ καλὸν ὄνομα τὸ ἐπικληθὲν ἐφ᾽ ὑμᾶς)이 부자들에 의해 소송에 끌려가는 '가난한 자들'과 동일시되었기 때문이다.[177] 한편 세상의 부자들은 '그 아름다운 이름'을

---

174 Hartin, "Who is wise and understanding", 987, 2:1의 '영광의 주' 역시 야고보서에서 종말의 심판과 더불어, 또한 기쁨과 행복을 갖게 하는 전망을 보여 주는 단서라고 생각한다(참조. 1:2, 모든 기쁨; 1:12, 생명의 면류관). 야고보는 현실의 시련들 너머, 묵시론적 현실 속에서 사는 믿음을 강조하는 셈이다.

175 참조. McCartney, *James*, 142.

176 Peter H. Davids, "James and Jesus", *The Jesus Tradition outside the Gospels* (ed. David Wenham, *Gospel Perspectives, vol. 5*, Sheffield: JSOT Press, 1985), 66-67, 75, 5절은 6절과 함께, 야고보가 예수의 가르침(마 5:3, 5, 11; 11:5; 눅 6:20; 7:22; 18:3)을 '재판과 차별'의 정황에 적용하는 것으로 본다.

177 Dibelius, *James*, 141, '그 아름다운 이름'은 유대적 표현으로, 구약에서는 가난한 자와 부자를 구별하지 않고 하나님의 백성이 그것으로 일컬음을 받는 이름이라고 한다. 하지만 야고보가 이를 가난한 자에게만 적

'모독하기'(βλασφημοῦσιν)를 주저하지 않는다. 이런 표현은 거의 하나님 자신에게 관련된 '신성 모독'에 가깝다(예컨대, 마 9:3; 26:65; 막 3:28-29).[178]

그럼에도 불구하고, 이들이 갖고 있는 동일한 세속적인 가치관을 따라 판단하고 차별한다면, 그것은 신성 모독과 방불한 죄를 범하는 셈이라고 지적하는 것이다. 야고보의 이런 함축적인 논증은 당시 '대화 윤리'에 관한 신약 교회의 한 특징이었던, 예수의 이름이나 그리스도인들에 대한 모독을 신성 모독으로 여겼던 교회의 관행에 비추어 볼 때 철저한 자기 성찰적 지적이 아닐 수 없다.[179]

부자들이 '그 아름다운 이름'을 모독하며 그 이름을 짊어진 교회 공동체 자체를 모독함에도 불구하고, 수신자들이 그 부자들의 가치관을 따르는 것은, 야고보서의 문맥에 따르면, 분명 그들 속에 있는 '나뉜 마음' 때문이다. 그리고 그것은 2:5의 문맥이 웅변하는 것처럼, 그들을 택하시고 그들에게 그 나라의 약속을 주신 하나님의 뜻을 역행하는 셈이 된다. 1:18-21에서 야고보가 밝힌 그의 '말씀' 신학과 윤리적 선포를 기초로 하면, 그들은 하나님의 '뜻을 따라' 태어났고, 그 심령에 그들을 구원할 능력이 있는 말씀이 심겨 있지만, 그 말씀을 '온유함으로' 받는 일에 공동체적으로 실패하는 위기에 봉착해 있는 것이다. 바로, 이런 문맥 때문에, 야고보는 8절 이하에서부터 율법, 곧 '하나님의 뜻'을 행하는 문제를 거론한다.

3.2 긍휼, 자유의 온전한 율법(2:8-13)

야고보서가 의도하는 수신자들은 '가난하지만 부자가 되고 싶어 하는 그

용했기 때문에, 여기서는 '그 아름다운 이름'이 여호와 하나님의 이름이기보다는 '예수 그리스도'의 이름이라고 주장한다. 이는 또한, 야고보서가 기독교적 서신일 수밖에 없는 이유 중에 하나라고 본다; 또한 Martin, *James*, 24.

178 Moo, *James*, 109.
179 Baker, *Personal Speech-Ethics*, 184-185, 198-199, 247-248, 또한 284-285에 의하면, 예수를 신성 모독의 대상으로 여기는 것과 그리스도인들을 말로 욕하는 것을 신성 모독으로 간주하는 태도는, 당시 지중해 문화 속의 '개인적 대화 윤리'의 관행들 가운데, 야고보서나 신약에서만 나타나는 특징들 가운데 하나였다.

리스도인들'(poor-but-wanna-be-rich Christians)로서, 그들은 개인적으로도 시험과 유혹에 봉착했고(1:1, 12-15), 함께 모일 때에도 '영광의 예수 그리스도'를 '주'로 믿는 그 믿음을 따라 행하지 않았다(2:1). 도리어 그들을 핍박하는 부자들의 세속적인 가치관을 그대로 좇아 사람을 차별 대우했다(2-4절). 결국 그들이 받은 말씀에 따라 행하지 않은 것이 문제였다(참조. 1:22-25; 2:8-13). 이것이 8절 이하부터 13절까지, 그리고 14-26절에서 본격적으로 율법과 행함의 문제를 다루는 이유이다.

(1) '마음에 심긴 말씀'(1:21b)과 '자유의 율법'(8-13절)

하지만 야고보는 이미 1:21 이후부터, '마음에 심긴 말씀'(21b절)과 율법을 적극적으로 연결해왔다.[180] 21b절 이후에 나오는 인접 문맥에서, 율법과 행위를 집중적으로 논의하는 것은 이미 1:12-21에서 전개한 독특한 말씀-구원론에 근거한 것이다. 이 해석적 관점은 2장에서 펼쳐지는 믿음과 행위의 관계에 대한 야고보서 나름의 근본적 시각을 제공한다. 즉 2장에서 주어지는 행위에 대한 강조나 명령들은 모두 1:18에서 하나님께서 '낳으셨다'든지 21b절에서 말씀이 이미 그 안에 심겨 있다든지 하는 신학적이고 존재론적인 사실을 전제하는 것이다.

1:22-27은 이런 점에서, 21b절의 '심긴 말씀'을 전제로 하고 '온유하게 받으라'는 명령을 구체화하기 위한 권면들이라고 볼 수 있다. 따라서 야고보서의 수신자인 '너희'가 따라야 하는 법(νόμος)들, 곧 1:25에 나오는 '자유하게 하는 온전한 율법'(νόμον τέλειον τὸν τῆς ἐλευθερίας)이나 2:8의 '최고한(개역한글)/나라의 법'(νόμον βασιλικὸν), 그리고 2:12의 '자유의 율법'(νόμου ἐλευθερίας)은 1:21b의 '온유하게 받아야' 하는 '너희 마음에 심긴 도'(λόγος)와 관련이 있을 수밖에 없다. 이런 사실은 야고보서가 단순한 '율법'에다 굳이 '자유'라든지 '나라의/최고한' 그리고 '온전한' 등의 수식어를 사용한 이유를 설명하는 데 도움이 된다.

사실 야고보서는 율법에 대한 언급들이 나오는 1:25, 2:8-12, 그리고 4:11-

---

180 이후, 이 단락(1)의 내용들은 필자의, "야고보서 1:21b의 신학적 중심성", 495-500을 참조하라.

12에서 이 율법이 정확히 무엇을 의미하는지 밝히지 않는다. Hartin은 야고보서가 사용하는 율법의 의미를 청중과 공유하고 있다고 전제하면서, Seneca가 말한 '우리는 왕국 안에서 태어났고 우리의 자유는 신께 순종하는 것이다'(*Vit. beat*. 15.7)라든지 Philo가 '법을 따라 사는 이들은 자유하다'(*Prob*. 45), 혹은 제4마카비서의 '율법에 대한 우리의 자발적인 순종'(*4 Macc*. 14. 2) 등의 용례를 들어, 야고보서가 '자유의 율법'(1:25)이라고 한 것을 그러한 입장에서 이해한다.[181]

하지만 야고보서의 '율법'에 대한 이해와 그 사용이 청중과 공유된 것을 전제한다면, 1:1에서 야고보서의 저자가 자신을 '주 예수 그리스도의 종'이라 하고 또 수신자를 '흩어져 있는 열두 지파'라고 부른 것처럼, 공유된 것은 그들이 오랫동안 보전해왔을 예수의 가르침으로 보는 편이 더 적합해 보인다. 특별히 1:25의 '자유하게 하는 온전한 율법'(참조. 2:12)이라는 생소한 표현이 2:8의 '최고한/나라의 법'이라는 또 한 번의 생소한 표현과 같은 대상을 지칭하는 것이라면, 여기서 야고보서가 지칭하는 그런 류의 '율법'이란 구약과 연속적인 율법이기는 하지만 예수께서 성취하시고 다시 명하신 그 율법일 가능성이 높다.

그것은 2:8에서 '이웃 사랑'의 법(레 19:18)을 '최고한' 또는 '[그] 나라의 법'(νόμον βασιλικὸν)이라고 한 것에서 보다 유력하게 드러나는데, 이는 바로 앞의 문맥인 2:5의 '약속하신 나라'(τῆς βασιλείας)와 연속적인 표현으로, 예수께서 선포하신 복음을 통해 '믿음'으로 하나님의 은혜와 사랑을 입고 '하나님을 사랑하는 자들에게' 약속된 나라에 관한 것이다.[182]

또한, 대부분의 주석가들은 야고보서가 이웃 사랑을 '나라의/최고한 법'으로 표현한 것은, 예수께서 선포하신 가장 중대한 내용인 하나님 '나라'의 가르침들 가운데 또한 가장 두드러진 주제가 '이웃 사랑'이었기 때문이라는 데에 동의한다.[183] 이것은 2:8에서 '이웃 사랑의 법'을 '왕국의 법'이라고 했을 때 야고보가

---

181 Hartin, *James*, 111-113.
182 Moo, *James*, 31; 참조. Jackson-McCabe의 *Logos and Law*, 154-155, 곧 2:8의 '나라의 법' 역시 예수와 관련 없는 유대주의적 기원만 갖고 있다는 주장은, 이 표현이 2:5와 갖는 연관성을 설명하지 못한다.
183 Martin, *James*, 168; Moo, *James*, 115; Baker, "Christology in the Epistle of James", 52; Wall,

단순히 구약 율법인 레위기 19:18을 직접 떠올렸다기보다 예수께서 이 '이웃 사랑'의 법을 하나님의 나라에 관한 가르침에서 중요한 토대로 사용했다는 사실에 기초했음을 분명히 한다.

이런 관점에서 보면, 1:25의 '자유하게 하는 온전한 율법'(참조. 2:12)이라는 다소 생소한 표현, 즉 '자유'와 '율법'처럼 서로 어울리지 않을 것 같은 개념이 서로 맞붙은 표현도, 1장에서 특히 18절과 21절에서 드러낸 '말씀-구원론'에 입각해서 볼 때 그리 생소하지 않을 수 있다. 1:18과 21절이 '낳았고' 또 '마음에 심긴' 다소 내면화된 말씀(λόγος)이라면, 1:25와 2장에서 다루어지는 율법 (νόμος)은 확실히 구약의 율법처럼 밖으로부터 '듣고'(1:22-25) 또 '기록된'(2:8) 말씀의 성격이 두드러진다. 하지만 이 율법의 특징이 '자유와 온전함'이라고 하는 사실은, 1:18과 25절의 조명 없이는 이해하기 어려운 표현이다.

'자유한'(τῆς ἐλευθερίας) 율법 곧 '자유'가 그 특징인 율법은 어떤 율법인가? 물론 구약이나 유대주의의 경우에도 율법의 준수가 궁극적으로 자유를 가져다 준다고 보았다.[184] 하지만 '자유'는 신약의 다른 곳에서, 자주 구약의 율법 아래에서의 삶과 대조되어 진리와 연결되거나(요 8:32), 성령과 함께(고후 3:17), 특히 이와 연관해서 그리스도의 십자가의 사역과 함께 쓰인다(갈 2:4; 5:1, 14). 더 나아가 야고보서의 문맥에서 '자유의 율법'은 '자연스러운' 혹은 '내재하는'(innate) 율법, 곧 '심긴 도'의 의미와 잘 어울린다.[185] 그것이 자연스럽고 자유스러운 이유는 그 율법의 내용이 이제 신자의 영적 생명의 특징이며(18절), 또한 그들의 마음에 심겨 있기 때문이다(21b절; 참조. 렘 31:33).[186]

야고보서는 이미 바울이 선언한 믿음으로 말미암은 자유에 대해 알고 있다 (2:14-26). 다만 그 자유가 율법과 대치되는 방식으로 사용되는 것을 경계하고

Community of the Wise, 123; Davids, *James*, 115.

184 이방인들이나 유대인들 모두 자유를 '법'과 연결하는 것은 드물지 않은 일이다: 스토아학파들의 경우, Epictetus, *Descourses* 4.1.1.158; Seneca, *Vit. beat.* 15.7; 유대주의의 경우, Philo, *Every Good Man is Free* 45; b. *Abot* 62b.

185 Baker는 "Who's your daddy?", 205, 이런 면에서 심긴 말씀을 '자연스러운' 충동이라고까지 한다; 또한 이 표현은 예수께서 "내 짐은 쉽고 가벼우니라"(마 11:28-30)고 하신 말씀을 생각나게 한다.

186 Bauckham 역시, *James*, 141, '심긴 도'(1:21)와 함께 '자유의 율법'(1:25; 2:12)도 예레미야 31:31-34의 율법의 역할(the role of the law)을 지칭하는 것으로 본다.

자 자유와 율법이라는 개념을 함께 묶었는지 모른다. 야고보서 2:12의 경우도 '자유의 율법'이 통상 이해되는 구약의 율법과 대조된다. 동시에 이 '자유의 율법'은 '긍휼'을 특징으로 하는 즉, '우리 주 그리스도를 믿는 믿음'(2:1)을 따라 사람을 외모로 취하지 않는, 다시 말해서 이웃 사랑을 완성하여 '너희를'(2:1-12) 긍휼로 부르신 그리스도의 십자가의 순종을 염두에 둔 표현이다.

(2) 자유의 온전한 율법, 그 나라의 법, 그리고 자유의 율법(1:25; 2:8-13)

또한 '자유의 온전한 율법'(1:25)에서 '온전한'(τέλειον)이란 이미 1:4에서부터 소개된 야고보서의 매우 특징적인 개념이다.[187] 야고보서의 원문을 주의 깊게 읽어 본 독자라면, '야고보'(1:1)가 선호하는 표현들 중에 하나가 τελ-어근(語根)을 가진 다양한 용어라는 사실을 지나치기 어려울 것이다. 야고보서에서 τελ-어근을 가진 용어들은 4장을 제외하고, 1장에 6회, 2장에 2회, 3장과 5장에 각기 1회를 포함해서 모두 10회나 등장하기 때문이다.

먼저 형용사 τέλειος는 1:4에서 '인내'(4a절)나 또는 '사람들'이 온전하게 된 것(τέλειοι)을 수식하기도 하고(4b절), 1:17에서는 위로부터 주어진 '은사'(恩賜, δώρημα)를 묘사하며, 25절에서는 '율법'(νόμον)을, 그리고 3:2에서는 혀를 다스릴 수 있는 온전한 '사람'(ἀνήρ, 참조. 1:4b)을 꾸미기도 한다. 동사 형태도 나온다. 1:5에 죄가 '장성하여'(ἀποτελεσθεῖσα)라고 한 경우, 그리고 2:8에서 율법에 대하여, '너희가 최고한 법을 지키면'(τελεῖτε)이라 한 표현에서이다. 마지막으로 명사형 τέλος가 나오는데, 그것은 야고보서의 마지막 장 11절에서 주의(κυρίου) '결말'(개역개정/개역한글)이라 한 본문에 나온다.

그렇다면 25절의 '자유의 온전한 율법'은 무엇인가? 구약의 율법인가? 인간

---

187 이후의 내용(2)은, 채영삼, "야고보서의 τελ-어근의 사용", 93, 103-113을 참조하라. 여기서 필자는 야고보서에 사용된 용례들을 형용사 τέλειος(1:4[x2]; 1:17; 1:25; 3:2); 동사 ἀποτελεσθεῖσα(1:15), τελεῖτε(2:8); 명사형 τέλος(5:11)로 분류하였다; Hartin, *Spirituality of Perfection*, 5-16, Hartin 역시 야고보서에 나타난 '온전함'(perfetion)의 개념을 연구하기 위하여, τέλειος는 관련된 용어들을 살핀다. 하지만 동사 ἀποτελεσθεῖσα(1:15)의 경우를 누락한다; 국내에서는, 한동진, "야고보서의 온전함에 대한 수사학적 설교"(석사학위 논문, 성서침례대학원대학교, 2010), 19, 역시 ἀποτελεσθεῖσα(1:15)를 누락하며, 비슷한 연관 개념으로 ὅλον(2:10; 3:2, 3, 6), ὁλόκληροι(1:4)를 들고, 반면에 이와 대조되는 연관 개념으로 δίψυχος(1:8; 4:8), '대칭'되는 개념으로 ἀκατάστατος(1:8; 3:8; 참조. 3:16)을 설정한다.

의 양심에 기록된 법에 준하는 것인가? 아니면 18, 21절에서 언급된 복음이나 예수의 가르침으로 해석된 율법인가? 또한 여기서 '온전한'(τέλειον) 율법이라 할 때, τελ-어군에 속한 이 τέλειος가 앞 문맥들에서 함축적으로 갖게 된 의미들이, 이 표현의 이해와 해석에 어떤 관련이 있는가?

우선 구약의 율법을 '온전'(perfect)이라는 개념이나 또는 '자유'라는 개념과 연결하는 것은 그리 불가능한 일이 아니다. 유대교에는 세속사와 구속사를 구분하는 이원론적 요소가 강력함에도 불구하고, Philo는 일찍이 스토아학파의 '이성, 법'(λόγος)에 대한 일원론적인 이해를 구약의 율법과 연관 지으려 했고(출 16:4, *De Virt*, 127),[188] 인간이 우주적 이성에 부합하게 삶으로써 자유하게 된다는 스토아학파의 가르침에 따라, "그 삶이 율법에 부합되는 모든 자들은 자유하다"(*Omn. prob. lib.* 45)고 생각하기도 했다.[189]

그렇다면 야고보가 말하는 '자유의 온전한 율법'(25절)이 스토아학파에서 말하는 우주적 이성이나 법과 전혀 다름없는 종류의 것인가?[190] Dibelius는 야고보서의 율법에 대한 태도를 묘사하면서, 마치 바울이 유대교를 상대하면서 율법을 자유롭게 하는 것이 아닌 '구속하고 정죄하는' 식의 부정적인 시각으로 묘사했던 것처럼(롬 7:5; 갈 3:10), 야고보서는 이와는 다른 환경과 상황에서 율법을 스토아학파의 '이성이나 법'처럼 따르기만 하면 자유를 주는 긍정적인 것으로 묘사했다고 말한다. 하지만 Dibelius조차 25절의 '율법'은 구약의 율법이나 스토아학파의 이성/법이 아니라 '예수의 가르침'이라고 봄으로써, 여기서 말하는 자유가 곧 예수 그리스도의 가르침을 따름으로써 오는 자유를 의미한다고 본다.[191]

---

188 Laws, *James*, 83-84.
189 Dibelius, *James*, 117-118, 또한, 116에서 스토아학파의 Epicurus가 "자신이 원하는 대로 사는 사람은 자유하다. 충동이나 어떤 방해나 아니면 강제와 같은 것에 종속되지 않으며, 그의 선택이 제약받지 않고 그가 갈망하는 것의 결국을 얻으며, 그가 혐오하는 것들이 그가 피하고자 하는 것에 걸리지 않는 그런 사람"(*Epict. Diss.* 4.1.1)이라고 한 말이나, "신에게 순복하는 것이 자유다"(*Seneca, Vit. beat.* 15.7) 등의 예를 제시한다.
190 Jackson-McCabe, *Logos and Law*, 113-133, 야고보가 율법에 대한 유대적 개념을, 신이 인간을 창조했을 때 인간의 욕망에 대적하는 어떤 법을 인간 안에 '심어 놓았다'는 스토아학파의 이성(reason) 개념에 연결시켰다고 주장한다; 마찬가지로, "Mythic World of James", 709-712; 참조, Laws, *James*, 84.
191 Dibelius, *James*, 118-119, 안디옥과 로마 혹은 다소나 알렉산드리아 등에 흩어진 디아스포라 유대 그리스도인들은 그 주변의 헬라 세계를 상대하면서 율법에 대한 그들의 입장을 당시 스토아학파의 사상과 유사하게 표현해야 했으며, 이들은 또한 의례법을 약화시키고 도덕률을 중심으로 율법을 단순화시켜 갔는데, "필연

사실 야고보서 1:25에서 '율법'을 단순히 구약의 율법이나 스토아학파의 이성과 같은 자연법에 준하는 법만으로 보기에는 문맥상으로 많은 무리가 따른다. 앞에서 언급했듯이 Hartin의 경우처럼, 야고보가 사용하는 율법의 의미가 당시의 청중과 공유한 것으로, Seneca가 말한 '신께 순종하는 자유'나 제4마카비서의 '율법에 대한 자발적인 순종'과 같은 것이라면,[192] 그와 같은 동일한 이유로, 발신자인 자신을 '주 예수 그리스도의 종'(1:1)이라 한 야고보와, '흩어져 있는 열두 지파'(1절)[193] 곧 '영광의 주 곧 우리 주 예수 그리스도를 믿는 믿음'을 받은 '너희'(2:1)인 수신자들이 서로 공유했을 법한 율법 개념은, 차라리 예수께서 성취하시고 재해석하신 율법 개념일 가능성이 훨씬 더 높지 않은가?

한 가지 더 있다. 그것은 25절에서 율법을 묘사할 때 이를 수식하는 '온전한'(τέλειος)이라는 개념의 이해이다. 율법과 '자유'를 혹시 구약의 율법이나 스토아학파의 이성과 연결해서 이해한다 해도, '온전'이라는 개념과 율법은 서로 어떻게 연결할 수 있을까? 물론 율법을 가르침이나 교훈의 의미로 보고 '완전하다'는 표현을 할 수 있다(시 19:7; 119:97-98).[194] 하지만 25절의 '율법'은 야고보서 내에서 홀로 독립적으로 사용되고 있지 않다. 이는 바로 앞의 문맥의 21b절의 '온유하게 받아야' 하는 '너희 마음에 심긴 도'(λόγος)나 뒤의 문맥인 2:8에 나오는 '나라의 법'(νόμον βασιλικὸν, 최고한 법, 개역한글), 그리고 2:12의 '자유의 율법'(νόμου ἐλευθερίας)과도 깊은 연관을 가진다.

(아낭케)이라는 멍에가 없는, 주 예수 그리스도의 새로운 율법(카이노스 노모스)"(*Barn.* 2.6)의 경우에서처럼, 후에는 메시아인 예수의 '어록'이 그들에게 있어, 토라를 대신한 새로운 율법이 되었다고 주장한다.

192 Hartin, *James*, 111-113.

193 Scot McKnight, *The Letter of James* (NICNT, Grand Rapids: Eerdmans, 2011), 65-68, 여기서 ταῖς δώδεκα φυλαῖς ταῖς ἐν τῇ διασπορᾷ는 아마도 예루살렘에서 흩어진(행 8:1) 자들로서 '예수를 메시아로 믿는 유대인들'(messianic Jews)을 지칭하며, 예수 자신이 이스라엘의 회복을 위하여 '열두 제자'를 부르신 사건과 같은 맥락에 있다고 본다(막 3:13-19; 마 19-28; 참조. 다윗 장막의 회복[암 9:11-12]를 언급한 야고보의 연설, 행 15:16-18a). 유사하게 Davids, *James*, 63-64; Dibelius, *James*, 66-67; Marin, *James*, 8-9; 또한 Patrick J. Hartin, "The Religious Context", *Jewish Christianity Reconsidered* (ed. Matt A. Jackson-McCabe, Minneapolis: Fortress, 2007), 210.

194 Hartin, *Spirituality of Perfection*, 78-89, 율법에 대하여 '온전, 혹은 완전'(perfect, 1:25)하다든지 '자유'(1:25; 2:12)라는 수식어를 붙이는 것은, 스토아 철학의 영향보다는 유대 전통의 영향이라고 본다(또한 80-81).

예를 들어, 야고보가 2:8에서 '이웃 사랑'의 법(레 19:18)을 '[그] 나라의 법'이라고 한 것은 예수께서 선포하신 가장 중대한 내용인 하나님 '나라'의 가르침들 가운데 또한 가장 두드러진 주제가 '이웃 사랑'이었기 때문이다.[195] 이런 사실은 대부분의 주석가들이 동의하는 것처럼,[196] 2:8의 '[그] 나라의 법'이라는 표현이 2:5에서 '약속하신 나라'(τῆς βασιλείας)와 연결된 표현으로, 예수께서 선포하신 복음을 통해 하나님의 사랑을 입고 '하나님을 사랑하는 자들에게'(τοῖς ἀγαπῶσιν αὐτόν) 주어진 법이라는 사실에서 분명히 드러난다.

이렇게 보면, 25절의 '자유의 온전한 율법'은 그 내용이 구약의 율법이기는 하지만, 특별히 예수의 삶과 가르침을 통해 재해석되고 다시 명령된 율법임이 분명하다. 이런 사실은 25절 이전 문맥에서 특히 18절이나 21절에서 λόγος의 의미를 보아도 효과적으로 뒷받침된다. 18절의 '진리의 말씀'은 신약에서 선포된 복음에 대한 관용구이고(고후 6:7[λόγῳ ἀληθείας]; 엡 1:18; 골 1:5; 딤후 2:15; 벧전 1:25), 21절의 '능히 너희 영혼을 구원할' 마음에 '심긴 말씀'(τὸν ἔμφυτον λόγον)은 단지 율법이나 양심이 아니라, 신자가 그렇게 받아들인 복음 또는 그의 심령 안에 새겨진 새 언약의 말씀일 가능성이 높기 때문이다.[197]

또한 '자유의 율법'(25절)이라 할 때 이는 구약의 율법을 가리키는가?[198] 그보다 야고보서라는 정경의 문맥이 위치한 신약의 다른 곳들에서 율법과 대조되는 진리(요 8:32)라든지, 성령과 연관되어(고후 3:17), 그리고 율법의 정죄에서 우리를 해방하시는 그리스도의 십자가 사역과 연결되어 사용된다(갈 2:4; 5:1, 14). 특히 사도 바울이 '자유'를 '그리스도의 사랑의 법'과 연관시킨 것은 매우 흥미롭다(갈 5:13; 6:2).[199] 그렇다면 야고보 역시 예수 그리스도의 가르침/법을 자

---

195 Martin, *James*, 168; Baker, "Christology in the Epistle of James", 52; Wall, *Community of the Wise*, 123; Davids, *James*, 115.
196 Moo, *James*, 31; 참조. Jackson-McCabe, *Logos and Law*, 154-155, 2:8의 '나라의 법' 역시 예수와 관련 없는 유대주의적 기원만 갖고 있다고 주장한다. 하지만 이 표현이 2:5와 갖는 연관성을 설명하지 못한다.
197 채영삼, "야고보서 1:21b의 신학적 중심성", 465-515.
198 Wall, *Community of the Wise*, 87, 특별히 율법이 갖는 '사회적 경계'를 설정하는 기능(socialization), 곧 세상과 분리해서 하나님의 친구로 남게 하는 기능 때문에 율법이 온전하고 또 '자유'하게 한다고 본다; 마찬가지로 Hartin, *Spirituality of Perfection*, 82.
199 Loh and Hatton, *James*, 52; 더 나아가, 야고보는 바울이 로마서 10:4에 기록한 τέλος γὰρ νόμου

유와 연결시켜 보다 명확하게 이를 '자유의 율법'으로 표현한 것일까? 25절의 '율법'이 구약의 율법이나 스토아학파가 말하는 이성이나 혹은 단순한 양심 정도가 아니라 예수의 가르침이나 예수께서 재해석한 율법의 의미라면, 이 문구에서 '자유'는 확실히 예수의 가르침이나 율법 해석에 연관되어 있고(참조. 마 11:28-30), 후에 Irenaeus가 기독교의 복음을 '자유의 율법'(libertatis lex)으로 묘사한 맥락과 크게 다르지 않을 것이다(Adv. haer. 4.34.4).[200]

더구나 25절의 율법을 수식하는 '온전한'(τέλειος)이라는 용어는 단순히 구약 율법이 '완전한' 것이라고 할 때와 같은 그런 의미 이상일 수 있다. 25절의 율법이 예수의 가르침 혹은 예수께서 재해석하고 명령하신 율법이라면, 여기서 τέλειος는 예수께서 구약의 율법을 성취(fulfill)하신 측면을 가리킬 수 있기 때문이다. 이는 야고보가 1:4, 15, 그리고 17절에서 τελ-어군에 속한 용어들을 사용한 문맥상의 용례들을 생각할 때 더욱 확연해진다.

앞서 논의한 바대로 우선 1:4a에서 τέλειος는, 인내에 관하여 '그 목적으로 정해진 바의 지점까지 가는 전 과정의 성취'라는 개념으로 사용되었고, 4b절에서는 그렇게 목적지에 이른 결과로서의 온전함을 묘사한다. 또한 15절의 ἀποτελεσθεῖσα에 포함된 τελ 개념 역시 마땅히 정해진 목적을 향해 그것을 이루어가는 과정을 강조하는 의미를 띠고 있다. 다만 17절에서 야고보는 τέλειος라는 용어를 다시 한 번 사용하면서 앞서 강조했던 '목적이나 과정의 성취'라는 측면보다는, 문맥상으로 '신적으로 부여되는' 온전함의 측면을 시사했다. 야고보의 이런 식의 사용이 25절에서 '자유의 온전한(τέλειον) 율법'이라는 문구를 읽는 데 어떤 문맥적 함의를 갖는가?

무엇보다 앞서 논한 바처럼, 25절의 τέλειος는 여기서 지칭하는 율법이 예수께서 재해석하신 율법 혹은 그의 가르침이라는 결론을 지지하는 근거가 될 수 있다. 왜냐하면 25절의 τέλειος는 예수의 가르침으로서의 율법을 4a절의 경우처럼(그리고 15절) 율법 자체 역시 '그 목적지에 도달한 그래서 그 과정이 성취

Χριστός를 알고 있었을까?
200 Dibelius, *James*, 119.

된' 그래서 또한, 4b절에서처럼 그 결과로서 '온전해진' 율법으로 이해할 수 있도록 도울 수 있기 때문이다.

다시 말해서, 25절의 '자유의 온전한 율법'은 다름 아닌 예수께서 그 율법의 목적과 내용을 '성취하신'(πληρῶσαι, 마 5:17) 율법, 그래서 다시 그의 권위와 삶으로 가르쳐 새로운 백성에게 명하신 율법과 같은 것이다(참조. 마 5:17-19; 또한 산상수훈 전체, 5:21-48). 즉 25절의 '온전한'(τέλειον)의 수식어는 그 이전 문맥들에서 야고보가 사용한 τελ-어군의 용례 때문에 여기서 단순히 '완전한'(perfect)이라는 의미를 넘어서, 어떤 과정을 통해 목적에 이르게 된 '성취'(fulfilled)의 의미로 읽을 수 있는 구문론적 근거를 갖게 되는 것이다.

마찬가지로 야고보서 1:17에서 '신적으로, 위로부터 주어진' 측면과 연결되어 쓰인 25절의 τέλειος 역시, 여기서 말하는 율법이 야고보가 묘사한 대로 '영광의 주 곧 우리 주'(2:1)이신 예수 그리스도께서 성취하시고 완성하신 율법일진대, 이를 '신적으로 부여된 온전한' 율법으로 이해하는 것은 그리 어렵지 않은 일이다. 그러므로 25절에서 '온전한 율법'(νόμον τέλειον)은 야고보의 τελ-어군의 사용을 고려해 볼 때 단순히 '완전한 율법'이 아니라 예수 그리스도에 의해 '성취된 율법'이며, 그 성취는 율법의 원래의 요구와 목적을 성취한 결과이기도 하면서 동시에, 그 성취나 성취의 결과가 신적인 선물인 그런 '온전한' 율법이기도 한 셈이다.

(3) 성취된 율법 '자유의 율법'과 긍휼(8-13절)

야고보서가 τελ-어군(語群)을 선호하는 현상은 2:8에서도 계속된다.[201] 야고보는 율법과 관련하여 10절에서는 τηρήσῃ를 쓴 반면, 8절에서는 τελεῖτε라는 동사를 사용한다. 한글 번역은 개역개정을 비롯해서 예외 없이 8절의 τελέω를 '최고한[그 나라의] 법'을 "지키면"으로 번역했다. 영문 번역은 NIV가 '지킨다'(keep)로 옮긴 것을 제외하면, NRSV나 KJV, NKJ, 그리고 NAS 등은 모두 '성취하면'(fulfill)으로 옮겨 놓았다.

---

201 채영삼, "야고보서의 τελ-어군의 사용", 110-114를 참조하라.

반면, 10절의 τηρέω의 경우 한글 번역은 8절의 경우와 똑같이 모두 '지킨다'의 의미로 번역한 반면, 영문 가운데 위에 언급한 역본들은 한결같이 8절의 '성취하다'와는 구별되게 '지킨다'는 의미로 옮겨 놓았다. 그렇다면 영문 번역본들이 구분한 것처럼, 8절의 τελέω(성취하다)와 10절의 τηρέω(지키다/준수하다)는 문맥 안에서 의미상으로도 서로 중대한 차이를 드러내는 것일까?

한글 번역본들처럼 8절이나 10절 모두에서 원문의 차이에 상관없이 율법을 '지킨다'(keep)는 식으로 번역하는 경우, 한두 가지 문제가 생길 수 있다. 우선 8절과 10절에서 묘사된 율법 역시 서로 동일한 것으로 읽히게 한다는 점이다. 과연 그럴까? 그리고 두 번째는, 10절에서 '온 율법을 지키다가 그 하나에 거치면 모두 범한 자'가 되는 대상은 '누구든지'(ὅστις)이지만, 12절에서 - 그리고 8절에서도 - '자유의 율법대로 심판받을 자'는 '너희'(λαλεῖτεποιεῖτε)로 그 대상이 구별된 듯이 들리는데, 이런 차이를 무시할 수 있는지에 관한 문제이다.

먼저 2:8의 '최고한 법/그 나라의 법'(참조. 2:5, 약속하신 나라)이 앞서 논증했듯이 단순히 구약의 율법이 아니라 예수 그리스도께서 성취하시고 새롭게 명하신 율법이라고 했을 때, 10절에서 언급한 '율법'과는 다르게 여겨진다는 점을 주목해야 한다. 10절에서 '온 율법(ὅλον τὸν νόμον)을 지키다가 그 하나에 거치면 모두 범한 자가 되나니'라고 했을 때 율법은 다소 부정적으로, 특별히 그 정죄하는 기능을 부각시키는 식으로 사용된 것이 분명하다.[202]

이런 점에서 10절에서 어떤 의례적인 법 조항을 '준수(遵守)한다'든지 '지킨다'는 의미의 τηρέω를 사용한 것은 매우 적절하다. 하지만 8절에서 야고보가 염두에 두고 있는 법은 예수께서 가져오신 하나님 '나라의 법' 혹은 그가 성취하시고 명하신 법에 가까우므로, 율법적 조항을 준수하는 의미의 τηρέω와는 잘 어울리지 않을 수 있다. 야고보는 이를 의식했는지도 모른다. 그래서 8절에서는 τηρέω와 구별하여 τελέω라는 동사를 사용했을 수 있다는 것이다.[203]

---

202 흥미롭게도 McKnight, *James*, 215-216, 여기서 나타난 야고보의 인간관은 바울의 신학의 죄관(罪觀)과 크게 다르지 않은 'proto-Pauline anthropology' 혹은, 적어도 바울의 인간학과 병렬될만한 무엇이라고 말한다.

203 τελέω에는, BDAG 997-998, (i) '완성에 이르게 하다'(마 7:28; 11:1), (ii) '준수하다, 지키다'(롬 2:27), (iii)

다시 말해서, 8절의 '그 나라의 법'은 예수의 가르침으로, 예수께서 구약의 율법을 성취하신 사랑의 법이다. 신자들은 예수를 따라 이 법을 단순히 율법적으로 '지키는 것'이 아니라, 예수 그리스도 안에서 그를 따라 '성취하는 것'이다. 10절의 문맥에 비추어 보면, 지키지 못하면 징벌이 따른다는 틀 속에서가 아니라, 이미 목적까지 채워진 것을 넘치도록 더욱 채우는 것이다. 이것이 8절의 τελέω의 의미이다. 반면에 9-11절에서 '지켜야' 하는 율법은 하나의 체계 안에서 통합된 명령으로서 그중 어느 하나라도 지키지 않을 경우 전체 법을 '범한 자'가 되는 정죄와 심판의 구속력을 가진 법적 명령 체계이다.[204] 어느 한 규정을 지키지 않을 경우, 그것은 그 율법을 주신 입법자의 뜻에 어긋난 것이고, 결국은 그 입법자의 뜻을 어겼기 때문에 율법 전체를 어긴 것이나 다름없게 된다.

만일 8절과 10절의 문맥에서 각기 언급된 '법'(νόμος)이 이렇게 서로 다른 것이라면, 이에 맞게 서로 다르게 사용된 동사들의 차이를 무시하고 둘 다 '지키다/준수하다'의 의미로 번역하는 것은 적절하지 않다. 더구나 앞서 살펴보았듯이 야고보가 선호하는 τελ-어군의 용어들 가운데 또 하나의 예인 2:8의 τελέω는 충분히 앞의 용례들의 지지를 받을 수 있다. 여기서도 τελέω는 1:4와 15절에서처럼, 대상을 그 정해진 목적까지 이끌어 가는, 그래서 그것을 완성되게 하는, 목적과 과정에 대한 강조가 깃들어 있는 용어이다. 그리고 1:17의 '신적으로 부여되는 온전함'의 경우나 1:25에서 '온전한 율법'(νόμον τέλειον)의 경우에서처럼, 이미 예수 그리스도께서 '그 나라의 법'으로 성취하신 법을 온전히 이루라는 의미로 받아들일 수 있는 것이다.[205]

그리고 '지불하다'(마 17:24)의 의미가 있을 수 있다. McKnight, *James*, 206, 야고보서 2:8의 '자유의 율법'을 그리스도의 법으로 보면서도 τελέω를 '지킨다'(keep)와 같은 의미로 읽는데, 이는 서로 걸맞지 않은 해석이다.

204 Davids, *James*, 117, 율법 하나를 어기면 율법 전체를 어긴 것이라는 생각은 신명기 27:26의 LXX에서 드러난다. 원문: "이 율법의 모든 말씀을 실행치 아니하는 자는 저주를 받을 것이라 할 것이요 모든 백성은 아멘 할지니라"(MT); ἐπικατάρατος πᾶς ἄνθρωπος ὃς οὐκ ἐμμενεῖ ἐν πᾶσιν τοῖς λόγοις τοῦ νόμου τούτου τοῦ ποιῆσαι αὐτούς καὶ ἐροῦσιν πᾶς ὁ λαός γένοιτο (LXX, 신 27:26). 그 후에도 다른 많은 유대적 문헌들에서 발견된다(Philo, *Leg. All.* 3.241; *4 Macc.* 5.20; *T. Ash.* 2.5; etc.); 참조. Majorie O'Rourke Boyle은 "The Stoic Paradox of James 2, 10", *NTS* 31 (1985): 611-617, 야고보가 '하나와 전체'에 관한 스토아적인 모순을 표현하는 것이라 본다.

205 만일 2:8의 '자유의 율법'이 그리스도께서 마침내 성취하고 새롭게 명하신 그 '사랑의 법'(레 19:18)이라면, 야고보가 2:18에서 택한 τελέω라는 동사의 용법은, 특히 마태나(마 5:17) 바울이 예수께서 성취하신 법을 언급

두 번째로, 율법에 관해서 τηρέω라는 동사를 사용한 10절의 경우 그 대상이 '누구나'(ὅστις)로서 매우 법적인 보편타당성을 띠는 데 반해(참고. 누구든지 [πᾶς], 신 27:26[LXX]), '성취하라'(τελέω)는 의미의 동사를 사용한 8절의 경우와 다시 '자유의 [율]법'(νόμου ἐλευθερίας)을 언급한 12절(참조. 1:25, 자유의 온전한 율법)의 경우는 그 대상이 '너희'로 한정되어 있는 것은 의미가 있다. 즉 대상이 다르므로 그에 맞게 '법'(νόμος)에 대한 명령도 다르게 주어진 것으로 이해할 수 있다.[206] 이런 가정은 12절에서 야고보가 다시 '자유의 법'을 언급함으로써, 멀리는 1:25의 '자유의 온전한 율법'(νόμον τέλειον τὸν τῆς ἐλευθερίας)을 생각나게 만드는 점과 또한 바로 위의 문맥인 10절에서 언급한 '율법'과는 대조적으로 '자유'를 특징으로 하는 법과 '너희'를 연결시켰다는 점에 의해 더욱 견고하게 뒷받침된다.

또한 이 대조는 매우 흥미로운데, 12절의 '자유의 율법'은 내용상으로 10절의 '율법'을 이를테면 '종의 율법'으로 전제한 것으로 생각할 수밖에 없다. 왜냐하면 10절의 '율법'은 그중 하나만 어겨도 그 어긴 자를 범죄한 자로 정하는 어떤 정죄의 틀처럼 작동하는 법이기 때문이다. 이에 반해, 12-13절에서 '너희'는 유사하게 심판을 받지만, 그들의 '자유의 법'에 따라 심판을 받으며, 함축적으로 그 '자유의 법'의 핵심은 '긍휼'이고(13절) 이는 곧 앞 문맥의 8절에서 '그 나라의 법'을 요약하는 '이웃 사랑'과도 일맥상통한다.

다시 말해서, 12절에서 '너희'는 10절의 '누구나'와는 다른 법에 의해 명령 받고 심판받는데 그것은 '자유의 법'에 따른 것이며, 이는 10절의 경우처럼 단순히 '지키는' 것이 아니라, 예수 그리스도의 성취하심 안에서, 그리고 그가 새롭게 명하심을 따라 '너희'도 그 목적과 내용을 '성취해야'(τελέω) 할 법인 것이다(참고. 갈 6:2). 만일 위와 같은 분석이 맞는다면, 야고보서의 율법 이해는 바울

하는 문맥들에서 역시 신중하게 택한 τελέω동사(갈 6:2)의 용법과 같은 맥락이라고 보아야 한다.
206 12절에서 자유의 율법'으로' 할 때, 전치사 διὰ가 쓰이는데, 이는 Laws, *James*, 116, 그 자유의 율법이 곧 '그 행위가 행해지는 공동체의 조건이고 상태'이기 때문이라고 설명한다; 한편 Davids, *James*, 118는 12절의 διὰ와 9절에서 모세의 율법을 '근거로 한'의 의미인 ὑπό와 차이를 두지 않는다.

의 그것과 본질상 크게 다르지 않다.[207] 야고보가 명확히 밝히지는 않지만, 야고보가 율법을 이해하고 적용하는 방식은 예수께서 그 율법을 성취하시고 새롭게 요약하시며 가르치신 방식 그대로이기 때문이다.

그러므로 율법을 논하기 시작한 야고보의 논증의 핵심은 '긍휼'에 있다. 8절에서 '이웃 사랑'의 계명을 꺼내게 된 배경이 6-7절에서 언급한 '가난한 자를 멸시하는' 문제였기 때문이다. 사실 8절에서부터 야고보가 꺼내 들고자 하는 것은 율법에 대한 복잡한 신학 논쟁이 아니다. 긍휼에 대한 강조이다. 예수께서 긍휼로 율법을 요약하셨고, 하나님께서 그 긍휼의 복음으로 그들을 낳으셨기 때문이다(1:18). 마음에 심겨진 말씀(1:21b)의 고갱이도 '긍휼'이다.

또한 후에 야고보가 '위로부터 오는 지혜'를 논할 때, 가장 핵심에 놓이는 것도 역시 '긍휼'이다(3:17-18). 복음을 '온유함으로 받지'(1:12b) 않는 '행위'는, '영광의 예수 그리스도'를 믿는 믿음을 가진 자들에게 마땅치 않은 일이다. 일관되지 않고, 그 믿음과 행함이 일치하지 않는 일이다. 야고보는 이런 논리로 진행한다. 그것이 다음 단락에서 '긍휼을 행하는 믿음'을 강조하는 이유이다.

3.3 행함, 믿음의 대치가 아닌 성취(2:14-26)

이 단락은 전통적으로 '믿음과 행함'에 대한 복잡한 신학 논쟁에 휘말려 왔지만, 실제로는 매우 단순한 본문이다. 야고보는 긍휼을 행할 것을 강조한다. 왜냐하면 긍휼의 복음이 그들의 심령에 심겨 있는 말씀, '능히 그들을 구원할' 말씀이기 때문이다(1:21b). 행함이 있는 자라야, 그의 믿음이 '능히 자기를 구원'한다(2:14). 야고보는 믿음과 행함의 일치를 요구한다.

2:1-7이 묘사하는 대로, 그 '불일치'야말로 세속적 가치가 믿음의 공동체(2:1)를 '차별하여 나누고'(5절), 하나님의 나라와 '그 아름다운 이름'을 모독하는 일에 동참하게 만드는 원인이기 때문이다(5-7절). 그래서 야고보는 8-14절에서

---

[207] 야고보서 학계에서 점증하는 바울 신학과의 조화에 대한 흐름을 보려면, Jason A. Whitlark, "ἔμφυτος λόγος: A New Covenant Motif in the Letter of James", *Horizons in Biblical Theology* 32 (2010): 144-165; 또한 이준호, "야고보와 바울의 행함과 믿음", 〈신약연구〉 (2011): 653-688.

'긍휼'이 하나님의 뜻이며, 그들이 매인 말씀, 그들을 심판할 말씀이라고 설명한다. 긍휼을 받은 자가 긍휼을 행하는 것은 영적 본성에 자연스럽다. 믿음과 행위는 그런 식으로 일치하고, 일치해야 한다. 이런 점에서, 야고보는 2:14-26을 통해 '행위'는 믿음의 대치(代置)가 아닌 목적과 과정을 표현한다는 사실을 논증한다.

(1) 믿음의 대치(代置)가 아닌 성취(成就)로서의 행위(22절)

앞서 언급한, 야고보의 τελ-어군의 사용은 인내, 성도(1:4), 은사(1:17), 그리고 율법(1:25; 2:8)뿐 아니라, 믿음과 행위의 관계를 다루는 문제에서도 등장한다. 야고보는 2:22에서 율법을 '성취한다'고 할 때의 τελέω와 유사한 의미의 동사 τελειόω를 사용하는데, 이는 믿음이 행함으로 '온전케 되었다'(개역개정/개역한글)는 식으로 번역된다. 그렇다면 과연 ἐτελειώθη는 여기서 믿음과 행함의 관계를 어떻게 규정하는 용어로 쓰였을까? 이는 또한 야고보가 앞에서 사용해 온 τελ-어군의 의미들과 어떻게 비교될 수 있을까?

우선 2:22은 14절부터 시작해서 26절로 끝나는 새로운 단락 한가운데 아브라함의 예를 드는 부분(21-24절)에 해당한다. 이 전체 단락의 시작인 14절이나 그 결론 부분인 26절은 한결같이 믿음 자체를 부인하는 것이 아니라, 단지 '행함이 없는' 믿음이 '유익하지 않음'을 역설하고 있다. 14절에서 가장 흥미로운 용어는 '이익'으로 번역된 ὄφελος이다. 이것은 바로 그다음에 나오는 '능히'로 번역된 δύναται와 잘 어울리면서 믿음과 행위, 구원에 대한 야고보의 시각을 잘 드러낸다.

야고보에게 있어서 믿음이란 '이신칭의'의 경우처럼 단지 종말이나 천상의 어떤 법정적(forensic) 의미의 선포가 아니라, 실제로 지금 여기에서 어떤 목적지를 향해 가는 과정 가운데 그 믿음을 가진 사람에게 무엇인가를 '얻게' 해 주는 것이고, 또한 어떤 실제적인 변화, 예를 들어, 긍휼의 행위(2:16)를 통해 이웃의 상태나 그 자신의 변화(1:4, 21)를 실제적으로 '가능하게 하는 능력'으로 역사

하는 무엇이다.[208]

그래서 26절이 명확히 밝히듯이 야고보는 믿음 자체를 부인하고자 하는 것이 아니라, 그 믿음의 효력을 강조하려는 뜻에서 '행함이 없는 믿음'을 비난한 것이다. 즉 14-26절에서 야고보가 대조시키는 것은 믿음과 행위 사이가 아니라, '행위로 드러나는 믿음'과 '행위로 드러나지 않는 믿음' 사이이다.[209] 그래서 26절에서 '죽은 것'이라는 말은, '생명이 없는, 활동하지 않는'[210] 그래서 다시 14절의 '유익/소용이 없는'의 의미와 일맥상통한다.

따라서 24절에서 '단지 믿음으로만이 아니'(οὐκ ἐκ πίστεως μόνον)라고 했을 때, '단지 … 만'(μόνον)이 갖는 의미는 결정적인 것이다. 야고보에게 있어서도 믿음은 시작이다. 하지만 그 믿음이 시작에 그친다면 진정한 믿음으로 봐줄 수가 없다는 것이다. 물론 24절을 바울 신학의 이신칭의(justification by faith) 개념과 정면충돌하는 것으로 보는 입장도 있다.[211] 야고보의 말대로 '믿음만으로'가 아니고 행함도 포함된다면, 24절은 처음은 믿음으로만 그리고 마지막에는 믿음에 행위가 더해진 삶을 기준으로 하는 '두 번의 칭의'(two justifications)를 말하는 것인가?

그렇지는 않은 것 같다. 믿음이 전제되고 행함이 강조되기는 하지만, 이 둘은 뗄 수 없이 묶여 있다는 것이 야고보의 근본 전제이기 때문이다. 말하자면, 야고보가 드러내어 논증하지는 않았지만 행함이 없는 믿음이 죽은 것이듯이, 이를테면 '믿음이 없는 행함'도 야고보에게는 생각할 수 없는 것이지 않았을까?

---

208 야고보서에서, '능하다'(δύναμαι)는 개념은 '말씀'(1:21), 믿음(2:14), 혀/말(3:8), 기도(4:2), 그리고 심판(4:12) 등의 주제와 연관되어 사용되면서 신학적으로 중요한 의미를 가진다.
209 Loh and Hatton, *James*, 86-87.
210 Davids, *James*, 134, 26절에서 몸-영혼의 비유는 전형적인 유대 기독교적 모형론적 표현이다. 창세기 2:7의 창조 이야기에 뿌리내리고 있다. 몸과 숨(기운/영혼)이 분리되는 것을 헬라 사상, 플라톤은 구원이라고 보았지만, 구약적 생각은 이 둘이 분리되는 것이 곧 죽음의 결과라고 본 것이다.
211 Moo, *James*, 32-33; 참조. Davids, *James*, 132, 야고보가 이 구절들을 직접 알고 있지 않았을 것으로 본다; 또한 Wiard Popkes, "Two Interpretations of 'Justification' in the New Testament Reflections on Galatians 2:15-21 and James 2:21-25", *Studia Theologica* 59 (2005): 129-146, 야고보서는 바울 전승에 대한 대응(reaction)의 결과인데, 이신칭의에 대한 바울의 신학을 오해한 채로 논박했다고 본다.

사실 그것은 이미 1:21에서 그 독특한 '말씀-구원론'을 선포할 때 이미 전제된 부분이다. '온유함으로 받는' 행함은 이미 '능히 너희 영혼을 구원할 바 마음에 심긴 말씀'을 전제하기 때문이다. 또한 행함을 강조하는 2장의 1절에서부터 이미 수신자들이 "영광의 주 우리 주 예수 그리스도를 믿는 믿음을 받은" 자들로 선포되고 있다는 사실을 기억해야 한다. 그러므로 문제는 믿음을 대치하는 행함이 아니다. 행함이 믿음과 갖는 관계에 대한 것이다. 이런 관점에서 22절의 ἐτελειώθη는 야고보가 선호한 τελ-어군에 속한 용어인데, 이는 그동안 이 어군에 속한 용어들을 사용한 방식과 어떤 연관성이 있을까?

한 가지 흥미로운 점은 22절에서 '행함/역사'라는 개념이 '온전하게 한다'는 개념과 함께 등장하는데, 이것이 1:4에서 인내의 '역사'와 '온전한'이라는 용어가 함께 등장하는 것과 구조적으로 일치한다는 사실이다. 이를 도표로 그리면 아래와 같다:

2:22	믿음(ἡ πίστις)	함께 일하고(συνήργει)/ 행함(ἔργων)	온전케 되었다(ἐτελειώθη)
1:4	인내(ἡ δὲ ὑπομονη)	역사(ἔργον)	온전케 하라(τέλειον ἐχέτω)

이 도표를 보면 야고보가 τελ-어군의 용어들과 함께 '행함/역사'(ἔργον)를 선호한다는 사실을 쉽게 발견할 수 있다. 그리고 그 사용의 강조점은, 믿음도 인내의 경우와 마찬가지로 그것이 그 원래의 목적에 이르기 위해서는 어떤 '행함/역사'의 과정이 있어야 한다는 사실에 놓여 있다. 또한 1:4의 인내의 경우는 인내 자체의 역사가 원래 그 의도하던 바의 목적에 이르게 하라는 뜻으로, 인내 자체의 역사를 강조한 반면, 2:22의 믿음의 경우에는 믿음 역시 역사하지만, 그것이 그 믿음을 가진 사람의 행함으로 '더불어 역사해야'(συνήργει) 함을 강조한다. 즉 믿음은 그 스스로도 작동하고 역사하지만, 그것이 원래 의도하던 목적인 구원에 이르려면, 이미 작동하고 있는 믿음을 따라 그 믿는 자가 행함으로 함께 역사해야 한다는 것이다.

즉 22b절에서 그것으로 말미암아 믿음이 온전케 되는 그 행함 곧 ἐκ τῶν

ἔργων의 행함은, 비단 그의 행함(τοῖς ἔργοις αὐτοῦ)만이 아니라 그의 행함과 '함께 역사하는'(συνήργει) 믿음의 작용을 모두 포함한 것으로 읽는 것이 타당해 보인다.[212] 즉 믿음도 인내의 경우처럼(1:4) 그 신자가 시작하고 진행하는 것이 아니라 그 자체로 작동하지만, 이렇게 역사하는 믿음에 '그의 행함'이 수반될 때 그렇게 '행함과 함께 역사하는 믿음'은,[213] 마치 시작된 인내를 견디고 온전함에 이르는 사람의 경우처럼 결국 그로 하여금 온전한 믿음에 이르게 한다는 것이다.

결국, 완성되는 것은 믿음이지만, 그 믿음의 작동(作動)은 필연적으로 그 믿음을 가진 당사자의 행함을 수반할 수밖에 없다는 점이 강조된다. 그래서 만일 믿음에 행함이 결여된다면 그것은 단지 행함이 빠진 것이 아니라, 결국 믿음이 그 의도한 바의 목적에 이르지 못하는 것이 된다. 즉 온전한 믿음으로서의 믿음이 되지 못하는 결과를 가져온다.

이 해석은, 2:22에서 이중칭의(二重稱義)의 가능성을 배제시켜준다. 이중칭의는 믿음으로 시작했지만 결국은 행위로 판정을 받는다는 것인데, 2:22의 의미는 그런 것이 아니다. 믿음이 작동하는 데 그 작동이 필연적으로 요구하는 행함이 따르지 않으면, 결국 완성되지 않는 것은 믿음이기 때문이다. 이러한 의미에서 그 믿음은 죽은 것(26절), 즉 효력이 없는 무익한 것(14절)이 되는 셈이다.

그러므로 2:22에서 ἐτελειώθη는 야고보가 이전 문맥들에서 사용한 τελ-어군의 용어들과 조화를 잘 이룬다. 즉 야고보는 τελ-어군의 용어들을 통해 이미 (신적으로) 시작된(참조. 1:17) 어떤 구원의 작동을 – 그것이 인내든지(1:4) 율법이든지(1:25) 또는 믿음이든지(2:22) – 그 의도된 목적지까지 이르도록 하는 채워야 하는 과정에 대한 강조를 도모한다.[214] 이런 점은 2:22에서 믿음이 행위를 대

---

212 Blomberg & Kamell, *James*, 137.
213 Johnson, *James*, 243, 22절에서 '믿음'이 '함께 일함'의 주어이고, 행위를 가능하게 하는 것도 믿음임을 강조한다.
214 Popkes, "Two Interpretations", 137-138, 비록 야고보가 바울의 이신칭의론을 오해한 채로 대응했다고 보지만, Popkes는 야고보서의 논점이 바울의 경우처럼 iustificatio impii에 있지 않음을 즉, 구원에 관해서 'how to get in'이 아니라 'how to stay in'을 강조한다고 본다. 인간을 그 비참에서 구원하는 하나님의 은혜를 강조하려는 것이 아니라, 과정이나 목적을 훨씬 더 강조하는 '목적론적인 구원론'(teleological soteriology)임을 잘 지적한다(참조. 1:3f, 12; 2:12f; 3:1f; 4:10; 5:9); 또한 박창영, "야고보서 2:14-26에 나타난

치하지 않고 도리어 전제하며 그 전제 위에서 믿음의 역사를 온전하게 하는 필연적인 방식으로서의 행함을 강조하는데, 행함이 빠진다면 그것은 행함의 실패가 아니라 결국, '시작된' 믿음이 '온전한' 믿음에 이르지 못하게 되는 '믿음의' 실패를 의미하게 될 것이다.

(2) '마음에 심긴 말씀'(1:21b)과 '말뿐인 믿음'(14-26절)

야고보가 2:14-16에서 강조하는 것이 믿음과 일치하며 또한 믿음을 온전하게 하는 행함의 필연성과 당위성이지만, 이 논증의 또 한 축은 '말'과 '말씀'이라는 강조점과 함께 전개된다.[215] 즉 야고보서에서 구원의 특징을 '말씀'으로 설명하는 방식은 1:18-21에 잘 나타난다. 하지만 야고보는 성화(聖化)의 중요성을 다룰 때에도 '말'(言)의 문제를 중요하게 다룬다. 그리고 이와 같은 논지는 3장에서 말의 타락(3:1-12)과 위로부터 오는 지혜를 다룰 때 절정에 이른다(13-18절).

야고보는 성화의 문제에 있어서 특히, 말이나 말씀의 중요성을 강조한다. 예를 들어, 야고보서 1:21(마음에 심긴 말씀) 전후 문맥에서 모두 '말'에 대한 교훈이 잇따른다. 1:19에서 야고보는 '듣기는 속히 하고 말하기(τὸ λαλῆσαι)는 더디 하며 성내기도 더디 하라'고 하고, 21절 이후 행함을 강조하면서 곧 26절에서 참된 경건의 첫째 표지로 '혀를 재갈 먹이는' 것, 곧 말을 통제하는 것에 대하여 교훈한다.

더 나아가 19절과 26절의 '말'에 대한 이 교훈들은 비단 21절의 전후 문맥이라는 위치에 그치지 않는다. 19절의 경우, '듣기는 속히 하고, 말하기는 더디 하며, 성내기도 더디 하라'는 말의 사용에 대한 삼중적인 교훈은, 많은 주석가들에 의해 야고보서 전체의 문학적 구조를 결정하는 중요한 본문으로 생각되기도 하

믿음과 행위의 문제", 〈한국개혁신학〉 6 (1999): 268-288, 야고보와 바울이 믿음과 행위에 대해 주장하는 내용들이 서로 '차원'이 다른 것이어서 충돌하지 않고 조화될 수 있다고 본다.

215 Young S. Chae(채영삼), "Toward a Theology of Words, not Just Works, in the Epistle of James", *2012 SBL International Meeting* (Amsterdam, 7/24) 참조.

기 때문이다.²¹⁶ 마찬가지로 26절에 나오는 '혀의 통제' 역시 고아와 과부를 돌보는 '긍휼'과 세속에서 자신을 지키는 '정결'과 더불어 참된 경건의 삼중적인 표지 가운데 하나로, 2장 이후 야고보서의 문학적 구조를 결정해 주는 중대한 본문으로 여겨진다.²¹⁷

흥미롭게도 구원과 말씀을 엮고 나서 곧이어 '말'(言)의 문제를 다루는 순차는 앞서 야고보서 1:18, 21과 내용적으로 병행을 이루었던 베드로전서 1:23-25의 경우에도 동일하다. 즉 베드로전서 역시 23-25절에서 신자의 중생을 '썩지 아니할 씨'인 '살아 있고 영원한 하나님의 말씀'으로 설명한 후, 곧바로 2장 초두에서 '말'에 관하여 성숙할 것을 요구하는 교훈으로 이어지며, '말'과 말씀이 성화의 영역에 있어서도 긴밀한 관계에 있음을 시사한다: "그러므로 모든 악독과 모든 궤휼과 외식과 시기와 모든 비방하는 말(καταλαλιάς)을 버리고 … 순전하고 신령한 젖(말씀)을 사모하라"(벧전 2:1-2).

이렇듯 야고보서 1:18, 21의 '말씀-구원론'은 그 전후 문맥(19, 26절)에서는 물론, 2장 이후부터는 자연스럽게 '말(言)-성화론'으로 연결된다. 물론 2장은 그 전체가 참된 경건의 삼중적인 면을 언급한 1:26-27에서 '고아와 과부를 돌아보는' 긍휼에 대해 설명하기 위해 전개된 본문이라 할 수 있다.²¹⁸ 하지만 2장에서도 이미 1:19나 26절에서 언급된 '말'의 문제가 표면에 떠오르고 있다.

먼저 2장의 전반부, 즉 1-13절이 '너희끼리 서로 구별하며 악한 생각으로 판단'(4절)하는 문제 곧, '말씀'이나 율법의 요구를 거슬러 행하여 보다 심각하게 '파괴적이고 부정적인' 말의 사용 문제를 중심으로 다룬다면, 후반부인 14-26절은 다소 소극적이지만, '말씀'이나 율법을 알고 믿고 그렇게 말은 하면서도 그에 따르는 행함이 빠진 믿음, 곧 말뿐이어서 전혀 '무익(無益)(τί τὸ ὄφελος, 14, 16, 19-20절)하게 되는' 경우를 다룬다고 볼 수 있다.

---

216 Wall, *Community of the Wise*, 지혜를 중심 주제로 다루지만 1:19의 명령을 따라 전체의 문학적 구조를 이해한다. 유사하게 박수암, "야고보서 구조에 관한 석의적 고찰", 119-145, 그리고 배종렬도, "야고보서 구성", 123-146, 1:19에서 중심 주제를 찾는다.

217 Taylor, *Discourse Structure of James*, 101.

218 채영삼, "야고보서 1:21b의 신학적 중심성", 513, 각주 92에 제시된 야고보서의 문학적 구조를 참조하라.

이렇게, '내 이웃을 네 몸과 같이 사랑하라'는 '[그] 나라의 법'(2:8, 최고한 법, 개역한글)의 요구 앞에서, 적극적으로 말로써 형제를 홀대하고, 비방하고, 판단하는 삶을 사는 경우(2:1-13), 그런 신자는 종국적으로 심판을 이길 수 없다는 것이 야고보의 논지(論旨)이다. 왜 그럴까? 야고보는 이를 율법의 문제, 곧 말씀의 문제로 풀기 때문이다. 위에서 논증했듯이, 10-11절에서 언급된 '그 하나에 거치면 모두 범한 것으로 간주'하는, 구속(拘束)하고 정죄하는 율법은 예수 그리스도 이전의 구약 율법의 특징이고,[219] 8절과 12절(또한, 1:25)의 '자유의 온전한 율법'은 예수 그리스도께서 그의 사역과 특별히 그의 가르침과 삶으로 성취하고 새롭게 명하신 '그리스도의 법'으로 생각하는 것이다.[220] 하지만 구약의 백성이 모세의 율법의 '구속적이고 정죄하는 기능'에 매여 있었던 것처럼, 이와는 전혀 다른 방식이기는 하지만 예수 그리스도를 주로 믿는 믿음(2:1)을 받은 야고보서의 수신자들 역시 이 '자유의 율법'(2:12)과 엮여 있기는 마찬가지이다.[221]

다시 말해서, 야고보가 말하는 이 '자유의 [온전한] 율법'(2:12[1:25])은 구약 율법과 내용적인 연속성이 있지만, 2:8에서 언급된 '이웃 사랑'(레 19:18)의 경우처럼 예수 그리스도께서 선포하시고 그를 믿는 자들이 유업으로 받은 '약속하신 나라'(2:5)의 복음에 따라 성취되고 또 새롭게 명해진 '[그] 나라의 법'이며 또한 예수 그리스도의 사역으로 성취되고(τελεῖτε), 바로 그 기준으로 새롭게 명령된 '긍휼의 법'(13절)이라는 점에서 새로운 법이다.[222]

---

[219] Blomberg & Kamell, *James*, 118; Davids, *James*, 116; 참조. 반면에 Wall은 *Community of the Wise*, 125-126, 2:10은 야고보 자신의 견해로서, 율법이 칭의의 근거가 되지 못한다는 바울의 생각과 반대되는 입장을 드러낸 것으로 본다; 한편 Majorie O. Boyle은 "The Stoic Paradox of James 2:10", *NTS* 31 (1985): 611-617, 10절의 배경을 스토아 철학의 덕(virtue)의 체계에서 찾는다.

[220] Davids, *James*, 114; 또한 Dibelius, *James*, 143-144, '최고한 법'(2:8)을 '왕적 권위를 가진 법' 혹은 '왕들을 위해 정해진 법'으로 번역하여 구약 율법에도 해당되지만, 여기서 '왕국의'라는 수식어는 그리스도인들에게 해당되고 결국 어떤 규칙들을 지키는 것이라기보다 사랑에 관한 가장 큰 계명을 성취할 때 지켜지는 법을 가리킨다고 말한다.

[221] C. E. B. Cranfield, "The Message of James", *SJT* 18 (1965): 182-193, 338-345, 신앙 고백과 행위가 서로 일치하지 않고 괴리를 일으키는 청중에게 예수 그리스도에 대한 고백적 언급을 축소하고 가르침으로 일관했다고 보면서, 2장의 율법을, Calvin의 경우처럼, 복음이나 복음 속에 선포된 은혜를 전제로 이해한다.

[222] Jackson-McCabe, *Logos and Law*, 169-171, 비록 2:10의 '온 율법'과 2:8, 12의 '자유의 율법'을 구별하지는 않지만, 10절의 '그 하나'의 부분적인 법들(11절)이 8절에서 말한 이웃 사랑의 법과 구조적으로 상응하고, 그 이웃 사랑에 의해 온 율법이 성취된다는 것이 야고보의 주장임을 강조한다.

2:12에서 '자유의 율법대로 심판받을 자처럼 말하고 행하기도 하라'는 것은 이런 의미이며, 이것이 13절에서 긍휼과 심판이 서로 얽히는 이유이기도 하다. 구약의 율법이 그 아래에 있는 자들을 구속하고 정죄한 것과 같은 방식은 아니지만, 야고보서의 성도들 역시 그리스도께서 성취하시고 다시 명하신 율법 곧 그 복음의 말씀에 의해 구원받기도 하고 또한 바로 그 복음의 말씀/법에 의해 심판을 받는 것이다.[223]

필자의 이런 분석이 옳다면, 1:21의 '능히 너희 영혼을 구원할 마음에 심긴 말씀'은 그들의 구원을 설명할 뿐 아니라, 바로 그 '심긴 말씀'을 따라 살고 또한 그 '심긴 말씀'에 따라 심판을 받을 것임을 알게 된다. 따라서 야고보서에 있어서 성화(sanctification)는 이를테면 '성령을 따라' 사는 삶이라기보다, 그의 말과 행실이 이미 그의 안에 '심긴 말씀', 그의 영혼을 '구원할 능력이 있는' 말씀, 그리고 외적(外的)으로는 '자유의 온전한 율법'이나 '그 나라의 법' 혹은 '긍휼의 법'으로 제시되는 그 '심긴 말씀'의 지배를 받아, 그 말씀으로 철저히 조율되는 삶으로 표현되는 것이다.

마찬가지로 2장 후반부에서 야고보는 전반부보다는 다소 소극적이지만 역시 성화와 관련해서 '말'의 잘못된 사용을 지적한다. 특별히 이웃에 대한 긍휼을 요구하는 법/말씀 앞에서(2:16) 믿음을 고백하는 교리적 고백의 말을 하면서도(14, 18절) 궁핍한 형제에게 하나 마나 한 '빈말'을 하는 믿음은, 바로 그런 믿음을 가진 그에게 구원을 이루어 줄 수 있는 능력(δύναται, 14절)을 결핍한 믿음,[224] 그래서 구원에 이르는 일에 실패하는 '말뿐인 믿음'이라는 사실을 역설한다.

학계에서 점차 공감대를 얻어가는 것처럼, 여기서 야고보가 반대하는 것은 믿음 자체가 아니다. 소위 '행위-구원론'을 설파하기 위해 '오직 믿음으로 구원받는' 이신칭의(以信稱義)의 교리를 반대하는 것으로 보기 어렵다.[225] 18절 중반

---

223 Davids, "James and Jesus", 66-67, 야고보가 2:13의 배경으로 예수의 산상수훈에서 긍휼에 대한 말씀(마 5:7)을 떠올리는 것이라고 Davids가 제안하듯이, 이것이 사실이라면 더더욱 이 긍휼은 예수 그리스도의 사역으로 성취되고, 또한 그의 새로운 백성 곧 '흩어진 열두 지파'(약 1:1)에게 새롭게 명령된 긍휼이어야 한다.
224 야고보서에서 성령의 역할에 가장 가까운 개념인 '능하다'(δύναμαι)는 표현은, '믿음'(2:14) 외에도, '말씀'(1:21), 혀/말(3:8), 기도(4:2), 그리고 심판(4:12) 등의 주제와 연결되어 사용되는 중요한 개념이다.
225 2:24이 바울의 이신칭의 개념과 정면충돌하는 것으로 보는(롬 3:28; 갈 2:16) Moo, *James*, 38-42, 결국

의 χωρὶς τῶν ἔργων라는 표현에서 '행위'(ἔργον)는 소위 그리스도를 믿는 믿음과는 별도의 '율법의 행위'라는 뜻이 아니라(참조. 롬 3:28, χωρὶς ἔργων νόμου), 분명 행위이기는 하지만 18절의 문맥이 전제하는 대로 언제나 '믿음의' 행위들이기 때문이다.[226] 또한, 야고보서에 예수의 가르침이 편만한 것처럼 2:18도 '행함'에 대한 예수의 가르침이 그 배경이라면, 야고보가 말하는 '행위'는 더더욱 예수 그리스도에 대한 믿음을 전제하는 행위이다.[227]

다시 한 번 반복하지만, 결국 야고보가 대조시키는 것은 믿음과 행위 사이가 아니라, '행위로 드러나는 믿음'과 '행위로 드러나지 않는 믿음' 사이일 것이다.[228] 그래서 26절에서 '죽은 것'의 의미는, '생명이 없는, 활동하지 않는', 곧 14절의 '유익/소용이 없는'의 뜻과 일맥상통한다. 24절에서 '단지 믿음으로만이 아니'라고 했을 때, '단지 … 만'이 갖는 의미는 그래서 결정적이다.[229] 야고보에게 있어서 믿음이 전제되고 행함이 강조되기는 하지만, 이 둘은 뗄 수 없이 묶여 있다. 즉 '행함이 없는 믿음은 죽은 것'이라는 표현이 정당하다면 '믿음이 없는 행함' 역시 야고보에게 있어서는 생각할 수 없는 개념이다.

바울과 야고보에게서 모두 믿음이 행위를 수반할 수밖에 없는 것으로 이해한다(42).

226 18절을 야고보 자신의 견해가 아니라, Marty, Ropes, Mitton 등과 함께 반대자의 주장으로 보는 Dibelius, *James*, 155-158나 Davids는 *James*, 124-125, 18절에서 언급된 '믿음'은 고전 12:4-10에서처럼 행위로 역사하는 믿음을 전제한 것이라고 말한다; 또한 Scot McKnight, "James 2:18a: The Unidentifiable Interlocutor", *WTJ* 52 (1990): 360-362, 18절은 믿음과 행위가 분리될 수 있다고 믿는 반대자의 주장이라고 판단한다; 유사하게 이준호, "야고보와 바울의 행함과 믿음-야고보의 상황, 배경, 본문을 중심으로", 〈신약연구〉 10/3 (2011): 680-681; 또한 Mußner, 『야고보서』, 241, 407-411, 야고보가 말한 행위가 '율법의 행위'가 아니라, 믿음을 통한 이웃 사랑의 행위를 지칭함을 설명하다.

227 Davids, "James and Jesus", 75-77, 야고보서 2:17, 18의 배경으로 예수의 가르침(마 7:21-23; 25:31-46)을 제시한다. 만일 야고보가 2장에서 강조하는 '행위'가 예수께서 강조하신 가르침대로라면, 그 행위는 산상수훈(마 5-7장)에서 예수께서 율법을 성취하시고(마 5:17-20), 자신의 말씀에 기초한 행위를 강조한 사실(마 7:24-27)에도 주목해야 한다.

228 Davids, *James*, 122-123; Loh and Hatton, *James*, 86-87.

229 Blomberg & Kamell, *James*, 139, 각주 72, 이런 표현은 종교개혁의 '오직 믿음으로'라는 구호와 정면으로 충돌하는 것처럼 보인다. Augustine은 이를 이렇게 정리했다: "바울은 사람이 율법의 행위가 아니라 믿음으로 구원받는다고 말했다. 하지만 야고보가 말하는 그런 행위가 없는 믿음으로는 아니다." 마찬가지로 Calvin의 글도 소개한다: "'salvation is by faith alone', but 'by a faith that is not alone'"(각주 73); 참조. 권연경은 "칼빈의 칭의론과 '행위': 행위 관련 구절들에 대한 칼빈의 주석", 〈신학지평〉 21 (2008), 칼빈의 주석에서 야고보가 말한 믿음은 실은 헛것인 '수사적 양보'(concessionis)로 이해되며(227), 행위는 영생의 종속적인 원인(inferior cause)임을 논증한다(234).

이처럼, 구원의 시작에서부터 성화의 과정을 묘사할 때, 야고보는 '믿음과 행함'의 연결된 고리를 전제한다. 그리고 이 연결은 아마도, 야고보가 '말씀-구원론'을 펼치는 1:18, 21에 이미 암시되어 있다고 볼 수 있다. '온유함으로 받는' 행함이라는 성화의 과정은 이미 '능히 너희 영혼을 구원할 바 마음에 심긴 말씀'이라는 구원론적 사건이 없이는 불가능하기 때문이다.

하지만 역으로, 마음에 심긴 말씀에 구원할 능력이 있다는 것은 곧 그 말씀이 심긴 그 신자가 그 말씀의 역사를 따라 말하고 행동하지 않는 한, 그를 구원해 내는 실제적인 '유익'이 있을 수 없음은 당연한 이치이다(2:14, 26). 야고보의 말처럼, 행위로 작동하지 않는 믿음은 마치 싹이 나지 않는 씨앗처럼, 처음부터 그 안에 생명이 없는 씨앗, 처음부터 죽어 있던 씨앗으로(참조. 2:26) 판명 나는 셈이다.

야고보는 1:18, 21에서처럼 구원을 '말씀'으로 풀기 때문에, 구원(혹은, 칭의)과 성화의 간격에서 바울의 경우보다 덜 복잡한 문제를 일으킨다고 생각된다. 바울의 경우 이를테면, 구원(칭의)의 핵심이 '율법의 행위'를 배제하는 '믿음'으로 자주 설명되기 때문에, 그다음 성화의 단계를 설명하고자 할 때 다시 하나님의 뜻으로서의 율법의 '요구'를 끌어오는 과정이 비교적 순탄치가 않다.[230]

하지만 야고보는 구원의 시작점을 '구원할 능이 있는 심긴 말씀'으로 보기 때문에, 성화는 보다 자연스럽게 그 '심긴 말씀'이 그 사람 자신의 말과 행실, 곧 삶 속에서 그대로 시현해 나가는 과정이 된다. 시작이 '심긴 말씀'이기 때문에 그 성화의 과정도, 이를테면 마치 DNA처럼,[231] 이미 존재적으로 심긴 말씀을 따라 그의 말과 행실을 맞추어 나가는 훨씬 '자연스러운' 과정으로 이해되기 때문이다.

---

230 로마서 안에서도 바울은 매번 μὴ γένοιτο(결코 그럴 수 없느니라)로 바로잡아야 하는, 그런 식의 자연스러운(?) 반론들을 예상할 수밖에 없었다(롬 3:31; 6:2, 15).

231 Baker, "Who's your daddy?", 204.

3.4 요약과 결어

야고보는 2장에서 차별과 긍휼의 문제를 다룬다. 차별은 수신자들이 대면한 세상의 두드러진 특징이요 도전이다. 이에 대해 야고보는 긍휼의 해법을 제시한다. 도전도 실제적이고 해법도 실천적이다. 2:8 이후, 율법에 관련된 문제, 14절 이후 믿음과 행함에 관련된 문제는 우선적으로 신학적 논변들로 의도된 것이 아니다. 야고보는 부와 가난의 현실 속에서 차별을 고착화한 세상의 세속적 가치관이 어떻게 믿음의 공동체를 파괴하고, 하나님의 선택과 약속, 믿음 안에서 누리는 부요함을 실제적으로 무효화하는지를 보여 준다. 역설적이게도, 가난한 수신자들은 그들을 재판정으로 끌고 가며, 그들의 '영광의 예수 그리스도'의 '아름다운 이름'을 모독하는 부자들과 다를 것 없는 일들을 그들의 공동체 안에서 하고 있음이 드러난다.

그들의 마음이 나뉘었고, 스스로 안에서 판단을 받으므로, 그들의 공동체도 스스로 나뉘고 서로 판단하여 정죄에 이른다. 야고보는 이 세속의 부에 관련된 시험을 '차별'이라는 현상으로 집약하고, 그 해법으로 긍휼을 제시하는데, 그것을 실제적으로 풀어가는 방식은 '말씀'에서 찾는다. 야고보에 의하면 수신자들은 '진리의 말씀'으로 태어난 자들이며, 그들을 '능히 구원할 말씀'이 그 심령에 '심긴' 자들이다(1:18, 21b). 이 '심긴 말씀'은 1:19-27의 문맥에서 이미 '자유의 온전한 율법'(25절)과 연관되며, 2:8의 '그 나라의 법'을 통해 예수께서 성취하시고 가르치신 '자유의 율법'(12절), 곧 긍휼의 복음이요 긍휼의 가르침과 연결된다(마 5:3).

여기서 '예수와 율법'에 관한 야고보의 이해는 바울의 그것과 본질상 다르지 않다. 예수께서 율법을 성취하셨고, 야고보의 수신자들도 그를 따라 그 예수께서 성취하시고 명하신 율법을 '성취할' 것을 요구받는다(2:8, 12). 긍휼의 복음으로 태어나고, 긍휼의 말씀이 심긴 자들에게는 긍휼이 요구되고, 또한 긍휼이 심판의 기준이 될 것이다. 야고보는 2:14-26에서도 긍휼의 행함이라는 주제를 이어간다. 야고보에게 있어서 믿음과 행함은 구별되지만, 분리되지 않는다. 하나님은 '한 분'이신 것처럼(19절), 야고보의 세계에서 믿음과 행함은 하나이고, 그 둘은 구체적인 긍휼, 곧 하나님의 긍휼의 복음과 그들의 긍휼의 행함 속에서 서로 하나로 만난다.

이렇게 야고보는 구원의 시작과 과정을 '말씀'으로 연결한다. 수신자들은 말씀으로 태어나 말씀이 심긴 자들로서, 그 말씀을 온유함으로 받아 행함으로 온전함에 이른다. 그렇다면 야고보는 어떻게 해서 '말씀-구원론'(1장)과 이를테면 '말씀-성화론'(2장)이라는 신학적 관점에 이르게 되었을까? 흥미로운 사실이 있다. 그것은 야고보가 실상 하나님의 구속(救贖)과 재창조의 역사를 '말씀'(1:18, 21)의 관점에서 보고 있을 뿐 아니라, 처음부터 창조와 타락(Fall) 역시도 '말씀'이나 '말'의 관점에서 보고 있다는 점이다. 2장에 뒤이어 나오는 3:1-12와 그 이후 지혜와 세상에 관련된 야고보서의 본문들은 바로 야고보의 창조-타락-그리고 재창조와 종말에 관한 관점들을 흥미롭게 펼쳐 놓는다. 이를 자세히 살펴보자.

4. 말(言)과 혼돈의 Κόσμος – 위로부터 오는 지혜

야고보가 지목하는 수신자들의 위기는 표면적으로는 시험이요(1:2, 12) 그로 인한 차별이었다(2:1-4). 또한 2장에서부터 또 다른 파괴적인 징후가 이미 나타나는데 그것은 서로 판단하고 다투는 일이다(2:4-7). 그리고 야고보는 3장에서 '말' 때문에 생기는 공동체의 위기와 이 '말'의 문제에 깊이 집중하며, 이후 4장과 5장에 걸쳐 이 '말'의 문제는 계속 치유해야 할 공동체의 환부(患部)로 남게 된다(4:11-12; 5:9, 12, 16). 시험에 들고, 차별하고, '스스로 자기 안에서 판단하여 나뉠'(1:6, 8) 뿐 아니라, 공동체 안에서도 '저희끼리 서로 판단하여 나뉘고'(2:4), 이 나뉘고 분리되는 문제는 결국 '말'이라는 가공할만한 무기(武器)를 수단으로 이제 온 세상을 나누고 분리하며 파괴하는 현상으로 드러나게 된다.

그리고 이렇게 '나뉜 마음'(1:8)의 문제에 대한 해법으로 야고보가 주목한 것은 '심긴 말씀'(1:21)이다. 이런 해법은 실상, 야고보가 1:9-11에서 이사야 40:5-8을 사용한 것처럼, 이사야 40:5-8의 본문 속에 깊이 배어 있는 신학적 사상이다. 야고보가 분석한 세속적 부의 허망한 도전에 대해 '말씀'을 붙든 것은 따라서 매우 유대적 전통, 성서적 전통에 기인한 것이다(또한, 새 언약의 본문들, 렘 31:33; 겔 36:26-27).

여기서 한 걸음 더 나아가, 야고보는 세상 속에 '흩어진 열두 지파'의 교회를 위협하는 그 세상의 본질을 파악하는 데 또 다른 유대적 전통, 성서적 전통에 의지하는 듯하다. 그것은 3:6에서 '혀'를 두고 이를 '불의의 세계'(ὁ Κόσμος τῆς ἀδικίας)라 부르는 데에서 특징적으로 잘 드러난다. 이렇게 보면, 야고보는 1장에서 '말씀-구원론'(1:18, 21)을 펼친 셈이고 2장에서는 율법과 행함을 집중적으로 논의하면서 '말씀-성화론'을 전개한 셈이다. 그렇다면 3장에서는 '타락'(Fall)과 관련하여, 말씀이나 '말'의 주제를 꺼내 드는 것은 아닐까. 이번 단락에서는 이런 질문과 함께 야고보서 '말(言)과 말씀의 신학'의 가능성을 진단해보고, 이를 통해 야고보가 이해한 세상의 도전과 그의 독특한 해법을 찾아보고자 한다.

4.1 말(言)과 불의의 세상(ὁ Κόσμος τῆς ἀδικίας, 3:1-12)

야고보서에는 유독 '말'(言)에 대한 강조가 많다. 무엇보다 '말에 실수가 없는' 것을 '온전한 사람'(τέλειος ἀνὴρ)의 주된 특징으로 정의한다(3:1-2). 설령 피조 된 만물을 복종시키고 길들일 수 있다 해도, 자신의 혀를 다스리지 못하면 지옥 불을 옮겨 붙이는 셈이다(3:3-12). 그래서 야고보는 '말만 하고' 행함이 없는 믿음(2:14-26)이 결코 구원을 이루지 못한다고 강조한다. 또한 악한 말로 형제를 판단하거나(2:1-4), 독한 시기와 다툼이 있으면서 자랑하는 일(3:14), 서로 비방(4:11-12), 허탄한 자랑(4:13-16)은 하나님의 공동체를 현저히 파괴한다.[232] 서신을 마무리하는 5장에서도 '서로 원망하지 말라'(5:9)고 권면한 뒤 문득, 전후 문맥에 걸맞지 않아 보이는 맹세에 대한 교훈 곧 '오직 너희의 그렇다 하는 것은 그렇다 하고 아니라 하는 것은 아니라 하라'(5:12, 개역한글)는 교훈으로 결론을 맺는다.

야고보의 '말'(言)에 대한 강조는 여기서 그치지 않는다. '말'뿐 아니라 '말씀'도 강조한다. 야고보에 의하면, 하나님은 '자기의 뜻을 좇아 진리의 말씀(λόγῳ ἀληθείας)으로 우리를 낳으셨다'(1:18). 만일 이 구절이 신자의 거듭남을 표현하는 것이라면,[233] 야고보는 신자의 거듭남의 주된 특징을 이를테면 '성령'보다는 '말씀'을 통해 표현하고 있는 것이다. 더구나 1:21에서 야고보는 그렇게 진리의 말씀으로 태어난 자들이 '마음에 심긴 말씀'(τὸν ἔμφυτον λόγον)을 '온유함으로 받아야 할' 자들이라고 확증하면서 신자 됨에 있어서 '말씀'이라는 특징을 다시 한 번 강조한다.

그뿐 아니다. 1장에서 강조된 '말씀'은 2장에서 본격적으로 다루어지는 '율

---

232 Baker, *Personal Speech-Ethics*, 247-248, 278-282, 당시 지중해 문화권의 대화 윤리를 배경으로 볼 때, '자랑'이나 '비방'을 금하는 야고보의 공동체 윤리는 매우 독특한 기독교적 유산임을 강조한다.
233 Dibelius, *James*, 104-106; Davids, *James*, 89, 또한 18절이 '인류'를 언급한다고 보는 학자들도 있고 (Elliott-Binns, Windisch) 구약 백성으로 생각하는 경우도 있다(Mayor); Moo, *James*, 79-80; 한편 Laws, *James*, 74-78, 인류와 그리스도인들 모두를 포함하는 재창조로 본다; 참조. F. H. Palmer, "James i,8 and the offering of first-fruits", *TynB* 3(1957): 1-2, 18절을 보편구원론으로 해석할 수 없음을 잘 논증한다.

법'(νόμος)과도 깊은 관련이 있다.[234] 진리의 말씀으로 태어나고 심령 안에 말씀이 심긴 이들은, 밖으로는 또한 '자유하게 하는 온전한 율법'(1:25)을 실행하며, '[그] 나라의 법'(νόμον βασιλικὸν, 2:8), 곧 '자유의 율법'대로 행하고 심판받을 자처럼 '말하고 행동'하도록 권고받는다(2:12).

더 나아가, 야고보서에서 자주 언급되는 '지혜'(σοφία) 역시 말씀이나 말 혹은 율법과 깊이 연관되어 있다. 인내를 통해 온전함에 이르는 자는 무엇보다 지혜를 구해야 한다(1:5). 그는 특히 '말에 실수가 없는' 자로서 '혀를 다스릴 줄'(3:1-12) 아는 온전한 사람인데 이는 또한 '세상적이요 정욕적이요 마귀적인 지혜'의 유혹을 이겨내고 '위로부터 오는 지혜'를 따라 행하는 사람이다(13-18절). 그리고 3장 후반부에서 참된 지혜를 따라 행하라는 권면에 뒤이어 나오는, '세상과 벗된 자들'(4:4), 공동체 안에서 형제를 비방하는 자들(4:11-12), 세상 속에 빠진 장사꾼들(4:13-17), 그리고 악한 지주 농부들(5:1-6)에 관한 권면들은 이렇게 '위로부터 오는 지혜'를 잊고 살아가는 경우들의 예시이다.

흥미로운 점은, 야고보서의 이런 강조점을 뒷받침이나 하듯이 서신서 안에 '성령'에 대한 언급이 거의 없다는 것이다(참조. 4:5). 그 대신 말씀, 율법, 지혜, 그리고 말에 대한 지대한 관심과 그에 대한 신학적인 언급들이 주를 이룬다. 무슨 이유일까? 사도 바울 같았으면 거듭난 신자의 가장 주된 특징으로 '성령'을 언급했을 대목에서(참조. 갈 5:16; 롬 8:2; 고후 3:17), 야고보가 굳이 '말씀'이나 '율법' 그리고 '지혜' 등을 언급하는 이유, 그리고 유독 '말의 사용'에 집중하는 이유는 무엇일까?

야고보서가 '예수의 가르침'의 전통에 깊이 뿌리박고 있다는 것은 학자들 사이에 널리 인정받고 있는 사실이다.[235] Dibelius는 야고보서의 이러한 경향이,

---

[234] Hartin, *Spirituality of Perfection*, 79-80, 유대 전통에서 율법과 지혜가 서로 동일시되는 이른 시기의 증거로 시락서의 경우를 든다: "누구든 주를 경외하는 자는 이것을 할지라. 그리고 누구든 율법을 지키는 자는 또한 지혜를 얻을 것이라"(15:1; 참조. *Sir.* 6.23-37).

[235] Johnson, *Brother of Jesus*, 21-22, 야고보서에서 예수의 임재(presence)는 주로 그의 가르침(teaching)을 통해서 드러남을 강조한다; 또한 Patrick J. Hartin, *James and the Q Sayings of Jesus* (JSNTSupS 47, Sheffield: Sheffield Academic Press, 1991), 215-217, 일찍이 G. Kittel이 밝혀냈듯이('Der geschichtliche Ort des Jakobusbriefes', *ZNW*[1950/51], 94) 초대 교회의 바울이나 *Didache*의 경우처럼 야고보 역시 주의 가르침을 따로 인용할 필요도 없을 만큼 그에 깊이 젖어 있었으며, 이는 야고보서가 예수

다메섹에서 계시를 받은 사도 바울이 주도했던 신앙 운동과는 별도로 초대 교회 안의 또 다른 전통이었을 가능성도 제시한다. 그에 의하면 야고보서의 청중들은 팔레스타인 밖으로 흩어진 헬라적 유대인들이 중심이 되어 있었던 디아스포라였는데, 유대주의자들이 아니라 스토아(Stoa) 학파 등의 영향을 받은 세상의 풍조에 맞서, 전통적으로는 의례법을 약화시키고 도덕적인 율법을 중심으로 생활하다가 후에는 예수의 가르침을 따라 그들의 신앙과 삶을 정비해 나갔던 초대 교회의 한 축이었다는 것이다.[236]

물론 이런 견해에 반(反)해, 야고보서를 바울 신학에 대한 응답으로 넓게 보아 바울 신학의 울타리 안에서도 충분히 이해될 수 있다고 보는 견해들도 점증하고 있다.[237] 어느 쪽이 더 타당할지는 더 연구되어야 하는 부분이다. 하지만 분명한 것은 야고보가 구원이나 성화, 그리고 타락을 설명하는 데 있어서 '말-말씀'의 주제를 깊이 다루고 있다는 사실이다. 이 점은 이미 1장에서 '시험'이라는 위기를 분석한 후에, 그가 제시한 해법에서부터 잘 드러난다.

이를테면, 1:21에서 '마음에 심긴 말씀'이라는 표현은 존재론적(indicative)이고 구원론적 선포인데, 야고보가 이렇게 18절과 21절 두 번에 걸쳐 구원을 '말씀'과 관련하여 선포한 것은 매우 흥미로운 방식이 아닐 수 없다. 그렇다면 신자의 구원을 '말씀'의 역사로 푸는 방식은 성화(聖化)의 이해에 있어서 어떤 영향을 끼칠까? 실제로 야고보서 1:21b에서 '심긴 말씀'과 짝을 이루는 '온유함으로 받으라'는 실천적인(imperative) 명령은 야고보서에서 전개되는 성화의 논의 전반에 걸쳐 근간을 이루는 핵심적인 교훈이 된다.

그래서 21절 바로 뒤이어 나오는 22절의 '너희는 말씀을 행하는 자가 되고'

의 가르침 전승이 문자(γραφή)로 정착되기 전, Q와는 다른 흐름이지만 또한 마태복음보다는 훨씬 이전 단계에 놓여 있었음을 시사한다고 제안한다.

236 Dibelius, *James*, 117-119.
237 최근에 Mitchell, "The Letter of James as a Document of Paulinism", 86-89, 야고보서가 바울 신학의 테두리 안에 있으며 바울과 다른 사도들이 같은 생각을 하고 있음을 보여 주려 한 것이라고 주장한다; 마찬가지로 David Nienhuis, "The Letter of James as a Canon-Conscious Pseudepigrapha", in *The Catholic Epistle and Apostolic Tradition: A New Perspective on James to Jude*(eds. Karl-Wilhelm Niebuhr and Robert W. Wall; Waco: Baylor University Press, 2009), 189; 참조, Whitlark, "ἔμφυτος λόγος: A New Covenant Motif in the Letter of James", 163-164.

라는 명령은 '심긴 말씀'을 '온유함으로 받으라'는 성화론적인 명령의 시작이다. 그것은 26-27절에 표현된 경건 곧 혀를 제어함과 고아와 과부를 돌아보는 긍휼, 그리고 세상과의 관계에 있어서 자신을 지키는 정결로 이어지고 율법을 행하는 문제를 본격적으로 다루는(참조. 1:22-25) 2장 이후에서 보다 다양하고 풍성하게 전개된다.

즉 '[율]법'을 행하는 일(1:22; 2:14-26), '말'과 관련해서 '같은 샘'에서 단 물과 쓴 물을 낼 수 없는 이치(3:1-12), '지혜의 온유함'으로 행하는 일(3:13-18), 그리고 무엇보다 '주 앞에서 낮추며'(4:10), 교만하여 형제를 비방하거나 자신을 자랑하지 아니하고(1:10; 2:4; 4:11, 16; 5:5), 온갖 시험 중에 끝까지 인내하는 일(1:3; 5:7) 등은, 이미 신자의 심령에 '심긴 구원할 능력이 있는 말씀'을 한결같이 따라 그 말씀의 요구를 비로소 '온유함으로 받는' 행위의 다양한 실현인 셈이다.

이렇듯 야고보는 2장에서 '행위가 따르지 않는 말'(2:14-16, 19) 곧 '빈말의 믿음'이 사람으로 하여금 구원에 이르지 못하게 한다는 논지를 편 후에, 3장에 와서 '온전한 사람'은 무엇보다 '말에 실수가 없는'(3:1) 사람이라고 운을 떼고는 본격적으로 '혀/말'을 제어하는 문제를 다룬다. 여기서 '온전한'(τέλειος)이라는 의미는 매우 중요한데, 근본적으로는 그 원래의 의도된 목적에 다다르도록 요구되는 과정을 모두 거친, 그래서 완숙(完熟)한 상태를 말한다.[238] 따라서 온전한 사람이란 소극적으로는 파괴적인 말의 사용을 통제할 수 있는 사람이고(3:1-12), 적극적으로는 '위로부터 난 지혜'(17절)를 따라 그 '지혜의 온유함으로'(13절) 행하는 사람이다(13-18절).

그렇다면 성도의 완숙한(fulfilled) 그리고 그 결과로서의 온전한(complete) 성화의 문제에 있어서 '말'은 왜 이렇게 핵심적인 자리를 차지하고 있을까? 야고보는 그 대답을 3:2-12에서 전개하는 '혀를 통제하는 문제'에 대한 그의 독특한 논의 속에 숨겨 놓은 듯하다. 우선 야고보는 사람이 혀/말의 파괴적인 영향

---

238 야고보서에서 τέλειος/τέλος는 사람(1:4; 3:2)뿐 아니라 '인내'(1:4), 죄(1:15)나 은사(1:17), [율]법(1:25; 2:8)이나 믿음(2:22), 그리고 신앙의 열매나 그 결국(5:11)에도 적용되는 중요한 개념이다.

력에 대해 통제 능력을 갖기가 어렵다는 사실을 강조하기 위해서 삼중적인 비유를 든다. 말(馬)을 순종케 하는 일(3절), 광풍 위에 떠다니는 배를 조종하는 일(4절), 그리고 숲 전체를 태울 수도 있는 작은 불(5절)의 비유이다.

그런데 이 예들은 당시 스토아 철학에서 인간의 이성이나 영혼이 몸을 통제(control) 하는 것이 마치 말 타는 자나 배를 조종하는 사람의 경우처럼 지극히 작은 것으로 전체를 통솔하는 것과 같다는 식으로, 주로 긍정적 의미로 사용되었다.[239] 하지만 야고보의 경우는 말의 재갈, 배의 키, 숲의 나무와 같이 동일한 예들을 파괴적이고 부정적인 전망에서 사용한다. 예컨대, 야고보는 전통적인 '배와 선장'에 대한 스토아 철학의 잠언을 다소 바꾸어 사용하는데, 큰 배를 움직이는 것은 선장이 아니고 또한 스토아 철학에서처럼 '이성'이 아니라 바로 '혀'라고 한다.

이성으로 모든 것을 통제할 수 있는 것이 아니라 도리어 그 작은 혀로 하는 말들을 통해 자신과 온 세상을 지옥 불로 태워버린다는 식의 매우 비관적인 전망을 제시하는 셈이다. 야고보는 이런 면에서 Philo의 경우보다 더 비관적으로 보이는데,[240] 그것은 야고보가 7-9절에서 본격적으로 창세기의 창조뿐 아니라, 타락의 사건을 암시하면서 창조 세계 안에서 원래 인간이 누려야 했던 마땅한 권한이 어떻게 망가지게 되었는지를 설명함으로써 더욱 구체적으로 드러난다.

사실 창조와 타락 사건에 대한 야고보의 암시는 이미 6절의 '불의의 세계'(ὁ Κόσμος τῆς ἀδικίας)라는 표현에서부터 시작한다. 여기서 '세계'(코스모스)라는 말은 야고보서에서 사용되는 다른 4회 모두의 경우들처럼(1:27; 2:5; 4:4[x2]) 하나님을 떠나 하나님을 대적하는 체제의 '총합'(sum total)의 의미로,[241] 완연하게 부정적인 용법으로 쓰였다.[242] 또한 6절의 '생의 바퀴'(τὸν τροχὸν τῆς γενέσεως) 역

239　Dibelius, *James*, 204.
240　Dibelius, *James*, 201, 만물과 인간의 제어, 복종 관계를 하나님의 창조에 기초시키는 것은 헬라적 유대주의의 특징이었고, 이성의 통제를 강조한 스토아 철학과 소통하려 했던 Philo로도 이에 속한다.
241　Loh and Hatton, *James*, 109.
242　Dibelius, *James*, 194, '불의의 세계'라는 표현은 유대주의나 초기 기독교 모두에서 '악한 세계'라는 의미이다: "그들은 이 불의의 세계를 미워하고 경멸하였다"(*1 En.* 48.7); "온 세상은 그 악한 자의 권능 아래에 있다"(Jerome, *Contra Pelag.* 2.15; 참조. 약 5:19).

시 '인생의 전 순환 과정' 혹은 '피조 세계에서의 존재의 전 과정'의 의미로 창조 세계를 떠올리게 하는데,[243] 7절의 '여러 종류(φύσις)의 짐승들' 곧 새, 벌레, 그리고 바다 생물들, 그다음에 언급되는 사람의 구분(區分)은 더더욱 그러하다(창 1:26; 9:2).[244]

그리고 7b절과 8a절에 3회나 반복해서 나오는 '길들이다' 혹은 '복종시키다, 다스리다'(δαμάζω)라는 표현은 창조 질서뿐 아니라 창조 시에 사람에게 주어진 만물을 다스리는 권세를 염두에 둔 것이고(창 1:28; 시 8:6-8),[245] 마지막으로 9절의 '하나님의 형상대로 지음 받은 사람'(창 1:27)이라는 표현은 창조 기사가 사용되고 있음을 명백히 해 준다.

하지만 이렇게 창조 세계나 창조 질서에 대한 풍성한 색채들을 동원하지만, 결국 야고보는 소멸되어가며 혼돈(chaos)에 휘말리는 창조 질서의 비극적이고 비관적인 그림을 그려낸다. 6절의 묘사를 따르면, 이제 단순히 '온 몸'(2절)이 아니라,[246] 마치 큰 숲과도 같은(5절) 이 '생의 바퀴' 곧 '피조 세계의 전 존재의 과정'이 '불의의 세계'인 혀가 옮겨 붙여 놓은 '지옥 불'에 훨훨 타고 있는 듯한 광경을 보게 된다. 온갖 종류의 짐승들을 길들일 수 있는 사람이, 정작 자기 자신의 혀 곧 말의 잘못된 사용을 통해, 죽이는 독으로 이웃을 죽이고 그 지옥 불을 삶과 교회, 그리고 온 세상에 옮겨 붙게 만든다(7-8절). 그는 통제하고 다스려야 할 바로 그 '혀/말'을 통제할 능력이 없어서, 말을 일관되게 사용하지 못하고 이중적으로, 곧 분리해서 사용함으로써, 결국 하나님과 이웃을 바로 섬기는 일에 실패한다(9-10절).

그것은 한 샘에서 단 물과 쓴 물(참조. 출 15:23-25; 왕하 2:19-22; 겔 47:7-11)이 나오는 것과 같은, 무화과나무가 감람나무 열매를, 포도나무가 무화과를 맺는 것과 같은 창조 질서의 파괴, 영적 질서의 파괴, 하나님의 세계와 그의 통치의

---

243 Loh and Hatton, *James*, 111.
244 Wall, *Community of the Wise*, 172.
245 Michael J. Townsend, *The Epistle of James* (London: Epworth, 1994), 62; Edmond E. Hibert, *The Epistle of James: Tests of a Living Faith* (Chicago: Moody, 1979), 220.
246 Wall, *Community of the Wise*, 164, 온몸을 곧 '온 교회'로 보고, '혀'는 교사들의 말로 이해한다.

교란과 혼동을 야기(惹起)시키는 것이다(11-12절).[247] 이 모든 것은 인간이 다스려야 할 바로 그것을 다스리지 못했기 때문인데, 그것이 바로 혀이다. '말'이다. 이것이 야고보의 분석이다.

여기서 생각해 보자. 창조 때에 하나님께서 다스리라고 명하셨던 것은 '바다의 고기와 공중의 새와 땅에 움직이는 모든 생물'이 아니었던가?(창 1:26-28) 그러나 지금 야고보는 이런 것들을 길들일 줄 아는 인간이 정작 길들이고 다스리지 못한 것이 있는데 그것이 '혀'이고 '말'이라고 보는 것이다. 무엇 때문에, 그리고 어떻게 야고보는 이런 결론에 도달했을까? 혹시, 야고보가 염두에 두고 있는 사건은, 아담이 하나님의 '말씀'을 듣지 않고, 마귀의 유혹하는 '말'을 들어 결국 자기의 품은 소욕 곧 그의 정욕대로 행하여, 후에는 하나님 앞에서 자신의 첫 번째 이웃이었던 아내 하와를 '비방'하게 되었던 바로 그 일련의 타락의 사건들(창 3:1-12)은 아닐까?

만일 이런 추측이 맞는다면, 첫 사람 아담의 가장 큰 실패는 '말'에 관한 실패라고 보는 셈이다.[248] 잘못 들었고, 잘못 말한 것이다. 곧 듣기는 오히려 '더디했고' 말하기는 오히려 '속히 한' 것이다(참조. 1:19). 결국 야고보에게 있어 타락의 결과로 가장 치명적으로 망가진 부분은 '말'의 영역인 셈이다. 말의 타락, 그것이다. 그 때문에 타락의 핵심적인 원인에 따라 구원과 회복의 방식이 결정된다. 결국 야고보서에서 구원은 그 사람에게 '말씀'의 회복이 일어나는 것이며(1:18, 21), 성화는 그 결과로 '듣고 말하는' 영역에서의 온전함(1:19; 2:16; 3:2)일 수밖에 없다.

---

247 Wall, *Community of the Wise*, 177-179, 야고보가 자연 세계나 영적 세계에 '원인과 결과'를 통해 일관성이 유지됨을 주장한다고 한다. 하지만 야고보는 여기서 자연세계의 일관성을 영적 세계에만 적용하고 있는 것이 아니라, 창조 세계 안에서의 일관성이 사람에게 있어서는 수직(하나님에 대한 말)과 수평(이웃에게 하는 말) 사이의 '교차적' 일관성으로 나타나야 한다고 말하는 셈이다; 참조. Dale C. Allison, Jr., "Blessing and Cursing People: James 3:9-10", *JBL* 130/2 (2011): 397-405, 1세기 후반경 유대인들이 하나님을 송축하는 내용과 함께, 그리스도인들에 대한 강력한 저주를 포함했던 18개의 기도문(Birhat ha-minim)과의 연관성을 제시한다.

248 Baker, *Personal Speech-Ethics*, 105-136, 말의 악함에 대해 설명하면서 구약 배경을 살피지만, 창세기에 나오는 아담의 불순종 사건을 언급하지는 않는다.

4.2 위로부터 오는 지혜(3:13-18; 4:1-5:6)

야고보에게 타락의 핵심이 사람이 '하나님의 말씀'을 갖지 못하고 마귀의 '말'에 속아 '어리석게' 된 것이라면, 첫 사람이 실패 후, 생명나무에도 접근하지 못하게 된 사건(창 3:22-24; 참조. 약 1:12, 생명의 면류관)이나 땅이 저주를 받아 세상을 제대로 다스릴 수 없게 된 사건(창 3:17-19)도 야고보서의 내용과 어떤 상응점이 있을 법하다. 흥미롭게도 실제로 야고보는 '말과 타락'의 문제를 다룬 3:1-12에 바로 뒤이어, 13-18절에서부터 '위로부터 난 지혜'(ἡ σοφία ἄνωθεν, 17절)와 '세상적이요 정욕적이요 마귀적인' 생각(15절)을 서로 극명하게 대비시키고 그 본질적인 차이를 설명하기 시작한다.

여기서 3:15는 흥미로운 대조를 제시한다. '위로부터'(ἄνωθεν) 내려온 지혜와 '세상적'(ἐπίγειος, 개역한글; 땅 위의, 개역개정)이 대조되어 있다. 2장에서 야고보가 차별과 긍휼, 믿음과 행함을 논할 때 그 배경은 수신자들의 공동체였다. 하지만 3장에 들어오면 그 배경이 피조 세계 전체로 확대되는 듯한 인상을 받는다. 혀가 '불의의 세계'(ὁ Κόσμος τῆς ἀδικίας)라는 표현도 그렇지만 γένεσις(삶, 피조 세계)나 γεέννης(지옥) 같은 용어들도 창세기 1-3장에 기록된 '피조 된 세계'(the creation)를 떠올리게 하기에 충분하다. 배경에 관한 이런 전환은 15절에서 '위로부터'라는 영역과 '땅 위의'라는 영역이 수직적이고 극단적으로 대조되면서, 야고보가 전개하는 논리의 배경을 확대시킨다.

그래서 4장에서는 이제 세상과 하나님, 교회와 마귀, 현재와 종말 등의 배경이 드넓게 펼쳐진다. 여기서 야고보는 수신자들에게 '세상과 벗된'(4:4-5) 것, 마귀를 대적하고 두 마음을 품는 것(7-8절)에 대해 경고하고, 세상에 빠져 천년만년 자신의 뜻대로 장사하고 돈 버는 일에 몰두할 수 있을 것처럼 여기는 크리스천 사업가들(13-17절)에게도 경고한다. 또한 5장에 들어와서는 임박한 종말에도 불구하고, 소작농들에게 돌아가야 할 품삯을 착취하며 부를 쌓고 사치와 방탕에 빠져 있는 지주(地主)들에 대해 극렬한 경고를 쏟아 놓는다(5:1-6).[249] 요약하면,

---

249 정황으로 보아 4:13-17의 사업가들은 그리스도인 '형제들'(11, 15절)로 보이고(참조. 1:9-10), 5:1-6의 부한

3:1-12까지는 창조와 타락, 그리고 혀의 문제를 집중적으로 논한 후에, 야고보는 3:13부터 시작해서 5:1-6까지는 결국 '지혜와 세상'의 문제를 다루는 것이다.

그렇다면 왜 '말씀'과 세상 혹은 '말'과 세상이 아니고 굳이 '지혜'(σοφία)와 세상인가? 3:13-18에서 다루는 '지혜'가, 그 뒤 4:1부터 5:6까지의 내용, 세상을 사랑하여 교만해지고, 형제를 판단하고, 하나님을 잊고 부에 취하며, 불의와 허탄한 사치에 빠지는 문제와 어떤 관련이 있다는 말인가? 확실히 야고보서 3:13-18의 배경이 되는 구약의 지혜는, 매우 실제적이며 세상에서 어떻게 행할 것과 깊이 관련되어 있다. 하나님의 영께서 성막을 만드는 실제적인 지식 곧 지혜를 주셨다(출 31:3). 무엇보다 창조주 하나님이 이 피조 세계를 그의 '지혜'로 지으셨다(잠 8:22-31). 중간기에 지혜는 종종 하나님과 이웃, 세상에서 어떻게 행해야 할지를 세세히 가르치는 율법(Torah)과 동일시되기도 했다(신 4:6; *Sir.* 24.23; *Bar.* 3.29-4.1; *4 Macc.* 1.16-17).[250]

온 피조 세계를 그의 지혜로 만드시며 운행하시는 창조주 하나님은 이 세상에서 성도가 어떻게 행해야 하는지 지혜를 주시는 분이시다. 그래서 참된 지혜는 항상 하나님께로부터 오고, 그를 경외하는 경건과 깊은 관련이 있다(잠 1:7). 이런 점에서 지혜는 '하나님의 영'과 짝을 이루어 나타나며 동일시되기도 한다(창 41:38-39; 출 31:3-4; 신 34:9; 사 11:2; 욥 32:7-10). 또한 중간기에는 '하나님의 영'의 역할을 대신하는 대표적인 중재자로 생각되기도 했다(*Wis.* 1.5-7; 7.22; 8.1; *Sir.* 24.3-5). 신약에서도 지혜롭다는 주장은 곧바로 하나님의 지혜를 가졌다는 것이고 이는 하나님의 영으로 충만하다는 말과 거의 동의어에 가깝다(눅 2:40; 행 6:3, 10; 고전 1-3; 12:8; 엡 1:17; 골 1:9).

그렇다면 야고보는 왜 지혜에 대해서 그렇게 자주 언급하면서도 성령에 대해서는 거의 언급하지 않는 것인가? 야고보서 4:5의 "하나님이 우리 속에 거하게 하신 성령(πνεῦμα)이 시기하기까지 사모한다"(개역개정/개역한글)는 성령을 언급한 가능성이 있는 유일한 구절이지만, 여기서도 πνεῦμα마저 읽기에 따라서

지주들은 반드시 신자들인 것 같지는 않다(참조. 2:6-7). 참조. Laws, *James*, 63-64; Dibelius, *James*, 87.
250 Davids, *James*, 51-56. 또한 지혜, 율법, 그리고 성령 중 어느 하나가 강조되는 곳에서는 다른 '중재자'들도 축소되며 그 기능들은 강조되는 하나의 중재자에 포섭되는 경향을 보인다.

사람 속에 거하는 '영'으로 해석될 수 있다는 점을 생각하면,[251] 야고보서에서는 성령의 역할을 모두 지혜가 대신하고 있다고 해도 과언이 아니다.

우선 성령처럼 지혜도 하나님께로부터 주어지는 선물이며(약 1:5, 16-18), 3:13-18에 열거된 '위로부터 난 지혜'는 갈라디아서 5:22-23의 성령의 열매들에 방불한 여러 가지 '덕'(virtue)들을 동반한다. 하지만 야고보서의 지혜의 목록에는 있지만, 갈라디아서의 성령의 열매들에서 빠져 있는 것 중에 대표적인 것이 '성결'(ἁγνή)이다. 이 성결은 성령의 열매의 대표적 특징인 '사랑'과는 대조적으로, '위로부터 내려온 지혜'의 특징들 가운데 가장 우선되는(πρῶτον) 특징으로 제시된다.

만일 야고보가 3:17에서 지혜의 특징으로 먼저 '성결'을 든 이유가, 1:27에서 정결하고 더러움이 없는 경건을 자기를 지켜 '세속'에 물들지 않는 것'이나 4:1-10에서 '세상'과 벗하여 간음하는 자들(4절), 곧 '두 마음을 품은 자들'에게 '마음을 성결하게 하라'(ἁγνίσατε, 8절)고 한 이유와 같은 맥락이라면, 성결을 그 우선되는 특징으로 하는 야고보서의 '지혜'는 특별히 '세상'과의 관계에서 신자가 반드시 가져야 하는 것으로 이해될 수 있다. 하지만 야고보서 3장에서 열거되는 지혜의 특징들을 살펴보면 역시 '긍휼'이 가장 중심에 있음을 알게 된다. 이를 도표로 나타내면 아래와 같을 것이다.[252]

A. 순전함(ἁγνός)	B. 긍휼(ἔλεος)
a.1 화평(εἰρηνικός)	b.1 선한[열매](ἀγαθός)
a.2 관용(ἐπιεικής)	b.2 차별함이 없음(ἀδιάκριτος)
a.3 양순(εὐπειθής)	b.3 위선이 없음(ἀνυπόκριτος)

도표를 보면 명확히 드러나지만, 위로부터 내려오는 지혜의 여덟 가지 특징

---

251 5절의 τὸ πνεῦμα는 '사람의 영'이나 '성령'이 될 수도, 또한 주격이나 목적격이 될 수도 있다. 공동번역(우리에게 심어 주신 영혼을)이나 새번역(우리 안에 살게 하신 그 영을)이 그런 경우이다.
252 Wall, *Community of the Wise*, 188를 참조하라; 또한 채영삼, 『지붕 없는 교회』, 259-260.

들은 두 부류로 나뉜다. 첫 번째 A그룹에 속하는 4개의 특징들은 ἀγνός 뒤에 열거된다. 흥미롭게도 ἀγνός는 헬라어 알파벳으로 볼 때 알파(α)로 시작하는 단어이지만, 그 뒤를 잇는 화평, 관용, 양순은 모두 헬라어 알파벳 엡실론(ϵ)으로 시작하는 단어들이다. 이와 대조적으로 B그룹에 속하는 4개의 특징들은 우선 ἔλεος를 선두로 나열되는데, ἔλεος는 엡실론(ϵ)으로 시작하는 단어이다. 하지만 그 뒤를 이어 나오는 3개의 다른 특징들, 선한 열매, 차별함이 없음, 위선적이지 않음이라는 단어들은 모두 헬라어 알파(α)로 시작한다. 이런 배열상의 특징들에는 어떤 의미가 내포되어 있을까?

우선 앞서 설명한 대로 A그룹의 특징들뿐 아니라 B그룹의 특징들까지 모두를 포함해서 가장 우선되는 특징은 ἀγνός 즉, 순전함, 순결임을 알 수 있다. 위로부터 내려오는 지혜의 가장 우선되는 특징은 무엇보다 순결, 순전함이다. 그리고 그다음에 주목해야 할 특징은 여덟 가지 특징들 중심부에 놓여 있는 긍휼 곧 ἔλεος이다. 이 ἔλεος는 엡실론(ϵ)으로 시작하는 단어라는 점에서 3개의 특징들 곧 화평(εἰρηνικός, a.1), 관용(ἐπιεικής, a.2), 양순(εὐπειθής, a.3)과도 연결되지만, 다른 한편으로는 그 이후에 알파(α)로 시작하는 선한 열매(καρπῶν ἀγαθῶν, b.1), 차별함이 없음(ἀδιάκριτος, b.2), 그리고 '위선되지 않음'(ἀνυπόκριτος, b.3)의 세 가지 다른 특징들 앞에 언급되어 이 특징들을 이끌고 있다는 인상을 준다.

그러므로 A그룹과 B그룹의 특징들 모두 표현상으로는 이 '긍휼'과 깊이 연관되어 있고, 이는 실제적으로 야고보가 이러한 배열로써 의미하고자 하는 바이기도 할 것이다. 즉 긍휼은 위로부터 오는 지혜의 중심적인 특징, 곧 핵심적인 특징이라는 뜻이다. 다시 말해서, 위로부터 오는 지혜의 가장 우선되는 특징은 순결함, 순전함이고 그 순전함 안에 가장 두드러지게 들어 있는 특징은 긍휼인 셈이다. 그러므로 순전함과 긍휼, 이것이 위로부터 오는 지혜의 가장 본질적인 특징이라고 할 수 있다. 야고보는 이미 1장 후반부에서 순결함과 순전함을 잃은 교회의 '두 마음'에 대해서 지적했다(1:8, 18-21). 그리고 그렇게 시험에 들어 마음이 나뉜 자에게 가장 절실한 것은 지혜라고 조언했다(1:6). 그 후에 야고보는 한 걸음 더 나아가, 참된 경건의 결정적인 요소로 긍휼을 언급한다(1:27).

그리고 여기서 더 나아가, '긍휼'이야말로 예수께서 구약의 율법을 요약하신 핵심이며(2:8; 레 19:18) 그가 성취하신 '자유의 율법'(2:12; 참고. 1:25)의 근본적인 원리로서 신자들이 바로 이 기준으로 살아야 하고 바로 이 기준으로 심판받을 것임을 역설한다(2:12-13). 또한 이 '긍휼'은 믿음으로만이 아니라 행함으로 그 믿음을 보여 주어야 하는 영역 중에 가장 두드러진 영역으로 제시된다(2:14-26). 이처럼 야고보는 1장과 2장에 걸쳐 이미 지혜의 두 가지 핵심적인 특징 곧 순결함과 긍휼에 대해 광범위하게 설명한 셈이다.

그렇다면 이제 '위로부터 내려오는 지혜'의 나머지 여섯 가지 특징들은 모두 이 두 가지 대표적인 특징들에 수반되는 특징들로 간주될 수 있을 것이다. 이런 분석은 곧 '위로부터 오는 지혜'의 첫 번째 특징은 성결이지만, 그 중심적인 특징은 역시 긍휼임을 암시한다. 그렇다면 야고보가 말하는 이 지혜란 사실 긍휼을 그 중심적인 계명으로 삼는 '그 나라의 법'(2:8; 레 19:18)이나 긍휼을 행할 것을 강조하는 '자유의 [온전한] 율법'(2:12-13; 참조. 1:25, 또한 2:16)과 본질적으로 일맥상통하는 것이 아닌가. 다만 지혜는 그리스도께서 성취하시고 새롭게 명하신 이 '자유의 온전한 율법'과는 달리 '기도함'으로 하나님께로부터 늘 새롭게 주어지는 능력에 가까운 것이며(1:5, 16-17), 율법보다는 더욱 적극적으로 '세상'과 관계되는 지침들을 제시한다는 점에서 다소 다른 것이다.

그래서 야고보는 3:13-18에서 '위로부터 오는 지혜'를 제시한 후에, 바로 이 것을 결핍했을 때 어떻게 헛되게 세상을 사랑하는 일에 빠지게 되는지(4:1-10) 교만해져서 형제를 정죄하고(4:11-12) 하나님의 주권을 생각지 않고 탐욕에 빠진 채 불의를 행하게 되는지를 설명하고자 한다(4:13-5:6). 그런즉 야고보의 판단에 의하면, 신자들이 세상의 유혹, 특히 부(富)를 쌓는 것에 대한 유혹을 받아 그 마음에 이미 탐욕을 일으키고 시기심에 붙잡혀 드디어 다툼을 일삼게 되는 경우(4:1-2), 그들이 아무리 스스로를 '지혜와 총명이 있는 자'들로 자랑하며(3:13-14; 참조. 1:10) 그들의 혀로 어떤 말을 하며 무엇을 가르치든지 상관없이(3:1-2, 9), 그들의 말은 결단코 '위로부터 오는 지혜'에서 나오는 것일 수 없다는 것이다. 야고보에 의하면 그것은 도리어 '세상적이요 정욕적이요 마귀적인' 생각 곧 이미 '나뉜 마음'(1:8)에서 나온다.

그래서 1:6-8에서 이미 시험받고 인내하기 어려워하는 '의심하는'(1:6,

διακρινόμενος, 혹은, '스스로 정죄되는') 곧 '나뉜 마음'(δίψυχος)은 가장 근본적인 문제의 본질이고, 4장에 이르면 이는 하나님을 믿는다고 하면서도 실은 세상에 온통 마음을 빼앗긴 '간음하는 자들'(4:4) 곧 '나뉜 마음'(δίψυχοι, 8절)이 교회의 진정한 위기임이 드러난다. 이들 가운데 부한 자들은 아마도 믿음이 있다고 하면서도 세상의 사업에 빠져 오직 돈 버는 일에만 몰두하는 부요한 사업가들이었을 것이며(4:13-17), 한편 가난한 성도들은 자신들이 받은 '믿음의 부요함'을 모두 잊고(1:9; 2:5) 그 부자들을 동경하며 그들을 존대하여 도리어 자기들처럼 가난한 형제들을 차별하여 멸시하고(2:2-4), 이렇게 나뉜 마음으로 욕심을 내고 시기하고 말로 정죄하고 다투며(4:1-6; 3:9), 때로는 법정으로까지 끌고 가고 끌려가는(2:6; 참조. 2:1-4) 추한 모습을 보이게 되었을 것이다.[253]

야고보는 이 문제를 어떻게 푸는가? 많은 학자들이 공감할 것이지만, 야고보서가 부한 것을 일방적으로 정죄하고 가난한 자들을 일방적으로 편드는 것이 아니다. 야고보서를 면밀히 살펴보면, 부한 형제나 가난한 형제나 모두 세상을 하나님보다 더 사랑하는 데에서 문제점을 찾는다는 사실을 알 수 있다. '두 마음, 나뉜 마음'이 문제인 것이다.[254] 곧 부한 형제들은 세상을 하나님보다 더 사랑하여 하나님도 형제도 공의도 모두 잊고 그 탐욕에 빠져드는 어리석음에 빠졌다.

중요한 점은, 야고보에 의하면, 이렇게 세상에 빠져 '두 마음'이 된 신자들이 그들의 입으로 무슨 신앙을 고백하든지, 말로 무슨 공덕을 베풀겠다 하고, 또 어떤 '지혜와 현명함'을 자랑하든지, 그들의 행함에 주목하라는 것이다. 곧 그들이 형제를 비방하고 정죄하며, 시기하고 다투며, 궁핍한 형제들을 실제로 돕지 않으며, 재판으로 끌려 가며 끌고 가고, 요란과 온갖 악한 일들을 일삼는 것으

---

253 R. B. Ward, "Partiality in the Assembly: James 2:2-4", *HTR* 62 (1969): 87-89, 랍비들의 전통에서 재판에 관련된 용어나 정황을 살펴볼 때 2:1-4는 재판정의 광경이라 보았다. Penner, *James and Eschatology*, 269-272, 역시 2:6-7, 8-13의 문맥이 이를 지지한다고 본다.
254 Bauckham, *James*, 198, 궁극적으로 야고보서에서 비판하는 것은 부나 계급이 아니라, 그가 '세상'이라고 부르는 '가치 체계'(value system)라고 말한다; 또한 Wall, *Community of the Wise*, 215, 야고보서가 염두에 두고 있는 독자들(implied audience)은 '가난하지만 부자가 되고 싶어 하는(poor-but-wanna-be-rich) 그리스도인들'이라고 말하면서 오늘날 '아메리칸 드림'을 꿈꾸는 그리스도인들을 겨냥한다.

로 보아서, 그들의 '말'이나 그들의 '지혜'는 결단코 '위로부터 오는' 것일 수 없음을 확증하라는 것이다.

4.3 요약과 결어

야고보는 1-2장에서 주로, 세속적 부를 동경하고 이에 유혹받고 휩쓸려 시험에 들고 또 공동체 안에서 차별을 행함으로 도리어 하나님의 택하심과 약속을 무효화하는, 그래서 '그 아름다운 이름'을 모독하는 세속적 부자들과 보조를 맞추는 교회를 질타했다. 그리고 이를 극복하는 해법으로 '심긴 말씀'(1:21)을 제시했다. 그 말씀은 예수께서 성취하시고 가르치신 긍휼의 율법이다. 이렇게 해법은 '말씀'에 있다. 또한 야고보는 3장에서 더 깊게 나아간다. 세상이 불의한 곳으로, 지옥 불이 타오르는 혼돈의 세계로, 하나님의 창조 질서가 뒤틀린 세계로 타락한 데에는, 혀 곧 인간의 말이 결정적인 역할을 했다는 타락관 혹은 말의 세계관을 펼친다. 이는 야고보가 갖고 있는 '말과 말씀의 세계관'의 단서를 보여 준다. 세상은 '말'로 타락했고, '말씀'으로 구속된다. 율법이나 지혜는 그 '말씀'의 다른 표현들인 셈이다.[255]

3장에서 야고보가 보여 주는 세상은 그러므로 매우 부정적이고 비관적(pessimistic)이다. 인간은 결코 '혀'를, 말을 제어할 수 없다. '말'처럼 인간의 타락상을 극명하게 보여 주는 예도 없다. 행함이 없는 믿음의 빈말, 두 마음에서 나오는 시기와 비방하는 말, 하나님에 관해서 하는 종교적인 말과 이웃과의 관계 속에서 하는 말이 서로 일치하지 않는 이런 말들은, 하나님의 세상과 그의 통치를 파괴하며 삶과 세상에 지옥 불을 옮겨 붙이는 매체이다.

그래서 야고보에게 있어 구원이 '말씀'을 통해서, 성화는 주로 '말'과 행실을 통해서 오는 것은 그리 놀랄 일이 아니다. 그가 이해한 인간의 타락이 말의

---

255 Timothy B. Cargal, *Restoring the Diaspora: Discursive Structure and Purpose in the Epistle of James* (SBL Dissertation Series 144, Atlan: Scholars Press, 1993), 80, 야고보서에서 말하는 지혜는, 심긴 말씀과 같은 것이고(1:21), 구하면 꾸짖지 않고 주시는(1:5), 하나님께로부터 오는 온전하고 풍성한 선물(1:17)이라는 것이다. 그리고 이 점이 지혜를 하나님의 견책을 통해 안내하며 얻게 되는 어떤 결과로 보는 구약의 지혜 전통과 현격히 다른 점이라고 생각한다.

문제를 그 특징으로 한다는 사실과 사상적 일관성을 갖기 때문이다. 세상이 원래 그렇다 하더라도, 그 마음에 영원한 하나님의 말씀이 심긴 성도들의 말은 같을 수 없다. 구원할 능력이 말씀에 있는 것처럼, 신앙 고백의 말은 그에 따르는 행실로 살아 있음을 증명한다. 행위가 곧 말의 의미(意味)이다. 야고보는 행실이 따르지 않는 말이 의미가 없는 것처럼, 단지 말뿐인 신앙 고백으로는 실제적인 구원에 이르지 못한다고 가르친다. 그것은 처음부터 죽은 씨앗이다. 처음부터 영원한 하나님의 말씀이 심긴 것이 아니라, 단지 자기 확신이 심긴 것이다. 그래서 행위가 없는 믿음은 죽은 것이며, 처음부터 구원할 믿음이 아니었음을 증명할 뿐이다.

또한 하나님과의 관계에서 '말씀'이 중요하고 공동체 안에서 '말'이 중요한 것처럼, 세상에 대하여는 '지혜'가 중요하다. 야고보서에서 지혜는 '마음에 심긴 말씀'과 '자유한 온전한 율법'처럼 종말의 온전한 열매로 나아가는 데 결정적인 역할을 한다. 야고보서에서 지혜는 그래서 성령의 역할을 대신하는데, 그것은 '위로부터 내려오는' 지혜가 특별히 '세상과의 관계에서' 드러나는 하나님의 뜻이요 또한 '종말'의 지혜가 된다. 4장부터 펼쳐지는 배경은 세상과 종말이며, 야고보는 '무엇을 사랑할 것인가'라는 질문을 던지고, 세상과 하나님 사이에 선 교회를 향해 '지혜'를 가질 것을 요청한다.

5. 하나님과 세상(Κόσμος) 사이에 선 교회 – 종말의 지혜

야고보서 4:1-10이 서신의 중심에 해당한다고 보는 학자들이 많다.[256] 사실 여기서 수신자들의 정체가 폭로된다. 그들은 결국 세상과 짝하여 '간음하는 자들'이다(4:4). 세속의 부와 자랑을 앞세워 수신자들을 유혹하고 시험으로 끌어들였던 배후의 미혹하는 자, 마귀도 빛 가운데 폭로되어 버린다(7절). 신자들이 정작 맞서 싸워야 하는 대상은 하나님도 그들 자신도 세상도 아닌, 이 마귀이다. 그들은 하나님께 순복함으로 이 싸움에서 승리할 수 있다. 야고보는 여기서, 하나님이 어떤 분이신지 가장 명확하고 선명하게 밝혀준다(5-6절). 이렇게 4장에 들어서, 야고보는 마치, 그동안 무대에 하나씩 올렸던 등장인물들을 한꺼번에 다 올라오게 하는 인상을 주는 것이다.

이와 마찬가지로 야고보서에서 사용된 Κόσμος라는 용어도, 1장부터 서서히 점진적인 성격을 드러낸다고 볼 수 있다. 그렇다면, 4:4의 '세상의 벗'(ἡ φιλία τοῦ κόσμου)이라는 표현에서 그 절정에 이른다고 할 수 있다. 앞의 예들, 즉 1:26에서 세상에 오염되지 않는 경건을 말할 때(τηρεῖν ἀπὸ τοῦ κόσμου), 2:5에서 하나님께서 세상에서 가난한 자들을 택하사 믿음에 부요하게 하셨다고 할 때(τοὺς πτωχοὺς τῷ κόσμῳ), 그리고 3:6에서 말에 관하여 '불의의 세계'(ὁ Κόσμος τῆς ἀδικίας)라고 할 때보다 훨씬 더 직접적이다. 4:4에서 세상은 이제 수신자들인 교회의 명백한 사랑의 대상이다. 1장에서 세상의 부에 유혹을 받아 시험에 들지 말 것을 경고한 것이나(1:2-4, 9-11, 13-15), 2장에서 공동체 내에서 차별과 서로 판단하여 나뉘는 정황(2:1-7), 그리고 말뿐인 믿음(2:14-26)과 그 뒤틀린 말의 불의한 세계(3:1-12)를 다룰 때보다 훨씬 더 노골적이고 심각하다.

사실 '세상'은 2장에서 야고보가 수신자들의 공동체의 정황을 배경으로 차별과 긍휼, 믿음과 행함을 설명한 후에, 3:1-12에서 '말'의 문제에 집중하면서

---

256 대표적으로, Johnson, *James*, 14, '세상과 벗하는 것'과 '하나님과 벗하는 것'(4장) 이 두 가지 양극단 사이에 놓인 갈등이 야고보서 강화의 전체의 중심 주제라 본다; 또한 "James 3:12-4:10 and the Topos PERI PHTHONOU", *NovT* 25 (1985): 327-347을 보라; 또한 Roads, "The Letter of James: Friend of God", 야고보서는 '하나님의 친구'와 '세상의 친구' 되는 두 가지의 길을 대조하고, 진리의 말씀(1:18, 21; 5:19)에 따른 이해와 순종을 해법으로 제시한다고 본다; 그리고 임진수, "야고보의 경제윤리", 96-121.

부터 더욱 폭넓은 배경으로 등장하는데, 혀가 '불의 세계'라든지, γένεσις나 γεέννης 같은 용어들은 타락하여 지옥 불에 타고 있는 듯한 피조 세계를 떠올리게 하기에 충분하다(3:6). 그리고 이 '피조 세계'는 13-18절에 이르면, '위로부터'의 세상 곧 '하나님'의 세계와 대조되어, '땅의'(ἐπίγειος) 세계이며 더 나아가 '마귀적'(δαιμονιώδης)인 세계이다(15절).

그런데 4:4에 오면, 수신자들은 이런 '세상과 짝하여 사랑'하고 있다. 이것이 수신자들의 실제 상황이든 단지 수사학적인 표현이든, 야고보가 다루는 상황의 심각성은 이전의 상태들보다 더 극단적이다. 이와 같은 점에서 4장의 '세상과 짝하는 문제'(특히 4:1-5)는 야고보서 전체를 아우르는 중심 주제로 여겨질 만도 하다. 또한 이에 상응하는 야고보의 해법 역시 절정에 이른다(4:4-10). 이제 종말의 심판을 언급한다(4:13-5:6). 끝을 보여 주려는 것이다. 야고보는 '끝에서부터 오는 종말'과 '위로부터 오는 지혜'에 기초해서 수신자들의 결단과 선택을 요구한다. 최종적으로 다시 공동체에게 관심을 돌리며, 인내와 말의 바른 사용과 진리의 길로 돌아서는 회복을 권면한다(5:7-20).

5.1 '세상과 짝'하는 나쁜 마음과 낮춤의 지혜

앞서 언급했듯이, '세상과 벗된 것'(ἡ φιλία τοῦ κόσμου, 4:4)은 야고보서에서 Κόσμος라는 용어를 사용한 경우들 가운데 가장 직접적이고 노골적이다. 이제 야고보는 수신자들과 세상과의 관계에 대해 에둘러 말하지 않는다. 그들은 '세상과 짝 된' 것이며 말하자면 '세상과 한패'가 된 것이다. 고대에 '친구'(φιλία)라는 개념은 오늘날 서구식의 개인주의적이고 비정치적인 친밀한 인간관계를 말하지 않는다. 사회적, 문화적 배타성(exclusivity)과 집단적 연대성의 상징적인 표현이었다.[257]

특히 고대 헬라 문화권에서 φιλία는 상당히 자주 거론되고 토의되던 중요한 개념이었다. Epicurus는 인간에게 허락된 최고의 덕들 가운데 가장 큰 행복

---

257 Blomberg & Kamell, *James*, 189-190.

은 '우정'을 통해서 온다고 할 정도였고(*Sovereign Maxims*, 27), 피타고라스학파 (Pythagoreans)에게 φιλία는 그것에 근거해서 삶을 구축할 수 있는 토대로 이해되었으며(Diogenes Laertius 8.10; Iamblichus, VP 5.26-27, 18.81), 또한 Platon이나 Aristotle과 같은 철학자들에게 있어 φιλία는, 도시국가 운영의 중요한 체계로서 정치적으로도 중요한 개념이었다.[258]

실제로 같은 군주제(君主制)라도, 대부분의 헬라의 왕들은 이집트의 왕들과는 달리 제한적이지만 그들과 함께 권력을 나누고 자문을 구하며 정치를 하는 집단을 두었는데, 그들이 바로 왕의 '친구들'(φίλοι)로 불렸다.[259] 그만큼, 당시에 '친구'라는 개념은 사회적, 문화적, 정치적인 의미까지 포함하는 중요한 관계를 가리켰다. 이런 점에서, 4절에서 '친구'라는 개념이 '원수'(ἔχθρα)와 대척 관계에 놓이는 것은 이해할만한 표현이다. 야고보가 '간음하는 자여'(μοιχαλίδες)라고 한 것도 이와 같은 맥락이다(4절).[260] 이 표현은 '거룩한 결혼'의 개념으로 하나님과 그의 언약 백성 사이의 관계를 비유적으로 나타낸다. 호세아가 하나님과 이스라엘 사이의 관계를 이렇게 표현한 후부터, 선지자들 사이에 이런 표현이 끊이질 않았다(사 57:3, '간음자와 음녀의 자식들'; 마 12:39, 16:4 '음란한 세대'; 참조. 하나님의 신부로서 이스라엘, 사 62:5; 겔 16:32; 23:45).[261] 결정적인 순간, 선택을 해야 할 때 둘 중 하나를 택할 수밖에 없는 경우이다.[262]

그렇다면 수신자들은 어떻게 해서 이 지경에까지 이르렀는가? 그것은 야고보가 서신의 초두부터 염두에 두고 언급했던, 세속적인 부를 '정욕에 따라 얻고자' 하는 문제 때문이다(1:8, 15; 2:2-3; 4:1-3; 참조. 4:13-5:6). 무엇을 갈망하는 인

---

258 Johnson, *Brother of Jesus*, 213-214, 각주 45, 46, 47 참조; 또한 "Friendship with the World/Friendship with God", 173-174.

259 Erich S. Gruen, "Hellenistic Kingship: Puzzles, Problems, and Possibilities", in *Aspects of Hellenistic Kingship* (ed. Per Bilde, Troels Engberg-Pedersen, Lise Hannestad and Jan Zahle, Oxford: Aarhus University Press, 1996), 116; 참조. Chae, *Jesus as the Eschatological Davidic Shepherd*, 162.

260 민영진, "간음하는 여자들이여!: 야고보서 4:4", 〈한국여성신학〉 35 (1998): 6-13, 개역한글/개역개정 모두 여성으로 표현했는데, 한글 성경 번역의 성별(性別)에 대한 일관된 태도를 따르려 한다면, 여기서 여성을 뜻하도록 번역하는 것이 옳지 않다고 역설한다.

261 Dibelius, *James*, 220; MacCartney, *James*, 209.

262 Hartin, *Spirituality of Perfection*, 90-91, 이런 배타성을 온전함의 요소로 강조한다.

간 조건으로 주어진 '정욕'(ἐπιθυμία)을,[263] 애초에 잘못된 방향으로, 잘못된 방식을 따라, 잘못된 목적을 위해 추구함으로써(4:3) 자신 안에서 '스스로 나뉘어 판단받고'(διακρινόμενος, 1:6, 8) 죄를 지어 사망에 이르는 위험에 처할 뿐 아니라(1:15), 공동체의 차원에서도 '자기네끼리 그 안에서 스스로 판단받고'(διεκρίθητε ἐν ἑαυτοῖς, 2:4) 나뉘며 파괴될 위기에 봉착하는 것이다(참조. 4:11-12).

이런 면에서, '너희 지체 중에 싸우는'(ἐν τοῖς μέλεσιν ὑμῶν, 4:1)이라는 표현은 한 사람 안에서 일어나는 내적 갈등을 지칭할 수도 있고, 성도들 간의 갈등과 싸움을 가리킬 수도 있다.[264] 개인적으로도, 공동체적으로도 분쟁하고 나뉘는 것이다. 무엇보다 그 뿌리에는 세속적 가치 판단이 있고, 이제 야고보는 그것이 잘못된 φιλία, 곧 잘못된 방향으로, 잘못된 방식으로, 잘못된 동기와 목적으로 나가버린 잘못된 애착, 잘못된 연대(solidarity)라고 폭로하는 것이다(4절).

하지만 이제 이 나뉨과 분리는 개인적이고 공동체적인 차원을 넘어섰다. 하나님으로부터의 분리이다. 세상과 '한패'가 되면 사망을 얻거나 공동체를 파괴하는 것을 포함해서 더 적극적으로, '하나님의 원수'가 된다. 이제 수신자들은 문제의 뿌리에 직면하게 되었다. 교회는, 기어코 세상과 하나님 사이에 선 것이다. 이것이 '나뉜 마음'(1:8)의 종착역이다. 야고보가 이 결정적인 4:1-10에서 다시 한 번 '나뉜 마음, 두 마음'(δίψυχοι)을 언급하는 이유가 여기에 있다(4:8).

야고보에게 있어서 죄악은 곧 '나뉘는' 것이다. 마음이든 공동체이든, 하나로 묶여 있지 않고 둘로 나뉘는 것이다. 시험을 받아 인내하지 못하고 나뉘어 스스로 판단받고 정죄 속에 들어가는 것이다. 반면에 하나님은 '하나'(εἷς)이시니, 이는 귀신들도 인정하는 바이다(2:19). 하나님은 전심으로(ἁπλῶς) 주시기를 기뻐하신다. 그 의도와 뜻에 있어 순전하시고 한결같으시며(1:5), 변함도 없으시고 회전하는 그림자도 없이 일관되시다(1:17).

마찬가지로 사랑도 '하나'이다. 신자의 사랑은 나뉘지만, 하나님의 사랑은

---

263 Marcus, "Evil Inclination in the Epistle of James", 606-621; Wilson, "The Anthropology of James 1:12-15", 162-163. 원래 '정욕'이란 후기 유대주의의 *yetzer* 개념에 기원하는데, 하나님께서 사람에게 주신, 본능적으로 생존하고 번성하며 출산하고자 하는 욕망처럼, 그 자체로는 정당한 것이다.

264 Blomberg & Kamell, *James*, 185.

나뉘지 않는다. 하나님과 그의 백성 사이도 나뉠 수 없다. 하나님의 사랑이 나뉘지 않기 때문이다. 그래서 신자의 사랑도 나뉠 수 없다. 야고보는 4장 5절에서 하나님의 사랑이 어떻게 그의 백성을 놓지 않으며, 6-10절에서는 그의 사랑이 어떻게 그의 백성을 돌이키며 회복하는지를 보여 주고자 한다.

5b절은 어떻게 번역해야 할지도 쉽지 않은 구절이다. '그 영'(τὸ πνεῦμα)이 성령을 가리키는지 사람의 영을 가리키는지 불분명하고,[265] 또 이 중성명사가 주격인지 목적격인지에 따라,[266] 그리고 '시기하기까지 갈망한다'(πρὸς φθόνον ἐπιποθεῖ)는 표현이 긍정적인 의미인지 부정적인 의미인지에 따라 다르게 번역될 수 있다.[267] 하지만 야고보서에서 '성령'이라는 단어는 한 번도 쓰인 적이 없고, "[하나님께서] 너희 안에 두신 그 영"(τὸ πνεῦμα ὃ κατῴκισεν ἐν ἡμῖν)이라는 표현이 신약의 다른 곳에 사용되는 것도 아니어서, 성령을 가리키는 것으로 보기에 무리가 있다.[268]

무엇보다 4-6절의 문맥 안에서, 5절의 τὸ πνεῦμα는 목적격으로 읽는 것이 가장 자연스럽다. 이 '하나님'은 그 바로 앞에 4절 마지막 '하나님의 원수'에서도 언급하지만, 우리 안에 '거하게 하신'(κατῴκισεν)의 주어가 하나님인 것이 분명하다.[269] 바로 뒤 6절에서도 주어로 등장하기 때문이다: "하나님께서는 교만한 자들을 대적하시고." 또한, 구약에는 하나님께서 '질투하시며 시기하도록 갈망한다'에 준하는 표현들이 사용된다(신 4:24; 수 24:19; 사 26:11; 겔 16:42). 하나님

---

[265] 개역개정/개역한글은 '하나님이 우리 속에 거하게 하신 성령이 시기하기까지 사모한다'로 번역한다. 혹은 '하나님께서 우리 안에 두신 영이 질투하기까지 갈망한다'로 옮길 수 있다(KJV/NIV).

[266] Sophie S. Laws, "Does Scripture Speak in Vain?: A Reconsideration of James IV.5", *NTS* 20 (1974): 214-215, '질투하는 마음으로 간절히 원하는 것이 영혼이 갈망하는 마땅한 방식이냐'로 읽는다.

[267] Johnson, *James*, 282; Laws, *James*, 177, 헬라어로 번역되거나 기록된 성경 본문을 기준으로 보면, φθόνος는 언제나 인간의 질투와 시기를 뜻하는 악덕을 가리키는 용도로 사용되었고, 긍정적으로 사용된 경우가 없다.

[268] Bruce M. Metzger, *A Textual Commentary on the Greek New Testament* (2nd ed. New York: American Bible Society, 1994), 612, 발음이 비슷한 관계로(iotacism), K, L, P, 그리고 056, 0142는 자동사 κατῴκησεν으로 읽어서, '그 영'을 주어로 하여, '우리 안에 거하는 그 영이'라는 식으로 해석될 수 있다. 하지만 외적, 내적 증거 모두 상대적으로 취약하다; 또한 κατῴκισεν이 새 언약의 본문들을 배경에 둔 표현일 가능성도 있지 않을까?(렘 31:33; 겔 36:24-26; 참조. 약 1:21b). 흥미롭지만, 이를 위해서는 많은 논증들이 요구될 것이다.

[269] Davids, *James*, 163.

께서 질투하시고 시기하며 갈망하시는 대상이 곧 그분께서 우리 안에 두신 '영'이라고 볼 때, 문맥에 잘 들어맞음을 알 수 있다.[270] 결론적으로, 5b절은 "너희 안에 그 영을 두신 이가 그것을 시기하기까지 갈망하느니라"(공동번역/NRSV)로 옮기는 것이 타당하다고 본다.[271]

5절 이후에, 6-10절의 상황도 하나님과 그의 멀어진 백성 사이의 애틋한 회복의 메시지이다. 이런 맥락에서, 6절의 '더 큰 은혜를 주신다'(μείζονα δὲ δίδωσιν χάριν)는 표현이 전제하는 '은혜'는 5절에서 자신에게서 멀어져 '간음하는 여인'처럼 세상과 짝한 자기 백성을 여전히 질투하고 시기하도록 열망하는 하나님의 은혜를 가리킬 수밖에 없다. 하나님은 그의 백성을 향한 마음에서 '나뉘지' 않으시는 것이다. 하나님은 '하나'(εἷς)이시다(2:19). 말과 행동이 하나이시고, 처음과 끝이 하나이시다.

그리고 바로 이 하나님께서 세상과 짝하여 '나뉜 마음'이 되는 그의 새 언약의 백성의 심령에 그분의 '말씀'을 심으셨다. 사실 세상의 유혹과 도전 앞에서 가장 근본적인 문제가 되는 '나뉜 마음'의 치유는, 그분이 이들을 '진리의 말씀'으로 낳으신 사실과 그들의 심령에 '심으신 말씀'에서 이미 시작되었다(1:18-21). 야고보는 이렇게 말한 바 있다: "여러분을 능히 구원할 마음에 심긴 말씀을 온유함으로 받으십시오"(1:21b).

여기서 '온유함으로 받으라'(ἐν πραΰτητι δέξασθε)는 것은, '마음에 말씀을 심으셨다'는 신학적 사실(indicative)에 기초한 자연스럽고 또한 마땅한 윤리적 명령(imperative)에 해당한다. 마음에 그 말씀이 심겨 있지 않다면, 그것을 온유함으로 받을 수도 없는 셈이고, 반대로 그 말씀이 심령에 심겨 있다 해도, 그것을 온유함으로 받지 않으면, 그 말씀의 열매인 '성결과 화평, 관용과 양순, 긍휼과

---

270 물론 '하나님께서 너희 안에 두신 성령이 시기하기까지 사모한다'고 해도 삼각관계라는 문맥적 정황에는 맞지만, 이 경우 τὸ πνεῦμα를 굳이 야고보서에서 생소한 '성령'으로 옮겨야 하는 부담, 그리고 이를 한 문장 안에서 하나님과 더불어 또 주어로 보아야 하는 어색함이 있다; Caig B. Carpenter, "James 4.5 Reconsidered", NTS 47/2 (2001): 194-195, 헬라어 성경에서, ἐπιποθεῖ는 긍정적으로 쓰였다는 점을 강조하면서, 하나님께서 세속적 질투와 시기로 교만한 자들을 꾸짖으신다는 문맥(4:6; 잠 3:34)과 더불어, φθόνος가 ζῆλος와 교차적으로 쓰일 수 있다는 예를 근거로(1 Macc. 8,16), 하나님이 질투하시는 것으로 해석한다(또한 출 20:5; 34:14; 신 4:24; 민 25:11; 슥 11:14).
271 마찬가지로 Blomberg & Kamell, James, 190-192; Moo, James, 188-190.

선한 열매, 편벽과 거짓이 없이 화평'(3:17-18)을 이루고 누리는 삶이 이루어지지 않을 것이다. 사실 1:21b에서 '마음에 심긴 말씀'으로 '나뉜 마음'에 대한 해법을 제시한 후에, 야고보는 거듭해서 '온유함'을 강조한다. 1장의 '말씀'과 2장의 '율법'에 상응하는 3장의 '지혜'를 묘사하는 가장 직접적이고 두드러진 특징도 역시 '온유함'이다(ἐν πραΰτητι σοφίας [지혜의 온유함으로], 3:13).

그러므로 우리를, 변치 않으며 영영히 살아 있는 말씀으로 태어나게 하시며, 그 심령에 이 말씀을 심으신 하나님의 뜻을 온전히 이루는 길은, 그 말씀을 '온유함으로 받는' 지혜에 있다. 그리고 이런 온유함의 해법이 절정에 이르는 곳이 바로 4:10이다: "주 앞에서 낮추라"(ταπεινώθητε ἐνώπιον κυρίου).[272] 필자의 견해로는, 이 말씀이 야고보가 주는 실천적 해법의 절정이며, 마음에 심긴 말씀과 위로부터 '지혜'를 얻은 사람이 행해야 하는 가장 결정적인 태도이다. 이런 맥락에서, 6절에서 잠언 3:34이 인용되는 것은 우연이 아니다: "하나님께서는 [스스로를] 높이 여기는 자에 맞서 대적하시고, 비천한 자에게 은혜를 베푸십니다"(κύριος ὑπερηφάνοις ἀντιτάσσεται ταπεινοῖς δὲ δίδωσιν χάριν, LXX; 벧전 5:5-6).

하지만 잠언이 직설법으로 서술한 교훈을, 야고보는 강한 결단을 촉구하는 명령들과 약속들로 이어간다. 하나님께 순복할 것을 적극적으로 명령한다. 그것이 마귀를 대적하는 가장 탁월한 방식이기 때문이다. 마귀는 수신자들이 세상의 유혹과 시험에 드는 이 모든 배경에 서 있다. 4:4에서 수신자들이 세상과 짝한 '간음하는 자들'임이 밝혀진 이상, 세상 배후에 있는 그 마귀의 정체도 폭로된다. 그는 '위로부터 오는 지혜'에 맞서 '이 땅의, 세속적인 정욕'을 부추기고 퍼뜨리는 실질적 주범이다(3:15). 그리고 하나님이 실제로 어떤 분이시며, 무엇을 원하시고, 어떻게 하실 수 있는 분인지도 명명백백하게 드러난다(4:5-6). 그래서 4:4-7은 수신자들, 세상, 마귀, 그리고 하나님, 이 등장인물들의 정체가 모두 밝히 드러나는 서신의 절정이다.

8절에서 하나님은 신자들이 어떻게 하느냐에 따라 '조건적으로' 움직이시는

---

272 한편 Hartin, *Spirituality of Perfection*, 134, 152, 야고보서에 있어 4:4가 중심적 구절인 것에 주목하지만, '온유함'의 모티브와의 연결은 보지 못한다.

것처럼 여겨진다. 하지만 그분은 이미 더할 나위 없이 가까이 오셨다. 이는 언약 관계에 있어서 항상 하나님의 주권적인 선택과 약속, 신실함과 구원 의지를 전제하고서야 하는 표현들이다. 야고보서가 교훈집이라는 선입견 때문에, 8절을 조건적으로 보는 것은 피상적이다. 야고보는 이미 하나님이 '풍성히 아낌없이 주시는 분'임을 선포했다(1:5, 17). 그분은 그의 백성을 '낳으셨다'(1:18). 새로운 생명을 주셨을 뿐 아니라, 그들의 심령에 그의 구원 의지와 의의 말씀을 주시고 심어 놓으셨다(1:21b). 새 언약에 따라, 그들의 심령에 그의 영과 더불어 그의 의지와 말씀을 심어 놓으신 것이다(렘 31:33; 겔 36:24-26). 어떻게 더 이보다 가까이 다가오실 수 있는가? 그뿐 아니다. 하나님은 세상에서 가난한 자들인 그들을 먼저 주권적으로, '택하셨고', 또한 약속하신 나라의 상속자로 삼으셨다(2:5).

더 있다. 야고보는 4장에서 '세상과 짝'한 간음한 자 같은 그의 교회를 향해 끝까지 찾으시며 갈망하시는 하나님을 묘사한다(4:5). 하나님이 이보다 더 어떻게 그들을 '가까이'하셔야 하는가? 그러므로 하나님을 '가까이하라'는 명령은, 1:21b에서 마음에 이미 심긴 말씀을 '온유함으로 받으라'는 명령과 다르지 않다. 두 경우 모두, 신학적인 구속적(救贖的) 사실에 근거한, 윤리적 명령이다. 후자는 전자에 근거하고, 전자는 후자에 의해 실현된다.[273]

또 하나 흥미로운 관찰이 있다. 그것은 4:8-10이 현격하게 1:9-11을 떠올리게 한다는 사실이다.[274] 9절에 나타난 종말의 역전(eschatological reversal)의 모티브는 이미 1:9-11에 잘 나타나고, 그 배경이 되는 이사야 40:5-8에도 잘 드러난다. 그리고 이제 4:13 이후 5:1-6에서, 또한 5:7(주의 강림하시기까지)에서, 전격적으로 서신의 마지막 주요 배경으로 등장한다. 종말에는 이 모든 것이 뒤집어질 것이다. 부자는 통곡할 것이고 가난한 자는 웃을 것이다. 낮은 자는 높아지고, 높은 자는 낮아질 것이다. 또한 10절에 사용된 '낮추라'(ταπεινώθητε)와 '높

---

273 사실 필자의 이런 식의 문제 제기와 논증 전개는, 이신칭의나 '오직 은혜, 오직 믿음'의 교리가 불러올 의문을 예상하기 때문에 일어난다. 하지만 야고보는 유대 전통에 따라, 이와 같은 전개, 곧 하나님의 구속적 행동을 항상 전제하는 윤리적 명령의 구조를 의식하지 않은 채 사용한다.
274 Davids, *James*, 164, 168.

이시리라'(ὑψώσει)는 표현은 각각 1:9-11에서 부자의 '낮음, 비천함으로'(ἐν τῇ ταπεινώσει)와 가난한 자의 '높음으로'(ἐν τῷ ὕψει)에 상응한다.

그렇다면 4:8-10에서 야고보는 1:9-11을 떠올리는 것이다. 더구나 1:8에서 '나뉜 마음, 두 마음'이 언급되었듯이, 4:8에서도 '나뉜 마음, 두 마음'을 명확히 언급한다. 그렇다면 1:9-11을 배경으로 하여 1:8의 '두 마음'의 해법으로 제시된 1:18-21의 '말씀의 해법'은 4:1-10에서 무엇에, 어디에 해당하는가? 이런 질문은 본문 간의 관계의 구조적 분석에 있어 타당하다. 분명한 것은, 4:8-10에서 두 마음을 버리라는 것, 마음을 낮추라는 것이 1:21b에서 강조한 '온유함으로 받으라'는 명령과 본질상 같은 논조라는 것이다.

필자는 1:18-21에서 야고보가 제시한 '말씀'의 해법은, 그 신학적, 구속적 사실로서 4:5-10에 다양하게 나타나는 하나님의 뜻과 의지와 병행한다고 본다. 그가 '시기하기까지 사모하시는' 것(5절), 더 큰 은혜를 주사 그를 순복하는 자를 위하여 마귀를 물러가게 하시는 것(7절), 또한 '가까이하시는' 것(8절), 그리고 종말에 심판하시며(9절), 교만한 자를 낮추시고, 낮추는 자를 높이시는 것이다(10절). 이렇게 하여, 야고보는 1장 초두부터 제기했던 시험의 문제에 대한, 최종적인 것은 아니지만(5:7-20), 결정적인 해법을 제시했다. 그것은 하나님의 뜻, 그의 말씀 앞에서 '낮추는' 것이다. 낮추는 길이 곧 다시 '하나'로 회복되는 길이다. 주 앞에서 낮춤으로써, 그의 나뉜 마음이 하나로 다시 회복된다. 그에게 심긴 말씀이 다시 그를 장악한다. 세상이 멀어지고, 하나님과 가까워진다. 스스로의 안에서 하나 되고, 하나님과 하나 되고, 공동체 안에서 다시 '하나'로 회복될 것이다. 야고보는 이런 회복의 과정을 5:7-20에서 친절하게 조목조목 설명할 것이다. 하지만 다시 '공동체의 회복'을 논하기 전에 야고보는 이 세상과 세상을 따라 세속적으로 되어간 일부 부요한 신자들과 믿지 않는 부자들의 최후와 그들의 끔찍한 종말을 보여줌으로써, 수신자들이 그들과 같은 길을 가지 말아야 할 것을 강력히 경고한다(4:13-7).

5.2 세속적인 사업가와 불의한 대지주들, 종말의 지혜

야고보는 4:1-10에서 수신자들이 세상과 짝하여 하나님을 원수로 삼은, 그 간음하는 심령, '나뉜 마음'을 폭로한 후에(4:1-4), 이에 대한 결정적인 치유의 근거와 해법으로 '하나님의 은혜'와 그 앞에서 '온유하게 낮춤'을 제시했다 (5-10절). 이제 11-12절에서는, 이렇게 주 앞에서 낮춤으로써 '나뉜 마음'을 회복하지 않는 경우, 공동체 안에서 '저희끼리 나뉘고 판단하는'(2:4) 것과 같은 현상, 이번에는 특히 악한 말을 사용하여(참조. 3:13-16) 공동체를 파괴하는 현상을 지적한다.[275] 이 현상은 형제를 단지 외모로 '차별하는, 구별하여 판단하는'(διακρίνω, 2:4) 태도보다 훨씬 더 지나친 상황이다. 공동체 안에서 적극적으로 서로 '깎아내리는, 거슬러 비방하는'(καταλαλεῖτε, 4:11) 말을 하는 것이다. 서로 반대하고 싸울 뿐 아니라, 비방하여 깎아내리며, 형제를 '심판하는'(κρίνων, 4:11) 말과 행동을 하는 것이다.[276]

여기서 야고보는 표면적인 현상들의 뿌리가 되는 문제의 핵심을 놓치지 않는다. 서로 비방하고 정죄하는 다툼의 사실이나 그들이 혹시 덕이 없다든지 하는 성품의 부족 같은 것에서 문제를 찾지 않는다. 야고보에게 있어 핵심적인 문제는, 그들이 '스스로 높아진' 데에 있다.[277] 그러므로 나뉜 마음의 결국은 교만이다. 하나님의 자리를 스스로 대신하는 것이다(11절). 하나님을 버리고 세상과 짝한 결과는 나뉜 마음이고, 나뉜 마음의 결국은 스스로 하나님의 자리에 앉는 것이다. 야고보는 이를 꾸짖는다. 그리고 그의 논점은 한 가지이다: '너는 누구

---

275 Davids, *James*, 169, 전통적으로 이 본문은 전후 문맥에 잘 들어맞지 않은 것으로 여겨졌다. 어떤 이는 이 구절은 어느 문맥에도 맞지 않으며 그냥 자유롭게 떠돌아다니던 교훈적 구절을 이곳에 삽입한 것으로 보기도 하고(Ropes), 혹자는 원래 이 두 구절은 형제를 판단하는 것에 문제를 제기한 2:4-13 바로 뒤에 이어져야 한다고 보기도 한다(Moffatt). 하지만 필자는 11-12절이 10절에서 언급한 '교만'에 대한 경고를 공동체 내부의 문제에 적용한 것이라고 본다.

276 Baker, *Personal Speech-Ethics*, 149-156, 171-177, 18-183, 남을 비방하고 중상 모략하는 것을 심각한 악으로 규정하는 것은, 당시 지중해 문화권의 '개인적 대화 윤리'의 관행에 비추어 볼 때, 야고보서나 신약에서만 나타나는 기독교적 관심이나 특징들 중 하나였다.

277 Dibelius, *James*, 228, 성경의 다른 본문들에서도 이웃을 비방하고 판단하는 것은 그 사람의 마음이 교만한 것과 자주 연관된다(참조. 시 101:5; 마 7:1-5; 롬 2:1; 특히 롬 14:4; 고전 4:5). 남을 비방하는 것과 세속적인 마음도 종종 짝을 이룬다(*Herm. sim.* 8.7.2).

냐!'(σὺ δὲ τίς, 12절)

이처럼, 세상과 짝하여 '두 마음'을 갖는 것은 결과적으로 하나님을 잊는 것, 하나님이 세상의 창조주요, 주관자요, 심판주라는 사실을 일부러 잊는 것이다. 자신의 심령에서 하나님을 몰아낼 뿐 아니라, 공동체 안에서도 하나님의 자리를 없애고 스스로 재판관이 되며, 세상에서도 하나님이 없는 것처럼 생각하고 말하고 행동하여, 하나님을 몰아내고자 하는 것이다. 만일, 그럴 수만 있다면, 그들에게는 아무 일도 없으리라. 여기서도 야고보는 그의 특징적인 '하나'의 논리를 전개한다(참조. 2:19). 야고보는 "입법자와 재판자는 오직 하나"(εἶς)라는 사실을 선언한다(4:12a). 오직 그분만이 구원하실 '능(能)이 있는 분'(ὁ δυνάμενος)이시다(12b절). 야고보에게 '능하다'는 개념은 결정적이다.[278] 당신과 하나님, 둘 다 입법자일 수 없다. 당신과 하나님 둘 다 재판자일 수 없다. 입법자도 하나이고, 재판자도 하나이다.

이를테면, 당신과 하나님, 둘 다 하나님일 수 없다. 당신은 하나님이 아니다. 당신이 하나님을 밀어내고 세상을 다 차지해도, 당신은 하나님이 될 수 없다. 당신은 하나님의 법 아래에 있고, 그의 주권 아래에 있고, 그의 심판 아래에 있다. 그런 의미이다. 따라서 야고보는 하나님의 뜻을 잊고, 하나님의 존재도 없애고 스스로 세상을 차지하려는 이들에게, 그들이 보기에는, 뜻밖의 결말을 보여준다. 그들이 설정했던 것과는 정반대의 피할 수 없는 상황이 벌어진다는 사실을 강력히 경고한다. 하나님의 뜻을 잊고, 자신의 불의한 뜻대로 세상의 부와 가난한 자들을 학대한 이들을 향한 하나님의 주권적이고 종말론적인 역전극이다.

이런 맥락에서, 4:13-5:6이 묘사하는 세속적인 사업가나 불의한 대지주(大地主)들의 가장 큰 특징은, 주 앞에서 낮출 수 없는 심령이 되었다는 사실에 있다. 마음에 심긴 말씀이나 위로부터 오는 지혜를 '온유함으로 받기에는', 마음이 너무 세상으로 나뉘어 있는 그런 자들의 표본들이다. 먼저 4:13-17이 묘사하는 사업가들은 사람이 '잠간 보이다가 없어지는 안개'(14절; 참조. 잠 9:9[LXX])일 뿐

---

278 '능하다'(δύναμαι)는 개념은 야고보서에서 심판주(4:12)의 경우 외에도, '말씀'(1:21), 믿음(2:14), 혀/말(3:8), 기도(4:2) 등과 함께 묶여, 성령의 실제적이고 현실적인 활동을 암시하는 듯하다.

임을 깨닫는 지혜가 없는 자들이며, 하나님의 주권을 까맣게 잊어버린 자들이다(15절, 주의 뜻이면[θελήσῃ]).[279] 온 세상의 주권자이신 하나님을 고려하지 않은 채, 그저 그들만의 '속이 텅 빈 자랑' 속에서 마땅히 '선을 행할 줄을 알고도 행하지 않는' 자들이다(16절).

그렇다면 '주의 뜻'이 무엇인가?[280] 그들의 생각이나 마음속에는 '주의 뜻'이 없다. 어디에 가서 장사할지, 얼마나 머물지, 무엇을 팔지, 얼마나 어떻게 이익을 남길지 이 모든 것들을 고려하지만, '주께서 원하시면'이라는 항목은 고려하지 않는 것이다. '주의 뜻'이 무엇인가? 야고보는 이미 '주의 뜻'을 천명했다. 하나님은 '자신의 뜻을 좇아'(βουληθείς) 진리의 말씀으로 '우리를' 낳으셨다(1:18). 세상 속에서 사업을 하는 그 믿는 성도들 자신이 '주의 뜻'이다. 그들은 '진리의 말씀'으로 태어났고, 그들 속에는 이미 하나님의 '심긴 말씀'이 자라고 있다. 그들 자신이 하나님께서 세상에 보내시고 그 한가운데 심으신, 살았고 영원한 말씀의 씨앗들인 셈이다. 그런데 그들이 '주께서 원하시면'이라는 항목을 뺀 채 세상 속에서 살아간다면 그것은 과연 무엇과 같을까? 그들은 단지 하나님을 고려하지 않는 정도가 아니라, 자신들과 전혀 상관없는 일을 하고 사는 셈이다. 자신들의 '본질'과는 전혀 상관없는 일로 상관없는 시간을 낭비하고 있는 셈이다.

'주의 뜻'은 이미 그들을 택하여 '믿음에 부요하게 하신 것'이었다. 그 '약속하신 나라를 유업으로 받게' 하신 것이었다(2:5). 그들에게는 세상에서 얻고 잃는 것과 상관없이 '자기의 높음을 자랑할 만한 것'이 항상 그 믿음 가운데 차고 넘치는 것이다(1:9). 오히려 그들은 그들 속에 심긴 하나님의 말씀을 따라, 부패와 혼돈의 세상 속에서 말을 다스리고, 긍휼을 베풀고, 정결함을 지켜(1:26-27), 끝내 인내의 열매를 맺어야 하는 자들(5:7, 11), 예비된 생명의 면류관을 얻을 자들이다(1:12). 그런데 이런 것들, 그들의 정체성과 본질에 속한 이 부요함과 존귀함을 몽땅 잊어버리고, 세상에서 조금 이익을 얻는 것으로(κερδήσομεν) 자랑을 삼고 그렇게 세월을 허송하겠다고?

---

279 대조적으로, 1:18에서 하나님의 '뜻하신 바'(βουληθείς)는 재창조이다. 참조. 한편 Penner, *James and Eschatology*, 174, 여기서 '안개'의 덧없음은 보통 인생이 아니라, 교만한 자를 가리킨다(4:12).
280 채영삼, 『지붕 없는 교회』, 318-319을 참조하라.

야고보에게 이것은 당치도 않은 일이다. 어떻게 영원하신 하나님의 말씀, '살았고 영영히 서는 그 말씀'을 통해 영적 생명을 받고, 그 말씀이 그 심령에 심긴 하나님의 백성으로서 세상을 살아가는데, 그 결국이 '잠시 나타났다가 조금 후에는 금방 사라져버리는' 안개'(4:14)와 같은 길을 가버릴 수 있다는 말인가? 도대체 무엇이 이익인가? 주께서 말씀하신 대로, "사람이 만일 온 세상을 얻고도(κερδήσῃ) 자기 생명을 잃으면 도대체 무엇이 이익인가?"(마 16:26) 이는 전혀 계산을 못하는 어리석은 상인들이요, 자기 자신의 생명을 잠시 있다가 사라질 안개와 맞바꾸는, 정말 이익을 남길 줄 모르는 무능력한 장사꾼일 뿐이다.

무엇보다 이들은 종말을 잊는다. 그들 자신을 포함해서 이 세상이 잠시 있다가 사라지는 안개라는 사실을 잊는다(4:14). 장차 심판이 임한다는 사실을 잊는다(5:1). 그리고 이웃을 잊는다. 가난한 이웃에게 긍휼과 선을 행해야 한다는 사실이 생각나질 않는다(4:17). 도리어 이웃들을 억압하고 착취하는 쪽에 서고, 그렇게 해도 아무런 감각이 없는 상태에 이른다(5:4). 현세적인 신앙은, 종말을 잊고, 이웃을 잊는다. 치명적이다. 그들은 도리어 허탄한 자랑에 빠진다.[281] '허탄한 교만'(ἀλαζονεία, 4:16)에서 나오는 자랑이다.

야고보는 정말 자랑해야 할 것은, '영광의 주' 예수 그리스도를 믿음으로 우리가 받은 그 영적 지위, 그 '높음'이라고 한다(1:9). 또한 우리로 하여금 심판 때에 그 심판을 이기게 하고도 남는 주의 '긍휼' 곧 주의 긍휼을 따라 우리가 베풀고 행한 그 '긍휼'이라고 한다(2:13). 그것은 정말 자랑할 만한 것이다. 또 정말 자랑할 만한 것이 있다면, 세상의 지혜가 아니라 '위로부터 내려오는 지혜'이다(3:13-14). 이들은 종말도, 이웃도, 긍휼도, 지혜도 잊은 것이다. 그것이 세속의 시험에 넘어가 '나뉜 마음'의 결국이다.

단연코 세속적인 사업가들이 생각하는 것과는 달리, 온 세상 위에 주권을 가지신 하나님은 두려우신 심판주이시다. 5:1-6에서 야고보는 마치 잊을 수 없는 장면을 눈으로 생생하게 보듯, 사업가들보다 더 어리석고 더 부패하고, 더 심각

---

281 Baker, *Personal Speech-Ethics*, 247-248, 278-282. 당시 지중해 문화권의 대화 윤리를 고려할 때, 헛된 '자랑'을 정죄하는 야고보의 대화 윤리는 독특한 기독교적 유산이었음을 강조한다.

한 불신자들로 보이는 불의한 대지주들이 종말의 심판을 받는 사례를 그려낸다. 이 본문에서 삶을 위한 현실적 지혜는 묵시론적 종말론과 만난다.[282] 사실 지혜란 임박한 종말에 있을 심판을 깨닫고 그 기준으로 오늘을 사는 태도를 말한다. 이 부유한 지주들에게는 '위로부터 오는' 지혜도 또한 '종말에서부터 오는' 지혜도 없다.

그들은 은과 금을 쌓는 것보다 '지혜를 얻는 것이 훨씬 더 나은' 일임을 알지 못한다(잠 3:14). 지금 금을 쌓고 은을 쌓지만 그렇게 쌓은 재물(πλοῦτος)이 도리어 썩어 녹(ἰὸς)이 되고 독(毒)이 되어,[283] 결국 불같이 그들의 살을 먹게 될 것을 알지 못한다(사 30:27, 30; 렘 5:14; 참조. 마 13:42; 막 9:47-48). 자신들을 위하여 땅에 쌓아 놓은 부가 종말에 도리어 그들을 찌르는 칼이 될 줄이야! 무엇이 잘못된 것일까?

야고보는 하나님을 모르는 이 부자들이 단지 '선을 행할 줄 알면서도 행하지 않는' 정도가 아니라(4:17), 적극적으로 불의를 행하며 악을 도모하는 자들임을 시사한다. 그들은 만군의 주께서 모두 듣고 계시는 억울한 자들의 탄식을 듣지 못한다. 도리어 경제적인 약자들을 착취하며 그렇게 쌓은 부로 자신들의 배만 불린다.

그런데 어쩌랴! 임박한 심판의 날은 곧 '도살(屠殺)의 날'(ἐν ἡμέρᾳ σφαγῆς)이다. 여호와의 칼이 큰 살육을 행하는 날(사 34:6)이며, '만군의 여호와께서 원수를 갚으사 ... 칼이 배부르게 삼키는 날'(렘 46:10), 그리고 '그 칼이 ... 살육을 위하여'(겔 21:15) 날카롭게 될 바로 그날이다. 그 종말의 날, 만군의 주 하나님과 그리스도, 그리고 그의 의로운 백성은 성대한 잔치를 벌일 것이다.[284] 그날에 과

---

282 Wall, *Community of the Wise*, 224-225, 극심한 빈부 격차로 인해 경제와 정치, 그리고 사회적으로 암울하고 절박했던 1세기 팔레스타인의 묵시론적 분위기를 언급한다; 또한 Penner, *James and Eschatology*, 173-176, 208-211을 참조하라.

283 Loh and Hatton, *James*, 169-170, 여기서 재물은 원래 '곡식'을 의미하기도 했고, '녹'은 '독(毒)'의 의미로도 이해할 수 있다.

284 Penner, *James and Eschatology*, 176; J. Priest, "A Note on the Messianic Banquit", in *The Messiah: Developments in Earliest Judaism and Christianity* (ed. J. H. Charlesworth, Minneapolis: Fortress Press, 1992), 232-237; 임진수, "야고보의 경제윤리", 114-121, 종말의 심판에 임박한 불의한 부자들의, '하나님의 형상'인 이웃에 대한 경제적, 사회적 책임을 강조한다.

연 무엇이 이 잔칫상에 오르겠는가?

종말에 '마음을 살지게'(5:5) 했다는 것은 그래서 이중적으로 부정적인 표현이다. 우선 마음이 둔해진 것이다. 마치 왼손잡이 에훗이 칼로 모압의 왕 에글론의 배를 찔렀을 때 두꺼운 기름이 그 칼에 엉겨 붙어 뺄 수 없었듯이(삿 3:22), 이들의 마음은 그 어떤 경고도, 말씀도, 지혜도 뚫고 들어갈 수 없을 만큼 둔감해진 모양새이다. 그래서 그들을 찌르는 칼은 도리어 그들이 불의하게 쌓아놓은 금과 은에서 나오는 녹이요 독이 될 것이다. 결국 그 도륙의 날에 살진 것은 칼에 잡히고 불에 익혀져 승리한 자들의 잔칫상에 오른다. 이 모든 것은 그 나라를 유업으로 받으실 그리스도와 끝까지 그를 바라고 기다리며 인내한 의로운 그의 백성의 잔치를 위한 것이기 때문이다(참조. 계 19:17-21).

하지만 지금 이 땅에서 저들은 '의로운 자'를 도리어 정죄하고 죽이는 일을 계속한다. 여기서 '옳은 자'(6절, τὸν δίκαιον)는 누구인가? '대표적'으로 예수 그리스도라고 생각해도 무방할 것이다.[285] 굳이 야고보서식으로 말하자면 '두 마음'의 유혹과 세상의 시험 앞에서 능히 그들을 구원할 '그 마음에 심긴 말씀'을 붙들고, 하나님께로부터 오는 지혜를 받아 온유함으로 행하며, 화평으로 의(義)의 열매를 거두며, 끝까지 인내하는 (심령이) 가난한 자들일 것이다. 하지만 그들이야말로 결국 이 세상을 '지혜'로 다스리며 종말에 열매를 거둘 자들이다.

5.3 '주의 결말'과 '맹세', 종말의 회복된 공동체(5:7-20)

야고보는 4:1-10에서 세상 앞에 선 교회가 빠진 '나뉜 마음'에 대한 결정적인 해결책을 제시하고, 4:13-5:6에서 그런 해법을 받아들이지 못하는 세속에

---

285 Davids, *James*, 179-180, 6절의 '살인'은 다분히 법정적인(καταδικάζω) 결과이며, '옳은 자'는 예수(Feuillet, Longenecker) 혹은 야고보(Rustler, Greeven)일 수 있지만, 예수 자신을 포함해서 보다 동질의 집합적인(Mußner, Laws) 의미로 읽는 편이 옳다고 본다; Dibelius, *James*, 239, 그들은 오랜 전통 속에서 특히 하나님과 세상 앞에서 '가난한 경건한 자들'(the Poor)로 불려왔던 자들이다; 또한 John Byron, "Living in the Shadow of Cain: Echoes of a Developing Tradition in James 5:1-6", *NovT* 48/3 (2006): 261-274, 5:1-6의 배경으로 가인과 아벨의 이야기를 찾는다. 성경과 중간기 전통에서 아벨은 '의인'의 대명사이다. 필로에서 랍비 문헌에 이르기까지 가인은 자기 유익을 얻고자, 가난한 자들과 의인들을 핍박하는 인물로 그려진다. 5:6의 '의로운 자'에는 아벨의 울림이 있는 셈이다.

빠진 자들을 향한 강력한 종말론적 경고를 펼친 후, 5:7-20에서 다시 주 앞에서 낮추며 인내와 회복을 일구어가는 수신자들의 공동체를 향한다. 이제 종말이, 주의 강림이 가까이 왔다(ἤγγικεν, 5:8). 이미 '심판자가 문밖에 서' 계신다(5:9).[286] 이제 야고보는 세속적인 부자들뿐 아니라(4:13-5:6), 수신자 공동체를 위하여 종말을 다루며, 다시 한 번 인내를 종용하고, 다시 한 번, '말씀'에 의한 구원, '말'에 관련된 성화를 강조하려 한다. 1장의 이중 서론에서 독려했던 것처럼(1:2, 12), 여기서 다시 '인내'할 것을 권면한다(5:7). 야고보서는 처음부터 '견인(堅忍)의 복음'이다. 야고보서는 이제 다시 처음으로 돌아간다.

서신의 결말의 서언인 5:7-11의 흐름은 그래서 서신서의 서론인 1:2-18과 유사하다. 두 본문 모두에서, 인내뿐 아니라 '열매'도 함께 등장한다. 1장에서 수신자들은 시험을 만날 때 끝까지 인내해야 한다(1:2-3). 무엇보다 '스스로 나뉜 마음'(6절) 즉 '두 마음'(8절)이 되지 않도록 해야 한다. 그 대신 하나님을 원망치 말고 기도해야 한다(5-6절; 13절). 인내의 열매는 그들의 '온전함'이 될 것이며(4절), 그들은 결국 '생명의 면류관'(12절)을 받을 것이다. 이들로 하여금 재창조의 '첫 열매'(ἀπαρχήν, 18절)가 되게 하려는 것이 하나님의 뜻이기 때문이다. 하나님은 지혜를 구하는 사람에게 '후히 주시고 꾸짖지 않으시는'(5절) 분이며, '위로부터 온전한 선물을 풍성히 주시는' 빛들의 아버지이시다(17절).

이런 주제들과 흐름은 5:7 이하에서도 거의 일치한다. 형제들은 주의 강림하시기까지 '길이 참아야' 한다(5:7).[287] 더구나 그들은 '마음을 굳게'(8절) 해야 한다.[288] 무엇보다 '서로 원망하지 말아야' 한다(9절). 농부가 땅에서 나는 귀한

---

286 Penner, *James and Eschatology*, 170, 구약에서 '주의 날'이 '예수의 재림'으로 이해되고 있으며 임박한 심판과 최종적 구원을 의미한다; Wall, *Community of the Wise*, 252, 신약에서 거의 전적으로 그리스도의 오심에만 쓰는 παρουσία(막 1:15)는 여기서 '주'이신 그리스도가 다시 오셔서 특히 새로운 창조 질서의 회복을 완성하실 것을 의미한다(약 1:18, 첫 열매).

287 Johnson, *James*, 312-313, LXX에서 μακροθυμέω(약 5:7)는 열등한 사람을 참아 내거나 어려운 일을 견디내는 태도로서 ὑπομονή(1:3)보다는 더 적극적인 자세를 요구하는 용어로 쓰였다고 말한다. 하지만 단지 '적극적'이기보다는, 1장에서 함축된 종말론적(1:4) 전망이 5장에서는 더욱 긴박해졌음을 고려하면 그 의미가 보다 분명히 이해될 수 있을 것이다.

288 이런 점에서 5:8의 '너희의 마음을 굳게 하라'(στηρίξατε τὰς καρδίας ὑμῶν)는 표현은 '스스로 의심하고 정죄받는'(διακρινόμενος, 1:6) 마음이나 '두 마음'(δίψυχος, 1:8)의 상태의 회복을 의미한다.

'열매'를 바라고 길이 참으며 하늘에서 내리는 '이른 비와 늦은 비'를 기다리듯이(7절), 그들도 인내하고 마음을 강하게 하며 말을 잘 사용하면, '주의 결말'(τὸ τέλος κυρίου)을 얻게 될 것이다(11b절). 야고보는 욥의 인내를 예로 든다. 그리고 그가 '주의 결말'을 얻었다고 말한다. 이것은 어떤 의미인가?

(1) '주의 결말'(11b절), 주께서 주시는 선물, 그리고 인내로 맺은 열매

흥미롭게도, 야고보는 5:11에서 다시 τελ-어군의 용어들을 사용한다.[289] 야고보서에서 사용된 τελ-어군의 용어들의 마지막 예이고, 또한 유일한 명사형 τέλος이다.[290] 문자적으로, τέλος는 어떤 과정을 상정할 때 그 의도된 목적(purpose)이기도 하고, 그 목적에 다다른 결과(outcome)이며, 그래서 그 이상 다음 과정이 존재하지 않는 최후의 결말(end/cessation)이기도 하다. 그렇다면 5:11에서 τὸ τέλος κυρίου는 어떤 의미일까?[291] 문법적으로는 여기서 2격이 어떤 의미인가를 묻는 셈이 된다. 하지만 문맥적으로는 11절에 언급된 욥(Job)의 경우와 또한 '주는 긍휼이 많으시고 자비하시다'는 묘사와의 연관성, 그리고 11절과 마찬가지로 '인내'와 함께 τελ용어가 등장했던 1:4와의 연관성을 고려해야 할 것이다.

먼저 11절에서 τὸ τέλος κυρίου가 바로 앞의 문구 '욥의 인내'와 대구를 이룬다는 점을 생각하면, '주께서 주신 결말'(개역개정/개역한글)이라는 표현은 적절하다. 하지만 정작 그 의미가 무엇인가에 대해서는 명확치가 않다. 주께서 주신 결말은 욥의 인내에 대한 상급인가? 하지만 욥은 정말 인내에 성공했던가?

---

[289] 채영삼, "야고보서에 나타난 τελ-어군의 사용", 93-130를 참조하라(특히 93): 형용사 τέλειος (1:4[x2]; 1:17; 1:25; 3:2); 동사 ἀποτελεσθεῖσα(1:15), τελεῖτε(2:8); 명사형 τέλος(5:11).

[290] 몇몇 사본들 예컨대, 322, 323, 945, 1241, 1739은, τέλος를 ἐλέος로 고쳐 읽는데, 이는 바로 뒤이어 나오는 '주는 긍휼이 많으시고 자비하시다'는 문구와 잘 어울린다고 생각했기 때문일 수 있다. Dibelius, *James*, 246.

[291] Moo는 *James*, 228, 다양한 견해들을 열거한다: (i) 주님의 생애의 결말(죽음과 부활), Augustine(*PL* 40:634), (ii) 주님의 사역의 결말(파루시아), A. Stobel, 그리고 R. P. Gordon, (iii) 주께서 욥의 생애에 주신 결말, Adamson, Laws, (iv) 한편 '목적'의 의미로서 주께서 욥의 생애를 향해 가진 목적의 성취, Mayor, Ropes, Martin; 또한 M. Klein은 "Ein vollkommenes Werk", *Vollkommenheit, Gesetz und Gericht als theologische Theme des Jakobusbriefes* (Stuttgart: Kohlhammer, 1995), 79-80, 이를 1:12의 '생명의 면류관'과 연결시킨다(Moo, 각주 33).

혹자는 여기서 야고보가 욥에 대한 구약의 기록보다는 '욥의 유언집'(*Testament of Job*)과 같은 중간기의 문헌들에서 회자되던 전승을 따라, 욥이 시험과 인내에 성공한 모델이었으며 특별히 과부와 고아를 돌보았던 영웅적인 인물로 생각하고 있다고 본다.[292]

하지만 그렇다면 11절에서 '주의 결말'을 언급하고 난 후 바로 이어지는 '주는 가장 긍휼하시고 자비하시다'는 표현은 다소 생뚱맞다. 차라리, '주는 역시 공의로우시며 인내에 보응하시는 정의로우신 분'으로 소개해야 더 맞지 않을까? 하지만 11절의 문맥 안에서 주의 많은 긍휼과 자비에 대한 강조는 '주의 결말'이 욥이 '견디어 냈던 인내'에 비해서는 비교할 수 없이 크고 넘치도록 풍성한 긍휼과 자비의 결과라는 인상을 남긴다.

실제로 구약의 기록에 따르면, 욥은 인내에 실패한 자라고 할 수 있다. '욥의 유언집'에는 욥이 불평했던 내용들이 생략되고 도리어 구약에는 단 한 줄뿐이었던 욥의 아내(Sitis)의 불평이 확대되면서 욥의 인내와 대조되는 것에 비해, 구약에서 욥의 인내에 대한 묘사는 훨씬 솔직하고 충격적이다. 그는 태어난 날을 저주하며, 하나님을 원망하기도 한다.[293] 그의 인내는 차라리 불평과 원망을 포함한 인내에 가까웠다.[294] 그래서 야고보가 욥의 인내에 대해 언급하고 이를 '주께서 주신 결말'과 연결할 때 또 다시 주의 많은 긍휼과 자비를 강조하는 것은, 아마도 야고보가 구약에 기록된 욥의 인내를 염두에 두었을 가능성을 더욱 지지한다.

흥미롭게도 5:11은 인내와 더불어 τελ-어군 가운데 하나인 τέλος를 연결한다는 점에 있어서 다시금 1:4의 인내와 τέλειος를 함께 다룬 문맥을 떠올리게 만든다. 그리고 분명한 것은 1:4에 나오는 인내가 단순히 성도 편에서만 참

---

292 D. H. Gard, "The Concept of Job's Character according to the Greek Translator of the Hebrew Text", *JBL* (1953): 182-186; P. Gray, "Points and Lines: Thematic Parallelism in the Letter of James and the Testament of Job", *NTS* (2004): 406-424; 또한 Wall, *Community of the Wise*, 256-257; Dibelius는 *James*, 246, 그 기원이 이미 노아와 다니엘, 그리고 욥을 전형적인 의인으로 언급한 에스겔 14:14, 20으로 소급될 수 있다고 말한다.

293 David, *James*, 187, J. Cantinat, *Les Épîtres de Saint Jacques et de Saint Jude* (Paris, 1973), 239에서 욥기 7:11-16; 10:18; 23:3; 30:23-23을 예로 든 점을 언급한다; 또한 Dibelius, *James*, 246.

294 참조. H. A. Fine, "The Tradition of a Patient Job", *JBL* 74 (1955): 28-32.

고 견디는 '영웅적인' 인내가 아니라, 그 인내가 의도된 목적을 향해 역사하는 인내, 신적인 시작과 과정을 전제하는 인내라는 점이다. 물론 5:7-11에서 야고보는 성도의 인내를 강조한다. 그리고 성도의 인내는 반드시 그에 합당한 열매 (καρπὸν)를 맺는다. 따라서 '길이 참고' '마음을 강하게' 해야 한다. 야고보서의 문맥에서 보면, 부에 대한 유혹이나 시험, 교회 공동체 안에서의 시기와 다툼에서 오는 시련 등을 견디어야 한다(1:2, 12; 3:13-16). 그리고 결정적으로 '두 마음'에서 회복되어(1:8; 4:8) '주 앞에서 낮추어'(4:10) 종말의 지혜(4:14-15; 5:1-6)를 따라, 위로부터 오는 지혜를 따라 '의의 열매'를 얻기까지 화평 가운데서(3:17-18), 주의 오심까지(5:8) 견디어야 한다.

하지만 5:11의 인내-목적/결과 구조가 1:4의 인내-목적/결과 구조와 병행이며 이 두 구절이 서로를 조명하는 것이 사실이라면, 5:11에서 욥의 인내는 단순히 욥의 인간적이고 영웅적인 인내를 언급한다기보다, 차라리 처음부터 '많은 긍휼과 자비를 베푸시는' 주께서 시작하시고 그 의도된 목적으로 인도하심으로써 인내하게 하시는 그 인내에 가까울 것이다. 물론 그 전 과정에서 실제로 감당해야 하는 인내는, 정작 그 열매요 결말인 '온전함'(1:4; 참조. 1:12, 생명의 면류관)이 이루어져야 하는 바로 그 사람 자신의 인내일 수밖에 없다.

결론적으로, 4:11에서부터 5:6까지 종말의 심판을 강조한 야고보는 5:7-10에서 다시 1:4를 떠올리게 만들면서 인내를 강조하고, 5:11의 τέλος의 사용을 통해, 결국은 인내의 목적과 과정, 그리고 그 종말론적인 결과뿐 아니라, 또한 1:17의 τέλειος의 경우('신적 선물')에서처럼 신적으로 '주어지는' 온전함의 다양한 측면도 함께 요약한다.

(2) 맹세의 문제(5:12), '나뉜 마음'을 버리는 결단

이렇듯, 야고보는 7절부터 인내를 강조하면서 11절에 이르러 욥의 인내를 예로 들어 격려하고, '주께서 주신 결말'의 기대를 제시한다. 그리고 그의 자비와 긍휼을 강조한다. 그리고 야고보는 문득, 12절에서 맹세에 관한 가르침을 기록한다. 왜일까? 많은 학자들은 12절이 생뚱맞다고 생각한다. 전후 문맥과 아무런 연결이 없다고 보는 견해가 주류이다.[295] 정말 그러한가? 왜 야고보는 여기에 맹세 곧 '말'에 관한 교훈을 다시 집어넣었을까?

필자는 12절이 전후 문맥과 아무런 연결 없이 삽입된 것이 아니라, 도리어 7절부터 시작해서 18절에 이르는 전(全) 문맥 안에서 12절이 차지하는 위치가 매우 중요함을 발견하게 되었다. 그것은 일단 구조적으로 볼 때, 아래의 도표에서처럼 7-11절과 13-18절이 12절의 '맹세/말'에 관한 교훈을 중심으로 매우 정교한 교차 대구적(chiastic) 구조로 배열되어 있기 때문이다.[296]

    A 인내 / 비, 열매(7-8절)
        B 서로 원망(9-11절) → 주의 이름으로 → 고난
            C 맹세하지 말라(12절)
        B' 서로 고백(13-16절) ← 주의 이름으로 ← 고난
    A' 기도 / 비, 열매(17-18절)

우선 A와 A'에는 비와 열매의 이미지가 함께 등장하지만, A에서는 '인내'(7절)가 나오는 반면, A'에는 '기도'(13절)가 강조되어 있다. 하지만 이는 야고보의 생각에는 그리 뜻밖의 흐름이 아니다. 1장에서도 인내할 것을 가르친 후에(1:2-4), 지혜가 부족하거든 후히 주시는 하나님께 '구하라'고 가르친다(5-6절; 참조. 4:1-2). 야고보에게 있어 시험과 인내의 문제는 반드시 기도를 요청하게 한다. 시험을 견디어 내야 하는 인내의 열쇠는 그러므로 기도에 있다. '후히 주시고 꾸짖지 않으시는' 하나님께 '위로부터' 주시는 '온전한 은사들'(1:17), '위로부터 오는 지혜'(3:17)를 받아야 한다.

이렇듯, 도표의 A에서처럼, 농부가 하늘로부터 내리는 '이른 비와 늦은 비'를 기다려 그 '땅에서 나는 귀한 열매'(5:7)를 거두듯이, '기도'를 통하여 때때로

---

295 대표적으로 Dibelius, *James*, 248; 마찬가지로 Davids, *James*, 188-189; 참조. 흥미롭게도 Taylor, "Structure of James", 122-123, 12절을 전환구로 보고 13-20절에서 '말의 바른 사용'과 바른 판단을 일깨우는 도입부 역할을 하는 것으로 여긴다.
296 이 도표는 채영삼, 『지붕 없는 교회』, 367에 수록한 바 있다.

'위로부터' 내려 주시는 지혜나 은혜 없이는 누구도 이 인내를 완성할 수 없다. 마찬가지로 A´의 18절에서도 야고보가 엘리야의 경우를 말하며 동일하게 비와 열매를 언급하는 것은 놀랍기까지 하다. 여기서도 "땅이(ἡ γῆ) 열매(καρπὸν)를 내었다"는 표현은 7절의 "땅에서(τῆς γῆς) 나는 귀한 열매"(καρπὸν)를 생각나게 하기에 충분하다. 이렇듯, 인내와 기도는 하늘에서부터 곧 위로부터 오는 은혜, 온전한 선물을 가능하게 하고, 이는 결국 모두 함께 역사하여 비로소 '땅의 열매'를 맺게 한다.[297] 곧 그 사람의 온전함, 구원이다.

도표의 B와 B´는 이렇게 열매를 맺어가는 과정에서, 특별히 신앙의 공동체 안에서 무엇을 어떻게 할 것인가에 대해 주목하는 부분이다. 무엇보다 (i) '고난'의 상황 속에서, (ii) '주의 이름'을 대변하는 지도자들에 대해, 그리고 (iii) 서로를 비방할 것인지, 아니면 서로 죄를 고백하며 기도해야 할지를 가르친다. 흥미롭게도 B와 B´는 또한 그 자체로도 교차 대구적 구조를 이룬다. 즉 위의 세 가지 요소들이 두 본문들에서 모두 나오지만 서로 역순(逆順)으로 전개되는 것이다. 이는 무엇을 강조하는 효과를 가지는가?

B와 B´의 구조를 보면 그 처음 시작이 '서로 원망/비난하지 말라'(μὴ στενάζετε, 9절; 참조. 2:4; 4:11)는 권면임을 알 수 있다. 그리고 '주의 이름으로' 말한 선지자들을 '고난'과 오래 참음의 본으로 삼는 일(10절)이, 형제들 가운데 '고난당하는 자'(13절)는 '교회의 장로들'을 청하여 '주의 이름으로' 기름을 바르며 기도하라는 권면이 서로 대칭을 이룸을 알 수 있다. 그리고 마지막으로 '너희 죄를 서로 고하며(ἐξομολογεῖσθε),[298] 서로 기도하라'(16절)는 적극적인 권면이 다시, 처음의 '서로 원망하지 말라'(9절)는 소극적인 권면과 짝을 이루며 강조된다.

또한 본문에서 이 '고난'의 상황은 부차적이고 이미 주어진 조건으로 언급되고 있음을 고려하면(10절, 선지자들의 고난; 13절, 너희의 고난), 이 경우에 강조는

---

297 박윤선, "야고보서의 은혜론과 신앙론", 〈신학지남〉 40/2 (1973): 70-78. 야고보서가 주로 행동만을 강조하고 '은혜로만'(sola gratia) 또는 '믿음으로만'(sola fide) 받는 구원의 측면을 말하지 않는다는 통설을 반박하면서, 흥미롭게도, 이 은혜와 믿음 사상을 야고보서의 '기도론'에서 찾는다.
298 Davids, *James*, 196-197. 육체적 치유(ἰαθῆτε)와 상호 죄를 고백하는 것은 깊은 연관이 있다. 한편 복음서에서도 예수의 죄 사함과 병의 치유는 그의 정체성과 사역을 특징짓는 그의 독특한 '권세와 긍휼'과 깊이 관련되어 있다(예컨대, 마 9:1-8; 막 2:12; 눅 5:17-26). 참조. 채영삼, 『긍휼의 목자 예수』(이레서원, 2011), 176-206.

대칭 구조의 시작과 끝에 놓인 '서로 어떻게 말할 것인가'에 있음을 알 수 있다. 고난을 당하여, 서로 비방할 것인가 아니면 각자의 죄를 고하며 서로 기도할 것인가? 그것은 결국 시험을 당한 상황에서, 인내를 통해 온전함, 그 인내의 열매에 이르는 과정에서 '말'의 사용에 관한 문제이다. 특별히 이 '말'을 신앙 공동체 안에서 어떻게 사용할 것인지에 대한 선택의 문제인 것이다.

이렇듯, 야고보서 5:7-18의 문맥은 종말을 배경으로 다시 '말'의 사용의 문제를 다루고 있다. 그렇다면 전체 대칭 구조의 핵심에 놓여 있는 '맹세에 관한 교훈'(C)은 무엇 때문에 그 중요성을 갖는가? 학자들은 여기서 야고보가 예수의 어록에서 맹세에 관한 가르침을 재현한다고 본다(마 5:33-37).[299] 그러나 야고보는 왜 이 대목, 이 문맥에서 맹세에 대한 가르침을 다시 풀어 설명하는가?

사실 맹세를 아예 하지 말라고 가르치신 예수의 가르침의 핵심은, 사람이 자신의 책임을 회피하거나 탐욕으로 지은 죄를 가리기 위해 하나님이나 하나님에 준하는 성전, 발등상, 예루살렘 등의 이름을 빌려, 거짓이나 '빈말'로 맹세하는 악한 관행을 근절하기 위해 주어진 말씀이었다. 그러므로 맹세를 금지하신 예수의 가르침의 핵심은 '하나님의 주권'과 '말의 진실성'에 대한 강조이다.[300]

사람의 말의 능력에는 한계가 있다. 자기의 뜻대로 '머리카락 한 터럭도 희거나 검게 할 수 없다'(마 5:36). 말씀을 성취하실 수 있는 능력은 오직 주권자이신 하나님께만 있기 때문이다. 우리의 말은 단지 '예'라고 대답해야 할 때 '예'라고 하고, '아니요'라고 단호히 말해야 할 때 '아니요' 할 수 있을 뿐이다. 이것은 야고보서 5:7-18의 문맥에서, 그리고 12절 전후에서 어떤 의미를 가지는가?

우선 맹세 금지 명령이 '하나님의 주권'과 '말의 진실성'에 대한 가르침이라고 할 때, 바로 앞 문맥인 4:13-17의 세속적인 상인들의 경우를 떠올릴 수 있다. 그들은 마치 하나님이 이 '땅'(참조. 5:12)을 주관하지 않으시는 듯이, '오늘이나 내일 우리가 아무 도시에 가서 거기서 일 년을 유하며 장사하며 이를 보리라'고

---

299 Hartin, *James and the Q Sayings of Jesus*, 33-34, 142-144.
300 Craig S. Keener, *A Commentary on the Gospel of Matthew* (Grand Rapdis: Eerdmans, 1999), 192-195; 참조. Ropes, *St. James*, 301, 야고보서의 인용이 부분적으로는 마태의 것보다 예수의 어록에 훨씬 더 가깝다고 본다.

'말'하며(λέγοντες, 4:13) '허탄한 자랑'을 자랑한다(16절). 그러나 야고보는 그들이 도리어, "주의 뜻이면"(ὁ κύριος θελήσῃ)이라고 '말'함으로써(λέγειν, 15절), 그들의 '말'로 하나님의 주권을 실제로는 부인하며 남용하지 말라고 경고하는 것이다.

불의한 대지주의 경우도 마찬가지이다(5:1-6). 세상과 벗이 되어 하나님과 원수가 되며, 그 하나님 앞에서 '낮추지' 못하는 '두 마음'의 결국은 이 불의한 대지주의 경우에서 절정에 이른다. 이들은 지금 '울고 통곡'(1절)해야 마땅함에도 불구하고, 곧 심판주로 오실 '만군의 주'(4절)를 까맣게 잊은 채 탐욕과 부패, 불의와 사치에 몰두할 뿐 아니라, 아예 '옳은 자'(6절)를 죽여 없애는 자리에까지 가는 악인들이다. 이 모습이 하나님 앞에서 낮추지 못한 심령(4:10), 지혜의 온유함으로 행함에 실패한 심령, 인내에 실패한 심령 곧, '두 마음'의 결국이다.

'두 마음'이 무엇인가? 그것은 결국, '예' 해야 할 때 '예' 하지 못하고, '아니요' 해야 할 때, '아니요' 하지 못하는 마음이 아닌가? 거짓말과 '빈말'로 자신의 불의한 욕심을 채우기 위해 하나님의 이름을 빌려 헛된 맹세를 하고 헛된 자랑을 일삼는 심령이다. 세상과 하나님 사이에서 결단하지 못하고 마음과 생각이 나뉜 채 '스스로 정죄받는'(διακρινόμενος, 1:6) 마음,[301] 곧 '두 마음'이 되어 모든 일에 '정함이 없는 자'(ἀκατάστατος, 1:8)인 것이다.

12절의 맹세에 관한 교훈은 그러므로, 결단하라는 것이다. 헛된 맹세, 헛된 자랑, 헛된 말을 하지 말고, 세상과 하나님 사이에서 결단하라는 것이다. 예, 예, 아니요, 아니요 하라는 것이다. 두 마음을 정리하는 것이다. 그래서 12절은 매우 핵심적인 구절이 된다. 두 마음을 치유받고 회복한 사람은, 세상에 대하여 '아니요' 할 수 있는 사람이다. 하나님께 대하여 '예' 할 수 있는 사람이다. 그가 인내에 성공하여 결국 열매를 얻는 사람이다.

12절에서 맹세에 대하여 이렇게 '말'을 사용하라는 결정은, 7-18절의 전체 구조 속에서 보면 먼저 9절의 '서로 원망/비방의 말'을 하는 부정적인 말의 사

---

301 '스스로 정죄받는'이라는 번역은, Dibelius, *James*, 80, 설명한 대로 스스로에 대한 죄책감 때문에 하나님께 기도하지 못하는 불확실성과 '두 마음'이 함께 언급된 *Herm. mand.* 9의 경우와 가장 유사하다. 한편 Peter Spitaler, "James 1:5-8: A Dispute with God", *CBQ* 71 (2009): 560-579, 고전 헬라어의 배경을 들어, διακρινόμενος에서 '의심'의 요소보다는 '논변'(dispute)의 의미를 찾는다.

용을 뿌리에서 차단하는 계기가 된다. 야고보서에서 형제를 비방하는 것은 곧 그의 백성을 선택하신 하나님의 결정(2:4-5)이나 그의 입법자와 재판자로서의 권위를 침해하는 행위와 방불하다(4:11-12). 그것은 교만에서 나온다. 반면에 맹세하지 않는 태도는 하나님의 주권을 인정하며 그분 앞에서 자신을 낮춘 결과이다.[302]

또한 맹세하지 않고 말을 바르게 사용하는 태도는, 결국 말의 긍정적인 사용, 회복된 사용 곧 서로에게 죄를 고백하며 서로를 위한 기도로 나아갈 길을 마련한다. 이것이 온전한 '말'의 회복이다. 따라서 서로에게 비방하는 자리에서(5:9), 서로에게 자신의 죄를 고백하는 자리에까지 나아가려면(16절), 야고보의 관점에서 볼 때, 무엇보다 맹세 곧 말에 대한 문제(12절)를 풀어야 하는 셈이다. 종말에 주의 강림하심을 바라보며, 하나님과 세상 사이에서 '나뉘지 않은 하나 된, 그래서 굳게 된 마음'(참조. 8절)에서 나오는 견고하고 진실한 '말'을 사용해야 하는 것이다.

결국 '말'의 사용의 회복 곧 맹세를 통해 '세상과 짝하는' 나뉜 마음을 버리고 하나님 편에 서는 것이 종말을 위한 결정적인 준비가 된다(12절). 그것은 비단 말의 진실함뿐 아니라, 하나님을 향하여 시험 가운데서 기도하여 지혜를 얻게 하며(13-18절; 참조. 1:5-6, 17), 동시에 공동체 안에서는 서로 비방을 그치고, 서로의 죄를 위해 기도하는 말의 공동체적 회복의 사건으로 나타난다.

야고보는 이렇게 말에서 회복되는 공동체를 향해 그들 중에 미혹되어 '진리'를 떠난 자들을 돌이켜서 그들을 사망에서 구원하라고 권면한다. 야고보는 이제 다시 그들이 '진리의 말씀'(5:19), '능히 구원할' 마음에 '심긴 말씀'으로 돌아가야 함을 역설하는 것이다(1:18, 21).[303] 이것이 야고보가 제시하는, 세상과 하나

302　Baker, Personal Speech-Ethics, 255-259, 266-274, 278-280, 맹세를 전적으로 금지한 것은, 당시 지중해 문화권의 '개인적 대화 윤리'의 관행에는 나타나지 않는, 야고보서나 신약에서만 나타나는 기독교적 관심이나 특징들 중 하나이다.
303　Davids, James, 199, '진리에서 떠나'에서 '진리'는 유대적 전통에서 언제나 삶의 방식, 길을 의미했다(시 25:4-5; 26:3; 86:11; Tob. 3.5; 1QS 1:12); 하지만 Wall, Community of the Wise, 야고보서의 문맥에서 5:19의 '진리'는 1:18을, 그리고 20절에서 '죽음에서 건진다'는 표현은 이와 연관된 1:21의 '능히 너희를 구원할'을 생각나게 한다; Rhoads, "The Letter of James: Friend of God", 484-486, 야고보서가 이 '진리의 말씀'을 하나님께 대한, 예수에 대한, 그리고 사람들에 대한 진리로 나누어 전개하고 있다고 본다.

님 사이에서 나뉜 마음을 치유하고 회복하는 결정적인 해법이다. 이렇게 종말의 공동체는 마음과 말에서, 하나님과 서로의 관계에서, 영적으로 육적으로, 치유와 회복을 경험한다. 야고보서는 치유의 서신이다. 왜냐하면 나뉜 것을 하나로 회복하기 때문이다.

5.4 요약과 결어

야고보는 3장에서 '위로부터 나는 지혜'를 소개했지만, 4:1-5:6에 오면 그 위로부터 오는 지혜는 '종말로부터 오는 지혜'와 함께 만난다. 야고보의 수신자들은 이제 말의 불의한 세계, 혼돈의 세계만이 아니라, 온 세상의 주권자이신 하나님의 종말의 심판 아래에 놓인 세상과 대면한다. 그리고 위험천만하게도, 수신자인 믿음의 공동체는 이 심판 아래에 놓인 세상과 그 세상을 심판하시는 하나님 '사이에' 서 있다. 거기서 '세상과 짝'하여 세상이 가는 길을 함께 가고자 한다. 야고보가 하나님을 잊은 세속적인 사업가(4:13-17)나 하나님을 모르는 불의한 대지주(5:1-6)의 종말을 경고하는 이유는, 세속적 부의 허망한 유혹과 불의한 시험에 휘말려 하나님을 버리고 '세상과 짝'한 교회를 경고하기 위함이다. 하나님께서 '시기하도록 갈망하시는' 사랑의 대상이 세상과 함께 멸망의 길에 들어섰다. 위기 상황이다.

그렇다면 야고보가 제시하는 해법은 무엇인가? 그것은 4:6에서 표현한 대로 '더 큰 은혜'이다. 하나님께서 그들이 세상을 사랑한 것보다 더 강력하게, 풍성하고 한결같이 그들을 사랑하신 사실(5절)을 깨닫고 그들이 그 앞에서 낮출 때에 주시는 회복이다(6-10절). '주 앞에서 낮추는 것', 그것이 세상과 짝하는 교회의 나뉜 마음을 치유하는 해법이다. 그것은 야고보가 강조해 온 '온유함'(1:21; 3:13)의 결정적인 표시이다. 즉 야고보는 그의 신학적 중심인 1:21b에서 선포한 그대로, 교회는 '능히 구원할 마음에 심긴 말씀을 온유함으로 받아야' 할 것을 설득하는 것이다.

반면에 세속적인 사업가가 그들의 계획과 뜻의 허망함을 깨닫지 못하는 이유는, 그들에게 '주의 뜻'을 괘념하는 신앙이 없기 때문이다(4:13-15). 그들은 여

전혀 '허탄한 자랑'에 빠져 있다(4:16). '주의 뜻'은 이미 천명되었다. 하나님은 그의 '뜻을 따라' 그들을 '진리의 말씀'으로 낳으셨다(1:18). 그리고 그의 구원과 순종을 위한 '뜻' 곧 그의 능한 말씀을 그들의 심령에 심어 두셨다(1:21). 다만 그들이 그것을 '온유함으로 받지' 못한 것이다. 그래서 '나뉜 마음'은 곧 '나뉘고 저희끼리 판단하고 정죄하는' 나뉜 공동체로 나타나고, 결국 '교만'에 이른다(4:11-12). 세상을 짝하여 사랑하는 것은 하나님을 제외하는 것이고, 그것은 결국 자신이 하나님의 자리에 앉는 것을 뜻한다. 야고보의 세계에 있어서 '하나'는 핵심적인 개념이다(2:19; 4:12). 하나님은 둘 일 수 없다. 입법자와 재판자는 한 분이다. 세상도, 그 세상을 짝한 모든 사람들도 하나님의 심판대 앞에 선다. 종말이 온다.

    수신자들의 눈앞에 종말의 끔찍한 광경들을 배경으로 펼쳐놓은 후, 야고보는 그 배경을 가리키며 다시 믿음의 공동체에게 눈을 돌린다(5:7-20). 주께서 곧 다시 오신다(7-11절). 처음부터 말했던 것처럼 인내해야 한다(1:2, 12; 5:7). 무엇보다 말을 제어하고 말의 영역을 바로 회복해야 한다. 서로 원망할 것이 아니라 피차 죄를 고백하고 위하여 기도해야 한다(5:9, 16). 무엇보다 말의 진실성을 되찾고, 세상과 하나님 사이에서 결단해야 한다. '예, 예' 하고 '아니요, 아니요'를 분명히 해야 한다. 어디에 설 것인가? 야고보는 '진리의 말씀'으로 돌아올 것을 권면하고, 또 수신자들 자신도 그 회복의 사명을 감당해야 한다고 권면한다. 거기에 죄를 덮고 구원에 이르는 길이 있기 때문이다.

6. 결론 – 야고보서의 신학과 윤리

야고보서에 신학이 있는가? Dibelius 이후, 전통적으로 야고보서는 '윤리적 교훈들의 무질서하고 잡다한 모음집'으로 알려져 왔다. 일관된 신학적 주제를 찾아볼 수 없을뿐더러, 윤리적 교훈들조차 서로 연관 없이 임의적으로 나열되어 있다고 본 것이다. 하지만 학계는 점차, 야고보서에 대한 Dibelius의 형식비평학적 연구나 Luther의 신학적 잣대로 정경을 판정하는 시각에서 벗어나, 야고보서를 특별히 바울의 서신이나 신학의 안경으로 보지 않고, 그 나름대로의 문학적 구조의 통일성과 신학적 주제의 일관성을 발견하는 데 성과를 거두고 있다.

또한 야고보서의 문학적인 구조와 일관된 신학적 주제가 이중 서론의 역할을 하는 1장에 드러나 있다고 보는 것이 학계의 중론이다. 필자는 그 열쇠를 1:21b에서 찾았다. 윤리적 교훈들로는 신학적 토대를 구성하기 어렵다. 1:18-21은 하나님의 구속 행동을 야고보식으로 표현하는 신학적 선포이다. 하나님께서 그의 뜻을 따라 진리의 말씀으로 그의 백성을 낳으셨고, 그들 안에 그 복음과 새 언약의 계명을 심으신 것이다. 그리고 야고보는 그 심긴 말씀을 '온유함으로 받으라'고 권면하는데, 이는 서신의 본문에서 전개되는 다양한 윤리적 권면들의 핵심을 구성한다.

1장에서 선포한 '말씀의 신학'은 2장에서는 율법에 대한 논의로, 그리고 3장과 4장에서는 지혜에 대한 설명으로 그 배경과 정황과 설득의 방향에 따라 바뀌어 가며 다루어진다. 야고보가 이해하고 제시하는 율법은 예수 그리스도께서 성취하시고, 해석하시고, 그대로 사시고, 또한 새롭게 명하신 율법이다. 율법을 대표하는 이웃 사랑의 계명을 중심으로, '자유'나 '온전함', '성취'라는 용어들을 사용해서 이렇게 새롭게 이해된 율법, 특별히 긍휼을 핵심으로 하는 율법에 대한 행함을 강조한다.

이 '말씀'의 신학은, 야고보가 드러내는 '말'에 대한 깊은 이해와 신학에도 영향을 미친다. 말은 말씀만큼이나 중요한 요소이다. 공동체를 파괴하는 병이 그들의 '나뉜 마음'이라면, 그 병을 퍼뜨리고 실제로 병을 악화시키고 죽게 만드는 바이러스는 혀요 말이다. 야고보는 이 말의 세계관을 보여 주는데, 피조 세계는 인간이 말을 제어하는 일에 실패함으로 혼돈 가운데 들어갔고, 지옥 불에 타고 있다는 매우 염세적인 세상관을 보여 준다. 말로 망한 세계를 구원하는 하나님의 능력은 그의 말씀에 있는 것이다.

또 하나, 야고보서가 제시하는 윤리의 중요한 틀을 제공하는 것은, 야고보의 신관(神觀)이다. 하나님은 이렇게 부패하고 제한된 세상과 같지 않으신, '뜻밖에도 풍성한 분'이시고 본성상 '주시는 분'이다. 또한 '한결같으신' 분이다(1장). 이러한 면모는 자신을 등지고 세상과 짝한 교회를 놓지 않고 붙드시는 일관된 사랑으로도 드러난다(4장). 그리고 그것은 야고보가 결정적으로 드러낸 하나님에 대한 이해, 곧 하나님은 '하나'(εἷς)라는 표현에서 잘 나타난다(2:19; 4:12). 유대적 전통에 뿌리박은 이 신관은 야고보서가 제시하는 윤리에 구조적 틀을 형성한다. 그래서 마음이 '나뉜' 것은 곧 죄가 된다. 공동체가 그 안에서 스스로 나뉘고 판단하여 정죄받는 것도 죄이다. 믿음과 행함도 나뉠 수 없고, 교회와 하나님 사이의 언약 관계도 나뉠 수 없다.

그래서 '나뉜 마음'은 야고보가 이해하는 세상 속의 교회가 앓고 있는 병의 뿌리이다. 세상 자체가 오염되어 있고, 혼돈하고 무질서하지만, 근본적인 문제는 교회의 '나뉜 마음'인 것이다. 야고보서의 수신자들은 '가난하지만 부자가 되고 싶어 하는' 그리스도인들이다. 경건을 선물로 받았지만, 세상처럼 되고 싶어 하는 교회이다. 4장부터 5:6까지의 배경은 세상과 종말이고, 그 배경을 뒤로 하고 무대 위에 교회가 올라온다. 교회는 세상과 하나님 사이에 서 있다. 세상 뒤에는 마귀가 서 있다. 교회는 어디로 갈 것인가?

야고보는 1장에서 선포한 말씀 신학을 3장 이후부터는 지혜를 통해 전개한다. 위로부터 오는 지혜는 '땅 위의, 육적이고, 마귀적인' 지혜와 대척 관계에 있다. 이 하늘의 지혜의 가장 우선되는 특징은 순결함이고 중심되는 특징은 긍휼이다. 말씀의 본질과 다르지 않고, 율법의 본질과도 다르지 않다. 다만 세상과 종말을 배경으로 해서는 '지혜'를 강조하는 것이다. 하나님은 세상을 말씀으로 창조하셨는데, 그것이 사람들에게 지혜이기 때문이다. 그리고 이 위로부터 오는 지혜는 종말로부터 오는 지혜와 만난다. 그것은 '하나님의 뜻'을 기억하고 그 뜻을 온유함으로 품는 지혜이다. 그리고 그러한 지혜는 나뉜 마음을 치유하는데, 그 온유함의 지혜의 절정은 하나님께 순복하며 그 앞에서 자신을 낮추는 것이다.

마지막으로 야고보는 5:7에서부터 다시 수신자들의 믿음의 공동체 회복에 집중한다. 온 세상을 진리의 말씀으로 돌이키는 일에, 교회가 나서야 하기 때문이다. 그렇게 하는 신학적 전략은 역시 진리의 말씀, 말씀의 신학이다. 진리의 길에서 벗어난 자들을 돌이키게 해야 한다. 그 심긴 말씀이 그들 안에서 열매를 맺기까지 인내해야 한다. 그 말씀이 그들의 '말의 사용'을 치유하고 회복하게 한다. 시험 앞에서 원망을 버리고 피차 죄를 고백하며 서로를 위해 기도해야 한다. 그것이 그들 안에 심긴 말씀을 온유함으로 받는 방식이다. 그것이 야고보가 제시하는, 말씀으로 세상을 이기는 교회의 신학적, 윤리적 해법이다.

최근 학계는 야고보서의 이런 '말씀의 신학'이 공동서신 전체의 신학의 특징적인 면모임을 밝혀내고 있다. 야고보서뿐 아니라, 베드로전후서나 유다서, 그리고 요한서신 역시 '세상'을 대상으로 하고, 그 세상 속에서 '흩어져' 다양한 도전들에 직면한 교회들을 위하여 기록된 것이라면, '말씀의 신학'은 공동서신의 특징적인 신학일 가능성이 충분하다고 본다. 우리는 이제 베드로전후서를 통해, 이와 같은 가능성을 진단해 보려 한다.

제3장
베드로전서에 나타난 '세상 속의 교회'

1. 수신자와 배경에 나타난 '세상'의 특징(1:1)
    1.1 Πάροικος와 Παρεπίδημος의 번역과 수신자들의 정체
    1.2 베드로전서의 배경과 Κόσμος

2. Κόσμος와 '제사장 교회'(1:1-2:10)
    2.1 교회, 세상과는 다른 소속, 방향, 목적(1:1-2)
    2.2 삼위 하나님과 교회, 그리고 세상(1:2)
    2.3 출애굽 모티브와 여행자 윤리(1:13-21)
    2.4 '말씀-구원론'과 세상(1:22-25)
    2.5 세상 속의 교회의 정체성과 사명(2:9)

3. Κόσμος와 '선한 양심'(2:11-3:22)
    3.1 이방인들 속에서(2:11-12, 16-17)
    3.2 베드로전서의 '집안 경영 전통'의 사용
    3.3 세속 국가 통치자들에 대하여(2:13-15)
    3.4 일터에서 - '제사장인 종'(2:18-20)
    3.5 그리스도의 길(2:21-25)
    3.6 가정에서 - '그리스도의 길을 따르는 아내'(3:1-7)
    3.7 선한 양심, 그리스도와 교회의 길(3:8-22)

4. Κόσμος와 종말, 그리고 교회(4:1-5:14)
    4.1 종말과 교회 - 공간적, 시간적 '여정'
    4.2 종말론적이고 기독론적인 '고난'의 특징들
    4.3 세상을 이기는 교회, '제사장 공동체'의 의미

5. 결론 - 제사장 교회의 선한 양심과 '참된 은혜'

1. 수신자와 배경에 나타난 '세상'의 특징(1:1)

베드로전서에서는 교회와 세상의 문제가 어떻게 전개될까? 만일 Wall이 주장하는 대로 야고보서가 공동서신의 서론 격이라면,[1] 베드로전서는 이 주제에 대하여 또 다른 그리고 한층 진전된 측면을 보여 줄 것으로 기대할 수 있다. 하지만 공동서신에 대한 이러한 정경적 접근 '이전'(以前)의 학계의 논의는, 베드로전서 연구에 있어 조금 다른 방향을 가리킨다. 2004년도에 발표된 M. Eugene Boring의 '베드로전서 연구의 최근 동향'에 의하면 학계는 몇몇 소수의 학자들을 제외하고는,[2] 베드로전서를 가경으로 받아들이며, 또한 베드로전서는 베드로의 이름을 빌려 바울 신학과 유사한 내용을 재구성함으로써, 표면상 바울과 베드로가 서로 일치되고 조화된다는 인상을 주려 했다는 분석에서

---

1 Wall, "A Unifying Theology", 15-16.
2 Boring, "First Peter in Recent Study", 358-367, Wayne Grudem은 사도 베드로의 직접 저작설을 주장하며, Davids는 실바누스가 조력한 것으로(벧전 5:12), 그리고 Michaels은 늦은 시기까지 생존했던 사도 베드로가 어느 정도 관여했다고 본다.

크게 벗어나지 않는 것처럼 보인다. 베드로전서에서 강조된 기독론적 패턴 역시 바울의 '케노시스 기독론'(kenosis Christology)에 기초한 것으로 보는 경우도 한 예에 속한다.[3]

그렇다면 정말 베드로전서의 신학은 바울서신들의 내용과 별반 차이가 없는 것일까? Boring의 베드로전서 연구 동향 분석은, 분명 최근에 진전된 공동서신의 '정경화 과정의 해석학'적 연구의 결과들을 반영하지 못했다.[4] 저자의 문제 역시, 정경화 과정의 해석학적 분석에 따르면, 사도행전에서 두드러진 대로 사도 베드로의 사도적 권위가 그대로 투영된 것으로 본다. 즉 사도 베드로의 행적과 마찬가지로 그의 서신 역시, 바울의 신학적 주장과 조화를 이루면서도 나름대로의 강조점을 갖고 있어서, 단지 바울의 신학을 모방한 차원이 아니라 초대 교회의 또 다른 전통의 한 흐름을 보여 주며 당시 '규범적 신앙'(Rule of Faith)을 제시하고자 했던 사도 전통의 열매로 여기는 것이다.

이런 점에서, Boring이 요약한 대로, Elliott 이후 거의 합의에 이른 듯한 수신자들의 정체성에 관해서도 교정적인 시각이 필요하다. 베드로전서의 수신자들을 표현하는 πάροικος와 παρεπίδημος(1:1)에 관해서는, 전통적으로 "그들은 그들의 본향인 하늘로부터 쫓겨나 이 세상에서 잠시 거주하는 외국인이요 낯선 자들"(exiles, aliens and strangers)로 여겨졌으나, Elliott의 연구 이후로 이들은 "대체로 사회에서 소외되어 주변으로 밀려난 사람들"을 가리키는 것으로 보게 되었다.[5] 하지만 정경화 과정의 해석학적인 분석을 따른다면, 사도 전통 속에서 이해된 초대 교회 성도들을 향하여 그들로부터 '하늘 본향'의 차원을 배제하는 것이 타당한지 되물어야 하는 것이다.

---

3   Boring, "First Peter in Recent Study", 363.
4   Robert W. Wall이나 Earnest Bassland, Reinhard Feldmeier, Karl-Wilhelm Niebuhr 같은 학자들이 SNTS에서 "공동서신과 사도전승들"(Catholic Epistles and Apostolic Traditions)이라는 주제를 본격적으로 다루기 시작한 것은 2001년도부터이며, 그 결과물인 *The Catholic Epistles & Apostolic Tradition: A New Perspective on James to Jude*는 2009년에 출판되었다.
5   John H. Elliott, *A Home for the Homeless: A Sociological Exegesis of 1 Peter, Its Situation and Strategy* (Philadelphia: Fortress, 1981); *1 Peter: A New Translation with Introduction and Commentary* (AB 37B, New York: Doubleday, 2000), 458.

1.1 πάροικος와 παρεπίδημος의 번역과 수신자들의 정체[6]

베드로전서는 그 인사말에서 드러나듯이, 야고보서의 경우처럼 '흩어진 교회들'에게 보내진 서신이다(1:1).[7] 그래서 베드로전서는 야고보서와 함께, 예레미야 29장에 나오는 예레미야의 편지(렘 29:4-23)나 제2바룩서 78-86장, 제2마카비서 1.1-2.18, 그리고 4Q185 1-2 i 9-13과 유사한 '언약적 디아스포라 서신'에 속하는데, 이 중에서도 베드로전서는 야고보서 1:1에서 보듯 흩어져 있는 하나님의 백성에게 보내어진 '기독교적인' 디아스포라 서신(Christian Diaspora Letter)으로 불린다(Lutz Doering).[8]

하지만 이사야 40:6-8을 중요하게 다루는 디아스포라 서신들로서, 야고보서의 경우도 그렇지만(1:9-11), 베드로전서도 그 이전 유대적 전통 속의 디아스포라 서신들과는 사뭇 다른 분위기와 논조를 보인다는 점에 주목할 필요가 있다. 예컨대, 제2바룩서는 포로 됨과 그로 인해 흩어진 원인들인 하나님께 대한 그들의 반역, 특히 율법에 대한 불순종을 기억하는 씁쓸한 후회와 비참이 그 특징이라면(*2 Bar.* 79. 2, For we had sinned against him who created us, and had not observed the commandments which he ordered us), 베드로전서는 그 수신자들이 이미 '썩지 아니할 씨' 곧 '하나님의 살아 있고 영원한 말씀'의 복음으로 거듭난 은혜와 소망의 복음을 선포한다(1:3-4, 23-25).

또한, 그 흩어진 자들이 바라는 소망의 내용 역시, 제2바룩서에서 이스라엘을 패망케 한 원수들에 대한 하나님의 복수의 날을 묘사한 것(*2 Bar.* 82. 2, But

---

6 채영삼, 『십자가와 선한 양심』, 459-464에 이 단락의 개요가 소개되었다.
7 필자는 베드로전서의 저자가 사도 베드로 자신이며(1:1), 이 서신은 그가 순교하기 전, 즉 대략 주후 66년 이전에 기록된 것으로 본다. Selwyn, *The First Epistle of St. Peter*, 7-38; Ralph P. Martin, *New Testament Foundations: A Guide for Christian Students* (vol. 2; Exeter: Paternoster Press, 1978), 330-335; Carsten P. Thiede, *Simon Peter: From Galilee to Rome* (Exeter: Paternoster Press, 1986), 173-184; W. C. van Unnik, "The Teaching of Good Works in 1 Peter", *NTS* 1 (1954-55): 84; 또한 Bray, *James, 1-2 Peter, 1-3 John, Jude*, 65, "베드로는 아마도 본도, 갈라디아, 비두니아, 갑바도기아, 그리고 아시아에서 흩어진 유대인들에게 복음을 전파한 후에, 로마로 돌아와서, 거꾸로 십자가에 못박혀 죽었을 것이다. 그것은 그 자신이 그런 식으로 고통을 당하며 죽기를 원했기 때문이다(Eusebius, *History of the Church* 3.1).
8 Verseput, "Wisdom, 4Q185", 705-707.

you know that our Creator will surely avenge us according to everything which they have done against and among us)과는 대조적으로, 베드로전서에서는 이미 그러한 신원(伸寃)에 대한 소망은 오히려 그들이 악을 악으로 갚지 않고 선한 양심을 따라 그리스도의 십자가의 길로 응대하여 결국은 그리스도께서 이미 죽으심과 부활과 승천으로 승리하신 그 영광을 바라는 소망으로 대체되어 있음을 볼 수 있다(2:21-25; 3:21-22; 4:13; 5:10).

하지만 예수 그리스도의 부활과 승천이라는 승리의 소식에도 불구하고, 그 '산 돌'이신 예수 그리스도를 기초로 하나님의 영이 거하시는, 살아 있는 성전 된 교회, 동시에 세상을 향하여 하나님의 '제사장' 된 나라로서 교회(2:2-10)는, 그들의 목자장이 다시 그들을 모으시는 그 날까지 이 세상에 여전히 흩어져 있는 양 무리로 존재한다(2:25; 5:4). 이처럼 베드로전서는 이러한 '흩어진 교회'를 처음부터 매우 특징적인 방식으로 '거주 외국인과 여행자'로 표현한다(1:1; 2:11). 그래서 '나그네와 행인'(개역한글)이나 '나그네와 거류민'(개역개정)으로 표현된 이 흩어진 교회의 정체성은 베드로전서의 신학과 메시지를 이해하는 데에 결정적이다.

그렇다면 수신자들의 정체성을 드러내며 서신을 이해하는 데에 결정적인 이 칭호들은 어떻게 번역하며 이해해야 하는가? 전통적으로 영어 번역본들은 천국을 향한 '순례자들'(pilgrims, KJV/JB/Luther)이나 '포로 된 자들'(exiles, RSV/NRSV)로 번역하곤 했다. 한편 근래에 Elliott이나 그의 견해를 따르는 학자들은, 사회적, 경제적, 문화적 분석을 통해 이런 칭호들은 전통적인 종교적 '순례자들'을 표현하는 말이 아니라, 당시의 사회적, 문화적 신분을 표현하는 칭호라고 주장하여 전통적 견해를 뒤집는 듯했다. 하지만 베드로전서의 전체 문맥과 또한 기독론의 뼈대를 고려하면 사회적, 종교적 차원 '둘 다를 포괄하는' 칭호들로 이해하는 것이 공정하다고 본다.

(1) πάροικος와 παρεπίδημος의 번역

먼저 문제는 정확한 번역인데, 개역한글과 개역개정에서 이 두 칭호는 베드로전서 안에서 혼용되고 일관되지 않게 번역된다. '임시 거주 외국인'을 의미하는 πάροικος는 '거류민'(2:11, 개역개정; 혹은, 행인, 개역한글)으로, 그리고 '여행자'를 뜻하는 παρεπίδημος는 '나그네'(1:1, 개역한글/개역개정; 2:11, 개역개정) 혹은 '행인'(2:11, 개역한글)으로 옮겨진다.[9] 신약 안에서는 말할 것도 없다. '임시 거주 외국인'(πάροικος)은 신약에서 베드로전서 2:11을 포함해서 모두 4회 나오는데, '나그네'(행 7:6, 29, 개역한글/개역개정)나 '손[님]'(엡 2:19, 개역한글)으로 번역되었다. 즉 한글 성경에서 '나그네'라 하면 이것이 '파로이코스'(πάροικος)인지 '파레피데모스'(παρεπίδημος)인지 분간하기 어려운 것이다.

또한 한국말 표현으로 '나그네'는 문화적으로 '정처 없다' 혹은 '허무한 인생' 같은 뉘앙스를 많이 풍긴다. 하지만 원문의 두 칭호들은 한결같이 소속이 분명한 외국인이나 목적지가 있는 여행자의 이미지를 표방한다. 원래 '파로이코스'는 잠시 거주하는 외국인이나 다른 지역 사람을 가리키며, '파레피데모스'는 어떤 도시를 지나가기 위해 잠시 그곳에 머무는 여행자 정도를 지칭한다. 물론 '파레피데모스'보다는 '파로이코스'가 더 오랫동안 거주하는 신분을 갖지만, 둘 다 '낯선 사람들'임에는 틀림없다. 그래서 각기 '임시 거주 외국인'과 '여행자'로 옮기는 것이 적절하다고 생각된다.

그들은 '외국인'(ξένος)이나 '이민자'(μέτοικος)의 경우처럼 출생지가 다르고 소속이 다르며, 언어와 습관, 문화, 그리고 정치적, 사회적 관점들도 다른 사람들을 가리켰다. Achtemeier에 의하면, Plutarch (Mor., Exil. 607A)는 외국인을 뜻하는 ξένος나 이민자를 뜻하는 μέτοικος가 모두 혐오스러운 용어였음을 증거한다. 이런 용어들은 거의 자기 땅에서 쫓겨난 자들을 뜻하는 φυγάς와 동격인, 혐오스러운 대상을 뜻하였다. 로마 사람들은 이들과 결혼하는 것도 허용하지 않을 정도였고(Seneca, Benef. 4.35.1), 법도 로마 사람들과 이런 외국인들과 차별적으로 적용되었다.[10] 마치 오늘날 한국을 방문하는 외국인들이나 이주 노동자들과 같았는데, 이들이 처한 상황과 조건은 훨씬 더 열악했다. 당시에는 지금처럼 국가 간에 외교적 양해가 있었던 것도 아니었다는 사실을 고려해보면 더욱 그

---

9 개역한글의 경우, παρεπίδημος가 1:1에서는 '나그네'로 번역되었는데, 2:11(παροίκους καὶ παρεπιδήμους)는 순차상, '행인들'인 것으로 추정된다. 그래서 더욱 혼동된다.
10 Achtemeier, 1 Peter, 174.

러하다. 이처럼, 로마 제국 당시에 '임시 거주 외국인'은, 일정한 세금은 내지만 매우 제한적인 정치적, 법적 권리만을 갖고 있었고 '여행자'는 그마저도 없는 존재였다.[11] 이들은 지역 본토 주민들로부터 항상 의심의 눈초리를 받았고, 지역의 공동 이익이나 지역 신들에 대한 위협으로 간주되기도 했고, 외국인이나 이민자, 망명자들과 더불어 지속적인 차별과 마녀사냥의 대상, 그리고 일상적인 모독의 대상이 되기 쉬운 신분이었다.

(2) 사회적, 경제적인 용어?

Elliott은 이 용어들이 단적으로, '이 악한 세상에서' 하늘에 있는 본향을 향해 간다는 식으로 오해되었다고 말한다. 구약에서 이 용어들이 쓰인 경우들이 모두 문자적이고 상징적이 아니라는 이유 때문이며(창 23:4), 그래서 '땅에서, 세상에서 순례자'가 되었다는 식으로 번역하는 것은 그 사회적, 경제적, 문화적 차원을 배제하거나 도외시하는 해석이 되기 때문에 적절치 않다고 보는 것이다.[12] 그래서 Elliott은 베드로전서 1:1과 2:11의 이 칭호들을 '이방인들과 거주하는 외국인들'(strangers and resident aliens)로 번역하고, 땅/세상-하늘의 구분이 포함되지 않도록 해야 한다고 주장한다. 베드로전서의 관점은 '사회적'인 것이지 '우주론적'인 것이 아니며, 그래서 '이방인들과 거주하는 외국인들'이라는 표현은 '우주론적 소외가 아니라 사회적 소외'를 가리킨다고 보기 때문이다.[13] 따라서, 베드로전서 안에서도 수신자들인 교회가 외부 사람들로부터 받았던 의혹과 적대감, 그리고 고통들도 결국 이 '사회적 소외'(social alineation) 때문이고, 그 해결책도 마찬가지로 '하나님의 집'으로서 사회적 공동체에 소속되는 것이라는

---

11   Elliott, *1 Peter*, 450.
12   John H. Elliott, "1 Peter, Its Situation and Strategy: A Discussion with David Balch", *Perspective on 1 Peter* (ed. C. H. Talbert, Macon: Mercer, 1986), 67-68.
13   Elliott, *1 Peter*, 481: "a condition of *social*, not cosmological estrangement"; 또한 박경미, "베드로전서의 집 없는 나그네들과 하나님의 집", 〈신학사상〉 90 (1995): 131-151, 이런 표현들이 단지 '사회학적 현실에만 한정'되지 않는다고 첨언하지만(137, 각주 7), 결국 천상적(우주적, 수직적) 차원을 배제한 사회학적(시간적, 수평적) 차원만을 강조하게 된다(134-135). 특히 "이러한 곤궁에 대한 대안으로 베드로전서가 제시한 것은 '천상에 우리 고향이 있다'는 식의 헛된 위안이 아니라, 지금 여기서 기독교인들이 속하게 되는 새로운 집과 사회적 가정을 제시하는 것이었다"(149).

데에 방점이 찍힌다.

하지만 Elliott이 예로 든 창세기 23:4의 경우도 단지 사회적, 경제적, 문화적 의미만은 아님을 분명히 알 수 있다. 이 구절의 LXX 번역은 베드로전서 2:11의 경우와 똑같이, πάροικος καὶ παρεπίδημος로 옮겼다. 그리고 개역한글은 이를 '나그네요 우거한 자'로, 개역개정은 '나그네요 거류하는 자'로 번역했다. 정확히 하면, '임시 거주 외국인이요 여행자'이다. 이는 물론 사회적, 경제적, 문화적 신분의 표현이 맞다. 하지만 창세기의 문맥을 보라. 아브라함이 어쩌다가 떠도는 외국인이요 여행자가 되었는가? 베드로전서의 수신자들처럼 하나님의 '택하여 부르심' 때문이요, 살아 있는 소망에 대한 언약 때문이다(창 12:1-4; 벧전 1:1-9). 하나님께서 '내가 네게 지시할 땅으로 가라'고 말씀하셨기에 그런 사회적 신분이 된 것이 아닌가. 그러므로 '외국인과 여행자'라는 칭호는 회심 전부터 그들이 가진 사회적 신분이 아니라, 오히려 하나님의 백성이 된 후에 그들이 세상에서 소외된 상태, 특별히 그들을 '순례자'로 부르는 식의 종교적인 차원만이 아니라, 그들의 존재가 사회 속에서 갖는 정치적, 사회적 차원을 표현하기에 적합한 용어라고 보아야 할 것이다.

(3) 기독론 중심의 종합적 견해

다시 말해서, 그리스도인들이 주변의 이방인들과 '차이'(difference)를 갖게 되는 이유는, 우선적으로 그들의 회심 때문인 것이다(4:3-4).[14] 그것은 구약과 유대의 전통에서처럼 '선택받은 백성'의 또 다른 특징이며 이는 베드로전서의 수신자 묘사에도 충분히 적용될 수 있다.[15] 즉 그들이 하나님의 백성에 속하도록 택하심을 입었다는 사실과 그들이 세상에 대하여 '나그네'가 된 것은 서로 뗄 수 없는 관계에 있다(1:3 이하, 23절; 2:2 이하): "비록 그리스도인들이 '낯선 자들'

---

14 Miroslav Volf, "Soft Difference: Theological Reflections on the Relation Between Church and Culture in 1 Peter", *Ex Auditu* 10 (1994): 16-18.
15 Karen H. Jobes, *1 Peter* (Baker Exegetical Commentary on the New Testament, Grand Rapids: Baker Academic, 2005), 28, '임시 거주 외국인과 여행자'라는 표현이 드러내는 소외감의 사회적 차원뿐 아니라, 보다 깊은 신앙적 차원을 함께 이해한다.

이 된 것은 사회적 갈등 때문이지만, 그리스도인들의 '이방성'(foreignness)은 그 본질에 있어서 사회에 대한 저항 때문이 아니라, 하나님께 대한 응답으로, 그리고 그가 새로운 사회에 속해 있다는 사실 때문에 생긴 것이다."[16] Torrey Seland는 이런 점에서, 베드로전서의 수신자들이 이미 그리스도인이 되기 전에도 '임시 거주 외국인이요 여행자'의 신분이었다는 Elliott의 주장에 대해서,[17] 이는 다소 지나친 견해라고 반박한다. Seland는 베드로전서의 수신자들이 그런 칭호들로 불린 까닭은 그들이 그리스도인으로서 그 사회 속에 존재했기 때문이라고 말하면서, 이는 '개종자들'을 지칭하는 관례적인 표현들이라고 본다. 예를 들어, Philo는 종종 유대교 개종자들을 '망명자들'(refugees, αὐτομολουσι; *Spec*. 1.52) 또는 '이주자들'(incomers, ἐπηλύτας; *Virt*. 102)이라고 부르며, 이들은 "혈연인 친족들을 떠나고 그들의 고향과 관습들, 섬기던 우상의 형상들을 내버리고, 그들이 존경과 경외를 표하던 관습들도 버리고 온 자들"이라고 묘사하는 것과 같다.[18]

이처럼, 베드로전서의 수신자들을 그런 사회적 칭호들로 부른 것은, 우선적으로 그들의 신앙적 정체성에 기인한다. 그리고 베드로전서 안에서 이것은 비단 '소속'의 문제뿐 아니라, 또한 그들이 진행하는 '방향'에 관한 문제와 깊이 연관된다. 베드로전서에서 사회적으로 '임시 거주 외국인이요 여행자' 된 교회의 원래 소속이 어디인가? 그들은 어디로 향하고 있는가? 전통적인 주석가들은 한결같이 '하늘'이라고 대답한다(Calvin, Luther, Best 등). 하지만 Elliott 외에도 Achtemeier 등은 베드로가 '이들이 하늘로 돌아갈 것이라고 말하고 있지 않다'면서, 재림의 때까지 고난을 견디는 것이 목적이라고 본다.[19] 물론 재림 때까지 십자가의 길을 따르며 고난을 견디는 것은 맞다. 본론에서 자세히 논증되어야 하겠지만, 베드로전서 전체의 문맥, 특히 예수 그리스도의 길은 그의 수난과

---

16   Feldmeier, *The First Letter of Peter*, 10-13.
17   Elliott, *A Home for the Homeless*, 29-49.
18   Torrey Seland, *Strangers in the Light: Philonic Perspective on Christian Identity in 1 Peter* (Leiden: Brill, 2005), 171.
19   Achtemeier, *1 Peter*, 175.

부활 영광, 그리고 하늘에 오르심이 한 길로 연결되어 있고, 교회는 세례를 통해 이 길에 그대로 참여함을 보여 준다(3:16-22). '의로운 자로서 불의한 자를 대신하는' 선한 양심의 길을 가는 것이 그리스도를 따르는 길인데, 그 길의 끝은 그와 함께 하늘에 이르는 것이다(3:22).

해당 본문들에 대한 분석이 뒷받침되어야겠으나, 결론적으로 Elliott은 사회-공동체적인 관점을 잘 부각시켰으나 기독론적 관점을 놓친 것으로 보인다.[20] 베드로전서에서 기독론은 실상, 가장 중심에 놓여 있는 뼈대요 핵심이며 교회론과 종말론, 우주론을 떠받치는 기초석이다. Elliott이 교회가 세상 속에서 처한 사회-공동체적 관점이 우주론적 관점과 연결되는 점을 보지 못한 것은, 그가 기독론을 놓쳤기 때문이다. 그래서 세상 속의 교회를 표현하는 이 용어들은, 에베소서나 히브리서에 나타나는 것처럼 '하늘-땅'의 구도를 포함한다. 다만 베드로전서에서 이 용어들을 사용한 것은, 우주론적인 것이 먼저가 아닐 뿐이다. 그렇다고 Elliott이 말한 것처럼 순전히 사회-공동체적인 것도 아니고 근본적으로 기독론적인 것이다. 교회는 세례를 통해 그리스도와 연합되어 있고, 그가 가신 십자가와 부활, 승천, 영광의 길을 간다.

1.2 베드로전서의 배경과 Κόσμος

그러면 '임시 거주 외국인과 여행자들' 같았던 수신자들이 처한 환경은 어떤 것이었을까? 야고보서에서 교회가 맞닥뜨린 세상이 주로 '부한 자들'이요 그들의 부(富)였다면, 베드로전서에서 교회가 맞닥뜨린 세상은 그렇게 같은 식으로

---

20 Troy W. Martin, *Metaphor and Composition in 1 Peter* (Atlanta: Scholars Press, 1992), 148, Elliott이 '흩어진' 교회가 세상에서 사회적, 정치적으로 갖는 차원은 잘 보았지만, 불행하게도 그것이 갖는 '은유적인 차원'은 보기를 거절했다고 지적한다; 실제로 Elliott, *A Home for the Homeless*, 270, 그의 분석은 그 전제와 접근법 자체가 처음부터 사회학적 관심에 있다. 그의 중심 질문은 이것이다: "Thus we are led to ask: which person, or more realistically which collectivity of persons, *produced this document and out of which group interests* was the letter composed and transmitted to the Christians of Asia Minor?"(이탤릭 필자); 베드로전서를 단지 당시 초대 교회의 '사회적 세계 형성'의 결과로 보는 그의 사회학적 전제가 이미 사회학적 결론을 예고한다: "First Peter, like all documents of the early Christian movement, is a product of and a composition toward a 'social world in the making'"(21).

특징지워지지 않는다. 야고보서에서 '세상'은 교회의 입장에서 볼 때, 하나님과 함께 동시에 사랑해서는 안 되는 유혹과 시험의 대상으로 제시되었다. 하지만 베드로전서에서는 이렇게 세상에 속하지 않고, 하나님께만 속하기로 한 교회가 바로 그런 세상을 통과하며 지나갈 때, 어떠한 갈등과 핍박에 부딪히는지, 그리고 그런 '낯섦'과 거기서 오는 핍박을 어떻게 극복할지를 제시한다.

이런 점에서, 베드로전서에서 Κόσμος라는 용어 자체는 3회 정도밖에 나오지 않지만,[21] '세상'이라는 개념은 수신자들을 '임시 거주 외국인과 여행자'로 정의할 만큼 서신의 메시지와 그 의도를 이해하는 데에 결정적이다. 우선 1:20에 나오는 πρὸ καταβολῆς κόσμου(세상의 기초가 놓이기 전에)는 예수 그리스도와 대조된 피조 세계를 묘사하는 문맥으로, 1장에서 시작하여 2:10에 이르기까지, '선택받은 교회'의 출애굽 모티브를 설명하는 데 배경으로 작동한다. 그리고 5:9에 쓰인 τῇ ἐν τῷ κόσμῳ는 '세상에 있는 너희의 형제들도 같은 고난을' 당한다는 문맥에 놓여 있다. 또한, 이 '같은 고난'이라는 표현은, 2:12에서 5장 끝부분에 이르기까지, 교회가 세상을 '임시 거주 외국인이요 여행자'로 지나가며 사회관계, 가정에서의 관계, 지역 이웃 간의 관계 등 다양한 영역에서 다양하게 겪는 갈등과 고난의 모습들과, 동시에 이를 예수 그리스도를 따르는 십자가와 영광의 길로 극복하는 해법(특히 2:21-25)을 요약한 것이라 할 수 있다.[22]

(1) '흩어진' 수신자들의 지역적 배경

'세상에 있는' 믿음의 형제들이 동일한 고난을 당한다는 사실은, 베드로전서의 수신자들이 '흩어져' 있던 지역들의 역사적, 사회적 배경을 통해서도 다소간 엿볼 수 있다: "본도, 갈라디아, 갑바도기아, 아시아와 비두니아에 흩어진 나그

---

21 이 중에서 1:20과 5:9 외에, 3:3의 ἱματίων Κόσμος의 경우는 '옷들을 단장'하는 의미로, 예외이다.
22 베드로전서의 문학적 구조에 대하여는, 채영삼, 『십자가와 선한 양심』(이레서원, 2014), 471-472에 제시한 도표를 참조하라; 또한 Martin, *Metaphor and Composition in 1 Peter*, 41-68, 베드로전서를 서신서(epistolary) 형식으로 분석하는데, 인사말(1:1-2)과 축복(1:3-12), 그리고 맺는 말(5:12)과 인사(5:13-14)를 빼면, 서신의 몸통을 분석할 도구를 제공하지 않는다. 따라서 몸통 부분은 주된 image-cluster로 나눈다. 첫 번째 이미지는 '하나님의 집'으로 1:13, 14-2:10까지이고, 두 번째는 '임시 거주자/여행자'로 묶인 단락으로 2:11-3:12이며, 마지막은 '고난'의 이미지로 3:13-5:11이다; 참조. 하지만 필자는 특히 '임시 거주자/여행자'의 주제가 3:22까지 계속된다고 본다.

네"(παρεπιδήμοις διασπορᾶς Πόντου, Γαλατίας, Καππαδοκίας, Ἀσίας καὶ Βιθυνίας, 1:1; 참고. 약 1:1). 이 지역들은 어떤 곳들이었는가? 이 다섯 지역들은, 대략 30만 평방 마일에 해당하는 타우르스 산맥의 남쪽 지역을 제외하면, 아나톨리안 반도(Anatolian penninsula)의 전역에 해당한다. 이 지역은, 로마의 대부분의 지역들이 그랬던 것처럼 지역마다 빈부차가 심했고, 전반적으로 헬라 문명이 널리 퍼진 곳이었으며 베드로전서가 기록되었던 시기에는 이 지역 대부분에 로마의 행정력이 충분히 미쳐 있던 것으로 알려져 있다. 그리고 주후 1세기 중반 이후에는 이미 기독교가 널리 퍼져 있던 지역이었다.[23]

먼저 본도는 비두니아의 동쪽에 위치해 있는 지역으로, 그 대부분은 흑해 남쪽 지역인데, 주후 110년경에는 기독교가 넓게 퍼져 있던 것으로 알려져 있다.[24] 또한 갈라디아 지역은 주전 25년에 아우구스투스 치하에서 로마 제국에 편입되었는데, 주후 72년에 오면 베스파시안 치하에서 폴레모와 아르메니아 지역으로 확장되면서, 갑바도기아와 병합하며 소아시아의 동쪽 지역을 관할하는 지역으로 대대적으로 재정비되었다. 이 지역들은 대체로 다른 지역들에 비해서 헬라 문명이 덜 미친 곳으로 알려져 있다.[25] 그리고 갑바도기아는 주후 17년 티베리우스 치하에서 로마 제국으로 편입되었다. 베스파시안 황제 치하에서 갈라디아와 병합했다가, 다시 트라얀 황제 때 분리 통치되면서 갈라디아와 함께 소아시아 지역에서 헬라화가 가장 덜 진행된 지역에 속했다. 사도행전 2:9에 의하면 이 지역에서 매우 이른 시기에 선교가 이루어졌다.

한편 아시아는 버가몬(Pergamun) 왕국으로부터 생겨난 지역에 붙여진 이름인데, 원래 로마 공의회 의원들의 치하에 속했으나 베스파시안 황제가 공의회 의원들에 대한 통제를 강화하면서 자신의 수하에 둔 영토였다. 이 지역은 로마의 지방들 중에서 인구 밀집도가 가장 높았고 헬라 문명이 가장 번창한 곳이었다. 장로 플리니(Pliny the Elder)에 따르면, 아시아가 로마에 편입되면서 이탈리

---

23 Achtemeier, *1 Peter*, 83-85, exersus를 참조하라.
24 C. J. Hermer, "The Address of 1 Peter", *Expository Times* 89 (1977/78): 241.
25 David Magie, *Roman Rule in Asia Minor to the End of the Third Century after Christ*, 493-495, 574.

아에 사치와 향락 문화가 넘치기 시작했고 도덕적 측면에 큰 타격이 있었다고 한다(*Hist. nat.* 33.52.148-149). 이 지역은 또한 주후 17년에 12개의 도시들을 파멸시킨 거대한 지진이 일어난 곳인데, 더우기 이 대지진은 밤에 일어났기 때문에 큰 공포를 일으켰던 것으로 유명하다(Tacitus, *Ann.* 2.47; 참조. Suetonius, *Vit.* 3.47). 하지만 이런 대참사도 이 지역의 부나 문화에 결정적인 타격을 입히지는 못했다. 이 지역에서 가장 대표적인 도시가 버가몬이라 할 수 있지만, 초대 교회에서 중대한 역할을 했던 다른 많은 부요한 도시들도 있었다(계 2:1-3:22). 이 지역은 매우 이른 시기부터 초대 교회의 선교 활동에 있어서 중요한 무대였다.[26]

마지막으로 비두니아는 소아시아의 북서쪽 흑해의 남쪽 해안선에 인접해 있는 지역인데, 주전 74년 이 지역의 왕이었던 니코메데스 4세가 로마에게 넘겨주었고, 주전 64년에는 폼페이가 이 지역을 본도와 함께 묶어 비두니아의 총독의 관할하에 두었다. 이때부터 '비두니아-본도'는 한 지방으로 간주되기 시작했다. 이렇게 해서, 본도로부터 시작하여 남쪽으로, 다시 서쪽 해안으로, 그리고 북으로 돌아오면 본도와 인접한 비두니아로 오게 되는 원형 경로가 완성되는 것이다.[27]

다시 말해서, 베드로전서 1:1에서 수신자들이 처한 배경으로 언급된 지역들은 헬라화가 비교적 많이 진행되었고 또 로마의 행정력이 잘 유지되었던 지역들이었으며, 대체로 1세기 말까지 기독교가 널리 전파되어 있던 곳이었다. 이 지역들에서 예수 그리스도를 따르는 교회들이 주변 사회와 갈등을 빚은 것은 어찌 보면 당연한 현상이었을 것이다. 그 부딪침의 정도가 아직 공식적인 핍박

---

26   Achtermeier, *1 Peter*, 84-85.
27   Achtemeier, *1 Peter*, 86, 1절에서 이 다섯 지역들을 언급한 순서에 관해서, 선교사가 여행한 경로라는 해석이 있다. 하지만 서쪽 해안에서 가장 멀리 떨어진 북쪽의 본도에서 출발하는 이유는 무엇인가? (i) 본도가 가장 뒤처진 지역이라 이곳부터 시작했다는 견해도 있고(Goppelt), 혹은 (ii) 본도에 있던 그리스도인들이 이하의 지역들에 복음을 전할 계획이 있었고, 베드로에게 지침을 요청했을 가능성도 있다(Bigg, Best) 또 다른 가능성은, (iii) 지금 저자가 갈대 바벨론(Ghaldean Babylon)에서 편지를 쓰고 있다고 가정하는 경우, 자신이 있는 지역에서 가장 가까운 곳부터 먼 곳에 있는 (서쪽에서 동쪽으로) 지역들을 차례로 언급한 것일 수도 있다(Bengel). 아니면 반대로, (iv) 저자가 로마에서 편지를 썼을 경우, 로마로부터 가장 먼 지역에서부터 차례로 가까운 곳을 언급하며 기록했을 수 있다. Tarrech('Le millieu', 119)는 사도행전 2:9-11에 나온 지역 명들이 동쪽에서부터 시계 반대 방향으로 언급한 것이라 본다. 여러 설명이 있지만, 정확한 이유를 알 수 없다: 참조. Elliott, *1 Peter*, 317, 배가 로마에서 출발하여 본도에 이르는 경로를 따랐다고 본다.

이나 순교의 수준은 아니었지만, 종교적이고 또 문화적, 도덕적인 여러 가지 이유들로 해서 교회는 끊임없이 주변 사회와 부딪치며 비난을 들어야 했다.

(2) Κόσμος와 수신자들의 종교적, 사회적 배경

베드로전서가 Κόσμος라는 용어를 사용할 때, 그 단어가 갖는 뉘앙스를 수신자들이 처한 종교적, 사회적 배경을 통해서도 어느 정도 엿볼 수 있다. 전통적으로 4:12의 '불같은 시험'이라는 표현이 베드로전서의 배경이 되는 '실제적이고 공식적인 핍박'의 상황이라고 보는 견해가 있어왔지만,[28] 사실은 공식적인 핍박의 상황이라기보다는 일상적이고 대중적인 적대감으로, 당시 로마 행정 관리들에게서 오는 것은 아니었다고 보는 입장이 일반적이다. 베드로전서에서 로마 정부는 오히려 대체적으로 긍정적인 관점 속에 놓여 있다(2:13 이하). 문제는 생활 속에서 부딪치는 동료 시민들이었고, 종교가 정치, 사회, 그리고 문화와 거의 구분되지 않았던 당시의 일상적인 생활양식 속에서의 충돌로, 기독교 공동체에 대한 주변 이방 사회의 '적대감'(hostility)에서 오는 갈등이 주원인이었다는 것이다.[29]

한편 베드로전서에서 '고난과 핍박'의 성격이 어떤 것이었는지는, 서신이 기록된 시기를 결정하는 문제와도 연관될 수도 있지만 베드로전서가 사도 베드로의 저작으로서 주후 66년 이전에 기록되었다고 보든지, 아니면 1세기 말 어느 시점에 기록되었다고 보든지, 서신이 전제하고 있는 고난의 성격이 교회를 향한 로마 당국의 공식적인 핍박의 시기를 암시한다고 볼 근거는 희박하다.[30] 네로 황제 시기(주후 54-68년)에 일어난 로마 대화재 사건 때(64년), 네로가 그리스도인들을 방화범들로 지목한 일은 그 이전부터 시민들 사이에 점증해왔던, 그

28　Jobes, *1 Peter*, 8, 20세기 초반 일단의 독일학자들은 자료비평에 근거해서, 베드로전서 1-3장의 상황은 4:12가 말하는 상황과는 다르며, 서로 다른 시기에 기록된 자료들을 편집했다고 보았다. 하지만 최근의 학자들은 베드로전서의 문학적 통일성을 인정한다.

29　Feldmeier, *The First Letter of Peter*, 2-13.

30　Jobes, *1 Peter*, 9, 핍박의 성격이 주로, 비방, 험담, 고소처럼 언어적인 부분에 제한되었음을 지적하며, Achtemeier, Best, Elliott, Kelly, Perkins, Robinson, Selwyn 등 같은 견해의 학자들을 열거한다.

리스도인들에 대한 적대감을 정치적으로 악용한 경우였다.[31] 그리고 그 사건은 지금 수신자들이 흩어져 있는 로마의 변방이 아니라, 로마 시내 한복판에서 일어났다. 베드로전서가 사도 베드로의 순교 이전에 기록되었다면, 로마에서 발발한 그리스도인들에 대한 공식적인 핍박의 소문이 지금 수신자들이 흩어져 있는 소아시아 변방에까지 부정적인 영향을 주어, 기존에 거하던 그리스도인들과 지역 시민들 사이의 종교적, 사회적 이질감과 갈등 상황을 부추겼으리라고 추정해 볼 수 있다.[32]

비록 네로 황제가 화재 사건의 희생양으로 지목하고 공식적으로 '범죄자' 취급을 했지만, 로마 정부가 대대적으로 교회를 적대시하기까지 그 갈등 관계는 오랜 세월 동안 소강상태였다. 대략 3세기까지는 로마 정부가 그리스도인들에 대하여 '대응적인'(reactive)인 자세로 일관한 것이다.[33] 비록 2세기에 들어서면서, 총독 Pliny는 "[그리스도인들]이라는 이름에 따라다니는 격노케 할 만한 행위들"이라는 표현을 인용하면서, 이를 두고 그리스도인들을 법정으로 끌고 가며 형을 선고할 근거로 삼은 경우가 있었지만, Pliny에게 주는 응답에서 트라얀 황제(주후 98-117년)는 정부가 그리스도인들을 정책적으로 응징하지는 않는다

---

31 Feldmeier, *The First Letter of Peter*, 2-3, 네로 황제가 (그 자신이 일으켰을 수도 있는) 로마의 대화재에 대한 시민들의 분노를 "그리스도인들이라 불리는 자들의 격노케 하는 행동들 때문에 그들을 미워했던 그 백성"에게로 돌리게 만든 것은 정치 공학적인 계산에 의한 것이었다(Tac, *Ann* 15,44,2: … *quos per flagitia invisos vulgus Christianos appellaba*). 설사, Tacitus의 이 보고서를 50년 정도 후대의 것으로 보고 그가 트라얀 황제 주변의 시각과 자신의 시대의 그리스도인들에 대한 평가를 반영한 것으로 보더라도, 여전히 원칙적으로 이런 평가는 신뢰할 만한 것으로 남아 있다; 이런 정치적 핍박은 대중이 이미 그리스도인들을 미워하고 있다는 사실에 기초한다. 소위 '핍박 어록'(persecution logia) 역시 이런 증오심, 가장 가까운 친족들에게서까지 받았던 그런 적대감의 존재를 증거한다(막 13:9-13; 마 10:17 이하; 눅 21:12-17; 비록 이 어록들이 유대적 기독교의 맥락과 연관되어 있다 할지라도, 이런 현상은 쉽게 이방인들 사이에서도 있었으리라 생각할 수 있다). 하지만 사도행전이 그려 주는 매우 이른 시기의 광경을 살펴보면, 정부 관료들이 아직은 그리스도인들을 보호하려고 개입하는 모습을 보인다.

32 베드로전서가 로마에서 66년 이전에 기록된 것이 맞는다면(5:13), 로마에서 그리스도인과 로마 시민들 사이의 점증하는 이질감과 적대감을 직면하고 있는 사도 베드로가, 변방에 흩어져 있는 교회들에게 어쩌면 그들에게도 다가올지 모르는 보다 심각한 갈등과 핍박 상황을 예견하며 썼다고 할 수도 있다.

33 Daune F. Watson & Terrance Callen, *First and Second Peter* (Grand Rapids: Baker Academic, 2012), 5-6, 첫 번째 공식적 핍박이었다고 할 수 있는 네로 황제의 로마 화재 사건 당시(64년) 이전, 사도 베드로 자신에 의해 베드로전서가 기록되었다고 본다.

는 원칙을 고수했다.[34] 또한 서신서의 본문 안에서도, 로마 정부가 대체로 긍정적인 시각에서 묘사되는 점(2:13-15)이나 주인과 종의 관계나 가정 관계처럼 일상적인 국면에서의 갈등들(2:18-20; 3:1-7), 그리고 단지 동참하기 어려운 '낯섦'에 대한 표현들(4:3-4)도 이런 견해를 지지한다.

그러므로 베드로전서가 전제하는 세상과의 갈등이나 핍박의 본질적인 성격은 지역적으로나 시기적으로, 그리고 서신서 본문의 표현들을 통해서도, 그것이 마치 그리스도인이 지하로 숨어들어야 할 만큼 공식적이고 대대적인 핍박의 상황이 아니라, 점증하는 일상적 차원의 갈등, 이질감, 충돌의 경우라고 보는 것이 합당하다.[35] 물론 점증되어갔던 갈등은 결국 로마 제국과의 피할 수 없는 충돌로 드러났다. 요한계시록에 나오는 일곱 교회들이(계 2-3장) 위치한 아시아 지역이, 바로 지금 베드로전서가 흩어진 교회들을 언급하는 그 지역들이라는 점은 그래서 시사하는 바가 크다. 그렇다면 당시 점증했던 이질감과 갈등, 핍박, 그리고 최종적으로 로마와 기독교가 서로 공존할 수 없을 만큼 충돌했던 그 뿌리는 어디에 있었을까?

그것은 근본적으로는 종교적 이유였다. G. Alföldy는 로마에게 있어서, "국가라고 하는 이 개념의 이념적인 근거는 종교"였으며, 로마는 실제로 그 질서 자체를 포함해서 하나의 성스러운 종교적 기관이라 할 수 있을 만큼 근본적으로 종교적이었다.[36] 일례로, Polybius는 주전 2세기에 이렇게 판단을 내렸다: "로마 제국의 가장 큰 장점은 … 아마도 내 생각에는 신들에 관한 그들의 관점과 태도에 있는 것 같다. 다른 나라 사람들에게는 꺼리는 것이 정확히 로마라는 국가에게는 근간에 해당하는데, 그것은 곧 '상당히 미신적인 종교성'(a virtually superstitious piety)이다. 그들의 종교는 공적인 영역뿐 아니라 개인들의 사적인 영역에서도 중대한 역할을 했는데, 그것은 보통 우리가 상상할 수 없을 정도로 그 두 영역의 삶의 본질에 해당했다"(Polyb 6.56.6-8). 또한 Cicero는 주전 1세

---

34 Feldmeier, *The First Letter of Peter*, 3-4.
35 J. N. D. Kelly, *A Commentary on the Epistles of Peter and of Jude* (London: A&C Black, 1969), 10; Achtemeier, *1 Peter*, 34-35.
36 Alföldy, *The Social History of Rome*, 35.

기경 이와 비슷한 판단을 전하는데(*NatDeor* 2.8), 그는 로마가 다른 나라보다 탁월한 점을 로마 사람들이 신들을 모시는 일에 끔찍이도 충성스럽다는 사실에서 찾았다: "그리고 만일 우리가 우리의 상황을 다른 나라 사람들의 상황과 비교한다면, 다음과 같은 사실이 부각될 수밖에 없다. 즉 우리는 다른 영역에서는 그들과 동등하거나 혹은 열등할지 몰라도, 종교에 관한 한, 즉 신들을 경외하고 모시는 일에 관한 한, 우리는 그들보다 훨씬 더 우월한(multo superiores) 위치에 있다는 사실이다."[37]

로마가 이렇듯 근본적으로 종교적이었기에, 그리스도인들이 표방했던 배타적 유일신(唯一神) 신앙이나 예수의 왕권, 하나님 나라 사상, 그리고 특히 종말론적인 가르침들이 점차적으로 로마가 관용하고 넘어가지 못할 만큼 이질적이고 낯선 것으로 드러날 수밖에 없었다. 다신론적인 세속적 문화에 바탕을 둔 로마 제국의 공식적인 종교는, 그들의 문화와 사회의 모든 영역에 밀접하게 연관되어 있었고, 로마 사회의 영적인 근간을 붙들고 있었으며, 국가로서의 이상(idea)과 일치하는 그 무엇이었다. 그래서 그리스도인들이 로마 제국에 대해 끊임없이 충성을 확증해왔어도, 결국은 사회의 질서를 정당화하고 있었던 그 종교 문화(cultus)를 거부할 수밖에 없었고, 그리스도인들의 그런 태도는 점차로 종교적 신앙에 근거한 로마 국가 질서 근간에 대한 공격으로 받아들여질 수밖에 없었다.[38]

게다가 그리스도인들의 공격적인 선교 방식도 그 점증하는 갈등과 충돌에 기여했다. 고대 사회에서 '오이코스'(οἶκος)란 그 집안에 깃들어 사는 사람들까지 포함해서 확대가족을 의미했는데, '오이코스'를 대상으로 하는 기독교 선교는 사회적 근간을 공격하는 위협으로 여겨졌다(참고. 2:18 이하).[39] 이렇게 보면, 베드로전서가 이러한 갈등과 충돌의 부분에서 매우 예민한 반응을 보이며, 사

---

37 Feldmeier, *The First Letter of Peter*, 5, 각주 14.
38 Feldmeier, *The First Letter of Peter*, 6, "또한 그리스도인들이 이 세상의 임박한 멸망을 기대했고 간절히 기다렸다는 사실도 그들이 로마에서 인기 있는 그룹으로 받아들여지는 일에 결코 공헌하지 못했다"(각주 19).
39 Feldmeier, *The First Letter of Peter*, 8.

도행전과는 다소 다르게 주로 복음으로 '직면하고 충돌하는' 방식보다는 삶에서 십자가의 길을 통해 '소통하고 설득하는' 방식들을 제안한 것을 어느 정도 이해할 수 있다. 당시의 적대적 상황이 보다 완충적인 선교 방식을 요구했을 정도의 수준이었다고 상정해볼 수 있기 때문이다.

실제로 역사 기록들은 로마 사회가 그리스도인들의 신앙을 '무신론'(ἀθεότης)이라든가 '미신'(δεισιδαιμονία)이라는 표현으로 묘사하기도 하고, 그리스도인들을 '인류가 미워하는 바'(μισανθρωπία, hatred of humanity)로 부를 만큼, 그리스도인들은 종교적으로나 사회적으로 이질적이고 배타적인 존재들로 비쳐졌다. 그래서 Celsus는 그리스도인들의 배타적인 단일신론(monotheism)에서 '반역의 외침을 들었다'고 했으며(Orig, Cels 8, 2), Plutarch는 이 '미신'의 특징으로 '나머지 다른 사람들과 어떤 공통된 세계를 갖지 않는다'(Plut, Superst 166C)고까지 했는데, 이것은 사실 당시 기독교에 상당히 걸맞은 묘사였다.[40]

사실 로마는 피지배 민족들의 종교에 그리 불관용적이 아니었다. 유대인들의 경우도 로마인들로부터 낯섦과 혐오를 경험했지만, 유대인들에게는 그들이 오랫동안 유지해왔던 종교적 전통이 있었고, 또한 선교에 있어서도 할례나 음식법처럼 까다로운 절차가 있기도 한 이유로 훨씬 더 제한적이고 동시에 훨씬 덜 공격적으로 비쳐졌다. 하지만 로마의 이런 넓은 아량 속에도 명백한 제한이 있었는데, 그것은 로마 국가나 그 사회적 기관들의 종교적인 적법성에 대해 그들이 요구하는 적절한 존경을 표하지 않는 경우였다. 당시 로마에게 있어서 종교와 정치는 "둘 다 … 권력의 그물망으로 얽힌 부분들"(parts of a web of power)이었기 때문에, 사회적, 문화적 이유로, 그리고 종교적 이유로 비협조적이며 오히려 공격적이었던 기독교는 '권력의 그물망'에 결국 걸려들고 말았다.[41] 당시 그리스도인들이 사회적, 정치적 관계까지 깨뜨리면서 종교적 배타성(exclusivity)을 견지했던 행동은, 역시 다신론적 종교에 영적, 정치적, 문화적 근간을 두었던 로마로서는 견딜 수 없이 이질적인 것으로 이해되거나 받아들일

---

40 Feldmeier, *The First Letter of Peter*, 8, 각주 31.

41 S. R. F. Price, *Rituals and Power: The Roman Imperial Cult in Asia Minor* (Cambridge: Cambridge University Press, 1984), 11.

수 없는 부분이었다.[42]

이러한 거부감은, 그것이 3세기경 한계점에 달하기 전부터, 로마 시민들과 대중의 모든 사회 계층 안에 서서히 쌓여가기 시작했다. 그 시기에 '그리스도인'이라는 이름과 '격노케 하는 행동들'(outrageous deeds)이라는 표현이 서로 연관되는 흔적에서 발견되는 것도 이를 반증한다(Pliny, *Ep* 10.96.2; Tacitus, *Ann.* 15.44.2).[43] 만일 사회적으로 낙인찍는 경향이 이런 식으로 나타난 것이라면, 그리스도인들에게 붙여졌던 비난들 예컨대, 무신론자들, 인류를 증오하는 자들, 참아줄 수 없이 교만한 자들, 그리고 폭동을 일으키는 무리들이라는 낙인들은 이미 이 충돌의 저변에 깔려 있는 근본적 이유들에 대해 어느 정도 알려 주는 바가 있는 것이다.[44]

하지만 기독교가 로마의 다른 종교 문화적 환경과 서로 공존할 수 없었던 그 배타성은, 일상생활로 돌아올 때는 잠정적으로 다소간 누그러질 수 있었다. 비록 어떤 작은 위기라도 이런 공존할 수 없는 긴장 관계를 다시 깨뜨릴 수 있었지만, "지방의 많은 마을들에서는 타지에서 온 사람들과 얼마든지 타협할 수 있었고, 그들도 그렇게 할 수 있었다"(F. Vittinghoff, *Christianus*, 333). 그러다가 그리스도인들이 주변 이웃들의 사회적, 문화적 행사, 동시에 종교적, 정치적이기도 한 행사에 계속적으로 불참하고 따로 소속감을 발휘하여 그것이 집단적으로 드러나는 일이 점증했을 것이다. 예를 들어, 고린도 교회에서 잡다한 우상들에게 바쳐졌던 제물을 먹는 것을 금하는 관행이 생겨났고, 그것은 더 나아가 이방인들과 함께 식사하는 것도 꺼리는 관행과도 밀접히 연결되었다(참고. 고전 8장; 갈 2장).

---

42 Feldmeier, *The First Letter of Peter*, 7, 각주 22; W. Schäfke, *Widerstand*, 649, "고대의 종교적 사상의 근본적 구조는 바로 이런 현상에서 가장 두드러진다. 즉 이 세상에서 일어나는 불행한 일들은 인간이 신들을 바로 모시지 못했기 때문이라고 하는 생각이다. 그래서 오래된 신들에게 경의를 표하지도 않고 그들에게 제물을 바치지도 않는 그리스도인들은 끊임없이 지진이나 기근, 전쟁이나 혁명, 전염병이나 홍수, 가뭄 등에 대해 책임이 있는 자들로 낙인찍히곤 했던 것이다."

43 Feldmeier, *The First Letter of Peter*, 5.

44 Dryden, *Theology and Ethics in 1 Peter*, 42-43, 따라서 이러한 사회적, 종교적 갈등의 문제에 대한 베드로전서의 응답 또한, D. L. Balch (*Let Wives be Submissive: The Domestic Code in 1 Peter*, SBLMS 26)가 접근하는 식의 단순히 사회적 차원이라는 제한된 시각에서 볼 수 없다고 주장한다.

이런 점들이 비록 지방 변두리일지라도, 주변 이웃들로 하여금 일종의 혐오감을 불러일으켰는데, 특별히 상업적인 거래가 얽힌 축제들에 참여하는 것을 거부했을 때 더욱 그러했다. 한 좋은 예를 갈레리우스 황제의 어머니가 기독교를 혐오했던 사실에서 찾을 수 있는데, 그녀는 자신의 고향 마을에서 거의 매일 일어나는 이방 신들의 제사와 그 제물들을 멀리했던 그리스도인들을 극도로 미워했다(Lact, *MortPers* 11).[45] 그리스도인들이 장례식 문화나 무덤들에서부터 멀어져 간 사실도 주변 사회를 충분히 자극했다(Tert, *Scapul*, 3). 더구나 기독교가 확장되어가면서 경제적인 이득을 침해당했을 경우에는 훨씬 더 민감한 반응이 있었다.[46] 이와 유사하게, 동시대 사람들의 눈에 기독교는 사회적 부패를 조장한 것으로 비쳐졌는데, 그것은 소위 이 새로운 '미신'(superstition)과 그것이 만들어 내는 새로운 공동체(교회)가 당시 로마의 현존하는 사회적 관계들 속에 스며들어 그들의 사회적, 문화적 구조를 파괴하는 위협적인 새로운 삶의 방식들을 소개했기 때문이다.

이처럼, 그 충돌의 뿌리는 종교적인 것이었지만, 종교와 정치, 그리고 사회와 문화가 한 체제로 형성되어 있던 로마 제국에게 있어서, 그리스도인들이 그들이 속한 지역의 일상적 삶 속에서 사회적, 문화적 일탈과 갈등을 빚게 되는 정황이, 지금 베드로전서가 염두에 두고 있는 '세상'이라 할 수 있다. 그러므로 여기서 상정되는 충돌은, 공개적이고 전면적인 핍박이나 그에 맞선 순교의 상황은 아니나, 그런 발화(發火)의 정점을 향해 지속적으로 마찰을 일으키는 단계라 할 수 있다. 이때 기독교는 주변 사회로부터 오해를 받으며, 각종 비난과 혐오의 말들을 듣고, 무엇보다 서로 적응할 수 없는 근본적으로 이질적인 '낯섦'을 경험하게 된다. 베드로가 그 흩어진 교회들에게 제시하고자 했던 해법은, 바로 이와 같은 '세상'을 지나가는 교회를 위한 것이다.

---

45 Feldmeier, *The First Letter of Peter*, 7, 각주 25.
46 사도행전 19:23 이하 은대장장이들의 반란도 이미 이런 현상의 예를 보여 준다.

2. Κόσμος와 '제사장 교회'(1:1–2:10)

비록 Κόσμος라는 용어가 직접 사용되는 것은 1:20과 5:9(참고. 3:3의 ἱματίων Κόσμος의 경우는 제외) 두 곳뿐이지만, '세상'이라는 개념은 베드로전서에 편만해 있다. Joel B. Green은 그의 주석의 첫 장에서 베드로전서의 가장 중심적인 주제를, '과연 로마를 어떻게 상대할 것인가? 로마에 대해서 무엇을 할 수 있을까? 그리고 로마를 통해 무엇을 이룰 수 있을까?'라는 핵심적인 질문으로 요약한다.[47] 그만큼, '세상'이라는 개념은 베드로전서의 이해에 결정적이다. 심지어 서신의 서론에 해당하는 첫 번째 단락인 1:1-2:10에서, 베드로는 성도의 구원과 교회의 사명을 설명하는 데 있어서도 '세상'을 배경으로 그 가르침을 전개한다.

물론 1:20에서 πρὸ καταβολῆς κόσμου라는 표현은 우선적으로 '그리스도'에게 적용된 것이다. 하지만 그로 말미암아 구속된 교회에 대해 설명하는 1:18-19과 2:3-10의 문맥에서 '산 돌'이신 그리스도와 함께 하나님의 영이 거하시는 집으로 지어져가는 교회론이 펼쳐지는 대목이, 교회가 세상이 기초하기 이전의 그리스도와 함께 계획되어 있었다는 인상을 주기에 충분하다. 이런 점에서, 1:1-2:10에서 전개되는 교회론은 '세상'과는 다른 교회의 본질과 소속, 방향과 사명에 관하여 '삼위 하나님'을 근거하고 '출애굽 모티브'를 사용하여 설명하는 장엄한 선포가 된다. 교회란 무엇인가?[48] 베드로는 이를 세상과 강력한 대조 속에서 설명하는 것이다.

2.1 교회, 세상과는 다른 소속, 방향, 목적(1:1-2)

베드로전서 1:1-2는 서신서의 인사말에 해당한다. 넓게 보면 1-12절까지가 서문에 해당할 것이다. 인사말을 제외하면, 3절부터 9절까지는 서문의 본격적

---

47 Green, *1 Peter*, 1, "What to do with Rome? What to do about Rome? What to make of Rome?"
48 이 단락("2. Κόσμος와 '제사장 교회'")의 개략적인 내용은, 채영삼, "교회란 무엇인가?(1): 베드로전서 1:1-2 주해", 〈백석신학저널〉 23 (2012): 305-321을 참조하라.

인 시작이라 할 수 있다. 한편 10절은 '이 구원에 대하여는'(περὶ ἧς σωτηρίας)이라고 시작하면서 교회가 종말에 받을 구원이 얼마나 존귀하고 놀라운 것인지를 과거의 선지자들과 하늘의 천사들을 동원해서 입체적으로 부연 설명하고 있는 부분이다. 그리고 13절부터는 '그러므로'(Διὸ)라는 접속사를 통해 전환을 꾀하여, 저자가 이제 그런 구원을 받았고, 받고 있고, 장차 받을 교회가 '어떻게 지금 여기'를 살아야 할지에 대한 가르침과 교훈을 본격적으로 시작하는 부분이다.

이렇게 10-12절이 구원에 대한 확대 부연 설명이라고 보면, 1-2절의 인사말과 3-9절까지는 베드로전서의 서문에서도 핵심적인 고갱이에 해당한다. 잘 알려진 대로 베드로전서 하면, 쉽게 '나그네와 행인'이라는 문구를 떠올린다. 이미 1-2절에도 이런 이미지가 나오지만, 교회에 대한 이와 같은 묘사가 본격적으로 드러나는 대목은 2:11 이하이다. 교회를 향해 이 세상을 '나그네와 행인'과 같이 지나가라고 명령하는 서신서 본론에 해당하는 부분이다. 그 이후 본론의 많은 권면들은 직간접적으로 이 주제와 연관되어 있다. 그렇다면 베드로전서는 '왜, 무슨 근거로', 이 땅의 교회가 '나그네와 행인'처럼 이 세상을 지나가야 한다고 주장하는가? 서신서의 서문, 곧 1-12절, 특히 인사말인 1-2절이 중요한 이유는 이 질문에 대한 중요한 실마리를 제공하기 때문이다.

사실 그레코로만 시대의 일반적인 서신서들이 그랬지만, 신약의 서신서들에 있어서도 인사말을 포함한 서문의 중요성은 잘 알려져 있다. 서신서의 서문이 본론에서 제시되는 다양한 주장들의 근거를 제시하거나 그 방향을 암시(foreshadowing)한다는 점이 그것이다. 베드로전서도 그 좋은 예이다. 그렇다면 베드로전서는 그 인사말인 1:1-2에서 서신서 전체를 이해할 수 있게 하는 어떤 단서들을 제시하는가? 헬라어 원문 1절에서(개역개정은 1-2절) 베드로가 수신자를 묘사하는 표현들은 매우 특별하고, 함축적이고, 의미심장하다. 베드로는 수신자들을 삼중적(tripartite)으로 설명한다. (i) 먼저 그들은 '불러내심을 받은 자들'(ἐκλεκτοῖς) 혹은 '택하심을 받은 자들'이고, (ii) '방문하는 여행객들'(παρεπιδήμοις)이며, 또한 (iii) 그들은 '흩어진 자'(διασπορά)들이다. 이 세 가지 표현은 교회의 정체성과 사명, 그리고 그들을 향한 하나님의 계획과 섭리까지 그 모두를 보여 주는 표현들이다.

(1) 교회, 세상과는 다른 소속(所屬)

먼저 2절(원문, 1절)의 '택하심을 입은'(개역한글; 택하심을 받은, 개역개정, ἐκλεκτοῖς)이라는 표현은 베드로가 교회를 묘사하는, 특별히 교회의 정체성과 소속감에 관해서 말하고자 하는 중대한 사실을 선포한다. 교회는 그리스도께서 택하여, 이를테면 세상으로부터 따로 빼내신 자들이다. 다른 목적, 다른 방향, 다른 사명, 다른 정체성, 다른 소속을 표시한다. 교회가 부르심을 받아 따로 빼내어진 존재라는 사실은 이후 베드로가 전개하는 서신서의 본론 가운데 특히, 1:2에서부터 2:9-10까지를 지배하는 중대한 개념이다: "오직 너희는 택하신(ἐκλεκτόν) 족속이요 … 어두운 데서 불러내어(καλέσαντος) … 이제는 긍휼을 얻은 자니라." 부르심을 받았고, 택하심을 받았고, 그래서 세상과는 다르게 이제는 하나님께 '소속'되어 있다는 사실은, 교회가 무엇인지를 설명해 주는 가장 핵심적인 특징이 되는 것이다.

이를테면, 이런 생각은 서론에서 본격적인 교훈과 권면이 시작되는 1:13 이하, 특히 15절에서 교회를 향한 교훈과 명령을 주는 신학적 근거로서 명확히 표면에 떠오른다. 교회는 오직 그들을 '부르신 자처럼'(τὸν καλέσαντα) 거룩함에 참여하고 또 거기에 거하며 거기서 자라나가야 한다. 거룩의 반대는 '오염된(profane) 것'이다. 곧 세상이다. 세상에는 거룩이 없다. 하나님을 떠나 있기 때문이다. 하나님께서 교회에게 거룩을 요구하시는 것은, 교회가 세상과는 다른 존재이고 '오염된' 세상이 아니라 거룩하신 하나님께 '속해' 있기 때문이다. 그들은 이제 하나님의 '순종하는 자식'(1:14)이기 때문이다.[49] 교회가 하나님과 갖는 이 생명적 관계를, 베드로는 후에 그들이 '썩지 않는 씨' 곧 하나님의 영원한 말씀으로 거듭났기 때문이라고도 설명한다(1:23).

그래서 교회는 세상과 다른 존재이다. 존재도 다르고 소속도 다르다. '하나님'이 불러내셨다는 그 사실에 그들의 모든 정체성의 핵심이 놓여 있는 그런 존재들이다. 다른 무엇으로는 그들의 정체성의 본질을 설명할 수 없다. 교회가 교회인 것은 하나님께서 그들을 택하셨고 불러 빼내셨기 때문이다. 하나님께서

49　Feldmeier, *The First Letter of Peter*, 102.

그 자신을 위하여 그들을 '소유하신 백성'(λαὸς εἰς περιποίησιν, 2:9)으로 삼으셨다는 사실에 있다. 교회는 그래서 하나님이 아니면 아무것도 설명되지 않는 존재이다. 어떤 교회가 좋은 교회인가? 어떤 교회가 정말 교회다운 교회인가? 우리들의 교회를 설명하는 가장 큰 특징들은 무엇인가? 그렇게 세상과 다른가? 그렇게 하나님을 따라 모든 일에 거룩함과 경건함을 특징으로 갖고 있는가? 교회의 교회다움을 성경적 기준으로 판단하는가, 아니면 세상적 기준으로 판단하는가?

(2) 교회, 세상과는 다른 방향

베드로가 수신자들을 묘사하면서, 교회를 설명할 때 사용하는 두 번째 특징적인 표현은 개역한글과 개역개정 모두 '나그네'로 번역한 παρεπίδημος인데, 정확히 옮기면, '체류하는 외국인'(resident alien)들이다. 어느 나라에 잠시 머무는 외국인이다. 이 단어는 신약에서는 베드로전서, 이곳에만 나온다. 어떤 학자들은 이 παρεπίδημος가 단지 나그네처럼 이 세상을 지나가 천국에 이른다는 식의 영적인 의미라기보다는, 실제로 1절에서 열거된 로마의 북쪽 소아시아 변방에 거주했던 초대 그리스도인들의 '사회적, 경제적'인 처지를 묘사한다고 보기도 한다.[50] 하지만 '나그네와 행인'(개역한글)이라는 표현이 상징적으로 쓰이기도 하기 때문에, 둘 다 해당한다고 보는 것이 정당하다(특히 2:11).[51] 서신서의 본론 부분을 살펴보면 이들은 신앙적인 이유 때문에 주류 사회에 동화될 수 없는 주변인들임이 명확히 드러나기 때문이다(1:14-8; 2:11; 4:1-6).

정체성과 소속이 하나님께 있는 이 교회들은 본질적으로 이 세상 사람들과 도저히 섞일 수 없다. 가는 길이 다르다. 이는 윤리적 명령들이 본격적으로 나오는 1:13 이후에서, 베드로가 곧바로 그들을 '이전 알지 못할 때 좇던 너희 사욕들'을 좇아서는 안 되는 사람들(14절)로 묘사하는 점에서도 두드러진다. 그들

---

50 Elliott, *A Home for the Homeless*, 22-30; 또한 이와 유사한 논조를 전개하는, 박경미, "베드로전서의 집 없는 나그네들과 하나님의 집", 131-151를 참조하라.

51 Scot McKnight, *1 Peter* (The NIV Application Commentary, Grand Rapids: Zondervan, 1996), 47-52.

은 세상이 그 잘못된 정욕대로 가는 길로 함께 따라가서는 안 되고 그럴 수도 없는 사람들이다(μὴ συσχηματιζόμενοι, 14절; 참고. 3:21-22; 4:1-3). 도리어 그들을 부르신 거룩한 자를 따라가야 한다. 방향이 전혀 다르다.

교회의 이런 소속과 방향성은 당연히 세상에서 교회의 위치를 '체류하는 외국인'의 신분으로 만든다. 교회는 이 세상에 머물 수도 없고, 이 세상에 영원히 뿌리내릴 수도 없다. 그것은 교회의 본질이나 정체성으로 볼 때 불가능하다. 교회는 이 세상을 지나가게 되어 있다. 교회는 언제나 세상에서 '낯설게' 되어 있다(4:4). 그리고 반드시 이 세상을 '지나가야' 한다. 뿌리내릴 수가 없다. 그 정체성과 소속이 하나님이시며, 예수 그리스도이시기 때문이다. 교회는 세례를 통해 그리스도와 본질적으로 같은 운명(?)을 갖게 된다. 그리스도께서 가신 그 길을 가게 된다. 그것은 악을 악으로 갚지 않으며, 선으로 악을 이기고, 불의한 자를 대신하여 가는 의로운 자의 고난과 죽음과 부활의 길이다(2:18-3:22). 그러므로 이 길을 가지 않는 교회, 이 세상에 머물며, 마치 이 세상에서 대대로 살 것처럼 쌓고 지키고, 세습하고 물려주고 뿌리내리려는 태도는 방향을 잘못 잡은 교회, 출애굽 하지 못하는 교회, 받은 세례를 부인하는 교회이다. 교회는 이 세상에 속해 있지도 않고, 이 세상이 종착역도 아니다. 하늘 보좌에 이르기까지, 순례하는 교회, 그것이 교회의 방향이다.

(3) 교회, 세상과는 다른 목적

베드로가 교회를 묘사함에 있어서 세 번째로 제시하는 본질은 '흩어진 자들'(διασπορᾶς)이라는 점이다. 이 표현은 교회가 세상과 갖는 관계에서 매우 색다른 특징을 드러낸다. 우선 '흩어져 있는'은 바로 뒤따라 열거된 지명들에 의해 현실적으로, 지리적으로 명백히 '흩어져' 있다는 의미를 갖는다. 베드로가 어디에서 이 서신을 쓰고 있든지 간에, 먼저 언급된 지역들 예컨대 본도나 갈라디아, 갑바도기아와 같은 지역들은 문화나 복음 전파의 정도에 있어서 뒤에 언급된 아시아나 비두니아보다 훨씬 더 뒤떨어지는 지역들이다.[52]

---

52 앞의 "1.2 베드로전서의 배경과 Κόσμος, (2) Κόσμος와 수신자들의 종교적, 사회적 배경"을 참조하라.

여기서 지금 베드로가 '불러냄을 받은'과 '체류하는 외국인 같은'이라는 수식어들과 더불어 수신자들을 묘사하는 세 번째 표현인 diaspora가 지리적 위치 이상의 의미를 갖느냐는 문제를 생각해볼 수 있다. 교회가 '불러냄을 받은' 것과 '체류하는 외국인과 같은' 정체성을 가졌다는 사실이 모두 사회적, 문화적이고 또한 영적인 상황을 묘사하는 상징적인 의미로 이해될 수 있는 것처럼, '흩어져 있는' 교회라는 묘사도 단지 지리적인 묘사일 뿐 아니라, 그들의 사회적, 문화적 정황, 그리고 더 나아가 영적인 의미도 포함하는 것으로 읽히기 때문이다. Douglas Harink는 이를 지리적 의미뿐 아니라 '흩어 뿌려진'의 의미를 내포한 것으로 예수의 '씨 뿌리는 자의 비유'와 연관이 있으며(마 13:8), 더 나아가 '열방 가운데 흩어져 하나님을 기억하는 백성'이라는 개념과도 관계된다고 본다(슥 10:9; 신 28:25): "만일 포로 됨이 교회가 '무엇으로부터 분리됨'(separation-from)을 의미한다면, '디아스포라'는 이방 열국들 가운데로 '보내어짐'(sending-out), 그곳에 '뿌리내림'(taking-root-in)과 그들 가운데서 '꽃 피어남'(flourishing-among)을 뜻한다."[53]

더구나 διασπορα라는 용어는 이스라엘의 포로기 이후 하나님의 백성의 귀에 아주 익숙할 뿐 아니라 뼛속 깊숙이까지 울림이 있는 단어이다. 이 한 단어에, 깨어진 첫 번째 언약과 그 비참한 결과인 포로기의 역사가 고스란히 담겨 있다. 한국 사람들이 '식민'이라는 단어를 들으면 일제 강점기의 비참한 역사를 가슴으로 느끼게 되는 것과 다름없다. 그래서 베드로가 1절에서 διασπορα라고 했을 때, 우선적으로 떠오르는 생각은, 저자가 '약속되었던 이스라엘의 회복이 아직도 이루어진 것이 아니라고 보고 있는가?'라는 의문이다. 하지만 베드로는 이 서신에서 이미 교회가 예수 그리스도로 말미암아 거듭났고, 새 언약에 참여하고 있다는 사실을 분명히 밝힌다(1:2, 10-12, 22-25; 2:1-10; 3:18-22).

예수께서 이스라엘에 나타나셨을 때, 이스라엘은 포로기에서 회복되었다(마 1-4장; 눅 1-4장; 행 1-2장).[54] 그것이 복음서가 한결같이 전하는 기쁜 소식의 내용

---

53 Harink, *1 & 2 Peter*, 35.
54 특히 마태복음 1-4장은, 이스라엘의 회복에 관한 약속들이 성취되었다는 설득력 있는 선포들로 채워져 있다. Chae, *Jesus as the eschatological Davidic Shepherd*, 173-184; 채영삼, 『긍휼의 목자 예수』, 34-88

이다. 새 언약은 그리스도 안에서 성취되었고, 하나님의 신실한 약속대로 새 이스라엘, 하나님의 종말의 새 백성, 곧 교회가 탄생한 것이다. 그분은 이 새로운 하나님의 백성의 목자 되신다(마 9장; 요 10장). 그가 흩어져 유리하는 그의 양 무리를 모으셨다. 그가 먹이시고 치유하시고 회복하시고 이끄신다. 그가 하나님의 양 무리의 새로운 목자장이시다(2:25). 하지만 그분은 부활하시고 승천하여 하나님 우편에 앉아계신다(3:22). 그리고 이제는 거기서부터 그의 양 무리를 모으신다. 종말에 이 땅에 흩어진 하나님의 교회들, 그의 양 무리들이 그분 앞에 다시 '모아질' 날이 온다. 그들은 그날과 그때, 그 어린양이요 목자 되신 주 예수 그리스도 앞으로 나아간다(계 7:9-17).

분명한 것은, 이제 이 흩어진 양 무리, 주의 교회들이 다시 모일 때, 그때는, 주 앞에서 모이게 될 것이라는 사실이다. 그분이 지금 하늘 보좌 우편에 앉아계시기 때문이다(벧전 3:22; 시 110:1; 8:6). 그분의 흩어진 교회들도 결국 그 앞에까지 이르러야 한다.[55] 이곳이 흩어진 교회, 부르심을 받아 이 세상에 체류하는 외국인들처럼 이 세상을 지나가야 하는 교회가 도착해야 할 마지막 종착지이다. 그래서 이 땅에서 흩어진 주의 교회는 그의 부르심을 받고, 이 세상을 지나가, 마침내 그분 앞에 모이게 된다. 여기서 가장 결정적인 문제는 과연 교회가 '어떻게 이 세상을 지나, 그 보좌 앞에 이를 것인가?'이다. 베드로는 본론(2:11-3:22)에서 이 문제를 본격적으로 다룬다.

2.2 삼위 하나님과 교회, 그리고 세상(1:2)

2절은 발신자인 사도 베드로가 수신자인 교회에게 구체적인 인사를 전하는 내용이다. '부르심'을 받아 이 세상에서 잠시 '체류하는' 외국인과 같은 '흩어진'

를 참조.

55 Peter H. Davids, *The First Epistle of Peter* (The New International Commentary on the New Testament, Grand Rapids: Eerdmans, 1990), 146-147, 146-147, 베드로전서 3:13-22을 'the example of Jesus'로 명명하면서도 하늘에 오르시어 '모든 권세들'(요 12:31; 고후 4:4; 고전 10:19-21; 계 9:24)을 지배하는 예수의 지위와 권능을 강조한다.

교회들에게 사도 베드로는 무어라고 첫 마디를 뗄 것인가. 이미 베드로는 1절 (원문)에서 자신의 이러한 교회관을 여실히 드러냈다. 그리고 2절에 오면, 그렇게 교회를 바라보게 되는 그의 신학적 근거를 제시한다. 간단한 인사말이지만, 그의 교회관과 신학이 그대로 담겨 있다고 해도 과언이 아니다.

(1) 성부 하나님, 창세(創世)전에 교회를 계획하심

1절(원문)에서 삼중적으로 묘사된 교회처럼, 2절에서는 삼위 하나님의 교회를 향한 사역을 하나씩 짚어가며 기록한다. 간결하지만 치명적이다. 교회란 무엇인가? 우선 베드로는 '하나님 아버지의 미리 아심을 따라' 된 교회라고 표현한다. 2절에서 성부 하나님의 미리 아심에 관련해서 사용된 전치사는 κατά이다. 매우 흥미로운 문맥에서 흥미로운 전치사가 쓰인 것이다. 어떤 이들은 κατά가 앞에 나오는 ἀπόστολος 곧 베드로의 사도직을 변호하는 것이라고 보지만,[56] 하나님과의 관계 때문에 사회적, 정치적, 문화적으로 소외된 수신자들이 근본적으로 누구인지, 즉 ἐκλεκτοῖς에게 택함 받은 그들의 정체성을 설명하는 것으로 보는 편이 인접 문맥이나 넓은 문맥에서도 적절하다. 베드로전서에서 κατά는 하나님의 미리 아심(1:2), 긍휼(1:3), 거룩한 성품(1:15) 또는 '하나님의 뜻'(4:6, 19; 5:2)과 함께 어울리고 조화되는 어떤 '자질들, 행동, 또는 태도'를 가리킨다.[57]

그러므로 2a절의 초점은, 교회가 교회 된 것은 하나님의 계획과 의지, 곧 그의 뜻에 '따른' 것임을 강조한다. 그것은 특별히 성부 하나님의 πρόγνωσις(미리 아심)으로 표현된다.[58] 여기서 πρόγνωσις는 일차적으로 수신자들이 교회 된 것이 '개인의 선택'이 아니라 '하나님의 주권'임을 설명하는 측면도 있겠지만,[59] 보다 구체적으로 그들이 흩어져 있고 고난당하는 상황이 전혀 우연이 아님을

---

56 W. Grudem, *1 Peter* (Tyndale New Testament Commentaries, Grand Rapids: Eerdmans, 1988), 50-51; Selwyn, *The First Epistle of St. Peter*, 119-120.

57 Elliott, *1 Peter*, 317-318.

58 Feldmeier, *The First Letter of Peter*, 56-57, 여기서 πρόγνωσις는 당대의 스토아 철학이나 헬라적 유대교에서 강조된 운명론이나 섭리의 개념이 아니라, 1:1의 '택하심'의 효력으로 드러난, 구원을 향한 하나님의 자비로우신 뜻에 해당한다고 정의한다.

59 M. Eugene Boring, *1 Peter* (Abingdon New Testament Commentaries, Nashville: Abingdon Press, 1999), 55; Jobes, *1 Peter*, 68-69; Elliott, *1 Peter*, 318.

강조하는 수사학적 효과를 가져온다는 사실도 알 수 있다.[60] 한 걸음 더 나아가면, 2a절의 πρόγνωσις는 '세상'과도 관련이 있음을 알 수 있다. 문맥적으로 보면, 지금 수신자들은 로마의 변두리 소아시아 지역에 흩어져 있다. 하지만 그들은 그 땅에 흩어져 있다는 현상만으로는 설명되지 않는 존재이다. 그들이 그 땅에 흩어져 있기 '이전에' 하나님의 계획 속에 있었다. 여기서 세상 속에 흩어져 있는 실존 그 이전(πρό)이라는 개념이 포함되어 있는 것이다.

명사형인 πρόγνωσις의 이런 문맥적 특징은 조금 후 1:20에서 쓰이는 προεγνωσμένου라는 분사를 통해서도 뒷받침된다. 이번에는 보다 분명히 πρὸ καταβολῆς κόσμου라는 전치사구의 수식을 받으며 그 의미가 뚜렷해진다. 1:13-25이 전반적으로 1-12절에서 선포된 구원론에 근거한 성화론적 내용을 담고 있다는 것을 고려하면,[61] 1:20의 προεγνωσμένου는 1:2의 πρόγνωσις와 이와 같은 식의 관련을 맺고 있음을 추정할 수도 있다. 1:20의 전후 문맥은 16-17절이 명확히 권면하듯이 수신들이 그 흩어져 있는 지역에서 살아갈 때에 하나님을 향한 거룩한 두려움과 경건한 행실로 살아갈 것을 강조하는 내용이기 때문이다.

따라서 1:20의 경우는, 우선적으로 거룩한 삶에 대한 권면의 문맥인데, 그리스도의 보배로운 피로 구속된 사실도 '조상의 망령된 행실'(18절)에서 '해방'을 얻기 위한 것으로 표현된다.[62] 이렇게 세속으로부터의 거룩함을 강조하는 맥락에서 그리스도는 또한 '세상'(Κόσμος)과 강한 대조를 이루는 것이다. '세상의 기초가 놓이기 전에'(πρὸ καταβολῆς κόσμου)라는 표현에서 '이전에'(πρὸ)라는 접두 전치사는 1:2의 κατά의 경우를 떠올리게 하기에 충분하다. 후자가 교회의 탄생이나 정체성에 관한 맥락이라면, 전자의 경우는 교회의 거룩한 삶을 위해 주어

---

60 Achtemeier, *1 Peter*, 86.
61 Jobes, *1 Peter*, 56, 1:3-12은 그리스도인의 삶을 위한 근거로서의 송영(doxology)이며, 1:13-2:3은 그리스도인의 그러한 존재에 근거한 성화의 명령(be what you are)으로 본다.
62 Green, *1 Peter*, 41-42, 18-19절에서 구속의 초점은 죄나 그 결과가 아니라, '너희 조상의 헛된 행실'이라는 세상으로부터의 거룩이라는 점이 강조되었으며, 구원에 관련하여, 현재와 미래에 대해서는 '구원'이라고 표현하지만, 과거에 대해서는 '해방되었다'(ἐλυτρώθητε)는 표현을 사용한다; 참조. Achtemeier, *1 Peter*, 130, 18-19절의 배경으로서, 삶의 방식이 대조되면서 희생 제물이 언급되는 경우를, 이방인들이 개종하는 배경에서 찾는 경우도 있다(Van Unnik).

진 표현이다. 하지만 흥미로운 것은 1:2의 경우가 1:1에서 '흩어진 교회'처럼 세상을 배경으로 하듯이 1:20도 마찬가지로 '그리스도를 통한 구속'을 근거로, 역시 세상을 배경으로 한다는 사실이다.

여기서 구속의 근거로서 그리스도는 곧바로 Κόσμος와 대조되는데, 하나님께서 그리스도를 '미리 아신' 것은 세상의 창조 '이전'이라는 것이 초점이다. 이런 사실이 설득력을 가지는 것은, 세상 속에 흩어져 살고 있는 교회가 과연 그 세속 한복판에서 '무엇을 따라야 할 것인가'의 문제에 부딪히고 있기 때문이다. 세속의 유혹을 받는 것이다. 그들은 '하나님 아버지의 미리 아심을 따라'(κατὰ πρόγνωσιν θεοῦ πατρὸς) 택하심을 받았으므로(1:2), 마땅히 그들을 '부르신 자를 따라'(κατὰ τὸν καλέσαντα), 그들도 모든 행실에 거룩한 자가 되어야 한다(15절). 그들이 따를 것은 궁극적으로 세상이 아니라, 하나님께서 바로 '그를 통하여' 그들을 망령되고 헛된 행실에서 해방하신 '그리스도'이다. 그런데 이 그리스도가 '세상이 창조되기 이전에' 하나님께 아신 바 된 것이다. 이렇게 성화(sanctification)의 측면이 기독론과 연결되는데 그 배경이 세상이라는 점이 흥미로운 것이다.

교회가 세상의 썩어지고 더럽고 허무한 전통이 아니라 그들을 부르신 하나님을 따라야 하는 이유는, 그리스도께서 세상보다 이전에 계셨기 때문이라는 것이다. 수신자들에게 이런 점이 설득력이 있는 이유는, 고대 사회에서 '더 오래된 것'이 더 가치 있는 것으로 여겨진 까닭이다. '오래된 것일수록 더 좋고, 가장 오래된 것이 가장 좋은 것'이라는 사고방식이다.[63] 수신자들이 그 '흩어져 있는' 땅에서 맞닥뜨린 전통들보다 이스라엘의 전통이 더 오래된 것이기도 하지만, 그들이 '그를 통해서' 옛 행실에서 해방된 '그리스도' 자신이 세상이 존재하기도 '이전에' 하나님께 알려진 바 된 권위를 갖고 있다는 논리인 셈이다. 그렇다면 그리스도인은 무엇을 따라야 하는가? 세상 속에 흩어진 교회가 세상의 전통이 아니라 그리스도와 그리스도를 통해서 그들을 부르신 거룩하신 하나님을 따

---

63 Elliott, *1 Peter*, 370-371, 또한 당시 그레코로만 사회에서 '조상들의 전통'과 그 '신들'을 예배하는 일은 서로 긴밀하게 연관되어 있었다. 조상들의 전통을 부인하는 것은 곧 무신론자(atheist)가 되는 것이며, 새로운 신을 소개하는 일은 더더욱 이단적으로 비쳤을 것이다.

라야 하는 이유는, 그들의 부르심이 이미 세상 이전에 계신 그리스도를 통한 것이며, 세상 이전에 이미 계획된 부르심이기 때문이다. 권위에 있어 앞선다. 세상 속에 흩어진 교회가 세상을 따른다는 것은, 그러므로 부모가 자식을 따른다는 것처럼 어리석은 논리가 되는 것이다.

(2) 성령 하나님, 세상으로부터의 거룩

수신자의 정체성을 규정하는 데 있어서, 성부 하나님에 이어 성령 하나님이 거론된다. 교회는 '성령의 거룩하게 하심으로써'(ἐν ἁγιασμῷ πνεύματος) 존재하게 되었다는 것이다(1:2). 문맥상으로 보면, 성령 하나님께서는 성부 하나님께서 계획하시고 뜻하신 바를 '따라' 그것을 실행하시는 분이시다. 성부 하나님의 미리 아심과 부르심을 따라, 실제로 성도들을 '하나님을 떠난 세상'으로부터 불러내어 하나님의 영광 안으로 들어가도록 '거룩하게 하시는' 역할을 하시기 때문이다.[64] 또한 성령의 '거룩하게 하심'의 내용은 4-7절의 인접한 문맥과, 보다 떨어져 있지만 2절의 '피 뿌림'을 연상하게 하는 18-19절에 언급된 '그리스도의 보배로운 피'로 해방하신 사실과 문맥상의 연관이 있다.

먼저 '성령의 거룩하게 하심'은 같은 2절에서 '택하심'을 수식하는 두 번째 구문이고, 서신서 내에서 성령에 대한 언급은 이런 의미를 크게 벗어나지 않는다(1:12; 4:14; 참고. 1:11; 2:5).[65] '택하심'을 설명하는 문구라는 점에서, '거룩하게 하심'은 우선 회심과 성화를 이루는 순종을 그리고 무엇보다 언약의 피를 통해 언약적 관계에 들어감을 뜻한다(출 24:3-8; 히 9:15-22; 12:24).[66] 그래서 성령의 거룩하게 하심은 하나님의 백성을 '다른 열방 백성으로부터' 구분하는 세례와도 연관된다.[67] 결국 성부 하나님의 '택하신' 계획을 '따라' 성령 하나님은 그들을 '열방들로부터' 거룩하게 '구별해' 내신다. 그리고 지금 그들은 그 열방 가운데

---

64 Jobes, *1 Peter*, 68, '아버지, 성령, 그리스도'는 비두니아(1:1)에서 있었던 니케아 공의회(주후 325년)의 삼위일체에 대한 결정을 생각나게 하는 것으로, 아마도 *ordo salutis*와 관련 있다고 본다.
65 Elliott, *1 Peter*, 318-319.
66 Watson & Callen, *First and Second Peter*, 21.
67 Harink, *1 & 2 Peter*, 41.

'흩어져' 있는 것이다(1절). 그러므로 이들은 결코 그 열방이나 지금 흩어져 있는 그 나라에 속해 있지 않다. 그들은 거기서부터 성령을 통하여 거룩하게 구별되었기 때문이다.

이런 대조는 그들이 예수 그리스도의 부활을 통하여 거듭난 생명 속에, 4절에서 명확히 밝히듯이 '썩지 않고 더럽지 않고 쇠하지 않는 기업'을 '살아 있는 소망' 가운데 누리고 있는 사실에서 잘 드러난다. Dryden은 베드로가 여기서 구원을 설명하는 방식은 확실히, 수신자들이 세상에서 '임시 거주 외국인과 여행자들'처럼 된 낯섦과 소외의 현상을 배경으로 한다는 것을 강조한다. 즉 '두 이야기들'이 하나로 얽히는데, 하나님의 구원 계획에 대한 '포괄적인 이야기'(meta-story)가 수신자들이 처한 소외의 정황과 그들의 택하심에 대한 '이야기'와 중첩된다는 것이다.[68]

이것은 수사학적으로 말해서, 수신자들이 '흩어진' 그 세상의 환경에 대한 새로운 해석을 주는 것이다. 그들은 단지 세상에 흩어져 있는 사실로 설명되지 않는다. 그들은 이미 그 세상이 창조되기 전에 하나님께 알려진 바 되었고, 성령을 통하여 이미 그 '썩어가고 더럽고 쇠하는' 세상에서 거룩하게 구별됨을 입은 것이다. Elliott은 '썩지 않고'(ἄφθαρτον)와 '더럽지 않고'(ἀμίαντον)를 특별히 구별하지 않고, 둘 다 하늘에 간직된 그 기업의 '일시적이지 않은' 특징을 나타낸다고 보지만,[69] 사실 그 '일시적인'(temporary) 특징은 ἄφθαρτον에 해당하고, ἀμίαντον는 특별히 오염된 것, 거룩하지 못한 것, 죄악 된 것을 지칭한다는 점을 더 부각시키는 것이 옳을 것이다. 그것은 '살아 있는 소망'을 가진 교회가 그들이 흩어져 있는 이 세상에서 살아가는 거룩한 방식과도 깊은 관련이 있기 때문이다(1:18-19).

또한 '쇠하지 않는'(ἀμάραντον)이라는 표현도 앞의 두 표현들과는 선명히 다른 강조점을 갖는 것으로 보인다. 하늘에 간직된 기업을 수식하는 이 세 형용

---

68 Dryden, *Theology and Ethics in 1 Peter*, 68-69; Green, *1 Peter*, 24, "중생은 상상력의 회심"(New birth as conversion of the imagination)이라 함으로써, 베드로가 수신자들의 삶에 대한 해석을 새롭게 하고 있음을 지적한다.

69 Elliott, *1 Peter*, 335.

사들은 단순히 맨 앞에 나오는 철자인 α를 따라, 수사적 효과를 위해 같은 의미를 단순히 말만 바꾸는 '두운 법칙'(alliteration)에 해당하지는 않는 것 같다.[70] Achtemeier는 이 세 가지 표현들이 모두 종말론적이고 또한 하나님 자신에게 해당되는 서로 다른 특징들이라 본다. 먼저 '썩지 않는'은 하나님 자신의 본성과 그가 가져오시는 종말의 본질을 가리키고(롬 1:23; 딤전 1:17, 특히 '죽은 자의 부활', 고전 15:52), '더럽지 않고'는 죄로 오염될 수 없는 하나님 자신의 본성을 가리키는데 그 거룩하신 분을 섬기는 완전한 대제사장이신 예수에게도 적용된다(히 7:26). 그리고 '쇠하지 않는'은 시간에 따라 소멸되거나 그 어떤 인간의 영역에도 속하지 않는 영원성을 가리키는데, 베드로전서에서는 '목자장이 나타날 때'에 '시들지 않는' 면류관을 주신다고 할 때 사용되었다(5:4).[71]

그러므로 다소 신학적인 해석을 허용한다면, 여기서 '썩는다'는 것은 죽음 아래에 있기 때문이고, '더럽다'는 것은 죄 아래에 있다는 것이며, '쇠한다'는 특징은 하나님이 없는 허무한 세상을 가리킨다고 볼 때, 그 의미들의 차이는 물론이고, 하늘에 간직된 그 종말론적인 나라의 특징이 수신자들이 지금 처한 세상과 선명한 대조를 이루며 드러난다는 사실을 알게 된다. 더구나 이 나라는 세상에 속한 것이 아니라, '너희를 위하여 하늘에 간직되어' 있는 나라인데, 완료분사형으로 표현된 τετηρημένην은 그리스도 사건의 확정성을 통해 이미 그 하늘에 올라 보좌에 앉아 다스리는 그리스도의 현재적 통치권(1:3; 3:22)과 그가 다시 오셔서(1:5-7; 5:4) 온전히 이루실 그 나라를 가리킨다.[72] 즉 성부 하나님의 택하심을 받고 성령 하나님의 거룩하심을 입은 교회가 현재 누리고 있는 '살아 있는

---

70 Davids, *The First Epistle of Peter*, 53, 각주 8, 기본적으로 두운 법칙으로 본다; 또한 Elliott, *1 Peter*, 335; 참고. Robert Gundry, "'Verba Christi' in 1 Peter: Their Implications concerning the Authorship of 1 Peter and the Authenticity of the Gospel Tradition", *NTS* 13 (1966-67): 336-350.
71 Achtemeier, *1 Peter*, 95-96.
72 Elliott, *1 Peter*, 336, '하늘에 간직한 기업'이라는 표현이 구약의 이스라엘이 기대했던 '땅의 유업'과 어떻게 다른지를 요약한다: (i) 더 이상 식민지 상태의 이스라엘 국가를 정치적으로 독립시키는 것을 목적으로 삼지 않는다. (ii) 그리스도인은 그러므로 어떤 지역에 속해 있지 않다. 그리스도교는 도처에서 일어나는 세계적인 현상(world-wide phenomenon)이다. (iii) '성지'(holy land) 개념은 '거룩한 공동체'(holy community) 개념으로 대체되었다. 그리스도인 형제들이 있는 곳은 어디나, 새로 태어난 하나님의 자녀들에게 정체성과 소속을 제공하는 장소가 되었다. (iv) 이스라엘이 기대했던 거룩한 땅은, 이제 '썩지 않고 더럽지 않고 쇠하지 않는' 땅으로 대체되었다.

소망'(ἐλπίδα ζῶσαν)의 내용은 '썩지 않고 더럽지 않고 쇠하지 않는 기업을'(εἰς κληρονομίαν ἄφθαρτον καὶ ἀμίαντον καὶ ἀμάραντον) 받을 소망인데, 이 특징은 죽음과 죄와 허무 아래 갇힌 세상의 특징과 정확히 반대되는 나라라는 사실이다. 2절에서, 성령의 거룩하게 하심은 동시에 거듭난 신자가 살아 있는 소망을 통해서 하늘에 간직한 이 '전혀 다른 나라'에 속해 있고 그 나라를 소유하고 있다는 사실과 직접 관련되는 것이다.

또한 보다 넓은 문맥에서, 성령의 '거룩하게 하심'은 그리스도의 죽으심을 통해 열린 구원과 그 구원이 인도하는 삶의 방식 사이의 관계를 강조하는데, 이것은 1:13-2:3에서 더욱 발전된다.[73] 실로 택하심을 받아 거룩히 구별된 교회가 어떻게 이 임시 거주 외국인이나 여행자처럼 살아야 하는지가, 13절부터 여러 형태의 설득으로 제시되고 있다. 교회가 흩어져 살고 있는 이 세상에서도 그 세속의 유전들을 따르지 않고, 오직 그들을 부르신 거룩하신 분을 '따라'가는 거룩한 삶이 요구된다(13-17절). 또한 베드로는 세상의 창조 이전에 계획되어 있던 교회로서, 그들이 어떻게 그리스도의 피로 구원받았는지를 설명한다. 그래서 '그리스도의 피 뿌림'을 언급하며 중생을 설명하는 2절은, '그리스도의 보배로운 피'를 말하며 조상의 허망한 행실들에서 해방됨을 설명하는 18-19절과 자연스럽게 맞닿는다.[74] 그러므로 2절의 성령의 거룩하게 하심은, 실제적으로는 확실히 '세상의 썩어지고 더럽고 허무한 세속성'(worldliness)으로부터의 해방을 뜻하는 것이다.

흥미롭게도, 성부 하나님께서 미리 아심에 관하여는 '따라'(κατὰ)라는 전치사가 붙었지만, 성령 하나님의 거룩하게 하심에는 '통하여, 말미암아'(ἐν)라는 수단적 의미의 전치사가 붙는다.[75] 성부 하나님께서 계획하고 뜻하신 것을 성령 하나님께서 이루시기 때문이다. 그러므로 성령의 거룩케 하심은 교회를 부르신 하나님의 유일한 방법이다. 하나님을 향하여 그분이 거룩하신 것처럼 거룩한

---

73 Feldmeier, *The First Letter of Peter*, 59.
74 Watson & Callen, *First and Second Peter*, 21-22, 2절의 예수의 피를 뿌림 주제는 서신서에서 계속되는 그리스도의 구속 사역에 대한 모티브로 작용한다(1:18-21; 2:21-25; 3:18-22; 4:1).
75 Jobes, *1 Peter*, 69; Achtemeier, *1 Peter*, 86.

교회가 되는 것 외에 다른 목적이 없고, 그런 거룩함을 교회 안에 만들어 가시는 성령 하나님 외에 다른 방법도 없다. 하나님께서 부르시고 하나님께서 거룩하게 하신다. 교회의 가장 중요한 근거와 방식이 하나님께로 말미암는다. 교회는 교회가 스스로 결정하는 영광의 방식이 아니라, 교회를 교회로 부르신 성부 하나님과 교회를 교회 되도록 거룩하게 하시는 성령 하나님의 방식으로 영광에 이른다.

(3) 성자 하나님, 세상을 지나가는 순종에 이르게 하심

마지막으로 베드로는 교회를 향한 성자 하나님의 사역에 대하여 언급한다. 성부 하나님께서 교회를 불러내신 것과 성령 하나님께서 그 교회를 거룩하게 하시는 것은, 그 교회의 '순종함과 예수 그리스도의 피 뿌림을 얻기 위하여'이다(2절, 개역한글/개역개정). 하지만 이 마지막 문구는 문법상 이해하기가 그리 쉽지는 않다. 다양한 해석의 가능성들이 열려 있기 때문이다. 먼저 순종은 누구의 순종인가? 여기서 순종(ὑπακοή)이 뒤에 나오는 '예수 그리스도의'라는 2격에 함께 걸린다면, 주격 2격으로 해석할 때 '예수 그리스도의 순종'일 수 있고, 이는 전혀 불가능한 해석도 아니다. 혹은, 이를 목적격 2격으로 해석해서 '예수 그리스도를 순종하는 것'이 될 수도 있다. 이렇게 보면, '피 뿌림'의 경우도 마찬가지이다. 예수 그리스도께서 피 뿌리는 것인가, 아니면 예수 그리스도의 피를 뿌리는 것인가? 어떤 이들은, 이 문구에서 '순종함'과 '예수 그리스도의 피 뿌림'을 서로 분리해서 읽는다.[76] 하지만 이 경우에도 문제가 없지 않다. 전치사 εἰς 때문이다. 앞에서 성부 하나님의 경우에는 κατά를, 성령 하나님의 경우에는 방법을 뜻하는 ἐν이, 그리고 성자 하나님이신 예수 그리스도를 언급할 때에는 εἰς가 사용된 것이다.

따라서 일반적으로 εἰς를 목적을 표시하는 전치사로 읽으면, 교회의 순종함이 목적이라는 부분은 이해되지만, '예수 그리스도의 피 뿌림을 위하여'라는 부분은 선뜻 이해되지 않는다. 왜냐하면 통상 속죄가 있고 순종함이 따라오기 때

---

76 Achtemeier, *1 Peter*, 87-88, 문법적 문제들에 관한 개관을 참조하라.

문이다. 개역개정과 개역한글처럼 읽으면, 순종함이 먼저 오고 '예수 그리스도의 피 뿌림'은 그 뒤에 오는 어떤 종말에 있을 속죄의 사건처럼 들리게 된다. 한편 전치사 εἰς를 목적의 의미가 아닌 다른 의미로 해석하는 경우도 있을 수 있다. 즉 원인을 뜻하는 것으로 보아, '예수 그리스도의 순종함과 피 뿌림 때문에'로 읽는 것이다. 이런 해석은 그리스도 자신의 순종을 강조하는데, 베드로전서 전체에서 그리스도의 순종이 하나의 모범이요 패턴이 된다는 점과도 어울릴 수 있다. 하지만 이는 다소 무리가 있는 해석이고, 초대 교회에서도 '예수 그리스도의 순종'이라는 해석은 비교적 낯설다.[77] 또한 앞에서 '방법 혹은 원인'의 의미는 이미 성령 하나님의 경우 사용된 전치사 ἐν으로 충분함을 볼 수 있다. 연이어 3-5절에 쓰인 전치사 ἐν은 예외 없이 목적의 의미로 사용되었다는 점도 이 견해를 지지하지 못하게 한다.[78]

이를 해결하기 위해서는, 그 해석이 가장 적은 문제를 일으키는 방식을 택할 수밖에 없다. 그래서 앞에 나오는 ὑπακοή는 뒤에 나오는 '예수 그리스도의 피 뿌림'과 따로 떼어서 읽는 편이 옳고, '예수 그리스도의 피 뿌림'은 종말에 있을 어떤 새로운 사건이 아니라, 교회가 교회로서 태어날 때 발생하는 속죄의 사건으로 보는 것이 자연스럽다. 즉 이 '순종함'을 차라리 복음을 '들음'의 의미로 이해하여(참고. 롬 1:5; 6:16; 15:18; 16:26; 고후 7:15; 10:6; 살후 1:8; 벧전 1:22; 2:8; 4:17), 복음을 '듣고 순종함으로 그리스도의 피 뿌림을 얻기 위하여'라고 읽어도 크게 무리가 없게 된다.[79]

하지만 한편으로, 2절의 배경에 구약의 동물 제사에서 피 뿌림과 순종이 함께 연결되는 구약의 언약 체결식(출 24:3-8)의 그림자가 강하게 드리워 있음을 주목할 필요가 있다. 이 의식에서, 사람들은 피 뿌림의 동물 제사 이후에 순종을 맹세하는데, 이로써 언약이 실효를 발휘하는 것이다. 더 구체적으로 출애굽

---

77 Bray, *James, 1-2 Peter, 1-3 John, Jude*, 65-67, 예수 그리스도에게 순종함으로 해석(Bede) 또는 복음에 순종함으로 해석한다(Oecumenius); Green, *1 Peter*, 20-21, BDF #207, 참조: Elliott, *1 Peter*, 319.

78 Achtemeier, *1 Peter*, 88.

79 McKnight, *1 Peter*, 54.

기 24:3-8이 거론되기도 한다.[80] 이는 2:9에서도 연이어 출애굽기 19:5-6이 배경이 된다는 점에서 생각해 볼 때 가능성이 높다. 그러므로 1:2의 '순종함과 예수 그리스도의 피 뿌림'이라는 표현에서 '순종함'은 복음을 처음 듣고 믿는 것이나 결국 그 믿음의 결과로 이르게 되는 순종함을 포함한다고 보아도 무방한 포괄적인 의미로 읽는 편이 안전하다. 그리스도의 피로 인한 속죄와 이를 통해 새로운 순종에 이르게 되는 언약에 관한 말씀이라 할 수 있는 것이다.

그러므로 교회는 하나님의 계획과 뜻에 '따라' 성령 하나님의 거룩하게 하심으로 '말미암아' 예수 그리스도의 피 뿌림과 순종함에 '이르게' 된다. 이것이 교회를 향한 삼위 하나님의 역사이다. 여기서 εἰς라는 전치사는 하나님께서 예비하신 구원과 성화의 근거가 되는 예수 그리스도의 피 뿌림과 '동시에' 이 모든 일의 목적에 해당하는 교회의 순종함에 그 강조점이 있다. 성부 하나님께서 계획하시고 부르신다. 그리고 그 부르심을 따라 성령 하나님께서 교회를 하나님께 속하도록 거룩하게 구별하시고, 실제로 거룩하게 만들어 가신다. 그리고 이렇게 할 수 있는 근거는 - 문법적으로도 가능한 것처럼 - 예수 그리스도의 순종하심(!), 곧 그의 피 뿌리심이다. 이것이 교회의 가장 놀랍고 영광스러운 근거요 능력이다. 이것 외에 교회의 다른 능력이 또 있는가? 베드로전서는, 그 본론 부분에서 그리스도의 순종하심을 따라 세상 한복판에서 참으로 그 순종의 길을 가는 교회의 모습을 수없이 그려낸다. 그 길은 '자유하나 하나님의 종으로 사는' 길이다(2:16). 오직 선을 행하고 고난을 받는 길이며, '그리스도도 너희를 위하여 고난을 받으사 너희에게 본을 끼쳐 그 자취를 따라 오게 하신' 그 길이다(2:21-25). 그 길은 악을 악으로 욕을 욕으로 갚지 않고(3:9), '의인으로서 불의한 자를 대신하는' 그리스도의 길이다(3:18). 그래서 죽는 길 같지만, 실은 부활하고 승천하여 하나님 보좌 우편에 이르는 그 길, 그리스도께서 가셨고, 교회가 따라가야 할 바로 그 길이다(3:22-4:2).

---

80 Achtemeier, *1 Peter*, 87-89.

2.3 출애굽 모티브와 여행자 윤리(1:13-21)

조금만 주의해서 읽는다면, 베드로전서의 '여행자 윤리'가 출애굽 모티브에 근거해 있음을 아는 것은 어렵지 않다. 서신의 첫 구절에서부터 수신자들은 '임시 거주 외국인'이나 '여행자'들로 규정된다. 그리고 이들에게 자신들이 거주하는 땅에서 외국인과 여행자로 살아갈 것을 권면하는 본문들이 주어진다. 특히 1:13-21, 그리고 2:11-3:17까지, 또한 4:1-19는 세상 속에서 여행자 된 교회가 어떻게 행하여야 할지를 가르친다.[81] 한편 구체적으로 1:22-2:4나 5:1-14는 동일한 여행자 윤리를, '살아 있는 소망'의 공동체인 교회 안에서 어떻게 행할 것인가에 그 초점이 맞추어져 있다.[82] 이런 식으로 '이미' 거듭난 심령에게 주어진 살아 있는 소망의 실재 속에서(1:2-6), '예수 그리스도의 나타나실 때'(1:7-9) 곧 그들의 목자장이 나타나실 때까지(4:5; 5:4, 또한 마 25:31-46) 종말론적 고난의 기간을 살아가는 교회에게, 여행자들을 위한 윤리가 제시된다. 그리고 그 근간에는 눈에 띄는 출애굽 모티브들이 이를 떠받치고 있다.

우선 '살아 있는 소망'(3절)을 근거로 '썩지 않고 더럽지 않고 쇠하지 않는 기업'을 얻는 구원이 제시된 12절까지의 신학적 기초 위에, 베드로는 13절부터 그에 합당한 삶을 위한 권면들을 제시하기 시작한다. 그런데 그 첫 마디에서부터 출애굽 모티브가 담겨 있다. 그것은 '너희 마음의 허리를 동이고'(ἀναζωσάμενοι

---

81 Achtemeier, *1 Peter*, 73-74, 예컨대, 1:13-21을 "소망에 근거한 삶은 거룩하고 합당한 행실이 따라야 함"으로, 2:11-3:17까지 세상 속에서의 선을 행함을, 4:1-19에는 현재와 또 종말론적 문맥에서 고난에 대해 다루는 본문으로 구분한다.

82 채영삼, 『십자가와 선한 양심』, 391, 그러나 대체로 크게 보면, 베드로전서는 교회의 정체성과 신분, 그리고 교회 안에서 어떻게 행하여야 하는지를 가르치는 '교회'에 관련된 부분들과, 한편 그런 교회가 '세상' 속에서 어떻게 행하여야 하는지를 가르치는 부분들이 교차적으로 반복되어 나옴을 알 수 있다: 교회 안에서(1) - 성삼위 하나님과 교회, 1:1-2:10; 세상 속에서(1) - 외국인과 여행자 같은 교회, 2:11-4:6; 교회 안에서(2) - 각자 은사대로 섬기는 교회, 4:7-11; 세상 속에서(2) - 그리스도의 고난과 영광에 참여함, 4:12-19; 교회 안에서(3) - 사랑과 겸손, 섬김으로 깨어 있는 교회, 5:1-14; 참조. 또한 Danielle Ellul, "Un exemple de cheminementérhtorique: 1 Pierre", 31-34, 베드로전서의 본문 전체를 '선포' 본문과 '권면' 본문의 연속적인 교차 구조로 파악했다: 선포(1) 1:3-12; 권면(1) 1:13-2:3; 선포(2) 2:4-10; 권면(2) 2:11-21a; 선포(3) 2:21b-25; 권면(3) 3:1-17; 선포(4) 3:18-22; 권면(5) 4:1-11, Barth L. Campbell, *Honor, Shame, and the Rhetoric of 1 Peter* (SBLDS 160, Atlanta: Scholars, 1998), 17에서 재인용.

τὰς ὀσφύας τῆς διανοίας ὑμῶν)라는 표현에서 시작한다.[83] 원래 '너희 허리를 동이고'(LXX, αἱ ὀσφύες ὑμῶν περιεζωσμέναι)라는 표현은 발에 끌리는 긴 통옷의 허리 부분을 졸라맨다는 것으로 그만큼 빠르게 움직일 준비를 함을 뜻하는데, 출애굽기 12:11에 그 출처가 있다.[84] 출애굽 당시 유월절의 기원이 된 상황인데, 이전 삶으로부터의 확고하고 신속한 분리를 강조하는 대목이다. 다만 '너희 마음의'(τῆς διανοίας ὑμῶν) 허리를 동이라는 표현 속에서, 베드로가 요구하는 출애굽이 지리적 이동이 아니라, 종말론적인 문맥임을 알 수 있다(참고. 눅 12:35, ὑμῶν αἱ ὀσφύες περιεζωσμέναι).[85]

여기서 마음은, 그 '생각하는 바' 곧 삶이나 역사를 이해하는 관점 곧 해석의 틀에 가깝기 때문이다. 베드로는 이미 종말론적으로 시작된 '썩지 않고 더럽지 않고 쇠하지 않는 기업'(4절)을 제시했다 그 기업을 이어받고 그 나라에 들어가려면, 일단 '마음의 허리'를 동여매야 하는 것이다. 그것은 우선 '보는 시각, 관점, 삶에 대한 해석'의 갱신을 뜻한다. 세속으로 둘러싸여 있고 또 그 세상 속에 흩어져 있는 교회가 가장 먼저 해야 할 것은, 자신들의 정체성뿐 아니라 그 세상을 바로 해석하는 것이라는 뜻이 된다.[86]

13절에서 '허리를 동이고'가 출애굽 당시 유월절 상황을 떠올리게 하는 문맥 가운데 있다는 사실은, 곧 이어지는 18절의 '해방되었다'(ἐλυτρώθητε, 구속된, 개역한글; 대속함을 받은, 개역개정)든지, 19절의 '어린양' 그리고 '보배로운 피'라는 표현들에서 한결 더 명확해진다. 여기서 한글 성경에서 '구속'(救贖)이나 '대속'(代贖)의 의미로 번역된 ἐλυτρώθητε의 초점이, 수신자들이 받은 구원이 '값비

---

83 Paul E. Deterding, "Exodus Motifs in First Peter", *Concordia Journal* 7/2 (1981), 58-65, 베드로전서의 출애굽 모티브들로서, '하나님의 긍휼'(1:3), '어린양의 피, 해방하심'(1:18-19), '택하심'(1:1), '부르심'(2:21; 3:9), 그리고 '임시 거주 외국인이나 여행자'(1:17; 2:11) 또한, '시험'(1:6-7; 4:12) 등도 포함된다고 주장한다.

84 Martin H. Sharlemann, "Exodus Ethics: Part One 1 Peter 1:13-16", *Concordia Journal* (1976): 166; 참고. 열왕기상 18:46.

85 Jobes, *1 Peter*, 111.

86 Green, *1 Peter*, 42-43, 수신자들은 이미 이 세상을 나왔지만 아직 흩어져 거하고 있는데, 이는 '낯선 생활의 기간'(time of alien life)이다. 그들은 이제 (i) 모든 것을 바라보는 시각을 바꾸게 되었고, (ii) 전혀 다른 가치관을 갖게 되었으며, (iii) 이렇게 하여, 하나님의 목적을 이루는 일에 헌신한다.

싼 대가'를 치른 것이라든지 혹은 그리스도께서 그들 '대신에' 희생을 당하셨다는 사실에 있지 않고, 원문에서처럼 '해방되었다'는 데에 있음에 주목해야 한다. 구원이 출애굽의 경우처럼 '해방'으로 설명된 것이다(출 6:6; 15:13; 레 25:25, 48-49; 신 7:8; 사 43:1).[87] 구원이 단단히 준비하여 실행해야 하는 하나의 '거대한 이동'(移動)으로 설명된 것이다. 이에 따라, '어린양의 보배로운 피' 역시 통상적으로 희생 제물이라는 개념보다는, 수신자들이 그로부터 해방된, 그 '조상들의 허망한 유전들'과는 비교도 할 수 없는 값진 대가임을 강조한다. 그리스도는 세상이 창조되기 전에 이미 알려지신 바 된 존재이다. 권위로 보나 가치로 보나, 세상에서 그들이 매여 있던 '조상들의 허망한 유전들'과는 전혀 비교할 수 없고, 그것에서 이미 해방되었으니 그것을 전혀 따를 필요가 없음을 강조하는 것이다.

그래서 13절 이후부터 해방된 수신자들이 따라야 할 방향과 내용에 대한 세 가지 명령형 동사들이 이어 나온다. 첫째는 13절의 ἐλπίσατε(소망하라)는 종말론적인 명령이다(참고. 21절). 해방되어 결국 그곳에 이를 목적지에 관한 내용이다. 그곳은 옛 이스라엘처럼 가나안 땅이 아니라, 주 예수 그리스도께서 다시 오실 때에 가져오실 '은혜'(χάρις, 구원; 참고. 출 12:36)를 가리킨다. 베드로는 옛 이스라엘에게 적용되었던 출애굽 이미지들을 새 이스라엘에게 적용하면서 새롭게 사용하고 있다.[88] 이제는 예수 그리스도께서 그들을 다시 모아 이미 새 이스라엘로 회복하심으로써 그들에게 '썩지 않고 더럽지 않고 쇠하지 않는 기업'을 향한 '살아 있는 소망'(4절) 주신 후, 지금 '잠시'(참고. 5:10; 4:12) 세상에서 '흩어져' 있는 그의 양 무리에게 다시 목자장으로 나타나셔서(5:4), 그들의 구원을 완성하신다는 새 언약에 따른 해석을 하는 것이다.

두 번째 이어지는 명령은, 15절의 '모든 행실에 있어서 거룩한 자들이 되십시오'(ἅγιοι ἐν πάσῃ ἀναστροφῇ γενήθητε)이다. 단지 거룩한 '행실들'을 의미하는

---

87 Elliott, *1 Peter*, 370, 유사하게, 로마서 3:24-25, 에베소서 1:7, 히브리서 9:12; 무엇보다, 마가복음 10:45; Green, *1 Peter*, 41, 로마서의 경우 전쟁 포로를 해방시킬 때 대신 주었던 대가(ransom)를 예로 들지만, 18-19절의 문맥에서 역시 '해방'에 초점을 맞춘다.

88 참고. Sharlemann, "Exodus Ethics", 167.

것이 아니라, 그들을 부르신 자가 거룩하신 것처럼, 그들 역시 거룩한 자들이 '되었으니' 그대로 거룩한 자들로 성장하여 더욱 거룩한 형상을 따라 변화되라는 의미일 것이다. 초점이 행실뿐 아니라 그 행실들을 통해 드러나는 존재와 성장에 있다는 사실은, 후에 21-25절에서 저들이 살았고 영원한 말씀으로 거듭난 '존재'라는 사실과, 2:1-2가 말하듯 그들이 또한 그 동일한 말씀을 통해서 '성장'해야 함을 강조하는 데에서 뒷받침된다. 하지만 무엇보다 '내가 거룩하니 너희도 거룩한 자들이 되어라'는 명령은 출애굽 했던 이스라엘에게 주었던 핵심적인 명령이다(민 15:40-41; 레 11:45; 20:7, 26).[89] 그래서 이제 그리스도께서 나타나실 때에 가져오실 온전한 은혜, 구원을 받기까지 그들은, 그들이 이미 해방되어 나와 버린 그 땅을 지나가는 '낯선 곳에서 낯선 시간'을 보내야 하는 것이다.

이것이 '육적 생명의 남은 기간'(ἐν σαρκὶ βιῶσαι χρόνον, 4:10)이다. 1:17에서 '너희의 머무는 시간을'(τὸν τῆς παροικίας ὑμῶν χρόνον, 너희가 나그네로 있을 때, 개역개정)이라 할 때 παροικία는 '임시 거주'라는 뜻으로, 구약에서는 한 지역에서 시민권이 없이 잠시 거주하는 외국인들의 경우에 쓰였다(레 25:23; 대상 29:15; 시 39:12; 119:19).[90] 중간기에는 '포로 생활'을 뜻했고(3 Macc. 7.13), 신약에서 오직 한 번, 누가가 '이스라엘이 애굽 땅에서 나그네 된 때'라고 할 때 쓰였다(행 13:17).[91] 그리고 베드로는 이때를 그들이 흩어져 있는 땅에서 보낼 때, 주의 최종적 심판을 기억하며 '두려움으로 지내라'(ἐν φόβῳ ἀναστράφητε, 17절)고 명령한다. 모든 행실에 '오직 주를 두려워함으로' 지내야 한다는, 나그네 된 교회가 행하여야 할 대(大)원리가 여기서 나온다(참고. 2:13-17). 이것이 '이미' 그들 가운데 '살아 있는 소망'으로 임한 하나님의 나라를, 그리스도께서 다시 오실 때까지 이 땅에서 남아 있는 낯선 시간들을 지내야 하는 교회가 '아직'은 기억해야 할, 중대한 명령인 것이다.[92] 그래서 13절, 15절, 그리고 17절에 나오는 이 세 가지

---

89 Green, *1 Peter*, 43-44.
90 Davids, *The First Epistle of Peter*, 71.
91 Green, *1 Peter*, 43; 참고. Elliott, *1 Peter*, 366-369. παροικία의 정황을 매우 사회정치적으로만 해석한다; 하지만 대체로는, 예컨대 Watson & Callen, *First and Second Peter*, 34, 베드로전서의 문맥에서 이들은 하늘나라에 대하여 이 땅에서 잠시 머무는 신분이 되었음을 명확히 한다.
92 Green, *1 Peter*, 39-40, 중간기 묵시묵학에서 '시간들의 마지막'(end of the ages)라는 개념이, '이미'와

연속적인 명령들은 조상들의 허망한 행실들, 곧 이 세상의 우상들을 신으로 삼기를 거부하라는 것으로, 이스라엘이 애굽을 탈출해 나왔을 때에 옛 이스라엘과 벌였던 싸움을 명확히 생각나게 한다. 그래서 이 땅의 흩어진 교회는 계속해서 전투하는 교회로서, 그들이 이미 시작한 해방을 온전히 이루어야 한다. 이것은 단지 사회적, 경제적, 정치적 해방이 아니며, '조상들의 허망한 행실들' 곧 문맥적으로는 '썩어지고 더럽고 허무한' 세상으로부터의 해방이다.

이렇듯, 베드로는 1장 서문에 해당하는 1-12절에서 그리고 13-21절에서, 이렇게 교회가 세상으로부터 불려 나와, 그들을 부르시고 그들이 속해 있는 하나님을 향하여 나아가는 하나의 '거대하고 웅장한 출애굽'을 상정하고 있다. 출애굽 모티브는 2:16에도 나타나는데, 그레코로만 사회에서 통상적으로 인정되던 "네가 원하는 대로 하라"는 식의 자유의 개념들과는 다르게,[93] 베드로는 특징적으로 '자유와 섬김'의 개념을 함께 결합하는데, 이는 출애굽 전통에 근거한 것이다. 하나님이 이스라엘을 애굽에서 해방시켜 자유하게 하신 이유는 하나님과 그의 뜻을 섬기게 하시기 위함임이 명확하게 선포된다: "내 백성을 가게 하라. 그래서 그들이 광야에서 나를 섬기게(예배하게, LXX, λατρεύσῃ, NRSV, worship)하라"(출 7:16; 8:1, 20; 9:1, 13; 눅 1:74와 비교하라).[94] 그리고 마지막으로 이 출애굽 모티브는 본론에 해당하는 3:18-21에서 절정에 이르는데, 베드로는 '노아의 홍수'의 모형(typos)을 통해, 이 거대한 출애굽을 하나의 놀라운 '세례'(baptism)의 과정으로 재해석한다.[95] 결론적으로, 장차 나타날 그리스도의 '온전한 은혜, 구

'아직' 사이의 이 낯선 시간에도 적용되는데, 그 특징은 '죽은 자의 부활'과 '재앙의 때'이다. 베드로전서에서 죽은 자의 부활 개념 곧, 이스라엘의 회복은 이미 3절과 21절에 언급되었다. 종말론적 고난은 메시아의 고난에 참여하는 것이다. 즉 메시아와 그의 백성의 고난은 새 하늘과 새 땅에서 탄생하는 출산의 고통에 해당하는 것이다.

93 F. Stanley Jones, "Freedom", *ABD* (ed. David Noel Freeman, New York: Doubleday, 1992), vol. 2, 855-859.
94 Green, *1 Peter*, 74-75; Jon D. Levenson, "Exodus and Liberation", *Horizons in Biblical Theology* 13 (1991): 152, "출애굽의 핵심은 모든 것을 스스로 결정한다는 식의 자유에 있지 않다. 도리어 '섬김'(service)에 있다. 그들을 사랑하시며, 구속하시고, 구원하시는 이스라엘의 하나님을 섬김에 있었다. 그들의 국가와 그들이 자랑스러워했던 왕을 섬김에 있는 것이 아니었다."
95 채영삼, "'오직 선한 양심이 하나님을 향하여 찾아가는 것이라': 베드로전서 3:21c의 번역과 해석", 〈신약논단〉 16/2 (2009): 589-628을 참조하라; 유사하게, Davids, *The First Epistle of Peter*, 145, 세례의 구원론

원을 소망'하며, 그들을 부르신 자 하나님처럼 그를 따라 '거룩한 자들이 되어 가며', 동시에 이 낯선 땅, 낯선 시간들을 오직 '두려움으로 지내면서' 결국 교회는, 이 세상을 지나 하늘에 계신 하나님 보좌 우편을 향하여 하나의 거대한 출애굽의 길을 가고 있는 것이다.

2.4 '말씀—구원론'과 세상(1:22-25)

'썩지 않고 더럽지 않고 쇠하지 않는'(1:4) 나라를 유업으로 받아, 그 '살아 있는 소망'(1:3)을 품고 이 세상을 지나가는 교회에게 있어서, '하나님의 말씀'은 특별히 세상을 극복하는 중요한 무기와 원리가 된다. 앞서 공동서신의 서론에서도 언급했듯이 R. Wall은 '세상 속의 교회'라는 커다란 공통의 주제를 다루는 공동서신 전체에서 다른 공통된 주제들, 예컨대 '고난', '하나님의 친구'와 '정결', 믿음과 더불어 '행위'의 강조, 그리고 궁극적으로 얻게 되는 '영원한 생명' 등의 주제들과 함께, 이 모든 것들을 가능하게 하는 원리로서 '진리의 말씀'이 중요한 공통분모라고 주장한다.[96] 실제로, '[진리의] 말씀'이라는 주제는 야고보서에서 선명하게 드러나는 것처럼, 공동서신의 구원론과 성화론에 있어서 중요한 주제가 아닐 수 없다.[97]

(1) 말씀과 거듭남(22-23절)

이런 특징은 베드로전서에서도 명확한데, 1:22-25이 교회의 거듭남과 세상을 이기는 원리로 바로 이 '말씀'을 제시하는 측면에서도 잘 드러난다. 23절에서 '너희가 거듭난 것'이 '썩지 아니할 씨로 말미암아'(ἀφθάρτου διὰ λόγου) 곧 복음의 말씀을 통해 되었다는 사실은, 동일하게 거듭남을 설명하는 3절을 떠올리게 한다. 거기서는 그리스도의 죽은 자 가운데서 '부활'하신 사실이 그들의 거듭남의 근거로 제시되었다. 이는 또한 가까운 문맥인 18-19절에서 다시 '그리

적 측면을 강조한다.
96 Wall, "A Unifying Theology", 30-40.
97 채영삼, "야고보서 1:21b의 신학적 중심성", 465-515.

스도의 보배로운 피'를 언급하는 대목에서도 그 연관성을 드러낸다.[98] 그러므로 신자의 거듭남 곧 새로운 영적 생명을 갖게 되는 것은 그리스도의 부활 생명에 기초하는데, 이는 복음의 말씀 곧 '썩지 아니할 씨'로 되는 것이다. 동시에, 그 부활 복음을 듣고 영적 생명으로 거듭나는 일은, 2절에서처럼 복음을 '순종함으로'(εἰς ὑπακοήν) 그리스도의 피 뿌림을 얻는,[99] '성령으로 말미암아'(ἐν ἁγιασμῷ πνεύματος) 된 것임을 알 수 있다.

흥미롭게도, 2절에 나타나는 거듭남, 그리스도의 사역, 복음을 들음/순종, 성령의 역사 등의 모티브들은 22절에서 새롭게 반복된다. 22절에서 '진리를 순종함(ἐν τῇ ὑπακοῇ τῆς ἀληθείας)으로 거룩하여진'이라는 표현은, 2-3절에서처럼 중생을 성령께서 그리스도의 죽으심과 부활의 복음의 말씀을 통해 역사한 결과로 다시 설명하는 대목이다. 특히 23절의 '거듭나서'(ἀναγεγεννημένοι)가 완료분사인 것처럼 마찬가지로 22절의 '거룩하여진'(ἡγνικότες)이 완료형으로 표현된 것은,[100] 복음의 말씀을 듣고 순종했을 때 그리스도의 죽으심과 부활과 연합하여 단번에 일어난 사건을 포함해서, 그 이후에도 계속해서 그 연합 안에 속해 있는 효력이 발생하고 있음을 나타낸다.[101] 물론 '진리'는 '진리의 말씀'(약 1:18)과 동의어이며,[102] 이 문맥에서는 바로 뒤이어 25절에서 '너희에게 전한 복음이 곧 이 말씀이니라' 한 것처럼 복음을 포함한, '하나님의 살았고 영원한 말씀'(λόγου ζῶντος θεοῦ καὶ μένοντος)을 가리킨다.

그러므로 22절은, 앞의 2-3절에서 복음의 말씀을 듣고 순종함으로써 일어난 거듭남을 다시 한 번 설명한 본문이다.[103] 그리고 22절의 초점은 '사랑'이다.

98　Davids, *The First Epistle of Peter*, 78.
99　1:2의 '순종함'(ὑπακοή)에 대한 해석을 참고하라. 특히 McKnight, *1 Peter*, 54.
100　Elliott, *1 Peter*, 388.
101　Feldmeier, *The First Letter of Peter*, 121, '거룩하여진'은 원래 정결에 관한 명령으로 구약에 자주 사용된 정결례 전문 용어(*terminus technicus*)이다(출 19:10; 민 11:18; 수 3:5 등). 신약에도 많이 사용되었는 (요 11:55; 행 21:24, 26; 24:18), 특히 공동서신에 두드러진다(약 4:8; 요일 3:3); 또한 Jobes, *1 Peter*, 124, 여기서 '거룩하여진'이라는 표현의 배경은 세례라고 생각했던 학자들이 있었지만(Preisker, Cross), 이는 오히려 1:1 이하, 하나님의 택하심을 받아 그리스도의 피 뿌림을 얻고 복음을 순종하여 얻게 된 거룩함으로 보아야 한다.
102　'진리의 말씀'은 신약에서 선포된 복음에 대한 관용구이다(고후 6:7[λόγῳ ἀληθείας]; 엡 1:18; 골 1:5; 딤후 2:15; 벧전 1:25); Moo, *James*, 79; 채영삼, "야고보서 1:21b의 신학적 중심성", 465-515.
103　Elliott, *1 Peter*, 388.

세상에서 '조상들의 망령된 행실들'(18절)을 좇아서는 얻을 수 없는, 세상을 이기는 참된 사랑이 초점이다. 이 사랑은 어디서 나오는가? 21절은 먼저 이 '사랑'을 가능하게 하는 '믿음'과 '소망'에 대해 언급한다. 그것은, 앞서 거듭남을 먼저 설명한 2-3절에서도 마찬가지이다. 거기서도 믿음으로 복음을 듣고 순종함과 그래서 얻게 된 '살아 있는 소망'이 강조되었다. 지금 21절의 초점과 같다.

하지만 이번에는 한 걸음 더 나아가, 사랑을 역설한다. 베드로가 이 대목에서 사랑을 역설하는 이유는 그들이 세상 속에서 그들을 부르신 거룩하신 하나님을 좇지 않고 세상의 허망한 행실을 좇아갈 위험 때문인 것이다(16-18절). 이런 점에서, '끝까지 [견디는] 사랑'(22절)의 ἐκτενῶς는 단순히 '뜨겁게'(개역한글/개역개정)로 번역할 것이 아니라 '지속'을 나타내는 의미로,[104] 17절에서 '너희가 나그네로 있을 때에' 두려움으로 지내며 끝까지,[105] 곧 '예수 그리스도께서 나타나실 때'(7절), 곧 하나님께서 각 사람의 행위대로 심판하시는 그 날까지(17절), 계속해서 거룩하여진 깨끗한 사랑을 하여야 함을 가르친다고 보는 것이 문맥상 더 어울린다.

더구나 22절에서 '끝까지 견디는 사랑'이 필요함을 강조한 후에, 23-25절에서 '말씀'에 대해 강론하는 것은, 세상의 유혹과 핍박을 견디게 하는 그런 지속적인 참된 사랑을 가능하게 하고 공급하는 근원이 '하나님의 살았고 영원한 말씀'에 있다는 사실을 드러낸다. 그러므로 22절에서 이 나그네 된 세상을 끝까지 견디게 하는 그 지속적인 사랑은, 거룩을 이루어내는 수단으로 제시되어 있지 않고,[106] 도리어 말씀으로 거룩하여진 것에서 그 결과로 깨끗하고 지속적인 사랑이 나온다고 볼 수 있다. 그래서 22절의 지속적인 사랑의 근거로서, 23-25절

---

104 Achtemeier, *1 Peter*, 137, 22절에서 ἐκτενῶς는 사랑의 뜨거움이나(Σηελκλε), 혹은 그 신실함의 정도보다는(Goppelt), '지속성'(끝까지, constancy)을 강조한다; Elliott, *1 Peter*, 387; Feldmeier, *The First Letter of Peter*, 123, 둘 다 포함한다고 본다.
105 Green, *1 Peter*, 42-43, 택하여 부르심을 받아, 세상을 나왔지만 아직 세상 가운데 흩어져 거하고 있는 '낯선 생활의 기간'(time of alien life)이라 명명한다.
106 Harink, *1 & 2 Peter*, 61, 여기서는 사랑이 거룩에 이르는 수단으로 제시되어 있지 않다; '거룩'은 생각, 마음의 태도와 행동 모두를 포함하는데, 일차적으로는 세상으로부터 분리되어, 하나님을 향해 '전심'(全心)이 된 상태이다. 그리고 그렇게 '전적으로 그분께 드려진 바 된 '헌신' 상태를 말한다. 이것은 복음의 말씀을 순종함으로, 성령의 거룩하게 하심으로써 결정적으로 시작된다.

에서 '하나님의 말씀'을 제시하는 것이다. 교회는 그 하나님의 말씀으로 거듭났고, 동시에 바로 그 말씀으로 세상을 이기는 깨끗하고 지속적인 사랑을 얻게 되기 때문이다. 그렇다면 어떻게 말씀이 죄와 죽음과 허무 아래에 있는 세상 속에서도 그 세상을 이길만한 사랑, 끝까지 계속되는 그런 깨끗한 사랑을 낳게 되는가? 그것이 23-25절에서 설명하는 바이다.

(2) 이사야 40:6-8의 인용과 야고보서 1:9-11, 18-21과의 비교

말씀이 세상을 이기는 사랑을 낳게 한다(22절). 베드로가 전개하는 논리는 이것이다. 지금 교회는 거듭난 심령 안에 살아 있는 소망으로 '이미' 시작된 하나님의 나라를 바라보며 이 세상을 지나간다. 아직 그 나라에 이르지 못했고, 그 썩지 않고 더럽지 않고 쇠하지 않는 나라, 새 하늘과 새 땅이 온전히 이르지 못했다(1:3-9). 교회는 이 '낯선 땅에서 낯선 시간'을 보내는 동안, 세상의 세속성(worldliness)에 함몰되어서는 안 된다. 이런 의미에서, 베드로는 하나님의 말씀을 '썩지 않는'(ἀφθάρτου)다는 특징으로 묘사한다(23절).[107] 모든 씨앗들은 밭에 떨어진다. 하나님의 말씀도 사람의 마음 밭에 떨어진다(참고. 씨 뿌리는 자의 비유, 마 13:1-38).[108]

그러나 그 말씀은 썩지 않는 씨이다. 그리고 그 썩지 않는 씨인 말씀을 받은 자들, 곧 교회는 세상 속에 흩어져 있다. 이것이 23-25절의 전체적인 그림 이미지이다. 그 배경에, 흩어진 교회와 세상이 현격하게 대조되어 있다. 세상의 썩어질 것들과 썩지 않는 씨앗인 말씀이 뚜렷이 대조되어 있는 것이다. 썩어질 것으로 심고 열매 맺는 세상 속에서 교회는 자기 안에 그 썩지 않는 씨앗 곧 영원한 말씀을 갖고 있다. 베드로는 이런 식의 논증을 함에 있어, 야고보서의 경우처럼 (약 1:9-11, 18-21), 이사야 40:6-8을 사용한다.

---

107 Davids, *The First Epistle of Pete*, 78, 통상, σπέρμα가 아니라(신약에서 44회 나옴) 여기서는 σπορά이다. '씨 뿌림'을 강조한다. 오직 23절 이 본문에서만 나온다(신약 외에는, Corpus Hermeticum, *Treatise* 13.2, BAGD, 770).
108 채영삼, 『지붕 없는 교회』, 18, 38-42, 세상에 '흩어진' 교회라는 개념과 그들의 거듭남을 '말씀'으로 설명하는 야고보서와 베드로서는 모두 예수님의 씨 뿌리는 자의 비유에 대한 초대 교회의 해설서처럼 여겨진다.

(3) 이사야의 문맥과 기독론적 성취

우선 이사야 40:6-8은 그 원래의 문맥에서 어떤 의미와 강조점을 갖고 있는가?[109] 이 본문은 종말에 여호와의 영광이 나타나(사 40:5), 이스라엘을 그 포로기에서 회복할 것에 대한 약속의 말씀이 얼마나 큰 위로이며(1-4절),[110] 또한 그 약속의 말씀이 그들이 처한 세상 열국의 영화로움에 비해서도 과연 얼마나 확실한가를 선포하는 본문이다(6-8절). 이는 시온에 전하는 복음, 기쁜 소식이며, 장차 그들의 목자가 자신의 양 무리에게로 돌아올 것에 대한 확실한 약속임을 강조한다(9-11절).[111] 이스라엘의 회복, 위로, 하나님의 영광, 세상의 헛됨에 대조되는 언약의 말씀의 영원성, 복음, 또한 목자의 이미지 등이 이 문맥 속에 깊이 퍼져 스며들어 있다.

베드로전서는 이사야 40:6-8을 직접 인용하는데, 실은 보다 폭넓은 40:1-11의 전체 문맥을 충분히 이해하고 있음을 짐작할 수 있다. 신약의 저자가 구약을 인용하거나 암시할 때, 그 원래의 문맥과 메시지, 사상과 패턴을 독자와 함께 익히 의식하고 있었다는 것은 학계에 잘 알려진 사실이다.[112] 이 점을 전제하면, 베드로가 이사야를 인용하면서 어떤 부분을 생략하거나 변화를 주었는지, 또한 그것을 통해 어떤 메시지를 독자들에게 전달하려 했는지 분간할 수 있을

---

109 신약의 구약 사용에 있어, 구약 본문에 대한 신약 저자의 의도와 강조점을 밝혀내는 과정의 요약적인 설명을 보려면, G. K. Beale and D. A. Carson (ed.), *Commentary on the New Testament Use of the Old Testament* (Grand Rapids: Baker Academic, 2007), xxiv-xxvi.

110 F. W. Danker, "1 Peter 1,24-2,17-A Consolatory Pericope", *ZNW* 58 (1967): 93-95, 베드로가 이사야의 이 본문을 인용한 목적은, '고난당하는 수신자들을 위로'하기 위함이었다. Davids, *The First Epistle of Peter*, 79 각주 9에서 재인용; 또한 Elliott, *1 Peter*, 390.

111 Jobes, *1 Peter*, 126, 이사야의 원래 문맥은, 하나님께서 이스라엘을 바벨론 포로 생활에서 구원하실 것이라는 약속에 관한 내용이다. '은으로 하지 않고 값없이' 구원하신다(사 55:1; 벧전 1:18). 이런 약속은 단지 역사적이라기보다 종말론적 차원을 띠고 있다.

112 C. H. Dodd, *According to the Scriptures: The Sub-Structure of the New Testament Theology* (Lodon: SCM, 1952), 126, 133; 또한 B. Lindars, *New Testament Apologetic: The Doctrinal Significance of the Old Testament Quotations* (Philadelphia: Westminster, 1961); Martin C. Albl, *"And Scripture Cannot Be Broken": The Form and Function of the Early Christian Testimonia Collections* (Leiden: Brill, 1999); Max Wilcox, "On Investigating the Use of the Old Testament in the New Testament", in *Text and Interpretation* (ed. E. Best and R. McL. Wilson, Cambridge: Cambridge University Press, 1979), 231-243, 인용의 경우는, 암시와는 달리, 독자가 원문의 문맥을 알고 있음을 전제하지 않는다고 주장한다.

것이다. 먼저 베드로전서도, 야고보서 1:9-11의 경우처럼 '여호와의 영광(δόξα κυρίου; יְהוָה כְּבוֹד, MT)이 나타나 모든 육체가 그것을(하나님의 구원[τὸ σωτήριον τοῦ θεοῦ, LXX에 첨가됨]) 보리라'는 이사야 40:5는 인용하지 않았음을 주목해야 한다. 그 이유는 '모든 육체가 보리라'(ὄψεται πᾶσα σὰρξ, LXX)는 표현처럼 최종적인 종말에 해당하는 이 말씀이, 야고보서나 베드로전서에서 공히 예수 그리스도의 죽으심과 부활의 사건에서 결정적으로 성취되었고 또한 그 성취의 최종적인 완성을 전제하기 때문일 것이다.

이를테면, 야고보서에서조차 예수 그리스도는 이미 '영광의 주'(τοῦ κυρίου ἡμῶν Ἰησοῦ Χριστοῦ τῆς δόξης, 약 2:1)이시며, 주로 가난한 신분을 가진 수신자들이 이 '영광의 주'를 믿는 믿음 안에서, 그들의 '높음을 인하여'(ἐν τῷ ὕψει, 약 1:9) 자랑할 것이 있다고 표현되기 때문이다.[113] 덧붙여서, '낮음과 높음'에 대한 야고보서의 대조와 역전의 모티브는, 종말에 주의 오심으로 인하여 높은 곳이 낮아지며 낮은 곳이 높아져 평탄하게 되는 이사야 40:4의 예언의 성취를 생각나게 한다.[114]

베드로전서의 경우도 다르지 않다. 수신자들은 이미, 흠 없고 점도 없는 보배로운 어린양 같은 그리스도의 피로 '구속/해방되어'(ἐλυτρώθητε, 벧전 1:18), 진정한 출애굽 곧, 이 세상의 본질과는 다른 '썩지 않고 더럽지 않고 쇠하지 않는' 나라를 얻었고(1:4), 또 장차 온전히 얻기 위하여 이 세상을 지나가고 있기 때문이다. 그들의 심령은 이미 예수 그리스도의 부활하심으로 말미암아 썩지 않는 '살아 있는 소망'(1:3)으로 타오르고 있다. 그리고 이미 오셔서 구원을 이루시고 부활하신 주께서 다시 오실 그 마지막 사건도 주로 '영광'(δόξα, 1:7, 8, 11)이라는 단어로 채색되는 점도 이사야 40:5의 약속의 내용이 이미 성취되었음을 전

---

113 Mußner, 『야고보서』, 158-169, 구약과 중간기의 쿰란 같은 경우, 가난한 자들과 경건한 자들은 대체로 동일시된다; 또한 Maynard-Reid, *Poverty and Wealth*, 53.
114 야고보서 1:9-11의 역전(reversal) 모티브에 관하여는, Maynard-Reid, *Poverty and Wealth in James*, 38; Penner, *James and Eschatology*, 165-166; 또한 Davids, *James*, 41-46, 야고보서 1:9-11뿐 아니라, 묵시록적 배경을 갖고 5:1-6에서 또 나온다; Penner, *James and Eschatology*, 247-248, 야고보서 2:5의 경우도 의인들의 현재 상태가 종말론적으로 역전될 것을 기대시키는 본문으로 지목한다(참조. Q 6,20b-23; 눅 6:24-26).

제하고 또 시사한다. 실은 '광야에 주의 길을 예비하라'는 이사야 40:1-4의 본문은 복음서에서도 예수 그리스도의 오심에 대한 예언의 성취로 모두 인용되고 있고(마 3:3; 막 1:1-3; 눅 3:4-6; 요 1:23),[115] 베드로 역시 그리스도의 죽으심과 부활의 복음이 선지자들의 예언의 성취임을 자주 선포했다는 사실을 고려하면(행 3:12-26; 4:8-12), 이사야 40:5는 이미 예수 그리스도의 초림에서 성취된, 그리고 또한 그 성취의 충만으로 가는 말씀으로 이해된 것이 분명하다. 이는 베드로가 이사야 40:6-8을 인용하면서 25절에서 '주의 말씀'(ῥῆμα κυρίου)을 '전해진 복음의 말씀'(τὸ ῥῆμα τὸ εὐαγγελισθέν)과 동일시하는 대목에서도 잘 나타나는데, 이는 문맥적으로는 1:12b의 '복음을 전하는 자들'(τῶν εὐαγγελισαμένων)을 생각나게 한다. 동시에 이는 베드로가 이사야 40:9의 아름다운 소식을 '전하는 자'(ὁ εὐαγγελιζόμενος)에 관한 말씀을 기독론적 성취라는 관점으로 해석하고 있음을 드러낸다.[116]

(4) 베드로전서의 이사야 40:6-8 사용의 특징들

베드로가 24-25a절에서 인용한 이사야 40:6-8의 전후 문맥은, 이스라엘의 회복과 '모든 육체'가 하나님의 영광을 보는 보편적 비전이, 예수 그리스도를 통해 성취되었고 앞으로 종말의 끝에 완성될 소망으로 해석되었다. 베드로는 이러한 문맥적 전제 위에서, 이사야의 본문을 다시 해석하여 사용한다. 그 특징들은 어떠한가? 특별히 이사야 40:6-8은 야고보서 1:9-11, 18-21에서도 사용되기 때문에, 이를 비교하는 것도 공동서신의 '말씀'의 신학을 찾아가는 데 의미 있는 공헌이 될 수 있을 것이다.

우선 (i) 이사야 40:7의 MT 본문인, '이는 그 위에 여호와의 기운(숨/영, רוּחַ)이 붊이라'는 구절이 LXX를 비롯해서 야고보서와 베드로전서의 경우에도 생략되었다. 이사야의 문맥에서 이 표현은 심판의 의미이기도 하고 '하나님의 숨/

---

115 Jobes, *1 Peter*, 127, 이사야 40:4-5는 여호와의 영광이 온 세상에 드러나는 신현(theophany)에 관한 예언인데, 마가복음 1:1-3 등은 이를 인용하여 복음의 시작(베드로와 연관되어 있는 전통)을 알리며, 예수를 그 메시아로 선포한다.

116 Elliott, *1 Peter*, 392; 한편 이사야 40:1-4가 공관복음서에서 성취되었음을 언급하지는 않는다.

영'(רוּחַ, רוּחַ)이라는 표현 때문에, 신약에서 성령에 대한 언급을 기대하게 한다. 야고보서의 경우에는, "왜냐하면 태양이 그 열기와 함께 떠오른다"(약 1:11)라는 표현이 대체로 이와 상응하는데 확실히 심판을 강조한 내용이라는 점에서 상관성이 있어 보인다.[117] 또한 야고보서에서 '성령'에 관한 표현이 극히 절제되어 있는 것과 그 '성령'의 역할을 주로 '말씀, 율법, 지혜'가 한다는 점을 생각하면,[118] '말씀'에 대한 강조가 여기서도 성령의 역할을 대체해서 표현되는 공동서신의 전통을 확인할 수도 있다.

베드로전서의 경우에, LXX에서 생략된 이사야 40:7(MT)의 본문의 흔적을 쉽게 찾기는 어렵다. 다만 인용하기 직전 23절에서 '말씀'을 묘사할 때 '살아 있고 영원한 말씀'이라는 표현은 LXX나 야고보서의 해당 본문에서도 찾아볼 수 없는 독특한 표현이다. 여기서 '하나님의 살아 있고 영원한 말씀'(λόγου ζῶντος θεοῦ καὶ μένοντος)은 '하나님'이 아니라 '말씀'을 묘사하는 것이 분명하다. 문법적으로는 두 경우 모두 가능하지만, 먼저 같은 절에서 썩지 아니하는 '씨앗'(σπορά)과 '말씀'(λόγος)이 병행되어 있고 이를 수식하는 문맥이라는 점, 그리고 바로 다음의 25절에서 '말씀'(ῥῆμα)이 여전히 주제가 되고,[119] 또한 계속해서 이를 '복음이 전해진 것'(εὐαγγελισθέν)과 동일시된다는 점에서도 그러하다.[120]

그보다 중요한 것은, 여기서 '살아 있는'(ζῶντος)이라는 표현이나 '영원한, 혹은 계속해서 남아 있는' 즉 세상은 썩어지고 사라져도 계속해서 '남아 있다, 존속(存續)한다'(μένει)라는 표현이, 우선 성도의 거듭남을 설명하는 3-4절에서 성

---

117 Mußner, 『야고보서』, 157, 이사야 24:7, 에스겔 17:10, 호세아 12:2; 13:5의 경우, 그리고 시편 37:6-7을 예를 든다; Loh and Hatton, *James*, 26, 11절의 '뜨거운 열기'는 중동의 사막의 '시로코'(sirocco) 같은 뜨거운 바람을 가리키는 것일 수 있다.
118 Davids, *James*, 34, 잠언이나 시락서에서처럼 지혜는 구약의 토라, 율법과 동일시되고, 성령과 함께 나오기도 하며(사 11:2), 지혜의 열매(약 3:17)가 바울이 말하는 성령의 열매(갈 5:22-23)과 병행을 이루는 것처럼, 야고보에게 있어서 지혜는 바울에게 있어서 성령의 역할을 수행한다고 본다.
119 Achtemeier, *1 Peter*, 140, 여기서 '로고스' 대신 '레마'를 쓴 이유는, 23절에서처럼 '로고스'가 하나님의 말씀이 아니라, 여기서는 말씀이 육신이 되신 하나님의 아들 예수 그리스도를 지칭하는 것이라고 보는 학자들도 있다. 예수께서 부활하심으로써 영원히 사시게 되었고 영화롭게 되심으로 항상 있게 되었기 때문이라는 것이다(Schlosser, Hort, Bishop).
120 Davids, *The First Epistle of Peter*, 78, 각주 8; 참고. E. A. La Verdière, "A Grammatical Ambiguity in 1 Pet. 1:23", *CBQ* 36 (1974): 89-94.

령의 역사에 긴밀히 맞닿아 있다는 사실이다. 3절에서 '살아 있는'(ζῶσαν) 소망은 예수 그리스도의 부활의 역사를 근거로 성령의 거룩하게 하심을 따라 거듭난 심령에 살아 있는 소망이기 때문이다. 또 4절에서 '썩지 않고 더럽지 않고 쇠하지 않는 기업'이라 할 때, '쇠하지 않는'(ἀμάραντον)은 25절에서 말씀을 묘사하는 '계속 머문다, 영원하다'(μένει)의 의미와 본질상 다르지 않다.

이렇게 보면, 3-4절의 문맥은 성령의 역사로 거듭남, 그 결과로 살아 있는 소망을 얻음, 그리고 그 소망의 내용인 썩지 않고 더럽지 않고 쇠하지 않는 기업이 소개된다. 흥미로운 점은, 이렇게 3-4절에서 교회의 거듭남을 설명하면서 장래에 얻을 나라의 소망을 설명하는 묘사들이, 특별히 23절에서 말씀으로 거듭났음을 설명하면서 그 말씀의 특징들을 묘사하는 것과 거의 일치한다는 사실이다. 이를 간단히 도표로 설명해보자:[121]

| 3-4절: | 거듭남(성령) | → 썩지 않고 더럽지 않고 쇠하지 않는 (유업) | → 살아 있는 (소망) |
| 23절: | 거듭남(말씀) | → 썩지 않고 거짓이 없는 (말씀) | → 살아 있고 항상 있는 (말씀) |

베드로전서에 있어서 '소망'은 구원의 핵심적이고 중심적인 내용이다(1:1-4). 그런데 교회가 그들의 거듭난 심령 속에 있는 살아 있는 소망으로 이미 누리고 있는 이 하나님 나라의 기업(κληρονομία, 4절)을 온전히 얻을 그 '소망'을 묘사함에 있어 동원되는 위의 세 가지 특징들이 23절에서 교회가 그것으로 말미암아 거듭나게 된, 복음의 '말씀'의 특징과 정확히 일치한다는 것은 무엇을 뜻하는가? 신자를 거듭나게 한 하나님의 '말씀'의 본질과 그래서 거듭나게 된 생명 안에 들어 있는 하나님 나라의 '소망'의 본질이 서로 일치한다는 것은 어쩌면 당연한 사실일 수 있다.

하지만 베드로전서의 문맥에서 이런 '소망'과 이런 '말씀'이 위의 삼중적(三重的)인 묘사를 받는다는 것은, 그 소망과 말씀이 모두, '이 세상의 특징들과 같지 않기 때문'이라는 사실이 결정적으로 중요하다. '썩지 않는다'는 것은 죽음

---

121 이 도표는, 채영삼, 『십자가와 선한 양심』, 109 참조.

의 권세에서 해방되었다는 뜻이다. 이미 베드로가 1:4에서 그리스도의 부활을 근거로 거듭남을 설명하면서 선포한 내용이며, 넓게 보면 4-12절까지 계속되는 내용이다. 또한 '더럽지 않다'는 묘사는 그 이후 13절부터 특히 '너희를 부르신 거룩한 자처럼 너희도 모든 행실에 거룩하라'고 하신 15절을 거쳐 22절까지 계속되는 내용이다. 마지막으로 23-25절에서 썩어지고 더러운 세상이 사라져도 어떻게 그 소망이 계속 '거하며' 남아 영원할 수 있는지 설명하면서 그 본질이 '하나님의 살아 있고 영원한 말씀'이라고 언급한다.[122] 그래서 크게 보면, 베드로전서 1장 전체가 소망과 말씀에 대한 삼중적 묘사의 순차적 설명으로 되어 있음을 알게 된다. 이를 간단한 도표로 살펴보면 아래와 같다:

4절		'썩지 않고 더럽지 않고 쇠하지 않는' 소망
	A. 2-12절	'예수 그리스도의 부활'에 근거한 '썩지 않는' 소망
	B. 13-22절	'부르신 거룩한 자처럼' 행실에 '더럽지 않은' 생활
	C. 23-25절	'성령으로 거듭난 자'의 속에 거하는 '영원한 말씀'
23절		'썩지 않는' 씨, '거룩하게 하는' 말씀, '영원한' 말씀

물론 1:2-3을 비롯해서 그다음의 두 단락에서도 성삼위 하나님 중에 단지 한 분만 언급되는 것은 아니다. 하지만 2-12절에서는 예수 그리스도의 부활이 중심이고, 13-22절에서는 부르신 자 곧 성부 하나님이, 그리고 23-25절에서는 복음의 말씀이 전해짐으로 이를 통해 썩지 않고 더럽지 않고 영원한 말씀으로 거듭나게 하시는 성령의 역사가 두드러진다고 할 수 있다.[123] 더구나 4절에서는 삼중적인 묘사가 '소망'(ἐλπίς)을 묘사하는 데에 집중되지만, 그 이후 22절까지 썩지 않는 온전한 부활 영광의 소망, 더럽지 않고 거룩한 생활을 차례로 설

---

122 Green, *1 Peter*, 48-49, 넓게 보면, 1:13에서 2:10까지 이 단락을 함께 묶고 또 가장 핵심이 되는 부분은 하나님, 주의 말씀이다(1:23, 25[x2]; 2:2), 이 중 24-25절이 중심부이다.

123 Martin, *Metaphor and Composition in 1 Peter*, 41-68, 268-273, 1:12까지를 서신의 서론으로 보고 특히 3-12절을 축복을 비는 인사로, 그리고 13절 이후부터 서신의 몸통이 시작된다고 본다. 하지만 13절을 중심으로 그 전 문맥과 그 후 문맥의 주제와 흐름이 위와 같이 연결될 수 있음을 간과한다.

명한 후에, 23절에서 다시 한 번, '세상의 특징들과 같지 않은' 이 삼중적인 특징들이 '말씀'을 묘사하는 데에 사용된다는 점은 놀라울 수밖에 없다. 바로 이런 본질상 동일한 삼중적 특징 때문에, 거듭난 심령이 살아 있는 소망으로 이 낯선 세상, 낯선 시간을 지나갈 때, 그들의 거듭난 생명의 본질인 '세상 같지 않은' 말씀, 곧 썩지 않고 거룩하게 하며 세상은 풀의 꽃과 같이 지나가도 영원히 남는 그 말씀으로 성장하여, 썩어지고 더럽고 허무한 세상 속에서도, 그 썩지 않고 더럽지 않고 쇠하지 않은 소망의 내용, 곧 하나님 나라의 본질을 담아내는 열매를 맺도록 부르심을 받는 것이다. 바로 이런 점에서, 베드로는 2:1-2에서, 말씀을 먹으며 성장하도록 독려하고 있다.

둘째로, (ii) 베드로전서의 경우 24절에서, MT의 이사야 40:6의 '모든 육체는 풀이요 그의 아름다움(חסד)은 들의 꽃과 같다'에서 그 '자비/신실함/아름다움'(חסד; NAS, loveliness)을, LXX에서처럼 '영광'(δόξα)으로 옮겼다. 야고보서의 경우는 MT의 원문을 따라 '그 외모의 아름다움'(ἡ εὐπρέπεια τοῦ προσώπου αὐτοῦ)으로 번역했는데, 그 문맥은 세속적인 의미에서 가난한 자와 부한 자의 대조를 배경으로 세상적 부(富)에 대한 욕심과 자랑의 허망함을 강조하기 위함이었다(약 4:13-5:6).[124] 그렇다면 베드로전서가 LXX의 경우처럼 그대로 δόξα로 옮긴 것에 대한 설명도 가능할까?

우선 베드로는 예수 그리스도의 다시 오심과 이를 통한 구원의 완성에 관련된 소망을 묘사할 때 영광의 모티브를 사용한다. 예수 그리스도께서 다시 나타나실 때에, 살아 있는 소망으로 그를 맞는 자들은 존귀와 함께 '영광'(δόξαν)을 얻는다(7절). 하지만 그들은 지금 흩어져 있는 로마의 변두리에서도 이미 '영광스러워진'(δεδοξασμένῃ) 기쁨으로 기뻐한다. 여기서 완료분사 형태인 δεδοξασμένῃ는 그들이 이미 그리스도께서 죽고 부활하셨던 그 사건을 통해 영광스러워졌고(참고. 1:3-4), 그 영광스러운 상태에 계속 있으면서 장차 올 영광을 바라고 있다는 의미이다.[125] 또한 11절의 '고난과 그 후에 [얻게 될] 영

---

124 Maynard-Reid, *Poverty and Wealth*, 38-47; Martin, *James*, 22-28; 또한 Williams, "Of Rags and Riches", 273-282.
125 Dryden, *Theology and Ethics in 1 Peter*, 77, 아직 오지 않은 종말론적 영광과 기쁨을 이미 현재에

광'(παθήματα καὶ τὰς μετὰ ταῦτα δόξας)이라는 표현도 역시 이렇듯, 그리스도의 사건에 관련된 종말론적인 고난과 영광을 가리킨다. 특별히 11절에 언급된 τὰ εἰς Χριστὸν παθήματα라는 문구 속에 포함된 종말의 고난과 영광은 문법상 그것이 그리스도 자신의 것인지 그리스도인들의 것인지 불분명한 이중성을 띠고 있다.[126]

이로 볼 때, 베드로가 24절에서 LXX의 δόξα를 그대로 따른 것은 베드로전서 자체의 문맥에서 예수 그리스도의 죽으심과 부활, 그리고 종말론적인 고난과 최종적인 영광이라는 전망 안에서, 로마의 주변 사회에 흩어져 있는 교회에게 로마의 세속적인 영광에 유혹되거나 굴복하지 말아야 할 교회의 확실한 근거로 작용한다고 생각할 수 있다. 풀의 꽃과 같은 로마의 영광은, 베드로의 이사야 40:6-8의 사용에 있어 또 다른 특징인 '말씀'에 대한 강조와 극명한 대조를 이루면서 본문의 의도와 메시지를 더욱 선명하게 드러낸다.[127] Achtemeier가 잘 지적했듯이, 인용구에 함축되어 있는 일시적인 것과 영원한 것 사이의 대조는, "당시 어떤 면으로 보나 계속될 것 같고 더 나아가 영원할 것처럼 보이는 로마의 권력과 영화를 맞닥뜨린 소외된 '흩어진 교회'의 상황"에 매우 적절하게 들어맞는다.[128]

그래서 세 번째로, (iii) 베드로전서 1:25에서는 이사야 40:8이 인용되는데 이 부분은 야고보서 1:9-11에서는 빠져 있다. 야고보서의 경우, 세상의 헛된 영광에 비해 하나님의 말씀이 영원하다는 이 부분은 후에 18절과 21절에서 표면으로 떠오르는 것이다.[129] 하지만 베드로는 이 구절을 명확히 진술하고 거기에 덧붙여, 25b절에서는 그 말씀이 곧 수신자들이 들었던 복음이라는 페쉐르(Pesher)와 같은 해석을 한다.[130] 본문을 MT 원문과 LXX의 번역과 더불어 비교해보자:

맛보는 측면을 강조하지만, 1:3-4의 사건과의 연결에 주목하지 못한다.
126 Achtemeier, *1 Peter*, 108, 110-111, '그리스도의 고난'은 통상 2격으로 쓰이지만, 여기서는 '그리스도를 향한'(εἰς)처럼 읽는다. 더 나아가 '그리스도 때문에' 생기는 고난을 의미할 수도 있다.
127 Jobes, *1 Peter*, 130.
128 Achtemeier, *1 Peter*, 142.
129 "제2장 야고보서에 나타난 세상 속의 교회, 2.4 '심긴 말씀'의 배경, '말씀-교회론'" 참조.
130 *Pesher*를 비롯한 *Midrash* 등 유대교와 신약의 구약 사용 해석학 관련 자료들은 이 장 각주 112번을 참

MT 이사야 40:8	וּדְבַר־אֱלֹהֵינוּ יָקוּם לְעוֹלָם	
LXX 이사야 40:8	τὸ δὲ ῥῆμα τοῦ θεοῦ ἡμῶν	μένει εἰς τὸν αἰῶνα
베드로전서 1:25	τὸ δὲ ῥῆμα κυρίου	μένει εἰς τὸν αἰῶνα

(τοῦτο δέ ἐστιν τὸ ῥῆμα τὸ εὐαγγελισθὲν εἰς ὑμᾶς)

먼저 MT에서 '하나님의 말씀'(דְבַר־אֱלֹהֵינוּ)이 LXX에서는 '하나님의 말씀하신 바'(ῥῆμα)가 되었고, 이것이 그대로 LXX를 따른 듯이 베드로전서에서도 이어졌다.[131] 흥미로운 점은 베드로가 이사야 40:8을 인용하면서 하나님의 말씀에 대해 설명하고자 하기 전에, 이미 그 서론 격으로 23절에서 수신자들의 거듭남이 '썩지 않는 씨' 곧 '살아 있고 [영원히] 거하는 하나님의 말씀으로 인하여'(διὰ λόγου ζῶντος θεοῦ καὶ μένοντος) 된 것임을 천명하는 사실이다.[132] 여기서 23절의 μένοντος([영원히] 거하는)이라는 표현은 25a절에서 이사야 40:8을 인용할 때, 하나님의 하신 말씀이 '세세토록 있도다'(개역개정, μένει εἰς τὸν αἰῶνα)라는 표현과 맞물린다. 문맥의 앞뒤에 놓인 이런 특징적인 강조는 베드로의 이사야 본문 사용의 초점을 시사할 수 있다.

실제로 이사야 40:6-8, 특히 "하나님의 말씀은 영영히 서리라"(קוּם לְעוֹלָם)는 말씀은, 포로기 이후 '흩어진' 유대인 디아스포라(Diaspora)에게는 매우 의미심장한 구절이었다.[133] 그리고 그런 배경은 로마의 변방에 '흩어진' 베드로전서의

조하라.

131 Elliott, *1 Peter*, 391, 이사야의 '하나님의 말씀'에서 '하나님'이 베드로전서의 인용에서 '주'로 바뀌면서, '우리 주의 관한 말씀'(주격 2격)으로 해석될 가능성을 제시한다. 24-25절의 문맥에서 '복음이 전해진' 상황을 생각하면 더욱 그러하다. 즉 예수 그리스도에 관한 복음이다; Davids, *The First Epistle of Pete*, 79, 이사야 원문에 '우리 하나님'이 '우리 주'로 바뀐 것이 베드로의 기독론적 해석이라 본다.

132 Feldmeier, *The First Letter of Peter*, 124, 하나님의 말씀은 창조주의 말씀으로서(1:20), '생명을 낳는 능력'을 소유한다; Davids, *The First Epistle of Peter*, 79, 23절의 '로고스'와 25절의 '레마'는 서로 다른 것이라 보지 않는다; Achtemeier, *1 Peter*, 140, '로고스'는 신약에서 자주 복음을 지칭한다(살전 2:13; 고전 1:18; 히 4:12; 빌 2:16; 요 6:63, 68). 또한 '하나님의 말씀'이 복음을 지칭한다는 것은 신약에 고루 퍼져 있다(행 4:29; 13:44, 46; 고후 2:17; 골 1:5, 25).

133 Penner, *James and Eschatology*, 204-205; 또한 Martin, *James*, 23, 예컨대, *1 En.* 1,6; 53.7/사 40:4(심판의 날), *Pss. Sol.* 11:4/사 40:4(종말의 심판), 1QS 8:14/사 40:3(마지막 날들), *Sib. Or.* 3,680; 8,324/사 40:3, 4(종말의 심판), *2 Bar.* 82/사 40:6(악한 자들의 종말의 심판).

수신자 교회들에게도 적실한 것이었다. 즉 풀의 꽃과 같은 로마의 세속적 영광이 주는 그 어떤 유혹이나 압박도, 실상 그 모든 것들이 사라지고도 영원토록 남아 있을 하나님의 말씀과는 비교도 할 수 없다는 메시지인 것이다. 여기서 세상 속에 처한 교회에게 있어 하나님의 말씀이 어떤 해결책이 되는지 암시된다. 그것은 영광에 대한 것이며, 영원성에 대한 것이기도 하다. 베드로는 수신자들의 거듭난 심령 속에 '살아 있는(ζῶσαν) 소망'이 있다는 사실을 이미 일깨웠다(3절). 그것은 그들의 심령이 '살아 있고(ζῶντος) 영원히 있는 하나님의 말씀' 곧 썩지 않는 씨앗으로 거듭났기 때문이다(23절). 그래서 베드로전서 역시, 교회 곧 성도란 '진리의 말씀으로 태어나고 그 말씀이 심령에 심긴 존재'라는 야고보서의 주장과 같은 입장에 선다고 결론지을 수 있다(약 1:18, 21).[134] 그리고 베드로전서의 경우는, 말씀으로 태어나고 그 말씀이 그들의 거듭난 심령에 심긴 교회가 '나뉜 마음'을 버리고 전심으로 하나님을 사랑해야 한다는 야고보서의 주장보다 한 걸음 더 나아간다. 즉 썩지 않는 씨앗인 하나님의 말씀은 곧 그들이 전해들은 복음과 동일시된다.[135] 그리고 이 복음의 말씀으로 살아 있는 소망을 갖게 된 교회는 비록 세상 속에 처해 있지만, '썩어지고 더럽고 쇠하는' 세상과는 대조적인 영적 생명 곧 '썩지 않고 더럽지 않고 쇠하지 않는'(1:4) 하늘의 기업과 본질상 동일한 생명을 갖고 있음을 깨닫는다.

더 나아가, 그 소망과 그들의 거듭난 생명이 함께, 이 '썩지 않고 거룩하게 하며 세세토록 거하는' 하나님의 말씀과 동질적이라는 사실은, 그 말씀으로 태어난 교회가 세상 속에서 종말론적 고난을 지나가며, 과연 그들이 이 세상과 본질상, 그리고 그 목적지와 그 목적지에 이르기까지의 방식이 얼마나 다른 것인지를 선명하게 드러낸다.[136] 또한 그렇게 세상과는 다른 교회는 결국 그 살아 있고 영원한 말씀으로 거듭난 생명을 통해 동일하게 썩지 않고 더럽지 않고 영원

---

134 채영삼, "야고보서 1:21b의 신학적 중심성", 465-515.
135 Jobes, *1 Peter*, 125. 베드로는 이사야의 그 '하나님의 말씀'을 예수 그리스도에 관한 복음으로 이해했고, 그렇게 표현하는 데에 주저함이 없다.
136 Feldmeier, *The First Letter of Peter*, 124. 이사야 원문에서 '하나님의 영광'과 '인간의 헛됨'이 대조되면서 이스라엘에게 주어진 언약이 강조되었는데, 베드로전서에서는 그 대조점이 세상의 헛된 영광과 하나님 말씀의 영원함 사이에 놓여 있다; 또한 Achtemeier, *1 Peter*, 142.

한 소망의 영광에 이를 수밖에 없고 또 이르러야만 한다. 세상은 그들과 본질에 있어 '낯선' 장소이며, 그 소망의 목적지도 아니고, 그들이 살아가는 방식인 '말씀'과도 전혀 다른 방식이기 때문이다. 그러므로 베드로는 이사야 40:6-8을 인용하면서, 교회라는 존재와 성장 자체가 예수 그리스도의 부활 생명과 하나님의 말씀, 그리고 살아 있는 소망을 통해, 어떻게 본질적으로 세상과 다른지를 선명하게 드러내고 있다. 그 중심에 로마의 영광과 극명하게 대조되는 하나님 말씀의 영원성이 놓여 있는 것이다.

2.5 세상 속의 교회의 정체성과 사명(2:9)

확실히 '말씀'에 관한 1:22-2:3은 보다 큰 문맥인 1:13-2:10의 중심 부분이며,[137] 또한 전후 문맥 안에서 징검다리의 역할을 한다. 종말론적으로 낯선 땅, 낯선 시간을 지나가는 교회의 '거룩한 삶'에 대한 권면(1:13-21)이 그들이 어떻게 더 이상 유대교의 예루살렘 성전 건물 중심이 아니라, '살아 있는 돌'이요 살아 있는 성전의 반석이신 그분을 따라 함께 성령이 거하시는 하나님의 집, 권속이 되었는지를 설명한다(2:4-8).[138] 그리고 이제 예루살렘 밖, 소아시아 주변 로마의 변방에 '흩어진' 교회가 그 거대하지만 헛된 영광을 자랑하는 로마를 향하여, 어떻게 옛 이스라엘에게 주어졌다가 실패로 끝난, 하나님 백성으로서의 그 놀라운 정체성과 엄위한 사명을 갖고 있는지를 웅장하게 설명한다(2:9-10). 그래서 '말씀'에 관한 1:22-2:3의 가르침은 곧바로 예수 그리스도가 어떻게 종말

---

137 Green, *1 Peter*, 47-54, 이런 점에서 1:22-25과 2:1-3이 어떻게 연결되어 가는지를 밝힌다.
138 여기서, 핵심이 되는 용어인 '오이코스'(οἶκος)는 집인가? 성전인가? 공동체인가? Elliott, *1 Peter*, 416-417, '성전' 개념에 반대하며, 단순히 '하나님의 집, 권속'(household of God)으로 본다('야곱의 집, 야곱의 권속', 출 19:3; 벧전 4:17); 하지만 Achtemeier, *1 Peter*, 158-159, 사실상 4-8절에서 베드로는 '새로운 성전'을 생각하고 있다고 보는 학자들이 많다(Best, Blinzler, Senior, Michaels). 또한 요한복음 2:16-17에서 예수께서 죽으시고 사흘 만에 부활하실 자신을 가리켜 성전이라 하셨다. 또한 그리스도가 성전이시면서, 제사장이고 동시에 제물인 것처럼(히 7:24-27), 베드로전서 2:4-8에서 그리스도인들이 동시에 성전이고 제사장인 것은 이해할 수 없는 표현이 아니다; 또한 Green, *1 Peter*, 61, 여기서 믿음의 공동체 자체가 성전일 수 있다고 단언한다; 참조. Bertil Gärtner, *The Temple and the Community in Qumran and the New Testament: A Comparative Study in the Temple Symbolism of the Qumrann Texts and the New Testament* (SNTSMS 1, Cambridge: Cambridge University Press, 1965).

의 살아 있는 성전 곧 교회의 '기초 돌'이 되었는지로 옮겨간다.[139] 2:11부터 시작하는 세상 속의 교회의 사명에 대한 구체적인 권면들 직전에, 베드로는 새 이스라엘로서 더 이상 예루살렘 성전 건물에 의존하지 않는, 세상 속에 흩어진 교회의 정체성과 사명을 확고히 선포한다.

그러므로 2:9에서 베드로가 선포하는 '교회란 무엇인가?'라는 주제는 로마 주변 사회에 흩어진 교회가, 그 거대하고 화려하고 매혹적인 로마라는 세상을 상대해서 선포한 내용임을 기억해야 한다. 그렇다면 세상 속의 교회란 무엇인가?[140] 이와 관련해서 베드로전서 2:9는 교회의 이미지에 관한 한 신약에서도 가장 집약적인 표현으로,[141] 교회가 무엇인가에 대한 선명하고도 의미 있는 답을 준다. 세상 속에 흩어져 있는 교회의 고유한 사명, 곧 그 세상 속에서 열방과 민족들을 하나님께로 돌아오게 하는 막중한 사명에 강조점을 둔 사명 선언문과도 같다.

먼저 큰 문맥을 살펴보자. 1:13부터, 베드로는 삼위 하나님께서 부르시고, 거룩하게 하시고, 순종하게 하시는 교회가 세상에 흩어져 어떻게 그 세상 속을 지나가야 하는지를 설명하기 시작한다. 심판하시는 하나님을 '두려워함'으로써 그분 앞에서 살아야 한다(1:17). 또한 죽음 아래서 썩어가고, 죄 아래서 더러워지고, 하나님 없이 허무함에 종노릇하는 세상 한복판에서(1:18), 교회로 하여금 썩지 않고 더럽지 않고 쇠하지 않는 기업(1:4)을 잇게 하는 능력은, 역시 썩지 않고 영영히 있는 하나님의 말씀으로 깨끗해질 때에만 얻어진다(1:22-25). '교회가 성장한다'는 것은 그래서 '말씀' 안에서 자라나는 성도들을 가리킨다(2:1-3). 베드로전서에서도, 교회는 건물이 아니다. 베드로는 로마의 변두리에 흩어진 교회를 향하여(1:1), 그들이 예루살렘에 서 있는 건물로서의 성전이 아니라, '살아 있는 돌'(2:4)이신 예수 그리스도의 기초 위에 세워져 가는 살아 있는 성령

---

139 Albl, *Early Christian Testimonia Collections*, 208-283, 베드로는 신약의 구약 사용에 있어서 초대 교회가 아마도 사용했을 'Stone Testimonia'(롬 9:33; 벧전 2:6-8; 마 16:5)를 보존하고 있다(참고. 사 28:16; 8:14; 시 118:22, 또한 출 17:6; 단 2:34, 45).

140 "2.5 세상 속의 교회의 정체성과 사명(2:9)"의 논증은, 채영삼, "교회란 무엇인가?(2): 베드로전서 2:9 주해," 〈백석신학저널〉 25호 (2013): 211-226에 발표된 내용을 근거로 수정 보완하였다.

141 Feldmeier, *The First Letter of Peter*, 140.

의 전임을 선포한다(2:5-7). 교회론이 기독론에 기초하는 것이다. 또한 기독론은 교회론을 위하여 있다. 그리스도께서 '사람들에게는 버림받았지만, 하나님께는 택하심을 입은 보배로운' 머릿돌로 소개되는 것은, 당시 낯선 타지에 임시로 거주하는 '외국인과 여행자'(1:2; 2:11) 같은 교회에게 얼마나 큰 위로였을까.

하지만 동시에, 그리스도는 '거치는 반석, 부딪치는 돌'이 되셨다(2:8; 사 8:14-15). 그를 거부한 백성은 걸릴 돌에 걸려 넘어졌고, 그를 믿고 순종한 자들은 '베드로' 자신을 포함해서, 이 반석 위에 선 교회, 곧 종말의 하나님의 새로운 백성이 되었다. 택하심은 언제나 사명과 함께 주어진다. 구약에서 하나님께서 택하여 부르셨던 옛 이스라엘은 사명에 실패했고, 포로로 끌려갔고, 메시아이신 그리스도에 의해 회복되었지만, 그 회복된 나라에 참여한 '남은 자들'을 제외하고는 그 특권과 함께 사명도 잃었다.[142] 이제 하나님께서는 열방들을 자기에게로 돌아오게 하실 새로운 백성을 얻으셨다.

그것이 2:9이다. 그러므로 베드로는, 2:11-12에 밑줄을 긋기 위해 서신서 처음부터 2:10까지 내달려 온 셈이다: "사랑하는 여러분, 거주하는 외국인이나 여행자 같은 교회에게 권합니다. 영혼을 거슬러 싸우는 악한 정욕들을 붙잡지 마십시오. 이방인들 가운데서 여러분의 행실을 선하게 가지십시오. 이는 저들이 여러분더러 악을 행하는 자들이라 비방할 때 그 선한 행실들을 주목하게 함으로써, 하나님께서 돌아보시는 날에 그에게 영광을 돌리게 하기 위함입니다."(2:11-12, 사역).[143] 그러므로 2:9에서 열거하는 교회에 대한 정의들은, 모두 2:11 이하에서 전개되는 '세상 속의 교회'를 향한 사명 선언문과도 같다. 이 사실은, 이 구절의 구약 배경이 옛 이스라엘에게 주어진 사명 선언문이었던 출애굽기 19:6(참고. 사 43:20-21)이라는 점에서 지지된다.[144] 이를 염두에 두고, 사명

---

142 Elliott, *1 Peter*, 166-169.
143 하나님께서 교회와 세상 모두를 '돌아보시는 날에'(ἐν ἡμέρᾳ ἐπισκοπῆς, 오시는 날, 개역개정; 권고하시는 날, 개역한글)에서 '돌아보심'(ἐπισκοπή)은 2:25에서 '감독'(ἐπίσκοπον, 개역개정/개역한글)이나 그리스도를 '목자장'이라 할 때 번역한 그 용어와 같은 어근이다. 또한 이 '감독'은 여기서도 목자(ποιμήν)와 연결되어 있지만, 원래 목자의 직무 중 양 무리를 자세히 살펴서 병든 것이나 약한 것 혹은 못되게 굴어 다른 양들을 괴롭히는 놈들을 구분하여 점검하고 판단하는 직무를 표현한 단어이다(겔 34:11, פקד/ἐπισκέπτομαι, LXX; 참고. CD-A 13:7-12; 마 25:31-46); Chae, *Jesus as the Eschatological Davidic Shepherd*, 146-148.
144 Green, *1 Peter*, 62.

의 내용들을 하나씩 살펴보자.

(1) '택하신 족속', 혈통으로 되지 않은 족속

먼저 '택하심을 받은 족속'(γένος ἐκλεκτόν)은 무슨 뜻인가? 이사야 43:20에는 '나의 택한 족속'(τὸ γένος μου τὸ ἐκλεκτόν, LXX; 내가 택한 자, 개역개정)이라는 표현이 나온다. 이는 직접적으로는, 바벨론 포로기에 있던 옛 이스라엘을 가리킨다. 그런데 지금, 베드로는 이 표현을 옛 이스라엘이 아닌, 예수 그리스도의 복음을 믿음으로 교회를 이룬, 다양한 족속들에서 나온 성도들에게 적용한다. 이들은 하나님의 택하심과 부르심을 따라 된 자들이다(1:2, 4-7, 15-16). 따라서 베드로가 2:4-8의 문맥을 지나 지금 9절에서 수신자들을 향하여 '택하신 족속'이라 하는 데에는 확실히 '택하신 돌'로서 예수 그리스도와 연합한 자들이라는 뜻이 있으며, 더 나아가 옛 이스라엘의 실패를 배경으로 이제 새 이스라엘로서 흩어진 교회에 대한 하나님의 기대를 표시하는 것이다.[145]

이러한 새로움은 γένος ἐκλεκτόν이라는 표현 자체에서도 잘 드러난다. 혈통적으로 한 족속이 아닌데, 어떻게 택함을 받은 '족속'이 되는가? 우선 γένος라 하면 출생과 관련된 기원(起源) 곧 뿌리를 생각하게 된다.[146] 구약에도 신약에도 종종 '게네시스'(γένεσις) 곧 족보가 나온다(창 5:1-32; 마 1:1-17). 족보는 혈통(血統)을 기초로 한다. 하지만 성경의 족보는 혈통을 확인하기 위해 기록된 것이라기보다 다른 신학적 목적으로 기록된 경우가 많다.[147] 예컨대, 예수님의 족보에 이방 여인들이 포함된 사실에서도 확인할 수 있다(마 1:1-17).[148]

그렇다면 베드로전서에서 유대인 출신과 이방인 출신들이 뒤섞여 있는 수

---

145 I. H. Marshall, *1 Peter* (IVPNTC, Downers Grove: IVP, 1991), 74.
146 Elliott, *1 Peter*, 164. γένος가 강조하는 것은 공통된 기원(common origin)이다.
147 하나님의 '족속'은 구약에서도, 그리고 신약에서 그러한 것처럼, 언제나 '택하심과 믿음'을 통해서 된다. 예컨대, 아브라함의 언약 기사는, 이삭이 아브라함의 혈통적 자손이 아니라 '약속에 따른' 자손임을 거듭 강조한다(창 12:2; 17:1-19). 경수가 끊긴 사라에게서 난 것이나, 아브라함이 모리아 산에서 바쳐 죽은 것이나 다름없던 이삭을 다시 주신 것은, 후에 사도 바울이 논증하듯이, 이삭은 약속을 따라 난 자이며 '죽은 자도 살리시며, 없는 것을 있게 하시는' 하나님께 대한 믿음으로 얻은 자손임을 확인시킨다(롬 4:9-25; 갈 3:16; 4:21-31).
148 채영삼, 『긍휼의 목자 예수』, 35-41.

신자들,[149] 곧 예수 그리스도의 흩어진 교회를 향해 '택하심을 받은 족속'이라 부르는 것은 아주 신선한 표현인 셈이다. 족속이라면 같은 혈통인데, 지금 수신자들 교회 구성원들은 전혀 그렇지 않기 때문이다. 이들은 유대인, 헬라인, 로마인, 갑바도기아, 비두니아 출신 등의 다른 인종(races)들로 구성된 다민족적(multi-ethnic) 공동체였을 것이다(1:1). 그렇다면 그들이 한 혈통, 한 족속이 된 것은 유일하게 하나님께서 '택하여 부르신' 이유 외에는 다른 것이 없다(1:2). 아브라함 자신도 혈통이 아니라 하나님의 택하여 부르심을 따라 믿음의 조상이 된 것처럼, 이제 하나님은 예수 그리스도를 믿는 믿음을 통하여 이 지구상에 매우 색다른 혈통, 족속을 탄생시키신 것이다.

그래서 이런 별난 그리스도인 공동체는, 당시 로마 사회에서 골치 아픈 '족속'으로 비쳐지기도 했다. 로마의 Suetonius가 쓴 글에는, 그리스도인들을 특별한 족속으로 묘사한 부분이 있는데, "그리스도인들에게 징벌이 가해졌습니다. 이들은 새롭고 잘못된 미신에 사로잡힌 족속(genus)입니다"(Nero 16)라고 적혀 있다.[150] 그들은 확실히 별난 족속이었다. 그들의 출처가 세상 사람들과는 달랐기 때문이다. 예컨대, 원형극장에서 열리던 검투사들의 살인적인 시합 등을 비롯해서, 우상 숭배가 필수 코스인 공식 행사나 잔치들을 피하는 등, 실제로는 다양한 족속들이 모였지만, 그들이 믿는 하나님과 그분을 따라 사는 거룩한 문화와 관습은 당대의 사람들에게는 적대적으로 보이기 일쑤였다.[151] 하지만 세상의 많은 족속들 가운데서, 전혀 다른 기원을 가진 새로운 족속으로서의 교회는 당시의 부패한 문화적 관행에서는 매우 낯설고 적대감을 유발했지만, 결국 그들 한가운데서 나타난 새로운 희망과 거룩한 삶에 대한 매력으로 많은 대중들을 얻어갔던 것이다.

그러므로 교회는 '택하신 족속'이다. 오직 그리스도의 피로 된 한 족속이다.

---

149 Seland, *Strangers in the Light*, 177-178, "베드로전서의 수신자들은 소아시아(Minor Asia)의 다양한 인종들과 지역들에서 온 신자들로 구성되어 있을 것"이다.
150 Jobes, 1 Peter, 159.
151 E. C. Colwell, "Popular Reactions against Christianity in the Roman Empire", *Environmental Factors in Christian History* (ed. J. T. McNeill, M. Spinka, and H. R. Willoughby, Port Washington, New York: Kennikat, 1939), 61-62.

다른 '혈연'은 효력이 없다. 한국 사회는 전통적으로 그리고 지금까지도 갖가지 혈연(血緣), 지연(地緣), 학연(學緣)으로 뭉쳐 있고 그것이 순기능을 하기도 하지만, 정치 경제 사회 문화 모든 영역에서 온갖 비리의 온상이 되어 왔다. 교회는 이런 '연'으로 묶여 있는 세상 한복판에서 오직 '택하심과 믿음'의 '연'으로 된 새로운 공동체임을 보여 주어야 한다.[152] 하지만 오늘날 한국 교회는 이 세상의 '연' 속으로 함몰되어가는 증상을 보인다. 교회 세습으로 몸살을 앓는 것이다. 그것도 큰 교회들, 모범이 될 만한 교회들이 세습에 앞장선다. 9절 말씀에 의하면, 그들은 단지 어떤 행동을 잘못한 정도가 아니다. 물론 교회 세습이, 사람이 혈통으로 성도가 된다는 정도의 뜻은 아닐 것이다. 하지만 혈통으로 되지 않고 택하심과 믿음으로 된 교회의 본질상, 교회 세습은 잘못된 관행 정도가 아니라 '택하신 족속'이라는 교회의 본질에 역행한다.

(2) '제사장 나라'와 특권의식

9절에서 βασίλειον ἱεράτευμα을 '왕 같은 제사장'(개역한글/개역개정)으로 번역하는 것은 오해의 소지가 있다. 우선 βασίλειον은 '왕국, 왕의 거처'(royal residence)를 의미하는 중성 명사형으로 보아, '왕 되신 하나님께서 거하시는 나라' 곧 '제사장 공동체'로 보는 것이 이 표현의 배경이 되는 출애굽기 19:6 (LXX) 의 문맥과도 잘 들어맞는다.[153] 또한 실제로 갈라디아와 갑바도기아에는 당시 황제의 거처가 있었는데, 베드로전서 1:1에서 언급된 이 지역들에 흩어져 있는 교회들이, 곧 하나님께서 거하시는 거처 혹은 나라로서 진정한 왕께 속한 제사장 공동체라는 메시지를 전달했을 가능성도 배제할 수 없다.[154]

물론 여기서 βασίλειον을 제사장들을 수식하는 '왕의, 왕에게 속한, 왕 같은'(royal)의 의미로 중성 형용사 격으로 볼 수도 있다.[155] 하지만 이런 경우에

---

152 Young S. Chae, "A Biblical Exegesis of the Korean Cultural Concept of Yeon (Indirect Karma): A Test-case of the Hermeneutics of Resonance" (*Asia Journal of Theology*, 2004), 247-266.
153 Kelly, *The Epistles of Peter and of Jude*, 97; Selwyn, *The First Epistle of St. Peter*, 165-166.
154 Elliott, 1 Peter, 436.
155 D. Hill, "'To Offer Spiritual Sacrifices…'(1 Peter 2:5): Literical Formulations and Christian

도, '왕 같은'보다는 '왕을 위한' 혹은 '왕에게 속한'이 더 적절하다. 비록 중간기에는 왕의 직분과 제사장의 직분이 더러 한 사람에게 겹치기도 했지만, 그것은 언제까지나 예외였다.[156] 원래 구약에서 왕의 직분과 제사장의 직분은, 사울 왕의 예가 보여 주듯, 한 사람이 겸하여 가질 수가 없는 것이었다. 또한 무엇보다, 원래 이 칭호는 출애굽기 19:6에서 왔다는 점을 기억해야 한다. 여기서 '나라'(βασίλειον)란 '야곱의 집' 곧 이스라엘이고(출 19:3), 옛 이스라엘이 하나님께서 구별하여 자신의 목적을 위해 따로 세우신 백성이라는 표시로 그들에게 사명을 주신 칭호가 바로 이 표현 그대로인 것이다.

흥미롭게도, LXX의 출애굽기 19:6은 이 칭호를 그대로 βασίλειον ἱεράτευμα로 옮겼는데, 개역개정과 개역한글은 이 표현을 '제사장 나라'(a kingdom of priests)로 그대로 옮겨 놓았다. 즉 같은 표현을 옛 이스라엘에 대하여는 '제사장 나라'로, 또 베드로전서에서 교회에 대하여는 '왕 같은 제사장'으로 다르게 번역한 것이다. 굳이 그럴 이유가 있을까? Elliott에 의하면, 제롬의 라틴 벌게이트(Vulgate) 역에서 출애굽기 19:6은 '제사장 나라'(regnum sacerdotale; priestly kingdom)라고 해놓고, 베드로전서 2:9는 '왕 같은 제사장'(regale sacerdotium, royal priesthood)으로 옮겨 놓았는데, 이것이 오랜 세월 동안 영어 번역본들의 기준이 되었기 때문이라고 설명한다.[157] 그렇다면 제롬은 왜 이렇게 같은 표현을 서로 다르게 번역했을까?

혹시, 그리스도께서 왕도 되시고 제사장도 되시기 때문에, 교회도 그 두 직분을 한꺼번에 갖게 되었다는 의미에서 '왕 같은 제사장'으로 번역했을 수도 있다. 필자는 이런 가능성도 배제하지 않는다. 하지만 지금 베드로전서의 문맥에서 '왕'이라는 개념은 생소하다. 무엇보다, 하나님의 새 백성으로서 교회의 정체성과 사명을 사중적으로 표현하는 이 대목이 출애굽기 19:5-6에서 옛 이스라엘

Paraenesis in 1 Peter", *JSNT* 16 (1982): 45-46.

156 E. Best, "I Peter II. 4-10: A Reconsideration", *NovT* 11 (1969): 290-291. 출애굽기 19:6의 탈굼 역은 이를 '왕들과 제사장들'로 옮겨 놓았다고 말한다. 당대의 정치적, 종교적 정황을 반영한 듯하다.

157 Elliott, *1 Peter*, 437. Elliott은 여기서 '제사장 나라'(βασίλειον ἱεράτευμα)를 '나라'(βασίλειον)와 '제사장 공동체'(ἱεράτευμα)로 각기 따로 분리해서 번역한다.

에게 주었던 그 용어들과 거의 동일하다는 사실이 중요하다. 이 표현이 주는 충격은 그 표현들을 다르게 바꾼 데에 있는 것이 아니라, 사명을 받는 대상이 바뀌었다는 데에 있다. 베드로는 2:9의 앞 문맥인 2:4-8에서 옛 이스라엘에게 적용되었던 이미지들을 사용하여 반석이신 그리스도를 거절하고 그 돌에 걸려 넘어진 자들에게 주어졌던 사명이, 이제는 그 반석이신 그리스도를 믿고 그 위에 선 교회에게 주어졌다는 사실을 선포하고 있다.[158] 즉 세상 열방을 향한 하나님의 구원 사역에 있어서, 하나님의 대리 통치자가 바뀐 것이다. 이런 점은 베드로가 이미 2:5에서 사람들에게는 버린 바 되었으나 하나님께는 택하심을 입은 보배롭고 존귀한 '살아 있는 돌'이신 그리스도를 기초 돌로 지어지는 살아 있는 성전인 교회를 두고 '거룩한 제사장 공동체'(ἱεράτευμα ἅγιον)로 부른 사실에서도 확인된다.[159]

생각해보면, 베드로가 지금 '흩어진 교회'에게 이러한 위대한 사명을 선포한 것은 실로 놀라운 일이다. 그들은 소외되고 위축된 주변 공동체였다. 항상 눈치를 받고 있고, 그들이 속한 지역에 자연재해가 있거나 불운한 일이 있으면 쉽사리 희생양으로 지목될 수 있는 열악한 위치에 있었다. 그런데 지금 베드로는 그들에게 로마 사회를 향하여 하나님을 위한 '제사장직'을 수행할 것을 요청하고 있다. 중요한 것은 지위가 아니라 사명이다. 그렇다면 어떻게 그렇게 미미한 교회가 로마 사회를 향한 하나님의 제사장의 직분을 감당할 수 있다는 것일까? 이에 대한 대답이 2:11 이후로 나오는, 예수 그리스도의 본을 따라 삶의 각 영역에서 제사장의 직분을 감당하는 법 곧, 베드로가 자세히 다루고 싶어 하는 내용이다.

(3) '거룩한 민족'과 민족주의

교회의 사중적 정체성을 표현하는 칭호들은 한결같이 역설적이다. '거룩한

---

158 Best, "1 Peter II. 4-10: A Reconsideration", 278; Martin, *Metaphor and Composition in 1 Peter*, 184.
159 Green, *1 Peter*, 61, 대체로 Elliott의 견해를 따라 여기서 '제사장 공동체'는 교회 내의 질서가 아니라 세상 앞에서 교회가 공동체로서 제사장의 역할을 하는 것으로 이해한다.

민족' 역시 마찬가지이다. 여기서 ἔθνος ἅγιον은 개역개정에서 '거룩한 나라'라고 옮긴 칭호이다. 문제는 ἔθνος인데, 이를 '나라'(nation)로 옮길 수도 있지만 민족이 더 적절하다. 왜냐하면 이 표현 역시 출애굽기 19:6이 출처인데, ἔθνος ἅγιον은 히브리어로 וְגוֹי קָדוֹשׁ(MT)이고 여기서 '부족'(גוי, tribe)의 뜻에 가깝다.[160] 종종 '백성'(עם)이라는 용어와도 교차적으로 사용되거나 이것으로 대치되었는데,[161] '백성'보다는 훨씬 동질적인 언어나 관습, 전통을 공유한 부족적, 민족적 개념에 더 가까운 용어라 할 수 있다.

무엇보다 ἔθνος라는 단어는, 오늘날 종족 혹은 민족이라는 의미의 ethnic의 어원이며, 흔히 현재 multi-ethnic이라 할 때 쓰는 그 말이다. 한 국가 안에는 다양한 민족들이 있을 수 있다. 이런 점에서도, 정치 체제를 생각나게 하는 '나라'(nation)라는 용어보다는 특정한 역사적, 문화적, 종교적 전통을 공유한 민족이 더 적절한 번역이다. 그렇다면 '거룩한 민족'은 무슨 뜻인가? 본문에서 이미 교회는, 베드로 자신과 같은 유대인 출신 그리스도인들뿐 아니라, 10절에서 말하듯 이전에는 긍휼을 입지 못했으나 이제는 긍휼을 입은 이방인 출신 그리스도인들이 섞인 '다민족 공동체'가 아닌가.[162] 다양한 민족 출신들로 구성된 다민족적인 교회를 향해서, 하나님은 저들이 이제는 그들을 부르신 거룩한 하나님께서 구별하신, 곧 거룩하게 하신 새로운 민족이라고 선포하시는 셈이다(1:15-16).

단언컨대, 이 세상에 이런 민족은 없다. 민족이라는 개념 자체가 지금 '거룩한 민족'이라고 부르는 이 개념과 충돌한다. 왜 그러한가? 민족이란 같은 문화 같은 언어 같은 가치관과 일체의 관습을 나누어 가진 생존 공동체이기 때문이다. 다양한 혈통의 족속들, 그런 의미에서 민족들이 한데 모여 하나의 국가를 이루는 경우도 있지만, 민족은 민족 나름대로 강한 연대감을 갖기 마련이다. 그러나 이제 하나님께서는 이렇게 다양한 민족들로 구성된 교회를 향하여, 너희는 '거룩한 한 민족'이 되었다고 선포하신 것이다. 이런 개념은 세상에서 우리

---

160 마찬가지로 Feldmeier, *First Letter of Peter*, 141, 'holy tribe.'
161 L. Perlitt, *Budestheologie im Alten Testament* (WMANT 36, Neukirchen-Vluyn: Neukirchner Verlag, 1969), 172-173, Elliott, *1 Peter*, 438에서 재인용.
162 마찬가지로 Achtemeier, *1 Peter*, 165.

가 보는 민족 개념에 근본적이고 신선한 충격을 준다. 하나님께서 세상을 새롭게 하시고자 하는 계획의 일환이다. 그것을 잘 보여 주는 표현이 아닐 수 없다.

흔히 기독교 일각에서 한국 민족은 하나님께서 택하신 '제2의 유대인'이라는 소리를 한다. 한국 교회를 하나님께서 택하셨고, 한국 교회는 한국 민족의 교회이니, 결국 한국 민족이 택함을 받았다는 논리이다. 그러나 하나님께서는 옛 이스라엘도 민족적 기준으로 택하지 않으셨다. 원래 아브라함도 '믿음의 조상'이지, 혈통이나 문화 때문에 조상이 된 것이 아니었다(갈 3:1-18). 이 땅의 어떤 민족이든지 단지 민족이라는 근거로 단체로 택함을 받는 일은 없다. 한국 교회이든 아프리카의 교회이든, 교회란 민족을 넘어선 믿음의 공동체이다. '거룩한 민족' 곧 이 세상에는 그런 민족이 없는, 하나님께서 복음과 말씀으로 새롭게 창조하신 전혀 새로운 민족이다. 그러므로 한국 민족이 제2의 유대인이라는 식의 발상은 허술한 논리에 근거한 착시현상에 불과하다.

마지막으로, '거룩한 민족'으로서 교회는, 그 안의 어떤 하나의 민족적 동질성이 결단코 그 중심이 될 수 없다. 하나님 나라의 문화, 하나님 나라의 언어, 하나님 나라의 삶의 관습과 체제가 거룩한 민족의 전통이다(1:14-16). 그래서 교회가 '거룩한 민족'이라는 것은, 교회가 이 세상 속에서 전혀 새로운 하나의 '다민족적 민족'으로 존재하면서, 세상의 민족주의적 아집과 교만에 맞서야 함을 가르친다. 독일의 히틀러나 일본의 제국주의 같은 경우는 극단적으로 반인류적이고 파괴적이며 사악한 민족주의의 전형이었다. 교회는 하나님의 '거룩한 민족'으로서 이 땅에 속한 이런 자기중심적 민족주의에 맞서야 한다.

(4) '소유된 백성', 누구의 교회인가?

그의 '소유된 백성'(λαὸς εἰς περιποίησιν)은 무슨 뜻을 담고 있는가? 이는 출애굽기 19:5에서 '모든 민족 중에서 내 소유'라는 표현과 이사야 43:21에서 '이 백성은 내가 나를 위하여 지었나니'라는 표현에서 온 것이다.[163] 여기에는 포로 된 땅에 흩어져 억압받는 자기 백성을 돌아보시고 두 번째 출애굽처럼 구원하셨다

---

163 Elliott, *1 Peter*, 164.

는 사실과, 동시에 이제 그들을 회복하여 열방을 향한 새로운 사명을 주신다는 뜻이 함께 들어 있다.[164] 혹자는 이를 '구원받을 백성' 혹은 '구원받기 위한 백성'(a people for saving)으로 번역하여,[165] 미래적 구원과 또한 구원받을 교회 자체를 강조한다. 하지만 '소유된 백성'이란, 하나님의 구원과 보호뿐 아니라 목적과 사명, 특별히 세상을 향하신 하나님의 계획과 의지가 잘 드러나는 표현이다.

이 사실은, "세계가 다 내게 속하였나니"로 시작한 출애굽기 19:5의 문맥이나, 이사야 43:21에서 '내가 구원하여 얻은 나의 백성'(λαόν μου ὃν περιεποιησάμην, LXX; 이 백성은 내가 나를 위하여 지었나니, 개역개정/MT)이라는 표현에서도 잘 드러난다. 우선 '나의 소유된 백성'이라는 표현은 다른 열방들은 그의 소유가 아니라는 뜻이 아니다. 오히려 이제 모든 열방들이 원래 그분의 소유임을 깨닫게 된 한 백성이 생겨난 것이다. 그래서 강조점은 하나님은 자신들이 원래 하나님의 소유임을 모르거나 부러 잊는 열방들을 하나님께로 돌이키기 위하여, 이제 비로소 그의 소유된 백성을 '얻은'(!) 것이다. 그러나 이스라엘은 어떻게 응답했는가? 이사야의 같은 문맥에서 하나님은 한탄하신다: "그러나 야곱아, 너는 나를 부르지 않았고 이스라엘아 너는 나를 괴로워하였으며 … 네 죄짐으로 나를 수고롭게 하며 네 죄악으로 나를 괴롭게 하였느니라"(사 40:22-24).

그러나 종말에 그의 아들 메시아 예수를 보내셔서, 그로 하여금 예루살렘의 새 성전 곧 시온의 부딪치는 반석을 삼으셨고, 그를 믿는 자는 구원하기로 하셨다(2:3-8). 이제 베드로는 옛 이스라엘이 아니라, 이스라엘의 남은 자들과 이방인들 가운데 이 반석 위에 굳게 선 교회를 향하여 하나님의 '소유된 백성'임을 선포한다. 하지만 지금의 문맥에서 이것은 앞서 1장에서 상세히 논한 것처럼 하나님의 구원과 보호하심, 그 소망의 영광만을 뜻하지 않는다. 하나님께서 옛 이스라엘을 향해 '나의 소유된 백성'이라고 말씀하시면서도, 그들의 죄악과 열방 앞에서 버려진 그들의 사명을 안타까워하시며 이를 회복하심을 뜻한다. 하나님은 열방을 포기하지 않으신다. 원래부터 그의 소유였던 그의 창조 세계를 포기

---

164 Green, *1 Peter*, 62.
165 Michaels, *1 Peter*, 109-110.

하지 않으신다. 이제 교회는 구원을 통해 자신이 하나님의 소유임을 확인한다. 그리고 온 세상이 하나님의 소유로 다시 회복되어야 함을 깨닫는다. 그래서 교회는 만물의 회복, 곧 이 세상 나라가 하나님의 나라가 되기까지 그 일에 자신을 드리게 된다(참조. 계 11:15).

3. Κόσμος와 '선한 양심'(2:11-3:22)

베드로전서의 문학적 구조에 있어서 2:11 이하는 그 이전과 크게 달라지는 전환점이다.[166] '사랑하는 자들아'(Ἀγαπητοί)라는 호격은, 4:12에서와 같이 문단의 중대한 전환을 알리는 역할을 한다.[167] 서신서의 인사말부터 2:10까지, 주로 세상 속에 흩어진 교회이지만, 실은 삼위 하나님과 관련하여, 구원에 관련하여, 이미 임했고 장차 임하는 하나님 나라의 '썩지 않고 더럽지 않고 쇠하지 않는' 유업에 관련하여, 교회는 어떤 존재이며, 세상을 향해 어떤 정체성과 사명을 갖고 있는지를 설명했다면, 2:11부터는 그러한 교회가 세상의 각 영역들 속에서 실제로 어떻게 행동해야 하는지를 권면한다.[168] 그리고 그 중대한 기준은 다름 아닌 예수 그리스도의 고난과 부활의 길이다(2:21-25). 더 중요하게도, 그 고난의 길, 부활 영광에 이르는 십자가의 길을, 베드로는 '선한 양심'의 길로 표현한다(2:19-20; 3:16-17, 또한 2:8-13).

실로, 로마 제국의 변두리 아나톨리안 반도에 흩어진 적은 무리의 교회들에게 하나님은 로마 제국 자체의 회복을 명하고 계신다. 마치, 로마의 운명은 시저나 로마 시민들이 아니라, 너희 흩어진 교회에게 달려 있다고 말씀하시는 셈이다. 그들은 정말 이런 사명을 의식했을까? 서신의 본문 내용들을 보면 베드로가 이를 명확히 인식하고 또 독려하고 있음을 알게 된다. 로마 정부의 권세 아래에 놓인 지극히 연약한 자들, 사회적으로 미미한 약자들(2:12-17), 노예(2:18-21), 믿지 않는 남편을 가진 아내(3:1-7), 억울한 고난을 당할 수밖에 없는 처지에 있는 성도들에게 베드로는 선포하는 것이다. '바로 당신들 손에 로마에 가득한 수많은 영혼들의 회복, 그들을 바로 이끌어야 할 책임이 달려 있다'고. 어떻게 이런 일이 있을 수 있을까? 베드로는 본문에서 바로 이 문제에 대답한다.

---

166 Martin, *Metaphor and Composition in 1 Peter*, 188-208. 1:14부터 2:10까지는 '택하심 받은 하나님의 집'이라는 주제로 묶인 οἶκος-cluster로 보고, 2:11부터 3:12까지는 πάροικος/παρεπίδημος-cluster로 본다.

167 Elliott, *1 Peter*, 169, 305.

168 Watson & Callan, *First and Second Peter*, 2:11-12는 2:11에서 4:11까지를 통괄하는 전체 주제인 "이 방인들 안에서 하나님께 영광된 삶을 살기"의 도입부로 간주한다.

3.1 이방인들 속에서(2:11-12, 16-17)

2:11부터 베드로전서의 교회를 향한 본격적인 권면이 시작된다는 점을 생각할 때(2:11-5:11), 12절에서 '이방인 중에서'(ἐν τοῖς ἔθνεσιν)라는 표현은 사실 '세상 속의 교회'라는 베드로전서의 전반적인 관심을 적극적으로 드러내는 대목이다. 11절에서 '임시 거주 외국인이나 여행자들'(παροίκους καὶ παρεπιδήμους)이라는 표현이, 교회가 세상에 '흩어진 여행자'(παρεπιδήμοις διασπορᾶς, 1:1)임과 '임시로 거주하는 외국인'(τὸν τῆς παροικίας, 1:17)임을 선포한 이후 다시 등장한다는 사실이 이를 뒷받침한다. 새로운 단락이 시작되는 것이다.[169]

그리고 이 새로운 단락은 바로 위의 문맥인 9-10절에서처럼, 교회의 사중적 정체성 자체가 하나님께서 회복하실 세상의 열방들을 배경으로 정의되었다는 점에 있어서도 '이방인 중에서'의 의미를 강조한다(참고. 출 19:6). 교회란, '세상 열방들을 위한' 하나님의 제사장 공동체인 것이다(2:9). 그래서 2:11 이하부터 세상에 속한 각 영역들, 정부에 대하여(2:13-15), 주인에 대하여(2:18-21), 가정 속에서 불신자 배우자를 대하는 경우(3:1-6, 7), 또한 그리스도인들의 신앙과 삶의 방식들을 조롱하는 주변 이방인들에 대하여(4:1-6), 그들 속에서, 그들 앞에서, '흩어진 여행자'이며 '하나님의 제사장들'로서 어떻게 행해야 할지를 가르치는 내용들이 이어서 나오게 된다.[170]

(1) 이방인들에게 둘러싸인 교회

교회를 향한 적극적인 권면이 시작되는 이 단락의 특별한 점은, '세상 속에 처한' 교회의 현실을 다룬다는 사실이다. 교회를 이 세상 속에 거하는 '임시 거주 외국인과 여행자'로 부르는 점, '이방인 중에서' 행하는 일에 관심을 기울인다는 점, 그리고 그들 앞에서 하나님의 영광을 추구한다는 것과 그 일을 위해 '선한 행실'을 강조한다는 점이 모두 그러하다. 11절에서 권면의 대상인 교회

169　Marshall, *1 Peter*, 78, 80.
170　4:7부터 5:11까지는, 그렇게 세상에서 '하나님의 제사장 공동체'로 살아야 하는 교회가 오히려 스스로 자기 안에서 맞닥뜨리는 고난의 문제, 교회 내의 삶의 문제 등에 대해 권면하는 대목으로 보인다.

를 향하여 παροίκους καὶ παρεπιδήμους라 불렀을 때, 이 호칭들이 실제 그들의 법적이고 사회적인 신분을 가리키는지, 아니면 비유적으로 이 세상을 순례하는 천국 백성을 표현한 것인지가 문제일 수 있다. 전통적으로는 후자인 '종교적 신분'으로 해석했지만,[171] Elliott의 사회학적 분석 이후 '사회적 신분'으로 보는 해석이 상당한 지지를 얻게 되었다.[172] 하지만 전통적 입장을 재확인하는 주장도 여전히 강력하다. Watson과 Callan은 이런 칭호들이 "실제 법적, 사회적 신분과는 전혀 관계없다"고 주장하면서, 이는 이 땅에 살아가는 하나님의 백성의 처지를 가리키는 것으로, 애굽이나 가나안 땅에 거하던 옛 언약의 백성과 같은 맥락이며(레 35:23; Wis. 19.10), LXX에서는 아브라함이나 다윗에게 적용된 표현과 정확히 일치하며(창 23:4; 시 38:13[39:12]), 신약에서 ξένοι καὶ παρεπίδημοί(외국인과 여행자)는 아벨, 에녹, 노아, 아브라함 그리고 사라 등 '이 땅에서'(ἐπὶ τῆς γῆς) 하늘의 고향을 찾아가던 믿음의 선진들에게 적용되었음을 지적한다(히 11:13-16).[173]

11절에서 이런 칭호들 앞에 쓰인 ὡς의 용법도 문제가 된다. 즉 이미지를 차용한 비유를 뜻하는가, 아니면 실제 자격을 뜻하는 의미로 쓰였는가에 따라, 각기 의미가 달라질 수 있다. Jobes는 전치사가 베드로전서에서 모두 27회 등장하는데, 인과적 관계를 뜻하는 경우(예컨대, 2:13, 갓난아이처럼)와 비유적으로 쓰인 경우(예컨대, 2:5, 산돌과 같이)로 나뉘며, 아마도 당시의 청중에게는 Elliott이 주장하는 대로, 실제 자격을 뜻하는 원인적 용법으로 들렸을 것이나 시간이 지나면서 다른 청중에게는 비유적으로 들렸을 것이라고 주장한다. 그들이 외국인과 여행자 처지가 된 것도 결국은 그리스도인이 되었기 때문이다.[174]

하지만 결정적인 것은 문맥이다. 실제로 베드로가 지금 수신자들로 상정하는 '택함 받아 흩어진 교회'(1:1)는 '택하신 족속'으로서 다양한 인종들, 족속들

171　영어 성경에서는 대체로 이를 'pilgrims'나 'exiles'로 번역했다. 특히 παρεπιδήμοι는 '순례자들'로 번역되거나(KJV/JB/Luther) 혹은 '포로 된 자들'(RSV/NRSV)로 번역되곤 했다.
172　Elliott, *1 Peter*, 450; Achtemeier, *1 Peter*, 174-175.
173　Watson & Callan, *First and Second Peter*, 58; 참고. C. E. G. Cranfield, "The Message of James", *SJT* 18 (1965): 182-193, 338-345.
174　Jobes, *1 Peter*, 168-169; 참고. Elliott, *1 Peter*, 457.

로 구성되어 있음을 전제한다. 그 구성원들이 모두 실제 '임시 거주 외국인과 여행자' 신분이었다고는 보기 어렵다. 그중에는 분명 그곳 본토의 시민 된 자들로서 믿음을 받아들인 자들도 섞여 있었을 것이다. 그러므로 11절에서 ὡς의 용법은 실제 사회적 자격보다는 상징적인 유비 관계를 뜻한다고 보는 것이 공정할 것이다. 또한 Elliott은 수신자들이 하늘을 향하는 순례자라는 개념이 베드로전서에 나오지 않기 때문에 그 칭호들은 전적으로 사회적, 법적 신분을 지칭한다고 하는데, 이는 베드로전서의 기독론과 종말론적 패턴을 간과한 분석이 아닐 수 없다. '임시 거주 외국인과 여행자들'은 본질적으로 이 땅에 머물지 않고, 오직 그리스도의 본을 따라가게 되어 있는데, 그리스도는 그 십자가의 길을 가시고 부활하사 먼저 하늘 보좌 우편에 오르셨다. 그래서 그리스도를 따르는 이 땅의 교회도 그런 동일한 운명을 갖지 않을 수 없다는 사실은, 그들이 이 땅에서 여전히 순례자의 신분임을 뒷받침하게 되는 것이다.[175] 베드로전서에서 수신자들인 '흩어진 교회'가 지나가는 '이 땅에서의 일시적인 체류 기간'은 철저히 기독론적으로 그리고 종말론적으로 정의됨을 간과할 수 없다.

한편 실제로 공동체의 구성원들 대부분이 사회적으로 열악한 신분을 갖고 있었음을 상정하는 것은 그리 어려운 일이 아니다.[176] 그들은 그리스도인이라는 이유로, 그 지역에서 임시 거주 외국인들이나 여행자들의 신분처럼 취급받은 것이다. 말하자면, '외국인과 여행자'라는 칭호가 그리스도인들이 전적으로 '종교적인 의미로서만' 이 땅에서 순례자가 되었다는 의미도 아니고, 그렇다고 Elliott이 말하는 것처럼, 배타적으로 그들의 정치적, 사회적 신분만을 뜻하는 것으로 볼 수도 없다.[177] 본문의 문맥에 가장 적합한 해석은, 종교적이고 사회적인 차원 모두를 포함한다고 보는 것이다. 그리스도인이 되었기에 거기서 발생하는 가치관의 '차이들 때문에'(4:3-4), 그들은 사회적으로 '외국인과 여행자들'

---

175 채영삼, "베드로전서 3:21c의 번역과 해석", 589-628, 특히 610-620.
176 Achtemeier, *1 Peter*, 174, Plutarch(*Mor.*, Exil. 607A)는 ξένος(foreigner)나 μέτοικος(이민자)가 모두 혐오스러운 용어였음을 증거한다. 이런 용어들은 거의 φυγάς(exile)와 동격인 혐오스러운 대상을 뜻하였다. Seneca(*Benef.* 4.35.1)는 로마 사람들이 이런 외국인과 결혼하는 것이 허용되지 않았다고 말한다. 법도 로마 사람들과 이런 외국인들에게 차별적으로 적용되었다.
177 Elliott, "1 Peter, Its Situation and Strategy", 67-69.

처럼 살아갈 수밖에 없는 것이다.[178] 베드로가 이들을 '외국인과 여행자'로서 지칭할 때 그들이 그리스도인 되었음을 염두에 두었다는 점은, 12a절에서 '너희의'(ὑμῶν) 행위들과 대조되어 지칭되는 '이방인들 가운데'(ἐν τοῖς ἔθνεσιν)가 하나님의 백성이 아닌 자들임을 강조한 표현이라는 점에서도 확인된다. 베드로와 바울 모두에게 있어서, 유대인의 사고방식에 따르면, ἔθνος는 그리스도교 신앙을 갖지 않은 외인(外人)들을 가리킨다는 사실을 통해서도 확인할 수 있다.[179] 그리고 믿는 자들이 이러한 '외인들'에게 동일한 하나님의 긍휼을 보여야 하는 이유는, 문맥상 그들 역시 '전에는 백성이 아니었'다가 이제는 하나님의 '긍휼을 얻는 자들'이 되었기 때문이다(10절).

그러므로 11절과 12절의 배경이 되는 근본적인 대조는, 화려하고 강대하지만 하나님을 알지 못하는 '이방인들'과 그 땅의 주변인으로 잠시 거주하는 외국인이나 지나가는 여행객들 같은 '그리스도인들' 사이의 대조이다. 이런 대조의 초점은, 이미 9절에서 교회에 대해 세상을 배경으로 사중적으로 설명한 내용들에서도 예고되었다. 베드로가 정의한 교회란 이미 '세상 속의' 교회이다. 여러 인종(人種)들로 구성되었지만 택하심을 받은 족속(1:1; 2:3)이고, 세상 열방 민족들을 하나님께로 인도할 사명을 받은 '제사장 공동체'(2:5)이며, 세상의 여러 민족들 가운데서 거룩하신 하나님의 부르심을 받아 그 나라의 통치와 문화 속에 살아가는 '거룩한 민족'(2:15-18)이며, 원래 하나님의 소유지만 이제는 그를 떠나 그에게 반역하는 세상에서, 성령의 거룩하심을 입어 그리스도의 순종에 이르는 하나님의 소유된 백성인 것이다(1:2). 지금 이들이 '이방인들 속에서' 하나님의 소유로, 거룩한 민족으로, 택하신 족속으로, 그리고 그들을 위한 하나님의 제사장들로 서 있는 것이다.

(2) '찾아오시는 날', 목자와 감독 (참고. 2:25; 5:4)

11절과 12절이 세상을 위한 하나님의 제사장 된 새 언약의 공동체인 교회

---

178 Volf, "Soft Difference", 18, "신앙이란 본질적으로 보다 넓은 사회적 문맥 안에서는 사고(思考)와 삶의 방식일 수밖에 없다. 적어도 기독교 신앙에 있어서 이는 맞는 말이다."
179 Jobes, *1 Peter*, 169.

에게 주어진 명령이라는 사실은, 12절에 포함된 다른 중요한 모티브들을 설명할 수 있는 적절한 배경이 된다. 첫째는 '권고하시는 날'(개역한글; 오시는 날, 개역개정)의 의미에 관해서이고, 둘째는 12절의 '하나님께 영광을 돌리게 하라'는 표현, 그리고 마지막으로 '선한 행실'의 중요성에 대해서이다.

먼저 여기서 ἐν ἡμέρᾳ ἐπισκοπῆς는 무슨 뜻인가? 우선 (i) 통상적으로, 최후의 심판과 구원이 베풀어지는 때라고 볼 수 있다. 문자적으로 '방문[감독]하시는 날에'라는 표현은 구약에서 종말을 표현하는 전형적인 용어이다(습 1:7, 14-15; 2:2-3; 슥 14:1-20; 말 4:1). 그렇다면 여기서도 최후의 심판과 구원의 때로 볼 수도 있을 것이다. 베드로전서에서 종종 나타나는 그리스도의 재림에 관한 표현들도 같은 방향을 가리킨다고 볼 수 있다(1:5, 7, 13, 4:7, 13, 17; 5:1).[180] 하지만 (ii) 12절의 경우와 거의 동일한 표현인 '방문의 때'(καιρὸν τῆς ἐπισκοπῆς)라는 전치사구는 누가복음 19:44에 한 번 나오는데, 성전 멸망이 그 배경으로서 종말론적이기는 하지만 반드시 최후의 날로 단정지을 수 없는 문맥이다. 즉 최후의 날이 아니더라도, 어떤 '종말론적인' 순간에 하나님이 종종 이스라엘을 직접 찾아오심으로써 역사 안에 개입하시는 순간을 가리킬 수 있다. 출애굽 할 때에도 그러했고(창 50:21-25; 출 3:16; 4:31; 13:19) 바벨론에서 나올 때에도 그러하셨다(렘 27:22; 29:10; 32:5). 또한 중간기에도 하나님께서 종말론적이고 결정적인 의미로 이 땅을 찾아오시는 개입을 선고할 때도 언급된다(*1 En.* 90.18-19; 1Q28b 5:24-28; CD-A 13:22; CD-B 19:10).[181] 그래서 이런 의미로, 하나님께서 그의 백성을 징계하시거나 시험하실 때에도 '방문'하신 것(시 17:3; 욥 7:18; 31:14)과 같은 의미로 볼 수도 있다.[182] 여기서 한 걸음 더 나아가, (iii) 어떤 학자들은 최후의 심판 때에는 이방인들이 심판을 받으므로 하나님께 영광을 돌리는 일도 없을 것이라고 보고, 이는 하나님께서 특히 불신자들을 찾아가 구원을 베푸시고자 하시는 때

---

180 Achtemeier, *1 Peter*, 178; Michaels, *1 Peter*, 118.
181 Chae, *Jesus as the Eschatological Davidic Shepherd*, 153.
182 Elliott, *1 Peter*, 471, 하나님께서 각 성도를 '시험하시는 때'라고 본다(참고. 2:25; 5:6, 감독). 또한 마지막 심판 때에는 4:17-18에서 보듯, "세상 사람들은 심판을 받고 이미 그 장면에서 없으므로, 그들이 선을 행한 신자들 때문에 하나님께 영광을 돌릴 수 있는 장면이 아니다." 그래서 이 경우는, 3:1-2에서처럼, 하나님께서 각 사람을 시험하실 때, 돌아보실 때이다.

를 가리키는 경우라고 생각한다(Calvin, Reicke).[183] 이 견해는 11-12절의 문맥에 잘 들어맞기는 하지만, 사용된 위의 전치사구의 일반적인 용례보다 지나치게 구체적인 의미를 규정한 경우이다.

결론적으로 12절의 ἐν ἡμέρᾳ ἐπισκοπῆς라는 표현은 최후의 심판과 구원의 날에 그 절정에 이르겠지만, 그 도중이라도 하나님께서 결정적으로 개입하시는 순간을 가리킨다. 그때가 정확히 언제인지보다는, 하나님께서 방문하시고 개입하셔서 평가하시고 감찰하신다는 개념이 더 중요하다. 특히 여기서 ἐπισκοπή(방문)이라는 단어는 동일한 문맥 안에 있는 2:25의 "너희 영혼의 목자와 감독 되신 이"에서 사용된 ἐπίσκοπος(overseer, bishop, 감독)와 밀접한 관계에 있다. '감독'과 더불어 '목자'(ποιμήν)라는 칭호가 사용된 것은 더 큰 의미가 있으며, 5:4에서 '목자장'(ἀρχιποίμην) 앞에서 심판을 받을 것이라는 문맥과도 깊이 연관되어 있다. 왜냐하면 구약에서나 중간기 문헌에서 종종 '목자'는 '감독'의 역할과 관계되거나 혹은 서로 교차적으로 불리기 때문이다. 중간기나 신약에서 목자와 감독이라는 용어들이 서로 깊은 관계를 갖게 되는 출발점은 사실 에스겔서에서 찾을 수 있다.

에스겔 34장은 종말에, 자신의 양 무리인 포로 된 옛 이스라엘을 친히 찾아가 그들을 회복하실 '여호와-목자'(YHWH-the Shepherd)의 종말론적인 '방문'에 대해 기록한다.[184] 특히 1절에서 16절은 그 종말에 목자가 와서, 이스라엘의 거짓 목자들이 실패한 목양 사역을 하나씩 모두 회복하는 장면을 그리는데, 여기서 '여호와-목자'의 특징적인 사역은 그가 자신의 흩어진 양 무리를 '찾는다'(בקשׁ)는 것이다: "주 여호와께서 이같이 말씀하셨느니라. 나 곧 내가 내 양을 찾고 찾되(בקשׁ), 목자가 양 가운데에 있는 날에 양이 흩어졌으면 그 때를 찾는 것 같이 내가 내 양을 찾아서(בקשׁ) 흐리고 캄캄한 날에 그 흩어진 모든 곳에

---

183 Jobes, *1 Peter*, 172에서 재인용; 또한 Marshall, *1 Peter*, 81-82, '하나님의 방문'이 최후의 심판인지, 불신자들을 찾아가 그들로 믿게 하시는 때인지 정확히 알 수 없지만, 후자 쪽으로 기운다. '세상 부인적'(world-denial)인 태도가 아니라, 세상에 대하여 적극적인 자세가 강조되었다고 본다.
184 Walter Zimmerli, *Ezekiel 2* (trans. James D. Martin, Philadelphia: Fortress, 1983), 215-216, 12절의 '흐리고 캄캄한 날에'는 여호와 하나님의 심판의 날에 관한 전형적인 표현으로, 가깝게는 예루살렘과 유다의 종교-정치 체제의 몰락을 가리킬 수 있다(참고, 겔 30:3).

서 그것들을 건져 낼지라"(겔 34:11-12); "그 잃어버린 자를 내가 찾으며(בקש)"(겔 34:16a). 여호와-목자의 전형적인 사역을 표현하는 בקש는 "돌보다, 찾다, 살펴 보다" 등의 의미로, 레위기 13:36에서는 제사장이 피부가 나병같이 되는 현상을 진찰하는 과정에서 '세세히 살피는'(찾을, 개역한글/개역개정) 동작을 표현한다. 더욱이 레위기 27:33에서는, 하나님께 드릴 짐승을 고르면서, 좋은 것과 나쁜 것을 '찾아 살피지'(בקש) 말라고 권면할 때처럼, 양 무리를 관장하고 돌보는 목자의 일을 묘사할 때 쓰였다. 에스겔 34장에서는 10절, 12절 그리고 무엇보다 16절에 와서 그 의미가 더 명확히 드러난다. 흥미로운 점은, 이런 목자의 직분에 대한 묘사가 중간기 문헌들에서도 계속된다는 점이다. 일례로 다마스커스 문서인 CD-A 13:7-12는 양 무리와 같은 공동체를 감독하는 지도자를 이와 같은 목자로 묘사한다:

"(l. 7) 그리고 이것은 공동체[camp]의 감독[목자; Inspector, Examiner; המבקר]이 지켜야 할 규칙이다. 그로 하여금 (8) 하나님의 모든 역사들을 회중에게 가르치게 하라. 그리고 그는 하나님의 놀라운 기적들로 교훈하며 영원한 일들을 설명하여야 한다. (9) 그는 또한 아버지가 아들에게 하듯 그들을 불쌍히 여기며, 목자가 양을 돌아보듯 그들 가운데 상처 난 자들을 치유하여야 한다. (10) 그는 또한 그들을 묶고 있는 모든 결박을 풀어 주어, 그 회중 가운데 공격당하거나 짓밟히는 이들이 없게 해야 한다. (11) 그리고 누가 그들의 회중에 들어오고자 하면, 그는 그들의 행위, 인식, 능력, 용기와 재산들에 관해 검토해야 한다. (12) 그리고 빛의 공동체 안에서 받을 유산에 따라 그들을 각기 제 위치에 지정해야 한다."[185]

여기서 양 무리인 공동체 곧 회중(Many)을 감독하고 돌보는 지도자는 המבקר라 불리는데, 그 칭호는 목자가 양을 '찾고 살피는' 의미의 בקש에서 왔다. 그는 하나님의 행하심을 전하고 가르치며, 양 무리의 주인이신 하나님을 대신하여

---

185 García Martínez, F. and Eibert J. C. Tigchelaar (eds.), *The Dead Sea Scrolls Study Edition* (2 vols. Leiden/Boston: Brill; Grand Rapids: Eerdmans, 2000), 573, 영어 번역을 참고로 다시 사역함.

그들을 인도한다. 그는 회중을 돌아보는 목회적(pastoral) 사역과 더불어 새 구성원들을 받아들이는 일을 관장하는 등의 일을 한다.[186] 이는 근본적으로 에스겔 34:1-16에서 열거되었듯이, 종말에 여호와-목자가 자신의 양 무리를 위해 행하실 치유와 회복, 권징과 인도하는 목회적 사역의 내용들과 일치한다. 그래서 Walter Zimmerli는 CD-A 13:7의 מבקר('감독' 혹은 '목자')는 에스겔 36:11, 12에 기록된 종말론적인 '여호와-목자'가 잃어버려지고 상처받은 양들을 친히 '찾는다'고 했을 때 그에 수반하는 목회적 사역들과 연속 선상에 있다고 보았다.[187] 또한, 그의 이러한 '목회적 감독'의 역할들 가운데 특히 '치유'하는 일과 '권징, 통치'하는 일도 포함된다는 점을 주목할 필요가 있다. 에스겔 34장의 종말에 오실 '여호와-목자'의 이런 목회적인 사역은, 마태복음 9:35-36이 묘사하는 종말의 목자이신 예수의 모습에서 성취된다(참고. 마 2:6; 26:31; 미 2-5장; 겔 34-37장; 슥 9-13장).[188]

그러므로 베드로전서 2:25에서 그를 '목자'요 '감독'이라 부르고 5:4에서 '목자장'이라 부르는 것은, 이러한 구약 전통과 중간기 그리고 복음서의 전통에 뿌리박고 있는 표현인 것이다. 종말에 오시기로 약속된 그 '여호와-목자'의 권세와 사역은 '다윗의 아들'이며 '이스라엘의 목자'로 오신 예수 그리스도를 통하여 이루어졌다(마 1:1; 2:6).[189] 그가 종말에 자신의 양 무리를 위해 '치심을 입고' 죽으시고(마 26:31; 슥 13:7), 약속대로 부활하셔서, 종말의 자신의 새로운 양 무리의 교회를 창조하시고, 그들 위에 목자들과 감독들을 세우셨으며, 친히 그들의 '목자장'이 되셨다(5:4). 이제 세상에서 '흩어진'(1:1) 그의 종말의 새로운 양 무리들은, 세상 속에서 그의 인도하심을 받아 그만을 따라가야 하는 것이다(2:21).

또한 이런 배경을 두고 보면, 12절에서 '찾아오시는 날'은 목자이신 주님께

---

186 C. Hempel, *The Laws of the Damascus Document: Sources, Tradition and Redaction* (Leiden: Brill, 1998), 23, 40.
187 Zimmerli, *Ezekiel 2*, 215-216.
188 Chae, *Jesus as the Eschatological Davidic Shepherd*, 173-246, "Matthew's Textual interaction with the Eschatological Davidic Shepherd Tradition"을 참조하라; 또한 『긍휼의 목자 예수』, 특히 195-207, "치유하시는 종말의 다윗 목자", 그리고 "이스라엘 집의 잃어버린 양을 찾는 종말의 목자"(208-216).
189 채영삼, "마태복음에 나타난 '치유하는 다윗의 아들'", 〈신약논단〉 18/1 (2011): 43-93.

서 최후의 심판 때에, 마치 모든 민족들을 자신 앞에 불러 모으시고 그들 사이를 양과 염소를 가르듯 심판하시는 광경을 생각나게 한다(마 25:31-46). 흥미로운 것은, 여기서도 심판의 기준이 '긍휼의 선한 행위들'이다. 물론 이 '선한 행실들'은 믿음의 열매임이 전제되는 것이지만, 심판주인 종말의 목자이신 예수께서 왼쪽으로 분류되는 염소와 같은 자들의 입을 막으시는 근거는 그들의 말이 아니라, 행실이라는 사실은 '목자'의 모티브를 함께 갖고 있는 두 본문들 사이에 흥미로운 공통점이라고 할 수 있다.[190] 따라서 12절의 '찾아오시는 날'은 반드시 하나님이 불신자의 심령을 찾아가 구원하시는 때라고 못 박을 수 없다.

오히려 그가 오셔서 심판과 구원을 행하실 때, 심판을 받는 이방인들이라도 하나님의 공의와 구원받는 그의 교회의 선한 행실의 열매들 때문에, 하나님의 심판의 공정성에 대해 그들이 할 말을 잃게 되는 상황도 적절한 것이다. 즉 그들이 회심을 하든지 하지 않든지 상관없이 세상 사람들이 하나님의 공의로우심과 교회의 선한 행실로 자신들에게 떨어지는 공의로운 심판에 대해 전혀 변명할 바를 모르게 되는 경우이다.[191] 그들이 그나마 가지고 있는 '양심'의 기준에 의해서도 하나님이 공의로우시다는 점과 그의 백성의 선한 행실들을 부인할 수 없기 때문에, 그들에게 임하는 심판의 정당성에 대해 아무런 변명을 할 수가 없는 상태가 되는 것이다. 이는 15절에서 교회의 선한 행실에 의해 '어리석은 사람들의 무식한 말을 막으시는 것'이라는 표현과도 잘 어울리는데, 반드시 그들의 구원을 목적으로 하기보다는, 하나님의 공의로우심을 교회가 세상 속에서 그들의 선한 행실로 증거함으로써 이방인들로 하여금 하나님을 대적하지 못하게 만드는 것이 초점인 셈이다.

---

190 Chae, *Jesus as the Eschatological Davidic Shepherd*, 219-232, "The Shepherd as the Final Judge."
191 Van Unnik, "The Teaching of Good Works in 1 Peter", 105, 에녹서 62-63장에서처럼, 마지막 심판 때에 이방인들이 정죄받으면서도 하나님을 인정하는 장면이 나오는데, 베드로전서 2:12은 심판을 받으면서도 하나님의 공의를 인정하는 장면을 표현한 것이라 본다.

(3) '선한 행실', 그리고 하나님의 이름과 영광

이렇게 종말의 '목자장'(牧者長, ἀρχιποίμην, 5:4) 예수 그리스도의 양 무리로서 세상에 흩어져 있는 교회는, 특별히 열방 모든 민족들을 하나님께로 인도할 '제사장 공동체'로 부름 받았다(2:9). 그래서 그들은 '이방인들 가운데' 거하면서 저들을 하나님께로 인도해야 한다(2:12). 그러나 어떤 식으로 하는가? 베드로는 여기서 매우 중요하고 결정적인 방식을 권면한다. 그것은 무엇보다 '선한 행실'로, 교회를 둘러싸고 있는 이방인들로 하여금 하나님께 영광을 돌리게 하라는 것이다.[192] 문자적으로 하면, '너희의 행실들을 선하게 가지라'(ἔχοντες καλήν)이다. 여기서 '가지라'(ἔχοντες, 개역한글/개역개정)는 표현은 앞서 11절에서 '너희 영혼'을 거슬러 싸우는,[193] '[죄악 된] 육적인 정욕들'(τῶν σαρκικῶν ἐπιθυμιῶν)을 '붙잡지 말라'(ἀπέχεσθαι, 제어하라, 개역한글/개역개정)와 서로 짝을 이루는 표현이다(참고. 2:1, 벗어 버리고, Ἀποθέμενοι).[194] 따라서 12절에서 행실들을 선하게 '가지라'는 표현이 11절의 '붙잡지 말라'와 대조된다면, 12절에서 ἀπέχεσθαι의 의미는 확실히 '제어하라'는 것보다는 '소유하지 말라'는 의도가 짙다.[195] 실제로 이런 번역이 더 적절한 이유는, '제어하라'는 표현이 다소 금욕주의적으로 들리기 때문이다.[196] 죄악 된 정욕들을 통제하는 것 자체가 목적이 아니다. 유혹과 연단을 받을 수 있지만, 더 중요한 것은 행실을 선하게 하는 일에 집중하는 것이고, 그것

---

192 현경식, "베드로전서에 나타난 선행의 윤리", 〈신약논단〉 18/4 (2011): 1183-1212, 베드로전서가 말하는 선한 양심은 물론 기독론적이고 믿음의 행함이며 신앙 공동체적인 행함임을 강조한다. 하지만 베드로전서가 가르치는 선행이 세상 속의 이방인들 앞에서 행하는 '선교적 고난'의 차원을 갖고 있으며, 결국 '하나님의 이름, 영광'에 관련된 보다 큰 그림 속에 있음을 다소 간과한다.

193 Elliott, *1 Peter*, 465, 여기서 ψυχή는 인간의 몸과 다른 정신적인 면만을 가리키는 헬라적 이원론적 구분이 아니다. 1:9의 경우처럼, '그 사람 전체, 삶'(life)이다.

194 Marshall, *1 Peter*, 80-81, 이미 2:1에서 '벗어버리라'고 했으며, 거듭난 자에게 주어진 명령이다.

195 Jobes, *1 Peter*, 170, 11절과 12절의 대조를 충분히 의식하지는 못하지만, ἀπέχεσθαι는 그리스도 안에서 사는 '새로운 삶'을 방해하는 이방인들의 세속적이고 정욕적인 삶을 금하는 맥락'임을 지적한다. 특별히 통제되지 않은 성적 죄악들을 포함한다(참고. 행 15:29; 살전 4:3; 딤전 4:3).

196 Achtemeier, *1 Peter*, 174, ἀπέχεσθαι를 단순히 'abstain'으로 옮기는 경우와 같다; 마찬가지로 Watson & Callan, *First and Second Peter*, 58, 영혼을 거슬러 싸우는 육체의 정욕을 제어하는 싸움은, 초기 기독교뿐 아니라(롬 7:23; 고후 10:3-6; 갈 5:17; 약 4:1; Pol. *Phil.* 5.3, 갈 5:17을 인용), 그레코로만의 철학적 논의에서도 공통된 주제(Seneca, *Ep.* 124.3; Dio Chrysostom, *Or.* 5.16)임을 강조하며, 금욕주의적인 요소를 부각시킨다.

을 위해 죄악 된 정욕이 그를 붙잡으려 해도 그가 스스로 그것을 붙잡지 않는 것이 결정적이다.

죄악 된 정욕을 붙잡지 말라는 권면은 그러므로, 적극적으로 방해받지 않고 선을 행하기 위함이다. 그것도 이방인들 앞에서 그렇게 함으로써 하나님께서 영광을 받으시게 하라는 것이다. 여기서 하나님께 영광을 돌리는 주체는 교회가 아니라 교회의 선한 행실을 하나님 앞에서 증거하게 되는 이방인들 자신이라는 사실이 중요하다.[197] 12절의 이러한 표현은, 베드로전서에서 '세상 속의 교회'라는 주제가 얼마나 강렬한 것인지를 보여 준다. 이런 맥락에서 이 구절은 마태복음 5:16과 연관되기도 한다: "이같이 너희 빛을 사람 앞에 비취게 하여 저희로 너희 착한 행실을 보고 하늘에 계신 너희 아버지께 영광을 돌리게 하라."[198] 세상 사람들 앞에서라는 점, 선한 행실로 한다는 점, 그리고 하나님의 영광이라는 주제가 공통적이다.

사실 이 주제는, 구약에서부터 면면히 흘러오는 하나님 나라의 사상과 그 맥이 깊이 닿아 있다. 하나님께서 열방 앞에서 '내 이름을 위하여'(לְמַעַן שְׁמִי) 구원을 행하시고 자기 백성을 다루시며 회복하신다는 사상은 구약 전반에 걸쳐 나타나지만,[199] 특별히 에스겔서는 이스라엘의 실패와 포로 됨을 배경으로 '하나님의 이름'이 열방들 가운데 알려지는 일에 대한 하나님 자신의 열심이 종말에 이스라엘의 회복의 근거임을 기록한다(겔 36:20, 21; 39:7, 25; 43:7, 8). 열방들이 하나님의 이름을 인정하는 그 일을 위해, 하나님은 열방 앞에서 율법을 준행하는 일에 실패한 이스라엘을, 종말에 새롭게 회복하시겠다는 계획을 말씀하신다. 여호와 하나님은 '자기 이름을 위하여' 행하시는데(겔 20:9, 14, 22, 44; 36:22), 하나님의 이름은 '내 이름'(겔 20:9, 14, 22, 44), '나의 거룩한 이름'(겔 20:39; 36:20, 21, 22;

---

197 Harink, *1 & 2 Peter*, 75, 교회가 세상 속에서 악을 악으로 갚지 않는 선한 행실의 정치학, '어린양의 송영의 정치학'(the politics of the doxology of the Lamb)이야말로, "열방들로 하여금 그들 스스로 하나님과 그의 나라가 온다는 사실을 엿보게 하는 방식이다."

198 Dryden, *Theology and Ethics in 1 Peter*, 132.

199 에스겔을 제외한 구약에서 לְמַעַן שְׁמִי(내 이름을 위하여)라는 표현은 모두 18회 정도 나타난다: 출애굽기 9:16, 열왕기상 8:41, 역대하 6:32, 이사야 48:9, 66:5, 예레미야 14:7, 21, 시편 23:3, 25:11, 31:4, 79:9, 106:8, 109:21, 143:11 등.

39:7[x2], 25; 43:7, 9), '나의 큰 이름'(겔 36:23) 등으로 다양하게 표현되며, 하나님은 자기 이름을 아끼신다(겔 36:21). 또한 자기 백성이 여러 나라 이방인들 앞에서 더럽힌 이름 '곧 너희가 그들 가운데에서 더럽힌 나의 큰 이름을 내가 거룩하게' 하신다(겔 36:23). 마찬가지로 하나님은 자신의 '거룩한 이름을 자기 백성 이스라엘 가운데에 알리심'으로써 그들이 그의 '거룩한 이름을 더럽히지 않도록' 하여, 자신이 이스라엘의 거룩한 자인 줄을 '민족들로 알게' 하려 하신다(겔 39:7). 에스겔서에는 하나님의 이름과 관련하여 '더럽히다'는 표현이 반복해서 등장하며, 결국 하나님은 자기 이름을 위해 열심을 내시어, 자기 백성을 회복하신다(겔 39:25).[200]

이렇듯, 이스라엘의 실패 이후 하나님께서 자기 이름을 위하여 새 언약을 따라, 성령의 능력으로 하나님의 율법을 성취할 수 있는 백성을 창조하신다.[201] 그래서 마태복음 5:16은 예수께서 새 이스라엘로서 율법을 준행할 수 있는 새 백성을 창조하신다는 복음이 기록된 1장부터 4장 이후에, 산상수훈을 비롯하여 예수를 믿고 그 안에 있는 새 이스라엘이 어떻게 세상 사람들 앞에서 그들의 선한 행실로 하나님께 영광을 돌리는 사명을 성취해야 하는지를 선포하는 것이다.[202] 이런 맥락에서, 베드로전서 2:9에서 과거 이스라엘 백성에게 부여되었던 '하나님 백성의 정체성과 사명'(출 19:6)이 이제 예수 그리스도의 교회에 새롭게 부여되는 광경도 역시 마찬가지의 방향을 가리킨다. 하나님은 잃어버려진 온 세상을 배경으로 자신의 백성을 택하시고, 제사장 공동체가 된 그들을 통하여, 온 열방에 자신의 '이름'을 알리시고 이를 통해 열국 백성을 다시 회복하고자 하시는 것이다. 이것이 그의 백성을 택하여 사명을 주신 이유이고, 옛 이스라엘이 포로 되어 '흩어진' 이유이며, 또한 하나님께서 자기 백성을 다시 회복하신 이유이기도 하다. '흩어진' 그의 백성을 통해서(벧전 1:1; 약 1:1), 다시 열방을 회

---

200 Paul Joyce, *Divine Initiative and Human Response in Ezekiel* (JSOTSup 51, Sheffield: JSOT Press, 1989), 101 등.
201 D. I. Block, *The Book of Ezekiel: Chapters 25-48* (Grand Rapids: Eerdmans, 1997), 272, 에스겔 33장을 기준으로 전반부와 대조되는 34-37장, 40-48장에서 이스라엘의 회복과 구원을 노래한다.
202 채영삼, "마태의 산상수훈", 10-19.

복하고자 하시는 하나님의 원대한 계획 속에 '하나님의 이름, 하나님의 영광'에 대한 강력한 추동력이 자리 잡고 있고, 선한 행실은 이런 맥락에서 중대한 위치에 놓여 있다.

즉 12절의 '이방인들 가운데서 선한 행실을 가지라'는 표현에는 Dryden이 지적한 대로 첫째는, '도덕적 차별성을 유지하라'는 요청이고, 둘째는, '세상이 보고 있다'는 중요한 초점이 포함되어 있는 것이다.[203] 이것은 마태복음 5:16의 경우나 에스겔의 경우처럼, 열방 민족들 앞에서 제사장 공동체의 역할(출 19:6; 벧전 2:9)을 맡은 하나님의 백성에게 있어서 매우 결정적인 안목이 된다. 그들은 세상이 보고 있는 가운데서 행하고 있으며, 그들이 그 속에서 하나님의 이름을 인정받게 하고 세상 사람들로 하여금 하나님께 영광을 돌리게 하는 방식은, '선한 행실'을 통해서이기 때문이다. 즉 세상 속에서 교회가 행하는 제사장의 역할은, 우선적으로 '행실을 선하게' 가지는 일이다. '선하게'(καλήν)라는 것은 '도덕적이고 또 미적(美的)인' 용어이다.[204] 도덕적으로 선해서 미적으로도 아름다운 것이다. 그래서 또한 '선하고 존경받을만한'(honorable) 행동들이다.[205] 중요한 점은, 세상 속의 교회에게 요청되는 이 선한 행실은 '당시 로마 사회의 문화 속에서도 선으로 인정될 만큼 가치 있고 아름다운' 행실들을 가리킨다는 사실이다.[206] 이방인들에게도 인정될 만큼 가치 있고 선하다는 것은, '소통'을 위한 것이 아닐 수 없다. 그들도 알아들을 수 있는 방식으로 하나님의 영광스러움을 드러낼 것을 요청하는 셈인 것이다.

이런 점에서, 베드로는 믿지 않는 세상 사람들의 기준으로 볼 때에도 선한 것으로 인식되도록 수신자들이 행동할 것을 기대하고 있다는 점의 중요성은 아무리 강조해도 지나치지 않는다.[207] 이것은 또한 가치를 구성하는 체계에 있어서, 그리스도인이나 불신자들이 함께 공유하는 부분이 있다는 사실을 전제

---

203 Dryden, *Theology and Ethics in 1 Peter*, 131.
204 Elliott, *1 Peter*, 466.
205 Selwyn, *The First Epistle of St. Peter*, 170.
206 Dryden, *Theology and Ethics in 1 Peter*, 132.
207 Jobes, *1 Peter*, 170.

한다. 그러므로 베드로전서는, 교회가 사회 속에서 믿지 않는 자들과 공존함에 있어서 단 한 가지 방식으로 접근할 수 없으며, "그리 단순치 않은 현실들(realities)에 대해 흑백논리가 아닌 상당히 놀랍고 또 새로운 감각을 갖고 있음"을 보여 준다.[208] 세상 속의 교회가 세상 사람들의 가치관을 일방적으로 죄악 된 것으로 치부하여 완전히 무시하거나, 혹은 그 일반은총적인 면과 부패하여 왜곡된 면을 분별하지 못하고 혼동하여, 그 죄악 된 가치관들을 그대로 인정하는 식의 극단으로 대처하는 것이 아니라는 것이다. 베드로는 세상 사람들과 그리스도인들이 함께 공유할 수 있는 명백히 선한 것들의 가치를 인정하고 이런 선행을 '소통'의 통로로 삼으라는 것이다. 이는 세상 사람들에게도 여전히 '양심'이 남아 있고 '선과 악'의 구분이 어느 정도는 성경적 가치관에 부합할 만큼 선명하게 남아 있는 부분들이 있음을 전제한다. 교회는 이런 '공통의 선'을 분별하여 우선 자신들의 행위를 세상 사람들의 관점에서도 '선하게' 가져야 할 필요성을 역설하는 것이다.

이는 당시 그리스도인들에 대한 근거 없는 모함이나 악한 말들을 그치게 하는 중요한 해결책이 되었을 것이다. 그때 당시 교회는 로마 사회로부터 많은 오해를 받았다. 형제자매로 부른다고 해서 '근친상간', 성찬을 나눈다고 해서 '인육을 먹는 자들', 기타 악을 행하는 자들로 오해받았다. 이런 상황을 극복하는 대안으로서 베드로는 그리스도인들이 불신자들의 기준에서도 선을 행하는 일이 중요함을 강조한 것이다.[209] 이렇게 함으로써, 그리스도인들은 선행으로 '어리석은 사람들의 무식한 말을 막는 것'(φιμοῦν τὴν τῶν ἀφρόνων ἀνθρώπων ἀγνωσίαν)이다(15절). 이방인들을 향한 하나님의 심판의 근거가 될 수 있는 양심의 선(善)의 기준을 사용함으로써 하나님의 심판의 공의로우심이 실행될 수 있게 된다. 교회는 하나님의 심판 날 공의로움에 대한 증거로 세상 속에서 선행을 함으로써, 이방인들이 의지하고 있는 양심의 선의 기준으로도 할 말이 없게 만들 필요가 있는 것이다.

---

208 Volf, "Soft Difference", 24-25.
209 Marshall, *1 Peter*, 81.

여기서 한 걸음 더 나아가, 교회가 세상 속에서 선을 행하는 일의 중요성이 있을 수 있다. Harink는 12절의 '선한 행실'에 대하여, 곧바로 그것이 악을 대적하여 승리하는 예수 그리스도의 방법이라고 단언한다. 이 선한 행실은, 10절에서 밝혀진 대로 하나님의 긍휼에서 시작하여 그리스도를 따르는 길로 이어지는 길이다. "하나님의 긍휼에 응답하고 그것을 나누는 일로, 하나님의 백성은 그들의 주요 구세주인 예수 그리스도께로부터 배운 '메시아의 긍휼의 정치학'(the messianic politics of mercy)을 실행한다."[210] 그것은 인간이 복수심에 불탈 때, 그가 할 수 있는 가장 강력한 보복이며 파괴를 극복하는 교회의 방법이다. 그것은 '혈과 육의 파괴적인 본성'에 응답하여 '악에 대하여' 승리하는 그리스도의 승리를 확인하는 방식이다. 그렇게 함으로써, 열방들은 비로소 하나님의 주권과 정의, 그리고 그의 선하심을 목격하고 하나님의 통치의 빛을 보게 된다. 이 내용은 곧이어 나오는 19-20절과 21절의 그리스도의 본(本)을 따르라는 권면을 통해서 본격적으로 펼쳐진다.

결국, 베드로는 세상 속의 교회가 주변 이방인들의 근거 없는 비난으로부터 자유롭기 위해서, 그리고 하나님의 심판의 공의로움의 근거로 그들의 선행을 세상 앞에서 증거해 보일 필요가 있다고 보는 것이다. 더 나아가, 일종의 '선교적 고난'으로서의 선행도 장려되는데, 베드로는 이런 면에서 '선행'의 다각적인 의미들을 부각시킨다. 적어도, 선행은 단지 '구원론적으로만' 다루어지고 있지 않으며, 세상 속에서 하나님의 이름, 그의 평판, 그의 영광을 위하여 요구되고 있고, 또한 성도 자신의 구원이라기보다 그들을 이해하지 못하는 세상 이방인들의 구원을 위한 선교적 고난의 차원에서 다루어지고 있는 것이다.

또한 흥미로운 점은, 베드로가 교회에게 세상에 대하여 취하는 자세를 권면할 때 그것이 양면적이라는 사실이다. 베드로전서 전체의 배경으로 볼 때는 대체로 '세상 부인적'(world-denial)인 관점이 전제되어 있고 이런 관점은 오늘날 복음의 내용을 세속적인 축복으로 변질시킨 '현세적'(現世的) 교회들에게 오히

---

210 Harink, *1 & 2 Peter*, 74-75.

려 생소하다.²¹¹ 교회는 '썩지 않고 더럽지 않고 쇠하지 않는' 기업을 약속받은 살아 있는 소망을 따라, 이 세상을 그리스도를 따라 출애굽 하는 구원 공동체이다. 하지만 동시에 세상 속의 교회는, 이 땅에 임시 거주하는 외국인과 여행자들로서, 이방인들이 갖고 있는 선(善)의 가치들과 소통하여야 하는 '세상 긍정적'(world-approval)인 자세를 요구받는다. 그렇게 하는 목적은, 교회의 구원뿐 아니라 세상 속에서 이방인들에게 알려지는 하나님의 이름과 평판, 그의 영광을 적극적으로 추구해야 한다는 점이 강조되어 있다. 더구나 교회가 세상을 임시 외국인과 여행자처럼 지나가는 존재들이기 때문에 그 자유 안에서 오히려 적극적으로 선을 행할 수 있으며, 혹은 그로 말미암는 '부당한 고난'까지 인내하면서 그리스도의 고난과 부활, 승천의 길을 따라갈 수 있다고 역설한다. 베드로는 세상 속의 교회가 주변 세상의 비난에 시달리며 주도권을 내준 채 끌려가는 것이 아니라, 오히려 적극적인 선행과 또 의미 있는 '선교적 고난'을 통해 세상 사람들을 하나님 앞으로 이끌어가는 '제사장 공동체' 본연의 역할을 해야 한다는 근본적인 방향성을 보여 준다.

(4) 자유한 하나님의 종(16절)

16절은 11-12절에 기록된 베드로의 권면의 근거와 원리들처럼, 13-15절이나 17절 이하의 권면들을 위한 부대적인 근거(qualification)와 이유를 제공하는 구절이다.²¹² 세상 속의 교회가 어떻게 '제사장 공동체'(9절)의 사명을 다할 수 있는가에 대한 근본적인 원리를 제공하는 중요한 구절인 셈이다. 수신자인 흩어진 교회가 '자유자들'(ἐλεύθεροι)이라는 것과 그 자유를 어떻게 사용해야 하는지, 그리고 세상 속에서 그리스도인들이 어떻게 자유자들인 '동시에' 하나님의 종들(θεοῦ δοῦλοι)이며 또 왜 그래야 하는지를 설명한다. 어떻게 세상 속의 그리스도인들은 '자유자'이며 동시에 '종'일 수 있는가? 그리고 베드로가 세속 사회 속에서 교회의 역할을 설명하는 대목에서 교회를 '자유한 하나님의 종'이라는

---

211 채영삼, "신약의 자기 부인의 영성과 칼빈의 이해", 〈칼빈과 영성〉 (개혁주의 신학과 신앙총서 4, 개혁주의 학술원, 2010): 37-71 참조.
212 Dryden, *Theology and Ethics in 1 Peter*, 145; Achtemeier, *1 Peter*, 186.

정체성으로 설명하는 이유는 무엇인가?

이런 질문들에 대답하려면, 우선 여기서 수신자들인 그리스도인들을 '자유자'로 부르는 근거가 무엇인지 확인할 필요가 있다. Elliott은 16절의 ἐλεύθεροι를 뒤이어 나오는 17절의 '공경하라'와 연관해서 해석하는데, 공경하는 일은 자유한 자의 자발적인 행동이어야 한다는 문맥에서 이는 '사회적이고 법적인 지위'를 가리키는 것으로 본다. 즉 Elliott은 여기서 '자유자'가 바울의 경우처럼 율법에서 자유하게 된 사람의 자유를 말한다고 보지 않는다. 바울은 '신학적인' 맥락에서 자유자와 노예를 구분했지만(롬 6:18-22; 5:1; 갈 4:7-10, 21; 5:1; 단, 갈 3:28은 정치적 의미), 베드로의 경우에는 '시민적인 책임과 자유를 논하는 문맥'이므로 서로 다르다는 것이다.[213] 하지만 Elliott의 이런 해석은 여러모로 억지스러울 수밖에 없다. 우선 16절에서 '자유자들'이라 불리는 수신자인 '흩어진 교회'(1:1) 안에는 틀림없이 사회적으로 자유인 신분인 성도들만 있지 않았을 것이다. 이는 Elliott이 연관성이 있다고 보는 17절뿐 아니라, 16절에서 '종들'(δοῦλοι)을 언급한 것처럼 보다 직접적으로 18절에서 '[집안을 돌보는] 종들'(οἰκέται)로 이어지는 연결을 통해서도 명백히 드러난다. 16절에 나오는 '종들'이 18절에서 언급한 '종들'을 염두에 둔 것이라면,[214] 수신자들 가운데는 두말할 것도 없이 사회적으로 종들의 신분인 성도들이 포함되어 있는 것이다. 그렇다면 16절에서 수신자들을 염두에 둔 '자유자들'이라는 칭호도 제한적으로 사회적인 신분만을 가리키는 것일 수가 없다.

사실 16절의 '자유자'와 '종'의 개념이 함께 연결되어 있다는 것은, 세상에 흩어진 교회의 정체성을 밝히는 1:1-4에도 암시되어 있다. 이들은 그리스도가 죽은 자 가운데서 부활하심으로 말미암아 '거듭나게' 되어 '살아 있는 소망'을 받아 '썩어지고 더럽고 허무한' 세상으로부터 자유하게 된 자들이다(1:3-4). 동시에, 이들이 받은 구원은 '예수 그리스도의 순종'에 참여하는 것 혹은 '예수 그리스도를 순종'하는 것과 무관하지 않다.[215] 특히 베드로전서에서 구원은 수신

---

213 Elliott, *1 Peter*, 496.
214 Achtemeier, *1 Peter*, 186. "16절의 '종들'은 18절 이하의 '종들'을 위한 예비적 언급"이다.
215 2절에서 εἰς ὑπακοὴν καὶ ῥαντισμὸν αἵματος Ἰησοῦ Χριστοῦ의 2격은 목적격으로 이해될 수도 있고,

자들이 이전에 "무지할 때에 행했던 정욕들"(1:14)로부터의 해방이며 또한 "조상의 허망한 행실들"(1:18)에서부터의 해방인데, 이것은 그렇게 자유하게 되어 진공(眞空) 상태에 있는 것이 아니라 적극적인 의미에서, "오직 너희를 부르신 거룩한 자처럼 너희도 모든 행실에 거룩한 자가 되라"(15절)는 것이며, '각 사람을 행위대로 판단하시는 하나님'을 '두려워함'으로 지내는 삶으로 부르심을 받은 것이다(17절).

베드로의 구원에 대한 이런 이중적인 측면에 대한 묘사는, 사실 그가 전개하는 출애굽 모티브에 그 뿌리가 있다. Green은 2:16에서 '자유와 섬김'의 개념이 함께 결합된 표현은 출애굽 모티브의 일부라고 말하면서, 하나님이 이스라엘을 애굽에서 해방시켜 자유하게 하신 이유는 하나님과 그의 뜻을 섬기게 하시기 위함이었음을 언급한다: "내 백성을 가게 하라. 그래서 그들이 광야에서 나를 섬기게(LXX, λατρεύσῃ; NRSV, worship) 하라"(출 7:16; 8:1, 20; 9:1, 13; 참고. 눅 1:74).[216] 이런 의미에서 Jone D. Levenson은 출애굽을 통한 구원의 의미를 이렇게 요약한다: "출애굽의 핵심은 모든 것을 스스로 결정한다는 식의 자유에 있지 않다. 도리어 '섬김'(service)에 있다. 그들을 사랑하시며, 구속하시고, 구원하시는 이스라엘의 하나님을 섬김에 있었다. 그들의 국가와 그들이 자랑스러워했던 왕을 섬김에 있는 것이 아니었다."[217] 그러므로 베드로전서 1장에서 교회의 구원을 표현하는 부분이나 출애굽 모티브를 고려해도, 2:16에서 '자유'는 본질적으로 '그리스도의 피'(1:2, 19)로 말미암은 영적이며 우주적인 구원이고, 거듭난 자들을 '썩어지고 더럽고 허무한' 세상에서부터 해방시켜 죽음을 이기시고 부활, 승천하사 하늘 보좌 우편에 앉아계신 그리스도 앞에까지 이르게 하는 자유이다(3:22; 참고. 계 7:9-17). 즉 베드로는 수신자의 사회적 신분에 상관없이 그들을 '자유자'로 부르고 있는 것이며, 2:16의 '자유자들'은 그들이 거듭난 것을

또한 εἰς는 하나님께서 예비하신 구원과 성화의 근거가 되는 예수 그리스도의 피 뿌림과 '동시에' 이 모든 일의 목적에 해당하는 교회의 순종함을 강조하는 듯하다.

216 Green, *1 Peter*, 74-75.
217 Levenson, "Exodus and Liberation", 134-137, 152.

전제하는 표현일 수밖에 없다(1:3; 2:2).[218]

    하지만 이런 영적인 자유는 세속 정부를 마음껏 부인하고 따르지 않는 무정부주의적인 자유나, 마음껏 죄를 짓고도 그것을 정당화하는 식의 방종적인 자유도 아니다.[219] 하나님 안에서 얻은 그리스도인의 자유는, "그리스도인들로 하여금 무책임한 행동을 해도 좋다는 허가증이 아니다. 여기서 본문을 지배하는 생각은 조화이다. 훌륭한 행동을 한다면, 이는 그리스도인들을 그들의 잘못된 행위에 대한 세상의 비난을 정당화시키는 일로 이끌지 않을 것이다. 오히려, '의로운 고난'을 감내하는 방향으로 이끄는 것이다."[220] 사실 '자유'는 세속 사회 속에서도 그리고 교회 안에서도 종종 오해되기 쉬운 영역이다. 그리스도인의 자유를 방종을 위한 허가증쯤으로 생각하는 위험은, 바울서신의 경우 고린도전서 5:1-2에서, 또한 베드로후서와 유다서에서도 잘 다루어져 있다. 그리스도의 피로 값 주고 얻은 이루 말할 수 없는 값비싼 '자유'가 '악을 덮기 위한 포장'(cover-up)으로 사용될 위험에 관한 것이다. 베드로전서 2:16의 본문에서, ἐπικάλυμμα는 구체적으로 '연막'(煙幕, smokescreen)이라는 뜻으로,[221] 그리스도인들이 "기독교 신앙을 빌려서 불법적이거나 부끄러운 일들을 가리고 변명하는 일들"을 염두에 두고 하는 표현이다.[222] 더 풀어서 말하자면, 그리스도인으로서 얻은 '자유'를 자신들의 죄를 변명하고 핑계를 대는 구실이나 명분으로 사용하는 뒤틀린 행동을 가리킨다.

    하지만 베드로가 말하는 이 영적 자유는 사람을 '형성하고 종속시키는 어떤 죄악 된 강력'으로부터의 해방, 곧 영혼을 '거슬러 싸우는'(2:11) 세력으로부

---

218 Davids, *The First Epistle of Peter*, 102, 이런 '자유'는 바울이 그렇게도 고상하게 묘사했던 자유로서, 인간의 노력으로 얻어진 것이 아니라, 하나님의 영의 선물로서 주어진 자유다(갈 5:1, 13; 롬 6:22; 8:2; 참고. 눅 4:18-21; 요 8:32; 고전 7:22; 9:19; 고후 3:17; 벧후 2:18-20).

219 Earl J. Richard, *Reading 1 Peter, Jude, and 2 Peter* (*A Literary and Theological Commentary*, Macon: Smyth & Helwys, 2000), 114, 베드로전서는 단지 이방인들을 무고히 비난하는 악한 말들만을 염두에 두는 것이 아니라, 회심한 신자들의 무모하고 부주의한 행동들이 이방인들에게 불러일으킬 의심과 비틀린 반응도 염두에 두고 있다.

220 Rebecca Skaggs, *The Pentecostal Commentary on 1 Peter, 2 Peter, Jude* (New York: T&T Clark International, 2004), 39.

221 Davids, *The First Epistle of Peter*, 102, ἐπικάλυμμα는 신약에서 오직 여기에만 쓰인다.

222 Elliott, *1 Peter*, 496; Achtemeier, *1 Peter*, 186.

터 해방시키신 하나님의 강력이다. 그리고 그 해방은 성도를 방종의 상태에 몰아넣는 것이 아니라, 전혀 다른 힘이 작동하는 영역 곧 '예수 그리스도의 죽으심과 부활을 통해 가능하게 된 거룩함에로의 부르심'의 영역 속으로 옮겨 놓는다.[223] 그러므로 그리스도인의 자유는 곧 하나님을 섬기기 '위한' 자유이며 또한 거룩함을 '향한' 자유라는 것이다.[224] 이처럼, 출애굽 모티브에서 구원이 '섬김'과 분리되지 않는 것처럼, 후에 더욱 선명히 전개되겠지만, 베드로전서 전체에 걸쳐서도 이 두 방향, 즉 '무엇으로부터의 자유'와 '무엇을 위한 자유'가 예수 그리스도의 십자가와 부활, 승천의 길이라는 기독론적 근간(根幹)으로 서로 단단히 묶여 있음을 볼 수 있다. 즉 세상 속의 교회는 그리스도의 죽으심을 따라, 썩어지고 더럽고 허무한 세상의 허망한 일들에서 해방되어(1:14, 18; 4:2-3), 그리스도의 십자가와 부활, 승천의 길을 따라 '선한 양심'(3:16; 2:19)의 길을 가기 위하여 부르심을 받은 것이다.

'자유'가 이렇게 동시에 '섬김'과 연결되어 있다는 성경적 발상은, 당시 로마 사회 문화 속에서는 낯선 개념이었다고 할 수 있다. 우선 사람을 '자유인인가, 종인가'로 양분하는 방식은 당시 교회가 처한 세속 사회의 문화 속에서는 매우 의미 있고 중대한 구분이었다. 로마의 법관이었던 가이우스(Gaius)는 2세기 후반에 이런 글을 썼다: "인류를 나누는 첫 번째 기준은 자유인이냐 아니면 노예이냐이다. 다음, 자유인은 원래부터 자유인인 경우와 자유를 얻게 된 경우로 나뉜다. 전자는 자유인으로 태어난 사람이고 후자는 노예였다가 법적으로 자유인의 지위를 획득한 사람이다"(Institutiones 1.9; 참고. 갈 3:28; 요 8:33).[225] 또한 그레코로만 세계는 자유를 어떻게 생각했는가? 그것은 그들이 항상 즐겨 말했던 '원하는 대로 살아라!'(live as you like) 혹은 '원하는 대로 해라!'(do as you please)와 같은 슬로건에 잘 드러나 있다.[226] 또한 이런 잠언 같은 표현들은 '모

---

[223] Boring, *1 Peter*, 116, 베드로는 그리스도인의 자유를 바울이 생각한 개념과 동일한 방식으로 생각한다. 즉 인간을 위한 자유는 결코 절대적이 될 수 없다. 그것은 단지 주인이 바뀌는 것이다. 그래서 그리스도인의 자유는, 방종도 아니고 맹종도 아니다(롬 6:15-23; 고전 7:21-23; 갈 5:13-14).

[224] Green, *1 Peter*, 75; Jobes, *1 Peter*, 177.

[225] Green, *1 Peter*, 74에서 재인용.

[226] Jones, "Freedom", 855-859, 자유를 이런 식으로 '원하는 것은 무엇이든 하는 것'으로 생각하는 헬라

든 것이 가하다'(고전 6:12)고 했던 고린도 사람들의 구호를 생각나게 한다. 이렇게 이해된 자유는, 후에 도시국가(state-city)가 세워지면서, 자유와 법 사이의 관계에 대한 조화를 모색하게 만들었는데, 이는 자유의 가치를 보존하면서도 다른 한편으로는 주어진 질서에 편입되어야 하는 과제였다. Jones에 의하면, 그리스인들과 로마인들에게 이 둘 사이의 충돌은, 다음과 같은 생각에서 해결을 본다: "[자연의] 법은 원래 선하고 아무도 나쁜 것을 행하기를 원하지 않기 때문에, 오직 진정으로 자유하고 자신이 원하는 것을 행하는 사람만이 좋은 것을 행하는 것이고 그래서 법을 따르는 것이다." 또한 이런 식으로, 그리스 철학에서는, '신'(神)이 '진정한 법'과 서로 연결될 수 있었다고 한다.[227]

당시 로마 세계 속에서, 한편으로는 자신의 뜻대로 하는 방임(放任)을 뜻하는 '자유'와 또 다른 한편으로는 법질서에 종속되어야 하는 '구속'(拘束)의 개념이 이처럼 어설픈 쾌락주의적인 혹은 공리주의적인 조합을 모색한 데 반해서, 베드로가 2:16에서 역설적일(paradoxical) 만큼 강력하게 표방한 '자유한 하나님의 종'이라는 개념은, 쉽게 이해될 수 없는 구원의 실재(reality)와 세상에 흩어진 교회의 사명에 관한 진리를 함께 엮어 낸 명문일 수밖에 없다. 따라서 본문은, 그리스도인이 자유함에도 '불구하고' 복종하라고 말하는 것이 아니라, 바로 '자유하기 때문에' 복종할 수 있다는 점을 강조한다.[228] 세속 정부와 이방인 통치자들에게 복종하는 것은, 그러므로 어떤 전략이나 강요나 타협이나 혹은 무관심이나 초월적인 우월감이나, 혹은 아예 참여하지 않겠다는 태도에서 나오는 것이 아니라, 그리스도인의 섬김의 한 영역으로 존재하는 것이다. 그것은 우리를 '하나님의 종들'로 부르신 하나님께 대하여 우리가 '주를 위하여' 반드시 해야 하는 섬김의 목록 가운데 하나이다(2:13).

여기서 '하나님의 종' 개념은 이사야 40-66장 특별히 53장의 여호와의 '고난받는 종'(the Suffering Servant)이 배경이며,[229] 이사야에서도 그러하거니와 메

문화의 근거로, Aristotle의 *Politics* 5.9-1310a; Cicero *Officiis* 1.70을 출처로 든다.
227 Jones, "Freedom", 859.
228 Boring, *1 Peter*, 117.
229 Jobes, *1 Peter*, 177, 196-199.

시아적 인물을 지칭하기도 하고, 집단적(corporate)으로 하나님의 백성을 의미하기도 했던 칭호이다. Elliott은 이 칭호의 구약 출처들(신 32:36; 렘 7:25; 말 3:24)과 바울의 표현들(롬 1:1; 고전 7:22), 그리고 중간기 유대 문헌의 예들을 언급하기도 하지만 철저하게 기독론적 배경을 비켜간다.[230] 하지만 베드로에게 있어서 메시아의 고난은 매우 중대한 문제였다. 그는 사도행전에서 예수 그리스도를 소개하면서 특징적으로 '하나님의 종'으로 소개한다. 그리스도인들이 세상 속에서 하나님의 종으로 살아야 한다는 것은 '고난'의 개념과 깊이 연관되어 있으며 이러한 기독론적 이해가 전제되어 있는 것이다. 그러므로 자유도 그리스도께로 말미암고 '섬김'도 그리스도께로 말미암은 것이다. 이렇게 '하나님의 종'으로 '자유자'인 그들을 자유하게 하신 주께 대한 그리스도인들의 헌신은 절대적인 것일 수밖에 없다.[231] 그래서 세상에 흩어져 있는 그리스도인들은 세상으로부터 자유하며, 또한 그 자유 안에서 사회적 신분에 제한받지 않고 오히려 그 사회적 신분이 선교적 전초기지처럼 기능하여, 하나님의 종으로서 세상을 위한 제사장으로 살게 된다.

결론적으로, 그리스도 안에서 얻어진 근본적으로 영적이고 또한 실제적인 이 자유는, 그 자유를 얻은 그리스도인의 사회적 신분이나 처지에 상관없이 누릴 수 있는 영적 특권이다.[232] 더구나 베드로는 '자유'의 개념을 비사회적인 것으로 돌리고 단지 영적인 영역에 가두는 식으로 말하고 있지 않다. 도리어, 그리스도 안에서 얻은 영적인 자유가 그의 신분에 상관없이 얼마나 실제적으로도 탁월하게 나타날 수 있는지를 설명한다. 곧 비록 노예의 신분이라도 그가 그리스도 안에서 자유자라면, 그는 사회적으로 자유인인 주인을 대하여서도 훨씬 더 주도적인 자유, 곧 그를 대하여 '제사장'의 역할을 하는 자유를 누리게 되는 것이다. 그는 현실적으로 종이지만, 영적으로는 자유자이며, 다시 자발적으로

---

230 Elliott, *1 Peter*, 497, Philo의 경우, "For in truth, he who has God alone for his leader, he alone is free"(Prob. 20). Stoic, Seneca, Dep parere libertas est, 'To obey God is freedom'(*Vit. beat*. 15.7).

231 Green, *1 Peter*, 74 참조.

232 Skaggs, *Pentecostal Commentary*, 39.

세상을 위한 제사장의 역할, 하나님의 종으로 처신하게 되는 것이다.

(5) 존중과 사랑의 원리(17절)

17절은 세상에 흩어진 교회가 그 세상 사람들을 어떻게 대하여야 하는가에 대한 근본적인 원리를 천명하는 중요한 구절이다. 하지만 이 구절을 해석하는 데 있어서 몇 가지 문제들이 제기되어 왔다. 첫째는, 어떤 이유로 첫 번째 동사인 τιμήσατε의 경우만 '아오리스트'(αοριστ) 형태로 쓰였느냐는 것인데, 이는 모두 네 부분으로 나누어지는 이 본문의 강조점이 어디에 있느냐 하는 문제와 연결되어 있다. 또한 잠언 26:21의 배경이 어떤 의미를 갖는가 하는 점도 포함된다. 사실 이 본문은 아래와 같이 네 등분되어 정확히 수미 대칭 구조를 보여 준다.[233]

    A 모든 사람들을 공경하며(πάντας τιμήσατε)
        B 형제를 사랑하며(τὴν ἀδελφότητα ἀγαπᾶτε)
        B' 하나님을 두려워하며(τὸν θεὸν φοβεῖσθε)
    A' 왕을 공경하라(τὸν βασιλέα τιμᾶτε)

그렇다면 ABB'A' 중 베드로의 강조점은 어디에 놓여 있을까? 이런 질문 자체가 큰 의미가 없을 수도 있다. 하지만 E. Bammel은 17절이 13-17절의 큰 문맥 속에서, 결국 A'에서 '왕을 공경하라'는 대목이 13절에서 언급한 인간의 제도에 '순복하라'('Υποτάγητε)는 명령에 대한 재해석이며 강조라고 본다.[234] 그 이유는 우선 뒷부분인 B'A'가 하나님과 왕에 대한 언급인데, 이는 잠언 24:21a에서처럼 서로 짝을 이룬다(φοβοῦ τὸν θεόν υἱέ καὶ βασιλέα, LXX)고 한다. 이렇게 보면, AB에서 '모든 사람들'과 '형제들'도 서로 짝을 이루어, 강조점은 AB나 B'A' 중 한쪽에 기울게 되는데, 특히 B'에서 하나님을 두려워하라는 명령은 A에서

---

233 Davids, *The First Epistle of Peter*, 103.
234 E. Bammel, "The Commands in 1 Peter 1,17", *NTS* 11 (1964-65): 279-281.

주어진 '공경하라'는 일반적인 원칙에 부속되는 것으로 보기 어려울 만큼 비중이 크다는 것이다.

더구나 다른 세 경우에는 동사가 모두 현재형인 것에 비해, A에서 모든 사람들을 '티마사테'(τιμήσατε) 할 때 쓰인 아오리스트 형태는 단지 '판테스'(πάντας)와 함께 음조(音調)를 맞추기 위한 유포니(euphony)일 수 있어서 A에 강조점이 있다고 보기 어렵다는 것이다.[235] 결국 Bammel은 13절의 διὰ τὸν κύριον와 15절 전체 곧 ὅτι 이하의 절이 후대의 삽입이라고 봄으로써, 17절의 강조점이 A'에 있고 이는 13절에서 세상 권력에 대한 순복 명령을 다시 강조하는 것으로 해석한다.[236]

그러나 Bammel의 해석은 몇 가지 점에서 또 다른 방향을 가리킬 수도 있다. 우선 잠언 24:21a의 경우, 원문은 '내 아들아, 하나님과 왕을 두려워하라'고 되어 있다. 하나님과 왕이 동시에 '두려워'해야 하는 대상으로 묶여 있다. 하지만 베드로의 경우는 이를 분리해 놓았다. 즉 하나님께는 그대로 '두려워하라'(φοβεῖσθε)는 명령을 붙여 놓았지만, A'에서 왕의 경우에는 매우 명확하게 A의 '모든 사람들'에 대한 태도를 말할 때처럼 '공경하라'는 명령으로 분리하고 차별하여 묶어 놓은 것이다. 그 의도를 찾는 것은 어려울 것 같지 않다. 즉 베드로가 17절에서 A'B'를 기록했을 때 잠언 24:21a를 떠올렸든지, 아니면 하나님과 왕을 함께 대접하는 유대-기독교 전통을 전제했든지,[237] 여기서 특별히 이 둘을 대하는 태도를 구별하고 분리시킨 것은 상당한 의미가 있을 수밖에 없다는 것이다.

이렇게 보면, A'는 B'와 분리되어, 같은 동사인 τιμάω가 쓰인 A의 경우와 밀접하게 연관됨을 알 수 있다. 즉 위의 '수미' 대칭 구조(chiastic)가 원래 강조하는 대로 A'는 A와 함께 묶이고, B와 B'는 믿음의 '형제들'과 신앙의 대상인 '하

---

235 원래, J. E. Huther, E. Kühl, 그리고 E. G. Selwyn의 주장이었다. Bammel, "1 Peter 1.17", 179.
236 Bammel, "1 Peter, 1.17", 280-281.
237 Elliott, *1 Peter*, 500-501, '왕을 공경하라.' 기독교 공동체뿐 아니라, 이스라엘도 이런 일을 해왔다. 이스라엘이 황제를 공경하는 길은 예루살렘 성전에서 매일 그를 위하여 제물을 드리는 일이었다(Philo, *Legat*, 279-80; Josephus, *Ag. Ap.* 2.76-78. 또 다른 방법은 왕들과 통치자들을 위한 기도를 드리는 것이다(참조. 스 6:10; *1 Macc.* 7.33). 그리스도인들도 이와 같은 일들을 해왔다(딤전 2:2; *1 Clem.* 61.1-2).

나님'에 대한 태도로 서로 긴밀하게 묶이는 것이다.[238] 그렇다면 강조점은 A´와 A에 있다고 볼 수 있고, B와 B´는 그런 강조점을 위한 보충 설명처럼 여겨진다. 즉 세상에서 '모든 사람들을 공경'하고 또한 그 일환으로 '왕을 공경'하는 삶을 제대로 살기 위한 근거가 되는, 교회 내부적 삶에 관한 교훈인 셈이다. 흥미로운 점은, 모든 사람에 대하여는 B의 믿음의 형제들을 대하는 것처럼 '사랑하라'(ἀγαπᾶτε)고 하지 않고, 다만 '공경하라'(τιμήσατε)는 동사를 쓴 점이다. 그것도 현재형으로 쓰인 다른 세 부류의 명령들과는 다르게, 특별히 아오리스트 형태를 사용해서 강조한 점은 쉽게 지나칠 수 없으며, 이런 점에서 A가 갖고 있는 중요성을 간과할 수 없다고 보인다.

실제로 A에서 τιμήσατε의 명령형의 아오리스트(aorist)의 용법은, '그 이전에 해왔던 태도와는 대조되는 방식으로 새롭게 어떤 태도나 행위를 시작하는(inchoative) 의미'일 수도 있고, '어떤 범주 안에 있는 행위 일체를 명령할 때 쓰이는 용법'(complexive)일 수도 있다.[239] 둘 중 어떤 용법이 사용되었든지 혹은 둘 다를 의미하든지, 다른 나머지 3개의 현재형 동사들과는 다른 형태와 의미로 주어진 τιμήσατε는 포괄적이고, 목적적이고, 그래서 강조된 명령임을 부인하기 어렵다. 물론 내용적으로 보면, B´의 '하나님을 두려워하라'는 명령이 다른 나머지 명령들을 준행하게 하는 근거요 조건으로 제시되고 있다. 이런 식으로, 왕을 공경하라는 것(A´)은 모든 사람들을 공경하라는 것과 같은 맥락에서 제시된 것으로 보고 그래서 하나님을 경외하는 것이 '가장 두드러진' 명령이라고 생각할 수도 있다. 하나님만을 두려워해야 한다는 강조점은 복음서의 전통과도 일치하며(마 22:21; 막 12:17; 눅 20:25), 특히 베드로가 '사람보다 하나님을 두려워해야 한다'고 말한 사실을 고려할 때도 그렇게 생각될 수 있다(행 5:29).[240]

하지만 문맥상 '하나님만을 두려워해야 한다'고 말하는 이유가 무엇인가?

---

238 여기서 B´의 하나님이 B에서처럼 '믿음'과 관련된 대상이어서, 택한 백성에게 '거룩함'을 요구하시는 분이지만(1:16), 동시에 모든 사람들을 그 행위대로 심판하시는 '아버지'이다(1:17). 신앙의 대상이면서 동시에 세상을 통치하고 심판하시는 하나님임이 전제되어 있다.

239 BDF #337, (2), 173.

240 Elliott, *1 Peter*, 501.

베드로전서에서 하나님을 경외하는 것의 중요성을 강조하는 데에는 항상 문맥상 초점과 목적이 있다. 1:17에서는, 장차 각 사람을 그 행위대로 '심판'하신다는 사실이 배경이 되고, 이는 4:5-6에서도 마찬가지이다. 하나님을 두려워해야 하는 이유는, 잠시 이 땅에 거주하는 외국인과 행인들처럼 살아가는 교회가 주변의 세상처럼 세속화되지 않도록 경고하는 데 목적이 있다. 이처럼 2:11-17의 문맥도 이방인들 가운데서 선을 행하여 하나님의 평판을 지켜내야 한다는 논지이다. 그러기 위해서 모든 사람들을 공경하고 그 일환으로 왕도 공경해야 한다고 가르치는 문맥인 것이다. 그러므로 '하나님을 두려워하라'(B′)는 명령도 그것 자체가 초점이 아니라, 왕을 공경하는 것에 대한 제한과 조건으로 제시된 것으로 보는 것이 합당하다.

이런 사실은, 왕에 대한 공경(A′)이 결국 모든 사람들을 공경하라고 한 명령(A)에 종속된다는 사실로도 뒷받침된다. Achtemeier는 공경하라는 명령이 먼저 황제에게 주어지는데(13절), 나중에 17절에서 모든 사람들에게 확대되는 것으로 보아, 황제 역시 하나님의 피조물인 사람이라는 뜻이 간접적으로 강조된다는 의미로 해석한다.[241] 이렇듯 하나님만을 두려워함으로 인한 균형 잡힌, 황제에 대한 교회의 태도는, 그 이후 로마의 공식적인 박해가 시작되었던 시기의 교회사가 남긴 순교자들의 입장과도 일치한다. 카르타고(Carthage) 근처에 있던 실리움(Scillium)의 순교자들은, "황제에게 황제로서 받을 존경을 표하라; 하지만 우리가 두려워하는 분은 하나님이시다"(Acts of the Scillitan Martyrs 9)라는 말을 남겼으며, Justin Martyr의 제자 Taitan도 이와 유사한 말을 전한다: "사람은 같은 동료 인간으로서 존중받아야 하지만, 우리가 두려워해야 할 분은 하나님 한 분뿐이다"(Orat. 4).[242]

세상 속에 흩어진 교회에게 황제를 어떻게 대할 것인지에 대한 태도를 결정하는 데 '오직 하나님만 두려워해야 할 분'이라는 가르침은, 교회가 로마 사회의 위협으로 작용할 수 있는 근거로 작용할 수 있다. 하지만 베드로는 후대에

---

241 Achtemeier, *1 Peter*, 187.
242 Elliott, *1 Peter*, 501.

로마의 공식적인 핍박이 본격적으로 시작된 이후 상황과는 다르게, 아직 이렇게 분리주의적인 태도를 요구하지 않는다. 그 대신 '공경' 혹은 '존중'의 원리, 곧 교회가 세상과 소통할 수 있는 공통분모를 강조한다. '공경하라'(τιμάω)는 것은 '다른 사람의 신분과 권리를' 존중하라는 뜻으로,[243] 성경에서는 하나님과 부모에 대한 의무를 표현하는 데 사용된다: "너의 아비와 어미를 공경하라"(τίμα τὸν πατέρα σου καὶ τὴν μητέρα, 출 20:12; 참고. 욥 34:9). 이런 점에서 '공경하라'는 표현이 "베드로전서의 인간론과 정치학을 이해하는 데 중요한 이유는, 이것이 '모든 사람들'의 지위에 대한 존중의 의무를 표현하는 근거"이기 때문이다.[244] 그러므로 이 '공경'의 원리는 언약 백성 안에서만 통용되는 윤리가 아니다. 창조 세계 속에서 하나님의 형상으로 지음 받은 사람들을 대할 때면 언제나 통용될 수 있는 윤리인 것이다. 그것은 베드로전서에서 밝히듯이 언약 백성의 하나님이 동시에 온 세상의 '주'(κύριος)이시기 때문이며(1:3; 2:13), 이방인들도 역시 언약 백성처럼 하나님의 형상으로 지음 받은 사람들이기 때문이다(2:12).

결론적으로, 17절의 무게중심은 맨 처음 나오는 '모든 사람을 공경하라'(A)는 명령에 놓여 있다고 할 수 있다. 즉 13절에서 언급된 황제에 대한 순복은, 교회에게 있어서는 황제가 아니라 하나님만이 두려움과 경외의 대상이라는 조건이 포함된다(B′). 그래서 황제에게 순복하는 것은 '창조주'이신 하나님께 대한 마땅한 경외가 아니라, 그의 형상으로 지음 받은 '피조물'인 모든 사람들을 대하는 '공경'의 일종이라는 제한도 따르게 되는 것이다. 세상 속의 교회를 위한 베드로전서의 이 균형 잡힌 태도는 세상에 흩어져 있는 교회에게, 특별히 아직 핍박 아래에 있지 않으나 일상적이고 또 사회적인 영역에서 다양한 식으로 갈등과 충돌을 경험하는 교회에게 매우 유용하고 결정적이다.

'왕을 공경한다'는 말은 국가의 지도자를 공경한다거나, 요즘 같은 민주 사회에서 국가 자체나 국민들, 혹은 우리나라가 같으면 민족이 그 대상이 될 수 있다. 국가도, 대통령과 지도자들도, 그리고 민족도 공경하는 마음으로 대해

---

243 또한 Elliott, *1 Peter*, 498. '공경한다'는 말은 존중하는 태도를 보이라는 말이고, 다른 이의 신분을 인정하고, 그 권위를 존중해 주라는 의미이다(딛 2:9; 딤전 6:1).
244 Richard, *Reading 1 Peter, Jude, and 2 Peter*, 114.

야 하지만, 그들을 두려워하거나 절대적인 가치의 대상으로 삼아서는 안 된다는 것이다. 기독교인들 가운데, 때로는 국가와 신앙을 동일시하는 경우도 있는데, 이렇게 하는 것은 옳지 않다. 하나님 나라는, 교회는, 대한민국이 아니다. 대한민국을 사랑하고 존중하고, 우리 민족을 공경하지만, 교회가 두려워하고 경외하고 언제나 절대적인 순종을 드릴 분은 하나님 한 분뿐이다. 반대로 성경적인 가치관이라고 주장하면서, 국가의 지도자들을 경멸하고, 국가 정책을 항상 반대하며 경시하는 태도를 조장하는 것도 옳지 않다. 교회는 하나님만을 경외하고 두려워하며 그에게 충성하지만, 국가의 지도자들과 정책을 존중하고 모든 국민들을 공경하는 태도를 견지해야 한다.

3.2 베드로전서의 '집안 경영 전통'의 사용

베드로전서는 흩어진 교회가 교회 안에서뿐 아니라 세상의 다양한 영역들에서 어떻게 처신해야 하는지, 그 원리와 의미, 그리고 목적은 무엇인지에 대해 가르치는 매우 독특하고 중요한 서신이다.[245] 예컨대, 국가 안에서 '세상 주권자들과의 관계'(2:13-17), 집안에서 '종과 주인과의 관계'(2:18-20), 가정에서 '아내와 남편의 관계'(3:1-6), 그리고 교회 안에서 '장로들과 젊은 자들과의 관계'(5:1-5a)에 대한 가르침에서 잘 드러난다.[246] 베드로전서의 이런 본문들은, 특히 '순복하다'라는 의미의 동사인 ὑποτάσσω와 함께 나타나는데, 그 배경으로는 신약의 다른 유사한 본문들과 함께(엡 5:21-6:9; 골 3:18-4:1; 딛 2:1-10) 대략 세 가지 정도의 이론이 제시되어 왔다.

첫째는 순복에 관한 이런 요구들은 성도가 교회에 입문하는 세례 시에 주어지는 '순복 규율'과 관련이 있다는 설이다. 두 번째는, 그보다는 당시 로마 사회

---

245 Marshall, *1 Peter*, 78.
246 Jobs, *1 Peter*, 181. 신약에 나타나는 '집안 경영 코드'(household code)는 그레코로만 사회에서도 그 유사한 형태를 찾아볼 수 있는데, Plato의 *Republic* (384-370 BC), Xenophon의 *Oeconomicus* (ca. 430-355 BC), Aristotle의 *Oeconomica* (384-322 BC), Plutarch의 *Advice to Bride and Groom* (AD ca. 46-120), Seneca의 *Moral Epistles* (ca. 4 BC?-AD 65) 그리고 Dio Chrysostom의 *On Household Management* (AD 40-ca. 112) 등에 나타난다.

의 공식적인 '집안 내부 규율'과 관련이 있다는 설이고, 마지막으로 보다 일반적으로 그레코로만 사회의 '집안 경영'의 윤리적 전통이나 종종 이와 관련된 시민 사회의 영역(politeia)에서의 규범과 관련되어 있다는 설이다. 이렇게 다양한 배경들 가운데 어떤 것이 베드로전서의 경우를 더 잘 반영하는지 살펴보면서,[247] 교회가 속한 사회의 각 영역들에서 베드로전서가 강조하는 원리의 특징들을 확인해보는 것은 매우 의미 있는 일일 것이다.

(1) 세례와 관련된 '순복 규율'(Subordination Code)

베드로전서 3:21의 중요성을 생각할 때 가능한 추측으로, 매우 초기에 제시된 이론이다(Carrington, Selwyn, Rengstrof). '순복 규율'은 베드로전서에 나타난 위와 같은 규범적 본문들이 원래 모두 6개의 부분들로 되어 있는 세례에 관련된 교리적 전통의 일부라고 보는 것이다. 하지만 베드로전서의 이 본문들이 신약의 유사한 다른 본문들과 눈에 띄게 다른 점들도 있다. 먼저 에베소서에는 아내-남편(엡 5:22-33), 아이들-아버지들(엡 6:1-4), 종들-주인들(엡 6:5-6)의 순서대로 나온다. 하지만 베드로전서는 이 순서를 뒤집는다. 종들-주인들이 먼저 나온다. 그리고 종에 대해서 말하지만, 주인에 대해서는 한마디도 하지 않는다. 그리고 이어서 그리스도의 고난에 대한 길고 독특한 본문을 제시한다(2:21-25).

흥미롭게도 이런 형태는 에베소서나 골로새서에 나오지 않는다. 또한 아내와 남편에 대한 교훈의 내용도, 비교적 짧은 골로새서의 본문이나 더 긴 에베소서의 본문들과 모두 다르다. 게다가, 장로들과 젊은이들에 대한 교훈(5:1-5)은 2:18-25나 3:1-6에서처럼 '순복'에 대한 교훈을 담고 있지만, 에베소서나 골로새서에는 나오지 않는 독특한 본문이다. 또한 베드로전서에서 집안 공동체들은 하나님의 권속 개념에 따라 전개된다. 이 점도 에베소서나 골로새서에는 없는 베드로전서의 특징이다.

---

247 베드로전서의 집안 경영 전통의 사용 배경에 관한 이후의 세 가지 가능성들에 관한 기본적인 논의는, Elliott, 1 Peter, 503-511에서 가져왔음을 밝혀둔다; 또한 채영삼, 『십자가와 선한 양심』, 464-469에도 기본적인 개요가 실려 있다.

(2) 집안 규율(Haustafel; Household code) 이론

전통적으로, 베드로전서의 이러한 본문들은 신약만의 독특한 형식이 아니라 당시 존재했던 로마 사회의 '집안 규율들'(Haustafel)의 존재와 이를 사용한 결과라고 보는 이론이다.[248] 사실 Luther가 Haustafel(house + table)이라는 용어를 그의 소요리문답집에서 사용했는데, 성찬에 참여하기 전에 집안에서 행하던 행동들을 살펴보아야 한다는 뜻에서였다. 후에 Dibelius가 양식비평학에 근거해서 스토아 철학에서 언급되었던 집안 규율들을 배경으로 이론을 발전시켰다. 한때는 성행했지만, 지금은 잘 받아들이지 않는다. 스토아 철학에서 집안 규율들에 해당하는 많은 의무들이 제시되기는 하지만, 신약의 목록들의 내용이나 형식에 있어서 병행되는 면들이 매우 적기 때문이다. 이 이론은 또한 집안뿐 아니라, '시민 사회 영역'에서 강조되는 의무들에 관련된 신약의 교훈들과의 밀접한 관계를 잘 설명하지 못한다.

(3) '집안 경영(Oikonomia) 전통'과의 보다 유연한 연관성 이론

최근의 학계는 이 세 번째 설명에 어느 정도 무게를 두고 있다. 베드로전서를 비롯한 신약의 이런 본문들은, 집안(oikos)과 시민 사회(polis)라는 고대 사회의 중요한 두 영역에서 적절한 행동들에 대한 그레코로만의 전통적인 교훈들에 영향을 받았다는 주장이다. 집안을 다스리는 일은 '오이코노미아'(oikonomia)이고 시민 사회를 인도하는 규율들은 '폴리테이아'(politeia)이다(Philo, Spec. 3.170). 고대 그리스 시대부터 이 두 영역에 있어 마땅한 행동들에 대한 가르침들, 곧 가정 내에서의 의무들이나 사회의 시민으로서의 책임에 대한 도덕적 가르침들은 자주 논의되었다.[249]

---

248 David L. Balch, *Let Wives Be Submissive: The Domestic Code in 1 Peter* (SLBDS 26, Chico: Scholars Press, 1981), 10, Dibelius와 Weidinger는 신약의 Haustafeln의 기원이 스토아 철학에 있다고 보았지만, Schroeder나 Crouch의 연구에 의하면 그 유사성은 결정적이지 않다고 판명되었다. 관련이 없는 것은 아니나, 특히 스토아 철학에서 '집안 경영'에 관련된 본문들에서는 구성원들 '상호 간의 관계'에 관련된 권면들이 거의 없다. 하지만 헬라적 유대교(Hellenistic Judaism)에서는 이와 같은 본문들을 찾아볼 수 있는데, 하지만 이마저도 결정적이 아니라고 본다.

249 Elliott, *1 Peter*, 505-506, 그중에서도 Xenophon의 *Oeconomicus*, Pseudo-Aristotle의 *Oeconomica*는 제목부터 이런 주제를 잘 드러낸다. 그 외에도 Cicero나 Philo의 경우도 예로 든다. 알렉산

이러한 윤리적 교훈들의 기초가 되는 전통은 공적, 사적인 영역에서 조화를 유지하고 사회적으로 효과적인 기능을 발휘하게 하며 신들의 호의를 유발해내는 '질서'(order, kosmos)에 대한 근본적인 관심의 발로로 보는 것이다. Balch는 삼중적인 상호적 관계에 대한 언급 즉, 남편-아내, 부모-자녀, 주인들-종들의 관계에 대한 가르침들은 Aristotle부터 스토아학파, 쾌락주의자들에게서도 나타남을 주목했다. 마찬가지로 이스라엘 전통에서도 이와 비슷한 시기에 이러한 가르침들이 나타난다(*Tob.* 4.3-21; *Sir.* 7.18-35; Philo, *Ios.* 38-39; Josephus, *Ag. Ap.* 2.199-210).[250]

(4) 소결론: '집안 경영 전통'의 기독론적 사용

필자의 판단으로는, 당시 로마 사회나 이스라엘 전통에서 이와 유사한 규범적 본문들이 나타나는 것을 볼 때에, '순복'에 관한 본문들은 신약이 고유하게 창조한 형식은 아닐 것이다. 물론 베드로전서의 문맥이나 배경을 볼 때 이런 규범들이 세례 시에 강조되었을 가능성은 충분하다.[251] 하지만 중요한 것은, 베드로전서의 경우, 이러한 '집안 경영 전통'의 규범들을 첫째는 (i) '세상 속의 교회'라는 정황 속에서, 그리고 둘째는 (ii) 무엇보다 '기독론적'으로 사용한 것이 분명하다. 이에 대해 더 자세히 살펴보자.

첫째는, 베드로전서는 신약에 등장하는 '집안 규율' 본문들 중에서도, 유일

드리아의 Philo는 이런 말을 남긴다: "조직된 공동체들에는 두 종류가 있다. 더 큰 것으로는 우리가 도시들이라고 부르는 것이고, 작은 규모로는 집안들이라 부르는 것이다. 전자를 다루는 것을 *politeia*라 하고 후자를 다루는 것을 *oikonomia*라 부른다"(*Spec.* 3.170).

250 Elliott, *1 Peter*, 507, Balch는 Aristotle에서부터 eclectic Stoics, Epicureans, 그리고 Neopythagoreans들에게도 나타난다고 했다. 이것은 그 이전에 K. H. Rengstorf(1953)가 주장했던 바, 신약의 '집안 규례'는 그 구조와 내용에 있어서 '진정으로 기독교적 창조물'이라던 이론을 뒤흔들었다. 로마 시대에 이르면, 이 두 영역 속에서의 행동 규범에 대한 가르침들이 서로 묶여져서 하나의 공통된 도덕적 가르침의 전통으로 정립된다.

251 Jobs, *1 Peter*, 181-182, 신약의 '집안 경영 코드'의 사용 의도와 목적에 관해서, 그것이 교회 내의 남녀평등에 대한 지나친 요구를 잠재우기 위한 것이었든지(Balch, Fitzgerald), 주변 사회를 향한 선교적 목적으로 내부의 정체성을 유지하기 위한 것이었든지(Elliott), 혹은 골로새서 3:18-4:1의 경우처럼 거짓 가르침을 바로잡을 목적이었든지, 그리고 베드로전서의 경우처럼 다분히 '변증적'이었든지, 이런 목적들이 서로 배타적이 아님은 분명하다.

하게 시민 사회의 영역과 집안 영역을 한데 연결 짓는 본문이다.[252] 예컨대, 에베소서에서는 먼저 '아내와 남편'(엡 5:22-33)이 나오고, 그다음 '자녀와 부모'(엡 6:1-4), 그리고 '종과 주인'(엡 6:5-9)의 순서대로 나온다. 이렇게 보면, '종/노예와 주인'의 관계도 사실 당시에는 집안에서 일어나는 일이므로, 모두 집안을 다스리는 '오이코노미아'에 해당한다. 하지만 베드로전서는 다르다. 가장 먼저 사회적 영역의 규율을 다루는 '폴리테이아'가 나온다. 즉 국가의 권력에 대한 시민의 순복 관계가 가장 먼저 나오는 것이다(2:13-14). 이런 점에서 보면, 베드로전서가 '세상'과의 관계를 묘사하는 것에 얼마나 중요한 관심을 보이는지 알 수 있다.

두 번째는, 필자의 판단으로는 기독론적 특징이 두드러진다. 예컨대, Aristotle은 집안 경영에 대해, 주인과 노예, 남편과 아내, 그리고 아버지와 자녀의 관계에 대해서 설명한다(*Pol*. 1.2.1253a-1253b; 참조. 1.2.1259a). 베드로전서도 유사하게 종/노예와 주인(2:18-20), 아내와 남편(3:1-7), 그리고 장로들과 젊은이(5:1-5)의 관계를 언급한다. 맨 나중 부분은 원래 아버지와 아들들이 와야 하는 순차이지만 변형이라 할 수 있다. 하지만 다른 점은 더욱 두드러진다. 우선 종과 주인을 다루는 2:18-20에서는 오직 종/노예들만 언급하고 주인에 대해서는 말하지 않는다. 또한 Aristotle은 가정의 머리가 되는 남자 가장의 역할들을 중심으로 규율들을 제시한다(*pater-familias*). 예컨대, 주인, 남편, 그리고 아버지이다. 하지만 베드로전서는 그렇지 않다. 훨씬 더 열등하고 종속적인 존재에게 우선권을 준다. 먼저 종들에게 교훈을 주고 주인들에게는 아무 말이 없다. 그리고 먼저 아내들에게 말한 뒤 남편들에게 한다.

또한 Aristotle은 '규율'과 권위자에 대한 '순종'(obedience)을 가르친다. 하지만 베드로전서는 다른 신약의 저자들처럼, 권위 자체에 대한 '순복(subordination)과 하나님의 뜻에 비추어 '옳은 것을 하라'(doing what is right)는 교훈을 중심으로 전개한다. 남편들에게는 '존귀히 여기라'고 교훈하고, 장로들에게는 무리를 임의로 주관하지 말라고 경고까지 한다. 즉 Aristotle이나 당시

---

252 또한 유사하게, Skaggs, *Pentecostal Commentary*, 37.

의 세속적 문헌들에서는 그 초점이 집안의 가장, 우두머리의 권위(authority)에 놓여 있지만, 신약의 집안 경영 본문에서는 그것이 '질서에 대한 순복'으로 옮겨간 것이다. 특별히 하나님께서 그 집안의 가장이 되시며, 그 아래서 구성원들이 서로에 대해 겸손하게 낮추고 서로 순복하는 가운데, 특히 사회적으로 약자의 자리에 있는 자들의 순복을 강조한다(3:8; 5:5-6).

또한 중요한 것은, 베드로전서는 그 교훈의 기초를, 인간의 본성이나 관습에 의해 지시되는 구성원들 각자의 역할에 두지 않는다. 그 기초는 하나님을 두려워하는 것, 하나님께 대한 경외가 그들 행동의 기초이다(2:18; 3:2; 참조. 2:13). 즉 하나님의 뜻에 순복하는 것이다(2:15, 19-20; 참조. 3:4; 5:2-3). 더욱이 결정적인 것은, 그리스도의 본이며, 그를 따르는 것의 중요성이 이런 독특한 태도를 요구하는 근거가 된다는 점이다(2:21-25; 5:4). 베드로전서가 이런 식으로 당대의 '집안 경영 전통'을 세상 속의 교회의 갈 길, 특히 그리스도를 본으로 그를 따라가는 길의 일부로 본 것은, 교회가 세상의 질서에 융합하려 노력한 것이 아니다. 혹은 무조건 세상 질서를 반대하고자 한 것도 아니다.

역설적이지만, 이는 제3의 길, 곧 십자가의 길임을 알 수 있다. 즉 이 길은, 세상 사람들의 양심이 증거하는 바, 마땅한 질서와 소통하면서도 그 양심들마저 부끄럽게 만들 수 있는 '거듭난 심령의 회복된 양심', 곧 그리스도의 십자가의 길을 아는 '선한 양심'의 길, 매우 세상-변혁적인 길인 것이다. 썩지 않고 더럽지 않고 쇠하지 않는 살아 있는 소망을 따라가는 길, 그리스도의 고난과 영광을 따르는 제3의 길, 교회가 따라가야 할 길이다. 베드로가 제시한 이러한 제3의 길, 선한 양심의 길이라는 원리를 기초로, 세속 정부에 대하여, 악한 주인에 대하여, 그리고 믿지 않는 남편에 대하여 베드로가 제시한 행동 지침들을 구체적으로 살펴보자.

3.3 세속 국가 통치자들에 대하여(2:13-15)

세상에 흩어져 있는 교회가 그 세상 사회를 다스리는 통치 권력에 대해 어떤 태도를 취해야 하는가? 베드로는 2:13-15에서 이 문제에 답한다. 그 핵심적인 권면의 내용은 12절에서 제시된 원리와 목적에 부합한다. 즉 교회가 세상 권력에 대하여 어떤 태도를 취할지 결정하는 궁극적인 목적은 결국 13절에서 명확히 드러나는 대로 '주를 위하여'(διὰ τὸν κύριον)이다. 그리스도 교회의 신앙에 대한 세상의 비방을 그치게 하고, 하나님의 이름이 세상 사람들에게 인정을 받고 그의 영광이 칭송받게 하는 것이다(12절). 국가 권력에 순복하느냐 그렇지 않느냐 하는 것은, 이를 위한 부차적 수단인 셈이다. 이런 점에서 베드로전서의 이 본문은, 유사한 '순복'을 다루는 로마서 13:1-7에 나타나는 바울의 가르침과 기본적인 논조에서 다르지 않다. 국가 권력을 '그 자체로' 부인하지도 않으며 반대로 그 자체를 적극적으로 우상시하지도 않는다. '모든 권세는 다 하나님의 정하신 바'(롬 13:1)라는 것은, 바로 그런 중립적인 태도를 견지하는 표현이다. 하나님이 정하신 것이어서, 하나님의 주권 아래에 놓여 있지만, 또한 바로 그렇기 때문에 그 아래 속한 자들이 마땅히 순복을 드릴 필요가 있는 권세임이 인정된다. 또한 바울은 국가 권력의 정상적인 기능 곧 선을 장려하고 악을 징벌하는 순(順)기능을 전제하면서 이를 그리스도인과 세상 사람들이 함께 갖고 있는 '양심'에 호소하는 점에 있어서도 베드로의 논지와 다르지 않다.

하지만 바울의 경우보다, 베드로의 경우가 국가 권력을 인정하는 정도에 있어서 훨씬 더 소극적이라고 볼 수 있다. 로마서의 '모든 권세는 다 하나님의 정하신 바라'는 선명한 강조는 베드로전서의 본문에서 찾아볼 수 없다. 반면에 상대적으로, 교회가 갖고 있는 세상으로부터의 자유는 한층 더 강조되었다고 볼 수 있다. 베드로전서에서는 국가 권력에 대한 순복을 말한 후에 곧바로, 교회의 '자유한 신분과 상태'(2:16)를 강조한다.[253] 더구나 로마서의 경우에는 국가 통치자들을 '하나님의 사자'로 표현하며 그들이 하나님의 판단을 대표하고 있음을 강조한다.[254] 그러나 베드로전서의 경우, 15절의 '어리석은 자들의 무식한 말을

---

253 Achtemeier, *1 Peter*, 181-182, 또한, 베드로전서와는 달리 로마서에는 '공세' 곧 세금에 대한 언급이 있다(13:7).

254 Skaggs, *Pentecostal Commentary*, 39, 바울의 경우에는, "세속 정권의 권력자들이 징계하는 것을 두고 이를 '신적'(롬 12:19; 13:4)이라 하는 데 반해, 베드로는 세속 정부에 의한 징벌을 단지 세속적인 행동으로 보고 있다"; Boring, *1 Peter*, 116, 베드로의 경우는, "모든 권위가 하나님에 의해 세워졌다는 부분과 그들에게 저항하는 것은 곧 하나님에게 저항하는 것이라는 표현이 빠져 있다"(롬 13:1-2).

막는다'는 표현은 베드로가 국가 통치 권력에 대해 갖고 있는 다소 거리감 있는 태도를 반영하는 것처럼 보인다. 때로는 이러한 차이들을 두고, 당시 "베드로전서의 배경이 되는 점증하는 황제 숭배에 대한 우려가 포함되어 있다고 볼 수 있다"고까지 생각한다.[255]

그럴 수도 있다. 하지만 그보다 더 분명하게 알 수 있는 것은, 로마서 13:1-7의 문맥은 교회의 안정과 성장이라는 내용 속에 놓여 있다는 점이다. 그 전 문맥인, "할 수 있거든 너희로서는 모든 사람으로 더불어 화평하라"(롬 12:18)는 말씀이나, 뒤이어 나오는 믿음이 약한 자를 받는 문제(롬 14:1-12) 역시 모두 교회의 안녕과 성장을 위한 조언들에 관련된 문맥이다. 베드로전서 2:13-15의 경우는 다르다. 전 문맥은 세상 속에 흩어진 교회가 이방인들 속에서 어떻게 선한 행실로 하나님께 영광을 돌리게 할 것인가에 관한 권면이다(2:11-12). 뒤이어 나오는 문맥 역시, 교회가 세상에서 자유하지만, 그 세상 속에서 어떻게 하나님의 종으로서 살아가야 하는지에 대해 교훈한다(2:16). 이렇게 보면, 국가 권력에 대한 태도를 결정하는 데 있어서, 근본적인 원리는 동일하지만, 바울과 베드로의 교회적 관심에 따라 그 강조점이 다소 달라진다는 사실을 짐작해 볼 수 있다.

이런 문맥적 강조점을 염두에 두고, 본문을 살필 때 먼저 몇 가지 다룰 문제들이 있다.[256] 13절의 '인간에 세운 모든 제도'(개역한글)의 의미, '순복하라'는 명령의 이해, 14-15절에서 제시되는 '선행'의 중요성, 그리고 '어리석은 사람들의 무식한 말을 막는 것'의 의미 등이다.

(1) ἀνθρώπινος κτίσις의 번역과 의미 (13절)

먼저 세상 속에 흩어진 교회가 국가에 순복한다고 할 때, 그 순복의 대상이 정확히 무엇인가 하는 문제이다. 이는 13절에서 ἀνθρώπινος κτίσις의 번역과 그 의미에 관한 것이다. 개역한글은 '인간에 세운 제도'로, 개역개정은 '인

---

255 Achtemeier, *1 Peter*, 182.
256 Elliott, *1 Peter*, 488. 베드로는 2:13 이하의 본문에서, 이렇듯 순복을 받는 이와 순복하는 이의 구조를 나누어 전개한다: '자유인들과 황제, 관리들'(2:13-17); '집안의 종들과 주인들'(2:18-20); '아내들과 남편들'(3:1-6); '젊은이들과 장로들'(5:1-5a).

간의 제도'로 번역하는데, 이처럼 '제도'에 초점을 맞추거나 '인간들이 세운 기관'(human institution)처럼 '조직이나 기관'(institution)으로 번역되기도 한다(RSV/NRSV/NEB). 하지만 ἀνθρώπινος κτίσις를 이처럼 인간이 세운 '제도나 기관'으로 이해하는 것은, 동시대의 다른 헬라 문헌들에서 사용 용례가 없다는 이유로 가능성이 낮다고 본다.[257] 이와는 다소 다르게 '인간들 가운데 세워진 권위'(authority instituted among men, NIV)로 옮기는 경우는, 인간이 하나님의 형상으로서 하나님처럼 무엇인가를 '창조하는 활동들이나 그렇게 만들어진 것들'에 초점을 맞춘 것으로, 문자적으로 '[하나님의 형상을 따른] 인간적 창조물'(human creation)임을 강조한다.[258]

한편 이 해석들과는 현격하게 다르게, '피조 된 인간'으로 옮기는 경우가 있다. 이 번역의 강점은 2:13-14의 본문 내에서, 순복의 대상이 '황제'(βασιλεύς)나 그가 보낸 '통치자들'(ἡγεμών)로 명확히 나와 있다는 점이다. 뒤에 4:19에서 '조물주'가 나오는 것과 대조시키기도 한다.[259] 또한 이렇게 황제를 '피조 된 인간'으로 표현하는 것은, 당시 소아시아의 정황을 잘 반영하는 것인데, 황제는 점점 신격화(神格化)되어 가고 있었고 황제를 신으로 모시는 축제나 의례가 점점 더 공식화되고 있었던 정황을 생각할 때, 상당히 의미 있는 표현이라고 설명하기도 한다.[260] 만일 '피조 된 인간'을 뜻하는 용어가 맞는다면, 13절 내에서 ἀνθρώπινος κτίσις는 '주를 위하여'(διὰ τὸν κύριον)라는 문구와 더욱 치명적인 대조를 이루는 해석이 된다. 사람이긴 사람인데 특별히 '피조물로서의' 사람이라는 점에서 '주'(κύριος)와 다른 어떤 경우보다 더 뚜렷한 대조를 이루기 때문이다.

하지만 만일 '사람'이 초점이라면, 굳이 ἀνθρώπινος라는 형용사를 써야 할 필요가 없었을 것이다. 그러므로 강조점은 κτίσις에 놓여 있는데 곧 이 '창조 활동의 결과'로서 κτίσις가 하나님 자신이 직접 하신 것이 아니라 인간이라는 대

---

257 Achtemeier, *1 Peter*, 182-183; Elliott, *1 Peter*, 489.
258 Boring, *1 Peter*, 114-115.
259 Elliott, *1 Peter*, 489.
260 Achtemeier, *1 Peter*, 183. 하지만 "아직 황제 숭배가 '공식화'된 흔적은 발견할 수 없다"고 말한다.

리 통치자를 통해서 다스려지는 '인간적'(ἀνθρώπινος) 질서라는 점이 다른 것이다. 그러므로 이 문구는 황제를 포함한 피조물로서의 인간들을 가리키는 경우에도 그 강조점은 그 인간 자신이 아니라, 그가 대변하는 통치 질서, 곧 포괄적으로 하나님을 따라 '피조 세계를 대신 통치하는 인간적 질서 전체'를 가리킨다고 볼 수 있다.

(2) κτίσις와 κύριος: '순복'의 당위성과 조건(14-15절)

13절은 짧지만 세상 속의 교회가 세속 권력에 대하여 취해야 하는 태도를 간결하고도 균형 있게 요약하고 있다. Ὑποτάγητε의 직접적인 대상은 인간적인 통치 질서이고 당시에는 구체적으로 '황제나 통치자들'이다. 이런 점에서 교회가 세속의 통치 질서에서 전혀 자유롭지 않다는 사실이 명시된다. 섣불리, 교회는 영적 자유를 누리기 때문에 세속 국가의 통치나 판단에서 얼마든지 자유로울 수 있다고 생각해서는 안 된다는 것이다.[261] 왜냐하면 문맥상 궁극적인 순복의 대상은 '주'(主) 곧 κύριος이기 때문이다. 동시에, 그렇다고 교회가 세속의 통치 권력에 종속되어 있는 것도 아니다. 그들은 오직 하나님을 '두려워'하도록 되어 있다(17절). 또한 13절에서 황제나 통치자들을 포함해서 이들을 모두 κτίσις라는 개념 안에 포함시킨 것도 '주'께서 창조주요 그 피조 세계를 다스리는 최고의 권위자이기 때문이다.

교회가 세속 통치 권력에게 순복해야 한다는 당위성을 더 큰 틀에서 규정하는 13절의 이런 요소들이 14절에서는 또 다른 형태로 나타난다. 먼저는, 인간적 질서 가운데서는 '최고로 높은 황제'뿐 아니라 그에 의해 보내어진 통치자들에게도 순복하라고 했을 때, '그에 의해'(δι' αὐτοῦ)라는 전치사구가 13절에 나오는 '주를 위하여'(διὰ τὸν κύριον)를 떠올리게 만든다. 혹시 δι' αὐτου에서 '그'가 13절의 '주'를 지칭할 가능성도 없지 않지만, 그것이 황제를 가리킨다 할 때 창조주로부터 황제와 그 이하 통치자들에게로 내려오는 위계적 통치 질서를 더욱

---

[261] Harink, *1 & 2 Peter*, 77, 교회가 주를 두려워하여 세상 권세에 순복하는 길은 "정치적으로 온전히 그들의 권위 아래에 있는 것이며 동시에 온전히 그들의 통치 위에 존재하는 것"(completely beneath and simultaneously completely beyond their rule)이라고 요약한다.

잘 드러낸다고 볼 수도 있다.[262] 사실 후에 도미티안 황제는 자신을 '주요 하나님'(dominus et deus)이라는 칭호로 부르도록 했다는 사실을 생각해 보면,[263] 지금 베드로는 세속 사회의 질서를 인정하고 거기에 순복하라고 말하지만, 실제로는 황제의 신격화를 제지하고, 그의 세속 질서를 하나님의 질서 안에 편입시키며, 그 인간 질서의 한계를 명확히 지정하고 있는 셈이다(참고. 가이사의 것과 하나님의 것, 마 22:15-22).

이런 점은 이들이 통치하는 방식이 오직 '악행을 징벌하고 선행을 옳다 하는'(14절 상반절) 조건, 곧 피조 세계에 깃든 하나님의 통치 질서의 한 측면을 담당할 때만 유효하다는 사실로 다시 한 번 보완 설명된다.[264] '악행을 징벌하고 선행을 옳다 하기 위하여'(εἰς ἐκδίκησιν κακοποιῶν ἔπαινον δὲ ἀγαθοποιῶν)라는 '목적'(εἰς)은, 그러므로 동시에 교회가 세속 권력에게 순복하는 경우 또 다른 '조건'으로도 작용한다는 암시가 선명하게 들어 있다. 마치 구약에서 율법을 주셨던 것처럼, 또한 모든 인간에게 '양심'을 주셔서, 하나님의 특별한 계시가 없어도 피조 된 세상의 질서 속에서 율법이나 양심을 통해 하나님의 뜻에 따라 살아갈 수 있도록 하신 이치와 같다(참고. 롬 2:15). 그러므로 13절이 표방하는 세속 통치 권력에 대한 교회의 태도에 대한 가르침은, 정확한 분별과 탁월한 균형 가운데 주어진다. 전체 질서(κτίσις)의 정점에는 '주'(κύριος)께서 계신다.

하지만 교회는 세상에서, 교회 안에서처럼 주님께 직접 순복하는 것이 아니다. 실제로는 세속 사회의 황제나 통치자들에게 순복한다. 하지만 그것이 궁극적인 목적은 아니다. 결국은 그렇게 함으로써, 세상 사람들로 하여금 주께 영광을 돌리게 하려 함이고(12절), 또한 저들로 복음과 교회를 비방하는 악한 말들을 더 이상 하지 못하도록 하기 위함이다(15절). 베드로전서의 경우에는, 로마서 13:1-7의 경우와는 다르게, 이렇듯 교회가 그 안에 처해 있는 세상의 반응에 더

---

262 Achtemeier, *1 Peter*, 183, 14절의 문맥상 초점은 "황제의 권위가 하나님 아래에 있다는 것이 아니라, 황제의 권위라도, 그가 보낸 사람들에 의해 대표될 때 존중받아야 한다는 점이다."
263 Elliott, *1 Peter*, 489, *Suet., Dom.* 13.2.
264 Watson & Callen, *First and Second Peter*, 64, 권선징악의 통치 원리와 관련된 ἀγαθοποιοῖ를 제시한 문헌들로서, 로마서 13:1-7, Lysias, *Or.* 31.30, Xenophon, *Cyr.* 1.6.20, Diodorus Siculus, *Hist.* 1.70.6, Dio Chrysostom, *Or.* 39.2, Pliny, *Pan.* 70.7, Joshepus, *J.W.* 6.134를 열거한다.

민감한 초점을 두고 있음을 알 수 있다.

(3) 선한 행실, 그 의미와 목적(15절)

이런 의미에서 '선한 행실로써'(ἀγαθοποιοῦντας, 15절) 혹은 '선한 행실을 하는 자들'(ἀγαθοποιῶν, 14절)이라는 표현은, 교회가 세상 속에서 세상과 소통함으로써 저들로부터 하나님께 대한 어떤 긍정적인 응답을 끌어내기 위한 결정적인 방식으로 제시된다. '선한 행실'이 강조되는 문맥이 이렇듯 세상과 소통하는 관계에서 결정적이라는 점은, 로마서 13:1-7에서도 같은 문맥에서 '선을 행하라'(τὸ ἀγαθὸν ποίει, 롬 13:3)든지 '양심을 인하여'(διὰ τὴν συνείδησιν, 롬 13:5)라는 표현들이 함께 사용되는 것으로도 뒷받침된다. Van Unnik는 베드로전서에서 말하는 '선한 행실'을 연구한 결과, 그 사용이 유대적도 아니고 후기 기독교적인 것도 아니라, 당대의 그리스 문화적 특징과 닮았다고 분석했다. 유대적인 전통에서 말하는 '선한 행실'은 주로 가난한 자나 죽은 자를 장사지내 주는 것과 같은 자선에 속하는데, 베드로전서의 '선한 행실'은 모두에게 예외 없이 적용되는 선행이다. 그렇다고 후기 기독교적인 개념으로서 경건을 표현하는 또 다른 개념도 아니다. 그것은 '교회적이 아니며(not ecclesiastical) 도리어 세속 사회 속에서 행해지는 선행'이고, 또한 세례받은 후에 짓는 죄에 대한 속죄의 가치로 기능하는 것도 아니다. 베드로전서가 말하는 "선행 속에 깃든 거룩함은, 기도나 구제 그리고 참회(penitence)로 표현되는 것이 아니라, 그가 그리스도인이든 아니든 상관없이 단지 하늘나라를 위한 것이 아니라, 이웃을 위한 선행인 것이다."[265] 이런 점에서 베드로전서가 말하는 '선행'은 그리스적이라 할 수 있지만, 동시에 그 근거는 인간의 선함이 아니라 하나님의 부르심이라는 점에서, 그리고 그 목적도 선행을 하는 인간 자신의 영광을 위한 것이 아니라, 불순종하는 자들이 복음을 받아들일 수 있는 길을 만들기 위한 것이라는 점에서 다르다는 사실도 주지해야 한다는 것이다.[266]

---

265 Van Unnik, "The Teaching of Good Works in 1 Peter", 108.
266 Van Unnik, "The Teaching of Good Works in 1 Peter", 109.

그렇다면 사회 속에서 교회가 행하는 선한 행실은 구체적으로 무엇이며 어떤 의미가 있는가? 전통적으로 바울은 당시 에피큐리언(Epicurean)들이 사회로부터 초연한 자리에 위치해 있던 것과 마찬가지로 그의 수신자들을 향하여 '공적인 활동과 거리를 두라'는 식으로 가르친 것으로 주장되어 왔다. 예컨대, 데살로니가전서 4:11에서 '조용히 자기 일을 하고'(개역개정)는 원문에 '조용히 살기'(ἡσυχάζειν)와 '각자의 일을 하기'(πράσσειν τὰ ἴδια)를 '힘쓰라'(φιλοτιμεῖσθαι)고 되어 있는데, 각기 '정치적인 평온주의'(political quietism)와 '공적인 일에 간여하지 말라'는 주장에 해당한다고 보는 견해이다.[267] 이런 입장은 베드로전서의 경우에도 타당한가? Elliott은 베드로전서의 수신자들이 '회심 종파'(conversionist sect)로서, 이처럼 사회와 일정한 거리를 두는 방식으로 그들 나름의 동질성과 특이성을 유지하며, 동시에 주변 사회로부터 회심자들을 끌어들이는 태도를 보여 준다고 해석했다.[268]

이에 반해, 최근 Van Unnik는 베드로전서가 수신자 교회에게 주변 사회를 향하여 선을 행하라고 권한 것은, 그 이전의 헬라적 유대교나 그레코로만 전통과 비교해서 볼 때, 그리스도인들로 하여금 그들이 속한 사회에서 '일등 시민'으로 살아갈 것을 적극적으로 권면한 태도라고 주장한다. 이런 논조는 로마서 13:1-7과 같은데, 베드로전서 2:13-17에서는 기독교 공동체에 대한 사회의 점증하는 악의적인 비난의 말들을 잠재우기 위한 목적이 강조되는 점이 다를 뿐이라고 말한다.[269] 실제로 Bruce W. Winter에 의하면, 신약의 저자들이 그리스도인들로 하여금 사회 공적인 영역에서 자선(benefaction)과 선행을 강조한 것은 당시 헬라적 유대교의 태도와는 확연히 다른 것으로, Philo의 경우 세속 사회의 시민의식에 대해 논하며 '선행'이나 그와 관련된 용어들을 사용하기는 했

---

267 A. J. Malherbe, *Social Aspect of Early Christianity* (Eugene: Wipf and Stock, 1983), 26; R. F. Hock, *The Social Context of Paul's Ministry* (Philadelphia: Fortress, 1980), 46; 하지만 이런 주장에 반대하는 입장도 만만치 않다. I. H. Marshall, *1 and 2 Thessalonians* (Grand Rapids: Eerdmans, 1983), 116-117; 또한 Bruce W. Winter, "The Public Honouring of Christian Benefactors: Romans 13.3-4 and 1 Peter 2.14-15", *JSNT* 34 (1988): 95, 바로 다음 구절인 데살로니가전서 4:12에서 '세상 사람들 앞에서 단정히 살라'는 요구 자체가 '평온주의'에 대한 반박이라고 주장한다.

268 Elliott, *1 Peter*, 74-77.

269 Van Unnik, "The Teaching of Good Works in 1 Peter", 99.

지만, 알렉산드리아에 거하는 유대인들에게 그 도시에 공적인 자선을 베풀라고 명령은커녕 제안한 적도 없다는 것이다.[270]

이렇듯 베드로전서의 선행에 대한 강조는 두드러진 것인데, Van Unnik는 베드로전서에서 '선을 행하는 것'(2:12)이 칭송되는 이유는 수신자들이 속한 사회 공동체의 유익을 증진하는 것으로 특별한 '영예 목록'(honor lists)에 속해 있기 때문이라고 주장한다.[271] 또한 Winter는 한 걸음 더 나아가, 베드로가 이런 점에 있어서 예레미야 29:7에 빚지고 있다고 주장한다: "너희는 내가 사로잡혀 가게 한 그 성읍의 평안을 구하고 그를 위하여 여호와께 기도하라 이는 그 성읍이 평안함으로 너희도 평안할 것임이라."[272]

그리스도인들이 사회 속에서 행하도록 명령받는 '사회적, 정치적'인 자선 행위는, 비록 교회가 사회 속에 동화(acculturation)되어 사회로부터 하나의 세속적 단체로 인정받기 위함이 아니기는 하지만, 그것은 적극적인 의미에서 "시민들의 물질적이고 또 환경적인 조건을 개선하여 그들의 삶의 질을 높이기 위한" 것으로 여겨졌다는 것이다.[273] 더 구체적으로는 이는 그리스 문화적 배경에서 그리스도인들이 그들이 속한 사회에 기여하는 '후견인들'(benefactors)이 되라고 주문한다는 것인데, 그 증거로 Winter는 로마서 13:3-4에 등장하는 '선한 행실'(τὸ ἀγαθὸν ἔργόν)이라든지 '선을 행함'(τὸ ἀγαθὸν ποιεῖν)이라는 표현들이 당대 비문들(inscriptions)에서 '공적인 자선'(public benefaction)을 칭송할 때 쓰였다는 사실을 들고 있다. 마찬가지로 베드로전서 2:14의 경우도 이처럼 공적인 자선에 대한 독려라는 것이다.[274]

하지만 Seland는 보다 실제적으로, 베드로전서의 수신자들의 인적 구성이 공적으로 자선을 베풀어 사회 전체에 기여할만한 부유층들이 아니었다고 판단한다. 더구나 당시 사회와의 갈등 상황과 간헐적인 핍박의 상황을 고려하면 그

---

270 Winter, *Public Honouring of Christian Benefactors*, 97.
271 Van Unnik, "The Teaching of Good Works in 1 Peter", 93.
272 Winter, *Public Honouring of Christian Benefactors*, 103, 이를 D. L. Balch, "'Seek the Welfare of the City': Social Ethics according to 1 Peter", *Themelios* 13 (1988): 91-94에서 가져온다.
273 Winter, *Public Honouring of Christian Benefactors*, 96.
274 Winter, *Public Honouring of Christian Benefactors*, 93, 특히 각주 32.

리스도인들의 선행은 산발적이고 일상적인 것이지, 사회의 공적인 영역에서의 공헌을 가리킬 만큼 공식적인 것이라고 보기 어렵다는 것이다.[275] 다소 비약적이기는 하지만 Winter와 Van Unnik의 주장은, 오늘날 한국 교회 상황으로 보자면, 마치 '고지론'(高地論)이나 '청부론'(淸富論)을 주장하는 논조를 떠올리게 한다. 그리스도인들이 부자가 되고 사회의 고지를 점령해서, 사회 전체에 긍정적인 영향을 주어 기독교 복음화에 우호적이게 만든다는 것이다. 하지만 한국 교회의 상황에서, 이런 주장과 논리는 거의 실패한 것처럼 여겨진다. 예수 믿고 부자가 되고 고지를 점령한 그리스도인들이, 동시에 그만큼 세속적이 되어 정치 경제 사회 문화 속에서 세속의 윤리 기준에도 미치지 못하는 삶의 증거들을 많이 보여 주었기 때문이다. 그렇지 않았다면, 오늘날 한국 교회가 사회로부터 그토록 비판과 모욕을 당하지 않았으리라. 물론 '고지론'이나 '청부론'이 그 주된 원인이었는가에 대해서는 논의가 있어야겠지만, 실제로 이런 논조는 '예수 믿고 복 받자'는 세속화된 복음과 흐름을 같이했고, 또한 그렇게 출세한 그리스도인들이 상당히 많은데도 불구하고 결과적으로 사회가 정의로워지거나, 세상 사람들로부터 진정 '기독교인은 다르다'는 평판을 끌어내지 못한 것과 도리어 전도의 길이 막힐 만큼 비난을 받아온 것도 사실이다.

이런 의미에서 15절의 "무지한 사람들의 어리석은 말을 막으시려 함이라"(φιμοῦν τὴν τῶν ἀφρόνων ἀνθρώπων ἀγνωσίαν)는 부정사구는, 베드로가 제시한 선행의 목적이 그 사회 시민들보다 훨씬 많은 부와 재물을 갖고 그것을 기부하여 그들의 복지를 증진하는 식의 기여를 뜻하는 것이 아님을 시사한다. 여기서 제시된 목적은 최소한의 것이다. 하나님과 그리스도를 알지 못하는 무지한 세상 사람들이,[276] 그리스도인의 악행이나 비윤리적인 행동으로 그들의 양심적 기

---

275 Seland, *Strangers in the Light*, 179; 또한 Jobes, *1 Peter*, 175, 선을 행하라는 권면이 후에 노예들이나 아내들에게도 적용되는데, 그들은 사회에 기부할 만큼 부유한 자들이 아니었음을 지적한다.
276 Watson & Callan, *First and Second Peter*, 65, BDAG 14에 근거해서, 단지 지식이 없는 것이 아니라, 신자들도 그 이전에 그랬던 것처럼(벧전 1:14), 종교적인 경험이나 분별력이 결여된 것을 의미한다; 마찬가지로 Richard, *Reading 1 Peter, Jude, and 2 Peter*, 113-114, '무지하다'거나 '어리석다'는 개념을 단지 지식의 결여로 보지 않는 이런 베드로의 견해의 배경으로 시편 52:1과 같은 구절을 든다. 베드로전서에서는, 하나님을 모름으로 세속의 부패하고 방탕한 길로 갈 수밖에 없는 무지함을 지칭한다(4:3-4)

준에서도 비난할 이유를 얻게 된다면, 그들이 어떻게 복음에 관하여 접할 기회를 갖게 되겠는가? 그리스도인의 선행은 이처럼 우선적으로, 불신자들을 위한 선교적 고난의 의미를 갖는다고 할 수 있다(참고. '믿는 아내와 불신자 남편의 경우', 3:1; 또한 3:15).²⁷⁷

하지만 12-15절의 문맥 안에서 볼 때, 무지한 자들의 어리석은 말을 막는다는 것은 12절에서 하나님께서 심판하실 때 그의 심판이 공의로웠음을 반증하는 근거와 깊은 관련이 있어 보인다. 이는 베드로전서가 묵시론적 종말론(apocalyptic eschatology)의 틀 안에서 기록되었음을 반증하며, 혹자가 주장하듯 당시 로마에 반란을 도모하던 열심당(Zealots)과는 반대로 로마 정부에 순복하여 사회 안정을 꾀했다는 사회적, 정치적 이유 때문은 아니라고 생각된다.²⁷⁸ 즉 당시 로마 사회 속에서 세속 권력에 순복하는 이유는 명백하게 '주를 위하여'이며(13절), 또한 그의 이름과 영광 곧 그의 공의로운 심판을 위한 것(12절)임이 강조되었다.

3.4 일터에서 – '제사장인 종'(2:18-20)

주인과의 관계에서 노예들에게 세상의 제사장 역할(2:9-10)을 다하라는 권면을 '일터에서'라는 제하에 두는 것이 무리가 있을 수도 있다. 실제로, 에베소서 6:5-9와 골로새서 3:22-4:1에서와 달리 지금 베드로전서 2:18-20에서는 δοῦλοι를 쓰지 않고 οἰκέται를 사용한다. 이는 베드로가 사회적 영역에서(2:11-15) 이제 가정적 영역으로 전환된다는 사실을 명확히 하려는 단서로 볼 수도 있다.²⁷⁹ 하지만 당시 집안에서 일하는 종들은 집안 생활이라기보다는 일터에서

---

277 Seland, *Strangers in the Light*, 189, "또한 명예와 수치라는 가치들의 관점에서 볼 때, 베드로는 수신자 된 교회가 이방인들 속에서 명예롭게 살도록 권면하는 것을 지나쳐서는 안 된다. 하지만 동시에, 그것은 하나님의 기이한 빛 가운데서 살도록 부름 받은 삶이다. 즉 무엇이 명예로운가에 대한 기준과 등급이 바뀐 것이며, 그것은 하나님과 그의 아들 예수 그리스도 안에 그 중심이 놓여 있다."

278 Davids, *The First Epistle of Peter*, 101; 또한 C. F. Sleeper, "Political Responsibility According to 1 Peter", *NovT* 10 (1968): 270-286.

279 Elliott, *1 Peter*, 513.

일하는 것에 가깝다. 좁은 의미에서 혈연에 의한 가족 관계가 아니기 때문이다.

또한 집안 노예들에 대한 권면이 있는 이 본문을 통괄하는 서문 격인 2:16에서는 지금 집안 노예들인 οἰκέται를 포함해서 모두 δοῦλοι 곧 하나님의 종들로 부르고 있다는 점도 주목해야 한다. 그리고 2:17에서 '모든 사람을 공경하라'는 권면은 대체로 믿지 않는 세상 사람들을 염두에 둔 표현인데, 18절부터 시작하는 주인에 대한 그리스도인 노예의 태도 역시 다분히 세상 속에 있는 교회가 그 주변의 이방인들을 어떻게 대할 것인가(2:12)의 큰 주제 안에 포함된다고 볼 수 있어서, 에베소서나 골로새서의 경우처럼 좁은 의미의 가족 관계에 대한 권면에 해당하지 않는다고 볼 수 있다.

이처럼 그리스도인 노예들이 당시 그들의 일터인 주인의 집에서 어떻게 주인을 대할 것인가의 문제가 맨 먼저 언급된 것은, 아마도 베드로가 다루고자 하는 '집안 경영 코드'에 있어서 이 영역이 가장 보편적이고 또한 가장 모범적인 예일 수 있다는 것을 암시한다.[280] 여기서 몇 가지 주목해야 할 특징들이 있다. 먼저는, 베드로가 신약의 일반적인 경향처럼 노예제도 자체를 거부하고 있지 않다는 점인데, 이것이 무엇을 뜻하는지를 밝혀야 한다. 또한 18-20절의 본문은 그리스도인 된 주인들이 어떻게 종들을 대하여야 할지에 대해서는 언급이 없다(참고. 엡 6:9). 무슨 이유인가? 그리고 이 권면이 종들에게 요구하는 내용의 의미와 중요성은 무엇인가?

(1) 노예제도와 '수정된 동화'의 방식

먼저 당시 초대 교회가 노예제도 자체를 거부하고 있지 않다는 사실이다.[281] 그렇다면 기독교는 노예제도의 정당성을 인정하였는가? 직접적인 언급은 없지만, 그런 것 같지도 않다. 로마 사회에서 노예가 자유를 얻는 일이 불가능하지는 않았다. 주인이 해방해 주거나 노예가 값을 치르고 놓여날 수 있는 길이 있었다. 로마 시대에는, 도시 노예들이나 집안 노예들의 대부분은 나이 서른 정도

---

280 Campbell, *Honor, Shame, and the Rhetoric of 1 Peter*, 17-18.
281 Feldmeier, *The First Letter of Peter*, 168-169.

에 해방될 것으로 기대할 수도 있었다. 그렇게 해서 자유인이 된 남자나 여자 노예들(*liberti, libertae; apeleutheroi*)이라도 그들은 그 이전 주인들의 이름을 물려받거나 그 후손들도 계속해서 그 이전 주인들에게 일종의 보호와 지원을 받으며 유대를 맺는 경우가 대부분이었다. 클라우디아 황제는 해방된 노예들을 행정관료직에 임명함으로써 그들로부터 개인적인 충성을 유도하기도 했다.[282]

이렇게 해방된 노예들 가운데는 초대 교회에서 매우 중요한 지위를 차지한 자들도 있었다. 아마도 가장 잘 알려진 인물은 빌레몬의 집안에 있었던 오네시모일 것이다. 예수는 그의 가르침에서 자주 노예들, 종들을 언급했다(마 18:23-34; 24:45-51; 눅 14:15-24; 15:11-32 등). 그리고 바울은 빌레몬에게 보내는 서신에서뿐 아니라, 고린도 교회에 보내는 그의 서신에서 종들의 상태에 대하여 언급하기도 했다(고전 7:21-24). 노예들의 몸값을 탕감해 주는 것은 그리스도인들 가운데서는 긍휼의 행위로 알려져 있었다(*1 Clem*. 55.2; *Herm. mand*. 8.10). 비록 Ignatius 감독은 노예들이 "하나님의 영광을 위하여 노예 생활을 잘 감당해야 한다. 하나님으로부터 더 나은 자유를 얻기 때문이다. 그래서 그들로 하여금 교회가 그들을 해방시켜줄 것을 기대하도록 하지 않는 것이 좋다. 왜냐하면 그들이 탐심의 노예가 될 수도 있기 때문이다"(Ign. *Pol*. 4.3)라고 말했다. 하지만 초대 교회 성도들의 대부분은, "노예제도는 당연한 것이었으며 의문을 달 여지가 없는 제도로 받아들였다"(Osiek, 1992). 다만 에세네파의 경우나(Josephus, *Ant*. 18.18-22; Philo, *Prob*. 79) 이집트의 떼라퓨테(Philo, *Contempl*. 70) 경우는 달랐다. 바울은 노예나 주인이나 그리스도 안에서 동등하다고 선포했지만, 결코 노예제도를 폐지할 것을 주장하지는 않았다. 실제적으로 그리고 정치적인 입장에서 보면, 아주 작은 집단에 불과한 이 메시아 운동이 그런 거대한 제도를 바꿀 엄두를 내지 못했다. 기독교의 가르침은, 기껏해야, 노예-주인의 관계를 인격적인 것으로 개선시키는 역할을 했다. 아마도 그 당시의 많은 사람들은 이 문제에 관해서 바울과 함께 매우 종말론적인 전망을 공유했을 것이다. 바울은 이 세상은 지나가기 때문에, 각자 처한 위치에 그대로 있으라고 권면했던 것이다(고전 7:20,

---

282 Elliott, *1 Peter*, 515.

31). 또한 그리스도인 노예들은 내적인 자유나 영적으로 초탈한 자세를 추구하도록 독려받았을 것이다(Socrates, Epictetus, 1 Cor 7:22-23). 하지만 사회적 제한은 분명했다. 4세기, 콘스탄틴 대제 때 와서야, 칙령이 발표되었는데(주후 316년, 321년), 그리스도인들이 자신들의 교회에 있는 노예들을 해방할 수 있게 했다. 하지만 Augustine 같은 사람은 여전히 '지상의 도시'의 평화를 위해서는, 아내는 남편에게, 자녀는 부모에게, 종들은 주인들에게 순종할 것을 요구했다(*City of God*, 19.14).[283]

이런 배경에서 베드로전서 18-20절의 본문은, 사회 속에서 노예-주인의 관계에 있지만, 그 관계의 정체성과 의미를 아주 새롭게 규정하고 있음을 볼 수 있다. 즉 사회 구조 자체를 바꾸어야 한다는 의식을 드러내지는 않지만, 그 구조가 새로운 의미를 갖게 하는 방식을 택함으로써, 기존의 구조가 그 사회 속에서 갖고 있는 역기능 자체를 붕괴시키는 방식이다. Volf는 이와 유사하게, 그리스도인들이 기존의 로마 사회 외부에서 들어온 자들이 아니라는 점에 주목한다. 그리스도인들은 원래부터 그가 속한 사회의 '외부인들'(outsiders)이 아닌 것이다. 이민자들처럼 새로운 문화에 자신을 적응시켜야 하는 자들도 아니고, 전혀 다른 문화 속에서 자신들만의 문화를 만들어 내어 그 속에서 살아야 하는 고립된 자들도 아니다. 그들은 원래부터 그 문화 속에 있었지만, 거듭남을 통해 하나님 나라의 살아 있는 소망으로 새로워진 '내부인들'(insiders)이다.

그래서 그리스도인들은 이렇게 물어야 한다: "중생을 통해 새롭게 된 우리는, 이제 우리들의 문화 속에서 어떤 신념들이나 어떤 관행들을 거부해야 하는가? 어떤 부분들을 보존해야 하는가? 우리는 하나님의 새 창조 세계의 가치들을 보다 더 잘 반영하기 위해 무엇을 새롭게 바꾸어야 하는가?"[284] 이런 태도는 베드로전서에 아주 적절히 들어맞는다. 특별히 2:18 이하 본문에서 나오는, 종과 주인, 아내와 남편의 이야기들에서 더욱 그러하다. 그러므로 세상 속에 처한 교회의 '문화 수용과 동화'는 무조건적이 아니라, 수정을 통한 수용과 동화의

283　Elliott, *1 Peter*, 516.
284　Volf, "Soft Difference", 19.

방식이 된다. 그것은 그리스도의 순복을 삶의 가장 중심이 되는 가치로 갖는 한에 있어서의, 주변 문화에 대한 수용과 동화의 방식이다. Seland는 이것을 사회적, 문화적 관계에 있어서 '수정된 동화'(a modified assimilation)의 경우라고 본다. 베드로전서의 경우 정체성의 동화(identificational assimilation)는 거의 일어나지 않는데, 이는 베드로전서의 수신자들의 정체성은 근본적으로 그들의 믿음과 세례를 통해 연합한 그리스도와의 관계 속에 놓여 있기 때문이다.[285] 즉 기존의 틀은 그대로 두지만, 분명하게 다른 가치관의 관점에서 그리고 전혀 다른 태도로 접근하기 때문에 결국 그 틀도 세속적인 관점에서 부여된 의미를 상실하게 되는 방식이다. 이는 마치, 헌 부대에 새 포도주를 붓는 것과 같은 것이 아니었을까. 그래서 결국 그 헌 부대도 찢어지게 되는 방식과 유사하다 할 것이다.

(2) 노예에게만 권면하는 이유

두 번째로, 에베소서 6:5-9나 골로새서 3:22-4:1과는 다르게, 베드로전서 2:18-20의 본문에서는 그리스도인 된 주인들이 어떻게 종들을 대하여야 할지에 관해 언급이 없다. 이런 차이는 어떻게 설명할 수 있을까? Elliott은 초대 교회 상황에서 노예들에 대한 역사적 배경을 상세히 기술하는데,[286] 당시 로마 제국에 있어서 노예들은 노동력을 제공하는 주된 동력이었다. 로마 경제는 '노예 경제'였다. 이탈리아에만 5-6백만 시민이 있었는데 노예는 1-2백만 명이었다. 1세기 말, 로마 도시 안에서만, 전체 120만 명 인구에 노예만 40만 명에 이르렀다. 이 시기에 왜 이렇게 노예가 많았는지에 대한 이유들이 다양하다. 몇 세기에 걸친 부의 축적과 정복지의 식민지화가 큰 요소였다.[287] 식민지에 과도한 세금을 매겨 갚지 못하는 경우 노예로 삼았고, 때로는 강제로 포획하여 노예 시장에 넘기거나, 또는 노예로 태어난 경우, 혹은 자유인의 아이로 태어났더라도 버려졌을 때 노예로 팔리기도 하였다. 당시, 부유한 집안의 노예는 집안에서 먹고

---

285 Seland, *Strangers in the Light*, 153-189. John M. G. Barclay의 사회적 문제에 대한 그리스도인들의 태도에 대한 연구로부터, 문화 충돌에 대한 분석을 통해, 베드로전서의 경우를 다룬다.
286 Elliott, *1 Peter*, 514-516.
287 Elliott, *1 Peter*, 513.

사는 문제에 관해서는 큰 고통이 없는 경우도 많았으므로, 설혹 노예 해방 문서를 얻었다가도 자유인의 신분을 팔아 다시 자발적으로 노예가 되기도 하였다.[288]

노예들은 대부분 육체적 노동력이 필요한 곳에서 사용되었는데, 농사일이나, 배에서 노를 젓는 일, 광산에서, 그리고 건축 현장에서 주로 그러하였다. 집안에서 일하는 노예들도 있었다. 이들은 남자 가장의 완벽한 통제 아래에 놓인 채 확대된 집안(*oikos*; 라틴어로 *familia*)의 일원들로서 가사일(*oikonomia*)을 도왔는데, 때로 간병하는 일, 보육, 혹은 어린애들을 가르치는 교사의 일을 하기도 했다(Philo, *Spec.* 2.232). 소아시아에서, 대부분의 노예들은 이렇게 집안의 일을 돕는 일에 종사했다. 집안에서 일하는 노예들(οἰκέται; *familiae serviles*)은 보통 가정인 경우에는 1-2명 정도이기도 하고 부유한 집안에는 400명에 이르기도 했으며(Tacitus, *Ann.* 14.43), 기록에 의하면 어떤 자유인의 집안에는 4,000명이 넘는 노예들이 있었다고 한다(Pliny, *Nat.* 33.135). 황제의 집안에는 대략 2만명이 넘는 노예들이 있었다.[289]

또한 노예들은 자유가 없었으므로, 그 자체로 자유인의 신분일 수 없었다. 그들은 시민권을 가지지 못했고, 합법적으로 결혼하거나 합법적인 아이를 낳을 수도 없었다. 아이를 낳는다면 그대로 주인의 재산으로 귀속되었다.[290] 더구나 주인들이 그들에게 벌을 주는 데 있어서 어떤 법적 제한이나 규제도 없었다. 재산 목록의 일부로 취급되던 노예들은 상표가 붙었고, 신체가 절단나기도 했으며, 거세(去勢)되거나, 강간을 당하기도 하는 등, 육체적이고 성적인 남용에 있어서 주인의 의지나 기분에 종속되는 일이 다반사였다. 그들의 가족들과 집으로부터 강제로 분리되어, 다 큰 어린애로 다루어진 채, 그들에게는 어떤 영예나 존귀도 없었고, 그들을 소유한 주인들을 제외하면 그들을 도울 자들이 없었다. 그들은 '집안'(household)의 가장 낮은 계급에 속했으며, 외국인들과 착취당하는 일용노동자들을 제외하면 전체 인구들 가운데서도 가장 낮은 층에 속했다.

---

288 Achtemeier, *1 Peter*, 191.
289 Elliott, *1 Peter*, 515.
290 Achtemeier, *1 Peter*, 190-191.

흥미로운 점은, 노예들을 '재산 목록의 일부'로 다루는 당시 사회에서,[291] 베드로가 노예들에게 하는 권면이 매우 도덕적이고 그 이상의 것을 요구하고 있다는 사실이다. Davids는 대부분의 주석가들이 베드로가 바울(고전 7:21; 엡 6:5-8; 골 3:22-25; 딤전 6:1-2; 딛 2:9-10)이나 다른 기독교 저자들과 더불어(Did. 4.11; Barn. 19.7), 노예들에게 무언가를 주문하고 있다는 점을 간과하는데, 사실 이것은 매우 특이한 기독교적 현상임을 지적한다. 왜냐하면 유대 문헌들이나 당대 스토아학파의 '의무 조항들'(duty codes)을 살펴보면, 종들에게는 그런 도덕적 요구들을 일체 하지 않고, 오직 주인들에게만 하기 때문이다. 당시 사회에서 노예들은 온전한 한 인격적 개인으로 취급되지 않았고, 바로 그러했기 때문에 그들에게는 도덕적 의무가 주어지지 않았다는 것이다. 하지만 그리스도인들의 교회 안에서는 사회적 구분들이 허락되지 않았다. 왜냐하면 모든 이들이 한 형제와 자매였기 때문이다(갈 3:28; 고전 12:13; 골 3:11; 몬 16절). 교회 안의 이러한 관행은 당시 사회에서 커다란 충격이었음을 상기시킨다.[292]

노예를 다루는 당시 로마의 법과 관행에 비해, 기독교 교회가 그 전통을 이어받은 유대교 전통 즉 고대 이스라엘의 법 역시, 훨씬 수준 높은 법이었는데, 노예들의 최소한의 인권을 보장하는 법이었다. 예컨대 노예가 된 이스라엘 사람들은 '삯을 지불받는 노동자 손님'(wage-earning guest)으로 대우받도록 되어 있었고(레 25:40), 6년 후에는 자동적으로 노예 상태에서 해방되도록 되어 있었다(출 21:2-6; 신 15:1-6). 그리고 희년이 되는 50년차에도 해방이 선언되었다(레 25:10-17). 게다가, 주인에 의해 다치게 된 노예들은 곧바로 놓여나도록 정해져 있었다(출 21:26-27). 노예를 죽이는 경우는 처벌받을 수 있었다(출 21:20-21). 중요한 점은, 노예의 생명도 자유인인 이스라엘 사람의 생명과 동등한 것으로 간

---

291 Aristotle에 의하면 "노예에게 불의가 가해질 수 있다는 것은 불가능한" 말이다. 왜냐하면 "노예는 단지 재산일 뿐"이기 때문이다(Nic. Eth. 5.10.8).
292 Achtemeier, 1 Peter, 192, 노예를 대하는 기독교 전통은 일찍이 바울에게서 발견된다. 그리스도 안에서는, 노예도 자유인도, 남자도 여자도, 헬라인도 유대인도, 차별이 없다(갈 3:28; 고전 12:13; 참조, 고전 7:22). 그리스도인은 노예들을 자유하게 해 줄 수 있는 기회를 얻어야 하며(고전 7:21), 이런 경향은 후에 초기 기독교에서 더욱 강렬해졌다(1 Clem. 55.2).

주되었다는 사실이다.[293] 그것은 일반적으로 말해서, 이스라엘 사람들이 노예들을 다룰 때, 그들 역시 애굽에서 '종노릇'(οἰκέται)했던 것과 하나님께서 그들을 해방시키셨다는 사실을 기억해야 했기 때문이다. 그러므로 이스라엘 백성은 그들 가운데 있는 노예들에게도 그와 같은 긍휼을 베풀어야만 했다(레 25:35-55; 참조. 출 22:21; 23:9).

즉 고대 이스라엘의 법에서 노예의 인권을 배려하는 정도는, 당시 로마가 노예들을 대하는 태도에 비하면 훨씬 숭고한 방식이었다. 그러나 Davids가 언급한 것 이상으로, 베드로전서에서 노예에게 권면하는 내용은, 단지 노예들의 인권을 존중하는 배려 그 이상이라는 사실에 주목할 필요가 있다. 만일, 베드로전서 2:18-20의 본문이 노예들이 인격으로서 도덕적 책임을 갖는다는 정도의 주장을 뒷받침한다면, 주인들의 경우는 당연히 그에 상당한, 아니 그 이상의 도덕적 의무들이 주어져야 마땅하다. 하지만 베드로는 주인들에게는 노예들에게 주었던 그 '숭고한' 명령 곧 선을 행하되 고난까지 당하며 하나님을 기쁘시게 하는 삶을 제시하지 않는다.

다시 말해서, 지금 베드로가 노예의 주인들에게는 전혀 아무런 권면도 주지 않은 채, 혹은 줄 필요를 느끼지 않은 채, 오직 그리스도인 노예들에게만 그들의 완악한 주인들을 참고 선을 행하되 고난을 받으라는 권면을 준 것은, 노예들을 도덕적 책임을 지는 존재 정도가 아니라, 오히려 세상에서 '약자의 위치'를 가졌지만, '자유한 하나님의 종'으로서, 적극적으로 '세상의 제사장' 역할을 감당하는 자가 바로 주인이 아니라 그리스도인 노예의 자리라는 사실을 깨닫게 만든다.[294] 더욱 놀랍게도, 바로 다음 문단인 2:21-25에서 노예들이 따르고 있는 모범은 다름 아닌 그리스도 자신이며, 그리스도를 따르는 '세상의 제사장'의 예로서 첫 번째로 언급되는 것이 이 그리스도인 노예들이라는 사실은 충격적

---

293 Davids, *The First Epistle of Peter*, 105-106.
294 다른 한편으로, F. V. Filson, "Partakers with Christ: Suffering in First Peter", *Interpretation* 9 (1955): 406-409, 그리스도인으로서 겪는 핍박 아래서 쉽게 고난을 피하려는 경향에 대한 경고로 보기도 한다. 그리스도인은 사회의 핍박이나 박해에 대해서 보복이나 미움의 방식이 아니라, 그리스도의 방식을 따라야 한다는 점이 강조된다.

이기까지 하다.[295] 이것은 여지없이 당시 기독교만의 특성이고, 그렇게 된 근거, 그렇게 된 이유는 예수 그리스도 자신 때문이다. 사회에서 단지 주인의 '재산' 으로 분류되었던 노예들에게, 그리고 유대 전통에서도 최소한의 인권만을 부여받았던 노예들에게, 그리스도로 인한 자유를 누리고 그리스도의 자취를 따라 만인을 위한 제사장의 길을 가도록 권면하는 일은 실로 젤롯당(Zealots)이 추구하던 반란의 길 그 이상의 혁명적인 발상이 아닐 수 없다.

(3) 노예들이 행하는 '은혜'(χάρις)의 사역

'제사장'이란 사람들을 긍휼과 속죄를 통해 하나님께로 인도하는 역할을 한다(2:9; 참고. 히 4:14-5:10; 8:1-9:28). 베드로는 '집안 경영 전통'을 나름대로 활용하면서, 독특하게 복음적이고 기독론적인 해석을 시도한다. 하늘에 오르신 유일한 대제사장이신 그리스도의 모범을 따라(3:18-22),[296] 세속 사회 속에서 그 제사장의 길을 가도록 부르심을 받는 첫 번째 부류는 집안 노예들이다. 구체적으로 그들이 어떻게 주인들을 대해야 그리스도의 길을 따르게 되는지 살펴보자.

먼저 18절에서 모든 일에 '두려움으로'(ἐν φόβῳ)라고 할 때, 누구를 두려워하라는 것인가? 주인들이 대상이라면 '존대함으로'라고 번역하는 것이 옳고, 하나님이 대상이라면 '두려움으로'가 나을 것이다.[297] 개역한글과 개역개정은 모두 '범사에 두려워함으로'라고 번역하면서도 그 대상이 '주인들'인 것으로 가정하는 듯하다. 하지만 인접 구절인 17절에서 이미 '두려워하라/경외하라'(φοβεῖσθε) 라는 단어는, '공경하라'(τιμᾶτε)는 권면의 대상인 황제의 경우와 의도적으로 구분되었음을 기억해야 한다. 또한 '두려움으로'라는 표현은, 하나님께 대하여는 긍정적으로 사용되었지만 3:6이나 14절의 경우처럼 사람들을 대상으로 쓰였을

---

295 Jobs, *1 Peter*, 187-188, 이를 'Christ dignifies the lowly'(2:21a)로 표현하기도 한다.
296 Achtemeier, *1 Peter*, 157, 물론 베드로전서에서 예수님이 대제사장이라는 개념은 충분히 드러나지 않았다. 교회 역시 그의 유일무이한 제사장직에 동참하는 것이 아니라, 그의 고난에 동참하는 것만을 말했을 뿐이라고 지적한다(2:21-25; 4:13). 필자의 의견에는, 당연히 그리스도의 제사장직의 대속적인 측면은 교회에 의해 반복될 수 없는 것이겠지만, 3:16-18, 그리고 18-22절 전체의 문맥은 제사장으로서 그리스도와 교회의 병행 관계를 구축하기에 충분한 근거를 제시한다.
297 Davids, *The First Epistle of Peter*, 106.

때는 부정적으로 사용되는 베드로의 용법도 중요하다.[298] 이는 문맥상으로도 드러나는데, 황제와 그 관리들에게 순복하는 이유가 '주를 위하여'(διὰ τὸν κύριον)라고 못 박은 점과(2:13) 또한 노예들이라도 이미 자유한 자들이며 하나님의 종 된 신분임이 선포된 것으로 보아(2:16), 두려움이나 경외의 대상으로 오직 하나님을 염두에 둔 것이 분명하다.

두 번째로, 19절과 20절에서 개역한글과 개역개정 모두 '아름다우나'로 번역한 χάρις의 의미이다. 통상은 '칭찬할만한'(commendable, NIV), 혹은 '호의를 살만한'(find favor, NASB)이나,[299] 그래서 '신용할만한'(credit)으로 번역된다.[300] 하지만 베드로전서에서 χάρις는 매우 자주 그리고 일관된 의미로 사용되고 있음에 주목해야 한다. 먼저 1:2에서부터 베드로는 삼위 하나님의 역사를 따라 택하심 받고 거룩하게 하심을 입은 수신자들에게 '은혜(χάρις)와 평강'을 기원하는 것으로 서신을 시작한다. 그들은 오래전 선지자들이 종말에 임할 '은혜에 관하여(περὶ τῆς χάριτος) 살피고 찾은 바로 그 구원을 입은 자들이다(1:10). 동시에 주께서 재림 때에 완성하실 구원도 그가 '가져오실 은혜'(τὴν φερομένην χάριν)로 표현되며(1:13), 그것은 남편이 아내와 함께 받을 '생명의 은혜'(χάριτος ζωῆς)로 표현되기도 한다(3:7).[301] 또한 이렇게 종말론적이고 구원론적 의미뿐 아니라, 하나님께서 교회를 세우시기 위하여 각자에게 주사 섬길 수 있게 하시는 은사(χάρισμα)도 '하나님의 은혜'(χάριτος θεοῦ)의 결과로 이해되고 있으며(4:10), 교회 안에서 젊은 자들이 교만한 마음을 버리고 스스로 하나님 앞에서 낮출 때에 하나님은 그들에게 '은혜를'(χάριν) 베푸신다(5:5).

이렇듯 베드로는 하나님께서 이미 베푸신 구원이나 그리스도의 재림 때에 완성하실 구원 그리고 그 도중에 교회를 세우시며 다스리실 때에 통치의 원리

---

[298] Feldmeier, *The First Letter of Peter*, 170; Achtemeier, *1 Peter*, 194-195; Dryden, *Theology and Ethics in 1 Peter*, 176.
[299] Ahctemeier, *1 Peter*, 196, 또한 NRSV, 여기서 χάρις는 통상적인 '은혜'의 의미가 아니라 '하나님을 기쁘시게 하는 무엇'(something pleasing to God) 정도의 뜻으로 본다.
[300] Elliott, *1 Peter*, 518, χάρις는 문맥 안에 병행적인 구조상, κλεός와 같은 의미로 본다.
[301] Richard, *Reading 1 Peter, Jude, and 2 Peter*, 137, '생명의 은혜'가 '유업'으로 표현된 것에 주목하여, 이를 '영적 구원' 혹은 '영적으로 살아남'과 연관시킨다(1:3; 4:6, 그리고 3:18). 그것은 그리스도께서 가져오실 '은혜'(1:3)와 같은 종말론적인 구원과 영광으로 본다.

까지도 일관되게 하나님의 '은혜'로 표현하는 것을 볼 수 있다. 그래서 5:10에서는 우리를 부르시고 잠깐 고난을 당한 교회를 친히 온전하게 하시며 굳게 하시며 강하게 하시며 터를 견고하게 하시는 하나님을 포괄적으로 '모든 은혜의 하나님'(θεὸς πάσης χάριτος)으로 표현하기까지 한다. 마지막으로 5:12에서 베드로는 믿지 않는 이방인들에게 둘러싸인 세속 한복판에서 그리스도의 본을 따라 (2:18-22), 불의한 고난까지 감수하며 가는 세상의 제사장 된 그 길에서 베푸시는 하나님의 모든 은혜가 바로 '하나님의 참된 은혜'(ἀληθῆ χάριν τοῦ θεοῦ)임을 증거한다.

이처럼 베드로전서에서 χάρις라는 용어는 포괄적으로, 과거의 구원과 미래의 구원의 완성, 그리고 그에 따른 현재의 모든 과정에 이르기까지 하나님께서 주권적으로 베푸시며, 특별히 세속 한복판에서 그리스도의 길을 따르는 자들에게 주어지는 은혜를 가리킨다. 그래서 2:19, 20에서 그리스도인 노예들이 완악하고 '까다로운'(σκολιός) 주인들에게 대하는 태도의 특징을 일관되게 χάρις라고 표현한 것은,[302] 그들이 구원받았고 또 장차 완성될 그 구원의 참된 표시이며, 주 앞에서 자신을 낮추며 세속에서 그리스도의 길을 따르고자 하는 자가 할 수 있는 가장 본질적이고 참된 증언으로 이해될 수 있다.[303] 그것은 단지 '아름다운' 행동이나 '추천할만한' 행동이라기보다 베드로가 서신서 내내 강조하는 '선을 행하되 고난을 당하기까지 하는' 그리스도의 길의 특징으로서의 '은혜'의 길이며,[304] 더 넓게는 세상 앞에서 '제사장 공동체'가 된 교회가 행하는 선한 행실

---

[302] Davids, *The First Epistle of Peter*, 106, 여기서 '까다로운'으로 번역된 말은 원래 'bent'라는 의미이고 영어로는 scoliosis라는 단어에 가깝다. 이는 질병의 이름인 'a curvature of the spine'에서처럼, 'perverse'라는 뜻에 가깝다.

[303] Watson & Callan, *First and Second Peter*, 68, 그리스도인 노예의 선한 태도에 대해 χάρις라는 표현을 쓴 것을 두고, 누가복음 6:32-34를 배경으로 떠올릴 수도 있다; 또한 Boring, *1 Peter*, 119-120, 누가복음 6:32를 언급하면서, 그리스도를 위한 고난을 하나님으로부터 오는 선물로 생각하는 바울의 전통과 맥을 같이한다고 본다(빌 1:29). 또한 베드로전서 5:12를 언급한다; 채영삼, "은혜가 만드는 교회: 눅 14:7-14 본문연구," 〈프로에클레시아〉 (2010): 69-100, 누가복음 6:32-34에서 예수님의 가르침, 특히 원수를 사랑하고, 악을 악으로 갚지 말라는 가르침, 그리고 이렇게 하는 것이 '은혜'(χάρις)라고 부르는 누가의 독특한 표현은 중요하다. 이것은 불의를 견디며 하나님의 은혜를 드러내는 것으로 베드로전서 2:18-20의 문맥과 유사하다.

[304] 마찬가지로 Donald P. Senior & Daniel J. Harrington, *1 Peter, Jude and 2 Peter* (Sacra pagina 15, Collegeville: Liturgical Press, 2003), 75; Leonhard Goppelt, *A Commentary on 1*

의 본질적인 특징이다.

(4) 19절의 '하나님을 생각함으로'(συνείδησιν θεοῦ)의 번역과 해석

베드로가 그리스도인 노예들에게 요구하는 행동들은 범상치 않다. 우선 단순히 해야 할 의무를 다하라는 정도의 주문이 아니다. '선하고 너그러운' 주인들에게는 잘 하고 '까다롭고 악한' 주인들에게는 정의를 호소하며 자신의 권리를 주장하라고 권면하지도 않는다. 절대적으로 불리한 약자의 위치에 놓인 노예들에게, 베드로는 마치 그리스도께서 의인이시지만 죄인들을 위해 고난을 당하신 것과 같은 '불의한 고난들'(unjust sufferings)도 견디는 길을 가라고 주문한다. 당시에 노예들이 주인이 섬기는 신들을 따라야 한다는 것은 기정사실이었다. 만일 그리스도인 노예들이 이를 거부한다면, 커다란 불이익과 위험에 봉착하게 되었을 것이다. 그러나 그럴 때에라도, 이미 '자유한 자'이며 동시에 '하나님의 노예'가 된 그들로서는, 악한 주인들에게 순복하도록 권면을 받는다. 그 이유와 근거는 무엇인가? 18절에 있는 대로 우선, '모든 두려움으로'이다. 그리고 19절에서 부연 설명하듯이, '하나님을 생각함으로'(개역한글/개역개정, συνείδησιν θεου) 그렇게 하여야 한다.

그렇다면 συνείδησιν θεου의 정확한 의미는 무엇인가? Boring은 특별히 '사람들의 견해나 판단에 따르는 것이 아니라'는 의미에서 "하나님의 판단을 의식함으로써"라고 본다.[305] 같은 맥락에서 Watson & Callen은 "하나님의 뜻과 목적을 마음에 새김으로써"로 이해하기도 하고,[306] Kelly는 더 구체적으로 믿음의 공동체에 국한해서 "그와 믿음의 형제들이 하나님의 거룩한 백성으로서 함께 공유하고 있는 하나님께 대한 지식"으로 정의한다.[307] 문맥상, συνείδησιν θεου를 이런 의미로 이해하는 것은 무리가 없을 듯하다. 하지만 συνείδησις는 통상 '양심'(良心)으로 번역되는데 '하나님과의 관계를 기초로 하여 도덕적 판단을 내

Peter (ed. Ferdinand Hahn, trans. John E. Alsup, Grand Rapids: Eerdmans, 1993), 199-201.
305 Boring, *1 Peter*, 119.
306 Watson & Callen, *First and Second Peter*, 68.
307 Kelly, *The Epistles of Peter and of Jude*, 116-117.

리는 기능', 혹은 단순히 일반적으로 '도덕적 판단을 가능하게 하는 마음의 기능' 정도로 번역할 수 있다.[308] 그렇다면 베드로전서 2:19의 경우는, 이렇게 '양심'이라는 의미로 사용되는 신약의 다른 경우들(행 3:1; 24:16, 25)이나 베드로전서 3:16, 21의 경우와는 다른 용법으로 쓰인 것으로 볼 수 있다.[309]

여기서 베드로전서 3:16, 21의 경우가 세상 사람들의 도덕적 판단 기능을 지칭할 수 있는 '양심'이라는 의미로 쓰였다는 사실은, 지금 2:19에서 그리스도인 노예들이 악한 주인에 대하여 가져야 할 마음의 태도와 전혀 상관없는 표현일까? 그것은 단지 '하나님을 의식'하는 것 외에, 통상 '양심'이라고 할 때 믿는 사람들이 세상 사람들과 함께 나눌 수 있는 소통의 방식과는 전혀 상관없는 표현일까? 동일한 συνείδησις라는 표현이 베드로전서의 다른 곳들에서 보여 주듯이 (3:16, 21), 세 본문에서 어쩌면 하나의 공통된 의미의 역할이 있을 수도 있다. 특히 그리스도인들이 그들에게 적대적인 불신자들을 대함에 있어서 '양심'에 호소하는 방식 자체가 상당한 의미가 있을 수 있기 때문이다. 하지만 베드로가 강조하는 '선한 행실' 혹은 '선한 양심'과 관련된 이런 측면은 3:16, 21에서 더욱 자세하게 살펴보기로 하자.

3.5 그리스도의 길(2:21-25)

그리스도의 본(本, ὑπογραμμός, 21절)에 관련된 본문들 즉, 2:21-35, 3:18, 그리고 4:1은 종종 베드로전서를 이해하는 데 결정적인 본문들로 여겨진다.[310] 베드로전서 전체의 구조 분석에 근거해서 2:21-25의 본문이 서신서의 가장 중앙 부분에 위치해 있다는 주장도 있다. Campbell은 베드로전서 전체를 수사학적으로 분석한 내용을 검토하면서 베드로전서의 구조는 '선언'과 '권면'의 교차가 반복되는 구조인데, 가장 중심에 놓여 있는 문단은 2:21-25이며 그 핵심은

---

308 Richard, *Reading 1 Peter, Jude, and 2 Peter*, 118(참고. BDAG 786.1); Skaggs, *Pentecostal Commentary*, 41.

309 Davids, *The First Epistle of Peter*, 107.

310 Dryden, *Theology and Ethics in 1 Peter*, 174; Elliott, *A Home for the Homeless*, 206-297.

23절이라고 본다.[311] 또한 H. J. B. Combrink는 21-25절이 세 번이나 인칭대명사인 ὅς로 연결되어 오직 그리스도의 고난을 집중적으로 확대 묘사한 본문으로 '극도로 중요'하다는 점을 강조한다.[312]

이런 사실은 베드로가 2:21-25에서 이사야 53장을 사용하는 특징들로도 잘 드러난다. 바울의 경우, 그리스도를 본받으라는 표현은 자주 하지만(살전 1:6; 2:14; 빌 3:17; 고전 4:16; 11:1), 21절에서처럼 역사적 예수의 자취를 '따르라'(ἐπακολουθήσητε)는 식의 표현은 하지 않는다.[313] 그리스도께서 남기신 '본'(本)이라 할 때 ὑπογραμμός는 베드로의 독특한 표현으로, 교통표지판처럼 그저 단순히 방향을 가리키는 정도가 아니라, 어린아이가 글을 배울 때 한 획 한 획을 따라 쓰는 패턴 즉 교본을 뜻한다.[314] 그렇다면 세상 속 이방인들에게 둘러싸여 흩어져 있는 교회가 따라야 할 그리스도가 남긴 발자취의 내용은 무엇인가? 베드로는 이사야 53장을 사용하면서 몇 가지 중요한 특징을 보여 준다.[315] 이사야 53:3-12는 크게 세 부분으로 나누어지는데, 첫째 문단은 53:3-6으로, '고난의 종'이 당하는 고난의 실제 이유 즉 '일어난 일의 내막 곧 실상'을 묘사한다. 그 다음 7-10절은 그 '고난의 종'이 어떻게 불의하고 억울한 상황을 견디어 냈는지를 묘사하고, 11-12절은 그 결과로 '고난의 종'의 운명과 최종적인 결론을 요

---

311 Campbell, *Honor, Shame, and the Rhetoric of 1 Peter*, 18; 또한 Green, *1 Peter*, 72, 2:21-25는 '그리스도의 본'을 제시하는 중심 본문으로서, 앞선 2:13-17의 '모든 사람들을 위한 권면'과 2:18-20의 '종들을 위한 권면' 그리고 뒤이어 따라오는, 3:1-7, '아내들을 위한 권면'(그리고 남편들)과 3:8-12, '모든 사람들을 위한 권면'의 수미상응적(chiastic) 구조의 중심부에 해당한다.
312 H. J. B. Combrink, "The Structure of 1 Peter", *Neotestamentica* 9 (1975): 40; Elliott, *1 Peter*, 528, 특히 21절은 그리스도의 고난, 특별히 무고한 고난을 따름이라는 주제로서, 후대에 상당한 영향을 끼쳤다. Thomas a' Kempis의 『그리스도를 본받아』(*Imitation of Christ*)나 Charles Monroe Sheldon의 『그의 발자취를 따라』(*In His Steps*, 1896, rep. 1967); 또한 20세기에 이러한 전통을 잇는 Dietrich Bonhoeffer는 하나님께 순종함으로써 옳은 일을 하다가 당하는 무고한 고난을 강조하였다.
313 Elliott, *1 Peter*, 527.
314 Schrenk, *TDNT I*, 772-773; M. Hengel, *The Charismatic Leader and His Followers* (New York: Crossroad, 1981), 72, "예수를 따른다는 것은, 우선적으로 아무런 조건 없이 그분의 운명을 함께 나누는 것이다. 그것은 그분을 따르다가 어떤 박탈이나 고난을 만날 경우에도 멈추지 않는 그 길을 가는 것이다. 이것은 따르는 자가 그의 운명과 미래를 온전히 그분의 손에 맡길 때에만 가능하다."
315 Davids, *The First Epistle of Peter*, 110, 베드로의 이사야 53:9 인용은 LXX에서 '무법'(ἀνομία)을 '죄'(ἁμαρτία)로 바꾼 것 외에는 대체로 일치한다.

약한다. 한편 베드로는 이사야 53장을 사용하면서, 그리스도의 '대속적인 죽음'을 그리스도의 '의로운 고난'과 그것의 모범된 성격에 초점을 맞추어 재해석한다. 베드로전서 2:21부터 25절의 내용을 요약하면, 21절과 25절이 그리스도를 '따름'이라는 주제로 서로 같고, 22-23절은 하나님께 심판을 '맡기심'을 강조하며, 24절은 그래서 불의한 자를 의롭게 '살리심'이 서로 어울려 또 다른 한 단락을 이룬다. 이를 간략히 요약하면 다음과 같다:

A '따름' / 21절 우리를 위해 고난당하신 그리스도를 따라오게 하심
　　B '맡기심'/ 22-23절 심판을 맡기시고, 악한 자를 참으사 고난당하심
　　B' '살리심'/ 24절 불의한 자가 의를 얻고 살도록 고난당하심
A' '따름' / 25절 목자와 감독 되신 그리스도에게 다시 돌아오게 하심

먼저 21절(A)과 25절(A´)은 명확하게, 그리스도의 고난을 우리가 따라야 할 모범으로 제시하고자 하는 의도가 충분히 드러난다. 먼저 21절(A)에서 이사야 53장의 그리스도께서 '죽음에 넘겨지사'(παρεδόθη εἰς θάνατον, 12절, LXX)라는 대속적 죽음에 관한 전형적인 문구를 그리스도께서 '고난을 받으사'(ἔπαθεν)라는 표현으로 요약한다. 물론 이사야 53장은 그리스도의 고난에 대해 말한다. 하지만 이사야의 본문은 여호와의 종이 받는 고난에 대하여 그 백성이 철저히 '오해하는 측면'을 부각시키면서, 우리 편의 오해에도 불구하고 죽으신 것은 결국 '우리를 위한 희생 제물'이었다는 뜻밖의 '대속'(代贖)의 역설적인 사실에 초점을 둔다. 반면에 히브리서 9:28과도 비교하면(사 53:12) 베드로가 이사야 53장을 사용하는 강조점은, 예수께서 우리의 죄를 위하여 자신을 내주신 바 되었다는 '대속'의 사실을 포함하지만 그 중심적 강조점은 그가 우리의 죄 때문에 십자가에 달려 '육체로 고난받으셨다'는 사실에 놓여 있다.[316]

그리고 의로우신 그리스도의 불의한 자들을 위한 '선교적 고난'은, 25절(A´)에서 보여 주는 바대로, 그에게 돌아와 그를 목자와 감독으로 받은 자들이 이

---

316 Elliott, *1 Peter*, 527-528.

제 따라가야 할 필연적인 길이 되는 것이다. 이처럼, 이사야의 강조점은 하나님께서 양 무리의 죄악을 그 목자에게 담당시키셨다는 데에 놓여 있지만(참고. 슥 13:7; 마 26:31), 베드로전서의 경우는 다르다. 양 무리가 돌봄을 받고 또한 반드시 그 인도함을 따라야 하는 그들의 감독(ἐπίσκοπος)이요 목자(ποιμήν)에게 '돌아왔다'는 사실,[317] 그래서 반드시 그를 따라가야만 한다는 사실에 방점이 찍히는 것이다.

더욱 흥미로운 것은, 23절(B)에서 베드로는 불의한 자들을 위하여 적극적으로 고난을 받은 자의 입장에 선 그리스도께서 '공의로 판결하시는 자에게 [심판을] 넘기셨다'(παρεδίδου δὲ τῷ κρίνοντι δικαίως)는 표현을 사용한다는 점이다. 이는 의로운 고난을 당하는 자의 입장에서는 반드시 필요한 태도이다. 그렇지 않으면 불의한 대접을 견딜 수 없기 때문이다. 하지만 이사야 53장에는 이러한 표현이 나오지 않는다. 가장 근사한 표현은 53:6에서 '주께서 우리[양들]의 죄악을 그[목자]에게 담당시키셨다'는 것인데, 여기서 주어는 그리스도를 고난 가운데로 몰아가신 하나님 자신이시며 '담당시키셨다'는 표현은 흥미롭게도 '넘기셨다'(παρέδωκεν)로서,[318] 베드로전서 2:23에서 그리스도께서 심판을 하나님께 '넘기셨다'(παρεδίδου)는 것과 같은 동사이다. 또한 '목자'의 이미지도 이사야에서는 양들의 죄악을 대신 담당하는 희생적인 모습인 반면, 베드로전서 2:25(A´)에서는 양들이 따라오도록 '의로운 고난'의 모범을 보이는 자로 제시되는 점도 다시 한 번 주목할 필요가 있다.

이렇듯 23절(B)에서는, 이사야 53장의 경우처럼 '주 하나님'께서 그리스도에게 고난을 담당하도록 뜻하시는 것이 아니라, 그리스도 자신이 적극적으로 의로운 고난을 택하며 최종적인 공의로운 심판을 하나님께 맡기신다. 그래서 이사야 53장의 경우처럼 베드로도 복음서가 묘사하는 대로, 그리스도는 스스로를 변호해야 할 때에도 침묵하셨음을 기록하지만(22-23a절; 사 53:7-9; 참고. 막 14:61; 15:5; 눅 23:9), 여전히 그가 자신의 고난에 대해서 '어떻게 응답하셨는가'

---

317 Chae, *Jesus as the Eschatological Davidic Shepherd*, 173-246; Zimmerli, *Ezekiel 2*, 215-216.
318 이사야 53:10(LXX)에서, 주께서 그의 종 메시아에게 그의 양 무리의 죄악을 '떠넘기신다'는 사실은, 보다 적극적으로 두 번이나 '주께서 뜻하신'(κύριος καθαρίσαι)것으로 묘사된다.

에 초점을 맞춘다. 이는 24절(B′)에서 의로우신 그리스도께서 불의한 자들을 위한 고난을 '친히 그의 몸으로 담당하셨다'(αὐτὸς ἀνήνεγκεν ἐν τῷ σώματι αὐτοῦ)는 표현에도 드러나며,[319] 죽음의 고통을 극대화하는 형틀인 '나무'(ξύλον, 십자가)를 강조하는 것에도 현격히 드러난다.[320] 또한 더 중요하게도, 베드로는 그가 고난당하심의 목적 혹은 결과를 '우리가 의를 위해 살도록 하신'(τῇ δικαιοσύνῃ ζήσωμεν) 것이라고 표현하는데,[321] 이는 단지 치유나 회복만을 기록한 이사야 53장에서는 찾을 수 없는 표현이다.

베드로가 이사야 53장을 사용하면서 이런 차이를 내는 것은, 그리스도의 의로운 고난을 우리가 따라가야 할 '교본'(21절)으로 제시하기 때문이다. 이는 '따름'을 강조하는 21절(A)과, 양들이 인도를 받으며 따라가야 하는 그리스도를 목자요 감독으로 묘사하는 25절(A′)에서도 확인된다. 결론적으로, 베드로전서 2:21-25에서 이사야 53장을 사용하는 의도는, 그리스도의 죽으심이 갖는 '대속적인' 의미보다는, 그것을 바탕으로 그가 육체로 고난을 당하신 그 발자취, 곧

---

[319] 24절에서 '나무' 모티브와 함께 '그의 몸으로'(ἐν τῷ σώματι αὐτοῦ)라는 표현은 신명기 21:23에 나온다: Elliott, *1 Peter*, 534. 그리스도의 고난에 관련하여 그의 '몸'을 강조하는 것은 또한 전통적이다(골 1:22; 히 2:14; 10:10). 이런 표현은 그가 흘리신 피에 관한 이전의 언급들을 생각나게 한다(1:2, 10).

[320] Elliott, *1 Peter*, 534. '나무 위에'(ἐπὶ τὸ ξύλον)라는 표현은 신명기의 표현대로, '하나님의 저주'를 뜻한다. 당시 로마 정부는, 특히 주둔 군대는 저항 세력이나 혁명적인 활동을 좌절시키기 위해 십자가 처형 방식을 채택했다. 이는 주로 폭력을 사용하는 혁명 세력이나 저항하는 노예들을 처치하기 위한 징벌 방식이었다(M. Hengel). 유대에서는, 로마의 '평화 정책'(pacification program)의 일환으로 수천 명의 유대인들을 십자가에 처형했다(Josephus, *J.W.* 2.75, 241, 253, 306-8; 5.449-51). 채찍질과 고문에 이어, 십자가에 매다는 이 방식은, 그 육체적 고통을 극대치로 가중시킬 뿐 아니라, 공개적으로 그 사람의 존엄성을 완전히 짓밟고 모욕하는 방식이었다. 특별히 Cicero는 십자가 처형을 '수치의 나무'(a tree of shame; *arbor infelix*)라고 불렀다(*Rab.* 4).

[321] 24절의 '의에 대하여 살게 하려 하심'이라는 표현에서, '의에 대하여'는 2:19, 23, 그리고 3:12, 18과 4:18에서 쓰이는 용례들의 문맥에서 이해되어야 한다. 즉 '부당하게' 혹은 '정당하게' 등등의 의미다; Elliott, *1 Peter*, 534. 단순히 'for doing what is right'으로 옮긴다. 하지만 여기서 말하는 '의'란 매우 포괄적인 개념이다. 하나님께서 그리스도의 대속 사건을 통해서까지 이루고 싶어 하시는 '의로운 관계'에 관한 모든 것이다. 단순히 옳은 것만을 하는 것이 아니라, 그리스도의 대속 사건을 통해 나타내 보이신 하나님의 의로우심을 드러내는 행동인 것이다. 그것은 '은혜로운 행동'이기도 하다. 그것이 하나님 보시기에 가장 '옳기' 때문이다; 한편 Seland, *Strangers in the Light*, 175. 믿지 않는 이웃들에게도 '악을 악으로 갚아서는 안 된다'(3:9)는 내용까지 포함한다. 명예와 수치가 상당히 결정적인 행동 규범과 가치로 결정되어 있던 그레코로만 사회에서 이런 태도는 특히 반문화적(count-cultural)이었다는 것을 기억해야 한다. 악을 당하고도 그렇게 약해 보이고 또 마치 정면대결을 회피하는 태도는 수치스러운 것으로 간주되었을 것이기 때문이다.

우리가 반드시 뒤따라가야 하는 패턴으로서 '선교적 고난'의 의미를 부각시키는 데 있다고 할 수 있다.

3.6 가정에서 – '그리스도의 길을 따르는 아내'(3:1-7)

베드로가 제시하는 세상 속의 교회의 전략은, 믿지 않는 남편을 둔 그리스도인 아내에게 주는 권면에서도 선명하게 드러난다. 집안 경영 전통에 근거해서, 통상은 '남편과 아내' 양쪽 모두에게 주어지는 이 권면은 신약의 다른 곳들에서도 찾아볼 수 있다(골 3:19-20; 엡 5:21-33; 딤전 2:8-15; 5:1-2; 딛 2:1-8). 베드로전서 3:1-7의 권면은 이러한 신약의 본문들과 유사하면서도 다르다. 그 차이점은 크게 보아서 첫째, 아내와 남편에게 주어지는 권면의 '양 혹은 무게'에 관한 것이고, 둘째는 이런 권면을 주는 문맥 혹은 의도이다. 이 두 가지를 밝혀낸다면, 베드로가 아내와 남편에게 주는 권면의 핵심 의도를 파악할 수 있을 것이다.

먼저 골로새서 3장의 경우, 아내에게는 '복종하라'는 권면이 한 절(골 3:18), 남편에게는 '사랑하라'는 권면이 한 절(골 3:19), 이렇게 균형 있게 기록되었다. 하지만 베드로전서 3장의 경우는, 아내에게 주는 권면이 1-6절까지인 데 반해, 남편에게 주는 권면은 7절 한 절에 불과하다. 이런 사실은 에베소서 5장의 경우를 비교해도 두드러진다. 여기서는 대체로 아내와 남편 모두에게 주는 권면의 양이 각각 6절씩(5:22-27, 28-33) 고르게 나뉘어 있다. 무엇보다, 신랑 되신 그리스도와 신부 된 교회라는 교회론의 문맥 안에서 주어진 권면들이라는 점이 특색이다.

디모데전서의 경우는 더 흥미롭다. 이번에는 남편에게 먼저 단 한 절의 권면이 주어지고(딤전 2:8), 아내에게 나중에 주어지는 권면들이 훨씬 길다(딤전 2:9-15). 아내에게 더 긴 권면이 주어지는 이유가 교회의 어지러워진 질서를 바로 세우는 목적이라는 점이 특이하다. 디도서 2장의 경우는, 늙은 남자(딛 2:2)와 늙은 여자(딛 2:3), 그리고 아내들 곧 '젊은 여자들'에 대한 권면(딛 2:4-5)과 '젊은 남자들'에 대한 권면(딛 2:6-8)이 골고루 분배되어 있다. 흥미로운 점은, 이 권면의 의도가 주변 세속 사회로부터 '하나님의 말씀이 훼방을 받지 않게 되는 일'(딛 2:5) 또는 '대적하는 자로 하여금 부끄럽게 하여 우리를 악하다 할 것이 없게 하려'(딛 2:8) 함으로써, 세상 속에 거하는 교회가 자신을 변호하는 태도를 보여 준다.

(1) '이와 같이'(ὁμοίως, 1절)의 중요성

디도서의 이런 문맥은 흥미롭게도 베드로전서의 경우와 닮아 있는데, 베드로전서 3장의 경우가 그 표현이나 전략에 있어서 훨씬 적극적이다. 그 특징들을 살펴보자. 우선 1절의 첫 단어는 지금 아내에게 주는 권면이 전체 문맥에서 중요한 위치를 차지하고 있음을 보여 준다. 즉 ὁμοίως로 이어지는 이 문단 앞에 2:21-25에서 베드로전서 전체의 중심에 놓였다고도 할 수 있는 '그리스도의 십자가의 길, 혹은 그의 선한 양심의 길의 본'(本)에 관한 대헌장이 기록되어 있는 것이다.[322] 그런데 이 '마그나 카르타'(Magna Carta)가 제시하는 대로 이 선한 양심의 길을 앞서가신 그리스도를 따르는 가장 먼저 오는 예로서 믿지 않는 가정 한복판에 던져진 '그리스도인 아내'가 나온다는 사실은 문맥상, 이 믿는 아내의 위치가 베드로가 전개하는 '세상 속의 제사장으로서의 교회'(2:9)가 어떤 것이며 어떤 의미를 갖는지를 웅변하는 셈이다. 말하자면, 베드로는 '그리스도의 본'을 좇아 세상 한복판에서 제사장 교회의 역할을 하는 참된 교회의 대변자로, 목사나 교사 혹은 사회 속에서 고지(高地)를 점령한 그리스도인 부자들이나 혹은 남편을 택하지 않았다. 만일 3:1이라는 위치가 문맥 안에서 갖는 의미를 무시할 수 없다면, 베드로가 생각하는 세상 속의 제사장 역할은 오히려 '약자의 위치'에 있는 그리스도인들이 감당할 수 있는 종류의 것이라는 주장이 함축되어 있다고 할 수 있다.

그것은 당시 한 가정의 아내가 갖는 사회적 위치를 고려해 볼 때 선명하게 드러난다. 당시 Aristotle는 "남성과 여성의 관계에 있어서 남성이 본성적으로 우월하고 여성이 열등하다. 그래서 남성이 지배하는 자이고, 여성은 지배받는

---

322 Jobes, *1 Peter*, 207, 3:1의 '이와 같이'는 3:7의 경우와 함께, 결국 2:17의 대명령에 종속되는 표시라고 본다; 마찬가지로 Achtemeier, *1 Peter*, 217.

자가 된다"(*Pol.* 1.2.12; 125b)고 말했고, Aristotle 이후, 그의 이런 관점은 그레코 로만 세계의 '집안 규율'(household codes)을 다루는 데 있어 일반적인 정설로 여겨졌다. 유대 전통에서도, 아내가 남편에게 순복해야 하는 이유가, 여성의 부차적이고 종속적인 지위 때문이라고 생각하는 경향이 있었다. Philo는 뱀이 남자가 아니라 여자에게 접근한 이유는 "여자가 남자보다 더 속아 넘어가기 쉽게 되어 있기 때문이다 … 왜냐하면 여자는 그 부드러움 때문에 진리를 닮은 그럴 듯한 거짓에 쉽게 속아 넘어가기 때문이다"라고 말했다(QG 1.27).[323]

이처럼, 여성이 생래적으로 열등하기 때문에 남편에게 순복해야 한다는 논조가 강한 문화적 배경에서, 베드로전서의 본문은 참으로 색다르다. 물론 신약 전반에 걸쳐, 아내가 남편에게 순복하라는 요청은 다르지 않다(골 3:1; 엡 5:22-23; 딛 2:5). 하지만 그 이유가 여성이 남성보다 '열등하기 때문'이라는 논조는 전혀 발견되지 않는다. 그것이 질서이고 역할일 뿐이다. 아내와 남편 모두가 그 질서를 세우신 하나님을 경외함으로, 그리스도께 순종함으로, 자신에게 주어진 역할을 통해, 피차 복종하는 관계이다(엡 5:21, 25-29). 하지만 지금 베드로는 여기서도 한 걸음 더 나아간다.[324] 남편과 아내를 동등하게 대하는 것이 아니라, 오히려 약한 아내 쪽에 더 많은 권면을 주며, 아내에게 영적, 도덕적 변화를 가져올 수 있는 주체적 역할을 맡기고 있다. 이는 당대의 아내와 남편에게 주는 권면의 형식과 내용을 비교해 볼 때, 있을 수 없을 만큼 색다른 특징이다.[325] 애초에 여성이 어떤 중대한 사회적 변화를 가져올 수 있는 도덕적 주체가 될 수 있다는 발상 자체가 당대의 문화적 배경을 고려하면 있을 수 없는 놀라운 부분이라는 것이다. 그래서 지금 베드로가 그리스도인 아내에게 영적, 관계적 '주도권'을 부여하는 것은, 단지 아내라는 위치에 처해 있는 여성의 인권을 존중하는 것 그 이상의 권한을 부여하는 것이 된다. 이는 주인에게는 전혀 권면도 주어지지 않는 문맥에서(2:18-20), 그리스도인 노예들에게 '하나님의 종'으로서 그들의 까다로운 주인들 앞에서 하나님의 은혜를 증거하도록 권면하는 '세상 속의 제

---

323 Elliott, *1 Peter*, 555.
324 채영삼, 『십자가와 선한 양심』, 243-247.
325 Davids, *The First Epistle of Peter*, 116.

사장'(2:9)이라는 주제의 연속이라 할 수 있는 것이다.

(2) 말씀으로 인도하는 '말 없는'(ἄνευ λόγου) 행실

말씀에로 인도하는 '말 없는 행실'이라는 적극적인 표현과 전략은, 앞서 '집안 경영 규율들'을 언급한 신약의 유사 구절에서도 쉽게 찾아볼 수 없다. 베드로전서의 경우는 매우 구체적인 상황을 염두에 둔 듯도 하다. 아내가 예수 그리스도를 믿고 그를 아니, 그만을 예배하려 든다면 그런 상황이 보통의 그레코로만 가정에서 그것도 남편이 다른 신들을 섬기는 가정에서 얼마나 큰 일이며, 심각한 갈등과 부조화 심지어는 핍박을 불러올 수 있는 일인지 가늠해 볼 수 있다. 그것은 로마의 역사가 플루다르크(Plutarch)가 알려 주는 것처럼, 당시 아내가 남편의 신들뿐 아니라 다른 사회적 관계에서까지 모두 종속되었던 문화의 일부로 취급되었기 때문이다: "아내는 자기 자신만의 친구들을 만들어서는 안 된다. 남편의 친구들이 곧 자신의 친구들이다. 그리고 그 친구들 중 최우선은 남편이 모시는 신들이어야 한다. 이런 이유로 해서, 아내는 남편이 모시는 신들만을 섬겨야 하며, 다른 미신적 종교들이나 이상한 신앙들에 대해서는 단절해야 한다. 여자가 비밀리에 다른 종교적 의식들을 행하면 그것은 그 어떤 신도 기쁘게 할 수 없다"(Conj. praec. 19, Mor. 140D).[326]

이런 상황에서, 교회는 믿는 그리스도인 아내가 과연 어떻게 행동해야 하는지를 권면하지 않을 수 없었을 것이다. 베드로가 제시한 해법이 특이한 점은, 아내의 덕스러운 행동들을 '말 없는'(ἄνευ λόγου, 말로 말미암지 않고, 개역한글/개역개정)이라는 표현으로 수식한다는 점이다. 이 표현은 언어유희(word-play)에 해당하는데 바로 그 앞에서 남편을 묘사할 때 '말씀을 믿지 않는'(ἀπειθοῦσιν τῷ λόγῳ) 것으로 묘사한 것과 짝을 이루기 때문이다. 그렇다면 여기서, 아내가 '말 없이'라 할 때, 그 λόγος는 '복음을 전파한다' 할 때 그 '복음'인가 아니면 통상 아내가 남편을 '가르치려 한다' 할 때 그런 '말들'을 하지 않는 것, 곧 남편 앞에서 주로 침묵을 통해서 덕스럽게 행동하라는 의미인가? Achtemeier에 의하면,

---

326 Elliott, *1 Peter*, 556.

어떤 학자들은 여기서 λόγος가 이중적으로 쓰였다고 보았는데 그런 것 같지는 않으며, 아내의 행동을 묘사하는 ἄνευ λόγου는 주로 복음을 말로 전하지 않는 데에 강조점이 있다고 본다.[327] 반면에 Balch는 Aristotle가 "침묵은 여성에게 우아함을 선사한다"(*Pol.* I. 1260a 31)고 가르쳐온 대로 아내가 입을 다묾으로써 남편 앞에서 덕스럽게 비칠 수 있다는 그리스-문화 전통을 따른 아내의 이러한 침묵이 당시 사회에서 매우 덕스럽게 인정되었다는 사실을 강조한다. 마치, 황제가 보낸 관리들이 잘한 일을 칭찬하듯이 그렇게 덕스러운 행동에 속했다는 것이다(2:14).[328] 하지만 '말로써가 아니라'(ἄνευ λόγου)는 표현 자체가 복음을 단지 말로 전하기만 하고 행동으로는 덕스럽지 않게 처신하는 것을 경계하는 의미라면, 여기서 λόγος는 복음까지를 포함한다고 볼 수 있다. 그러나 실제 상황에 적용할 때, 굳이 말로 복음을 전하는 가능성까지 원천적으로 막을 필요는 없을 것이다.[329]

중요한 것은, 베드로가 λόγος라는 단어로 서로 대조시키고 싶어 하는 선교의 전략이다. 베드로는 분명히 믿는 아내의 '말 없는' 덕스러운 행동으로 그 믿지 않는 남편은 구원을 '얻는다'(κερδηθήσονται)고 말하고 있기 때문이다. 즉 복음을 듣고 믿게 하는데, 그 복음을 말로 전하지 않고, 그 상대방이 알아들을 수 있는 방식으로, 행동으로 곧 삶으로 전한다는 것이다. 즉 믿지 않는 남편들이 알아들을 수 있는 것은, 아내들이 자신들에게 순복하는 그 현상뿐이다. 그들은 종교적인 용어들로 표현되는 복음을 잘 알아듣지 못한다. 소위 '어리석은 사람들의 무지함'인 것이다(2:15, τὴν τῶν ἀφρόνων ἀνθρώπων ἀγνωσίαν). 하지만 그들이 비록 복음의 말씀을 귀로 듣고 깨닫지는 못하나, 믿는 아내의 행동은 주목하여 눈으로 본다(ἐποπτεύσαντες, 3:2). 즉 귀로 듣는 복음이 아니라 눈으로 보는 복음인 것이다.

---

327 Achtemeier, *1 Peter*, 210, 그런 학자들로는 Hart, Bengel을 언급한다(각주 62).
328 Balch, *Let Wives Be Submissive*, 100.
329 Feldmeier, *The First Letter of Peter*, 178, '말없이'라는 표현을 근거로, 여성이 아예 설교하지 말아야 하는지(딤전 2:11 이하; 고전 14:33b-36)는 문제가 될 수 있다. 하지만 논지는, 사회적으로 열등한 위치에 있는 자가 말로 하지 않고 상대방을 얻는 방식에 있다.

여기에는 매우 중대한 원리가 숨어 있다.[330] 복음은 특별 계시이다. 이를테면 종교적 표현으로 나타나는 구원의 말씀이다. 믿지 않는 남편의 경우는 이미 이러한 종교적 표현으로 나타나는 복음을 거절한 것이다. 그럴 때는 어떻게 복음을 전하는가. 베드로는 하나님께서 세상에 주신 창조 질서에 이렇게 순복함으로써, 그 창조 질서 안에 있는 믿지 않는 사람들을 하나님께로 인도할 수 있다고 제시한다. '말이 없는 행동'이 믿지 않는 사람을 복음의 '말씀'에 순종하도록 인도한다는 것은 역설이 아닐 수 없다. 중요한 것은, 이런 역설이 성공할 수 있는 전제 곧 창조 세계의 질서가 세상 속의 교회가 자신을 둘러싼 세상과 소통할 수 있는 중대한 근거가 된다는 사실이다. 세상 사람들 역시 하나님의 통치 질서 아래에 속해 있으며, 그 질서는 창조 세계 속에 이미 작동하고 있으므로, 교회가 세상 사람들을 상대할 때 반드시 염두에 두어야 하는 원리가 되는 것이다. 베드로는 바로 이런 점에서 세상 속의 교회에게 주는 그의 권면들에서 탁월한 점을 보여 준다 하겠다.

(3) 아내의 ἀναστροφή의 특징과 선교적 전략

문맥으로 볼 때, 믿는 아내가 믿지 않는 남편을 대하는 태도의 원리는 베드로가 '공경'(τιμή, 2:17)이라는 덕목을 들어 세상 사람들이나 위임된 권력을 대하는 교회의 태도를 권면한 것과 일맥상통한다(2:11-17). 베드로는 이미 세상 속의 교회가 진정으로 두려워해야 하는 대상은 오직 하나님 한 분뿐임을 천명했다(2:18). 그러므로 아내의 경우에도 '두려움으로'(ἐν φόβῳ)라는 표현은 남편을 향한 것이 아니라 하나님을 향한 두려움이 거의 분명하다.[331] 왕의 경우에도, 주인의 경우에도, 남편의 경우에도, 성도가 마땅히 두려워하며 순복해야 할 분은 하나님 한 분뿐이시다(1:17; 2:18). 하나님을 경외함이 구체적 인간관계에서 마땅한 질서에 대한 순복함으로 표현되는 것이다. 하나님보다 남편을 두려워해야

330　채영삼, 『십자가와 선한 양심』, 249.
331　Kelly, *The Epistles of Peter and of Jude*, 127-128; Michaels, *1 Peter*, 158; 한편 Dennis Slyva, "Translating and Interpreting 1 Peter 3:2", *BT* 34 (1983): 147, 2:18을 포함해서 여기서도(3:2) 하나님께 대한 두려움이 아니라, 사람들에 대한 두려움으로 해석한다.

한다면, 처음부터 기독교 신앙을 가질 수 없었을 것이기 때문이기도 하다. 그렇다면 믿지 않는 남편을 '말씀'을 순종하는 자리로 인도할만한 아내의 '말 없는' 행실은 어떤 것들인가? 그것은 특별히 하나님을 '두려워함'으로 생기는 정결함(ἁγνός), 단아함이다(2절). 그리고 그 정결함의 핵심은 하나님을 경외함으로써 남편에게 순복하는 태도 자체이다.[332] 거꾸로 생각하면, 창조 질서 안에 있어서 아내가 남편에게 마땅히 취해야 하는 태도인데,[333] 이것이 타락한 세상 한복판에서 살아가는 아내에게는 더 이상 자연스러운 자세가 아닐 수 있다는 사실을 전제한다.

그래서 4절은, 아내가 남편을 순복하는 '마땅한' 질서도 '마음에 숨은 사람'을 단장하는 일에 집중하지 않으면 결코 쉽게 이루어지지 않을 일임을 암시한다. 여기서 '마음에 숨은 사람'은 '겉사람은 낡아지나 우리의 속사람은 날로 새로워지도다'라고 할 때, 성령님의 다루심에 영향을 받고 변화해가는 거듭난 심령의 숨겨진 인격, 성품이다(고후 4:16; 롬 7:20-22). 그래서 4절의 '성령의 온유함과 화평함의'(온유하고 안정한 심령의, 개역한글/개역개정)에서 '영'(靈, πνεύματος)의 의미는, '성령'이 아니라 사람의 영을 가리킬 수 있다.[334] 문맥상, 하나님의 은혜에 감화를 받아 온유하고 화평한 특징을 갖게 된 '사람의 영'으로 보는 데에도 무리가 없다고 볼 수도 있다.[335] 사실 4절에 이미 '숨은 사람'이 나오는데 굳이 중복해서 '심령'으로 받을 이유가 적다. 또한 성령과 썩지 않음은 이미 1:3-4에

---

332 그러므로 베드로가 그리스도인 아내들에게 요구하는 차별성은 단지 단장에 있어서 세상의 유행에 따르지 말라는 것 정도가 아니다; 반면에 Seland, *Strangers in the Light*, 174-175, 문화적응(acculturation)의 측면에 있어서 베드로전서의 수신자들은 당시 문화에 낯선 자들이 아니었기 때문에, 진정으로 수신자들에게 바꾸라고 말하는 본문이 있다면 2:11-3:17인데, 그중에서도 3:3에서는 아내들이 치장하는 것에 대해 주변 사회의 유행과는 달라야 한다고 권면하는 부분을 강조한다.

333 Jobes, *1 Peter*, 204, 당시 문화에서는 아내가 남편을 가르치려 드는 것 자체가 마땅치 않고 수치스러운 일로 여겨졌다(참고. 딤전 2:11-12).

334 Daniel C. Arichea & Eugene A. Nida, *A Handbook on 'The First Letter from Peter'* (The United Bible Society, 1980), 9, 번역상 '사람의 영'으로 본다; 또한 Elliott, *1 Peter*, 566, 여기서 '영은 성령이 아니라' 사람의 '내적인 본성과 본질적인 성품'을 가리킨다(마 5:13; 고전 4:21; 7:23; 16:18; 고후 7:1; 갈 6:1, 18; 빌 1:27; 4:18); Achtemeier, *1 Peter*, 214.

335 Goppelt, *1 Peter*, 217; Davids, *The First Epistle of Peter*, 119, 하나님의 은혜에 감화를 받은 사람의 영의 온유하고 화평한 특징이라 본다. 고린도전서 4:21과 갈라디아서 6:1에서 언급된 '온유한 영'과도 같다.

서 명확한 연결을 갖고 있다. 물론 거기서도 거듭나게 하사 살아 있는 소망을 주신 분이 성령임이 암시되었지만(1:3), 결국 그 '썩지 않고 더럽지 않고 쇠하지 않는 유산'을 바라는 소망은 그 거듭난 심령 중심에 있는 것도 사실이다(4절). 하지만 지금 3:4의 문장 구조로 볼 때, 가장 강조되는 바는 그 마음에 숨은 사람을 단장하는 내용이요 수단인 '썩지 않을 것으로'(ἐν τῷ ἀφθάρτῳ)이다. 그리고 이 썩지 않음은, 성령의 온유함과 화평함의 독특한 특징인 것이다.

그렇다면 왜 아내에게 '온유함과 화평함'이 요구되는가? '온유함'(meekness) 은 성경적 전통에서 여성뿐 아니라 모든 신자에게 추천할만한 '덕'으로 여겨졌다(1 Clem. 21.7; 마 5:5; 11:29; 갈 5:23; 엡 4:2; 골 3:12; 딛 3:2; 벧전 3:16; 5:5-6).[336] 예컨대, 야곱의 아내 레아에 대해서, 이렇게 기록된 글이 있다: "라헬이 죽은 뒤에 야곱은 레아를 무척 사랑했다. 왜냐하면 그녀는 모든 면에서 흠이 없고 바르게 행동했으며 항상 야곱을 영예롭게 만들었다. 그녀가 야곱과 사는 모든 날들 동안, 야곱은 그녀의 입에서 거친 소리를 들은 적이 없었는데 이는 레아가 온유함, 화평함, 올곧음, 그리고 존귀함을 가진 여인이었기 때문이다"(Jub. 36.23-24).[337]

한편 '온유함'은 당시 헬라 문화권에서 남성들이 가져야 할 덕목으로 여겨지지는 않았다. 하지만 예수님은 자신을 '마음이 온유하고 겸손한' 왕으로 소개한다(마 11:29). 당시 왕의 자질로서 '온유함'을 거론하는 것은 전혀 일반적인 경향이 아니었다. 하지만 이스라엘의 왕으로 오신 예수님은 스스로를 '온유하고 겸손한' 왕으로 소개하셨다.[338] 그래서 신약에서 온유함은 남자나 여자의 성적인 차이에 따른 특징이 아니다. 그것은 '썩지 않을 씨앗' 곧 하나님의 영원한 복음의 말씀을 받아들이고, 썩지 않을 생명의 나라를 유업으로 받은 모든 성도들의 특징인 것이다. 또한, '화평함'은 성경에서, 여성뿐 아니라, 모든 성도들에게 요

---

336 Watson & Callan, *First and Second Peter*, 74.
337 다소 미화된 구석이 없지는 않겠지만, 중요한 것은 이런 본문이 '온유함과 화평함'을 가진 여인이 실제로 어떠하였겠는가 하는 기대를 구체적으로 보여 준다는 점이다. 레아는 '온유함과 화평함'으로 남편을 대했던 여인으로 기억되고 있다; 참조. Elliott, *1 Peter*, 566.
338 Deirdre J. Good, *Jesus the Meek King* (Harrisburg: Trinity Press International, 1999), 43-45.

구되는 성품의 열매이다(살후 3:12; 딤전 2:2; 살전 4:11). '온유하고 화평함'은 종종 함께 사용되기도 한다(*1 Clem.* 13.4; *Barn.* 19.4).[339]

이렇게 보면, 3:1-4에서 '아내'에게 요구되는 성품과 사역은 사실 모든 성도들이 갖추어야 하고 해내야 하는 것의 대표자 격으로 묘사되고 있음을 알 수 있다. 이것이 아내에 대한 권면이 '예수 그리스도의 본'이 소개되는 2:21-25에 바로 이어 나오는 문맥상의 이유일 수 있다. 이런 점에서 Balch는 3:1-4의 의미에 관해 세 가지 가능성을 제시한다. 첫째는, Dibelius와 Weidinger가 강조한 대로, 교훈적인 사용이다. 즉 어떤 특정한 상황이나 의도 없이, 일반적인 윤리를 강조했다는 것이다. 두 번째는, Schroeder와 Crouch가 주장한 대로, 베드로전서의 본문은 교회 안에 그리스도인 노예들이나 아내들이 일으킬 수 있는 어떤 사회적 반란이나 부조화를 억누르고자 하는 의도라는 것이다. 갈라디아서 3:28과 같은 세례식의 고백에서처럼, 그러한 평등한 상태를 현실적으로 요구할 때 올 수 있는 사회적 불안을 잠재우고자 의도한 본문이라는 것이다.

마지막으로 Balch 자신은 Schroeder와 더불어, 이런 윤리는 베드로전서 3:1-7, 디모데전서 2:1-4, 그리고 디도서 2:5의 경우에서처럼 교회의 선교적 전략에 속한다고 본다.[340] 다시 말해서, 모든 성도들이 선교적 상황에서 갖추어야 하는 성품과 해내야 하는 사역을, 바로 이 믿는 아내들이 믿지 않는 남편들과 사는 가정 안에서 '대표선수'로 모범을 보이고 있는 셈이다. 그들이야말로 선교의 최전방에서 복음의 보람된 사역을 감당하는 대표 선교사들로 제시되고 있는 것이다.

3.7 선한 양심, 그리스도와 교회의 길(3:8-22)

베드로전서에서 세상 속의 교회라는 주제에 관련해서 가장 웅장하고 가장 궁극적인 모습을 보여 주는 본문이 있다면, 그것은 아마도 3:8-22일 것이다. 이

---

339 Davids, *The First Epistle of Peter*, 119, 이사야 66:2이 출처라고 본다.
340 Balch, *Let Wives Be Submissive*, 110.

본문이 시작되는 8-9절은 다시 한 번 교회를 '부르심'(ἐκλήθητε, 9절)을 상기시키며(2:21; 또한 1:2, 15),[341] 결국 3:22에서 그 부르심의 종착지를 선명하게 드러낸다. 그렇다면 부르심을 받아 종국에, 그리스도께서 승천하사 이르신 그 하늘로 가는 교회의 길은 어떤 길인가? 베드로는 이 길을 9절에서는, 부르심을 받은 교회를 향해서는 '악을 악으로, 욕을 욕으로 갚지 않는' 길로 제시하며, 그리스도 자신에 관해서는 18절에서 밝힌 대로, '의인으로 불의한 자들을 대신'하여 그들을 '하나님 앞으로 인도'하는 제사장의 길임을 천명한다(참고. 2:9).[342] 그리고 그리스도의 이 길은, 16-17절이 밝히는 대로, 그를 믿어 세례로 그와 연합한 교회가 '선한 양심'으로 따라가야 하고 또 따라갈 수밖에 없는 길이다. 그렇다면 여기서 '선한 양심'이란 무엇인가? 그리고 이 '선한 양심'이 보다 구체적으로 18-22절의 문맥에서 어떠한 중요성을 갖고 있는가?

(1) 그리스도, 방주, 세례의 삼중 구조(16-22절)

실제로 16절에서 '선한 양심'(συνείδησις ἀγαθή)을 교회의 길로 소개한 후, 베드로는 18절에서 교회가 그 선한 양심의 길을 가야 하는 이유로 바로 그 길을 그리스도 자신이 걸어갔기 때문이라고 밝힌다. 18절이 '왜냐하면 그리스도께서도'(ὅτι καὶ Χριστὸς)로 시작하는 내용이 그것이다.[343] 그리고 흥미롭게도, 18-22절은 마치 세 가지 그림을 하나로 겹쳐 놓은 것 같은 풍성하고 웅장한 이미

---

341 Achtemeier, *1 Peter*, 225, 특히 믿지 않은 이방인들을 상대한다는 점에서 유사한 맥락이다.
342 Davids, *The First Epistle of Peter*, 134-137, 예수 그리스도의 고난은 의로운 자가 불의한 자를 대신하여 당하는 '마땅하지 않은 고난'이었다. 여기서 그리스도께서 '고난을 당했다'(ἔπαθεν)는 말은 다른 사본들에서 '죽었다'(apeqanen)로 옮겨지기도 했다. 하지만 '고난당했다' 표현은 베드로전서의 특징으로서 모두 12회 사용된다(신약에는 42회, 바울서신 7회). 또한 '죽었다'로 옮기는 본문들은 거의 다 '너희를 위하여'라는 문구를 덧붙인다. 이로써, '고난을 당했다'는 표현이 더 사본학적으로 옳다(135); 그리스도가 불의한 고난을 당했을 뿐 아니라, '다른 이들의 죄를 위하여' 당하셨다는 사실의 배경은 이사야 53:11이다; 초대 교회에서 그리스도는 '의로우신 분'(The Righteous One)이라는 칭호로 불렸다(행 3:14; 7:52; 22:14; 요일 2:1, 29; 3:7; 약 5:6). 여기서 그리스도께서 고난을 받으신 목적이, '너희를 하나님께로 인도하시기 위함'이라는 표현은 통상적인 표현이 아니라(136). 구약에서 제물들을 하나님께로 이끈다는 표현은, 출애굽기 29:10, 레위기 1:2, 혹은 로마서 5:1, 에베소서 2:18, 3:12에서, 그리고 '길' 모티브는 히브리서 4:16, 10:19-22, 25, 12:2에서 찾아볼 수 있다.
343 Martin, *Metaphor and Composition in 1 Peter*, 227-228, 특히 18절부터는 하나님의 정당한 판결(vindication)이 부각됨으로써, 선한 양심으로 고난받는 것이 왜 나은 일인지(17절)를 밝힌다.

지를 제시한다.[344] 첫째로, 18-22절은 그리스도의 죽으심으로 시작해서(18절), 그가 하늘에 오르사 하나님 우편에 앉으신 영광스러운 장면으로 끝난다(22절). 둘째로, 그 중간에 20절에서 노아의 방주 이미지가 삽입된다. 즉 노아의 방주가 그리스도의 죽으심과 연관되는 '물, 홍수'의 모티브를 통해 들어오는데, 노아의 방주의 종국적인 종착지인 '아라랏 산'의 이미지는 생략된 채 문맥 속에 암시되어 있다.

그리고 더욱 중요하게, 심판을 상징하는 물의 이미지는 21절에서 세 번째 중요한 모티브를 등장시키는데 그것이 교회의 '세례' 이미지이다. 그리고 이번에는 심판뿐 아니라 구원의 종착지에 대한 묘사도 포함된다. 즉 21절에서 세례의 이중적 의미를 설명하면서 비단 죄 된 육의 더러운 것을 제하여 버리는 측면뿐 아니라, '하나님을 향하여 찾아가는 것'(개역한글) 혹은 '하나님을 향한 간구'(개역개정)라는 세례의 결과로 도달하게 되는 종착지에 대한 이미지를 포함시킨다.[345] 그리고 바로 여기 21절에서, 16절에서 언급되었던 '선한 양심'(συνείδησις ἀγαθή)이 다시 한 번 나오는데, 세례를 받은 교회가 죄를 벗어나 하나님을 향하여 찾아가는 방식에 관해 핵심적인 열쇠를 제공하는 개념으로 사용된다. 우선 지금까지 설명했던 18-22절이 그려내는, 그리스도, 방주, 그리고 세례의 세 가지 모티브의 중첩, 16-17절의 '선한 양심'의 주제를 도표로 간단히 표시해보면 아래와 같다:

16-17절	[선한 양심]
18-19절	A 〈그리스도〉의 죽으심과 부활
20절	B 〈방주〉를 통한 심판과 구원
21절	C 〈세례〉를 통한 심판과 구원
	[선한 양심]
22절	A' 〈그리스도〉의 승천

---

344 채영삼, 『십자가와 선한 양심』, 298, '그리스도, 방주, 교회'(16-22절)에 관한 개념도를 참조하라.
345 채영삼, "베드로전서 3:21c의 번역과 해석", 589-628.

우선 A와 A′ 즉 단락의 시작과 끝이 '그리스도의 여정'으로 열고 닫힌다는 사실을 선명하게 볼 수 있다. 베드로는 그리스도의 죽으심으로 시작해서 부활과 승천까지를 하나의 긴 여행길로 놓고, 그것을 패턴으로 삼아 그 위에 먼저 B의 방주 모티브(20절)와 그다음 한 가지 더해서 C의 세례 모티브(21절)를 겹쳐 놓는 식으로, 그리스도의 죽으심이라는 가장 낮은 자리에서부터 그가 하늘에 오르사 하나님 보좌 우편에 올라가 앉으시는 가장 높은 자리에로의 이동 과정을 풍성하게 묘사하고 있다. 그래서 이 본문을 분석하는 데 있어 중요한 요소는, 우선 이 모티브들이 함께 중첩되어 있다는 사실이고, 또 다른 하나는 이 모티브들이 그리스도께서 이동하신 여정의 방향 곧 죽으심에서 고난을 통해 하늘 영광에 이르는 패턴과 함께 배열된다는 사실이다. 즉 그리스도께서 죽으심에서 시작하여 승천에 이르시는 것처럼, 노아의 방주도 물을 지나 아라랏 산 곧 상징적으로 '새 하늘과 새 땅'에 이르며, 동시에 교회도 세례를 통해 죄를 벗고 하나님 앞에 이른다는 전체적인 방향과 '이동(移動)의 여정'이 생겨난다는 것이다.[346]

베드로는 처음부터 '흩어진 교회'(1:1)를 가리켜 이 땅에서 '임시 거주 외국인이요 여행자'로 정의했다. 그렇다면 교회는 어떤 여정을 지나가며 그 종착지는 어디인가? 그리고 그 여정의 가장 특징적인 방식은 무엇인가? 이런 본질적인 질문에 대해, 3:16-22은 가장 명료한 대답을 준다. 그 길은 이미 2:21-25이 밝힌 바와 같이 '그리스도의 본'을 따라가는 길이다. 그리고 그 길은 바로 앞 문맥의 19절이 밝히는 대로 '선한 고난'을 받는 길이며, 여기서도 베드로는 후에 유사한 문맥인 3:8-18에서처럼 '양심' 모티브를 언급하는데 바로 2:19의 '하나님을 생각하므로'(διὰ συνείδησιν θεοῦ)라는 표현이다.[347] 이 문구 속에 포함되어 있는 συνείδησις는 3:16의 경우에 보다 명확하게 συνείδησις로 표현되고 번역된 것처럼 '양심'으로 옮길 수도 있다. 이렇게 보면, 2:18-25과 3:8-22은 두 단

---

346 이런 분석이 맞는다면, 개역한글의 원문을 다시 고친 개역개정의 번역은, 오히려 문맥의 흐름을 효과적으로 반영하는 데 미흡한 번역이라고 할 수밖에 없다.

347 한편 Achtemeier, *1 Peter*, 196, 2:19에서 συνείδησις θεου는 흔히 '양심'(conscience)이라는 통상적 의미를 띠고 있지 않다고 본다. 신약에서 '양심'으로 쓰인 경우는 종종 '선한'(ἀγαθή)이라는 형용사와 함께 쓰인다(행 23:1; 딤전 1:5, 19; 벧전 3:16, 21; καλη, 히 13:18).

락 모두에서 공통적으로, '선을 위한 고난'과 '부르심' 그리고 '양심'의 모티브들이 함께 나타난다는 사실을 알 수 있다. 이를 도표로 명확히 표시하면 아래와 같다:

A. 선을 위한 고난	B. 부르심	C. 양심
2:19-20, 22-24	2:21	2:19
3:9, 16-18	3:9	3:16

그러므로 3:8-22 단락은 앞서 2:18-25에서 제시한 '그리스도의 본을 따르는 길'을 다시 한 번 또 다른 스케일과 구도 속에서 제시한 반복이요 확대된 내용인 셈이다. 2:18-25에서는 이 땅에서 그리스도의 '선한 고난' 즉 불의하게 당하는 의인의 고난의 길을 집중해서 묘사했다면, 3:8-22에서는 이 길을 '선한 양심'의 길로 명확히 규정하고, 동시에 이 선한 양심의 길이 그리스도의 죽으심과 부활, 승천을 따라 해석될 때 그 의미가 무엇인지, '임시 거주 외국인과 여행자'로서 이 세상을 지나가는 교회가 결국 선한 양심의 길을 통해 어떤 종착지에 이르는지를, 보다 큰 스케일로 보여 주면서, 죽음의 자리에서 고난을 지나 하늘에 이르는 기독론의 케리그마를 따라 교회론의 의미를 완성하는 대목인 것이다.[348] 그래서 베드로의 교회론은 철두철미하게 기독론에 근거한 해석이다.

특별히 2:18-25에서는 십자가에 기초해서 '선한 양심'을 중심으로 해석하는데, 3:16-22에 이르러서는 십자가뿐 아니라 부활과 승천이라는 온전한 기독론적 틀에서 교회론을 완성시키는 구도를 보여 준다. 이런 맥락에서 3:16-22를 그리스도의 죽음과 부활 그리고 승천이라는 기독론적 패턴과 그 종국적인 방향성의 빛 아래서 조명하게 되면, 전통적으로 문제가 되어 왔던 난해 구절인 19절의 소위 '지옥 강하' 문제를 새롭게 바라볼 수 있는 장점이 생긴다. 또한 20절의 '노아의 방주'의 이미지를 통해서는, 구원과 관련하여 과연 '선한 양심'의 위치

---

348 하지만 Martin, *Mataphor and Composition in 1 Peter*, 209-212, 241-243, 3:18-22이 보여 주는 영광의 절정에 주목하지 못한다. 오히려 3:13-5:11까지를 '흩어져 고난당하는 교회'(the suffers of the dispersion)라는 주제로 묶고, '영광'의 주제는 δόξα라는 단어가 사용되는 4:13과 5:10을 중심으로 다룬다.

와 의미가 어떤 것인지를 가늠할 수 있게 된다. 마지막으로 21절에서는, 베드로가 제시하는 세례의 개념이 얼마나 독특하고 새로운 것인지를 가늠할 수 있다. 이를 차례대로 살펴보자.

(2) 지옥 강하?

먼저 신약에서 가장 난해한 구절들 중 하나라는 19절의 해석 문제이다.[349] 실로 19절에 언급된 단어들 하나하나가 해석상 문제가 없는 것이 없다: (i) 먼저 ἐν φυλακῇ(옥에 있는)에서 이 '옥'은 어디인가? (ii) 또한 πνεύμασιν(영들에게)에서 '영들'은 사람의 영혼을 가리키는가, 또는 천사와 같은 영적 존재들인가? (iii) 그리고 πορευθείς(가서)는 정확히 어디로 어떻게 갔다는 뜻이며, (iv) 마지막으로 ἐκήρυξεν(선포했다)은 무엇을 어떻게 했다는 것인가? 이 네 가지 난해한 요소들은 서로 다르게 짝지워 연관되면서 여러 다른 견해들을 양산해 왔다. 먼저 '옥'이 어디인가의 문제와 '영들'이 누구를 가리키는가가 서로 깊이 연관되어 있다. 만일 '영들'이 죽은 사람의 영혼들이라면 '옥'은 지옥 곧 '죽은 자의 땅'(Hades)을 가리킬 수도 있는 반면, '영들'이 타락한 천사들이라면 '옥'은 그들이 갇힌 영역이지 반드시 죽은 자의 땅을 의미하는 '지옥'(Hades)을 가리킬 필요는 없게 된다. 이렇게 한 요소의 해석이 다른 요소의 이해에 상대적인 영향을 미치기 때문에 해석이 난해할 수밖에 없다. 마찬가지로 '가서'(πορευθείς)라는 분사도 죽은 자들이 있는 지옥으로 내려가는 것인지, 천사들이 갇혀 있는 영역을 지나가는 것인지 상대적으로 문맥 안에서 바뀔 수도 있다.

하지만 마지막에 언급된 '선포했다'(ἐκήρυξεν)라는 표현은 그 해석에 있어서 다른 세 가지 요소들보다는 비교적 명확한 의미를 드러내는 듯하다. 우선 베드로전서에서 '복음을 전한다'고 할 때는 κηρύσσω가 아니라 εὐαγγελίζω를 사용된다는 사실이 흥미롭다(1:12, 25; 4:6). 특히 εὐαγγελίζω는 그 전파 대상이 명백히 '사람들'이라는 점에서 중요한데, 예컨대 1:25의 경우, '너희에게 전해진

---

349 Achtemeier, *1 Peter*, 252, 각주 146, Luther는 19절이 아주 이상하고 컴컴하여 자신은 베드로가 의도한 바를 알지 못하겠다고 했고, Bengel은 수수께끼로 가득 찬 구절이라고 했을 정도이다.

(τὸ εὐαγγελισθέν) 그 말씀'이라 할 때 '너희'는 수신자들을 지칭한다. 1:12의 경우에도 마찬가지인데(διὰ τῶν εὐαγγελισαμένων ὑμᾶς), 이곳에는 특히 '성령을 인하여'(ἐν πνεύματι ἁγίῳ)라는 표현도 함께 있는 점이 주목할 만하다(참고. 4:19). 흥미롭게도 4:5-6에서 베드로는 또 한 번 εὐαγγελίζω 동사를 사용하면서(6절), 동시에 '하나님을 따라 영적으로는 살게 됨'이라는 문구에서 보는 것처럼 '영적으로는'(πνεύματι)이라는 표현을 사용한다(5절). 즉 베드로가 영적 존재인 πνεῦμα와 구별되는 '사람들'을 대상으로 복음을 전한다는 의미를 나타내고자 할 때 εὐαγγελίζω를 사용하는 패턴을 보여 준다고 할 수 있다.

이렇게 베드로전서의 문맥에서 εὐαγγελίζω는 영적 존재와는 구별되는 사람을 대상으로 복음을 전파하는 것으로 볼 수 있는 반면, 3:19에서만 나오는 κηρύσσω는 다소 다른 의미나 용도로 사용되었을 가능성이 높아진다. 신약 전반에서 이런 경향이 유지된다는 사실도 중요하다. 즉 신약에서 κηρύσσω는 '복음을 전한다'든지 '설교한다'는 것보다는 하나님 나라의 복음을 일방적으로 '선포'하는 데에 강조점이 있는데(고전 9:27), 이는 복음과 관련 없는 경우에도 단지 '알리고, 선포한다'는 용도로 쓰이는 것에서도 일관된다(눅 12:3; 롬 2:21; 계 5:2). 또 신약에서 영들에게 '복음을 전했다'는 표현은 없지만, 영들에게 그리스도의 승리가 선포된 사실은 있다(고후 2:14; 골 2:15; 계 12:7-11; 엡 6:11-12).[350] 마찬가지로 베드로후서 2:5에서 노아는 '의의 전파자'(δικαιοσύνης κήρυκα)로 소개되었는데, 창세기 6장에 나오듯이 이는 하나님의 공의의 심판을 선포하는 역할을 묘사한다고 볼 수 있다.[351]

만일 베드로전서 3:19에서 κηρύσσω가 일방적인 선포에 가까운 뜻이라면, 이런 해석은 그 선포의 대상인 '영들에게'(πνεύμασιν)라 할 때, 그 '영들'이 사람들의 죽은 영혼이 아니라 영적 존재들 곧 타락한 천사들인 경우와 잘 어울린다. 천사들에게 '복음을 전한다'(εὐαγγελίζω)는 표현은 어색하기 때문이다. 실제로 '영들'(spirits)은 신약에서 다른 형용사들이 없는 경우, 언제나 영적 존재들

---

350 Davids, *The First Epistle of Peter*, 140-141.
351 그렇다고 베드로전서 3:19에서도 선포하는 주체가 노아라고 말하는 것은 적절치 않다. 왜냐하면 여기서는 '영으로써'(πνεύματι) 선포한 것이기 때문이다.

을 가리키며(히 12:23; 마 12:45; 막 1:23, 26; 3:30; 눅 10:20; 행 19:15-16; 엡 5:5; 히 1:14; 12:9; 계 16:13, 14), 죽은 사람의 영혼들은 대체로 ψυχή로 표현된다(계 6:9).[352] 그러면 베드로전서 3:19에서 언급된 '노아의 날들' 동안 불순종했던 '영들'이 있었는가? 창세기 6:1-4에 보면 '하나님의 아들들'이 노아와 관련되고, 이들은 하나님께 순종치 않아 쫓겨난 천사들로 소개된다. 특별히 베드로 당시 유대인들에게 많이 읽혔던 제1에녹서에 '영들', '천사들', '별들', 'Watchers'(혹은, '하나님의 아들들', 창 6:1-4)라는 표현들은 서로 교환적으로 사용되며 같은 대상을 가리킨다.[353] 또한, "이들은 하늘의 천사들로서 주의 명령을 어기고, 이곳에 묶여 있다"(1 En. 21.6)는 에녹서의 표현은 흥미로운 본문이다.[354] 특히 이렇게 보면, 베드로전서 3:19에서 언급된 '영들'이 타락한 천사들을 가리킨다는 입장은, 이 '영들'이 '구약의 성도들'(Calvin)이나 '노아 시대에 회개치 않았던 자들'(Cranfield, Stauffer)이라는 주장 곧, 사람이 한 번 죽은 후에 다시 복음을 듣고 회개할 기회를 얻는다는 논리가 성경 전체의 가르침과 잘 들어맞지 않는다는 사실을 고려할 때, 문제를 덜 일으키는 해결책이라는 장점이 있다.

그렇다면 본문에서 언급된 '옥'(φυλαχή)은 어디인가? 만일 베드로전서 3:18-22의 문맥이 제시하듯이 '그리스도의 십자가와 부활과 승천의 승리'를 '선포'한 것이라면, 그리고 그것을 죽은 사람들의 영혼들에게가 아니라 타락한 천사들에게 선포한 것이라면, φυλαχή는 죽은 자들이 거하는 곳인 '죽은 자들의 땅'(Hades; 혹은, '삼 겹의 어둠으로 둘러싸인 Tartarus; 벧후 2:4; 계 20:1-3)일 필요가 없다.[355] 그렇다면 여기서 말하는 옥은 창세기 6장에서 하늘로부터 쫓겨난 타락한

---

352 Davids, *The First Epistle of Peter*, 139-141.
353 Elliott, *1 Peter*, 698-701; Green, *1 Peter*, 123.
354 19절에서 '영들'을 1-2세기경 제1에녹서에 나타난 대로 '천사들'로 보는 견해에 비해, 이를 노아 시대 때 불순종하여 '죽은 자들'이며, 부활하신 그리스도께서 지하 세계로 내려가셨다는 주장은 Augustine 이후에 왕성하게 일어났던 해석임을 기억할 필요가 있다; Richard, *Reading 1 Peter, Jude, and 2 Peter*, 123을 참조하라.
355 Bray, *James, 1-2 Peter, 1-3 John, Jude*, 107-108, 초대 교회에서 3세기 이후 5세기경에, 베드로전서 3:19의 본문은 부활하신 주의 '지옥 강하'(descendence into Hell)로 이해되었다. Origen은 이 사건이 그리스도의 '성육신'만큼이나 이해되기 어려운 또 하나의 신비라고 말한다. 예루살렘의 씨릴은 우상 숭배나 악독한 죄악을 범한 자들이 아니라면 지옥에서 영으로 선포된 복음을 듣고 믿어야 할 자들은 믿게 되었다고 말한다. 즉 주께서는 당시에 산 자들과, 그 이전에 죽은 자 모두에게 복음을 공평하게 선포하신 것으로 본다.

천사들이 갇힌 곳, 곧 '이 세상'이거나 하늘들의 낮은 층 혹은 '공중'이라 불리는 곳일 수 있다. 제1에녹서는 타락한 천사들이 쫓겨난 세상을 가리켜 '천사들의 감옥'(a prison of house of the angles)이라고 언급하기도 했다(*1 En.* 21.10).[356] 이렇게 보면, 베드로전서 3:19의 πορευθείς(가서)라는 표현은 어디 낮은 지하 세계로 '내려가서'가 아니라,[357] 그리스도께서 부활하시고 승천하시는 도상에서 일어난 일임을 알 수 있다.[358] 이는 3:19-22의 문맥의 흐름 자체가 그리스도의 죽으심에서 부활 그리고 하나님 보좌 우편에 앉으시는 장면(22절)까지 절정에 이르는 문학적 구조에 잘 들어맞는 해석이다.

그리스도의 죽으심과 부활, 승천의 일련의 여정에 관한 디모데전서 3:16의 전형적인 요약도 지금 베드로전서 3:19-22의 흐름과 일치하는데, '천사들에게 보이시고 만국에서 전파되시고'라는 부분도 그리스도의 부활 승리가 천사들에게 선포된 것이며, 복음 전파는 열국의 이방인들에 국한된 것임을 확인할 수 있다.[359] 무엇보다, 베드로전서 3:19-22의 문맥적 흐름과 문학적 구조가, 그리스도의 승귀(昇歸)의 과정 속에서 그의 복음의 승리가 '영들'과 '사람들'에게 어떻게 영향을 끼치는지도 구조적으로 잘 드러내주고 있다. 이를 간단히 살펴보자:[360]

---

[356] Michaels, *1 Peter*, 207-211; 참조. 또한 E. J. Goodspeed, "Some Greek Notes[Pt 4: Enoch in 1 Pt 3:19]", *JBL* 73 (1953): 84-92, 영들은 타락한 천사들이지만, 선포한 자는 에녹이며, 그들에게 심판을 선고하는 것이다. 원문에는 '에녹'이 있었다고 추정한다.

[357] Kelly, *The Epistles of Peter and of Jude*, 154-156, 이 '감옥'은 둘째 하늘에 해당하는 곳으로, 만일 음부처럼 지하에 있었다면 베드로가 καταβαίνω 같은 동사를 썼을 것이다.

[358] Elliott, *1 Peter*, 690, "19-22절은 그리스도께서 죽으심과 부활 사이에 지하 세계로 '강하하심'을 의미하지 않는다. 도리어, 그리스도께서 부활하셔서 하늘에 오르신 사건의 문맥에서 일어나는 일이다. 19절과 22절에서 '갔다'는 말은 모두 그리스도께서 하늘의 상층부에 가셨다는 말이다. 그 과정에서 그는 하늘의 낮은 부분을 거치셨다. 거기에 불순종한 영들이 갇혀 있는 것이다. 이는 제1에녹서의 우주론에 잘 부합한다. 그리고 이스라엘과 기독교 전통에 의한 우주론에도 잘 부합한다."

[359] Green, *1 Peter*, 120.

[360] 필자의 이 구조는, Lauri Thurén, *Argument and Theology in 1 Peter: The Origins of Christian Paraenesis* (JSNTSup 114, Sheffield: Sheffield Academie Press, 1995), 158-159에서 제시한, "A. death of Christ; B. spirits in Prison; B'. salvation of Noah and Peter's addressees; A'. resurrection of Christ"와는 상당히 다른 분석을 취한다. 우선 B'는 노아의 방주 이야기(20b절)와 교회의 세례(21절)로 세분화될 충분한 이유가 있고, 무엇보다 A'는 그리스도의 부활이 아니라 승천에 관한 내용이다.

A   19절(20a절), 부활 후 – '옥'에 있는 '영들'에게 '선포'
　　B   20b절, 노아 시대 – '방주', 물에서 '여덟 명' 구원
　　B' 21절, 교회 시대 – '세례', 물에서 '너희를' 구원
A' 22절, 승천 후 – '하늘'에 올라 '천사들, 권세들, 능력들'이 '순복'

우선 A와 A'에서 각기 부활 후와 승천 후에 승리하신 그리스도께서 '영적 존재들'에게 그 승리를 선포하고 그들을 온전히 순복시키시는 장면들이 그려진다. 그리고 중심부에 해당하는 B(20b절)와 B'는 노아 시대의 물의 심판과 방주를 통해 '여덟 명'의 사람을 구원한 이야기와 교회 시대에 죄에 대한 심판과 이로부터 하나님을 향해 이동해 가는 세례를 통한 '너희의' 구원이 연속적으로 언급되어 있음을 알 수 있다. 이로 보건대, 승천을 향한 시작 단계인 A에서와 온전히 하늘에 올라 하나님 보좌 우편에 앉으신 상태를 묘사한 A' 모두, 전체 구조의 외곽 부분에서 그리스도께서 영적 권세들에 대해 승리를 선포하고 있는 모양새는 문맥의 구조상 상당히 뚜렷하다 할 수 있다. 그렇다면 B와 B'에서 서로 대조되고 있는 노아의 방주를 통한 물에서부터의 구원과 세례를 통한 죄에서부터의 구원은 어떤 의미가 있는가? 이 부분의 해석은 실로, 3:19-22의 해석뿐 아니라, 베드로전서 전체에 걸쳐서도, 특별히 베드로가 재해석하는 세례의 의미에 대해서 상당히 중요한 본문이다.

(3) '여정'(journey)으로 해석된 세례

또 한 가지 흥미로운 사실은 위의 도표에서 B와 B'를 대조해 볼 때, 노아의 방주 사건과 교회의 세례 사건이 서로 평행을 이루고 있다는 점이다. 즉 베드로는 그리스도의 부활과 승천, 노아의 방주 사건, 그리고 그리스도인이 받는 세례, 이 세 가지 차원을 중첩시키면서 서로의 의미를 심화시키는데, 특히 3:19-22의 이러한 삼중적 구조 속에서 '세례'의 의미는 매우 새롭게 해석되고 부각됨을 알 수 있다. 즉 세례가 처음 믿을 때에 치르는 단회적인 의례(once-and-for-all ceremony)일 뿐 아니라, 신자 또는 교회가 이 땅의 순례 길을 지나 승천하신 그리스도가 계신 하늘의 하나님 보좌 앞에 이르는 '과정이요 여정'(process/

journey)을 의미한다는 점에서 새롭고 또 특징적으로 묘사된 것이다.

앞서 베드로전서 3:18-22의 구조 분석에서 보았듯이, (i) 그리스도의 죽으심과 부활(18-19절)과 승천(22절)이라는 틀 안에, (ii) 노아 시절 방주를 통한 심판과 구원(20절)과 (iii) 현재 교회의 세례를 통한 심판과 구원(21절)이 삼중적으로 병행 구조를 이루면서, 세례는 가깝게는 노아의 방주가 물의 심판을 벗어나 아라랏 산에 이르는 과정(창 8:4)과 비유되며, 멀게는 그리스도의 고난과 죽으심 그리고 부활과 승천에 이르는 과정과 병치되고 있음을 알 수 있다. 먼저 교회의 세례 사건과 노아의 방주 사건의 관계는, 21절에서 '표'(表, 개역한글/개역개정) 혹은 '모형'(type)이라는 의미의 ἀντίτυπος로 표현된다. 서로 상응하는 관계이기도 하고, 구약에 먼저 있었던 노아의 방주 사건이, 그리스도 이후 가능했던 교회의 세례 사건을 미리 예표했던 모형이라는 구속사적인 의미도 포함되어 있다.[361] 흥미로운 점은, 노아의 방주가 물 위에 떠 있어서 물의 심판을 피했을 뿐 아니라, 문맥상 함축적으로 전제되어 있듯이, 또한 마른 땅 곧 아라랏 산에 이르렀듯이, 교회가 그리스도로 말미암아 경험하는 세례 역시 단지 '육의 더러운 것을 벗어 버릴' 뿐 아니라 또한 '선한 양심이 하나님을 향하여 찾아가는 것'(개역한글)이라는 전(全) 과정을 표현한다는 사실이다. 즉 비단 심판을 피하는 과정 뿐 아니라, 온전한 구원이라는 목적지, 노아의 방주 당시 아라랏 산 혹은 상징적으로 새 하늘과 새 땅, 즉 베드로전서 3:19-22의 문맥에서는 하늘의 하나님 보좌 앞(22절)까지 제시되어 있다는 것이다. 21절의 전반부와 후반부를 좀 더 세밀히 들여다보면 아래와 같다:[362]

21a절	물은	예수 그리스도의 이제	부활하심으로 말미암아 너희를 구원하는 표니
21b절	A. 육체의	더러운 것을	벗음 – [제거함]
21c절	B. 선한 양심의	하나님께로	ἐπερώτημα – [덧붙임?]

---

361 Davids, *The First Epistle of Peter*, 143, 각주 46, Reike는 ἀντίτυπον을 '세례'를 수식하는 형용사로서, 'analogous baptism'으로 읽는다. Selwyn은 여기서 ἀντίτυπον이 노아 시대에 구원받은 '사람들'에 상응하는 베드로전서의 수신자들을 지칭한다고 말한다. 또한 Davids는 세례 '사건'(event)에 상응한다고 본다.
362 채영삼, "베드로전서 3:21c의 번역과 해석", 600-601에 제시된 도표를 다소 보완하였다.

21절에서 노아 방주 시절의 물은 심판을 의미했다. 그렇다면 베드로는 이 '물'이 예수 그리스도의 '십자가로 말미암아' 이제 우리를 구원하는 표가 된다고 말해야 자연스럽다.³⁶³ 세례란, 성찬의 의미와 마찬가지로 '우선적으로' 그리스도의 죽으심 곧 죄에 대한 하나님의 공의로운 심판에 참여하는 것이기 때문이다(롬 6:3; 참고. 고전 11:23-29; 눅 19:20). 하지만 베드로는 물이 '그리스도의 부활하심으로 말미암아'(δι᾽ ἀναστάσεως Ἰησοῦ Χριστοῦ) 우리를 구원하는 모형(ἀντίτυπος)이라고 말한다. 이렇게 심판을 의미하는 십자가가 아니라, 보다 적극적인 의미에서의 구원을 뜻하는 그리스도의 부활 혹은 승천까지를 포함한 '살아나심'을 노아 방주 때의 '물'과 연관 지은 것은 베드로의 독특한 해석이라고 할 수 있다(참고. 롬 6:4-11).

즉 물은 당시 관영했던 죄악에 대한 심판이었을 뿐 아니라, 그 물 위에 떠 있던 방주가 진행하는 방향 곧 심판을 피해 결국 아라랏 산이라고 하는 새 하늘과 새 땅을 상징하는 영역으로 '이동'(移動)한 추진력으로 작용한 셈인 것이다. 이렇듯 심판을 상징하는 '물'이 소극적인 의미뿐 아니라 적극적인 상징으로 사용되었다는 사실은 21b절 이하에서 보다 구체적으로 드러난다.³⁶⁴ 즉 21b절에서 οὐ(아니라)로 시작하여 21c절에서 ἀλλα(도리어)로 이어지는 구문 속에서 서로 반의적으로 대립하고 있는 A(21b절)와 B(21c절)의 의도는, A를 부인하고 B만 인정하는 것이 아니다. 도리어 A뿐 아니라 적극적으로 B를 포함한다는 의미이다.

이를 문맥 속에 함축되어 있는 노아의 방주와의 병치 관계를 근거로 설명하자면, 마치 노아의 방주가 단지 물의 심판을 피하는 것뿐 아니라 적극적으로 새 땅에 이르는 것과 같다. 여기서 베드로는 방주의 목적지를 분명히 명시하지는 않는다. 그것은 21c절에서 '하나님을 향한 선한 양심의 간구니라'(개역개정)

---

363 예컨대, Harink, *1 & 2 Peter*, 101, 세례가 우선적으로 그리스도의 죽으심과 연합됨을 선포하는 것이라는 전제에 대한 언급 없이, 베드로전서 3:21의 세례는 그리스도의 승리에 참여하는 것임을 강조한다; Davids, *The First Epistle of Peter*, 144, 그래서 로마서 6:3을 언급하지 않고, 세례를 그리스도의 부활에의 연합을 말하는 로마서 6:4-11을 근거 구절로 댄다.

364 Jobes, *1 Peter*, 254-255, 3:21에서 세례가 세례 이후의 도덕적인 삶에 대한 문제를 도외시한 채, 단회적인 '천국행 티켓'을 얻는 행위가 아님이 강조된 것이라고 말한다. 하지만 Jobes는 '에페로떼마'를 서약으로 해석하면서, '그러나'(ἀλλα) 이후 나오는 '에페로떼마' 역시 서약이라는 단회적 사건으로 본다.

혹은 '선한 양심이 하나님을 향하여 찾아가는 것이라'(개역한글)라 했을 때, 그 ἐπερώτημα의 의미가 불분명한 것과도 같다. 하지만 ἐπερώτημα의 정확한 뜻이 무엇인가에 대해서는 논란의 여지가 많더라도, 근본적으로 그 방향이 '하나님을 향한' 것임은 분명하다. 즉 22절이 밝히는 것처럼 그 하나님은 하늘의 보좌에 계시는데, 21절에서 세례는 물의 심판을 피하는 것을 상징하는 것처럼 비단 육체의 더러운 것을 '벗어 버리는'(ἀπόθεσις) 것일 뿐 아니라,[365] 하늘의 하나님을 향하여 나아간다는 적극적인 방향성과 목적지를 분명히 갖고 있다는 것이다.

그래서 베드로에게 있어서 세례는 하나의 거대한 과정, 혹은 여정이라는 사실이 강조되고 있다. 이것이 '그리스도의 부활로 말미암아'(δι' ἀναστάσεως Ἰησοῦ Χριστου)라는 표현이 노아 방주 시대의 물과 유비적으로 연결되며 동시에 세례를 가리키는 이유이다. 18-22절의 문맥에서 그리스도의 부활은 선명하게 그의 승천하시는 사실 속에 놓여 있기 때문이다. 또한 베드로의 세례에 관한 이런 독특한 재해석은 물에서 구원받은 사람이 겨우 '여덟'(ὀκτω)이라는 숫자를 강조한 데서도 드러난다(20절). 여기서 8이라는 숫자는 노아와 그의 일곱 식구를 지시하지만(창 8:18), 상징적으로는 종말론적으로 새 창조를 가리키는 숫자이기 때문이다. 성경에서 8이라는 숫자는 창조의 7일에 뒤이은 여덟 번째 날로 새 창조의 상징인데(참고. *2 En.* 33.1-2; *Barn.* 15.9) 초대 교회는 이 상징성을 살려 예수께서 부활하신 주일을 '제8번째 날'로 부르기도 했다(*Barn.* 15.9; Justin, *Dial.* 24.2; 41.4). 그래서 노아는 초대 교회에서 옛 세상의 심판을 피하여 새 창조의 세계로 들어간 대표적 인물로 기억된다.[366] 베드로는 이 ὀκτω가 갖는 새 하늘과 새 땅이라는 상징성을 사용하여, 그 심판이 끝난 회복의 땅, 길고 고통스러운 여행길이 끝나고 이르게 되는 최종적인 목적지를 가리키고 있는 것이다.

이렇듯, 베드로는 세례를 교회에 속하는 절차, 그리스도와 연합한 영적 사실

---

365 여기서 ἀπόθεσις는 상징적으로 '할례'를 뜻하는 것으로 볼 수도 있지만(Dalton), 세례 의식을 표상한 것이며(Jobes), 그것은 분명히 속죄에 관련되어 있다; John Calvin, *Commentaries on the Catholic Epistles* (trans. John Owen, Grand Rapids: Baker Book House, 2005), 118. 이를 그리스도의 두 사역 가운데, 그의 피로 인한 죄 사함과 그의 성령의 능력의 대조로 연결한다.

366 Bauckham, *James*, 250-251; 채영삼, 『십자가와 선한 양심』, 309.

에 대한 선포, 혹은 죄에 대하여 죽고 의에 대하여 살아난 복음적 사실에 대한 확증 그 이상의 의미로 해석한다.[367] 이는 처음부터 교회를 '임시 거주 외국인이요 여행자'로 정의한 베드로의 논조와 정확히 일치하는 해석이 아닐 수 없다.

(4) 21c절에서 '찾아감'(ἐπερώτημα)의 번역과 의미

마지막으로 3:21에서 다루어야 하는 문제는 συνειδήσεως ἀγαθῆς ἐπερώτημα에서 '선한 양심'이라는 주제와 ἐπερώτημα의 번역과 해석 그리고 그 의미이다. 먼저 ἐπερώτημα는 해석상 난제에 속한다. 그렇다면 선한 양심의 '에페로떼마'란 무슨 뜻인가?[368] 신약 베드로전서 3:21에 단 한 번 등장하는(hapax legomenon) 이 단어는,[369] '선한 양심의 에페로떼마'라는 구절 속에서 문법적, 사전적 의미로만 따지면 크게 두 가지 요소에 의해 좌우된다. 즉 사전적으로는 '요청(request)/간구'(appeal)로 보는 경우와 또는, '서약(pledge)/응답'(answer)의 의미로 보는 경우이다.[370] 또 문법적으로는 '선한 양심의'라는 형용구에서 '선한 양심'이 주격 2격(선한 양심이)이냐, 목적격 2격(선한 양심을)이냐에 따라 나뉜다. 다양한 번역본들의 예를 분류하면 아래와 같다:

'선한 양심의 ἐπερώτημα'의 사전적, 문법적으로 가능한 의미의 조합

	'요청, 간구'의 의미	'서약, 응답'의 의미
주격 2격	'하나님을 향한 선한 양심의 간구'(개역개정)	'선한 양심이 하나님께 응답'(새번역) '선한 양심의 서약/응답'(KJV/NIV)
목적격 2격	'선한 양심을 가지려고 하나님께 드리는 호소'(표준새번역)	'깨끗한 양심으로 살겠다고 하느님께 서약을 하는 것'(공동번역)

---

367 유사하게, Elliott, *1 Peter*, 692, "세례는 그러므로 단지 '거듭남'만을 의미하지 않는다(벧전 1:3, 23; 2:2). 하나님의 자녀로 입양된 것만도 아니다"(1:14-16). 하지만 Elliott은 세례가 이런 전 과정이라는 사실에 주목하지 못했다. 도리어 21절에서 '선한 양심의 간구'를 강조하여, 세례가 "하나님에 대한 헌신과 하나님의 뜻에 부합하는 헌신된 삶으로 특징지어지는 것"(3:21; 2:15, 19; 3:16, 17; 4:2, 19)임을 부각시킨다.
368 이하 ἐπερώτημα에 관한 논의는 채영삼, "베드로전서 3:21c의 번역과 해석", 593-601에서 다루었다.
369 LXX에도, ἐπερωτάω의 변화형들은 35여 회 등장하지만, 명사형 ἐπερώτημα는 거의 나오지 않는다.
370 물론 '에페로떼마'와 더불어 '양심'(συνείδησις)이라는 단어를 포함해서, 전혀 다르게 해석하는 경우도 있다. 예를 들어, Oscar S. Brooks, "1 Peter 3:21 - The Clue to the Literary Structure of the Epistle", *NovT* 16/4 (1974): 293-94는, "그리스도를 주로 '적합하게 의식'(awareness)한다는 선언(declaration)"으로 본다.

우선 ἐπερώτημα를 서약이나 응답으로 보는 경우에, 세례란 선한 양심이 하나님께 응답하는 혹은 서약하는 행위(새번역/KJV/NIV), 혹은 그런 선한 양심을 갖고 살겠다고 맹세 혹은 응답하는 행위이다(공동번역).[371] 이런 번역에 가장 결정적으로 인용되는 근거는 주후 2세기의 파피루스 등의 용례인데, 여기서 ἐπερώτημα는 어떤 협의를 맺는 법적인 상황에서, 의도를 묻는 한쪽 편의 공식적 질문에 대한 응답으로 자신의 입장을 천명하는 것을 가리켰다.[372] 물론 이 본문에서 '선한 양심'이 주격이 되든지 목적격이 되든지, ἐπερώτημα가 '서약'으로 이해되는 한 그 의미의 차이가 크지 않다. 더 나아가, '선한 양심의 서약'이라는 번역이, 하나님께 선한 양심을 '요청'하는 행위를 명확하게 포함하지는 않지만, 그 주된 의미가 '선한 양심으로 살겠다'는 것을 세례의 주요한 의미로 본다는 데에는 큰 차이가 없어 보인다.

한편 ἐπερώτημα를 간구나 호소로 보는 경우는, '선한 양심'을 목적격으로 해석할 때, 그 의미가 명확하다.[373] 즉 세례는 하나님 앞에서 '선한(깨끗한) 양심'을 달라고 하는 간구, 호소이다(표준새번역). 하지만 이런 번역에 비해, 개역개정의 "하나님을 향한 선한 양심의 간구"라는 번역은 문법적, 사전적으로는 조합이 가능하지만, 그 뜻이 매우 모호하게 들린다. 선한 양심이 주어가 되었지만, 세례

---

[371] Kelly, *The Epistles of Peter and of Jude*, 162-164, '서약/계약'의 의미로 쓰이는 '에페로떼마'가 비록 2세기 초에 나타나지만, 그것은 초대 교회에서 논의가 진행 중이었기 때문이라고 변호하면서, 이 단어를 '간구 혹은 기도'로 보는 해석이 잘못된 이유는, 1세기 이후로 세례가 인간 측에서 올리는 간구나 기도로 이해된 적이 없기 때문이라고 말한다. 최근에 Davids는 *The First Epistle of Peter*, 145, 한 걸음 더 나아가, "세례의 구원론적인 측면은 그 사람이 세례를 받을 때에 그에게 공식적으로 주어진 질문들에 대하여, 그가 하나님 앞에서 (전적으로 헌신된 선한 양심으로) 응답한 서약으로부터 생겨난다"고 주장한다. 물론 이것은 그리스도의 부활이라는 구원의 외적 수단에 대한 효과로서이다; 또한 최승락, "베드로서신에 나타난 세상 속 그리스도인의 신행일체", 92-93.

[372] 특히 Brooks, "1 Peter 3:21 - The Clue to the Literary Structure of the Epistle", 292.

[373] Grudem, *The First Epistle of Peter*, 164, 에페로떼마의 의미를 '간구'로 보고, '서약'일 수 없다고 단정한다. 그 이유는 우선 파피루스의 경우 그 사용 용례들은 일러야 주후 2세기라는 것이고(참조. *LSJ*, 618), 또한, '서약'이라는 용어가 일으키는 신학적인 문제로서, 본문에 세례가 '구원한다'고 되어 있고, 이는 그리스도의 부활로 말미암는 것이라고 했는데, 만일, '서약'이 되면, 구원하는 능력과 근거가 서약하는 그 사람 자신에게 집중된다는 것이다; 최근에 Skaggs, *The Pentecostal Commentary*, 53, 본문의 주요 대조가 '육과 영', '외적 사람과 내적 사람'의 대조이므로, 세례가 구원하는 것은 세례라는 의례가 아니라는 의미에서 '선한 양심' 곧 '마음의 내적 사람'의 간구라고 말한다; 마찬가지로 Feldmeier, *The First Letter of Peter*, 208, 외부를 씻는 것이 아니라 선한 일을 하기 위해 내적인 속사람의 '선한 양심'을 요청하는 것이라고 본다.

가 어떤 의미에서 선한 양심의 간구요 요청이 되는지는 그리 명확하지 않다. 개역개정의 번역이 타당하려면, 문법적, 사전적 의미를 넘어, 21절과 그 인접 문맥을 살펴보는 수밖에 없다. 그만큼, 그 뜻이 자체 문구로서는 명확히 드러나지 않기 때문이다.[374] 반면에 개역한글의 번역 곧, "오직 선한 양심이 하나님을 향하여 찾아가는 것이니라"는 해석은 위에서 예로 든 나머지 번역들과 확연히 다르다. 어떻게 다른가 하면, 다른 번역들이 세례의 의미를 두고 하나님께 선한 양심을 구하는 행위 혹은 그 선한 양심으로 살겠다고 서약하거나 응답하는 행위, 곧 세례 예식이라는 단회적인 의례(once-and-for-all ceremony)에 초점을 맞춘 것인데 비해, 개역한글은, 세례란, 선한 양심이 하나님을 향하여, '찾아가는' 일련의 과정(a journey/process)에 초점을 맞춘 해석이기 때문이다.

이런 차이점을 가져온 것은 두말할 것도 없이, 개역한글이 ἐπερώτημα를 이해한 방식에 있다. 개역한글은 도대체 어떤 이유로, 어떤 근거로, ἐπερώτημα를 '찾아가는 것'으로 해석했는가? 개역한글판(1961)은 사실, 1911년에 출간된 한글구역(舊譯)을 옛 고문체에서 당시를 기준으로 한 현대어로 옮긴 것이다. 구역 베드로전서 3:21은 이러하다: "물은 예수 그리스도의 부활ᄒᆞ심으로 말미암아 이제 너희를 구원ᄒᆞ는 표니 곳 세례라 육톄의 더러운 것을 씨셔ᄇᆞ림이 아니오 오직 량심이 하ᄂᆞ님을 향ᄒᆞ야 차자가ᄂᆞᆫ 것이라." '량심'이 '선한 양심'이 된 것 외에(참고. '씨셔ᄇᆞ림'이 '제하여 버림'으로), 개역개정에서 크게 달라진 표현이 없음을 알 수 있다. 그렇다면 구역은 어떤 근거에서 "오직 량심이 하ᄂᆞ님을 향ᄒᆞ야 차자가ᄂᆞᆫ 것"으로 번역했을까? 구역은 선교사들이 한학자들과 조력자들의 도움을 받아 옮긴 것이다.[375] 선교사들은 영어 성경으로 신약은 ERV(English

---

374 개역개정은 왜 이렇게 다소 모호한 번역에 머물렀을까? 번역자의 해석적 판단을 알 수는 없지만, 혹시, 개역한글의 번역 곧, "오직 선한 양심이 하나님을 향하여 찾아가는 것"을 개정하는 과정에서, '에페로떼마'의 사전적 의미가 우선적으로 간구/서약이라는 점에서 개역한글의 "찾아간다"는 다소 생경한 의미가 부담스러웠고, 동시에, 개역한글 해석의 기본적 틀, 곧 '선한 양심'을 주격으로 유지하는 것과 '하나님을 향한'이라는 문구를 보존하고자 했기 때문은 아닐까? 그래서 '하나님을 향한'은 그대로 두고, '선한 양심'도 주격으로 해석하면서, 동시에 '찾아간다'는 의미를 버리고 더 분명한 사전적 의미인 '간구'를 택해서, "하나님을 향한 선한 양심의 간구"라는 표현에 이르게 된 것이 아닐까? 하지만 문제는 이렇게 수정된 개역개정의 의미가 그리 명확치 않다는 것이다. 그것은, 개역개정의 이 번역이 개역한글과 나머지 번역들의 중간에 어설프게 위치해 있기 때문인지도 모른다.

375 베드로전서를 일차적으로 번역하여 번역자 개인역을 만든 선교사는 Wm. B. Scranton으로 알려져 있

Revised Version, 1885), 구약은 ASV, 헬라어 원어 성경으로 Westcott-Hort 판 GNT(Greek New Testament)를 참조했는데, 흥미롭게도 ERV는 이 부분을 "the interrogation of a good conscience toward God"(하나님을 향하여 선한 양심을 살피는 것)으로 옮기고 있다. 그러나 구역이 이런 번역을 따른 것 같지 않다. "선한 양심이 하나님을 향하여 찾아가는 것"이라는 표현은 이것과 상당히 멀어 보인다.

또한 구역에서 베드로전서를 번역할 때 선교사들을 도운 한학자들은 한문문리역(漢文文理譯)을 대본으로 삼았다. 베드로전서 3:21의 문리역 위원회역본 (上海大美國聖經會: American Bible Society, 1921)은 다음과 같다: "今我賴耶蘇基督之復生而受洗(이제 나는 부활하신 예수 그리스도를 힘입어 세례를 받았으니) 不在潔身去垢(더러운 것을 떠나 몸을 깨끗하게 함이 아니라) 乃誠心籲上帝(곧, 마음을 정성스럽게 하여 하나님께 부르짖음으로써[하나님을 찾음으로써]) 以此得救(구원을 얻고자 함이라) 故作巨舟一事觀, 可也(그러므로 큰 배를 만들어서 오로지 [하나님께] 나타내 보이는 일에 전념하는 것이 옳으니라)."[376] 여기서 ἐπερώτημα는 '부르짖는다'라는 뜻의 '籲'(유) 자로 옮겨졌는데, 영어로는 'appeal'에 가까운 뜻으로, 뜻밖에도 이 번역은 개역한글의 '선한 양심이 하나님을 향하여 찾아가는 것이니라'와 크게 멀지 않다. 흥미로운 것은, 21절에도 '방주'를 언급한다는 점인데, 이는 20절에 나오는 방주의 의미를 21절에도 문맥상 해석적으로 적용하여 번역했기 때문으로 보인다. 더구나 '관'(觀)이 '나타내 보이다'라는 의미라면, 성심으로 하나님을 찾는 것이 하나님 앞에 나타내 보이는 과정으로 이해되었다고 볼 수 있다. 그렇다면 개역한글 번역은 이 한문문리역의 영향을 크게 받은 것일까?

한편 ἐπερώτημα의 사전적 의미들 가운데, Joseph H. Thayer는 이런 점에서 흥미로운 내용을 포함시키고 있다. 그는 직접 베드로전서 3:21을 언급하면

다. 하지만 이 개인역은 다른 번역자들의 의견을 반영한 임시역과 번역자회의 결정판인 시험역을 통과하기 때문에, 베드로전서 3:21 구역의 최종 책임자의 판단의 근거는 정확히 알기 어렵다. 참조. 이만열 외, 『대한성서공회사 II: 번역, 반포와 권서사업』(대한성서공회, 1994), 37, 45.

376 『新約聖書』(上海大美國聖經會/American Bible Society, 1921), 자료 제공에 도움을 주신 대한성서공회 민영진 박사와 번역에 도움을 주신 백석대 김기창 박사는 '籲'의 의미에 '부르짖다'와 '화목하다'의 뜻이 있지만, 문맥상 '찾는다'라는 의미가 적절하다고 판단한다.

서, '에페로떼마'가 조사(inquiry)나 요구(demand)의 통상적인 의미를 가지면서도, 종종 무엇인가를 '강렬히 열망하다'(earnest seeking)라는 의미를 포함한다고 지적한다.[377] 특히 ἐπερωτᾶν εἴς τι와 같은 관용구는 '무엇을 간절히 열망하다'는 뜻으로 쓰이는데, 여기서 εἴς라는 전치사가 베드로전서 3:21에서 '하나님을 향한'(εἴς)이라 할 때 쓰이는 것으로 보아서, ἐπερώτημα가 전치사 εἴς와 함께 쓰일 때, '강렬히 열망하다'의 뜻이 더 적절함을 알 수 있다.

이렇게 보면, 개역한글의 "선한 양심이 하나님을 향하여 찾아가는 것"이라는 해석은 사전적 의미로서 불가능하지 않다는 것을 알게 된다. 그러나 Thayer는 여기서 '선한 양심'을 목적격 2격으로 해석하여, 이 부분을, "세례는 이제 우리를 구원한다 … 그것은 우리가 하나님과 화목 된 양심을 간절히 추구하기 때문이다"(but because we [ye] have earnestly sought a conscience reconciled to God)로 번역한다. 개역한글처럼, '선한 양심이 간절히 찾아가는 것'이 아니라, 선한 양심'을' 간절히 추구하는 것이다. 이것은 어떻게 보면, 선한 양심을 요청/간구한다는 의미의 해석과도 크게 다르지 않다(참고. 표준새번역). Thayer가 추가한 의미로서 '간절히 열망하다'는 뜻이 개역한글의 번역과 유사하게 맞아떨어지지만, 개역한글이 '선한 양심'을 주격으로 해석한 것, 그래서 '선한 양심이 [간절하게] 열망하는 [찾아가는] 것'의 표현이 어떻게 가능하게 된 것인지에 대한 질문은 여전히 남아 있게 된다. 어떻게 이런 해석이 나왔을까?

그것은 결정적으로 21절에서 언급된 '예수 그리스도의 부활하심으로 인하여'(δι' ἀναστάσεως Ἰησοῦ Χριστοῦ)라는 전치사구에서, 그 단서를 찾을 수 있다. 노아 홍수 때 방주로서 물의 심판을 피하는 것이 교회의 세례를 가리키는 '표'가 될 수 있는 근거는 그러므로 '예수 그리스도의 부활'이다. 이 흥미로운 전치사구는 '세례'라는 주어가 어떻게 하나님을 '향하는'(εἴς) 목적에 이를 수 있는지를 설명하는 근거와 방식(διά)을 제시한다. 마치 방주라는 주체가 물이라는 방식을 통해서 마른 땅이라는 목적지에 이르는 것과 같다. 마찬가지로 그리스도라는

---

[377] Joshep H. Thayer, *Greek-English Lexicon of the New Testament*(tran. of *Grimm's Wilke's Clavis Novi Testamenti*, Grand Raipds: Zondervan, 1976), 230-231.

주체가 의인으로서 죄인들을 대신하여 고난을 당하시고 죽으신 후(17-18절), 부활하셔서 그들을 이끌고 하늘의 하나님 보좌 앞에 이르는 방식과도 같다. 이렇게 베드로는 이 삼중적인 대조를 통해서 문맥적으로 ἐπερώτημα의 목적인 '하나님을 향한'(εἰς) 방향성을 설정해 놓고 있는 것이다. 이를 도표로 정리하여 알아보면 다음과 같다:

	주체	방식	목적지
A.	방주	물로 말미암아(διά)	(아라랏 산, 창 8:4)
B.	세례	그리스도의 부활로 말미암아(διά)	하나님을 향해(εἰς)
C.	그리스도	선한 양심, 의로운 고난을 통해(16-17절)	하나님 앞으로(18, 22절)

방주의 여정이든지 세례의 여정이든지, 모두 그리스도의 죽으심과 부활, 승천의 여정을 따라 병치되는 방식으로 소개된다. 교회가 '임시 거주 외국인이요 여행자'이듯이, 구원은 철저히 '이동'으로 설명되는 셈이다. 그래서 구원은 방주의 경우, 물의 심판을 피하는 정도가 아니라 마른 땅으로 움직여 나아가는 것이다. 또한 세례의 경우, 단지 육의 더러운 것을 '벗어버림'(ἀπόθεσις)만이 아니라 선한 양심이 하나님을 향하여 '가진 간구'(?) 혹은 ἐπερώτημα이다. 그렇다면 이런 문맥 안에서, ἐπερώτημα는 어떤 의미인가? 세례를 설명하는 21b절에서 ἐπερώτημα는 육체의 더러운 것을 '제하여 버림' 혹은 '벗어버림'을 뜻하는 ἀπόθεσις와 동사적 의미상, 대조를 이루고 있다. 즉 21b절에서 '제하여 버림'의 뜻을 가진 ἀπόθεσις에 들어 있는 ἀπο라는 전치사와 21b절의 εἰς는, 이런 '제함'과 '더함'의 대조를 잘 드러낸다. 그래서 '제하여 버림' 다음에 '그러나'가 오고 나면, 제하는 것이 아닌, 즉 없애버리는 것이 아닌, 무엇을 더하는 것을 기대하게 되는 것이다. 즉 ἐπερώτημα εἰς는 무엇을 제거하는 것이 아닌, 무엇이 덧붙여지는 것이라는 대조적인 개념의 틀 안에서 이해하게 된다.

마찬가지로 방주, 세례, 그리고 그리스도의 여정이라는 삼중적 병치 구조 안에서 보면, 21절에서도 명확히 표현되었지만, 세례는 선한 양심이(주격) 하나님을 향하여 하는 ἐπερώτημα인데, 그것은 특별히 '예수 그리스도의 부활하심을 인하여/통하여' 그렇게 하는 것이다. 그래서 ἐπερώτημα가 간청/서약과 같이 세례를 받는 당시의 순간적인 행동이든지, 아니면 보다 분명하게 하나님을 향하여 갈망하며 찾아가는 지속적인 움직임이든지, 문맥상 '예수 그리스도의 부활하심'의 힘입는 것과 그리스도의 여정과 분리되지 않는다. 다시 확인해야 하는 사실은, 선한 양심이 ἐπερώτημα라는 단계를 지나 결국 이르는(εἰς) 그 목적지가 '하나님'인 것처럼, ἐπερώτημα라는 단계와 분리되지 않는 예수 그리스도의 부활의 종국 역시, 하나님이라는 사실이다.

이 점을 명확히 밝혀주는 것이 바로 뒤이어 나오는 22절이다: "그는 [지금] 하나님의 우편에 있는데(ἐστιν), 하늘로(εἰς οὐρανόν) 올라가셔서 그에게 천사들과 권세들과 능력들을 복종시키고 계신다"(사역). 즉 22절에서 예수께서 움직이신 최종 목적지와 그 과정은, 21c절의 ἐπερώτημα의 목적지와 과정의 내용을 그대로 밝혀주도록 의도된 것이다. 선한 양심이 ἐπερώτημα를 통해 도달하는 최종 목적지는 하나님(εἰς θεόν)이다. 그것이 세례가 주는 구원의 의미인 것이다. 마찬가지로 22절에는 21c절에 등장하는 전치사 εἰς와(22절에는 하늘에로) 최종 목적지인 하나님(21c절) 혹은 '하나님의 우편'(δεξιᾷ [τοῦ] θεοῦ)이라는 말들이 등장한다. 이로써, 22절은 21c절에서 선한 양심의 ἐπερώτημα가 결국 어떠한 영광스러운 목적지에 도달하는 구원의 길인지를 더욱 구체적으로 확인시켜준다.

(5) 21절, '선한 양심'의 의미

그러므로 세례란, '선한 양심이 하나님을 향하여 찾아가는 것'이다.[378] 그러나 '어떻게' 가야 하는지가 불분명한 모호한 여정이 아니다. 왜냐하면 앞서 밝혔듯이, 노아의 방주와 세례가 그리스도의 고난받으심과 부활, 승천으로 이어지는 여정과 병치되는 구조에서 이해되고 있기 때문이다. 세례 의식을 '물'로 한다는 점에서 노아의 방주 사건이 연계되었다면, 21절에서 세례가 '그리스도

---

378 이 단락에서 소개되는 '선한 양심'에 대한 분석은, 채영삼, "베드로전서 3:21c의 번역과 해석", 601-628에서 상세히 논증한 바 있다.

의 부활하심으로 인하여'와 연계된 것은 특이하고 또 중요한 사실이다. 그래서 베드로에게 있어서, 선한 양심의 ἐπερώτημα와 '예수 그리스도의 부활하심'은 방법론적으로 서로 분리될 수 없는 것임을 명확해진다.

그렇다면 세례가 선한 양심과 무슨 관계인가? 그리고 그리스도의 부활, 승천과 무슨 관계가 있다는 말인가? 중요한 것은, 21절의 '그리스도의 부활하심으로 말미암아'라는 표현은 '하나님을 향하여'(εἰς θεόν) 나아가는 것이며, 바로 다음 구절인 22절에 나타나듯이 '하늘에'(εἰς οὐρανόν) 오르셔서 보좌 우편에 앉으신 승천 사건까지를 포함하는 결정적인 표현이다. 조금 더 넓게, 18-22절 문맥 전체를 보면, 그리스도의 부활하심과 하늘의 하나님 보좌 앞으로 나아간다는 22절의 표현은 18절에서, "그가 육으로는 죽임을 당하시고 영으로는 살리심을 받으셔서, 여러분을 하나님 앞으로 인도하시려는 것"이라 할 때, 그의 죽으심, 부활과 승천의 여정과도 일치하는 표현인 것이다. 여기 18절에서 더 중요하게, 그리스도께서 죽임으로 당하시고 '여러분을 하나님 앞으로 인도'하시는 그 일련의 여정은, 그 앞서 17절에서 소개된 '선한 양심'과 매우 긴밀한 관계로 얽혀 있음을 보게 된다. 과연, 선한 양심은 그리스도의 죽으심과 부활, 승천의 여정과 어떤 관계에 있으며, 3:18-22의 본문은 선한 양심에 대하여 어떤 의미를 부여하는가? 이 문제를 보다 면밀히 살펴보자.

우선 21c절의 "[양]심"(συνείδησις)은 어떤 의미인가? 통상적으로 양심이란 종교적인 용어에 국한되지 않는다. 종교를 갖지 않은 사람에게도 보통 '양심'이라는 단어가 적용되기 때문이다. 또한 21c절에서 συνείδησις ἀγαθή를 우리말로 번역할 때 '선한 양심'이라고 하는 것은 중복된(redundant) 표현이다. '양심'(良心)이라는 표현 속에는 이미 '선한'(良)의 뜻이 포함되어 있기 때문이다. 또한 원문의 συνείδησις이라는 단어 자체에는 '선하다'는 의미는 없다. 이 말은 문자 그대로 하면 '함께 아는 것'인데, 굳이 통상적으로 표현하면 인지상정(人之常情)의 기능이 작동하는 '평상심'(平常心) 같은 것이다. 즉 사람이라면 누구나 다른 이들과 함께 갖는, 선악에 대하여, 도덕에 대하여, 옳고 그름에 대하여, 그리고 초월성과 보편성에 대한 생래적(生來的, apriori) 지식을 함께 공유하는 마음을 가리킨다. 물론 이런 인지상정을 공유하는 마음 곧, 사람의 양심은 죄의 부패 정도에 따라 그 기능이 차이가 있고 또 아주 망가질 수도 있다. 반대로 이 양심은 매우 탁월한 정도로 회복될 수도 있는데, 그것은 양심 자체가 원래 하나님과 '함께 아는 것'(συνείδησις)을 갖춘 마음을 뜻하기도 하기 때문이다.

Oscar S. Brooks 같은 이는 21c절에서 '양심'(συνείδησις)은 전적으로 하나님과 관련지어서 해석해야 한다고 말하면서, 이것은 베드로전서 2:19, 3:16에서와 마찬가지로 여기서도 동일하게 유지되어야 한다고 본다.[379] Brooks가 이렇게 주장하는 이유는, 여기서 '양심'을 우선적으로 도덕적 행위에 대한 감각으로 보는 것이 본문의 문맥에 맞지 않는다고 보기 때문이다. 그에 의하면, 사람이 세례를 받을 때(21절) 예수 그리스도의 부활을 통해(22절) 하나님께 대한 적합한 지식을 갖게 되며, 공개적으로 하나님과 바른 관계를 맺고, 또 바른 태도를 갖게 되었음을 공표함으로써, 그는 이제 하나님과 또 다른 그리스도인들과 '함께 아는 자'(co-knower)가 된다. 그리고 그것은 "예수 그리스도의 부활 안에 구원이 있다는 것을 아는 것"을 뜻한다. 결국 Brooks는 '선한 양심'을, 복음을 통해 깨어난 '하나님께 적합한 자각'(an appropriate awareness toward God)으로 보고, 세례가 구원한다는 것은 이 신앙적 자각을 천명(declaration)하는 것과 일치할 뿐이라고 보았다.[380]

사실 '양심'으로 번역되는, 동사적 명사인 συνείδησις는 문자 그대로 하면, '함께 나누는, 모두가 함께 알고 있는 지식'을 뜻한다. Reicke나 Dalton 같은 이들도, 고대 세계에서 보통 '자각'(awareness)이나 '의식'(consciousness)의 의미로 통하는 이 단어가, 통상 인간의 내적이고 도덕적인 '심리적인 죄책감, 거리낌이 없는 마음'을 뜻하기보다, 베드로전서의 문맥에서는 '건전한 행동을 야기하는 선하고 충성스러운 마음의 태도'를 의미한다고 보았다.[381] 또 다른 학자들은 이런 맥락에서, 베드로전서 2:19과 3:16의 경우에도, '양심'으로 번역된 이 단어

---

379 Brooks, "1 Peter 3:21", 293.
380 Brooks, "1 Peter 3:21", 94; 마찬가지로 Richard, *Reading 1 Peter, Jude, and 2 Peter*, 163.
381 Bo Reicke, The Disobedient Spirits and Christian Baptism (ASNU 13; Copenhagen: Munkagaard, 1946), 177; William J. Dalton, Christ's Proclamation to the Spirits: A Study of 1 Peter 3:18-4:6 (2nd ed. AnBib 23, Rome: Pontifical Biblical Institute, 1989), 212.

의 초점은 모두 '사람의 내적인 심리적, 도덕적 상태에 있는 것이 아니라, 하나님을 기쁘시게 하는 행위에 있다'고 말한다.[382] 따라서, 3:21에서도, '선한 양심'이란, 우선적으로 사람으로 하여금 하나님께서 원하시는 것을 아는, 의식하는 마음이며, 그래서 그 기뻐하시는 바를 행하게 하는 마음으로 이해될 수 있다는 것이다.

그러나 21절의 '양심'(συνειδήσις)이라는 단어가 통상적으로 하나님과 상관없이 '선을 분별하고 지향하는 마음'만을 의미하지 않는 것과 마찬가지로, 또한 이 단어를 전적으로 하나님과의 관계에서만 정의하는 것도 지나친 해석인 것처럼 보인다. 양심이라는 단어가 수직적으로 갖는 하나님과의 관계, 그리고 수평적인 차원에서 일반적인 선과 도덕에 대해 갖는 관계는 서로 분리되기 어렵다. 그래서 Karen J. Jobes는 21절에서 '양심'이라는 단어가 "한 사람이 그리스도 안에서 하나님께 대한 자각의 빛으로 어떤 충실성을 염두에 두고 견지하는 삶의 태도나 [도덕적] 성향"을 의미한다고 보았고,[383] J. N. D. Kelly는 보다 적극적으로 "사람이 하나님께 갖는 의무에 대한 의식에서 비롯되는 건강한 도덕적 성향이나 태도"로 보았다.[384] 하나님을 의식하는 측면과 함께, 그 자각 안에서 그가 삶을 사는 태도를 강조한 표현이라는 것이다.

보다 중요하게, 바울서신서를 중심으로 양심에 대해 연구한 Hans J. Eckstein은 베드로전서 3:21의 '선한 양심'이라는 표현이, 시편 51:10(MT, 51:12)에서 다윗이 하나님께 구하여 '정한 마음'(טהור לב)을 창조해달라고 한 것과 같이, 악한 양심을 제하고 죄를 용서하는 것만이 아니라 모든 피상적이고 초보적인 것들과는 대조적으로 전 인격의 "도덕적이고 종교적인 중심"인 마음을 새롭게 창조하는 것(Neuschöpfung des ganzen Menschen von seinem sittlichen und religiösen Zentrum, seinem Herzen)을 의미한다고 설명한다.[385]

---

382 R. T. France, "Exegesis in Practice: Two Examples", New Testament Interpretation: Essays on Principles and Methods (Grand Rapids: Eerdmans, 1977), 275; D. Hill, "On Suffering and Baptism in 1 Peter", NovT 18 (1976): 188.
383 Jobes, 1 Peter, 255.
384 Kelly, The Epistles of Peter and of Jude, 163.
385 Hans J. Eckstein, Der Begriff Syneidesis bei Paulus: Eine neutestamentlich-exegetische

그러므로 συνειδήσις라는 표현 자체에서 종교적인 차원과 도덕적인 차원을 쉽게 분리하기는 어렵다. 둘 다 포함되어 있다고 보는 것이 정당하고 또 중요할 것이다. 이런 맥락에서 베드로전서가 유독 세상 앞에서 교회가 행하는 '선한 일'(2:12, 14, 20; 3:1, 11, 13, 16)이나 '선한 양심'(3:16, 21; 참조. 2:19)에 대한 강조를 반복하는 것은 매우 흥미로운 점이다. 더구나 베드로전서는 이미 교회를 이 세상을 지나가는 '임시 거주 외국인이요 여행자'(1:1; 2:11)로 선포했고, 이 세상 속에서 하나님의 덕을 선포하는 '제사장 나라'(2:9-10)임을 강조했다는 사실은 '선한 양심'의 이중적 차원이 모두 결정적으로 중요함을 시사한다.[386] 이런 배경에서 보면, 3:21의 '선한 양심'은 단지 하나님과의 관계에서의 측면만이 아니라, 오히려 적극적으로 세상 안에서 드러나는 성도의 신앙의 내용을 표현하는 용어일 가능성이 높아 보인다. 즉 3:21에서 '선한 양심이 하나님을 찾아가는 것'이라는 표현은 '예수 그리스도의 부활이라는 객관적이고 구속사적 사역'과 불가분리의 관계에 놓여 있는 무엇이면서(1:1-4; 2:10), 이런 수직적이고 종교적인 측면을 축으로 하면서도, 동시에 교회가 세상 속을 지나가면서 그의 믿음을 양심의 형태로 보여 주도록 되어 있는 면모를 강조하는 것이다.

'선한 양심'이 가진 이런 이중성, 곧 하나님께 대한 거듭난 심령의 하나님의 뜻에 대한 의식(2:19)과 동시에 세상 사람들과 더불어 갖는 도덕적 양심의 차원이라는 이중성은, 베드로전서 3:21이 포함되어 있는 18-22절의 문맥뿐 아니라 이전 13-17절의 문맥에서부터 자연스럽게 드러나고 있다.[387] 이를 살펴보면

Untersuchung zum 'Gewissensbegriff' (WUNT 2/10, Tübingen: Mohr Siebeck, 1983), 109. 또한 Eckstein은 이런 맥락에서 양심을 새롭게 하는 것은 새 언약의 내용과 깊은 연관이 있다고 보고(렘 31:33-34; 겔 36:26-27), 신약에서 '선한 양심'(벧전 3:16, 21; 딤전 1:5; 행 23:1 등)은 '깨끗한 양심'(딤 3:9), '거리낌이 없는 양심'(행 24:16)과 같은 것이라고 말한다(303).

386 Achtemeier, *1 Peter*, 272, 3:21c의 이 표현이 "이 적대적인 세상 한가운데에서" 선한 양심을 유지하는 삶을 사는 것을 강조한 것이며, 이것이야말로 서신서 전체의 주요 쟁점이라고 지적한다; 참조. 최승락, "베드로서신에 나타난 세상 속 그리스도인의 신행일체", 72-76.

387 Elliott, *1 Peter*, 689-693, 또한, 3:18-22는 3:13-17의 권면에 대한 기독론적 근거를 제시한다. 이는 2:21-25가 2:18-20의 권면에 대해 기독론적 근거를 제시한 것과 같다. 다만 여기서는 '고난받는 그리스도'의 모델 이상으로 예수께서 부활, 승천한 것을 강조함으로 세례를 받은 신자들을 향한 구원론적 함의를 담고 있다는 점이 다르다(689). 즉 그리스도와 함께 '의로운 고난'을 함께 나누는 자는 그와 함께 하늘의 영광, 권세, 능력도 함께 나누게 될 것이므로, 예수의 부활, 승천이 신자들로 하여금, 그분께서 그들을 하나님 앞으로 인도하실 수 있다

무엇보다, 13-17절을 한 문단으로 묶어 주는 핵심적인 단어는 '선하다'는 개념인데 무려 4회나 등장한다: τοῦ ἀγαθοῦ(선한 일을, 13절), συνείδησιν ἀγαθήν(선한 양심, 16a절), τὴν ἀγαθήν(선한 일을, 16b절), 그리고 ἀγαθοποιοῦντας(선을 행하는 것, 17절; 참고. δικαιοσύνην[의를, 14절]). 또한 '선한'이라는 형용사를 중심으로 하는 이 어군(語群)은 16절의 '선한 양심'이라는 분명한 표현을 기점으로, 21절에서 다시 '선한 양심'이라는 표현으로 계속 이어진다. 즉 13-17절은 21절의 '선한 양심'의 문맥상의 의미를 뒷받침하는 배경이 된다고 볼 수 있다.

더 나아가, '선한'이라는 용어를 중심으로 전개되는 내용은 13-17절뿐 아니라 그에 앞서는 8-12절의 내용과도 짝을 이룬다.[388] 8-12절은 교회 내의 형제들 사이에서(8절) "악을 악으로 욕을 욕으로 갚지 말라"는 부탁으로 시작해서 (9절), 시편 34:14 이하를 인용하면서 "악에서 떠나기"를 권면하며 "선을 행하고 화평을 구하라"고 권면하는 대목이다. 이와 짝을 이루며 또 다른 문단을 시작하는 13절은 명백하게, 교회 안의 형제들이라기보다는, 교회 밖에서 교회를 핍박할 수 있는 자들에 대하여 적극적으로 '선을 행하라'고 권면하는 부분이다: "그리고 너희가 선을 행하는 일에 열심하는 자들이 되면, 누가(τίς) 너희를 대하여 나쁘게 하는 자가 되겠느냐?"(13절, 사역) 이런 논조는 16절에서 더욱 명확해진다.[389] 여기서 '선한 양심'을 가지는 것은 명백하게 "그리스도 안에 있는 너희의 선행을 욕하는 자들"을 대하여 "그 비방하는 일에 부끄러움을 당하게" 하는 가장 큰 무기로 소개된다.

즉, 3:8-12과의 대조를 통해서도 그리고 13절이나 16절의 명확한 설정을 통해서도, 13-17절의 '선한' 일 또는 더 명백하게 '선한 양심'(16절)이라는 표현은 교회 밖의 이방인들, 곧 교회가 세상 속에서 마주 대하는 사람들을 염두에 둔 것임이 분명히 드러난다. 즉 '선한 양심'이라는 표현은 16절에서 보듯이, 그

는 확신을 준다.

388 Dalton, *Christ's Proclamation to the Spirits: A Study of 1 Peter 3:18-4:6*, 95. 3:12와 13절 사이에 구조적 전환이 있다고 본다. 연속적인 성경 구절 인용들 후에 13절부터는 서신서 전체의 결론이 시작된다.
389 Campbell, *Honor, Shame, and the Rhetoric of 1 Peter*, 28-30. 베드로전서에는 '영예, 수치'의 용어들이 많이 있다. 그리스도인들이 추구해야 할 참된 영예에 대하여는, '역전'(reversal)의 모티브가 강하게 나타나는 3:16에 두드러지게 많이 나온다(또한 2:12).

리고 13-17절의 문맥이 뒷받침하듯이, 교회가 세상 속에서 그리스도 '밖에' 있는 사람들을 대하여 갖는 관계나 태도를 말하는 맥락에서 쓰였다는 것이다. 이것은 21절의 '선한 양심'도 동일한 맥락, 곧 일방적으로 '하나님께 대한 의식'만이 아닌, 수평적 관계에서 특별히, 교회가 교회 밖의 세상과의 관계에서 갖는 태도를 염두에 둔 표현이라는 것이다. 그럼에도 불구하고, 또 한편으로 베드로는 13-17절에서 강조한, 선한 행위, 선한 양심(16절)을 그대로 예수 그리스도의 모범으로 연결하고 있다. 이런 형식은 21절에서 '예수 그리스도의 부활하심'과 '선한 양심'이 하나로 밀접하게 묶여지는 것과 같은 현상이다. 즉 이를 도표로 명료하게 옮기면 다음과 같다:

16절: <u>선한 양심을 가지라</u> … 선을 행함으로 고난받는 것이 하나님의 뜻(17절)
　　　　18절: <u>그리스도께서도</u> 한번 죄를 위하여 … 의인으로서 불의한 자를 대신하심
　　　　21a절: 물은 <u>예수 그리스도의 부활하심</u>으로 말미암아 너희를 구하는 표니
21b절: <u>선한 양심</u>이 하나님을 향하여 찾아가는 것이라(개역한글)

이 도표에서 보듯, 16절과 18절이 짝을 이루는 방식(선한 양심/ 그리스도)은, 21절 상반절과 하반절에서 반복된다(예수 그리스도/ 선한 양심). 단지 차이가 있다면, 16-18절에서는 선한 양심이나 그리스도가 선한 일로 고난받는 과정, 곧 십자가로 향하는 과정을 그린 것이라면, 21절에서는 예수 그리스도나 선한 양심이 오히려 부활이나 '하나님 앞에서 혹은 앞으로 나아가는'(εἰς) 긍정적인 과정을 그린 차이라고 볼 수 있다. 이렇게, 18절은 13-17절의 문맥과 19절 이후 22절까지의 문맥을 연결하는 역할을 한다. 실로 19-22절은 예수 그리스도의 죽고 다시 사심을 의로운 고난과 세례의 비유로 다시 설명한 부분이기 때문이다. 우선 18절에서 그리스도의 '의로운 고난'으로서의 죽음이 소개되는 이유는, 17절에서 '선을 행함으로 고난받은 것이 하나님의 뜻'이라는 것을 예수 그리스도의 모범에서 찾으려 하기 때문이다.

물론 21절에서 예수 그리스도의 부활하심과 세례, 그리고 선한 양심의 밀접한 관계를 생각한다면, 18절이 단순한 '모범' 그 이상의 존재론적인 의미를 갖

는다는 것을 짐작할 수 있다.[390] 한편 18절부터는, 선을 행하다가 고난받는 것의 긍정적인 의미를 예수 그리스도의 죽으심과 부활 그 자체에서 찾는 대목이 시작된다. 이것은 곧바로, 세상을 지나가는 '임시 거주 외국인과 여행자'로서의 교회가 '선한 양심'으로 고난받는 것이 과연 어떤 의미와 결과를 가져오는지에 대한 강력하고 설득력 있는 예시인 것이다. 그렇다면 18-22절의 문맥 속에서 21절의 '선한 양심이 하나님을 찾아간다'는 것은 어떤 의미를 갖게 되는가?

18-22절은 사실, 18절에 대한 긴 주석이요 적용이라고 볼 수 있다. 왜냐하면 18절의 구도가 뒤이어 나오는 19-22절의 구도를 결정하기 때문이다. 18절은 그리스도의 죽으심과 부활하심의 의미와 목적, 그리고 그 결국을 명확히 밝힌다. 즉 (i) 그의 죽으심의 의미는 '불의한 자를 대신한' 고난의 죽음이었다는 것이며, 이는 (ii) '우리를 하나님 앞으로 인도하려'(προσαγάγῃ τῷ θεῷ)는 목적을 위한 것이고, 그는 결국, (iii) 영으로는 살리심을 받았다는 것이다.

따라서 19절 이하에서는, 그리스도의 죽으심의 의미와 목적과 그 결국이라는 이 세 가지 측면들이 부연 설명되고 또한 그리스도인의 삶에 적용되는데, 이 과정을 위한 첫 단계로서 특별히 19-20절은, 그 '목적'에 대하여 곧, '우리를 하나님 앞으로 인도하려 하심'이라는 목적에 대한 부연 설명을 제공한다. 19절에서 '옥에 있는 영들'(τοῖς ἐν φυλακῇ)이 어떤 대상인지에 대한 논란이 많지만, 핵심적인 주제는 여전히 그리스도께서 죽으심은 '불의한 자를 대신'하신 것 곧, 그들(19절에서는, 노아의 날 방주 예비할 동안 … 순종치 아니하던 자들)을 '구원'(20b절)하기 위하여, 혹은 18절의 표현대로 하자면, 그들을 '하나님 앞으로 인도'하기

---

[390] Boring, *1 Peter*, 142, 이렇게 말한다: "그리스도인들은 옛 생활로 되돌아갈 수가 없다. 왜냐하면 그들은 세례를 통해 그리스도에 연합되었기 때문이다. 이제 그리스도-사건의 이야기는 그들 자신의 이야기가 된다. 그들은 단지 그리스도를 모방하는 것이 아니라, 그리스도의 고난에 참여하게 된다(4:13)"; 또한 Dryden은 *Theology and Ethics in 1 Peter*, 182, 베드로전서의 독자들의 성품 형성을 위한 문학적 도구로서, 세계관, 회상과 반제(remembrance and antithesis), 사회적 정체성(social identity), 도덕적 교훈들과 함께, 베드로전서 2:21-25, 3:18, 그리고 4:1은 '그리스도의 모범'(Imitatio Christi)을 제시하는 본문으로서, 그 신학과 윤리를 분리할 수 없는 방식으로 사용된 경우라고 설명한다; 참조. 한편 최승락은 "베드로서신에 나타난 세상 속 그리스도인의 신행일체", 94-103, 세례시의 고백(3:21, 선한 양심의 서약)이 갖는 화행(speech-act)일체의 의도와 효력을 강조한다. 이는 고백과 행위의 두 차원을 한데 묶으려는 시도로서, 위에서 예로 든 Boring이나 Dryden이 함께 묶으려는 두 차원 곧, 그리스도의 객관적 사건과 신자 개인의 삶의 여정, 곧 신학과 윤리의 두 차원의 연결과는 다른 접근이다.

위함이라는 것이다.

이렇게 19-20절은 그리스도의 고난과 죽으심이 어떻게 사람들을 하나님 앞으로 인도하는 일이 되었는지를 부연 설명하고 있음을 볼 수 있다. 따라서 자연스럽게 21-22절은, 19-20절에서 전개된 내용 속에 들어 있는 주제와 이미지들을 이어받아 전개된다. 특별히 21-22절에서 강조되는 것은, 앞서 18절에서 표명된 그리스도의 죽음의 결과 곧, 그가 부활하여 살리심을 받은 내용이다. 실제로 22절은 그리스도께서 결국 "하늘에 오르사" 하나님 우편에 계시고 그에게 천사들과 권세들과 능력들이 순복하는 장면 곧, 그리스도께서 불의한 자를 대신하여 죽으신(18절) 고난과 죽으심이 갖는 영광스러운 결과에 대한 묘사로 채워져 있다.

따라서 21-22절은 그리스도의 고난과 죽으심의 최종적인 종착점, 곧 하늘에 오르심과 하나님 우편에 앉으사 모든 권세 위에 계신 그 결국의 전망 아래에서, 다시금 그의 죽으심의 의미와 목적을, 노아 시대의 물로 심판받고 구원받은 사건을 배경으로(19-20절) 신자의 세례 사건에 적용하여 설명하는 부분인 것이다(21절).[391] 그러므로 21절에서 가장 주도적인 주제는 18절과 22절에서 강조되는 그리스도의 고난과 죽으심의 결국, 그 최종적인 도착지이다. 이를 배경으로, 저자는 이미 18절에서 그리스도의 죽으심의 의미와 목적 곧, 불의한 자를 대신하여 죽으신 것과, 우리를 '하나님 앞으로 인도하기 위함'이라는 목적을, 21-22절에서 제시한 대로 이제는 이러한 그리스도와 결코 분리될 수 없는 신자의 삶으로 풀어서 설명하고자 하는 것이다.

이런 점에서, 18절과 21-22절은 구조적으로 상당한 유사성을 보여 준다. 실제로, 21절에서 "세례라" 하고 뒤이어 나오는 21b절 부분은 18절 상반절에서 이미 명확히 선언한 그리스도의 죽으심의 의미와 목적과 상응하는 부분이다. 왜냐하면 21절에 나오는 그리스도의 부활하심에 대한 언급이, 18절에서 "영으로는 살리심을 받았다"고 하신 그의 죽으심의 결과이기 때문이다. 이런 점에

---

391 Richard, *Reading 1 Peter, Jude, and 2 Peter*, 162-163, 노아의 방주 사건과 그리스도의 죽으심과 부활, 승천의 사건을 여정(journey)으로 보면서도, 세례는 여전히 '서약'으로서 (개역한글의 해석처럼) '여정'으로 보는 데까지 나아가지 않는다.

서, 18절과 21-22절은 그 내용상 서로 깊이 상응하는 구조적 유사성이 드러난다.[392]

18절과 21-22절의 구조적 유사성

그리스도의 죽으심	방식	결과	목적
18절	'불의한 자를 대신하셨으니'	'살리심을 받았으니'	'하나님 앞으로 인도하려'
21-22절	'선한 양심이 찾아가는 것이라'	'하늘에 오르사'(22절)	'하나님을 향하여'(21절)

이렇게 18절과 21-22절의 구조적 유사성을 놓고 보면, 21절의 '선한 양심이 찾아가는 것이라'는 문맥상, 18절의 '불의한 자를 대신하셨으니'라고 하는 그리스도의 죽으심의 의미에 상응하는 부분임을 알 수 있다. 만일 이런 분석이 맞다면, 그리스도인의 세례를 '선한 양심이 찾아가는 것이라'라고 한 표현은 그리스도의 죽으심을 두고, 그것이 '불의한 자를 대신한 것'이라는 의미와 일맥상통하게 된다. 즉 그리스도인이 세례를 받는다는 것은, 그리스도께서 그의 죽으심을 통해 '불의한 자를 대신'하셨고, 이로써 그들을 '하나님 앞으로 인도'하신 것과 같은 과정 즉, 그들도 그리스도로 말미암아 새로워진 '선한 양심'에 의한 삶을 통해, 이를테면, 불의한 자를 대신하는 고난으로 말미암아, 또한 18절식으로 하면, '하나님 앞으로' 나아가는 것을 가리키게 된다. 그리고 그 결과는 18절에서 그리스도의 고난의 결과처럼 '살리심을 받는 것'이며, 22절에서 다시 확증하는 대로, '하늘에 오르시어' 하나님 보좌 우편에 앉으신 그리스도와 같은 운명을 누리는 것이다.

이렇게 보면, '선한 양심'의 여정은 그리스도의 불의한 자를 대신하는 고난과 하나님 앞으로 나아간다는 방향성을 포함하는 문맥상의 의미를 갖게 된다. 특별히 16-17절은 이런 해석을 적극적으로 뒷받침한다. 즉 16절은 '선한 양심

---

[392] 18절과 21-22절에서 모두, 결과는 아오리스트 형태로(ἅπαξ περὶ ἁμαρτιῶν ἔπαθεν[18절]; πορευθεὶς εἰς οὐρανόν[22절]), 또한 목적은 주로 전치사로 표현되었음(προσαγάγῃ[18절] εἰς[21, 22절])을 알 수 있다.

을 가지라'고 말하는데, 이는 곧 그리스도 안에 있는 그들의 선행을 욕하는 자들 곧, 교회 밖 세상 속에 있는 자들의 비방을 전제한 것이며(16절), 17절은 직접적으로, 세상 속에서 선한 양심을 갖는 것이 '선을 행함으로 고난을 받는 것'이고, 그것이 하나님의 뜻이라고 표명한다. 이런 맥락에서 18절은 오히려, 신자가 선한 양심을 인하여 세상 속에서 받는 '선교적 고난'의 당위성을 뒷받침하기 위하여 그리스도의 경우를 예시하는 것(그리스도께서도, 개역한글, ὅτι καὶ Χριστὸς)으로 여겨진다.

그만큼, 세상 속을 '임시 거주 외국인과 여행자'(1:1; 2:11)로 지나가는 교회가 그들을 비방하는 세상 속에서 '선한 양심'으로 사는 것, 곧 그들의 선행으로 인해 고난받는 것이, 그리스도 자신의 고난과 함께 선교적 의미를 갖는 것으로 이해되는 것이다.[393] 그리스도께서 불의한 자를 대신하여 고난받으심으로 그들을 '하나님 앞으로' 인도하신 것처럼, 교회도 세상을 '나그네와 행인'으로 지나가면서, 그들의 선한 양심과(21절) 선을 행함으로 고난받음을 통해(18절) – 그리고 그리스도께서 불의한 자를 대신하여 죽으시고 부활하심으로 말미암아 – 저들 앞에서, "하나님을 향하여 찾아가는" 것이기 때문이다.

베드로전서가 그리스도의 죽으심과 부활을, 교회가 세례를 통해 세상을 지나가면서 선한 양심과 그로 인한 선행을 통해 받을 수 있는 고난의 과정, 그리고 그 결국이 그리스도께서 도달하신 곳과 같은 목적지인 '하나님 앞으로'(προσαγάγῃ, 18절)/'하나님을 향하여'(εἰς, 18절)/'하늘에로'(εἰς, 22절) 이르는 과정으로 이해한 것은 그래서 대단히 흥미로운 대목이다. 결국 베드로전서는, 그리스도의 죽으심과 부활의 과정을, 세상 속을 지나가는 교회의 삶에 적용하면서, 선한 양심으로 인한 선한 행실로 고난받으며, 이것을 통해 자신과 세상 사람들을 하나님 앞으로 이르게 하는 과정으로 이해한 것이다. 이는 실로, 그리스도의 죽으심과 부활을 근거한 베드로전서의 독특한 선교신학이 아닐 수 없다.

이런 점은, 흥미롭게도 19-20절에 삽입된, 부활하신 그리스도께서 영으로

---

393 유사하게, 현경식, "베드로전서에 나타난 선행의 윤리", 1183-1212, 베드로전서가 전개하는 선행이란 믿음의 행위이며, 전적으로 "기독론에 근거한 신학적 윤리" 곧, 선행의 교회·공동체성과 함께, 그리스도를 믿음으로 그리스도 안에서 가능한 선행임을 강조한다.

옥에서 전파하셨다는 말씀 곧, 노아의 날 방주에서 물로 말미암아 구원받은 이야기를 통해서 강조되고 증폭됨을 볼 수 있다. 그리스도께서 영으로 옥에서 전파하신 것이 어떤 의미이든 간에, 노아의 날 방주 사건이나, 물에 대한 언급, 이로 인한 구원에 대한 언급은, 21절에서 말하는 '세례'에 대한 이해의 직접적인 배경과 조건이 된다. 그런 의미에서 20절에서 '물'은 심판의 의미라기보다, 심판의 의미를 전제한 그 이면의 의미 곧, 이로 인해 방주가 아라랏 산(창 8:4)에 도착하기까지 통과한 과정이요, 역설적이지만 동력(動力)이라는 의미까지도 포함한다. 그래서 21절은 물을 두고 '예수 그리스도의 다시 살아나심으로 말미암아 이제 너희를 구원하는 표' 곧 세례라고 말한다. 여기서 20절의 '물로 말미암아'라는 표현은 21절에서 보다 직접적으로 '예수 그리스도의 부활하심으로 말미암아'라는 표현과 상응하는데, 이는 노아의 때에 '물'이 곧, 방주에 있는 이들을 구원에 이르게 한 과정과 혹은 역설적으로 어떤 동력의 역할을 한 것처럼, 세례 역시 세례받은 자들을 구원에 이르게 하는데, 그 과정과 동력이 예수 그리스도의 다시 살아나심이라는 것이다.

왜 그런가 하면, 예수 그리스도는 그의 부활하심을 통해 결국 '하늘에 오르사' 하나님 우편에 앉으셨기 때문이다. 이런 방향성은 예수 그리스도의 고난과 죽음에 대한 새로운 조명을 하게 하는데(17-18절), 바로 이런 논리가 21c절에서 '선한 양심의 에페로떼마'의 의미를 이해하는 데에 빛을 던진다. 즉 노아 시대의 물이 지금의 세례의 역할을 조명할 수 있는 것은 물이 방주를 구원의 땅으로 인도했기 때문인데, 지금은 세례가 예수 그리스도의 부활로 말미암아 이들을 구원의 땅, 이제는 아라랏 산이 아닌 그리스도께서 오르신 하늘, 곧 하나님 보좌 앞으로 인도하는 것이다.

이런 문맥에서 베드로전서는 그리스도의 부활의 과정을 통과하는 것 또한, 그의 부활을 힘입어 하늘에 이르는 구원의 과정을 '선한 양심이 하나님을 찾아가는 것'이라는 말로 설명한 것이다. 이 점이 흥미롭고 놀라운 부분이다. 실제로, 20절의 비유를 고려해보면, 20절에서 21절의 '선한 양심'과 짝을 이루는 이미지는 '방주'라고 할 수밖에 없다. 20절의 이미지를 빌려 21절을 풀어서 설명하면, 그리스도인은 '선한 양심'이라는 방주를 타고 그리스도와 함께 그리스도의 죽고 다시 사심의 과정을 통과하며, 또한 그의 부활을 힘입어 하늘이라는 목적지, 곧 하나님 앞에 이르게 된다.[394] 곧, 교회가 이 세상을 지나 하늘의 하나님 보좌 앞에 이르는 긴 여정을 갈 때, 그것은 선한 양심으로 인한 선한 일을 통해 고난도 받는 길이지만, 그리스도의 고난과 죽으심이 부활의 길이었던 것처럼, 결국 하늘의 하나님 보좌 앞으로 인도하는 여정이라는 의미이다.

이렇게 보면, 베드로전서가 '선한 양심'에 부여한 의미는 의미심장한 것임을 알 수 있다. 베드로전서는 예수 그리스도의 죽으심과 부활, 그리고 그의 승천하심의 과정을, 세상 속을 지나가는 교회가 세례를 통해 얻고 시작한 '선한 양심의 삶'으로 이해하고 독려하고 있다. 마치 노아의 때에 방주가 물 위에 떠서 물 위를 지나 구원의 땅에 이른 것처럼, 이제 그리스도인은 세례의 긴 여정 곧, 선한 양심을 통해 세상을 지나 하늘에 이르는 구원의 여정을, 고난과 죽음 후에 부활, 승천하신 그리스도와 함께, 그리스도를 따라가도록 부르심을 받는 것이다.

---

394 베드로전서가 묘사하는 '하늘에 이르는 여정'은, 개인적이고 영·육 이원론적인 분리이기보다, 훨씬 공동체적이고 과정적이다; 참조. 반면에 Bray, *James, 1-2 Peter, 1-3 John, Jude*, 65, 초대 교회의 맹인 디디모(Didymus the Blind)는 "시편 39:12를 인용하면서, 베드로가 '나그네와 행인' 된 것을 이 땅에서 순례자 된 것으로 이해한다. 그리고 여기서 순례자라는 것은 주로 영혼이 육체의 구분을 통해, 영혼이 육체의 고난을 떠나 하늘나라에 이르는 것을 의미한다"고 본다.

4. Κόσμος와 종말, 그리고 교회(4:1-5:14)

베드로전서에 있어서 3:18-22는 마치 복음서에 기록된 '변화산' 이야기를 떠올리게 할 만큼 웅장하고 영광스럽다(참고. 마 17:1-8). 그 내용은, 세상 속에서 온갖 천대를 받는 임시 거주 외국인과 여행자 같은 교회가 드디어 악인들이 득실거리는 세상 한복판을 선한 양심의 방주를 타고 지나가, 그들의 목자와 감독 되신 그리스도께서 먼저 이르신 하늘의 하나님 보좌 앞에 도착하는 비전의 절정이다. 그들이 지상에서 믿음으로 받았던 세례의 웅장하고 고달프고 아득한 여정이 모두 완성되는 순간이다. 그들이 그리스도를 따라 이 십자가의 길, 선한 양심의 길을 계속 걸어가면 결국 어떤 영광에 이르는지를 그들 앞에서 장엄한 하늘의 광경으로 제시한 것이다.

그러나 이것이 끝이 아니다. 교회는 여전히 세상 속에 남아 '전투하는' 교회로 그 여정을 다 마쳐야만 한다. 그래서 베드로는 4:1에서 다시 영광의 변화산 아래로 독자들을 데리고 내려오는 것이다. 아직 가야 할 길이 있다. 하지만 그 길은 이미 그 길의 끝을 본 영광의 길이다. 그들은 세상의 이방인들에게서부터 소외당하고 조롱당하고 때로 핍박당할 것이다. 이제 베드로는 이렇게 '육체의 남은 시간'(4:2)을 어떻게 지내야 할지에 관해 권면한다. 그 중요 원리는 세상 속에 아직 남아 있는 '흩어진 교회'(1:1; 5:13)는, 반드시 종말론적인 근거 위에 서 있음을 잊지 말아야 한다는 것이다. 그들이 세상에서 겪는 이질감과 그에 따른 고난은 그래서 '잠시'뿐이다(4:1-2; 1:6-7; 5:10). 이미 끝이 결정되어 있고, 심판주가 기다리고 있다. 억울할 일이 없다. 그 이유는 그들을 비방하는 자들도 모두 심판주 하나님 앞에 설 것이기 때문이다(4:5). 또한 고난받는 교회 위에는 이미 '영광의 영'이 임재해 계신다(4:14). 베드로는 거듭해서, 고난을 언급할 때 반드시 영광을 함께 언급한다(1:6, 8; 3:17, 22; 4:1, 11; 5:1, 4; 5:10, 11; 참고. 고난과 복, 3:9).

이런 특징은, 베드로가 3:20에서 노아의 방주 이야기를 통해 도입한 '안식' 모티브를 통해서도 드러난다. 4:1에서 '죄를 그쳤다'든지, 4:14에서 '영광의 영이 너희 위에 머물렀다'와 같은 경우들이다. 장차 교회가 받아 누릴 영광은 단지 미래에만 있지 않고, '이미' 이 세상에서 고난받는 제사장 공동체 교회 위에 임재해 있다는 사실은 수신자들에게 더 없이 큰 위로가 되었을 것이다. 그들을 부르셔서 그들에게 살아 있는 소망을 주신 하나님은, 그 소망의 목적지에 이르기까지 교회를 버려두지 않으신다. 성도 모두가 은사를 받은 하나님의 제사장으로서, 하나님의 능력으로 서로를 섬기며 세워가는 교회 안에 강력히 임재해 계신다(4:7-11; 5:1-4, 12-14). 그들로 하여금 세상에 대하여 승리하는 교회가 되게 보호하시고 간섭하시며 친히 온전케 하신다(5:10). 베드로는 이런 식으로, 세상 속의 교회가 그 고난에도 불구하고 어떻게 온전한 영광에 이를 수밖에 없는지 역설한다.

4.1 종말과 교회 – 공간적, 시간적 '여정'

그렇다면 4:1부터 다시 부각되는 종말에 관한 베드로서신의 강조점이 있다면 무엇인가? 물론 베드로전서의 종말론 역시, 구약과 유대교의 특징적인 직선적인 역사관에 기초한 종말론과는 다른, 복음서와 바울서신을 포함하는 신약 전체에 걸쳐 타당한 '이미'의 종말론 즉, 예수 그리스도의 십자가와 부활 사건을 통해 이미 성취된 '실현된 종말론'(realized eschatology)에 기초한다. 그리고 동시에 '아직' 성취되지 않은 즉, 예수 그리스도의 재림에서야 그 이미 시작된 종말의 성취의 완성을 기다리는 '수정된 종말론'(modified eschatology)임이 틀림없다.

베드로전서 역시, '이미' 성취된 종말론을 강조한다. 수신자들은 이미 예수 그리스도가 죽은 자 가운데서 부활하심으로 말미암아 '거듭나게 하심'을 입고, '살아 있는 소망으로'(εἰς ἐλπίδα ζῶσαν) 살 수 있게 되었다(1:4). 그 '살아 있는 소망'은 그리스도의 부활로 말미암아 그들의 거듭난 심령이 믿음을 통해 갖게 된 '하나님의 썩지 않고, 더럽지 않고, 쇠하지 않는 기업, 혹은 나라'(4절)에 대한 담보와도 같다. 그들은 아직, 죽음에서 해방된 영원한 생명이 가득한 세상, 죄에서 벗어난 거룩하고 의와 평강이 거하는 세상, 그리고 하나님이 친히 거하시는 영원한 세상에서 살고 있지는 않다. 하지만 그들의 심령과 그들의 공동체 곧 교회 안에서는 이미, 이러한 '썩지 않고, 더럽지 않고, 쇠하지 않는' 하나님의 통치, 그의 나라에 참여하며 경험하고 있는 것이다. 그들은 아직 '예수를 보지 못하였으나' 그를 사랑하고, 주께서 나타나실 때에야 믿음의 결국인 구원을 받을 것이지만(1:9), 이미 이제도 믿고 말할 수 없는 영광스러운 즐거움으로 즐거워한다(1:8). 종말에 처한 교회도 이미, '하나님의 은사와 능력'의 임재 가운데 거하며, 범사에 예수 그리스도로 말미암아 하나님께 영광을 돌리고 있다(4:7-11).

그러나 종말에 관한 베드로의 강조점은 죽음과 죄와 허무가 지배하는 세상이 아닌, '썩지 않고 더럽지 않고 쇠하지 않는 나라'에 대한 '살아 있는 소망'을 지금 여기서 분명히 누리고 있지만, 그것은 여전히 '아직' 온전히 성취되지 않은 '소망'(ἐλπίς)으로 표현된다(1:4). 상대적으로, 그들이 받은 '살아 있는 소망'의 내용인 장차 온전히 이루어질 하나님 나라가 '썩지 않고, 더럽지 않고, 쇠하지 않는' 나라로 표현된 것처럼, 그들이 '아직 여기서' 맞닥뜨리고 있는 세상은, 죽음의 지배 아래에 있어서 썩어가고, 죄의 지배 아래에 있어서 더러워지며, 하나님 없이 허무한 세상으로 특징지어진다. 베드로는 교회를, 본질적으로 '이런 세상'에 속해 있지도 않고, 이런 세상에 영원히 머무르지도 못하는 존재로 규정한다. 그들은 그들이 믿음을 통해 받은 '살아 있는 소망'과 그 소망의 대상인 하나님 나라의 생명과 거룩 그리고 영원이라는 특징 때문에, 본질상 이 세상에 속하지 못하고, 이 세상을 '임시 거주자와 여행자'로 지나간다(1:1; 2:11).

그래서 베드로전서의 종말론은 '세상'의 특징과 '하나님 나라의 기업'의 특징이 서로, 죽음과 죄 그리고 하나님이라는 세 가지 요소들에 의해, 강력히 대조되는 형태로 제시된다. 따라서 세상 속의 교회 역시, 종말론적으로 규정되는데 특별히 '세상'과 '장차 얻을 기업, 곧 하나님 나라'와 강력히 대조되는 방식으로 그 존재와 사명이 규정되는 것이다. 물론 베드로전서에서 이 세상은 여전히 그리고 의심의 여지없이, 주(主) 되신 하나님의 주권과 통치 아래에 있다. 로마의 황제를 비롯한 이 세상의 통치자들도 주 되신 하나님의 주권 아래에 놓여 있고(2:12-17), 그 사실을 모르고 썩어지고 더럽고 허무한 세상을 따라 거짓되고 부패한 우상 숭배의 삶을 계속 살아가는 세상 사람들에게도 하나님은, 믿는 자들에게와 마찬가지로 공의의 심판주가 되신다(4:5-6).

그리고 그 심판은 이미 '하나님의 집'에서부터 시작되었다(4:17). 여기서 '하나님의 집' 혹은 '하나님의 권속'(οἶκος τοῦ θεου)이라는 표현은 앞서 2:4-11에서 전개된, 옛 언약 백성의 상징인 예루살렘 성전의 파멸과, '살아 있는 돌'이신 예수 그리스도를 기초로 세워져 가는 하나님의 살아 있는 성전인 새 언약 백성인 교회의 탄생과 시작에 깊이 연관된다.[395] 그래서 하나님의 집에서 심판이 이미 시작되었다는 것은, 하나님께서 종말에 시온에 세우실 새로운 성전의 기초 돌(2:6; 사 28:16)이 되신 예수 그리스도, 즉 돌로 지은 성전이 허물어지는데도 '살아 있는 돌'로 지으시는 신령한 성전에 참여하지 못함으로써, 거치는 돌에 걸려 넘어진 자들이 생겼음을 의미하는 것이다(2:7-8; 사 8:14).

이렇게 종말론을 배경으로 보면, 교회의 위치가 나온다. 우선 내용적으로 교회는 이 세상이 아닌 하늘에 속한 '생명과 거룩과 영원'을 특징으로 하는 기업 곧 나라를 장차 유업으로 받을 자이며, 그 나라에 소속되어 있다. 그래서 세상에서는 '임시 거주 외국인이요 여행자'이며 동시에 '제사장 공동체'(2:5, 9)이다. 또한 시간적으로는 그들이 '그리스도의 죽은 자 가운데서 부활하심으로 말미암아'(1:4) 거듭나게 된 시점부터 시작해서, '예수 그리스도의 부활하심으로 말미암아'(3:21) 선한 양심으로 하나님을 향하여 하늘 보좌 앞이라는 목적지에 이르기까지의 여정을 지나가게 된다(3:18-22). 하지만 이 보좌 앞에 이르는 마지막 순간은 그리스도의 다시 오심으로 완성된다(1:7). 세상에서 '임시 거주 외국인과 여행자'로 이 선한 양심의 여정을 지나가는 교회는 그들의 '영혼의 목자(ποιμήν)와 감독 되신'(2:25) 그리스도의 인도하심을 받으며, 그 '목자장'(ἀρχιποίμην)이신 그리스도께서 그들에게 직접 나타나 판단하시는 그 날(5:4), 그들의 여정을 끝내는 것이다. 즉 공간적으로는 하늘 보좌 앞에 이르는 것이고(3:22) 시간적으로는 목자장이신 그리스도가 나타나시는 때이다. 하늘의 하나님

---

395 Elliott, *1 Peter*, 798-799. 또한 하나님의 심판이 이스라엘로부터 시작된다는 생각은 전통적이다(렘 25:29; 겔 9:5-7; *T. Benj*., 10:8). 특히 베드로전서 4:17의 배경으로 에스겔 9:6, 넓게는 하나님의 영광이 첫째 성전을 떠나는 사건을 묘사한 에스겔 8:1-11:25와 관련이 있는 것으로 여겨져 왔다; Achtemeier, *1 Peter*, 315. 에스겔 9:6뿐 아니라, 이사야 10:11-12, 말라기 3:1-5, 제2마카비서 6,12-15를 덧붙인다. 심판이 먼저 이스라엘 백성에서 시작하는 이유는, 그들로 준비하게 하고자 하시는 뜻, 하나님께 대한 범죄를 그치게 하려는 의도가 표현된 것이다.

보좌 앞에, 그 보좌 가운데 계신 어린양이신 예수 그리스도가 그들의 목자로 나타나시는 그 날이다(계 7:15-17): "이는 보좌 가운데 계신 어린양이 저희의 목자가 되사 생명수 샘으로 인도하시고 하나님께서 저희 눈에서 모든 눈물을 씻어 주실 것임이러라"(계 7:17).

결론적으로, 베드로전서의 종말론에 입각한 '외국인과 여행자' 된 교회의 위치와 시간은 그 출발점과 목적지가 분명한 '과정적'인 특징을 갖는다. 즉 그리스도의 죽으심과 부활의 복음을 믿음으로 시작해서(1:4; 또한 3:21), 세상 속에서 이제 '목자와 감독' 되신 그리스도를 따라 그 종말의 목자장이 다시 나타나실 때까지(1:9; 2:25; 5:4), 그의 십자가와 영광의 길, 곧 선한 양심의 길을 따라 하늘 보좌 앞에까지 이르는 여정이요 기간이 된다(3:22).

4.2 종말론적이고 기독론적인 '고난'의 특징들

베드로전서에서 세상을 지나가는 교회는 철저히 종말론적이고 기독론적인 고난을 통과하게 되어 있다.[396] 위에서 밝힌 대로, 교회는 예수 그리스도의 죽으심과 부활하심을 통해 '거듭난' 심령 속에 있는 '살아 있는 소망'(1:3-4)을 따라, 그의 다시 나타나심을 기다리며(1:7), 그리고 그가 승천하여 앉아 있는 하늘의 보좌 앞에 이르기까지 이 세상을 지나가는데(3:18-22), 역시 이런 여정도 예수 그리스도의 발자취를 철저히 따라가도록 되어 있다(2:21). 그리고 중요하게도 그리스도의 본을 좇아가는 이 길은 부활과 승천의 영광에 이르는 십자가의 고난의 길이다(2:22-25).[397] 더 중요하고 특별한 사실은 이 십자가의 길을 베드로가 '선한 양심'의 길로 번역하여 소개하고 있다는 점이다. 여기서 베드로전서의 독특한 기독론을 만나게 된다. 첫째로 그것은 그리스도 자신이 부활, 승천에 이

---

396 '선행'의 경우도 철저히 기독론적이고 교회론적이다. 현경식, "베드로전서에 나타난 선행의 윤리", 1183-1212.

397 Martin, *Metaphor and Composition in 1 Peter*, 144-161, 특정한 은유적 이미지들이 한 덩어리의 본문을 이루게 한다고 분석하면서, 3:13부터 5:11까지를 '고난'의 이미지를 중심으로 묶여진 본문 덩어리(παθήματα - cluster)로 간주한다.

르는 십자가의 길이었고, 둘째로 그것은 '선한 양심'의 길로서 교회가 세상 속에서 어떻게 행해야 할지를 제시하는 원리라는 사실 때문이다. 즉 베드로는 교회가 세상 속에서 행해야 할 원리로서 십자가의 길을 제시하지만, 그것을 '선한 양심'의 길로 번역하는 것이다. 그래서 3:16에서, '선한 양심을 가지라' 하고는 18절에서 '그리스도께서도'(καὶ Χριστὸς)라 하여, 그리스도 자신이 교회가 갖고 행해야 할 선한 양심의 표본을 제시하신 사실을 강조한다.

여기서 함축적으로 세상 속에서 선한 양심의 길을 따라 행하는 교회의 결말은, 그리스도께서 '도' 역시 그 선한 양심의 길을 가셨던 결과와 일치한다는 사실이 부연 설명되는 것이다(3:18-22). 그러므로 십자가의 길 혹은 '선을 행함으로 [오히려] 고난받는' 길인 '선한 양심'의 길을 가는 것은, 단지 '고난'만을 뜻하지 않는다. 그 길은 그리스도 자신이 걸어가신 길이기 때문에 교회가 따라갈 수밖에 없는 길이지만 동시에, 영광스러운 '제사장 나라'가 가야 할 길이며(2:9-10), 시작과 끝이 정해진 '잠시 동안' 허락된 기간 동안에 가는 길이며, 이미 하나님의 영광이 임재해 있는 영광의 길이기도 하다. 그러므로 세상 속의 교회가 당하는 고난은 우선적으로 종말론적이고 또한 기독론적이라는 사실을 염두에 두고 그 몇 가지 특징들을 살펴보자.

(1) '잠시 남은 때'(4:1-2; 1:6-7; 5:10)

베드로는 교회가 세상 속에서 '임시 거주 외국인이요 여행자'로서 지나가는 이 기간을 고난이라든지 연단과 연관 지어 말할 때마다, 이 기간이 '잠시'라는 사실을 강조하며 상기시킨다. 서신서의 시작인 1장에서 예수 그리스도의 나타나심을 언급할 때도, 그때까지의 기간인 '지금은'(ἄρτι) 비록 여러 가지 시험들로 인하여 근심할 수밖에 기간이지만 그럼에도 불구하고 이때는 '잠깐'(ὀλίγον) 뿐임을 놓치지 않고 강조한다(6-7절).[398] 베드로는 상대적으로 시험과 연단은

---

398 Green, *1 Peter*, 36-47, 베드로는 1장에서 복음을 설명하면서 '시간적인 지도'(a temporal map)를 배경으로 이야기를 펼친다('narrating the Gospel). 6절의 '잠시'의 기간은 이 전체 기간 중의 일부로서 잠시 '낯선 자로 살아가는 기간'이다. 하지만 아쉽게도, 이 기간이 '잠시'라는 베드로의 강조점을 과과한다(42-45). 시간적 순서는 다음과 같다: (i) Primordial time, 1:20, (ii) Time of ignorance /Emptiness, 1:14, 18; 참조.

'잠깐'이지만, 그 기간조차 하나님의 능력으로 보호하심을 입으며(5절), 그런 믿음은 연단을 거쳐 금보다 귀하여 칭찬과 영광과 존귀를 얻게 되고(7절), 그 잠깐의 기간 동안이라도 '말로 표현할 수 없는 영광스러운 기쁨으로' 그리스도를 마주대할 수 있다고 가르친다. 그러므로 교회가 이 세상을 지나가는 그 '잠깐'의 기간 동안이라도, 거기에는 넘치는 보호하심과 유익과 기쁨이 보장되는 것이다.

'고난'에 대한 이러한 논조는 서신을 마감하는 5장에서도 마찬가지이다. 베드로는 먼저 하나님의 부르심을 상기시키면서(1:1-2), 교회가 그들이 흩어져 있는 이 세상 속에서 당하는 고난에 대하여 다시 한 번 '잠시'(ὀλίγον)라는 말로 특징짓는다(5:10).[399] 하지만 이번에도 고난당하는 교회를 향하여 그것이 '잠시'일 뿐 아니라, 그들을 부르신 하나님의 뜻 가운데 있으며(참고. 1:2; 2:21; 3:9), 영원한 영광에 들어가게 하심이고 또한 하나님께서 친히 온전케 하시며 굳게 하시고 강하게 하시며 터를 견고하게 하심 가운데 있는 과정이라고 단언한다.[400] 특별히 ὀλίγον이 선명하게 사용된 1:6에서 '연단 혹은 검증'(δοκίμιον)의 과정으로서의 고난이 우리에게 슬픔을 안겨 줄 수밖에 없는(λυπηθέντες) 측면이 있다는 점을 언급했다면, 5:10에서는 하나님께서 주권적으로 회복하시고 강하게 하시며 그의 부르심의 뜻을 성취해 가시는 모습이 훨씬 더 강조되었다고 볼 수 있다.

이 강조는 하나님께서 '잠시' 고난당하는 교회를 친히 세워 가시는 섭리의 행위를 점증적으로 강화시키는 어법으로 드러난다.[401] 즉 10절 하반절에 언급된 하나님의 은혜의 역사들을 가리키는 이 표현들은 모두 미래형으로 되어 있는데, 그것은 과거에 한 번 결정적으로 우리를 '부르신 분'(ὁ καλέσας)께서 그 이후에 그 부르심의 목적을 이루시기 위해 반드시 하실 당위적인 사역이라는 의미를 포함한다. 먼저 καταρτίσει는 '온전케 하시며'(개역한글)라는 뜻도 있지만

2:11; 43-4, (iii) The End of the Age, 1:20, (iv) Liberation, 1:18-19, (v) 그리고 Time of Alien life, 1:17, (vi) Revelation of Jesus Christ, 1:13.

399 Feldmeier, *The First Letter of Peter*, 251, 고난과 영광의 긴밀한 연결이 전체 서신을 특징짓는 가운데, 그 무게는 고난이 '잠시'라는 것과 그 영광이 '영원'하다는 위로가 되는 대조(the comforting contrast)에 놓여 있다; 또한 Davids, *The First Epistle of Peter*, 195.

400 이런 점에서, Achtemeier, *1 Peter*, 345, '잠시'라는 표현이 시간적 길이(quantity)를 지칭할 뿐 아니라, '질적인'(quality) 상태를 나타낼 수도 있다고 본다.

401 채영삼, 『십자가와 선한 양심』, 421-430에서 자세히 다루었다.

이런 표현으로는 다소 모호하다.[402] 정확히는, 받은 고난들을 통과하면서 '다시 제 위치에 돌려 놓는다, 회복한다, 그래서 준비하게 한다'라는 뜻이다. 다음, 우리를 영원한 영광에로 부르신 하나님께서는 세상에서 잠시 고난으로 흐트러진 성도를 제 위치로 회복하실 뿐 아니라, 그 위치에서 견고하게 하시며 또한 대항하여 맞설 수 있는 은혜를 베풀어 주신다. 여기서 '굳게 서게 하신다'(στηρίξει)는 뜻은 '고정시켜서 흔들리지 않게 세운다'는 의미이다. 제 위치에서 더욱 굳어지는 것이다.[403] 또한 하나님께서는 흐트러진 교회를 다시 일으켜 세워 제 위치에 놓으실 뿐 아니라, 굳게 서서 대적에 맞서게 하시고, 또한 하나님의 강력으로 채우신다. 능력을 주사 마땅히 대적을 이기게 하시는 은혜이다. '강하게 하실 것이다'(σθενώσει)는 말씀은 오늘날 흔히 '스태미나'(라틴어 stemen의 복수)라고 하듯이, 어떤 일을 넘치는 활력과 좌절하지 않는 끈기로 기어코 해낼 수 있는 강력한 힘을 가리킨다.

마지막 단계로 '터를 견고하게 한다'(θεμελιώσει)는 표현 속에는 건물을 지을 때, 그 기초 돌이 되는 반석, 바위 같은 이미지가 포함되어 있다.[404] 베드로는 이미 그리스도께서 '살아 있는 돌'로서 교회의 머리돌이 되셨음을 선포했다(2:3-5). 또한 예수님께서 반석 위에 지은 집에 대한 비유를 말씀하시며 주춧돌을 반석 위에 놓았다고 하셨을 때나(마 7:25), 신자의 심령 가운데 계신 그리스도와 그의 사랑 안에 뿌리를 내리고 터가 굳어진다고 할 때(엡 3:17), 그리고 믿음에 거하고 터 위에 굳게 서서 복음의 소망에서 흔들리지 말라는 말씀에서도(골 1:23), 이와 유사한 이미지가 드러난다. 결론적으로, 하나님께서 세상 고난을 지나가는 그들을 회복하시고, 굳게 세우시고, 강하게 하시고, 또한 그리스도 안에서 터가 굳게 하시는 모습은, 마치 에스겔 37장에서 마른 뼈와 같이 죽어 있던 그

---

402 Jobes, *1 Peter*, 318, '제 위치에 놓는다'(put things right)로 옮겼다; Watson & Callen, *First and Second Peter*, 121, '회복한다'(restore)로 번역한다. '온전하게 한다'는 의미와는 거리가 있다; 마찬가지로 Davids, *The First Epistle of Peter*, 195, '바로 세우고 확고하게 한다'(establish, confirm)로 옮기고, 주로 시련과 연단을 통해 바로 세워지는 그들의 성품에 관련된 표현이라고 말한다.

403 Davids, *The First Epistle of Peter*, 196, '강하게 한다'는 뜻인데, 성경적 헬라어권에서는 유일하게 이 곳에서만 쓰이는 단어이다(참조. *3 Macc*. 3,8; BAGD, 756).

404 Achtemeier, *1 Peter*, 346, θεμέλιον과 같은 뿌리를 가진 단어이다(눅 6:48; 14:29; 행 16:26; 롬 15:20; 고전 3:10; 엡 2:20; 히 6:1; 계 21:14).

의 백성에게 그의 전능한 말씀으로 명하사, 뼈들이 서로 연락하여 제 위치로 맞아 들어가고, 그 위에 힘줄과 가죽이 덮이며, 그 속에 여호와의 생기를 불어넣으셔서 '살아 일어나, 굳게 서는' 군대로 회복하시는 장면과 너무나 흡사하다(겔 37:1-10).

이렇듯, 베드로전서에서 '잠시'의 고난이 언급될 때마다, 그에 상응하고 또 그 이상의 풍요한 은혜와 하나님의 주권적 통치에 관한 말씀들이 함께 연결되어 있다. 3:22을 절정으로, 마치 변화산에서 예수님의 변화된 영광스러운 모습을 보았던 제자들의 경험처럼, 아직 이루어지지는 않았지만 함축적으로 암시된 천상에 이르신 그리스도를 따라가는 교회의 영광된 모습을 배경으로, 4장에서는 다시 이 땅에 남아서, 마치 변화산 아래로 내려와야 했던 제자들처럼, '남은 날들'을 살아가야 하는 교회에 대한 권면의 말씀들이 주어진다. 이 기간은 특징적으로 '육체의 남은 시간들 동안'(τὸν ἐπίλοιπον ἐν σαρκὶ βιῶσαι χρόνον)이다(4:2). 우선 '남은 시간'이라는 표현으로 명확해지는 것은, 신자의 삶이 예수 그리스도의 인격과 사건을 통해 정확히 3분(三分) 된다는 것이다.[405] 즉 예수 그리스도의 복음을 듣고 거듭나기 전과 후, 그리고 다시 그리스도가 오시는 날을 중심으로 그 전과 후인 것이다. 그러므로 '남은 시간'이란 그리스도를 만난 이후부터 그를 다시 만나기까지, '목자와 감독'(2:25) 되신 그리스도를 따라 이 세상을 지나가는 기간을 뜻한다.[406] 이 기간이 철저히 그리스도로부터 시작되고 그리스도로 끝나며 동시에 그리스도의 길로 특징지어진다는 것은, 세상 속을 지나가는 교회가 그 본질뿐 아니라 시간적 틀에 관해서도 철저히 기독론적임을 다시 한 번 드러내는 것이다.

또한 지금 2절에서 '남은 시간'을 묘사하는 '육체'와 '고난'은 이미 1절에서 2회나 사용되면서 예수 그리스도와 관련해서 특별한 의미로 규정된다. 즉 '육체의 남은 시간'은 죄와 관련해서 매우 중대한 사실을 포함하고 있다. 그리스도는 육체의 고난을 받으셨고 그래서 '육체의 고난을 받는 자가 죄를 그쳤다'는

---

405 Davids, *The First Epistle of Peter*, 150, '삼분'(三分)이라는 표현은 하지 않았지만 이 점을 강조한다.
406 Green, *1 Peter*, 36-74, 베드로가 복음을 이야기하는 방식은 종말론적인 시간적 구분에 기초한다.

사실이다(4:1). 그리스도가 받은 육체의 고난은 앞서 3:18과 그보다 앞서 2:22-24의 말씀이 보여 주듯이 '의인으로서 죄인들을 대신하여' 받으신 고난이다. 교회는 이 그리스도의 의로운 고난, 선을 위한 고난에, 선한 양심으로 참여하게 된다. 그래서 4:1b에서 '육체로 고난을 받은 자'(ὁ παθὼν σαρκὶ)라는 명사적 분사 구문은, 그리스도뿐 아니라 그리스도로 대표되는, 그리스도를 따라 선한 양심으로 의로운 고난에 참여하는 성도 역시 포함하는 포괄적인 표현이다.[407]

더구나 '죄를 그쳤다'(개역개정, πέπαυται ἁμαρτίας)는 표현은 '남은 시간'을 묘사하는 데 있어 결정적이다. 문자적으로 하면 '안식을 얻었다'(πέπαυται)는 뜻의 완료형으로, 그리스도께서 죄에 대하여 단번에 죽으시고 부활하심으로 의롭다 하심을 받으신 사건과 그 결과로 그를 믿는 자들에게 죄와 관련하여 미치는 영향까지 염두에 두는 표현이다.[408] 그는 이제 '죄와 상관없이'(히 9:28) 되신 것이고, 믿음의 세례를 통해 그와 연합한 성도 역시 마찬가지로 죄와 관련해서는 근본적이고 원리적으로 '안식을 얻은' 상태에 들어간 것이다. 그래서 베드로는 2절에서 '다시 사람의 정욕(ἀνθρώπων ἐπιθυμίαις)을 좇지 않고 오직 하나님의 뜻을 좇아' 육체의 남은 시간을 살라고 권면하면서,[409] 3절에서는 수신자들이 이방인들처럼 죄에 참여한 것이 '지나간 때가 족하다'(ἀρκετὸς ὁ παρεληλυθὼς χρόνος)고 말한다.[410] 여기서 그 '시간'이 '지나갔다'는 분사형인 παρεληλυθὼς도

---

407 Arichea & Nida, *The First Letter from Peter*, 126, "그리스도께서 육신으로 고난을 당하셨으므로"(Since the Christ suffered physically)로 옮긴다; 한편 Jobes, *1 Peter*, 265, 우선 σαρκί를 바울 신학에서처럼 '인간의 타락한 본성'으로 보지 않고, '육신에 머무는 기간'으로 본다. 따라서 ὁ παθὼν은 "육신에 머물며 고난을 당하는 그리스도인"으로 번역된다. 하지만 σαρκί에 관해서, 베드로와 바울 신학을 그렇게 분리할 수 있을지 의문이며, ὁ παθὼν도 단지 그리스도인만을 지칭하기에는 의도적으로 포괄적인 표현이다.

408 반면에 Elliott, *1 Peter*, 714-715, '죄를 그쳤다'는 표현뿐 아니라 '육신으로 고난을 당한 자'라는 표현까지, 모두 그리스도나 그의 구속 사역과는 상관없는, 의로운 자의 고난을 본다.

409 Achtemeier, *1 Peter*, 280, 그리스도께서 그리스도인들의 죄를 담당하셨다는 것은 2:24에서처럼 분명하지만, 4:1의 문맥은 그렇지 않으며, "하나님의 뜻을 행하느라 고난을 당하면 죄에서 멀어진다"는 의미로 본다.

410 채영삼, 『십자가와 선한 양심』, 330, 4:3에 열거된 악덕들은 다음과 같다. '외설'(ἀσέλγεια)은 문자적으로는 '금기가 깨어져 버린' 방탕한 모습을 가리키는데 당시 사회에서 '잔인함'이나 '외설스러운 행태'를 뜻했다(Achtemeier). 다음 '탐욕'(ἐπιθυμία)은 여기서 주로 음란한 욕구들을 절제 없이 탐닉하는 것을 가리키고, '포도주'라는 단어가 들어 있는 '술 취함'(οἰνοφλυγία), 술은 물론이고 종종 난잡한 성적 타락을 동반하는 '환락'(πότος), 그리고 말 그대로 '큰 술잔치'를 뜻하는 κῶμος는 한결같이 술에 관련되어 있다. 마지막으로 이런 음란과 방탕한 술 문화는 불경건하고 혐오스러운 '우상 숭배'(εἰδωλολατρία)와 함께 간다고 가르친다; Davids,

완료형이다. 그들은 이미 그런 시간 속에 있지 않고 전혀 다른 시간 속에 있게 된 것인데, 그것은 그리스도께서 죄로부터 안식을 얻게 하신 시간이다. 그러므로 그들은 육체의 남은 시간을 살면서 이방인들처럼 죄에 속하여 죄에 시달리는 고통 가운데서 살 필요가 없고, 또한 그럴 수도 없다.

베드로는 이 '남은 시간'에 교회가 세상 이방인들에 의해 겪을 수 있는 낯섦의 고통, 세상으로부터 소외되는 소외감의 고통과 갈등에 대해서도, 그들이 세상 모든 사람들과 함께 앞두고 있는 마지막 날, 곧 그리스도께서 다시 오사 심판하시는 날을 기점으로 생각하고 판단할 것을 요구한다. 이것이 5절에 잘 나타나 있는데, '산 자와 죽은 자들'(ζῶντας καὶ νεκρούς)은 역시 심판주이신 그리스도께서 나타나실 때를 기점으로 당시에 살아 있는 자들과 그 이전에 죽은 자들을 가리키는 표현이며,[411] 6절에서 '죽은 자들에게도 복음이 전파된 것'(νεκροῖς εὐηγγελίσθη)이라는 말씀은 복음을 들었지만 그리스도 재림 시에 잠든 성도들을 가리킨다고 보는 것이 적절하다.[412] 무엇보다, 복음을 듣고 이 세상 이방인들에게 소외받고 고통당하다가 그대로 세상을 떠난다 하더라도 하나님께서 모두를 공의로 심판하신다는 사실로 위로받을 수 있다는 것이 문맥의 의도이기 때문이다.

The First Epistle of Peter, 151, 4:3에서 제시되는 악덕의 목록들은 로마서 13:13, 갈라디아서 5:19-21에 나오는 목록과 유사하다.

411 Elliott, *1 Peter*, 730, '산 자와 죽은 자'는 육체적으로 살아 있는 자와 죽은 자를 가리키는 전형적인 표현이다(행 10:42; 딤후 4:1). 여기서 강조되는 것은 하나님의 심판의 보편성이다. 믿는 자든 믿지 않는 자든, 산 자든 죽은 자든, 누구도 예외가 아니다; Davids, *The First Epistle of Peter*, 153-154, Augustine과 알렉산드리아의 클레멘트(Clement of Alexandria)는 '죽은 자'들을 '살았으나 영적으로 죽은 자들'로 보았고, Goppelt는 믿든 믿지 않든 '모든' 죽은 자들을 포함한다고 말하나, 여기서 '산 자, 죽은 자'라 하는 것은 최후의 심판 때를 기점으로 하는 표현이다. 심판은 그들이 살았을 때의 행위를 준거로 한다. 또한 '산 자와 죽은 자'를 심판하는 심판주는 통상 그리스도로 제시된다(행 10:42; 딤후 4:1; 행 17:31; 롬 14:9).

412 여기서 '전파되었다'는 표현은 명확히 εὐαγγελίζω 동사이며, 3:19에서 '옥에 있는 영들에게 선포하였다'고 할 때 쓰인 ἐκήρυξεν과는 다르다. 그 대상도 πνεύμασιν(영들에게, 3:19)가 아니라, νεκροῖς(죽은 자들에게)라는 점도 주목해야 한다; 마찬가지로 Elliott, *1 Peter*, 732-734, "4:6은 죽은 후에도, 혹은 죽은 자들에게도 복음이 전파되어, 그들이 두 번째 기회를 갖게 된다는 말이 아니다. 그리스도 이전에 죽은 자들에게 두 번째 회개의 기회가 주어진다는 생각(Beare, Best)은, 베드로전서의 사상, 윤리, 신학과 전체적으로 들어맞지 않는다. 도리어, 1:12에서 언급한 성도들 중 세상 사람들의 판단을 따라서는 죽은 성도들을 가리킨다"(Spitta, Selwyn, Dalton, Kelly, Danker, Hillyer, Bengel). 베드로의 강조점은 지금 여기에서, 살아 있는 동안 행한 일에 대한 책임과 심판에 맞추어져 있으며, 그들의 죽음이 결코 실패가 아니라는 사실을 말한다. 최종 결정은 하나님의 심판대 앞에서 난다.

이렇듯, 베드로는 세상 속의 교회가 '제사장 공동체로서' 선한 양심으로 그리스도의 십자가 고난의 길을 따라가고자 할 때, 어쩔 수 없이 맞닥뜨리고 경험할 수밖에 없는 시험과 연단, 따돌림과 고난을 바라보는 근본적 시각을 제공한다. 그것은 이 기간이 무엇보다 '잠시'일 뿐이며, 그리스도로 시작해서 그리스도에게 이르며 동시에 그리스도께서 목자와 감독 되셔서 인도하시는 길로, 그리스도께서 죄에 대하여 안식하셨듯이 교회도 세상을 지나가면서 죄로부터 안식을 누릴 수 있는 길이라는 점을 강조한다. 또한 베드로는 그리스도의 고난을 그리스도의 영광과 분리해서 소개하지 않을 만큼, '잠시 받는 고난'은 그리스도의 영광의 날개 그늘 아래에 있음을 거듭 강조한다.

(2) '영광의 영'과 안식 모티브(4:1, 14; 3:20)

교회가 제사장 공동체로서 세상 속에서 그리스도의 십자가의 길 곧 선한 양심의 길을 따라갈 때, 그 길은 세상으로부터 낯섦을 경험하는 고난의 길이지만, 동시에 그리스도께서 이미 성취하신 영광과 동전의 양면처럼 깊이 관련되어 있다는 것이 베드로가 고난을 소개할 때 놓치지 않는 방식이다. 특별히 4:14에서 '영광의 영'을 언급한 본문은 이런 점에서 흥미롭다. 13절에서 이미, '고난'의 이미지는 즉시 '영광'과 연결되는데, 베드로는 수신자들에게 "그리스도의 고난에 참여할수록 [그만큼 더욱더] 기뻐하십시오"(καθὸ κοινωνεῖτε τοῖς τοῦ Χριστοῦ παθήμασιν χαίρετε)라며 역설적인 권면을 제시한다. 왜 그러한가? 여기서 현재의 고난에 대해 '기뻐할' 이유가 단지 '미래적으로 얻을' 영광뿐이 아니라는 점이 주목할 요소이다.

왜냐하면 베드로가 고난받는 교회 위에 임하여 있는 하나님의 영을 '영광의 영'(ὁ τῆς δόξης πνεῦμα)이라 했을 뿐 아니라, 그 영광의 영이 고난받는 '너희 위에'(ἐφ' ὑμᾶς) 이미 현재 계속적으로 '머물러 계신다'(ἀναπαύεται)고 표현했기 때문이다. 여기서 ἀναπαύεται가 매우 흥미로운 동사인 것은, 단지 현재 지속적으로 머물러 계심을 표현했을 뿐 아니라, 이 동사가 상징하는 '안식'의 개념 때문이다. 하나님의 영이 지상의 어떤 장소에 '머물거나 안식할' 거처를 찾는다는 개념은, 이스라엘의 멸망 때에 하나님의 영이 첫 번째 성전에서 떠났을 때부터'(겔 10:18), 제2성전기에 소위 하나님의 이동식 임재를 상징하는 '쉐키나'(Shekinah) 혹은 하나님의 지혜를 대치하여 사용되기도 하는,[413] 하나님의 영이 세상에서 어디 거할 곳을 찾는 이미지를 떠올리게 하기에 충분하다. 그래서 하나님의 영이 이 지상에서 거할 곳을 찾아 '안식하게' 되었다는 것은, 그 거처가 하나님의 임재를 담보하는 성전처럼 회복된 에덴동산 또는 심판 후에나 올 회복된 새 하늘과 새 땅을 상징하기도 하는 것이다. 그것은 장차 올 미래의 하나님의 통치 영역을 앞당겨 실현한 하나님 임재 회복의 장소라는 의미를 갖게 된다.

이렇게 보면, 장차 오실 '영광의 영' 곧 '하나님의 영'께서 이 세상에서 머물러 거하시며 쉴 곳을 찾으셨다는 것, 그런데 그 거처가 그리스도의 고난에 참여하는 교회라는 사실은, 베드로전서의 수신자들에게는 가히 충격적이고 놀랍고 또한 기쁘기 그지없는 선포가 아닐 수 없다.[414] 하나님의 영, 그것도 장차 오실 영광의 영이신 성령은 '이제'(!) 예루살렘의 돌로 지은 성전에 거하시지 않는다(2:3-8). 도리어 세상의 주변인들로서 흩어진 교회들, 목자 되신 그리스도를 따라, 죽임 당하신 어린양의 길을 따라가는 '임시 거주 외국인이요 여행자' 된 흩어진 교회들 '위에' 머물러 계시는 것이다(4:12-14). 더 흥미로운 사실은, 3:18-22에 전개되었던 그리스도의 여정과 노아의 방주, 그리고 교회의 세례가 삼중적으로 겹쳐서 병치되어 동일한 문맥적 흐름과 의미를 보여 주는 본문에 비추어 볼 때 밝혀지는 '안식 모티브'의 존재이다. 다시 말해서, '불같은 시험'을 당하면서 그리스도의 고난에 참여하는(4:12-13) 교회는, 곧 3:16-18의 표현을 빌리면 선한 양심으로 그리스도를 따라 그의 고난에 참여하면서 하나님을 향해

---

[413] S. H. Levey, *The Messiah: An Aramaic Interpretation: The Messianic Exegesis of the Targum* (Cincinnati: Hebrew Union College Jewish Institute of Religion, 1974), 79-86, 예컨대, 탈굼-에스겔에서 하나님의 임재는 'Shekinah'(36:5, 20; 37:27)나 'Memra'(34:24, 30; 36:6, 9, 36, 37)와 같은 용어들로 대치된다.

[414] Michaels, *1 Peter*, 265, 14b절 ὅτι τὸ τῆς δόξης καὶ τὸ τοῦ θεοῦ πνεῦμα ἐφ' ὑμᾶς ἀναπαύεται 는 이사야 11:2(LXX)에서 온 것이며, 특히 ἀναπαύεται가 원문(LXX)의 미래형이 아니라 현재형으로 되어 있는 것은, 이사야의 예언이 성취된 것으로 본다; 또한 말라기 3장의 배경에 관하여는, Dennis E. Johnson, "Fire in God's House: Imagery from Malachi 3 in Peter's Theology of Suffering"(1 Peter 4:12-19), *JETS* 29 (1986): 285-294.

찾아가는 교회이며, 그래서 결국 그리스도께서 이르신 하늘의 하나님 보좌 앞에 이르는 교회이다(3:22). 이런 그림 이미지에 비추어볼 때, 4:14에서 '영광의 영'이 지금 이 세상에서 고난받는 교회 위에 머물러 계신다는 놀라운 사실은, 교회가 결국 이르게 될 그 하늘의 하나님 보좌 앞에서 누릴 영광이 현재 이미 와서 그들 위에 임재해 있다는 뜻이 되는 것이다. 이것은 당시 로마의 주변 사회에서 눈총과 핍박을 받던 흩어진 교회들에게 얼마나 큰 위로와 능력이 되었을지, 매우 충격적이고 놀라운 선포가 아닐 수 없다.

또한, 3:18-22의 그리스도의 죽으심과 부활과 승천, 노아의 방주와 물의 심판과 구원, 그리고 죄를 벗고 하늘의 하나님께로 이르는 '여정'으로서의 교회의 세례가 삼중적으로 겹치는 문맥에서, 노아의 방주 이미지와 연결시켜 볼 때, 더욱 놀라운 이미지의 연결을 깨닫게 된다. 즉 4:14에서 미래에서나 올 '영광의 영'이신 '하나님의 영'이 고난받는 교회 위에 오셔서 거기에 머물러 계시며 '쉬신다'(ἀναπαύεται)는 표현은, 마치 노아의 방주가 아라랏 산에 이르기 전에도 '이미' 거기로부터 감람 잎을 입에 물고 날아와, 아직 물 위에 떠 있던 방주 위에 내려와 앉아 쉬었던 그 '비둘기'의 안식함을 상징하기에 충분하다. 이것은 ἀναπαύω라는 안식을 뜻하는 흥미로운 동사의 사용뿐 아니라, 문맥적 저변에 흐르는 안식 모티브의 연속적 표현으로서도 확증할 수 있다.

이런 면에서, 다시금 4:1에서 그리스도께서 육체의 고난을 받으심으로 '죄를 그쳤다'(πέπαυται)고 했을 때 사용된 ἀναπαύω라는 동사를 주목하게 된다.[415] 이것도 역시 '안식' 모티브임이 틀림이 없다. 이는 더욱이 문맥적으로 인접한

---

415 Davids, *The First Epistle of Peter*, 148-149, '죄로부터 안식을 누리기 때문입니다'의 의미에 관해서는 여러 견해들이 있다: (i) 신자가 그리스도의 죽으심과 연합하여 세례를 받으면, 그는 죄에 대하여 끝난 것이고 죄가 그를 더 이상 지배하지 못함을 표시한다(롬 6:1-12; 요일 5:18-19; Kelly, Beare, Spicq). (ii) 신자가 고난을 당할 때, 그는 실상 그의 육체 안에 뿌리내리고 있는 죄의 권세에서 벗어나는 것이다. 혹은, 그의 삶 속에서 죄에 대한 속죄를 진행하고 있는 것이다(Schelkle, Best, Selwyn). (iii) 신자가 고난을 당하기로 결심할 때, 그는 죄와 결별하기로 선택한 것을 가리킨다(Grundmann, Schweizer). (iv) 그리스도께서 고난을 당하셨을 때, 그분은 죄에 대하여 끝내셨다. 즉 이 구절은 그리스도인들에 대해 전혀 말하는 바가 없다(Schrage, Goppelt). (v) 그리스도인이 고난당할 때, 그는 마치 그리스도께서 그러하셨던 것처럼, 죄에 대하여 자유하게 될 것이다(I. T. Blazen). Davids는 (iv)의 견해를 전제하고 실제로 표현된 바는 (ii)의 견해라고 본다. 특히 πέπαυται가 완료형이라는 사실이 이런 해석을 뒷받침하기에 적절하다.

3:18-22에서 사용된 노아의 방주 이미지와 그리스도 자신의 승천의 사실을 배경으로 생각해 볼 때, 그리스도께서 이미 얻으신 영광의 현재적 의미로 생각해 볼 수도 있는 것이다. 이미 4:1에서도, 마른 땅에서 감람나무 잎사귀를 물고 노아의 방주 위로 다시 돌아와 앉은 비둘기가 상징하는 심판이 끝난 '새 하늘과 새 땅'처럼(창 8:11),[416] 그리스도께서는 육체의 고난 곧 죄에 대한 심판을 의미하는 형벌 혹은 '의인으로서 불의한 자를 대신하는'(3:18) 의로운 고난을 다 마치심으로써, 죄에 대하여는 더 이상 시달릴 것이 없는 안식을 성취하셨으며 누리고 계신 것이다. 그리고 교회는 바로 그러한 안식 가운데 계신 그리스도의 이름으로 세례를 받고 그와 연합하여 그의 고난에 참여함으로써, 역시 그의 장래의 영광의 현재적 임재인 '죄로부터의 안식'을 누리게 된다(4:1). 이렇게 이미 '영광의 영'이 그 위에 거하는 교회는 그들이 받는 육체의 고난 속에서도 그리스도의 안식과 기쁨을 누릴 수 있게 되는 것이다.

이것은 또한, 베드로가 처음부터 언급했던 기쁨, 곧 여러 가지 시험들로 인하여 '잠시' 슬퍼하나(1:6) 하나님의 능력의 보호하심과 연단을 통한 참된 믿음과 살아 있는 소망 가운데 누리는 그리스도를 향한 참된 사랑과 기쁨(1:7-8)과 전혀 다른 것이 아님을 알 수 있다. 그러므로 세상에 흩어진 교회가 세속의 한복판에서 그리스도의 십자가의 길, 선한 양심의 길을 따라가는 것은 필연적으로 고난을 뜻하지만, 그것은 '잠시'일 뿐이다. 하나님의 공의로운 심판 안에서 행해지는 일이다. 더구나 그리스도께서 나타나실 그 날까지, 세상에서 소외되고 조롱을 받으며 시련과 연단 가운데를 지날지라도, 그 안에는 그리스도로 말미암아 죄에서 벗어나 안식을 누리는 일이 이미 가능하고 또 가득하다. 무엇보다, 고난받는 교회 위에 이미 와 계신 영광의 영의 임재 안에서 큰 기쁨을 누리며 가는 길이라는 것이다.

---

[416] 마태복음 3:15-17에서, 예수께서 세례를 받으셨을 때 하늘로부터 비둘기가 내려온 사건에서처럼, '노아의 홍수' 사건과 '세례', 그리고 '성령', '하늘', 또한 '임재' 등의 여러 모티브들이 베드로전서 3-4장에도 '안식 모티브'라는 주제 아래에 동일하게 펼쳐져 있다. 마태복음 3:15-17에 나타난 안식 모티브를 보려면, 채영삼, "마태의 산상수훈", 10-16; 또한 『긍휼의 목자 예수』, 72-75.

(3) 고난과 '낯섦'의 영성

하지만 세상 속의 교회가 이미 임한 영광과 하나님의 보호하심과 위로, 그리고 붙들어 주시고 세워 주시며 인도하시는 주권 아래에 있더라도, 세상의 믿지 않는 사람들로부터 받는 따돌림과 조롱, 비난과 핍박은 교회가 당하는 고난의 결정적인 요소이다.[417] 베드로는 이것을 한마디로 '낯섦'으로 표현하려 하는 듯하다. 이 낯섦은, 교회가 세상과 하나님에 관하여 그리고 죄를 비롯한 여러 가치 체계와 생활 방식에 대하여 '다르고 낯설기'(strange) 때문에 겪는 심각한 종교-사회적, 정치-경제적, 그리고 문화적 '소외감'(alienation)을 의미한다. 베드로는 3:22에서 하늘의 하나님 보좌 앞의 황홀하고 영광스러운 광경을 묘사한 후에, 거기에 이르도록 되어 있고, 그리스도 안에서 이미 이른 것과 다름없는 운명과 살아 있는 소망을 가진 교회가, 지금 여기 이 땅에서는 여전히 세상의 이방인들로부터 '낯섦'의 고통을 당할 수밖에 없음을 설명하고자 한다(참고. 2:12, 23; 3:14-17; 4:4, 12, 14-16).[418] 4:4에서 세상 사람들이, 이제 더 이상 그들의 죄악 된 삶의 방식을 따르지 않는 그리스도인들을 '이상히 여겨'(ξενίζονται)라 할 때, 그 ξενίζω라는 동사는 이곳뿐 아니라 사실, 베드로전서 전체에서 상당히 뿌리 깊고 편만한 사상을 이루는 핵심적인 개념을 표상한다. 가깝게는 같은 장 12절에서, "너희를 시험하려고 오는 불 시험을 낯선 것으로 여겨서 낯설게 여기지 말라"고 했을 때,[419] '낯선 것'(ὡς ξένου)과 '낯설게 여기지 말라'(μὴ

---

417 Feldmeier, *The First Letter of Peter*, 9, "그리스도인들은 의식적으로 자신들을 당시의 이방 종교적으로 결정된 삶의 방식 밖에 위치시켰고 그렇게 함으로써 그것에 '낯설게' 되었다"; Tertullian의 표현이 대표적이다: '*nobis … neculla magis res aliena quam publica*'(우리에게 있어 … 국가보다 더 낯선 것은 없다); 또한 '그리스도인이라는 이름의 전염병'(Pliny, *Ep*.10.96.9)과 같은 표현은 대중적 혐오감을 잘 드러낸다.

418 Feldmeier, *The First Letter of Peter*, 10, 이방인들과 '낯섦'의 관계는 근본적으로 배척이고 제외이다. 일례로, "당신들의 존재를 허락할 수 없음"(You are not allowed to be; *Non licet esse vos*, Tert, *Apol* 4.4); 그리스도인의 존재 자체를 부정하는 현상은 또한 Orig, *Cels* 8.55에도 나타나고, Just, *Apol*, appendix 4.1에도 '죽어 없어지라는 맹렬한 명령'도 전해져 내려온다: "당신들에게 남은 운명이란 스스로 목숨을 끊어 계속해서 [당신들의] 하나님께로 가버려, 더 이상은 우리를 괴롭히지 않게 되는 것뿐이다."

419 Jobes, *1 Peter*, 9, 4:12의 '불같은 시련'은 로마의 화재 사건으로 인한 네로의 끔찍한 핍박을 연상하게 한다(Robinson, 1976). 하지만 Seneca의 잠언에서 왔을 가능성도 있다: *Ignis aurum probat, miseria fortes viros*("불은 금을 시험하고, 고난은 강한 사람들을 시험한다", *Ep., On Providence* 5.10). 어떤 이들은, 잠언 27:21을 그 배경으로 지목하지만 그 문맥은 시련이 아니다. 베드로전서에서 믿음을 연단하는 불과 같은 시련에 대한 이미지가 편만한데, 이로 보면 여기서 말하는 '불같은 시련'은 문자적으로 육체에 가해지는 핍박

ξενίζεσθε)는 표현에서 두 번이나 '낯설다'는 개념을 사용하여 강조한다.

또한 이 동사의 변형으로, 같은 장 9절에서 "서로 대접하기를 원망 없이 하고" 할 때, '대접하기를'(개역개정)은 φιλόξενοι인데, 원래 ξένος(낯선 자, 이방인, 외국인, 타지인)를 '사랑하라'(φιλέω)는 뜻이다. 초대 교회가 있던 1세기 고대 근동 지역은, 교통이나 숙박 시설이 여의치 않았기 때문에 타지에서 온 여행객이나 낯선 자들을 집안에 들이고 대접하는 것은 매우 필요하고 덕스러운 관행이었을 것이다.[420] 그런 의미에서 '대접한다'는 표현에는 '이방인' 혹은 '낯선 자'라는 개념이 포함되어 있는 것이다. 이렇게 보면, 4:9에서 성도들이 서로 '낯선 자를 영접하고 대접하는' 사랑을 행하는 것은 매우 절실하고 또 의미심장한 일이 됨을 알 수 있다. 세상에서 그리스도인들은 이방인들에게 이미 '낯선 자들'로 따돌림을 받고 소외된 상태로 살기 때문이다.

이처럼, '낯설다'는 개념은 베드로전서의 수신자 된 '흩어진 교회'에게는 매우 익숙하고 또 결정적인 정서요 그들의 삶의 특징으로 묘사된다. 그런 점에서, 베드로는 이미 서신서의 초두에서부터 저들을 '임시 거주 외국인이요 여행자'(παροίκους καὶ παρεπιδήμους, 2:11; 또한 1:1, 17) 된 자들로 지칭했다. 그것이 세상 속의 교회의 정체성이라면, 교회가 세상에서 '낯섦'을 경험하는 고통은 그들의 정체성에 속한 필연적인 경험일 수밖에 없다는 뜻이 된다. 당시 사회적 계층에 있어서, '임시 거주 타지인'(πάροικος)이나 '여행자'(παρεπιδήμος)는 모두, '외국인'을 뜻하는 ξένος가 받았던 차별과 배척에 있어서 크게 다른 범주에 속하지 않았기 때문이다.[421]

베드로전서에서 '낯섦'의 개념을 생각하자면, 비단 교회의 정체성뿐만이 아니다. 1:13 이후에 강하게 부각되는 출애굽 모티브나, 그들을 불러내신 하나님

이 아니라기보다 믿음의 시련임을 알 수 있다.
420 Elliott, *1 Peter*, 751-752, 낯선 자에 대한 환대는 '사랑에 가깝다'(akin to love)는 알렉산드리아의 클레멘트의 말을 인용한다(Strom. 2.9; 또한 롬 12:13; 딤전 3:2; 딛 1:8; 히 13:2). 자신의 가정을 낯선 여행자에게 제공하는 것은, 헬라 문화에서도 신성한 덕목이었고, 고대 이스라엘에서도 나그네 대접은 높이 칭송되며 의무화된 덕이다(출 22:21; 23:9; 레 19:33-34; 신 10:18-19).
421 Elliott, *1 Peter*, 487, 로마 사회의 최정점에는 황제가 있고, 그 아래로 자유인(free men), 그리고 '자유케 된 사람들'(freed men), 빈민들(the poor), 그리고 맨 하위층이 '외국인들'(aliens)의 몫이었다.

아버지의 거룩하심을 따라(1:15) '썩지 않는 씨'로 거듭난 심령으로, 풀의 꽃과 같은 세상이 아니라 '살았고 영원한 말씀'(23절)을 따라 성장하고 살아가는 그들의 삶에서도 지속적으로 강조되는 '종말론적'(eschatological) 모티브도 마찬가지이다.[422] 이처럼 세상 속의 제사장으로서(2:9) 그리스도의 십자가의 길을 따라 선한 양심으로 세상 사람들과는 다른 길을 가야 하는 교회에게 있어서(2:21-24; 3:16-18) 이 '낯섦' 곧 이방인 된 요소는, 그들이 결국 세상을 지나 하늘의 하나님 보좌 앞에 이를 때까지 그들을 따라다니며 특징짓는 결정적인 표시, 하늘에 속한 백성의 핵심적 표지(sign)가 되는 것이다.

그런데 베드로가 수신자들을 향해서 그들이 세상에서 '낯선 자들'이며 세상의 이방인들로부터 '낯선' 대접을 받을 것이라는 사실을 지속적으로 강조하는 이면에는, 세상 속의 교회에게 있어서 그들이 세상에 대하여 '낯선' 존재요 그들의 삶의 방식이 '낯설' 수밖에 없다는 당연한 사실이, 오히려 전혀 당연하지도 않고 낯설 수도 있다는 상황을 시사한다. 이를테면 세상 속에 '흩어진'(1:1) 교회가 그들을 향해 달려오는 불같은 시험을 정말 '낯설게 여기는' 상황에 있다면(4:12), 그것은 교회가 세상에 동화(同化)되고 있다는 증거가 될 것이다.[423] 그래서 '낯섦'이라는 특징은 세상 속의 교회, 세상을 지나가는 '여행자' 된 교회에게 있어서 그 진정성을 가늠하게 하는 척도가 된다.

또한, 낯섦과 익숙함에 대한 베드로의 이러한 표현은 '종말론적인 역전'(reversal)이라는 큰 구도 안에 놓여 있다. 4:1-4에서, 이방인들의 죄에 참여하지 않는 그리스도인들은 그들로부터 낯설게 여김을 당한다. 하지만 곧 5-6절

---

[422] Volf, "Soft Difference", 18, "교회가 세상으로부터 종교적으로 그리고 사회적으로 거리감을 두게 되는 이유는, 근본적으로 그들이 '새로운 소망으로 거듭났기' 때문이다(1:3). 그래서 기독교 신앙이 그 주변 사회 환경으로부터 낯설게 되는 이유는 그러므로 '종말론적인'(eschatological) 것이다. 그들이 살아가는 세상 한복판에서, 그들은 하나님의 미래로부터 오는 새로운 고향을 갖게 된다. 거듭남은 바로 이 고향으로 향하는 여행길을 가게 한다."

[423] Martin, *Metaphor and Composition in 1 Peter*, 144-150, '흩어진'이라는 개념은 베드로전서에서 "the overarching and controlling metaphor"이다. 또한 '흩어진'이라는 개념과 함께, 베드로전서에서 두 번째로 전체를 통괄하는 개념은 '이방 세계의 세속적인 환경에 동화될 위험'에 관한 가르침이다. 베드로는 하나님의 택하심을 받은 백성에게, 소망을 붙들며, 깨어 있으며, 견고히 서서 인내할 것을 주문하고 있다(예컨대, 1:13; 4:7; 5:8-9).

에 이르면, 저들은 도리어 '산 자와 죽은 자'를 심판하시는 심판주에게 '낯설게 여김'을 당할 것임이 암시되어 있다.[424] 그래서 교회는 세상으로부터 당하는 '낯섦'에 좌절하지 말아야 하는 종말론적인 소망이 있다. 그러나 단지 미래적이지만은 않다. 지금 여기에서, '하나님의 집, 가족, 권속'인 교회 안에서 충만한 친밀함을 누릴 수 있고 또 누리도록 되어 있다(4:7-11). 이렇게 세상에서 '낯섦'을 경험하는 교회와 그들이 갖고 있는 종말론적인 소망, 그리고 그런 살아 있는 소망으로 살아가는 이 땅의 교회의 모습의 순차(順次)는 4:12-5:7과 5:8-14에서도 반복된다. 이런 문맥의 흐름을 간단히 정리해 보면 아래와 같다:

	1. 고난과 '낯섦'	2. 종말론적 역전	3. 교회론
A. 4:1-11	'이상히 여김'(1-4절)	심판(5-6절)	만인 제사장 교회(7-11절)
B. 4:12-5:7	'이상히 여김'(12절)	영광과 심판(13-16절)	화평한 교회(5:1-7)
C. 5:8-14	'동일한 고난'(8-9절)	영광과 온전케 하심(10-11절)	문안과 친교(12-14절)

먼저 흥미롭게도, 4:1-11과 4:12-5:7에서는 '이상히 여김' 혹은 '낯섦'이 언급된 이후에는 이어서 '심판'에 대한 주제가 등장한다는 점을 주목할 수 있다(A1-2와 B1-2). 세상 속의 교회가 세상을 따라가지 않고 그리스도를 따라 '죄에 대하여 안식'하며 선한 양심으로 걸어갈 때 세상 이방인들에게서 당하는 '낯섦'에 대하여, 베드로는 그 '낯섦'의 고난의 문제를 해결하기 위해 곧바로 '하나님의 심판'이라는 주제를 꺼냄을 알 수 있다.[425] 결국 모두가 그 앞에 서게 될 심판주 하나님 앞에서 과연 그날에 결국 누가 '낯섦'을 당하고 누가 '익숙'함을 경험하게 될 것인가? 이것이 베드로가 흩어진 교회들을 위로하며 견고히 세우고자

---

424 유사하게, Davids, *The First Epistle of Peter*, 152, 5절에 관해서, "하지만 정말 이런 상황에서 곤란해야 하는 것은, 당하는 그리스도인들이 아니다. 그들을 비방하고 모욕하고 낯설게 여기는 그들 세상 사람들이다. 그들은 하나님 앞에서 그들의 행위들에 대하여 반드시 대답할 날이 올 것이다." 심판 날에 하나님께서 심판주가 되신다는 사실은 여러 번 강조되었다(벧전 1:17; 2:23). 어떤 학자들은 그리스도가 심판주이심을 강조한다(마 25:31-46; 눅 21:34-36; 행 10:42; 17:31; 고전 4:4-5; 딤후 4:1).
425 Davids, *The First Epistle of Peter*, 153, '심판주'를 하나님으로 본다. 그리스도께서는 이미 고난을 받는 자로 예시되었기 때문이다. 하지만 그리스도가 심판주로 의도되었을 경우, '역전'의 모티브는 더 강렬해진다.

독려하는 내용이다. 그러므로 세상 속에 흩어진 교회는 항상 종말론적인 신앙, 시각에 길들여져야 한다. 예수님께서 "그때에 내가 저희에게 밝히 말하되, 내가 너희를 도무지 알지 못하노니 불법을 행하는 자들아 내게서 떠나가라 하리라"(마 7:23) 하신 대로, 지금 세상에서 겪는 '낯섦'과 '연대'(solidarity)가 종말론적으로 역전될 수 있음을 항상 기억해야 한다고 설득하는 셈이다.

여기서 베드로는 세상에서 낯섦의 고통을 당하는 교회를 향하여 종말의 심판을 통한 역전(reversal)을 선포할 뿐 아니라,[426] 위의 세 요소들이 연속적으로 이어지는 패턴을 반복할수록, 심판의 요소에 영광의 요소 그리고 또한 동일한 하나님의 현재적 위로와 온전하게 붙드시고 인도하시는 주권적 은혜의 요소를 덧붙이면서 점증적으로 강화해나간다. 즉 처음에는 '심판'(4:5-6, A2)만을 언급하지만 그다음에는 심판에 덧붙여 그들 위에 '영광의 영'이 이미 임해 계신다는 사실을 강조하면서 하나님께 영광을 돌리는 삶을 살도록 독려하며(4:13-16, B2), 마지막으로는 심판과 영광의 모티브뿐 아니라, 그 영원한 영광에 들어가게 하시려고 하나님께서 지금 고난 가운데 있는 교회를 어떻게 돌아보시고 위로하시며 친히 '온전'케 세워 가시는지를 강조한다(5:10-11, C2).

이렇게 세상 속에 흩어져 '낯섦'의 고난을 당하는 교회는 전혀 홀로 버려져 있지 않음이 강조된다. 종말의 심판이 있으며, 그 종말의 영광은 이미 현재에 와 있어서 그들 위에 머물고 있고, 그뿐 아니라 그 심판주요 또한 그들을 부르신 하나님께서 그들을 보호하시고 그 종말론적인 뜻을 모두 이루어가고 계심을 확신시키는 것이다. 결국, 베드로전서에서 세상 속에 흩어진 교회는 '고난'으로 특징지어지고 그 고난은 특별히 '낯섦' 때문에 생기는 이질감, 섞일 수 없기 때문에 야기되는 갈등과 고통, 차별과 핍박으로 이해될 수 있다. 이에 대해서 베드로가 제시하시는 '교회'의 모습은 철저히 종말론적이고 또한 기독론적인 본질을 갖고 있다. 그들은 모두를 심판하시는 주님께는 '낯선' 자들이 결코 아니

---

[426] '역전' 모티브는 또한 베드로전서에 나타나는 '영예와 수치' 모티브와 연관된다. Campbell, *Shame, and the Rhetoric of 1 Peter*, 28-30, 그리스도인들이 추구해야 할 참된 '영예'(honor)는 '역전'(reversal)의 모티브와 강하게 연관되는데(2:12; 3:16), 세상에서 그리스도인이라는 정체성 때문에 이미 불이익을 당하고 있는 수신자들에게 더욱 불이익과 모욕을 당하는 쪽으로 권면하는, 2:12; 3:9, 16; 4:4, 14에서 두드러짐을 지적한다.

다. 지금 '하나님의 집'에 속해 있고, 그들은 그들과 마찬가지로 '낯선' 자 취급을 받았던 그리스도의 인도를 따라 그의 길을 따라가고 있으며, 이 여정의 기간은 '잠시'뿐이고, 더구나 이미 '영광의 영'께서 그들과 함께 계시며 택하신 그들을 온전하게 세워가고 계신 것이다.

4.3 세상을 이기는 교회, '제사장 공동체'의 의미

그렇다면 베드로는 세상에 흩어진 교회들, 세상에서 낯섦과 그에 따른 가치체계의 충돌과 갈등, 그리고 그로부터 오는 고난을 겪는 교회가 어떤 모습이어야 한다고 제시하는가? 그것은 분명히 세상을 이기는 교회의 모습일 것이다. 크게 보면, 베드로전서에서 삼위 하나님의 택하시고, 거룩하게 하시고, 순종하게 하시는 역사를 근거로 해서 교회의 정체성을 밝히는 1:1-12을 지나면, 1:13부터 4:6까지는 주로 '세상을 지나가는 교회'의 모습을 제시하는데, 이렇게 세상에 대하여 '임시 거주 외국인이요 여행자' 같은 교회는 2:9에 웅장하게 선포된 대로 오히려 '제사장 나라'(βασίλειον ἱεράτευμα)라는 사명을 따라 존재하게 된다. 그리고 이 '제사장 나라' 된 교회는, '의인으로서 불의한 자를 대신'하며 '그들을 하나님 앞으로 인도하는' 대제사장 된 예수 그리스도의 본을 따라 이 세상 한복판을 지나가도록 되어 있다.

또한 이렇듯, 제사장 나라로서 그리스도의 본을 따라 세상 사람들이 비록 악할지라도 삶의 현장 속에서 '선한 양심'으로 그들을 대하고 그들과 더불어 그리스도를 따라가는 제사장 된 교회는 또한, 공동체 안에서도 역시 '모두가 제사장' 된 매우 혁명적인 교회의 모습을 갖도록 격려받는다. 이 부분이 특히 4:7-11에 요약적으로 잘 드러나 있고 5:1-14에서도 보완되고 다시 강조되어 있다. 그래서 베드로전서의 교회론은 '제사장 공동체'라는 말로 요약될 수 있는데, 세상 사람들 앞에서는 그들을 하나님 앞으로 인도하는 제사장 역할을 하며, 성도로서 하나님의 집으로 모였을 때는 모두가 서로를 하나님 앞으로 인도하는 제사장 공동체로서 교회를 이루는 것이다.

특별히 4:7-11에서 묘사된 공동체로서의 교회의 내부적인 모습은 2:5에서 언급된 세상 앞에 선 '제사장'(ἱεράτευμα)으로서의 교회와 연관되어 자주 언급된다. 학자들이 지적하는 것처럼, 흔히 종교개혁가들이 주창한 '만인 제사장'설이 적용되어야 하는 본문은 2:5가 아니라 4:7-11이라는 문맥이다.[427] 즉 2:5의 문맥은 세상 앞에서 교회가 어떤 사명을 갖고 있느냐를 물을 때 교회는 새 이스라엘로서 열방 앞에서 하나님이 택하신 나라요 제사장 공동체라는 것이고, 4:7-11의 문맥은 세상 앞에서 그런 제사장 공동체로 존재하는 교회가 내부적으로는 어떤 공동체여야 하는가를 보여 주는 의도이기 때문이다. '만인 제사장'이라 할 때는 제사장 계급과 언약 공동체 안에 어떤 구조적인 계층을 염두에 둔 채 모든 구성원들이 다 제사장이라는 것인데, 이런 모습이 4:7-11과 또한 5장에서 어떤 식으로 묘사되고 있는가? 그리고 그런 특징이 어떻게 세상과 갈등을 일으키며 낯섦과 소외 그리고 고난을 경험하는 교회 공동체로 하여금, 그런 세상을 능히 감당하는 모습으로 나타나는가?

베드로가 손꼽는 세상을 이기는 교회의 우선되는 특징은,[428] (i) 먼저 종말의 신앙으로 깨어 있는 교회이다. 베드로는 7절에서 세상에서 낯섦의 고통을 겪은 교회를 향하여 '모든 것의 끝이 가까이 왔다'(Πάντων δὲ τὸ τέλος ἤγγικεν)고 선언한 후 '정신을 차리고(σωφρονήσατε) 근신하여'(νήψατε) 기도하라고 권면한다.[429] 모든 것의 끝, 마지막을 뜻하는 τέλος는 '목적'을 의미하기도 한다. 이제 하나님의 최종적인 구원과 심판의 사건이 일어났다. 베드로전서는 처음부터 끝까지 종말론적인 서신이다. 1:3부터 언급되는 '부활' 사건 자체가 종말론적이다. 부활은 종말론적인 사건이다. 그리스도께서 부활하셨고, 그를 믿은 자들의 심령이 거듭나기 시작했다(1:4). '썩지 않고 더럽지 않고 쇠하지 않는' 기업을 무를 자들이 이미 나타났고, 이제, 세상과 같지 않은 나라 곧 죽음과 죄를 벗어나 하나님

---

427 Elliott, *1 Peter*, 166-169, 2:5은 마치 레위인들이 이스라엘 전체에 대해 가졌던 것처럼, 교회가 인류 앞에서 갖는 공동체적인 정체성과 사명을 선포한다; 마찬가지로 Achtemeier, *1 Peter*, 156-157.
428 채영삼, 『십자가와 선한 양심』, 347-361.
429 Skaggs, *Pentecostal Commentary*, 57-58, 7절에서 강조된, '정신을 차리고'(혹은 '진리에 근거해서 명확히 생각하기'), 술 취하지 않을 뿐 아니라 근신하며, 기도에 온전히 집중하는 것은, 특히 4:1-6에 열거된 이방인들의 죄악 된 삶의 방식과 극명하게 대조된다. 또한 '기도'(προσευχάς)는 모든 종류의 간구, 중보, 감사와 찬양을 포함한다.

이 함께 거하시는 새로운 나라의 통치를 이미 그들의 믿음 안에서 기쁨으로 누리고 있다(5-9, 10-12절). 또한 모든 것의 끝이 왔기 때문에, 교회는 출애굽 신앙으로 세상을 지나간다(1:13-25). 예루살렘에 있는 돌로 지은 옛 성전을 의지하는 자는 '산 돌'이신 새 성전의 반석이신 그리스도에게 걸려 넘어진다(2:1-8). 심판이 하나님의 집에서 이미 시작되었다(4:17).

최종적 구원도 이미 시작되었다. 그리스도의 부활하심으로 거듭난 심령을 가진 교회는 산 소망으로 그리스도를 따라 결국 그가 이르신 그곳까지 이르는 목적지를 향해 전진한다(3:18-22). 그러나 그들의 구원은 단지 내적이고 주관적인 확신에 그치는 것이 아니다. 그것은 '세례'가 죄를 벗어버리고 선한 양심으로 하나님을 향하여 찾아가는 것이듯이(3:21), 그리스도가 가신 십자가의 길(2:21-26) 곧 선한 양심의 길을 따라 이 세상의 낯섦과 고난의 길을 온전히 다가는 '세상을 위한 하나님의 제사장 공동체'의 길을 가는 것이다(3:16). 베드로는 교회에 대해서 말하면서, 이러한 종말론적 큰 그림 속에 교회를 위치시킨다.

두 번째로, (ii) 베드로는 이제 4:7에서부터 교회 내부로 눈을 돌리며, 세상에서 하나님의 제사장 공동체로 살아가야 하는 교회가 내부적으로 어떤 내용을 가져야 하는지에 대해 잠시 언급한다. 무엇보다, 베드로는 8절에서 '끝까지 서로 사랑하는 교회'이어야 함을 강조한다. 문자적으로 하면, '서로를 향해 실패하지 않는 사랑을 갖고'(τὴν εἰς ἑαυτοὺς ἀγάπην ἐκτενῆ ἔχοντες)의 의미이다.[430] 베드로전서에서 이 '사랑'(ἀγάπη)은 하나님에게서 시작한다. 하나님께서 '그의 많으신 긍휼을 따라'(κατὰ τὸ πολὺ αὐτοῦ ἔλεος), 그리스도의 죽으심과 부활을 근거로 삼으사, 우리를 거듭나게 하셨고(1:2), 그런 의미에서 우리는 세상에서 어떻게 비치든지 상관없이 하나님의 놀라운 은혜로 '긍휼을 얻은 자들'이다(2:9). 그리고 이 사랑은 그렇게 거듭난 자의 믿음의 연단을 통해 지금 눈으로 볼 수 없는 주 예수 그리스도를 그토록 사랑하게 만들며, 형언할 수 없는 기쁨으로 가득 차기까지 충만해진다(1:6-8). 또한 그 사랑은 오직 '썩지 아니할 씨' 곧 살아 있는

---

430 Davids, *The First Epistle of Peter*, 157-158, 특히 베드로전서의 수신자 교회에 있어서 '사랑'은 공동체의 연합(communal unity)의 중요성을 갖는다. 또한 ἐκτενῆ의 문자적 의미가, '확대되거나 긴장 가운데 있는'의 의미인데 여기서는 '열정적이고 지속적으로 유지되는'의 뜻으로 해석한다(참고, 1:22).

하나님의 영원한 말씀을 통해서 깨끗하여져서 거짓이 없이 형제를 향해 흘러가게 된다(1:21-25).

'사랑'에 대한 요구와 권면은, 베드로전서에서 특징적으로 믿음의 형제들 곧 하나님의 집안 가족들을 향해 거듭 강조되는 요소이다. 그리스도인이 세상 속에서 행해야 하는 행동 원리를 제시할 때, 뭇 사람들에게는 '존중하라'(τιμήσατε)하고 하나님께는 '두려워하라'(φοβεῖσθε)고 권면하면서도, 성도들 사이에서만은 유독 '사랑하라'(ἀγαπᾶτε)고 명시하여 강조한다(2:17). 즉 '사랑하라'는 권면은 세상에서 제사장 공동체로 존재하는 교회의 내부에서 믿음의 가족들 간에 있어야 하는 가장 특징적인 덕목이다. 이렇게 형제를 향한 사랑은, 세상의 악을 만나 악을 악으로 갚지 않는 길을 함께 가는 공동체 안에서 핵심적인 요소가 되는데, 3:8에서는 4:7-8과 비슷한 어조로 '모든 것의 마지막으로'(Τὸ δὲ τέλος πάντες) 권면하면서, 마음을 같이하여 함께 한 뜻을 품고 서로 '형제애'(φιλάδελφοι)로서 사랑하며, 피차 하나님의 긍휼로 '불쌍히 여기고'(εὔσπλαγχνοι) 그런 긍휼로 서로를 대하여 '자신을 낮추어'(ταπεινόφρονες) 섬길 것을 권면한다.

그러므로 4:8에서 '실패하지 않는 사랑으로 서로 사랑하라'는 것은 이러한 사랑을 지속적으로 계속하라는 뜻이다. 개역한글은 ἐκτενῆ를 '열심으로'로 번역하는데, 이는 단순히 열심을 내라는 의미를 포함하면서도, 동시에 할 수 없는 지경에 이르렀다고 생각할 때에도 그 이상으로 혹시 '이것은 안 된다'고 여겨질 때에라도 그 이상으로, 그리스도께서 '내가 너희를 사랑한 것 같이 너희도 서로 사랑하라' 하신 사랑을 기준으로 끝까지 사랑하라는 뜻이다(요 13:34; 15:12).[431] 그래서 그리스도의 사랑으로 서로를 붙드는 일에 결코 끝까지 실패하지 않는다는 뜻이다. 베드로전서의 문맥에 비추어 볼 때, 세상에서 낯선 이방인 대접을 받고 비방과 차별, 모욕과 불이익을 당하는 같은 믿음의 형제들 사이에서, 서로를 향한 이러한 사랑보다 더 귀하고 값지며 절실한 것은 없었을 것이다. 특히 이러한 사랑은 허다한 죄를 덮는 회복의 역사를 일으키며 공동체를 더욱 강건하게 세워가게 하는 원동력이다.

---

431 채영삼, 『십자가와 선한 양심』, 349.

또한 여기서 죄를 덮는다는 것은, 구성원인 성도가 저지른 죄를 마치 아무 일도 아닌 것처럼 유야무야하듯 없었던 일처럼 소위 '은혜로 덮어 주자'는 식의 태도를 가리키지 않는다.[432] 그것은 성경 전체의 가르침에 어긋난다. 진정한 회복은 죄의 고백에서 비롯하기 때문이다(요일 1:9-10). 오히려 '덮는다'(καλύπτει)는 표현은 마치 제사를 드릴 때에 '제물의 피'가 그 죄인의 죄를 덮듯이 속죄하는 과정을 포함한다.[433] 거기에는 우리의 죄를 위해 흘리신 그리스도의 피가 있고 그것을 근거로 죄인을 깨끗하게 하시는 성령 하나님의 진실한 역사가 있게 된다(1:2). 그리고 그 죄인을 품은 공동체가 그와 더불어 죄를 참회하며 회개하여 돌이키는 눈물과 수고가 동반되어야 하는 것이다. 그래야 거기에 회복과 성장을 위한 참되고 끝까지 지속되는 하나님의 사랑이 실현되는 것이다.

그렇다면 보다 구체적으로, 교회 안에서 이렇듯 '실패하지 않는 사랑으로 서로 사랑하는 것'은 어떻게 하는 것인가? 마지막으로, (iii) 베드로는 이러한 사랑으로 사랑하는 교회의 모습을 4:9-11에 간략하지만 결정적인 방식으로 묘사한다. 가장 큰 특징은, 우선 하나님 자신의 사랑으로 서로를 대접하고(9절), 무엇보다 하나님께서 주신 은사대로(10절) 모두가 하나님의 능력 안에서 서로를 섬김으로써(11절), 함께 교회를 세워가는 공동체라는 사실이다. 여기서 '만인 제사장'의 원리, 정확히 하면 모든 신자들이 하나님의 제사장으로서 섬기는 교회의

---

[432] 한편 Achtemeier, *1 Peter*, 295, 여기서 '누구의 죄가 덮어지는가?': (i) 형제를 사랑하는 자의 죄, (ii) 사랑을 받는 자들의 죄가 사랑하는 자들의 사랑에 의해 덮어짐, (iii) 사랑하는 자와 사랑받는 자들 모두의 죄, (iv) 사랑받은 자의 죄가 덮어지는데, 그가 사랑을 받음으로 회개하여 결국 덮어짐. 여기서 학자들은 (iii)의 해석을 택하거나(Goppelt, Selwyn, Reicke), (iv)의 입장을 택한다(Leaney, Leslie Kline, 참고. 약 5:20). 잠언 10:12의 원뜻은, "사랑하는 자가 하나님께서 그를 용서하시는 일에 덕을 입는다는 의미"이다. 그는 이를테면, '부차적인 속죄'를 하는 셈이다(Origen, Tertullian). 또한 "사랑하는 자는 상대방의 허물을 간과한다는 의미"로 이해할 수도 있다(Cranfield, Bengel). 결론적으로, Achtemeier는 '서로'라는 공동체성을 강조하는 베드로전서 4:8에서, 공동체적 일치가 요구되는 교회에서 이 두 번째 해석이 적절하다고 본다.

[433] Arichea & Nida, *The First Letter from Peter*, 140, 풀어서 번역하면, "만일 여러분이 서로 사랑하면, 여러분은 언제나 다른 형제의 죄를 용서할 준비가 되어 있을 것입니다"; Watson & Callen, *First and Second Peter*, 102-103, "사랑은 허다한 죄를 덮는다"는 말은 구약이나 초대 교회에서 많은 예를 찾아볼 수 있다(잠 10:12; 약 5:20; *1 Clem.* 49.5; *2 Clem.* 16.4). '덮는다'(καλύπτει)는 표현은 구약에서 '용서한다'는 것과 동의어이다(시 31:1[32:1]; 시 84:3[85:2]; 롬 4:7). 죄를 간과한다는 의미가 아니다. "사람이 죄를 덮어 주는 것이 아니며, 죄는 하나님만이 용서하시기 때문이며", 또한 "사랑이 발현되어 죄가 덮어지려면 희생 제물이 수반되어야" 한다(참조. *1 Clem.* 50.5-6; 49.5).

모습이 잘 드러난다.

우선 9절에서 서로 '나그네 대접하기를'(φιλόξενοι)이라 했을 때, 이는 마치 '타지인'(他地人, ξένος)을 사랑하듯이, 세상에서 '임시 거주 외국인이요 여행자'된 믿음의 형제들을 교회 안에서는 특별히 환대하고 영접하며 섬겨서, 그들을 위로하고 하나님의 집 안에서는 그들이 전혀 낯선 이방인이 아님을 체험하게 해 주라는 의미가 담겨 있다.[434] 고대 사회에서 타지를 여행하는 나그네들에게 집을 개방하는 것은, 숙박 시절이 여의치 않았던 시대에 매우 적절한 덕목이었다. 또한 신약 시대의 교회가 가정에서 모였고 적게는 10-20명 많으면 50명까지 모였으니,[435] 한 성도가 자신의 가정을 개방한다는 것은 그 집주인에게는 대체로 수고로운 일이었을 것이다.[436] 그래서 9절에서 '원망 없이 하고'(ἄνευ γογγυσμοῦ)는 충분히 이해할 만한 권면이다. 하지만 베드로전서는 처음부터 수신자 된 교회가 '임시 거주 외국인이요 여행자'라고 규정하고 있다(1:1; 2:11). 그것은 과거 이집트에서 나와 광야를 떠돌았던 이스라엘 백성, 곧 나그네 되었던 아브라함을 조상으로 하는 하나님 백성의 정체성 그대로이며, 하나님은 거듭해서 자기 백성의 나그네 된 정체성을 일깨우셨다(출 22:21; 23:9; 레 19:33-34; 신 10:19).

또한 그것은 동시에 그들 가운데 거주하는 외국인과 여행자들을 그들과 동일한 신분과 처지로 대하라는 권면과 함께 주어지곤 했다(출 12:43-44; 겔 18:7). 특히 구약에서 나그네 역시 하나님의 백성과 더불어 약속된 기업을 무를 언약 백성에 포함될 수 있었음은, 성경이 나그네의 위치와 권리를 어느 정도 인정했

---

[434] Achtemeier, *1 Peter*, 296-297, 신약에서는 특히, 선교 상황에서 기본이 되는 덕목이었다(마 10:11, 40; 행 16:15; 21:7, 17; 28:14; 요삼 7-8절; *Did.* 11.4; 요이 7-11절); 또한 '낯선 나그네'를 대접하는 것은, 고대 사회에서 중요한 덕목이었다(Aristotle, *De virtutibus et vitiis* 1250b, 1251b; Epictetus, *Diss.* 1.28.23); 또한 Dio Chrysostom은 이를 거의 신적인 덕목으로 여겼다(*Or.* 1.41; 12.76).

[435] 홍인규, "바울과 교회", 〈백석신학저널〉 27호 (2014): 178, 고대 로마 집의 크기와 고린도전서와 로마서, 사도행전에 나타난 고린도 교회의 인물 정보를 고려한 결과이다(또한 R. Banks, J. Koenig, Murphy-O'Conner); 한편 고린도 교회 전체 성도의 수를 100여 명이나(B. Blue), 200명으로 잡는 경우도 있다(김지철)(각주 19-21).

[436] Davids, *The First Epistle of Peter*, 159, 주후 1세기경 소아시아 지역의 문화적 관행에 따르면, 나그네를 집에 들이고 먹을 것과 잠자리를 제공하는 것은 3일 정도 안에서 용인되었다. 하지만 그 후에는 일을 하거나 스스로 알아서 해야 하는 것이 기대치였다.

는지를 가늠할 수 있는 척도가 된다(겔 47:22-23).⁴³⁷ 구약 교회 자신도 나그네였으며, 그들 가운데 있는 나그네들을 어떻게 대접해야 하는지에 관한 교훈은 그래서 신약 교회의 정체성으로 이어진다(롬 12:13; 갈 6:10; 딤전 6:18; 딛 1:8). 그리고 베드로전서는 이런 전통에 굳게 서서, 수신자인 교회 역시 세상에서 낯선 자요 여행자인 성도들로서(1:1, 17; 2:11), 주변 사회에서 낯선 외국인이나 여행자들로 취급받는 사람들을 환대하고 영접하는 공동체로 존재해야 함을 특징으로 삼는 공동체이어야 한다고 역설한다. 베드로전서가 지향하는 교회는 이렇게 낯선 이들에게 열려 있는 성도들의 가정에서, 그들이 '썩지 않고 더럽지 않고 쇠하지 않는' 살아 있는 '소망에 관한 이유'들을 물으며(1:4; 3:15) 그들 역시도 '목자와 감독' 되신 그리스도에게 돌아올 수 있는(2:25; 5:4), 서로 뜨겁고도 깨끗한 사랑으로 끝까지 사랑하는 공동체인 것이다(1:22; 4:8).

그리고 무엇보다, 이런 '낯선 이들을 환대하는 공동체'로서 가정교회의 주체는 하나님 자신임이 분명하다(4:10-11). 그리고 여기서 만인 제사장 원리 혹은 더 정확히 '전신자(全信者) 제사장'(priesthood of all believers) 원리가 드러난다. 하나님께서 모든 성도들에게 각기 은사를 주시고 그들 각자를 통해서 친히 역사하신다는 하나님의 주권적 통치의 원리가, 모든 신자들이 전부 각기 은사를 통해 제사장의 역할을 한다는 원리와 서로 맞물리기 때문이다.⁴³⁸ 우선 베드로는 10절 맨 처음에 나오는 '각자'(ἕκαστος)라는 말을 강조하면서, 하나님께서 교회를 세워가라고 직접 은사(카리스마, χάρισμα)를 주시지 않은 성도는 없음을 분명히 한다.⁴³⁹ 성도들 자신이 교회이므로 서로를 섬기며 세워가는 일은 그들

---

437 Walter Eichrodt, *Ezekiel: A Commentary* (Philadelphia: Westminster, 1970), 592; Chae, *Jesus As the Eschatological Davidic Shepherd*, 67.
438 채영삼, 『십자가와 선한 양심』, 356-361.
439 Skaggs, *Pentecostal Commentary*, 59. 10절에서 χάρισμα가 교회 안에서 '봉사'(service)와 연결된 것은 바울서신 이외에 이 본문이 유일하다. 한편 바울의 강조점은 은사가 각 개인에 따라 다르게 나타나지만 모두 성령 하나님께서 주신 것이며, 한 주(主) 되신 하나님을 섬기는 것이라는 데에 강조가 있다면(고전 1:4, 7; 엡 4:7), 베드로의 강조점은 은사들이 하나님의 은혜와 사랑의 '개인적인 표현들'(individual expressions)이라는 데에 있다. 또한 바울과 베드로 모두, 하나님 자신이 은사들의 기원이라는 원리에 기초하지만, 바울이 각 개인 안에 역사하시는 '성령 하나님의 사역'을 강조하는 반면, 베드로는 기본적으로 그 은혜와 말씀, 영광과 능력의 근원이신 '하나님'을 강조한다.

자신이 하게 되어 있는 것이다. 그러면 오늘날처럼 전문 사역자들은 무엇을 하는가? 모든 성도들이 스스로 하나님께서 거하시는 집이요 교회인 그들 자신을 서로 세워나가도록 말씀으로 가르치고 격려하며 기도해 주고 돕는 일이다(엡 4:11-13). 그들이 성도들 대신 하는 것이 결코 아니다.

베드로 역시 장로들의 존재를 언급한다. 그들은 양 무리를 맡은 자들이요, 더러 물질적 도움을 받기도 하고, 또 권위 있는 지도력을 위임받은 자들로서 양 무리에 앞서 그들을 이끌고 나가는 위치에 있었다(5:1-3). 하지만 이들에 대한 언급보다 지금 4:10-11에서 제시된 교회의 원리가 더 상위법이요 근본적인 질서를 나타낸다. 장로들 역시 각 성도들을 '주관하는 자세'로 대하지 말 것을 요구받는다(5:3). 그래서 10절 하반절에서 '하나님의 여러 가지 은혜를 받은 선한 청지기같이 하라'고 명하는 것이다. 이 말씀은 앞서 언급된 '은사'가 아니라 그 은사를 사용하여 성도들을 섬기고 낯선 이웃들을 섬기는 그 일을 할 때 하나님께서 여러 가지 방식으로 주시는 그 '은혜'(χάρις), 그 거저 주시는 하나님의 은혜를 힘입어서 하라는 뜻이다.

바울은 교회를 자주 '몸'으로 묘사하지만, 베드로는 '집'(οἶκος)으로 묘사한다(2:5; 4:17). 집주인은 하나님이시다. 그리고 모든 성도들은 청지기(οἰκονόμος), 즉 문자 그대로 하면 주인이 정한 법대로, 규칙대로, 방식대로 집을 관리하고 이끌어가는 집사들, 종들인 셈이다. 집은 집주인의 뜻대로 관리되고 운영되어야 한다. 그것이 청지기의 책임이다. '청지기'라는 말은 '집'이라는 단어와 '법도'라는 단어가 합쳐진 용어이다. 모든 성도들은 각자가 집주인이신 하나님의 뜻과 방식대로 집이 운영되도록 권한과 은사와 책임을 맡은 종이다. 그분이 직접 모든 성도들을 통해 역사하신다.

여기서 베드로는 성도들이 받은 다양한 은사들을 자세히 열거하지 않는다. 사도 바울은 그 은사들을 구체적으로 열거한 적이 있다. 지식의 말씀을 전하는 은사, 지혜의 말로 권면하는 은사, 믿음을 불러일으키는 은사, 병 고치는 은사, 능력 행하는 은사, 예언하는 은사, 영들 분별하는 은사, 그리고 방언의 은사와 방언을 통역하는 은사(고전 12:7-10)이다. 하지만 베드로는 이 다양한 은사들을 크게 두 가지로 나눈다. 첫째는 하나님의 말씀(λόγια θεου)을 '말하는' 은사이고,

둘째는 '섬기는'(διακονεῖ) 은사이다. 이렇게 보면, 바울이 열거한 은사들은 모두 이 두 가지 범주에 포함됨을 알 수 있다.[440] 장로들이나 감독들은, 모든 성도들이 자신의 받은 은사를 따라 섬기도록 격려하고 돌아보며, 그들 역시 어떤 이득을 얻기 위해서가 아니라 하나님의 은혜를 힘입어 섬기는 본을 보여 주며 인도하는 역할을 함으로써(5:1-3), 모두가 함께 그리스도의 본을 따라 그 자취를 따르도록 앞서 인도해야 한다(2:21-25). 그것은, 하나님과 그리스도께서 주인이 되시고, 집안의 모든 자녀들이 함께 일하여 집을 세우는, 하나님의 주권을 통하여 모든 성도가 '거룩한 제사장'이 되는 교회이다(참고. 2:5).

---

440 Skaggs, *Pentecostal Commentary*, 59, 말씀과 섬김의 두 은사는, 예수 그리스도의 지상 사역의 두 축이었다. 그분은 천국 복음을 선포하셨고 가르치셨으며, 또한 치유하시고 먹이시고 섬기셨다. 여기서 '말씀'(λόγια)은 문자적으로 '예언'(oracles)에 해당하는 것으로 하나님에게서 오는 말씀이다. '봉사하는' 은사는 말씀 선포를 제외하고 가난한 자와 병든 자를 돌보는 것과 갇힌 자를 돌아보고 성도를 위로하는 사역을 말한다.

5. 결론 – 제사장 교회의 선한 양심과 '참된 은혜'

베드로전서는 수신자인 교회가 그들이 '흩어져' 처한 세상을 배경으로 하는 점이 두드러진다. 예를 들어, 로마서나 갈라디아서는 율법 중심의 유대교로부터 결별하는 예수 그리스도의 교회의 갈등이 배경이 되고, 또한 고린도전서 같은 경우는 교회 내부에서 일어나는 여러 가지 문제들이 배경이 되지만, 베드로전서는 그들이 처한 로마라는 사회 속에서 교회가 무엇이며 어떻게 교회 될 것인가가 주된 관심사라는 점이 특별하다. 그래서 Green이 말한 대로, 베드로전서는 '(교회가) 과연 로마를 어떻게 할 것인가?'(What to do with Rome?)의 문제를 다룬 것이라는 표현은 과히 지나치지 않다.[441] 서신서 초두부터 베드로는 교회의 탄생과 정체성 그리고 운명과 사명은 모두 삼위 하나님으로부터 나온 것이고, 삼위 하나님에 의한 것이고, 삼위 하나님을 향한 것임을 명백히 한다. 교회는 세상이 아니라는 사실, 교회는 그 소속과 방향과 목적에 있어서 세상과는 전혀 다른 존재요 가는 길도 목적도 다르다는 사실을, 베드로전서는 그 어느 서신보다 명확히 밝힌다. 그래서 베드로는 1:13부터 3:22에 이르기까지, 하나의 거대한 그림 곧, 온갖 악의 파도가 넘실대는 세상이라는 홍해를 가르고 지나가는 웅장한 제2의 출애굽 과정을 묘사한다. 그 목적지는 과거 옛 언약에서처럼 '젖과 꿀이 흐르는 땅'이 아니다. 바로 하늘에 계신 하나님의 보좌 앞이다(3:22). 그래서 교회는 그 긴 여정을 가는 순례하는 교회, 이 땅에서는 낯선 외국인 같고 여행자 같은 교회가 된다.

더욱 흥미로운 점은, 이 세상을 지나가는 교회의 사명과 그 방식이다. 그들은 세상 속에 흩어진 초라하고 소외된 외국인이나 주변인 같은 여행객으로 존재하지만, 도리어 하나님께로부터는 세상 이방인들로 하여금 하나님께 영광을 돌리게 하며(2:12) 그들을 하나님께로 인도하는 '제사장 공동체'로 존재한다(2:9). 이것이 세상 속에 존재하는 교회의 사명이다. 그들은 그저 정처 없는 나그네처럼 피안 세계만 바라보며 세상을 지나가는 존재가 아니다. 옛 이스라엘처

---

441 Green, *1 Peter*, 1.

럼, 명확한 사명을 부여받았다. 베드로전서는 그리스도를 소개함에 있어서, 그를 정확히 '대제사장'이라 부르지 않지만,[442] 세상 속에서 '의인으로서 악인을 대신하여 고난을 받으며 그들을 하나님 앞으로 인도하시는'(3:18) 분으로 소개함으로써 충분히 그가 대제사장이며, 또한 교회는 그를 따라가는 세상 속의 제사장 공동체임을 강력히 시사한다.

그리고 여기서 '십자가와 선한 양심'의 방법론이 나온다. 베드로는 그리스도의 죽으심과 부활 그리고 승천하신 승리의 여정에, 그를 따라 세상 한복판을 지나가며 그를 따라 하늘에까지 이르는 교회의 여정을 일치시킨다. 그리고 그리스도의 여정과 교회의 여정은 '세례'라는 연합의 관계로 묶여 있다. 동시에, 그리스도의 길이 악인들을 위한 '의로운 고난'을 의미하는 십자가 고난의 길이었듯이, 그를 따라가는 교회의 여정도 '선한 양심'의 길이다(3:16; 2:19-21). 그리고 베드로는 그리스도의 십자가 고난의 여정 곧 교회의 선한 양심의 여정을, 그 둘을 연합으로 묶은 '세례의 여정'으로 보고 있다.

즉 베드로에게 있어서, 세례란 단회적일 뿐 아니라, 하나의 긴 여정이다. 마치 노아의 방주가 물 위를 지나 마른 땅에 이르렀던 것처럼, 세례도 그와 같이 죄로 심판 아래에 놓인 세상을 지나 썩지 않고 더럽지 않고 쇠하지 않는 나라에 이르는, 긴 여정인 것이다. 그리하여, 베드로는 이렇듯 그리스도의 죽으심과 부활 그리고 승천하신 그 특별한 승리의 과정을 배경으로 하는 틀 안에, 교회의 긴 여정을 배열한다. 그리스도는 이런 점에서, 그가 '나는 길이요' 하신 것처럼, 정확히 교회의 길이다. 특별히 베드로는 그가 처음에는 이해하지 못했고, 평생 이해하기를 소원했을 그 십자가의 의미를, 결국 교회가 세상 한복판에서 그리스도를 따라감으로써 지나가게 되는 '선한 양심의 고난'으로 제시한다. 그 길은 곧 이미 임해 있는 영광을 누리는 길이며, 그 영광 안에서 하나님의 보호하심과 능력을 누리며, 끝내 그리스도와 함께 승리하며 그와 더불어 기쁨을 누리며 가는 길이다.

---

442 실제로, 히브리서에서 그리스도를 대제사장으로 소개하는 방식은 상당히 제의적인 맥락이다. 이것을 제사장직의 '수직적인' 이해라고 할 수 있다면, 베드로전서에서 함축적으로 제시되는 그리스도의 대제사장직은 상대적으로 '수평적인' 이해라고 부를 수 있는데, 이는 향후 연구해 볼 주제이다.

그래서 베드로는 이 길이 십자가 고난의 길이요, 선한 양심을 좇아 의로운 고난을 당할 수밖에 없는 길임을 명확히 제시하지만, 또한 하나님의 '모든 은혜'(5:10)와 '참된 은혜'(5:12) 안에서 가는 복된 길임을 거듭 강조한다. '은혜'(χάρις)는 베드로가 서신서 전체를 통해, 특히 서문과 결론 부분에서 거듭 강조하는 내용이다. 하나님은 실로 '모든 은혜'의 하나님이시다. 택하심도 부르심도, 영광에 이르게 하심도 은혜이다. 그중 주님의 재림 때에 받아 누릴 은혜가 가장 크고 놀라운 은혜이다(1:13). 하지만 그 영광에 이르기 전이라도 세상에서 소외되고 낯선 자들로 존재하는 흩어진 교회 안에서, 하나님께서 친히 성령을 통해 주시는 각양 '은혜'가 넘치도록 풍성하다(4:10). 그리고 주권자요 심판주이신 하나님의 통치를 신뢰하고 이에 순복하는 겸손한 심령에게 주시는 '은혜'도 넘친다(5:5).

그래서 교회를 '부르신 하나님'(ὁ καλέσας, 5:10; 1:2-3)께서 그들을 그 '영원한 영광에로'(εἰς τὴν αἰώνιον αὐτοῦ δόξαν, 5:10; 1:8-9) 이끄시는 '모든 은혜'는, 고난받아 흔들리며 제 위치를 벗어나곤 하는 교회를 다시 '회복하시는'(καταρτίσει) 은혜이다. 또한 제 위치로 회복하실 뿐 아니라 '굳게 서게 하시는'(στηρίξει) 은혜이며, 굳게 서게 하실 뿐 아니라 능력으로 '강하게 하셔서'(σθενώσει) 결국 그리스도의 반석 위에 서도록 '터를 견고하게 하시는'(θεμελιώσει) 은혜이다. 오직 그리스도만이 반석이기 때문이다. 흥미롭게도 베드로전서는 반석을 뜻하는 '베드로'(Πέτρος, 1:1)로 시작해서, 서신서의 맨 마지막 단어로 '그리스도 안에서'(ἐν Χριστῷ, 5:14)를 택하였다.[443] 어쩌면 '시몬'이라 불리었던 베드로는 결국 자신이 반석이 아니라(참고. 마 16:18; 26:75), 오직 그리스도만이, 특별히 그의 십자가와 그 십자가의 길만이 교회로 하여금 세상을 이기게 하는 견고한 반석임을 알게 되었던 것일까.

그래서 5:12에서 '이것이 하나님의 참된 은혜'라고 할 때, '참된 은혜'를 지칭하는 '이것'(ταύτην)은 10절에서 언급했던 세상 속의 고난받는 교회를 향한 하

---

443 채영삼, 『십자가와 선한 양심』, 443. 흥미롭게도 원문에 정경적으로 연이어 나오는 베드로후서의 첫 구절도 Συμεὼν Πέτρος로 시작한다.

나님의 '모든 은혜'를 가리키는데, 정확히 집어 말하자면 그리스도의 십자가 고난의 길을 따라갈 수 있게 하는 은혜가 참된 은혜인 것이다. 해석상, 10절에서 참된 은혜를 가리키는 '이것'은 서신서의 내용 전체를 가리키는 것으로 보기도 하고,[444] 혹은 넓게는 베드로전서에 나오는 모든 '은혜'를 가리키는 것으로 생각할 수도 있다. 하지만 문맥상으로는 10절에 나오는 '모든 은혜'에서 여성형인 '은혜'(χάρις)를 가리킨다고 보는 것이 타당하다. 그 '은혜'는 분명, 부르신 자이신 하나님께서 정하신 '썩지 않고 더럽지 않고 쇠하지 않는 기업'의 산 소망을 품고, 그리스도의 십자가의 길, 선한 양심의 길을 가는 교회에게 베푸시는 모든 은혜이다.

이렇게 보면, 12절에서 문제가 되는 '하나님의 참된 은혜임을 증거하기 위하여'라는 문구 중에 '증거하기 위하여'(ἐπιμαρτυρῶν)라는 표현에 또한 단서가 있음을 알게 된다. 베드로는 바로 인접한 문맥인 5:1에서 자신을 그리스도의 고난의 '증인'(μάρτυς)이라 소개했다. 증인으로서 그가 증거하는 내용은 그리스도의 고난(참고. 1:11), 곧 십자가의 길이다. 그가 그토록 이해할 수 없었고 받아들일 수 없었던 그리스도의 고난의 길, 부활과 승천의 영광에 이르는 길이다. 그리고 이 길은 베드로가 서신서 내내 번역해 낸 그대로 또한 선한 양심의 길이다. '의인으로서 불의한 자를 대신하여 그들을 하나님께로 인도하는' 길(3:18)이다. 선을 행함으로 고난을 받고 참아, 하나님의 뜻을 '함께 앎으로써'(양심[συνείδησις]의 원래 의미) 그리스도와 함께 같은 뜻으로 그 하늘에 이르는 십자가의 길을 가는 것이다. 이것이 '참된'(ἀληθῆ) 은혜가 아니고 무엇인가? 그리고 이것이 참된 은혜라면, 세상 속의 교회로 하여금 그리스도의 십자가의 길, 선한 양심의 길을 가지 않게 하는 은혜는 모두 '거짓' 은혜임이 드러나는 것이다. 아마도, 베드로의 두 번째 서신인 베드로후서는 이런 가짜 은혜가 어떻게 정체된 교회를 파괴하는지, 그리고 그 해법은 무엇인지를 다루게 될 것이다.

---

444 Michaels, *1 Peter*, 308-309, 무엇보다 ταύτῃ가 서신을 뜻하는 ἐπιστολή를 지칭한다고 본다; 또한 Achtemeier, *1 Peter*, 352, 그럼에도 전체 서신 자체가 그리스도와 영광과 분리될 수 없는 고난의 길을 가는 은혜를 말하며, 그러한 '고난과 영광의 그리스도'에 대한 신실한 헌신이 바로 참된 은혜이다. 여기서 '은혜'는 특히 2:19, 20의 은혜와 긴밀히 연관되어 있다(아름다우니라, 개역개정).

제4장
베드로후서에 나타난 '교회 속의 세상'

1. 베드로후서에서 Κόσμος 개념과 '거짓 교사들'
    1.1 거짓 교사들의 특징
    1.2 거짓 교사들의 정체
    1.3 베드로후서의 문학적 구조

2. Κόσμος의 썩어질 것과 '신적 성품'(1:1-11)
    2.1 Κόσμος의 특징과 '영원한 나라'(Βασιλεία)의 신적 성품 (1:3-4,11)
    2.2 거짓 교사들의 윤리적 부패와 신적 성품(1:5-7)
    2.3 종말의 구원과 신적 성품 (1:8-11)

3. Κόσμος의 더러움, 거짓 가르침과 성경 해석 (2:20; 1:19-20)
    3.1 Κόσμος와 거짓 가르침(2:18-20; 1:3-4)
    3.2 거짓 교사들의 해석학적 특징들
    3.3 '사사로이(ἰδίας) 푸는' 일과 '기다림'의 해석학(1:19-21)
    3.4 성경 해석과 신적 성품

4. Κόσμος의 일시성과 '재창조'(3:6; 2:5)
    4.1 세상과 종말에 대한 거짓 교사들의 주장
    4.2 세상의 심판과 재창조에 관한 말씀

5. 결론 - 거짓 가르침과 신적 성품

1. 베드로후서에서 Κόσμος 개념과 '거짓 교사들'

공동서신 전체가 하나의 정경 모음집으로서, 일관되고 또 점진적인 주제를 갖고 있다고 했을 때, 본 논문의 그 포괄적 주제가 '세상 속의 교회'일 수 있다고 주장했다. 실제로 베드로후서는 유다서와의 발생학적 즉 '자료비평적'(source-critical) 관점에서 함께 묶인 것으로 보아 왔지만,[1] '정경화 과정의 해석학'(hermeneutics of the canonical process)적 관점으로 보면,[2] 우선적으로 베드로전서의 신학을 보완하고 완성하기 위해 정경에 포함된 것으로 이해할 수 있다.[3] 그렇다면 어떤 면에서 보완적인가? 즉 어떤 점에서 연속적이고 또 점진적

---

[1] 베드로후서와 유다서에 관련된 최근의 논의는, Jörg Frey, "The Epistle of Jude between Judaism and Hellenism", *Catholic Epistles & Apostolic Tradition* (Waco: Baylor University Press, 2009), 310-311; 그리고 A. Gerdmar, *A Rethinking the Judaism-Hellenism Dichotomy: A Historiographical Case Study of Second Peter and Jude* (Coniecranea biblica: New Testament Series 36, Stockholm: Almquist & Wiksell, 2001)을 참조하라. 문학적 의존 관계가 어느 쪽으로 치우쳤다고 판결이 나더라도, 두 서신은 각기 독자적인 정황 속에서 이해되는 것이 우선이다.

[2] Niebuhr, "The SNTS Seminar", 6-7.

[3] Wall, "Cannonical Function of 2 Peter", 76-81; Green, *1 Peter*, 234-239, "'This is Now … the

인가? 서론에서도 가늠했듯이 '세상 속의 교회'라는 공통 주제의 관점으로 보면, 공동서신의 각 책들이 Κόσμος라는 용어를 사용하는 문맥들은 서로 다른 강조점들을 갖고 있음을 언급했다.

야고보서의 경우는 '세상-가난/부'의 조합이 특징적이었다. 세상은 그 헛된 부와 그에 대한 자랑으로 교회를 유혹하는 곳으로 두드러진다(약 1:9-11, 14-16; 2:1-7; 4:4, 13-17). 그래서 교회로 하여금 하나님과 세상을 함께 사랑하는 '나뉜 마음'(약 1:8)의 유혹과 함정을 표방하는 개념이었다. 그렇게 '두 마음'(약 4:8)을 조장하는 세상을 대하여 하나님께 자신을 낮추며 전심의 순결한 경건을 회복하고(약 2:18-27; 4:5-10), 그 심령에 심겨진 말씀을 온유함으로 받아 열매 맺을 것을 권면했다(약 2:21; 5:1-7, 19-20). 하지만 베드로전서에 오면, 세상 속의 교회에 대하여 한 걸음 더 나아간 신학이 펼쳐진다. 이제는 단지 세상과 하나님 사이에 '나뉜 사랑' 때문에 시험에 들고 갈등하는 문제가 아니라, 그런 적대적인 세상을 지나 하늘의 하나님 보좌에 이르는 교회의 '여정'(journey), 그리스도와 연합하여 그리스도를 따라가는 긴 '세례의 여정'(벧전 3:21)을 적극적으로 권면한다. '임시 거주 외국인과 여행객' 같은 교회가 세상을 지나가면서, 그들을 부르신 하나님의 거룩한 '제사장 공동체'의 사명을 다해야 함을 역설하는 것이다.

그렇다면 베드로후서는 '교회와 세상'이라는 이런 주제에 있어서 어떤 전개 과정을 보여 주는가? 베드로전서와 정경적인 일관성이 있다는 사실을 전제하면, 베드로후서는 베드로전서에서처럼 '세상을 지나가는 여행자 된 교회'(벧전 1:1; 2:11), 마치 노아의 심판 때 무서운 파도 위에 떠있는 방주처럼, 세상의 거짓되고 부패한 세속의 물결이, 이를테면, 방주인 교회 안으로 넘쳐 들어와 배가 가라앉을 위험에 처한 그런 모습을 보여 준다고 할 수 있다. 즉 베드로전서가 세상 한복판을 교회가 하나님의 제사장 된 공동체로 지나가는 모습 곧 '세상 속의 교회'의 모습을 보여 주고 있다면, 베드로후서는 그런 세상이 교회 안에 넘

Second Letter I Am Writing to You"(2 Pet 3:1): 1 and 2 Peter", 베드로전서는 베드로후서와 연속적으로 읽도록 구성되어 있음을 주장한다. 특히 베드로후서와 유다서의 연결보다, 베드로전후서의 연결은 베드로의 내러티브적 특징인, (i) '이스라엘의 과거'로부터 (ii) 그리스도의 사건으로, (iii) 그리고 현재 (iv) 마지막으로 종말론적인 심판의 구조를 따라 진행된다는 점에서 동질적이라고 분석한다.

쳐 들어와 교회의 영적 생명과 본질을 위협하는 도전을 보여 주는, 이를테면, '교회 속의 세상'의 모습을 적나라하게 밝혀내는 것이다. 그래서 교회 안에 넘쳐 들어온 세상의 거짓 가르침과 부패한 삶에 대해 강력히 경고하고, 그 해법을 찾는 것을 과제로 삼는다고 볼 수 있다.

'교회와 세상'이라는 주제에 관련해서 베드로후서가 보여 주는 이런 강조점은, 일차적으로 베드로후서에서 Κόσμος라는 단어가 등장하는 5회의 흥미로운 문맥들에서도 현저히 드러난다. 야고보서에서는 주로, '가난과 부'가 대조되는 문맥(약 1:9-11; 2:1-5; 또한 5:1-6)이나 하나님과 세상 사이에 '나뉜 마음'을 지적한 문맥(약 4:4; 3:6)에서 Κόσμος가 등장했다. 베드로전서에서 Κόσμος는, 피조된 세상에 속하지 않고 그보다 더 근원적이신 그리스도에 속해 있고 그를 따르는 교회(벧전 1:20)이면서 동시에 그런 세상에 흩어져 있는 '여행자' 같은 교회(벧전 5:9)라는 맥락을 강조하는 문맥에서 사용되었다. 흥미롭게도 베드로후서에서 Κόσμος는 또 다른 강조점을 가진 문맥들에서 나타난다. 우선 1:4에 나오는 ἐν τῷ κόσμῳ는 '너희가 정욕 때문에 세상에서 썩어질 것을 피하라'는 문맥에서, 그리고 2:20의 τὰ μιάσματα τοῦ κόσμου 역시 '세상의 더러움을 피하라'는 문맥에서 등장한다. 한편 2:5에 나오는 ἀρχαίου κόσμου는 '옛 세상'을 용서치 않는다는 심판의 문맥이고, κόσμῳ ἀσεβῶν은 '경건치 않은 자들의 세상'의 의미로, 같은 심판의 문맥이다. 그리고 마지막으로 3:6에 나오는 ὁ τότε Κόσμος 역시 '그때의 세상'인데, 불경건 때문에 물의 심판을 불러온 세상을 의미한다.

이렇게 보면, 베드로후서에서 Κόσμος는 세상의 '썩어짐과 더러움' 그리고 하나님께 대한 '불경건'(ungodliness)과 하나님의 '심판'의 대상이라는 부정적인 특징들과 깊이 연루됨을 알 수 있다. 만일 베드로전서와 베드로후서가 신학적으로 하나의 연속적인 서신이라면, 베드로후서가 묘사하는 '세상'의 특징이 베드로전서 1:4이 언급한 '살아 있는 소망'의 기대하는 바 '썩지 않고, 더럽지 않고, 쇠하지 않는 기업'(κληρονομίαν ἄφθαρτον καὶ ἀμίαντον καὶ ἀμάραντον)의 내용과 정확히 대조됨을 알 수 있다. 즉 베드로후서에서 Κόσμος가 사용된 문맥(1:4; 2:5[x2], 20; 3:6)들은, 베드로전서 1:4에서 묘사한 '하늘의 기업'의 특징들과 정확히 반대되는 '세상의 본질적 특징들' 곧 '썩어지고, 더러워진' 그래서 영원하신 하나님으로부터 분리되는 심판 아래에 놓인 세상임을 설명하는 것이다.

본론에서 자세히 논증하겠지만 만일 이런 관찰이 타당하다면, 베드로전후서는 두 서신의 저자가 동일하거나 적어도 신학적 일관성이 뚜렷하다는 사실을 가정해 볼 수 있다. 확실히, 베드로후서는 베드로전서에서처럼 교회가 통과하는 배경이나 또한 '선한 양심'으로 소통해야 하는 상대로 제시되기보다는, 그 거짓됨과 부패함이 훨씬 더 부정적이고 파괴적인 모습으로 조명되고 부각된다. 그것은 베드로후서를 이해하는 데 있어서 결정적인 요소인 거짓 선지자와 거짓 교사들의 정체와 그들의 가르침과 그 부패한 삶의 내용에 대한 이해와도 깊이 관련된다고 할 수 있다.

1.1 거짓 교사들의 특징

교회의 안팎에서 교회를 거짓과 부패의 늪으로 빠뜨리는 거짓 선지자와 거짓 교사들의 활동은, 야고보서나 베드로전서에서는 거의 나타나지 않는다. 야고보서의 경우, 3장에서 '많이 교사 되지 말라'고 경고한 후, 혀의 악함과 그 폐해에 대해 언급한 적이 있다(약 3:1-12). 또한 2장에서, 행함이 없는 믿음으로 말하는 모습 즉, 말이나 가르침이 그 행함과 분리되는 모습은 어쩌면 베드로후서에서 본격적으로 다루어지는 '거짓 교사'(벧후 2:1)들의 시초인지도 모른다. 베드로전서에서, 거짓과 부패의 가르침은 '조상들의 망령된 행실'(벧전 1:18)로부터도 오지만, 거의 대부분은 세상 이방인들의 '비방'(벧전 2:12)이나 그들의 '음란한 잔치나 정욕, 술 취함이나 방탕과 연락, 무법한 우상 숭배'의 관행들로부터 자극받는다(벧전 4:3).

하지만 놀라운 일은, 베드로후서에서 발견되는 거짓된 가르침과 부패한 삶은 교회의 밖인 세상뿐 아니라, 교회 안에 '몰래 들어온'(2:1, 13; 참고. 갈 2:4; 딤후 3:6) 거짓 교사들에 의해 저질러지고 있음을 밝히 설명한다는 사실이다. 그러므로 베드로후서는, 야고보서의 경우처럼 세상과 하나님 사이에 서서 갈등하는 교회의 모습이나, 베드로전서의 경우처럼 그 세상 속을 제사장이라는 사명을 안고 지나가는 교회가 아니라, 그 썩어지고 더럽고 허무한 세속적 파괴력이 교회 안에 넘치는 물처럼 밀려 들어와 교회의 내면, 진리와 경건의 삶을 파괴하는 모습을 그려 주고 있는 것이다.

그렇다면 베드로후서가 지목하는 이런 거짓 선지자나 거짓 교사들의 정체는 무엇인가?[4] 그들의 가르침의 본질은 무엇이었으며, 그들이 어떤 식으로 교회를 파괴하려 했는지를 묻지 않을 수 없다. 여기서 먼저 생각해 보아야 할 문제가 있다. 그것은 베드로후서에 나타난 적대자들의 정체와 특징들을 재구성한다는 것은 일단 하나의 가정을 전제해야 가능한 시도라는 점이다. 서신에 흩어져 있는 이들에 대한 단서들이 매우 단편적인데, 이 단편적인 정보들을 하나의 적대적 세력에 대한 일관된 진술로 연관 짓는다는 것은 저자의 의도라기보다는 독자의 시도에 가깝기 때문이다. 즉 베드로후서는 독자들이 혹시 염두에 두고 있을 법한 적대 세력의 정체를 의식적으로 일관되게 연결하거나 정확히 지목하지 않는다. 다만 그런 '행태'를 지적할 뿐이다. 그 다양한 행태들이 모두 하나의 집단을 가리킨다는 보장은 없다.[5]

이 상황에서, 서신에 드러나는 다양한 단서들이 하나의 특정한 집단을 가리킨다고 주장하는 것은, 그런 단서들을 포함하는 다양한 적대 집단들을 언급하는 것보다 훨씬 더 모험적인 주장이 된다. 이는 베드로후서나 유다서의 경우도 마찬가지이다.[6] 이 두 서신에 묘사된 적대자들의 행태들의 배경보다는, 그 내용에 더 집중하는 것이 저자의 의도에 가깝다는 사실을 기억해야 한다. 적대자들의 정체가 무엇이든, 그것은 그들이 보여 주고 지금 베드로후서가 경계하며 반박하는 그 잘못된 '행태들'보다 중요하지는 않다는 사실을 기억해야 한다.

---

4   T. Fornberg, *An Early Church in a Pluralistic Society: a Study of 2 Peter* (Lund: Carl Bloms, 1977), 31-32, 140-145, 베드로후서의 거짓 교사의 정체를 유다서와의 비교를 통해 분석한 고전적인 연구로서, 그들이 당시 다원주의적 사회 속에서 영지주의적 영향을 받았던 자들이라고 주장한다.

5   Lewis R. Donelson, *I & II Peter and Jude* (Louisville: Westminster John Knox, 2010), 209-210, 베드로후서 2장에 언급된 '자유를 약속하는 자들'(19절)과 3장에 '종말에 오지 않는다'고 조롱하던 자들(3-4절)이 반드시 동일한 집단이라는 보장이 없음을 지적한다.

6   Gene L. Green, *Jude and 2 Peter* (Grand Rapids: Baker Academic, 2008), 152, 베드로후서와 유다서에 나타나는 문학적 유사성이, 실제 적대자들의 동일성을 보장하지는 않는다고 지적한다. 동일한 대상이라고 보는 견해로는, Kelly, *The Epistle of Peter and of Jude*, 46-49; J. W. C. Wand, *The General Epistles of St. Peter and St. Jude* (London: Methuen, 1934), 131.

이렇듯 서신에서 나타난 여러 단서들이 한 무리의 대적하는 집단을 가리킬 수 있다는 가정을 전제한다면, 서신에서 나타난 적대자들의 행태들은 대체로 다섯 가지 영역으로 분류될 수 있다. 첫째, (i) '신앙적 타락'이다. 먼저 2:1에, '자기들을 구속하신(사신, 개역개정/개역한글) 주를 부인하고'(τὸν ἀγοράσαντα αὐτοὺς δεσπότην ἀρνούμενοι)라는 구절은 적대자들이 '주를 부인하는' 행태를 보이지만,[7] 교회 공동체 안에 머물고 있는 명목상의 '신자들'임을 제시한다. 이것은 그들이 주를 '부인하는'(ἀρνούμενοι) 정도가 요한일서에서처럼 '그리스도께서 육체로 오신 것을 부인'할 만큼 핵심 교리에서 벗어난 정도는 아님을 짐작하게 한다. 베드로후서의 적대자들이 '주를 부인'(2:1)하는 모습은, 히브리서 6:4-6에서처럼 공개적이고 공식적인 것이거나, 요한일서에서 '교회 안에 있다가 분파로 나간'(요일 2:19) 이단처럼 '그리스도께서 육체로 오시지 않았다'(요일 4:3)는 핵심 교리에서 벗어난 정도는 아닌 것으로 보인다.

다만 베드로후서의 적대자들은 주로 종말론에 관해서, 곧 그리스도께서 다시 오시며 심판하신다는 주의 '주권'(sovereignty)을 부인하고 조롱하며(3:3-4), '악한 영적 권세'들에 대해 자신들의 주권을 주장하면서(2:10-11), 거짓 가르침을 퍼뜨리고(2:1), 음란과 탐욕과 교만한 부패한 신앙 양태를 퍼뜨린 정도였던 것으로 보인다. 그래서 그들은 2:13에서 엿볼 수 있듯이, 성도들이 애찬을 나눌 때에 함께 먹고 마시며(συνευωχούμενοι ὑμῖν),[8] 공동체 안에 거하면서 '그들의 속임수로 즐기는'(ἐν ταῖς ἀπάταις αὐτῶν) 행태를 계속할 수 있었다. 베드로는 이들을 "우리 주 예수 그리스도를 앎으로 세상의 썩어짐을 피한 후에, '다시 그것에 얽매어지는'(πάλιν ἐμπλακέντες ἡττῶνται)" 자들로 분리하기 시작한다.[9] 이처럼,

---

[7] J. Daryl Charles, *Virtue amidst Vice* (JSNTSupS 150, Sheffield: Sheffield Academic Press, 1997), 49, "적대자들의 '윤리적 회의주의'의 대표적인 특징은 그들이 '주를 부인'하는 데서 나타난다(2:1). 가장 탁월한 도덕적 권위인 주를 부인하는 것은 결국, 공의로운 심판이나 인간의 도덕적 책임도 부인할 수 있는 근거가 되기 때문이다."

[8] Bauckham, *Jude, 2 Peter*, 266, 유다서 12절, ἐν ταῖς ἀγάπαις ὑμῶν συνευωχούμενοι와 비교하면서, 유다서의 '너희의 애찬'(ἀγάπαις ὑμῶν)을 베드로후서가 '그들의 속임수로 즐김'(ἀπάταις αὐτῶν)으로 표현했다고 말한다. 즉 두 경우 모두, 이런 공동체의 애찬은 성도들이 주최한 것이고 그 적대자들이 함께 참여한 것으로 묘사한다.

[9] Bauckham, *Jude, 2 Peter*, 277, 그리스도를 '앎으로써'는 1:2의 표현과 연관이 있다. 이들은 기독교로

이들은 특징적으로 교회 안에서 발생하고 교회 안에 머물러 있는데, 베드로후서와 많은 점에서 유사한 유다서의 경우에 그 적대자들이 밖에서부터 '가만히 들어온'(유 4절) 자들이었음을 기억하면, 이들은 원래 신자들로 인정되었지만 세속적인 가르침과 부패한 삶의 영향을 받아, 주의 재림과 심판을 '의심하고 조롱하는 자들'(3:3-4)로 변질되어 갔던 자들로 볼 수 있다.[10]

둘째, (ii) 이들은 특히 그리스도의 재림이나 최종적 심판에 대한 회의, 곧 종말론적 회의주의를 퍼뜨렸다. 종말의 심판은 예언되었을지 모르지만 결코 일어나지 않는다고 주장한 것 같다(2:3). 또한 하나님께서 악을 제거하시기 위해 그리고 의의 세상을 세우시기 위해 역사에 직접 개입하시는 일도 없다고 여겼다. 적대자들은 이 세상이 어떤 극적인 신적 개입의 사건들 없이 계속된다는 생각에 기초해서, 그리스도의 재림이나 최후 심판의 사실을 부인하고 조롱한 것이 분명하다(3:3-4).[11] 이런 반(反)성경적 종말론의 사상적 뿌리가 무엇인지에 대해서는 불분명하지만, 적대자들은 종말론적 회의주의를 표방하는 가운데 세상과 심판에 대한 하나님의 주권(sovereignty)을 조롱함으로써, 교회 안에 비윤리적인 부패한 삶을 끌어들이는 근거로 삼았다.[12] 또한 이를 뒷받침하기 위해, 성경에 기록된 종말에 관한 예언의 권위 역시 부인하면서, 그것을 꾸며낸 '신화'(μῦθος)라고 비난했을 가능성이 높다(1:16).[13]

셋째, (iii) 그래서 거짓 교사들은 세속적인 사상의 영향을 받았을지 모르지만 - 그것이 영지주의이든 '쾌락주의'(Epicureanism)이든,[14] 이들은 세속적 문헌에 기록된 어떤 철학적 주장이 아니라 명백히 성경에 기록된 특히 종말에 관한

개종했다가 배도한 거짓 교사 자신들을 가리킨다(Green, Senior, Mayor).
10   Charles, *Virtue amidst Vice*, 153; Bauckham, *Jude, 2 Peter*, 155; Fornberg, *Study of 2 Peter*, 59.
11   Green, *Jude and 2 Peter*, 151-152.
12   Green, *Jude and 2 Peter*, 153, "베드로후서에 나타난 도덕적 타락은 그 기원이 주의 재림과 종말의 심판에 대한 교리적 의심과 부인에 기인하는 반면, 유다서의 경우 도덕적 타락은 '은혜 교리'의 남용"이라고 본다.
13   Bauckham, *Jude, 2 Peter*, 154-155.
14   Green, *Jude and 2 Peter*, 153-157, 영지주의와 쾌락주의 외에도, 에세네(Essene)의 분파(Thiede), '발람의 가르침을 따르는 자들'(Gerdmar), 거짓 선지자들(Cavallin)의 배후 가능성을 언급한다.

예언의 신적 기원(divine origin)을 부인해야 했다(1:16, 19-21). 교회를 미혹하는 것이 그들의 목적이었기 때문이다. 자신이 '예수 그리스도의 종이요 사도'이며 베드로후서의 저자임을 스스로 밝히는 '시몬 베드로'(1:1; 참고. 1:16-18)가 가르치는 바에 비추어 보면,[15] 이들은 구약의 예언을 '사사로이'(ἰδίας) 해석하는 특징을 갖고 있는데, 이로써 성경의 예언을 공격하고, 선지자들이 오히려 그들의 뜻대로 말한 것이며 미래의 비전을 잘못 해석한 것이라고 비난했던 것으로 보인다(1:20-21).[16]

다른 한편으로, 베드로후서의 적대자들은 자신들의 주장을 뒷받침하기 위해 바울서신을 끌어들였다. 어떤 목적으로 그리고 어떻게 바울서신을 왜곡되게 해석했는지는 또한 추측의 대상일 뿐이지만, 적대자들이 바울서신을 왜곡되게 해석한 극단적인 바울주의자들이라 볼 가능성도 없지 않다(3:15-16).[17] 적대자들은 자신들을 그리스도인으로 여겼기 때문에 자신들의 입장을 권위 있는 기독교 문헌으로부터 지지받기를 원했고, 특히 그리스도인의 '자유'(2:19, '자유를

---

[15] 베드로후서의 저자에 관해서는, 필자는 베드로후서의 저자가 전서의 저자인 사도 베드로가 '아니라'는 논증들이 그리 결정적이지 않다고 본다. 필자의 "베드로후서 1:19에 나타난 '기다림'의 해석학", 689; 특히 Michael J. Kruger가 "The Authenticity of 2 Peter", *JETS* 42/4 (1999): 645-671, 설득력 있게 지적했듯이 주후 4세기까지 대다수 교부들에 의해 정경에 포함되었다는 사실은 비평학적 논증이 쉽게 흔들기 어려운 증거로 남는다. 또한 외적 증거에 관련해서도 '증거의 부재'(absence of evidence)가 곧 '부재의 증거'(evidence of absence)는 되지 못한다(참조. Robert E. Picirilli, "Allusions to 2 Peter in the Apostolic Fathers", *JSNT* 33 [1988]: 57-83). 또한 문체의 차이는 오히려 취약한 논증으로 다른 가능성들로도 설명될 수 있다. 무엇보다, 초대 교회 자체에 가경을 걸러내는 자체 정화 기능이 있었다는 점(Eusebius, *Hist. Eccl.* 6.12.2), 그리고 *Gospel of Peter*('가현설적 기독론'이나 '반유대주의'), *Gospel of Thomas*('영지주의적 세계관') 혹은 *Apocalypse of Peter*('내세의 삶에 대한 조야한 비성경적 상상')의 경우들처럼, 베드로후서에는 가경들이 통상 의도하는 이단적인 아젠다(agenda)가 전혀 발견되지 않는다는 점 등은 보다 신중히 고려되어야 한다. 베드로후서의 사도 베드로 저작설에 대한 점증하는 논의들을 보려면, Metzger, "Literary Forgeries and Canonical Pseudepigrapha", 2-24; Thiede, "A Pagan Reader of 2 Peter: Cosmic Conflagration in 2 Pet 3 and Octavius of Minucius Felix", 79-96; Bauckham, *Jude, 2 Peter*, 157-158; Green, *Jude and 2 Peter*, 13-39; Robert W. Wall, "The Canonical Function of 2 Peter", *Biblical Interpretation* 9/1 (2001): 64-81.

[16] Green, *Jude and 2 Peter*, 151-152, "한편 유다서에는 적대자들이 성경을 잘못 사용하는 것을 반박하는 부분을 찾아볼 수 없다"(153).

[17] E. H. Pagels, *The Gnostic Paul: Gnostic Exegesis of the Pauline Letters* (Philadelphia: Fortress, 1975), 66-67, 바울의 '실현된 종말론'이나 '이신칭의'에 관련된 본문들은 2세기의 영지주의자들에 의해 손쉽게 사용되었다. 만일 베드로후서의 적대자들이 영지주의와 관련이 있다면, 바울의 복음에 대한 왜곡과도 무관하지 않다고 볼 수도 있다.

[ἐλευθερίαν] 준다 하여'; 참조. 3:16)나 이신칭의(justification by fatih)의 복음에 관해, 교회 안에서 권위를 인정받았던 바울서신에 호소했다고 보는 것이다.[18] 적대자들이 바울서신에서 어떤 본문을 어떤 식으로 곡해했는지 전혀 알 길은 없다. 하지만 베드로는 당시 존재했던 구약의 '선지자들의 예언들'과 함께 바울의 서신들이 하나님의 계시로서 충분한 '사도적 증언'의 일부임을 확신하고 있다(3:2).[19] 비록 그들의 왜곡이 바울서신에 나타난 미래적 종말론에 대한 것이든지, 아니면 혹은 동시에, 그리스도인의 자유에 대한 왜곡된 해석이든지, 무엇보다 적대자들은 비윤리적이고 부패한 삶에 대한 지지를 얻고자 교회의 권위로 인정되었던 바울서신을 인용했음은 분명한 사실이다.[20]

넷째, (iv) 그래서 적대자들의 특징은, 그들의 거짓된 가르침과 짝을 이루는 '부패한 비도덕적 삶의 풍조'(風潮)를 조장하는 것이었다. '자유를 준다'(2:19) 하는 거짓된 약속을 퍼뜨리면서, 특별히 음란과 탐욕 그리고 교만한 행태를 전염시켰다. 그들은 그리스도인이었지만 성적 타락을 조장한다. 성도들을 미혹하여 '여러 가지 금기시된' '성적 타락에로'(ἀσελγείαις, 호색하는 것, 개역개정/개역한글) 이끌며(2:2),[21] '더러운 정욕으로 육신을 좇아 따라가는'(τοὺς ὀπίσω σαρκὸς ἐν ἐπιθυμίᾳ μιασμοῦ πορευομένους, 육체를 따라 더러운 정욕 가운데서 행하며, 개역개정/개역한글) 것이 그들의 '무엇보다 두드러진'(μάλιστα, 특별히, 개역개정) 특징이었다(2:10). 그들은 '음란이 가득하며 죄로 쉬지 못하는 눈을 가진'(ὀφθαλμοὺς ἔχοντες μεστοὺς μοιχαλίδος καὶ ἀκαταπαύστους ἁμαρτίας, 음심이 가득한 눈을 가지고 범죄하기를 쉬지 아니하고, 개역한글) 자들이었다(2:14).[22] 또한 그들은 이렇듯 성적으로 방탕한 행실을 두려워하지도 않았으며, 오히려 적극적으로 '난잡한 육체의 정욕들로 미혹하는'(δελεάζουσιν ἐν ἐπιθυμίαις σαρκὸς ἀσελγείαις, 음란으로써 육체의 정욕 중에서

18　Bauckham, *Jude, 2 Peter*, 155.
19　Ruth Anne Reese, *2 Peter and Jude* (Grand Rapids: Eerdmans, 2007), 174-175.
20　Bauckham, *Jude, 2 Peter*, 335.
21　여기서 ἀσελγεία, 베드로전서 4:3에 세상에 믿지 않는 '이방인들의 부패한 관행'(4:2) 중 하나인 '음란'(개역개정)으로 언급되기도 했다.
22　개역한글이 "범죄하기를 쉬지 아니하고"로 번역한 부분은 원문에서 '눈들을'(ὀφθαλμοὺς)을 수식하는 형용사구이다(참고, KJV, Having eyes full of adultery, and that cannot cease from sin).

유혹하는, 개역개정) 자들이었다(2:18).²³

또한 적대자들은 음란만 조장한 것이 아니었다. 탐심은 그들의 또 다른 큰 특징이다. '탐심을 인하여 지은 말로'(ἐν πλεονεξίᾳ πλαστοῖς λόγοις, 2:3) 속여 이득을 취하였는데, 그러므로 그들의 가르침은 '지어낸 말들'이며 그 의도는 속이려는 것이었고, 그 목적은 그로써 그들의 탐심을 채우고자 한 것이었다. 이들은 난잡한 육체의 정욕을 따르는 일에 익숙했을 뿐 아니라, '탐욕에 연단된 마음'(καρδίαν γεγυμνασμένην πλεονεξίας, 2:14)을 가진 자들이었다. '연단된'(γεγυμνασμένην)이라는 표현은, 마치 운동선수가 오랜 세월 훈련을 통해 뼈마디가 굵어지고 여기저기 굳은살이 박인 것과 같은 모양새이다. 그것도 완료형이니, 이들은 이미 어떤 결정적인 순간에 그리스도를 떠났으며, 육체적 정욕과 이기적 탐욕에 마음과 몸을 헌신하고 그렇게 하기를 오랜 시간이 지나, 그렇게 하는 데에 아무런 수치심이나 양심과 신앙의 고통을 느끼지 못하는 상태에 이른 것이라고 볼 수 있다. 또한 신약에서 '탐심'(πλεονεξία)은 전형적으로 세상 이방인들의 죄악 되고 부패한 삶의 관행 가운데 두드러진 특징으로서(참고. 롬 1:29; 엡 4:19), 이 적대자들은 분명 명색은 그리스도인인데 그 심령과 삶의 모습은 세상 이방인들보다 더 악한 처지에 놓였음을 알 수 있다.

음란과 탐욕과 더불어, 베드로후서의 적대자들의 또 다른 특징으로 기록된 것은, 그들의 교만과 불경건에서 오는 무모함이다. 2:10에 의하면, 이들은 '주관하는 영적 권세들'을 '내리 깔보며 우습게 여기며'(καταφρονοῦντας, 멸시하는, 개역개정/개역한글), '무모하며 자기 고집대로 하고'(τολμηταὶ αὐθάδεις, 담대하고 고집하여, 개역한글; 당돌하고 자긍하며, 개역개정), '영광 있는 자'에 대하여 '떨지 않고 모독하는'(οὐ τρέμουσιν βλασφημοῦντες, 비방하는, 개역개정; 훼방하는, 개역한글) 자들이다.²⁴ 이미 자기들을 사신 '주(主)를 부인하는' 자들로서, 그들 자신이 '주인' 노릇을

---

23 여기서 개역개정이 '음란'으로 번역한 ἀσελγεία는 2:2에서는 '호색'(好色)으로 번역되었으나, 문자적으로는 금기가 없는 난잡한 육체적 정욕의 행태를 가리킨다. 베드로전서 4:3에서는 결국 우상 숭배와 연결되는 광란의 술잔치와 함께 언급되었다.

24 Bauckham, *Jude, 2 Peter*, 261, δόξας는 (i) 교회의 권세자들(Bigg, Green), (ii) 정치 권세자들(Luther, Calvin, Reicke), (iii) 선한 천사들(유 8절), (iv) 그리고 악한 천사들을 지칭할 수 있다(창 6:1).

할 수밖에 없는 심령 상태이다. 이들은 자신들 위에 놓인 영적 권위를, 그것이 무엇이든, 우습게 여기며 오히려 모독한다. 그런 자세는 '무모한'(reckless) 태도로 나타나고, 그 중심에는 자신의 고집대로 하는 '자기 주권'(主權)이 있을 뿐이다. 그리고 자신들의 '주인'이신 하나님을 떠난 이들은, 자신들의 죄악 되고 이기적인 탐심을 따라 교회를 멸망의 길로 끌고 들어간다.

마지막으로, (v) 베드로는 적대자들이 음란을 조장하며, 탐심으로 지어낸 말들로 이득을 취하며, 하나님의 주권을 부인하여 권위를 무시하며 고집하고 무모함으로 행동하는 이 모든 일의 결과로, 그들이 하나님을 대적하며 복음을 훼방하고 교회를 파괴하고 있다고 경고한다. 저들은 자신들을 구속하신 '주를 부인'(2:1)함에도 불구하고, 성도들과 함께 애찬을 나눌 만큼 아직 공동체 안에 머물고 있었다(2:13). 그래서 파괴적인 영향력도 컸다. 아직 교회와 분리될 만큼의 '이단적' 주장을 한 것은 아니었기 때문이다. 그리스도에 관해서나 구원에 관한 핵심적인 교리에서 어긋난 지경은 아니고, 다만 세상이나 육체, 역사에 대한 하나님의 주권과 심판에 관해서, 정통 교회의 가르침과는 다른 이단적인 생각을 가진 정도였다. 하지만 베드로는 그런 이단적 생각의 진의(眞意)가 그들의 탐심과 같은 도덕적 타락에 있다고 본 것이다. 그래서 실제적인 삶에 있어서 그들의 무법하고 비도덕적인 삶의 관행은 교회에 커다란 타격을 가져왔다. 사실 진리나 거짓의 영역과 윤리적 삶의 영역은 서로 구분되지만 분리되지 않는다. 베드로후서는 이런 원리에 철저히 근거해 있다.

먼저 베드로는 성적으로 문란한 행위를 합당한 것으로 퍼뜨리는 그들의 가르침은 그들을 좇는 무리를 만들었다고 말한다. 그들만 그렇게 행한 것이 아니라, 그들은 교회 안에서 적극적으로 그들을 따르는 자들을 만들었던 것이다(2:2). 그리고 그것은 교회 안에서 그들을 따르는 교인들이 생김으로 해서, 더욱 파급적인 결과를 가져왔을 것이다. 베드로는 결국 '진리의 길이 모독을 당할 것'이라고 경고한다(2:2). 여기서 '진리의 길'(ἡ ὁδὸς τῆς ἀληθείας)은 매우 복합적인 의미일 수 있다.[25] 그것은 우선 복음 전파의 길 즉, 세상 모두에게 특히 이방

25　Kelly, *The Epistle of Peter and of Jude*, 328. 초대 교회의 매우 이른 시기에 기독교 신앙은, '그

인들에게 복음이 전해지는 길이기도 하고, 하나님께서 '진리의 말씀으로 낳으신'(약 1:18-21) 성도들이 마땅히 행해야 하는 거룩한 삶의 길이기도 하다.[26] 하지만 저들의 거짓 가르침과 부패한 윤리적 영향으로 인해 진리의 길이 '모독을 당할 것'(βλασφημηθήσεται)이라는 표현은, 결국 저들이 부인하는(2:1) '주 예수 그리스도와 하나님'(1:1-2)의 주권에 대한 모독과 훼방으로 귀결된다. 그리고 그들을 구속하신 주를 '부인한' 결과는 그의 교회가 훼파되는 것이다. 베드로는 저들이 한편으로는 '성적으로 자유로운 관행'을 퍼뜨리고(2:2), 다른 한편으로는 '거짓 가르침'을 통해 '이득(利得)을 삼을'(개역개정, 2:3) 목적으로 성도들을 미혹할 것이라고 경고한다. 여기서 '이득을 삼는 것이라'는 의미의 ἐμπορεύσονται는 전문적인 상업 용어이다. 상인이 어디 먼 곳으로 가서 장사하여 이득을 남기는 상행위를 뜻한다(참고. 장사하여 이득을 남기리라[ἐμπορευσόμεθα καὶ κερδήσομεν], 약 4:13).[27] 그러니까 이 적대자들은, 성도들을 대상으로 '사업'을 하고 있는데, 그 수단은 성도들에게 도덕적으로 부패한 삶을 조장하고 거짓으로 지어낸 말들로 속이고 미혹함으로써 그렇게 하는 것이다.

또한 이들은 이미 그들을 구속하신 주를 '부인'했으므로(2:1), 그들이 그 앞에 순복해야 할 권위자가 없는 셈이어서, 아마도 교회 안에서 교인들 보란 듯이, 그들이 감히 도전할 수 없는 영적 권위들을 멸시하며 자기 고집을 주장하며 무모한 발언들을 서슴지 않았을 것으로 보인다. 먼저 그들은 한편으로는 '더러운 정욕으로 육체를 좇아 행함'(2:10)으로써, 그들이 조장한 '성적으로 문란한 행위를 따르는'(2:2) 일부 성도들을 끌고 다녔을 것이다. 그들이 영적으로 권위가 주어진, '주관하는 이'나 '영광 있는 자'를 멸시한 것은, 바로 그들을 따르는 일부 교인들 앞에서 그들 자신의 권위를 높이는 데 유용한 방식이었을 것임은

길'(the Way; 행 9:2; 19:9, 23, 22:4; 24:14, 22), 또는 '주의 길' 또는 '구원의 길'로 불리기도 했다(행 18:25; 14:17). 후기 사도 시대, 속사도 시대 때는, 단순히 '진리'라는 말로도 기독교의 바른 가르침을 뜻했다(딤전 6:5; 딤후 2:18; 딛 1:14; Ignatius, *Eph*. vi. 2; Polycarp, *Phil*. iii. 2).

26   Donelson, *I & II Peter and Jude*, 239, '진리의 길'(way of truth)은 LXX에도 여러 번 사용되는데(시 118:30[119:30]; *Wis*. 5.6), 초기 기독교도 '길'을 그리스도적 삶과 동일시했다(행 9:2; 19:9, 23; 24:14, 22). 베드로후서는 '길'을 '발람의 길'(2:15)로도, '곧은 길'(2:15), '의의 길'(2:21)로도 사용한다; Daniel Keating, *First and Second Peter, Jude* (Grand Rapids: Baker Academic, 2011), 158.

27   마찬가지로 Davids, *2 Peter and Jude*, 224.

짐작하기 어렵지 않다(2:10-11).

만일 2:10-11의 광경이, 적대자들이 그들에게 미혹되고 속아 그들을 좇는 일부 교인들 앞에서 자신들의 권위를 내세우는 모습을 빗대고 있다면, 2:14이 암시하는 광경은 그 교인들 중에서 약한 양들을 노략질하는, '양의 탈을 쓴 늑대'(마 7:15) 같은 모습을 보여 준다고 할 수 있다. 이들은 음란으로 가득하고 죄 짓기를 쉬지 않는 눈과 탐욕으로 훈련되고 무뎌진 마음으로 '강하지 못한 영혼들'(ψυχὰς ἀστηρίκτους)을 '미혹한다(δελεάζοντες). 성도의 심령은 '주'(主) 되신 그리스도와 하나님을 바라보고 기다림으로 인내함으로 '강해지며'(στηρίξατε, 약 5:8), 연단 가운데 있는 성도를 하나님께서 그의 주권적 은혜로 '강하게 하시는'(στηρίξει, 벧전 5:10) 은혜를 입어야 한다. 하지만 베드로후서의 적대자들은 '주를 부인한' 자들로서, 반대로 성도들을 성적인 죄와 거짓으로 미혹하여 그들 역시 하나님의 은혜에서 떨어져 나가게 만드는 것이다.

적대자들의 잔혹하고 파괴적인 악행은, 아직 신앙과 심령이 연약한 성도들을 노략질하는 데서 끝나지 않는다. 그들은 마치 바닷가에서 갓 부화한 새끼 거북이들을 노략질하는 갈매기처럼 어린 성도들을 집어삼킬 뿐 아니라, 사나운 맹수의 추적에서 벗어나 숲 속에 뛰어들어 헐떡이며 한숨 돌리는 사슴을 덮치는 하이에나처럼 무자비하기까지 한 모습을 보여 준다. 예컨대 2:18에서는, 진리의 길을 떠나 허탄하고 '거짓된 길에'(ἐν πλάνῃ) 들어섰다가, 거기서 '돌이켜 나오며'(ἀναστρεφομένους), '이제 막 [그 길을] 피해 달아나오는 자들을'(τοὺς ὀλίγως ἀποφεύγοντας) 다시 노략하는 모양새를 그려 준다.[28] 이 잔혹한 거짓 교사들은 이제 간신히 진리의 길로 되돌아온 그들에게 다가가서 '금기를 모르는 육체의 정욕으로'(ἐν ἐπιθυμίαις σαρκὸς ἀσελγείαις) 유혹하여 속이고, 아마도 그들이 벗어나왔던 그 세속적인 내용들로 '허탄한 자랑의 말들을 지껄임으로'(ὑπέρογκα γὰρ ματαιότητος φθεγγόμενοι) 그들을 미혹하여 '꼬이며'(δελεάζουσιν), '자유를 주겠다'(2:19)고 속여서 결국 멸망의 자리로 끌고 들어가는 비극을 연출한다.

---

28 Daniel C. Arichea and Howard A. Hatton, *The Letter from Jude and The Second Letter from Peter* (UBS Handbook Series, United Bible Societies, 1993), 134.

그들이, 연약하거나 혹은 시험을 이기느라 기력이 빠진 성도들을 노략하면서, 교회의 정통적인 가르침을 공개적으로 조롱하였는데, 3:3에서는 특별히 그리스도께서 재림하신다는 종말에 대한 가르침과 하나님께서 심판하신다는 주권(主權)에 대해 회의를 품도록 조장했음을 알 수 있다. 이번에도 역시, 이들은 '정욕을 따라 행하는' 윤리적으로 타락한 모습을 보이면서 바른 가르침을 훼방하는데, 이들이 '자기 자신의 원하는바 정욕을 좇아'(κατὰ τὰς ἰδίας ἐπιθυμίας αὐτῶν) 행하는 모습은, 베드로가 전후 문맥에서 강조하는 대로 '주께서'(κυρίος) 선지자들과 사도들에게 말씀하신 것과 대립되며(3:2), 또한 그들의 말대로 그들이 부인하는 것은 재림한다는 사실뿐 아니라, 바로 '주께서'(κυρίος) 다시 오신다는 점을 조롱한다는 점을 명확히 한다(3:4). 그들이 이미 구속하신 '주를 부인한'(2:1) 자들임을 그들의 거짓 가르침을 통해서도 드러내는 것이다. 또한 이 적대자들이 약속했던 '자유'(2:19) 역시, '주' 되신 그리스도와 하나님의 주권적 은혜와 통치가 배제된, 썩어지고 더럽고 허무한 거짓된 자유임이 명백한데, 베드로는 그들뿐 아니라, 그들의 거짓 가르침과 부패한 삶을 따르는 자들에게 확실히 임하게 된 멸망의 심판에서 이를 확실히 드러낸다(2:1, 3-4, 5-12; 3:6-13).

1.2 거짓 교사들의 정체

그렇다면 우리가 알 수 있는 한에 있어서, 이 거짓 교사들의 정체는 무엇으로 볼 수 있는가? 베드로후서의 적대자들은 자신이 '예언자'들이라고 스스로 말하지는 않는다. 베드로가 "백성 가운데 거짓 선지자들이 일어났었나니"(2:1a)라고 한 것은 수신자 교회들의 정황이 아니다.[29] 오히려 "이와 같이 너희 중에도 거짓 선생들이 있으리라"[ἔσονται](2:1b) 하며 앞일을 내다보고 경고한 사실에서 적대자들의 정체를 가늠해 볼 수 있다. 베드로후서의 거짓 교사들은, 유다서의 적대자들이 "스스로 성령의 능력으로 예언한다"(유 8, 19절)고 주장하는 것처

---

29 여기서 '일어났었나니'(개역개정)로 번역된 Ἐγένοντο는 '아오리스트' 형태이다. 문맥상 과거에 일어났던 일이고, 현재 수신자 교회에 영향을 미치는지는 불분명하다. 대조적으로, 미래형으로 쓰인 ἔσονται(1b절)는 저자의 관심이 장차 벌어질 교회 상황에 있음을 시사한다.

럼, 예언을 한다고 주장하지는 않은 것 같다.[30] 도리어 이들은 성경에 기록된 예언을 멸시하며(1:19-20; 3:2), 미래에 일어날 하나님의 개입과 같은 예언적 활동에 대해 부정적이다(3:3-4). 이들은 주로 자신들이 만들어 낸 거짓 가르침으로 교회 안에서 교인들을 미혹하며(2:3), 성적 타락을 부추기고 영적 권위를 멸시하며(2:10-11), 속으로는 자신들의 탐욕을 채우고자 성도들을 돈벌이로 이용하는데 목적이 있었다(2:3, 18-19). 이렇게 보면, 이들은 교회 안에서 서서히 배도의 길을 걷고 있었던(2:1) 일단의 '교사들'로서 교회 안에서 종말과 심판에 대한 정통적 가르침에 대적하며 영적 권위를 무시했는데, 그 본질은 예컨대 고린도 교회의 경우처럼 어떤 예언이나 은사 운동에 휘말렸던 '은사주의적(charismatic) 분파'였다기보다는 상당히 '세속적인'(secular) 본질을 가진 자들로서,[31] 성적 타락과 돈에 대한 탐욕에 좌지우지되었고, 이로 인해 교인들을 유혹하고 타락시켰던 자들이었음이 분명하다.

그렇다면 이들은 과연 어떤 악한 영향을 받았던 자들이었을까? 앞서 언급했듯이, 베드로후서의 배경에 있었을지 모르는 적대자들의 정체를 일관되게 밝히는 것은 논리적인 모험이다. 하지만 학자들은 이 문제에 대해 많은 추측을 했고 또 의견들을 제시해왔다. 먼저 '거짓 선지자들'(ψευδοπροφῆται, 2:1)에 대한 베드로후서의 언급은, 베드로후서가 유다서에 비해 선지자들과 선지서에 각별한 관심을 보이는 것과 함께(1:19-21; 2:1, 16; 3:2) 적대자들의 정체와 밀접할 것이라고 생각되기도 했다.[32] 하지만 앞서 언급했듯이 베드로후서의 적대자들은 스스로 선지자라고 주장하지 않는다. 그들의 진리 주장은 예언과 같은 영적 은사가 아니라, 철저히 경험적인 감각적 인지 능력에 기초하는 경향을 보이는 것도 중요

---

30 Green, *Jude and 2 Peter*, 153.
31 Bauckham, *Jude, 2 Peter*, 154-155, "유다서보다 나중에 기록되었으며, 유다서를 사용한 베드로후서는, 유다서 내의 반대자들이 성령을 가졌다는 주장과 예언적 계시를 받았다는 주장을 누락시켰다"(유 8, 19절; 벧후 2:10).
32 H. C. C. Cavallin, "The False Teachers of 2 Peter as Pseudo-Prophets", *NovT* 21 (1979): 263-270, 베드로후서가 유다서에 의존했다고 보는데, 두 문서에 나타난 거짓 교사들이 모두 '반율법적 자유방임주의'(libertinism)이지만, 베드로후서의 경우에는 임박한 종말을 부인했다는 점과 특히 그들의 거짓 '가르침'이 특징적이라고 본다(269-270).

한 단서이다(3:3-4).³³ 혹자는 적대자들이 에세네파에 영향을 받은 이단이라고 주장하는데,³⁴ 쿰란 공동체는 종말론적인 분파였고 도덕적으로도 금욕주의적이었는 데 반해, 베드로후서가 묘사하는 적대자들은 종말을 부인하고 도덕적으로도 방임주의에 가깝다(2:18-19). 또한 베드로후서에도 직접적인 언급이 있듯이 이들을 '발람의 가르침을 따르는 자들'로 보기도 하는데(2:1, 13-16; 계 2:13-14), 이는 구약에 기록된 발람의 사건 이후, 탐욕에 이끌리는 선지자들에 대한 교훈으로 사용된 흔적이 너무 광범위하므로 의미 있는 배경으로 간주되기 어렵다.³⁵ 그렇다면 보다 광범위하고 가능성이 높은 배경은 어떤 것일까? 베드로후서의 적대자들의 역사적 배경으로 거론되는 보다 가능성 높은 가설은, 전통적으로는 영지주의(Gnoticism)가 거론되었으며, 최근에는 쾌락주의(Epicureanism)가 더 많은 지지자들을 얻어가고 있다.

우선 전통적으로, 유다서의 '꿈꾸는 자들'(유 8절)과 함께 베드로후서의 '거짓 교사들(2:1)과 같은 반대자들은 영지주의자들이라는 주장이 있어왔다.³⁶ 이는 베드로후서의 기록 시기와도 맞물려 있는데, E. Käsemann은 베드로후서가 매우 늦은 시기 곧 2세기 중반 이후 '초기 공교회'(early Catholic Church) 시기에 기록된 서신이라는 전제하에 거짓 교사들의 정체를 영지주의와 연결시켰다. 그에 의하면, 이 시기에 교회는 '임박한 종말론'에 대한 의식이 점차 수그러져 갔고, 점점 더 헬라화(化)된 윤리 의식으로 무장해 갔으며, 외형적으로는 제도적 교회로 정비되어 가면서 주변 사회 속에서 이미 하나의 '조직적 단체'로 인식되기 시작한 때였다. 베드로후서는 사도 베드로의 이름을 빌려 기록된 가경으로 이 시기의 특징들을 담고 있다는 것이다.³⁷

---

33 Green, *Jude and 2 Peter*, 155.
34 C. P. Thiede, *Simon Peter: From Galilee to Rome* (Exeter: Paternoster, 1986), 180.
35 Green, *Jude and 2 Peter*, 155.
36 참조. Bauckham, *Jude, 2 Peter*, 156, 베드로후서의 적대자들에 관련된 영지주의적 배경에 관련된 주장은, H. Werdermann으로부터 비롯되었다(*Der Irrlehrer der Judas-und 2. Petrusbrief*, BFCT 17/6, Gütersloh: C. Bertelsmann, 1913).
37 Käsemann, "Apologia for Primitive Christian Eschatology", 168-180; 채영삼, "베드로후서 1:19에 나타난 '기다림'의 해석학", 698-699.

영지주의자들은 대체로, 자신들이 '일시적인 이 물질세계'에서 이미 '자유'를 얻었으며(참고. 2:19), 특별한 영적 지식을 통해 얻은 구원으로, 이미 천사들과 같은 영적 권세들보다 우월한 위치에 이르렀으며, 다시는 옛 세상이나 권세에 종속되지 않는다고 믿었다(참고. 2:9-10). 또한 그들은 '지연되는 주의 재림과 종말'(delay of the Parousia)에 대한 '그 당시 교회의 실망'을 반영하며, 더 이상 종말에 관한 사도적 전통을 지지하지 않고, 도리어 이를 조롱하며 그 약속에 속박될 필요가 없다고 주장하던 자들이었다는 것이다(참고. 3:1-4).[38] 게다가, 베드로후서에 '지식'을 뜻하는 γνῶσις(1:5-6; 3:18)와 ἐπιγνώσις(1:2-3, 8; 2:2)라는 용어가 빈번히 사용되는 것도 영지주의적 배경을 추측하는 데 근거가 되었다.[39] 또한 혹자는 2:1에서 "구속하신 주를 부인"하는 거짓 교사들의 특징이, 영지주의의 영향을 받은 그리스도인들이 구약의 하나님을 부인하는 경향을 보인 것과도 일맥상통한다고 보기도 하고,[40] 또한 그리스도께서 십자가에서 죽을 수 없다는 영지주의적 해석의 흔적으로 여기기도 한다. 하지만 거짓 교사들이 '사신 주를 부인한다'(2:1)는 표현은 서신 전체의 문맥 안에서 보면, 요한서신에 나오는 '그리스도께서 육체로 오신 것을 부인하는' 적그리스도적인 이단의 경우처럼(4:1-3), 아직 기독론적으로 이단적 교리를 주장하는 정도에까지 나아간 것으로 보이지는 않는다. 베드로후서의 거짓 교사들은, 그리스도 자신에 대해서보다는, 그의 주권(主權)을 부인하는 경우인데, 사실 이것이 더 교묘하다. 특히 주의 재림이나 심판처럼 전적으로 하나님의 주권에 속한 문제에 대해 반대함으로써(3:1-4), 적그리스도적인 이단으로서 완전히 교회 밖으로 나가 스스로를 분리시키지 않고, 여전히 교회 안에 머물면서 성도들을 미혹하여 그리스도의 주권에서 떠나게 만드는 경우이기 때문이다.[41]

---

38 F. V. Filson, *A New Testament History* (London: SCM Press, 1965), 337.

39 K. H. Schelkle, *Die Petrusbriefe; der Judasbrief* (Herders theologischer Kommentar zum Neuen Testament, Frieburg: Herder), 230-234.

40 Terrence V. Smith, *Petrine Controversies in Early Christianity: Attitude towards Peter in Christian Writings of the First Two Centuries* (Tübingen: Mohr, 1985), 86-87.

41 T. S. Caulley, "The False Teachers in Second Peter", *Studia biblica theologica* 12 (1982): 27-43, Forenberg(1977)의 연구를 뒤이어, 이를 비판하는 Neyrey의 주장에 대한 반론을 펴는데, 2:1에서 '주를 부인'하는 것은 주의 임박한 심판을 부인하는 것과 같은 맥락으로서(참조. 딤후 2:12), 당시 초기 영지주의자들

또한 이들이 영지주의자라는 주장은 종종 '신화'(1:16, 공교히 만든 이야기, 개역한글)라는 용어에서 단서를 발견하곤 했는데, 이것은 사도들을 비난하기 위해 적대자들이 만들어 낸 용어이지, 적대자들의 사상을 묘사하고자 저자가 빌려서 쓴 용어로 보기 어렵다.[42] 보다 분명하게는, 베드로후서의 거짓 교사들에게는 영적인 세계와 물질적인 세계를 날카롭게 분리시키는 영지주의의 이원론적 경향이 두드러지게 나타나지 않는다는 사실이, 영지주의적 배경에 대한 적실성을 의심하게 만든다.[43] 예컨대, 거짓 교사들이 주장한 '자유'(2:19)가 육체나 물질세계를 악하게 보고 영적인 세계와는 상관없는 것으로 치부하는 영지주의의 이원론적 우주론에 기초하고 있다는 증거도 베드로후서 안에서 찾기 어렵다.[44] 또한 육체에 대한 영지주의의 멸시는 '육체의 부활'에 대한 교회의 정통 가르침을 부인하는 것에도 강하게 나타난다. 그런데 베드로후서에는, 신약의 기자들이 영지주의와 싸울 때에 다루었던 중요한 주제인 '육체적 부활'에 관한 논쟁의 어떤 단서도 나타나지 않는다는 점도 결정적인 근거이다(참조. 고전 15; 딤후 2:18; *1 Clem*. 24; *2 Clem*. 9; Pol. *Phil*. 7.1).[45]

무엇보다, 베드로후서의 거짓 교사들이 종말에 대한 전통 교회의 가르침을 흔든 것은 사실이다(3:1-4). 하지만 동시에 '재림의 연기'(dalay of the Parousia)의 문제가 2세기 전통적인 종말론에 대적하는 영지주의적 논쟁에 등장한다는 증거는 희박하다. 그래서 거짓 교사들이 재림의 문제를 의심한 것과 영지주

이 세례를 물질세계를 초월하는 수단으로 간주하는 부활의 증거와 의미(baptisaml resurrection)로 받아들인 것과 비슷한 견해라고 주장한다(특히 41-42; 참조. 딤전 6:20).

42   Bauckham, *Jude, 2 Peter*, 157.

43   Kruger, "The Authenticity of 2 Peter", 645-671, 베드로후서에는 *Gospel of Thomas*에 나타나는 '영지주의적 세계관'과 같은 아젠다가 나타나지 않는다고 지적한다; Bauckham, *Jude, 2 Peter*, 157-158; Picirilli, "Allusion to 2 Peter in the Apostolic Fathers", 57-83; Fornberg, *Study of 2 Peter*, 31-32; Schreiner, *1, 2, Peter, Jude*, 278-289; Desjardins, "The Portrayal of the Dissidents in 2 Peter and Jude", 93-95.

44   Charles, *Virtue amidst Vice*, 44-46, 91-94, 그리스도인이 되기 이전, 이방인들의 죄 된 삶의 패턴으로 돌아가는 자유를 뜻하는 것으로, 헬라 문화적 배경을 제시한다; 또한 Neyrey, "The Form and Background of the Polemic in 2 Peter", 407-409.

45   Bauckham, *Jude, 2 Peter*, 156, 혹시, 베드로후서의 거짓 교사들이 구약의 예언의 영감을 부인하는(1:20-21) 주후 2세기경의 영지주의와 닮았다면 그것은 그들이 성경의 예언을 인간적 기원에 돌린다는 점에서 그러할 뿐, 2세기의 영지주의에서처럼 '조물주'(the demiurge)에게 돌리지는 않는다.

배경을 쉽게 연결하기 어려운 것이다. 또한 거짓 교사들이 종말의 심판이 없다고 조롱한 것이, 당시에 주의 재림이 지연된 것에 대한 실망이 교회 안에 있었던 흔적이라고 단정할 수 있는 근거가 되냐 하는 질문이다. 최근의 학자들은, 그들의 종말에 대한 거부감이 실상은 현실적이고 물질적인 세상에 하나님 같은 신적 존재의 간섭과 개입이 있을 수 없다는 식의 회의주의에서 비롯된 것으로 분석하기도 한다. 특히 3:9의 경우, 베드로는 '종말에 대한' 거짓 교사들의 조롱에 반박한 것이 아니라, 믿는 자들이 제기한 신정론의 문제에 대답한 것이라는 주장도 있다.[46] 이는 다소 무리한 주장이기는 하지만, 거짓 교사들이 확대시킨 의혹이 '종말론'(eschatology)에 관한 것이라기보다는 '도대체 하나님은 어디에 계신가? 하나님의 공의란 무엇인가?'(3:8-10)에 관련된 '신정론'(theodicy)에 무게를 둔 의혹이라는 분석을 가능하게 한다.

사실 베드로후서 안에서, 거짓 교사들이 지어낸 말들 외에는, 주의 재림이 지연된 것에 대한 '실망'(disappointment)이 서신이 기록된 당시의 상황이라는 흔적이 잘 나타나지 않는다. 차라리, 베드로후서는 소위 '초기 공교회적'인 경향 속에서 종말의 예수의 오심에 대한 소망에서 멀어진 것이 아니라, 전혀 그 반대일 가능성도 높다.[47] 이는 미래적 심판과 최종적 구원이 강조되는 3:5-14뿐 아니라,[48] 1장에서도 선명하게 드러나는데, 헬레니즘의 영향이 있다고 여겨지는 1:4(신의 성품에 참여)도 5-11절, 특히 "구주 예수 그리스도의 영원한 나라에 들어감을 넉넉히" 받아야 한다(11절)는 종말의 최종적 목적이 제시되는 문맥에 놓여 있음도 주목해야 한다.[49]

즉, 서신서 본문에 나타나는 '반대자들'이 종말의 심판과 최종적 구원을 조롱했다는 것은(3:3-5) 역으로, 베드로후서의 수신자들이 '여전히' 임박한 종말론적인 기대 안에 머물러 있다는 반증으로 읽을 수도 있는 것이다. 이렇듯, 종

---

46 Charles, *Virtue amidst Vice*, 46; J. H. Neyrey, *2 Peter, Jude: A New Translation with Introduction and Commentary* (AB 37C, New York: Doubleday, 1993), 414-415, 423-427.
47 Käsemann, "Primitive Christian Eschatology", 169, 174-180.
48 Käsemann은 "Primitive Christian Eschatology", 168-169, 미래적 종말에 대한 언급이 분명한 베드로후서 3장의 진위성(authenticity)을 의심한다.
49 Bauckham, *Jude, 2 Peter*, 11-12.

말론 자체는 베드로후서의 수신자 된 교회 안에 여전했지만, 문제의 핵심은 주로 윤리에 관한 것이었다고 보기도 한다. 예컨대, Charles는 대부분의 학자들처럼 베드로후서의 거짓 교사들에게 있어 주된 관심은 3장 초반에서야 겨우 등장하는 종말에 대한 교리적 문제가 아니라, 핵심은 도덕적 '덕'(virtue)에 관한 것이라고 주장하기도 한다.[50] 하지만 문제의 본질이 '덕에 대한 윤리적인' 것이라는 주장은 다소 치우친 관점이다. 베드로후서에서 종말론(eschatology)과 교회의 경건의 윤리(ethic)가 서로 뗄 수 없는 관계에 있기 때문이고, 그것은 거짓 교사의 경우도 마찬가지로 그들이 주의 재림이나 심판에 대한 의심을 퍼뜨린 것과 부패한 삶을 조장한 것이 서로 긴밀한 관계에 놓여 있기 때문이다.

이런 점에서 최근에는, 베드로후서의 배경이 되는 거짓 교사들이 2세기 중반 이후에나 두드러지는 영지주의자들이 아니라, 이미 헬라 문화에서 주류를 이루었던 쾌락주의자들 곧 '에피큐리언'(Epicureans)이었다는 주장이 더욱 힘을 얻고 있다. Jerome H. Neyrey는 베드로후서의 종말론 논쟁이, 세상의 섭리와 종말에 관한 에피큐리언의 관점에 대한 이방 헬라인들의 논쟁과 어느 정도나 닮아 있는지를 보여 주었다. 베드로후서의 거짓 교사들은 그러므로 종말에 대한 이런 세속 철학의 논쟁을 잘 알고 있었기에, 이를 얼마든지 교회 안으로 끌어들일 수 있었던 것이다.[51] Neyrey에 의하면, 이들은 유대-기독교적 역사관에 따른 최종적인 공의로운 심판과 하나님의 주권적 섭리에 따른 종말의 구원의 소망을 믿지 않으며, 현세에서 얻을 수 있는 지혜와 쾌락에 집중한 자들이었다.[52]

또한 Michel Desjardins는 영지주의적 배경의 부당성을 논증한 후에,[53] 베드로후서의 교회는 1세기 중반 이후 주변의 세상 친화적인(world-accepting) 시

50　Charles, *Virtue amidst Vice*, 48-49.
51　Bauckham, *Jude, 2 Peter*, 154-157.
52　Neyrey, "The Form and Background of the Polemic in 2 Peter", 407-431.
53　Desjardins, "The Portrayal of the Dissidents in 2 Peter and Jude", 89-102, 특히 당시의 모든 영지주의가 베드로후서의 반대자들처럼 '자유방임주의'적이지는 않았으며(2:18-19), 천사들에 대해 부정적이지도 않았고(2:10-11; 참고, 유 9절), 결정적으로 이들이 영지주의의 특징적인 이원론(dualism)을 표방하지 않고 있다는 사실을 지적한다(93-95).

류(時流)에 휩쓸렸던 주류 교회의 흐름에 저항하면서, 보수적 신앙과 엄격한 윤리적 삶을 통해 강력한 세상 부인(world-denying)적 삶을 고수하려 했던 소수의 교회에 해당한다고 설명한다.[54] 특히 에피큐리언들이 신(神)의 간섭과 통제를 부인하며, 역사는 우연이지 섭리가 아니라는 사상에 기초해서 예언이나 신탁(神託), 신적 통치도 부인했던 것은,[55] 베드로후서의 거짓 선지자들이 '주를 부인'한 것이나(2:1), 성경 예언의 신적 기원을 의심한 것(1:19-20), 그리고 종말에 전격적으로 개입하시는 주의 재림과 심판을 의심하고 조롱한 태도(3:1-4)와 잘 맞아떨어진다. 더구나 Neyrey가 지적한 대로, 에피큐리언들이 신(神)의 심판의 개념도 부인한 것이나 '의지의 자유'를 주장한 것, 그리고 후에는 비도덕적 행위들을 조장한 점 등은,[56] 베드로후서의 적대자들과의 유사성을 더욱 증폭시킨다. 이렇듯 베드로후서의 배경이 당대의 영지주의자들이라기보다는 쾌락주의자들이라는 설명은, 베드로후서가 보여 주는 매우 종말론적이고 또한 신앙적으로 보수적인 면모와 비교적 적절히 들어맞는다. 베드로후서가 경고하는 바는, 수신자들이 주변의 거대한 세속의 쾌락주의적이고 불경건한 가르침과 삶의 태도에 휩쓸리지 않고, 여전히 선명한 종말론적 비전 안에서 계속해서 순결함과 경건함을 유지하는 소수들로 남기를 강력히 촉구한 것으로 보이기 때문이다.

하지만 에피큐리언들의 역사적 특징들을 살펴보거나 베드로후서에 나타난 거짓 교사들의 특징들을 비교해 볼 때, 적대자들의 배경이 반드시 에피큐리언이었다고 단정할 수도 없다. Neyrey 자신도 그 거짓 교사들을 '에피큐리언'이라고 확정 짓지는 않았다. 에피큐리언적인 사상은, 이미 유대교 안에도 특히 사두개인들의 사상에 깊이 반영되어 있었다.[57] 또한, '하나님이 세상이나 역사에

---

54 Desjardnis, "The Portrayal of the Dissents", 99-100; 또한 Cavalin, "The False Teachers of 2 Pt as Pseudo-Prophets", 263-270을 참조하라; Käsemann, "Apologia for Primitive Christian Eschatology", 169, 174-180; 야고보서의 경우, Wall, "A Unifying Theology", 36, 가난과 청빈의 경건을 언급하면서(약 1:27; 2:1, 2-7; 4:1-5:6), '세상 부인적 태도'라는 근본적 시각이 특징적이다.

55 Green, *Jude and 2 Peter*, 156.

56 Neyrey, *2 Peter, Jude*, 122-124, 신의 심판이라는 개념을 부인하는 에피큐리언에 관한 문헌들로서, Cicero의 *Nat. deor.*, Philo의 *On Providence*, and Seneca의 *De providentia* to Lactantius의 *De ira* and Origen의 *Contra Celsum* 등을 언급한다.

57 Neyrey, *2 Peter, Jude*, 124-125.

개입하지 않는다'는 베드로후서의 반대자들의 주장과 에피큐리언의 입장이 정확히 일치하지는 않는다. 베드로후서에서는, 심판을 조롱하는 적대자들이 그래도 세상이 하나님에 의해 창조되었음은 인정한다. 하지만 에피큐리언들은 그런 주장을 부인한다(Diogenes Laertius, *Lives*, 10.73-74)는 것이 좋은 예이다.[58] 또한 에피큐리언들은 세상의 본질은 '변화'(change)이며 세상은 결국 붕괴될 것이라고 보았는데, 예컨대 Lucretius는 "만물은 서서히 썩어가고, 결국 파괴될 것이며, 오랜 세월에 의해 닳아 없어질 것이다"(Lucretius 2.1170-74)라고 말했다. 이는 "창세 이후로 모든 것이 그대로 있다"고 주장한 베드로후서의 반대자들과 에피큐리언들을 동일시할 수 없는 이유가 된다.[59]

세상이 닳아 없어지거나 파괴되지 않고, 항구적으로 존재할 것이라는 생각은 오히려 Philo의 생각과 많이 닮아 있다. Philo는 하나님이 세상을 창조하셨으므로 없애지 않으시며, 그 어떤 내적이고 외적인 힘도 세상을 해체할 수 없고, 하나님도 그 창조 질서를 무질서로 바꾸지 않으실 것이라고 보았다(*On the Eternity of the World*, 5.19, 22-24; 6.26-27; 8.39-40).[60] 그리고 거짓 교사들이 윤리적인 면에 대해서 한 주장들도 에피큐리언과 닮은 점이 있지만 또한 다른 점도 없지 않다. 윤리에 관해서, 에피큐리언들은 주로 욕망의 충족을 강조했다. 성적인 욕망에 있어서도 그것을 금하는 교리를 가르치지 않았다. Epicurus 자신은 "위(胃)의 즐거움은 모든 선(善)의 시작이고 뿌리이다"(Athenaeus, 546F)라고 가르쳤다. 하지만 에피큐리언이 지혜, 덕이나 정의를 추구하지 않은 것은 아니다 (*Ep. Men.* 132).[61] 또한 베드로후서의 거짓 교사들의 성적 타락뿐 아니라, 그들의 교만과 영적 권위에 대한 반항적 태도는, 전형적인 에피큐리언의 매우 현실적

---

[58] E. Adam, "Where is the Promise of His Coming? The Complaint of the Scoffers in 2 Peter 3.4", *NTS* 51 (2005): 114-116.

[59] Green, *Jude and 2 Peter*, 157.

[60] A. A. Long and D. N. Sedly (eds.), *The Hellenistic Philosophers* (vol. 1, Cambrdige: Cambridge University Press, 1987), 127-179.

[61] Long and Sedly, *The Hellenistic Philosophers*, vol. 1, 112-123; 또한, Cicero, *On Ends* 1.29-33, 37-39; Epicurus, *Ep. Men.* 127-32; *Key Doctrine* 3-4, 8-10.

인 모습은 아니라고 할 수 있다.[62]

그렇다면 베드로후서의 적대자들의 정체는 정확히 어떤 배경과 일치하는가? 결론적으로 말하자면 이런 질문 자체가 타당한지 물어볼 필요가 있다. 베드로후서의 본문은 말하는 바가 적고, 가능성 있는 역사적 배경들은 훨씬 다양한 형태이기 때문이다. 어떤 특정한 배경과 완전히 일치시키기에는 배경 자체가 유동적이고, 베드로후서의 적대자들의 독특한 면도 두드러진다. 이런 점에서 F. Lapham은 적대자들의 정체에 관해 영지주의나 에피큐리언과의 특정한 연관점을 짓기보다는, 대체로 '반(反)율법적인 자유주의'(antinomian libertines)들로서 그 핵심적인 특징들은 예컨대, (i) 바울이 주장한 것과 유사한 '율법으로부터의 자유' 개념과, (ii) 사후 세계가 없다는 주장, (iii) 최후의 심판이 없다는 주장 등이 서로 결합한 것이라고 본다.[63]

이렇게 본다면, 그 적대자들의 정체는 초대 교회에서 바울 복음을 오해했던 일부 흐름과, 다른 한편으로는 거의 무신론적(無神論的)인 세속 철학의 영향, 그리고 이방인들의 강력한 세속적인 유혹이 함께 복합적으로 작용한 결과로 볼 수도 있는 것이다. 결국, L. R. Donelson이 지적한 대로, 2장에 나오는 '자유를 약속하는 자들'과 3장에 '종말이 오지 않는다'고 조롱하던 자들이 동일한 집단이라는 보장도 없는 것이다. 학자들에 따라 적대자들의 정체에 대해 여러 가지 추측을 하지만, 확실히 단언할 수 있는 것은 베드로후서가 이에 대해 주었던 해법은 전통적인 정통 교회의 응답이라는 것이다.[64]

즉 베드로후서의 적대자들을 통해 드러나는 수신자의 상황은, 그것이 바울 복음에 대한 오해였는지는 명확하지는 않지만, 내부적으로는 복음이 주는 '자유'에 대한 심각한 오해가 퍼지고 있었고, 밖으로는 하나님의 주권을 부인하여 종말과 심판을 부러 잊고자 하는 세속 철학과 사상의 강력한 영향으로 흔들렸다는 점, 그래서 또한 당시 세속 문화의 현세적이고 비윤리적인 부패한 삶의 영

---

62   Green, *Jude and 2 Peter*, 157.
63   F. Lapham, *Peter: The Myth, the Man and the Wrights: A Study of Early Petrine Text and Tradition* (JSNTSupS 239, Sheffield: Sheffield Academic Press, 2003), 158-160, 163.
64   Donelson, *I & II Peter and Jude*, 209-210.

향에 크게 노출되었던 상황을 그려볼 수 있다.[65] 즉 요약하자면, 베드로후서의 거짓 교사들은 '복음의 변질'과 '세속화된 신학과 윤리'의 위험에 직면한 교회의 위기를 반영한다고 할 수 있다.

1.3 베드로후서의 문학적 구조

그렇다면 베드로후서는 거짓 교사들의 거짓된 가르침과 부패한 삶을 조장하는 것에 대해 어떤 내용을 어떤 식으로 권면하며 바로잡고 있는가? 베드로후서의 문학적 구조에 관해서, 가장 두드러진 논쟁은 1:12-15에 기록된 대로 베드로가 자신의 임종을 언급한 것을 근거로, 베드로후서 전체를 '고별 유언'(farewell testaments) 형식을 따르는 일종의 '유언집'으로 보는 이론이다.[66] 고별 유언 형식이 하나의 장르로 설정된 것은 아니지만,[67] 베드로후서는 1:12-15를 비롯해서 고별 유언 형식을 구성하는 요소들에 해당하는, 베드로 자신의 임박한 죽음에 대한 언급(1:12-14), 과거의 중요한 경험에 대한 언급(1:16-19), 그리고 1장과 3장에서 도덕적 덕에 대한 권면들과 또한 장차 다가오는 위기들(2:1-3; 3:1-7)에 대한 언급들을 포함한다.[68]

---

65 Fornberg, *Study of 2 Peter*, 44-59, 베드로후서의 청중은 당시 소아시아의 세속적 문화에 깊이 영향을 받고 있었다. 즉 바울 복음의 곡해와 세속적인 영향력에 따라, 신앙의 변질의 위험에 놓여 있었다고 본다. 이에 맞서, 베드로는 (a) 윤리가 없는 믿음은 결단코 진짜 믿음일 수 없다는 것과, (b) 이 세상에서 살았던 믿음 '이전의 삶'의 특징인 도덕적 부패로 되돌아가는 것이 얼마나 치명적이고 위험한 일인지를 경고했다고 분석한다.

66 J. Steven Kraftchick, *Jude, 2 Peter* (Abingdon New Testament Commentaries, Nashville: Abingdon Press, 2002), 74-75, '12족장의 유언집'(*The Testaments of the Twelve Patriarchs*)을 대표적 예로 든다.

67 Neyrey, *2 Peter, Jude*, 163; 또한 Davids, *2 Peter and Jude*, 146, '유언집'(testament) 형식을 성립하는 요소들을 열거한다: (i) 지도자가 자신의 죽음이 임박함을 알고 자신의 공동체나 가족을 불러 모은다. (ii) 가끔 자신의 과거의 일들을 회상하고, 청중에게 그 유산과 역사를 상기시킨다. (iii) 청중에게 어떤 필요한 덕들을 함양할 것을 권하고, 또 어떤 특정한 형태의 악을 멀리하고 부적절한 행동을 경계하도록 주의시킨다. (iv) 그 격려는 자주 '주의 법' 또는 하나님의 명령에 순복하라는 권면으로 절정에 이른다. (v) 이 권면은 종종, 외부로부터 혹은 공동체 내부로부터 진리를 순복하지 않는 자들로 말미암은 악한 일에 대한 경고를 수반한다.

68 Kraftchick, *Jude, 2 Peter*, 74.

(1) '유언집'(testament) 가설

또한 베드로후서를 '유언집'으로 보는 경우, 통상 후대의 자손들이 권위 있는 조상의 이름을 빌려서 쓴 중 유언집으로서, 가경(pseudepigrapha)으로 간주된다.[69] 하지만 이는 Bauckham이 유언집 형식을 중간기에 나타난 헬라적 유대교의 가경적인 유언집 문학에서 추출했기 때문이라 할 수 있다.[70] 그러나 헬라적 유대교의 유언집 문학은 당시 페르시아나 그레코-라틴 계통의 유언집 문학에 영향을 받은 것이고, 이 둘은 모두 성경에 기록된 유언들의 형식과는 사뭇 다르다.[71] Bauckham에 의하면, 유언집 장르는 두 가지 요소 즉, '윤리적 권면'과 '미래에 대한 묵시론적 예언'을 포함하는데, 베드로후서는 이 두 가지 요소를 모두 갖고 있다고 주장한다.[72] 하지만 헬라적 유대주의의 유언 장면들이 갖고 있는 특징적인 장면, 곧 임종을 맞은 선조(先祖)가 하늘의 영역에 다녀와서 주는 권면과 미래에 관한 예언의 장면은, 성경적 족장들의 임종 장면의 특징이라기보다는 당시 페르시아나 그레코-라틴 계통의 이국적인 문헌들에게서 영향을 받은 특징이라는 것이다.[73]

하지만 흥미롭게도, 베드로후서의 경우에는 헬라적 유대교의 유언집 장르의 전형적인 특징인, '묵시론적 꿈과 비전'에 관한 장면도 빠져 있으며 '자손들을 향한 축복과 저주의 말'도 빠져 있다.[74] 또한 유언집으로서 결정적 요소인 '임종 장면'과 '장례 장면'이 빠져 있는 것도 치명적이다.[75] 비록 Bauckham이 베드로

---

69 Green, *Jude and 2 Peter*, 167, "하지만 설사 베드로후서가 유언집이라 해도, 그것 때문에 가경이라고 주장할 근거는 없다"; 한편 Bauckham, *Jude, 2 Peter*, 133, 161-162, 베드로후서의 경우, 저자는 유언집의 형식을 서신 형식과 병합함으로써 사도 베드로의 권위를 빌리고자 했다고 본다(133). 그리고 Bauckham에게 있어서, 유언집은 예외 없이, 후대의 자손들이 저자의 임종을 회상하며 지어낸 가경이라고 본다(133). 현대의 독자들이 베드로후서의 저자를 '사도 베드로'라고 생각하는 것은, 유언집 양식에 익숙하지 않기 때문이라고 생각한다.

70 Bauckham, *Jude, 2 Peter*, 211, '유언집'이라든지 '고별사'라는 문학 형식이 독립적인 장르로 존재하는 것이 아님을 자신도 언급하고 있다.

71 A. B. Kolenkow, "The Genre Testament and Forecast of the Future in the Hellenistic Jewish Milieu", *Journal for the Study of Judaism* 6 (1975): 65-69.

72 Bauckham, *Jude, 2 Peter*, 131.

73 Kolenkow, "The Genre Testament", 57-62.

74 Charles, *Virtue amidst Vice*, 54.

75 Charles, *Virtue amidst Vice*, 49-75.

후서에서 '고별 강화'가 시작되는 1:12-15에서 '기억하게 하려'(ἐν ὑπομνήσει) 한다는 표현을 유언집 장르의 특징이라고 보지만,[76] 그 정도의 문학적 용어는 서신서의 윤리적 권면을 소개할 때 사용하는 흔한 기법이다(유 5절; 벧후 1:12; 3:1-2).[77] 무엇보다, 베드로후서에서는 임종을 앞둔 '베드로'가, 전형적인 유언집에서처럼 '하늘에 올라갔다가 오는 체험'을 하지도 않는다. 도리어 그의 권면은 간접적으로, 변화산에서 주님께 받은 계시(1:16-18)와 또한 그보다는 기록된 예언의 말씀(1:19-20)에 기초한다. 이것은 통상적인 유언집의 형식과는 아주 다른 독특한 특징이다.[78]

그러므로 전체적으로 베드로후서를 '유언집'이라는 장르로 보고 저자 문제도 이에 근거해서 판단하는 것은 근거가 취약한 주장이다. 베드로후서가 베드로의 임종에 대해 언급하고 있지만, 그 형식은 전형적인 고별사나 유언집 형식에도 들어맞지 않을 뿐 아니라, 1:12-15은 그 자체로 임종 장면도 아니다. 그것은 앞서 언급했던 대로, '유언집'이라는 장르 자체를 주로 중간기의 헬라적 유대주의의 문헌들을 기초로 규정했기 때문인데, 신약에서는 그렇지 않다고 할 수 있다. 사도행전 20:17-34이나 디모데후서가 좋은 예이다. 이런 본문들은 바울의 죽음을 예견하고 있지만, 그의 임종을 묘사하지는 않는다. 실제로, 사도행전에 의하면, 바울은 에베소에서 '고별 강화'(farewell speech)를 마친 후에도 오랜 기간 살아 있었다.[79] 초대 교회의 성도들이 베드로후서 1:12-15을 대할 때 사도행전에서 발견되는 고별 강화와 다른 장르의 것으로 여겼으리라 생각할 이유가 없는 것이다.

(2) 수사학적(rhetorical) 형식

또한 1:12-15만을 근거로 해서 베드로후서를 '유언집'으로 보기에는 서신서 전체에 다른 문학 형식들도 많이 포함되어 있다. 신약의 서신이 대부분 당시 유

76　Bauckham, *Jude, 2 Peter*, 196.
77　Green, *Jude and 2 Peter*, 167.
78　Kolenkow, "The Genre Testament", 59-61.
79　Davids, *2 Peter and Jude*, 147-148.

대교 회당에서 찾아볼 수 있는 설교 형식이나 또는 당시 그레코로만 문화에 젖어든 수사학적(rhetoric) 형식을 포함하는 것은 자연스럽다. Daune Watson에 의하면, 베드로후서는 청중의 사고방식과 행동에 어떤 방식으로 변화를 주고자 설득과 조언을 주로 하는 설득적(혹은, '심의적[審議的]', deliberative) 수사학을 주로 사용하는데, 법정적(法廷的) 수사학적 본문(1:16-2:10; 3:1-3)이나 제의적(祭儀的) 수사학적 본문(2:10b-22)도 포함되어 있다고 본다.[80] 더 구체적으로, Davids는 베드로후서를 수사학적 구조로 분석한다. 먼저 1:1-2은 인사, 1:3-15은 논증의 발판이 되는 서문(*Exordium*)이며, 1:16-3:13은 본론에 속하는 본문으로서 논증(*Probatio*)에 해당하며 필요한 소논증들이 열거된다: (i) 사도적 증언, 1:16-18, (ii) 예언적 증언, 1:19-20, (iii) 심판의 확실성, 2:1-10a, (iv) 거짓 교사들을 물리침, 2:10b-22, (v) 근거 없는 예언을 조롱함, 3:3-7, (vi) 재림의 지연(delay)은 불확실성이 아님, 3:8-13, (vii) 마지막으로, 견고한 인내를 격려함, 3:14-18.[81] 신약의 서신들에 일반적으로 당시 로마 사회 문화의 특징이었던 수사학적 요소가 배어 있음은 당연하다. 흥미로운 것은, 베드로후서에서 전개되는 수사학적 논증들은 모두, '거짓 교사'들의 반론에 대한 베드로의 응답이라는 서신의 특징을 잘 드러내 주고 있다. 이처럼 거짓 교사들의 가르침과 영향력은 베드로후서를 이해하는 데 결정적이다.

다시 말해서, 베드로후서가 왜 기록되었는가를 물을 때에, 1:12-15에 비치듯이 베드로 자신의 가까워진 임종이 '계기'(occasion)는 될 수 있지만,[82] 결정적인 이유는 되기 어렵다는 것이다. 거꾸로 생각할 때, 자신의 임종이 가까워지지 않았더라도 거짓 교사들의 위험 때문만으로 서신을 기록하려 하지는 않았을까? 베드로후서 1:12-15은 위에서 길게 논증한 것처럼, 유언집 형식에 맞지도

---

80 고전 수사학에는 주로 청중의 윤리적 가치 판단과 의지(*ethos*)에 호소하는 '설득적' 수사학 외에도, 주로 법정에서 옳고 그름을 따지는데 이성(*logos*)에 호소하는 '법정적'(*judicial*) 수사학, 그리고 격려와 위로를 칭찬이나 비난, 덕을 장려하고 악덕을 억제하기 위한 목적으로 주로 감성(*pathos*)에 호소하는 '제의적'(*epideictic*) 수사학이 있다. Daune F. Watson, *Invention, Arrangement, and Style: Rhetorical Criticism of Jude and 2 Peter* (SBLDS, Atlanta: Scholars, 1988), 81-143.

81 Davids, *2 Peter and Jude*, 144-145.

82 Bauckham, *Jude, 2 Peter*, 135.

않고, 그 자체가 목적이 아니라 구약에 기록된 예언의 확실성(1:19-21)을 논증하기 위해 끌어들인 주제에 가깝다고 할 수 있다. 즉 자신의 임종을 언급한 본문은, A. Chester와 R. P. Martin이 말한 대로 "후손을 위해 유언을 남기겠다는 목적 자체를 가리키지 않고, 오히려 당시 수신자들의 상황에 긴급하게 요청되는 '사도적 가르침'(apostolic paraenesis)을 위한 것이며, 다만 사도가 죽음에 임박해 있었다는 사실이 그런 순간을 더 긴급하게 만들었을" 뿐이다.[83]

(3) 서신서(epistolary) 형식

결론적으로, 베드로후서는 베드로 자신의 유언이나 고별사가 중심이라고 보기 어렵다. 베드로 자신도, 자신의 신비한 경험이 기록된 말씀보다 우위에 있지 않다고 말하는 것처럼(1:19-21), 서신서는 베드로라는 인물 자체가 중심이 아니다. 또한 서신서 전체의 배경에, 거짓 교사들의 종말의 심판과 하나님의 개입이라는 하나님의 '주권'을 부정하는 가르침(주로, 3:1-4)과 특징적으로 '주를 부인하는'(2:1) 세속적이고 부패한 삶의 미혹이 교회를 흔드는 상황이 전제되어 있다. 이런 상황에서 수신자인 교회의 구원(1:9-11), 그것이 서신의 기록 목적이라 할 수 있다. 다시 말해서, 베드로후서의 서신(epistolary) 형식은, 단지 '유언'을 포장하기 위한 부차적인 문학적 틀이 아니라,[84] 분명히 위험에 처한 수신자된 교회의 보호와 구원을 위한 명확한 목적을 위해 기록된 형식이라 결론지을 수 있다. 그래서 베드로후서는 유언적 내용이 약간의 계기가 될 수 있고 또 수사학적 요소들이 있지만, 우선적으로 여러 학자들이 동의하듯이 서신서이다.[85] D. Moo가 잘 지적했듯이, 저자 자신이 "내가 여러분에게 두 번째 편지를 씁니다"(δευτέραν ὑμῖν γράφω ἐπιστολήν, 3:1)라고 명확하게 밝힌 대로,[86] 서신서 형식이 명백하다.

---

83 Chester and Martin, *James, Peter and Jude*, 134.
84 Neyrey, *2 Peter, Jude*, 111, 베드로후서의 내용은 유언집과 수사학적 설득인데, "겉은 가짜로 서신 형식을 띠고 있다"고 본다.
85 Senior and Harrington, *1 Peter, Jude and 2 Peter*, 229.
86 Douglas Moo, *2 Peter, Jude* (Grand Rapids: Zondervan, 1996), 27.

그렇다면 베드로후서 역시 신약의 다른 서신들처럼 편지 형식을 갖는다. 하지만 베드로후서는 서신으로서도 전형적인 모습을 갖추고 있지는 않다. 우선 서문에 감사의 인사가 빠져 있고, 결론 부분에는 개인적 인사나 서신을 전달하는 자에 대한 언급도 빠져 있다. 다만 요약하는 말(3:17-18a)과 마무리 짓는 송영(3:18b)이 있을 뿐이고, 축복을 위한 기도도 생략되어 있다. 그러므로 형식은 편지이지만 내용적으로는 설교나 권면으로 채워져 있다.[87] 이렇듯, 서신의 본론을 차지하는 중심부는 모두 거짓 교사들을 염두에 둔 경고와 권면들로 구성되어 있다. Green은 1:3에서부터 3:18a까지 전체를 서신서의 본론으로 간주하는데, 그 내용은 '거짓 교사들에 대한 경고'로 본다.[88] 그만큼, 베드로후서의 문학적 구성을 이해하는 데에도 수신자 된 교회를 위협하는 거짓 교사들의 가르침과 영향력은 결정적인 요소이다.

이런 점에서, 서신의 형식이라는 것이 수신자나 수신자의 정황이 그 내용을 결정할 만큼 해석에 있어 중요함을 이해할 필요가 있다. 즉 거짓 교사들의 가르침과 부패한 삶의 미혹이 수신자가 처한 가장 큰 위험이라 할 때, 특별히 서신의 인사말이나 도입 부분인 1:1-11은, 2장에서 본격적으로 전개되는 거짓 교사들의 주장과 활동에 대한 '문제 상황'의 '해법'을 '미리 제시'(foreshadowing)하는 역할을 한다. 베드로후서를 서신으로 볼 때, 그래서 인사말(1:1-2)을 포함한 1:3-11까지는, 전체 서신의 메시지를 요약하고,[89] 문제의 '해법'(solution)을 제시하는 결정적인 부분이라 할 수 있다.

(4) 해법(1장), 문제(2장), 종말(3장)의 구조

그러므로 베드로후서의 문학적 구조를 논할 때, 주로 거짓 교사들의 반론

---

87 Davids, *2 Peter and Jude*, 143.
88 Green, *Jude and 2 Peter*, 169-170. 하지만 Green이 본론의 첫 대목으로 분류한 1:3-11(영광과 덕에로 부르심) 부분은, '거짓 교사들에 대한 경고'로 보기 어렵다. 그보다, '간접적으로는' 거짓 교사들에 대한 경고이기도 하지만, '우선적으로' 수신자들인 성도들을 일깨우는 부분이다. 또한 3:1부터를 본론의 마무리 부분이라고 보고, '거룩함에로 부르심'으로 요약했는데, 실은 전반부는 '경건'에 대한 강조가 나오는 후반부와는 달리, 종말론에 대한 거짓 가르침에 대한 본격적인 대응이 주어지는 부분이다.
89 Bauckham, *Jude, 2 Peter*, 135, 1:3-11을 '베드로의 메시지, 서신서 신학에 대한 효율적인 요약'이라 본다.

들과 베드로의 응답들을 따라 분석하는 것은 매우 효과적인 방식일 수 있다. Bauckham 자신도 베드로후서의 문학적 구조가 상대적으로 매우 평이해서 기본 구조에 대해서는 학자들 간에도 큰 이견이 없다고 언급하면서, "만일, 베드로후서에서 전개되는 여러 논증들을 고정시키고 한데 묶는 원리가 있다면 그것은 형식이 아니라, 베드로후서의 신학"이라 했을 정도이다.[90] 다만 Bauckham은 전체적으로 베드로후서가 거짓 교사들의 반론에 대한 네 부분의 응답이라는 '주제들'로 구성되어 있다고 보았다. 첫째는 (i) 1:16-18(사도적 증언)과 1:19(구약 예언의 가치)이고, 둘째는 (ii) 1:20-21로 '구약 예언의 계시로서의 권위'에 관한 도전에 대한 응답이며, 셋째 (iii) 2:3a-10a은 '심판의 확실성'에 대하여, 마지막으로 (iv) 3:5-7에 나타난 '하나님 말씀의 주권성'에 대한 변호와 3:8-10의 '주께서 오래 참으심'에 대한 변론이다.[91]

Bauckham의 구조 분석은 전체적으로 서신의 본론이 거짓 교사들의 도전에 대한 응답들로 구성되어 있다는 점에서 흥미롭다. 물론 그 응답들은 1장 후반부와 3장 전반부에 걸쳐 있으며, 한편으로는 사도적 증언이나 구약 계시의 권위를 변호하는 주제와, 다른 한편으로는 하나님의 심판과 오래 참으심에 관한 주제로 구성되어 있다. 이는 주로 거짓 교사들의 '교리적' 도전에 대한 응답에 집중한 셈인데, 그렇다면 2장에 나타나는 거짓 교사들이 '윤리적' 타락을 묘사하고 경고하는 측면을 잘 담아내지 못한 분석이라 할 수 있다. 거짓 교사들의 도전은 단지 교리적 논쟁에 관한 것이 아니었다. 본문을 살펴보면, 무엇보다 흥미로운 점은 '거짓 교사들'(ψευδοδιδάσκαλοι)에 대한 언급이 1장에서는 나오지 않다가, 2:1에 비로소 처음으로 등장한다는 사실이다. 하지만 일단 거짓 교사들에 대한 언급이 시작된 후에는, 2장 전반에 걸쳐 이들의 유해(有害)한 거짓 가르침과 그 파괴적인 영향력에 대해 상당히 장황하게 경고한다. 그리고 거짓 가르침에 대한 반론은 3장에서 계속되는데, 17절에서 '무법한 자들의 미혹'(τῇ τῶν ἀθέσμων πλάνῃ)에 관한 언급과 더불어 서신서 끝까지 이어진다.

90　Bauckham, *Jude, 2 Peter*, 211.
91　Bauckham, *Jude, 2 Peter*, 135.

특징적인 것은, 2:1-22은 거짓 교사들의 '주를 부인하는'(δεσπότην ἀρνούμενοι, 2:1) 특징과 더불어 윤리적 타락을 조장하는 미혹과 이에 대한 경고로 거의 전체 본문의 내용이 채워진다는 사실이다. 먼저 (i) '성적 타락'에 관한 용어들의 덩어리(cluster)이다. 1절에서 거짓 교사들이 '주를 부인'하는 특징이 언급된 후에, '성적인 타락에 대한 유혹'의 주제는, 2절(ἀσελγεία, 성적 문란), 7절(ἀσελγεία, 성적 문란), 10절(육체[σαρκὸς]를 따라 더러운 정욕으로[ἐν ἐπιθυμίᾳ μιασμοῦ]), 14절(음심[μοιχαλίδος]이 가득한 눈), 18절(ἀσελγεία, 성적 문란), 20절(τὰ μιάσματα τοῦ κόσμου, 세상의 더러움)과 22절(토하였던 것; 더러운 구덩이)의 경우처럼, 2:1-22에 고르게 분포되어 전체 본문을 묶는 특징적인 주제가 됨을 알 수 있다.

두 번째로, (ii) 거짓 교사들의 '탐욕'에 관한 경고도 2장 전체를 묶는 주제들이다. '자기들을 사신 주(主)를 부인하는'(1절) 거짓 교사들의 교만한 중심에는 실상, '탐욕'(πλεονεξία, 3절)이 뿌리를 틀고 있어서, 이것으로 성도들을 상대로 '돈벌이를 하며'(3절), '불의의 삯으로 스스로 불의하게 만드는'(ἀδικούμενοι μισθὸν ἀδικίας, 13절) 자들로서 아예 '탐욕(πλεονεξία)에 연단된 마음'(14절)을 가진 자들이다. 이들은 발람처럼 '불의의 삯을 사랑하여'(15절) 결국 개가 토한 것을 먹듯이 더러운 구덩이 속으로 돌아간다(22절).

또한 세 번째로, (iii) 거짓 교사들의 '교만' 역시 2장 안에 고루 퍼져 있으며 전체 본문을 묶어 주는 고리이다. 그들은 '주를 부인하는'(1절) 자들로서, 스스로 더러운 정욕 가운데 행하며 '주관하는 이를 '멸시하는 자들'(κυριότητος καταφρονοῦντας)과 그리고 권위를 안중에 두지 않고 '자기주장으로 오만한'(αὐθάδεις) 자들이며, 영광 있고 권세 있는 존재라도 함부로 무지하게 '훼방하는'(βλασφημοῦντες) 자들과 동류이다(10절). 그들은 마치 자신이 '자유'를 줄 수 있는 존재요 능력이 있는 것처럼 약속하지만, 실상은 스스로도 죄에게 진 자 곧 주인이 아니라 '노예'(δοῦλοι)가 되는 어리석은 존재(19절)요, 토한 것을 다시 먹는 짐승 같은 존재로 추락한다(22절). 이처럼, '교만' 역시 2장 전체에 편만한 핵심적인 주제이다.

마지막으로 (iv) 거짓 교사들이 교회를 파괴하는 모습에 대한 묘사들도 2장 전체의 본문을 묶어 주는 열쇠임을 알 수 있다. 저들은 성도를 미혹하여 그들을

'좇게 할 것이며'(ἐξακολουθήσουσιν, 2절), 진리의 길을 '훼방하고'(βλασφημηθήσεται, 2절), 영광 있는 존재들도 '훼방하는'(βλασφημοῦντες, 10절) 자들이다. 저들은 또한 성도들의 모임 속으로 들어가 함께 먹고 마시면서, 교회의 '오점과 수치'(σπίλοι καὶ μῶμοι)가 된다(13절). 그러고도 자신들이 '자유'를 줄 수 있다고 거짓으로 미혹하여 성도들을 죄의 종들로 만들어(19절), 자신들과 함께 세상의 더러움 속으로 다시 끌고 가는 것이다(20-22절).

이렇게 보면, 2장은 본문 전체가 거짓 교사들의 특별히 윤리적 타락과 미혹에 대한 주제들로 단단히 묶여 있다. 2장 전체는 거짓 교사들이 교회를 미혹하는 부정적인 행태와 이를 경고하는 내용, 특별히 그들의 '윤리적' 타락과 미혹에 집중하는 것을 볼 수 있다. 한편 문학적 구조상으로 볼 때, 3장은 거짓 교사들의 '윤리적' 미혹보다는 그들의 '교리적' 미혹이 더욱 강렬히 드러남을 알 수 있다. 2장에서 전개되는 거짓 교사들의 미혹은 1절의 '주를 부인하는' 행동 즉, 하나님과 그리스도의 '주권'을 능멸하는 교만과 전혀 다른 뜻을 품는 그들의 탐욕, 그리고 '진리의 길'과는 전혀 다른 파멸의 길로 인도하는 그들의 성적 부패를 집요하게 드러낸다.

흥미롭게도 3장에 들어서면, '성적 타락'의 특징이나 거짓 교사들의 '교만'에 대한 모티브도 아주 사라진 것은 아니나, 이런 윤리적, 신앙적 타락을 전제로 하여, 주로 '종말과 심판에 대한 하나님의 주권'에 대한 거짓 교사들의 교리적 의심과 이에 대한 사도의 반론이 주제로 펼쳐짐을 알 수 있다. 그렇다면 결론적으로, 2장은 '거짓 교사들의 윤리적 타락의 문제'를 다룬 것이며, 3장은 '거짓 교사들의 교리적 타락의 문제'를 다룬 것이라 분류할 수 있다. 다음 표는, 이런 분석에 따른 서신의 문학적 구조에 대한 간단한 도표이다:

1. 인사말(1:1-2) – "하나님과 우리 주 예수를 앎으로"

2. 본론(1:3-3:17) – '신적 성품' vs. '세속적 신앙'

   A. 신적 성품과 성경 해석: 교회의 해법(1:3-21)

   (i) '신적 성품'에 참여함(1:3-8)

   (ii) '종말'의 확실한 심판과 구원(1:9-11)

   (iii) '성경 계시'의 바른 해석(1:12-21)

   Q.1 거짓 교사들의 '윤리적' 타락의 문제와 반론(2:1-22)

   (i) 거짓 교사들의 성적 타락, 탐욕, 교만과 심판(2:1-11)

   (ii) 거짓 교사들의 헛된 자유, 미혹의 실상(2:12-22)

   Q.2 거짓 교사들의 '교리적' 타락의 문제와 반론(3:1-17)

   (i) 거짓 교사들의 종말에 대한 의심과 반론(3:1-7)

   (ii) 새 하늘과 새 땅의 종말과 경건(3:8-17)

3. 맺는말(3:18) – "저를 아는 지식에서 자라가라"

한마디로, 1장에서는 서신의 배경이 되는 거짓 교사들의 윤리적, 교리적 도전에 대한 궁극적 '해법'(solution)을 먼저 제시한 후에, 2장에서 비로소 거짓 교사들의 윤리적 타락과 훼방의 문제를 진단하며 경고하고, 3장에서는 거짓 교사들이 퍼뜨린 종말에 대한 의심과 조롱 섞인 교리적 도전에 대해 변호하며 결론적으로 '종말론적인 경건'을 권면하는 형식이다. 특히 3장은 미래적(futuristic) 종말론을 강조하는 반면, 2장은 현재 교회의 문제에 집중되어 있고, 1장은 도리어 이미 성취된 종말론을 근거로 2장에서 제기될 문제에 대한 해법을 천명한다.[92]

또한 서신의 마지막 구절인 3:18은 다시 한 번 서신의 서문에서 제시한 해법, 곧 하나님과 그리스도를 '앎으로써' 정욕으로 인하여 세상에서 썩어질 것을 피하여 '신적 성품에 참여'하라는 해법을 상기시키며 "우리 주요 구주이신 예

92　Lapham, *Peter: The Myth, the Man, and the Writings*, 162. 영지주의적 주장을 연상케 하는 1장의 실현된 종말론과 3장의 미래적 종말론이 어떻게 조화를 이루는가가 중대한 문제라고 본다.

수 그리스도의 은혜와 그를 아는 지식(γνώσει)에서 자라가라"(αὐξάνετε)는 권면으로 마무리된다. 즉 3:18이 1:1-11의 메시지를 결론 부분에서 다시 요약한 것이 맞는다면,[93] 1장은 베드로후서의 전체 메시지의 요약 곧 거짓 교사들의 윤리적, 교리적 훼방에 대한 해답을 먼저 제시한 것이 분명하다. 그렇다면 1장의 내용은 2장과 3장에서 전개되는 거짓 교사들의 윤리적, 교리적 타락과 훼방을 염두에 두고 미리 그런 도전을 극복할 수 있는 해법이라는 관점에서 해석할 필요가 있다. 즉 1:1-11은 종말론적 확신에 근거해서 교회가 종말과 심판에 대한 교리적 의심에 흔들리지 않고(1:8-11), 이를 극복하는 해법으로서 결국 '신적 성품에 참여'하는 것을 제시하고 있다(1:3-7). 또한 1장의 나머지 12-21절까지는, 거짓 교사들의 교리적, 윤리적 타락과 훼방의 해석학적 근거인, 성경 계시에 대한 그들의 '자의적'(ἰδίας, 20절) 해석 방식을 공격하여, 그들이 거짓으로 지어내는 말들의 해석학적 토대를 허무는 전략을 제시함을 알 수 있다.

---

[93] 마찬가지로 F. W. Danker, "2 Peter 1: A Solemn Decree", *CBQ* 40 (1978): 64-82.

2. Κόσμος의 썩어질 것과 '신적 성품'(1:1-11)

베드로후서의 문학적 구성이, 베드로의 유언이나 수사학적 특징들보다는, 완연히 드러나는 거짓 교사들의 부패한 윤리적 영향력과 그들의 거짓 가르침을 배경으로 한 것이라면, 베드로후서는 '세상 속의 교회'라는 공동서신의 큰 주제에 매우 의미심장한 기여를 하는 셈이다. 특별히 앞서 살폈듯이, 2장과 3장 전반부에서 펼쳐지는 거짓 교사들의 주장들과 그 특징이 당시 에피큐리언들의 무신론적(無神論的)인 쾌락주의(快樂主義)를 닮았다는 가능성은, 베드로후서의 수신자 된 교회 안에 똬리를 틀고 성도들을 노략질하는 세속주의적(世俗主義的) 신앙의 위험을 선명하게 관찰할 기회를 제공한다. 결국 베드로후서의 거짓 교사들의 존재와 활동은, 서신서가 '세상 속의 교회'가 닥친 위험과 해법을 제시하는 선명한 배경이 된다.

그래서 Fornberg가 베드로후서의 사회적 배경을 연구한 후, 1:5-7에 기록된 덕의 목록은 2:19에서 '자유를 약속한다' 하는 적대자들과 혹은 3:15-16에서 바울의 서신을 왜곡하는 자들에 대항하여 "처방한 답변"이라고 본 것은 적절한 결론이다.[94] 구체적으로, 베드로의 결론적인 이 '답변'의 핵심은 무엇인가? 그것은 그리스도와 하나님을 '앎으로써'(διὰ τῆς ἐπιγνώσεως, 1:2-3) '신적 성품에 참여하는 자들이 되는'(γένησθε θείας κοινωνοὶ φύσεως, 4-7절) 일에 응축되어 있다는 사실이 중요하다.

그렇다면 어떤 면에서 '신적 성품에 참여하는 자가 되는' 것이, 2장 전체와 3장 전반부에서 드러나는 거짓 교사들의 도전(挑戰)에 대한 적절한 응전(應戰)이 된다는 말인가? 만일, 1장을 2-3장의 거짓 교사들의 도전에 대한 응전으로 본다면, 1장의 내용은 정확히 거짓 교사들의 공격을 조목조목 깨뜨리는 해결책임을 알게 될 것이다. 이를 간단한 도표로 요약하면 다음과 같다:

---

94 Fornberg, *Study of 2 Peter*, 44.

	1장의 베드로의 해법	2-3장의 거짓 교사들의 도전
신론:	(a) 하나님, 생명, 경건	(a') 세상, 썩어짐, 더러움
성화:	(b) 신적 성품의 여덟 가지 덕	(b') 거짓 교사들의 악덕들
종말:	(c) 확실한 종말의 구원	(c') 종말의 심판을 조롱
해석:	(d) 성경 계시의 바른 해석	(d') 성경을 자의로 해석함

(i) 먼저 거짓 선지자들이 배경으로 하는 그 '세상'의 특징이 1장에 어떻게 묘사되었으며 또한 그것과 대조적으로 신적 성품을 묘사하는 특징들이 무엇인지를 살펴볼 것이다(1:1-4). (ii) 또한 1장의 '신적 성품에 참여하는 자가 되는' 것이 2-3장의 거짓 교사들의 가르침과 윤리적 부패에 대한 답변이라면, 신적 성품에서 제시되는 '덕'(virtue)들이 어떻게 거짓 교사들이 조장하는 '악'(vice)들과 극명하게 대조되는지를 살필 수 있을 것이다. (iii) 그리고 신적 성품에 참여하는 자가 되는 것은 단지, 덕스러운 인격이 되는 문제가 아니라, 종말의 구원과 깊이 관련되는 문제이며, 이것은 거짓 교사들이 의심하고 조롱한 종말론적 확신과 깊은 관계가 있음이 드러난다. (iv) 마지막으로, 신적 성품은 하나님을 '앎으로써' 자라게 되는 것인데, 이것은 올바른 성경 해석과 깊은 관계에 놓여 있고, 이는 2-3장에서 거짓 교사들이 구약 예언을 '자의로' 잘못 해석하는 것이나, 바울서신 등의 성경을 '억지로' 해석하는 것에 대한 해법으로 제시된 것이다. 이를 하나씩 살펴보자.

2.1 Κόσμος의 특징과 '영원한 나라'(Βασιλεία)의 신적 성품(1:3-4, 11)

베드로후서가 신적 성품을 수신자 교회가 처한 문제 상황에 대한 해법으로 제시한 1:4b-7의 이전 문맥인 1-4a절을 살펴보면, '신적 성품'이 어떤 맥락에서 해법으로 제시되었는지 가늠할 단서가 있음을 알게 된다. 베드로가 본격적으로 거짓 교사들을 언급하지는 않았지만, 1:1-4에서 벌써 거짓 교사들의 존재와 활동 배경이 되는 '세상'(Κόσμος, 4절)에 대한 언급이 시작되었음을 알 수 있다. 4b절에서 "신적 성품에 참여하는 자가 되십시오"라는 권면은 바로 뒤이어 나오는, "ἀποφυγόντες τῆς ἐν τῷ κόσμῳ ἐν ἐπιθυμίᾳ φθορᾶς"라는 문구와 정확히 대조되는 구조 안에 놓여 있다. 즉 신적 성품에 참여하는 자가 되라는 것은 동시에 "세상의 썩어질 정욕으로부터 피하여 달아나면서" 할 수 있는 어떤 일인 셈이다. 여기서 ἐν τῷ κόσμῳ ἐν ἐπιθυμίᾳ φθορᾶς는 번역이 쉽지 않은 표현이다. '세상'(Κόσμος), '정욕'(ἐπιθυμία), 그리고 '썩어짐'(φθορά), 이 세 가지 개념들이 서로 어떤 수식 관계에 있는지는 해석에 따라 달라진다.

(1) 세상의 특징과 '영원한 나라'의 대조

우선 썩어짐이 정욕을 수식한다고 보면, "세상 안에 있는, 썩어질 정욕에 의해"(destructive lust that is in the world, TEV)라는 식으로 번역된다. 한편 정욕이 세상을 수식한다고 보면, "정욕에 휘말린 세상의 썩어짐으로부터"(corruption in a world that is sunk in vice, JB)로 옮기게 된다. 또한 썩어짐은 세상을 수식할 수도 있는데, 이 경우엔 "정욕에 의해 격동되는, 세상 안에 있는 썩어짐으로부터"(the corruption that is in the world because of passion, RSV)이다.[95] 세상과 썩어짐 그리고 정욕의 세 개념이 어떤 수식 관계이든, '세상'(Κόσμος)은 직접적으로든 간접적으로든 '썩어짐'(φθορά)이라는 특징으로 묘사된다. 이것이 '신적 성품'이 제시되는 1:1-11의 문맥에서 등장하는 세상의 첫 번째 특징이다.

두 번째 세상의 특징은, Κόσμος가 다시 한 번 사용되는 2:20에서 드러나는데 이번에는 "세상의 더러움을 피하라"는 문장에서 '더러움'(μίασμα) 혹은 죄로 오염된(contaminated) 상태와 연관된다.[96] 흥미롭게도 이번에도 세상에 관련해서, 1:4에서 썩어짐의 세상으로부터 '피하라'(ἀποφυγόντες)고 했던 것처럼, 지금 2:20에서도 더러운 세상을 '피하라'(ἀποφυγόντες)고 권면한다. 그런데 이

---

[95] Arichea and Hatton, *The Letter from Jude and The Second Letter from Peter*, 76, NIV의 경우도 RSV처럼, '썩어짐'이 '세상'을 수식하는 것으로 읽는데 다만 뒷부분이 "caused by evil desires"로 다르다.

[96] Charles Bigg, *A Critical and Exegetical Commentary on the Epistles St. Peter and St. Jude* (ICC, Edinburgh: T&T Clark, 1901), 287, '세상의 더러움'이란 근본적으로 하나님의 거룩하심에 대한 오염(pollution)을 뜻한다(레 7:8; 겔 33:31; *1 Macc.* 8.50).

동일한 구조 즉, '세상으로부터 피하라'고 했을 때, 1:4은 '썩어짐' 외에도 '정욕'(ἐπιθυμία)이라는 단어를 품고 있다. 그리고 이 '정욕'이라는 단어는 거짓 교사들의 행태를 묘사하는 2장에서 반복적으로 '더러운' 죄들 곧 음란과 탐욕, 그리고 교만과 깊이 관련되어 사용된다(2:10, 18; 또한 3:3). 특별히 2:10에는 '정욕' 자체를 '더러운'(μιασμοῦ)이라는 형용사로 묘사하는데, 이 '더러움'은 2:20에서 '세상'의 특징으로 묘사했던 용어이다. 그러므로 1장에서 '신적 성품에 참여하는 자가 되어가는' 교회가 처한 세상의 특징은 우선적으로 썩어짐이고 또한 더러움이다. 흥미롭게도 썩어진다는 것은 죽음의 특징이라고 할 수 있다. 또한 더러움은 오염의 결과로 영적이고 도덕적인 의미에서 죄로 인한 거룩의 상실이라고 말할 수 있다. 그러므로 1:4에서 신적 성품에 참여하는 것과 대조되는 세상의 특징은, 죽음과 죄, 곧 썩어짐과 더러움이다.

한 가지 더, 베드로후서가 간접적으로 제시하는 세상의 특징이 있다. 그것은 세상의 '허무함, 일시성'이라는 특징이다. 이는 4절에서 '썩어지고 더러운 세상의 정욕 안에' 있는 것을 피하고 도리어 '신적 성품에 참여하는 자가 되는' 성도들이 결국 들어가게 되는 하나님의 나라를 "영원한 나라"(αἰώνιον βασιλεία, 11절)로 표현한 것에서 간접적으로 드러난다.[97] 즉 4-11절의 문맥 안에서, 세상을 피하고 신적 성품에 참여하는 자가 들어가는 세상은 '영원한' 세상이기 때문에, 죄와 죽음이 특징인 세상은 영원하지 않은 허무한 세상이라는 특징이 자연스럽게 전제되어 있는 것이다. 이렇게 보면, 4-11절의 문맥 안에서 세상의 특징은, 썩어지고 더럽고 허무한 것, 곧 사망의 썩게 하는 권세 아래에 있고 죄의 더러움에 오염되어 있으며, '주를 부인하는'(2:1) 거짓 교사들과 그들을 좇은 자들은 들어갈 수 없는 '우리 주 예수 그리스도의'(1:11) '영원한 나라'와는 절대적으로 대조되는 '영원하지 않은, 쇠하는' 나라인 셈이다.

더욱 흥미로운 것은, '세상'에 대한 이와 같은 두드러진 묘사는 베드로전서 1:4에서 거듭난 성도 안에 '살아 있는 소망'의 대상인 하나님의 나라 혹은 장

---

[97] Marcus, "Evil Inclination in the Epistle of James", 606-621; Wilson, "The Anthropology of James 1:12-15", 162-163, '정욕'이란 후기 유대주의의 *yetzer* 개념에 가까운데 그 자체로는 삶의 정당한 열정, 욕구이지만, 잘못된 대상과 방법과 목적 때문에 왜곡된 욕망을 가리킨다.

차 받을 하늘의 유업을 묘사하는 표현과 정확히 일치한다는 것이다.[98] 베드로는 성도들에게 약속된 이 유업을 삼중적으로 묘사하는데 "썩지 않고, 더럽지 않고, 쇠하지 않는"(ἄφθαρτον καὶ ἀμίαντον καὶ ἀμάραντον)다는 특징들이다. 결국 성도에게 약속된 이 종말론적인 하나님의 나라는, 베드로후서 1:4, 11이 드러내는 것처럼 '썩어지고'(φθορά), '더럽고'(μιασμοῦ), '영원하지(αἰώνιον) 않은' 세상과 적절히 대조된다:

| 벧전 1:4, '유업' | (a) 썩지 않고 | (b) 더럽지 않고 | (c) 쇠하지 않는 |
| 벧후 1:4, '세상' | (a) 썩어짐 | (b) 정욕(더러운, 2:10) | (c) 영원하지 않은(1:11) |

이렇듯 베드로후서 1:4에서 세상의 특징은 '썩어짐'과 '[더러운] 정욕'이고 신적 성품에 참여하는 일은 이 세상의 썩어짐과 더러움을 피하는 길인데, 그것은 동시에 하나님께서 그의 '신적인'(θείας) 능력으로 믿는 우리에게 이미 주신 '생명과 경건에 속한 모든 것을'(3절), 하나님과 주 예수를 아는 지식을 통해, 그의 신적 성품 가운데 실현하는 과정이다. 즉 베드로후서 1:4-11에서 성도들이 결국 들어가는 하나님의 나라는 '영원한 나라'(11절)인데, 그 영원한 나라에 '넉넉히' 들어가는 자들은 신적 성품에 참여하는 자들이다. 그리고 무엇보다 중요한 사실은, 여기서 신적인 능력으로 우리에게 은혜로 주신 '생명'(ζωή)과 '경건'(εὐσέβεια)에 속한 모든 것이란, 정확하게 '썩어짐 혹은 죽음'과 '더러움 혹은 죄'를 특징으로 하는 세상과 완연하게 대조를 이룬다는 사실이다. 이를 도표로 표시하면 아래와 같다:

| 벧후 1:3, '은혜' | (a) 생명 | (b) 경건 |
| 벧후 1:4, '세상' | (a) 썩어짐 | (b) 정욕(더러운, 2:10) |

---

98 유사하게, John P. Heil, *1 Peter, 2 Peter, and Jude: Worship Matters* (Eugene, Oregon: Cascade Books, 2013), 214. 베드로후서와 전서의 청중이 어떻게 '세상의 썩어짐과 그 정욕'에서 벗어나는지에 대하여 공통된 문맥을 공유하는지를 설명한다.

다시 말해서, 베드로후서 1:4에서 세상의 특징들은 '신적 성품'이 언급되는 1:4b의 전 문맥이 되는 3-4a절에서, 신적 성품의 근거와 배경이 되는 하나님의 '신기한 능력'에 대한 묘사인 '생명과 경건'에 정확히 대조되는 것이다. 더욱 중요하게, 이는 문맥적으로 신적 성품에 참여하는 자로 성장한다는 것이 곧, 하나님께서 그에게 이미 주신 생명과 경건에 이르게 하는 모든 것들을 자신의 것으로 삼을수록, 죽음의 지배를 받는 썩어지는 세상 그리고 죄의 지배를 받는 더러운 세상에서 더욱더 멀어짐을 의미한다. 그리고 종말에는 주 예수 그리스도의 '영원한' 나라에 들어가게 됨을 뜻한다(11절). 이처럼, 베드로후서 1장에서 '세상'(Κόσμος)은 주 예수 그리스도의 영원한 '나라'(βασιλεία)의 특징들과 대조되며 더욱이 그 나라에 들어가는 성도들이 참여하는 '신적 성품'의 본질적인 성격들과도 정확히 대조된다. 그리고 만일, 1장에서 묘사되는 '세상'이 2-3장에 비로소 등장하는 거짓 교사들의 영적, 윤리적 배경이라면, 세상과 정반대되는 생명과 경건 그리고 영원한 나라에 속한 신적 성품은 또한, 베드로가 앞으로 2장 이후에서 전개할 거짓 교사들의 가르침과 부패한 삶의 공격에 대한 완벽한 해법으로 이해될 수 있는 것이다.

(2) '아는 것'과 '되는 일', 교리와 윤리

그러므로 베드로는 교회를 향한 거짓 교사들의 윤리적이고 또 교리적인 공격에 대해서 결국 '신적 성품'이란 답을 내놓는다. 그런데 이 '신적 성품에 참여하는 자가 되는' 일은 그들을 '부르신 자를 앎으로써'(3절) 이루어진다. 이는 2장에서 전개되는 거짓 교사들이 '자기들을 사신 주를 부인'(2:1)하며, 기록된 구약의 예언의 말씀을 '사사로이'(ἰδίας, 1:20) 풀며(참고. 3:16), 종말에 관해 기록된 구약의 예언을 의심하고 조롱하여(3:1-4), 그들을 구속하시고 부르신 주를 아는 일에서 떠나 버린 사실과 또한 완연히 대조된다. 거짓 교사들에게 있어서, 그들의 교리적 타락과 윤리적 타락이 뗄 수 없이 연결되어 있는 것처럼,[99] 수신자 된

---

[99] Charels, *Virtue and Vice*, 138, 스토아 철학의 관점에서 '덕'은 '지식'(γνῶσις)과 깊이 연계되어 있다. 그래서 '악덕'은 '무지'와도 동일시된다.

교회에게 있어서도 하나님을 바로 '아는 것'과 그의 '신적 성품에 참여하는 자가 되는 것'은 뗄 수 없이 긴밀한 병행 관계에 놓여 있는 셈이다.

하나님을 아는 바른 지식과 신적 성품의 성장과의 밀접한 관계는 이미 1:2과 3절의 초반부에서부터 예고되어 있다.[100] 2절과 3절 모두 '하나님을 앎'의 중요성을 강조한다. 하나님과 우리 주 예수 그리스도를 '앎으로써'(ἐν ἐπιγνώσει, 2절) 은혜와 평강이 넘치게 된다. 자신의 영광과 덕으로 우리를 부르신 자를 '앎으로써'(διὰ τῆς ἐπιγνώσεως, 3절) 생명과 경건에 속한 모든 것들을 보다 풍성히 누리게 된다. 즉 하나님을 아는 인식적인 활동의 직접적인 결과가 '은혜와 평강'이라든가 '생명과 경건'과 직결되어 설명되는 것이다. 베드로후서에서 '안다'는 말은 ἐπιγινώσκω(2:21[x2])라는 동사와 그 명사형인 ἐπίγνωσις(1:2, 3, 8; 2:20), 또 단순히 γινώσκω(1:20; 3:3)의 경우와 그 명사형인 γνῶσις(1:5, 6; 3:18)가 나온다. 이 중에서 γινώσκω는 1:20(먼저 알 것은 경의 예언은 사사로이 풀 것이 아니요)와 3:3(먼저 이것을 알지니 말세에 기롱하는 자들이 와서 자기의 정욕을 좇아 행하며 기롱하여)의 경우처럼 단순히 어떤 사실이나 정보(information)를 주지(周知)하는 정도의 의미로 쓰였다.[101]

다시 말해서, 4절에서 '세상에서 썩어질 것을 피하는' 일이나 '신적 성품에 참예하는 일'은, 3절에서 설명한 대로 예수 그리스도를 믿음으로써 이미 주신 '생명과 경건'이 하나님을 아는 일을 통해 그 사람 안에 열매 맺는 결과이다. '썩어질 것'을 피하는 일은 썩지 않을 생명을 구하는 일이기도 하기 때문이다. 마찬가지로 이렇게 썩어질 것을 피하고 영원한 생명(ζωή)을 구하는 일은 또한 '신적 성품에 참예함으로써' 될 수 있다. 즉 경건(εὐσέβεια)을 이룸으로써 되는 것이다.[102] 사실 생명은 경건, 곧 하나님을 알고 두려워하고 사랑하며 순종하는 일

---

100 이하, 도표를 포함한 전후의 내용은, 채영삼, "신학과 신적 성품", 259-265에서 다룬 바 있다.
101 Dick Lucas and C. Green, *The Message of 2 Peter & Jude* (Leicester: IVP, 1995), 37; Michael Green, *The Second Epistle of Peter and the Epistle of Jude* (Grand Rapids: Eerdmans, 1987년 초판, 2007), 62.
102 그 반대도 마찬가지이다. 예컨대, Bray, *James, 1-2 Peter, 1-3 John, Jude*, 134, "성도가 선한 행실에서 성장하면, 악을 행하는 것을 그치게 된다. 그리고 누구든 이렇게 하지 않으면, 그가 갖고 있던 하늘에 속한 지식들도 곧 잊게 된다"(Bede, *On 2 Peter*).

과 뗄 수 없는 관계에 있다. 원래 성경적인 원리로 보면, 경건이 없이는 생명도 없다. 경외해야 할 구속주(救贖主, 1:3; 2:1) 하나님이 바로 심판주요 또한 창조주(創造主, 3:7-13) 곧 세상을 다시 창조하시는 생명(生命)의 하나님이시기 때문이다. 그래서 하늘에 속한 생명은 반드시 경건과 함께 오며, 경건을 통해 풍성하고 온전해진다(3:13-14).

이런 점에서, 2절과 3-4절에까지 이르는 구문론적(syntactical) 구조는 매우 흥미롭다. 이 세 절에서 동사는 두 번 나오는데, 2절의 '넘치기를 바라노라'(πληθυνθείη)와 4절의 '주셨으니'(δεδώρηται)이다. 여기서 '넘치기를 바란다'는 내용은 베드로의 기원이고 4절의 '주셨으니'는 하나님의 언약적 행동에 대한 설명이다. 그리고 2-4절에 이르기까지 가장 궁극적인 목적, 하나님께서 언약적 성취를 따라 주신 모든 것들과 이 때문에 하나님을 알게 되는 인식의 과정을 통해 이루고자 하는 최종적인 목적은, 4절 끝에서야 비로소 나오는 ἵνα절에 드러나 있다. 이를 도표로 표현하면 아래와 같다:

	목적격(내용)	전치사구(방법)	부대 상황(근거)	동사격(의도)
2절	'은혜와 평강'	'앎으로써'		'넘치기를 바라노라'
3절	'생명과 경건의 모든 것'	'앎으로써'	'주신 바 되었고'	
4절	'보배롭고 큰 약속'	'이로써'[x2]	'주셨으니'	'신적 성품에 참예하는 자 되기 위해'

이 도표가 간략하나마 보여 주고자 하는 바는, 하나님께서 하늘로부터 장차 오는 미래에 속한 것들 곧 종말론적인 복들인 은혜와 평강, 생명과 경건에 속한 모든 것들 그리고 그 보배롭고 큰 약속을(목적격/내용) 주신 것은(부대 상황/근거), 이를 받아 누림으로써 실제적으로 구원에 이르게 하기 위함인데, 이 종말론적 복들을 받아 누리는 방법은 그 복을 주신 하나님과 그 복의 내용이신 예수 그리스도를 '앎으로써'(전치사구/방법)라는 것이다. 그래서 신적 성품에 참예하는 자가 '되는'(γένησθε) 것이야말로, 종말론적인 구원의 약속에 따라 주어진 복들을

근거로 하나님을 앎으로써, 그 복의 내용인 생명과 경건을 실제로 이루어가고 있다는 주요(主要)한 결과요 증거가 된다. 다시 말해서, '하나님을 앎'의 인식 작용은 그 사람으로 하여금 신적 성품에 참예하게 함으로써 그의 존재 안에 항구적인 변화를 일으키는 주요한 효과이다. 또한 역으로, 신적 성품에 참여한다는 것은 '자기들을 사신 주를 부인하는'(2:1) 거짓 교사들과 그들을 좇는 자들과는 전혀 다른 방향으로, 수신자 된 교회가 바른 교리 곧 그들을 '부르신 주를 앎으로써'(1:3) 결국 종말의 구원에 이르게 되는 과정(1:9-11)을 확신케 해 주는 해법(解法)이며 또한 세상을 이기는 교회의 중대하고 필요 불가결한 증거(證據)인 셈이다.

2.2 거짓 교사들의 윤리적 부패와 신적 성품(1:5-7)

고대 문서의 많은 경우들이 그런 것처럼, 베드로후서 역시 서신서 초두에 이미 수신자들의 상황에 대한 저자의 메시지의 핵심 곧 문제 상황에 대한 해답을 먼저 제시하면서 시작한다. 그 해결책의 핵심은 그들을 부르신 하나님을 앎으로써 '신적 성품에 참예하는 자가 되는 길'이다. 오직 이 길만이 반대자들이 공격해오는 소위 '이단적'(異端的)이고 또한 '현세적'(現世的)인, 곧 잘못 이해된 '자유'(2:18)에 기초한 신앙적 도덕적 부패에 효과적으로, 그리고 성경적으로 대적할 수 있다고 판단한 것이다.

따라서 1장은, 미래의 종말은 현재에도 이미 '생명과 경건의 신적 능력'으로 믿는 자들 안에 임해 있음을 강조하게 된다. 그 종말의 신적 능력은 이미 현재에도 믿는 자들 안에서 활동하며, 그들에게 '하나님을 아는 지식'을 일으키고, 그 신적 지식을 통해서, 거짓된 가르침이나 부패한 죄악 된 본성의 유혹에도 이끌리지 않는 '신적 성품의 참예'하는 견고한 삶을 이루게 함으로써, 이를 통해 궁극적으로 '새 하늘과 새 땅'에 들어갈 수 있게 하는 구원의 능력으로서의 경건(敬虔)을 얻게 한다는 것이다(3:10-14). 따라서 1장의 문맥에서 보면, 5절부터 7절까지 열거되는 여덟 가지 신앙의 덕(virtue)들은 하나님을 아는 지식이 그 신자로 하여금 어떻게 실제로 구원에 이르게 하는 경건(10-11절)을 얻게 하는지에 대한 설명이다.[103] 동시에, 2장과 3장 전체의 문맥에서 볼 때 이 여덟 가지 신적 성품의 내용들은, 그가 갖게 되는 신학적 지식이 신적 성품의 내용으로 그의 안에 자리를 잡아, 과연 어떻게 거짓 가르침과 행실로부터 그를 지켜내어 '거룩한 행실과 경건'(3:11-13)을 통해 새 하늘과 새 땅에 들어가게 하는지를 조목조목 설명하는 대목임을 이해할 수 있다.

더 좁은 문맥인 1:4-5 전후 관계를 보면, 5절 이하에 열거되는 여덟 가지 덕들이 곧 4절에서 말한 '신적 성품에 참예'한 결과로 그 사람 안에서 이루어지는 신적 성품의 내용이다. 그러므로 4절의 '신적 성품에 참예하는 자들'(θείας κοινωνοὶ φύσεως)을 두고, 이를 5-7절과 분리시켜 곧바로 헬레니즘의 철학적 배경을 통해 철학적으로 이해하려는 시도는 한계가 있다.[104] Bauckham이 말한 대로, 베드로후서는 헬레니즘(Hellenism)에 동화된 결과가 아니라 오히려, 당대 청중에게 익숙한 헬레니즘의 도덕적 사고의 토양(topoi)에서 나온 소재들을 (예를 들어, 1:3-11) 유대-그리스도교적인 종말론(예를 들어, 1:16-18; 3:5-13)의 틀 안에서 창조적으로 또 효과적으로 연계시킨 결과라고 보는 것이 적절할 것이다.[105]

따라서 4절의 '신적 성품에 참예함'은, 그런 언약적 하나님의 성품을 닮는 성경 전체의 전통적인 명령의 문맥에서 이해할 때 그 의미가 왜곡되지 않을 수 있다(참고. 내가 거룩하니 너희도 거룩하라[레 11:45; 벧전 1:16]; 너희 속에 그리스도의 형상을 이루기까지[갈 4:19]). '신적 성품에 참예하는 자'가 되는 것이 어떤 철학적 의미에서 신의 '불멸이나 전능한 신적 본성'에 존재론적으로 참여하는 어떤 신인합일(神人合一)의 신비주의를 가르치는 것은 아니다. 베드로후서 1장의 하나님은 분명히 '언약적인'(covenantal) 하나님이시다. 그분은 언약에 따라 '신적 능력으로 생명과 경건에 속한 모든 것들'을 주셨고(3절), 신자는 이를 통해 그의 신

---

103 채영삼 "신학과 신적 성품", 269-284을 참조하라.
104 T. Ware에 의하면, *The Orthodox Church* (Middlesex: Penguin, 1980), 236-237, 그리스 정교(Greek Orthodox)의 θέωσις 교리는 바로 이 구절에 기초하는데, 특히 이 표현은 구원의 목표가 사람의 신성화(deification) 혹은 신격화(divinization)라고 보는 가르침의 성경적 기초로 받아들여진다.
105 Bauckham, *Jude, 2 Peter*, 12-15.

적 성품에 참예하는 자가 된다. 개역한글이 '[신의] 성품'(性品, 개역개정/새번역/현대어)으로 옮긴 것은 이런 점에서 적절한 번역이다(참고. 하느님의 본성을 나누어 받음, 공동번역).

하지만 신적 성품에 참여한다는 것이 하나님만의 고유한 본성을 나누어 갖는 것은 아니지만 그렇다고 단순히 '동역자'(partners) 정도의 의미도 아니라고 본다.[106] 하나님께서 언약의 성취로 주신 종말의 신적 능력을 따라 일어나는 신적인 인식(認識) 현상을 통해 신적 성품에 참예하는 일은 그의 그러한 신앙적, 도덕적 판단과 행위들을 통해 분명히 그 사람 안에 어떤 '존재론적인(즉, 인격적이고 성품적인) 변화'를 일으킬 것이기 때문이다. 다만 이를 통해 그가 신(神)처럼 되는 것이 아니라, 오히려 하나님께서 창조하신 원래의 사람다운 모습으로 회복되고 온전하게 된다는 점이 다를 뿐이다.[107] 그래서 하나님을 아는 일은 신적 성품으로 열매 맺고, 또 그래야 한다는 것이 베드로후서가 거짓 선지자들과 거짓 교사들의 공격에 맞서 내린 처방이다. 이런 결론 속에는 신자들이 거짓 가르침과 그 영향력에 대해서 단지 이론이나 지식만으로 맞설 수 없다는 영적 통찰이 깃들어 있다. 하나님께서 주신 '생명과 경건' 또 '은혜와 평강' 속에서 구주요 주 되신 하나님과 예수 그리스도를 아는 지식은 그 사람 속에서 신적 성품을 만들어 나아갈 때에라야 비로소, 그로 하여금 거짓 선지자들과 거짓 교사들을 앞세운 '거짓'의 강력에 맞설 수 있게 한다고 말하는 셈이다.

---

106 Al Wolters, "'Partners of the Deity': A Covenantal Reading of 2 Peter 1:4", *CTJournal* 25/1 (1990): 28-44, 다양한 어휘적 용례의 가능성들을 제시하면서, 전통적인 번역인 '신의 성품에 참예하는 자'(partakers, 개역한글)에서, φύσις에 어떤 '고정된 기술적 의미'나 플라톤적인 영향을 따라 '본성'이라는 가 하는 의미를 두지 않고, 단순히 '신적 존재'를 가리키는 것으로 이해함으로써, '하나님의 동역자'(*partners with the Deity*, 참고. 고전 10:20; 히 10:33)로 번역한다(29-34). 이로써 플라톤 사상에 관련된 '존재론적 참여'(ontological participation)와 관련되는 경향을 배제하고 대신 '언약적'(*covenantal*) 문맥을 강조한다(이탤릭 필자); 하지만 통상적으로, Colin G. Kruse, *The Letters of John* (Grand Rapids: Eerdmans, 2000), 59-61, '코이노니아'라는 동사 형태는 신약에서 '공동의 과제에 대한 헌신'을 의미할 수 있다(갈 2:9; 빌 1:5; 3:10; 몬 6절). 다른 곳에서는 공동의 목적에 대한 헌신이라는 뉘앙스 없이, 단순히 인격적인 관계를 의미하는 경우도 있다(행 2:42; 고전 1:9; 고후 6:14; 13:14; 빌 2:1; 요일 1:6, 7).

107 이런 점에서 '새 하늘과 새 땅'의 종말론적인 비전을 제시하면서(3장; 1:10-11), 그 회복된 창조 세계를 다스릴 '거룩하고 경건한 자들'을 세우고자 하는(1장; 3:11-14) 베드로후서의 신학적 주제는, 창조 신학이나 개혁주의 세계관의 전망에서 살펴볼 필요가 있다고 생각된다.

뒤집어 말해서, 하나님을 알지 못하는 무지와 어둠은 단지 지식의 차원에서 끝나지 않는다. 즉 그 '거짓'은 단순히 인식적인 차원뿐 아니라, 영적으로 그리고 도덕적으로 어둠(소경, 1:9)과 부패(썩어짐, 1:4)의 힘, 곧 사망의 강력으로 성도들을 공략하기 때문이다. 그래서 신적 지식은 그 지식을 얻는 사람 속에서 반드시 신적 성품을 형성하는 방향으로 나아가야 한다(1:4-8). 그래야 '거짓'의 총체적인 공격에 대해 총체적으로 맞서서, 그 '부르심과 택하심을 굳게 하며'(10절) 행함에서 '실족하지 않고' 끝내 예수 그리스도의 영원한 나라에 '들어감'(11절)을 얻게 되는 것이다. 그러므로 1:3에 나타나는 '하나님/예수 그리스도를 아는 지식'은 '보배로운 믿음'(1절)의 기초 위에 신적 성품이 자리 잡도록 모든 '생명과 경건에 속한 신적 능력'을 공급하는 원리가 된다. 베드로후서가 끝부분인 3:18에서, "오직 우리 주 예수 그리스도의 은혜와 저를 아는 지식에서 자라가라"고 권면한 것은 실상, 1:1-11을 다시 요약하고 반복하여 권면한 것으로 보인다. '저를 아는 지식'은 '예수 그리스도의 은혜'로 가능해지고, 또한 그 은혜의 세계, 곧 이미 은혜로 주신 신적 능력에 속한 생명과 경건의 모든 것을 더욱더 누리게 함으로써, 신적 성품에서 자라가게 하는 것이다.

이렇듯, '신적 능력의 생명과 경건'을 공급받아 완숙해지는 '신적 성품'의 내용에는 모두 여덟 가지 덕들이 열거된다. 그리고 그 특징들은 이러하다: 첫째, (i) 이 여덟 가지 덕들이 모두 '하나님 앎'을 통해 성장한다는 사실이다. 하나님을 아는 지식과 그의 신적 성품에 참여하는 자가 '되는' 일은 서로 긴밀한 관계에 놓여 있다. 즉 하나님을 아는 지식에서 자라가는 것이 신적 성품에서 성장함의 전제이다. 이는 거꾸로 말해도 유효하다. 즉 신적 성품에서 자라가지 않으면 자신을 '부르신 자' 하나님을 잊는 자리에로 떨어진다(1:9-11).[108] 당시 스토아 철학의 관점에서도 이런 패턴은 마찬가지인데, '덕'(virtue)을 행하는 일은 '지식'(knowledge)과 깊이 연계되어 있었고, 거꾸로 하면, '악덕'(vice)은 '무지'(ignorance)와도 동일시되었다.[109] 하지만 베드로후서 1:5-6에서 신적 성품의

---

108 Bray, *James, 1-2 Peter, 1-3 John, Jude*, 134(Bede, *On 2 Peter*).
109 Charles, *Virtue amidst Vice*, 138.

하나로 언급된 '지식'(γνῶσις)과 1:3에서 하나님을 아는 '지식'(ἐπιγνώσις)이 다소 다른 의미로 사용된 것으로 보인다.[110]

둘째로, (ii) 1:5-7의 신적 성품은 그 최종적인 완성의 단계로 '사랑'(ἀγάπη)을 제시하고 있다는 점이다. 당시 헬라 문화에도 이런 '신적 성품'에 해당하는 덕의 목록들이 있었고 특히 '덕, 지식, 절제, 경건' 등은 매우 특징적으로 나타나는 요소들이었다.[111] 하지만 '사랑'만큼은 독특하게 기독교적 문헌에서만 '덕'의 요소로 나타나며, 여기 '신적 성품'에서는 맨 마지막에 모든 덕들의 절정으로 제시된다. 또한 헬라 문화권에서 '지식'은 덕의 기초로 강조되지만,[112] 베드로후서의 신적 성품은 그 출발을 '믿음'에서 하고 있다는 점도 특이하다. 통상 헬라 문헌에서 '믿음'이 포함되는 경우는 '충실함'(loyalty)을 뜻하겠지만,[113] 베드로후서에서 '믿음'은 하나님께로부터 '받은'(λαχοῦσιν, 1:1) 것이며, 그의 은혜로 '주어진'(δεδωρημένης, 1:3) 모든 것을 누리는 믿음을 가리킬 가능성이 높기 때문에, 서로 동일하다고 할 수 없다.[114] 이처럼 단지 '사랑'이나 '믿음'뿐 아니라 베드로후서의 '신적 성품'에 포함된 모든 덕들은 당시 이방 문화에서도 존중받던 덕들과 유사하지만, 그 기독교적 특성들을 독특하게 갖고 있는 것으로 쉽게 동일시할 수 없다.

세 번째로, (iii) '믿음'으로 시작해서 '사랑'으로 완성되는, 이 신적 성품에 참예한 결과들은 단계적 혹은 점진적(progressive)이라는 사실이다. 베드로후서의 여덟 가지 덕이 연속적이라면, 그래서 사랑에 이르러 비로소 절정에 이른다면,[115] 정점인 '사랑'에 이르기까지 그 이전의 일곱 가지 덕들은 모두 사랑의 또

---

110 Bauckham, *Jude, 2 Peter*, 186, "베드로후서에서 '하나님을 아는 근본적인 지식'은 ἐπιγνώσις이다. 1:5-6에 나오는 γνῶσις는 덕스러운 삶을 살기 위해 그리스도인들이 필요로 하는, 그리고 점진적으로 얻게 되는, 지혜라든지 분별력을 의미한다. 매우 실제적인 지식이다"(빌 1:9).
111 Charles, *Virtue amidst Vice*, 139, 예컨대, 1세기경 소아시아에서 Herostratus에게 바쳐진 비문(碑文)의 목록에는 '충성, 덕, 의, 경건, 근면'이 언급되어 있다; 또한 Reese, *2 Peter and Jude*, 136.
112 J. Dupont, *Gnosis: La connaissance religieuse dans les épitres de saint Paul* (Louvain: E. Nauwelaerts: Paris: J. Gabald, 1949), 388-393, Charles, *Virtue amidst Vice*, 141에서 재인용.
113 Green, *Jude and 2 Peter*, 192.
114 Charles, *Virtue amidst Vice*, 140, '신적 성품'과 헬라 문헌의 덕들이 갖는 공통점을 근거로 "서신서 자체가 이방인 그리스도인들에게서 나왔거나 그들을 지향하고 있다"고 단정하나, 논거가 빈약하다.
115 Charles, *Virtue amidst Vice*, 145.

다른 기본적이고 점진적인 표현들이라고까지 할 수 있다. 만일, 이방 문헌들에서 빠진 '사랑'이 나머지 일곱 가지 덕들에 대해 그렇게 결정적이라면, 그 일곱 가지 덕들도 모두 '사랑'이라는 기독교적 특성을 가진 덕들로 의도되었고 또 그렇게 의도되었다고 생각하는 것이 합리적일 것이다. 하지만 Bauckham은 첫 번째로 나오는 '믿음'과 맨 나중에 나오는 '사랑' 외에 다른 덕들은 임의적으로 나열된 것으로, 스토아 철학처럼 당시 헬라 세계에서 유행하던 철학적인 덕들에서 가져온 것이라고 본다. 신적 성품들은 모두 전치사 ἐν으로 연결되어 있는데, 앞의 성품으로 '말미암아'(수단, 방법) 뒤의 성품이 생겨난다는 식으로 이해할 때 별다른 연결 고리를 찾을 수 없다는 것이다.[116] 그러나 Charles는 오히려, 앞선 덕에서 자연스럽게 그다음의 덕이 나온다는 식으로 설명한다.[117] 사실 대부분의 주석가들도 이 '신적 성품'의 목록이 서로 연결되어 있고 또한 사랑에 이르기까지 점진적으로 나열되어 있다고 본다.

흥미롭게도 Neyrey는 '덕들의 연결 고리'(chains of virtues)라는 소제목하에 이 덕들의 연결 관계를 살폈는데, 일단은 믿음에서 사랑을 향하여 절정으로 가지만, 그 안에는 두 가지 다른 연결 고리들이 서로 꼬여 있다고 본다. 첫째 고리는 전통적으로 기독교적인 덕들로서 '믿음, 소망, 사랑'인데(롬 5:1-5; 고전 13:12; 참고. '믿음, 사랑, 소망'의 순서로는, 살전 1:3; 5:8; 살후 1:3-4; 롬 12:6-12; 엡 1:15-18; 골 1:4-5; 또한 '사랑, 소망, 믿음'의 순서는, 엡 4:2-5),[118] '신적 성품'에서는 믿음과 사랑은 처음과 끝에 나오고 가운데 '소망'은 '인내'(steadfastness)로 표현되었다고 본다. 그리고 이 기독교적인 세 가지 덕의 고리와 얽히면서 또 다른 덕의 고리가 함께 묶이는데 그것은 주로 이방 헬라 문화 속에서 인정받던 덕들로서, '절제, 경건, 형제 우애'의 덕들이라는 것이다.[119]

---

116 Bauckham, *Jude, 2 Peter*, 180-185, 개역한글이나 KJV나 NIV의 경우처럼, 동사 '공급하라'의 의미에 중점을 두어 '…에 더하여'의 의미를 취했는데, 여기서 전치사 ἐν을 방법/수단보다는 그것을 '토대로' 혹은 '그 안에서', '그것을 유지하면서' 등의 의미로 보았기 때문이다; Davids, *2 Peter and Jude*, 178, 역시 임의적인 순차라고 본다.
117 Charles, *Virtue amidst Vice*, 140-145.
118 Charles, *Virtue amidst Vice*, 140, 초대 교회의 문헌들에서는, 믿음으로 시작해서 사랑으로 끝나는 덕의 목록들이 더러 있다(Hermas, Barnabas, 1 *Clem*. 62,2,43.).
119 Neyrey, *2 Peter, Jude*, 154-155, 기독교적이고 헬라적인 두 고리의 덕들이 서로 얽힌 것이나, 신적 성품

하지만 Neyrey 역시 신적 성품의 각 덕들을 설명할 때는, 개별적으로 접근하며, 그 두 갈래의 덕의 고리들이 서로 순차(順次)를 따라 연결되어 있는 그 관계가 사랑에 이르기까지 어떤 점진성이 있다는 식으로 설명하지는 않는다. 그런데 1:4에서 '신적 성품'에 참여하는 자가 '되어라'(γένησθε)라는 표현은 명백히 점진적이고 유기적인 성장의 개념을 포함한다. 또한 7절에 '공급하라'(ἐπιχορηγήσατε)는 명령도 역시 신적 성품이 '사랑'이라는 정점에 이르기까지 계속적으로 더 높은(?) 단계의 덕들로 공급되어야 함을 시사한다. 만일, 1:3과 4-7절에서 '하나님을 앎으로 신적 성품에서 성장하는 일'이 서신서의 마지막 구절인 3:18에서처럼, '저를 아는 지식'에서 '자라가라'(αὐξάνετε)는 표현과 서로 짝을 이룬다면, 그것은 더욱더 신적 성품의 덕들이 어떤 연속성을 가지고 점진적인 성숙을 드러내는 단계들이라고 볼 근거를 제공함이 분명하다.

네 번째로, (iv) 이 여덟 가지 신적 성품의 덕들이, 각기 베드로후서에 나타나는 거짓 교사들의 영적, 도덕적 특징들과 예리한 대조를 이룬다는 점이 중요하다.[120] 다소 개괄적이지만, Charles는 베드로후서는 이방인들의 사회와 문화에 둘러싸인 기독교 공동체에게 보내어진 서신으로서, 주변의 의혹 가득한 환경에 대처하여 무(無)도덕과 비(非)도덕적인 관행에 맞서서 덕과 믿음과 사랑의 개념들을 제시한다고 본다.[121] 대부분의 주석가들은 1장에서 언급된 신적 성품의 덕들이 2-3장의 거짓 교사들의 행태들과 대조된다고 보기는 하지만, 그것을 치밀하게 연결시키지는 않는다.[122] 하지만 1장이 2-3장에서 제기되는 거짓 교사들의 윤리적 부패와 교리적 타락에 대한 해법이라면, 신적 성품의 조목조목의 덕들은 한결같이 그들의 다양한 방면의 공격에 대한 철저한 대안이라고 볼 수 있다.

의 덕이 모두 8개인 것은 '완전성'(completeness)을 표방하기 위해서라고 본다(155).
120 R. C. H. Lenski, *The Interpretation of the Epistles of St. Peter, St. John and St. Jude* (Columbus: The Wartburg Press, 1956), 267-270. 신적 성품의 내용들을 거짓 선지자들의 악덕들과 대조시킨다.
121 Charles, *Virtue amidst Vice*, 138.
122 Kraftchick, *Jude, 2 Peter*, 96-97; Keating, *First and Second Peter, Jude*, 144; Green, *Jude and 2 Peter*, 192-195.

마지막으로, (v) 신적 성품에 참예하는 일에서 인간의 수납적인(receptive) 노력 그리고 부지런함과 인내의 중요성이다. '신적 성품에 참여하는 자가 되라'는 1:5-7의 말씀은, '모든 열심을'(σπουδὴν πᾶσαν, 5절) 다하라든지 신적 성품에 속하는 덕들을 연이어 '공급하라'(ἐπιχορηγήσατε, 7절)는 등의 적극적인 노력을 격려하는 권면을 동반한다. 나중에 11절에서, 신적 성품에 힘쓴 자들에게 영원한 나라에 들어감을 '넉넉히 공급하시리라'(ἐπιχορηγηθήσεται)고 할 때도 다시 반복될 만큼 강조된다. 그만큼 우리 편의 참여가 독려되는데, 그래서 Charles는 베드로후서에는 일시적인 것과 영원한 것, 인간 편의 협력과 신적인 주도권 등이 서로 양립하지 않고 이분법으로 나뉘지 않는다고까지 주장하며, 더 나아가 베드로후서가 강조하는 바는, "기독교의 진리가 그 자체로 헬라 문화의 윤리적 이상(理想)으로 드러난다는 사실에 있다"고 주장한다.[123]

실로, 베드로후서 1장에서 '신적 성품'은 그 출발이나 결론 부분에 있어서, 모두 하나님의 주권적 은혜에 의해 시작하고 동시에 하나님의 선물로서의 구원을 가르친다는 점을 간과할 수 없다. 교회는 그들을 '부르신' 하나님에 의해, 그들이 '생명과 경건'에 이르게 위해 필요한 모든 것이 '이미 주어진'(δεδωρημένης, 3절) 상태에서 시작한다. 하지만 동시에, 베드로는 이런 은혜에 기초해서 하나님을 앎으로 신적 성품에서 성장하는 자들이 그 나라에 들어감을 '공급되리라'(11절)고 표현함으로써, 그들이 신적 성품의 덕들을 스스로 '공급하는'(7절) 것에 대하여 다시 한 번 강조함도 알 수 있다. 이런 신적 은혜와 인간의 순종이 서로 조화를 이루지만, 그 결과는 Charles의 말처럼 헬라 문화의 도덕적 이상(理想)을 가리키는 것이 아니라, 그 이상(以上)을 가리키는 것이다. 신적 성품의 절정에는 '사랑'이 있고, 그것은 헬라 문화의 도덕적 이상에는 빠져 있는 것이 그 한 증거이다. 그렇다면 신적 성품의 여덟 가지 덕들은 어떤 특징들이 있으며, 서로 어떻게 점진적으로 연관되는지 살펴보자.[124]

---

123 Charles, *Virtue amidst Vice*, 138.
124 채영삼, "신학과 신적 성품", 273-284에서 다룬 기본적인 내용을 보완, 확충하고 다듬었다.

(1) 믿음(πίστις), 신적 성품의 시작

먼저 하나님을 앎을 통해 성장하는 신적 성품이 '믿음'으로 시작하는 것은 당연해 보인다.[125] 하나님께서 주신 생명과 경건에 속한 모든 것들을 통해(1:3), 우리는 믿음에 덕을 더하는 방식으로 경건을 이루며 결국 모든 것들의 완성인 사랑에 이르러야 한다.[126] 또한 πίστις는 당시 헬라 문화권에서 말하는 '신실함'이나 '충성됨'처럼 이방 문헌들에서도 나오지만, 우선적으로 문맥 안에서 1:3이 밝힌 대로 '하나님께로부터 받은' 것이다(1:1). '믿음'의 덕은 이미 서신의 인사말, 첫 구절에 등장한다. 베드로는 이 믿음을 '동일하게 보배로운'(ἰσότιμον) 믿음으로 소개한다(1절). 왜 '동일하다'고 하며, 어떤 것 때문에 '보배로운' 믿음인가? 스스로 '사도'로 소개하는 '시몬 베드로'(1절)의 입장에서 읽으면, '동일하게'라고 표현하는 이유는 아마도 예루살렘 공의회에서 결정된 대로(행 15장) 바울을 통해 이방인들에게도 믿음을 동일하게 주셔서 은혜로 '받게 된'(λαχοῦσιν) 하나님의 주권적인 결정을 염두에 두는 듯하다.

'우리 하나님과 구주 예수 그리스도의 의를 힘입어'라는 문구도 이런 맥락이다(참고. 롬 1:17). 그러므로 예수를 알게 된다는 것은, 곧 하나님께서 예수 그리스도를 통해 주신 그 '믿음'을 얻음을 의미한다.[127] 이 믿음은 하나님께서 이미 주셨고, 주고 계시고, 장차 주실 모든 은혜롭고 보배로운 내용들을 '받아 누리는' 수납적인(receptive) 은혜의 기관이라 할 수 있다. 그래서 이 믿음은 '보배롭고(τίμια) 지극히 큰 약속'(4절)에 관한 믿음이다. 믿음을 통해서 그는 자신이 죄 사함을 받은 사실을 받아들이게 된다(9절). 부르심과 택하심을 자신의 것으로 받는다(10절). 영원한 나라에 들어갈 담대한 소망을 누린다(11절). 이런 확실한 소망을 받은 믿음은 하나님 앞에서, 그리고 믿는 교리와 부름 받은 경건한 삶에 대하여 충성되고 신실함을 낳게 된다.

---

125 Bauckham, *Jude, 2 Peter*, 185; Lenski, *Epistles of Peter*, 265-266, 이 '믿음'을 다른 덕들과는 다른, 나머지 7개의 성품들의 기초로 보며 그 덕들을 이 '믿음의 열매들'로 간주한다.
126 Bray, *James, 1-2 Peter, 1-3 John, Jude*, 133-134(Andreas, *Catena*, 주후 85-86년).
127 Keating, *First and Second Peter, Jude*, 144, "1장의 문맥 안에서, 믿음을 갖는다는 것은 하나님을 믿는 것이다."

그래서 어떤 학자들은, 여기서 πίστις는 1절과 관계되지만, 믿음의 내용보다는 차라리 신뢰나 신실함을 뜻한다고 보기도 한다. 하나님이 주시는 지식에 응답하는 성도의 도덕적 반응으로서의 신실함이다.[128] Charles의 경우는 한 걸음 더 나아가, 여기서 πίστις는 '우선적으로' 관계 속에서 발휘할 수 있는 덕인 '충성심'이나 '신실함'을 뜻한다고 본다.[129] G. Green은 신약에서 πίστις는 '하나님께 대한 믿음 혹은 신뢰'의 의미로 많이 쓰이지만(막 11:22; 롬 4:5, 9, 11-13; 히 6:1; 11:4-33; 벧전 1:21), 역시 '신실함'의 의미로서 '믿을만한 도덕적 자질'(faithfulness)의 뜻으로도 쓰임을 지적한다(마 23:23; 롬 3:3; 갈 5:22; 살후 1:4; 딤후 4:7; 딛 2:10). 또한 그레코로만 문화 속에서 pistis 혹은 fides는 후견인 관계에서 후견인과 피보호자 상호 간의 관계의 덕을 가리키는 용어로 자주 쓰였는데, 그래서 '어떤 사람의 신뢰 안에 거한다'(to be in the fides of someone)는 것은 개인이든 한 집단이든 후견인의 신뢰할만한 보호 안에 들어간다는 것을 의미했다. 이런 점에서 fides는 피보호자가 후견인에 대해 갖추어야 하는 충성심을 뜻했다.[130]

하지만 베드로가 신적 성품을 논하는 맥락에서 '우선적으로' 믿음의 '도덕적 차원'에 대해서 언급했다고 보기는 어렵다. 문맥이 그렇지 않기 때문이다.[131] 하지만 함축적으로 하나님께서 신적 성품을 향해 자랄 수 있도록 주신 모든 은혜를 받는 믿음이 다른 덕들의 기초이기는 하지만, 그 믿음 역시 종말론적 소망 안에서 신실한 인내(steadfastness)를 포함한다고 볼 수 있다.[132] 이런 점에서 베드로가 거짓 교사들의 이단적 가르침들을 경고하려 한다는 근본적인 관심사를 고려한다면, 수신자들이 그들을 부르신 하나님 곧 그들의 '후견인'에 대해 신실할 것을 요청받고 있다고도 볼 수 있다.[133] 그렇다면 신적 성품에서 하나님께 대한 믿음과 더불어 하나님께 대한 신실함이 신적 성품의 첫 번째 요소로 언급되

---

128 Kraftchick, *Jude, 2 Peter*, 96.
129 Charles, *Virtue amidst Vice*, 140.
130 Green, *Jude and 2 Peter*, 192.
131 Heil, *Worship Matters*, 217; Donelson, *I & II Peter and Jude*, 220.
132 Neyrey, *2 Peter, Jude*, 154.
133 Green, *Jude and 2 Peter*, 192.

는 것은 2-3장의 거짓 교사들이 '주를 부인하고'(2:1) 배도하는 행태를 경계하는 전략적인 포석이라고도 할 수 있다.

이렇듯, 보배로운 믿음의 신실함이라는 특징은 거짓 선지자들이나 거짓 교사들의 '불신앙'과 그들의 배도(apostacy)의 성향과 강하게 대조된다. 그들은 자기들을 값 주고 '사신' 주를 부인한다. 부르심도 잊고 택하심도 잊는다(참고. 3:2, '기억하게 하노라'; 3:17-18). 저들은 '생명과 경건'을 특징으로 하는 믿음의 삶(1:3)의 정반대 방향으로 내달린다. 곧 '멸망케 할 이단'을 끌어들이며(2:1), 주관하는 자들을 멸시하고, 담대하고 고집하며, 권위를 부인하는 불건한 자들이다(2:10). 구주 예수 그리스도를 앎으로 '세상의 더러움'을 피했지만 그 후에 '다시 얽매이고 진' 자들이다(2:20). 그들은 결국 종말의 심판과 소망도 부인하는 자들이다(3:3-4).

그렇다면 하나님께서 주신 보배로운 믿음을 받은 자들이 어떻게 해야 이런 '불신앙과 불경건'을 조장하는 거짓 가르침으로부터 안전할 수 있을까? 거꾸로 말하자면, 믿음을 가졌지만 과연 무슨 위험 때문에, 그 믿음마저 잃게 되는가? 베드로후서가 구원받는 믿음의 특징을 하나님을 아는 지식이라 하고, 그 지식의 특징을 신적 성품에서 찾는 이유가 여기에 있다. 즉 믿음이 있지만, 그 믿음이 하나님을 앎으로써 '계속해서, 부지런히' 그다음 단계의 신적 성품으로 나아가지 않으면, 그 믿음마저 잃을 수 있는 위험, 곧 거짓 가르침에 의해 쉽게 쓰러질 수 있는 허약한 믿음이 된다는 것이다. 그러므로 신적 성품에 참예하는 일에 있어, 믿음은 그 이후에 오는 다른 덕들이 그 위에 기초하는 근거이기도 하지만, 또한 시작에 불과하다. 믿음만으로는 온전할 수 없고, 또한 이 믿음으로부터 또 다른 중요한 성품이 자라난다. 믿음에 더해지고 또 더해져야 할 또 다른 신적 성품은 무엇인가?

(2) 덕(ἀρετή), 믿음의 바람직한 방향성

5절은 믿음에서 덕이 나오며 또한 그렇게 믿음에 '덕'(德)이 더해져야 한다고 말한다. 믿음이란 주로 하나님에 대한 것이다. 하나님을 대상으로 한다. 특별히 1장에서 믿음은, 하나님께서 예수 그리스도를 통해 하신 일, 은혜로 주신 보배롭고 큰 약속, 생명과 경건, 죄 사함, 최종적 구원의 소망 등의 언약적 복의 내용들을 '받고 누릴 수 있도록' 하나님께서 주신 능력이다. 이방인들에게도 동일하게 주어진 특권이다. 그러므로 믿음은 그것으로 받고 누릴 수 있는 것들에 대한 지식을 통해 그 믿음을 가진 자에게 '자유'(自由)를 준다. 하지만 거기까지이다. 그 자유를 어떻게 사용하는가 하는 문제에는 또 다른 신적 성품이 필요하다. 그것이 덕이다.

그런 점에서 '덕'이란 사람이 관계 속에서 발휘하는 어떤 윤리적 능력인데, 초기 고전 헬라어의 용례에서 '덕'이란 탁월함이나 유명함을 뜻했다. 시간이 지나자, 덕은 윤리의 영역에 적용되었고, 점점 더 좁은 의미로 정착되어갔다. 스토아 철학에서 도덕적 탁월함이란 내세에 대한 보상의 기대가 없는 인간의 노력과 성취의 결과이다.[134] 특히 그 사람의 행동이 공공의 영역에서도 칭송할 만한 무엇인 경우로서, 성품의 탁월함을 통해서 타인들에게 관대함을 보였다든지 혹은 통상의 요구 사항 그 이상을 뛰어넘는 선을 행한 경우를 말한다.[135] Bauckham은 인간의 노력으로 이해되는 '덕'은 그래서 LXX이나 신약, 기독교 문헌들에서 희소하게 쓰였다고 하면서(빌 4:8; *Herm. mand.* 12.3.1; *2 Clem.* 10.1), 베드로후서 1:5에서도 특별한 의미 없이 그저 일반적으로 쓰이는 '윤리적 탁월성' 정도의 뜻으로 목록에 포함된 것이라고 본다.[136]

하지만 베드로후서 1:5의 '덕'의 경우에도, 1:3의 '하나님의 영광과 덕'이라는 문맥을 고려하지 않고, 베드로가 열거한 덕의 목록들이 당시 그레코로만 문화의 관행상 별 생각 없이 나열한 것일 것이라는 생각은 Bauckham의 용례들이 당시 이방 문헌과 신약 교회의 예들에 대해 '병행광'(*parallelomania*)적인 요소를 보여 주는 듯하다. 분명히 신약에서 '덕'의 용례는 Bauckham이 언급한 것보다는 훨씬 더 편만하다. 고린도 교회에서 "지식은 교만하게 하며 사랑은 덕을 세우나니"(고전 8:1)라고 권면한 경우, 방언이나 예언과 같은 은사 사용의 경

---

134 Charles, *Virtue amidst Vice*, 140-141.
135 Green, *Jude and 2 Peter*, 192; Danker, "2 Peter 1: A Solemn Decree", 72.
136 Bauckham, *Jude, 2 Peter*, 185-186; Kraftchick, *Jude, 2 Peter*, 96, "3절의 '덕'과 관련되지만, 통상 용맹이나 정직과 같은 윤리적 탁월성을 뜻하며, 믿음과 동반되어야 하는 도덕적 탁월성"으로 본다.

우에도 그보다 더욱 덕 세우기를 권하는 경우(고전 14:3-5) 등은, 단순히 '일반적으로 쓰이는 윤리적 탁월성' 정도의 뜻이 아니다. 실상은, 성도가 믿음을 통해 '덕'을 세우는 일로 나아가는 것도 하나님 자신이 우리를 향해 베푸신 덕을 기초로 함은 물론이다. 베드로후서의 문맥에서 그래서 '덕'(ἀρετή)은 우선적으로 인간의 성취로 제시되어 있지 않다. 먼저 예수 그리스도를 통해 베푸신 하나님의 영광과 '덕'은 하나님 자신의 속성이다(3절; 참고. 벧전 2:9).

마찬가지로 1:5의 경우도, 이와 같은 문맥 안에서 이해하는 것이 자연스럽다. 하나님 자신이 베푸신 덕을 입고, 그렇게 그분의 덕으로 세워지는 성도가 또한 그분을 따라 같은 방식으로 '덕'을 세우는 성품으로 성장하는 것이다. Heil은 여기서 5절의 '덕'이 예수 그리스도를 통해 베푸신 하나님의 영광과 '덕'(3절)이라는 문맥 안에서 읽혀져야 한다고 주장한다. 즉 베드로후서의 청중은 믿음에 예수 그리스도의 덕을 더해야 한다. 다른 말로 하면, 그들은 그들의 믿음에 하나님께 대한 순종의 덕을 더해야 한다(참고. 벧전 2:23). 곧 장차 반드시 다시 오셔서 공의로 심판하실 이에게 자신을 맡기며, 지금 여기서는 희생적인 죽음의 고난을 감내하신 그리스도를 본받는 것이다. 이처럼 그리스도와 같은 태도로, 청중은 사람의 뜻대로 살지 말고 하나님의 뜻대로 살아야 한다(벧전 4:1-2).[137] 그리고 그 종말의 은혜는, 하늘의 생명과 경건에 속한 모든 것을 그의 신적인 능력으로 이미 교회에게 주셨다(1:4).

덕(ἀρετή)이란, 그래서 결국 자신이 믿음을 통해서 받는 모든 종말의 복들을 어떻게 사용하는가의 문제에 관련된다. 즉 '덕'은 궁극적으로 하나님을 대상으로 하지만(자기의 영광과 덕으로써[ἰδίᾳ δόξῃ καὶ ἀρετῇ], 3절), 보다 직접적으로는 믿음의 동료들, 세상, 그리고 자신이 가진 것들을 대상으로 한다.[138] 그것들을 어떻게 '다룰 것인가'의 문제는 곧 덕의 문제이기 때문이다. 그렇다면 만일 믿음

---

137 Heil, *Worship Matters*, 217.
138 흥미롭게도, 박수암은 『공동서신』, 27, 간략하나마 여기서 '덕'이 1:3의 '덕'과는 다르게 사람과의 관계에 초점을 맞춘 것이며, 믿음은 덕에 의해 입증되어야 한다고 말한다. 박수암은 이후로도, 절제나 경건, 형제 우애 등에 대해 신앙의 수직적이고 또한 수평적인 차원에 대해 잠시 언급한다. 하지만 이런 성품들을 베드로후서의 반대자들과 연관 짓지는 않는다.

이 있고, 그에게 덕이 없다면 어떻게 될까? 믿음을 통해 죄 사함을 얻었고 보배롭고 큰 약속을 받았으며 영원한 나라에 들어갈 확신 속에서 살되, '덕'이 따라오지 않으면 어떻게 될까? 믿음에 덕이 결핍되면, 그는 다른 이들의 신앙에 개의치 않을 것이다. 믿음이 약한 자들을 위해 자신의 신앙적 자유를 제한하거나(참고. 고전 8:9-13), 믿지 않는 사람들을 얻기 위해 자신의 신앙적 자유를 포기하지 못할 것이다(참고. 고전 9:19-23). 그렇게 할 이유나 목적을 갖지 못했기 때문이다. 베드로후서의 거짓 교사들은 약한 믿음을 가진 자들을 거짓과 허탄한 '자랑'으로 미혹하여 멸망으로 끌고 들어가 망하게 하는 모습을 보여 준다(2:1, 18). 그들은 세상에 대해서도 자신이 가진 영적 자유에 따라 정욕대로 행한다. 그들은 '호색'(ἀσέλγεια)을 좇으며 이를 조장한다(2:2, 14).¹³⁹ 그들 속에는 세상적인 '탐심'(πλεονεξί)이 가득하다(2:3, 14). 결국, 자신들에게 열려 있던 기회를 망가뜨리고 스스로 세상의 더러움에 '다시 얽매이고 지게' 되어 그 나중 형편이 처음보다 더 심한 저주의 상태에 빠진다(2:20-21).

그러므로 신적 성품의 성장에 있어서 '덕'에 대한 감각은 '믿음'이 갖는 자기중심성에 보완적이다. 그 좁은 시야를 극복할 수 있도록(1:9), 도와줄 수 있다. 믿음만 있어서 잘 보이지 않았을 부분을 더욱 밝히 볼 수 있게 해 주는 성품이 '덕'이다. 믿음에 더해진 덕으로써, 신자는 그 생명과 경건의 길에서 벗어나지 않고 계속해서 걸어갈 수 있는 것이다(1:10). 그렇다면 어떻게 믿음에 덕을 더할 수 있을까? 베드로후서는 '하나님과 예수 그리스도를 앎으로써'라고 대답한다. 베드로가 기록한 '둘째 편지'인(3:1) 베드로후서는, 예수 그리스도 자신의 성품과 사역에 대해 많이 말하지 않는다.¹⁴⁰ 이는 베드로전서에 더 자세히 기록되어 있다. 예수 그리스도는 "죄를 범치 않으시고 그 입에 궤사도 없으시며 욕을

---

139 여기 2절에서 ἀσέλγεια(문자적으로, '고삐 풀린 상태')는 ἀληθεία와 음성적으로, 의미적으로 대조적인 짝을 이룬다. 멍에나 법을 벗어던진 고삐 풀린 정욕은 진리와 공존할 수 없다. 결국 진리를 우습게 여기고 능멸하며, 훼방하는 대로 나아감을 시사한다.

140 이런 점에서 베드로후서가 '예수 그리스도'에 대해서나 '예수 그리스도를 앎'에 대해 자세히 설명하지 않는 이유를 추정해 볼 수 있다. 그런 내용은 그의 첫 번째 편지인 베드로전서에 이미 자세히 기록했다. 베드로후서는 이를 전제로, 도리어 신자 안에서 자라나야 하는 신적 성품에 대해, 그리고 이를 방해하는 거짓 가르침들을 겨냥하며 말하고 있는 셈이다.

받으시되 욕하지 아니하시고 … 친히 나무에 달려 그 몸으로 우리 죄를 담당하신" 분이다(벧전 2:22-24). 그렇다면 "한번 죄를 위하여 죽으사 의인으로서 불의한 자를 대신하신"(벧전 3:18) 그리스도를 아는 지식은 신자로 하여금 어떤 신적 성품을 갖게 해 줄까? '덕'을 추구하는 성품이다. 하지만 덕을 잘 세우려면 또 다른 신적 성품의 내용이 더해져야 한다. 무엇일까?

(3) 지식(γνῶσις), 덕을 위한 분별력

덕은 지식에 의해 스스로를 세울 방법을 얻게 된다. 헬라의 이방 문헌들에서 지식은 종종 덕들의 기초, 혹은 그 절정으로까지 등장한다. Charles는 신적 성품의 순차에서 '덕' 다음에 '지식'이 연결되는 것은 그래서 스토아 철학의 관점을 보여 주는 것이라고 말한다. 스토아 철학에서 지식은 다른 모든 덕들을 얻는 일에 관계되기 때문이다. 지식이 있다면 궁극적으로 절제하는 등의 덕들을 발휘할 수 있다고 보는 것이다.[141] 하지만 신약을 비롯한 기독교적 문헌에서는 '지식'이 차지하는 위치가 조금 다르다. 신적 성품에 있어서도, 지식은 기초가 되지 못한다. '믿음'이 기초이다.[142] 그렇다고 지식은 덕의 절정으로 묘사되지도 않는다. 신적 성품의 절정은 '사랑'이다.[143] 오히려 지식은 하나님께 대한 믿음과 덕을 기초로 얻어지는 것으로 이해되기 때문에, 믿음과 덕을 배제한 지식은 해로운 것으로 여겨지기도 한다(고전 8:1-3, 7-13; 13:2).

하지만 신적 성품에 있어서 '지식'은 양 측면을 모두 포함하는 것으로 이해하는 편이 공정할 것이다. 즉 신적 성품으로서의 지식은 하나님과 그를 아는 지식(1:3)에 근거하지만, 동시에 그 때문에 생기는 실제적인 지혜, 곧 실제 관계 속에서 경우에 맞게 덕을 세울 수 있는 지혜를 포함한다는 것이다. 그러니까, 지식은 그에 앞선 덕과 연속적이면서 또한 보완적이다. 단지 연속적이지만은 않다. 즉 믿음에서 자연스럽게 덕이 나오듯이, 덕에서 자연스럽게 지식이 나오는

---

141 Charles, *Virtue amidst Vice*, 141; Dupont, *Gnosis*, 388-393.
142 Kraftchick, *Jude, 2 Peter*, 96.
143 Bauckham, *Jude, 2 Peter*, 186

것만은 아니다.¹⁴⁴ 그런 측면도 없지 않다. 하지만 본문에서 '더하라'고 한 것은, 그 앞에 오는 덕에는 부족한 것이 뒤에 오는 덕에 있기 때문이라고 보는 것이 자연스럽다. 즉 믿음이 있지만, 덕이 부족할 수 있기 때문에 덕을 더해야 하고, 덕은 있지만 지식이 부족하기 때문에 지식을 더해야 하는 것이다.

그래서 하나님을 아는 지식은 실제로 덕을 세울 수 있는 지혜에 가까운 지식을 생산해 내고 또 필요로 한다(1:5). 이런 점에서 5절에서 신적 성품의 하나인 지식(γνῶσις)은 1:2, 3에서 쓰인 '앎'(ἐπιγνῶ)과는 다소 다를 수밖에 없다.¹⁴⁵ 후자의 초점은 '받아들임'에 있고 전자의 강조는 '분별력'에 있다. 덕은 방향을 정해 준다. 자신에게로 향한 방향에서 타인과 세상, 그리고 하나님에게로 눈을 돌리게 한다. 종말의 복, 언약을 따라 주어진 복을 받고 누리는 믿음이 전부가 아니라는 사실을 깨닫게 한다. 하지만 어떻게 덕을 세울 것인가? 이웃에도 종류가 다양하다. 부모가 있고, 배우자가 있고, 자녀가 있다. 자신이 남의 수하에서 일하는 자일 수도 있고, 남을 다스리는 위치에 있을 수도 있다. 또 덕을 세워야 하는 상황도 천차만별이다. 그렇다면 분별(分別)할 수 있는 지식이 필요하다. 다르지 않다면 성경이 사환들에게는 주인을 순복하라 하고(벧전 2:18; 엡 6:5), 주인들에게는 사람을 외모로 취하지 말라고 따로 말하지 않았을 것이다(엡 6:9). 각기 다른 지식이 요구되는 것이 아니라면, 장로들에게는 주장하는 자세를 하지 말고 본이 되라 하고, 젊은 자들에게는 겸손으로 순복하라고 따로 말하지 않았을 것이다(벧전 5:3-5). 또한 아내에게는 남편을 순복하라 하고, 남편에게는 더 연약한 그릇인 아내를 배려하여 귀히 여기라고 따로 구분해서 말하지 않았을 것이다(벧전 3:1-7). 덕을 세우려는 의도는 좋지만, 지식이 없으면 세울 수 없다. 집을 세우고 싶지만 건축에 대해서 모르면 계획에 그칠 뿐인 것과 같다. 그러므로 덕을 세우려는 뜻에는 지식, 지혜라는 신적 성품이 더해져야 온전하게 될 것이다.

그래서 신적 성품에 있어서 '지식'(γνῶσις)을 단지 하나님과 그리스도를 아

---

144 한편 Charles, *Virtue amidst Vice*, 141-142, 5절의 덕들 사이에 '연속적인' 측면만을 강조한다.
145 Bauckham, *Jude, 2 Peter*, 186, 역시 여기서 '지식'의 초점이 덕을 위한 '지혜'나 '분별'(discernment)에 있다고 말한다; 또한 Reicke, *James, Peter and Jude*, 43; 한편 Davids, *2 Peter and Jude*, 180, 베드로후서 1:2, 3의 '앎'은 그리스도 사건의 중요성을 '깨달음, 자각함'(awareness)이라 말한다.

는 믿음에 속한 지식만으로 이해하는 것은 제한적이다. G. Green은 여기서의 지식이 "도덕적인 성품의 근거가 되는 어떤 이론적이고 철학적인 지식을 가리키는 것이 아니며, 어떤 신비한 지식을 말하는 것도 아니고, 오히려 주 예수 그리스도를 아는 인격적인 지식(3:18)으로서 구원에 이르게 하는 지식을 말한다"(1:3)고 했으나 이는 충분한 설명이 아니다.[146] 베드로는 하나님을 아는 이 인격적이고 관계적인 지식이 신자의 도덕적 성품의 성장에 결정적이라고 본다. '옳은 것을 아는 것'만으로는 옳은 것을 행하는 것이 아니지만, 하나님을 아는 것은 결국 자기 절제(6a절)로 특징지어지는 의로운 행동으로 나아가게 만든다. 실제로 지식은, 믿음의 확신이 효과적인 실천으로 변환될 수 있게 하는 수단이 되는 것이다(고후 8:7; 빌 1:9; 벧후 3:18).[147]

반대로, 하나님께 대한 무지는 결국 탐욕과 함께 간다(벧전 1:14). 지식의 반대는 무지(無知)이기 때문이다.[148] 그래서 '덕'과 관련된 '무지'는 다양한 관계 속에서 어떻게 마땅히 행해야 할지를 모르는 모습으로 나온다. 베드로후서의 거짓 교사들이 보여 주는 무지와 그로 인한 악덕의 모습이다.[149] 그 결과는 관계의 파괴, 신앙 곧 하나님과의 관계의 파괴이며, 공동체 안에서의 관계 곧 '코이노니아'의 파괴이다(2:12-14, 18-19). 베드로후서에 나타난 반대자들은 자신을 구속(救贖)하신 주를 부인한다(2:1). 종이 자신을 값 주고 산 주인에게 순복하지 않고 주인을 버리는 '배은'(背恩)이요 '망덕'(亡德)이다. 저희가 '호색'하는 것을 좇고(2:2), 음심이 가득한 눈으로 굳세지 못한 영혼들을 유혹하며(2:14), 탐심으로 지은 말로 다른 성도들을 자신들의 돈벌이로 이용한다(2:3). 그것은 믿음의 가족과의 관계를 파괴하는 무지몽매한 '어둠' 때문에 생겨난다(1:9). 죄인들을 의인으로 세우기 위해 자신을 내주신 예수 그리스도를 아는 지식에서 자라(1:3; 벧전

---

146 Green, *Jude and 2 Peter*, 193; Bray, *James, 1-2 Peter, 1-3 John, Jude*, 133, Theophylact, "지식이 무엇인가? 그것은 오직 앞서 언급한 선한 행실을 계속하는 자들에게 드러나는, 하나님 안에 감춰인 비밀에 대한 이해이다"(*Commentary on 2 Peter*).
147 Kraftchick, *Jude, 2 Peter*, 96.
148 Lenski, *Epistels of Peter*, 267-268, '지식'의 반대로 베드로후서의 반대자들의 '거짓 지식'(fake gnosis)을 언급하며, 이런 거짓 지식으로는 하나님의 '덕과 영광'(1:3)를 드러낼 수 없다고 말한다.
149 Green, *Jude and 2 Peter*, 193, 그래서 신적 성품의 이 '지식'은 "거짓 교사들의 '무지'나 짐승 같은 비합리적 욕망과 반대에 서는 무엇"이다(2:12).

2:21), 그분을 아는 데에서 오는 그 분별력이 자신의 안에서 신적 성품으로 자리 잡지 못한 것이다(1:4). 그렇다면 지식이 많아진 그다음에는 어떤 신적 성품이 와야 할까?

(4) 절제(ἐγκράτεια), 더 큰 목적을 위하여

신적 성품에 참여하는 성장 단계에 있어서, 지식에 절제를 더하라는 권면은 무엇을 의미하는가? 우선 지식이 있으면 자연스럽게 절제가 더해진다는 식으로 읽을 수 있다. Charles는 신적 성품의 덕들이 서로 연계적으로 자연스럽게 성장해 나간다고 설명한다. 지식은 자연스레 절제를 향해 동기를 부여하고 또 절제를 향해 나아간다는 것이다. 그것은 무지(無知)와 정욕이 서로 짝을 이루는 것과 같다. 이는 이방 문헌이나 신약에서도 같다. 베드로전서 1:14에서 보듯, "순종하는 자녀들처럼, 이전에 무지했던 그 정욕을 따르지 말라"고 한 경우가 그것이다.[150] 물론 지식과 절제가 자연스럽게 연결되는 면도 있다. 하지만 반드시 그렇지는 않다. 오히려 신약 교회들의 정황은 그 반대의 경우들을 보여 준다. 고린도 교회가 그러했다. 그들은 잘못된 지식으로 무절제와 방종으로 나아갔지만, '지식은 교만하게 하며, 사랑은 덕을 세운다'(고전 8:1)는 원리가 여기서도 유효하다.

더욱이, 베드로후서의 경우에 지식과 절제의 관계도 이런 양면성이 있다. 신적 성품의 성장에 있어서 지식에 절제 곧 '자기 통제'(self-control)가 '공급되어' 야 한다는 것은,[151] '지식만으로는' 온전한 신적 성품에 이를 수 없기 때문이라고 읽을 수도 있는 것이다. 즉 덕을 세우기 위해 어떤 지혜를 잘 알고 있다는 사실이, 그 덕을 잘 실행하게 할 수도 있지만, 반대로 그렇지 않을 수도 있다. 즉 알지만 최소한만을 할 수도 있고, 안다는 사실 자체로 마치 행한 것처럼 스스로

---

150 Charles, *Virtue amidst Vice*, 141.
151 Bauckham, *Jude, 2 Peter*, 186, 여기서 '절제'를 당시 헬라 사회의 스토아적인 철학에서 강조했던 이상적 인간의 특징인 자기 통제로 보며 지나친 육적 욕망에 빠지지 않게 하는 힘으로 본다; Davids, *2 Peter and Jude*, 177, 사도 바울이 열거한 성령의 열매들 가운데(갈 5:22-23), 절제와 더불어 인내, 충성(faithfulness), 그리고 사랑이 베드로후서 1:5-7의 덕들과 겹침에 주목한다.

를 기만할 수도 있는 것이다. 지식은 관심을 그 지식을 가진 사람 자신에게로 다시 한 번 돌리게 만든다. 지식은 종종 그것을 가진 사람을 교만하게 만든다(참고. 고전 8:1, 우리가 다 지식이 있는 줄을 아나 지식은 교만하게 하며). 지식은 신앙이 주는 자유를 극대화한다. 믿음에 덕이 없으면 방향을 잃는 것처럼, 지식도 절제가 더해지지 않으면 그 지식을 통해 얻는 자유를 도리어 남용하게 한다. 갈라디아서 5:23의 경우에도 그리스도인의 자유를 잘못 사용한 데에서 '절제'가 언급된 점이 유사하며(참고. 갈 5:13),[152] 베드로후서의 경우에 음란과 정욕에 탐닉하는 거짓 교사들에게 가장 결핍된 성품이다(2:19).[153]

'절제'는 당시 헬라 문화 속에서, 특히 스토아 철학에서도 최고의 덕으로 여겨졌는데, 자기 훈련을 통해 정욕의 과도함(excess)를 피하는 힘으로, Socrates에게 있어서 핵심적인 덕이었다(Xenophon, *Mem*, 1.5.4). Aristotle는 윤리적 강함과 약함을 대조하면서, 절제의 중요성을 강조하는데(*Nicomachean Ethics*, 1145b-1154b), 무절제한 사람은 그것이 악인 줄을 알면서도 충동을 이기지 못해 악을 행하지만, 절제 있는 사람은 자신이 선과 악을 판단한 대로 행동한다고 말한다.[154] 스토아 철학자들도 절제를 같은 식으로 높은 덕으로 칭송한다. 하지만 덕의 수준에 있어서 σωφροσύνη(지혜)에 종속되는 것으로 보고 있다(Stobaeus, *Ecl*. 2.60.20). Philo에게 있어서, 절제는 금욕주의와 연관된다(*Leg. All*. 3.18).[155] 한편 절제는 '무절제' 정확히는 '통제력을 잃은 상태'(ἀκρασία)와 '방자함'(ἀκολασία)과 정반대의 개념이다(고전 7:9). 이는 그리스도인의 '자유'의 개념을 오해하는 것에 대한 응답이다. 그래서 '절제'의 덕이 종종 음식이나, 말, 혹은 성적 욕망을 제어하고 통제하는 능력과 연결되는 경우는 이상하지 않다(갈 5:23).[156]

마찬가지로 베드로후서에서 절제는 거짓 교사들의 무절제한 행동들과 대조

---

152 Bauckham, *Jude, 2 Peter*, 186.
153 Kraftchick, *Jude, 2 Peter*, 96-97.
154 Green, *Jude and 2 Peter*, 193.
155 Charles, *Virtue amidst Vice*, 142.
156 Green, *Jude and 2 Peter*, 193.

되는 중대한 덕목이다. 베드로는 특히 절제를 거짓 교사들의 죄악들과 대조시키는데, '음심이 가득한 눈'(2:14), '입'(2:12-13, 22), 그리고 '성적 기관들'(2:2, 14)에 집중된 거짓 교사들의 행동과 대조시킨다.[157] 이런 무절제한 행동들 뒤에는 '더러운 죄'와 '썩어지는 세상'이 도사리고 있음도 명확하다. '절제'(ἐγκράτεια)와 상대어로 쓰이는 ἀσελγεία(방종)는 베드로후서에서 두 번 나오는데(2:7, 18), 세상의 '썩어짐'(φθορᾶ, 1:4; 2:12[x2], 19)과 죄악 된 '탐욕'(ἐπιθυμία, 1:4; 2:10, 18; 3:3), '무법한'(ἀνόμος, 2:8), 그리고 '무모한'(ἀθέσμος, 2:7; 3:17) 부패한 윤리적 파괴력이 공동체 안으로 침투해 들어왔다는 증상을 드러내는 표시들이다.[158] 절제에 대한 상대 개념은 이렇듯, 베드로후서 본문에서 세상의 썩어짐의 침투와 거짓 교사들의 활동에서 현격하게 목격할 수 있다. 베드로는 첫 번째 서신에서 이미 이것을 경고하여 가르쳤다: "자유하나 자유로 악을 가리는 데 쓰지 말고 오직 하나님의 종과 같이 하라"(벧전 2:16). 베드로후서에 나타난 거짓 교사들은 바로 이 점에서 실패했다는 사실을 보여 준다. 그들은 절제 없는 자유를 선전(宣傳)했고, 그 결과로 그들이 과거에는 이기고 정복했던 '세상의 더러움'에 다시 얽매이고 지게 되었다(2:19-20).

사실 절제란 제한을 받아들이는 태도에서 나온다. 절제란 그 위에 권위를 인정하고 스스로를 그 권위 아래 두는 태도에서 나온다. 거짓 교사들은 방종을 찬양하며 교만을 부추긴다(2:10-11). 또한 절제란 자신이 알고 있는 지식이 전부가 아니며, 언제든 그 한계와 오류의 가능성을 인정하는 태도에서 나온다. 베드로후서의 거짓 선지자와 교사들은 사도들이 전해 준 복음의 내용도, 기록된 예언의 말씀들도 그대로 받지 않았다.[159] 자신들이 기준이 되어 멋대로 해석할 수 있다고 믿고 그렇게 가르치며 조롱했다(1:19; 3:3-4, 16). 그러므로 베드로가 보낸 이 서신을 읽는 독자들은 이를 주의해야 했다. 지식은 나쁜 것이 아니다. 신적 성품의 성장에 있어서 필연적이다. 덕을 세울 수 있는 분별력을 주기 때문이다.

---

157 Neyrey, *2 Peter, Jude*, 160.
158 Charles, *Virtue amidst Vice*, 142-143.
159 Davids, *2 Peter and Jude*, 180, '절제'를 '지식'과 관련해서 읽지는 않지만, 그 배경으로 베드로후서의 반대자들의 무절제한 방종에 대해 언급한다.

하지만 지식이 전부는 아니다. 지식에 그치면, 그 지식으로 자신의 죄를 덮고 악을 기르며, 방종과 교만을 퍼뜨리게 된다. 지식은 절제라는 신적 성품에 의해 더욱 온전하게 되어야 한다.[160] 해도 좋다는 것을 알아도, 하지 말아야 할 것이 있다. 그렇게 하지 않아도 괜찮을 것을 알아도, 그것을 해야 하는 때가 있다. 절제는 그러므로, 신자가 지식을 그 지식보다 더 큰 목적에 사용할 수 있는 힘을 준다. 그러나 그 힘은 한두 번의 절제에서 오지 않을 것이다. 절제를 온전하게 하는 것은 무엇인가?

(5) 인내(ὑπομονή), 경건의 풀무

베드로는 절제를 자신의 신적 성품으로 체화(體化)시키는 데에는 인내가 필요하다고 가르친다. '인내'(perseverance)란 말 그대로 자의든 타의든 어떤 통제 '아래서' 그 압박과 무게를 견디며, 그 멍에가 자신에게 편하게 느껴질 때까지 그 아래에서 '머무는' 일이다. 그래서 인내란, 단순히 참는 것이 아니라, 어떤 시험이나 고난과 같은 '어려운 난관들에 부딪혀서 견디어 내는 능력'이다.[161] 헬라 문화 속에서 인내는 그래서 강인한 의지력으로 칭송받았는데, Aristotle는 인내를 '남성다움'에 종속시켰고, 이런 전통은 스토아학파에게도 이어져 왔다.[162] 이와 비슷하게 유대-기독교 전통에서도 ὑπομονή는 "악을 충분히 격퇴하는 용기 있는 견인"의 의미로 이해된다(참조. *4 Macc.* 1.11; 9.30; 17.4, 23; 17.4, 2; T. Jos. 10.1).[163] 하지만 유대교나 초기 기독교 전통에서 인내 혹은 견인은, 스토아 철학에서처럼 단지 견디는 그 사람의 '용기'에 초점이 있지 않고, 주로 하나님을 신뢰하는 것, 하나님의 약속이 성취될 것에 대한 소망에 근거가 있다.[164]

또한 인내는, 반대나 고난에 부딪힐 때에도 항상 변함없이 신실하게 하나님

---

160 Lenski, *Epistles of Peter*, 268, 도리어, 참된 지식이 온전한 절제를 동반한다고 말한다.
161 Green, *Jude and 2 Peter*, 194; BDAG 1039, 누가복음 21:19, 로마서 5:3-5, 고린도후서 1:6, 골로새서 1:11 데살로니가후서 1:4.
162 Charles, *Virtue amidst Vice*, 143.
163 F. Hauck, ὑπομονή, *TDNT* IV. 581-588; Green, *Jude and 2 Peter*, 194.
164 Bauckham, *Jude, 2 Peter*, 186.

을 기다리는 신앙의 특징인데(롬 5:31-34; 고후 6:4; 살전 1:3),[165] 특히 "히브리서와 야고보서, 베드로전서 그리고 요한계시록에서 더욱 전면으로 나와 두드러지기 시작하는" 주제이다. 예컨대, 그리스도는 우리의 인내의 본이 되신다(히 12:2). 인내는 야고보서를 열고 닫는 결정적인 주제이다(약 1:1-4, 12; 5:7). 하나님은 인내하는 자를 인정하신다(벧전 2:20).[166] 또한 그의 첫 번째 편지에서 베드로는, "너희 믿음의 시련이 불로 연단하여도 없어질 금보다 귀하다"고 격려한다(벧전 1:7). 지금 "육체의 남은 때"는 계속해서 "하나님의 뜻"을 행하며 살아야 할 기간이다(벧전 4:2). 살아 있는 소망을 품고(벧전 1:3) 하나님의 능력으로 보호하심을 입은 가운데(벧전 1:5), 고난을 기쁨으로 견디어야 한다(벧전 4:12-13). 그러나 견디지 못한다면 어찌 될까? 절제에 인내가 부족하다면?

절제에 인내가 더해져야 되는 이유는, 많은 경우 처음에는 잘하다가 중도에 포기하거나, 곁길로 가거나, 견디지 못해 실패하는 경우가 생기기 때문이다. 베드로후서의 거짓 교사들은 잘못된 지식에 근거해서 절제를 버렸을 뿐 아니라, 성도들이 인내를 다 이루지 못하도록 유혹하고 조롱한다. 저들은 "굳세지 못한 (ἀστηρίκτους) 영혼들"(2:14)을 유혹하고 끌어들인다. 미래의 심판과 구원이 '더디다'(3:9)라고 생각하게 하고, 더 나아가 그럴 일이 '없다'(3:4)고 가르치며 조롱한다. 저들은 하나님의 '오래 참으심' 곧 그의 인내를 잊고 생각지 않는다(3:9). 이처럼, 베드로후서에서 인내는 특히 하나님의 인내와 병행된다. 즉 우리가 인내할 수 있는 것은 하나님께서 회개치 않는 자들에 대하여 '오래 참으시기' 때문이다(3:8-9). 그리고 베드로후서의 인내는, 주의 오래 참으심과 그의 재림을 근거로 한다. 마찬가지로 종말에 대한 소망과 성도의 인내라는 모티브의 연결은, 2-3장에서 거짓 교사들이 주를 기다리지 못하고 교리적, 윤리적 타락에 떨어지는 현상과도 병행을 이룬다.[167] 그래서 신적 성품에 참여하며 '인내'를 이루는 일은 그 반대로, 거짓 교사들이 헛되이 '자유'를 약속하며 도리어 종말의 심판에 대한 소망 속에서 경건의 삶을 위한 인내를 다 이루지 못하고(2:19), 성적

---

165 Kraftchick, *Jude, 2 Peter*, 97.
166 Charles, *Virtue amidst Vice*, 143.
167 Kraftchick, *Jude, 2 Peter*, 97.

인 죄악과 탐욕, 공동체의 파괴를 가져오는 윤리적 부패의 행태와도 극적으로 대조되는 것이다(2:1-3, 14-15; 3:3-4).

이런 문맥에서 베드로는 이들에게 유혹받는 성도들을 향해 끊임없이 '기억하라'고 권고하며(1:12; 3:1-2, 8), 불경건에 대한 심판과 경건한 자의 구원에 대한 확실한 사실들을(2:3-11) 생각나게 하려 한다. 그래서 베드로는 '모든 부지런함으로 더욱 힘쓰라'(1:5-11; 3:14, 18)고 권고한다. 이렇게 모든 부지런함으로 힘쓰고 인내하여 이루어야 하는 신적 성품의 다음 단계는 무엇인가? 인내는 그저 맹목적으로 참는 것이 아니다. 인내 자체가 훈장이 아니다. 인내를 통해서 그 열매로 얻어야 하는 것을 얻지 못한다면 그 인내는 아무런 쓸모없는 일이 될 것이다. 절제는 통제할 수 있는 힘이다. 인내는 그 힘을 성품 안에 장착시키는 훈련의 과정이다. 그래서 결국 이 훈련된 절제의 힘으로 지식을 사용하고, 덕을 세우고, 믿음을 완성시키는데, 이 절제된 힘은 어떤 기준에 의해 움직이며, 어떤 열매를 맺는가?

(6) 경건(εὐσέβεια), 인내의 열매

헬라 문화에서 '경건'이란 단지 신들에 대한 경외심만을 가리키는 것이 아니라, 가족이나 전통에 대한 존중심이나 충성심을 가리키기도 했다.[168] 하지만 신적 성품의 목록에서 경건 다음에 형제 우애가 나오므로, 굳이 경건에 가족이나 전통에 대한 존중심과 같은 부차적인 의미를 포함시켜 이해하는 것은 크게 적절해 보이지 않는다. 베드로후서 1장의 문맥에서 경건은 3절의 경우처럼 우선적으로 세상의 썩어질 정욕을 피해, 하나님을 참으로 경외하는 경건한 삶을 가리킨다.[169] 또한 신적 성품의 연속적인 성장 단계로 보자면, 경건은 인내의 열매이기도 하지만 인내를 통해 훈련된 절제의 힘을 사용하는 기준이며 궁극적인 방향이다.[170] 많은 훈련과 연단을 거쳤는데, 그 신자 속에 하나님을 진정으로 두

---

168 W. Ferster, εὐσέβειά, *TDNT* VII. 175-185; Charles, *Virtue amidst Vice*, 144; Green, *Jude and 2 Peter*, 194-195.

169 Kraftchick, *Jude, 2 Peter*, 97.

170 Bauckham, *Jude, 2 Peter*, 187, 믿음이 기초이며 사랑이 절정이라고 말하고, 덕들 간에 어떤 연결이

려워하며 사랑하여 순종하는 경건, 진실로 경외하는 참된 경건(敬虔)이 없다면, 그의 훈련과 연단, 그리고 인내는 방향을 잃은 종교적 훈장에 불과할 것이다. 그러므로 많은 신앙적 연단과 인내를 거친 신자가, 그 결과로 하나님을 두려워하지 않으며, 그를 진실하게 사랑함으로 그에게 순복하지 않는 모습으로 나타나는 것은, 비록 신자가 많은 종교적 훈련을 받았다 해도, 신적 성품을 온전하게 이루어가지 못하는 증거가 된다.

흥미롭게도 신약에서 εὐσέβεια가 나타나는 곳은 모두 목회서신(10회)이나 베드로후서이다(1:3, 6, 7; 3:11).[171] 하지만 반드시 εὐσέβεια라는 단어가 직접 나타나지 않아도, 하나님을 경외하는 경건의 모습에 대해 언급한 경우는 찾기 어렵지 않다. 베드로는 그의 첫 번째 편지에서 이미 이를 명확히 가르쳤다: "외모로 보시지 않고 각 사람의 행위대로 판단하시는 자를 너희가 아버지라 부른즉 너희의 나그네로 있을 때를 두려움으로 지내라"(벧전 1:17). 하나님은 "산 자와 죽은 자를 심판하기를 예비하신" 분이다(벧전 4:5). 지금 이 세상에서 하나님의 뜻대로 차라리 고난을 받고 선을 행하며 인내하는 편이 나은 이유는, 하나님 집에서 심판을 시작할 때가 되었기 때문이다(벧전 4:17-19). 더 중요하게도, 이런 '경건'의 태도는 거짓 교사들이 주를 부인한 것과 완연히 대조된다(2:1). 또 성도들이 진리를 버리고 그들을 따랐던 것을 떠올리게 한다(2:2, 18-22). 모든 후원, 은혜가 하나님께로부터 온 것을 기억한다면(1:3-4), 신자들이 하나님께 충성하는 것은 당연하다.

거짓 교사들은 이런 경건을 완전히 버렸으며(2:4-10), 이들은 곧 심판을 받을 것이고, 하나님께 충성하는 자들은 구원을 받을 것이다(2:9).[172] 베드로후서에 나오는 거짓 교사들의 특징은 경건한 자에게 있어야 할 '마땅한 두려움'이 없다는 점이다. 저들은 '범죄한 천사들을 용서치 않으시고 지옥에 던져 어두운 구덩이에 두어 심판 때까지 가두어 지키시는'(2:4) 하나님의 공의를 우습게 여

있다고 말하지만, 그 연결의 논리를 적극적으로 찾지는 않는다.
171 Charles, *Virtue amidst Vice*, 144.
172 Green, *Jude and 2 Peter*, 194-195.

간다.[173] 하나님은 '불의한 자를 형벌 아래 두어 심판 날까지 지키시는'(2:9) 분이시다. 무엇보다 그들이 의지하고 사는 이 세상은 옛적에 홍수로 망한 것처럼, '그 동일한 말씀으로 불사르기 위하여 간수하신 바'(3:7) 되었음을 알아야 한다. 주의 날은 '도적 같이' 올 것이고, 그날에는 하늘이 큰 소리로 떠나가고, 지금 있는 세상이 풀어지며 땅과 그중에 있는 모든 일들이 낱낱이 드러날 것이다(3:10).

반면에 수신자들은, 하나님의 신적인 능력을 통해 '생명과 경건(εὐσέβεια)에 속한 모든 것'을 이미 받았다(1:3).[174] 그들은 그들을 부르신 자를 앎으로 신적 성품에 자라가 또한 경건을 열매 맺어야 한다. 그렇게 신적인 성품에 참여하는 존재적 변화를 통과하는 방식만이 종말의 심판과 구원을 준비하는 길이다. 그래서 베드로는 결국 '거룩한 행실과 경건함으로'(εὐσεβείαις, 3:11) 새 하늘과 새 땅을 기다리고 준비하라고 권면한다. 그렇다면 어떻게 하는 것이 준비하는 삶인가? 참된 경건은 하나님을 두려워할 뿐 아니라, 그분을 사랑하여 그분의 뜻에 순종하는 것이다. 그분의 뜻에 순종하는 삶은 믿음의 형제들을 돌보는 삶이다. 하나님을 사랑하는 것은, 형제 사랑을 통해서 나타나고 이를 통해 온전해지기 때문이다. 그래서 경건에는 형제 우애(兄弟友愛)가 더해져야 한다.

(7) 형제 우애(φιλαδελφία), 경건의 참된 증거

신적 성품은 온전함을 추구한다. 믿음이 주로 하나님을 향한 것이라면 덕을 세우는 훈련을 통해서는 이웃이나 세상, 자신과의 관계에 주목하게 된다. 또한 이웃과의 관계에서 덕을 세우려면 지식이 있어야 하는데, 이는 분별력을 갖추는 일로 주로 자기 자신에게 집중된다. 반면 절제와 인내를 통한 경건은 주로 하나님을 향하게 만들고, 형제 우애는 다시 이웃을 돌아보게 만듦으로써 결국 '온전한' 신적 성품을 향해 나아가게 한다. 사실 '경건'에는 수직적으로 하나님을 향한 내용이 있지만, 수평적으로 이웃과 형제들을 향한 태도도 포함된다. '형제 우애'는 이런 수평적인 측면을 훨씬 더 명확하게 끌어낸다. 동시에, 경

---

173 Kraftchick, *Jude, 2 Peter*, 97. 베드로후서 2:5-6에서, 같은 어근을 가진 '불경건한' 자들은 심판을 받고, '경건한' 자들은 구원을 받는 극한 대조도 염두에 둔 것일 수 있다.

174 Green, *Jude and 2 Peter*, 94-95.

건의 태도가 일방적으로 수직적인 방향으로만 기우는 것을 보완하고 온전하게 만드는 역할도 한다. Charles는 '경건'이 그 자체로 다른 사람들과의 관계 속에서 펼쳐진다고 말하면서, Philo가 형제애를 '인류애'(φιλανθρωπία)와 연결시킨 점을 언급한다(*Virt.* 51, 95).[175] 하지만 G. Green은 '형제애'는 가족 간의 사랑으로 φιλανθρωπία가 인류 전체에 대한 사랑인 것과 다소 다르며,[176] 가족 단위 너머서까지 확대된 사랑은 아니라고 구분 짓는다(*4 Macc.* 13.23, 26; 14.1; Philo, *Embassy* 12.87; Josephus, *Ant.* 4.2.4.26).[177] 물론 이런 구분은 일차적으로 적절하다고 볼 수 있다.

하지만 가족 간의 사랑이 특정한 유대 관계를 중시하는 공동체 안에서 형제애로 확대될 수 있다는 것을 짐작하기는 어렵지 않다. 이방 세계 속에서 가족 간의 형제애를 뜻했던 φιλανθρωπία는, 초기 기독교 교회에서 혈연이 아닌 영적 생명으로, 그리스도를 믿음으로써 새로운 가족이 된 성도들이 서로를 형제자매들로 부르기 시작하면서 중요한 덕목으로 인정되었다(롬 12:10; 살전 4:9; 히 13:1; 벧전 1:22).[178] 베드로는 그 첫 번째 편지에서, 나그네와 행인 같은 교회가 이 세상을 지나면서 불의한 사람들, 믿지 않는 사람들을 어떻게 대하여야 할지에 대해 교훈하다가, 5장에 이르러 믿음의 형제들을 어떻게 사랑해야 할지 집중해서 가르친다. 성도들은 무엇보다 함께 '정신을 차리고 근신하여 기도해야' 한다(벧전 4:7). 서로 대접하기를 원망 없이 하고, 각각 은사를 받은 대로 서로를 위하여 봉사해야 한다(벧전 4:9-10). 장로들은 탐욕이나 본을 보이지 않는 권위주의를 버림으로써, 그리고 젊은이들은 장로들에게 순복함으로써, 서로 겸손함 가운데서 자신을 낮추고, '동일한 고난을 당하는 형제들'처럼 함께 굳게 서서 마귀를 대적해야 한다(벧전 5:1-9).

또한 베드로후서에서, 그리스도를 통해 하나님을 아버지로 받은 형제자매

---

175 Charles, *Virtue amidst Vice*, 144; F. W. Danker, *Benefactor: Epigraphic Study of Graeco-Roman and New Testament Semantic Field* (St. Louis: Clayton, 1982), 461.
176 BDAG 1055-1056.
177 Green, *Jude and 2 Peter*, 195.
178 Bauckham, *Jude, 2 Peter*, 187.

된 성도들이 함께 형제 사랑으로 묶인다(벧후 1:10; 3:15; 참고. 벧전 1:22). 반면에 베드로후서에 나타난 거짓 교사들의 특징은 형제자매 된 공동체의 연대를 파괴하고 분열과 분리를 일삼는다. 저들은 여러 성도들을 유혹하여 저들의 부패한 행실을 좇게 하며(2:1-2), 성도들과 함께 '연회할 때에' 연약한 자들을 유혹하여 시험에 빠뜨리고(2:13-14), 미혹하여 굳센 데서 떨어지게 만드는 자들이다(3:17). 그러므로 경건은 그것을 가진 사람으로 하여금 온갖 유혹과 핍박을 이기고 종말의 심판과 구원을 기다리도록 하지만, 형제 우애는 그 기다림이 결코 혼자서 하는 것이 아님을 일깨운다. 이것이 베드로가 '동일하게 보배로운 믿음을 우리와 같이 받은 자들'(1:1)에게 그의 두 번째 편지를 보내는 이유이다. 그들은 '형제들'이며(1:10), 그의 '사랑하는 자들'(3:1, 9, 14)이다. 그리고 형제 우애는 다시, 사랑 곧 하나님과 예수 그리스도께서 주셨고 알게 하신 그 사랑에 나아감으로 온전함에 이른다.

(8) 사랑(ἀγάπη), 신적 성품의 완성

주석가들은 사랑이 기독교적인 덕의 절정이라는 데에 동의한다. Charles는 "사랑 없이 기독교적 덕들은 완성되지 않는다"고까지 말한다.[179] 두말할 것 없이, 사랑은 신약의 여러 덕목 리스트에 포함되는 최고의 덕이다(고후 8:7; 갈 5:22; 엡 4:2; 딤전 4:12; 6:11; 딤후 2:22; 3:10; 딛 2:2).[180] 더 나아가 Bauckham은 사랑은 신적 성품의 덕들의 절정으로서, 다른 모든 덕들을 포괄한다고 본다. 그리고 베드로후서에서도, 골로새서 3:4의 경우처럼, 다른 모든 덕들을 조정하고 묶어 낸다고 말한다.[181] 그러나 주석가들은, 사랑이 기독교적 덕의 절정이며, 하나님의 은혜로 시작해서 자라난 덕들의 열매라고 언급하면서도, 앞의 다른 덕들은 스토아 철학이나 헬라 문화권에서 언급되는 덕들과 크게 다르지 않은 것으로 볼 뿐 아니라, 신적 성품의 다른 덕들과 어떻게 연관되며 어떤 점진성을 갖고 있는지를 일관되게 설명하지는 않는다. 하지만 만일 신적 성품들이 은혜에서 시작

---

179 Charles, *Virtue amidst Vice*, 145.
180 Green, *Jude and 2 Peter*, 195.
181 Bauckham, *Jude, 2 Peter*, 187.

하여 사랑으로 열매 맺는 것이라면, 그 과정 중에 있는 다른 덕들도, 한편으로는 세속적 덕들과 유사한 점들이 있다 하더라도, 역시 신적인 요소들이 가득한 기독교적 열매들로 간주되어야 할 것이다.

이런 점에서, 믿음에서 시작한 신적 성품이 사랑으로 완성되는 것은 결코 우연이 아닐 것이다. 사랑은 사실 이 믿음의 시작에 놓여 있다. 신자의 믿음은 언약적 하나님의 언약적 사랑의 증거인 예수 그리스도의 희생과 사랑을 통해 주어지고 그 사랑을 특징으로 하기 때문이다.[182] 그 사랑을 인해서, 믿음을 통해 그에게 부어진 '생명과 경건에 속한 모든 신적 능력'(1:3)은 그 사람 속에 '경건'을 만들어 내고 결국, 그의 신적 성품으로 자리 잡게 되는 사랑(ἀγάπη)을 통해 (1:4) 그 신적 '생명'의 전모를 드러낸다. 여기서 말하는 사랑은 그러므로, 처음부터 신적 성품을 가능하게 한 신적 원동력(原動力)이면서 동시에 그 근원적인 사랑이 그 사람의 덕, 지식, 절제, 인내, 경건, 그리고 형제 우애 등의 신적 성품을 통해서, 드디어 그의 인격과 삶으로 드러나게 되는 하나님의 사랑의 모습이다.

그 사랑은 하나님 안에 있었지만, 지금은 그 사람 안에 성품으로 자리 잡고 있다. 그러므로 믿음은 사랑에까지 이르러야 한다. 믿음은 덕을 세우려는 방향을 가져야 하고, 덕을 세우기 위해서는 지식을 가져야 하고, 지식은 절제를 통해, 절제는 인내를 통해 온전케 되어 참된 경건에 이르며, 그 경건은 형제 사랑으로 더욱 온전해진다. 또한 이것은 처음부터 그에게 믿음을 주시며, 그를 굳게 세우시고자 무한한 지혜인 십자가로 구속하시고, 이를 위해 자신을 비우신 아들을 보내셔서, 섬기게 하시며, 무엇보다 그를 오래 참으시며 그를 위하여 목숨을 주신 사랑을 완성하신, 그 하나님 자신의 성품이다. 그리고 이제는 그 사랑을 받은 그 사람의 속에 이루어진 동일한 신적 성품인 것이다.

그래서 베드로는 "너희가 진리를 순종함으로 너희 영혼을 깨끗하게 하여 거짓이 없이 형제를 사랑하기에 이르렀으니 뜨겁게 피차 사랑하라"(벧전 1:22)고 권면한다. 그들이 열심으로 서로 사랑해야 하는 이유는, "사랑은 허다한 죄를

---

[182] 흥미롭게도, 베드로후서 1장과 헬라의 국가적, 시민적 조례 형태의 유사성을 연구한 Denker는 "2 Peter 1: A Solemn Decree", 73, 이 '아가페' 사랑의 경우를 발견하지 못한다.

덮기"(벧전 4:8) 때문이라고 가르친다. 이것이 "오직 우리 주 예수 그리스도의 은혜와 저를 아는 지식에서 자라"(3:18) 가야 하는 까닭이다. 그리고 여기에 베드로의 전략이 있는바, 그 성장의 결과로 주어지는 원숙한 신적 성품이라야, "무법한 자들의 미혹에 끌려 너희의 굳센 데에서 떨어지지"(3:17) 않을 수 있기 때문이다.

결론적으로, 베드로후서가 제시하는 '신적 성품'은 비단 당시 헬라 문화의 윤리적 기대와 교류하고 그 윤리적 이상(理想)을 제시하는 정도가 아님을 알 수 있다. 베드로후서의 기록 동기는 2-3장에서 펼쳐지는 거짓 교사로 말미암은 문제 상황이다. 그 도전은 거짓 교리이며 부패한 윤리적 삶이다. 그리고 그 배후는 영지주의라기보다는 '에피큐리언'과 같은 무신론적 세속주의에 가깝다고 판단된다. 베드로후서는 거짓 교사들을 앞세운, 진리와 삶에 관한 이런 세속의 공격에 맞서, 1장에서 그 해법을 제시한다. 그리고 그 해법의 중심(中心)은 선명하게도 '신적 성품'에 참여하는 자가 '되는 일'이다. 이런 해법은 서신서 끝마무리에서도 한 번 더 확인된다(3:18): "오직 저를 아는 지식에서 자라가라." 그러므로 '썩어지고 더럽고 허무한 세상'으로부터 교회를 '부르신 자'를 '앎으로써' 신적 '성품'에서 자라가는 자들이 되는 것이 2-3장에서 해부되는 거짓 교사들의 도전을 극복하는 진정한 해법인 셈이다. 그리고 하나님을 아는 지식과 그로 인한 신적 성품에서 자라가는 그 길이야말로 종말론적 구원에 참여하는 확실한 길임을 베드로는 서신서 서문(1:9-11)과 결론(3:10-11)에서 다시 한 번 강조하고 있다. '신적 성품'과 '종말의 구원'은 서로 뗄 수 없는 관계에 있는 것이다. 이 관계를 살피고 명확히 해명하는 것이 다음 단락의 주제이다.

2.3 종말의 구원과 신적 성품(1:8-11)

앞서 베드로후서의 문학적 구조를 다룰 때에도 밝혔지만, 1장은 해법이고, 2장은 문제의 해부이며, 3장은 종말론이 중심이다. 시간적 특징으로 보면, 3장은 대체로 '장차 오는 미래'에 관심이 집중되어 있고, 2장은 교회가 앞으로 겪을 것이며 또한 '이미 겪고 있는 과거'의 문제 상황에 몰두한다. 한편 1장은 3장에서처럼 '종말의 심판과 구원'을 내다보면서(1:9-11) 그리고 2장에서처럼 이미 일어난 문제 상황에 맞서, '지금 현재'에 전념해야 할 해법에 관심을 기울인다고 볼 수 있다. 그래서 1장에서는 미래적 종말론이 덜 나타나고 도리어 이미 실현된 종말론이 훨씬 더 강조된다. 이렇게 베드로는 가까이는 2장의 거짓 교사들로 인한 문제 상황을 염두에 두면서, 그리고 멀리는 3장에서 전개할 미래적 종말론의 변호를 생각하면서, 1장에서 해법에 집중하는데 그 핵심이 '하나님을 앎으로써, 신적 성품에 참여함'(1:3-4)이다. 그래서 1장에서 '앎' 혹은 '지식'(γνωσίς)에 대한 강조가 많은 것은, 영지주의의 경우처럼 미래적 종말론이 사라졌기 때문이 아니라, 도리어 그 미래적 종말론의 전망 안에서 이미 임재한 종말의 실재(reality)에 참여하는 방식으로 주어지기 때문이다.

이것이 1장에서, ἐπιγινώσκω(알다)의 명사형인 ἐπίγνωσις(앎)가 초반부에 집중적으로 쓰인 이유이기도 하다. 믿음을 받은 성도가 이미 임한 종말의 실재에 참여하는 우선적인 방식이며, 이를 통해 신적 성품의 덕들에서 자라가는 기초이다.[183] 그것은 그들을 부르신 하나님과 주 예수 그리스도를 '앎으로써' 된다. 흥미롭게도 ἐπίγνωσις는 2절(하나님과 우리 주 예수를 앎으로)과 3절(자기의 영광과 덕으로써 우리를 부르신 자를 앎으로), 그리고 8절(우리 주 예수 그리스도를 알기에 게으르지 않고)에서처럼, 모두 하나님/예수님을 그 앎의 대상으로 쓰인다. 두 동사/명사형의 사전적인 의미는 크게 다르지 않겠지만,[184] 베드로후서가 '안다/앎'의 의미를 전달할 때 이 두 동사를 구분해서 사용하는 듯한 모습은 앎의 대상이 하나님/예수님일 때 다소 다른 방식의 '앎'을 의미한 것으로 보게 한다.[185]

비록 이 두 동사/명사형을 구분해서 말하지는 않았으나 Joel B. Green이 베드로후서에 사용된 '안다' 유형의 용어들에 관해 "이것은 원리들이나 체계들을

---

183 이하 채영삼, "신학과 신적 성품", 특히 257-262를 참조하라.
184 Liddell and Scott, *An Intermediate Greek-English Lexicon*, 289, ἐπίγνωσις는 'full knowledge'의 뜻으로 주로 신약에서 쓰였다. 단순한 '지식'(γνῶσις)과 구분하기 위해 부러 사용한 단어처럼 생각된다.
185 동사형인 ἐπιγινώσκω 역시 2:21("의의 도를 안 후에 받은 거룩한 명령을 저버리는 것보다 알지 못하는 것이 도리어 저희에게 나으니라"[x2])에서 단순한 정보가 아니라, 복음의 말씀을 '아는/맛보는' 의미로 쓰였다. 한편 γνῶσις의 경우는 1:5-6(덕에 지식을, 지식에 절제를)이나 특히 3:18(그리스도를 아는 지식에서 자라가라)의 경우처럼, 하나님과 관련된 지식을 언급하기도 한다.

아는 지식이 아니다. 오히려 (그 지식은) 우리를 향한 하나님의 구속사적 사건들의(narrative) 내용과 문맥을 떠나서는 실제로 그 의미를 찾을 수 없는 그런 종류의 지식이다"라고 말한 것은 적절한 언급이다.[186] 특별히 그 용법으로 볼 때 베드로후서에서 굳이 '신학적 지식'을 의미한다고도 할 수도 있는 ἐπίγνωσις의 사용이 1장 초반부에 집중되었다는 점은 흥미롭다. 그것은 1장 초반부가 후에 3장에 가서야 두드러지게 나타나는 '미래적' 종말의 사건들 곧 예수의 재림과 심판, 그리고 새 하늘과 새 땅을 바라보는 장면과는 다소 다른 이를테면, '실현된 종말론'(realized eschatology)의 상황을 그 틀로 삼고 있고,[187] 하나님을 아는 지식은 이 종말의 현재적 임재로 가능해진 은혜의 수단으로 제시되기 때문이다. 예를 들어, 베드로후서는 1:1에서 서신을 읽는 대상을 '동일하게 보배로운 믿음을 우리와 같이 받은 자들'이라 표현한다. 이 믿음은 특징적으로 "우리 하나님과 구주 예수 그리스도의 의를 힘입어"(ἐν δικαιοσύνῃ τοῦ θεοῦ, 1절) 주어진 결과이다. 하나님의 언약적 신실함과 구주 되신 예수 그리스도의 신실한 순종을 통해 이 믿음이 주어지게 되었고, 연이어 2절에서는 이 믿음의 주된 기능 혹은 작용이 바로 "그 하나님과 우리 주 예수 그리스도"(τοῦ θεοῦ καὶ Ἰησοῦ τοῦ κυρίου ἡμῶν)를 '아는'(ἐπίγνωσις) 현상이라고 밝히고 있다.

그러므로 1-2절에서 '앎'의 대상이신 하나님과 예수 그리스도는 그의 신실함으로 언약을 따라 약속을 성취하심을 통해 스스로를 계시하신 하나님이며, 믿음도 그 결과로 주어져 받은(λαχοῦσιν) 선물이고, 그러한 하나님과 구주(救主)요 주(主)가 되신 예수 그리스도를 알아가는 지식 역시, 이 살아 있는 믿음의 정상적인 기능으로 소개되고 있다. 말하자면, 신자로 하여금 믿게 하고 알게 하는 즉 '하나님을 배움'(神學)의 주도권과 과정이 구속사 속에 자신을 드러내시고 언약을 따라 신실하게 행하신 하나님과 예수 그리스도 자신에게 있다는 사실을 가르치고 있는 것이다. 이렇게 베드로후서 1장에서, 하나님을 아는 일은, 하나

---

[186] Joel B. Green, "Narrating the Gospel in 1 and 2 Peter", *Interpretation* 60/3 (2006): 267.
[187] Bauckham, *Jude, 2 Peter*, 151-152, 베드로후서 1장의 종말의 현재적 측면을 인정하면서, 오히려 이에 치중하여 3장의 미래적 종말론을 인정하지 않고 '실현된 종말론'으로 대체되었다고 주장한 Käsemann("An Apologia for Primitive Christian Eschatology")의 논지를 적절하게 비판한다.

님께서 시작하시고 하나님께서 주신 믿음의 기능 중 하나이다. 동시에, 그 하나님을 아는 인식 활동을 하는 자 안에 하나님께 속한 것들을 풍요하게 공급하심으로써 궁극적으로 '구원'이라는 목적을 이루게 한다는 사실은 3절에서도 더욱 선명하게 드러난다.

2절에서 믿음을 '받은'(λαχοῦσιν) 것으로 묘사한 것과 유사하게, 3절에서는 "생명과 경건에 이르게 하는(τὰ πρὸς ζωὴν καὶ εὐσέβειαν), 그의 신적인 능력의 모든 것들을(πάντα ἡμῖν τῆς θείας δυνάμεως αὐτοῦ) 너희에게 주셨다"고 한다. 그리고 바로 이 구속적(救贖的)인 사실이, 그것을 받은 자 안에서 '인식적인' 활동, 곧 "너희를 그 자신의 영광과 덕으로써 부르신 이를 아는"(διὰ τῆς ἐπιγνώσεως) 일로 나타나게 된다. 즉 여기서 앎의 대상은 그를 먼저 '부르신' 이이며, 원래 그에게는 없었던 하늘과 종말에 오는 하나님 나라의 생명과 경건에 속한 모든 것들을 '주신' 분이다.[188] 특별히 '주셨다'(δεδωρημένης)는 표현은 과거완료형으로, 하나님의 신적 능력으로 인해 혹은 신적 능력의 본질인 '생명과 경건에 속한 모든 것들'이 이미 그에게 주어졌고 또한 그 현재적인 결과로 '생명과 경건에 속한 모든 신적 능력들'이 여전히 그 안에 활동하고 있음을 전제한다.[189] 하나님을 아는 지식은 이렇게 이미 주어진 신적 능력, 더 구체적으로는 '생명과 경건에 속한 모든 것들'을 바탕으로 진행되는 하나님을 아는 인식적 활동인 것이다.

동시에, 1장에서 '하나님을 아는 일'이 그가 '생명과 경건에 속한 모든 것들을 주신' 사실로부터 시작되고, 또한 그 안에서 진행되는 것처럼 그 '부르신 이'를 아는 인식적 활동의 목적(目的) 역시, 구원 곧 "너희 부르심과 택하심을 굳게 하여"(1:10) 종국에는 "우리 주 곧 구주 예수 그리스도의 영원한 나라에 들어감을 넉넉히"(11절) 얻는 데에 있다. 그것은 곧 그들에게 주어진 '믿음'(1절)

---

[188] Denker, "2 Peter 1: A Solemn Decree", 67-68, 베드로후서 1장은 주전 3세기 이후 헬라의 제국적, 시민적 조례들(decrees)의 형태와 유사하다고 주장했는데, 어떤 후원자(benefactor)가 선물이나 후원 등을 '주다'라는 표현은 그 특징들 가운데 하나라고 말한다.

[189] 여기서 πάντα ἡμῖν τῆς θείας δυνάμεως αὐτοῦ(2절) 안에 있는 2격은 '생명과 경건에 속한 모든 것'을 수식하는 '그의 신적 능력'과의 관계를 설명하는데, 그 관계는 주로 기원, 본질을 의미할 것이다. 즉 그 생명과 경건에 속한 모든 것은 하나님께로서 온 것이고, 그 때문에 본질상 신적 능력을 특징으로 하는 '생명이요 경건'인 셈이다.

의 결국/목적이며,[190] 그들에게 주어지는 은혜와 평강뿐 아니라 신적 능력으로 인해 주어졌고 그것을 본질로 하는 생명과 경건에 속한 모든 것을 '받은' 그들 안에, 이러한 신적 생명과 경건이 충만하게 이루어진 최종적인 결과이다. 따라서 미래적 종말론이 강하게 드러나는 3장은 '새 하늘과 새 땅'이 '의(義, 3:13)의 거주'를 특징으로 하는 곳이며, 거기 들어가는 자들에게 '거룩한 행실과 경건함'(11절)을 요구하는 곳임을 드러낸다.

무엇보다 중요한 점은, 베드로후서가 이렇게 하나님과 그분께서 주신 믿음 그리고 생명과 경건으로 시작하고 진행되어, 결국 '의의 거하는 바' 영원한 생명이 충만한 새 하늘과 새 땅에 넉넉히 들어가게 하는 '거룩과 경건'을 이루게 하는 목적을 위하여, '하나님과 우리 주 예수'(1:2) 그리고 '우리를 부르신 자'(3절)를 '앎으로써'(3절) 되는 일을 그 결정적인 방법론으로 제시한다는 점이다. 그리고 하나님을 '아는' 인식적 활동의 특징은 베드로후서 1장의 문맥에서 4-9절에서 소개되고 설명되는 대로, '신적 성품에 참예'(θείας κοινωνοὶ φύσεως)하는 자가 되는 것이다. 그러므로 베드로후서에 있어서 '하나님을 앎'은 신적 성품의 완성에서 그 의미를 갖는다. '믿음'을 선물로 받은 신자가 그에게 은혜로 주어진 '생명과 경건의 신적 능력'을 통해 하나님을 알고, 생명과 경건을 누림으로써 더욱더 신적 성품에서 자라가 더욱 온전하게 되는 것이다. 그렇게 온전해지는 신적 성품은 그의 구원 즉, '우리 주 곧 구주 예수 그리스도의 영원한 나라에 들어감'을 얻는 데에 결정적 요인이 된다.

한편으로, 여기서 우리에게 신적 성품이 가능하게 하시고 또한 그 조건과 출발과 과정을 주도하시는 하나님의 은혜와 섭리와 더불어 주목해야 할 한 가지 요소가 있음을 발견하게 된다. 그것은 신자 편에서의 '참여'이고 '따름'과 '애씀'에 관한 것이다. 신적 성품도 하나님께서 전적으로 주시기만 하는 것은 아니며, 그렇다고 사람이 자기 힘으로만 만들어가는 것도 아니다. 그래서 1:4이 '신적 성품에 참예하는 자들이 되게 하려 하셨다'고 표현한 것, 곧 '참예하는 자들'(κοινωνοὶ)이라는 표현은 적절한 묘사임이 분명하다. 이 표현은 원래 '신적

---

[190] 베드로전서 1:9, "믿음의 결국(τὸ τέλος τῆς πίστεως), 곧 구원을 받음이라" 역시 같은 맥락이다.

성품'이 먼저 존재함을 전제로 한다. 동시에 그 '하나님의 성품'을 믿고 알고 교제하며 따르고 닮아가려는 애씀도 포함한다. 신자가 믿음을 기초로 하나님을 아는 영적 인식을 통해, 그리고 '더욱 힘씀으로써' 그를 닮아가는 과정에서 신적 성품이 자라나고 형성되는 것이다.

이런 점에서, 베드로는 보다 적극적으로 이 '참여'(혹은, 교제, 나눔)를 독려한다. 신자가 신적 성품에 참여하려면, 적극적으로 '죄의 본성에 따른 정욕을 인해서 세상에서 썩어질 것을 피해야' 한다. 즉 그가 하나님께로부터 '생명과 경건에 속한 모든 것들'을 이미 받은 자이기 때문에 그에 거스르는 '죽음(썩어짐)과 불경건'에 속한 모든 것들과 더 이상 교제하거나, 그것에 참여하거나, 그것을 나누어 갖는 일을 버려야 한다는 것이다. 본질상, 이 둘을 동시에 할 수는 없기 때문이다. 그래서 1:3은 신자가 '생명과 경건'을 받았다고 하고, 4절에서는 '썩어질 것을 피하는' 동시에 '신적 성품' 곧 참된 경건에 이르는 길을 능동적으로 수용하라고 독려한다.

그래서 5절부터는 신적 성품을 통해 '생명과 경건'을 누리며 온전케 하는 길을 제시한다. 그것은 일시적이 아니라 여러 단계들을 거치는 긴 과정으로서 '열매'를 맺는 일이거나(1:8), '길'을 다 가서 그의 나라로 '들어가는' 여정(旅程)을 의미한다(10-11절). 그리고 무엇보다 '모든 부지런함을'(σπουδὴν πᾶσαν) 최대한, 계속해서, '전부 이끌어 내어'(παρεισενέγκαντες) 믿음에 만족하지 말고, 거기에 덕을, 덕에 지식을, 지식에 절제를, 절제에 인내를, 인내에 경건을, 경건에 형제우애를, 그리고 사랑을 '공급하라'(ἐπιχορηγήσατε)고 독려한다(7절). 신자 쪽에 신적 성품에 참여하려는 적극성과 최선의 노력을 요구하는 것이다. 이런 점에서 '공급하라'는 표현은 흥미롭게도 최종적 구원을 언급하는 11절에서 한 번 더, 영원한 나라에 들어감을 '주시리라'(개역한글, 원문은 ἐπιχορηγηθήσεται)는 표현으로 반복되면서 강조된다.

이것은 무엇을 말하는가? 동일한 단어, '공급한다'(ἐπιχορηγέω)는 표현이 5절과 11절에서 반복되었다. 이 동사는 마치 사람이 시장에 가서 자신이 값을 치르고 무엇인가를 사와서 필요한 물건을 조달하는 것과 같은 의미이다.[191] 즉 신자가 스스로 헌신과 희생, 대가를 치르면서 신적 성품들을 하나씩 자신 안에 만들어간다면, 하나님께서도, 이를테면 그에 상응하는 '매치-펀드'(match-fund)를 주시듯이 최종적인 구원을 그에게 '공급해 주신다'는 것이다. 그래서 11절은 구원이 마치 '심은 대로 거둔다'는 원리에 따른 것으로 들리게 한다.

물론 그렇다. 하지만 신적 성품에 참여하는 것 자체가 신적 능력의 은혜로운 결과라는 점은 처음부터 명백하다(1:1-3). 또 한 가지, 11절은 하나님께서 그 구원을 '넉넉히'(πλουσίως) 공급하신다고 말한다. 신자가 '공급한' 것에 비해 그것을 능가하는 하나님의 '공급'에 대해서 말한다. 즉 구원은 신자가 자신의 '애씀, 부지런, 썩을 것들을 피함, 공급함'에 대한 결과이다. 하지만 동시에, 그것과 대등한 매치(match)로 주신 것이 아니라, 하나님이 주시는 구원은 그 신자가 '애쓴' 것과는 비교도 할 수 없을 만큼, 즉 은혜롭게도 불공평한 풍성함으로 갚으신 결과이다. 그럼에도 불구하고, 1:5 이하의 문맥은 분명히, 신적 성품에 '참예하는 일'이 자신을 '택하시고 부르신' 자를 앎으로써, 그 신자가 모든 부지런함을 다해 끝까지 공급하고 이루어야 할 목표임을 강조한다.

---

191 Reicke, *James, Peter and Jude*, 42, 이 동사의 의미를 '합창'(코러스, chorus)에서 찾는다. 당시 그리스의 도시에는 종교적인 축제들을 위해 합창단이 있었는데, '코레고스'(*choregos*)라고 불리는 문화적 소양을 갖춘 매우 부유한 시민이 이들 합창단을 모집하고 지원하며 훈련시키는 사례에서 이 동사가 유래했다고 설명한다; 또한 Lenski, *Epistles of Peter*, 264-265.

3. Κόσμος의 더러움, 거짓 가르침과 성경 해석(2:20; 1:19-20)

베드로후서에 등장하는 거짓 교사들의 윤리적인 타락은 그들의 교리적인 거짓 가르침에 근거한다. 또한 그들의 거짓 가르침은 주로 '종말'에 관한 거짓 주장(3:1-4)에 근거한 '자유를 준다는 속이는 약속'(2:19)이었다. 이보다 더 근본적으로 중요한 것은, 거짓 교사들의 이러한 교리적이고 윤리적인 부패가 그들의 잘못된 '자의적인' 성경 해석에 그 뿌리를 두고 있다는 사실이다(1:20). 베드로는 서신에서 이 점을 여러 번 지적하며 공략하고 있는데, 그 핵심적인 본문이 문제 상황의 해법을 제시하는 1:12-21이다. 이 단락이 중요한 이유는, 바로 이 단락이 끝난 뒤 '그러나'(δέ)로 시작한 2:1 이하부터 거짓 선지자들과 거짓 교사들의 부패한 가르침과 윤리적 타락, 그리고 그것을 좇다가 미혹에 빠지는 성도들의 위기에 대해 서술하고 있기 때문이다. 특별히 거짓 교사들의 '자유를 준다'는 거짓 약속이 나오는 2:19-20은, 저들의 거짓 가르침과 Κόσμος의 특징들이 서로 연결되어 있고, 또한 그들의 성경 해석에 대한 단서들을 제공한다는 점에서 대단히 흥미로운 본문이다.

3.1 Κόσμος와 거짓 가르침(2:18-20; 1:3-4)

우선 2:19은 거짓 교사들이 '자유'(ἐλευθερία)를 약속하며 성도를 미혹하지만, 정작 그들 자신은 '썩어짐'(φθορά)의 종노릇하고 있다고 고발한다. 그런데 '썩어짐' 혹은 그 결과인 '멸망이나 죽음'을 뜻하는 φθορά는 베드로후서에서 4회 쓰이는데(1:4; 2:12[x2], 19), 1:4(ἐν τῷ κόσμῳ ἐν ἐπιθυμίᾳ φθορᾶς)에서는 '세상의 썩어질 정욕' 혹은 '썩어질 세상의 정욕'의 의미로서 세상(Κόσμος)의 주요한 특징을 묘사한다. 한편 2:12 ἐν τῇ φθορᾷ αὐτῶν καὶ φθαρήσονται에서 φθορά(멸망, 개역개정/개역한글)는 거짓 교사들을 무모한 교만으로 '썩어짐 가운데서' 썩어져버릴 운명을 가진 자들로 묘사한다.[192] 여기서 '썩어짐' 혹은 '멸망'은 저들이 이미,

---

192 Donelson, *I & II Peter and Jude*, 252-253. '썩어짐 속에서' 그리고 '썩어지며'가 반복되는 것은

2:6이 언급한 용서받지 못할 '옛 세상'(ἀρχαίου κόσμου) 그리고 '경건치 않은 자들의 세상'(κόσμῳ ἀσεβῶν)이 당할 운명이기도 하다. 그러므로 문맥은 거짓 교사들이 '썩어질 세상'과 같은 길을 가는 것임을 확실히 한다. 마지막으로 2:19은 거짓 교사들을 '썩어짐의 종들'(δοῦλοι ὑπάρχοντες τῆς φθορᾶς, 멸망의 종들, 개역개정)로 묘사하는데, 이는 2:14에서 저들이 '썩어짐 속에서 썩어져 가는' 모습과 전혀 다르지 않으며, 다시 2:5의 경건치 않은 세상이 심판을 피하지 못하는 운명에 처해 있음을 보여 준다. 흥미롭게도 2:19-20은 '썩어질 세상'의 또 다른 특징을 보여 준다. 그것은 '더러움'이다. 거짓 교사들은 한때 '세상의 더러움'(τὰ μιάσματα τοῦ κόσμου)을 피한 후에 다시 그중에 얽매이고 결국 '진 자'로 묘사되는데, 여기서 Κόσμος는 '썩어짐'(1:4; 2:5, 12) 외에 인접한 문맥에서 이번에는 '더러움'(μιάσματα)의 특징으로 수식된다. 그런데 세상의 특징으로 썩어짐과 더러움이 함께 거론되는 것은 이곳 2:20만이 아니다. 베드로는 1:4에서 이미 세상의 특징에 대해 풍족한 묘사들을 했는데, 2:19-20 그리고 18절까지 포함한 문맥은 1:4에 묘사된 세상의 특징들을 그대로 다시 반복한다. 이를 알아보기 쉬운 도표로 그리면 아래와 같다:

2:18-20	τὰ μιάσματα τοῦ κόσμου	ἐν ἐπιθυμίαις σαρκὸς	δοῦλοι τῆς φθορᾶς
	'세상의 더러움'(20절) A (B)	'육체의 정욕 중에서'(18절) C	'썩어짐의 종들'(19절) D
1:4	ἐν τῷ κόσμῳ	ἐν ἐπιθυμίᾳ	φθορᾶς
	'세상의' A´	'정욕으로' C´	'썩어질' D´

위의 도표는 2:18-20과 1:4 간의 놀라울 정도의 언어적, 개념적 연관성을 보여 준다. '세상'(A/A´)을 비롯해서, '정욕'(C/C´), '썩어짐'(D/D´)의 용어들이 공통으로 사용된다. 다만 1:4에서 함축적으로 포함되었다고 보이는 '더러

Hebraic pleonasm으로 볼 수 있지만, αὐτῶν이 '(타락한) 천사들'(11절)을 가리킬 수도 있고 또는 '짐승들'(12절)을 가리킬 수도 있다.

움'(μιάσματα, B)의 요소가 2:18-20에서는 본문의 표면으로 선명하게 드러났을 뿐이다. 세상에 관한 묘사에 있어서 한 단계 더 적극적으로 묘사한 측면을 보여 주는 것이다. 게다가 1:4에 '썩어질 세상의 정욕 속에 있는 것'을 '피하여'(ἀποφεύγοντας)라는 표현이 있는데, 2:18-20에서도 '피하여'라는 표현이 거듭 나온다.[193] 먼저 18절에서 이미 미혹한 길로 빠져든 자들에게서 겨우 '피한 자들'(ἀποφεύγοντας)이라는 명사형 분사적 표현이 나오고, 20절에서는 세상의 더러움을 '피한 후에'(ἀποφυγόντες)라는 부사적 분사 구문 안에서 표현된다. 더욱 놀라운 점은, 2:20과 1:3-4에서 모두 그리스도를 '안다'는 개념과 그렇게 앎으로써 세상의 썩어짐이나 더러움을 '피한다'는 구조가 그대로 반복되고 있다는 것이다. 이것을 또한 간단한 도표로 그리면 아래와 같다:

2:20	'예수 그리스도'를 '앎으로'(a) - (b) '세상의 더러움'을 '피한 후'에
1:3-4	'우리를 부르신 자'를 '앎으로'(a) - (b) '세상의 썩어질 것'을 '피하여'

이 구절들의 구조가 동일한 것은 말할 필요도 없이 명백하다. 베드로는 같은 내용을 말하고 있는 것이다. '우리를 부르신 자'(1:3) 혹은 '우리 주 되신 구주 예수 그리스도'(2:20)는 앎의 대상이다. 그리고 두 경우 모두 하나님을 '앎으로써'(a, a′) 세상으로부터 '피하게'(b, b′) 된다. 그리고 그 세상의 본질은 2:20에서는 '더러움'이고 1:4에서는 '썩어짐'이다. 결론적으로, 1:4에 기록된 베드로후서가 투사(投射)하는 '세상'(Κόσμος)의 특징들 또한 그런 세상과 거짓 교사들의 관계 그리고 그에 대한 교회의 응답은, 그대로 2:18-20에서 반복되고 또 확대되어 묘사됨을 알 수 있다. 다만 1:4에서는 함축적으로 '더러움'이라는 특징으로 세상을 묘사하는 점과 또한 1:4에는 전혀 등장하지 않았던 거짓 교사들의 행태가 묘사된 점이 다를 뿐이다. 이렇게 보면, 거짓 교사는 세상의 더러움에 종노릇하고 그 더러움을 그들의 가르침과 윤리적 타락의 모습으로 적극적으로 교회

---

193 Kraftchick, *Jude, 2 Peter*, 145, '피한다'는 용어 외에도, 1:3-4의 언어들, '지식'(1:3; 2:20), '약속'(1:4; 2:19), '세상의 썩어짐'(2:20).

안으로 끌어들였다고 할 수 있다. 반면에 1:4에서는, 거짓 교사들이 세상의 더러움으로 성도를 미혹하는 것을 2:18-20에서처럼 직접적으로는 말하지 않았지만 그 배경으로 염두에 두고 우선적으로 교회를 향한 해법을 먼저 제시했다고 할 수 있다.

또 한 가지 놀라운 사실이 있다. 그것은 '약속'에 대한 서로 대조적인 가르침이다. 2:19에서 거짓 교사들은 '자유를 준다'는 '약속'을 한다. 반면에 1:4에서 하나님은 보배롭고 지극히 큰 '약속을'(ἐπαγγέλματα) 주셨다. 대조적으로, 2:19에서 거짓 교사들이 '자유를 준다 하여도'에서 '준다'(개역개정)는 표현은 ἐπαγγελλόμενοι로서 '약속한다'는 의미이다. 이것도 다시 한 번 도표로 명확히 그리면 다음과 같다:

| 2:19 | a' (거짓 교사들이) | b' 자유를 준다는 | c' '약속'한 후에 |
| 1:4 | a (하나님께서) | b '보배롭고 지극히 큰' | c '약속'을 |

먼저 주어의 대조이다. 1:4에서는 '우리를 부르신 자'(3절)가 문맥상 주어이다. 2절에서 '하나님과 우리 주 예수'를 언급할 때도, 예수 그리스도를 통해 성도를 부르신 하나님 자신이 주어이다. 하지만 2:19은 주어가 거짓 교사들이다. 이들은 2장 시작에서부터 바로 '자기들을 사신 주(主)를 부인한' 자들로 소개된 대로, 배도(背道)의 길을 가는 자들이다(2:1). 이들은 하나님께서 하신 것처럼, 그리고 그에 맞서 자기들도 스스로 '약속'을 준다. 하나님의 경쟁자임을 자처한 셈이다. 그러나 그 약속의 내용은 현격히 다르다. 하나님이 주신 약속은 '보배롭고 지극히 큰'(1:4) 약속인데, 이는 '생명과 경건'에 이르게 하는 신적인 능력과 함께 주어졌고, 그들을 '부르신 자를 앎으로 말미암아'(3절) 신적 성품에 참여함으로써 결국 그 썩어지고 더러운 세상을 피하여(4절), '약속하신 의의 거하는 바 새 하늘과 새 땅'에 들어가는 참된 생명과 경건을 얻게 되는 약속이다(3:11-14).

반면에 거짓 교사들이 약속한 것은 무엇인가? 그것은 '자유'(ἐλευθερία)이다. 그들은, 하나님의 '보배롭고 지극히 큰 약속' 곧 하나님 나라의 영원한 생명과 참된 경건에 이르는 약속과는 전혀 다른 가르침을 퍼뜨렸는데, 그것이 '자유'에 관한 약속이었다. 그렇다면 그들이 약속하고 퍼뜨린 '자유'는 무엇일까? 그 내용은 다음 단락에서 다루겠지만, 자유에 대한 그들의 약속이 놓여 있는 문맥은 앞서 논의한 대로 κόσμος의 특징과 구조적으로 긴밀하게 연결되어 있다. 그들은 '더러운 세상'(2:20)처럼 육체의 더러운 정욕 중에서 유혹하며(2:18; 참고. 1:4), 그들 자신은 '썩어지는 세상'(1:4)처럼 스스로도 '썩어짐에 종노릇'하는 자들이다. 이는 애초에, 1장에서 신적 성품에 참여하여 결국 예수 그리스도의 '영원한 나라'에 들어감을 얻는 길 곧, 영원한 생명을 얻는 참된 경건의 길(1:10-11; 3:11-14)과 극명하게 대조된다. 즉 '더럽고 썩어지고 허무한 세상'에 참여하여 그 '옛 세상' 곧 '경건치 않은 세상'(2:5)과 함께 심판과 멸망에 이르는 길이다.

3.2 거짓 교사들의 해석학적 특징들

그렇다면 거짓 교사들이 줄 수 있다고 약속한 '자유'의 내용, 그들의 가르침은 정확히 무엇인가? 중요하게도 이 문제는 그들이 성경을 해석하는 방식과 관련되어 있다. 예컨대 2:19의 '자유'와 관련해서, 거짓 교사들은 아마도 베드로가 3:16에서 염두에 두었던 바로 그 바울서신을 억지로 풀던 자들일 수 있다. 갈라디아서에서도 나오는, '이신칭의'(justification by faith)를 오해한 '오직 믿음주의'(sola fideism)자들과 유사할 수도 있고, 종말의 이미 실현된 측면을 극단적으로 강조해서 바울서신의 일부를 왜곡한 경우와 유사했을 가능성도 있는 것이다.[194] 이처럼 거짓 교사들의 종말과 윤리에 대한 잘못된 교리, 잘못된 가르침들은 성경에 대한 그들의 관점과 그들 나름의 성경 해석 방식과도 밀접히 연결되어 있다. 베드로후서에는 그들의 성경관이나 성경 해석에 대한 이러한 단서들이 곳곳에 퍼져 있다. 예를 들어, 1:16에 '공교히 만든 이야기'는 어떻게 만든 이야기라는 것인가? 또한 2:3에서 탐심을 인하여 '지은 말'은 어떤 의미인가? 또 위에서 언급했듯이 2:19에서 '자유를 준다는 약속'은 어떤 근거에서 했던 것이

---

194 Keating, *First and Second Peter, Jude*, 168-169.

며, 3:16에서 '바울의 서신들을 억지로 풀다가'라는 언급과 무슨 관련이 있는가? 그리고 거짓 교사들에 대한 성경 해석의 결정적인 특징은 1:20에서 베드로가 간접적으로 비난한 '자의적인'(ἰδίας) 해석이라 할 수 있다.

물론 앞서 서론에서도 언급했지만, 서신에 흩어져 있는 성경의 잘못된 해석에 대한 베드로의 지적들이 일관성 있게 연결되어야만 한다든지, 또한 그 일관된 태도의 배경에 정확히 일치시킬 수 있는 특정한 적대자 그룹이 있었다고 확실히 단정하기는 방법론적으로 어렵다. 하지만 베드로는 전반적으로 거짓 교사들에 대해 경고하는 것처럼 잘못된 성경 해석학도 비난하는데, 특히 1:19-21에서 잘못된 성경 해석학을 바로잡고 곧바로 2:1 이하에서 거짓 선지자, 거짓 교사들을 언급하는 문맥은 그런 관련성이 전혀 근거 없는 것이 아님을 입증한다. 그렇다면 거짓 교사들의 그릇된 성경 해석의 특징들에 관한 단서들을 제공하는 본문들을 하나씩 살펴보자. 다만 1:20의 '사사로이' 해석하는 특징은 다른 특징들을 집약적으로 표현한 것으로 판단해서 맨 나중에 살펴보고자 한다.

(1) '공교히 만든 이야기들'(σεσοφισμένοις μύθοις, 1:16)

베드로는 1:16에서 '주 예수 그리스도의 능력과 강림하심'(powerful coming)에 대하여,[195] 수신자 된 교회를 가르친 것은 직접 증인인 사도들의 전통에 의한 것임을 강조한다. 그러면서 주의 재림과 종말에 관한 그 가르침의 내용은 '공교히 만든 이야기들이 아님'을 확실히 한다. 문제는 σεσοφισμένοις μύθοις라는 표현이 '어디서 나왔으며 왜 쓰였는지'이다. 우선 주어진 문장 안에서 이 표현이 반드시 거짓 교사들을 염두에 둔 것이라고 볼 증거는 없다. 즉 적대자와는 상관없이 베드로가 변화산에서 일어났던 사건의 증언을 확실히 강조하기 위해 끌어들인 수사학적 장치일 뿐일 수 있다.[196] 하지만 앞서 논의했듯이, 1:12-21의 문

---

195 '능력과 오심'은 중언법(hendiadys)에 해당한다. '능력으로 오심'의 의미이다. Bauckham, *Jude, 2 Peter*, 215; Green, *Jude and 2 Peter*, 219, Fornberg는 "베드로후서 2:16의 배후에는 인자가 능력과 영광으로 다시 올 것이라는 공관복음서의 예언들이 놓여있다"(마 24:30; 막 9:1; 13:26; 눅 21:27; 참조, 살후 1:7; 계 4:11; 5:12; 17:13; 또한 '영광', 벧후 1:17).

196 Donelson, *I & II Peter and Jude*, 231, 이런 가능성도 열거한다.

맥은 2:1 이하에 나오는 거짓 교사들을 반박하는 해석학적 근거로 제시된 본문임을 감안하면, 해당 표현은 적대자들과 어느 정도 관련이 있다고 볼 가능성도 많다.

그래서 혹시 이 표현은 거짓 교사들의 가르침을 특징짓는 표현으로 쓰였을 수도 있다. 즉 그들은 '신화'(μῦθος)를 꾸며서 쓰는 자들이었다는 것이다. 분명히, 어떤 기독교적 영지주의자들은 어떤 신학적 진리를 설명하는 데 있어서 그런 식으로 꾸며서 말하곤 했다.[197] 원래 μῦθος는 당시 헬라 문화에서는 이방 신들에 관한 전설적인 이야기들을 가리켰다. 신약에서는 목회서신에 다소 등장하는데(딤전 1:4; 4:7; 딤후 4:4; 딛 1:14) 베드로후서 1:16의 경우는 목회서신의 경우와는 다르게 '공교히'(σεσοφισμένοις)라는 표현이 들어 있다. Bigg에 의하면, 이것은 '다소간 진리를 포함한 허구적 이야기' 혹은 '알레고리'(allegorism)처럼 사실보다 영적 해석을 더 중시하는 해석적 경향으로, 베드로전서의 거짓 교사들은 엄밀한 의미에서 '영지주의자들'은 아니며 다만 문자적 의미를 인정하지 않고 영적 의미만을 찾는 해석이었을 것이라 본다. 예컨대, 복음서에서 기적은 사실이 아니고 다만 그것이 갖는 의미가 중요하며, 따라서 종말의 심판도 문자적 사실이 아니며 단지 상징적으로 만들어 낸 어떤 것이라고 보는 해석이다.[198]

하지만 16절의 해당 표현은 직접적으로 베드로가 전해 준 사도적 전통에 근거한 주의 재림과 종말에 대한 가르침 자체이다. 즉 '신화'(myth)로 번역되는 μῦθος는 거짓 교사들의 정체가 영지주의라는 주장의 근거가 되기도 했지만, 이것은 적대자들의 사상을 묘사하고자 저자가 빌려서 쓴 용어라기보다는 거짓 교사들 자신이 사도들을 비난하기 위해 만들어 낸 용어일 가능성이 더 높다는 것이다.[199] 거짓 교사들의 반(反)성경적 종말론의 사상적 뿌리가 무엇인지에 대해서는 불분명하지만, 그들은 종말론적 회의주의를 표방하는 가운데 세상과 심판에 대한 하나님의 주권(sovereignty)을 조롱함으로써, 교회 안에 비윤리적

---

197 C. K. Barrett, "Myth and the New Testament: The Greek Word μῦθος", *ExpTim* 68 (1957): 345-348.
198 Bigg, *St. Peter and St. Jude*, 265-266.
199 Bauckham, *Jude, 2 Peter*, 154-157.

인 부패한 삶을 끌어들이는 근거로 삼았는데,²⁰⁰ 이를 뒷받침하기 위해, 성경에 기록된 종말에 관한 성경 예언의 권위를 끌어내리고자,²⁰¹ 기록된 계시의 말씀을 당시 헬라 문화에서 '이방 신들에 관한 전설 같은 이야기들'을 가리키는 '신화'(μῦθος)라고 비난했을 가능성이 높은 것으로 보인다.²⁰²

결론적으로, 해당 표현은 거짓 교사들이 베드로가 전해 준 종말에 관한 사도적 가르침을 비방할 때 사용했음직한 표현일 것으로 보인다. 특히 주의 재림이나 종말의 심판과 같은 전격적인 신적(神的) 개입의 사건들은, 만일 그 거짓 교사들의 배경이 에피큐리언적인 무신론적 현세주의 사상과 같은 것이었다면 더욱 설득력이 있다.²⁰³ 저들에게 있어서 신은 세상에 관여하지 않는 존재이고 따라서 그들이 최후 심판 때 져야 할 도덕적 책임도 없기 때문이다. 그들의 무신론적인 우주관에 의하면, 사도들의 가르침에 근거한 주의 재림이나 최후의 심판 교리는 만들어 낸 신화처럼 꾸며낸 이야기에 불과하게 보였을 것이다.

하지만 베드로가 천명한 대로, 저들의 주장이 명백히 구약에 기록된 예언이나 사도적 가르침과 같은 성경적 근거에서 떠났다는 사실은 아무리 강조해도 지나침이 없다. 사도 베드로는 여기서 거짓 교사들이 공격의 내용인 '공교히 만든 이야기[신화]를 쫓고 있다'(σεσοφισμένοις μύθοις ἐξακολουθήσαντες, 1:16)는 비난에 대응하기 위해, 주의 재림과 종말의 최종적 심판 사실이 그 자신이 '만들어 낸 것'이 아님을 논증하고 있기 때문이다.

---

200 Green, *Jude and 2 Peter*, 153, "베드로후서에 나타난 도덕적 타락은 그 기원이 주의 재림과 종말의 심판에 대한 교리적 의심과 부인에 기인하는 반면, 유다서의 경우 도덕적 타락은 '은혜 교리'의 남용"이라고 본다.
201 Charles, *Virtue amidst Vice*, 58-59, 베드로는 구약의 예언의 확실성을 '거짓으로 꾸며낸 이야기'와 날카롭게 구분하고 있다. 이런 진짜와 가짜에 대한 인식은 베드로후서가 특히 사도적 권위를 언급할 때 더욱 더 가중이 아님을 입증하고 있다; 참고. E. E. Ellis, *Prophecy and Hermeneutic in Early Christianity* (WUNT 18, Tübingen: Mohr-Siebeck, 1978), 105-106.
202 또한 Donelson, *I & II Peter and Jude*, 231.
203 Adam, "Where is the Promise of His Coming? The Complaint of the Scoffers in 2 Peter 3.4", 114-116; 참고. Green, *Jude and 2 Peter*, 157.

(2) '지어낸 말로'(πλαστοῖς λόγοις, 2:3)

거짓 교사들은 아마도 사도들을 향해서 그리스도의 재림이나 최후의 심판이 '공교히 만든 이야기들'이라고 공격했을 것이다(1:16). 하지만 이제 2:3에서 베드로는 도리어, 거짓 교사들 자신이 스스로 '지어낸 말들'로 성도들을 미혹한다고 받아친다. 문자적으로 '조작된, 만들어진, 속이는'의 의미를 갖고 있는 πλαστός λόγος는,[204] 기독교적 문헌에서는 나오지 않는데, 이방 문헌들을 근거로 했을 때 주로 '가짜로 위조된'(forgery), '꾸며낸 허구적인'(fiction, pretending) 말들,[205] 혹은 '그럴듯하여, 허울만 좋은 말들'(specious arguments)을 가리킨다.[206] 무엇에 근거해서 어떻게 꾸며냈는지는 문맥상 명확치 않지만, 베드로는 그 동기만큼은 명확히 '탐욕으로'(ἐν πλεονεξίᾳ) 인해서임을 폭로한다(2:3). 이들은 탐욕으로 지어낸 말들로 성도를 속여서 결국 '너희로 이(利)를 삼으니'라 했는데, ὑμᾶς ἐμπορεύσονται 라는 표현은 문자적으로 하면, '너희를 상거래(商去來)의 대상으로 삼았다'는 뜻이다. 여기서 ἐμπορεύσονται 가 마치 상인들이 장사하러 다니는 모습을 상기시킨다는 것을 생각할 때 다소 충격적이기까지 하다(약 1:11; 4:13). 즉 이들은 물건을 사고파는 것이 아니라, 성도들을 '사고파는' 거래의 대상으로 삼는 거짓 목자들인 셈이다. 또한 Bigg는 탐욕으로 속이는 말을 지어 성도들을 이익의 대상으로 삼았다는 것은, 거짓 교사들이 교회의 공식 모임을 통해서뿐 아니라 개인적으로도 제자들이나 성도들에게 직접 돈을 갈취했을 것이라 본다. 더구나 스스로 예언자라 하면서 돈을 직접 요구하는 식의 충격적인 모습을 암시한다고 보았다.[207]

그렇다면 거짓 교사들이 사도 전통에 근거한 가르침을 '공교히 만든 이야기'(1:16)라 한 것과 베드로가 그들의 미혹하는 가르침을 '지어낸 말들'(2:3)로 규정한 것은 서로 어떤 관계가 있지 않은가? 그렇게 연관 지을 수도 있지만,[208]

---

204 H. Braun, πλαστός, *TDNT* 6:262; BDAG, πλαστός, 823.
205 Davids, *2 Peter and Jude*, 223-224.
206 Green, *Jude and 2 Peter*, 245.
207 Bigg, *St. Peter and St. Jude*, 274.
208 Jerome H. Neyrey, "The Apologetic Use of the Transfiguration in 2 Peter 1:16-21", *CBQ* 42 (1980): 507-509, 필로(Philo)에서 *plasm-/plast-*어근이 *mythos*와 병행으로 쓰이는 경우를 예로 든다;

드러난 본문상으로는 분명치 않다. 다만 우리가 알 수 있는 것은, 1:16의 경우에 μῦθος가 거짓 교사들의 무신론적 세속주의적 태도를 보여 준다고 할 때, 2:3의 πλαστός λόγος는 한 걸음 더 나아가 단지 스토아 철학이나 에피큐리언적인 세속주의적 철학의 무신론적 입장을 드러낸 정도가 아니라, 본격적으로 탐욕에 사로잡혀 성도마저 이득을 취할 사업의 대상으로 여기고 의도적으로 접근했던 악의적인 모습을 보여 준다는 것이다. 그래서 이들은 교회에 윤리적 부패만 가져온 것이 아니라, '진리의 길'을 훼방하는 자들로 정죄된다. 그들은 단지 탐욕으로 성도들을 돈이 되는 사업거리로 대했을 뿐 아니라, '속이기 위해 지어낸 말들'로 성도들의 믿는 바를 적극적으로 훼방하고 미혹했다는 비난을 받는 것이다.

여기서 '진리의 길'(ἡ ὁδὸς τῆς ἀληθείας)은 구약이나 유대 문헌에 더러 사용되었지만(창 24:48; 시 119:30[118:30, LXX]; *Tob.* 1.3; *Wis.* 5,6), 신약에서는 이곳에서만 사용된 표현으로, 2:15의 '바른 길'(εὐθεῖαν ὁδὸν, 개역개정)이나 2:21의 '의의 길'(τὴν ὁδὸν τῆς δικαιοσύνης)과도 같은 의미이다. 이는 복음에 합당한 삶까지 포함하는 포괄적인 표현으로, 기독교 신앙이 단지 '믿는바 교리들의 총합'이 아니라 '삶의 방식'으로 나타난다는 점이 강조된 표현이다. 또한, 이런 '진리의 길'을 모독한 것은 주로 이방인들에게서 발견된다는 점을 주목할 만하다. 예를 들어, Tacitus는 기독교 신앙을 '치명적으로 미신적인' 것으로 치부했고, 네로 황제 시대에는 기독교 신앙이 '가증스럽고 수치스러운'(hideous and shameful) 것으로 비난받기도 했다(Suetonius, *Nero* 16,2).[209] 이렇듯, '진리의 길'을 훼방하고 모독하는 것은 당시에 전적으로 이방인들의 몫(?)이었지만, 지금 베드로에 의하면, 교회 안에 성도들 사이에 함께 거하고 있는 거짓 교사들과 그들을 따르는 자들은, 교회 밖에서 기독교 신앙의 믿는 바와 행하는 바를 모독하는 이방인들과 다를 것 없는 일을 하고 있다는 점이 충격적인 것이다. 그렇다면 이들이 성도들을 대상으로 장사를 하려고 탐욕으로 지어낸 말들의 내용은 무엇인가? 그

Bigg, *St. Peter and St. Jude*, 265, 2:3의 myth는 '이방 신들에 대한 전설적인 이야기'로서 1:16의 '지어낸 이야기'과도 관련이 있다고 본다(딤전 1:4; 4:7; 딤후 4:4; 딛 1:14).

209 Green, *Jude and 2 Peter*, 244.

들은 어떤 식으로 그런 속이는 말들을 지어냈던가? 본문은 그들의 거짓된 가르침이 '진리의 길', 복음의 내용과 그에 합당한 경건의 길을 대적했다는 것과 그럼으로써 진리 곧 성경의 가르침을 떠났다는 것만을 명확히 한다. 그 내용과 근거는 베드로후서 전체 문맥 안에서 추정할 수밖에 없는데, 2:19에서 저들이 '자유를 준다고 약속'했다든지 3:16에서 바울서신을 비롯한 성경을 억지로 풀어서 왜곡했다는 언급들은 그 배경을 추측하는 데 도움을 준다.

(3) '저들에게 자유를 약속하며'(ἐλευθερίαν αὐτοῖς ἐπαγγελλόμενοι, 2:19)

만일, 베드로가 서신서 전반에 걸쳐 적대자들에 대해 언급한 내용들이 일관성 있는 배경을 갖는다면, 2:3에서 성도들을 윤리적 타락으로 이끌고 믿는 바의 도리와 경건의 삶을 훼방하는 그들의 '지어낸 말들'은 2:19의 '자유를 약속하는' 거짓 가르침과도 관련이 있는 것으로 볼 수 있다. 설사 그렇지 않더라도, '자유를 약속하는' 그들의 거짓말은 그들의 성경 해석과 관련하여 흥미로운 단서가 아닐 수 없다. 그렇다면 그들이 약속한 '자유'의 내용은 무엇인가? 거짓 교사들이 약속했던 '자유의 내용'은 그들의 정체성과 긴밀하게 연관된다.

초기의 베드로후서 주석가들은, 거짓 교사들이 약속한 '자유'는 '율법, 특히 도덕법으로부터의 자유'를 의미하는 것이며 저들은 주로 바울의 가르침을 왜곡한 자들로 생각했다(3:16).[210] 또한 거짓 교사들의 배경으로 영지주의를 지목했던 경우에, 이 '자유'는 천사와 같은 영적 존재들(archons)이나 조물주들(demiurges)로부터의 자유를 의미한다고 보기도 했다.[211] 한편으로 이들이 약속했던 자유를 '정치적 자유'로 보는 경우도 있지만,[212] 대부분은 거짓 교사들이 신(神)의 심판과 도덕적 책임으로부터의 자유를 약속한 것으로 보고, 에피큐리

---

210 Bigg, *St. Peter and St. Jude*, 286; Kelly, *The Epistle of Peter and of Jude*, 346; Fornberg, *Study of 2 Peter*, 106-107.
211 Bauckham, *Jude, 2 Peter*, 275을 참고하라.
212 Reicke, *James, Peter and Jude*, 169, 여기서 '자유'는 "정치적 자유이다. 그 이단들은 정치적으로 과격했고 당시 로마 제국에서 사회적 불안정을 야기시키는 일에 매우 능수능란했다."

언적인 배경에 초점을 맞춘다.[213] Neyrey는 그들이 약속한 '자유'가 그레코로만 세계에 있어서, "에피큐리언적인 자유 즉, 사후 세계와 심판을 부인하며, 이런 교리들이 야기하는 긴장으로부터의 자유"(Lactantius, *Div. Inst.* 3.17)를 가리킨다고 보았다.[214] G. Green은 만일 이들이 에피큐리언들이라면, 설명이 훨씬 쉬워진다고 말하면서, "에피큐리언들은 신들이 인간사에 관여하지 않는다고 보았고, 최후의 정의가 세워지는 날이 오지 않는 이유는 최후의 심판이란 존재하지도 않기 때문인데, 이는 심판의 두려움으로부터의 자유"를 주었다고 보았다.[215] 마찬가지로 Vögtel에 의하면, 저들은 "최후 심판의 두려움으로부터의 자유를 약속했다. 그것은 또한 전통적인 도덕적 의무로부터의 자유를 뜻했다"고 단언한다.[216] 만일 최후의 심판이 없다면, 도덕적 의무와 책임도 없어지는데, 거짓 교사들의 보여 주는 태도들은 이와 같다는 것이다.

하지만 앞서, 에피큐리언 철학의 다양한 주장들을 고려하면, 거짓 교사들의 정체가 에피큐리언이었다는 것은 확정적이지 않다. 더구나 그들이 에피큐리언의 영향을 받았으면서 동시에, 바울이 율법에 대해 말한 바를 왜곡하여 '율법에 대한 자유'에 근거한 자유, 육체로부터 자유한 영적인 자유로 오해했을 가능성도 있다(참고. 롬 6:15-22).[217] 이런 면에서, Thomas R. Schreiner는 '자유'를 약속한 거짓 교사들의 주장은 바울 복음을 왜곡한 것과 에피큐리언을 따른 것이 서로 뒤섞인 모양새라고 보기도 하는 것이다.[218] 하지만 거짓 교사들의 정체에 관한 추정보다 확실한 것은, 그들이 약속한 '자유'가 2:19 문맥에서 주로 도덕적인 법과 책임으로부터의 자유였다는 점과 이런 도덕적 방임주의가 종말의 심판에 대한 그들의 회의주의(skepticism)와 연관되어 있다는 사실이다. 또한 흥미

---

213 Davids, *2 Peter and Jude*, 246-247; 또한 Bauckham, *Jude, 2 Peter*, 275; Moo, *2 Peter, Jude*, 148-150; Erland Waltner and J. Daryl Charles, *1-2 Peter and Jude* (Philadelphia: Herald Press, 1999), 239.
214 Neyrey, "The Form and Background of the Polemic", 418.
215 Green, *Jude and 2 Peter*, 297.
216 Vögtel, *Der Judasbrief, der zweite Petrustrief*, 206.
217 Bigg, *St. Peter and St. Jude*, 286.
218 Schreiner, *1, 2 Peter, Jude*, 359; 또한 David G. Horrell, *The Epistles of Peter and Jude* (London: Epworth, 1998), 171.

로운 사실은, 당시 그레코로만 문화 속에서 '자유의 약속'이란, 철학적으로 어떤 특정한 학파의 주장이 아니라, 상당히 일반화된 논제였다는 점이다.

즉 에피큐리언뿐 아니라, 스토아 철학자들, 그리고 회의주의자들 모두가 인간의 자유를 논했으며 같은 것을 약속했다. 우선적으로, '자유의 약속'은 당시 헬라 세계 속에서 오래도록 정치적인 구호였다는 점을 기억할 필요가 있다. 로마가 그리스의 마케도니아 장악을 무너뜨렸을 때, Flamininus는 그리스의 자유를 선포했는데(주전 196년), 그는 '그리스의 구주요 왕'(Plutarch, Titus Flamininus 10.3-5; 9.5)으로 불렸다. 또한 지중해 문화권에서 가장 근본적인 사회적 신분의 차이는 '자유인'과 - 그가 태어나면서부터 자유인이었든지 아니면 자유인의 신분을 취득했든지(liberti) - 노예의 구분이었다는 점도 고려해야 한다. 그러므로 '자유-노예'라는 구분은 당시 세속 사회에서 가장 흔하고 또 첨예한 가치 기준이었다. 이렇게 보면, 사실 그 시대에 '자유'를 약속하지 않았던 영향력 있는 철학, 사조, 지도자는 없었던 것이다.[219]

예컨대, Lucian은 자유에 이르는 길로 철학을 제안했다: "우리는 철학과 철학이 주는 자유를 칭송하건데, 그것은 통상 대중적으로 복이라 불리는 부와 평판, 지배와 영예, 화려한 옷과 금을 조롱하기 위함이기도 하다"(Nigrinus 4). 또한 Seneca는 자유를 특징적으로 스토아 철학의 용어로 정의한다: "그대는 자유가 무엇인지 아는가? 그것은 사람이든지 신이든지 아무도 두려워하지 않는 것을 의미한다. 그것은 사악함이나 과도함에 탐닉하지 않음을 의미한다. 또한 그것은 자기 자신에 대한 압도적인 통제력을 갖는 것을 뜻한다. 그리고 그것은 자기 자신의 주인이 되기 위해 그 가격을 매길 수 없을 만큼 값지고 좋은 무엇이다"(Ep. mor. 75.18). 한편 스토아학파의 Epictetus는 자유를 '선'(善) 중에서도 가장 중요한 자리에 놓았다. "당신은 선(善)이란 도대체 어떤 종류의 것이라고 상상하는가? 평정심, 행복감, 제한으로부터의 자유 ⋯ 인생을 위해 어떤 것에서 평정심을 구해야 하는가? 어떤 제한에서 자유를 얻어야 하는가? 어떤 것에서 종이며, 또한 어떤 것에서 자유한가?"(Disc. 3.22-39-40) 그리고 Epictetus는 그

---

219 Green, *Jude and 2 Peter*, 298.

의 가난을 바라보면서 이렇게 말했다: "아직 내게는 무엇이 부족한가? 나는 고통과 두려움에서 자유하지 않은가? 그렇다면 나는 자유한 것이 아닌가?"(Disc. 3.33.48) 당시 에피큐리언들은 근본적으로 유물론적 철학을 갖고 있었다. 세계는 원자들의 우발적인 조합이라는 생각을 발전시켰고 이것은 의지의 자유의 가능성을 열게 되었다. Luctretius는 자유를 에피큐리언 철학의 근간으로 보았기에, "자유는 자족의 가장 큰 열매이다(*Sententiae Vaticanae* 77; 참고. Cicero, *Fat.* 10.23)라고 말했으며, Diogenes는 죽음의 공포로부터의 자유를 언급한다(Laertius, *Lives* 10.133).[220] '자유'는 실로, 당시 그레코로만 철학과 문화에 있어서 지배적인 주제였다. 이런 사회 문화 속에서, '자유의 약속'이란, 대부분이 노예들이거나 소작농, 여행자, 임시 거주 외국인 신분인 그리스도인들 사이에서, 얼마나 매혹적인 약속이 되었을 것인가? 그리고 복음이 하나님 중심, 그리스도 중심의 참된 '자유'를 선포했던 것도 바로 이러한 정치적, 사회적, 문화적 배경에서였다는 점도 중요하다(요 8:31-36; 롬 6:5-23; 고전 7:20-24; 갈 5:13; 벧전 2:16). 그러나 복음이 약속한 자유는, 하나님을 배제하거나 윤리적 방임주의를 가르치는 것이 아니었다. 즉 하나님의 주권적 심판의 사실과 복음을 통해 자유를 얻은 자라도 윤리적 의무와 책임에서 벗어나는 것이 아니라는 점은 사도적 전통이 거듭 강조하는 부분이다.

하지만 베드로후서의 거짓 교사들은 바로 이러한 세속적인 '자유' 개념을 등에 업고, 바울서신에 호소하면서 그 진의(眞意)를 왜곡하고, 하나님도 없고 윤리도 없는 자유를 약속한 것이다.[221] 그래서 거짓 교사들의 '자유의 약속'은 하나님의 주권적 통치가 배제된 '우주론'이 있어야 가능한 윤리학이다. 그들은 종말이 없고, 심판이 없으며, 하나님이 이 세상에 관여하지 않는다고 주장한 것이다. 이렇게 보면, 거짓 교사들의 행태, 가르침, 해석학은 그 역사적 배경이 무엇인지

---

220 Green, *Jude and 2 Peter*, 298.
221 Reese, *2 Peter and Jude*, 159, "자유를 준다는 이들의 약속이 신뢰할만하지 못하는 이유는, 그들의 삶과 성품 때문이다. 베드로후서 1:4에도 약속이 언급되어 있다. 예수는 영광과 함께 도덕적 품성을 갖고 있지만, 거짓 교사들은 속임수와 사기, 그리고 헛된 말들로 가득하다"; Keating, *First and Second Peter, Jude*, 168-169, 3:16을 고려하면, 거짓 교사들은 아마도 바울서신을 억지로 풀면서, 자신들이 이미 자유를 얻은 자들이라고 자랑하고, 또 스스로 그런 자유를 줄 수 있다고 속였던 것 같다(갈 5:13; 마 12:45).

는 확정하기 어렵지만, 서신에 나타난 특징들을 연결하면, 부정적이지만 나름대로 매우 조직적이고 체계적인 일관성을 갖고 있다는 생각이 들게 한다. 거짓 교사들은 매우 세속적인 사조를 따르며, 동시에 같은 방식으로 교회 안에서 회람되고 인정되었던 사도적 가르침이나 바울서신의 가르침을 왜곡했다고 볼 수 있다. 베드로는 그들의 거짓 가르침과 윤리적 부패를 2장에서 묘사하기 직전에, 그들의 해석학적 오류를 1:19-21에서 강력하게 규탄하고, 그것을 서신의 문학적 구도로 의도한 것이다.

(4) '억지로 풀다가'(στρεβλοῦσιν, 3:16)

거짓 교사들이 과연 어떻게 성경을 해석했는지에 대한 단서가 나오는 곳이 3:16이다. 그들은 분명히 주의 재림과 종말의 심판을 의심하고 조롱했으며(3:3-4), 동시에 거짓된 자유를 약속함으로써 성도들을 미혹에 빠뜨렸다(2:19). 그리고 그들이 그렇게 할 수 있었던 것은 먼저 그들을 구속하신 '주를 부인했기'(2:1) 때문이다. 그들의 배경에는 무신론적인 세속주의 사상이 있었겠지만, 3:16의 본문은 그들이 교회 안에서 설득력을 얻기 위해 바울의 서신들을 왜곡했다는 가능성을 보여 준다. 하지만 이런 묘사들 속에서, 거짓 교사들이 바울의 서신들을 어떻게 어떤 식으로 오해하고 남용했는지 정확히 알 길은 없다. 어떤 주석가들은, 후에 영지주의자들이 바울서신을 오용하여 반율법주의와 실현된 종말론에 치우친 해석을 했다고 주장하기도 한다.[222] 후기 영지주의자들은 확실히 바울의 '은혜의 교리'를 그들의 무법한 '반율법적 관점들'을 정당화하는 일에 사용했다.[223]

이처럼 거짓 교사들이 바울서신의 '은혜'나 '자유'에 관한 본문들(롬 3:8; 3:21-27; 4:15; 5:20; 8:1-2; 고전 6:12; 갈 5:13; 고후 3:17)이나,[224] 종말에 대한 가르침(살후 2:2-3:2; 딤후 2:17-18) 혹은 부활에 대한 가르침(고전 15장)을 왜곡했을 가능

---

222 Donelson, *I & II Peter and Jude*, 284.
223 Pagels, *The Gnostic Paul*, 66-67; Davids, *2 Peter and Jude*, 305.
224 Bauckham, *Jude, 2 Peter*, 306, 332.

성도 있다.²²⁵ 즉 부활이란 이미 회심 때 일어났으며, 육체적 부활이 아니라 죽을 때 일어나는 영적인 부활이라는 식으로 해석했을 수도 있고, 최후의 심판이 이미 지나갔다는 식으로 실현된 종말론을 극단적으로 주장하는 가르침이었을 수도 있다. 하지만 베드로후서의 본문은 부활이나 실현된 종말론에 대해서 그렇게 많은 말을 하지 않는다. 또한 거짓 교사들의 배경이 영지주의자들이었는지, 에피큐리언적이었는지에 대해서도 결정적인 단서를 제공하지는 않는다. 다만 3:1-4이나 2:1-2, 13-14, 19-20에서처럼, 거짓 교사들이 주의 재림과 종말의 심판을 부인했으며 이에 기초해서 '자유를 준다는 약속'을 통해 도덕적 해이와 부패를 조장했으리라 짐작할 수 있을 뿐이다.

오히려 분명한 것은 그들이 '억지로 풀었다'고 한 성경 해석의 방식에 있다. 이것은 무슨 의미인가? 문자적으로 여기서 '왜곡한다'는 표현은, '고문한다'(torture)는 뜻도 있고, '비튼다(twist), 거짓된 의미를 가져온다'는 뜻도 있다 (삼하 22:27, LXX).²²⁶ 우선 거짓 교사들이 성경을 왜곡할 수밖에 없었던 것은 그들이 '배우지 못한 자들'(οἱ ἀμαθεῖς, 3:16)이었기 때문이고, 더 적극적으로는 그들 '자신의 정욕으로' 인해서였다고 할 수 있다. 즉 이들은 바른 사도적 가르침을 받을 기회가 있었어도 이를 거부하면서 자신들의 탐욕에 복종한 것이다. 하지만 이들이 바울서신의 어떤 부분을 어떻게 해석했기에 '억지로 풀었다'고 했는가? 본문은 이 질문에 대해 그리 많은 것을 이야기해 주지 않는다. 하지만 우선, '억지로 푸는' 성경 해석 방식이 거짓 교사들과 그들을 따르는 자들이 행했던 성경 해석 방식이었음은 분명하다.

대부분의 주석가들은 여기서 '무식한 자들과 굳세지 못한 자들'이, 2:1-22의 거짓 교사들, 3:2-4의 '조롱하는 자들'과 저들을 따르는 자들을 포함한다고 생각한다. 2:14에는 거짓 교사들이 '굳세지 못한(ἀστηρίκτους) 영혼들을 유혹하는' 모습이 함께 나오며, 1:12의 '진리에 섰으나'(ἐστηριγμένους)라는 표현에서도 그

---

225 Gale Z. Heide, "What is New about the New Heaven and the New Earth? A Theology of Creation from Revelation 21 and 2 Peter 3", *JETS* 40/1 (1997): 52. 거짓 교사들이 세상의 종말에 대하여 στοιχεῖα와 관련된 바울의 언급들(갈 4:3; 5:1; 골 2:8, 20)을 억지로 풀려 했을지 모른다고 추측한다.
226 Green, *Jude and 2 Peter*, 340-341; Davids, *2 Peter and Jude*, 305.

개념이 간접적으로 나타난다.[227] 이렇게 보면, '굳게 서지 못한 자들'이란, 사도들에게 가르침을 받았으나 그 진리에 아직 굳게 서지 못한 자들이요,[228] 그들의 지식은 아직 신적 성품에 참여할 만큼 깊지 못해서(1:4-11), 거짓 교사들에게 쉽게 노략거리가 되고 있다. 그러니까 3:16에서 베드로가 '배우지 못한 자들'과 '굳세지 못한 자들'의 두 그룹을 언급한 것은 거짓 교사들과 그들을 따르는 제자들 모두를 명시한 셈이다.[229] 이는 뒤이어 나오는 17절을 통해서도 뒷받침된다. 17절은 두 부분으로 되어 있는데, 먼저 뒷부분은 '굳센 데서' 떨어질까 조심하라는 것이고, 앞부분은 '무법한 자들'이라고 표현되었다. 이런 묘사는 바로 앞 절 16절에 나오는, '무지한 자들'과 '굳세지 못한 자들'을 떠올리게 하며 바로 연결된다. 더 구체적으로 17절의 '무법한'(ἀθέσμων) 자들은 16절의 '무지한 자들'(ἀμαθεῖς)을 다시 받아 한 말이고, 17절의 '굳센 데서 떨어질까'(ἐκπέσητε στηριγμοῦ)는 16절의 '굳게 서지 못한'(ἀστήρικτοι) 자들을 그대로 받는다. 또한 17절에서 굳세지 못한 자들은 무법한 자들에게 '이끌린다.'[230] 이렇게 보면, 베드로는 16-17절을 통해서, 무지한 자들이란 무법한 자들이며, 이들이 곧 거짓 교사들이고, 이 거짓 교사들이 미혹하여 그들을 따르게 만든 자들을 '굳세지 못한 자들'로 표현하는 것으로 보인다.

하지만 3:16에서 주된 초점은 '무식한, 훈련되지 못한 자들' 곧 거짓 교사들을 향해 있다. 그들을 따르는 '굳세지 못한 자들'은 간접적으로 '사랑하는 자들아'(14절)는 호칭 속에 속해 있기 때문이다.[231] 여기서, '무식한 자들'(οἱ ἀμαθεῖς, 개역개정)이라는 표현은 정확히 번역하면, '배우지 못한(unlearned) 즉, 훈련받지 못한 자들'이라는 뜻이다. 단순히 무엇을 모르는 상태에 있는 것이 아니라, 배

---

227 Green, *Jude and 2 Peter*, 210, 여기서도 '진리'는 '복음의 진리'를 가리킨다(참조. 갈 2:5, 14; 엡 1:13). 사도들과 선지자들에 의해 증거된 복음의 진리이다(16-21절; 또한 '진리의 말씀', 엡 1:13; 딤후 2:15; 약 1:18; 5:19; 골 1:5-6); 또한 '진리의 오심'이라는 표현에서처럼 복음의 진리의 중심은 예수 그리스도의 오심이다.

228 Davids, *2 Peter and Jude*, 304-305.

229 Green, *Jude and 2 Peter*, 339-341.

230 Kraftchick, *Jude, 2 Peter*, 142.

231 Davids, *2 Peter and Jude*, 305, 3:15-16에서 염두에 두고 있는 자들은, 2장에서 거짓 교사들에 의해 희생된 성도들이거나(2:14, 18), 3장에서 '조롱하는 자들'에 의해 미혹된 성도들이 아니라, 도리어 그 거짓 교사들 혹은 조롱하던 자들 자신이라고 할 수 있다.

워야 할 것을 배우지 못하고, 훈련받아야 할 것을 훈련받지 못한 상태를 가리킨다.[232] 거꾸로 말하면, 성경 해석이란 단순히 마음대로 읽고 해석할 수 있는 것이 아니라, 마땅히 하나님의 성령과 사도들과 전통으로부터 배워야 하고, 계시를 계시로 다룰 수 있는 훈련이 필요하다는 의미이다. 이 '배우지 못한 자들'은 이런 사도들의 가르침과 전통에서 벗어나 자신들이 주체가 된 성경 해석을 감행했음을 엿볼 수 있는 대목이다. '억지로 푸는' 성경 해석의 주체가 되는 οἱ ἀμαθεῖς의 의미를 이렇게 푸는 것은 16절의 전후 문맥을 포함한 베드로후서의 본문들이 충분히 지지해 줄 수 있는 해석이다.

예컨대 3:1-4의 문맥에서도, 3-4절에서 주의 강림하심을 의심하고 조롱하는 자들을 언급하는 것은, 1-2절에서 '거룩한 선지자들'에 의해 예언된 말씀과, '너희의 사도들'(τῶν ἀποστόλων ὑμῶν)을 통해 주신 '주요 구주의 계명'(ἐντολῆς τοῦ κυρίου καὶ σωτῆρος)에 근거한 말씀이라는 사실을 극명하게 대조시킨다.[233] 여기서 선지자들이나 사도들은 모두 예언의 말씀의 수단이요 통로로, 선지자들은 '거룩한' 자들이고 또한 사도들은 '주요 구주'께서 보내신 자들임이 선명하게 밝혀져 있다. 이런 강렬한 대조는, 3-4절의 거짓 교사들이 전혀 거룩하게 구별된 자들도 아니고, 주요 구주이신 예수 그리스도에 의해 보냄을 받은 자들도 아니며, 사도들에게 전해들은 자도 아님을, 그래서 전혀 뿌리도 근거도 전통도 없는 자들임을 대조적으로 밝혀내는 것이다. 또한 이들은 3절에서 말하는 대로, '자기 자신들의 정욕을 좇아 와서'(τὰς ἰδίας ἐπιθυμίας αὐτῶν πορευόμενοι) 성도들을 노략질하는 자들인데, 저들이 '온다'는 뜻의 πορευόμενοι은 단지 그들이 '도래했다'는 뜻 외에도, 2:19에서 거짓 교사들이 마치 성도들을 대상으로 상거래를 하듯 접근해서 사업을 하는 모양새를 표현한 ἐμπορεύσονται처럼 불순한 동기로 접근하는 방식을 함축적으로 표현한다(약 1:11; 4:13).[234]

또한 베드로는 거짓 교사들이 바울의 서신들이나 성경을 자신들의 정욕을

---

232 Arichea and Hatton, *The Letter from Jude and The Second Letter from Peter*, 164를 참조하라.
233 Bauckham, *Jude, 2 Peter*, 289, '의도적인 반제'(deliberate antithesis)로 본다.
234 대부분의 주석가들이 놓치고 있는 부분이다; Bigg, *St. Peter and St. Jude*, 291; Bauckham, *Jude, 2 Peter*, 289, 다만 유다서 16, 18절과의 연관성만 지적한다.

따라(참고. 3:3) '억지로 푸는' 혹은 자신들의 정욕의 만족에 봉사하도록 그 원래의 의미를 '비틀어 푸는' 식의 해석을 하는 반면에 '우리 사랑하는 형제' 사도 바울의 서신들은,[235] '그 받은 지혜대로'(κατὰ τὴν δοθεῖσαν αὐτῷ σοφίαν) 교회에게 쓴 것임을 천명한다(3:15). 여기서 '받았다'(δοθεῖσαν)는 표현과 '지혜'(σοφία)는 모두 그것이 하나님께로부터 온 것임을 명확히 밝히는 표현들이다.[236] 바울이 그 말씀들을 '받았다'는 것은 그 가르침의 기원(origin)이 사람이 '스스로' 만들어 낸 것이 아니라 하나님 자신이라는 사실을 알려주며, '지혜'라는 표현은 종종 인간의 잘못된 정욕에 따른 무지와 어리석음과 대조되는, 하나님께로부터 혹은 하늘로부터 오는 하나님의 뜻을 가리킨다(약 1:5; 3:13-18; 참고. 엡 1:17; 골 1:9).

이로써 Neyrey가 옳게 지적한 것처럼, 베드로는 "자신이 '바울 역시 그러한 것처럼(고전 9:17; 갈 2:7; 살전 2:4; 고전 3:10; 15:10; 고후 10:8; 13:10), 공동체 중심의 인격'(Group-oriented personality)을 가진 사람이며, 영예와 권위를 존중하는 성향"을 가졌음을 보여 준다. 바울은 자신이 자신을 스스로 천거하지 않는다. 하나님께서 그에게 명하시고 또한 다른 사도들에 의해 인정받은 것을 말한다. 베드로 역시 마찬가지이다.[237] 예수께서 주신 권위에 대해 언급하며(1:14), 하나님의 예언적 영감을 말한다(1:20-21). 그러므로 공동체에 기원하는 사람은 하나님으로부터 그 근거를 찾으며 하나님을 영예롭게 여기는 자들을 또한 영예롭게 여겨야 한다는 것이다. 즉 베드로가 거짓 교사들의 주장을 반박하는 방식은, 종말에 관한 가르침이 사도들의 전통에서 일치된, 단일한 입장이라는 것이다. 즉 계시를 담보한 공동체의 일관되고 유일한 가르침이라는 권위를 의지하여 해결하고 있다.

235　Donelson, *I & II Peter and Jude*, 283, 여기서 '우리 형제 사도'라는 표현만으로, 기록 시기를 추정할 수는 없다; Neyrey, *2 Peter, Jude*, 249-250, 바울의 서신들이 모아진 것은 1세기 말이었다고 본다(Jack Finegan, "The Original Form of the Pauling Collection", *HTR*, 1956, 85-86). 하지만 그 이전에서 부분적으로 모아져서 회람되었을 것이다(Gamble, "The Redaction of the Pauline Letters", 417); Green, *Jude and 2 Peter*, 339- 341, 초대 교회 당시 서신의 사본을 만들고 수집하는 일은 매우 흔한 일이었다(E. Richard). 16절에서 바울서신 모음집을 1세기 말, 최종 형태로 볼 근거가 전혀 없다.

236　Donelson, *I & II Peter and Jude*, 283.

237　Neyrey, *2 Peter, Jude*, 249-250.

그래서 저자는 공동체가 함께 담지하고 있는 전통에 호소한다. 베드로는 사도들과 함께 자신이 정통임을 언급한다(1:16-18). 그리고 공동체 전체가 인정하는 권위에 호소한다(3:1).[238] 예수님의 재림에 관해서는 초대 교회 공동체의 일치된 하나의 전통이 있다. 그래서 종말에 관한 이러한 일치된 전통적 가르침(3:12-14)을 '조롱하는' 거짓 교사들은 동시에 바로 그 전통의 기준에 의해 단번에 거부되는 것이다.[239] 이렇듯 3:1-4뿐 아니라 3:16에서도, 베드로가 거짓 교사들을 반박할 때 자기 자신의 주장과 논리를 근거로 하지 않고, 바울을 포함한 사도들 전체의 일치된 전통, 사도들의 조화롭고 일치된 증언들과 가르침의 전통을 근거로 한다는 사실은 매우 결정적인 전략이 된다. 이렇게 함으로써, 거짓 교사들의 가르침은 예수 그리스도의 가르침을 보존한 사도 전통에서 제외되며, 그럼으로써 교회 공동체가 받아서는 안 되는 가르침으로 전락하게 되기 때문이다. 그러므로 3:15-16은 초대 교회에서 정경과 또한 종말에 관한 가르침에 관한 한, '조화의 원리'(harmonizing tendency)가 작동하는 것을 볼 수 있다.[240] 또한 사도들의 가르침도 그 일치됨을 기초로 전통의 권위를 주장하는 '조화의 해석학'이 원칙이었음을 알 수 있다.

(5) '사사로이 푸는 것'(ἰδίας, 1:20)

하지만 '가르침을 받지 못한 자들'(οἱ ἀμαθεῖς)에 관련해서 이보다 중요한 사실은, 3:3에서 '자기 자신의 정욕을 좇아' 구약에 기록된 예언들과 주께서 사도들을 통해 가르치신 말씀들을 의심하고 조롱한 원인이 되는 '자기 자신의'(ἰδίας)라는 특징적인 표현에서 찾을 수 있다. 거짓 교사들의 출발점은 기록된 예언의 말씀이 아니다. 주요 구주이신 예수 그리스도의 말씀도 아니다. 또한 주께서 사용하신 사도들의 가르침도 아니다. 그들은 사도들의 가르침을 '배우지 못한 자들'이다. 그래서 이 거짓 교사들은 완전히 자기 스스로의 권위로 말

---

238 Neyrey, *2 Peter, Jude*, 250.
239 Green, *Jude and 2 Peter*, 349-350.
240 Karl-Wilhelm Niebuhr, "James in the Minds of the Recipients", 52-53; Konradt, "The Historical Context of the Letter of James", 112.

하고, 모두에게 존중받는 지도자로부터 배운 것을 말하지 않는다(행 22:3; 또한 요 7:15). 그들은 자신들의 권위로 말하는데, 베드로가 '배우지 못하고 굳세지 못한 자들'이라 할 때, 바로 이 점을 지적하는 것이다. 그들은 교회의 전통 밖에 서 있으며 공동체의 신앙 고백을 저버린다(2:3; 3:4, 9).[241] 이들이 '자기 자신의 정욕을 따라' 바울의 서신들과 또 다른 성경들을 왜곡한 것이다.

그들의 거짓 가르침은 그들 자신의 정욕에서 나온 것이다. 여기서 ἰδίας라는 표현은 그래서 거짓 교사들을 묘사하는 결정적인 특징이 된다. 흥미롭게도 베드로가 2장에서 거짓 교사들의 부패한 교리와 윤리에 대해 낱낱이 소개하기 전, 그들의 성경 해석의 잘못된 점을 간접적으로 지적하는 1:19-21에서도 그들의 가장 큰 특징을 '자의로 해석하는'(ἰδίας ἐπιλύσεως) 태도에서 찾은 것은 결코 우연이라고 할 수 없다. 여기서도 ἰδίας는 그들이 하나님이 아니라 자기 자신을 성경 해석의 근거로 삼는다는 점을 폭로하기 위해 사용된 단어이다. 이런 강조점은 3:16에서, 그들이 성경을 '억지로 풀다가' 결국에는 '그들 자신의 멸망'에 이른다는 표현에서도 나타난다. 여기서 '그들 자신의'(τὴν ἰδίαν αὐτῶν)라는 표현은 강조된 것으로, 거짓 교사들이 사도적 전통을 배우지 않은 것을 폭로하는 것이다.[242]

거짓 교사들이 성경을 '억지로 푸는' 것 즉, 그들 '스스로 자의로' 해석하는 것은 역설적으로 결국 '그들 자신의 멸망을'(τὴν ἰδίαν αὐτῶν ἀπώλειαν) 초래하게 될 뿐이다(3:16; 참고. 2:1-2; 3:7).[243] 이렇게 보면, 3:16에서 말한 대로 거짓 교사들이 본문의 의미를 억지로 비틀게 되는 이유는 '자의로' 해석하려는 의지, 곧 자기 자신의 정욕을 채우는 식으로 성경을 풀어야 하기 때문이다. 베드로는 종말과 구원 혹은 윤리적 문제에 대해 거짓 교사들이 바울서신의 어떤 부분을 '비틀어서 풀었던'(3:16) 이유는 근본적으로 그들의 '자기 자신'(1:19; 3:3)의 정욕에 근거했기 때문이라고 보는 셈이다.

이렇게 성경 해석은 또 다시 그 해석자의 성품과 깊은 관련을 맺는다. 그래

---

241 Neyrey, *2 Peter, Jude*, 249-250.
242 Davids, *2 Peter and Jude*, 308.
243 Davids, *2 Peter and Jude*, 305.

서 베드로는 1장에서 하나님을 앎으로써 꾸준하고 지속적으로 신적 성품에 참여하는 것이 거짓 교사들의 '자의적인 해석'과 '왜곡된 해석'에 따른 거짓 가르침과 부패한 윤리적 미혹에 휘둘리지 않을 수 있는 결정적인 해답이라고 본 것이다. 또한 반대로, 베드로는 3:16에서 성경을 '억지로 푸는' 것이 결국, 거짓 교사들 '자신의(ἰδίας, 3:3) 정욕'에 봉사하기 위함인데, 그것은 역설적으로 도리어 '그들 자신의(ἰδίαν, 3:16) 멸망'을 초래하는 짓이 될 뿐임을 명확히 하고 있다.

3.3 '사사로이(ἰδίας) 푸는' 일과 '기다림'의 해석학(1:19-21)

이렇게 거짓 교사들의 성경 해석의 결정적인 특징이라고 할 수 있는 '사사로이, 자의적으로' 푸는 해석법을, 베드로는 거짓 교사의 전모를 밝히는 2장이 시작되기 직전인 1:19-21에서 철저히 해부하고 전략적으로 그 근본 원리부터 훼파하고 있다. 종말에 관한 기록된 예언의 지위와 성격이 무엇이며, 그 말씀을 해석한다는 것은, 거짓 교사들이 하는 방식과 어떻게 다르며 어떻게 달라야 하는지에 대해 명확한 해법을 제시함으로써 2:1에서 거짓 선지자들과 거짓 교사들이 어떻게 이미 계시로서의 성경관이나 그에 합당한 성경 해석법에서 분리되어 있는지를, 그들의 기반부터 허물면서 시작하는 것이다. 그렇다면 1:14-21의 문맥에서, '사사로이'(ἰδίας) 성경을 해석한다는 것은 무엇이며, 베드로는 이에 맞서 어떤 성경 해석법을 제시하고 있는가? 먼저 베드로는 거짓 교사들이 주장하는 두 가지 핵심적인 주장들을 염두에 두고 논증을 전개한다.

그것은 16절에 집약적으로 나타나 있는데, 첫째는 자신이 사도들의 전통을 따라 수신자 된 교회에게 가르친 주의 재림과 종말에 대한 내용이 '공교히 만든 신화들'(σεσοφισμένοις μύθοις)이라는 비난에 대한 답변이다. 베드로는 이에 대해 근본적으로, 그것은 신화와 같이 지어낸 이야기들이 아니라 하나님의 계시에 의해 기록된 확실한 말씀에 근거한 것이라고 변호한다(21절). 둘째는, 이렇듯 기록된 구약의 예언에 대한 변화와 연결된 것으로, '어떻게 주의 재림과 종말의 사실에 대해 확신을 가질 수 있는가'의 문제이다. 거짓 교사들은 명백히 주의 재림과 종말의 심판을 의심하고 조롱하였다(3:3-4). 베드로는 어떻게 아직 오지도 않은 종말과 주의 재림을 예언의 말씀을 기초로 확신할 수 있는지에 대해 변호하려 한다. 이 주제가 1:19-21에서 다루어지는 변론의 본질적인 부분이다. 그러므로 베드로는 2장에서 초반부터 거짓 교사들의 주장과 미혹에 대해 다루기 전에, 독자들에게 명확하게 기록된 성경의 예언의 말씀들은 하나님의 계시로서 확실한 것이며, 그 계시의 말씀에 근거한 주의 재림과 종말은 전혀 의심할 바 없이 성도의 심령에 확증된 사실임을 강조하고 들어가려 하는 것이다.

(1) '공교히 만든 이야기'(16절)가 아니라, '하나님의 계시의 말씀'(21절)

그러므로 종말에 관한 예언은 '교묘하게 지어낸 이야기'(σεσοφισμένοις μύθοις, 16절)가 아니라, 그 기원과 전달 과정 그리고 해석 방식이 모두 하나님에 의존해 있는 계시의 말씀이라는 것이 논증의 핵심이다(21절). 베드로는 '주의 강림하심'(παρουσία, 16절)이, 이방 세계의 신들에 관해 꾸며낸 전설과 같이 지어낸 이야기가 결코 아니라는 논증을 뒷받침하기 위해, 우선 그 자신이 직접 보았던 변화산에서의 주의 '강림'에 대하여 증거하고(16-18절), 그보다 '더 확실한' 예언 곧, 주의 오심에 관해 성경에 기록된 종말론적 예언의 계시로서의 확실성에 대해 논증한다(19-21절). 그러므로 논증의 핵심은 우선, 종말에 관한 베드로의 가르침이 '신화'(μύθος)와 같은 것이 아니라 '예언'이라는 사실에 있다. '예언'이라는 표현은 19-21절의 짧은 문맥 속에서 무려 3회나 쓰이며 강조되는데, 21절에서 그 기원이 하나님께로 말미암는 '예언'은 20절에서 '사사로이 풀' 해석의 대상이 아니라는 의미에서 '성경의 모든 예언'으로 표현되고, 19절에서는 이렇게 성경에 기록된 예언이 베드로 자신이 직접 보았던 변화산의 주의 강림 사건보다 '더 확실한 예언의 말씀'임을 논증한다. 하지만 베드로의 논증에 대한 이런 정리에 문제 제기가 없는 것은 아니다.

(a) 예언

우선 19절을 비롯해서 20, 21절에 사용된 '예언'(προφητεία)은 정확히 무엇을 가리키는가 하는 문제이다.[244] 만들어진 신화가 아니라 '예언'이라 할 때, 그것이 무엇을 가리키는지를 확정하는 것은 중요한 문제이다. 이에 대해서는 네 가지 다른 견해들이 있다: (i) 변화산에서 예수께서 변화되신 그것(transfiguration)에 대한 예언 특별히, 이사야 42:1과 시편 2:7,[245] (ii) '더 나은 예언의 말씀'으로 변화산 사건 자체,[246] (iii) 재림을 언급한 신약의 예언들(막 13:26; 살전 5:2),[247] 그리고 (iv) 예언으로 간주되는 구약 전체라고 보는 입장들로 나뉜다.[248]

먼저 Thomas S. Caulley는 19절에서 '예언의 말씀'이 구체적으로 이사야 42:1과 시편 2:7을 지칭한다고 말한다. 왜냐하면 16-18절의 변화산 사건에서 변화되신 예수께 대하여 하늘에서 난 소리의 배경이 구약성경에 기록된 이 두 구절에 근거하기 때문이다(참조. 마 3:17). 이 두 구절이 인용된 이사야 42장과 시편 2편은 모두 메시아적 왕국이 세워질 것을 예언하는 본문이며, 또한 둘 다 심판에 관한 주제를 포함하고 있어서 베드로후서의 반대자들이 주장하는 종말론적 회의론에 대한 적합한 비판을 제공하고 있다는 것이다.[249]

한편 Neyrey는 1:17-18에 기록된 변화산의 '사건 자체'가 19절에서 말하는 '가장 확실한 예언의 말씀'(βεβαιότερον τὸν προφητικὸν λόγον)이 지칭하는 그 예언 즉 '임재-예언'(parousia-prophecy)이며, 또한 그것의 선취적인(proleptic) 성취(fulfillment)로 최종적인 충만한 성취를 바라보게 하는 예언이라고 주장한다.[250] 그가 이렇게 보는 이유는, '사도 베드로'가 반대자들의 공격의 내용인 '공교히 만든 이야기[신화]를 쫓고 있다'(1:16)는 비난에 대응하기 위해, 예수의 재림과 종말의 최종적 심판에 관한 사실이 '만들어 낸 이야기'가 아님을 논증하려 했다

---

244 채영삼, "베드로후서 1:19, 기다림의 해석학", 689-730.
245 Neyrey, 2 *Peter, Jude*, 178-179; Senior and Harrington, *1 Peter, Jude and 2 Peter*, 259; Thomas S. Caulley, "The Idea of inspiration in 2 Peter 1:16-21", *Theologische Literaturzeitung* 109/1 (1984): 128-130; Harink, *1 & 2 Peter*, 154-158, "변화산 사건은 시편 2편의 예언에 대한 하나님 자신의 해석"이다(159).
246 Neyrey, "The Apologetic Use of the Transfiguration in 2 Peter 1:16-21", 504-519.
247 Callan, "2 Peter 1:19-20", 145; Bigg, *St. Peter and St. Jude*, 268.
248 Bauckham, *Jude, 2 Peter*, 224; Green, *Jude and 2 Peter*, 226-227; Kelly, *The Epistles of Peter and Jude*, 321.
249 Caulley, "Inspiration in 2 Peter 1:16-21", 128-130.
250 Neyrey, "Apologetic Use of the Transfiguration", 514-515.

는 데에 있다. 베드로는 그가 사도로서 종말에 관한 '전승'을 합법적으로 다룰 수 있고 또한 하나님으로부터 온 이런 예언을 알 수 있는 '목격자'(eyewitness) 라는 사실을 부각시켰는데, 이로써 19절의 '예언의 말씀'은 곧 17-18절에 기록된 대로 '베드로' 자신이 목격한 '변화산의 사건' 자체임을 주장했다는 것이다.[251]

Neyrey는 만일 19절의 '예언의 말씀'이 구약이나 신약의 어떤 특정한 예언이라면 그것은 앞뒤가 맞지 않는(non-sequitur) 논증이 된다고 말하는데,[252] 이는 '베드로'가 적대자들의 공격에 대해서 변화산의 전승을 전수할 수 있는 '그의'(bis) 사도적 권위를 변호하는 데 초점이 있다고 보기 때문이다.[253] 하지만 반대자들과의 대립각(代立角)을 사도 베드로의 권위에 맞추어 놓고 분석한 Neyrey의 설명은, 1:20-21의 강조점이 베드로 자신의 권위가 아니라 기록된 '계시의 말씀' 자체에 있다는 점을 간과한다. 베드로는 적대자들의 공격에 대해서 자신의 사도적 권위도 강조하지만(참조. 3:2), 그렇게 하는 이유조차도 결국 기록된 계시의 말씀 자체가 갖는 신적 권위를 강조하기 위함이다. 이런 점에서, 19절의 βεβαιότερον을 Neyrey처럼 '매우/가장 확실한'이 아니라, '베드로'가 목격한 종말의 선취적 사실보다 '더 확실한' 계시의 말씀을 가리키는 비교급으로 읽을 수 있느냐가 거듭 중요한 관건이 된다.

한편 대다수의 학자들은 대체로 19절의 '예언의 말씀'을 두고 구약 전체를 가리키는 것으로 본다. 예컨대 Bauckham은 '예언의 말씀'이 혹시 한두 절 정도 특별한 구약 본문을 염두에 두었을 수 있으나(즉, 시 2:7-9; 단 7:13-14; 민 24:17) 메시아적 예언으로 이해되는 구약 전체를 가리킨다고 본다: "Justin(Justin, *Dial*, 129.1)은 특별히 이 용어가 거의 '성경'과 동의어로 쓰인다는 점을 명확히 한다. 그것은 당대의 유대적 이해에 따르면, 모든 영감 된 성경은 예언이라고 생각하

---

251 Neyrey, "Apologetic Use of the Transfiguration", 506-507, 510-512.
252 참조. 1:16-18의 변화산 사건을 선취적으로 본다 해도, Harvey의 경우처럼, *2 Peter & Jude*, 66, '예언의 말씀'을 얼마든지 '구약 전체'로 볼 수 있다.
253 Neyrey, "Apologetic Use of the Transfiguration", 515(이탤릭 저자).

는 데에 있다."²⁵⁴ 마찬가지로 Davids도 '예언의 말씀'(word of prophecy)이나 '예언적인 말씀'(prophetic word)이라는 표현들이 2세기의 기독교 문헌에서 사용되었을 때 그 의미는 거의 구약성경을 가리켰다고 말한다.²⁵⁵ 1세기의 유대교에서 구약의 모든 성경을 예언적으로 볼 수 있었던 그들의 시각과도 크게 다르지 않다는 것이다.

(b) '더 확실한'

이처럼 19절 이하에 언급되는 '예언'은 구약성경에 기록된 메시아의 강림과 종말에 관한 예언들이거나 넓은 의미에서 구약성경 전체를 가리키는 것으로 볼 수 있다. 또한 주의 강림과 '선취된 종말론'의 입장에서 변화산 사건을 소개한 것도, 기록된 성경의 예언의 말씀의 확실성을 강조하기 위한 의도라 할 수 있다. 하지만 19절에서 '더 확실한 예언'에서 '더 확실한'(βεβαιότερον)이 정확히 무슨 의미인지에 대해 논란이 없는 것은 아니다. 또한 이는, 19절의 '더 확실한'이라는 표현을 기점으로 19-21절과 대비되고 있는 12-18절이 문맥상 갖는 관계와 역할에 대한 질문이기도 하다. 일단 문제는, βεβαιότερον을 비교급으로 보지 않고 단순한 강조 형태로 볼 수 있다는 점이다. 무슨 차이가 있는가? 이 질문이 중요한 것은, 거짓 교사들이 주의 재림과 종말의 사실들에 대하여 의심하고 조롱하는 문제 상황 때문이다. 즉 베드로가 "거룩한 선지자의 예언한 말씀"과 "주 되신 구주께서 사도들로 말미암아 명하신 것"(3:2)에 종말에 대한 신앙의 근거를 두고자 하는 전략 때문이다. 여기서 '거룩한 선지자의 예언한 말씀'(προειρημένων ῥημάτων)은 1:19의 '더 확실한 예언의 말씀'(βεβαιότερον τὸν προφητικὸν λόγον)을 생각나게 하기에 충분한 표현이며, 더불어 1:20, 21에 언급된 '예언'을 포함한 논증 전체를 받아 한 표현임이 분명하다.²⁵⁶ 그래서 베드로

---

254 Bauckham, *Jude, 2 Peter*, 224; Kelly, *The Epistles of Peter and Jude*, 321; 참조. Karl H. Schelke, *Die Petrusbriefs-Die Judasbrief* (HTKNT, XIII/2, Freiburg: Herder, 1980), 200; Henning Paulsen, *Der Zweite Petrusbrief und der Judasbrief* (MeyerK, Göttingen: Vandenhoeck & Ruprecht, 1992), 120.
255 Davids, *2 Peter and Jude*, 207.
256 Bauckham, *Jude, 2 Peter*, 287.

가 강조하는 것은 성경에 기록된 예언의 말씀의 확실성이다.

물론 베드로는 계시로서의 성경에 대한 확실성과 더불어, 그 계시의 조명을 받아 알게 되는 종말의 사실에 대한 '내적 확신'도 강조한다(1:19). 하지만 우선은, 기록된 계시의 말씀이 종말에 관한 한 견고한 근거가 됨에도 불구하고, 거짓 교사들이 이를 부인하여 부러 종말에 관한 사실을 잊으려 함을 지적하려 한다. 그래서 베드로는 저들이 창조에 관한 사실도 '하나님의 말씀으로 된 것'(τῷ τοῦ θεοῦ λόγῳ)을 부러 잊으려 한다고 비난하는 것이다(3:5). 그래서 1:19의 '더 확실한'에서 비교급의 의미를 최소화하고 단지 '매우 확실한'(very certain) 정도로 해석하려는 학자들도 많은데,[257] 이렇게 되면 베드로가 강조하는 '계시로서의 말씀'에 대한 근거가 약해지게 된다. 물론 사도적 증언의 권위와 예언적 말씀이 함께 언급된 다른 구절들(3:2; 참조. 눅 11:49; 엡 2:20; 계 18:20)을 고려해 볼 때, 19절의 βεβαιότερον은 비교급이 아니라 최상급(superlative)으로 볼 수 있다.[258] 또한 코이네 헬라어에서 비교급이 마치 최상급처럼 사용되는 경우가 잦은 관행을 근거로 '가장 확실한, 정말 믿을만한' 혹은 '완전히 확실한'으로 번역하기도 한다.[259] 문법적 가능성도 있고 다른 용례들도 있지만,[260] 문제는 보다 명확한 의미인 비교급을 포기하고, 단순한 강조형을 택하려는 해석학적 이유이다. 비교급으로 이해할 '필요가 없다'는 것과,[261] 명백히 비교급으로 읽을 수 있는데 그렇게 하지 말아야만 하는 이유를 제시하는 것과는 다르다.

만일 비교급의 의미를 받아들이지 않는다면 어떤 이해가 성립되는가? 그렇다면 베드로는 19절 문맥에서 변화산 사건의 확실성과 구약의 예언의 말씀 중 어느 것이 더 확실한가를 묻는 것이 아니라, 오히려 전체적으로는 변화산 사건이 구약 예언의 말씀을, 이를테면 '연속적'으로 더 확실하게 확증하는 역할을

---

257 Neyrey, *2 Peter, Jude,* 183; Bauckham, *Jude, 2 Peter,* 223.
258 Green, *Jude and 2 Peter,* 226. 참조. BDF #60-61; BDAG 172.
259 Davids, *2 Peter and Jude,* 207; Senior and Harrington, *1 Peter, Jude and 2 Peter,* 257.
260 Green은 *Jude and 2 Peter,* 19, 형용사 βέβαιος가 ἔχω나 παρέχομαι 같은 동사와 함께 법적인 정황에서 쓰일 때 자주 '보증'이라든지 '타당, 유효'함을 의미한다고 언급한다(히 6:19; Thucydides 1.32.1; Appian, *Bell. civ.* 5.19; Didorus Siculus 2.29.4).
261 Bauckham, *Jude, 2 Peter,* 223(No comparison need be intended).

하는 정도로 비치게 될 것이다.[262] 이런 맥락에서 Schreiner도 19절에서 '더 확실한'이라는 비교급을 받아들이면, 그것은 변화산 사건에 대한 사도들의 직접적인 증언이 '구약성경'에 비해 덜 확실하다는 것을 전제하는 것이 되므로, 비교급으로 읽을 수 없다고 본다. 더 나아가, 변화산 사건은 주께서 오신다는 약속(19절)이 어떤 영적인(spiritual) 진리로서가 아니라, 문자적(literal)으로, 즉 역사적이고 객관적인 의미로, 받아들여져야 한다는 사실을 분명히 보여 준다고 강조한다.[263] 그럼에도 불구하고 19절 안에서 βεβαιότερον이라는 형용사가 '예언의 말씀'(τὸν προφητικὸν λόγον, 공동번역)과 서로 뗄 수 없이 단단히 붙어 있다는 사실 자체는 어찌해 볼 도리가 없다.[264] 특별히 여기서 예언은 '말씀'(λόγος)이라는 용어에 의해 다시 한 번 그 특성이나 지위를 재확인받는다는 점을 고려하면, 변화산 '사건'(event)과 쉽게 대조되는 것으로 읽을 수도 있다. 만일 예언의 말씀이 비교급을 통해 변화산 사건과 실제로 대조적 관계에 있다면, 베드로후서의 저자는 소위 객관적 사건보다 기록된 말씀에 더 큰 확실성을 두려는 의도를 가진 것으로 해석될 수 있다. 즉 변화산 '사건'과 대조되는 말씀으로서 구약의 예언의 말씀이 이처럼 '더 확실한' 이유는, 그 기록된 '말씀' 자체가 하나님께로부터 왔으며 하나님에 의해 전달되었고 기록되었기 때문이고, 더욱 중요하게 특별히, 그 말씀이 만일 동일한 하나님, 곧 성령의 조명에 의하여 깨달아 질 수만 있다면(20-21절), 그것보다 더 큰 확실함은 없다고 말하는 셈이다.

이와 같은 맥락에서 "너희가 이것을 주의하는 것이 가하니라"(19절, 개역한글, ᾧ καλῶς ποιεῖτε προσέχοντες)는 말씀의 의미가 새로워진다. 무엇을 주의하여 행하라는 것인가? Schreiner는 이 본문의 주요 주제가, 말씀에 주의하고 주목하라는 것이라고 말한다. 이런 점에서 변화산 사건은 그 예언의 말씀의 확실함을

---

262 Kelly, *The Epistles of Peter and Jude*, 320-321; Caulley, "Inspiration in 2 Peter 1:16-21", 130-134; Fornberg, *Study of 2 Peter*, 82; Moo, *2 Peter, Jude*, 75-76; Horrell, *The Epistles of Peter and Jude*, 158.
263 Schreiner, *1, 2 Peter, Jude*, 320.
264 '예언의 말씀'(τὸν προφητικὸν λόγον)이라는 표현은 LXX에서 선지자들의 '말씀'이나 '메시지'를 지칭했지만, 종종 특히 기록된 말씀을 가리켰다(대상 29:29; 대하 9:29; 12:15). 참조. Green, *Jude and 2 Peter*, 20.

보증하는 사례로 사용되었다는 것이다.²⁶⁵ 그렇다면 거짓 교사들은 예언의 말씀에 주목하지 않은 것이 되는데, 그들은 어떤 식으로 예언의 말씀에 주목하지 않았다는 것인가? Schreiner의 논리대로라면, 반대자들은 예언의 말씀이 '문자적으로' 이루어질 때까지 '기다리지 않았다'는 말이 된다. 하지만 '마음속에' 내적 조명이 생기는 일은 재림 때라야 가능하므로, 그들이 현재 기록된 하나님의 말씀을 바로 해석하는 일에는 책임이 없는 셈이 된다. 즉 20-21절의 초점을 19절과 분리시킬 때, 미래의 재림과 심판 사건을 믿지 않고 조롱했던 반대자들을 향한 논박이 초점을 잃게 되는 것이다. 실상, 반대자들의 조롱에 대해 베드로후서가 지적하는 문제는 그들이 진정 '예언의 말씀'을 잘못, 곧 '자의로'(ἰδίας, 1:20) 해석했다는 점에 있지 않은가?(참조. 2:1-3) 뒤집어 말하면, 그들이 예언의 말씀을 자의로 해석하는 것은, 말씀을 읽는 그들의 '마음속에' 빛이 비치는 내적 조명이 없었다는 뜻이 되지 않는가?

실로 Schreiner도 예언의 말씀이 통상, 빛의 역할을 한다는 점을 인정한다. 이런 이미지는, "주의 말씀은 내 발의 등이요"(시 119:105; 참조. 잠 6:23; *Wis.* 18.4) 등의 표현에서 보는 것처럼 받아들이기에 그리 어렵지 않다. '예언의 말씀'은 그 말씀을 해석하는 자에게, 예수의 재림에 관한 사실을 조명하여 깨닫게 한다. 하지만 거짓 교사들은 그 말씀의 권위도 인정하지 않았을 뿐 아니라,²⁶⁶ 말씀의 조명으로부터 전혀 다른 방향으로 멀어져 나갔던 것으로 볼 수 있다. 19절의 전후 문맥은, 이 예언의 말씀 자체가 신적 기원을 갖고 있어서, 그 말씀에 충분히 주목하면 그 말씀이 어두운 곳을 비추는 등불처럼 해석자의 마음속에 장래에 될 일에 대한 예언의 확실성을 줄 수 있다고 말하고 있는 것처럼 보인다. 곧 '예언의 말씀'에 주의하여 행해야 하는 이유, 뒤집어 말해서, 거짓 교사들이 말씀에 주의해서 행하지 않았다는 것은 그들이 말씀의 조명을 받지 않았다는 것이며(2:1, 3-4; 참조. 유 19절), 말씀을 자의적으로 해석했다(1:20)는 뜻이 된다. 여기서 말씀에 주의한다는 것은 해석자가 말씀을 조명하는 것이 아니라, 사실 말씀이

---

265 Schreiner, *1, 2 Peter, Jude*, 321.
266 반대자들이 '권위'에 도전하는 측면에 관해서, Desjardins, "The Portrayal of the Dissidents in 2 Peter and Jude", 90, 96을 보라.

해석자 속에 있는 어둠을 조명하도록 그 빛을 받아들이는 과정임이 드러난다.

또한 말씀이 해석자 속에 있는 어둠을 조명하도록 그 빛을 받아들이는 과정은 소위 주관적이기만 해서 객관적 사실과 관계없는 과정이라 할 수 없다. 하지만 근본적으로, 성령의 조명이 주는 확실성을 주관-객관이라는 반립적 구도로 나누는 것은 바람직한 구분일까? 변화산 사건은 과연 얼마나 '객관적' 사건인가? 그것은 그 자체로 '초(超)역사적'인 사건이 아니었던가? 마찬가지로 성령의 조명이 '너희 마음속에' 확신을 주는 과정이기 때문에 '주관적'이라는 표현은 과연 얼마나 타당할까? 이 문제는 과연 우리가 정의하고 사용하는 '객관성'(objectivity)이라는 것이 무엇인가에 대한 보다 근본적인 질문을 제기하게 한다. 이런 점에서 19절에 강조되는 구약 예언의 확실성은, 그 앞 문단에서 서술한 '변화산의 증거'와 적절한 짝을 이루게 된다. '변화산의 증거' 역시 재림의 마지막 날이 아니라, 그 마지막 날이 현재에 앞당겨져 선취적(先取的, proleptic)으로 성취된 사건이기 때문이다. 구약 예언도, 종말의 재림의 날이 어떤 식으로든 앞당겨 성취된 변화산 사건처럼 '너희 마음속에' 미리 조명되어 알려지게 한다(19절). 그것은 하나님의 말씀이 성령과 함께 역사함으로써 그 말씀을 주의 깊게 읽는 사람에게 주시는 객관적 사실의 내적 확증이라고 할 수 있을 것이다. 이처럼 베드로후서 1:19의 앞 문맥, 곧 12-18절은 이렇게 이미 임했고 앞으로 임할 종말론적 사건의 이중성, 특별히 선취적 성격을 잘 보여줌으로써 19절 이하의 메시지를 부각시키는 역할을 한다.

(c) '계시', φέρω(전달하다) 동사의 활용

만일 19절의 βεβαιότερον τὸν προφητικὸν λόγον이 그 자연스러운 의미대로, 즉 연속적인 의미에서 비교급으로 의도되었다면, 왜 변화산 사건들보다 예언의 말씀을 더 확실한 것으로 받아들이라고 했을까? 그것은 변화산 사건은 눈으로 보고 귀로 들은 경험적 사건이지만, 예언의 말씀은 신적 권위로 기록된 말씀이기 때문일 것이다. 사실 변화산 사건이나 예언의 말씀 모두, 하나님이 그 기원이다. 그리고 그 전달 역시 모두 하나님에 의해서이다. 이런 강조점은, 복음서의 병행 구절들과 비교해 볼 때(막 9:2-8; 마 17:1-8) 베드로후서에 기록된 변화산 사건에 특징적으로 두 번이나 반복된 φέρω 동사가 21절에서도 이어진다는 사실에서 잘 드러난다. 먼저 17절에서는 변화산에서 한 '음성'이 '전달되었는데'(ἐνεχθείσης) 그 의미상의 주어, 곧 그 음성의 출처는 '하나님 아버지'(παρὰ θεοῦ πατρὸς)이고, 형식상의 주어인 이 '음성'(φωνῆς)은 '이러한 엄청난 영광에 의해'(ὑπὸ τῆς μεγαλοπρεποῦς δόξης) 전달되었음이 강조된다.[267] 또한 18절은 '그 음성'이 '전달되어 온'(ἐνεχθεῖσαν) 출처 곧 기원이 다름 아닌 '하늘'(ἐξ οὐρανοῦ)이며, 또한 그 일이 일어난 정황이 그 '거룩한 산에서'(ἐν τῷ ἁγίῳ ὄρει)였음을 기록한다. 이렇듯, 변화산에서 '전달된' 신적 음성, 곧 들려진 '말씀'은 그 기원이나 그 말씀이 전해진 방식 혹은 정황이 모두, 거룩하며 신적이어서 사람이 어찌 손대 볼 도리가 없는 영광스러움에 휩싸여 있다.[268]

흥미로운 점은, 베드로후서가 변화산에서 '들려진 말씀'에 대한 이러한 묘사의 차원을 19-20절을 지나 21절에서도 그대로 이어가려 한다는 점이다. 다만 21절에서는, 17-18절의 경우처럼 단지 '들려진 음성'이 아니라, 이제 '기록된 말씀'이 그 동일한 신적 기원과 신적 전달 과정을 거쳐 읽는 자에게 주어짐을 드러낸다. 즉 21절에서는 기록된 예언의 말씀 역시 그 출처가 '하나님으로부터'(ἀπὸ θεοῦ)이며, 이렇게 신적 기원을 가진 예언의 말씀은 하나님께서 말씀하시고 '거룩한 영에 의해 전달된'(ὑπὸ πνεύματος ἁγίου φερόμενοι) 것임을 밝힌다. 무엇보다 '성령에 의해'(ὑπό)라는 문구를 17절의 변화산에서 들려진 음성이 '엄청난 영광스러움과 함께'(ὑπό) 전달되었다는 문구와 병행으로 본다면, 과연 예언의 말씀이 전달되어 기록된 과정이 얼마만큼 신적인 차원에 속한 것인지를 짐작케 한다. 따라서 19절에서 '더 확실한'이라는 표현은, 베드로가 자신이 직접 증인으로 보고 들었던 변화산 사건의 모습과 거기서 들렸던 음성처럼 신적 기원과 신적 전달 과정을 가졌지만, 동시에 예수의 '파루시아'에 관하여 그가

---

267 Callan, "Rhetography and Rhetology of Apocalyptic Discourse in Second Peter", 66, 이에 주목한다; 참조. 한편 Neyrey는 "Apologetic Use of the Transfiguration", 509, 마가복음 9:9-10에 비해 베드로후서 1:16-18의 특징은 '하늘에서 난 소리'(voice)를 예수의 영광과 연결시키며 강조된 면을 지적한다.
268 Harvey는, *2 Peter and Jude*, 73, 이사야나 예레미야의 경우도 계시의 수납과 해석의 과정에서 그렇게 '이끌린'(carried along) 경우라고 말하면서, 베드로는 여기서 하나님과 사람 간의 협력 관계를 동등한 관계가 아니라 성령의 강력하고, 능력 있는 인도하심이라고 본다.

직접 '들었던 음성'보다 기록된 '예언의 말씀'이 훨씬 더 견고한 근거와 보증을 받은 것임을 역설하는 것이다.

만일, 20절의 기능을 눈여겨본다면(경의 모든 예언은 사사로이 풀 것이 아니니, 개역한글), 여기서 베드로는 거짓 가르침이나 신화와 같은 이야기들과는 전혀 다른 복음의 출처와 전달/해석 방식에 대해 말하고 있음을 알 수 있다.[269] 사도들의 증언과 마찬가지로 구약의 기록된 예언의 말씀 역시, 신적 근거와 전달 과정이 성령의 보증으로 이루어진 확실한 증거인 것처럼, 신적 기원과 신적 보증을 받아 전달된 예언의 말씀을 해석하는 과정 역시, 신적 기원과 신적 보증의 차원에서 진행되어야만 한다는 점을 역설함으로써,[270] 경의 예언을 '사사로이'(개역한글, ἰδίας ἐπιλύσεως) 이를테면, '자기 힘으로, 자기의 비위와 원하는 대로, 제 방식대로'(2:19; 참고. 2:1-3) 해석하려 할 뿐 아니라, 예언의 신적 기원을 부인하려는(3:3-4) 자들을 경계하려 하는 의도를 명확히 한다.[271]

그렇다면 종말에 관한 예언의 말씀이 하나님의 계시로서 확실한 만큼, 그것을 어떻게 확신할 수 있느냐 하는 문제가 따라온다. 이런 점에서, 베드로가 '사사로이 풀 것이 아니라'(20절)고 경계한 것은 단지 예언의 신적 기원뿐 아니라 그 해석에 있어서도, '배우지 못하고 굳세지 못한 자들이' 바울의 서신들과 '다른 성경들'을 '억지로 풀려' 했던 것과 연관 지어 생각해 볼 수 있다. 즉 성경을 '억지로 왜곡하여' 푸는 이유는 성경을 '자의적으로'(ἰδίας) 풀려 하기 때문이 아닐까? 베드로는 이렇게 ἰδίας의 방식으로 성경을 해석하는 길을 처음부터 차단

---

[269] Harvey, *2 Peter and Jude*, 70(참조. 거짓 선지자들의 경우, 렘 14:14; 23:16; 겔 13:3); Bauckham, *Jude, 2 Peter*, 299-233; 윤철원, "거짓 교훈에 대한 반론: 예수의 변모와 구약의 예언", 〈성경연구〉 5/3 (1999): 17, 22.

[270] Callan은 "Apocalyptic Discourse in Second Peter", 69, 21절에서 '사람'(ἄνθρωπος)이 두 번 사용된 것은 사람의 '참여'를 강조한 것이라고 말하지만, 실제로는 그 반대이다. 사람이 참여하지만, 계시로 주어진 말씀의 기원이나 전달, 해석의 과정에서 사람의 역할은 최대한 축소됨을 강조한다; Michael Green은 *2 Peter and Jude*, 102, 이런 점에서 예언의 말씀을 받고 해석하는 선지자를 바다에서 '바람을 받아 바람이 인도하는 대로 나아가는 배'에 비유한다; 또한 Green, *Jude and 2 Peter*, 234, "(예언/성경)의 신적 기원을 주장함으로써, 이단들이 뿌려 놓은 불신의 씨앗들을 뽑아버리기 위하여"(to silence the doubts sown by the heretics).

[271] Kelly, *The Epistles of Peter and Jude*, 324; Senior and Harrington, *1 Peter, Jude and 2 Peter*, 256-257; 또한 Bauckham, *Jude, 2 Peter*, 230-231.

하려 한다. 그리고 그 대안적인 해석법을 제시하는데, 그것은 '기다림'의 해석학이라 할 수 있으며 특별히, 해석자가 하나님을 앎으로써 신적 성품에 참여하고 있는지가 중요한 요소로 고려되는 해석법이라 할 수 있다. 이를 살펴보자.

(2) '스스로 풀'(20절) 것이 아니라, '떠오를 때까지 주의하라'(19절)

거짓 교사들은 종말에 관한 '선지자의 예언의 말씀들'과 베드로를 비롯한 사도들을 통해 '주 되신 구주께서 명하신 가르침들'(3:2)을 만들어 낸 이야기라고 비난했을 뿐 아니라, 바울의 서신을 비롯한 성경들을 '억지로 왜곡하여 푸는'(3:16) 일에 익숙한 자들이었음을 짐작해 볼 수 있다. 즉 그들의 성경관과 해석학, 두 가지 모두가 문제였던 것이다. 그래서 베드로가 2장에서 거짓 교사들의 파행과 멸망받을 악행들을 소개하기 전에, 1장에서 미리 그 해법을 착실히 제시하고 있는 것이다. 즉 베드로는 계시로서의 성경관을 제시할 뿐 아니라(20절), 그 계시에 합당한 성경 해석학을 설명하고 있으며(19절), 또한 그런 계시의 말씀을 앎으로써 신적 성품에 참여하여(3-4절), 거짓된 교리와 부패한 윤리적 미혹을 분별하며 이에 흔들리지 않을 견고한 영적 성장, 구원으로 가는 확실한 길을 제시하는 것이다(9-11절).

이처럼 거짓 교사들의 해석학적 특징은, 19절에서 '사사로이'(ἰδίας)라는 표현에서 보는 것처럼, 예언의 기원에 대한 것(no prophecy of scripture came about by the prophet's own I nterpretation, NIV)일 수도 있고,[272] 해석자가 임의로 해석하는 과정에 관련되는(no prophecy of scripture is a matter of one's own interpretation, NRSV) 상황을 표현할 수도 있다.[273] 어느 경우이든, 성경의 계시는 그 '기원'과 더불어 '해석'에 있어도 신적 보증이 따르는 것임을 역설하는 문맥임에는 틀림없다. 베드로는 19절에서 본격적으로 신적 계시의 말씀을 어떻게 해석해야 마땅한지에 대해 설명한다. 그리고 여기서 제시되는 해석법은 아마도

---

272 Green, *Jude and 2 Peter*, 231, '해석의 오용' 가능성도 배제하지 않지만, 예언의 '기원'에 대한 변호라는 데에 강조점을 둔다; 마찬가지로 Bauckham, *Jude, 2 Peter*, 229-30(참조. Philo, *Spec. Laws* 4. 8. 49).
273 Neyrey, "The Apologetic Use of the Transfiguration", 516-519; Caulley, "Inspiration in 2 Peter 1:16-21", 142-148; Schreiner, *1, 2 Peter, Jude*, 322-324(참조. 벧전 3:16).

거짓 교사들이 '자의적'으로 하는 해석법과 날카롭게 대조될 것이다. 베드로가 제시하는 계시에 합당한 해석법은 어떤 것인가? 이 질문에 답을 하려면, 19절에 걸려 있는 몇 가지 피할 수 없는 주석적 문제들을 다루어야 한다. 그것은 첫째로 "너희 마음에"가 무엇을 수식하느냐 하는 것이고, 둘째는 "샛별이 떠오르기까지"가 주의 재림에 대한 객관적 사건을 가리키는지 아니면 영적 성장에 따른 내적 조명을 가리키는지, 혹은 그 둘을 포함한 어떤 상태를 가리키는지에 관련된 질문이다. 마지막으로 세 번째는 이런 '기다림(ἕως)의 해석학'이 거짓 교사들의 특징적인 '사사로이' 하는 해석학과 결정적으로 어떻게 다른지에 관한 전략과 함축적 의미를 찾아보는 과제이다.

(a) "너희 마음에"는 무엇을 수식하는가?

베드로후서 1:19에서, "날이 새어 샛별이 너희 마음에 떠오르기까지"(ἕως οὗ ἡμέρα διαυγάσῃ καὶ φωσφόρος ἀνατείλῃ ἐν ταῖς καρδίαις ὑμῶν)란 어떤 의미인가? 또한 19절 끝에 오는 '너희 마음에'(ἐν ταῖς καρδίαις ὑμῶν)라는 전치사구가 문법적으로 어디에 걸리는지도 의문이다. 즉 '너희 마음에'가 그 앞에 오는 '떠오르기까지'가 아니라, 20절 맨 앞에 오는 '이것을 먼저 알아야 할 것은'에 걸리면, '너희 마음에 떠오르기까지'가 아니라, '너희 마음에 이것을 먼저 알아야 할지니'로 옮길 수도 있게 된다. 개역한글뿐 아니라 다수의 번역본들(개역개정/KJV/NIV, 그리고 공동번역/새번역)과,[274] 대부분의 학자들은 19절 끝에 있는 '너희 마음에'라는 전치사구를 그 바로 앞에 있는 동사 '비추다'와 연결하여 번역한다.[275] 하지만 최근에 Terrance Callan은 19절의 "너희 마음에"라는 전치사구는 20절 전반부에 나오는 "이것을 먼저 알아야 할 것은"(τοῦτο πρῶτον γινώσκοντες)이라는 분사구와 연결되어 "너희 마음에 다만 이것을 먼저 알 것은"으로 번역해야 한

---

274 공동번역의 경우는 9절의 '너희 마음에 떠오르기까지'의 전치사구가 '샛별이 떠오르는' 것뿐 아니라, '날이 밝아져'(ἡμέρα διαυγάσῃ)까지에 해당하는 것으로 읽는다: 즉 "여러분의 마음 속에 동이 트고 샛별이 떠오를 때까지는"; "여러분의 마음 속에서 날이 새고 샛별이 떠오를 때까지"(새번역).
275 Bauckham, *Jude, 2 Peter*, 226; Senior and Harrington, *1 Peter, Jude and 2 Peter*, 257; Neyrey, *2 Peter, Jude*, 178; Pheme Perkins, *First and Second Peter, James and Jude* (Louisville: John Knox, 1995), 177.

다고 주장한다.[276]

이런 해석은 당연히 19절의 '날이 새어 새벽 별이 떠오르는' 것을, '마음 속'의 현상과는 상관없는, 종말에 있을 예수의 객관적이고 역사적인 재림(παρουσία)으로 볼 수 있게 하기 때문에, 19절의 해석이 한결 복잡하지 않게 된다. 종말에(19절, 날이 새어) 예수께서(새벽 별) 다시 오실 때(떠오를 때)까지, '너희 마음에 이것을(20절 이하의 내용) 우선 알아야 할 것'이라는 식으로 읽는다면, 예언의 말씀을 해석하는 '너희 마음'과 '날이 새어 샛별이 떠오르는' 일과는 서로 아무 상관도 없게 되기 때문이다. 그러나 대다수 학자들이 그렇게 보지 않는다는 사실을 제쳐 두고라도, Callan이 제시한 근거가 그리 설득력 있지 못하다. Callan은 우선 베드로후서의 문법적 용례를 들어 이 서신에서 전치사구가 동사를 꾸미는 경우가 모두 68회 나오는데 그중 뒤에 나오는 동사를 꾸미는 경우는 33회라는 통계를 제시한다. 그러나 '너희 마음에'라는 전치사구가 무엇을 꾸미는지를 결정하기 위해 문맥보다 단순한 통계에 의존하는 것도 그렇거니와, 설령 그럴 수 있다손 치더라도 나머지 35회의 경우들이 도리어 전치사구가 그 앞에 나오는 동사를 꾸미는 경우를 가리키는 것이 될 수밖에 없는 그의 이 통계가 어떻게 그의 논지를 지지하는지 알기 어렵다.[277]

Callan이 제시하는 또 다른 근거는 베드로후서에서 예수의 임재(παρουσία)를 내재적이고 심령적인 사건으로 언급하는 용례가 나타나지 않는다는 것이다. 19절의 '날이 밝아'에서 '날'(ἡμέρα)은 베드로후서 안에서 예컨대, '심판의 날'(2:9; 3:7), '주의 날'(3:10), '하나님의 날'(3:12) 그리고 '영원한 날'(3:18) 등의 경우에서와 마찬가지로 역사적이고 종말론적 의미로만 이해되어야 한다고 보는 것이다.[278] 이런 논거는 앞의 단순한 통계의 경우보다 설득력이 있게 들린다. 하지만 용례들을 자세히 살펴보면, 19절에서 사용된 ἡμέρα(날)는 오히려 다른 경우들과 사뭇 다르다는 사실을 알게 된다. 즉 Callan이 예로 든 다른 모든 경

---

276 Terrance Callan, "A Note on 2 Peter 1:19-20", *JBLiterature* 25/1 (2006): 143-150.
277 Callan, "2 Peter 1:19-20", 148. 또한 전치사구가 분사를 수식하는 경우인 총 28회 중, 뒤의 분사를 수식하는 경우와 앞에 나오는 분사를 수식하는 경우도 각기 13회와 15회로 거의 선호도를 분간하기 어렵다.
278 Terrence, "2 Peter 1:19-20", 145.

우들은 모두 ἡμέρα와 함께 '심판의'(κρίσεως), '하나님의'(κυρίου), 그리고 '영원한'(αἰῶνος) 등의 수식어들이 따라붙지만, 19절에서 사용된 ἡμέρα에는 어떤 수식어도 따라붙지 않을 뿐 아니라 관사조차 없다.[279] 최종적인 종말의 날을 표시할 때는 분명하게 따라붙는 형용사구도 없이, 매우 간결하게 사용된 것은 어떤 의도일까? 19절에서 관사 없이 사용된 ἡμέρα는 같은 구절 안에서 '어두운 곳'과 '등불'이 서로 대조 관계로 짝을 이루는 것처럼, 아마도 일차적으로는 뒤에 나오는 '새벽 별'과 함께 짝을 이루어 '날이 밝아져서 새벽 별이 떠오르기까지' 속에 있는 순차적 관계를 묘사하기 위해 사용된, 의외로 단순한 유비일 가능성을 시사한다. 날이 밝아지려 할 때 새벽 별이 떠오르고, 새벽 별이 떠오르면 당연히 날이 밝기 때문이다.[280]

사실 '어두운 데 비추는 등불과 같으니'와 같은 구절은 직유적인 표현법으로 굳이 종말론적인 해석을 필요로 하지 않는 경우인데 이는 하나님의 말씀을 '등불'이나 '빛'으로 비유하는 많은 경우들이 예시하는 바와 같다(시 119:105; 4 Ezra. 12.42; 참조. 출 25:37; 1 Macc. 4.50; 계 18:32). 또한 신약의 표현들에서 '어둠' 혹은 '어두운 데' 역시 죄가 지배하는 영역으로 비유되는 흔한 상징들이며(요 3:19; 롬 13:12; 고후 6:14; 엡 5:11), 회심은 이런 어둠의 영역에서 빛 가운데로 옮겨지는 것을 뜻하는 것처럼(행 26:18; 엡 5:8; 골 1:13; 벧전 2:9), 그런 영역에서 사는 사람들의 생각이 '어두워졌다'는 표현들이 반드시 종말과 연관될 필요는 없는 관용적인 용법을 시사한다(참조. 롬 1:21; 엡 4:18).[281] 물론 베드로후서 1장의 문맥을 고려할 때, 특별히 19절에서 나타나는 '빛과 어둠'의 이미지는 단지 관용적이기만 한 표현은 아니다. 그보다는 종말에 관한 상징성을 갖는 것이 사실이다. 하지만 1:19의 '날'이나 '새벽 별' 혹은 '어둠' 등의 이미지를 종말론과 연계

---

279 Gerhard Delling, "ἡμέρα", *TDNT* 2:943-945, 제시한 용례들을 참고하라; 참조. G. Wohlenberg, *Der erste und zweite Petersbrief und der Judasbrief* (Leipzig: A. Deichert, 1915), 203.
280 '날이 밝아, 새벽 별이 떠오르기까지'의 시간적 순차에 주목하는 학자들도 있다. 여기서는 날이 밝는 것에 대한 강조 때문이기는 하지만, 정확히는 새벽 별이 먼저 떠오르고 그다음에 비로소 날이 밝기 때문이다. 하지만 이런 문학적 기법을 받아들이지 않는 학자들은, φωσφόρος(문자적으로, '빛을 가져오는 별')를 날이 밝은 후에야 비로소 떠오르는 태양을 가리킨다고 보기도 한다. Bauckam은 *Jude, 2 Peter*, 225, F. J. Dölger의 *Antike und Christentum 5* (Münster: Aschendorff, 1936), 10-11을 언급한다.
281 Green, *Jude and 2 Peter*, 227.

시킬 수 있다 해도, 특별히 1장의 문맥 안에서는 단순히 미래적이지만은 않다는 점에 주목해야 한다. 나중에 살펴보겠지만, 3장에서와는 달리 1장 초반부에서는 종말론이라도 이를테면 '실현된 종말론'(the realized eschatology)에 가까운 내용들을 담고 있다.[282]

다시 말해서, 1:11에서 말하는 "우리 주 예수 그리스도의 나라"는 이미 "생명과 경건에 속한 모든 능력"의 형태로 성도들에게 어느 정도 "주어져 있고"(δεδωρημένης, 3절), 수신자들은 보배로운 믿음을 받아(1절) 현재 예수를 아는 일에 자라가는 자들로서(1, 3, 8절) "신의 성품에 참예하는 자"(4절)들로 소개된다. 무엇보다 이들은 빛을 보고도 따라가지 못하는 '소경'(τυφλός)이 아니며, 그러므로 '멀리 보지 못하는' 길로 빠져들지 않는 자들이며, 곧 열매 맺는 자들이다(8절). 이런 식으로 미래적 종말과 심판이 주된 관심이 되는 3장이 아닌, 이미 성취된 종말이나 종말론적인 현재에 관여하는 1-2장의 문맥 안에서, 1:19의 '날'을 전적으로 3장에 등장하는 심판의 날, 재림(the Second Coming)의 날 등과 같이 특정한 사건과 직접적으로 동일시하는 것은 성급한 판단이 될 수 있다. Callan의 논증은 문법적으로 가능하지만, 대다수의 학자들의 견해를 뒤집을만한 결정적 설득력을 제공하지 못한다. 그러므로 '너희 마음속에'는 '날이 새어 샛별이 떠오르기까지'와 연결되는 것이 적절하다.

(b) '새벽 별이 비추기까지'는 객관적 사건인가, 주관적 조명인가?

그렇다면 19절에서, '너희 마음속에'의 전치사구가 '날이 밝아 새벽 별이 비추기까지'를 수식한다고 할 때, 이것은 무슨 의미가 되는가? 만일 ἕως(때까지)절 이하를 최후의 종말에 있을 객관적이고 역사적인 사건으로 해석한다면, 이는 '너희 마음속에'라는 표현과 어떻게 연관될 수 있는가? 반면에 ἕως절 이하가,

---

282 Green, "Narrating the Gospel in 1 and 2 Peter", 267. 베드로후서가 그 메시지를 이스라엘의 과거에서 → 그리스도의 사건 → 현재 → 종말론적인 심판의 순차로 전개하고 있다고 말한 것은 대체적으로 적절한 관찰이라 할 수 있다. 다시 말해서, 베드로후서 1장과 3장은 종말의 '이미'와 '아직' 사이의 긴장을 균형 있게 보여 준다고 말할 수 있다; 한편 Bauckham은 *Jude, 2 Peter*, 151-152, 베드로후서 1장의 종말의 현재적 측면에 치중하여 3장의 미래적 종말론을 인정하지 않거나 경시한 입장(Käsemann)을 적절히 비판한다.

순전히 주관적으로 일종의 '계몽'(enlightment)과 같은 영적 성장에 따라오는 성숙한 지식이라면 이는 충분한 해석인가? 우리는 이런 질문들을 다루면서 베드로가 19-20절에서 토대를 놓으려는 성경관과 해석학이, 그 배경에는 종말의 사실을 부인하고 '사사로이' 해석하는 거짓 교사들을 염두에 둔 것임을 기억해야 한다.

우선 ἕως절 이하를 객관적인 사건을 가리키는 것으로 보는 입장이 있다. 19절의 새벽 별은 문자 그대로 하면 '빛을 가져오는 별'(φωσφόρος, light-bearer)이다. 어둠이 물러가기 시작하고 동이 터오기 직전, 빛이 올 것을 알리는 별로서 밤의 끝과 아침의 시작 그 사이에 빛나는 별이다. 이방 자료들에서 이 단어 '포스-포로스'(φωσφόρος)는 명사형으로 쓰일 때 주로 '금성'(Venus)을 가리켰지만,[283] 구약에서 후대에 다방면에서 메시아적으로 해석되었던 민수기 24:17(한 별[LXX, ἄστρον]이 야곱에게서 나오고)이 배경으로 거론된다.[284] 비록 '너희 마음속에'라는 전치사구가 있지만 Peter Harvey는 '날이 밝아 새벽 별이 떠오르기까지'라는 문구를 '주관적'인 영역에서 이해하려는 시도는 부적절하다고 판단한다. 이 구절은 에베소서 5:8-10의 경우처럼 한 사람의 신앙이 유아기에 있을 때 희미하게 이해되는 자리에서 성경에 의해 더 성숙하게 더 잘 조명되는 자리에로 성장해가는 것도 아니고, 누가복음 1:76-79에서처럼 구약의 빛이 우리로 하여금 더 위대한 복음의 빛에로 인도하는 경우를 가리키지도 않는다는 것이다.[285]

Callan의 경우, 19절에 '암시된' 예수의 파루시아가 1:16-18에서 언급된 '변화산에서의 예수의 임재'나, 3:10-13에서 언급된 전우주적이고 공개적이며, "모두에게 관찰 가능한"(observable by all) 재림 사건을 언급한다고 확언한 것

---

283 Callan, "2 Peter 1:19-20", 145, Cicero, *De Nat. Deorum* 2.20; Philo, *Heres* 224; Plutarch, *Mor.* 430a; 601a; 925a; 927c 등을 예로 든다; 또한 Bauckham, *Jude, 2 Peter*, 225.
284 Davids, *2 Peter and Jude* 209; Schreiner, *1, 2 Peter, Jude*, 321.
285 Robert Harvey & Philip H. Towner, *2 Peter & Jude* (Downers Grove: IVP Press, 2009), 67-68. 하지만 Harvey도 계시로서의 말씀이 계속해서 조명하는 측면을 다 배제하지는 못했다("Our study of the Word will increase the light in our lives", 69).

과 같은 맥락이라고 주장한다.[286] 당연히 여기서 '날이 새어'라고 할 때 이 '날'은 '심판의 날'(3:7), '주의 날'(3:10), '그날'(3:12), 그리고 새 하늘과 새 땅이 도래하는 '날'(3:13)로서 재림 때에 그리스도께서 돌아오시는 사건으로 이해한다.[287] 물론 19절이 의미하는 바가 '모두에게 관찰 가능한 객관적인' 사건이라 할 때 가장 부담스러운 문구는 '너희 마음속에'(ἐν ταῖς καρδίαις ὑμῶν)이다.[288] 이는 Callan이 이 전치사구를 19절이 아니라 20절 전반부를 수식하는 것으로 돌렸을 만큼, 이 입장에는 받아들이기도 설명하기도 어려운 대목이다. 또한 앞서 언급했듯이, 19절에서 '날'(ἡμέρα)을 베드로후서 3장의 경우들처럼 재림의 날로 간주해 버릴 때, 1장의 문맥에 대한 충분한 고려가 빠지는 것도 걸림돌이 된다. 1:16-18의 변화산 사건을 종말에 있을 예수의 영광스러운 재림 사건에 대한 '선취적'(先取的, proleptic) 사건으로 보는 경우에도,[289] 이 사건이 미래적 심판과 재림을 강조하는 3장이 아닌 실현된 종말을 강조하는 1장에서 제시되었다는 사실은 19절에서도 종말의 현재적 의미를 포함할 가능성을 높여주기 때문이다. 그리고 19절이 변화산의 경우(16-18절)처럼 '관찰 가능한' 객관적 사건을 언급하는 것이라고 말하려면, 먼저 변화산의 사건과 예언의 말씀이 주는 확실성과의 관계 즉, '더 확실한(βεβαιότερον) 예언의 말씀'(19절)으로 연결된 그 고리의 의미도 명확하게 풀어야 하는 문제가 남는다.

반면에 일단의 주석가들은 19절의 '너희 마음속에 ⋯ 떠오르기까지'라는 문구가 예수의 재림에 관련될 수 없다고 결론짓는다. 대신 이를 신자가 이생(生)을 사는 동안 성숙해가면서 깨닫게 되는 영적 지식(experience of enlightenment)을 지칭한다고 보거나,[290] 아니면 '원시 기독교회'(primitive Church)가 가졌던 예

---

286 Callan, "2 Peter 1:19-20", 148.
287 Harvey, *2 Peter & Jude*, 68.
288 박태식은 "주님은 다시 오십니다", 〈성경연구〉 8/3 (2002): 19-20, "마음속에 동이 트고 샛별이 떠오르기까지는 어둠 속을 밝혀주는 등불을 바라보듯이"로 읽으며 '마음속에'라는 문구에 대한 별다른 어려움 없이 이를 미래에 일어날 일을 '은유적으로' 표현한 것이라 본다.
289 참조. 마가복음 9:2-8의 변화산 사건을 마가복음 9:1의 종말의 파루시아에 대한 예수의 예언에 대한 선취적 성취로 보는 입장에 관해서는, G. H. Boobyer, *St. Mark and Transfiguration Story* (London: T&T Clark, 1942), 87를 보라.
290 Bauckham, *Jude, 2 Peter*, 226, Plumptre, Mayor, James, Spicq, Grundmann, Delling과

수의 재림과 최후의 심판에 대한 소망이 '공교회'(Catholic Church)가 시작한 단계에서 점차로 '개인화되고'(individualized) '영화되는'(靈化, spiritualized) 현상을 보여 주는 증거라고 주장한다.[291] 첫째로 언급한 견해는 19절의 내용이 전적으로 신자가 성숙해가면서 겪는 영적 체험에 관한 것임을 강조하는데,[292] '너희 마음속에'라는 문제의 문구가 쉽게 설명된다. 하지만 19절에서 종말 곧 미래의 최종적인 '파루시아'와 심판에 대한 강조가 소멸된다.

중요하게도 이런 점은, 베드로후서가 반대자들에 대한 전략적(polemical) 서신이라는 점을 간과하는 결과를 가져온다.[293] 만일 19절의 내용에서 종말론적인 목적에 대한 긴장을 제거한 채 단지 신자의 내면적이고 영적 계몽의 차원으로 '환원'(reduced)시켜 해석한다면, 19절이(12-18절, 20-21절과 더불어) 반대자들 곧 거짓 선지자들이나 거짓 교사들의 주장 곧 '예수의 재림과 세상의 끝, 종말의 심판이 없다'는 그들의 주장(1:16; 2:1, 10; 3:3)을 어떤 식으로 반박하는 논증이 되는지 설명하기 어려워진다. 베드로후서는 소위 '초기 공교회적인' 경향 속에서 종말의 예수의 오심에 대한 소망에서 멀어진 것이 아니다. 도리어 그 반대일 가능성이 높다.[294] 이는 미래적 심판과 최종적 구원이 강조되는 3:5-14뿐 아니라,[295] 1장에서도 선명하게 드러난다. 헬레니즘의 영향이 있다고 여겨지는 1:4(신의 성품에 참여)도 5-11절, 특히 "구주 예수 그리스도의 영원한 나라에 들어감을 넉넉히" 받아야 한다(11절)는 종말의 최종적 목적이 제시되는 문맥에 놓

Käsemann을 포함시킨다.
291 Bauckham, *Jude, 2 Peter*, 226, Schelkle, Kelly, Schrage, 혹은 Gene L. Green을 언급한다; 한편 Callan은 "2 Peter 1:19-20", 147, Kelly를 객관적 측면과 심령적 측면을 함께 강조하는 입장으로 분류한다.
292 Käsemann, "Apologia for Primitive Christian Eschatology", 182.
293 베드로후서에 나타난 반대자들에 대해서는, Desjardins, "The Portrayal of the Dissents in 2 Peter and Jude", 89-102; 그리고 Cavalin, "The False Teachers of 2 Pt as Pseudo-Prophets", 263-270을 참조하라.
294 Käsemann, "Primitive Christian Eschatology", 169, 174-180; Desjardnis는 "The Portrayal of the Dissents", 89-90, 96-99, 베드로후서의 반대자들은 2세기 중반 이후에나 두드러지는 영지주의자들이 아니다. 또한, 1세기 중반 이후 세상 친화적인(world-accepting) 주류 교회의 흐름에 반해, 세상 부인(world-denying) 패턴을 따라 강한 종말론과 엄격한 성적 윤리 등으로 신앙을 보수하려 했던 소수에 해당된다고 주장한다.
295 Käsemann, "Primitive Christian Eschatology", 168-169.

여 있음에 주목해야 한다.[296]

이러한 비판은 앞서 언급한 두 번째 입장에도 동일하게 해당된다. 이 견해에 따르면, 초대 교회의 초기에는 임박한 종말에 대한 기대가 살아 있었지만 점차 그 종말의 객관적 사건에 대한 소망이 약화(弱化)되어 갔다는 것인데, 19절은 그 역사적이고 종말론적인 사건 자체에 대한 소망이 예수의 임재에 대한 개인화되고 영화된 체험으로 '대치'된(replaced) 현상을 보여 준다는 것이다. 일례로, John N. D. Kelly는 19절의 '새벽 별'이 특별히 예수를 가리키는 것으로, 그것은 Philo가 이와 유사한 용어들을 사용한 경우처럼 분명히 내적 조명을 가리킨다고 말한다.[297] Philo는 하나님을 아는 지식을 '떠오르는' 태양에 비유하고 '빛을 가져오는'(φωσφόρου) 하나님의 '알게 하는 빛'(intelligible rays)이 영혼의 눈에 반짝인다고 묘사하며(Ebrietate 44), 이와 유사하게 덕(virtue)을 영혼에 태양처럼 '떠오르는' 것으로(Confusione 60), 그리고 Decalogo 49에서는 율법들을 영혼에 '빛을 가져오는'(φωσφόρουντας) 별들로 묘사하기도 했는데, 이처럼 베드로후서 1:19의 '날이 새어'라든지 '별이 떠오른다'든지 하는 비유적 표현들도 전적으로 일종의 내적 조명을 가리키는 표현들로 이해된다는 것이다.[298]

하지만 베드로후서 1:19-20과 Philo의 용례를 단순 비교하면서, Philo의 경우처럼 종말론적인 차원을 배제하고 읽는 것은, 미래적 종말에 대한 언급이 분명한 3장뿐 아니라 19절이 놓여 있는 1장의 문맥의 종말론적 긴장을 반영하는 해석이 되기 어렵다. 19절에서 오직 내적 계몽(enlightenment)만을 주장하는 입장이 반대자들 곧 거짓 선지자들의 종말의 심판에 대한 불신에 대해 효과적인 대답이 될 수 없듯이, 비록 내적 조명의 표현이 역력하더라도 이것이 19절이 갖는 종말론적 차원의 의미를 '대치'한다고 보는 것은, 분명 베드로후서의 특수한

---

296 Bauckham은 *Jude, 2 Peter*, 11-12, Käsemann이 주장한 것처럼 베드로후서가 종말론을 내면화한 '초기 공교회적' 서신이라는 것은 그 자체가 근거가 없다고 비판하면서(11-12), 베드로후서는 헬레니즘(Hellenism)에 동화된 결과가 아니라, 오히려 당대 청중에게 익숙한 헬레니즘의 도덕적 사고의 토양(*topoi*)에서 나온 소재들을(예를 들어, 1:3-11) 유대-그리스도교적인 종말론(예를 들어, 1:16-18; 3:5-13)과 창조적으로 또 효과적으로 연계시킨 결과라고 평한다(151-155).

297 Kelly, *The Epistles of Peter and Jude*, 321-322.

298 Kelly, *The Epistles of Peter and Jude*, 322.

정황과 잘못된 종말론에 대응하는 서신서의 주장에 들어맞지 않는다.

한편 19절의 '날이 새어'를 예수의 재림에 관한 언급으로 보면서도, '너희 마음에 새벽 별이 비추기까지'를 그 재림의 때에 깨닫게 될 예언의 의미로 보는 학자들도 있다. 이런 해석의 특징은 성경 계시의 유한성을 강조하는 데에 있다. Peter H. Davids는 베드로후서의 문맥을 강조하면서(구체적으로, 3:10-13), 1:19의 본문에서도 '묵시론적 성격'(apocalyptic nature)을 적용한다. 예언의 말씀은 '날'이 밝기까지(곧, 새 하늘과 새 땅이 오기까지) 빛의 역할을 하지만, "그러나 '날'이 밝으면, 더 이상 성경은 필요 없게 된다. 왜냐하면 그때에는 그리스도께서 (새벽 별처럼) 떠오르셔서 우리에게 충만한 지식을 주시기 때문이다"고 강조한다.[299] 즉 19절에서 '마음에 비추는' 현상은 심령적인 조명이지만, 그 조명은 예수의 재림 때에 곧 종말의 '그날'에 알게 되는 것이므로, '그때까지는' 예언의 말씀에 주의하는 것이 옳다는 식으로 해석하는 것이다.

이 해석의 특징은 '새벽 별'을 분명히 메시아적으로 해석하면서도 19절에서 이를 예수의 재림과 연관 짓는다는 점이다. Bauckham은 다른 신약의 저자들처럼 베드로후서의 저자도 '임박한 종말'을 기대했고 '그때까지 그의 독자들이 살아 있을 것이라' 기대했으므로 19절의 언급은 그때가 될 때까지 예언의 말씀들에 주의하라는 뜻이라고 본다.[300] 확실히, '날이 새어 새벽 별이 떠오르기까지'라는 표현의 구약적인 배경은 민수기 24:17이다(참조. 창 49:10). 하지만 중간기에도 잘 알려져 있었고 당시에 이미 메시아적으로 해석된 이 구절을(참조. 계 22:16),[301] 굳이 예수의 초림이 아니라 재림에만 국한시키려는 것은 무리이다. 무엇보다 메시아를 상징하는 이 '새벽 별'을 두고, 이를 굳이 '너희 마음에'(ἐν ταῖς καρδίαις ὑμῶν) 떠오를 것이라 하는 이유는 무엇인가? 그것이 종말론적 사건이

---

299 Davids, *2 Peter and Jude*, 208.
300 Bauckham, *Jude, 2 Peter*, 226; 또한 박수암, 『공동서신』, 236.
301 일례로, '레위의 유언집'(*T. Levi*) 18:3은 '한 새 제사장'에 대하여 "그리고 그의 별이 하늘에 한 왕처럼 떠오를 것이라"고 묘사했고, '유다의 유언집'(*T. Jud.*) 24:1에서는, "이 일 후에 한 별이 야곱지파에서부터 평강 가운데 떠오를 것이라. 그리고 한 사람이 내 후손 가운데서 나오는데 그가 의의 태양 같을 것이며 … 그에게서는 죄를 찾을 수 없을 것이라"고 언급한다. 이 외의 쿰란 문헌들 가운데 다마스커스 문서는 창세기 49:10의 예언을 두고, "그 별은 율법의 해석자요 다마스커스로 올 자이며 … 그 홀은 전체 공동체의 왕(prince)이 될 것이라"고 해석한다(CD 7:18-20).

고 모두에게 명백하고 공개적인 사건이라면, 굳이 '너희 마음에' 떠오를 것이라고 표현할 필요가 있는가?

Bauckham은 이런 질문에 조금 더 적극적으로 대답한다. 그는 우선 19절의 '어두운 데'(ἐν αὐχμηρῷ τόπω)가 가리키는 바가 인간의 마음을 포함한다고 말함으로써 내적 조명을 위한 해석적 여지를 열어둔다. 그리고 여기서 '날'(ἡμέρα)은 비록 관사가 없더라도, 예수의 재림 때에 동터올 종말의 새 시대를 가리키는 '주의 날'(참조. 3:10)을 가리키며, 현 시대/세상의 어둠과 대조되는 빛을 의미한다고 본다. 즉 19절에서 무지의 어둠을 조명하는 예언의 기능은, 종말의 계시의 충만한 빛이 온 세상에 비칠 그때에 하나님 백성의 마음에 밀려들어 옴으로써 비로소 극복된다고 보는 것이다.[302]

하지만 문제는 그 '마음의' 무지로 인한 어두움이 물러가는 것 곧 '새벽 별'이 떠오르는 일이 '그날', 곧 종말의 날에야 가능하다고 말한다는 점이다. 종말에 명백히 드러날 일을 알게 되는 사건을 두고 굳이 '너희 마음속에'라고 한 이유는 무엇인가? Bauckham은 이것이 전혀 놀랍지 않은 일이라고 말하는데, 왜냐하면 "여기서 다루려고 하는 것은 단지 예수의 재림(parousia)의 한 특별한 측면, 곧 신자들을 향한 하나님의 충만한 계시로서의 재림뿐"이라 보기 때문이다.[303] 자신의 이런 논지를 뒷받침하기 위해 Bauckham은 베드로후서 1:19의 경우처럼 장차 오는 새 세상에 관하여 마찬가지로 주관적이고 개인적인 용어들('너희 마음에'와 같은)을 사용하는 또 다른 예로 고린도전서 13:8-12을 든다: 특히 9-10절, "우리가 부분적으로 알고 부분적으로 예언하니 온전한 것이 올 때에는 부분적으로 하던 것이 폐하리라." 베드로후서의 '너희 마음에 떠오른다'는 식의 표현은 객관적이고 우주적 사건으로서 예수의 재림에 대한 기대를 배제하거나 대치하는 것이 아니라(참조. 3:7-13) 고린도전서 13:9-10에 나타난 바울의 경우와 마찬가지로 단지 예언의 '부분적이고 일시적 성격'을 강조할 목적으로 사용되었을 뿐이라는 것이다.

---

302 Bauckham, *Jude, 2 Peter*, 226-227.
303 Bauckham, *Jude, 2 Peter*, 226.

그러나 단순한 사실이지만, Bauckham이나 Davids가 예로 드는 고린도전서 13:8-10에는 '너희 마음속에'라는 표현이 없다. 물론 같은 표현이 있어야 하는 것은 아니지만 그 차이는 엄연하다. 즉 고린도전서 13:12에서 '그때에는 … 주께서 나를 아신 것 같이 내가 온전히 알리라'는 상황은 더 이상 '마음속에 비추이는' 것일 필요가 없는 경우라는 점이 다른 것이다. 고린도전서 13:12의 경우는 객관적이고 사실적으로 직접 보고 아는 경우, 곧 '얼굴과 얼굴을 대하여 보는 것처럼' 아는 상황이기 때문이다.[304] 그것을 굳이 '너희 마음속에'라고 한 표현과 동일한 상황으로 볼 수 있을까?

또 한 가지, 고린도전서의 경우 역시 종말의 객관적인 임재와 성도의 내면적인 지식이 그런 최종적 상황 이전에라도 서로 뗄 수 없는 밀접한 상관관계에 있음을 보여 준다.[305] 고린도전서 13:8-12은 확실히 성도의 지식이 종말의 객관적인 상황과 직접 관련이 있음을 나타낸다. 그때가 오면 지식도 폐한다(고전 13:8). 하지만 11절의 비유 곧 장성한 자가 되어서 어린아이의 일을 버린다는 표현은, 객관적 종말에 대한 의식이 성장할수록 자신의 내면적 지식도 성숙해간다는 점을 전제한다. 그 내면적 지식의 성숙이 객관적 종말의 사건 이후에만 일어나는 것이 아니라, 그 이전에도 일어남을 시사하는 것이다. 즉 Bauckham이 생각하는 것처럼 고린도전서 13:8-12의 예는 베드로후서 1:19에서 '너희 마음속에 비추기까지'라는 표현이 '날이 새어 새벽 별이 온 후', 곧 종말의 사건 '이후(以後)만'을 가리키는 예로 적절치 않다. 왜냐하면 고린도전서 13:11이 보여 주듯이 종말과 관련된 내적 조명은 반드시 그 종말의 객관적 사건 이후에만 일어나는 것이 아니기 때문이다.[306] 지금도 '희미하게 보고' 있으며 그때에는 '얼굴을 맞대어 보듯이 선명하게' 볼 것이다. 정도의 차이가 있지만 연속성이 있으며, 그 내적 조명이 마지막 때로 국한되어 있지 않다.

---

304 Gordon D. Fee는 *The First Epistle to the Corinthians* (Grand Rapids: Eerdmans, 1987), 648, 이런 경우를 하나님께서 우리를 아시는 '즉각적이고 총체적이며 직접'적인 방식 같은 것이라고 말한다.
305 고린도전서 13장의 경우 그 연속성은 오히려 '사랑'에서 발견된다. Fee, *Corinthians*, 649.
306 오히려 Callan은 "2 Peter 1:19-20", 148, 신약에서 '예수의 (미래적) 임재'(parousia)가 신자의 마음속에서 일어날 것이라고 말한 적이 없다고 단정한다.

주의 깊게 생각해보면, 베드로후서 1:19의 '너희 마음속에'라는 표현은 다른 모든 곳은 어두운 채로 남아 있어도 그들의 마음 '속'(ἐν)에만은 계시가 조명하는 빛이 있게 될 것이라는 강조점을 시사한다. 즉 베드로후서가 굳이 '너희 마음속에'라고 표현한 이유는 이를테면 너희 마음 '밖에'가 아니기 때문이다. 다시 말해서 비록, 종말론적으로 날이 새고 새벽 별이신 예수께서 강림하신 우주적이고 객관적인 사건이 아직 일어나지 않았다 하더라도, 지금 그 예언의 말씀과 함께 '너희 마음속에는' 그 '새벽 별'이 떠오를 수 있다는 측면을 시사하는 것이다. 고린도전서 13:8-12을 비교한 경우를 따라 말하자면, '그때에 … 얼굴과 얼굴을 대하여 보기' 이전에라도(고전 13:12) 현재에 장성하여 점차 어린아이의 일을 버리는 것과(고전 13:11) 같은 맥락이다. 그러나 그것은 예수의 재림과 심판이 신자의 내면에 영화된(spiritualized) 것이나 영적 경험으로 대치된(replaced) 것이 아니다. 도리어 '분명히 다가오는 역사적' 종말을 예언의 말씀을 통해 동일한 신적 계시의 객관성으로 확신하는 과정일 뿐이다.

이처럼 예수의 강림이라는 객관적인 종말의 사건과 성도가 그로 인해 조명을 받아 알게 되는 계시 인식의 경험은, 그 종말론적 사건이 실제로 일어나는 시점 이후뿐 아니라 이전에도 가능한 것이다. 고린도전서 13:8-12의 강조점이 '그때에'(τότε) 확실히 알게 되는 것에 있다면, 베드로후서 1:19는 '너희 마음속에'(ἐν ταῖς καρδίαις ὑμῶν)라는 표현과 함께 그 새벽 별이 종말의 때 이전에라도 신자들의 마음속에 떠오르도록 하는 예언의 말씀의 신빙성, 곧 '더 확실한' 증거로서 예언의 말씀이 신자의 심령 속에 확증해 주는 조명의 능력을 강조하는 것으로 여겨진다. 그래서 19절은 자연스럽게 20-21절에서 강조하는 대로 예언의 말씀이 과연 어떤 본질을 갖고 있기에, 그리고 과연 어떻게 전달되었고 보존되었기에 종말에 일어날 사실을 현재에도 신자들의 '마음속에' 명백히 증거하는 능력을 발휘하는지를 설명하는 문맥에 잘 들어맞게 된다. 즉 19절에서 '예언의 말씀'은 그 말씀이 더 이상 필요 없게 되는 예수의 강림 이후의 상황 속에 놓여 있는 것이 아니라, 그 객관적 강림 이전에라도 '새벽 별을 비출 수 있는' 말씀 계시의 능력을 강조하기 위해 사용된 것이다.

흥미롭게도, Bauckham은 19절에서 그 '날'(ἡμέρα)이 종말 전체를 상징하는 것이라고도 말한다(It[the day] is therefore probably a symbol for the eschatological age as a whole).[307] 그렇다면 19절에서 이미 구약이나 중간기에 메시아적으로 해석되어 온 '새벽 별'(민 24:17; T. Levi 18:3; T. Jud. 24:1; CD 7:18-20)에 관련된 이러한 계시의 조명이 반드시 재림 때가 아니더라도 즉, 예수의 초림 이후 초대교회 당시에도 일어날 수 있다는 것은 당연하다. 오히려 '날'은 종말 전체를 상징하고 '새벽 별'은 재림 곧 최후의 심판의 날이라고 못 박는다면 19절의 해석은 균형을 잃을 수밖에 없다.

한편 19절의 해석에 대해, 종말이 시작된 시대에 가능해진 '심령적 조명'에 우선적인 방점을 찍고 이 내적 조명에 더하여 종말의 객관적이고 역사적인 사건을 배제하지 않는다는 식의 해석을 취하는 입장도 성립할 것이다.[308] 이런 점에서 19절에서 무엇보다 '어두운 데에'(ἐν αὐχμηρῷ τόπῳ)의 의미를 확정하는 것은 문제의 본질과 깊이 연관된다. 여기서 '어두운 데'는 어디인가? 그것은 우선적으로 '너희 마음'이 아닌가? 아니면, 아직 '새벽 별'인 예수께서 재림하지 않으신 이 세상을 가리키는가? 아니면, 둘 다인가? 이해할만 하지만 이 표현이 '지금 현재의 세상'을 지칭한다면, 이는 Callan의 경우처럼 19절에서 객관적, 역사적 사건으로서의 인식을 주장하는 입장과 잘 어울린다.[309] 마찬가지로 Green도 '어두운 데를 비추는 등불'이라는 문구에서 베드로가 어떤 '내적 어둠이나 무지'에 초점을 맞추고 있는 것이 아니라, 당대의 이방 세계의 도덕적 문화에 그 초점을 둔 것이라고 주장한다.[310]

하지만 19절 내의 문학적인 대칭 구조를 고려하면, '어두운 데서 빛이 비추는 것처럼'과 '날이 밝아 너희 마음에 새벽 별이 비추기까지'가 서로 병행 관계

---

307 Bauckham, *Jude, 2 Peter*, 225; Davids, *2 Peter and Jude*, 208.
308 Callan, "2 Peter 1:19-20", 147, 대체로 이런 류의 입장을 취하는 학자들로 Kelly, Hibert, Mounce, Reicke, Sidebottom, 그리고 Windisch를 언급한다. 다만 Callan은 이 입장이 19절의 '파루시아'에서 육체적이고 또한 심령적인 사건 '모두'를 보는 입장이라고 말한다. 필자는 Callan이 나눈 또 다른 부류 곧, Bauckam이나 Spicq의 입장이 그가 말하는 것처럼 심령적인 사건에 강조점이 있고 육체적 재림의 측면이 추가된 것이 아니라, 그 반대로 종말의 역사적 재림에 우선적인 강조점이 있고 심령적 조명이 부차적으로 따르는 것으로 보는 입장이라고 생각한다(참조. 고전 13: 8-10).
309 Callan, "2 Peter 1:19-20", 145.
310 Green, *Jude and 2 Peter*, 228.

에 있다는 사실은 자명하다. 이로부터 '너희 마음에'가 '비춘다'는 동사와 연관되는 것은 적절해 보인다. 그리고 이 병행 관계가 맞다면, '너희 마음에'는 앞 문구의 '어두운 데'와 더욱 세밀한 병행을 이루고, 성경 해석의 과정에 있어서 '어두운 데'에 해당하는 대상은 곧 '너희 마음'임이 드러난다.[311] 그러므로 '새벽 별이 떠오르기까지'는 우선적으로 심령적, 내적 조명을 가리키지만 '날이 새어'라는 문구와 함께, 예수의 초림이나 재림과 같은 역사적 사건을 배제하지 않는 표현이다.[312] 날은 이미 밝았고 또한 앞으로 완전히 아침이 올 것이다. 그리고 새벽 별도 이미 떠올랐고, 앞으로 온전한 아침이 오기 직전에 보다 분명히 떠오를 것이다. 비유적으로 말하자면, 지금 이미 날이 밝아오고 있고 새벽 별이 떠올랐지만 아직 어두움이 남아 있다. 이제 나머지 어둠이 지나가면 새벽 별은 다시 분명히 보이게 될 것이고 밝아 오기 시작한 아침이 온전히 올 것이다. 그때까지 '예언의 말씀'은 신자들의 심령 속에서 '이미' 도래한 아침을 밝히며 이미 비치기 시작한 새벽 별을 떠올리게 하는 내적 조명의 역할을 한다. 하지만 이 내적 조명은, 말하자면 예수의 초림이나 재림을 배제하는, 축소하거나 대치하는 작용이 아니다. 오히려 바로 아침이 밝아 오고 있고 새벽 별이 비추기 시작했으며 더욱 분명히 떠오를 것이기 때문에 비로소 '너희 마음속에' 명료하게 조명되는 것이다.

(c) '기다림'의 해석학

그러므로 19절은 '베드로'가 이 예언의 말씀, 더 넓게는 성경을 어떻게 대해야 하며 어떻게 해석해야 하는지에 대해 가르치려 하는 대목임을 알 수 있다. 베드로는 그것을 '주목하여 합당하게 다루라'(καλῶς ποιεῖτε προσέχοντες; 주의하는 것이 옳으니라, 개역개정)고 말한다. 그리고 빛과 어둠의 이미지를 써서 비유적으

---

311 John Calvin, *Hebrews, 1 Peter, 1 John, James, 2 Peter, Jude*, Calvin's Commentaries, vol. 22 (Grand Rapids: Baker Books, rep. 2005), 386-388, 19절에서 '어두운 곳'을 해석자의 '마음'과 직결시킨다. 다만 '날이 새어'를 역사적, 객관적 종말로 보는 대신 개인적 종말의 문맥에서 파악한다.
312 Senior and Harrington, *1 Peter, Jude and 2 Peter*, 259-260, "그는(베드로후서의 저자) 성경의 예언의 말씀들이 마치, '어두운 곳에 등불이 비추듯이', 예수 그리스도의 죽으심과 부활의 빛 아래서 해석되어야 한다고 주장한다"(260).

로 그 방법을 가르친다. 즉 17-18절에서 φέρω가 전적으로 하나님 편에서 주권적으로 주어지는 음성이나 말씀이 전달되는 과정을 의미하듯이, 하나님의 말씀도 그 의미가 스스로를 드러내는 과정처럼 다루어져야 한다는 것이다.

우선 '빛이 어두운 곳에서 비추듯이'라고 할 때, 하나님의 계시의 말씀과 그것을 받는 사람의 본질적인 상태가 표현된다. 즉 하나님의 말씀은 빛과 같고 이 말씀을 받는 사람의 마음은 어두운 곳과 같다. 빛은 스스로 밖에서 온다. 안에서 만들어지지 않는다. 안은 오직 어둠뿐이다. 그래서 '날이 밝는다'든지 '새벽 별이 떠오른다'든지 하는 표현이 갖는 의미를 푸는 열쇠는 '때까지'(ἕως)에 있다. 즉 이 빛을 어두운 곳이 받는 방식은, '때까지'이다. 그 빛이 그 어두운 곳을 비칠 때까지, 오직 '주목'하고 잘 대하고 있어야 한다. 그러므로 계시의 말씀을 오해하거나, 그것을 자의로 해석할 때의 오류는 그 계시의 말씀 자체 안에 있지 않다. 그 어두움은 그 계시의 말씀 안에 있는 것이 아니라, 그 계시를 받는 사람, 그 계시의 말씀의 빛을 대하는 사람 안에 있다는 논증이다. 그래서 해석이란, 그 말씀의 의미를 내가 찾아낸다기보다 그 말씀의 의미가 나에게 알아지기까지, 나의 어둠이 걷혀질 때까지 기다리는 것이 된다.

그러면 '새벽 별'은 무슨 뜻인가? 왜 여기에 있는가? 앞에서 살펴보았듯이 이 새벽 별이 '그리스도'를 의미한다면,[313] 이 표현은 해석학적으로 더 중요한 의미를 갖는다. 이 빛을 가져오는 열쇠는 그리스도가 되기 때문이다. 예수 그리스도가 구약의 계시의 말씀, 그 계시의 빛을 가져오는 새벽 별이라는 것은, 구약 말씀의 해석학적 원리를 말해 준다.[314] 그리고 이 모든 말씀의 강조점은, '주의를 기울이라'는 명령 위에 떨어진다. 그 계시의 빛에 주목하고, 그 빛이 자신에게 비치게 하는 일을 계속하라는 것이다. 그렇게 될 때, 그 빛이 그에게 들어오고, 그 빛이 그의 어둠을 밝혀, 그 빛을 보게 하는 것이다. 그래서 20절과 21절에서 각기, 성경 해석의 중요한 원리를 다시 하나씩 밝힌다. 첫째 20절에서 해

---

313 Davids, *2 Peter and Jude*, 208; Bauchkam, *Jude, 2 Peter*, 226(참조, 계 22:16).
314 Senior and Harrington, *1 Peter, Jude and 2 Peter*, 257-260, 여기서 베드로후서는, 구약을 해석할 때 해석자 자신이 임의로 해석하지 않고 '예수 그리스도의 사건'(Christ-event)과 믿음의 공동체로서 교회의 삶(the life of the community) 안에서 해석할 것을 강조하고 있다고 말한다(257).

석자가 반드시 알아야 할 것은, 모든 기록된 예언의 말씀은 사사로이, 즉 각자 제 마음의 원하는 대로 풀어서는 안 된다는 것이다. '각기 제 마음의 원하는 대로'라는 것을 생각해 보라. 그 마음이 여기서 베드로의 표현에 의하면, 정확히 '어두운 곳'이다. 그 마음이 '어두운 장소'이다. 그 어두운 장소에 있는 어둠으로 계시의 빛을 이렇다 저렇다 판단할 수 없다. 어둠이 빛을 판단하겠다면, 그것처럼 어리석은 일은 없을 것이다.[315] 베드로후서가 염두에 두는 '거짓' 선지자들과 '거짓' 교사들이 미래에 있을 예수의 재림과 심판의 사실을 거부한 것은, 그들이 변화산의 사건을 믿지 못해서였기보다는 기록된 말씀의 기원과 그 계시의 말씀을 대하는 해석학적 태도에 있어서 빛과 어둠이 뒤바뀌듯이, 이를테면, 어둠으로 빛을 판단하고 해석하려 했기 때문이다. 이 점은 사실, 그 반대자들이 본격적으로 등장하는 2장이 아니라, 1장에서부터 부정적인 방식으로 암시되고 있다.

결국 하나님의 계시인 성경에 있어서, 본문의 의미를 드러내는 힘은 계시인 그 본문 자체에 들어 있다. 그러므로 해석학적 방법론으로서의 '기다림'은 단순히 막연한 기다림이 아니다. 그것은 기다리는 자 속에서 실제로 역사하는 신적 조명이 해석자의 어둠을 점차 거두어가며 그 '신적 객관성'의 강도를 더욱더 높여가는 기다림이다. 마치 온 세상을 비칠 해가 떠오르듯이 하나님의 계시의 말씀은 스스로를 드러내기 때문이다. 문제는 그 빛을 받고도 그것을 자의로 해석하는 해석자 속의 어둠이다. 혹은 그 빛을 버리고 자신을 빛의 근원으로 삼고, 자신의 빛으로 그 빛의 출처인 계시의 말씀을 비추겠다는 해석학적 오만함이다. 그 어둠이 물러가야 한다. 그러므로 베드로후서가 제시하는 '기다림의 해석학'이란, 실제로 '새벽 별'이신 예수 그리스도의 객관적인 역사적(또한 초역사적인) 재림과 심판의 사건을 간절히 기다리는 동시에, 기록된 계시의 말씀 아래 머

---

315 Calvin, *2 Peter*, 389, 이런 태도를 베드로후서의 반대자들과 직접 연결시키지는 않지만, 의미 있는 주석을 한다: "성경이 빛으로 불리는 사실을 깨달으려면 '믿음의 순종'을 통해 접근해야 하며, 예언의 말씀이 유익이 되는 것은 오직, 우리의 육적인 마음들과 정서를 내려놓고 성령의 가르침에 복종할 때뿐이다. 반대로 (예언의) 비밀들이 우리의 육(flesh)으로부터 감춰져 있고 또 생명의 숭고한 보화들이 우리의 능력들을 훨씬 능가함에도 불구하고, 우리가 교만한 마음으로 우리 자신의 통찰력(acumen)에 의지하여 그것으로 충분히 예언의 말씀을 이해할 수 있다고 자만할 때, 그것은 예언의 말씀에 대한 불경건한 모독에 불과하게 된다."

물러 그 자신의 어둠 곧 그의 영적, 지적, 심정적, 의지적 완악함에서 벗어나 그 말씀의 빛이 '새벽 별'이신 예수 그리스도를 해석자 자신에게 분명히 드러낼 때까지, 그 말씀의 조명(照明)과 강력(强力) 앞에서 오래도록 겸허히 기다려야만 하는 차원을 강조한다.

3.4 성경 해석과 신적 성품

성경 해석의 객관적이고 보편적인 타당성은 근본적으로 해석자의 마음을 성결케 하시는 성령 하나님의 역사에 의존한다. 성령께서 해석자의 심령을 성결하게 만들어 주시지 않으면 해석자는 성경에 기록된 말씀을 제대로 해석할 수가 없게 되어 있다. 여기서 베드로는 성경 본문, 곧 우리가 그 의미를 찾아내려고 하는 성경 본문이 문제가 아니라, 그 성경 본문을 해석하는 우리 자신의 마음이 가장 큰 해석학적 문제라고 말하는 셈이다. 이런 맥락에서 보면 흥미롭게도, 19절에 나오는 '빛과 어둠'의 이미지가 이미 9절, "이런 것이 없는 자는 소경이라 원시치 못하고 그의 옛 죄를 깨끗케 하심을 잊었느니라"(개역한글)에서 시작됨을 알 수 있다.

사실 9절이나 19-21절의 배경은 2장 이후에 나오는 거짓 선지자와 거짓 교사들의 성경에 대한 태도나 부패한 가르침과 삶의 행태이다. 이들의 거짓 가르침이 독자들로 하여금, 예수 그리스도의 재림과 하나님의 나라에 들어가는 그 준비를 못 하게 미혹하며, 어긋난 길에 들게 하였을 것이다.[316] 베드로후서의 저자는 이미 1장 초반부에서 이에 맞서, 예수 그리스도의 재림도 확실하고, 그 나라가 오는 것도 확실하고, 그 나라에 들어감을 얻기 위해 '모든 신기한 능력'을 다 주신 것도 확실하고(1:3), 장차 임하는 나라에 들어가기 위해 '신의 성

---

316 베드로후서 2장은 '거짓'(ψευδο-) 선지자들이나 '거짓' 교사들의 행태와 그들에게 유혹을 받은 일부 신자들(2:1-2)의 도덕적, 성품적 타락과 부패에 대한 경고들로 가득하다. 예언의 말씀에 대한 잘못된('거짓의', '자의의', '방만한') 성경 해석이 그들과 그들의 유혹에 이끌리는 자들의 도덕적 부패와 짝을 이룬다. Duane A. Dunham, "An Exegetical Study of 2 Peter 2:18-22", *Bibliotheca Sacra* 140/557 (1983): 40-54을 참고하라.

품'(θείας κοινωνοὶ φύσεως)에 참여해야(4b-7) 하는 것이 유일한 대안임을 역설한다.[317]

특별히 1:5-7의 초점은 현재에 맞추어져 있는데, 이 부분은 한편으로는 3-4절에 나타난 그리스도의 죽으심과 부활의 사건을 통해 '이미 성취된' 종말론적 결과로 주어진 '생명과 경건에 속한 모든 것'을 받은 것을 전제로, 5-7절에 나타난 신의 성품에 참여하는 내용을 설명한다.[318] 또한 이를 근거로 8-9절의 경고와 더불어 10-11절에 제시되는 미래적 종말론의 목표(참조. 3:1-2)를 배경으로 하고 있다.[319] 즉 5-7절의 초점은 그리스도 사건이 일어난 과거와 미래, 그 사이에 끼인 현재를 살아가는 신자들(1:1)이 가야 할 길에 주목하고 집중하는 형식에 있다. 곧 그리스도를 알아가며 신의 성품에 참여하여 자라가며 걸어가는 그들의 현재의 영적인 길 위에, 과거의 그리스도의 사건으로부터 능력이 불어넣어지고, 동시에 미래에 반드시 일어날 심판과 구원의 사건이 그들의 길의 목표와 방향을 틀지어 주고 있는 것이다.[320] 다시 말해서 1장에서는, 이렇게 정확한 방향을 잡고 그 나라에 들어가기 위해서는 복음 곧 이 진리의 내용의 출처가 무엇이며, 그것이 어떻게 그들에게 전해졌으며, 그것을 어떻게 받아들이고 어떻게 그 위에 굳게 서야 하는가를 강조한다. 이는 계속해서 빛을 받으며

---

317 Wolters는 "'Partners of the Deity': A Covenantal Reading of 2 Peter 1:4", 28-44, 전통적인 번역인 '신의 성품에 참예하는 자'(partakers, 개역한글)를 '신성의 동역자'(partners with the Deity, 참조. 고전 10:20; 히 10:33)로 번역할 수 있는 어휘적 용례의 가능성을 제시하면서(29-34), 전통적인 번역이 플라톤 사상에 관련된 '존재론적 참여'(ontological participation)와 관련되는 경향을 배제하고 대신 언약적 문맥을 강조하려 한다. 하지만 중요한 것은 1:4의 전후 문맥인데, 이것은 철학적인 의미에서 어떤 '불멸의 신적 본성'에 존재론적으로 참여하는 신비주의가 아니지만, 분명히 언약적이면서도 동시에 언약의 성취에 따른 '생명과 경건에 속한 모든 것'(1:3)이 주어짐으로 생기는 신자의 '영적/신적 성품'(1:5-7)에 관련된 것임을 알 수 있다. 이런 면에서 개역한글이 '신의 성품'(性品, 개역개정/새번역/현대어)으로 옮긴 것은 적절한 번역으로 여겨진다(참조. 하느님의 본성을 나누어 받음, 공동번역).

318 Terrance Callan는 "The Syntax of 2 Peter 1:1-7", *CBQ* 67/4 (2005): 632-640, 1:1-2과 3-4절, 그리고 5-7절과의 연계성에 대해 다양한 견해들을 열거하고, 5절의 '이러므로'(καὶ αὐτὸ τοῦτο, 개역한글)가 동시대 문헌들의 용례로 볼 때, 4절을 조건문의 전제절(protasis)로, 그리고 5절 이하를 조건절의 귀결절(apodosis)로 소개하는 역할을 한다고 제시한다(특히 639-640).

319 베드로후서 1:10-12와 3:1-2의 연관성에 대해서는 G. H. Boobyer, "The Indebtedness of 2 Peter to 1 Peter" (*New Testament Essays: Studies in Memory of Thomas Walter Manson 1893-1958*, ed. A. J. B. Higgins, Manchester: Manchester University Press, 1959), 34-53을 참고하라.

320 참조. Green, "Narrating the Gospel in 1 and 2 Peter", 268-269.

빛 가운데서 앞으로 걸어 나아가는 것과 같은 이미지이다.

한편으로 이렇게 '빛'에 대한 이미지는 16-18절의 변화산의 묘사 속에서도 계속된다. 마태복음에서 '얼굴이 해같이 빛나며 옷이 빛과 같이 희어졌다'(마 17:2)고 한 빛에 대한 묘사는 베드로후서에서는 '그 크신 위엄을 친히 본 자들이 되었다'(ἐπόπται γενηθέντες τῆς ἐκείνου μεγαλειότητος)로 표현됨으로써 증인들이 직접적으로 관련되어 있음을 드러낸다.[321] 그리고 19절에 오면, '어두운 데'와 '등불', 그리고 '날'과 '새벽 별' 등, 빛과 어둠의 이미지들로 채워진다. 그러므로 20절과 21절에 기록된 '더 확실한 예언'의 기원과 성격, 그리고 그 해석의 방식은 1장 초반부터 전개되어 온 '빛과 어둠의 이미지'를 배경으로 읽을 수 있게 된다.

따라서 20-21절에 따른 '사도 베드로'의 주장에 의하면, 성경 본문이 빛이고, 해석자가 어둠이기 때문에, 어둠인 해석자가 빛인 성경 본문을 이해하려면, 그 빛이 그의 안에 들어가 거기서 머물고, 거기서 계시인 성경을 해석하는 수밖에 없다. 해석자가 계시의 본문을 밝히는 '빛'이 아니라, 성경 계시가 '빛'으로서 어두운 데 처한 해석자의 심령을 밝히는 것이다. 이것을 베드로는 '주목하고 기다리는 일'(19절)이며, '사사로이 푸는 것'(20절)이 아니라고 말하고 있는 것이다. 바로 이 점이 베드로후서에서 거짓 선지자들과 거짓 교사들에게 가장 결핍된 것은 신적 성품이라고 간접적으로 드러내 준다.[322] 이들은 하나님과 우리 주 예수 그리스도를 '앎으로써'(1:2-3) 영적인 시력을 유지하고(9절), 빛 가운데서 꾸준히 걸어 생명과 경건을 이루어 구원을 얻는 그 과정에서 이탈된 자들이다(10-11절). 그뿐 아니라, 이들은 성도들을 자신들과 같은 길로 들어서도록 유혹하는데(2:1-2, 13-14), 이에 저항하고 굳게 서는 유일한 길은 하나님을 '앎으

---

321 Callan, "Apocalyptic Discourse in Second Peter", 66.
322 R. C. H. Lenski는 *The Interpretation of I and II Epistles of Peter, the three Epistles of John and the Epistles of Jude* (Minneapolis: Ausburg Pub. House, 1966), 266, 베드로후서 1:5-7에 열거된 신적 성품의 내용들이, 각기 2-3장에 예시된 거짓 선지자들과 거짓 교사들의 악덕들과 의도적인 대조 관계 속에 놓여 있다고 말한다: 예를 들면, 참된 믿음/거짓 믿음, 덕/수치, 지식/소경, 절제/방탕, 인내(선한 것을 참음)/다시 계속함(악한 것을), 경건/불경건, 형제 사랑/하나님의 자녀들을 싫어함, 참된 사랑/그것의 치명적인 부재 (absence).

로써' 신적 성품에 참예하고(1:2-8), 말씀을 바로 해석하여 미래적 종말에 있을 새 하늘과 새 땅에 들어가는 구원(3:3:8-13), 곧 그 경건을 이루는 것이라고 한다 (3:11, 13-14).

이런 맥락에서 '원시치 못하고'(μυωπάζων, 1:9)라는 표현은 죄의 문제가 해석의 문제와 연결되는 고리를 제공하는 것으로도 여겨진다. 말하자면 신적 성품을 제대로 갖추는 것, 보다 풍성하게 갖추는 것, 그것이 바른 성경 해석에 있어서 결정적인 원리가 됨을 시사하는 셈이다. 결국 1:20-21은 다분히 거짓 선지자/교사들의 행태를 염두에 두고 계시를 대하는 바른 태도를 역설하는 대목이다. 그리고 그들의 치명적인 오류는 그들의 미혹과 죄악들 이전에 그것과 깊이 결부된 계시 해석에 있어서 해석자 자신이 스스로 '근원'이 되어 자신의 '방식대로'(ἰδίας) 해석하는 태도라고 지적한다. 이런 태도는 성경 계시의 말씀의 '출처'와 그 계시의 말씀이 전달되는 '방식'에 대해 그들이 무지하다는 사실을 보여 줄 뿐이다.

베드로는 그가 비유로 든 대로, 빛이 어둠 속을 속속들이 비출 때까지 그 빛 앞에 주목하여 머무는 해석학적 과정을 강조한다. 점점 빛을 보지 못하는 소경이 되는 것이 아니라, 더욱 신의 성품에 참여하게 되는 그런 과정을 통해서 '생명과 경건에 속한 모든 능력'을 누림으로써 '실족지 아니하며'(10절), 결국 "우리 주 곧 예수 그리스도의 영원한 나라에 들어감을 넉넉히'(11절) 얻을 것이라고 가르친다.

4. Κόσμος의 일시성과 '재창조'(3:6; 2:5)

베드로후서 1장이 '신적 성품'에 참여함으로써 누리는 실현된 종말론을 강조한다면, 2장에서는 성경적 종말론을 부인하는 거짓 교사들이 교회에 어떤 윤리적, 총체적 부패와 타락을 가져오는지를 설명하고 있으며, 3장에 이르러서 비로소 미래적 종말론이 확고히 제시된다고 말할 수 있다. 또한 'Κόσμος와 교회'라는 주제와 관련해서 말하자면, 1:4에서는 Κόσμος의 '썩어짐' 곧 죽음의 지배 하에 놓인 세상이 부각되었고, 2장에서는 20절의 용례에서 보이듯이, Κόσμος의 '더러움' 곧 죄악의 오염된 영향력이 강조된다.

그리고 이제 3장에 오면 6절에서, '그때의 세상'(ὁ τότε Κόσμος)이라는 표현이 나오는데 이는 2:5의 노아의 홍수 심판 이전의 '옛 세상'(ἀρχαίου κόσμου) 또는 6절이 표현하듯 '경건치 않은 자들의 세상'(κόσμῳ ἀσεβῶν)처럼, 하나님의 피할 수 없는 심판을 통해 사라질 운명 곧 그 썩어지고 죄악 된 세상의 '일시성'을 나타낸다. 이런 점에서, 베드로후서에서 '세상'이라는 주제는 Κόσμος라는 용어가 드러나는 본문들을 중심으로 전개해도, 베드로전서 1:4에서 밝힌 하늘에 약속된 기업, 곧 거듭난 성도들 안에 있는 살아 있는 소망의 대상인 '썩지 않고 더럽지 않고 쇠하지 않는' 하늘의 유업의 특성의 배열과 정확히 일치한다고 볼 수 있다. 이를 알기 쉬운 도표로 나타내면 아래와 같다:

	〈하늘에 약속된 유업〉		
벧전 1:4	A '썩지 않고'	B '더럽지 않고'	C '쇠하지 않는'
	〈세상의 특징들〉		
벧후 1-3장	A' '썩어짐'(1:4)	B' '더러움'(2:20)	C' '일시성, 심판'(3:6; 2:5)

설명하자면, 베드로전서 1:4의 '하늘에 약속된 유업'의 세 가지 특징인 '썩어짐, 더러움, 쇠하지 않음'이, 베드로후서에서는 '세상'을 묘사하는 특징들로 각 장마다 배열된 것으로 볼 수 있다. 특별히 베드로후서 1:4과 2:20은 분명하

게 각기 '썩어짐'(φθορά)과 '더러움'(μίασμα)을 특징으로 표현한다. 그리고 2:5에서 노아의 홍수 때에 심판받은 '옛'(ἀρχαίου) 세상이 언급되는데 이는 3:6에서 '그때'(τότε)의 세상으로 연결되고, 7절에서는 '이제(νῦν) 하늘과 땅'으로 표현되는 '현재의 세상'으로, 그리고 결국 13절에서 '새 하늘과 새 땅'으로 재창조된다는 주제로 옮아간다. 즉 여기서 베드로는 직선적인 역사관을 기초로, (a) 옛 세상(3:6; 2:5), (b) 지금의 세상(3:7, 10), 그리고 (c) '새 하늘과 새 땅'(3:13)이라는 세 단계로 구분된 '세상 개념'을 갖고 있음을 볼 수 있다.[323] 특별히 3장은 '옛 세상'처럼 '지금'의 세상도 심판을 받아 종결되고 더 이상 존재하지 못하게 된다는 종말론적 결말을 강조한다. 이런 미래적 종말론이 2장에서 전개한 거짓 교사들에 대한 경고와 1장에서 전개한 신적 성품에 참여하고 성장함을 독려하는 목적을 가짐은 너무도 분명하다. 이로써 베드로는 단지 3장밖에 안 되는 편지 안에서, 확고한 현재적, 그리고 미래적 종말론에 근거한 신앙과 윤리를 탄탄히 전개하고 있는 것이다.

그렇다면 3장에서 본격적으로 전개되는 현재 세상에 대한 피할 수 없는 종말의 심판의 사실 앞에서, 교회는 어떠한 태도를 취하도록 독려받고 있는가? 미래적 종말론이 확연히 드러나는 3장에서, 세상 속에 있는 교회는 어떤 태도를 취해야 한다고 베드로는 역설하고 있는가?

4.1 세상과 종말에 대한 거짓 교사들의 주장

베드로는 3장에서 본격적으로 미래적 종말론을 펼침에 있어서, 주의 재림과 종말의 심판에 관한 거짓 교사들의 의심과 조롱은, 근본적으로 하나님의 '말씀'을 겨냥한 것임을 지적한다. 이것이 3:1-5까지 전개되는 거짓 교사들의 의혹과 베드로의 변론의 중심이다. 1절에서는 바로 이런 목적으로 '이 둘째 편지'를 '쓴다'(γράφω)고 말하고, 2절에서는 거룩한 선지자의 '예언의 말씀'(προειρημένων ῥημάτων)과 사도들을 통하여 하신 '주의 명령'(ἐντολῆς τοῦ κυρίου)을 기억나게 하

---

[323] Green, *Jude and 2 Peter*, 321.

려 한다. 또한 4절에 보면, 거짓 교사들이 의심했을 뿐 아니라 조롱까지 한 것은 정확히 주께서 강림하신다는 '그 약속'(ἡ ἐπαγγελία)이었다. 베드로 역시 저들이 일부러 잊고자 한 것은 결국, 세상을 창조하신 하나님의 '말씀'임을 명백히 한다(5절).

무엇보다 거짓 교사들이 이렇듯 말씀을 의도적으로 왜곡하고 조롱할 뿐 아니라, 굳세지 못한 자들을 미혹하는 것은 실은 성도들을 미끼로 이득을 취하려 하는 '자기의 정욕을 좇아' 행하기 때문이다(3절). 예언의 말씀이나 사도들을 통한 주의 명령에 대한 저들의 태도는 저들 속에 있는 '정욕'(ἐπιθυμία)이나 '탐욕'(πλεονεξία)에 기초한다. 저들은 '탐심으로 지은 말'(2:3)로 미혹하며, 육체를 따라 '더러운 정욕 가운데서'(2:9) 행하고, '탐욕에 연단된 마음'(2:14)으로 연약한 자들을 노략질하며, '육체의 정욕 중에서'(2:18) 유혹하는 자들이다. 베드로는 이들을 향해 '말세에'(ἐπ᾽ ἐσχάτων τῶν ἡμερῶν) 조롱하는 자들이 왔다고 표현하는데, 이는 역설적으로 들릴 수 있는 표현이다. 즉 거짓 교사들은 종말이 없다고 말하지만, 정작 거짓 교사들인 그들 자신이 '온 것'이 종말이 도래했다는 신호들 가운데 하나인 셈인 것이다.[324] 또한 여기서 저들이 '온다'(πορευόμενοι)고 한 표현도 그저 온 것이 아니라, 2:3의 '너희를 이를 삼으니'(ἐμπορεύσονται)와 본질상 같은 표현으로, 자신들의 이익을 위하여 마치 사업하는 자들이 이득을 보러 온 것과 같은 인상을 남긴다(참고. 부한 자도 그 행하는 일에[πορείαις], 약 1:11; 장사하여[ἐμπορευσόμεθα] 이를 보리라, 약 4:13).[325] 특히 그들의 정욕을 묘사함에 있어서도 그들 '자신의'(ἰδίας, 3:3)와 같은 표현은, 거짓 교사들이 자기 자신을 근거로 '사사로이'(ἰδίας, 1:20) 성경을 해석하는 태도를 연상시키는데, 그들이 선지서의 예언이나 사도들을 통해 주신 주의 말씀을 얼마나 자기중심적으로 경망(輕妄)히 여겼는지를 보여 주는 대목이다.

그리고 3-4절이 묘사하는 바에 따르면, 거짓 교사들은 단지 그 말씀을 의심

---

324 Green, *Jude and 2 Peter*, 315, 거짓 교사들, 이단들의 존재는 그 자체가 종말이 왔다는 신호이다(참고. 행 2:17; 딤후 3:1; 히 1:2; 약 5:3; 유 18절; 또한 요일 2:18).

325 Maynard-Reid, *Poverty and Wealth*, 38-47, 야고보서 1:11에서 πορεία는 원래 '사업상의 여행길'을 뜻하며, 후에는 4:13-17과 병행을 이룬다는 점을 강조한다(46-47); 또한 Martin, *James*, 22-28.

한 것만이 아니었다. 저들은 자신들의 정욕을 따라 탐욕을 이루기 위해 성도들을 미혹할 양으로 그 말씀을 적극적으로 조롱했다. 3절에서, ἐμπαιγμονῇ ἐμπαῖκται는 문자적으로 '조롱을 조롱했다'는 식으로 강조된 표현이고, 놀림감으로 삼고 장난하듯이 비웃을 뿐 아니라(출 10:2; 민 22:29; 삿 16:25, 27; 삼상 6:6; 31:4; 겔 22:5), 하나님의 말씀의 권위에 도전함으로써 하나님을 '모독'(참고. 창 39:14)하는 것까지를 포함하는 '명예-수치'와 관련된 표현이다.[326] 저들은 이미 자신들을 '사신 주를 부인하는'(2:1) 자들이며, 그들의 도전은 단지 탐욕으로 이득을 삼아 교회를 파멸로 몰아가는 것뿐 아니라, 하나님의 말씀을 '사사로이' 해석함으로써 하나님 자신의 역사와 권위를 훼방하는 자리에 이르는 것이다.

하나님의 말씀을 경시하고 조롱한 결과는, 세상과 종말에 대한 거짓된 가르침이다. 거짓 교사들의 주장은 4절에 요약되어 있는데, 첫째는 종말에 주가 강림하신다는 약속이 '어디 있느냐?'는 의심이고, 둘째는 세상 만물이 창조 이후로 '그대로 있다'는 주장이다. 세상에 대한 후자의 주장과 종말에 대한 전자의 주장은 서로 맞물려 있다. 세상이 그대로 있으므로 종말에 주가 강림해서 심판하는 일도 없다고 주장한 것이다. 그리고 그 근거는 하나님의 말씀이 아니라(3:1-2), 자기 자신들의 생각, 정확히 하면, 그들 자신의 '세상의 썩어질 더러운 정욕'(3:3; 1:4; 2:20)에 따른 것이다. 4절에서 '약속이 어디 있느냐?'(ποῦ ἐστιν ἡ ἐπαγγελία)는 질문은 성경에서 종종 '의심하는 자들'(skeptics)이 하나님의 말씀의 권위에 대적하는 특징적인 태도이다(왕하 18:34; 시 42:3, 10[41:4, 11, LXX]; 79:10 [78:10, LXX]; 115:2[113:10, LXX]; 렘 17:15; 욜 2:17; 미 7:10; 말 2:17; 요 8:19).[327]

베드로후서의 거짓 교사들은 주의 오심뿐 아니라, 특히 최후의 심판을 거부했다(3:5-10; 참고. 마 24:29-30; 25:1-46).[328] 대신에 그들은 거짓으로 '자유를 준다고 약속'했는데(2:19), 이는 하나님의 말씀을 자신들의 약속으로 대치시킨 것이며, 주의 재림과 최후의 심판을 부인한 채 도덕적으로 무책임한 방종을 조장한 것이다. 본문에서 '조상들이 잔 후로부터'(3:4)를 바탕으로 거짓 교사들이 2세

---

326 Neyrey, *2 Peter, Jude*, 228, "예수님 자신도 조롱을 당하셨다"(마 27:29, 31, 41).
327 Davids, *2 Peter and Jude*, 316.
328 Green, *Jude and 2 Peter*, 316.

대 그리스도인들이었다고 볼 근거는 충분치 않다. 이 문맥에서 '조상들'이 주의 재림을 기다렸던 1세대 그리스도인들이었다는 주장도 있지만,[329] 초기 교회는 첫 세대의 그리스도인들을 이런 식으로 부르지 않았으며, '조상들'(οἱ πατέρες)이란 유대인들의 먼 조상들을 가리킬 수도 있고, 헬라 문화에서도 흔히 사용되었던 관용적인 표현이기 때문이다(Homer, *Il.* 6.209; O. Hofius, *NIDNTT* 1:615-16; LSJ 1348).[330]

거짓 교사들의 정확한 정체도 불분명하지만, 4절에서 "만물이 처음 창조할 때부터 그대로 있다"는 그들의 주장의 배경도 명확치 않다. Bauckham은 베드로후서를 늦은 시기에 기록된 것으로 보고, '조상들'이라는 용어를 중심으로 제1클레멘트 23.3-4나 제2클레멘트 11.2이 베드로후서 3:4과 유사하다고 하지만,[331] 실상, 성취되지 않은 약속이나 예언에 관한 주제는 구약에서도 발견되는 매우 이른 시기의 주제이며, 한두 가지 언어적 유사성만으로 두 문서가 공동의 특별한 자료를 나누어 가진 것으로 추정하는 것은 '병행광'(竝行狂, *parallelomenia*)적 접근에 가깝다.[332] 정확한 출처는 알 수 없지만, 그보다 명확한 점은, 거짓 교사들이 주장했던 대로 세상이 '창세 이후로 아무것도 바뀌지 않고 모든 것이 그대로 있다'는 식의 논조는 당시 헬라의 세속 문화 속에서 유행하던 사조(思潮)였다는 사실이다.

거짓 교사들이 Epicurus를 사용했는지는 모르지만 그 주장은 비슷하다: "하지만, 사실, 이 전체로서의 우주는 언제나 지금처럼 똑같이 존재하고 또 항상 그럴 것이다. 왜냐하면 그것을 바꿀 수 있는 것은 아무것도 없기 때문인데, 이 전체로서의 우주 너머에서 이 우주 안으로 꿰뚫고 들어와 어떤 변화를 일으킬 수 있는 무엇이 없기 때문이다"(*Letter to Herodotus* 38; Lucretius 1.225-37). 또한 에피큐리언으로 알려졌던 Diogenes of Oenoanda는 이렇게 말했다: "최

---

329 Kelly, *The Epistles of Peter and Jude*, 355-356; Bauckham, *Jude, 2 Peter*, 290-292.
330 Davids, *2 Peter and Jude*, 318.
331 Bauckham, *Jude, 2 Peter*, 283-285, '그날'과 '하늘', 그리고 '땅'이라는 용어의 공통점을 근거로, 베드로후서 3:10도 제2클레멘트 16.3과 유사하다고 본다.
332 Davids, *2 Peter and Jude*, 264-265; Vögtel, *Der Judasbrief, der zweite Petrustrief*, 216.

초의 원소들은, 신이든 사람이든 그 어느 누구에 의해서도 분쇄될 수 없기 때문에, 이런 것들은 필연적으로 절대 파괴될 수 없다고 결론지을 수밖에 없다. 만일 파괴된다면, 필연성(necessity)에 의해, 존재하지 않은 것이 될 텐데, 그렇게 되면 모든 것이 소멸하게 되어야 하기 때문이다"(frg. 8; 참고. 벧후 3:10-11).[333] Neyrey에 의하면, 헬라의 고대 사상가들은 세상이 '과거에도 영원했고' 또한 '미래에도 멸하지 않는다'고 생각했는데, Plutarch는 "우주는 무한하며, 어디서 나지도 않았고 소멸되지도 않는다"고 말했고(*Adv. Colotem* 1114 A), 이런 생각은 Aristotle에게서도 계속 나타난다(*de Caelo* 1.12 282 a 25). 또한 Epictetus는 자연 세계에 대한 신적 개입을 부정했는데, 신은 세상을 창조하지도 않았고, 심판하지도 않는다고 가르쳤다.[334]

헬라적 유대주의에 속했던 Philo에게서도 유사한 생각이 나타난다. 그는 하나님이 세상을 창조하셨으므로 없애지 않으시고, 내적이고 외적인 그 어떤 힘도 세상을 해체할 수 없으며, 하나님도 그 창조 질서를 무질서로 바꾸지 않으실 것이라고 보았다(*On the Eternity of the World*, 5.19, 22-24; 6.26-27; 8.39-40).[335] 요약하면, 거짓 교사들은 세상과 종말 즉, 우주와 역사에 관해서 성경에 기록된 말씀이나 사도 전통의 가르침을 버리고, 어떤 특정한 철학적 사조라고 지목할 수는 없지만 당시의 통상적인 세속 철학과 문화에서 받아들이는 경험적인 견해를 빌려 예언의 말씀과 주의 명령을 의심하고 조롱했던 것이다.

그래서 베드로는 5절에서 거짓 교사들이 '하나님의 말씀으로 된 것을 부러 잊으려' 한다고 공격한다. 번역상 문제가 되는 Λανθάνει γὰρ αὐτοὺς τοῦτο θέλοντας는 두 가지로 옮겨질 수 있는데, 첫째는 '그들이 잊기를 원하여'(they deliberately forgetting, KJV/RSV/NRSV/NIV/TEV), 혹은 '이것을 유지하느라, 그들은 잊었는데'(in maintaining this, they forget, Bauckham, Kelly, Vögtel, Neyrey)로 옮길 수도 있다.[336] 하지만 어느 경우에도 그들의 단순한 부주의함을 넘어서는

---

333 Green, *Jude and 2 Peter*, 318에서 재인용.
334 Neyrey, *2 Peter, Jude*, 231.
335 Long and Sdley, *The Hellenistic Philosophers*, 1.127-179.
336 Davids, *2 Peter and Jude*, 268, 5절에서, Λανθάνει가 주어와 수(數)가 안 맞는 것은 *ad sensum*.

고의성은 피할 수 없다. 특히 '잊으려'(Λανθάνει) 한다는 것은 1:19-20에서 바른 성경 해석법에 대해서 가르친 대로 '주의해서 행하라'(καλῶς ποιεῖτε προσέχοντες) 는 것과 정반대의 태도이다. '그들 자신'이 기록된 예언과 사도들이 가르친 주의 명령을 스스로 '잊기를 원했다'라는 쪽이 적절한 번역이다. 주어를 강조한 αὐτοὺς는 그들이 말씀에서 돌이켜 주의를 기울이지 않기로 한 것이 스스로의 결정이며 고의적이라는 인상을 남긴다. 이런 태도는 자기 자신이 중심이요 근거가 되는 그들의 성경 해석학의 특징인 '사사로이'(ἰδίας)라는 성격과도 잘 들어맞는다(1:20).

하늘과 땅이 하나님의 말씀으로 창조된 것은 성경에서 자주 강조된 주제이다(창 1:3-30; 시 33:6[32:6, LXX]; 148:5; *Wis.* 9.1; *Sir.* 48.3; *2 Esd.* [*4 Ezra*] 6.38, 43; 요 1:1-3; 히 11:3).[337] 하지만 베드로는 창조뿐 아니라, 피조 된 세상의 보존에 있어서도 말씀의 역할을 강조한다(골 1:17; 히 1:3). 7절에서 보다 분명히 논증하지만, 베드로에 의하면, 세상이 그대로 있는 것도 정확히는 '말씀의 능력' 때문인 것이다. 한 걸음 더 나아가서, 6절은 그때의 세상이 '물의 넘침'으로 망했다고 한다. 노아의 홍수 사건을 가리키는 것인데, 5절과 연관 지어 읽으면, 세상의 창조와 보존 그리고 심판이라는 이 세 단계에 있어, 모두 '물'이 매개가 됨을 알 수 있다. 베드로는 6절에서 '그 동일한 말씀'이 세상을 보존하며 또한 심판한다고 강조한다. 또한 7절에서 보듯이, 거짓 교사들이 그런 엄청나고 신실하고 두려운 하나님의 약속을 저버린 것이 어떻게 하나님을 크게 오해한 것이며(8-9절), 동시에 확실히 다가오는 세상의 심판에 대해 그들 자신을 속수무책이 되도록 만들 것인지를 설명한다.

4.2 세상의 심판과 재창조에 관한 말씀

주의 재림과 세상의 심판을 부인하는 거짓 교사들의 조롱에 대하여, 베드로는 우선 그들이 하나님의 '말씀'(λόγος, 5절)을 일부러 잊기를 원하는 고의적인

---

337 Green, *Jude and 2 Peter*, 319.

적대감을 폭로한다. 저들이 부인하고 대적하는 것은 결국 하나님의 말씀인데, 그것은 구원을 이루시는 '약속'(ἐπαγγελία, 4절)이기도 하며, 세상을 창조하고 보전하는 하나님의 능력과 통치의 수단인 '말씀'이기도 하다. 베드로는 바로 이 말씀은 동시에 심판의 원리가 된다고 말함으로써, 저들이 부인한 하나님의 말씀이 장차 임하게 될 종말의 근거가 됨을 밝힌다. 또한 하나님의 말씀을 조롱하는 그들이, 역사의 참 의미를 알 리가 없다. 베드로는 저들이 알 수 없었던 하나님의 의도, 곧 종말의 지연에 관련된 하나님의 성품과 의지를 알린다(8-9절). 결국 말씀의 확실성에 따라, 심판과 옛 세상의 해체와 갱신, 그리고 새 하늘과 새 땅이 창조된다.

중요한 것은, 그 재창조의 새 세상은 '의가 거하는' 나라이며(13절), 그 나라에 들어갈 자들은 '거룩한 행실과 경건함'이 있는 신앙을 가진 자들임이 확증된다(11절). 거짓 교사들의 입장에서 설명하면, 저들은 하나님의 말씀을 '사사로이' 푸는 자들이요, 그래서 하나님이 어떤 분이신지 알지 못한 채 '도적같이' 종말을 맞을 자들이요(9-10절), 세상의 썩어지고 더러운 정욕을 따르는 불경건한 자들로서 그들에게 올 심판을 피하지 못할 자들이다. 당연히 수신자들은 이런 멸망이 결정된 자들을 따르지 말아야 한다는 경고와 권면이 이어진다(14-18절).

(1) 종말과 하나님의 말씀의 확실성(1-7, 10, 12절)

근본적인 문제가 거짓 교사들이 선지자들의 예언과 사도들이 전한 주의 명령을 의심하고 조롱했던 것인 만큼, 베드로는 철저히 하나님의 말씀을 변호하는 방식으로 논증을 전개한다. 거짓 교사들은 예언을 조롱하는 자들이다(3:3). 동시에 그들 자신은 헛된 말, 유혹하는 말을 한다(2:18). 거짓 약속들도 한다(2:19). 다른 사람들을 거짓된 말들로 미혹한다(2:3). 이에 응답해서, 베드로는 하나님의 예언의 말씀을 변호한다(1:17-21). 하나님의 예언의 말씀을 변호하는 것은, 물론 성경의 선지자들의 관심이었다(참고. 사 40:8; 45:23; 55:11). 저자가 두 번째 서신을 '쓴다'(γράφω, 3:1)고 한 것도 하나님의 말씀에 대한 호소가 깃들어 있다. 그처럼 베드로도 하나님의 약속을 변호한다(1:4; 3:4, 9, 13). 하나님의 말씀은 성경에서(2:4-8, 15-16, 22), 선지자들과 사도들의 말들(3:2), 그리고 바울의 서신들(3:15-16)에서 발견된다.

또한 3:2에서 '주 되신 구주께서' 주신 말씀이라 하듯이, 그의 말씀은 만물을 다스리시는 '주'(κυρίος)의 말씀이요, 온 세상을 하나님의 진노의 심판에서 건져 내시는 '구주'(σωτῆρ)의 말씀인 것이다. 이처럼 베드로도 4절에서는 주께서 강림하셔서 구원을 완성하신다는 '약속'을 언급한 후에, 5절에서는 창조 때에도 하나님의 말씀이 역사하신 것임을 역설한다. 이렇게 베드로가 '말씀'의 역사를 구속사뿐 아니라 창조 세계까지로 증폭시키는 것은, 역사(歷史)와 우주(宇宙)를 이해하는 데 있어서 하나님의 말씀이 얼마나 결정적인지를 보여 준다. 그러니 하나님의 약속과 말씀, 선지자의 예언의 말씀을 조롱하는 거짓 교사들이, 세상과 역사, 종말에 대해 바로 알 수가 없다.

흥미롭게도, 베드로는 5절에서 창조와 창조 세계의 보전을 '물'로 설명하는데, 이 '물'과 '말씀'은 밀접한 관계에 놓여 있음을 보게 된다.[338] 즉 5절의 "땅이 물에서 나와(ἐξ ὕδατος, 창조되었고), 또한 물로 말미암아(καὶ δι' ὕδατος) 하나님의 말씀과 더불어 성립된 것"은 과거의 창조와 현재 지속되는 말씀의 통치를 강조하는 표현이다. 여기서 '성립된'(συνεστῶσα)은 완료형인데, 땅의 창조가 물에서 나왔고, 또한 물로 말미암아 성립된 것은 하나님의 말씀이 없었으면 있을 수 없었던 일이라는 뜻이다. 하나님의 말씀은 창조뿐 아니라, 지금도 만물을 붙들고 계시는 하나님의 통치 원리이다. 자신들을 '사신 주를 부인한'(2:1) 거짓 교사들은 그러므로 하나님의 창조의 역사뿐 아니라, 세상을 그 말씀으로 붙들고 계시는 최고 통치권자를 부인한 셈이다. 자신들 스스로가 부인한 주의 심판을 그들이 어떻게 피할 수 있겠는가!

또한 물은 땅이 창조될 때, 일종의 매개체였다. 창조 때에 '물' 혹은 궁창의 위치와 역할은 고대 히브리인의 우주관에서 매우 중요한 요소이다.[339] 물에

---

338 Davids, *2 Peter and Jude*, 270, 6절에서도, '말씀'이 언급되는 것이 당연하다. 5절에도, 7절에도 있다. "바로 이 물과 말씀으로, 그때의 세상은 홍수로 멸망했다"; 또한 Bauckham, *Jude, 2 Peter*, 298.

339 K. I. Parker, *Text and Tradition: A Guide to the Old Testament* (Burlington: Trinity, 1990), 48, 땅은 사방으로 궁창 곧 물로 둘러싸여 있는데, 궁창 너머에는 하늘이 있고 땅 아래는 '스올'(Sheol)이 있는 우주관이다. Davids, *2 Peter and Jude*, 269에서 재인용.

서부터 물이 나왔고, 물이 경계를 넘지 않고 멈추어 있음으로써 땅이 존재했다(창 1:6-10). 후에, 창조 기사를 근거로 바다와 땅 사이의 경계를 유지하신 것이 하나님의 말씀이라는 인식이 드러난다: "바다의 한계를 정하여 물이 명령을 거스르지 못하게 하시며, 또 땅의 기초를 정하실 때에"(잠 8:29); "여호와의 말씀이니라. 너희가 나를 두려워하지 아니하느냐, 내 앞에서 떨지 아니하겠느냐. 내가 모래를 두어 바다의 한계를 삼되, 그것으로 영원한 한계를 삼고 지나치지 못하게 하였으므로 파도가 거세게 이나 그것을 이기지 못하며 뛰노나 그것을 넘지 못하느니라"(렘 5:22; 참고. 시 24:2; 104:5). 그뿐만이 아니다. 물은 '말씀'과 더불어 심판의 매개이기도 했다. '옛 세상'(ἀρχαίου κόσμου, 2:5),[340] 혹은 '그때의 세상'(ὁ τότε Κόσμος)은 '물의 넘침으로' 멸망하였다(3:6). 그리고 7절에서 '이제(νῦν) 하늘과 땅'은 지금의 세상이다. 또한 '지금' 현재의 세상은 "그 동일한 말씀으로써 간직되어 왔으나, 경건치 않은 자들의 멸망과 심판의 날을 위해 간수되고 있다." 여기서 '동일한 말씀으로'(τῷ αὐτῷ λόγῳ)는 '간직되어 왔으나'(τεθησαυρισμένοι)와 연관되어,[341] 일차적으로는 창조 세계의 보존이라는 맥락에서 쓰였다. 하지만 동시에 7절 하반절에서는 경건치 않은 사람들의 심판과 멸망을 위하여 '간수되고 있는 중'(εἰσὶν πυρὶ τηρούμενοι)이라고 말한다.[342]

다시 말해서, 과거에 말씀으로 창조된 세상은 현재도 말씀으로 '보화(寶貨)처럼 보존'되고 있지만, 또 다른 한편으로 그것은 경건치 않은 자들의 멸망과 심판의 날에 '불사르기' 위하여 마치 죄수들이 감옥에 갇혀 있듯이 '간수(看守)되고 있는,[343] '말씀'의 이중적인 역할을 보여 주는 것이다. 이렇듯 5절에서 '물에

---

340 Green, *Jude and 2 Peter*, 253. 다른 본문들에서 ἀρχαῖος는 '상당히 오래전에 있었던 어떤 인물들이나 사건들'을 지칭한다(시 44:1[43:2, LXX]; 143:5[142:5, LXX]; 사 25:1; 37:26; 43:18; *Wis.* 8,8; 13,10; 마 5:21, 33; 눅 9:8, 19; 행 15:21). 베드로가 염두에 두고 있는 '옛 세상'은 노아 이전 세대이다. 또한 여기서 Κόσμος란 우주나 지구가 아니라, 노아 시대에 멸망했던 인류이다(마 18:7; 요 4:42; 8:12; 9:5; 롬 3:19; 5:13; 고전 1:27-28).

341 Davids, *2 Peter and Jude*, 272-273. 유대 전통에서, '쌓여 있다'는 이미지는 다분히, 경건한 자에게는 상급이, 불경건한 자들에게는 진노가 쌓여 있다는 이미지이다(*Pss. Sol.* 9.5; *4 Ezra* 7.77; Philo, *Leg. alleg.* 3.105-106).

342 Green, *Jude and 2 Peter*, 322. "하나님은 구원을 위하여 의인들을 보존하실 뿐 아니라, 최종적 멸망을 위해 불경건한 자들도 보존하신다"(유 6, 13절; *T. Reu.* 5.5; Josephus, *Ant.* 1.3.7).

343 7절의 '간수되고 있는'(τηρούμενοι)은 죄수가 감옥에 갇혀 형벌의 심판을 기다리는 모양을 가리킨다.

서 나와 물로 말미암아'라는 표현이 창조와 보존, 그리고 심판을 가리켰듯이, 6-7절은 말씀에 대하여도 창조와 보존, 그리고 심판에 관련된 표현들이 동일하게 병행됨을 보여 준다. 이를 도표로 그리면 다음과 같다:

	〈창조〉	〈보존〉	〈심판〉
물	물에서부터 나와 ἐξ ὕδατος(5절)	물로 말미암아 δι' ὕδατος(5절)	물로써 ὕδατι(6절)
말씀	하나님의 말씀으로 τῷ τοῦ θεοῦ λόγῳ(5절)	그의 말씀에 의해 τῷ αὐτῷ λόγῳ(7절)	그 말씀으로써 δι' ὅν(6절)
(불)			불에 타서 καυσούμενα(10, 12절)

노아의 홍수 이전의 옛 세상과 관련해서, 창조와 보존 그리고 심판의 매개는 '물'로 상징되었다. 땅은 물에서 나왔고, 물로 말미암았고, 물로 심판을 받았다. 도표를 보면, '물'과 함께 사용된 전치사나 격이 경우마다 다르다. 창조에 관해서는 ἐξ와 2격(5절)이, 보존에 대하여는 δία와 2격(5절), 그리고 심판에 대해서는 3격(ὕδατι, 6절)이 쓰였다. 동시에 도표가 보여 주는 바는, 세상의 창조와 보존 그리고 심판에 관련해서, '말씀'은 중대한 위치를 차지한다는 점이다. 하지만 심판에 대해서는 다소 뚜렷이 드러나지 않는 부분도 있다. 특히 6절에서 δι' ὧν은 어떤 사본들에서는 δι' ὅν으로 읽히기도 하는데,[344] 이럴 경우 '물'이 아니라 '말씀'을 지칭하게 되는데 이것이 더 적절하다. 왜냐하면 6절 후반에 '물로써'(ὕδατι)라는 표현이 이미 나오기 때문이다.[345] 이럴 경우, 5, 6, 7절에서 모두 '말씀'이 언급됨을 볼 수 있다. 그러니까, 7b절에서 말씀은 원래 세상을 보존하는 능력인데, 그것이 현재 '불의 심판'으로 돌변해서 표현되는 이유는 7절 끝에 나오는 '경건치 않은 사람들' 때문인 것이 분명하다.

이렇게 보면, 세상을 창조하고 보존하신 그 동일한 '말씀'이 경건치 않은 자

---

344 P, 69[vid], 945 그리고 Vulgate 몇몇 사본들의 경우.
345 Davids, *2 Peter and Jude*, 270; Bauckham, *Jude, 2 Peter*, 298.

들에게 '불의 심판'으로 연결되고 있음이 뚜렷이 드러난다. 즉 창조와 보존의 원리인 하나님의 말씀이 궁극적인 매개인 것이다. 사실 하나님의 말씀으로 지음을 받은 세상이 또한 말씀으로 멸망한다는 것은 매우 낯선 표현이다.[346] 그래서 세상이 말씀으로 지음을 받고 또 말씀으로 멸망한다는 표현은, 성경적 우주론의 관점에서보다는 차라리 베드로후서 안에서 '말씀'이 도전받는 상황에서 촉발된 표현일 가능성이 높다고 보기도 한다.[347]

그렇다면 '말씀'과 불의 심판(7, 10절)과는 어떤 직접적인 관계가 있을까? 베드로후서는 이 관계를 명확히 밝히지 않는다. 그뿐 아니라 종말의 심판때에 사용될 '불'이 정확히 어떤 것인지도 밝히지 않는다. 하지만 노아의 홍수 심판 이후에 소돔과 고모라가 불로 심판받은 것처럼(2:5-6), 세상이 불로 심판받을 것이라는 사실은 구약에서도 자주 언급된다(신 32:22; 사 29:6; 30:27, 30, 33; 33:14; 66:15-16; 욜 2:30; 훔 1:6; 습 1:18; 3:8; 말 4:1). 그것은 유대 문헌에서도(Sib. Or. 2,196-213; 3,80-93; 4,171-82; Ps. Sol. 15,4; 1 En. 1,6-7; 52,6; 1QH 11,19-36) 마찬가지이고 신약에서도 동일하다(행 2:19; 살후 1:8; 계 9:17-18; 16:8; 20:9). 또한 당시 헬라의 문화 속에서도 세상은 불과 깊은 관련이 있는 것으로 생각되었다. Heraclitus는 세상이 불로 만들어졌고, 불은 공기가 되었으며, 공기는 물이 되었고, 물은 땅이 되었고, 땅은 다시 불이 된다고 보았다. 그래서 불은 신적인 요소이며, 모든 것 안에 존재한다고 말했다(All. 20-26; Diogenes Laertius, Lives 7,137).[348]

또한, 스토아 철학자들은 모든 것은 불에서 나왔으며 불로 돌아가는데, 현재의 상대적으로 불안정한 세계는 결국 큰 불에 의해 새로운 세계로 거듭날 것이라고 보았다.[349] 하지만 베드로는 직선적 역사관을 갖고 있으며, 하나님의 주권

---

346 Bauckham, *Jude, 2 Peter*, 296; 또한 Davids, *2 Peter and Jude*, 271, *1 Clem.* 27,4, "By the word of his majesty he established all things, and *by his word he is able to destroy them*"(이탤릭 필자).

347 Neyrey, *2 Peter, Jude*, 234.

348 Green, *Jude and 2 Peter*, 322.

349 Castern P. Thiede, "A Pagan Reader of 2 Peter: Cosmic Conflagration in 2 Pet 3 and Octavius of Minucius Felix", *JSNT* 26 (1986): 79-96, 스토아 철학에서도 '우주적 화재'(cosmic conflagration)로 인한 해체를 말하지만 결국 '재구성된(restituted) 세상' 즉, νεὸς κοσμὸς를 기대한다. 하

적 심판을 통한 영적, 도덕적, 물질적으로 새로운 '새 하늘과 새 땅'(3:13)에 대해 말한다는 점에서, 스토아 철학의 윤회적인 역사관이나, 필연에 근거하는 무신론적, 유물론적 역사관과는 철저히 다르다.[350] 한편 이런 점에서도, 베드로후서의 저자는 스토아 철학적 개념에 간접적으로 기대면서, 에피큐리언들의 생각을 반박했다고 볼 수도 있다.[351] 초월적인 하나님이 계시고, 하나님의 말씀이 세상을 창조한 것이기 때문이다.

종말의 심판에 관해서, 7절에서는 '말씀'과 '불'이 밀접한 관계에 놓여 있다면, 10-13절에서는 '불'과 '거룩과 경건'(11절) 그리고 '의'(δικαιοσύνη, 13절)가 서로 밀접한 관계에 있다. 결국 이 심판의 '불'이 무엇이냐는 문제는 문맥적으로만 짐작할 수 있을 뿐이다. 더구나 10, 11, 12절에 연속적으로 이 심판의 불에 '풀어진다'는 표현이 나온다. 10절에서는 '체질'(στοιχεῖα, 개역한글)이 불에 풀어지고, 11절에서는 '이 모든 것'이 풀어지며, 12절에는 '하늘'이 불에 타서 풀어진다고 말한다. 흥미롭게도 땅(γῆ)이 풀어진다는 표현은 없다. Davids는 심판의 불에 타는 것은 στοιχεῖα(체질)이지, 땅 자체가 아니라고 못 박는다.[352] 그렇다면 στοιχεῖα를 '물질'(개역한글)이라고 번역하는 경우, 문맥이 쉽게 설명되지 않는다. 물질이 전부 풀어진다는 것은 땅이 해체된다는 뜻이기 때문이다. 실로 종말에 있을 이러한 심판과 갱신(regeneration)에서 땅이 제외된다고 생각하기는 어렵다. G. Green은 7-12절의 문맥에서 στοιχεῖα는 '하늘들'(οὐρανοί)과 대조되어 사용되었는데 7절에서 '하늘들과 땅'이 10절과 12절에서는 '하늘들과 στοιχεῖα'로 바뀌어 쓰이면서 실제로는 '땅'의 다른 표현이며 그래서 στοιχεῖα는 하늘과 대조되는 '세상의 물질세계 전체'(totality of the material of the world)라고 주장한다. 또한 성경에서도 땅이 불에 의해 심판받을 것임을 반복해서 말하는 점도 중요하다(사 66:16; 미 1:4; 나 1:6; 습 1:18; 말 3:2, 19, LXX; 행 2:19; 살후 1:7-

---

지만 베드로후서가 기대하는 세상은 전적으로 다른 새 하늘과 새 땅(καινοὺς δὲ οὐρανοὺς καὶ γῆν καινὴν, 3:13)이다(Riesner); Everett Ferguson, *Background of Early Christianity* (2nd ed. Grand Rapids: Eerdmans, 1993), 335-336; Bauckham, *Jude, 2 Peter*, 300; Laertius, *Lives* 7.134.
350 Vögtel, 227-228; Green, *Jude and 2 Peter*, 323; Bauckham, *Jude, 2 Peter*, 300-301.
351 Davids, *2 Peter and Jude*, 273.
352 Davids, *2 Peter and Jude*, 283-284.

8; 벧후 3:7; 계 9:18; 18:8).[353]

하지만 심판의 '불'의 정체가 무엇인지 분명하지 않은 것처럼, στοιχεῖα도 정확히 무엇을 지칭하는지 확실하지 않다. 먼저 (i) στοιχεῖα는 물질의 궁극적인 구성 요소들로서 당대의 철학에서 흙, 공기, 불, 물을 가리킬 수 있고, 이것이 στοιχεῖα의 일반적인 의미이다(Wis. 7.17; 19.18; 4 Macc. 12.13; Aristotle, Metaphysics 998A.20-30).[354] (ii) 태양, 달, 별과 같은 행성들을 가리킨다(사 34:4; 2 Clem. 16.3; 또한 Diogenes Laertius, Lives 6.102).[355] (iii) 피조 세계의 근본적인 원리들, 천사적인 권능들(angelic powers, 갈 4:3; 골 2:8, 20). 거듭나지 않은 세상 사람들을 통제하는 천사적 권능들로서, 유대 전통에서도 세상이 어떤 영적 존재들, 권능들로 통제받고 있음을 알고 있었다(사 34:4; 참고. 벧후 2:4).[356] 이 중에서, Davids는 (ii)의 견해를 취하여 하늘의 행성들이라 본다. G. Green은 앞서 언급한 것처럼, στοιχεῖα를 문맥상 '땅'과 동일시하게 때문에 (i)의 견해에 가깝다. Bauckham은 (ii)의 견해와 (iii)의 견해를 서로 합해서, 하늘의 행성들을 가리키지만 고대의 사고방식을 고려하면 이와 연관된 어떤 영적 권능들도 포함한다고 본다. 명백한 것은 오히려, στοιχεῖα가 명확히 무엇을 가리키는지 분명하지 않다는 사실뿐이다. 물론 7-13절의 문맥에서 '땅'과 교차적으로 쓰였다고 볼 수도 있지만, 굳이 '땅'과 구별해서 쓴 이유도 진지하게 고려해야 한다. 또한 몇 겹인지 알 수 없는 층층의 '하늘들'(οὐρανοί)도 불에 풀어지는 마당에(12절), 굳이 하늘에 있는 행성들만을 따로 구별해서 στοιχεῖα라고 했으리라는 설명도 설득력이 떨어진다.

오히려 문맥상 의미 있는 단서는, 10절에서 보듯이 στοιχεῖα가 불에 풀어질 때, 땅의 모든 것이 더 이상 이 세상의 질서를 따라 감추어져 있지 않고, 전부 드러나게 된다는 사실이다. 11절에서는 이렇게 στοιχεῖα가 풀어지면서 모든 것이 풀어져 버릴 때, 각 사람의 '어떠함'도 감출 수 없이 하나님 앞에 온전히 드러나

---

353 Green, *Jude and 2 Peter*, 328.
354 Gerhard Delling, στοιχέω, *TDNT* 7:672-79; Neyrey, *2 Peter, Jude*, 243.
355 Delling, *TDNT* 7:681-82; Davids, *2 Peter and Jude*, 283.
356 Davids, *2 Peter and Jude*, 283-284.

버리게 되고, 거기서 가장 결정적으로 남는 요소, 곧 여전히 풀어지지 않고 남는 요소는 '거룩한 행실들과 경건'뿐이라고 언급한다.

그러므로 στοιχεῖα는 그것이 무엇인지는 정확히 알 수 없어도, 문맥상으로는 적어도 현재 세상의 질서를 붙잡고 있는 본질이며, 장래에 심판의 불에도 풀어지지 않는 '거룩한 행실과 경건'이, 지금은 잘 보이지 않게 하는 어떤 현존하는 질서들과 관련되어 있다고 추정할 수 있다.[357] 13절은 이러한 추측을 더욱 확실하게 뒷받침해 준다. 하늘마저 불에 타서 풀어질 때, στοιχεῖα도 풀어지고 첫 번째 피조 된 세상을 붙잡고 있던 모든 '틀'이 - 이것이 στοιχεῖα의 원래 문자적 의미인데 - 풀어질 때, 비로소 새 하늘과 새 땅, 새로운 질서가 태어나게 된다. 그리고 현재 세상의 στοιχεῖα가 해체되고 난 후에 새 하늘과 새 땅에 영원토록 남는 질서는 바로 '의'(righteousness)이다. 어떻게 보면, '의'라는 것도 하나의 '틀'(στοιχεῖα)이라 할 수 있다. 그래서 굳이 문맥적으로 표현하자면, 13절은 옛 '불의(不義)의' στοιχεῖα가 무너지고 새로운 '의(義)의' στοιχεῖα가 세워지는 거대한, 종말의 최종적인, 지각변동의 장면을 보여 준다.

실제로는 7절에서 현재 세상은 말씀으로 간직되어 있으면서 동시에 종말의 '불의 심판'을 위해 간수되어 있는데, 7절에서 이렇게 축약된 장면은, 10-12절에서 확연하게 자세한 과정으로 펼쳐짐을 볼 수 있다.[358] 이런 식으로 7절이 10-12절을 축약적으로 예시(foreshadowing)한다고 볼 수 있다면, 10절부터 11, 12절까지 종말의 세상의 해체와 갱신에서 본격적으로 등장하는 στοιχεῖα는 7절의 현재 세상과 심판의 원리인 '말씀'과 어떤 관계가 있을 것이라는 추정을 할 수 있다. 그리고 그것은 단지 추정일 뿐이다. 만일, στοιχεῖα가 앞서 언급한 의미들 가운데, 세상의 기본 질서(갈 4:3), 세상을 통제하는 어떤 영적 권능들이라면(골 2:8, 20), 7절에서, 창조, 보존 그리고 심판의 원리인 '말씀'과 10-11절에

---

357 Heide, "A Theology of Creation from Revelation 21 and 2 Peter 3", 52, 신약에서 στοιχεῖα는 알파벳이나 의례적인 규칙들처럼 어떤 '질서 안에 놓인 것'을 의미했다(히 5:12; 갈 4:3; 5:1; 골 2:8, 20). 불에 타는 것으로서 물질적인 것처럼 읽히지만, 여기서 στοιχεῖα는 요한계시록 21장에서처럼, 이 세상의 '질서' 즉 피조 세계를 붙들고 진행시키는 '질서'가 사라지는 것을 의미할 수 있다(참조. 고전 7:29-31; 요일 2:15-17).
358 Davids, *2 Peter and Jude*, 274, 7절은 그 심판의 대상이 '불경건한 사람들'이다. 반면에 13절의 심판은 전우주적임을 알 수 있다.

서 심판을 통한 해체의 원리인 στοιχεῖα가 어떤 밀접한 관계가 있다고 분석해 볼 수 있다.

이런 가정은 12-13절에서 현재 세상이 심판의 불로 해체되고 새 하늘과 새 땅이 드러날 때, 가장 두드러진 특징이 '거룩이요 경건이요 의'라는 사실에서 더욱 적실해 보인다. 심판의 불로 στοιχεῖα가 해체될 때 '땅과 그 안에 있는 모든 것'이 드러날(εὑρεθήσεται) 것인데, 드러나게 되는 τὰ ἔργα는 하나님이 심판하시는 인간의 행위들이다(출 22:8[22:7, LXX], 신 22:22, 28; 렘 50:24; 눅 23:4; 요 18:38; 19:4; 행 13:28; 23:9; 계 14:5). 이는 또한 최후의 심판에서 각자 인간의 행위들이 드러나고 심판받는 장면을 연상하게 한다(막 4:22; 요 3:21; 고전 3:13; 엡 5:13).[359] 그렇다면 στοιχεῖα는 사람들의 모든 행위들이 드러나지 않도록 억제하거나 제한하고 감추어 두는 현재 세상의 어떤 보이지 않는 질서이며, 지금은 하나님의 말씀에 의해 붙들려 있고 또 드러나지 않고 있는 피조 세계의 질서들이라고 추정해 볼 수 있다. 왜냐하면 그것이 심판의 불에 의해 풀어질 때, 그 안에 감추어졌던 각자의 모든 행위들이 전부 드러나 심판주의 말씀에 따라 심판받게 되기 때문이다. 그런 점에서 베드로가 강조하는 것은, 심판의 불로 인한 현재 세상의 해체가 결코 물질적인 영역에 국한되지 않는다는 사실이다. 그것은 영적이고, 인격적이고, 또한 신앙적인 종말과 갱신이다.[360] '거룩한 행실과 경건'으로 드러나는 신앙이 그 불의 심판에서 살아남고, 그 결과로 '의'의 나라가 펼쳐지는 종류의 심판인 것이다.

(2) 하나님의 관점과 긍휼(8-9절)

한편 거짓 교사들이 세상과 종말을 바라보는 관점은 다분히 물질적이고, 현세적이고, 무신론적이다. 베드로가 거짓 교사들의 주장들을 대적하면서 주의 강림과 종말의 심판을 변호할 때(3:1-13), 결국 일관되게 강조하는 것은 '하나님의 주권'이다. 하나님의 주권적인 말씀이다. 하나님의 주권적인 약속을 통한 구

---

359 Green, *Jude and 2 Peter*, 330.
360 Heide, "A Theology of Creation from Revelation 21 and 2 Peter 3", 52, 불의 심판에 의해 '풀어짐'은 그래서 '말소'(annihilation)가 아니며, 정화되는(refined) 과정이요 갱신(renewal)임을 강조한다.

원이며(4-5절), 그의 신실한 말씀을 통한 창조와 창조 세계의 보존(5절), 그리고 말씀을 통한 심판이라는 피할 수 없는 권세와 현재 세상의 갱신을 이루시는(6-13절) 막강하고 신실한 하나님의 주권이 강조된다. 거짓 교사들이 선지자들의 예언과 사도들을 통해 전해 준 주의 명령을 의심하고 조롱한 대가는 그러므로 치명적일 수밖에 없다. 그들은 말씀을 알지 못함으로, 역사도 알 수 없고 세상도 알 수 없고 더구나 가장 결정적으로 하나님을 알지 못한다(8-9절). 그래서 베드로가 2장에서 거짓 교사들의 파괴적인 교리와 부패한 윤리적 폐해를 설명하기 전에, 이미 서신서 초두인 1장에서부터 종말의 구원에 있어서 하나님을 아는 것의 중요성(1:3)과 그 앎을 통해 신적 성품에 참여하여 성장하는 것의 결정적 중요성(1:4-11)을 역설한 이유가 여기에 있는 것이다.

자기들을 사신 주를 부인하고(2:1), 선지자들의 예언도 사도들의 가르침도 거부하며 조롱하는 거짓 교사들이 결정적으로 그들의 무지를 드러내는 부분은 하나님의 성품과 그분의 의지에 대한 사실이다. 베드로는 저들이 하나님의 관점과 종말이 지연되는 듯이 보이는 이유에 담긴 하나님의 의지에 대해 아는 바가 없음을 폭로한다. 그것이 3:8에서 변호하는 '시간관'(時間觀)이며, 9절에서 드러내는 하나님의 의지와 성품에 관한 참된 지식이다. 거짓 교사들에게 있어서 종말은 지연되거나 아예 없는 것으로 여겨졌다. 그들이 근거한 세속 철학과 그들이 지식을 얻는 인식론적 방법이 계시에 의존하지 않고 경험적이었기 때문이다. 그들의 인식과 판단의 특징은 그래서 '자의로'(ἰδίας) 하는 해석에 있음을 밝혔다(1:20).

3:9에서, 아마도 거짓 교사들이나 저들을 추종하는 자들이 더욱 비난했을 법한 '주의 약속'은 '주의 오심(3:4), 심판(3:7, 10, 12), 재창조'(3:13)에 대한 약속들이었을 것이다. 그들은 그 약속들이 '더디다'고 생각하며 비난했다. 그들에게 영향을 주었던 것으로 보이는 에피큐리언의 사상에 따르면, 신(神)들은 이 세상 너머에 있고 인간은 그들로부터 어떤 것도 기대할 수 없으며 그들이 인간사에 개입하는 일도 없지만(Lucretius, 5.146-52), '신이 역사에 개입하지 않는다'는 식의 철학적 생각들은 어떤 특정한 학파의 것이라기보다 차라리 당시 세속 사회

의 공통된 정서였다.³⁶¹ 그러므로 그들은 세속적 철학이나 유행하는 시대사상에 휩쓸려, 자기 자신의 관점에서 종말을 보았고 결정적으로 하나님을 오해했다는 것이 드러난다. 먼저 8절에서 '주께는'(παρὰ κυρίῳ) 하루가 천 년 같고 천 년이 하루 같다는 말씀인데, 그들은 '시간'에 대해서 하나님의 관점을 이해하지 못했다. '사랑하는 자들'로 불리는 수신자들에게 베드로가 '잊지 말라'(μὴ λανθανέτω)고 부탁하는 권면도, 하나님의 말씀과 그 역사를 고의적으로 '잊으려'(Λανθάνει, 5절) 하는 거짓 교사들의 태도와 대조되며, 결코 저들을 따르지 말고 주의 약속에 붙어 있으라는 메시지로서 거짓 교사들로부터 수신자 공동체를 분리하고 지키려는 의도가 선명하다.

그렇다면 '하루가 천 년 같고, 천 년이 하루 같다'는 표현은 무슨 뜻인가? 베드로의 이런 표현은 여러 가지 방식으로 이해되었다: (i) 창조 시에 하루의 길이를 정하는 근거, (ii) 메시아의 날을 계산하는 근거, (iii) 그리고 이와 관련해서, 현재 세상이 지속하는 기간을 산출하는 근거, (iv) 마지막으로, 아담이 범죄한 후에도 왜 1천여 년을 살았는지에 대한 설명(정확히는 930년, 창 5:5)이다.³⁶² '주께는 천 년이 하루 같다'는 표현은 원래 시편 90:4(89:4, LXX)에서 왔는데, 후대의 유대 문헌들이나 초대 교회 때에, '하루가 천 년 같다'는 표현(*Jub*. 4.30; *2 En*. 33.1–2; *Gen. Rab*. 19.8; 22.1)은 하나님의 관점에서 하나님의 셈법으로 '하루'는 우리에게 '천 년'일 수 있다는 뜻으로 이해되어 하나님의 6일간의 창조를 이렇게 이해하기도 했다(참고. *Barn*. 15.4의 창 2:2 해석). 그래서 하나님께서 6일간 세상을 창조했다는 것은 실제로는 6,000년에 걸쳐 완성하신다는 뜻으로 보는 것이다.³⁶³ 또한, 하나님의 '하루'를 인생의 '천 년'으로 계산하여 메시아가 도래하는 때를 계산하기도 했다. 하나님의 창조가 6일에 걸쳐 이루어졌으므로, 역사는 6,000년에 걸쳐서 완성이 되며 메시아는 그 후에 오신다고 계산한 경우이다(*Barn*. 15.5). 유사하게, 제2에녹서 33.1–2에서는 8,000년이 기준인데, 그것은 여덟 번째 날이 초기 기독교에서 새 하늘과 새 땅을 상징하는 중요한 숫자였기

---

361 Green, *Jude and 2 Peter*, 326.
362 Davids, *2 Peter and Jude*, 275.
363 Green, *Jude and 2 Peter*, 325-326.

때문이라고 본다.³⁶⁴ 또한 이 구절을 근거로 심판의 날이 천 년간 지속될 것이라고 보았던 학자들도 있다.³⁶⁵

한편 하루가 천 년 같다는 것을 아담의 경우에 적용한 해석도 있다. 아담이 선악과를 먹었을 때, '정녕 죽으리라' 하신 것처럼 바로 그날 죽었어야 했다. 그런데 왜 그는 그 후에도 수백 년에 걸친 오랜 세월을 살았는가? 그것은 하나님의 '하루'가 그에게는 '천 년'이었기 때문이라고 보는 것이다(Jub. 4.29-30). 마찬가지로 선악과를 먹고도 하루에 해당하는 거의 천 년을 살았던 것처럼, 인간의 범죄에 대한 하나님의 심판도 연장되고 있는 것으로 이해할 수 있다. 하나님의 말씀은 확실하다. 아담은 죽을 것이다. 하지만 하나님의 자비는 아담의 경우처럼 그 형벌을 지연시키신다는 것이다.³⁶⁶ 문제는, 아담에 대한 이런 비유적 설명이 그럴듯해 보이기는 하지만, 베드로후서의 본문에는 아담에 대한 그 어떤 단서도 없다는 것이 이 해석의 약점이다.³⁶⁷

하지만 무엇보다, 천 년이 하루 같다는 것을 그런 식으로 문자적으로 계산할 수 없다는 것이 결정적이다(참고. 계 20:2-7). 베드로후서 3:8에서 '주께는 천 년이 하루 같다'는 표현은 시편 90:4(89:4, LXX)에서 온 것인데, 베드로의 논점은 시간에 대한 하나님의 관점이, 인간의 그것과는 다르다는 것이다. 사람에게 길어 보이는 시간이 하나님께는 짧을 수 있다. Bauckham은 시편 90:4을 사용한 다른 유대 전통의 묵시 문헌들을 인용하면서, 그 근본적 의도는 종말에 이르는 시간의 길이에 대한 것이라고 말한다. 즉 그 기간이 인간의 계산으로는 길어 보여도, 하나님의 영원의 관점에서는 짧은 기간이라는 것이다.³⁶⁸ 결정적으로 8절

---

364 Bauckham, *Jude, 2 Peter*, 250, 베드로후서 2:5에서 홍수의 심판과 노아와 그의 가족 8명이 구원받은 기록을 근거로, 초기의 교회가 8이라는 숫자에 상당한 비중을 두었다고 말한다. 또한 베드로전서 3:20과 유일한 공통점은 8이라고 본다.

365 Friedrich Spitta, *Die zweite Brief des Petrus und der Judas* (Hallen an der Salle: Verlag und Buchahndlung des Waisenhauses, 1885), Davids, *2 Peter and Jude*, 276에서 재인용.

366 Neyrey, *2 Peter, Jude*, 228.

367 Davids, *2 Peter and Jude*, 276

368 Bauckham, *Jude, 2 Peter*, 308-309; Bruce Malina, "Christ and Time: Swiss or Mediterranean?", *CBQ* 51/1 (1981): 1-31, 고대의 시간 개념에서는, 인간의 시간은 '현재'이고 하나님의 시간은 '미래'라는 개념이 있다.

에서 '주께는'(παρὰ κυρίῳ)이라는 문구가 하나님의 관점과 시각을 기준으로 삼을 것을 요청하는데 '길고' 또 '짧다'는 것은 사람의 시각과 하나님의 시각이 전혀 다르다는 논점 외에 다른 식으로 해석할 근거는 희박해 보인다.

거짓 교사들은 시간에 대한 하나님의 관점을 잊었을 뿐 아니라, 하나님이 어떤 분이신지를 아는 지식에도 이르지 못했다(참고. 1:3). 저들은 주의 재림과 종말의 심판이 지연되는 것을 두고, 하나님이 없는 증거이며 혹시 있다 해도 역사에 개입하지 않는 증거라는 식으로 주장했지만, 베드로는 9절에서 하나님의 성품과 의지에서 대반전에 해당하는 설명을 제시한다. 그것은 하나님이 '오래 참으시기 때문'이라는 것이다. 베드로의 이런 설명은 거짓 교사들이 역사와 세상 밖으로 밀어낸 하나님의 존재를 역사와 세상 안으로 다시 가져올 뿐 아니라, 그렇게 '다시 가져온'(?) 하나님의 모습이 뜻밖에도 너무나 인격적인 모습이라는 사실이 충격적이기까지 하다.

다시 말해서, 거짓 교사들이 몰랐던 하나님은 그저 '신'이 아니라, 그들과 같은 악인들까지도 회개하기를 기다리시는 인격적인 긍휼을 가지신 하나님이라는 사실이다. 베드로의 논증은 그래서 바로 9절에서 그 가장 복음적인 특징에서 절정에 이른다. 하나님은 실로 '노하기를 더디 하시는 분이시다'(출 34:6; 욘 4:3; 느 9:17; 또한 고후 6:6; 갈 5:22; 엡 4:2; 골 1:11; 3:12; 딤전 3:10; 4:2; 히 6:12).[369] 또한 베드로후서에서 '인내'는, 이렇듯 하나님을 바로 앎으로써 그의 신적 성품에 참여하는 자들이 가져야 할 중요한 덕으로 제시되고 있음도 우연이 아니다(1:3-4, 6).

(3) '의(δικαιοσύνη)의 나라'와 '경건한 사람'(7, 11, 13-14절)

거짓 교사들이 하나님의 관점에서 시간이 무엇인지를 몰랐을 뿐 아니라(8절), 하나님의 성품과 의지에 대해서 무지했다는 것은(9절), 베드로가 지적한 대로 저들이 '주의 강림하신다는 약속'을 의심하고 조롱했던 근본적 동기를 '그들 자신의 정욕을 따른'(κατὰ τὰς ἰδίας ἐπιθυμίας, 3절) 것이라고 지목한 것과 깊은 관련이 있다. 겉으로는 종말과 세상에 대한 교리적인 논쟁 같지만, 내면적이

---

369 Davids, *2 Peter and Jude*, 279.

고 실제적인 이유는 그들 자신의 정욕이 그들의 견해를 결정한 결정적인 요인이라는 지적이다. 그래서 베드로는 8-9절에서 하나님의 관점을 소개할 뿐 아니라, 하나님의 성품과 의지를 알려줌으로써 그를 아는 지식이 어떻게 성도들을 '거룩한 행실과 경건함'(11절)으로 이끌며, '의가 거하는'(13절) 새 하늘과 새 땅에 사는 자들로서 합당하게 '흠도 점도 없이'(14절) 평강 가운데 살아야 하는지를 설득하려는 것이다.

실로 역사와 우주는, 당시 스토아 철학이나 에피큐리언들의 사상에 의지했던 거짓 교사들이 생각하는 것처럼 무신론적이고 물질적인 세계만이 아니다. 하나님의 말씀으로 창조된 세상은 또한 그의 말씀으로 보존되며 심판을 받는다(5, 7, 10-13절). 그 말씀은 또한 주의 강림과 세상의 종말에 관한 하나님의 구원과 심판의 약속이다(4절).[370] 그러므로 하나님은 그의 약속과 말씀으로 역사와 우주에 관여하신다. 단지 관여할 뿐 아니라, 통치하시고 자신의 성품과 의지를 드러내신다. 이로써, 시간은 인격적이고 우주는 그 안에 사는 사람들이 하나님의 성품에 합당한 자질을 갖추지 못한 '불경건한 사람들'(7절)인가, 아니면 '거룩한 행실과 경건'을 갖춘 사람들인가(11절)에 절대적으로 민감하게 연결되어 있다. 세상에 심판을 가져오거나, 종말이 지연되는 듯한 현상은 모두 역사와 공간 안에서 사는 사람들의 거룩과 경건, 그들의 '의'와 필연적으로 관계되기 때문이다.

특히 종말에 불의 심판을 통해 στοιχεῖα가 '풀어질 것이며'(λυθήσεται, 10절), 모든 것이 '풀어지리니'(λυομένων, 11절), 하늘들이 '풀어질 것이고'(λυθήσονται, 12절)로 표현되었는데, 여기서 '풀어진다'(λύω)는 것은 마치 건물이 무너지는 것처럼 파괴되는 것을 가리킨다(Josephus, *J.W.* 6.1.4; *Sib. Or.* 3.409; 요 2:19).[371] 그때

---

370 Neyrey, *2 Peter, Jude*, 228. 복음서에 있는 주의 재림의 사건은, 그 자체로 구약 선지서의 예언들에 근거한다(사 13:10; 34:4; 겔 32:7-8; 욜 2:10, 31; 3:15). '주의 강림하신다는 약속'은 '인자의 재림'에 관한 전형적인 표현이다(마 24:3; 살전 2:19; 4:15). 그는 산 자와 죽은 자를 심판하러 오시며(행 10:42; 딤후 4:8; 약 5:9), 우주적 현상들을 동반한다(막 13:24-25; 마 24:29; 눅 21:25-26). 그리스도의 탄생(마 2:2)이나 죽으심 때에도 마찬가지 현상이 있었다(마 27:45, 51-54). 마찬가지로 주의 재림은 새 하늘과 새 땅의 우주적 변화의 현상을 포함한다.

371 Green, *Jude and 2 Peter*, 332-333.

함께 불에 타거나 같이 무너지지 않고 견디고 드러나야 하는 것이 믿음에 근거한 '삶의 방식'(ἀναστροφή)이며 하나님께 대한 마땅한 의무인 '경건'(εὐσεβεία)이다(11절). 왜냐하면 그 불의 심판과 모든 것이 풀어진 후에 새롭게 펼쳐지는 새 하늘과 새 땅은 '의의 거하는' 바 새로운 구조의 세상이기 때문이다. 현재의 세상이 불의 심판으로 모두 해체된 후에 다시 세워지는 새 하늘과 새 땅의 가장 두드러진 특징이 무엇인가? 베드로는 그것을 '의'(δικαιοσύνη)라고 표현했는데, 그 '의'는 성도들에게나 심지어 거짓 교사들에게도 전혀 새로운 무엇이 아니다. 베드로는 이미 서신서 초두 인사말에서 수신자들을 향해 '우리 하나님과 구주 예수 그리스도의 의(δικαιοσύνη τοῦ θεοῦ ἡμῶν καὶ σωτῆρος Ἰησοῦ Χριστοῦ)를 힘입어 동일하게 보배로운 믿음을 받은 자들'(1절)이라고 선언했다.

더구나 '새 하늘과 새 땅'도 이미 오래전부터 선지자들을 통해 약속되었고, 유대 전통에서도 그 기대가 끊이지 않았던 종말의 하나님의 나라이다(사 65:17; 66:22; *Jub.* 1,29; *1 En.* 45,4-5; 72,1; 91,16; *Sib. Or.* 5,212; *2 Apoc. Bar.* 32,6; 44,12; 57,2; *4 Ezra* 7,75).[372] 그러므로 새 하늘과 새 땅도, 그리고 그 새로운 세상의 가장 특징적인 '의가 거한다'는 개념도 이미 오래전부터 약속되었고 또 현재 세상의 사람들에게 끊임없이 요구되었던 결정적인 필요조건이라는 점을 기억해야 한다. 베드로가 서신의 인사말에서 '그리스도의 의를 힘입어 보배로운 믿음을 받은 자들'이라고 선언하고 바로 서신의 끝부분에서 새 하늘과 새 땅은 '약속대로'(3:13, 또한, 4, 9절) 그 '의가 거하는' 새로운 세상이라며, 다시 한 번 '의'의 특징을 부각시킨 것은 결코 우연이 아니다. 실로 성경에서 윤리는 종말론에 근거하지만,[373] 베드로후서 1:1과 3:13의 '의'의 사용은 그 정확한 예를 보여 주고 있다. 1:1의 경우, 만일 '구주'(σωτῆρος) 예수 그리스도의 의가 칭의의 측면을 강조한 것이라면, '하나님의 의'(δικαιοσύνη τοῦ θεοῦ)는 하나님의 언약적 신실함뿐 아니라, 창조주로서 창조 세계에 편만하고 편만해야 하는 마땅한 의(義)의 바른 관계를 뜻할 수 있다. 3장에서도 하나님의 '말씀'은 창조 세계의 원리이고 보존

---

372 Davids, *2 Peter and Jude*, 292-293.
373 Green, *Jude and 2 Peter*, 332, 신약에서도 윤리는 종말론에 근거한다(롬 13:12; 고전 15:58; 엡 5:11-13; 약 5:8-9; 벧전 1:13-17; 요일 2:28).

하는 '질서'를 대변하고 있기 때문이다.

그리고 거짓 교사들이 부인한 것이 불행하게도 바로 이 하나님의 말씀이며, 동시에 그리스도와 하나님이 주신 '의'이다. 1:1에서 언급된 '의'는 시작이라면, 3:13에서 언급된 새 하늘과 새 땅에 영원토록 거하는 '의'는 완성이라 할 수 있다. 그것은 또한 1:3-7에서 하나님을 아는 지식을 통해 참여하는 신적 성품을 언급할 때, 믿음에서 시작해서 사랑에 이르러 완성되는 덕들과 깊은 연관이 있다. 마치, 하나님의 신실함과 그리스도의 순종하심을 통해 우리에게 주신 '의'를 통해, 지속적으로 하나님을 앎으로써 신적 성품에 참여하여 성장함으로 사랑에 이르러서야 비로소 온전한 '의'에 도달하는 과정과도 유사한 것이다. 또한 새 하늘과 새 땅은 베드로가 첫째 편지와 둘째 편지들을 통해 일관되게 펼쳐 강조하는 바, '썩어지고 더럽고 쇠하는' 세상의 특징들이 사라진 영역이다(벧전 1:4; 벧후 1:4; 2:5, 20; 3:6; 참고. 롬 8:21). 다시 말해서, 죽음과 죄와 하나님이 없는 허무함이 극복된 시간과 장소인데, 이런 특징들이 '거룩함, 경건함, 그리고 의'라는 표현들로 묘사된다.

그러므로 현재 세상과 거짓 교사들의 그 썩어지고 더러운 가르침과 삶이 분리되기 어려운 것처럼, '새 하늘과 새 땅'은 또한 의롭다 함과 거룩함을 입은 성도들과 분리될 수 없다는 것이, 종말론에 근거한 베드로후서의 윤리라고 할 수 있다. 또한 최후의 불의 심판과 새 하늘과 새 땅의 도래라는 종말론적 대사건과 대변혁은, 현재 세상의 해체라는 점에서 근본적인 단절을 의미하지만, 그럼에도 불구하고 그것은 창조 세계의 소멸이 아니라 '갱신'(renewal)이며,[374] 더 나아가 성취라는 관점에서의 완성이라고 할 수 있고, 그것도 옛 세상이나 현재 세상 그리고 새 하늘과 새 땅에서도 여전히 본질적인 문제인 '의'의 요구와 약속에 대한 최종적인 성취에 관한 것임을 알 수 있다.

374　Bauckham, *Jude, 2 Peter*, 326.

5. 결론 – 거짓 가르침과 신적 성품

공동서신의 교회와 세상이라는 큰 주제 아래서 베드로후서는 새로운 문제 상황을 소개하며 또 그에 합당한 새로운 해법을 제시한다. 그 정체나 배경을 정확히 알 수는 없지만, 거짓 교사들의 교리적 주장과 윤리적 부패의 내용들은 비교적 명확하다. 베드로는 저들이 종말에 대한 잘못된 가르침을 기초로 윤리적 부패를 교회 안으로 끌어들였다는 점을 지적하는데, 그 기초는 그들의 '자의적인' 성경 해석학이다. 그래서 베드로후서는 서신서 초두에 곧 1장에서 종말론적 구원의 확실성을 기초로(1:9-11), 하나님을 앎으로써 신적 성품에 참여하여 성장할 것을 권면하고(3-7절), 2장에서 본격적으로 거짓 교사들의 윤리적 부패를, 그리고 3장 초반부에서(3:1-4) 그 근거가 되는 저들의 종말에 대한 거짓된 교리를 폭로하기 전에, 1장 후반부에서 저들의 거짓된 교리와 윤리적 부패의 근간이 되는 잘못된 성경 해석학을 지적하고 바로잡는다(1:19-21).

그래서 베드로후서는, 1장에 해법이 먼저 제시되고, 2장에서 거짓 교사들의 윤리적 부패를, 그리고 3장에서 저들의 종말에 관한 교리적 문제를 바로잡는 식으로 구성되었으며, 전체가 수미(首尾) 상관 구조이다. 이는 1:1에서 '하나님과 구주 예수 그리스도의 의(δικαιοσύνη)를 힘입어'라는 표현과 3:13의 '그의 약속대로 의(δικαιοσύνη)의 거하는 바 새 하늘과 새 땅'이라는 표현뿐 아니라, '부르신 자를 앎으로'(1:3) 신적 성품에 참여하며 열매를 맺으라(1:4-8)는 결론은, 서신의 맨 마지막 구절에서 '우리 주 곧 구주 예수 그리스도의 은혜와 저를 아는 지식에서 자라가라'(3:18)는 권면으로 재차 확인된다. 흥미로운 점은, 베드로가 거짓 교사들의 교리적, 윤리적, 그리고 성경 해석에 관련된 거짓과 부패와 오류들을 교회 안으로 끌고 들어오는 문제 상황에서, 그 해법을 단순히 교리를 바로잡거나, 윤리적 교훈을 주거나, 성경 해석에 관한 강론을 하는 데서 그치지 않고, 적극적으로 하나님과 그리스도를 '알아가며' 그 알아가는 표시로서 '신적 성품'에 참여하는 영적, 존재적, 전인격적 변화를 결정적인 해법으로 제시하고 있다는 점이다. 그것은, 거짓 교사들이 정욕과 탐욕에 이끌려, 거짓 가르침과 부패한 윤리로 교회를 미혹하는 경우에서도 볼 수 있듯이, 종말에 대한 바른 교리와 그에 합당한 경건한 윤리는 결국, 하나님을 아는 지식에 따른 신적 성품의 변화로서만 막아낼 수 있다는 결론에 기초하기 때문이다.

그것은 거짓 교사들이 의지하고 영향 받고 결국 거기에 귀속되는 '세상'(Κόσμος)의 특징과도 밀접한 관계가 있다. 여기서 성경적 우주론과 종말론이 어떻게 신앙과 윤리와 뗄 수 없이 연결되는지가 드러나는데, 베드로는 전서와 후서에서 모두 세상의 특징을 세 가지로 '썩어지고, 더럽고, 쇠하는' 것으로 묘사한다. 베드로전서 1:4에 요약되어 제시된 이 세 가지 특징은, 흥미롭게도 베드로후서에서는 하나씩 서신의 전개에 따라 펼쳐진다. 교회는 세상의 '썩어질' 것을 피하여 신적 성품에 참여해야 하고, '더러운' 정욕을 따라 거짓된 자유를 약속하며 미혹하는 거짓 교사들을 분별해야 하며, '옛 세상' 혹은 '그때의 세상'처럼 지금도 심판을 기다리고 있는 '일시적'인 현재 세상이 하나님의 말씀에 의해 지어졌고 보존되고 또한 심판을 받아, 새 하늘과 새 땅의 영원한 나라로 갱신될 것을 믿고 기다려야 한다.

그래서 Κόσμος는 죽음과 죄 그리고 하나님의 존재 유무라는 매우 영적이고 윤리적이고 인격적인 실재와 뗄 수 없는 무엇이다. 동시에 세상과 역사의 종말을 이야기한다는 것은, 거룩과 경건 그리고 '의'에 대해서 말한다는 것과 분리시킬 수 없는 것이다. 세상을 말씀으로 창조하시고 보존하시고 심판하시는 하나님 자신이 누구시며 그분의 뜻을 알아가는 것이 곧 세상과 역사를 바로 대하는 길이기 때문이다. 베드로는 거짓 교사들의 종말에 대한 거짓된 가르침, 그들의 더러운 탐욕과 방종, 교만의 유혹과 파괴적인 영향력, 또한 그들의 '자의적'인 성경 해석의 오류의 도전 앞에서, 무엇보다 먼저, 그리고 매우 목회적이고도 실제적으로, 성도들이 하나님과 그리스도를 알며, 그분을 닮아 신적 성품에 참여하여 성장하는 길이, 그런 교리적, 윤리적, 성경 해석적 오류를 극복할 수 있는 해법임을 확연히 제시하고 있다.

제5장
요한서신에 나타난 '세상을 이기는 교회'

1. 요한일서의 Κόσμος와 적대자들
   1.1 Κόσμος 본문의 분류와 개념
   1.2 적대자들의 특징과 정체

2. 사귐의 해법(1): '그 아들'과 세상
   2.1 '사귐' 개념 중심의 구조 이해
   2.2 '그 아들'과 세상
   2.3 '그 아들'과 '악한 자'(2:16[x2]; 4:4, 14; 5:19; 3:8)
   2.4 '그 아들'을 믿음과 승리(4:4; 5:4[x2], 5)

3. 사귐의 해법(2): '아버지의 사랑'과 세상
   3.1 세상을 사랑함과 아버지의 사랑(2:15-17)
   3.2 세상의 증오와 형제 사랑(3:11-18)
   3.3 온전한 사랑과 교회(4:7-21)

4. 사귐의 해법(3): 새 언약의 성령과 세상
   4.1 성령의 지식과 '하나님께로부터'
   4.2 성령의 지식과 '그 아들'
   4.3 성령의 지식, 사랑, 그리고 '상호 거주'
   4.4 요한일서의 결론 – 삼위 하나님과의 사귐과 세상을 이김

5. 요한이서와 요한삼서에 나타난 '사귐'의 해법
   5.1 요한이서, '사귐과 진리'
   5.2 요한삼서, '사귐과 사랑'

6. 결론 - 세상 속의 교회, 삼위 하나님과의 사귐 안에서 세상을 이김

1. 요한일서의 Κόσμος와 적대자들

'세상'(Κόσμος)은, 신약에서는 요한이 가장 많이 사용하는 특징적인 개념이다. 요한서신에서 무려 24회, 요한복음에서 78회나 등장한다. 신약에서 '세상'이라는 용어가 등장하는 회수로 따지면 대략 57퍼센트나 된다. 요한복음과 요한서신을 합치면 그 분량이 신약의 15퍼센트에 지나지 않지만, 세상이라는 용어만큼은 57퍼센트를 사용한다는 것을 생각하면 상대적으로 요한 문헌에서 '세상'이라는 개념이 차지하는 비중을 가늠할 수 있다.[1] 그렇다면 Κόσμος는 정확히 무엇을 가리키는가?

구약이나 헬라 문헌에서 '세상'은 피조 세계로서 비교적 긍정적으로 그려진다.[2] 하지만 신약 전체에서 사용된 회수의 반 이상이 등장하는 요한 문헌에서,

---

1   Ruth B. Edwards, *The Johannine Epistles* (Sheffiled: Sheffiled Academic Press, 1996), 167.
2   Raymond E. Brown, *The Epistles of John* (AB 30, Garden City: New York, 1982), 222-223, 신약에서 '세상'의 비교적 적대적이고 부정적인 이미지들은 구약에서 비롯한 것이라기보다, 제2성전기 유대교 문헌들에서 발견되는 이원론(dualism)의 영향이라 할 수 있다. 희년서나 에녹서는 창세기 6:1-4를 근거로 '하나

특히 요한복음 13-17장 그리고 요한일서에서, Κόσμος는 강력하게 부정적인 의미를 띤 채 주로 이원론적 틀 안에서 사용된다.³ 그것은 우선 단순히 피조 된 물질세계나 혹은 인류로서 사람들을 가리키는 것이 아니라, "악한 자의 권세 아래에 있는 타락한 본성으로부터 나오는 삶의 전체적인 방식(the whole way of life)을 가리킨다"고 할 수 있다.⁴ 즉 '세상'이란 사람들 혹은 복음을 거부한 사람들의 총합보다 큰 무엇인데,⁵ "악한 자의 휘둘림 아래에 있는 어떤 영역을 대표하는 그 전체를 가리키는 것으로(요일 5:9; 참조. 요 12:31; 14:30), 그것 자체 안에 하나님과 대적하는 관계에 놓인 특징들과 권세를 갖고 있는 무엇"이다.⁶

그렇다면 Κόσμος는 요한서신에서 어떤 의미로 사용되었을까? 요한이서 7절의 경우를 제외하면(참고. 요일 4:3), 요한일서에는 Κόσμος라는 용어가 23회나 사용된다(요일 2:2, 15[x3], 16[x2], 17; 3:1, 13, 17; 4:1, 3, 4, 5[x3], 9, 14, 17; 5:4[x2], 5, 19). 이 본문들에서, Κόσμος의 의미를 가늠하려면, 무엇보다 본문들이 나타나는 그 문맥을 자세히 살펴보아야 할 것이다.⁷ 흥미롭게도, 이 본문들은 각기 성자이신 '아들' 예수 그리스도와 연관된 본문, 성부 하나님 아버지의 '사랑'과 관련된 본문, 그리고 성령 하나님의 '알게 하심'을 통한 사귐과 관련된 본문들로 분류될 수 있다. 얼핏 보기에, 삼위 하나님을 중심으로 본문들을 분류하는 것이 인위적인 것처럼 보일지 모르나, Κόσμος가 나타나는 본문들의 각 문맥들을 살펴보면, 앞으로 전개될 논증에 의존하겠지만, 이런 분류가 결코 우연이 아닐 수 있다.

님의 아들들'의 타락이 온 세상에 퍼진 것을 기록하며, 제4에스라서 7.12은 세상의 타락의 원인을 아담의 범죄로 돌리고 있다.

3 Birger Olsson, *A Commentary on the Letters of John: An Intra-Jewish Approach* (trans. Richard J. Erickson, Eugene Oregon: Pickwick, 2013), 128.

4 Karen H. Jobes, *1, 2 & 3 John: Exegetical Commentary on the New Testament* (ed. Clinton E. Arnold, Grand Rapids: Zondervan, 2014), 114.

5 Olsson, *Letters of John*, 128. 그러나 어떤 곳에서는, '세상'이 하나님께서 구원하기를 원하시는 인류 전체를 가리키기도 한다(요 3:16; 4:42; 6:33, 51; 8:21; 요일 2:2; 4:14).

6 Judith M. Lieu, *I, II & III John: A Commentary* (NTL, Louisville: Westminster John Knox, 2008), 92, Jobes, *1, 2 & 3 John*, 114에서 재인용.

7 F. F. Bruce, *The Epistle of John* (London: Pickering & Inglis. Old Tappan: Revell, 1970), 60. 세상(*kosmos*)은 요한 문헌에서 매우 폭넓은 의미를 갖고 있다. 그래서 그 의미를 결정하려면, 해당 본문마다 그 문맥을 살펴야 함을 지적한다.

또한 본문에서 '세상'으로 표현되는 Κόσμος는, 요한서신의 강력한 이원론적 구도와 더불어 서신에서 암시되는 적대자들 혹은 '분리주의자들'의 개념적 근거지 역할을 한다.[8] 만일 그 정체가 영지주의자라면 어떤 부류이며 어떤 주장을 했는지, 특히 사도 요한이 머물렀다고 전해지는 에베소 교회를 중심으로 1세기의 소아시아의 일곱 교회들을 공략했던 거짓 선지자들과 이단적 가르침과는 어떤 관계가 있는지도 살펴보아야 할 것이다.

1.1 Κόσμος 본문의 분류와 개념

우선 하나님 아버지의 보내신 그 '아들' 예수 그리스도와 보다 직접적인 관련이 있는 것으로 분류되는 Κόσμος 본문은 23회 가운데 모두 10회로 가장 많다(2:2, 16[x2], 17; 4:4, 14, 17; 5:4[x2], 5). 그다음, 주로 하나님 '아버지'나 그 아버지께서 아들을 세상에 보내신 '사랑'에 관련된 Κόσμος 본문은 모두 6회 정도 언급된다(2:15[x3]; 3:13, 17; 4:9). 마지막으로, '세상'이 성령 하나님과 두드러지게 관련되는 본문들도 7회 정도 등장한다. 사귐 가운데서 '안다'라든지 '거한다'는 새 언약의 성취와 관련된 표현들이 수반되는 본문들이다(3:1; 4:1, 3, 5[x3]; 5:19). 먼저 '세상'이 '아들'이신 예수 그리스도와 관련되는 본문들을 살펴보자.

(1) '말씀'이신 아들과 세상 (2:2, 16[x2], 17; 4:4, 14, 17; 5:4[x2], 5)

우선 2:2의 περὶ ὅλου τοῦ κόσμου(온 세상에 관하여)는 그 아들 예수가 '온 세상의 죄를 위한' 화목 제물(ἱλασμός)이 되신다는 문맥에서 사용되었다. 이렇게

---

[8] 요한서신의 문학적 구조에 대한 개관적 설명을 보려면, Strecker, *The Johannine Letters*, xlii-xliv, 대체로 합의된 바는 없으나, 서문(1:1-4)과 결론(5:13-21)을 제외하고 본문을 두세 개의 단락으로 나누는 것이 통상적이다. 그동안 많은 시도가 있었다. 유대교적 분파의 교훈집에 영향을 받아 12개의 단락으로 나누려는 시도(O'Neill), 시편 119편을 배경으로 요한일서의 구조를 분석하려는 시도(Thompson), 또한 요한복음, 요한계시록과 함께 요한일서도 구조적으로 7이라는 숫자에 의해 결정되었다고 보는 견해(Lohmeyer), 그리고 요한복음이 요한일서의 구조를 결정한다는 주장(Brown), 또한, Erasmus Nagl은 요한일서가 (i) 하나님은 빛이시다(1:5-2:28), (ii) 하나님은 의로우시다(2:29-4:6), (iii) 하나님은 사랑이시다(4:7-5:19)의 세 가지 주제에 따라 배열되었다고 보았다. 하지만 요한일서의 내용은 반복이 많고, 느슨하게 연결되어 있어서 이런 구조 분석은 참고할 뿐이지, 원래 그 안에 있는 구조로 받아들이기는 어렵다고 본다.

보면, Κόσμος는 '죄' 문제와 깊이 관련되어 있다. 이 문맥에서는 '세상'이 단순히 공간적이고 물리적인 장소가 아님은 물론, 우선적으로 하나님을 떠나 죄를 짓고 어둠 속에 거하며 하나님 아버지와 그 아들과의 사귐 가운데로 들어오지 못하는 사람들을 가리킨다(참조. 특히 1:7). 이런 '세상'은, 그들의 죄를 위한 '화목제물' 곧 '그 아들 예수의 피'가 필요하다. 그 아들은 바로 이 '세상'을 위해 오신 것이다.

이렇듯 '아들'과 '세상'은 긴밀한 관계에 놓여 있다. 2:17에 나오는 ὁ Κόσμος παράγεται(세상은 지나가고 있다)에서 현재의 이 세상은 종말론적으로 이미 심판을 받아 사라지고 있는 중이다.[9] 특이한 것은, 동일한 παράγεται라는 동사형이 이전 문맥인 2:8의 ἡ σκοτία παράγεται에서 사용되었고 이를 반영한다는 점이다. 현재 '어둠이 지나가고 있다'는 것 역시 종말론적인 실재로서, '이미 참빛'이신 그 아들이 오셔서 '비추고 있는' 종말론적인 성취의 현실을 나타낸다(τὸ φῶς τὸ ἀληθινὸν ἤδη φαίνει, 2:8; 참조. 1:2). 또한 παράγεται를 공통분모로 해서 참빛인 그 아들과 어둠 혹은 세상이 대조되는 것처럼, 2:17에서는 '세상'이 '하나님의 뜻을 행하는 자' 혹은 그 이전 14절에 나오는 '말씀'(ὁ λόγος)과 대조를 이룬다. 이는 1:1에서 요한이 처음부터 그 '아들'을 '태초부터 있는 생명의 말씀'("Ο ἦν ἀπ' ἀρχῆς περὶ τοῦ λόγου τῆς ζωῆς)이라고 소개한 것처럼,[10] 세상 이전부터 선재(先在)하신 그 아들과, 아버지께서 그 아들을 보내신 그 '세상'을 대조하는 신학적 문맥을 반영하는 것으로 추정할 수 있다(요일 4:14; 참조. 요 3:16).

이렇게 '그 아들'과 대조되는 어둠 속에 있는 '세상'은, 2:16에서처럼 '그 안에 있는 모든 것들'(πᾶν τὸ ἐν τῷ κόσμῳ)이 참빛이신 그 아들이 나타나심과 함께, 심판 속에서 사라질 죄악 된 것들로 가득하다. 여기서 '세상'은 사람을 죄의 유

---

9 Olsson, *Letters of John*, 130, 135-136; 그리고 Jobes, *1, 2 & 3 John*, 115, 단순히 세상의 '일시성'만을 부각시킨다. 반면에 Kruse, *The Letters of John*, 96, 참빛이신 예수 그리스도의 오심으로 인해(요일 2:8), 세상은 종말론적으로 사라짐을 옳게 지적한다(고전 7:31).

10 물론 1절은 달리 해석될 수 있고, '세상'(Κόσμος)이라는 표현도 나오지 않는다. 하지만 1:1의 '태초부터'라는 표현은 해석하기에 따라, '세상'이라는 개념과 연관될 수 있다(참조. 2:7, 13). 아래에서 다루겠지만, '태초부터' 혹은 '처음부터'(ἀπ' ἀρχη, 1:1; 2:7, 13, 14, 24[x2]; 3:8, 11)라는 표현이 정확히 어느 시점을 가리키는가와 밀접하게 연관된 문제이다.

혹에 빠뜨려 사망에 이르게 하는 수많은 미혹거리들로 가득한 영역이다. 또한 4:1에서, πολλοὶ ψευδοπροφῆται ἐξεληλύθασιν εἰς τὸν κόσμον(많은 거짓 선지자들이 세상에 나왔음이라)는 표현은 세상이 단지 죄의 유혹에 빠뜨리는 정욕이 주장하는 영역일 뿐 아니라, 영적으로도 거짓으로 미혹하는 세력이 지배하는 곳임을 드러낸다.

결국 요한의 사상의 근간에 있어서, 세상을 '그 아들'과 대조하는 것은 그 세상을 지배하고 있는 '악한 자' 마귀와의 결정적인 대조로 이어지게 된다. 4:4에서, '너희 안에 있는 분'(ὁ ἐν ὑμῖν)이 '세상에 있는 자'(ὁ ἐν τῷ κόσμῳ)보다 '크시다'는 표현이 그것이다. 이 본문은 Κόσμος를 가운데 두고, 그 아들 예수와 악한 자 마귀가 대적하고 있는 모양을 그려 준다. 요한일서의 마지막 단락에 속해 있는 5:19은 이 사실을 보다 분명하게 드러낸다: '온 세상은 악한 자 안에 처해 있다'(ὁ Κόσμος ὅλος ἐν τῷ πονηρῷ κεῖται).[11] 이것은 아버지 하나님께서 그 아들을 '세상의 구주'(σωτῆρα τοῦ κόσμου)로 보내셨다(4:14; 참조. 요 3:16)고 했을 때, 그 아들을 보내신 그 세상이 어떤 곳이며, 결국 악한 자, 곧 마귀의 일을 멸하심으로써 세상을 회복하시고자 하심을 보여 준다(3:8). 세상은 아직 악한 자 마귀의 지배 아래에 놓인 것처럼 보이지만, 이제 그 아들, 곧 참빛이 이미 오셔서 비추고 있기 때문이다(2:8).

그래서 요한은 그 아들을 통해 마귀의 지배 아래에 있는 세상에서 벗어난 자녀들, 곧 아버지의 사랑을 받은 자녀들이, 하나님의 사랑 안에서 담대함을 갖고 심판 날을 대비하며 '주의 어떠하심과 같이' 우리도 '이 세상에서'(ἐν τῷ κόσμῳ τούτῳ) 그렇게 살라고 권면한다. 그러므로 5:4에서, 하나님께로서 난 자마다 '세상을 이긴다'(νικᾷ τὸν κόσμον [x2])라고 한 것은, 그 아들을 믿음으로 말미암아 그 말씀의 생명(1:1)으로 태어난 성도가,[12] 악한 자 마귀의 일을 멸하신 그 아들의

---

11 여기서, '온 세상'(ὁ Κόσμος ὅλος)이라는 표현이, 2:2에서도 나옴을 주의하라. 그렇다면 그 아들이 위하여 대속 제물이 되신 그 '세상'은 '악한 자 안에 처한' 죄인들이 되는 셈이다.
12 Yarbrough, *1-3 John*, 275, '하나님께로서 난 자'라는 표현은, 5:1에서 예수께서 그리스도이심을 믿는 믿음으로 중생한 자들을 뜻한다. 하지만 '생명' 모티브는 이미 1:1, '생명의 말씀'이신 그 아들에 관한 표현에 함축되어 있다.

승리를 그가 누리게 된다는 의미로 연결될 수 있는 것이다(특히 3:8).

따라서 세상을 이기는 교회란, 그 세상이 그 아래에 처한 그 악한 자 마귀의 일을 멸하신 그 아들의 승리를 자신의 것으로 누리는 교회를 가리킨다. 세상을 지배하는 그 악한 자를 이기신 그 아들을 보내신 아버지의 사랑 가운데 거하는 교회가 세상을 이기게 되어 있는 것이다. 이렇게 보면, 요한일서에서 Κόσμος는 철저하게 '그 아들' 예수 그리스도와 그의 사역과 대조되어 있다. 특히 세상은 악한 자, 마귀의 지배 아래에 있으며, 이 세상에 오신 그 아들은 그 세상을 그 악한 자의 지배에서 해방시키시는 것을 목적으로 오셨다는 것이 주된 논지임을 짐작할 수 있다. 그것이 또한, 그 아들을 세상에 '보내신' 아버지의 사랑의 나타남이다.

(2) '아버지의 사랑'과 세상 (2:15[x3]; 3:13, 17; 4:9)

Κόσμος와 관련된 6개의 본문들은 주로 하나님 '아버지의 사랑'과 직간접으로 연관되어 있다. 2:15에서 μὴ ἀγαπᾶτε τὸν κόσμον μηδὲ τὰ ἐν τῷ κόσμῳ(이 세상이나 이 세상에 있는 것들을 사랑하지 말라)든지 뒤이어 나오는 ἐάν τις ἀγαπᾷ τὸν κόσμον(만일 누가 세상을 사랑하면)에서 3회나 반복되는 '세상'은 바로 그 다음에 언급된 '아버지의 사랑'(ἡ ἀγάπη τοῦ πατρὸς) 혹은 '아버지를 사랑'하는 것과 현격하게 대조되는 문맥 안에 놓여 있다.[13]

이런 맥락은 3장에서 형제를 사랑하라는 권면이 적극적으로 주어지는 본문에서 더 두드러지게 나타난다(3:13-24). 13절에 εἰ μισεῖ ὑμᾶς ὁ Κόσμος(세상이 너희를 미워하거든)라는 표현은, 형제를 사랑하라는 권면(14절), 그리스도께서 우리를 위하여 목숨을 버리셨다는 기독론적 근거(16절), 그리고 결국 17절에서 '하나님의 사랑'(ἡ ἀγάπη τοῦ θεοῦ)이 그들 안에 거하는 문제에서 절정에 이른다. 즉 하나님이 세상에 보내신 그 아들을 받아들이지 못하는 '세상'은 증오와 살인을 특징으로 하지만, 대조적으로 그 아들의 생명을 받은 자들은 하나님의 사랑

---

13 Strecker, *The Johannine Letters*, 58-59, '아버지의 사랑'을 주격 2격과 목적격 2격 모두를 포함하는 것으로 본다. 이런 사랑 안에 존재하는 공동체로서 교회는 그 존재와 본질상, 세상과 대립된다.

안에 거하는 특징을 드러내는 것이다.

세상의 증오와 하나님의 사랑이 대조되는 이런 논리는, 그 근본에 '하나님의 사랑이 우리에게 이렇게 나타내신 바 되었다'고 선포한 것처럼, 하나님께서 그 아들을 '세상에'(εἰς τὸν κόσμον) 보내신 것이 사랑 때문이었음을 전제한다(4:9; 참조. 요 3:16). 하나님의 아들과 그 아버지의 사랑도 거부한 세상은 증오 속에서 살아가지만, 그 아들과 아버지의 사랑을 받은 교회는 '세상의 재물'(τὸν βίον τοῦ κόσμου, 3:17)마저 형제를 위해 내주는 사랑 가운데 거해야 한다. 마지막으로, 4:17에서 '우리도 세상에서 그러하니라'(ἡμεῖς ἐσμεν ἐν τῷ κόσμῳ τούτῳ)고 한 것 역시, 14절에 '아버지가 아들을 세상에 구주로 보내신 것'과, 16절에 '하나님은 사랑'이시기 때문에 '그 사랑 안에 거하라'는 문맥의 연장 선상에 놓여 있는 권면이다. 이렇듯, 요한일서에서 '세상'은 그 아들을 세상에 보내신 '하나님 아버지의 사랑'과 그 사랑 안에 거하는 일과 선명하게 대조되어 있다.

(3) 성령을 통한 '지식'과 세상 (3:1; 4:1, 3, 5[x3]; 5:19)

마지막으로, Κόσμος가 사용된 본문들 가운데 7군데는 '하나님의 영' 또는 '성령'의 역할과 깊은 관계를 드러내는 경우들이다. 우선 3:1에서 ὁ Κόσμος οὐ γινώσκει ἡμᾶς(세상이 우리를 알지 못한다)는 표현은 해당 본문에서 하나님 '아버지의 사랑'을 강조하는 문맥으로도 볼 수 있지만, 하나님의 아들을 받아들이지 않은 세상이 '알지 못하는' 이유는 그들이 전적으로 성령을 받지 못했기 때문임을 짐작할 수 있다. 앞서 2:20에서 명확히 밝힌 대로 거룩하신 자에게서 '기름 부음'(χρῖσμα)을 받은 것이 '모든 것을 알게' 하는 근거이기 때문이다.[14]

그리스도로 말미암은 '기름부음'과 대립되는 현상이 거짓 선지자들의 활동이다. '많은 거짓 선지자들'이 '세상에'(εἰς τὸν κόσμον) 나온 것은 그러므로 '하나

---

14 Tricia Gates Brown, *Spirit in the Writings of John: Johannine Pneumatology in Social-scientific Perspective* (JSNTSupS 253, London: T&T Clark, 2003), 73-74, 여기서 '기름부음'은 성령을 가리키며, 요한복음의 경우보다 훨씬 더 진전되고 독립적인 성령론을 지시한다고 주장한다; 참조. Gary Burge, *The Anointed Community: The Holy Spirit in Johannine Tradition* (Grand Rapdis: Eerdmann, 1987), 174-175.

님께 속한 영'을 분별하는 맥락에서 언급된다(4:1).[15] 그래서 하나님을 아는 문제, 그리스도께서 육체로 오신 것을 시인하는 문제로 하나님의 자녀들과 세상이 갈리게 된다. 즉 성도들이 '알고' 세상이 '모르는' 현상, 또한 그런 '세상'이 성도들을 '알지 못하는' 현상은, 하나님께서 보내신 그 아들을 믿는 믿음을 통해 성령께서 거하시느냐의 여부에 달려 있는 것이다: "그의 성령을 우리에게 주시므로 우리가 그에 거하고 그가 우리 안에 거하시는 줄을 아느니라"(4:13). 이처럼, 그 아들을 받아들인 자들 안에 거하시는 성령은 특별히 그들로 '알게' 하시는 역할을 한다. 그 아들에 대하여 그리고 죄와 세상에 대하여, 내적 확증을 주시는 것이다(참조. 요 16:7-13).[16]

그리고 그 '지식'은 4:13이 말하는 대로, 성도로 하여금 하나님과 그 아들과의 사귐 가운데 '거하는'(μένομεν) 데에 중요한 역할을 한다. 또한 '거함'은 '속(屬)함'이라는 개념과 함께 요한서신에서 매우 핵심적이다.[17] 4:3에서 성령과 대조되는 영은, 기독론적으로 '예수를 시인하지 아니하는 영'인데, 요한은 이를 '적그리스도의 영'으로 규정하고 그 거짓 영이 '이제 벌써 세상에 있다'고 밝힌다. 그리고 4:5에서 요한의 적대자들, 아마도 '예수 그리스도가 육체로 오신 것'을 시인하지 않는 분리주의자들(4:2; 참조. 2:19)은 '세상에 속한' 즉, 그 기원이 '세상으로부터 난' 자들로서 '세상에 속한'(ἐκ τοῦ κόσμου) 말을 하며 '세상이' 저희를 따르는 것으로 드러난다. 이처럼 세상으로부터 나서 세상에 속한 저들은 '미혹의 영'(τὸ πνεῦμα τῆς πλάνης)에 붙들려 있고, 이는 하나님께로부터 나서 하나님께 속하여 '진리의 영'(τὸ πνεῦμα τῆς ἀληθείας) 곧 성령을 받은 것과 극한 대조를 이룬다(4:6).

---

15 Judith M. Lieu, "Authority to become children of God: A Study of 1 John", *NovT* 23/3 (1981): 216, 분리주의자들을 명백히 언급하는 두 본문들 즉, 4:1-6과 2:18-27에서, 저자의 우선적인 관심은 적대자들을 밝히고 논박하는 것보다는 수신자 공동체의 영적 분별과 확신에 놓여 있다고 본다.

16 Yarbrough, *1-3 John*, 246, 로마서 5:5와도 유사하지만, 이 구절의 특징은 성령과 '그리스도인의 지식' 사이의 연관성에 있다. 성령은 하나님의 임재와 사랑을 인지(recognize)하는 데에 큰 역할을 한다; 또한 Kruse, *The Letters of John*, 163.

17 주로 전치사 '에크'(ἐκ)로 표현되는 소속(belonging)의 개념은, 그다음 단계로 '메노'(μένω)라는 동사에 의해, '거함'의 단계로 다루어진다. Yarbrough, *1-3 John*, 139-140, 요한일서에 고루 펴져 있는 μένω의 사용은 2:18-3:8에 집중된다(2:19, 24[x3], 27[x2], 28; 3:6).

1.2 적대자들의 특징과 정체

요한서신의 경우, 요한이서와 삼서는 수신자가 분명하지만, 요한일서는 수신자와 수신자들의 역사적 배경을 추정할 만한 단서를 본문에서 찾기가 쉽지 않다. 요한일서의 본문에 나타나는 반대자들 혹은 '분리주의자들'이 있다 해도, 요한일서가 그 반대자들을 대적하는 변증적 목적으로 쓰였다고 보지 않는 견해도 있다(1:10; 2:4, 9-11, 특히 19-23; 4:1-6).[18] 하지만 요한일서의 초점이 그 분리주의적 반대자들에게 있든지 아니면 남아 있는 공동체 내부의 구성원들에게 있든지 간에, 그 분리의 원인이 된 반대자들이 어떤 자들이었는지는 오랫동안 연구의 대상이 되어 왔다.

요한일서의 두드러진 특징인 '빛과 어둠' 등의 상징들로 표현되는 이원론이 영지주의의 영향이라는 견해나, 2세기나 되어서야 형태를 갖춘 영지주의보다는 그 훨씬 이전부터 그러한 이원론을 견지했던 쿰란(Qumran) 공동체와 연계성이 있다는 오래된 주장 중,[19] 어떤 영향을 받았는지는 그리 결정적이지 않다.[20] 이미 구약에서부터 '빛과 어둠'의 이원론적 대조는 명확하고, 요한서신 역

---

18 Painter, *1, 2, and 3 John*, 85; D. Rusam, *Die Gemeinschaft der Kinder Gottes: Das Motiv der Gotteskindschaft und die Gemeinden der johanneischen Briefe* (Beiträge zur Wissenschaft vom Alten und Neuen Testament 7/13, Berlin: Kohlhammer, 1993), 232; 한편 그 강조점이 외부의 반대자가 아니라 내부의 수신자들이라는 주장을 보려면, L. T. Johnson, *The Writings of the New Testament*, 566; 참조. Yarbrough, *1-3 John*, 21.

19 Thomas A. Hoffman, "1 John and the Qumran Scrolls", *Biblical Theological Bulletin* 8 (1978): 117-125, 주로 1QS에서 발견되는데, 특히 빛과 어둠, 진리와 미혹의 대조가 두드러진다(177): '빛의 아들들'(3:13, 24, 25), '진리의 자녀들'(4:5, 6, 7), '어둠의 자녀들'(1:10), '미혹의 자녀들'(3:21), '진리와 미혹의 영'(3:18, 19), '빛과 어둠의 영들'(2:25), '빛의 임금'(3:20), '진리의 천사'(3:24), 혹은 '어둠의 천사'(3:21); 전반적으로 두 문헌 모두에서, (i) 빛과 어둠, 진리와 부정(iniquity), 두 종류의 사람, 두 종류의 영들, 두 종류의 천사들은 매우 근본적인 이원론적 구도의 특징이며, (ii) 지식의 문제도 이원론적 특징으로 두 문헌 모두에서 나타나고, (iii) 요한일서의 처음 7절까지 나타나는 '공동체', '사귐'의 언어들은 '형제 사랑'의 주제에 포함되는 것으로서, 쿰란의 특징적인 개념 중 하나이다. 마지막으로, (iv) '죄의 고백'과 '우상들'에 대한 은유도 간헐적이나 두 문헌에 유사하게 등장한다.

20 R. Schnackenburg, *The Johannine Epistles: Introduction and Commentary* (trans. R. Fuller and I. Fuller, New York: Crossroad, 1992), 75-76; W. Loader, *The Johannine Epistles* (London: Epworth, 1992), 10; 하지만 Hoffman, "1 John and the Qumran Scrolls", 122-124, 결론적으로 두 문헌이 특징적으로 이원론적 표현들을 나누어 갖고 있지만, 결정적인 차이는 요한일서가 강조하는 예수 그리스도라는 요소이다. 즉 믿음의 내용에서는 크게 다르지만, 이원론적인 인간 경험을 표현하는 방식에 있

시 이런 전통에 뿌리내리고 있기 때문이기도 하다(사 8:20; 51:4; 시 27:1; 36:9; 43:3; 44:3; 잠 6:23; 참조. 요 1:1-18; 8:12; 9:5).[21]

이 반대자들은 Irenaeus가 폴리캅(Polypcap)의 증언을 언급한 대로 (*Against Heresies* 3.1.1), 초기 영지주의에 영향을 받은 가현설적 이단인 '가현설'(Docetism)을 퍼뜨렸던 '케린투스'(Cerinthus)라는 이단과 관계가 있는 것으로 생각되어 왔다.[22] 또한 Eusebius에 의하면, 트라얀 황제의 통치가 시작되었던 주후 98년경, 사도요 전도자였던 주의 제자 요한은 도미티안 황제의 죽음 후에 포로 된 섬에서 풀려나 소아시아(Asia)로 돌아와 그곳에 머물며 지역의 교회들을 돌보았는데, 이런 사실은 Ireneaus와 알렉산드리아의 클레멘트의 증언에 의해 확실시된다고 기록한다(*Eccl. Hist.* 3.23.1-2). 또한 Eusebius는 이레니우스의 증언(*Ag. Her.* 2.22.5; 3.3.4)과 클레멘트의 기록(*Salvation of the Rich*, 42)에 의존해서, 사도 요한이 에베소만이 아니라 그 북쪽에 있던 서머나(Smyrna)에서도 활동했음을 증언한다.[23]

흥미롭게도, 초대 교회의 이런 증언들이 사실에 가깝다면 사도 요한이 요한서신을 기록한 지역과 시대적 배경은 1세기 말경의 소아시아가 된다. 그것은 또 다른 공동서신인 베드로전서 1:1에서 언급된 지역들과도 깊은 관련이 있고,[24] 요한계시록 2-3장에 기록된 소아시아의 일곱 교회들의 배경과도 중첩된다.[25] 즉 정경적으로 볼 때, 유다서가 공동서신을 마무리하지만, 바로 그 이전에 놓인 요한서신은 연이어 나오는 요한계시록의 배경이 되는 소아시아의 모든 종교적,

---

어서는 당시 유대주의적 분파의 유사한 세계관을 공유하고 있다고 할 수 있다.

21 Strecker, *The Johannine Letters*, 26; 일찍이 H. Marshall, *The Epistles of John* (NICNT, Grand Rapids: Eerdmans, 1978), 109.

22 B. F. Westcott, *The Epistles of St. John: The Greek Text with Notes and Essays* (London: Macmillan, 1883), xxx-xxxiv, 이후로 전통적으로 지지된 견해이다; J. R. W. Stott, *The Epistles of John: An Introduction and Commentary* (Grand Rapids: Eerdmans, 1964, rep. 1988), 5-23.

23 Yarbrough, *1-3 John*, 17.

24 Achtemeier, *1 Peter*, 81-85.

25 Yarbrough, *1-3 John*, 17-21. 요한계시록 2-3장에 나오는 아시아의 일곱 교회에 보낸 메시지의 내용과 용어들이 요한일서의 내용과 용어들과 어떻게 병행되는지를, Eckhard J. Schnabel, *Early Christian Mission* (vol 1: Jesus and the Twelve, Downers Grove: IVP, 2004), 819-838(Missionary Work in the Provance of Asia)를 근거로 상세히 비교하고 있다.

사회적, 그리고 영적인 상황, 즉 한마디로 '어둠'(darkness)으로 표현할 수 있는 '세상'을 예견하게 하는 역할을 한다.

즉 소아시아의 일곱 교회들을 배경으로 한 요한계시록은 최후의 심판과 구원의 전망을 제시하고 결국 '세상이 그리스도의 나라가 되는'(계 11:15) 최종적인 충돌과 결말로 끝난다고 말할 수 있다. 이런 정경적 흐름이 맞는다고 본다면, 요한서신의 수신자들은 아직 이 충돌을 우주적이고 총체적인 파국으로 경험하지 않은 단계에 해당할 것이다. 다만 그 피할 수 없는 '세상'과의 충돌을 우선 교리적이고, 또한 도덕적이고, 결국 영적이며, 그리고 교회적인, 그런 모든 차원에서, 마치 빛이 어둠과 충돌하듯이 경험하는 모습을 그려 준다.[26] 이렇듯, 만일 요한일서의 배경이 에베소 교회를 중심으로 한 1세기 후반의 소아시아라면, 요한계시록 2-3장의 일곱 교회의 정황은 요한일서의 '반대자들'과 서신서 전체의 배경을 이해하는 데 중요한 도움을 줄 수 있다.

그렇다면 요한일서에 나타난 '교회와 세상' 혹은 '세상을 이기는 교회'의 모습을 살펴보려면, 우선은 본문에 나타난 Κόσμος와 관련된 상황과 개념들을 살피면서, 동시에 적대자들 혹은 분리주의자들의 주장과 이에 대한 서신의 응답을 함께 염두에 두어야 할 것이다. 그러므로 서신의 배경이 되는 그 적대자들은 사실 본문에 나타난 Κόσμος의 특징들을 구현한 역사적 실체들이며, 그들의 공격을 계기로 요한은 보다 폭넓게 교회가 '이겨내야' 할 Κόσμος의 문제와 그에 대한 해법을 다루었다고 할 수 있다.

그리고 그 해법은, 위에서 본문을 분류한 대로, 흥미롭게도, 삼위 하나님 각자의 특징과 또 함께 조화를 이루어 역사하시는 사역의 결과인 교회의 모습으로 나타난다. 인위적으로 그렇게 보았는지의 여부는, 앞으로 살펴볼 본문의 분석들을 통해 드러날 것이다. 먼저는, 요한의 특징대로 '말씀'으로 소개되는 '그 아들'이 '악한 자'와 그 악한 자 아래 놓여 있는 세상과 대조되는 모습이다. 여기서 세상을 이기는 교회는 그 해법을 모두 '그 아들'에게서 찾는다. 그다음은,

---

[26] Rensberger, *1 John, 2 John, 3 John*, 75, 하나님과 세상의 근본적인 이원론적 분열을 강조한다; 또한 빛과 어둠의 이원론적 대립에 대해서는, Malatesta, *Interiority and Covenant*, 99-102; Strecker, *The Johannine Letters*, 26.

그 아들을 세상에 보내신 '아버지의 사랑'과 세상 간의 관계이다. 악한 자 아래에 놓여 있는 세상과 그 세상에 자기 아들을 보내신 아버지 하나님의 '사랑'이 과연 교회의 특징으로서 어떤 중요성과 의미를 갖는지를 살펴볼 것이다. 마지막으로, 요한일서에서 세상을 이기는 교회의 특징은 '사귐'(κοινωνία)에 있음을 알 수 있다. 그리고 하나님 아버지와 그 아들과의 사귐 가운데 '거하는 것'이, 세상을 이기는 교회에게 얼마나 치명적이고 결정적으로 중요한 요소인지를 논할 것이다.

2. '사귐'의 해법(1): '그 아들'과 세상

요한일서의 문학적 구조는 거의 미궁에 빠져 있는 문제라 할 수 있을 만큼 난제에 속한다.[27] 과연 어떤 문학적 장치나 혹은 뚜렷한 주제가 있어서, 요한일서의 내적, 외적 흐름을 정확하게 드러낼 수 있을지 참으로 난감한 문제가 아닐 수 없다. 혹자는 요한이 매우 늦은 나이에 서신을 기록했기 때문에 같은 말을 반복하기도 하고 논리적으로 일관되지 않게 서술했다고도 하고, 다른 이들은 요한의 논리가 바울의 그것과 같지 않아서 매우 동양적인 방식으로 즉, 일직선적 구조가 아니라 같은 말을 반복하면서도 심화시켜가는 나선형의 논리 방식이라고 말하기도 한다.[28]

2.1 '사귐' 개념 중심의 구조 이해

필자 역시, 요한일서의 문학적 구조나 흐름에 대한 정확한 구조를 찾아내는 것은 쉽지 않은 일임을 발견한다. 다만 그런 구조가 있다면 반드시 고려해야 할 몇 가지 중요한 사실들은 있다고 생각한다. 첫째는, 요한일서와 요한복음의 관계이다. 요한일서를 이해하는 데 있어서 요한복음의 내용이 결정적이라는 점이다.[29] 예컨대, Raymond E. Brown은 요한일서가 요한복음에 대한 일종의 해석이라는 보는 견지에서, 요한일서의 서론(1:1-4)은 요한복음의 서론(요 1:1-18)의 주석이며, 요한일서의 결론(5:12-21)은 요한복음의 결론(요 20:30-31)에서 유추

---

27 Barnabas Lindars, Ruth B. Edwards & John M. Court, *The Johannine Literature* (Sheffield Academic Press, 2000), 133-134, Edwards는 1921년도에 Brooke라는 학자가 요한서신에서 문학적 구조를 찾는 '불가능한 일에 도전하는 쓸데없는 일'을 한 사실을 언급한다. 그러면서 나름대로 구조를 제안한다: A. 서문(1:1-4); B. 본론, (1) 빛과 어둠: 하나님과의 교제의 증거로 빛 가운데 거함(1:5-2:11), (2) 세상을 사랑하는 것에 대한 경고들(2:12-17), (3) '마지막 때'와 그리스도를 고백하거나 부인하는 일(2:18-27), (4) 하나님의 자녀들과 악의 자녀들(2:28-3:24), (5) 두 종류의 영들(4:1-6), (6) 사랑의 본질과 요구들(4:7-21), (7) 승리와 증거(5:1-12); 그리고 C. 결론, 기록 목적, 후기들과 재확증(5:13-21).

28 Edwards, *The Johannine Epistles*, 134.

29 Strecker, *The Johannine Letters*, 9.

한 것으로 본다.[30]

둘째, 이와 관련해서 요한서신에는 전반적으로 '하나님이 세상을 이처럼 사랑하사 그 아들을 세상에 보내셨다'(4:14; 요 3:16)는 주제가 서신의 내용과 흐름을 강력하게 지배한다는 점이다. 또한 셋째로, 그렇게 해서 보내심을 받은 아들은 '말씀', 특히 '생명의 말씀'(1:1; 요 1:1-4)이라는 사실이 요한이 서신을 전개하는 내적 논리의 근간에 놓여 있다고 할 수 있다(또한 2:14, 17). 그리고 넷째로, 아버지께서 아들을 보내신 결과로 우리가 받은 새 언약의 성령이 교회를 거룩하게 하심 즉, 세상과 구별되게 하시고, 하나님과 그리스도를 알고 증거하게 하시며, 그 영원한 사귐 가운데 거하게 하심으로써 영생을 누리게 하신다는 주제이다(요 16:7-14). 이 주제 역시 요한일서 2:18 이후나 보다 본격적으로 4장 이후에 강력하게 표면으로 등장함을 볼 수 있다.

마지막으로 한 가지 더 분명한 것은, 요한일서 역시 신약의 다른 서신들과 마찬가지로 그 서두에서 거의 결론적인 해법을 제시하면서 시작한다는 점이다. 그래서 필자는 서론에 해당하는 1:1-10의 중심적인 주장을 3절에 언급된 '우리의 사귐'(κοινωνία)이라 보고, 이 '사귐'이 요한이 세상에 처한 교회를 위해 제시하는 결정적인 해법이라고 본다.

사실 요한서신의 결정적 해법이 등장하는 서문인 1장에서 '사귐'이라는 모티브는, 비단 문학적 구조상 중심부에 해당할 뿐 아니라 주제상으로도 중심적이라 할 수 있다. 예컨대, 1-2절은 '말씀'이신 '그 아들'이 오신 구속사적, 객관적 사건을 증거하는 내용인데, 결과적으로 3-4절은 이렇듯 그 '아들'이 오심으로써 아버지와 아들과의 내면적이고 또 공동체적인 '사귐'이 가능하게 되었음을 선포하는 경우가 그것이다.[31] 또한 5-10절은 이렇게 가능해진 '빛이신 하나

30　Brown, 『신약개론』, 546. 그리고 본론은, "이것이 그 소식"(복음)이라는 구절(1:5; 3:11)을 기준으로 나누어지는데, 전자는 그 소식을 '하나님은 빛'이라고 정의하고 우리는 빛 안에서 행해야 한다는 윤리를 말한다면, 후자는 그 소식을 서로 사랑으로 정의하고 그리스도 안에서 우리를 사랑한 하나님의 자녀로서 행하라는 윤리를 말하는 것으로 이루어져 있다고 본다.

31　김동수, 『요한신학 렌즈로 본 요한서신: 설교를 위한 요한서신 연구』(한국성서학연구소, 2009), 40. 요한일서의 서문을 두 부분으로 나누는데, 예수의 성육신과 그에 대한 증언(1-2절)과 그로 말미암아 누리는 저자(우리)와 독자(너희)의 교제이다(3-4절).

님'과의 사귐이 어떻게 그 아들을 통해서 지속되는지를 설명한다. 그리고 2장 이후부터 5장 끝까지는, 이 '사귐'으로 교회가 어떻게 '세상'과 충돌하며 어떻게 그 세상을 '이길 수' 있는지를 설명하는 것으로 볼 수 있다.

이렇듯 중요하고 특징적인 개념인 κοινωνία라는 표현 자체는 요한일서에만 4회 나오는데(1:3[x2], 6, 7), 요한이서에는, 동사형으로 11절에, 그리고 요한삼서나 요한복음에는 전혀 나오지 않는다. 하지만 신약에서 관련된 표현들은 다수 등장한다. 베드로후서 1:4에서 '참예하는 자'(κοινωνοί)가 좋은 예로서, 그 외에도 '참여함' 혹은 '나눔'의 의미를 갖는데, 사업 동역자를 의미할 수 있고(눅 5:10), 혹은 선교 사역에 재정을 함께 감당하는 경우처럼, 물질을 서로 나누는 것을 가리킬 수도 있으며(롬 15:26; 고후 8:4), 혹은 종교적인 나눔 곧 믿음이나 구원, 설교, 고난, 그리고 성찬 등을 나누는 것일 수도 있다(몬 6절; 빌 1:5; 3:10; 고전 10:16; 행 2:42; 참조. 계 1:9).[32]

그렇다면 요한서신에서 주로 사용된 κοινωνία는 어떤 의미인가? Pheme Perkins는 바울서신에서 '코이노니아'가 로마 사회 집단들(societas)과 연관된 기술적인 용어로, "동등한 상대들끼리 공통의 목적을 위해 헌신한 법적 합의"(a legally binding association of equal partners based on their mutual assent to a common purpose)를 의미했다고 보고, 요한일서, 요한이서에서도 이런 의미로 쓰였다고 주장한 바 있다.[33] 하지만 Kruse는 '코이노니아'가 신약에서 '공동의 과제에 대한 헌신'을 의미할 수 있고(갈 2:9; 빌 1:5; 3:10; 몬 6절), 다른 곳들에서는 공동의 목적에 대한 헌신이라는 뉘앙스 없이, 단순히 인격적인 관계를 의미하는 경우들이라고 주장한다(행 2:42; 고전 1:9; 고후 6:14; 13:14; 빌 2:1; 요일 1:6, 7). 이런 점에서, 요한일서 1:3은 '생명의 말씀을 전하는' 공동의 과업을 포함하는 것으로 볼 수도 있지만, 1:6, 7은 공통의 목적이라기보다, 하나님 안에서 빛 가운데 걷는 것을 의미한다고 주장한다.[34]

32　Edwards, *The Johannine Epistles*, 164.
33　Pheme Perkins, "Koinonia in 1 John 1:3-7: The Social Context of Division in the Johannine Letters", *CBQ* 45 (1983): 633-634.
34　Kruse, *The Letters of John*, 59-61.

분명히, 요한일서나 이서에서 사용되는 '코이노니아'의 의미는 로마의 세속 사회에서 사용된 '공동의 목적을 위해 헌신한 법적 합의'처럼 법적이거나 의무적이라기보다, 훨씬 자유롭고 인격적인 관계를 표상한다. 하지만 그것이 단지 현재의 '사귐'이라는 말 정도로 표현될 만큼 가볍지는 않은 것 같다. 왜냐하면 요한이 서신서에서 '코이노니아'를 말할 때, 그것은 두 인격 간의 의미 있는 교제만을 뜻하지 않기 때문이다. 앞으로 살펴보겠지만, 요한이 말하는 '코이노니아'는 근본적으로 세상과 철저한 이원론적 구도 안에 놓여 있다. 그래서 '코이노니아'는 돌이킬 수 없는 결속, 연대를 의미한다. 어쩌면 법적인 구속보다 더 결속력이 있는 연합을 뜻하는 것이다.

요한서신에서 이 연대 혹은 연합은, 기독론을 기초로 해서, 신학적이기도 하고 동시에 교회적, 공동체적이기도 하다. 우주론적 이원론에 기초하는 요한의 코이노니아는 그러므로 단순한 사귐이 아니라, 세상과 악한 자 마귀를 대적하여, 하나님 아버지와 그 아들 그리고 그 아버지의 사랑을 받은 교회와의 결속을 의미하는 연대요 연합 관계이다. 물론 그 안에는 영원한 생명의 인격적인 사랑의 사귐이 있다. 그러나 영원한 생명이 요한의 코이노니아를 설명하는 핵심 개념인 것처럼, 영원한 사망도 여기에 걸려 있음이 확연하다. 동시에, 요한서신은 결국 새 언약의 성취야말로, 이러한 영원한 코이노니아의 근거임을 시사한다. 이는, 본 논문이 전개되면서 자세히 살펴볼 과제가 될 것이다.

다시 말해서 결국, 요한에게 있어서는 세상을 이기는 교회의 해법이 곧 '아버지와 그 아들과의 사귐' 안에 들어 있다. 그리고 그 사귐에 있어서 가장 큰 문제는, 1장 중반부에서 제기하듯이 그렇게 사귀게 된 하나님이 빛이시라는 사실부터 야기된다(1:5-10). 그리고 그것은 곧이어 죄와 거룩의 문제, 그리고 죄 사함과 의로움, 새 계명을 지키는 문제로 확장되어 나아간다(2:1-11). 무엇보다, 요한은 이 죄와 불의를 특징으로 하는 세상의 이면에는 '악한 자'의 존재와 활동이 있다는 사실을 명확히 드러내며(2:12-12), 그 흉악한 자를 이기는 해법은 '말씀'이신 그 아들과의 교제 가운데 거하는 것이고(2:14),[35] 그것은 곧 그 아들을

---

[35] Brown, *The Epistles of John*, 498. 요한일서 2:13-14의 이 승리가 악한 영보다 '더 크신'(참조. 4:4) 성

보내신 아버지의 사랑 안에 거하는 길이라고 단언한다(2:15-17).

아버지와 아들 안에 거한다는 것은 또한, 그의 '기름부음' 혹은 성령이 성도 안에 거한다는 것을 뜻한다. 역으로, 세상은 이 기름부음이 없는 영역이며, 성령이 없는 영역이다. 거기는 도리어 그리스도를 부인하는 적그리스도의 영역이다(2:18-29). 그리고 이 서로 섞일 수 없는 두 영역은, '하나님의 사랑'이라는 특징으로 다시 한 번 나뉘고 대립한다(3:1-24). 한쪽은 까닭 없는 증오가 지배하는 사망의 영역이고(3:1-12), 다른 한쪽은 역시 까닭 없는 사랑이 지배하는 생명의 영역이다(3:13-24).

이렇듯, '하나님의 사랑'이 서로 교차할 수 없는 이 두 영역을 특징짓는 이유는, '하나님께서 그 아들을 세상에 보내신' 근거가 사랑이기 때문이다(4:14; 요 3:16). 그래서 하나님의 사랑은 비단 신자 내면에서 경험되는 은혜일 뿐 아니라, 그가 속한 교회 곧 하나님의 백성과 하나님께 속하지 않은 세상을 구분하고 분리하는 결정적인 표시가 된다(4:4). 하나님 아버지께서는 그 아들을 보내셨고, 그 결과로 새 언약이 성취되었다. 새 언약의 내용이며 성취의 결과인 성령의 내주는, 교회로 하여금 이 사실을 알고 분별하게 할 뿐 아니라 그 사귐 가운데 지속적으로 '거하게' 한다(4:1-6). 그것은 그 아들을 통해 주신 아버지의 사랑이 교회를 통해 '온전히' 이루어지게 하려는 목적 때문이기도 하다(4:8-21).

요한은 결국, 악한 자 안에 처한 세상(5:19)에서 그 세상의 본질인 사망과 증오, 불의와 죄, 그리스도를 부인하는 것과 분리, 그리고 파멸적인 공격을 이겨내는 교회의 해법은 '믿음'이라고 가르친다(5:1-5). 그런데 그 믿음은, 다름 아닌, 하나님 아버지께서 그 아들을 세상에 보내셨다는 사실을 믿는 믿음이다. 즉 그 아들 예수 그리스도는 아버지께서 세상에 보내신 대로 세상에 '이르셨다'는 것이며, 그래서 육체로 오신 것이고, 물과 피로 임한 것임을 증거한다(5:6-10). 이제 그 아들을 받는 자에게는 생명이 있다. 역으로, 사망이 지배하는 세상에 없는 '영원한 생명'을 가진 자는 하나님께서 세상에 보내신 그 아들을 받은 자인 것이다(5:11-12). 요한은 교회가 이 영생, 그 아들 안에 있는 영생을 알고 누림

령에 의해 얻어진 것이라고 본다.

으로써, 악한 자와 세상을 이겨내기를 권고하고 있다. 세상이 잘못된 믿음과 숭배와 사랑의 대상으로 내세우는 '우상'에서 멀리한다는 것은, 곧 교회가 사랑과 성령 안에서 그 아버지와 아들과의 사귐 안에 지속적으로 거함으로써 가능함을 역설하는 것이다(5:13-21).

이렇듯, '사귐'이라는 중심 개념을 통해 요한일서의 신학적, 문학적 구조를 정리한다면, 그것은 또한 이 영원한 사귐에 있어서, 성부, 성자, 성령의 역사를 차례로 언급하지 않을 수 없게 된다. 그리고 요한은 교회가, 이렇게 놀라운 삼위 하나님과의 생명적 사귐을 통해, 악한 자 안에 처한 세상의 공격, 즉 그 죄와 불의, 증오와 우상 숭배를 앞세운 사망의 공격을 얼마든지 이겨낼 수 있다고 선포하는 셈이 된다. 하나의 가능성으로서, 이런 분석을 담은 문학적 구조를 간략히 정리하면 아래와 같다:

1. 서론 – 사귐, 생명과 빛에 거함(1:1-10)
2. 본론 – 삼위 하나님과의 사귐(2:1-4:21)
   (1) 말씀, 그 아들과의 사귐(2:1-17; 3:1-12)
   (2) 사랑, 아버지와의 사귐(3:13-24; 4:7-21)
   (3) 지식, 성령을 통한 사귐(2:18-29; 4:1-6)
3. 결론 – 믿음, 사귐을 통한 승리(5:1-21)

2.2 '그 아들'과 세상

먼저 요한서신에서 '아들'(υἱός)은 가장 중요한 기독론적 칭호이다(1:3, 7; 2:22, 23[x2], 24; 3:23; 4:9, 10, 14; 5:9, 10b, 11, 12a; 요이 3, 9절). '하나님의 아들'(ὁ υἱὸς τοῦ θεοῦ, 3:8; 4:15; 5:5, 10a, 12b, 13, 20a)의 줄인 표현으로, 요한이 자주 사용하는 이 칭호는 당대 헬라의 종교적, 문화적 배경에서 볼 때 낯설지 않은 표현이기도 했지만, 동시에 요한 문헌에서는 그와 다르게 오직 '독생하신 하나님'(μονογενὴς θεός, 요 1:18)으로서 거룩하시고 또한 절대적이고 유일한 존재라는 의미에서 사

용되었다.[36]

한편 이와는 대조적으로 '악한 자 안에 처해 있는 것'(요일 5:19)으로 드러나는 Κόσμος가 나타나는 본문들 가운데, '아들'이신 예수 그리스도와 보다 직접적으로 연관되는 본문들은 대략 세 부류로 나눌 수 있다. 먼저 '아들과 세상'이 직접 관련되는 본문들인데, 2:2은 그 '아들'이 '온 세상의 죄'를 위해 왔다고 하고, 17절에서는 세상이 다소 간접적으로 '하나님의 뜻'과 연관된다. 이는 문맥상 1:1의 '생명의 말씀'과도 연결되므로, 결국 '말씀이신 그 아들'에 해당하는 본문이 될 수 있다. 또한 17절은 그 아들이 세상에 오심으로 인해, 그 세상이 사라지고 있다는 종말론적인 상황을 드러낸다.

'아들과 세상'이라는 주제는 요한일서에서 결국 '세상에 있는 이'(4:4) 곧 '악한 자'(5:19) 즉 마귀와 결정적으로 맞닿는다. 하나님의 아들이 나타나신 것은 '마귀의 일을 멸하려 하심'인 것이다(3:8). 결국 이 세상은 악한 자 마귀의 지배 아래에 놓여 있는 영역, 죄 된 정욕과 미혹이 역사하는 영역이다(2:16[x2]; 4:4, 14). 또한 세상을 이기는 믿음이 있는데(5:4[x2]) 그것은 그 믿음의 대상이 세상에 보내심을 받은 그 아들이기 때문이다. 곧 세상을 이기는 믿음이란, 예수께서 하나님의 아들이심을 믿는 믿음뿐이다(5:5).

이것은, 요한이 이미 그 아들이 세상에 오셨다는 것과 그분은 말씀이라는 사실, 그리고 세상이 악한 자 마귀와 연관해서 어떤 본질을 갖고 있는지를 이미 설명했기 때문에 자명한 선포가 될 수 있다. 결국, 요한은 세상을 이기는 교회의 해법을 그 '사귐' 곧 '아버지와 아들과의 사귐'(1:3)으로 제시하는데, 그것은 그 아들과 세상과의 관계를 전제하는 것이기 때문에, 교회가 맞닥뜨린 세상의 도전 앞에서 먼저 요한이 그 아들과 세상과의 관계를 어떻게 묘사하는지 주목할 필요가 있다.

하나님의 아들과 세상은 우선적으로, 종말론적 상황을 배경으로 강한 대조

---

36 Yarbrough, *1-3 John*, 189, 헬라의 종교에서, 아우구스투스 황제는 그의 어머니가 아폴로 신전에서 뱀에 의해 잉태한 결과로 태어났다고 해서 '신의 아들'이라 불리웠다(Suetonius, *Augustus*, 94). 이처럼 '신의 아들'이라 불리는 것이 놀라운 일은 아니었지만, 요한 문헌이 소개하는 '하나님의 아들'로서 예수 그리스도는 그 절대성과 유일성, 그리고 거룩성에 있어서 차별화된다.

가운데 놓여 있다. 2:17에 나오는 ὁ Κόσμος παράγεται(세상은 지나가고 있다)라는 종말론적인 선포는, 요한서신에서 Κόσμος가 무엇인가 하는 그 내용을 밝히기 전에도, 이미 그 Κόσμος 전체가 어떠한 종말론적 상황에 처한 것인지를 설명하기 때문에 결정적이다. 그것은 현재 진행형으로 '지나가고, 사라지고 있다.' 여기서 παράγεται는 현재 진행형이다. 그 세상은 영원히, 변함없이 계속되지 않는다.[37]

(1) 종말과 세상

세상이 이렇듯 '지나가고 있다'는 현실은 그 이전 문맥인 2:8에서 밝히듯이 ἡ σκοτία παράγεται(어둠이 지나가고 있다)는 사실과 병행을 이루며,[38] 이는 명확히 '이미 참빛'이신 그 아들이 오셔서,[39] 현재도 '비추고 있는' 종말론적인 성취의 현실 때문에 발생된 결과이다(τὸ φῶς τὸ ἀληθινὸν ἤδη φαίνει, 2:8).[40] 그러므로 세상이 이미 지나가고 있고, 사라지고 있는 이유는 그 아들이 종말론적으로 이미 세상에 오셨기 때문이다. 그것은 최종적인 심판과 구원이 이미 일어났다는 것과 같은 의미이다(참조. 요 3:16-19). 후에, 요한은 '하나님의 아들'이 세상에 오신 것은 마귀의 일을 멸하려 함이라고 직접적으로 선포한다(3:8).

또한 2:8에서, παράγεται를 공통분모로 해서 어둠 혹은 세상이 '참빛'인 그 '아들'과 대조된다면,[41] 2:17에서는 '세상이 사라지는 것'과 '하나님의 뜻을 행하는 자가 영영히 거하는 것'이 대조를 이룬다. 세상이 '지나가는' 것과는 대조적으로 하나님의 뜻을 행하는 자가 '영영히 거한다'는 것은 종말론적인 승리이

---

37 참조. Jobes, *1, 2 & 3 John*, 115, 요한은 17절에서 세상의 '임시성, 덧없음'에 주목한다고 말한다. 하지만 이것은 단지 인간 편에서 세상의 덧없음에 관한 의미가 아니다.
38 Kruse, *The Letters of John*, 96.
39 Edwards, *The Johannine Epistles*, 166, '참빛'에서 '참'(ἀληθινὸν)은 진정성(genuineness), 신뢰할만한(reliability), 정직성(integrity)의 뜻이다. 요한복음에서, 진리는 예수를 통해 드러난다. 그리고 심지어는 예수 자신과 일치된다(요 1:17; 14:6). '진리를 행한다'는 것은 구약에서 '신실하게 행한다' 혹은 '하나님의 뜻을 따라 행한다'는 의미이다(사 26:15; 1QS 1.5).
40 Strecker, *The Johannine Letters*, 59, 각주 26, 세상이 영원하지 않다는 생각으로, 고전도전서 7:31을 언급한다; 보다 명확하게 종말론적 문맥에서, Bruce, *The Epistle of John*, 63, 바울이 고린도전서 7:31에서 한 것과 비교한다(참조. 고후 4:18).
41 Jobes, *1, 2 & 3 John*, 96, '참빛'은 그리스도 중심적이며 종말론적인 현재를 가리킨다.

다.⁴² 그렇다면 세상과 '하나님의 뜻'은 어떤 관계에 있는가? 여기서 '하나님의 뜻'(τὸ θέλημα τοῦ θεου)은 무엇을 가리키는가? 문맥 안에서는 10절에 언급된 '사랑의 행위'이며,⁴³ 더 거슬러 올라가면 3절 이후로 반복되며 강조되는 '그의 계명'(τὰς ἐντολὰς αὐτοῦ, 또한 4절),⁴⁴ 혹은 '그의 말씀'(αὐτοῦ τὸν λόγον, 5절) 즉 '새 계명'(ἐντολὴν καινὴν)을 가리킨다(2:7, 8; 참조. 3:23-24).⁴⁵

(2) 말씀과 세상

그렇다면 왜 '하나님의 뜻' 혹은 그의 계명, 그의 말씀을 행하는 자가 '영원히 거하는가?' 이것은 세상이 그 정욕과 함께 '지나가는' 것과 어떻게 대조를 이루는가? 말하자면, '지나가며 사라지는 세상'과 대조할 때 왜 굳이 '하나님의 뜻' 혹은 그의 계명, 그의 말씀이 부각되는가? 요한서신에서 신자의 윤리가 그리스도에 관한 교리와 반복되며 나오고 또 그래서 서로 밀접한 관련이 있다는 사실은 잘 알려져 있다.⁴⁶ 2장에서 수신자가 '하나님의 뜻' 곧 '그의 말씀'을 행하는 것을 '세상'과 대조하는 것은, 1장에서 하나님의 아들이 태초부터 즉 세상이 창조되기 이전, 처음부터 계신 '말씀'으로 소개되는 것과 관련이 있다는 가능성을 상정하게 된다.

'세상'에 오신 그 아들 곧 '하나님의 아들'은 '태초부터 계셨던 생명의 말씀'이다. 1:1-3에서, 요한은 특별히 1인칭 복수 형태인 '우리'(ἡμῶν)라는 호칭을 써서 하나님의 아들이 세상에 오신 종말론적 사건에 대한 증언을 생생히 기록하

---

42   Olsson, *Letters of John*, 130, '영영히 거한다'는 표현은 구약에서 대부분 하나님께 속해 있고 또 하나님께 드리는 표현이다(시 9:8; 102:13; 사 40:8). 동일한 표현이 다윗의 씨에게 사용되었고(시 89:37), 그리고 메시아에게도 적용되었다(요 12:34). 예수의 말씀을 지키는 자는, '죽음을 보지 않을 것이다'(요 8:51).
43   Strecker, *The Johannine Letters*, 59.
44   Olsson, *Letters of John*, 138.
45   Edwards, *The Johannine Epistles*, 166, '옛 계명'을 '공통된 전통, 구전이나 혹은 요한복음'을 가리키는 것으로 보고, '새 계명'은 그것이 예수에 의해 가르쳐졌기 때문이라고 말한다. 하지만 그 '계명'의 내용은 선명하게 그리스도의 사랑을 기준으로 한 '서로 사랑'의 계명이다(요일 3:23; 요 13:34-35). 그러므로 '옛 계명'도 구약의 율법을 요약한 것으로 볼 수 있다.
46   김동수, 『요한신학 렌즈로 본 요한서신』, 26, 요한은 교리와 윤리를 계속해서 반복적으로 언급하면서 자신의 논의를 펼친다. 이것은 일종의 나선형 논리 전개 방법이라고 할 수 있다.

고 있다.⁴⁷ 물론 여기서 '처음부터 있던 그것'("Ο ἦν ἀπ' ἀρχῆ)은, '우리'가 보고 듣고 만졌다는 증언과 더불어, 정확히 무엇을 가리키는지 해석의 여지가 있다.

먼저 1절의 '그것, 혹은 그'("Ο)가 무엇을 가리키는지 의문이다. 요한이 포함된 그 '우리'가 전했던 메시지인가(요 6:68; 빌 2:16), 아니면 남성단수로서 '생명의 말씀'(λόγος τῆς ζωῆς)을 가리키는가? 만일 '생명의 말씀'이 '하나님의 아들'을 가리킨다면, 성육신하시기 전의 선재(先在)하는 상태를 가리키는가, 아니면 성육신 후인가? 이 질문은, 요한일서에서 무려 8회나 사용되는 '태초부터' 혹은 '처음부터'(ἀπ' ἀρχῆ, 1:1; 2:7, 13, 14, 24[x2]; 3:8, 11)라는 표현이 정확히 어느 시점을 가리키는가와 뗄 수 없이 연결되어 있다. 이는, 창조 때부터인가(요 1:1; 8:44; 창 1:1), 예수 사역의 시작부터인가(참조. 요 15:27; 눅 1:2), 예수 사역의 시작이라면 성육신의 시점인가, 공생애의 시작인가, 혹은 부활 이후의 시점인가? 아니면, 이는 수신자들의 회심의 시점 즉, 그리스도를 믿음으로 신자의 삶이 시작된 시점 그래서 교회가 시작된 시점을 가리키는가?(참조. 행 11:15)⁴⁸

결론부터 말하자면, 요한의 표현은 의도적인 중첩이라 할 수 있다. 먼저 1:1에서 ἀπ' ἀρχῆ라든지 '생명의 말씀'은, '태초부터 [선재하시는] 말씀'('Εν ἀρχῇ ἦν ὁ λόγος)으로, 성자 예수님을 소개한 요한복음 1:1의 맥락과 강력한 병행을 이룬다.⁴⁹ 요한일서 1:2의 '아버지와 함께 계시다가'(ἦν πρὸς τὸν πατέρα)도 요한복음 1:1-2에서 '하나님과 함께 계셨던(ἦν πρὸς τὸν θεόν) 말씀'의 개념이나 표현에 상응하며,⁵⁰ 두 문헌 모두에서 연속적으로 전개되는 '생명'과 '빛'의 이미지 역시 두 문헌 사이의 강력한 병행을 지지한다(요일 1:1, 5; 요 1:4, 5). 확실히, 요한일서 첫 구절의 ἀπ' ἀρχῆ는 요한복음 첫 구절의 '태초에'와 다르지 않은 시

---

47 Terry Griffith, *Keep Yourselves from Idols: A New Look at 1 John* (JSNTSup 233, Sheffield: Sheffield Academic Press, 2002), 104-105, 이는 수신자의 공동체를 견고하게 정의하는(define) '전통'을 가리키는 표현이기도 하다.
48 Olsson, *Letters of John*, 83, 요한 공동체의 신앙의 역사의 시초를 가리킨다고 본다. 또한 그 메시지는 그들을 믿음으로 인도했던 예수가 메시아라는 선포는 물론 예수의 말씀과 삶을 포함했을 것으로 본다.
49 Brown, *The Epistles of John*, 176-80.
50 Strecker, *The Johannine Letters*, 9; Jobes, *1, 2 & 3 John*, 45-46, 요일 2:13, 14, 태초부터 계신 이도 이런 맥락이다. 요한일서 3:8에서 마귀가 '처음부터' 범죄한 자라는 표현과 역사 이전의 창세기 이야기에 근거하고 있음도 주목해야 한다.

점, 곧 '말씀의 선재'를 가리키는 표현으로 이해될 수 있는 소지가 충분하다.

하지만 요한일서에 나오는 ἀπ' ἀρχη가 항상 창조 이전의 시점을 가리키는 것은 아니다. 창조 때를 가리키는 것은 3:8이고, 2:13, 14의 경우도 그럴 수 있지만, 나머지 2:7, 24[x2], 그리고 3:11(또한 요이 5, 6절)은 거의 복음이 선포된 때를 가리키는 것으로 보는 것이 문맥상 더 적절하다.[51] 이런 면에서 보면, '생명이 나타내신 바 되었다'는 것도 성육신의 사건을 두고 말하는 것인지, 복음이 전파되어서 생명을 얻게 된 사람들 속에 나타난 것인지도 모호하다.[52] 그렇다고 요한일서 1:1의 ἀπ' ἀρχη의 시점을, 단순히 수신자들이 복음을 들었던 때라고 간주하는 것은 1-3절의 문맥을 진지하게 고려하지 않은 결과가 될 것이다. 요한복음과의 긴밀한 연관성을 고려해 볼 때, 요한일서 1:1-3에서 요한이 사도적 증언을 통해 그 '생명의 말씀'을 듣고 보고 만졌다라고 표현한 것은,[53] 이 문제에 관해서 시사해 주는 바가 많다. 먼저 ἑωράκαμεν(우리가 보았다)은 완료형으로 1, 2절, 그리고 3절에서도 반복되어 강조된다. 그만큼 종말에 결정적인 계시로서 그 '생명의 말씀'이 '나타난'(ἐφανερώθη, 1절) 것에 대한 강렬한 증언인 것이다.[54]

흥미로운 점은, 요한복음에서 동일한 완료형 ἑωράκαμεν이 3:11과 20:25에 사용된 점이다. 3:11의 경우는, '우리가 아는 것, 보는 것을 증거한다'는 표현으로, 예수께서 니고데모에게 성령으로 거듭나는 하나님 나라의 일에 대하여 말씀하실 때 사용되었다. 더욱 흥미로운 점은, 20:25의 경우이다. 여기서는 제자들이 부활하신 주님을 '보았다'(ἑωράκαμεν)는 증언을 표현할 때 사용되었다. 제자들은 부활하신 주, 곧 '말씀대로 죽고 부활하신 영원한 생명'이신 그리스도를

---

51   Olsson, *Letters of John*, 83; Edwards, *The Johannine Epistles*, 163-164; Bruce, *The Epistle of John*, 35; Griffith, *Keep Yourselves from Idols*, 7.

52   Brown, *The Epistles of John*, 154-70.

53   Olsson, *Letters of John*, 294-295(*Appendix* 5, We in the Johannine Letters). 요한서신에서 '우리'-형태는 서신서 전반에 걸쳐 나타난다(요일 1:1-10, 2:28-3:3; 3:11-24; 4:7-5:4; 그리고 5:13-21; 요이 2-6, 8, 12절). 이는 '나'의 우회적 표현인 경우, 수신자를 포함한 '우리'인 경우, 수신자와는 구별된 '우리', 혹은 일반적으로 신자들을 가리킬 수 있지만, 1:3의 경우는 수신자와는 구별된 '우리-그룹'(we-group)을 지칭한다.

54   정확히는, '나타난바 되었다'(ἐφανερώθη)로서 동사의 형태는, 단번에 일어난 사건을 강조하는 아오리스트 형태로 신적 수동태이다.

눈으로 보았고 증거한 것이다. 그러므로 같은 ἑωράκαμεν이, 요한일서 1:1-3에서 사도적 증언으로 3회나 쓰였다는 사실은 그 '생명의 말씀'이 역사적으로 나타난 사건, 특히 부활 사건에 대한 요한복음의 증언을 떠올리게 하기에 충분한 단서가 된다.

그뿐 아니다. 요한일서 1:1에서 '눈으로 본 바요'라 했을 때, 그 '보았다'는 ἐθεασάμεθα는 아오리스트 형태로 '자세히 보고'(개역개정)로 번역된다. 그런데 이 ἐθεασάμεθα는 요한복음 1:14에서 '말씀이 육신이 되어 우리 가운데 거하시매 우리가 그 영광을 보니' 했을 때, 그 '보니'(ἐθεασάμεθα)에 쓰인 동사 형태와 정확히 일치한다. 이는, 요한일서 1:1에서 '태초부터 있는 말씀'을 '우리가 주목하여 보았다'(개혁한글)고 했을 때, 그 뉘앙스가 요한복음 1:14에서처럼 '말씀이 육신이 되신 사건' 곧 성육신의 단회적인 사건을 가리키는 것으로 적절한 표현임을 알 수 있다.[55]

반면에 요한복음 20:25에서 그리고 요한일서 1:1-3에서 3회나 사용된 ἑωράκαμεν은 예수의 부활 사건을 목격한 것으로 완료형으로 쓰였는데 그것은 아마도 그의 부활하신 사건의 결과가 그들 안에 지속적으로 거하시는 성령의 역사로 증거되기 때문일 수도 있다. 결론적으로 말하면, 요한일서 1:1의 ἀπ' ἀρχῆ는 '생명의 말씀'과 더불어, 요한복음에 나타난 '성육하신 말씀'과 부활하신 예수에 대한 사도적 증언들과 깊은 연관성이 있음을 부인할 수 없다는 것이다. 하지만 ἀπ' ἀρχῆ가 요한서신에서 쓰인 다른 용례들, 특히 수신자 교회가 복음을 듣고 믿기 시작했을 때를 가리키는 경우를 고려하면,[56] 이는 요한이 자주 사용하는 '말놀이'(word-play)의 한 예로, 한 가지 의미가 아닐 가능성이 높다.

(3) 사귐과 세상

'아들'과 세상의 관계에서 요한서신이 가장 먼저 그리고 가장 강력하게 선포하는 것은 그 아들이 세상에 '이미 오셨다'는 사실이다(1:1-3). 그리고 그의 오

---

55 Brown, *The Epistles of John*, 179.
56 Jobes, *1, 2 & 3 John*, 46.

심은 종말론적이다. 즉 그의 오심의 결과로 세상은 '사라지고 있다'(2:17). 이것이 교회가 처한 세상에 대해 요한일서가 선포한 가장 근본적인 사실 가운데 하나이다. 그렇다면 '그 아들이 세상에 오셨다'는 의미가 무엇인가? 교회는 세상에 대하여, 그리고 그 아들에 대하여 어떻게 하라는 것인가? 요한은 그 아들이, 요한복음에서처럼, '태초부터 있는 말씀' 또는 '생명의 말씀', 더 나아가 '영원한 생명'(τὴν ζωὴν τὴν αἰώνιον)이라고 표현한다(1:1-2). 그리고 이제 그 아들을 믿음으로 그 아들과 그 아들을 보내신 아버지와의 사귐(κοινωνία) 가운데 거하라고 권면한다. 그것이 그 아들이 오심으로 '사라져가고 있는' 세상 안에서 교회가 취해야 할 가장 중대한 전략이기 때문이다.

이런 점에서, 요한복음이 말씀이신 그리스도께서 세상에 오신 사실에 대한 설명에 더 강조점이 있는 것에 비해(1-12장), 요한서신은 그 아들의 오심으로 그 사건에 근거한 그 아들의 복음을 통해 생긴 공동체가 세상 안에서 그 영원한 생명의 사귐 가운데 거할 것을 더욱 강조한다는 차이가 있다고 할 수 있다. 즉 요한복음 13-21장이 예수께서 제자들을 세상에 보내시는 과정을 서술한다고 할 수 있다면,[57] 요한서신은 그렇게 세상에 보내어진 교회가 어떻게 그 사귐 가운데 거함으로써 세상의 거짓과 죄, 불의와 증오, 그리고 우상 숭배와 죽음을 이겨낼 수 있는지를 역설하는 셈이다.

'그 아들'과 관련해서 Κόσμος가 사용되는 또 다른 본문은 2:2의 περὶ ὅλου τοῦ κόσμου(온 세상을 위한)이다. 그 아들 예수가 '온 세상의 죄를 위한' ἱλασμός(화목 제물)이 되신다는 문맥에서 사용되었다. 1:1-4까지는 아버지와 아들과 함께하는 그 영원한 생명의 사귐이 어떻게 가능하게 되었는지를 선포했다. 태초부터 있는 생명의 말씀이신 그 아들이 나타나신 바 되었고, 사도적 증언들이 제시되었다. 5-10절은, 그렇다면 '어떻게' 이 사귐을 해야 하는지를 설

---

57 참조. Andreas J. Köstenberger, *John* (BECNT, Grand Rapids: Baker Academic, 2004), 9-11, 통상 13-20장은 '영광의 책'(Book of Glory)으로, 21장은 결말로 본다; 학자들에 따라서는, 특히 J. W. Pryor, *John, Evangelist of the Covenant People: The Narrative and Themes of the Fourth Gospel* (Downers Grove: IVP, 1992), 9-17, 요한복음 1-12장이 세상에 보내어진 '아들'에 관한 것이라면, 13-21장은 세상에 보내어지는 제자들, 교회에 관한 것으로 구분한다.

명한다.[58] 가장 큰 난관은 그 아들을 통한 사귐 가운데서 대면하게 되는 그 '하나님이 빛'이시라는 사실이다(5절).

그렇다면 어떻게 세상의 어둠 곧 죄와 불의 가운데 있는 자가, 빛이신 하나님과의 사귐 가운데 거하게 되는가? 요한은 이 문제를 본격적으로 다룬다. 그 아들은 '생명의 말씀'(1절)이시고 '영원한 생명'(2절)이시다. 그 아들을 받은 자는 그러므로 그 영원한 생명, 곧 그 아들을 통해 아버지와의 사귐 가운데 들어간다. 그러나 여전히 죄나 불의의 문제가 남아 있다. 이 문제는 또한, 요한서신이 염두에 두고 있는 적대자들의 주장으로부터 수신자 교회를 지켜내고 그들이 받은 복음을 더욱 견고하게 하고자 하는 의도와도 깊이 관련된다. 사실 1:5-10 문맥은 내부적으로 적대자들이 퍼뜨렸을 법한 세 가지의 주장들과 이에 대한 반론들로 구성되어 있다.[59] 흥미롭게도 6절과 8절, 그리고 10절에 모두 언급되는 ἐὰν εἴπωμεν(만일 말하기를)으로 시작하는 이 잘못된 주장들은 각기 바른 가르침에 근거한 '사귐'을 파괴하는 세 가지 다른 방식들이다. 요한은 이 위선적이고 파괴적인 주장들을 하나씩 격파해 나간다.

먼저 6절은 '사귐이 있다 하고 어두운 가운데 행하는'(περιπατῶμεν) 문제이다. 그가 하는 말과 삶의 행동이 일치하지 않는 경우이다. 8절은 '우리가 죄 없다'(ἁμαρτίαν οὐκ ἔχομεν)고 주장하는 것이다. 현재형으로 현재 자신이 지은 죄에 대한 실제적 부인(否認)을 가리킨다. 아마도, 6절의 거짓된 상태 즉, '하나님과의 사귐'에 관련해서 말과 행동이 일치하지 않는 위선적인 상태보다 더 심각해진 상태를 가리키는 것으로 보인다.[60] 그런 위선 속에서, 자신이 지은 죄도 인정하지 않는 상태인 것이다. 그렇다면 10절에서 '우리가 범죄한 적이 없다'(οὐχ

---

58 Strecker, *The Johannine Letters*, xliii-liv, 1:5-2:17까지를, 죄로부터의 자유와 상호 사랑을 통해 이루어져야 하는 '하나님과의 사귐'을 다루고 있는 문단으로 본다.

59 Yarbrough, *1-3 John*, 52-53, 여기서 요한이 영지주의적 이단의 '죄를 경시하는 실책'을 염두에 두었다는 주장이 있었지만(Wennemer), 역사적으로 증명하기 어렵다고 본다.

60 Colin G. Kruse, "Sin and Perfection in 1 John", *SBJT* 10/3 (2006): 60-61, 근본적으로 분리주의자들은 자신들이 '온전하다'고 주장한 것이고, 그들의 이런 주장에는 자신들이 '죄 없다' 하는 것도 포함되어 있다; 또한 A. Schlatter, *Die Briefe und die Offenbarung des Johannes* (Erläuterungen zum Neuen Testament 10, Stuttgart: Calwer, 1950), 15, 10절은 8절보다 점진적으로 악화된 경우로 본다; 한편 Yarbrough, *1-3 John*, 66, 10절의 경우는 6절과 8절의 경우들에 대한 요약(summary)으로 간주한다.

ἡμαρτήκαμεν, 완료형)라고 주장하는 것은, 인간의 원죄(原罪)까지 부인하는, 보다 뿌리 깊은 거짓된 태도를 일컫는 것으로 보인다.

또한, 6절에서 말과 행동이 어긋나는 위선적인 '사귐'에 대해서, 요한은 7절에서 다시금 그 사귐 안에서 죄 씻음과 의롭게 되어가는 관계로 초청하는 여지를 남긴다. 그리고 8절에서 그럼에도 자신이 죄지은 사실을 부인하는 태도에 대해서는, 9절에서 적극적으로 그 죄를 '고백'(ὁμολογῶμεν)하라고 권면하며 그렇게 고백할 때, 죄 사함과 정결케 하심이 '신실하시고 의로우신'(πιστός ἐστιν καὶ δίκαιoj) 하나님 자신과의 사귐 가운데 베풀어짐을 밝힌다.[61] 하지만 10절에서, 아예 죄지은 적이 없다는 식으로, 그래서 죄를 지을 수 있는 존재도 아니고 따라서 죄를 고백할 이유도 없다는 식으로 거짓된 주장을 하는 자들에 대해서는, 저들의 죄를 지적하시며 자신과의 사귐 안에서 그 죄의 문제를 해결하고자 하시는 하나님의 초청을 저들이 거부할 뿐 아니라, 그렇게 판단하시는 하나님 자신을 '거짓말쟁이'(ψεύστην)로 만들고 있다는 판결을 내린다. 그리고 그것은 하나님 아버지와의 사귐이 더 이상 가능하지 않은 상태라는 것을 선고한다. 왜냐하면 그 속에 더 이상 참된 '말씀'이 있지 않기 때문이다. 여기서 '로고스'는 결정적인 단어이다. 그 안에 말씀이 없다는 것은, 그 생명의 말씀이신 그 아들이 없다는 뜻이다. 그 아들이 없으면 아버지가 없고(참조. 요 12:45; 13:20), 거기에는 더 이상 사귐이 존재할 수 없는 것이다.

이런 맥락에서, 2:2은 예수 그리스도가 '온 세상을 위한'(περὶ ὅλου τοῦ κόσμου) 화목 제물이심을 선포한다. 여기 '온 세상의 죄'라는 표현은 완연하게, 요한복음 1:29의 '세상 죄를'(τὴν ἁμαρτίαν τοῦ κόσμου) 지고 가는 하나님의 어린양을 떠올리게 만든다.[62] 요한복음의 문맥에서도, 이 표현은 이 세상을 '이처럼 사랑하신'

---

61 Judith M. Lieu, "What was from the beginning: Scripture and Tradition in the Johannine Epistles", NTS 39 (1993): 458-466, 요한서신에 구약 인용구나 암시 구절들이 나타나지 않는다는 견해(일례로, D. A. Carson, in It is Written: Scripture Citing Scripture, Cambridge: CPU [1988], 245-64)에 반해, 요한일서 1:9-2:2의 배경으로 출애굽기 34:6를 지목하는데, 이는 요한복음의 서론인 1:1-18 특히, 14절의 '은혜와 진리'에 대한 본문의 배경에 출애굽기 33-34장이 있다는 것과 긴밀하게 연관된다 할 수 있다.

62 Olsson, Letters of John, 105.

하나님의 구속적(redemptive) 사랑의 표현이다(요 3:16).[63] 태초부터 계신 말씀이신 그 아들 자신이 육신으로 오셨는데(요 1:14), 그가 어둠 가운데서 빛으로 나아오지 못하는 자들의 근본적인 문제인 죄의 문제까지 해결하기 위해, 스스로 죄를 대속하는 어린양이 되셨다는 뜻이기 때문이다. 하나님은 우리의 죄의 문제에도 불구하고, 그 문제를 해결하시면서까지 우리와의 사귐을 원하시고 얼마든지 그 사귐 안으로 초대하시는 것이다.

이런 문맥적 의미는 요한일서 1:1-2:2까지 이어진다. 그래서 '온 세상의 죄'를 위한 화목 제물(ἱλασμός)이라는 뜻은, 믿지 않는 온 세상 사람들의 죄가 자동적으로 용서받아 그들도 저절로 영원한 생명을 받는다는 의미가 될 수 없는 것이다. 요한은 그 아들을 믿느냐, 믿지 않느냐에 따라 영생을 소유하느냐 그렇지 않느냐가 결정됨을 분명히 하고 있다(5:11-19).[64] 그보다 이런 언급은, 세상의 거짓이나 죄 그리고 불의의 문제에도 불구하고, '그 아들과 아버지와 우리의 사귐'을 견고히 하고자 하는 의도임을 알 수 있다.

신앙 고백과 행함이 일치하지 않거나(1:6), 자신의 죄를 부인하거나(8절), 혹은 자신이 죄인임을 깨닫지 못하는 극한 죄의 상태라도(10절), 그리스도께서 속죄하시고 화목케 하실 수 있는 능력의 그 폭, 깊이와 넓이는 '온 세상'을 포함하고도 남는다는 뜻이기 때문이다. 그만큼, 요한은 하나님께서 그 아들을 보내셔서 우리를 그 안으로 초청하시는 그 사귐을 얼마나 원하고 계시는지를 강조한다. 왜냐하면 그 '사귐 안에 거하는 것'이 곧 구원 즉, 영원한 생명을 누리며, 악한 자 안에 처한 세상을 이기는 결정적인 길이 되기 때문이다.

63　Brown, *The Epistles of John*, 223, '세상'에 대한 이런 구속적(salvific)인 관점은 요한의 특징이기도 하다(요 3:16-17; 4:42; 6:33, 51; 12:46-47; 요일 4:14).

64　Kruse, *The Letters of John*, 75, 또한 ἱλασμός가 죄를 사하며 죄인을 깨끗하게 하는 속죄(expiation)와 죄에 대한 하나님의 진노를 해소한다는 '화목 제물'(개역개정, propitiation)로 이해할 수 있다. 구약이나 LXX의 용례들에 비추어 볼 때 요한일서 2:2에서는 두 가지 의미 모두를 포함하지만, 문맥상 '화해'를 위한 화목 제물의 의미가 강하다고 본다.

2.3 '그 아들'과 '악한 자'(2:16[x2]; 4:4, 14; 5:19; 3:8)

이런 식으로, 요한은 '그 아들'과 '세상'을 강하게 대조시키며, 빛 가운데 거하는 삶 즉, 죄의 자백을 통한 속죄와 화목 그리고 의를 행하는 삶을 내용으로 하는 '그 아들과의 사귐'을 강조한다. 또한 세상 속에 처한 교회에게 이 '사귐'이 결정적인 이유는 '온 세상이 악한 자 안에 처해 있기'(ὁ Κόσμος ὅλος ἐν τῷ πονηρῷ κεῖται, 5:19) 때문이이다.[65] 그래서 그 아들과 세상이 대조되는 것처럼 더욱 본질적으로 그 '아들'은 '악한 자 마귀'와 첨예한 대조를 이루게 됨을 알 수 있다. 요한은 '아들'과 '악한 자'에 대한 대조를 서신의 전면에 내세우지 않지만, 본문의 신학적 구조에서는 이 대립이 가장 근본적인 대립들 가운데 하나로 자리 잡고 있다.

또한, 그 '악한 자'가 배후에 있는 그 '세상' 안은 거짓 선지자들과 적그리스도가 활동하는 영역이다(2:16). 결국, '그 아들'이 누구이며, 그가 세상에 오신 이유를 밝히는 일에 있어서 요한서신은 적극적으로 '마귀'와 그의 일에 초점을 맞추게 된다(3:8). 이것이 교회가 세상을 맞닥뜨리는 정황에 있어서, 그 배후에 놓여 있는 결정적인 대립이기 때문이다. 결국, 그 아들이 마귀를 대적하고 그의 일을 파멸시키는 것은 교회가 세상을 이기는 일에 결정적이며, 이는 교회가 세상을 이긴다는 것이 과연 어떤 의미인지도 밝혀주는 중대한 맥락이 된다(4:4).

먼저 5:19은 '그 아들'과 '그 악한 자'가, '세상'을 가운데 두고 어떻게 반립적(反立的)이고 대조적인 구조 안에 있는지를 보여 준다. 우선 18절에서 '악한 자가 저를 만지지도 못한다'고 하면서 '악한 자'(ὁ πονηρὸς)를 언급한 것과, 대조적으로 20b절에서 '하나님의 아들이 이르렀다'고 하면서 '하나님의 아들'(ὁ υἱὸς τοῦ θεοῦ)을 언급했는데, 그 가운데인 19b절에 '온 세상'이 그 악한 자 안에 처해 있다는 선언이 놓인 구조를 통해 그 대조가 선명히 드러난다. 이를 간단한 도표로 그리면 아래와 같다:

---

65 '온 세상'(ὁ Κόσμος ὅλος)이라는 표현도 2:2에서 예수 그리스도께서 '온 세상을 위한'(περὶ ὅλου τοῦ κόσμου) 화목 제물이심을 선포했을 때와 같은 표현이다

'악한 자'(18절) ── A ── 세상(19b절) ── B ── '하나님의 아들'(20b절)

이 도표에서, 악한 자와 세상 사이의 관계를 표현하는 A는 세상이 악한 자 '안에 처해 있다'(19절)는 것이고, 그런 세상과 하나님의 아들 간의 관계를 표현하는 B는 그 하나님의 아들이 세상에 '이르렀다'(20절)는 사실이다. 그러니까, 악한 자 안에 처한 세상으로 그 아들이 오셨다는 사실이 문맥에 깔려 있는 근본적인 선포이다. 그렇다면 여기서 세상이 '그 악한 자 안에 처해 있다'(ἐν τῷ πονηρῷ κεῖται)는 것은 무슨 뜻인가?

정확히 말해서, '놓여 있다'(ἐν κεῖται)는 표현은 신약 어디에도 나오지 않는 독특한 표현인데(참조. LXX, *2 Macc.* 3.11; 4.31, 34), 이는 세상이 그 악한 자에게 의존해 있다는 것과 '제한적이고 일시적이나마' 그의 통치 영역 안에 놓여 있다는 의미이다.[66] 더 나아가, κεῖται는 '놓여 있다'의 의미이지만, 어떤 것을 향하여 그렇게 결정되어(destined) 있다는 의미도 있다(2:34; 빌 1:16; 살전 3:3). '온 세상'은, 역시 일시적이고 제한적이기는 하지만, 그 악한 자의 지배 아래서 원래 있어야 할 그런 영적 생명이 없이 시든 상태로 결정되어 있는 것이다.[67] 그러므로 요한에 의하면, 이 세상은 자신의 의지와는 상관없이 그 악한 자의 손아귀에 붙잡혀 있는 '희생자'(victim)로서,[68] 그 전체가 그 악한 자의 속박 아래에서 스스로를 해방시킬 능력이 없이 '무력하게 놓여 있는' 모습이다.[69]

하지만 분명히 세상 자체는, 구출을 받아야 할 '희생자'의 모습이면서 동시에 정복하고 이겨야 할 '원수'(enemy)의 모습으로 드러난다(4:4; 5:4-5).[70] 그 악한 자의 지배 아래에 있는 세상은, 그 악한 자의 지배를 지탱하는 악한 세력 곧 적그리스도와 미혹의 영, 거짓 선지자들이 활동하는 영역으로 묘사된다(4:1-6). 특히 4:1에서 πολλοὶ ψευδοπροφῆται ἐξεληλύθασιν εἰς τὸν κόσμον(많은 거짓

---

66 Brown, *The Epistles of John*, 623. 어떤 번역본은 '세상이 악한 상태에 놓여 있다' 정도로 해석하려 하지만, '악' 앞에 정관사가 있어서 악한 자 곧 마귀를 가리킴은 분명하다.
67 Yarbrough, *1-3 John*, 317.
68 Painter, *1, 2, and 3 John*, 325.
69 Griffith, *Keep Yourselves from Idols*, 94.
70 Painter, *1, 2, and 3 John*, 325.

선지자들이 세상에 나왔음이라)는 세상이, 영적으로도 적극적으로 사람을 거짓으로 미혹하는 세력이 지배하는 영역임을 밝힌 것이다. 2:18에서는 먼저 '적그리스도'가 언급되지만, 4:1-3에서는 거짓 선지자들이 먼저 언급되고 저들이 사실상, 하나님께로서 나오지 않은 거짓 영, 곧 적그리스도의 영의 지배를 받는 자들이라고 말한다.

(1) 거짓 선지자들과 적그리스도

그렇다면 여기서 언급되는 '거짓 선지자들'은 어떤 자들인가? 이들은 예수 그리스도를 부인하는 유대교를 대표하는 자들인가? Strecker는 당시에 어떤 형태이든 가현설(Docetism)적 주장을 했던 자들로 보는데, 그 주장의 핵심은 '예수가 그리스도가 아니라'는 유대교적 반론이라기보다는(참조. 2:22),[71] '예수 그리스도가 하나님의 아들은 아니라'는 논지였다. 예컨대 Basilides처럼, 십자가에 달린 것은 예수가 아니라 시몬 구레네였다든지, Cerinthus처럼 예수는 성육신에서 신적인 그리스도와 함께 존재했지만, 십자가 사건에서 예수와 그리스도가 분리된 것이라는 주장, 혹은 Valentinus처럼 '예수 그리스도'가 십자가에 못 박힌 것은 맞지만, 그의 신성(神性) 때문에 고난이나 죽음을 겪지 않았다는 식의 가르침을 퍼뜨린 자들을 염두에 둔다.[72] 결국, 이들 거짓 선지자들은, 그가 '육체로 오셨다'는 사실을 부인함으로써 예수 그리스도가 하나님의 아들이라는 것을 부인하는 자들이었다(4:2).

'예수께서 세상에 오셨다'는 사실은, 5:18-20에서 '악한 자'와 '그 아들'을 대조한 위의 도표에서처럼, 온 세상이 그 '악한 자' 안에 처해 있다는 사실과 결정적으로 대조되는 선포이다. 동시에, 이것은 '아버지가 그 아들을 세상에 보내셨다'(4:14)는, 요한일서가 전제하는 구속 역사의 근본적인 선포의 내용이기도

---

71 Jobes, *1, 2 & 3 John*, 128-130, 2:22의 경우, '그리스도'가 유대주의적 맥락에서 '약속된 메시아'의 의미로 쓰였는지, 아니면 제2성전기를 거치면서 헬라적 문맥에서 예수의 '신성'(divine nature)을 강조하는 의미로 쓰였는지가 문제이다. 주전 2세기부터 소아시아 에베소 지역에 많은 유대인들이 있었기에 전자의 경우도 가능하지만, 문맥상, 4:2-3의 경우처럼 예수의 본성에 관련된 의미가 강하며, 그리스도가 나타나신 이후에 드러난 '적그리스도'적 이단을 지칭하는 것으로 본다.

72 Strecker, *The Johannine Letters*, 69-76.

하다. 결국, 세상을 가운데 두고 아버지 하나님께서는 그 아들을 보내셨는데, 악한 자는 그 아들이 세상에 '오셨다'는 사실 자체를 거짓으로 부인하는 거짓 영과 거짓 선지자들의 활동을 세상 속에 풀어 놓았다는 것이다. 그것은 그 악한 자가 지배하고 있는 세상에 비록 그 아들이 오셨다 하더라도, 그 오신 결과를 통해 누구도 그 악한 자의 지배 아래서 벗어나지 못하게 하기 위함일 것이다.

이런 대립 구조 속에서, 요한은 거짓 선지자들의 배후에서 조종하는 '이 자가 적그리스도'(τοῦτό ἐστιν τὸ τοῦ ἀντιχρίστου)임을 언급한다(4:3). 적그리스도는 어떤 존재인가? 악한 자 곧 마귀의 다른 이름인가? 혹은 그의 조종을 받는 다른 존재인가? 그렇다면 영적 존재인가, 아니면 실존 인물인가? 우선 ἀντίχριστος라는 칭호는 특징적으로 요한 문헌에만 나온다(요일 2:18, 22; 4:3; 요이 7절). 그리고 이런 사실은, 요한이 복음을 제시할 때 특징적으로, 그리스도와 세상 사이에 뚜렷한 이원론적 구조를 펼치는 것과도 관련되어 있음을 시사할 수 있다. 하지만 요한의 이원론적 특징은, 그것이 '진리'와 '미혹'의 영들의 구별에 따른 쿰란 공동체의 형이상학적인 우주론적 이원론과도 다르며(1QS 3.13-4.26),[73] 또한 영지주의의 이원론과도 다른 것으로 알려져 있는데, 더구나 요한에게는 육체와 정신, 물질과 영혼의 이원론적 구분도 눈에 띄지 않는다.[74]

(2) 이원론적 구조

학자들은 요한의 이원론이 이렇듯 존재론적이거나 영지주의적인 구도를 닮지 않고 오히려 매우 공동체적이고 또한 기독론적임을 지적한다. J. M. Lieu는 요한이 어떤 존재론적으로 고정된 이원론을 차용한다기보다는 자신과 공동체의 경험에 근거한 이원론을 전개하는데, '이미'와 '아직' 사이에 있는 '검증적인 이원론'(dualism of testing)이라 부를 수 있다고 말한다.[75] 그것은 요한의 수신자

---

73 또한 Olsson, *Letters of John*, 249, 쿰란의 이원론을 떠올리며 특히 1QS 3:20-21를 언급한다: "모든 불의의 자식들은 어둠의 천사의 지배 아래에 놓여 있다"(참조. 엡 2:1-4); Griffith, *Keep Yourselves from Idols*, 98, 제2성전기 유대교 안에서, 비교적 도덕적이고 영적으로 묘사된 '두 개의 길(Two Ways) 전통'을 보려면, 제2에녹서 30.15, *T. Ash.* 5.2를 참조하라.

74 Griffith, *Keep Yourselves from Idols*, 100.

75 Judith M. Lieu, *The Theology of the Johannine Epistles* (Cambridge: Cambridge University

교회가 '분리주의자들'을 경험하는 것이나, 그래서 '하나님의 자녀들'과 '마귀의 자녀들'이 대조되어 표현되는 것(3:10)과 맞물린다.

이것은 요한이 제시하는 이원론의 공동체적 측면이다. 하나님께로부터 난 자들이 있고 마귀의 자녀들이 있는데, 서로 다른 이 공동체들은, 각기 그 배후에 서 있는 하나님과 마귀의 차이처럼 결연한 대조를 이룬다. 먼저 '하나님께로부터 난 자'(ἐκ τοῦ θεοῦ)라는 표현(3:9; 5:1, 4, 18; 그에게로부터 난 자[ἐξ αὐτοῦ γεγέννηται], 2:29)은, 동일하지만 종종 '하나님께 속한 자'(ἐκ τοῦ θεοῦ)로도 번역된다(4:4, 6; 5:19). 같은 원문을 한글 번역이 왜 이렇게 다르게 표현했는지는 의문이지만, 여기서 제시되는 이원론은, 비록 눈에 보이지는 않으나 그 영적 기원과 소속 그리고 그에 따른 그들의 본질(essence; 참조. 요 8:42)이 각기 하나님인 사람들과,[76] 반대로 마귀나 세상인 사람들이 영적으로는 엄연히 분리되어 있다는 실재(reality)를 알려 준다.

이런 명확한 대칭적 구조는 '그 아들'이 '그 악한 자'의 일을 멸하려 오셨다는 사실과(3:8; 요 8:44), 믿는 자들이 또한 그 악한 자를 이겼다는 사실에서 더욱 극명하게 드러난다(2:13-14; 4:4).[77] 즉 요한의 이원론은 본질상 기독론적이다. 그 아들을 통해 그 아버지에게 속한 자들, 혹은 그에게로부터 난 자들이 그 악한 자를 이기고(4:4), 또한 그 악한 자의 지배 아래에 있는 세상도 이긴다(5:4)는 사실은 모두, 요한의 이원론이 이 강력한 기독론적 이원론에 기초해 있음을 보여 준다.

그래서 '그 악한 자' 마귀가 세상을 미혹하기 위해 보내는 거짓 영은 특히나 '적(敵)그리스도의'(ἀντιχρίστου) 영으로 묘사되는 것이다. 대적하는 초점이 그리스도, 하나님 아버지께서 세상에 보내신 '그 아들'이기 때문이다. 원래 적그리스도는 '그 능력을 마귀에게서 받고, 사탄에게서 나온 자'(Polycarp, *Phil*. 7.1)로 묘사되는 것처럼 정확히 마귀, 사탄(Satan)과는 일치하지는 않지만, 신약 밖에서

Press, 1991), 85-86, Griffith, *Keep Yourselves from Idols*, 99에서 재인용.

76   Lieu, *The Theology of the Johannine Epistles*, 41.

77   Griffith, *Keep Yourselves from Idols*, 98.

그리고 신약 후의 문서들에서는 종종 사탄과 동일시되기도 한다.[78] 또한 적그리스도는 하나님과 그의 그리스도의 전형적인 영적 원수로서 사탄처럼 '영적 존재'인데,[79] 하나님과 그의 백성을 능욕한 극악한 자였던 '안티오커스 4세'의 경우처럼, 어떤 특정한 역사적 인물과 동일시되기도 한다.[80] 신약에서 '멸망의 가증한 것'(막 13:14; 참조. 단 8:13)이나 '무법한 자'(살후 2:3-12), 그리고 '짐승'(계 12-13장) 등은 영적 존재로서의 적그리스도를 전제하지만 또한 실존했던 역사적 인물을 염두에 두고 있다.[81]

이런 점에서, 요한은 2:18-19(참조. 4:3-5)의 경우처럼, 수신자 교회 안에서 한때 함께 머물렀다가 예수 그리스도에 관해 다른 신앙 고백을 내세우며 떨어져 나갔던 분리주의자들을 '적그리스도들'로 규정하는 것으로 보인다.[82] 초대교회의 맹인 디디모(Didymus the Blind)는 보다 좁은 의미에서 적그리스도를 규정하는데, '모든 거짓 교사들이 전부 적그리스도가 되는 것은 아니고, 다만 진리를 들은 후에 거짓된 분파로 나가는 자들을 가리키며, 그들이 적그리스도라 불리는 것은 한때 그리스도인들이었기 때문'이라고 말한다.[83] 하지만 요한이 분리주의자들을 '적그리스도들'에 포함시켰다는 것을 두고 곧바로, 적그리스도란 한때 그리스도인들이었어야 하는 자들이라고 규정하는 것은, 요한의 상황적이고 수사학적 표현을 너무 좁은 의미로 해석하는 것이다.[84] 그보다는 요한

---

78 Strecker, *The Johannine Letters*, 49.
79 Edwards, *The Johannine Epistles*, 168, 참조. 다니엘 11:36-37, 데살로니가후서 2:3-8, 요한계시록 13장.
80 Kruse, *The Letters of John*, 148-149, "종말의 종말, 최후의 날에 있을 가장 큰 적그리스도적 인물도 있고, 그 이전에 지속적으로 나타날 적그리스도적 인물들도 있다."
81 Strecker, *The Johannine Letters*, 49.
82 Kruse, *The Letters of John*, 148; 또한 Jobes, *1, 2 & 3 John*, 123, 그러므로 '많은 적그리스도들'(ἀντίχριστοι πολλοί, 2:18)이라는 표현처럼, 최종적 종말에만 나타나는 것이 아니라 이미 2,000년 전에도 있어왔던 존재들이다.
83 Bray, *James, 1-2 Peter, 1-3 John, Jude*, 186-187; Jobes, *1, 2 & 3 John*, 123, 역시 이런 입장을 따른다.
84 김동수, 『요한신학 렌즈로 본 요한서신』, 94, '한때 믿음의 형제였던 자를 적그리스도로 불러도 되는가?'라는 질문을 제기하는데, 이 세상에 있는 인격체는 하나님께 속했든지 마귀에게 속했든지 둘 중 하나밖에 없으며, 모든 사람들은 타락한 이후에 근본적으로 마귀에게 속한 것으로 태어나서 하나님으로부터 다시 나는 과정을 통해서만 하나님의 편이 될 수 있음을 전제한다(요 1:12; 3:3, 5). 저자의 적대자들은 '이 과정을 거치지 않고'

이 정의하듯이, 넓은 의미에서 적그리스도는 '예수가 그리스도임을 부인하는 자'(2:22) 혹은 '예수가 육체로 오심을 인정하지 않은 영'(4:3), 또는 그렇게 주장하는 자들(요이 7절)로서, 용어 그대로 기독론에 관해 적대적이고 이단적 가르침을 조장하는 자들을 가리킨다고 보는 것이 타당하다.

(3) 악한 자의 일을 멸하심

요한서신에서, 적그리스도들은 거짓 선지자들과 함께 '그 아들' 곧 '하나님의 아들'을 대적하는데 그 배후에는 세상이 그 지배 아래에 있는 악한 자가 버티고 서 있음을 알 수 있다. 그래서 서문에서부터 강력한 '말씀-아들 기독론'으로 시작하는 요한일서(1:1-4)는, 서신 내내 그 근본 구조로서 세상을 가운데 두고 '하나님의 아들' 예수 그리스도와 '그 악한 자, 마귀'가 대적하는 중심 구조를 갖고 있는 것이다.[85] 따라서 표면상으로 나타나는, '사귐'의 강조라든가 '형제를 사랑함' 또는 '세상을 이김'과 같은 주제들은, 그 저변에 세상을 장악하고 있는 '그 악한 자'에 대한 '하나님의 아들'의 승리를 전제하고 있음을 알 수 있다.

그렇다면 그 아들이 '마귀의 일을 멸하러 오셨다'(3:8)는 것은 어떤 의미인가? 문맥적으로, '마귀의 일'(τὰ ἔργα τοῦ διαβόλου)은 신자가 '죄를 짓는 것'(ὁ ποιῶν τὴν ἁμαρτίαν)과 깊은 관계가 있는데, 그것은 마귀 자신이 '처음부터 죄짓는' 자이기 때문이다. '죄짓는'(ἁμαρτάνει)이 현재형으로 되어 있는 것은 그가 죄짓는 것을 본성으로 하기 때문일 것이다. 이런 점에서 '처음부터'(ἀπ' ἀρχῆς)라는 표현은 마귀가 원래부터 그런 자였다는 의미일 수도 있지만,[86] 한편 창세기 3장에 나오는 에덴동산에서 아담을 거짓말로 시험했던 마귀의 일을 염두에

교회 공동체에 들어온 자들이라는 것 즉, 기독교 문화와 교리를 배웠지만 결코 그것을 받아들이지 않았을 뿐 아니라, 기독교에 대해 왜곡된 가르침을 설파함으로 예수를 대적하는 사람이 되었으므로 저자가 이들을 적그리스도라고 부른 것은 정당하다고 본다.

85 한편 D. Moody Smith, *John* (Abingdon New Testament Commentaries, Nashville: Abingdon Press, 1999), 187, 요한복음 8:44의 주해에서 하나님과 사탄의 대립을 강조하는 이원론을 말한다: "예수와 그의 적대자들은 서로 다른 기원을 갖고 있다. 각기 하나님과 사탄인데 … 요한은 매우 철저하고 존재론적인 견고한 이원론을 유지한다."

86 Strecker, *The Johannine Letters*, 100, '창세 때'가 아니라 '원래 그렇다'는 의미로 본다.

둔 것으로 볼 수도 있다.[87] 만일 이 견해가 맞는 것이라면, 이는 요한일서 1:1에서 말씀이신 그 아들을 소개할 때 '태초에' 혹은 '처음에'(ἀπ' ἀρχῆς)라는 표현처럼 세상의 창조 '이전'을 가리키는 것은 아니나, 타락 역사 이전의 세상의 기원에 관한 시기로,[88] 요한일서 1:1의 ἀπ' ἀρχῆς와 짝을 이루는 대칭적 구조 속에 있다고 보아도 무관하다. 그만큼, 하나님의 아들도, 마귀도, 창조된 세상을 가운데 두고 처음부터 대립 관계에 있었다는 의미가 보다 선명하게 드러나기 때문이다.

이런 맥락에서, 보내심을 받은 하나님의 아들이 마귀와 날카롭게 대조되어 있는 요한복음 8:44은 그 연관성이 뚜렷한 본문이다.[89] 요한일서 3:8의 저는 '처음부터 거짓말한 자'라는 표현처럼, 여기서도 마귀는 '처음부터 살인한 자'로서 '처음부터'(ἀπ' ἀρχῆς)라는 표현이 나오는데, 앞서 언급한 대로 역시 창세기 3장의 마귀의 시험과 인간의 타락 사건을 시사한다. 예수께서 자신은 '하나님 아버지께로부터' 온 '아들'이요, 그 아들인 자신을 받아들이지 못하는 유대인들은 실상 그들의 '아버지 곧 마귀에게서 난 자들'임을 폭로하시는 요한복음의 이 구절은, 요한일서 3:8처럼 '그 아들'과 '마귀' 사이의 현격한 대조를 이룬다.

흥미롭게도, 요한복음 8:44이 묘사하는 마귀의 특징은 크게 세 가지이다. 첫째, 마귀는 '진리가 그 속에 없다'(ἐν τῇ ἀληθείᾳ οὐκ ἔστηκεν)든지 '진리에 서지 못한다'(ὅτι οὐκ ἔστιν ἀλήθεια ἐν αὐτῷ)는 표현에서 나타나듯이 '진리'를 대적하는 모습이다. 아마도 창세기에서 첫 사람 아담을 거짓으로 시험한 사건을 염두에 두었을 것이나,[90] 그것에 국한되지 않을 것이다. 그래서 예컨대 '진리 안에'와 '마귀 아래'라는 두 가지 표현은, 진리와 마귀가 서로 전혀 상관할 것이 없는, 즉

---

87 S. S. Smalley, *1, 2, 3 John* (rev. WBC 51, Nashville: Nelson, 2007), 168; Brown, *The Epistles of John*, 429; 또한 Köstenberg, *John*, 266.
88 참조. Craig S. Keener, *The Gospel of John* (Peabody: Hendrickson, 2003), 760.
89 또한 G. S. Sloyan, *Walking in the Truth: Perseveres and Deserters: The First, Second, and Third Letters of John* (Velley Forge: Trinity, 1995), 34.
90 Köstenberg, *John*, 266, 또한 '진리가 그 속에 없으므로'(개역개정)라는 말은, 사탄이 하나님의 말씀의 진실함과 정면으로 충돌한다는 것을 명확히 드러낸다(창 3:3; 참조. 2:17); '진리가 그 속에 없다'는 개념은 쿰란 문헌에서도 나타나는데(1QS 8:5-6; 1QH 12:14), '진리의 영'과 '미혹의 영'을 대조하는 표현으로 두드러진다(1QS 3:18-19; 참조. 요 14:17; 15:26; 16:13; 요일 4:6).

서로 교집합으로 공통되는 부분이 전혀 없이 배타적인 관계임을 강조한다. 이로써, 마귀는 '거짓을 말하고'(λαλῇ τὸ ψεῦδος), 하나님의 말씀이 아닌 '자기의 것으로 말하며'(ἐκ τῶν ἰδίων λαλεῖ) 그래서 그는 '거짓말쟁이'(ψεύστης)라는 것, 그리고 '마귀에게서 나서'(ἐκ τοῦ διαβόλου) 거짓을 말하는 모든 이들의 아비 곧, '거짓의 아비'로 불려진다.

이렇게 '진리'와 상관없으며 거짓의 아비로 묘사되는 마귀의 정체와 본질은, 흥미롭게도 요한일서에서 '하나님의 아들'이신 예수 그리스도와 정면으로 배치되고 극적으로 대조를 이룬다. 먼저 '진리'(ἀλήθεια)는 요한일서에서 매우 결정적인 주제로서, 1장에서 '말씀'(λόγος)과 더불어 교차적으로, 그리고 '거짓'(ψεύστην)과 맞물려 대조적으로 사용된다(1:6, 8, 그리고 10절). 이것은 단지, 진리나 거짓의 주제에 국한되는 것이 아니라, 하나님의 아들 자신을 '태초부터 있는 생명의 말씀'(τοῦ λόγου τῆς ζωῆς)으로 소개하는 요한일서의 기독론에 초점이 있다는 사실을 가리킨다. 즉 그 근간이 되는 구조 속에, 세상을 한가운데 두고, 그 세상을 지배하고 있는 악한 자 '마귀'와 그 세상으로 보내심을 받은 '그 아들'이 이원적으로 대적하고 있는 구조를 시사하는 것이다.

둘째로, 예수를 하나님의 아들로 받지 않는 유대인들은 그들의 '아비 곧 마귀의 정욕'을 행하는 자라는 표현이다.[91] 여기 '너희 아비 [마귀의] 정욕'(τὰς ἐπιθυμίας)은, 마귀 자신이 품고 있는 욕심, 정욕을 가리키는데, 그것은 또한 '그 마귀에게서 난' 자들 속에서 행해지는 정욕이다. 유사하게도 요한은, 특히 요한일서 2장에서 하나님께로부터 온 사람으로서 하나님을 사랑하고 또한 형제를 사랑하는 그 사랑에 대적하는 '정욕'을 강조해서 다룬다(2:12-17).

마지막 특징은, 그가 '살인자'(ἀνθρωποκτόνος)라는 것인데, 이는 마귀로 말미암아 죄와 죽음이 세상에 들어왔을 뿐 아니라(참조. 롬 5:12),[92] 가인이 아벨을 죽

91　D. A. Carson, *The Gospel According to John* (Grand Rapids: Eerdmans, 1991), 353, 44절 상반절에 ὑμεῖς ἐκ τοῦ πατρὸς τοῦ διαβόλου ἐστε에서, 이를 문자적으로 '마귀의 아버지로부터'로 번역하는 경우도 있지만, τοῦ διαβόλου가 τοῦ πατρὸς에 병치되면서 부연 설명하는 경우로 보는 것이 적절하다.

92　Lieu, "What was from the beginning: Scripture and Tradition in the Johannine Epistles", 467-472; 또한 Carson, *John*, 353.

인 사건의 배후에도 마귀가 있었음을 염두에 둔 표현이다.[93] 요한일서 3:8에서, 마귀가 언급된 후에 10절 이하부터 '사랑과 증오'에 대해 설명하고 12절에서는 직접적으로 가인이 '악한 자로부터 나서'(ἐκ τοῦ πονηροῦ ἦν) 그 아우를 죽였다고 하면서, 마귀가 증오를 통해 살인, 곧 죽음을 편만하게 하는 주적(主敵)임을 폭로한다. 이후로도 요한일서는 증오와 사랑이라는 주제를 길게 다룸을 알 수 있는데(3:13-4:21), 이것은 근본적으로 '증오와 살인'이라는 마귀의 일을 뒤집는, '그 아들'과 '아버지'의 '사랑과 생명'의 구원과 회복의 대조적인 역사를 묘사하는 것이라고 할 수 있다.

이렇게 보면, 요한복음 8:44에 나타나는 마귀의 세 가지 특징인, 거짓과 욕망 그리고 살인/증오라는 각 주제는, 요한일서에서 주로 1장에 나오는 말씀/진리의 주제, 그리고 2장에서 전개되는 욕망의 문제, 그리고 3장과 4장에 걸쳐 다루어지는 증오와 살인, 사랑의 문제와 깊은 관련을 맺고 있음을 추정해 볼 수 있다. 이것은 비단 주제들의 유사성만의 문제가 아니라, 요한일서 자체가 '하나님의 아들'과 '마귀'의 강력한 기독론적 충돌과 대조를 근본 구조로 깔고 있음을 전제하기 때문이다.

즉 요한일서 1장 초두부터 '그 아들'은 태초부터 있는 '말씀'으로 소개되며, 그가 '진리의 말씀'이라는 사실, 그리고 2장에서처럼, 악한 자 아래에 있는 세상을 '욕망'하는 유혹을 이기는 길은 그 말씀을 통해 아버지의 사랑 안에 거하는 것뿐이며, 또한 3장과 4장에서 전개되듯이, 그 아버지의 사랑은 그 아들의 생명을 통해, 결국 증오와 죽음의 세상을 이기는 믿음과 그 사귐을 통한 영원한 생명을 누리게 한다는 것이다(5장). 만일 이러한 대략의 흐름이 요한일서의 신학적 맥락에 맞는 것이라면, 그것은 전적으로, 요한일서가 세상을 장악하고 있는 '마귀의 일'을 멸하려 오신 '하나님의 아들'에 대해 묘사하고 하고 있기 때문일 것이다.

그렇다면 '마귀의 일'을 '멸한다'는 것은 구체적으로 무슨 의미인가? 이 질문에 대답을 하려면, 여기서 '마귀의 일'(τὰ ἔργα τοῦ διαβόλου)이 무엇을 가리키는

---

93 Köstenberg, *John*, 266; 또한 Keener, *John*, 761.

지가 중요하고, 그와 연관되어서 하나님의 아들이 '나타났다'(ἐφανερώθη)는 사실, 그리고 '멸하려'(λύσῃ) 한다는 표현의 의미를 모두 밝혀야 할 것이다. 물론 이 두 가지 문제는 서로 밀접하게 연결되어 있다. Brown은 '마귀의 일'이라는 표현을 두고, '마귀가 아담과 하와에게 그들이 하나님처럼 될 수 있을 것이라고 속였고, 결국 죽음을 가져왔다'고 하면서, 이제 마귀는 요한이 염두에 두는 '분리주의자들'에게 죄가 아무것도 아니라고 속여서 그들에게서 영생을 빼앗는 일을 한다고 말한다.[94] 그래서 Brown은 요한의 전통에서 마귀의 일을 멸하러 오셨다는 것을(요일 3:5, 8), 그리스도가 죄를 없이하려고 나타나신 것(요 1:29, 31)으로, 특히 분리되어 나갔던 요한의 적대적 공동체를 염두에 두고 해석한다.

하지만 요한이 염두에 둔 '마귀의 일'이나 그 일을 멸하려고 오신 '그 아들'의 사역을 단지 요한이 적대했던 가상적 공동체를 배경으로 해석하는 것은 다소 제한적이다. 한편 Yarbrough 같은 이는, 예수께서 마귀의 일을 멸하신 가장 중요한 사건은 '죽음 자체가 파괴된 것'으로 보고, 요한일서 어디에서나 '영생'이 강조된 사실을 지적한다(1:2; 2:25; 3:15; 5:11, 13, 20; 또한 '사망에서 옮겨 생명으로 들어간 줄을', 3:14). 그리고 덧붙여, 사망을 가져오는 죄의 결과들을 그 아들을 믿음으로 말미암아 극복하는 내용을 포함시킨다.[95] 하지만 τὰ ἔργα τοῦ διαβόλου를 이렇듯 다소 임의적으로 해석하기보다는, 보다 요한의 문맥 안에서 해석하는 것이 적절해 보인다.

만일, '마귀의 일'을 요한일서 3:8의 전후 문맥과 또한 이와 연관된 요한복음 8:44의 내용을 고려하여 파악하면, 어떤 결과가 올 것인가? 흥미로운 점은, 요한일서 3:8의 전후 문맥을 보면, 첫째, 8절을 포함한 그 이전 문맥에서는 '죄를 짓는' 문제를 포함한 '죄(罪)와 의'(義)의 문제가 집중적으로 다루어진다는 것이다. 그러므로 '마귀의 일을 멸한다'는 것은 우선적으로 '죄'의 문제와 깊은 관련이 있음을 확인하게 된다. 하지만 8절 이후의 문맥, 특히 10-12절을 보면, 가

94　Brown, *The Epistles of John*, 429.
95　Yarbrough, *1-3 John*, 188-189, 후자의 경우, 본질상 바울이 '어둠의 일들'(롬 13:12)이나 '육체의 일들'(갈 5:19), 혹은 '악한 일'(딤후 4:18)이라 한 것, 그리고 '죽기를 무서워하여 일생에 매여 종노릇하는'(히 2:15) 것과 다르지 않다고 본다.

인의 경우를 들어 '증오와 살인'에 대해 집중적으로 다루어짐을 알 수 있다. 이 주제는 다시 13절 이하에서 증오와 사망, 사랑과 생명이라는 주제로 확대되고, 4:7부터는 보다 긍정적이고 적극적인 의미에서 교회 안에서의 사랑의 온전함을 추구하는 문제로 나아간다.

주목할 점은, 증오와 살인, 사랑과 생명의 주제가 전개되는 3:10부터 4:21까지의 전체 문맥 가운데에, 4:1-6에서 '미혹의 영'의 지배를 받은 '거짓 선지자들'이 예수 그리스도에 관한 결정적인 사실을 부인하게 하는 거짓의 활동을 묘사하고 있다는 사실이다. 3:8의 전후 문맥을 더 넓게 펼쳐보면, '거짓'을 지어내는 악한 자의 활동을 경고하는 4:1-6은 3:8의 훨씬 이전의 인접 문맥에 해당하는 2:18-29에서 '거짓말'로 그리스도에 관해 미혹하며 진리에서 떠나게 하는 적그리스도의 일에 대해 경고하는 것과 관련있음을 확인할 수 있다. 더구나 그 바로 앞의 문맥인 2:12-17은 '악한 자'(τὸν πονηρόν, 13절)를 언급하는 가운데, '정욕'(ἐπιθυμία)과 하나님 '사랑'을 설명하는 부분이다. 이런 식으로, 3:8의 전후로 가까이 또는 멀리 놓인 문맥을 살펴보면 과연 '마귀의 일'이 어떤 것인지 보다 폭넓은 체계를 갖추어 드러남을 알 수 있다. 이를 알기 쉽게 도표로 그리면 아래와 같다:

    A 2:12-17 – '욕망과 사랑'의 문제
      B 2:17-28 – '거짓'의 활동
        C 3:1-7 – '죄와 의'의 문제
          D 3:8 – '마귀의 일'(τὰ ἔργα τοῦ διαβόλου)
        C' 3:9-10 – '죄와 의'의 문제
   A' 3:11-24 – '증오와 사랑'의 문제
      B' 4:1-6 – '거짓'의 활동

결국, 요한이 3:8에서 '마귀의 일'을 언급할 때 직접적인 문맥은 '죄와 의'의 문제에 걸려 있지만, 넓게 보면 '거짓'의 문제 그리고 '증오와 사랑' 혹은 '욕망'이나 '사망과 생명'의 문제까지 확대되는 문맥 안에 놓여 있음을 확인하게 된다. 흥미롭게도 '악한 자, 마귀'를 둘러싼 요한일서 2-4장의 이런 주제들은, 3:8의 직접적인 연관 본문인 요한복음 8:44이 묘사하는 마귀의 세 가지 특징과 대체로 일치한다. 즉 마귀는 진리가 그 속에 없는 '거짓말쟁이'(ψεύστης)라는 것, 또한 그가 악한 '정욕'(τὰς ἐπιθυμίας)의 뿌리라는 것, 그리고 결정적으로 '살인자'(ἀνθρωποκτόνος)라는 사실이다. 위에서 이미 설명한 이 세 가지 마귀의 특징은, 3:8의 '마귀의 일'을 둘러싼 가깝고 또 먼 문맥인 2:12-4:6에 걸친 세 가지 주제들과 크게 다르지 않다. 오히려 적극적으로 일치한다고 말하는 것이 적절할 만큼, 동떨어져 있지 않음을 확인할 수 있다.

그렇다면 하나님의 아들이 '나타났다'(ἐφανερώθη)는 것은 무엇을 가리키며 또한 '마귀의 일'을 '멸하려 한다'(λύσῃ)는 것은 어떤 뜻인가? 먼저 ἐφανερώθη는 단순히 하나님의 아들이 역사의 전면에 나타나신 것으로 보아 성육신을 가리킨다고 추측할 수도 있지만,[96] 1:2에서 사용된 ἐφανερώθη는 단순히 성육신을 가리킨다고 단정하기 어렵다. 왜냐하면 '나타내신 바' 된 그 내용이 육신으로 오신 하나님의 아들이라기보다는 '생명'(ἡ ζωή)이며, 이 생명은 또한 '영원한 생명'(τὴν ζωὴν τὴν αἰώνιον)으로서, 단순히 성육신한 그 아들만이 아니라 부활하신 그리스도를 염두에 둔 표현이기도 한 것이다. 이는 앞서 설명했듯이 1:1의 '보았다'는 ἐθεασάμεθα가 요한복음 1:14에서처럼 성육신을 목격한 표현과 일치하면서도 동시에, 요한일서 1:1-3에서 그 '생명의 말씀'을 '보았고'(1절), 그 '영원한 생명'을 '보았고'(2절), 그리고 '우리가 보고'(3절)라 했을 때, 3회나 사용된 ἑωράκαμεν은 요한복음 20:25에서 예수의 부활 사건 목격 때 사용된 표현이라는 사실을 고려할 때 더욱 분명해진다.

이런 점은 요한복음의 관계에서뿐 아니라, 요한일서 안에서도 동일하게 뒷받침된다. 1:2에서만이 아니라, ἐφανερώθη는 2:28의 '주께서 나타내신 바(φανερωθῇ) 되면'이나 3:2의 '그가 나타내심이(ἐφανερώθη) 되면'[x2]의 문맥에서는 현격하게 예수 그리스도의 재림 사건을 떠올리게 한다. 이로써 3:5에서 하나님의 아들이 '우리 죄를 없이하려고 나타내신 바'(ἐφανερώθη) 되었다고 했을 때,

---

[96] Yarbrough, *1-3 John*, 188.

이 사건은 단순히 성육신만을 가리킨다고 고정하기 어렵다고 보아야 할 것이다.[97] 차라리, 하나님의 아들이 나타내신 바 되었다는 것은 그의 성육신과 부활 그리고 심지어 재림까지를 포괄하는 즉, 주의 오심과 관련해서 '이미'와 '아직'의 전 영역을 포괄하는 그의 나타나심이라 해야, '마귀의 일을 멸하는' 그 목적, 그리고 그 일의 시작과 완성까지를 함축하는 연관 본문들의 이해와도 합치할 것이다.

그렇다면 '멸하려 한다'(λύσῃ)는 것은 어떤 의미인가? 문자적으로는 '해체한다'는 의미가 두드러지는데, 견고하게 내적으로 외적으로 연결되어 있는 단단한 어떤 체계를 허물어 작동하지 못하게 한다는 의미로 받아들일 수 있다.[98] 이런 문자적 의미는 문맥 안에서도 크게 다르지 않다. 조금 구체적으로, 마귀의 일을 '근본적으로 제거해 버리려'(radical annihilation) 한다거나(계 20:10),[99] 조금 생생하게 '산산조각 내려' 혹은 '끌어내리려' 한다고 의역해도,[100] 기본적인 의미는 크게 달라지지는 않는다. 문맥적으로 3:8은 5절과 직접 관련되는데, '그가 나타내신 바' 되었다는 공통된 문구를 중심으로, 8절은 그 목적이 '마귀의 일을 멸하려 하심'이라 밝히고 5절은 '우리 죄를 없이하려'는 목적이라고 말한다.

그러므로 두 구절의 연관성으로부터, 마귀의 일을 '멸하는 것'은 곧 우리의 죄를 '없이하려는' 것과 직결됨을 알 수 있다. 당연하지만, '마귀의 일'을 '죄'와 관련짓는 것 외에, '없이하는 것'과 '멸하는' 것도 관련이 있어 보인다. Strecker는 두 표현들이 거의 동일한 의미이지만, '없이하는'(ἄρῃ) 것이 죄의 결과를 치워버리는 것이라면 '멸한다'(λύσῃ)는 것은 죄의 능력 자체, 즉 그 원인이 되는 마귀의 일 자체를 해체시켜 버리는 것을 의미한다고 설명한다.[101] 죄의 결과뿐 아니라 그 뿌리가 되는 마귀의 일까지 소멸시키고자 하신 것이다.

97　Olsson, *letters of John*, 176, 예수님의 지상 사역 전체를 가리킨다고 본다.
98　H. G. Liddell & R. Scott, *Greek-English Lexicon* (Oxford: Clarendon Press, 1996), 1068, 특히 II. '해체하다' 혹은 '파괴하다'(4).
99　Yarbrough, *1-3 John*, 188.
100　George G. Findlay, *Studies in John's Epistles* (Grand Rapids: Kregel, 1989), 275.
101　Strecker, *The Johannine Letters*, 101, 이그나티우스가 성찬을 언급하면서, '이것이 마귀의 능력을 파하는 것'이라고 한 사실을 덧붙인다.

(4) 죄의 문제와 그 해결책

이렇게 3:5과 8절에서 보듯, '마귀의 일'은 직접적으로 죄와 깊은 관련이 있다. 그러므로 하나님의 아들이 마귀의 일을 멸하기 위해 나타내신 바 되었다고 했을 때, 그것은 죄의 문제를 해결하시기 위함이며 그것도 단순히 죄의 결과를 사하시는 것뿐 아니라, 죄를 통해 사람을 파괴하는 마귀의 방식 자체를 파괴하려 하심이다.

(a) 사귐과 죄를 씻음

먼저 요한은 '아버지와 그 아들 예수 그리스도와 함께' 사귀는 사귐(1:3)의 중요성을 제시하면서, 이 사귐 가운데서 비로소 하나님께서 우리를 예수 그리스도의 피로 '모든 죄에서 깨끗하게 하신다'고 언급한다(7절). 여기서 '모든 죄'(πάσης ἁμαρτίας)란 무엇일까? 요한은 후에 서신의 말미에서, '사망에 이르는 죄'를 언급한다(5:17). 이 '사망에 이르는 죄'의 내용이 무엇인지에 대해서는 견해가 분분하지만,[102] 중보기도의 필요성을 권고하는 중에 그 예외적인 성격에 대해 언급하는 것을 볼 때(5:16),[103] 이 죄는 혹시 죄 사함을 받게 하는 유일한 길인 예수 그리스도를 부인하는 죄일 가능성이 높아 보인다. 죄 사함을 가능하게 하는 그리스도에 관한 진리를 부인하면, 더 이상 죄 사함을 받을 길이 없게 된다. 스스로 사망에 이르는 길을 선택하는 죄, 곧 불신(不信)의 죄가 되기 때문이다.

그러므로 예수 그리스도의 '피'(1:7) 곧 그의 대속의 사역은, 그를 믿는 사람

---

[102] 예컨대, Kruse, *The Letters of John*, 193-194. 사망에 이르는 죄는, (i) 구약에서 언급된 고범죄(레 4:2; 민 15:22-25), (ii) 성령 훼방죄 (막 3:28-30), (iii) 용서받기 어려운 심각한 죄들, 간음, 살인, 우상 숭배, 배교, (iv) 고의적이고 지속적으로 진리를 거부하는 것. 하지만 이런 죄들은 요한서신에 뚜렷하게 나타나지 않는다. 요한이 '사망에 이르는 죄'라 했을 때, 요한은 아마도 분리주의자들의 죄를 염두에 두었을 것이다(192). 그들은 예수 그리스도가 육체로 오셨다는 것을 부인하는 자들이었다. 만일 이 견해가 맞는다면, 그들은 그의 속죄하시는 죽음을 부인하는 자들이었던 셈이다.

[103] Randall K. J. Tan, "Should We Pray for Straying Brethren?", *JETS* 45/4 (2002): 599-609. 5:16c을 통상 '이에 대하여 나는 구하라 하지 않노라'(개역한글)로 옮기는데, 신약이 선호하는 용법에 따라 περὶ ἐκείνης를 ἐρωτήσῃ가 아니라 λέγω를 묘사하는 것으로 보고, ἵνα 이하를 목적절로 보면, '[죄를 짓는 형제들을 위하여] 너희가 기도하기 위해, 나는 그러한 죄[사망에 이르는 죄]에 대해 말하지 않는다'로 해석할 수 있다.

으로 하여금 죄의 결과에서 깨끗하게 한다. 예수 그리스도는 하나님 앞에서 우리 죄를 위한 '대언자'(παράκλητον, 2:1)이시고,[104] 우리 죄뿐 아니라 온 세상의 죄를 위한 '화목 제물'(ἱλασμός, 2:2)이시다. 요한일서의 ἱλασμός의 사용은 신약에서도 독특한데, 예수의 대속적 죽음이 잘 드러난 본문 중(롬 3:25; 고전 11:25; 벧전 1:18-19; 히 2:17; 9:13), 요한일서 2:2과 4:10은 이를 가장 명확하게 드러낸다. 헬라 문헌에서도 플루타르크(Plutarch)에서 ἱλασμός가 신의 진노를 달래기 위한 '속죄'(propitiation)의 의미로 쓰이기는 했지만, 요한일서 2:2과 비교할 때는 매우 피상적이며, 오히려 LXX이나 필로(Philo)에서는 그로써 죄가 무효하게 되는 거룩한 의례로서 대속적 의미로 매우 자주 사용된 사실을 고려해야 한다(레 25:9; 민 5:8; 암 8:14; 시 129:4; 겔 44:27; *2 Macc.* 3.33; Philo, *Leg. All.* 3.174; *Poster. C.* 48; *Plant.* 61; *Heir* 179; *Congr.* 89, 107).[105] 중요한 것은 예수를 '대언자'라든지 '화목 제물'로 선포하는 것은, 그가 하나님의 아들로 오심으로 말미암아, 세상이 그 죄의 결과로부터 자유로워질 수 있는 충분한 근거를 갖고 있다는 사실이다. '만일 누가 죄를 범하면'이라는 가정 상황은, 혹시 공동체 구성원 중 어느 누구라도 자신의 약함이나 세상의 유혹으로 죄를 범하더라도, 그 죄의 결과에서 얼마든지 벗어날 수 있는 장치들, 곧 그 아들이 '대언자'가 되시고 또한 친히 '화목 제

---

104 Jobes, *1, 2 & 3 John*, 78-79, παράκλητος는 요한 문헌에만 나온다. 스토아 철학의 영향을 받은 Philo는 대제사장이 대속죄일에 지성소에 하나님 앞에 나아갈 때, '신적인 로고스'(divine Logos)를 '파라클레토스'로 대동한다고 말한다(*Mos.* 2.133-34). 당시 유대교에서는, 종종 사람의 선한 행실이 하나님의 심판대 앞에서 '파라클레토스'의 역할을 한다고 믿었다(참조. Jintae Kim, "Concept of Atonement in 1 John: A Redevelopment of the Second Temple Concept of Atonement" [Ph.D Diss. Westminster Theological Seminary, 2003], 77, 97).

105 Jintae Kim, "The Concept of Atonement in Hellenistic Thought", *Journal of Greco-Roman Christianity and Judaism* 2 (2001-5): 100-116; 한편 Strecker, *The Johannine Letters*, 39, ἱλασμός는 화목 제물과 대속 제물 두 가지의 의미를 모두 포함하는 것으로 본다; 사실 ἱλασμός의 개념에 관해, 죄에 대한 '하나님의 진노'를 해결하는 '속죄 제물'(propitiation)을 가리키는지, 아니면 죄인을 대신해서 죄를 제거하는 '대속'(expiation)에 초점을 맞춘 것인지에 대한 논의가 있어왔다(Dodd, 1935년 이후). 헬라의 이방 신들의 경우, 희생 제물을 드려 신의 진노(wrath)를 호의(favor)로 바꾸는 경우는 그리스도의 희생 제물의 경우와는 다르다고 할 수 있다. 신약의 하나님의 경우는 이미 '사랑했기 때문에'(요 3:16) 그 아들을 우리 죄에 대한 대속 제물로 보내신 것이다. 결국 하나님의 사랑에 근거한 하나님의 공의를 포함하는 두 가지 의미가 모두 있다고 보는 것이 적절하다; 또한 Yarbrough, *1-3 John*, 77-79, ἱλασμός가 죄를 '없이하는' 구약의 '대속'(atonement) 개념과 닿아 있음을 지적하면서(레 16:20, 33; 신 32:43; 단 9:24; 사 47:11, R. E. Averbeck, *NIDOTTE* 2:708), 하나님의 진노로부터 해방시킨 사실이 포함되어야 함을 강조한다(expiatory propitation, 77).

물'이 되셨다는 사실을 상기시켜 준다.

이와 연관해서, 요한은 죄의 결과로부터 자유하게 되는 것뿐 아니라 '죄를 범치 않게 하려 함'(μὴ ἁμάρτητε, 2:1)이 서신을 쓰는 목적임을 주저 없이 밝힌다. 목적절을 이끄는 ἵνα 뒤에 오는 가정법 형태의 ἁμάρτητε는 실로, 죄를 시도하거나 범하지 않도록 하는 것이 요한이 서신을 쓰고 있는 선명한 목적임을 분명히 한다. 정말 그럴 수 있을까? 만일 그것이 가능하다면, 죄를 통해 세상을 지배하는 마귀의 지배는 현저하게 타격을 받고 와해될 것이다. 이것이 하나님의 아들이 마귀의 일을 멸하시는 방법 중에 하나임은 말할 것도 없다. 하지만 어떻게 죄를 범하지 않을 수 있는가? 우선 앞서 언급한 대로, 요한은 혹시 죄를 범하더라도 죄의 결과에 속박되지 않도록 예비된 장치가 있음을 강조한다.

특히 그리스도께서 친히 대언자와 화목 제물이 되셨다는 사실 외에도, 2:2에서 '온 세상의'(ὅλου τοῦ κόσμου) 죄를 언급한 것은 이런 점에서 의미가 있다. 이 표현은, 그리스도를 믿지 않아도 자동적으로 죄 사함을 받는다는 만인구원론을 가르치려는 것이 아니다.[106] 하나님 아버지께서 그 아들을 통해 믿는 자녀들이 결단코 죄의 문제 때문에 그 자신과 아들 안에서 갖는 영원한 생명의 사귐에서 떠나지 않도록, 그런 대속(代贖)과 대언자(代言者)라는 장치를 두심으로써, 오히려 죄로 말미암은 마귀의 지배에서 온전히 해방하시려는 의지를 명확히 나타내고 있다고 할 수 있다.

(b) 사귐과 죄를 짓지 않음

그러므로 요한이 제시하는 '죄짓지 않게' 하기 위한 포괄적인 조치는 죄의 결과를 처리하는 '화목 제물'이나 '대언자' 외에도, 보다 적극적으로 그런 '죄로부터의 씻음'(1:7)이 지속적으로 가능할 뿐 아니라 '모든 불의에서 깨끗하게 되

---

106 Yarbrough, *1-3 John*, 79. 요한은 복음서에서처럼 그리스도의 사역이 온 세상에 미침을 강조한다(요 1:9, 10, 29; 3:16, 17, 19; 4:42; 6:14, 33, 51). 마치 아브라함의 언약이 온 세상에 미치는 것처럼, 죄를 대속하신 그리스도의 죽음도 보편적인 차원을 갖고 있는 것이다. 구약에서 희생 제물이 언제나 '모든 이스라엘'에게 제공되었지만 모든 이스라엘 사람들이 희생 제사로 상징된 하나님의 은혜를 얻어 누린 것은 아니라는 점과 유사하다(스 8:35; 대하 29:24). 창조에 관련해서도 함께하신 '그 아들'(요일 1:1-4; 요 1:10)은, 구속에 있어서도 보편적 차원을 갖는다.

는'(1:9) 사귐, 아버지 하나님과 그 아들과의 '사귐 가운데 거하는'(1:6; 2:6) 데에 그 열쇠가 놓여 있다. 왜냐하면 말씀이시고 영원한 생명이신 그 아들과 또한 빛이신 아버지가 그 사귐 안에 거하시기 때문이다(1:1-4, 5).

'사귐'(κοινωνία)이라는 용어는 1장에서 3절(x2), 6절, 그리고 7절에서 반복되어 사용되는 결정적인 개념인데, 2장 이후에서는 더 이상 직접적으로 사용되지 않는다. 하지만 이 개념 자체가 갑자기 사라진 것이 아니라, 다른 연관어(聯關語)들로 대치되었다고 볼 수 있는데, 예를 들어 1:1-4에서 κοινωνία에 대해 선명한 제시를 한 후에 2장까지, '행한다'(περιπατέω, 1:6[우리], 7[우리]; 2:6[x2; 그, 우리])든지 혹은 단순히 '있다'(εἰμί, 1:8[진리], 10[말씀]; 2:4[진리], 5[우리]) 그리고 2:6에서 처음 등장하는 '거한다'(μένω)는 개념으로 교차적으로, 혹은 더 나아가 κοινωνία의 다양한 측면들을 설명하는 방식으로 사용되기 시작함을 볼 수 있다.

'거한다'(μένω)라는 개념은 요한일서의 신학, 특별히 '세상을 이기는 교회'라는 큰 주제, 좁게는 그 아들을 통해 죄의 문제에 답을 제시하는 요한의 해법을 이해하는 데 있어서도 결정적이다. 요한일서에 24회, 요한이서에 3회, 그리고 요한복음에 40회가 등장하는 이 특징적인 개념은, 나머지 신약에서 45회 사용되는 것을 감안하면 아마도 '실현된 종말론'(realized eschatology)을 기반으로 하는 요한의 신학을 가장 잘 드러내주는 용어일 수도 있다. 요한의 μένω 개념은, 바울이 종종 '그리스도가 내 안에' 혹은 '내가 그리스도 안에'라는 연합의 개념을 사용하는 것과 유사하며 이와 비교될 수 있는 개념이다(참조. 살전 1:1; 2:14; 4:16; 5:18; 갈 1:22; 3:29; 5:6). 바울의 '그리스도 안에'라는 개념에는 공간적 의미가 강한 데 비해, 요한의 μένω는 시간적 의미가 더 강해 보이지만(요일 2:27-28; 4:16-17; 요이 2절; 요 3:36; 14:17; 15:16), μένω가 공간적 의미에서 '거한다'는 것을 지칭할 때, 그 의미는 하나님이 그 사람을 또한 그 사람이 하나님을 '인격적으로 대면한다'는 것을 뜻한다.[107]

그러므로 요한이 강조하는 μένω의 개념은 우선적으로 공간적이다. 어떤 영

---

107 Strecker, *The Johannine Letters*, 44-45, Bultmann은 μένω에는 공간적, 영역적 의미가 없고 시간적 길이의 의미만 있다고 본다.

역 안에 거함을 뜻하기 때문이다. 이런 점에서 바울의 '그리스도 안에'라는 신비적 연합을 나타나는 개념과도 유사하다. 하지만 요한의 '머문다'는 개념은 연합을 전제하더라도, 단지 어떤 영역에 속해 있다는 공간적 개념 이외에 한 걸음 더 나아가, 그 공간 혹은 그 영역 안에 머물고 있다는 '지속성'(duration)이 강조된 개념이라고 할 수 있다. 요한의 μένω는, 예컨대 그의 사랑의 아들의 나라로 '옮겼다'(골 1:13; 참조. 요 5:24)는 식의 전격적인 변화나 그런 '전격적인 이동'(移動)을 강조하기보다는, 오히려 그 옮겨진 영역 안에서 아버지와 아들과 사귀는 인격적인 대면과 나눔을 지속하는 '거함'이 강조된 매우 특징적인 개념이라 할 수 있는 것이다.

이와 관련하여 요한일서에서 '거함'(μένω)은, 또 다른 연관어들을 통해 다양하게 표현되며 폭넓게 사용되고 있음을 알 수 있다. 우선 μένω가 처음 등장하는 2:6에서 '거한다 하는 자는 … 행할찌니라'는 식으로 '행한다'는 개념과 함께 연속적으로 사용되며 확대되는 것을 볼 수 있다. '거함'이 그 사귐 안에 머무는 다소 정적(靜的)인 표현이라면, '행한다'는 것은 그 사귐 안에서 활동하는 보다 적극적인 모양처럼 여겨지는 것이다. 이를테면 이는 마치, 야고보서에서 '행함' 즉, '믿음의 행함'(약 2:14-26)을 표현하는 '행한다'(περιπατέω)는 개념이, 요한에게 있어서는 '아버지와 그 아들과의 사귐'으로부터 나온다고 할 수 있다. 즉 요한일서에서 '행함'은 '사귐'을 전제하며 동시에 '사귐' 안에 거하는 매우 중요한 방식인 셈이다.

이렇듯 죄의 문제를 해결하는 데 있어서 요한은, '아버지와 그 아들과의 사귐', 더 나아가 그 사귐 안에 '너희'까지 초대된 '아버지, 아들, 우리, 너희'를 포함하는 교회로서의 공동체적인 사귐(1:3) 안에 '거하는' 것이 얼마나 결정적인 해결책인지를 강조한다. 이미, 서신의 초두에서 요한은 이 사귐이 어떻게 해서 가능해졌으며(1:1-4), 또한 이 사귐이 어떤 식으로 그 사귐 안에 들어온 자들을 죄로부터 지속적으로 해방시킬 수 있는지를 설명하고 있다(1:5-10). 또한 2:1에서 서신을 쓰는 목적이 '죄짓지 않게 하려 함'이라고 단언하는 것도 역시, 신자를 죄로부터 근본적이고 지속적으로 해방하는 이 '사귐'에 대한 확신 때문이다.

주목할 것은, 무엇보다 이 사귐은 특별히 그 아들과의 사귐이라는 것인데,

이 '아들과의 사귐'이 어떻게 죄의 결과를 해결하는 것뿐 아니라(1:7; 2:1-2) '죄 짓지 않게 하는 데'에 결정적인 이유가 되는지는, 서문에서부터 강하게 밝힌 대로 그 아들이 이미 '태초부터 계신 생명의 말씀'(1:1)이며 '영원한 생명'(1:2)이라는 사실로 뒷받침된다. 즉 그 아들을 받고 그 사귐 안에 거하는 자는, 그 안에 이 생명의 말씀이 거하는 것이요 또한 영원한 생명 안에 거하는 셈이 되기 때문이다. 이렇듯, 그 아들과의 사귐을 통해 '말씀'이 그의 안에 거하는 것을 죄 극복의 결정적인 해결책으로 제시하는 2:14은 요한일서의 '사귐' 주제에서 두드러진 구절이다.[108]

(c) 말씀과 죄를 이김

2:12에서 14절까지는, '자녀들'(τεκνία, 12절) 즉 14절에서 더욱 구체적으로 '아이들'(παιδία)로 다시 선명하게 규정되는 그룹, 그리고 '아비들'(πατέρες, 13, 14절)과 '청년들'(νεανίσκοι, 13, 14절)에게 각기 2회씩 권면하는 흥미로운 구조를 갖고 있다.[109] 이 반복되는 구조 속에서 강조점은 '청년들'에게 주는 권면에 있다. 각기 12-13절과 또한 14절에서 '청년들'에게 주는 권면은 모두 마지막에 위치해 있고, 또한 반복되는 구조를 통해서 뒤에 청년들에게 주는 권면의 내용은, 앞에 나오는 내용을 풍성하게 부연 설명하고 있다는 사실 때문이다. 즉 13절에서 청년들에게 '악한 자(τὸν πονηρόν)를 이겼다'고 하고, 14절 끝에서 '너희가 흉악한 자(τὸν πονηρόν)를 이겼다'고 반복하는데, 여기에 '너희가 강하고 하나님의 말씀이 너희 속에 거하신다'고 덧붙임으로써, 실제로는 청년들이 강하여 '악한

---

108 B. Noack, "On 1 John 2:12-14", *NTS* 6 (1960): 236-41, 12-14절에서 각기 γράφω(12, 13절[x2])와 ἔγραψα(14절[x2])가 따로 나오지만, 이하에 따라 나오는 절(clause)은 모두 ὅτι에 의해 시작된다. 대부분의 주석가들은 이 ὅτι가 이유를 설명하는(causal) 부사절 이끈다고 보지만, 단순히 그 이하의 내용을 '쓴다' 혹은 '썼다'고 표현하는 선언적(declarative) 용법일 수 있다.

109 하지만 Jobes, *1, 2 & 3 John*, 105-107, '자녀들'(12절)은 요한일서를 기록한 장로와 구별되는 청중 전체를 가리키는 칭호로 본다(2:1, 28; 3:7, 18; 4:4; 5:21). '아버지들'과 '청년들'은 딱히 연령에 상관없는 신앙의 어떤 상태에 이른 신자들의 그룹을 지칭하는 것으로 보지만, 많은 논의가 이런 칭호들에 여성이 포함되느냐의 문제에 집중한다; 또한 Strecker, *The Johannine Letters*, 56, 14절의 παιδία는 12절의 τεκνία와 상호 교차적으로 쓰이며, '아버지들'과 '청년들'로 나뉘는 전체 그룹을 지칭한다고 본다.

자'(13, 14절)를 '이기는'(νενικήκατε, 13, 14절),[110] 그 핵심적인 근거가 그들 안에 하나님의 말씀이 거하신다는 사실에 있음을 강조하려 하는 것이다.

여기서 '하나님의 말씀이 너희 안에 속에 거하시고'(ὁ λόγος τοῦ θεοῦ ἐν ὑμῖν μένει)라는 근거가 어떻게 해서 청년들로 하여금 악한 자를 이기게 하는지를 밝히는 것이 중요하다. 어떻게 해서 요한은 이런 결론을 내리게 되었고, 이런 권면을 할 수 있게 되었는가? 사실 요한은 서문에서부터 '생명의 말씀'(περὶ τοῦ λόγου τῆς ζωῆς, 1절)이신 '그 아들'을 강조해왔다. 이는 그 아들의 종말론적인 '나타나심'을 하나님의 말씀 계시의 절정으로 보는 신약의 시각과도 일치한다(참조. 히 1:1-3). 하지만 요한서신서에서는, 그 아들의 나타나심을 '율법'과의 관계에서 보기보다는(참조. 갈 4:4), 오히려 '세상'이라든가 그 세상이 그 아래에 놓여있는 '그 악한 자'와의 관계를 염두에 둔 채 선포되는 것이라 할 수 있다.

그래서 '아버지가 그 아들을 세상에 보내셨다'(4:14)는 말씀은, 요한이 전개하는 기독론과 구원론에 있어서 결정적인 근간(根幹)이 되는 것이다. 마찬가지로 '하나님의 아들이 나타난 것은 마귀의 일을 멸하려 함'이라는 중대한 선포도 동일한 맥락임은 물론이다(3:9). 하나님 아버지께서 세상에 보내신 '그 아들'은 결국 이 세상을 장악한 '그 악한 자'를 대적하시며 그의 일을 멸하시기 때문이다. 따라서 2:13과 14절에서 각기, '악한 자를 이기는' 결정적인 근거가 '하나님의 말씀'(ὁ λόγος τοῦ θεου)이 되는 것은, '그 아들'이 처음부터 '생명의 말씀'(τοῦ λόγου τῆς ζωῆς)으로 소개되는 1:1-4을 배경으로 이해되어야 하는 것이다.

결국, 요한이 제시하는 바, 죄를 이기는 비결은 '하나님의 말씀'에 있는데, 그것은 그 아들이 악한 자의 일을 멸하셨고 또한 멸하시기 때문이며, 또한 그 아들은 '생명의 말씀'으로서 그를 믿고 그와 사귀는 사귐 안에 거하는 자들 안에 '거하시기'(μένει) 때문이다. 즉 그 아들이 악한 자의 일을 멸하는 객관적이고 구속사적인 사건은, '말씀'이신 그 아들이 그를 믿는 자들 안에 내주(內住)하여 그들로 하여금 그 악한 자를 이기신 그의 승리를 누리게 하시는 것이라고 결론지

---

110 Yarbrough, *1-3 John*, 119-120, '악한 자'는 그리스도인들에게 지속적인 위협이다(마 5:37; 6:13; 13:19, 38; 엡 6:16; 살후 3:3). 하지만 그리스도의 승리가 그들의 것이다(참조. νενίκηκα, 요 16:33; 계 3:21; 5:5; 6:2; 17:14).

을 수 있다. 더불어, 그들 안에 거하는 '말씀'으로 그 악한 자를 이기는 것은 또한, 그 악한 자의 지배 아래에 있는 '세상'을 이기는 것을 수반함도 알 수 있다(2:15-17).

여기서 '하나님의 말씀'이 청년들 안에 '거하시는'(μένει) 것은 '아버지와 그 아들과 함께하는 사귐'(κοινωνία)의 중요한 부분이다. 사귐은 상호적이기(reciprocal) 때문이다. 즉 요한에게 있어서는, 하나님의 말씀이 그들 안에 거하는 것은, 그들이 하나님의 '생명의 말씀'(1:1)이신 '그 아들' 안에 거하는 것(2:5, 6, 24; 3:6, 14; 4:13, 또한 15절; 5:20)과 함께 새 언약의 성취에 따른 '사귐'의 상호적인 차원의 결정적인 부분,[111] 특히 하나님의 율법 곧 그 말씀이 새 언약 백성의 심령에 기록될 것이라는 약속의 성취와 관련되어 있다(참조. 렘 31:33).

다시 말해서, 하나님의 아들이 우리 안에 거하는 것은 곧 하나님의 '말씀'이 우리 안에 거하는 것이며, 이러한 아들과의 사귐 곧 말씀을 통한 그 아들과의 사귐이 죄에 대한 문제를 해결하는 데에 결정적인 해답으로 제시된다는 점이다. 이는 또한, 요한일서 1:1-4에서 그 '사귐'이 해법으로 제시되고, 곧이어 5-10절에서 죄의 문제를 다룬 후에, 1장의 끝부분인 10절에서 결론적으로 죄의 문제에 대한 결정적인 해법을 '그 말씀이 우리 속에 있는가'(ὁ λόγος αὐτοῦ ἔστιν ἐν ἡμῖν), 그렇지 '않은가'(οὐκ ἔστιν) 하는 문제에서 찾는다는 사실에서도 확인된다.[112]

어쩌면, 1:10에서 죄 문제의 극복으로 결론지은 '사귐을 통한 말씀의 내주'(內住)라는 주제가, 2장을 시작하면서 '그의 계명'(τὰς ἐντολὰς αὐτοῦ)을 지키는 것 혹은 '그의 말씀'(αὐτοῦ τὸν λόγον)을 행하는 주제로 이어지다가(2:1-6),[113] '새 계명'을 행하는 문제로 전개되고(7-11절), 결국 12-17절에서 믿음에 있어서 청

---

[111] Kim, "Concept of Atonement in 1 John", 12-14절에 나오는 '죄 사함'과 '안다'는 모티브들이 이 본문이 새 언약과 관련 있음을 시사한다고 주장한다(104). 하지만 한 걸음 더 나아가서, 청년들이 그들 안에 '거하는 말씀'으로 말미암아 승리한다는 부분은, 특별히, 새 언약에서 '하나님의 법 곧 그 말씀이 그들 안에 기록될'(렘 31:33) 것이라는 약속의 성취로 볼 수 있다.

[112] 유사하게, 2:4에서 '진리가 그 속에 있지 않다'(ἐν τούτῳ ἡ ἀλήθεια οὐκ ἔστιν).

[113] Strecker, *The Johannine Letters*, 41, 5절의 '말씀'은 2절의 '계명'과 교차적으로 쓰인 것으로 보지만, '말씀'이라 할 때는 단지 윤리적 차원만이 아니라 종말론적 주장 즉, 하나님께서 아들을 보내신 것(참조. 5:4-5)을 믿는 것과 '생명의 말씀'(1:1)을 의지하는 것을 포함한다.

년 시기에 있는 자들이 악한 자를 이기고 세상을 이기는 결정적인 해법으로 확대 제시된다고 볼 수 있다. 결국, 요한일서 1장과 2장은 그 근본적인 구도에서, '생명의 말씀'이신 그 아들로 말미암아, 죄와 죽음이 지배하는 이 '세상'과 그 세상을 장악한 악한 자의 지배를 깨뜨리고 극복하는 승리의 길에 대해 설명하고 있는 셈인 것이다.

그러므로 요한에게 있어서, 하나님 아버지와 그 아들과의 사귐 안에서 우리 안에 '지속적으로 거하는 말씀'은 우리 안에 내주하시는 '그 아들' 혹은 '성령'의 임재를 생각나게 하는 개념이다.[114] 요한은 바울의 경우처럼 그리스도가 우리 안에 계신다는 표현보다는, 이미 '생명의 말씀'(1:1)으로 소개된 그 아들의 내주(內住)를 우리 안에 거하시는 '하나님의 말씀'의 내주로 표현하고 있는 셈이다. 그것은, 바울의 경우에 '그리스도 안에'라는 개념이 '율법 아래'와 대조되어 있다고 말할 수 있다면(참조. 롬 3:21-24; 6:15-23; 8:1-4; 갈 2:3-4, 16-17; 3:24-26; 5:14-6), 요한의 경우에는 '말씀'으로 소개된 '그 아들'이 '악한 자'의 일을 멸하기 위해 오셨다든지(3:9), 또는 그 악한 자 아래에 놓여 있는 '세상'에 구주로 오셨다는 식으로(4:14), 세상이나 악한 자라는 배경을 특징으로 하는 구원론과 기독론을 전개하기 때문이라고 추정할 수 있다.

(d) '하나님의 씨'와 죄

이렇듯, '내주하는 말씀'은 죄의 문제를 해결하는 해결책으로서 결정적인데, 그것은 소위 '말씀-구원론'과도 깊은 관련이 있어 보인다.[115] 요한일서 3:9은, 앞선 8절에서 마귀가 어떤 존재인지를 밝히고 또한 하나님의 아들이 나타나신 것은 마귀의 일을 멸하려 함이라고 밝힌 내용과 직결되는 본문이다. 문맥을 고려해서 읽는다면, 하나님의 아들이 마귀의 일을 멸한다는 것(8절)은, 이어지는

---

114 Brown, *Spirit in the Wright in John*, 240-241. 요한일서에는 신자 안에 내주하는 것이 '성령'이라는 직접적인 표현을 피하면서(아마도, 적대자들 때문에, 참조. 4:1-3), '하나님의 말씀'(2:14), '하나님의 씨'(3:9), '영원한 생명'(3:15), 하나님의 사랑(3:17), 그리고 '하나님' 자신(3:24; 4:13-16)을 성도 안에 '거하는' 내주의 주체로 묘사한다.
115 채영삼, "야고보서 1:21b의 신학적 중심성", 471-494, 500-513.

9절이 밝히듯이 무엇보다, (i) 신자들은 '하나님께로서 난 자들'이라는 것이며, (ii) 그래서 '죄를 짓지 않는다'는 것, 그리고 (iii) 그 신적(神的)이고 근본적인 근거로서 '하나님의 씨가 그 속에 거한다'(σπέρμα αὐτοῦ ἐν αὐτῷ μένει)는 뜻이다.

그렇다면 '하나님께로서 난 자'란 무슨 뜻이며, 그런 자가 정말 '죄를 짓지 않을' 수 있는지, 그리고 '하나님의 씨'는 무엇이며, 그것이 신자의 속에 거하는 것과 죄를 짓지 않는 것이 어떤 관계인지를 설명해야 한다.[116] 우선 '하나님께로서 난 자'란 신자가 '그 아들'을 믿고 받을 때, 영적 생명을 얻는 것으로 이해할 수 있다.[117] 요한일서의 문맥에서는 그 아들이 '생명의 말씀'(1:1)으로 소개되었기 때문에, 말씀이신 그 아들을 받아들인다는 것은 곧 그 아들 안에 있는 생명(참조. 요 1:4)을 받아, 하나님을 아버지로 부르게 되는 영적 생명으로 거듭난다는 것을 의미한다.

그렇다면 여기서 '하나님의 씨'(σπέρμα τοῦ θεοῦ)는 무엇을 가리키는가? 예수 그리스도를 가리킨다고 보기도 하고, 하나님의 자녀들, 아니면 성령, 그리고 선포된 복음의 말씀으로 보기도 한다.[118] 우선 그리스도를 '씨'로 보는 경우가 있다(너의 씨[τῷ σπέρματί σου, 네 자손, 개역개정], 갈 3:16; 참조. 갈 3:29, 아브라함의 씨[아브라함의 자손, 개역개정]). 하지만 σπέρμα는 그리스도에게 적용될 때 이처럼 '자손'으로 번역되는데, 그런 '자손'으로서의 그리스도가 성도 안에 내재한다는 개념은 다소 생소하며, 설혹 여기서 그와는 다른 의미로 해석하기도 쉽지 않다.

---

116 Harry C. Swalding, "Sin and Sinlessness in 1 John", *SJT* 35 (1982): 205-211, 3:6과 함께 3:9는 '그리스도인은 죄를 짓지 않는다'는 명제로 1:8 이하와 충돌하기 때문에 문제가 되었다. 실제로 Augustine은 그리스도인이 하나님 안에 거하고(dwells) 있는 한, 그는 죄 없다(sinless)고 설명함으로써 신자의 '죄 없음'을 절대적 상태로 보지 않는다. 하지만 종말론적으로는 풀리는 문제이지만 실제로는 두 명제가 충돌하여 풀 수 없다고 보기도 한다(J. L. Houlden). Swalding은 3:6과 9절이 적대자들이 주장한 '슬로건'이며, 만일 그들의 말이 맞는다면 실제로 정말 죄가 없어야 한다고 반박함으로써, 1:8 이하의 주장을 견지했다고 해석한다.

117 하지만 대부분은 '하나님께로부터 난 자'를 '생명의 말씀'(요일 1:1)과 연관 지어 설명하지 않는다. 예컨대, Kruse, *The Letters of John*, 124, '하나님으로부터 난 자'를 요한복음의 문맥에서 이해하는 것이 최선이라고 말하면서, '하나님의 자녀가 되는 것', 하나님의 뜻으로 난 것(요 1:11-12)을 가리키며, 위로부터 난 것(요 3:3), 또는 성령으로부터 난 것(요 3:5-8)으로 이해한다.

118 Edwards, *The Johannine Epistles*, 169-170, '성령'을 가능성이 높은 견해로 본다; 또한 Strecker, *The Johannine Letters*, 102, '말씀'(Luther, 참조. 요일 1:10), '성령'(Schnackenberg, 요일 3:24, 4:13), '그리스도'(갈 3:16, 19; 행 3:25; 계 12:17)의 경우를 든다.

'하나님의 씨'에서 σπέρμα를 '자녀들'과 동일한 의미로 사용했다고 보는 경우도 마찬가지이다(참조. 롬 9:6-8).[119] '씨'를 '후손'으로 보는 것인데, 하지만 '그의 씨가 그의 안에' 있다 할 경우, '하나님의 씨'가 정확히 무엇을 의미하는지 정의하지 못하고 단순히 '하나님의 자녀, 후손'이라고 한다면, 9절에 '그의 안에 거하고 있다'(ἐν αὐτῷ μένει)라는 표현이 이해하기 어렵게 된다. 또한 성령을 σπέρμα로 표현한 예는 신약에서 찾기 어려운 반면,[120] σπέρμα가 '말씀'을 지칭하는 경우는 상대적으로 완연하다는 점을 고려해야 한다. 특히 공동서신 안에서 신자의 중생을 '말씀'으로 설명하는 전통은 특별히 요한서신의 이런 표현과 일관된 경향을 보여 준다고 할 수 있다. 야고보서의 경우 신자는 '진리의 말씀'(λόγῳ ἀληθείας)으로 거듭난 것이며, 중생한 자들의 특징은 그들의 마음 가운데 '능히 구원할 말씀이 심겨' 있다는 사실로 선포된다(약 1:18, 21).

여기서 '심긴 말씀'(τὸν ἔμφυτον λόγον)이라는 표현은, 베드로전서 1:23의 경우처럼, 예수께서 천국의 복음을 밭에 씨앗을 흩어 뿌린 것에 비유하신 것을 연상케 하기에 충분하다(마 13:10-30).[121] 분명히, 베드로전서 1:23-25는 말씀과 씨앗 그리고 신자의 중생을 연결해서 설명하는 공동서신의 또 다른 중요한 본문이다. '너희가 거듭난 것'은 썩어질 씨가 아니라 '썩지 아니할 씨'(σπορᾶ ζαφθάρτου)로 된 것이며, 이는 '하나님의 살아 있고 항상 있는 말씀'(λόγου ζῶντος θεοῦ καὶ μένοντος; 참조. 사 40:6-8)인데, 베드로는 '너희에게 전한 복음'이 곧 이 '말씀'이라고 선포한다.

비록 σπέρμα가 아니라 σπορά를 사용했고, 또한 '씨'가 '말씀'을 지칭하는 것이 중요하기도 하지만, 흥미로운 점은 본문이 이사야 40:8을 인용하면서 '항상 있는'(μένοντος) 말씀이라 표현한 부분이다. 그 말씀의 영속성을 표현한 부분이, 요한일서 3:9에서 '하나님의 씨가 그 속에 거하기'(σπέρμα αὐτοῦ ἐν αὐτῷ μένει)

---

119 J. D. Dryden, "The Sense of σπέρμα in 1 John 3:9 in Light of Lexical Evidence", *Filolog a neotestamentaria* 11 (1998): 96.
120 참조. Gary Burge, *The Anointed Community: The Holy Spirit in the Johannine Tradition* (Grand Rapids: Eerdmans, 1987), 175, 성령을 '신적 출생'(divine birth)의 요인으로 지목하다(3:9; 2:29).
121 Harink, *1 & 2 Peter*, 62-63, 그 심층적 구조에서 베드로전서 1:23에서 말씀인 씨앗을 뜻하는 '스포라'(σπορά)는 베드로전서 1:1의 '디아스포라'(διασπορά)와 의미상 연결이 있다고 말한다.

때문이라고 했을 때, '거한다'(μένει)는 표현과 전혀 관련이 없어 보이지 않기 때문이다. 하나님의 말씀의 영속성은, 언약의 성취이든 복음의 말씀을 가리키든, 그 진리의 말씀을 통해 중생한 신자의 영적 생명의 본질적 부분을 차지한다는 것은 분명하다고 할 수 있다.

하지만 신자의 안에 거하는 '하나님의 씨'(σπέρμα τοῦ θεοῦ)라는 표현은 무엇보다 구원이 '생명'이라는 것과 또한 그것이 지금은 아직 완성되지 않은 '가능성'으로 있는 종말론적인 실재라는 두 가지 중대한 측면을 모두 표현하는 이미지이다.

즉 중생한 신자 안에 거하는 '말씀'은 그 영적 생명의 본질적인 특징이며, 그의 안에서 하나님의 구원의 뜻을 이루어가는 종말론적인 실재로서, 능력으로서 존재하는 것이다. 이것이 그 말씀을 받아 중생한 신자로 하여금, 지속적으로 죄를 짓고 그 열매를 맺는 일이 그에게 이루어지지 않도록 작동하는 하나님의 능력이 되는 셈이다. 즉 하나님의 씨인 말씀이 그의 안에 본질적으로 그리고 지속적으로 '거하는' 신자에게 있어서, 그가 지속적으로 죄에 거하고 그 열매인 사망을 맺는 것은 원칙적으로 불가능한 셈이다. 만일 그가 죄의 결과인 사망을 열매 맺는 종말을 맞았다면, 역으로, 그는 처음부터 '영원히 거하는 말씀'의 생명을 받지 못한 것이라고 결론지을 수밖에 없을 것이기 때문이다.

더불어서 중요한 것은, 요한일서 3:8-9의 문맥에서 먼저 8절에서 '하나님의 아들이 나타나신 것은 마귀의 일을 멸하려 하심'이라는 기독론적 선포가 앞선 다음에, 9절에 와서 그 결정적인 증거 혹은 예시로 '하나님께로서 난 자마다 죄를 짓지 않으며' 그것은 '하나님의 씨가 그의 속에 거함'이라는 구원론적 선포가 뒤따른다는 것이다. 즉 죄의 문제를 논증함에 있어서, 요한은 먼저 '그 아들'과 '마귀'를 대조시키는 기독론적 선포의 전제 위에서 시작하는데, 그 아들이 '나타났다'(ἐφανερώθη)는 표현은 이미 1:1-2에서도 선명하게 제시된 내용이다. 거기서 이미 그 아들은 '생명의 말씀'이며, 이 말씀을 믿고 받아들인 자들이 그 생명으로 거듭나게 된 사실이 뒤따라오는 것이다. 3:9은 이를 두고 '하나님께로서 난 자'로 표현하며,[122] 그들의 영적 존재의 본질적 특징은 그들 안에 '하나님의 씨' 곧 '말씀'이 거한다는 것이다. 그리고 그 '말씀의 생명'을 가진 자들 안에 그 말씀이 거하는 것은 전혀 이상한 일이 아니며, 그것은 곧 마귀를 이기시고 (4:4) 그의 일을 멸하시는 그 아들의 내주, 곧 사귐을 통한 임재라고 할 수 있는 것이다.

이처럼, '생명의 말씀'이신 그 아들을 받아 '하나님께로서 난' 자들은, 마귀 곧 세상이 그의 아래에 있는 그 악한 자를 이기시고 그의 일을 멸하시기 위해 오신 그 아들의 승리를 함께 누린다. 그리고 그 승리는 무엇보다 그 아들과의 사귐을 통해서 이루어지는데, 요한은 이 부분에서 '말씀'의 결정적인 중요성을 부각한다. 또한 이미 세상에 보내심을 받은 그 아들, 그래서 마귀의 일을 멸하신 그 아들은 장차 온전한 승리로 다시 나타나시는데, 이미 그 생명의 말씀을 통해 그 아들과 또한 아버지와의 사귐 가운데 있는 하나님께로서 난 자들인 성도는 그의 안에서 이미 이루어진 그 온전한 성화를 실현할 확실한 근거와 소망을 갖게 된다. 물론 이 모든 일은 성도가 그 아들과의 사귐 안에 거한다는 현재, 그 증거를 스스로 갖고 있음을 전제한다.

(e) 종말론적 기독론과 성화

마지막으로, '그 아들'과의 사귐이 '죄 문제'를 어떻게 해결하는지에 관해, 요한일서 3:2-3은 종말론적 기독론에 근거해서 죄로부터 거룩해지는 성화를 요청하고 있음을 볼 수 있다. 즉 신자가 '장래에 어떻게 될 것'은 '아직 나타나지'(οὔπω ἐφανερώθη) 않았지만, 주께서 '나타내심이 되면'(ἐὰν φανερωθῇ) 그때 신자의 영적 생명에 따라 온전해진 참모습이 비로소 드러난다는 것이다. 그의 속에 있는 말씀의 생명의 결과로서의 '온전해진 그 자신'이 주의 다시 오심과 함께 드러나는 것이다(참조. 약 1:4, 12).[123]

---

122 Lieu, "Authority to become children of God", 227-228, 요한일서의 기록 목적 자체가 '반대자들'에 대한 반론이라기보다, 요한신학의 전통 속에서 '택하심의 확실성'(certainty of election) 즉, '하나님의 자녀 됨'과 그 필연적이고 실제적인 결과들을 균형 있게 유지하려는 것이라고 본다.

123 채영삼, 『지붕 없는 교회』, 50-51, 89-91, 이중 서론인 1:1-11과 1:2-27절의 병행 구조를 고려하면, 시험을

'그와 같이 될 것'(ὅμοιοι αὐτῷ ἐσόμεθα, 요일 3:2)이라는 표현은, 그리스도께서 주신 부활 생명으로 그와 같이 온전히 변화한다는 의미이다.[124] 흥미로운 사실은, 요한이 그리스도의 깨끗하심처럼 우리도 자기 자신을 깨끗하게 해야 한다는 성화에의 요청을 바로 이러한 확고한 종말론적 소망에 정초(定礎)시키고 있다는 점이다. 이를테면, 성화되어야 그와 같아지는 것이 아니라, 장차 그와 같아질 것이 확실하기 때문에, 지금도 죄로부터 멀어지면서, 점점 더 그분처럼 깨끗하게 되도록 자신을 정화시키는 일에 전념해야 한다는 것이다.

이런 맥락에서 요한은 '의를 행하는 자는 그의 의로우심과 같이 의롭고'(3:7)라고 말하며, 또한 "하나님께서로 '난 자마다'(ὁ γεγεννημένος) 죄를 '짓지 아니하니'(οὐ ποιεῖ)"(3:9)라고 선언하는 것이다. 종말에 그렇게 될 '생명을 가진 자'가 지금 그 생명에 걸맞지 않은 '결과를 보일 수'가 없다는 뜻이다. 동일한 생명의 발현(發現)이 아니라면, 그것은 결코 정상(正常)일 수 없기 때문이다. 특히 요한은 죄를 짓는 것을 기독론과 관련하여 '불법'과 연관시킨다: "죄를 짓는 자마다 불법을 행하나니, 죄는 불법(ἀνομία)이라"(3:4). 법(法) 곧 율법은 하나님이 세우신 것이요, 하나님께서 정하신 뜻이다. 하지만 여기서 '불법' 혹은 차라리 '무법'(ἀνομία)은 문맥상, '하나님께로서 난' 생명을 가진 자가 자신 안에 있는 생명의 말씀이신 그리스도를 대적하는 행위라는 의미에 가깝다.[125]

또한 9절에서 죄를 '짓는다'(ποιέω)는 말은, 현재형으로서 결과적으로 사망에 도달하게 하는 그런 죄의 지속적인 모습을 가리킨다고 보는 것이 타당하다.[126]

인내한 결과를 언급하는 4절과 12절의 경우, '생명의 면류관'(12절)의 실제적인 내용은 결국 '온전하고 구비하여 조금도 부족함이 없게'(4절) 된 성도 자신과 다르지 않다고 해석될 수 있다.

124 Strecker, *The Johannine Letters*, 89, 각주 27, ὅμοιος는 종종 '동등됨'으로 번역되는 ἴσος와는 다르다(참조. 요 5:18; 독생하신[μονογενής], 요 1:18). 창세기 1:26(LXX)의 경우처럼, '형상'에 가까운 의미이다.

125 Kruse, "Sin and Perfection in 1 John", 67-70, 4절의 ἀνομία는 신약에서 율법을 범한 것이라는 의미로 사용된 적이 없다고 주장한다. 마태복음에서처럼 하나님의 나라를 적대하는 거짓 선지자들의 활동(마 7:23; 13:41; 23:28; 24:21)이나, 바울서신에서처럼 세상에서 활동하는 악의 세력을 지칭한다(롬 6:19; 고후 6:14; 살후 2:3, 7). 그래서 요한일서 3:4의 의미는 인간의 죄는 그것이 하나님에 대한 반역에 참여할 때 '무법'함이 된다고 본다.

126 Chrys C. Caragounis, *The Development of Greek and the New Testament: Morphology, Syntax, Phonology, and Textual Transmission* (Grand Rapids: Baker Academic, 2006), 90; 한편 Kruse, "Sin and Perfection in 1 John", 70, ἀνομία가(4절) 하나님을 대적하는 사탄의 저항과 활동을 의미

그래서 '죄를 짓는다'거나 '의를 행한다'는 것은 비록 제한적이지만 그 사람 안에 생명이 있고 없음의 완연한 표현이요 증거가 될 수 있다. 그래서 "의를 '행치 아니하는'(ὁ μὴ ποιῶν) 자나 또는 그 형제를 사랑치 아니하는 자는 하나님께 속하지 아니하니라"(3:10)고 말할 수 있는 것이다. 반드시 '무법한' 배교의 죄가 아니더라도, 지속해서 불의를 행하고 형제를 미워하는 것을 '정상'으로 여길 만큼 당연시 여긴다면 그가 하나님께 속했다는 증거를 보이지 못하고 있는 셈이라는 의미이다. 그럴 수가 없다는 것이다.

요한에게 있어서, 신자가 지속해서 죄를 지어 그 죄의 결과인 사망을 열매로 맺지 않을 뿐 아니라, 죄를 이기며 더 나아가 적극적으로 장차 나타나실 그와 같이 거룩하여지도록 힘쓸 수밖에 없고, 또한 그렇게 해야 하는 이유는 그 아들을 믿고 받아들인 그의 안에 '생명의 말씀'이신 그분이 거하시기 때문이다. 요한은 이것을 그저 '말씀'이 그의 안에 거하면 죄를 이기는 것으로 표현하는데, '거한다'는 것은 지속적인 사귐 안에서 행한다는 것을 뜻한다. 그러므로 요한에게, 죄 문제를 해결하는 근본적인 원리는, 생명의 말씀이신 그리스도와 사귀는 그 사귐의 관계 안에 거하는 일에 달려 있다고 결론지을 수 있다.

(5) 거짓의 문제와 그 해결책

'하나님의 아들이 나타나신 것은 마귀의 일을 멸하려 하심이라'(3:8)는 말씀에서 '마귀의 일'을 이해하려면 '마귀'의 특징을 알아야 한다. 마귀는 악한 '정욕'(τὰς ἐπιθυμίας)으로 죄를 짓게 하는 뿌리이며 진리가 그 속에 없는 '거짓말쟁이'(ψεύστης)이다(요 8:44). 요한일서에서도, '거짓'은 명확히 마귀 곧 '악한 자'의 영역을 표시하는 특징적인 용어이다. 따라서 하나님의 아들이 나타나 마귀의 일을 멸하는 것은 죄의 문제를 극복하는 것도 있지만, 거짓의 문제와 싸우는 것을 의미한다. 그렇다면 요한일서에서 거짓은 어떻게 나타나며 어떤 해결책이 제시되고 있는가?

우선 1장에서는 주로 신앙 고백과 사귐의 불일치를 통해 '거짓'을 다룬다

할 때, 그 안에 하나님의 씨가 있는 성도가 죄를 짓지 않는다(9절)는 그것은 그 배교의 죄를 말한다고 본다.

(1:6, 8, 10절). 그중 6절은, 신자의 신앙 고백과 행함이 서로 다른 영역에 속해 있는 경우이다. 하나님과 사귐이 있다고 말하면서 어두운 가운데 행하는 것은, 자신이 '소속된' 영역과는 전혀 반대되는 영역 속에 '거하는' 불일치이다. 요한은 이것이 우리를 '거짓되게 하는'(ψευδόμεθα) 것이며, 우리가 고백한 진리를 '행하지 않는'(οὐ ποιοῦμεν) 것이라고 말한다. 여기서 ψευδόμεθα는 '거짓말을 하는'(개역개정/개역한글) 모양이라기보다는 그 자신을 스스로 거짓된 존재로 변질시키는 모습을 그린다고 할 수 있다. 본문에서 거짓은 영역 간의 불일치로 드러난다. 진리에 속했다면, 진리를 행함으로써 진리 안에 거해야 한다(참조. 2:4). 고백과 행함이 일치해야 하고, 그 신자의 소속과 거함이 일치해야 하는 것이다.

(a) '사귐'과 관련된 거짓

흥미롭게도, 1:6, 8, 그리고 10절에 언급되는 '거짓'의 정도는 점진적으로 심화된다.[127] 6절에서는 거짓이, 그 신자의 신앙 고백과 행동 사이에, 그리고 그가 소속되었다고 고백하는 그 영역과 실제 행함으로 거하고 있는 그 영역 사이의 불일치에 존재하며, 그런 거짓이 결국 우리 자신을 거짓된 존재로 변질되게 하는 모양을 그린다. 8절에 오면, 이제 우리 자신이 거짓되게 변질될 뿐 아니라, 스스로 속아 길을 잃는 모습이 나온다. 즉 이제는 아예 '죄가 없다'(ἁμαρτίαν οὐκ ἔχομεν)고 주장하기에 이르며,[128] 바로 그 때문에 스스로 '속이'게(개역개정/개역한글) 되는데, '속인다'는 표현은 사실 자신을 '실족시키게 된다'(ἑαυτοὺς πλανῶμεν)는 의미이다.[129] 다시 말해서, 6절과 8절이 언급하는 '거짓' 사이에 점진적으로 악화(惡化)되는 어떤 모습이 보이는데, 6절에서는 신앙 고백과 행동이 분리된 삶으로 스스로를 거짓되게 만들었다면, 8절에서는 아예 죄가 없다고 주장함으

---

127 유사하게, Schlatter, *Die Briefe und die Offenbarung des Johannes* 5, 8절보다 10절의 경우가 더 악화된 것으로 본다; Yarbrough, *1-3 John*, 66, 10절은 6절과 8절의 경우들에 대한 요약이라 본다.
128 Kruse, *The Letters of John*, 16, 최근 여러 학자들은 요한일서가 '분리주의자들'(Secessionists)을 염두에 둔 '변증적'(polemic)인 서신이라기보다, 목회적인 의도가 강하다고 본다. 예컨대, Lieu, *The Theology of the Johannine Epistles*, 16; 또한, Terry Griffith, "A Non-polemical Reading of 1 John: Sin, Christology and the Limits of Johannine Christianity", *TynBul* 49 (1988): 253-276.
129 Strecker, *The Johannine Letters*, 31, 6절의 경우가 단지 '잘못된 자기 이해'라면, 8절은 '자신이 이미 알고 있는 것을 인정하기를 거부하는 고의적인 자기기만'(self-deception)이다.

로써, 스스로를 속이고 실족하여 길까지 잃게 되는 모양새이다.

마찬가지로 10절에서 언급되는 '거짓'은 이보다 한 걸음 더 나아간다. 이번에는 아예 '범죄한 적이 없다'(οὐχ ἡμαρτήκαμεν)고 부인함으로써,[130] 이를테면 그것이 죄라고 규정하신 하나님을 대적하는 자리로까지 나아간다. 즉 하나님을 '거짓말하는 자로 만드는'(ψεύστην ποιοῦμεν αὐτὸν) 것이다. 이것은 매우 역설적인데, 사실 거짓말하는 자는 악한 자, 마귀이기 때문이다(요 8:44; 참조. 요일 3:8). 어떤 자들은 '죄'를 지을 뿐 아니라, 그 죄와 관련해서 '거짓'을 지어냄으로써, 진리에 관하여, 자신에 관하여, 그리고 하나님에 관하여 거짓을 만들어 낸다. 이것이 전형적으로 그 악한 자 곧 마귀의 일이라는 것은, 10절에서 밝힌 대로 마귀 자신이 아니라 도리어 하나님을 '거짓말쟁이'(ψεύστης)로 만들어버린 데에서 확인된다. 이것은 극악한 죄가 아닐 수 없다. 죄와 관련된 거짓이 그로 하여금 오히려 더 크고 악한 죄, 즉 하나님에 관한 지식을 왜곡시키는 거짓의 아비 마귀의 본질적 유혹(참조. 창 3:1-5) 속으로 끌고 간 것이다.

이렇듯, '마귀의 일'(3:8)은 죄뿐 아니라 거짓을 통해서도, '그 아버지와 아들과의 사귐'을 깨뜨리며, 성도들을 거짓되게 변질시키며 하나님 자신에 대한 지식도 완전히 거짓되게 왜곡시키는 결과로 드러난다. 하나님의 아들이 오신 것은 마귀의 일을 멸하려 하심인데, 그리스도는 그렇다면 어떻게 이런 '거짓'의 공격을 파괴하는가? 먼저 신자의 신앙 고백과 그의 행함을 일치하게 하시는데(1:6), 이를 위해서는 그리스도의 피로 깨끗해지는 일과 또한 빛 가운데 '거하는' 일이 요구된다(7절). 즉 그리스도는 신자가 아버지와의 사귐을 가능하게 하시고 빛 가운데 거하게 함으로써 그를 지속적으로 정결케 하심으로 마귀의 거짓의 공격을 파멸하신다.

또한, 우리가 죄가 없다고 부인하여 스스로 거짓되게 변질되는 마귀의 공격에 관하여는(8절), 우리가 빛 가운데 사귐을 통해 우리의 죄를 자백할 때, 그

---

130 Yarbrough, *1-3 John*, 66, 6절이나 8절의 경우보다 더 심화된 표현이지만, 다른 점은 10절의 주장이 '요약'이라는 점에 있다고 본다; 한편 Jobes, *1, 2 & 3 John*, 72, 10절의 주장은 극단적인 것으로, 과거에도 죄를 지은 적이 없고 지금도 죄지은 상태가 아니므로, 결국 그리스도의 속죄가 필요 없다는 주장과 맥을 같이한다고 판단한다.

의 '신실하심'(πιστός, 미쁘심, 개역한글/개역개정)을 인하여 우리의 죄를 사하시고, 또한 그의 의로우심(δίκαιος)을 인하여 우리를 모든 불의에서 깨끗하게 하신다 (9절).[131] 마지막으로, 우리가 처음부터 죄를 짓지 않았다고 주장함으로써, 우리의 죄를 죄라고 규정하신 하나님을 도리어 '거짓말쟁이'로 만드는 마귀의 일은 어떻게 파괴하는가? 그것에 관하여, 요한은 10절에서 '그의 말씀이 우리 속에 있어야' 한다는 방식으로 대답한다.

이 점은 매우 흥미롭다. 왜냐하면 1:10은 2장 전체의 도입부 역할을 하기도 하기 때문이고, 2장의 절정인 14절에서는 '하나님의 말씀이 너희 안에 거하시고' 바로 그 때문에 '그 악한 자를 이겼다'(νενικήκατε τὸν πονηρόν)고 선언하기 때문이다. 여기서 결정적인 해법은 그러므로 '말씀이 너희 안에 거하는'(ὁ λόγος τοῦ θεοῦ ἐν ὑμῖν μένει) 일이다. 그것이 결국은 하나님을 거짓말쟁이로까지 만드는 마귀의 일에 말려들지 않는 길이다. 마치 창세기에 기록된 아담의 타락 사건에서,[132] 마귀가 하나님에 관한 거짓말로 아담을 속였을 때 아담이 하나님께 들은 진리의 말씀을 버린 것과 다르지 않은 맥락이라 할 수 있다.

(b) '계명'과 관련된 거짓

요한은 우리가 우리의 죄의 문제와 관련해서 하나님을 거짓말쟁이로까지 만드는 마귀의 일에 말려드는 것을 두고, 결국 이는 '말씀이 우리 속에 있지(οὐκ ἔστιν) 않기' 때문이라고 진단한다(1:10). 여기서 '있다'는 표현은 존재가 그렇다는 뜻이다. 즉 그가 마귀의 일에 말려들어 하나님을 거짓말쟁이로까지 만드는 것은 그의 속에 애초부터 말씀 즉, '생명의 말씀'(1:1)이신 '그 아들'이 존재하지 않았다는 뜻이 된다. 단순히, '거함'의 문제가 아니라, '있는가, 없는가'가 드러

---

131 Strecker, *The Johannine Letters*, 32, 각주 30. 하나님에 대하여 '신실하고 의로우신'이라는 묘사의 조합은 구약에도 전례가 있다(신 32:4). 이런 조합은 제1클레멘트 27.1과 60.1(참조. 또한 56.5; 시 140 [141]:5, LXX)에서 보이는 것처럼, 예전적(liturgical) 전통을 반영하는데 πιστός와 δίκαιος는 각기, 하나님의 약속에 대한 신실함과 그의 심판의 의로우심을 가리킨다.
132 참조. Yarbrough, *1-3 John*, 122. 여기서 '하나님의 말씀'은 기록된 성경과 일치시킬 수 없다. 아마도, '그리스도에 의해 이르게 된 하나님의 메시지이며 이제 영감 된 성경 안에 체현(embodied) 말씀'이라고 말할 수 있다; 하지만 '악한 자'와 더불어, 창세기 모티브로 연결하지는 않는다.

난 경우라 할 수 있다. 하나님을 거짓말쟁이로 만들 정도이면(참조. 히 6:1-6), 그분을 부인한 것이고 그것은 그가 처음부터 말씀을 받은 자가 아니었다는 판정인 셈이다.

이제 요한은 이와 유사한 맥락에서, 그리스도를 안다고 고백하면서 그의 계명을 지키지 않는 자는 '거짓말하는 자'임을 가르친다(2:4). 1:10에서 '말씀'을 내세웠던 요한이, 2장에 들어오면서 다시 한 번 사귐을 회복할 길에 대하여 안내한 후에 이제는 '계명'을 내세운 이유는,[133] 아마도 어떤 자들이 '자신은 죄를 지은 적이 없다'고 하면서 하나님 자신을 거짓말쟁이로 만든 사실 즉, 하나님께서 죄라고 규정하신 것을 죄가 아니라고 한 담대한 죄악을 염두에 두었기 때문일 것이다. 왜냐하면 '계명'(ἐντολή)이란 하나님의 명확한 요구를 명시한 표현이기 때문이다.

그러므로 2:4에서 '거짓말쟁이'(ψεύστης)로 규정된 자는, 하나님을 '안다'고 고백하면서도 그의 계명을 지키지 않는 자이다. 먼저 4절이 규정한 '거짓말쟁이'는, 정확히 말해서 1:10에서 하나님을 '거짓말쟁이'(ψεύστης)로 만들어버린 상황의 역전이랄 수 있다. 문맥상으로 보면, 자신이 '죄지은 적이 없다'고 주장함으로써 하나님을 거짓말쟁이로 만드는 것은 있을 수 없는 일인데, 그것은 하나님을 안다고 하면서 동시에 죄와 죄 아닌 것을 규정하는 하나님의 계명을 지키지 않는다면, 그런 계명을 주신 하나님을 안다고 말하는 그의 주장이 거짓말이 되므로 그가 '거짓말쟁이'가 됨을 피할 수 없다는 것이다.

또한, 하나님의 계명을 지키지 않음으로써 거짓말쟁이가 된 그에게 내리는 요한의 판정은 '진리가 그 속에 있지 않다'(ἐν τούτῳ ἡ ἀλήθεια οὐκ ἔστιν)는 것이다(2:4). 이 부분 역시, 1:10의 상황을 떠올리게 한다. 즉 자신이 '죄지은 적이 없다'고 부인함으로써 간접적으로 죄에 대한 하나님의 판단을 부인한 것과 또한, 하나님을 거짓말쟁이로 만든 자의 특징이 '그분의 말씀이 그의 속에 있지 않은' 점과 정확히 평행을 이룬다. 이처럼, 2:4에서는 하나님의 계명에 대한 그의 태

---

133 Olsson, *Letters of John*, 117-118, 2:3-11을 새로운 단락으로, '하나님을 알고 그의 계명을 지키는 것'을 주제로 삼는데, 이의 배경으로 새 언약을 언급한다(렘 31장; 겔 36장).

도로서 '진리가 그 속에 있는지'의 여부가 드러나고 증명된다고 말하는 것이다. 이를 간단히 도표로 그리면 아래와 같다:

	〈현상〉	〈의미〉	〈본질〉
1:10	'죄를 지은 적이 없다'	죄를 규정하신 하나님 부인	말씀이 그 안에 없음
2:4	'계명을 지키지 않음'	계명을 주신 하나님 부인	진리가 그 속에 없음

두 구절을 비교하면, 1:10에는 죄와 관련하여 '말씀'(λόγος)의 내주를 언급한 것과 2:4에서는 계명과 관련하여 '진리'(ἀλήθεια)를 언급한 차이이다. 이런 차이와 대조는 어떻게 설명할 수 있을까? 1장의 문맥에서는 '말씀'과 '죄'가 쉽게 관련됨을 알 수 있다. 1:1부터 '생명의 말씀'으로 소개되는 '그 아들'은 그 피로 우리를 모든 '죄'에서 깨끗하게 하실 수 있는 분이다(1:7, 9). 그렇다면 2장의 문맥에서 계명과 진리는 어떤 연관을 갖고 있는가? 4절에 언급된 계명은 5절에서 곧바로 '말씀'과 연관된다. 또한 7절에서도 '옛 계명'은 수신자들이 들은 바 '말씀'과 동일시되지만, 다른 한편으로 '새 계명'은 모두에게 '참된'(ἀληθές) 것으로 묘사되는데, 이는 종말론적으로 어둠이 지나가고 이제 '참빛'(τὸ φῶς τὸ ἀληθινὸν)이 이미 비치게 된 사실과 깊이 연관된다.

여기서 '옛 계명'(ἡ ἐντολὴ ἡ παλαιά, 2:7)과 '새 계명'(ἐντολὴν καινὴν, 8절)이 무엇을 가리키는지는 논란이 있지만,[134] '참되다'는 표현은 다분히 기독론적이고 또한 종말론적인 것은 확실하다. '진리'(2:4) 혹은 '참된 것'(2:8)이 이렇듯 '참빛'(2:8)의 경우처럼, 점점 더 기독론적이고 종말론적인 문맥으로 확대되는 경향은, 13절과 14절에서 직접적으로 '악한 자'(τὸν πονηρόν)를 언급한 사실과, 더 나아가 18절의 '적그리스도'의 출현에 대한 언급, 그리고 기어코 21절의 '모든 거짓은 진리에서 나지 않는다'(πᾶν ψεῦδος ἐκ τῆς ἀληθείας οὐκ ἔστιν)는 표현에서, '거짓'과 '진리'의 그 상호 배타적인 대조적 관계의 절정에 이른다.

---

[134] Yarbrough, *1-3 John*, 97, 예수의 계명을 구약의 십계명과 대략 동일하게 여기는 Brown의 견해에 반대하면서, 새 계명은 '서로 사랑하라'는 예수의 가르침으로, '옛' 계명은 모세 시대의 율법을 지칭하는 것으로 본다(참조. 마 22:37-40).

즉 2장에서 계명을 '진리'와 연관시키는 것은 결국 '거짓'의 활동이, 그 새 계명을 주신 그리스도(7-8절)를 부인하는 적그리스도(2:18) 그리고 그 적그리스도의 뒤에 서 있는 '악한 자'(13, 14, 참조. 4:1-4)의 활동과 깊은 관련이 있기 때문인 것이다. 그러니까, 1:10에서 '거짓'이 '말씀'과 관계가 있는 것은, 그 아들을 '말씀'으로 소개한 1장의 문맥에 기인하는 것이고, 2:4에서 계명과 관련하여 거짓을 언급한 것은, 2-4장의 문맥에서 그리스도를 '거짓의 아비'인 '그 악한 자'와 대조시키기 때문인 것으로 설명할 수 있는 것이다.

그러므로 결론적으로, '악한 자' 마귀는 '거짓'을 무기로 삼아 성도를 공격하는데, 그것은 죄와 관련된 거짓으로 공격하기도 하지만(1:6, 8, 10), 또한 '계명을 지키는 일'에서도 성도를 거짓으로 공격할 수도 있다. 그렇다면 계명과 관련된 거짓으로 성도를 공격하는 '거짓말쟁이'인 마귀의 일은 어떻게 멸한다고 하는가? 그것은 앞서 죄와 관련된 거짓의 공격에 대해, '생명의 말씀'(1:1)이신 그 아들의 '정결케 하시는 사역'(1:7, 9), '대언자'의 사역(2:1) 그리고 그가 온 세상의 죄에 대한 '화목 제물'이 되신 대속 사역(2:2)뿐 아니라, 보다 구체적으로 '그의 말씀이 우리 속에 있는'(1:10) 것으로 결정적인 해결책이 될 것이다. 생명의 말씀이요, 그와의 사귐으로써 빛 가운데 거하게 하는 그 말씀과의 사귐, 즉 그 말씀이 그의 안에 있을 뿐 아니라 그의 안에 지속적으로 거한다면, 죄와 관련된 거짓의 공격에서 벗어날 수 있다는 해법을 제시하는 것이다.

이러한 요한의 해법은, 계명과 관련된 거짓에 대하여도 비슷한 결론을 내리게 한다. 그리스도를 알고 있다는 신앙 고백은, 그분이 주신 '새 계명'을 지키는 것과 분리될 수 없다(2:4). 그렇지 않다면 그는 '거짓말쟁이'가 된다. 원래부터 '거짓의 아비'인 마귀의 일에 참여하여 자신도 그와 같이 된 셈이다. 그렇다면 해법은 당연히 '그의 말씀을 지키는'(τηρῇ αὐτοῦ τὸν λόγον) 것이다. 그것은 '하나님의 사랑'이,[135] '그 속에서'(ἐν τούτῳ) 온전하게 되는 길이기 때문이다(5절).

---

135 Jobes, *1, 2 & 3 John*, 85-86. '하나님의 사랑'(ἡ ἀγάπη τοῦ θεοῦ)을 목적격 2격으로 해석할 수도 있다. 그리스도를 사랑하는 사랑의 온전함은 그의 계명을 순종하는 일에 있기 때문이다(참조. 요 14:15, 21, 23). 더 나아가, 그리스도를 사랑함은 다른 이들을 사랑함으로 확대된다(요일 3:11, 23; 4:7, 11, 12; 요이 5절; 참조. 요 13:34; 15:12, 17).

이후로 요한은 문맥을 통해, 말씀을 지킴으로써 하나님의 사랑이 그 속에서 온전하게 되는 과정을 다시금 보다 명확하게, '하나님의 말씀이 너희 안에 거하시는' 것으로 표현한다. 흥미롭게도 요한은 곧바로 이것이 '거짓말쟁이'인 마귀, 곧 '그 악한 자를 이기는'(νενικήκατε τὸν πονηρόν) 해법임을 명확하게 선포하고 있다(2:13).[136]

그러므로 죄와 관련해서든지(1:6-10) 또는 계명에 관련해서든지(2:3-4), 거짓의 아비 마귀 곧 악한 자의 '거짓'의 공격에 대하여 요한이 제시하는 궁극적인 해법은 '너희 안에 말씀이 있으니, 그 말씀이 그 안에 거하게 하라'는 것으로 요약할 수 있다. 그리고 이런 해법은 1장에서 이미, '그 아들과 아버지와의 사귐'이 어떻게 세상이 그의 손 아래 있는 악한 자 마귀의 공격, 특히 죄와 거짓의 공격을 파멸시키고 무력화시킬 수 있는지를 보다 구체적으로 설명하고 있는 것이다.

(c) '그리스도'와 관련된 거짓

한 걸음 더 나아가서, 2:13-14에서 요한은 '악한 자를 이기는' 방식을 분명하게 제시한다. 그것은 '하나님의 말씀이 우리 안에 거하는' 것이다. 이 해법은 1:10에서 죄와 관련된 거짓에 관하여 '그의 말씀이 우리 속에 있다'는 표현이나, 2:4에서 계명에 관련된 거짓에 대하여 '진리가 그 속에 있지 않다'는 표현과도 근본적으로 동일한 표현이다. 특히 '하나님의 말씀'(ὁ λόγος τοῦ θεοῦ)을 언급한 것이나 '거한다'(μένει)는 표현은 다시금, 1장에서 전개한 '그 아들과 아버지와의 사귐'의 주제에 뿌리를 두고 있다는 점을 시사하기 때문에 더욱 의미가 있다.

더구나 1장에서 하나님의 '말씀'은 곧바로 '그 아들'의 정체성을 드러내는 칭호이다(1:1). 그리고 이제 2장 후반부에 접어들면서, 그 악한 자의 '거짓'의 공격이 노골적으로 그리스도 자신을 향해 있고, 기독론적 거짓에 집중되어 있는 이유도 그가 바로 '진리의 말씀'이시라는 사실에 있는 것이다. 2:18부터는 그러

---

[136] J. Edgar Bruns, "A Note on John 16:33 and 1 John 2:13-14", *JBL* 86 (1967): 451-453, 신약에서 νικάω나 명사형인 νική는 요한 문헌에 집중되어 있다. 구약의 기대를 성취한 것뿐 아니라, 헬라 문화에서 죽음과 악을 정복하고 승리한 '헤라클레스 종파'(the cult of Herakles)를 언급한다. Kruse, *The Letters of John*, 92, 각주 72에서 재인용.

므로, 악한 자의 '거짓'이 '적그리스도'의 활동을 통해 드러난다. 그래서 2장 후반부에서는, 거짓말하는 자가 단지 죄를 부인하는 자들(1:6, 8, 10)이나 계명을 지키지 않는 자(2:4)가 아니라, 직접적으로 '예수께서 그리스도이심을 부인하는 자'(2:22)임을 폭로하는 것이다.

적그리스도는 '그 악한 자'와 정확히 일치하지는 않지만,[137] 성도의 삶에 있어서 죄나 계명에 관련된 거짓보다는 더 직접적으로 그리스도에 대하여 거짓으로 증거하는 활동이 아닐 수 없다. 구체적으로, 요한은 '예수께서 그리스도이심을 부인하는 자'(ὁ ἀρνούμενος ὅτι Ἰησοῦς οὐκ ἔστιν ὁ Χριστός)가 '거짓말쟁이'(ψεύστης)라고 확증한다. 전통적으로, 예수가 그리스도이심을 부인했던 자들은 유대인들이었다. 하지만 요한서신에서는 특별히 '예수를 시인하지 않는'(4:3) 것이 곧바로 '예수 그리스도께서 육체로 오신 것을 시인'(4:1-2)하지 않는 주장과 동일시된다.[138]

비록 적그리스도의 정체를 정확히 찾아내기는 어렵겠지만, 여기서 중요한 점은 예수를 부인하는 것 혹은 예수께서 그리스도로서 육체로 오신 것을 부인하는 것은, 궁극적으로, '아버지께서 아들을 세상의 구주로 보내셨다'(4:14)는 하나님의 구속사적 계시의 사건 자체를 부인하는 것이 되기 때문에, 하나님을 부인하는 이단적 주장이 될 수밖에 없다는 사실이다.[139] 요한의 이러한 논리는 곧바로, 예수께서 그리스도이심을 부인하는 것을, '아버지와 아들'을 함께 부인

---

137 Edwards, *The Johannine Epistles*, 168, '적그리스도'란 하나님의 전형적인 원수를 가리킨다(단 11:36-37; 살후 2:3-8; 계 13장); 김동수, 『요한신학 렌즈로 본 요한서신』, 88, '적그리스도'라는 직접적인 표현은 요한서신에만 나오는데(요일 2:18, 22; 4:3; 요이 7절), 이 적그리스도가 한때 교회 내부자였다는 것이 특징이다; Strecker, *The Johannine Letters,* 64-66, 전통적으로는 '멸망의 가증한 것'(막 13:14; 단 8:13)과 연관된다. 영적 존재인데 역사적 인물과 동일시되기도 한다(안티오커스 4세). '무법한 자'(살후 2:3-12), '짐승'(계 12-13장)으로도 불린다. 마귀나 사탄과 정확히 일치하는 존재는 아니지만, '그 능력을 마귀에게서 받고, 사탄에게서 나온 자'(Polycarp, *Phil.* 7.1)로서, 신약 밖이나 신약 후의 문서들에서 사탄과 동일시되기도 했다.

138 Strecker, *The Johannine Letters*, 67-68, 요한일서에서 '예수께서 그리스도이시다'는 고백은 요한복음 20:31에 근거한다. '그리스도' 혹은 '예수 그리스도'라는 칭호는 종종 '하나님의 아들'과 연관되면서 명확해지는데, 이런 점에서 '그리스도'를 부인하는 것은 '그 아들'을 부인함이 된다(요일 2:22b, 참조. 요이 3절; 요일 1:3; 3:23; 5:5-6, 20).

139 참조. R. Bultmann, *The Johannine Epistles* (ed. R. W. Funk, Hermenia, Philadelphia: Fortress, 1973), 38, "저자(요한)에게는, 역사적 계시와 동떨어진 하나님에 대한 믿음 같은 것은 존재하지 않는다." Strecker, *The Johannine Letters*, 68, 각주 42에서 재인용.

하는 것으로 묶게 한다. 그러므로 적그리스도는 '아버지와 아들을 부인'하는 자가 된다(2:22-23).

그러므로 예수가 그리스도 되심 혹은 그가 육체로 세상에 오셨다는 사실을 부인하는 자는, 예수를 부인한 것일 뿐 아니라, 그 아들을 보내신 아버지를 부인하는 자요, 아버지와 아들을 함께 부인하는 자이다. 중요한 것은, 2장에서 전개되는 그리스도에 관한 이런 거짓된 사실에 기초해서는, 1장에서 세상을 이기는 교회의 해법으로 제시된 '아버지와 그 아들 예수 그리스도와의 사귐'(1:2)이 있을 수 없다는 것은 너무나 분명한 논지가 된다는 사실이다.

결국 '악한 자' 마귀의 전략은, 죄에 관해서이든 계명에 관해서이든, 혹은 더 적극적으로 예수 그리스도에 관해서이든 거짓을 조장하여, 교회가 그 안에 있고 또한 머물게 된 '아버지와 그 아들과의 사귐'을 파괴하고자 하는 데에 목적이 있는 것이다. '그리스도께서 마귀의 일을 멸하러 오셨다'(3:8)고 하는 말씀은 따라서 '그리스도 자신에 대한 거짓'을 바로잡음으로써, 거짓을 통해 교회가 누리고 있는 그 '아버지와 아들과의 사귐'을 파괴하려는 마귀의 활동을 무력화시키려는 데에 있다고 할 수 있다.

흥미롭게도, 2장 전반부와 후반부를 함께 묶어 보면, 이렇듯 '세상'을 무대로 해서 죄 된 '욕망'과 '거짓'으로써 교회를 공격하고자 하는 마귀의 활동을 짐작해 볼 수 있다. 즉 2:13-17에서 세상은 악한 자의 지배하에 있다는 것이 전제되어 있다. 그리고 이 구절들에서 악한 자가 지배하는 세상은, 특별히 죄를 짓게 하는 악한 정욕으로 가득 차 있는 곳이다. 그리고 곧이어서, 18-22절에서 악한 자는 적그리스도를 내세워, 적극적으로 그리스도에 대하여 거짓을 퍼뜨린다. 바로 이런 순차가, 요한복음 8:44에서 악한 자를 정욕 혹은 죄와 관련시킨 후에, 곧바로 그가 거짓말쟁이라고 폭로한 내용의 순차와 정확히 일치하는 것이다.

마지막으로, 그리스도에 관한 마귀의 거짓이 결국 '예수께서 육체로 오심을 부인'(4:2)하는 것에 집중되어 있다는 사실의 함축적인 의미를 생각해 볼 수 있다. 이런 이단적 주장의 배경으로 가현설(Docetism)을 지목하는 견해를 고려한다면,[140] 마귀는 그 아들을 '세상에 보내신' 아버지의 일을 무력화하여 이 '세상'(Κόσμος)을 여전히 죄와 죽음의 어둠 안에 가둠으로써, 결국 세상을 자신의 영역으로 지켜내려고 저항하는 것으로 이해할 수 있다. 그리스도에 관한 '거짓'과 이를 바로잡는 일은 그러므로, 과연 '세상'을 하나님의 구속적 통치 아래에 둘 것인가, 아니면 여전히 마귀의 손 아래에(5:19) 남겨둘 것인가의 결정적인 싸움의 본진(本陣)인 셈이다.

(d) 형제 사랑과 거짓

요한서신에서 전개되는 '악한 자, 마귀의 일' 가운데 '거짓'은, 우선적으로 1장에서 하나님과의 사귐에 있어서 '죄'와 관련된 차원이 있고, 2장 전반부에서는 주로 '계명을 순종'하는 것에 관하여, 그리고 후반부에서는 본격적으로 '그리스도'에 대한 거짓의 공격으로 펼쳐진다. 마지막으로, 악한 자의 거짓 공격이 드러나는 또 하나의 영역이 있다면 3장과 4장에 걸쳐 다루어지는 '형제 사랑'에 관련된 거짓이다. 우선 3:18에 나오는 '행함과 진실로'(ἐν ἔργῳ καὶ ἀληθείᾳ)라는 구절을 보자.

여기서 '행함'은 곧 '진실함'과 동격을 이루고 있는데,[141] 거꾸로 하면, 하나님의 사랑이 우리 안에 거한다고 주장하면서 실제로 궁핍한 형제를 돕지 않는 것은 '거짓'으로 간주된다는 뜻이기도 하다. 18절의 '진실로' 혹은 '참되게'(ἐν ... ἀληθείᾳ)라는 표현은, 19절에서 '이로써 우리가 진리에 속한(ἐκ τῆς ἀληθείας) 줄 안다'는 말씀으로 다시 확인된다. 그리고 2:4에서 '거짓말하는 자'(ψεύστης)요, '진리'(ἀλήθεια)가 그 속에 있지 않다고 할 때처럼, 확실히 '거짓'과 대조되는 문맥에서 사용된 것이 명백하다.

---

140 Yarbrough, *1-3 John*, 223, '예수께서 육체로 오셨다'는 이 진리는 사도 시대 이후 초기 교회에 있어서 기독론에 관한 변증, 특히 가현설적 이단들을 대적하는 과정에서 신앙 고백적 활동의 중심을 차지했었다. 요한일서는 이미 서론(1:1-4)에서부터, 그리스도의 신성과 인성을 동시에 강조한다.

141 C. Hass, M. de Jonge & J. L. Swellengrebel, *A Handbook on The Letters of John* (UBS Handbook Series, New York: United Bible Societies, 1972), 102, '행함'과 '진실함'은 서로 교차적으로 쓰일 수 있는 두 단어가 아니라, 하나가 다른 하나를 수식하고 설명하는 보완적 관계에 놓여 있다. '우리가 참으로 행하는 것으로써'라든지, '참으로 사랑한다면 우리가 행하는 것으로 나타나야' 한다든지, '참된 행함' 혹은 '참인 것을 행함으로 증명'하는 식으로 이해할 수 있다.

그러므로 형제 사랑에 관해서 '거짓되다'는 것은, 우선적으로 18절이 드러내는 대로 행함이 결여된 믿음이다(참조. 약 2:14-26). 하지만 2장의 보다 넓은 문맥인 3:13-24까지를 고려하면, 형제 사랑에 있어서 '거짓'됨은 오히려, '사망에서 옮겨 생명으로 들어간' 구속의 사실(14절)에 근거하며, 우리가 형제 사랑을 하기 위한 전제 조건으로, 우리를 위하여 목숨을 버리셔서 우리로 하여금 사랑을 알게 하신 그 하나님의 사랑의 연장 선상이라는 사실에 주목할 필요가 있다(15-16절).

그래서 요한은 형제 사랑이 '마땅하다'(ὀφείλομεν, 16절)라고 단언하는 것이다.[142] 즉 형제 사랑은 그 아들을 통해 받은 하나님의 사랑이 '온전케 되는'(τετελειωμένη) 과정으로 제시된다(참조. 특히 4:12).[143] 이렇게 보면 형제 사랑에 관한 '거짓됨'은, 그 아들을 통해 우리가 받은 하나님의 사랑이 형제들 간에 즉, 교회 공동체 안에서의 '사귐'을 통해 온전히 실현되는 것을 방해하는 마귀의 공략이라는 점이 드러난다. 하나님 아버지의 사랑은, 그 아들을 통해 우리에게 전달되지만, 오직 그 사랑을 받은 형제들 간의 사랑의 사귐을 통해서만 비로소 '온전함'에 이르기 때문이다.

이런 면에서, 형제 사랑에 있어서 '진실함'(ἐν ἀληθείᾳ, 3:18)은, 성도들이 받은 아버지의 사랑이 그들의 수평적 관계, 공동체의 사귐 안에서 실제로 전달되고 성취되는 결과를 의미하는 셈이다. 그러므로 '마귀의 일'은, 바로 이 사랑의 완성, 아버지의 사랑이 교회 안에서 온전하게 실현되는 것을 좌절시키는 일이 되는 것이다. 반면에 마귀의 일을 멸하시는 그 아들의 사역은, 형제들을 위하여 '목숨을 버리는 것이 마땅한' 만큼의 수준까지 그들을 사랑하는 데에 있다. 요한은 그래서 어떻게 하면 이와 같은 '마땅한 형제 사랑'을 할 수 있을지를 하나님 아버지의 사랑에 근거해서 자세하게 논증하며 격려한다(4:7-16).

---

142 Kruse, *The Letters of John*, 137, 그리스도의 새 계명(요 15:12-14)을 배경으로 간주한다.
143 Jobes, *1, 2 & 3 John*, 195, 4:12에서 '온전케 되는' 하나님의 사랑(ἡ ἀγάπη αὐτοῦ)이 목적격인가(Dodd), 혹은 주격인가?(Strecker) 어떤 이는 '질적(qualitative) 2격'으로 봄으로써, '하나님께 속한 사랑'으로서 세 가지 의미 모두를 취한다(Marshall, Smalley). 또한 '온전케 된'에서 완료형이 사용된 것은, 하나님의 사랑은 우리가 형제를 사랑할 때 이 땅 위에서 그 목적지, 절정에 이르게 된다는 의미이다(Westcott, Smalley).

이런 면에서 특히 4:20의, "누구든지 하나님을 사랑하노라 하고 그 형제를 미워하면 거짓말하는 자"라고 확정하는 대목은 형제 사랑에 관한 '거짓'을 다루는 요한의 본문들 가운데 절정이라 할 수 있다. 여기서는 '미워하는' 것 혹은 '증오하는'(μισῆ) 일이 '거짓말쟁이'(ψεύστης)와 서로 선명하게 연결되어 있다. 그렇다면 어떻게 '증오하는 것'과 '거짓말하는 자'가 서로 연결된 것일까? 직접적으로는, 마귀가 '거짓말쟁이'이며 동시에 미워하고 '살인하는 자'(ἀνθρωποκτόνος)이기 때문인데(요 8:44), 마귀와 마귀의 일을 언급한 요한일서 3:8에 이어서 10-15절은, 형제를 미워하는 것과 살인하는 것을 한가지로 연결하고 있음을 알 수 있다.

특히 15절은, '그 형제를 미워하는 자마다 살인하는 자'라고 규정함으로써, 형제를 미워하는 것은 살인하는 자요 거짓의 아비인 마귀에게 난 자들의 특징임을 명확히 한다. 형제를 사랑하지 않는 것 곧 증오하고 결국 살인과 같은 행위는, 마귀와 그의 일이 언급된 8절 직후인 9-10절에서 '하나님께로부터 난 자'(ὁ γεγεννημένος ἐκ τοῦ θεοῦ) 즉 '하나님의 자녀들'(τὰ τέκνα τοῦ θεοῦ)과 '마귀의 자녀들'(τὰ τέκνα τοῦ διαβόλου)을 구분 짓는 특징으로 언급되는 것이다.

그러므로 하나님을 사랑한다고 하면서 형제를 증오하는 것은, 하나님께 속했다고 말하면서 동시에 마귀의 자녀라고 주장하는 것과 같은 셈이다. 형제를 증오하는 현상이 그의 존재와 관련된 영적 소속에 상응하는 행위로 드러나고 증명되는 것이다. 요한은 이 둘 즉, 형제 사랑의 문제와 그의 영적 소속의 문제를 서로 분리시키지 않는다.[144] 그래서 하나님께 속한 증거로 '형제 사랑'을, 반대로 마귀에게 속한 증거로 '형제 증오, 혹은 살인'을 지목한다. 왜냐하면 하나님 자신이 사랑이시기 때문이다(4:16). 사랑이신 하나님께 속한 자가 형제를 사랑하지 않을 수 없고, 역으로, 사랑하지 않는다면 그는 자신이 하나님께 속한 것이 사실이 아님을 증명하는 것이다. 동시에 하나님께 속해 있다고 주장하면서도 형제를 '증오'한다면 거짓말을 하고 있다는 것이며, 거짓을 특징으로 하는 마귀의 자녀임을 입증하는 셈이다.

---

144 Strecker, *The Johannine Letters*, 104-105, 그리스도인들은 종말론적인 관점에서 이미 '하나님의 자녀'(τέκνα τοῦ θεοῦ)들이다. 그들의 존재에 대한 정언적인(indicative) 확증이 곧 그 존재에 합당하게 살라는 (be what you are) 명령적인(imperative) 요소를 포함하고 있다.

결론적으로, 요한일서에 나타나는 '거짓'에 대한 가르침이 서신서 전체에 골고루 퍼져 있는 편만한 주제들 중에 하나라는 것이 분명해졌다. 동시에 '거짓'을 통한 마귀의 공략은, 죄에 대하여, 계명에 대하여, 그리고 그리스도에 대하여 또한 교회 곧 신자의 공동체 안에서 형제 사랑하는 것에 관해서도 깊이 침투해 있음을 확인하게 된다. 요한은 이런 다차원적인 마귀의 '거짓'의 공격을 파괴하는 여러 해법들을 제시한다. 죄에 대하여는 '아버지와 그 아들과의 사귐'으로, 계명에 대하여는 '말씀이신 그 아들이 우리 안에 거하는 것'으로, 그리스도에 대한 거짓에는 더욱 직접적으로 적그리스도로 규정하는 것으로, 또한 형제 사랑에 관한 거짓은 교회 공동체 안에서 비로소 '온전케 된(τετελειωμένη) 하나님의 사랑'을 처방한다.

(e) '우상 숭배'와 거짓

마지막으로, 하나님의 아들이 '마귀의 일'을 멸하시는 내용 중에 그 악한 자의 '거짓'의 공격을 깨뜨리시는 부분에 관해, '우상'을 언급하는 5:19-21의 본문은 위에서 설명한 차원들을 모두 종합한 내용을 담고 있다고 할 수 있다. 무엇보다, 19절의 '악한 자'와 그 악한 자 안에 처한 '온 세상'은, 20절에 하나님의 아들이 오셔서 우리에게 '참된 자'(τὸν ἀληθινόν)이신 그 아들 예수 그리스도를 알게 하신 것과 극명한 대조를 이룬다. 이는 문맥상, 19절에 언급된 그 악한 자 마귀가 곧 '거짓말하는 자'(요 8:44)라는 것을 염두에 둔 결정적인 표현이기도 하다. 거짓말하는 자인 마귀가 장악하고 있는 세상에 그 아들이 오셨는데, 그를 '참된 자'로 묘사하는 요한의 의도는 명확하다. 그가 악한 자의 거짓된 지배를 깨뜨리고 그 안에 있는 사람들과 세상을 해방하시며 회복하시는 것이다.

마귀의 특징이 죄 된 욕망이며 증오와 살인 곧 죽음인 것처럼(요 8:44), 세상에 오신 그 아들의 특징은 '참된 자'이며 '영원한 생명'(ζωὴ αἰώνιος, 20절)인 것은 이 명확한 대조를 통해서 쉽게 이해될 수 있다.[145] 하나님 아버지께서는 세상

---

145 Griffith, *Keep Yourselves from Idols*, 87-88. 요한일서 5:9-21은 결론 부분으로 이원론적 대조가 두드러진다. '생명과 죽음'은, '진리와 거짓', '예수/하나님과 악한 자'와 함께 극명한 대조를 이룬다.

을 이처럼 사랑하사, 악한 자 안에 있는 이 세상에 그 아들을 보내셨는데, 그 아들은 '참된 자'이며 그를 믿는 자들을 죄로부터 해방하시고, 그와의 사귐 안에서 영원한 생명을 누리게 하신다. 사람들과 세상은 이런 식으로, 그 악한 자의 손아귀에서 벗어나는데, 이는 그 아들이 그 악한 자 마귀의 일을 멸하시기 때문인 것이다.

이런 점에서, 21절에서 '자신을 지켜 우상에서 멀리하라'(φυλάξατε ἑαυτὰ ἀπὸ τῶν εἰδώλων)는 명령은, 이미 19-20절에서 '악한 자' 안에 처한 온 세상과 그 세상에 보냄을 받으신 '참된 자'이시며 '영생'이신 그 아들과의 극명한 대조를 배경으로 주어진, 종합적이고 결론적인 명령으로 이해될 수 있다. 요한은 여기서, 악한 자의 모든 '거짓'된 공격을 '우상 숭배'로 요약하는 것처럼 보이기 때문이다. 물론 21절에서 언급한 '우상들'(εἰδώλων)이 무엇을 가리키는가에 대해서는 의견이 다양하다.[146]

이 표현을 문자적으로 받아들인다면, 이는 로마의 많은 신들에게 제물을 바치라거나 숭배를 요구받다가 핍박을 당하는 경우를 가리킬 수 있는데, 이때 우상 숭배는 곧 배교를 의미한다.[147] 상징적으로 보는 경우는, 요한서신에 나타나는 분리주의자들을 따르는 것이 곧 우상 숭배라고 보는 견해이다.[148] 특별히 Suggit는 여기서 '우상들'이란, 고전 헬라어에서, εἰδώλων이 '헛것, 귀신, 정신착란적 이미지, 허상'을 의미하는 것처럼 근본적으로 참되지 않은 것 곧 '거짓된 것'(참조. 고전 10:19)으로, 요한일서의 배경이 되는 '가현설'을 염두에 두었다고 본다.[149] 하지만 분리주의자들의 '거짓'을 겨냥한 것이든지, 아니면 '우상'이

---

146 Brown, *The Epistles of John*, 641, 가능한 의미들을 열거한다: (i) 플라톤 철학에서 감각의 대상이 되는 비실재적인 대상들, (ii) 이방 종교의 신들, (iii) '우상 제물'(εἰδωλόθυτα)의 줄인 표현, (iv) 이방 종교와의 타협, (v) 신비 종교들과 그 행태, (vi) 영지주의적 이념들, (vii) 예루살렘 성전에서 행해지는 유대교의 예배, (viii) 죄, (xi) 하나님의 자리를 대치하는 어떤 형상적 표현, (x) 분리주의자나 배교를 묘사하는 용어. Brown 자신은 (x)번째 견해를 취한다.

147 Edwards, *The Johannine Epistles*, 171-172, 193.

148 Kruse, *The Letters of John*, 192-194, 이런 맥락에서, Stegemann은 5:21이 이단을 경계하라는 것이 아니라, 배교를 경계하라는 뜻으로 본다; 또한 Hills 역시, 이를 문자적으로 취해서, 구약의 제2이사야의 경우처럼, 증인의 주제와 우상 숭배가 함께 연관된 문맥으로 본다. Strecker는 우상 숭배의 죄가 5:16-17과 연관된 것으로 본다. 즉 배교, 특별히 어떤 종류의 우상 숭배가 사망에 이르는 죄와 연관되어 있다고 보는 것이다.

149 J. N. Suggit, "1 John 5:21: *TEKNIA, ΦΥΛΑΞΑΤΕ ΕΑΥΤΑ ΑΠΟ ΤΩΝ ΕΙΔΩΛΩΝ*", JTS 36/2

라는 세상에 속한 헛된 사랑의 대상으로서 포괄적인 의미에서 '죄'를 가리키는 것으로 보든지,[150] 5:21의 우상에 대한 경고는 '거짓'으로 세상과 그 세상 안에 있는 모든 사람들을, '뒤틀린 사랑'과 '죄'로 공략하는(요 2:15-17) 악한 자 마귀의 공격의 총화(總和)라고 할 수 있다.

요한은 성도들이 이런 '헛것, 거짓된 것'을 따라 배교에 이를 수도 있는 죄를 짓는 일에서 자신을 '지키어'(φυλάξατε, 21절),[151] '참된 자'이시며 '참 하나님'(ὁ ἀληθινὸς θεὸς)이신 그 아들과의 사귐 안에서 영원한 생명을 누리며 그 안에 거하는 것을 해법으로 제시한다.[152] 특히 '하나님께로부터 나신 자'가 저를 지키셔서, 악한 자가 저를 '만지지도 못하도록' 보호하신다고 격려한다(18절). 성도는 하나님께로부터 난 자들로서 하나님께 속해 있고, 그 영적 본질이 세상이나 악한 자에게 속한 자들과는 근본적으로 다른 자들로서, '하나님께로부터 난 자'(ὁ γεννηθεὶς ἐκ τοῦ θεοῦ)이신 그 아들과의 사귐 안에서 그 아들의 보호를 받는 것이다.

여기서 '만지지도 못하게 한다'(οὐχ ἅπτεται)는 것은 문맥상, 악한 자가 그들을 공격하여 그들을 해치고 끌고 갈 수 있는 방식, 곧 죄를 짓게 하고 그 죄로 말미암아 거짓에 속고,[153] 더 나아가 그리스도를 부인하고 적대하는 자리로까지 가는 것으로부터 그들을 지켜낸다는 의미로 보인다. 요약하면, '아버지와 그 아들과의 사귐' 안에 '머무는 것'은 죄에 대하여, 계명에 대하여, 그리스도에 대하여, 그리고 우상으로부터 달아나는 것에 대하여, 요한이 그 악한 자 마귀의 거

(1985) : 386-390.

150 Schnackenburg, *The Johannine Epistles*, 264.
151 Yarbrough, *1-3 John*, 322, φυλάξατε의 아오리스트 형태는 지속되는 일반적인 위험이 아니라, 현재적이고 현실적인 위기에 대한 응답일 확률이 높다(Painter). 신약에서 더 자주 사용되는 τηρέω와 동의어이다.
152 '참 하나님'은 누구를 지칭하는가? Griffith, *Keep Yourselves from Idols*, 73-76, (i) 하나님을 지칭하는 것으로(Murray J. Harris, *Jesus as God: The New Testament Use of Theos in Reference to Jesus* [Grand Rapids: Baker, 1992], 240-253), '그는 참되신 분, 영원하신 하나님이요 생명이시라'고 번역할 수 있다. (ii) '예수'를 가리키는 것으로 보는 것이 문법적으로나 문맥적으로 더욱 자연스럽다. 예수는 '생명'이다(참조. 요 11:25; 14:6); 또한 Malatesta, *Interiority and Covenant*, 320.
153 참조. Strecker, *The Johannine Letters*, 209, 각주 49, 요한복음 20:17에서는 부활하신 주의 몸을 손으로 만지는 동작을 묘사했다. 제1클레멘트 56,8 (욥 5:19)에서 '아무것도 너를 다치게 하지 않을 것'(οὐ μὴ ἅψηταί σου κακόν)이라는 표현에서도 사용되었다; 이처럼 원래, ἅπτω에 포함되어 있는 '붙잡는다'든지 '상해를 입힌다'든지 하는 보다 적극적인 의미를 띨 수 있다는 점을 고려해야 한다.

짓의 공격으로부터 교회가 승리할 수 있는 해법으로 제시되고 있다.

2.4 '그 아들'을 믿음과 승리(4:4; 5:4[x2], 5)

요한일서에서 '그 아들'과 관련하여 '세상'이나 '그 악한 자' 외에도, 두드러지게 나타나는 주제는 '이김'이다. 특히 죄에 대해서나(1장), 계명에 대해서(2장), 그리고 적그리스도나 형제 사랑(3-4장)에 대한 마귀의 거짓말에 대해 많은 설명을 마친 후에, 5장에 들어오면서는 승리의 개념이 더욱 강조된다. 그리고 이 '이김'은 '그 아들'에 대한 신앙 고백에 집중되어 있다. 하나님께로부터 난 자마다 세상을 이기며, 그 세상을 이긴 이김은 그들의 믿음에 있는데(5:4), 그 믿음은 특별히 '예수께서 하나님의 아들이심을 믿는' 믿음이다(5절). 그렇다면 어떻게 해서 예수께서 하나님의 아들이심을 믿는 믿음이 세상을 이기는 믿음이 되는가?

앞 장들에서 이미, 우리는 '그 아들'과 '세상'의 관계나, '그 아들'과 '그 악한 자'의 문제를 다루었다. 세상은 악한 자의 아래에 놓여 있다는 것(5:19)과, 그 악한 자는 세상과 그 세상 안에 있는 모든 것들을 동원해서 성도를 유혹할 뿐 아니라(2:15-16), 죄에 대하여(1:6, 8, 10), 하나님의 계명 곧 진리에 대하여(2:4), 그리고 그리스도에 관하여 거짓을 퍼뜨리며(2:22), 그 아들을 세상에 보내서서 악한 자의 일을 멸하시고 세상을 회복하시려는 하나님의 역사에 저항하고 있음을 살펴보았다. 이로써 세상에 대하여 승리한다는 것은 곧, 그 악한 자에게 승리한다는 사실에 기초하는데, 세상은 그 악한 자 아래에 놓여 있기 때문이다. '그 아들'은 먼저 악한 자의 일을 멸하시고, 그의 손에서 온 세상을 되찾아 오시는 것이다(참조. 마 12:25-30).

(1) '세상에 있는 자'보다 '크신 이'

그래서 세상을 이김은 곧 세상을 장악하고 있는 자를 이김을 전제하며, 세상을 장악하고 있는 그 자를 이기는 분은 그리스도이시다. 요한일서 4:4은 이러한 사실과 상당한 관련이 있는 구절인데, '하나님께 속한 자들'인 '자녀들'이 '저희를 이기는'(νενικήκατε αὐτούς) 이유는, '너희 안에 계신 이'가 '세상에 있는 이'보다 크기 때문이라는 말씀 때문이다. 여기서 '세상에 있는 이'(ὁ ἐν τῷ κόσμῳ)는 상대적으로, '너희 안에 계신 이'(ὁ ἐν ὑμῖν)가 누구인지를 찾는 문제보다 용이하다.

우선 '세상에 있는 이'란 곧 '적그리스도의 영' 곧 '하나님께 속하지 않은 영'(4:3) 또는 '미혹의 영'(4:6)을 가리킨다고 볼 수 있다.[154] 이는 4:3 이하를 포함해서, 1절부터 6절까지가 하나님의 영과 미혹의 영 곧 적그리스도의 영을 대조시키고 있는 문맥이라는 점에서 설득력이 있다. 또한 '세상에 있는 이'를 적그리스도의 영으로 보면, '너희 안에 계신 이'도 성령으로 보기가 용이해진다. 특히 2절에서 '하나님의 영'(τὸ πνεῦμα τοῦ θεοῦ)을 직접 언급하는 점이 상당한 근거가 될 수 있다. 또한 6절에서 '진리의 영'과 '미혹의 영'을 비교하는 대목은, 4절에서 '너희 안에 계신 이'와 '세상에 있는 이'가 대조되는 것과 병행을 이룬다.

이런 점을 고려하면, '너희 안에 계신 이'는 여지없이 '진리의 영'(6절) 곧 '하나님의 영'(2절)을 가리키는 것이 자연스러워 보인다. 또한 4절에서 '이겼다'(νενικήκατε)는 표현도, 성도 안에 거하시는 성령께서 세상에 있는 적그리스도의 영보다 '훨씬 강하다'는 뜻으로 이해하기도 한다.[155] 성도들의 영적인 안전이 결국 그들 안에서 역사하는 성령에 근거하며, 세상 안에 있는 적그리스도의 역사를 파괴하는 성령의 역사보다 더 강력한 역사는 없다고 보는 것이다.

하지만 문맥상으로 설득력이 있는 이런 해석에는, 작지만 결코 작지 않은 문제가 있다. 그것은, '너희 안에 계신 이'(ὁ ἐν ὑμῖν)뿐 아니라 '세상에 있는 이'(ὁ ἐν τῷ κόσμῳ)의 지시대명사가 중성이 아니라 남성(ὁ)이라는 사실이다. 이는 그 지시의 대상이 '진리의 영' 혹은 성령이나 '미혹의 영'이 아닐 수 있다는 가능성

---

154 Brown, *The Epistles of John*, 498, "한편 '너희 안에 있는 이'는 요한복음 14:16-17의 '진리의 영, 보혜사'에 관한 묘사를 떠올리게 한다. 예수께서는 성령이 '너희와 함께' 그리고 '너희 안에' 계실 것이라고 말씀하셨다. 보혜사이신 성령이 세상과 반립한다는 사실은, 요한복음 14:17, 16:8-11의 주제이기도 하다; 또한 정복자의 권능은 종종 하나님의 영에게 귀속되는데(슥 4:6), 쿰란에서는 '진리의 영'이 결과적으로 어둠의 천사를 정복한다고 말한다"(1QS 3:17-25); 또한 Strecker, *The Johannine Letters*, 138.
155 Kruse, *The Letters of John*, 148. "요한은 적그리스도의 영을, '세상에 있는 이'로서 분리주의자들 속에서 역사하는 영으로 보고 있다. 분리주의자들은 이제 세상으로 나가서, 세상의 일부가 되었다. 그들도 저자의 공동체를 증오하는 일부 세상 사람들처럼 되었다. 그리고 악한 자의 지배 아래에 들어간 것이다"(참조. 3:13; 5:19); Brown, *The Epistles of John*, 498, "요한일서 2:13-14에서도 '너희가 악한 자를 이겼다'고 말하는데, 이제 이 승리가 악한 영보다 '더 크신' 성령에 의해 얻어진 것이라고 선포하는 것"이라고 본다.

을 높여준다.[156] 그래서 어떤 학자들은 '세상에 있는 이'는 적그리스도의 영이라기보다는 적그리스도이고, '너희 안에 계신 이'도 성령이라기보다는 하나님 자신이라고 말한다.[157] 여기서 대조되는 양자는, '더 크신 이' 즉, 하나님(참조. 3:20)과 '더 작은 자' 곧, '적그리스도'(참조. 4:3)라고 해석하는 것이다.

즉 '영'(靈)적 대조가 아니라, 하나님 자신과 적그리스도의 대조로 보는 입장인데, 여기도 문제가 있다. 요한일서에서는 하나님 자신이 '너희 안에 있다'는 표현이 다소 생소하다. 하나님 아버지께서 성도들 '안에 거한다'(μένει ἐν)는 표현은 있지만(4:12, 13, 15, 16),[158] 한 번도 성도들 '안에 있다'(ἔστιν ἐν ὑμῖν)고 말해진 적은 없다. 실제로 '거함'과 '있음' 사이에는 미묘한 차이가 있다. 요한서신에서 '거함'은 사귐의 방식으로, 단지 공간적인 '임재'뿐만이 아니라 그 임재의 인격적, 시간적 지속성을 강조하는 중요한 개념이다. 반면에 '있음'은 소속이나 존재를 강조하는 공간적 이동, 위치를 두드러지게 표현하는 개념이라 할 수 있다. 하지만 4:4의 '너희 안에 계신 이'(ὁ ἐν ὑμῖν)나 '세상에 있는 이'(ὁ ἐν τῷ κόσμῳ)의 표현에서 생략된 동사가 μένει(거함)인지 ἔστιν(있음)인지 단언할 수 없는 것도 사실이다.

한편 '세상에 있는 이'를 단지 적그리스도의 영이나 혹은 적그리스도로 보지 않고, 요한복음에서 '이 세상의 임금'(ὁ ἄρχων τοῦ κόσμου τούτου)이라 부른 것처럼, 악한 자, 마귀 자신을 가리키는 것으로 보는 입장도 있다(요 12:30; 14:30; 16:11).[159] 이는 우선 '세상에 있는 이'의 지시대명사가 중성이 아니라 남성(ὁ)이라는 사실과도 잘 부합할 뿐 아니라, 4:4의 '이겼다'(νενικήκατε)는 완료형이 함축하는, 마귀에 대한 그리스도의 결정적인 승리와 그 결과에 대한 뉘앙스도 효

---

156 Painter, *1, 2, and 3 John*, 255; Jobes, *1, 2 & 3 John*, 182.
157 C. Hass, M. de Jonge and J. L. Swellengrebel, *A Handbook on The Letters of John* (New York: UBS, 1972), 177; Strecker, *The Johannine Letters*, 137, 이런 문법적 어려움을 피하면서, '적그리스도의 영'이 아니라 '적그리스도'라고 본다; 또한 Painter, *1, 2, and 3 John*, 261, '너희 안에 계신 이'는 하나님이라 본다; 참조. Brown, *The Epistles of John*, 497, 이를 주장하는 학자들로, Brook, Bultmann, Houlden, Marshall 등을 언급한다. '이김'은 하나님께 속한 것이라는 말씀(고전 15:57; 혹은 엡 6:10)으로 뒷받침된다고 본다.
158 Brown, *The Epistles of John*, 497.
159 Jobes, *1, 2 & 3 John*, 182; Strecker, *The Johannine Letters*, 138.

과적으로 반영하는 해석이라 할 수 있다. 요한에게 있어서 세상을 이기신 분은 예수 그리스도이시며(내가 세상을 이기었노라, νενίκηκα, 요 16:33),[160] 성령을 통해 자신을 믿는 성도들 가운데 자신의 임재를 드러내시는 분도 그리스도이시다(요 16:7-13).

 마지막으로, 4:4에서 '너희 안에 계신 이'가 '세상에 있는 그'보다 '크시다'라고 할 때, 이 '크신'(μείζων)의 개념이 요한서신의 문맥 안에서, 성령, 하나님 아버지, 혹은 그리스도 중 어느 분에게 더 적절할 것인지도 문제 해결에 중요한 관건이 될 수 있다. 우선 주목할 것은, 4:1-8의 문맥에서 '하나님'은 주로 기원과 출처로 언급된다는 점이다. 성도는 영들이 '하나님께로부터'(ἐκ τοῦ θεοῦ) 왔는지 분별해야 한다(1절). '하나님께로부터 온'(ἐκ τοῦ θεοῦ, 하나님께 속한, 개역한글/개역개정) 영이라면 예수가 육체로 온 것을 시인한다(2절). 예수를 시인하지 않는 영은 '하나님께로부터'(ἐκ τοῦ θεοῦ) 온 영이 아니다(3절). 세상은 저들의 말을 듣지만, '너희는' '하나님께로부터'(ἐκ τοῦ θεοῦ) 났고, '하나님께로부터'(ἐκ τοῦ θεοῦ) 나지 않은 자들은 '너희'의 말을 듣지 않을 것이다(6절). 이처럼, 하나님에 관해서는 한글 성경의 '하나님께 속한'이라는 번역처럼 소속(belonging)을 강조하기보다는, 전치사 ἐκ와 함께 전적으로 기원(origin)이나 출처를 강조하는 문맥에 놓여 있다.

 반면에 '너희 안에 계신 이'는 전치사 ἐν을 강조하여 오히려 소속 관계나 임재를 강조하는 표현으로 동일한 문맥에서 하나님과 관련된 '기원'(origin)의 관계와는 다소 거리가 있다. 한편 성령 혹은 '하나님의 영'(τὸ πνεῦμα τοῦ θεοῦ, 2절)에 관해서는 기독론적 증언에 관련된 분별이 강조되면서, 결국 참이냐 거짓이냐가 관건이 된다. 8절에서는 '미혹의 영'(τὸ πνεῦμα τῆς πλάνης)과 대조하면서 '진리의 영'(τὸ πνεῦμα τῆς ἀληθείας)으로 표현된다. 그 특징이 '참됨'(ἀλήθεια)에 있는 것이다.

 이렇게 보면, 4:4에서 '너희 안에 있는 이'를 두고 '세상에 있는 이'보다 '크다'고 한 것은, 앞서 주로 기원의 개념과 연결된 하나님 아버지나 또한 주로 참

---

160 Kruse, *The Letters of John*, 148.

과 거짓의 분별과 연관된 하나님의 영과는 다른, '그 아들'이신 그리스도에 관련된 표현일 가능성이 높아 보인다. 만일 정말 그렇다면 그리스도는 어떤 점에서 '세상에 있는 이'보다 크다고 할 수 있는가? 만일, '너희 안에 계신 이'가 그리스도를 염두에 둔 표현이라면, 상대적으로 남성 지시대명사(ὁ)로 이끌리는 '세상에 있는 이'(ὁ ἐν τῷ κόσμῳ) 역시 적그리스도의 영이라기보다는 그 아들이신 그리스도를 대적하는 '악한 자' 마귀 자신을 가리키는 표현이라는 것이 더 적절하게 어울린다.[161]

하지만 설사 그렇지 않고 단지 '적그리스도'를 가리키더라도, 그 적그리스도가 포함된 그 '세상'보다 크신 분은 그리스도라고 보는 것이 개연성이 높다.[162] 요한서신에서, 그리스도는 세상이 창조되기 이전에 선재(先在)하신 분이기 때문이다. 그는 '태초부터 계신 분'(Ὁ ἦν ἀπ᾽ ἀρχῆς) 곧, '생명의 말씀'이시다(1:1). 세상보다, 세상이 그로 말미암아 지음을 받은 그 말씀이신 그 아들이 훨씬 크신 존재가 아닌가! 그리스도는 이런 점에서 이 세상이나, 이 세상의 임금 노릇을 하는 마귀보다, '더 크신' 존재이다.

그래서 여기서 '크다'(μείζων)는 의미는 단지 공간적으로 크기가 크다기보다는 그 말씀이신 그 아들이, 세상이나 이 세상을 장악한 피조물인 마귀가 생기기 이전에도 계셨던 영원하신 분이라는 뜻으로 해석할 수 있다.[163] 이렇게 본다면, 4:4에서, ὁ ἐν ὑμῖν ἡ ('너희 안에 있는 분')이 ὁ ἐν τῷ κόσμῳ(세상에 있는 자)보다 '크시다'는 표현은 Κόσμος를 가운데 두고 그 아들 예수와 악한 자 마귀가 대적하고 있는 모양새를 그려 준다고 할 수 있고, 그 악한 자에 대한 그 아들의 승리가, 그 아들을 믿는 교회로 하여금 세상(2:14-16)과 또한 '세상에 있는 자'(4:4)에 대해 얼마든지 승리를 누리게 한다는 사실을 알 수 있다.

---

161 반면에 B. A. du Toit, "The Role and Meaning of Statement of 'Certainty' in the Structural Composition of 1 John", *Neot* 13 (1973): 84-99(93), 2:13-14가 1:5-2:17을 '악한 자'에 대한 승리로 결론짓는 것처럼, 4:4는 2:18-4:6을 '거짓 선지자들'에 대한 승리로 결론짓는다. 마찬가지로 5:4-5는 4:7-5:5를 '세상'에 대한 승리로 결론짓는다. Griffth, *Keep Yourselves from Idols*, 84, 재인용.

162 Yarbrough, *1-3 John*, 227.

163 Bray, *James, 1-2 Peter, 1-3 John, Jude*, 211, '크다'는 것을 하나님의 구원하시는 사랑이 크다(Hilary of Arles)는 것으로, 자기 아들을 보내신 아버지 하나님의 사랑이 큰 것(Andreas)으로 해석한 교부들도 있다.

(2) 세상에 '오신' 그 아들의 승리

이렇듯, 교회의 승리는 철저하게 그 아들에 관한 기독론적 신앙 고백에 달려 있다고 해도 과언이 아니다. 요한일서 5:4에서, 하나님께로부터 난 자마다 '세상을 이긴다'(νικᾷ τὸν κόσμον[x2])라고 한 것은, 그 아들을 믿음으로 말미암아 하나님께로부터 난 자가 된 성도가, 악한 자 마귀의 일을 이미 멸하신 그리스도의 승리를 누리게 된다는 사실을 확인시켜준다(참조. 3:8). 5:4-8의 문맥은, 그 아들을 믿는 자의 승리가 곧바로 그 아들이 누구이신지를 믿는 그 믿음에 직결되어 있음을 보여 주기 때문이다.

4절에서 '하나님께로부터 난 자마다'(πᾶν τὸ γεγεννημένον ἐκ τοῦ θεοῦ)는 18절에서 하나님의 아들을 가리키는 '하나님께로부터 나신 자'(ὁ γεννηθεὶς ἐκ τοῦ θεοῦ)와도 유사한 표현이다. 이런 유사성은 예수와 예수를 믿는 자들 사이에 존재하는 근본적인 연관성을 드러내는 것일 수 있다.[164] 굳이 말하자면, 전자는 완료형으로 하나님께로부터 나서 그 영적 생명을 소유하고 있는 성도를 가리킨다면, 후자는 한 번 성육신하여 오신 그리스도를 가리키는 차이가 있을 뿐이다.[165] 중요한 점은, '하나님께로부터 난 자마다' 세상을 이긴다는 표현은, 그래서 '하나님께로부터 나신 자'이신 그리스도께서 세상을 이기신 것과 관련이 있다는 것인데, 3:9에서 '하나님께로부터 난 자마다' 죄를 짓지 않는다는 특징이, 바로 이전의 8절에서 '하나님의 아들'이 언급되면서 그가 마귀의 일을 멸하러 오셨다는 선포와 연결되는 것도 인상적이다. 또한 4:4에서 '하나님께로부터 난 너희'(ὑμεῖς ἐκ τοῦ θεοῦ, 너희는 하나님께 속하였고, 개역한글/개역개정)인 성도가 세상에 속한 자들을 이겼다는 표현도, 5:4-5에서 '하나님께로부터 난 자마다' 세상을 이긴다는 사실과 비슷한 맥락으로 이해할 수 있다.

이렇듯, '하나님께로부터 난 자들'인 성도가 세상을 이기는 이김은, '하나님께로부터 나신 자'인 하나님의 아들의 이기심과 관련이 있고(참조. 3:8-9; 5:18-

---

164 Olsson, *Letters of John*, 248.
165 Yarbrough, *1-3 John*, 316, 5:18에서 '하나님께로부터 난 자' 이하를 '하나님께로부터 난 신자들이 스스로를 지키는' 것으로 번역하는 경우가 있지만, Schatter, Marshall, Rensberger 등의 견해를 들어, 문맥상 적절치 않다고 판단한다.

20), 실로 그리스도의 승리에 기초한다. 5:4에서 '하나님께로부터 난 자들'의 승리를 언급한 후에 바로 5절에서 그들의 승리가 하나님의 아들을 믿음에 있음을 말하고, 6-7절에서는 그 예수 그리스도를 믿는다는 것에서 무엇이 결정적으로 중요한 내용인지에 대해 물과 피와 성령의 증거를 제시한다. 그렇다면 5-8절은 예수 그리스도를 믿는다는 것이 무엇을 믿는다는 것이며, 그런 '하나님의 아들'을 믿는 것이 어떻게 해서 세상을 이기는 것이 되는지를 설명할 수 있는 단서가 된다.

즉 5-8절에서 예수 그리스도에 관해서 믿어야 할 내용은 어떤 이유로, 그런 기독론적 고백을 하는 성도가 세상을 이길 수 있게 하는 근거가 되는가? 결국, 5절에 함축되어 있는 대로, '예수께서 하나님의 아들이심을 믿는' 자가 세상을 이기는 것은, '하나님의 아들이신 예수'께서 세상을 이기셨기 때문인 것이다(참조. 4:4; 3:8-9). 그리고 구체적으로 하나님의 아들이신 예수께서 어떻게 해서 세상을 이기셨는지를 설명하는 구절이 바로 6-8절이다.

그러면, 물과 피는 무엇이며, 성령은 또 무슨 증거가 되는가? 다양한 해석들이 있지만, 교부들은 물과 피에 대한 언급을 세례와 성찬이라는 맥락에서 생각해왔다.[166] 하지만 6절에서 그는 물과 피로 '오신 자'라고 할 때, ὁ ἐλθών이 아오리스트 형태로 예수 그리스도에 관련된 결정적 사건 즉, 세례와 십자가에서 죽으심을 가리키는 것일 가능성이 높다. 즉 예수님의 역사적인 공생애 사건의 시작과 끝을 언급하려는 의도가 짙은 것이다. 이 역사적이고 구속사적 사건이, 육체로 오신 예수와 분리될 수 없다는 것이 6절의 논지이다.[167] 다시 말해서, 예수라는 역사적 인물이 하나님의 아들이라는 사실이, '물' 곧 그의 세례로 입증되고 또한 '피' 곧 그의 십자가에서 죽으심으로 입증된다는 것은, 실제로 하나님의 아들이 '세상에 오셨다'는 사실을 확증하기 때문에 결정적으로 중요한 것이다.

이것은 결국, 하나님 아버지께서 '그 아들을 세상의 구주로 보내신'(ἀπέσταλκεν τὸν υἱὸν σωτῆρα τοῦ κόσμου) 것을 '우리가 보았고 또 증거한다'(4:14)는 요한의 증언을, '물과 피' 곧 하나님의 아들이신 예수 그리스도의 역사적인 '세례' 사건과

---

166 Bray, *James, 1-2 Peter, 1-3 John, Jude*, 223, 교부들(Andreas, Bede, Oecumenius)은 '물과 피'를 신자의 중생을 가능하게 한, 세례와 십자가에서 피 흘리신 사건으로 본다.

167 Strecker, *The Johannine Letters*, 183.

십자가에서 '죽으신' 실제의 사건으로 뒷받침하는 논증인 것이다. 다시 말해서, '물과 피'로써 확고해지는 것은, 하나님 아버지께서 실제로 그의 아들을 세상에 보내셨고(ἀπέσταλκεν; 참조. 요 3:16) 그래서 그가 실제로 세상에 오셨다는 사실이다. 세상이 어디인가? 세상은 그 악한 자 마귀 아래에 놓여 있는 영역이 아닌가? 하나님의 아들이 그 세상 안으로 들어오셨다는 사건이 의미하는 바는, 그래서 그 악한 자의 권세가 무너지고 그 마귀가 쫓겨남을 뜻한다.

바로 이 점이, 5:5-10에서 하나님의 아들이 '물과 피'로 임했다는 기독론적 사실이, 어떻게 그것을 믿는 자들에게 곧 세상에 대한 승리가 되는지를 설명해 주는 것이다. 만일, 예수가 하나님의 아들이 아니라면 즉, 그가 세례를 받으심으로써 온전히 인간의 죄를 담당하신 분이 아니었다면, 그리고 그가 십자가에서 죽으심으로써 하나님의 아들 자신이 죄의 결과인 사망의 심판을 짊어지고 실제로 죽으신 것이 아니라면, 하나님 아버지께서 그 아들을 세상에 '보내신' 것이 아닌 셈이 되고, 마귀는 계속해서 세상에 대한 자신의 주권을 행사하도록 되어 있었을 것이다. 바로 이런 점에서, 요한일서의 배경이 되는 가현설(Docetism)적인 거짓 교사들의 거짓 주장의 계략도 이해할 수 있게 된다. 앞에서도 언급했듯이, Basilides는 십자가에 달린 것은 하나님의 아들로서 예수가 아니라 시몬 구레네였다고 하고, Cerinthus는 예수가 세례 때에 하나님의 아들이신 그리스도와 합했다가 십자가에서 죽으실 때 분리되었다고 가르치며, 그리고 Valentinus는 예수 그리스도가 십자가에 못 박힌 것은 맞지만, 그가 하나님의 아들로서 갖는 신성(神性) 때문에 인간 예수로서의 고난이나 죄의 결과인 사망을 겪지 않았다고 주장한다.[168] 이러한 가현설적 거짓 가르침들의 핵심적인 내용은 무엇인가?

그것은 한마디로, 예수가 그리스도이더라도 하나님의 아들은 아니라는 식의 주장으로, 결국 하나님 아버지께서 그 아들을 '세상에 보내셨다'는 결정적인 구속사적 사건을 부인하는 거짓을 지어내고자 하는 것이다. 그래서 그렇게 예수께서 '육체로 오셨다'(ἐν σαρκὶ)는 사실을 극구 부인하는 것이다(4:2). 하지만 그들은 그 아들을 부인함으로써 결과적으로 그 아들을 세상에 보내신 아버지까지

---

168 Strecker, *The Johannine Letters*, 69-76.

도 부인하는 셈이 된다. 그리고 이것은 세상에 오신 그 아들을 받지 못하는 그들에게는 그 아들의 생명이 없을 뿐 아니라, 그를 보내신 아버지 하나님도 없다는 증거를 스스로 폭로하는 셈이 되는 것이다: "아들을 부인하는 자에게는 또한 아버지가 없으되, 아들을 시인하는 자에게는 아버지도 있느니라"(2:23).

예수께서 하나님의 아들이라는 사실은 '물과 피'로 즉 그의 세례 사건과 십자가 사건을 통해 확증되는 바, 이는 아버지 하나님께서 그 아들을 세상에 보내신 것에 대한 역사적이고 변개할 수 없는 두 가지 확증이다. 그리고 이것이, 비록 제한적이고 일시적이지만 세상을 죄와 사망의 권세 아래 붙들고 있는 악한 자 마귀의 통치를 결정적으로 궤멸시킨, 하나님의 '종말론적' 승리의 사건이다(요일 1:1-2; 3:8; 4:14; 참조. 히 1:1-3; 2:14).[169] 아버지께서 그 아들을 세상에 보내신 사건이 성취된 증거이고, 아들이 이 세상에 오신 사건이 비로소 성취된 증거이다. 그래서 '물과 피'는 하나님 아버지께서 세상에 오신 그 아들을 통해 죄와 사망과 거짓에 갇힌 이 세상을, 그의 의와 생명과 진리의 통치로 회복하신 승리의 사건이 된다. 하나님의 아들이 '나타나신'(ἐφανερώθη) 것은 마귀의 일을 멸하시기 위함인 것이다(3:8; 참조. 이 생명이 나타나신 바[ἐφανερώθη] 된지라, 1:2).

요한은 예수가 하나님 아버지께서 세상에 보내신 '그 아들'이심을 증거하는 이가 셋인데, 물과 피 외에도 성령이 계시고, 이 셋이 합하여 하나라고 설명한다(8절). '셋'이라는 숫자는 '증인' 혹은 '증거'가 하나에 근거해서는 안 된다는 의미에서 둘 또는 셋의 충분한 수를 요구한 데에서 유래한다(신 16:7; 19:15; 마 18:16; 요 8:17; 고후 13:1; 딤전 5:19).[170] 또한, '셋이 하나이니라'(οἱ τρεῖς εἰς τὸ ἕν εἰσιν)는 표현은 신약에서 여기가 독특하다. 이는 '둘이 한 몸이 된다'는 표현과도 유사하지만, 삼위일체를 가리킨 것이라 보지 않는다.[171] 그렇다면 어떻게 해

---

169 Yarbrough, *1-3 John*, 188, 그 아들의 승리에 관하여, 3:8b와 히브리서 2:14의 유사성에 주목한다(또한 딤후 1:10; 행 10:38). '사망'을 파멸하셨기 때문에 '영원한 생명'을 누림이 가능해진 것이다(요일 1:2; 2:25; 3:14, 15; 5:11, 13, 20). 또한 하나님께 대하여 '적대적'인 일들이 파괴되었다. '어둠의 일들'(참조. 롬 13:12), '육의 일들'(갈 5:19) 그리고 '악한 일'(딤후 4:18) 곧 죄를 통해 사망에 이르는 일들이다(히 2:15).

170 Strecker, *The Johannine Letters*, 192.

171 Kruse, *The Letters of John*, 179, 분리주의자들은 '물과 피'에서 '물'에만 집중하고 그것을 그들의 성령 체험과 연관시켰을 것이다. 요한은 '물과 피'에 관한 '성령의 증거, 이 셋이 서로 일치해야만 예수에 관한 진실을 알 수 있다고 강조한다; 또한 Strecker, *The Johannine Letters*, 192, 서로 조화가 될 뿐 아니라, 한 가지 사

서 이 셋이 한가지로 조화롭게 '예수께서 하나님의 아들이심'(5:5) 곧 그가 '하나님의 아들로서 세상에 오셨다'(3:8; 4:2; 5:6)는 사실을 증거하는가?

사실 5:6 상반절에 예수가 하나님의 아들로서 '물과 피로'(δι᾽ ὕδατος καὶ αἵματος) 오셨다는 대목은 여지없이 그의 성육신하신 사건을 배경으로 한 세례와 십자가의 수난을 가리키는 것으로 보이지만(참조. 요 19:35), 6절 중간에서 이를 반복하면서 '물로만 아니라 물과 또한 피로써'(οὐκ ἐν τῷ ὕδατι μόνον ἀλλ᾽ ἐν τῷ ὕδατι καὶ ἐν τῷ αἵματι)라고 한 대목은, 단지 예수의 역사적인 세례와 십자가 사건을 포함할 뿐 아니라, 이를 근거로 한 교회의 성례(sacrament) 곧 세례와 성찬까지를 의미할 가능성이 높다.[172]

왜냐하면 곧바로 나오는 6절 하반절의 '성령이 증인이시며, 성령의 증거는 참되다'는 표현이 이를 뒷받침하기 때문이다. 이렇게 본다면, 사실 여기서 성령의 증거는, 예수의 역사적 사건을 가리키는 물과 피의 증거와는 다소 다른 차원의 증거임을 알 수 있다. 즉 물과 피로 오신 역사적 예수의 세례 사건과 십자가 사건을 근거로 해서, 교회가 성례를 통하여 그와 연합하는 세례와 그 세례를 기념하는 성찬을 행할 때에 이를 가능하게 하시는 성령의 증거까지를 의미하기 때문이다. 이런 해석은, 궁극적으로 어떻게 해서 예수께서 하나님의 아들이 되시고, 또한 그가 세상에 오신 사건이 그를 '믿는' 자들로 하여금 '세상을 이기게'(5:5) 하는지를 설명해 준다. 즉 하나님 아버지께서 보내셔서(4:14) 세상에 물과 피로 오신(5:6) 예수 그리스도는 성령의 증거를 따라 그를 믿는 공동체 안에서 세례와 성찬으로 그들에게까지 '오신다'는 사실이다.

그러므로 '물과 피와 성령'이 셋이고 또한 '하나'(ἕν)라는 것은, 단지 셋이 하나로 연합되어 하나를 가리킨다든지, 셋이 조화된다는 이상의 의미가 있다. 만일, 물과 피가 예수 그리스도의 역사적 사건을 가리킨다면, 그리고 이 두 가지 사건이 성령의 증거와 일치한다는 것은, 결국 육체적인 영역과 성령께서 활동하는 영역이 모두 한 가지 사실로 연합됨을 의미하기 때문이다. 한 가지 더 있

실을 가리킨다는 의미(참조. 요 10:30)라고 주장한다.
172 Strecker, *The Johannine Letters*, 183, 여기서 '디아'라는 전치사에서 '엔'(with)으로 바뀌는 것은, 이것이 예수의 역사적 사건들뿐 아니라, 공동체의 세례와 성찬을 염두에 둔 표현이라고 본다.

다. 만일 물과 피가 교회의 세례와 성찬도 가리킨다면, 예수 그리스도의 세례나 십자가 사건과 같은 역사적 차원과 공동체 안에서 내면적인 심령 안에 역사하시는 차원이 서로 연합하여 하나로 일치됨을 증거하는 것이다.[173] 그러므로 셋이 하나라는 주장은, 가현설론자들이 주장하듯 육체적 영역이 영적 영역과 분리되어 있고 만나지 못한다는 이원론에 대한 반격이다(참조. 2:19).[174] 동시에, 공동체와 그 안에 거하시는 성령의 증거 역시 하나로 일치한다는 교회론적 반격이기도 한 것이다.

마지막으로 한 가지 더 생각해 볼 것이 있다면, 반대자들이 혹시 세례를 받았지만 성찬에는 참여하지 않았을 경우이다. 만일 그렇다면 요한이 '거함'(μένειν)의 중요성을 그토록 강조하는 이유를 여기서 찾을 수도 있다. 왜냐하면 성찬은 세례 사건의 의미를 반복하는 공동체적 사건이기 때문이다. 즉 세례는 '사망에서 생명으로 옮기는 사건'이다. 마귀에게 속해 있다가, 하나님께 속하여 그의 자녀가 되는 사건을 상징한다. 즉 '옮긴다' 혹은 '있다'는 존재 영역을 강조한다. 반면에 성찬은 세례의 의미의 반복이어서, 반복적이기도 하고 동시에 공동체적이다. 이렇게 보면, 반대자들은 비록 처음에는 세례를 받았지만, 결국 성찬을 거부하고 분리되어 나간 것이다. 그런데 요한은 이런 상황에서 '물과 피'만이 아니라 '성령'의 증거 즉 개인이 세례를 받은 것을 포함해서 공동체적인 성찬의 중요성을 강조하는 것이다. 이는 다시 요한이 하나님께 '속함'의 중요성과 함께 '거함'의 중요성을 강조하는 것과 일맥상통한다. 그것은 그리스도의 죽으심을 기념하면서, 그의 피와 살을 나누며, 그가 육체로 오신 것과, 그의 몸으로 연합되어서 그 안에 지속적으로 '거함'을 강조하는 것과 동일한 맥락이라 할 수 있기 때문이다.

---

173 Strecker, *The Johannine Letters*, 193.
174 Daniel R. Streett, *The Went Out from Us: The Identity of the Opponents in First John* (Berlin: De Gruyter, 2011), 7-8, 19-20, 36-37, 90-100, 적대하는 분리주의자들의 역사적인 정체성은 여러 가지로 추측되어 왔다. (i) 영지주의적 그리스도인들(R. Law, Dodd), (ii) 가현설적 그리스도인들로서 예수께서 인간으로 나타나셨지만 겉모습만 그랬을 뿐이라는 주장(D. M. Smith, G. MacRae), (iii) 케린투스(Cerinthus)와 관련된 가현설론자들로서 예수는 영이신 그리스도와는 전혀 다른 존재로서, 그리스도는 세례시에 왔다가 십자가 사건 직전에 떠났다고 보는 견해, (iv) 성령을 승격화하여 영적 지식을 강조한 나머지, 예수 그리스도의 대속적 죽음을 멸시하던 부류(Brown, Walde, Klauck). Jobes, *1, 2 & 3 John*, 125 재인용.

결론적으로, 요한은 '그 아들과 아버지와의 사귐'을 세상을 이기는 교회의 해법으로 제시한다(1:1-4). 왜냐하면 '온 세상'은 악한 자 안에 처해 있는데(5:19), 바로 그 '세상'으로 하나님께서 그 아들을 보내셨기 때문이다(4:14). 요한서신의 반대자들은 주로 이 사실을 거짓으로 부인하는 데 주력하고 있음이 밝혀진다. '예수 그리스도께서 육체로 오신 것'(4:2)을 부인하거나 '예수께서 하나님의 아들'(5:5)임을, 즉 하나님께서 세상에 보내신 아들임을 부인하기 위해 거짓으로 그리스도를 대적하는 것이다.

요한의 변증은 이렇듯, 사실 기독론에 맞추어져 있으면서도, 이를 교회론적 차원으로 전개하고 있다. 표면상으로는, 분리주의자들이 떨어져 나갔고(2:19) 이로 인해 수신자 교회를 공고히 할 필요들을 서술하지만, 그 배경에는 하나님의 아들-기독론에 철저히 기초하고 있는 것이다. 세상에 보내어진 아들이 그 세상이 붙들린 그 악한 자의 일을 멸하시기 때문이다(3:8-9). 그래서 그 아들이 세상에 오셨다는 것은 종말론적 사건이며(1:1-2; 2:18; 3:2), 특별히 그 아들은 '생명의 말씀'으로 세상을 이기신 분이고(1:1-2; 2:13-17), 이로써 그 아들과 아버지를 교제하는 그 사귐 안에 거하는 것이 곧 세상을 이기는 길임을 제시한다(1:1-10; 2:6, 28; 3:23-24; 4:16; 5:4-5, 18-21). 마귀는 세상에 거짓 선지자들과 적그리스도를 풀어놓으며(2:18-19; 4:1), 죄와 거짓 그리고 증오와 살인으로 세상을 파괴하고(1:6-8; 2:21; 3:9-12; 요 8:44) 하나님이 보내신 아들 예수 그리스도를 대적하며, 그를 믿는 교회를 훼파하기 위해 공격한다. 하지만 하나님 아버지는 그 아들을 마귀의 수하에 있는 세상으로 보내셨고, 그 아들은 '물과 피'로 세상에 오셨고 성령께서 이를 증거하신다(5:6-8). 마귀도 적그리스도도, 거짓 선지자들도 그 아들이 세상에 '오신' 사실을 막지 못한다. 이로써, 마귀의 일은 멸하여졌고, 세상은 그의 손아귀에서 벗어나기 시작했다. 이것이 요한이 선포하는 복음이다. 교회는 그 아들의 승리, 곧 그 아버지의 사랑의 승리 안에서 그 아들과 아버지와 사귐으로써 세상을 이기게 되는 것이다. 그러므로 '예수께서 하나님이 아들이심을 믿는 자가 아니면 세상을 이기는 자가 누구인가!'(5:5)

3. 사귐의 해법(2): '아버지의 사랑'과 세상

악한 자 마귀의 일을 멸하심으로써 세상과 그 안에 있는 사람들을 죄와 거짓과 증오, 살인으로부터 해방하시고, 그들을 이제 하나님 아버지와의 의와 진리와 사랑, 그리고 영원한 생명의 사귐 안으로 옮기시며 그 안에 거하게 하시는 것, 그것이 요한이 제시하는 해법이며 그 아들의 사역의 본질이다. 그리고 이 모든 일은, 그 아들을 세상에 보내신 아버지의 사랑에 기인한다(4:14). 그래서 성부 하나님의 '사랑'은 세상에 보내어진 그 아들의 사역에 있어서 결정적인 특징이 된다. 그 아들을 받은 자는 그러므로 아버지의 사랑을 받은 자이고, 그가 가졌던 세상을 향한 사랑에서 돌이킨 자이다.

이렇듯, 세상을 사랑하는 것과 아버지를 사랑하는 것은 배타적이며 이원론적 대립을 구성한다(2:15-17). 요한에게 있어서 이 '사랑'의 문제는 매우 중요하고 특징적인데, 하나님께로부터 시작해서 그 아들을 통해 전해진 이 사랑은, 또한 형제 사랑으로 나타나야 하며 동시에 세상으로부터 증오의 대상이 된다(3:11-18). 그리고 아버지 하나님께로부터 시작한 사랑은 반드시 교회 안에서 '온전하게' 이루어져야 하는데, 이런 점에서 요한은 아버지께서 그 아들을 세상에 보내신 목적이 곧 그의 사랑이 교회 안에서 온전하여지는 것임을 강조한다(4:7-21). 하나님의 사랑과 세상, 교회, 그리고 온전한 사랑에 관한 이런 세 가지 주제들을 하나씩 차례로 살펴보자.

3.1 '세상을 사랑함'과 아버지의 사랑(2:15-17)

Κόσμος와 관련된 요한일서의 본문들은 자주 하나님 '아버지의 사랑'과 직간접으로 연관되어 등장한다. 2:15에서 '이 세상이나 이 세상에 있는 것들을 사랑하지 말라'(μὴ ἀγαπᾶτε)든지, 뒤이어 나오는 '누가 세상을 사랑하면'(ἀγαπᾷ)에서 3회나 반복되는 '세상'도 바로 그다음에 언급된 '아버지의 사랑'(ἡ ἀγάπη τοῦ πατρὸς)과 현격하게 대조되는 문맥 안에 놓여 있다. 요한일서에서 '아버지의 사랑'이 처음으로 언급되는 본문은 2:5이다. 또한 같은 장 10절에서 '형제 사랑'을

다룬 후에, 15-17절에서 세상을 사랑하는 것과 '하나님의 사랑'이 이원론적 구도 속에서 배타적인 대조를 이루며 등장한다.

전체적으로 보면, 2:5에서 요한은 하나님의 사랑을 언급하고 또한 그 사랑이 온전해지는 것, 곧 '온전한 사랑'이라는 큰 주제를 던진다. 사실 '온전한 사랑' 혹은 '온전케 된 사랑'이라는 주제는 뒤에 4:7-21에서 중대한 주제로 깊이 있게 다루어진다. 이렇게 보면, 2:5에서 '하나님의 사랑이 온전하여진다'(ἡ ἀγάπη τοῦ θεοῦ τετελείωται)는 표현은, '하나님의 사랑이 우리 안에서 온전히 이루어진다' (ἡ ἀγάπη αὐτοῦ ἐν ἡμῖν τετελειωμένη ἐστίν)고 표현한 4:12과 함께 짝을 이루면서, 요한일서에서 하나님의 사랑과 그 '온전함'에 관련된 주제의 시작과 끝을 장식하고 있는데 이는 매우 인상적이다.

그래서 이를테면 2:5은 요한서신에서 '하나님의 온전한 사랑'이라는 주제의 시작인 셈이다. 하지만 이 주제는 4:7-21에서처럼 곧바로 직접적으로 또한 자세히 다루어지지 않는다. 우선은, 2:10에서 '형제를 사랑'(ὁ ἀγαπῶν τὸν ἀδελφὸν αὐτου)하라는 주제로 이어진다. 그 후에, 15-17절에서 '하나님의 사랑' 혹은 '하나님을 사랑'하는 일을 위해서는, 무엇보다 '세상을 사랑'하는 것을 경계해야 함을 역설한다. 문맥의 흐름을 고려하면, 2:5에서 하나님의 사랑이 그의 안에서 온전해지는 그 사람은 하나님의 말씀, 곧 그분의 계명을 지키는 자이다. 하나님의 계명을 지킴으로써, 하나님의 사랑이 그의 안에서 '온전하게 된다.' 그리고 2:10은 '형제 사랑'이 그가 빛 가운데 지속적으로 거하는 증거라고 말한다.

그렇다면 '형제 사랑'과 '그분의 계명을 지키는 것'은 어떤 관계가 있는가? 문맥상 명확한 것은, '그분의 계명'이란 다름이 아니라, '새 계명' 곧 그리스도께서 교회에게 주신 '내가 너희를 사랑한 것 같이 너희도 서로 사랑하라'는 새 계명을 가리킨다(3:23; 참조. 요 13:34-35).[175] 여기서 하나님의 사랑과 새 계명, 온전해진 사랑(2:5), 그리고 형제 사랑(2:10)은 모두, '사랑'이라는 주제로 묶인다는 것을 알 수 있다. 그렇다면 2:15-17에서 대조되는, 세상을 사랑함과 하나님

---

175 Yarbrough, *1-3 John*, 213-215, 3:23은 예수 자신의 사랑에 대한 가르침(요 13:34; 15:12, 17)뿐 아니라, 그리스도의 삶 자체에 체화된(embodied) 교훈을 가리킨다(참조. 요일 2:6).

을 사랑함의 강력한 대조는 서로 어떻게 연결되는가. 우선은, 이러한 가설을 세워볼 수 있다. 시작은 하나님의 사랑이다. 우리가 하나님을 사랑한 것이 아니라, 하나님이 '이같이' 우리를 사랑하셨는데, 그것은 우리를 사랑하셔서 우리 죄를 위하여 그 아들을 화목 제물로 보내신 것이다(4:10). 그렇게 오신 그 아들 예수 그리스도께서 우리에게 새 계명을 주셨는데, 그 계명의 내용이 '내가 너희를 사랑한 것 같이, 너희도 서로 사랑하라'는 명령이다(3:23). 그 아들을 믿고 하나님의 사랑을 입은 자는 누구나, 그 아들의 명령대로 형제를 사랑하게 되고 또 그래야 한다. 그때 비로소, 하나님께로부터 시작된 사랑이 온전해질(τετελείωται, 2:5) 길을 얻는 것이다.[176]

한 가지가 더 있다. 만일 하나님의 사랑을 받은 사람 즉, 그가 우리를 사랑하셔서 보내신 그 아들을 받은 사람이 형제를 사랑하지 못하게 된다면 어떻게 될 것인가? 무엇 때문에 그렇게 되는가? 사실 이 문제가 요한이 분리주의자들로부터 받은 공격의 일부일 수 있다. 그것은 '세상을 사랑함'의 위험성이다. 만일 그 아들을 통해 아버지의 사랑을 받은 자가, 세상을 사랑하는 일에 빠진다면, 그는 아버지의 사랑 안에서 그 아들이 주신 계명인 형제 사랑을 이루지 못하게 되지 않을까? 그래서 세상을 사랑하지 않고 아버지를 사랑하는 일에 머무는 것이, 형제 사랑을 이루는 일에 결정적인 요소가 될 수 있다. 거꾸로 말하면, 하나님의 사랑을 받고도 세상을 사랑하는 일에 빠진다면, 그 사람은 하나님의 말씀에 순종할 수 없고, 그 말씀 혹은 계명의 내용인 형제 사랑도 이룰 수 없으며, 그러므로 하나님의 사랑은 그의 안에서 온전해질 수 없다는 논증이 된다.

결국, 요한은 아마도 이러한 이유로 '하나님의 온전한 사랑'(2:5)을 언급하면서, 그 아들의 말씀 혹은 계명에 순종할 것, 즉 형제 사랑을 강조하고(2:10), 그 형제 사랑이 이루어지기 위해서 무엇보다 '세상을 사랑'(2:15-17)하는 일의 위험을 경고한 것이라고 볼 수 있다. 이러한 가설적 설명이 맞는지 검토해 보자. 이를 위해 해야 하는 질문들은 다음과 같다: 즉 말씀을 순종한다(2:5) 할 때, 그

---

[176] 한편 Strecker, *The Johannine Letters*, 42, 5절의 τετελείωται는 성도가 과거에 이룬 사랑의 행위, 도덕적 업적을 가리키지 않는다고만 하고, 종말론적 실체인지는 명확치 않다고 본다.

계명은 '형제 사랑'이 맞는가? 이는 2:5과 10절의 연관성을 설명해 줄 것이다. 또한 '그의 형제를 사랑'(2:10)하는 것과 '세상을 사랑함'은 어떤 필연적인 관련성이 있는가? 있다면, 그 연관성의 고리는 '하나님의 사랑' 혹은 '하나님을 사랑'하는 것과 어떤 연관이 있는가? 이런 질문들에 긍정적으로 답할 수 있다면 결국, 2:5에서 '온전해진 사랑'이란 하나님의 사랑으로부터 시작해서 형제 사랑에 이르는 것을 의미하는지에 대해서도, 묻고 또 검증해야 할 것이다.

(1) 말씀을 순종함과 온전한 사랑 (5절)

앞서 언급한 대로, 2:5은 요한서신 내에서 '하나님의 사랑'이라는 표현을 처음으로 소개한다는 점에서 의미가 깊다. 여기에는 두 가지 특징이 포함되는데, 첫째는 '그의 말씀을 지키는 것'과 '온전해진 사랑'이다. '그의 말씀을 지키는 자'란 무엇을 의미하는가? 주목할 점은, 요한은 3-4절에서 '계명'(τὰς ἐντολὰς)이라는 표현을 쓴 후에 바로 5절에서 이를 '말씀'으로 받고 있다는 것이다. 마찬가지로 흥미로운 점은, 요한이 3-4절에서 처음으로 '계명'을 소개하기 전에 1장 마지막 절인 10절에서 "그의 말씀이 우리 속에 있지 않다"(ὁ λόγος αὐτοῦ οὐκ ἔστιν ἐν ἡμῖν)고 표현한 사실이다.

문맥상 1:10과 2:5에서 다시 쓰인 '말씀'은, 2:3-4에서 '계명'으로 치환되어 쓰이고 있다고 보아도 무방한 대목이다. 즉 1:10에서 '그의 말씀이 우리 속에 있다'는 것은, 2:5의 표현대로 하면 그의 말씀을 '지키는' 것이고, 더 구체적으로는 2:3-4에서 다루는 대로, 그의 '계명을 지키는' 것으로 표현된다. 그렇다면 여기서 '계명'은 무엇이며, 그 계명을 혹은 말씀을 '지킨다'는 것은 어떤 의미인가? 우선 요한일서에서 '계명'(ἐντολή)이라는 단어는 모두 14회 사용되는데(참조. 요한서 4회), 이 중에서 '계명을 지킨다'는 표현으로는 요한일서에 5회 등장한다(2:3, 4; 3:22, 24; 5:3). 원래 요한에게 있어서, 계명들을 주고 또 그것을 지키는 것은, 성부와 성자 사이에 그리고 예수와 그의 제자들 사이에 '상호적인 사랑'(mutual love)을 의미한다(요 12:49, 50; 14:31; 13:34; 14:15, 21, 31; 15:10).[177] 요한

---

[177] Painter, *1, 2, and 3 John*, 168-169.

에게 '계명'은 '사랑'과 분리될 수 없는 개념인 것이다.

또한, 2:5에서 그의 '말씀을 지키는 자'(ὃς δ᾽ ἂν τηρῇ αὐτοῦ τὸν λόγον)라 할 때, 말씀과 '지킨다'는 동사가 서로 연관되는 점도 '말씀'의 윤리적 요구나 계명의 차원을 시사할 가능성을 높여준다.[178] 하지만 요한복음에서 제자들에게 지키라고 했던 그 '계명'은 예수께서 그들에게 주신 사랑의 계명이다. 요한일서에서는 그것이 하나님의 계명인지 그리스도의 계명인지가 명확치 않고, 나름 의도가 있을 수 있다.[179] 요한복음에서는 그리스도의 계명들이 모두 '사랑의 계명'으로 수렴된다(13:34; 15:12). 예수께서 복수의 계명들을 논하지만, 사실 구체적으로 언급하는 계명은 사랑하라는 계명 하나밖에 없고, 이것은 요한일서에서도 마찬가지이다. 옛것이며 새것인 계명(2:7-11)에 대해 다룰 때에도, 저자는 결국 단수의 계명으로 전환한다. 이 단수의 계명은 3:1에서 보여 주듯이(3:16; 참조. 요 15:12-13) 사랑하라는 계명임이 명백하다.

이는 예수께서 구약의 율법 혹은 계명들을 요약하시면서 그 핵심이 '하나님 사랑, 이웃 사랑'임을 명시하신 것과도 같은 맥락이다(참조. 마 22:40). 그리스도께서는 이 구약의 율법을 '성취'하셨으며(참조. 마 5:17-20) 또한 새 계명을 주셨는데 이는 '내가 너희를 사랑한 것 같이, 너희도 서로 사랑하라'(요 13:34)는 말씀 또는 '그리스도의 법'으로 요약될 수 있다(참조. 갈 6:2). 그리스도의 계명에 관한 신약의 이러한 전반적인 일치를 고려할 때, 요한복음이나 서신서에서도 일관되게 그리스도의 계명은 '사랑의 계명'이라 보는 것이 무난하다.[180] 그 외에 다른 내용을 찾기가 어렵기 때문이기도 하다.

흥미로운 점은, 요한일서 2:3, 5에서 모두 τηρέω(지킨다) 동사가 사용되었다

---

178 Painter, *1, 2, and 3 John*, 176, 요한복음 13:334-35의 경우에 예수의 말씀은 '새' 계명으로 소개되었다. 요한일서 2:7도 이를 의식하고 있는 듯이 보인다. 여기서도 그 계명은, 저들이 이미 들었던 그 말씀이라고 하기 때문이다.

179 Painter, *1, 2, and 3 John*, 196, 이를 "지상 사역 동안에 예수께서 주신 계명을 하나님과 연관시키려 하는 시도"로 본다. 요한서신의 분리주의자들은 예수의 역사적 실존을 의심했는데, 이에 맞서 요한은 "아버지의 말씀과 아들의 계명 사이를 불분명하게 함으로써" 예수의 계명과 하나님의 권위를 연결하고자 한 것으로 설명한다.

180 Griffith, *Keep Yourselves from Idols*, 105, 서로 사랑하라는 계명(2:3, 5; 3:16, 19; 5:2), 2:29에서 '의를 행하라'는 표현도 역시 '서로 사랑하라'는 말씀을 강조한 것이다.

는 것이다. 요한일서에서 τηρέω가 사용되는 경우는, 거의 계명을 지키라고 한 경우들이거나(2:3, 4; 3:22, 24; 5:3) 예수의 말씀을 지키라고 한 경우로(2:5), 계명과 말씀이 호환적으로 사용되고 있음을 알 수 있다.[181] 그런데 계명(ἐντολή)을 '지킨다'는 말은 그런대로 자연스럽지만, 말씀을 '지킨다'는 표현 특히, 이 계명과 말씀이 그리스도의 법인 사랑의 계명, 새 계명을 가리킬 때에는, 마치 구약의 율법을 지키듯 τηρέω 동사를 사용한 것은 주목할 만하다(참조. 5:17-20; 약 2:10-12). 하지만 구약의 율법을 '지킨다'는 것과 그리스도의 새 계명을 '지킨다'는 것은 같은 동사를 사용했어도 다른 방식과 결과를 가져온다. 요한은 처음부터 '그의 말씀이 너희 속에 있다/없다'(ὁ λόγος αὐτοῦ οὐκ ἔστιν ἐν ἡμῖν)고 하고, 또한 그의 말씀을 지킴으로써 하나님의 사랑이 그 속에서 온전케 된다고 말한다.

이런 표현들은, 예수께서 말씀하시는 혹은 하나님께서 이제 종말에 그 아들 예수 그리스도를 통해서 주신 새 계명은, 옛 계명과 다른 존재 방식을 갖고 있음을 시사한다. 후에, '성령과 세상'의 관계를 다룰 때에 더 분명해지겠지만, 말씀이 중생한 신자 안에 내재(內在)한다든지, 그 내재하시는 말씀을 지킴으로써 그 아들을 통해 주어진 하나님 아버지의 사랑이 그들 안에서 '온전케 된다'든지 하는 주장은, 결정적으로 새 언약을 통해 하나님의 법이 종말의 새 백성 안에 내주하게 되고, 또한 하나님의 영이 그들 안에 내주하여 그들로 하여금 하나님의 법을 준행하는 것을 의미하기 때문이다(참조. 렘 31:33; 겔 36:26-28). 곧 율법과 새 계명을 통해 드러난 하나님의 사랑이 그들 안에 온전하게 되는 것이다.

요한일서 2:5에서, '온전케 되었다'(τετελείωται)는 표현도 완료형으로, 우선적으로 하나님의 아들 예수 그리스도께서 세상에 오신 역사적이고 단회적인 사건이 완료된 것을 기점으로 생각할 수 있다.[182] 그 아들이 세상에 오신 것은 하나님 아버지의 사랑의 결과이기 때문이다(4:14; 참조. 요 3:16). 하지만 그 아들을 세상에 보내신 아버지의 사랑은 거기서 그치지 않는다. 그 아들을 믿고 그 아들

---

181 다만 5:21의 경우 τηρέω는 '자신'을 지키라는 의미로서 예외이다.
182 또한 김동수, 『요한신학 렌즈로 본 요한서신』, 68. τελείω라는 동사는 요한복음에서는 주로 하나님으로부터 부여받은 그리스도의 구속 사역(요 4:34; 5:36; 17:4)에 관계해서 쓰였다면, 요한일서에서는 주로 하나님의 사랑이 형제 사랑을 통해서 구현되는 것과 연관되어 쓰였다(요일 4:12, 17, 18).

과 더불어 그 아들을 통해 자신과의 사귐 가운데 들어온 종말의 백성 안에서, 그 사랑은 더욱 온전해지는 것이다.[183] 그리고 그 온전해지는 과정이 교회가 자신 안에서 아버지의 사랑을 형제 사랑으로 실현함으로써 이루어진다는 점이 중요하다. 물론 5절에서, '하나님의 사랑'에서 2격이 목적격인지,[184] 주격인지,[185] 결정하기는 의외로 쉽지 않다. 하지만 굳이 이 둘을 서로 배타적으로 생각할 이유도 없다.[186] 주격으로 해석해서 '하나님께로부터 시작한 사랑'을 전제하면서도, 그 받은 사랑을 전제로 '하나님을 사랑'하는 일을 포함하는 것으로 읽어도 크게 무리가 없다(참조. 4:9-10).

하나님의 사랑이 그 아들을 통해서 세상에 임하고 또한 교회를 통해서 온전해진다는 사상은 요한복음에서도 두드러진다. 그 아들은 아버지의 사랑에 의해 이 세상에 보냄을 받으셨고, 오셔서 그 아버지의 말씀을 지킴으로써 그 사랑을 온전케 하셨다(요 8:55; 17:6-8; 14:24). 마찬가지로 교회는 그리스도께서 주신 새 계명에 순종함으로써 함께 하나가 되고, 또한 자신을 세상에 보내신 그 아들과 함께 그리고 그 아들을 통해 아버지와 함께 하나를 이루는 것이다(요 15:9-10; 17:18-26). 요한복음에 나타난 사랑, 말씀에 순종함, 그리고 하나 됨의 신학은, 요한일서에서도 그대로 나타난다고 볼 수 있다. 그 아들을 믿음으로 받아 그 아들과의 사귐 가운데 거하는(1:1-4; 4:15-16) 교회는, 그의 말씀과 사랑의 계명을 지킴으로써 그 아들을 통해 주신 아버지의 사랑이 그 안에서 비로소 온전케 되는 결과를 얻는다(2:4-5; 또한 3:23-24; 4:16-21).

그러므로 공히 요한에게 있어서는, 성부와 성자의 관계의 특징인 사랑과 말씀에의 순종이 동시에, 성부 성자 하나님과 교회와의 관계에서도 연장 적용된

---

183 Marianne M. Thompson, *1-3 John* (Downers Grove: IVP, 1992), 56, '온전케 된다'는 말은, 완전주의를 가리키는 표현은 아니다. 차라리, "분리주의자들을 겨냥한 것으로, 하나님의 말씀에 순종하지 않아도 된다고 말하면서, 하나님을 사랑한다고 말할 수 없다는 것"에 가까운 의미이다.
184 Haas, *A Handbook on The Letters of John*, 40, 목적격 혹은 '질적 2격'(qualification)으로 본다(참조. 4:4). 한편 4:9에서는 주격, 2:15과 5:3에서는 목적격으로 본다; 또한 Thompson, *1-3 John*, 56.
185 Olsson, *Letters of John*, 109.
186 예컨대, Yarbrough, *1-3 John*, 86, '온전케 되었다'는 것도 신적 수동태로 보아, 하나님의 계명을 지키는 이에게, 하나님은 하나님의 사랑을 온전케 하신다는 의미로 이해한다; 또한 Loader, *The Johannine Epistles*, 17.

다. 하나님 아버지께로부터 시작한 사랑이, 그 아들의 순종으로 교회에 전달되고, 교회 역시 그 사랑의 계명에 순종함으로써 결과적으로 그들 안에서 온전하게 이루어지는 것이다. 이러한 결과는 결국, 죄와 거짓 그리고 증오와 살인으로 특징지어지는 악한 자 마귀(참조. 요 8:44) 아래에 놓여 있는 '세상' 안에, 드디어 종말에 나타난 하나님 아버지의 사랑과 그 아들의 생명, 진리의 말씀 그리고 그 '의'가 되는 사랑의 삶이 영영히 내주하는 새로운 영역, 곧 이미 임한 하나님 나라의 통치의 영역을 만들어 내는 것이다. 이것이 곧 마귀의 일이 멸해지는 것 (3:8-9)을 뜻함은 당연하며, 교회는 이런 식으로 마귀 아래에 처한 세상을 이기게 되는 것이다.

(2) 형제 사랑, 세상 사랑, 그리고 하나님 사랑 (10, 15-17절)

교회가 세상을 이기는 방식은 그러므로 '그 아들과 아버지와의 사귐'(1:3)이다. 세상 속에 있는 교회에게 삼위 하나님과의 사귐은 곧 그들이 처한 세상에 대하여 승리한 영역, 곧 하나님의 사랑이 온전히 실현되는 통치 영역이다. 요한은 한편 그 아들을 '생명의 말씀'(1:1)으로 소개하면서, 이 사귐은 빛이신 하나님 안에 거하는 것처럼(1:5) 또한, 그 말씀이 그들 안에 있다는 것을 의미함을 설명한다(1:10). 요한은 진리의 말씀이 그들 안에 거하게 됨으로써(2:4), 그들은 특별히 계명을 순종하게 됨을 강조한다(2:3-4).

이런 전체적인 그림 속에서, 2:10의 형제 사랑과 15-17절의 세상을 사랑하는 것, 그리고 하나님의 사랑 혹은 하나님을 사랑하는 것은 어떻게 이해될 수 있는가? 이 질문에 답하기 전에, 1:10부터 2:17까지의 문맥의 흐름을 문학적으로 분석한 간략한 도표를 보자:

1:10-2:6	a 말씀	b 계명	c 하나님 사랑	d 행함
2:7-17	b' 계명	c' 형제 사랑	d' 행함	a' 말씀

우선 눈에 띄는 것은, 1:10이 말씀(a)으로 끝나는데, 2:17도 '말씀' 곧 '하나

님의 뜻'(a′)을 행하는 주제로 끝난다는 사실이다(참조. 말씀이 너희 속에 거하시고, 14절). 이는 서신서의 처음 부분인 1:1이 '생명의 말씀'으로 시작한 점을 생각하면 흥미롭기 그지없다. 말씀에 대한 강조는 1:1-4의 대전제가 되는 서론의 문맥에 비추어 볼 때, 완연히 그 아들의 임재를 강조하는 신호가 아닐 수 없기 때문이다. 2:14-17의 문맥에서 볼 때, 말씀이 성도 안에 지속적으로 거하여 그들이 그 하나님의 뜻을 행하는가의 문제와 하나님 아버지의 사랑의 문제는 마치, 성자 예수 그리스도가 성부 하나님의 사랑 안에서 그 아버지의 뜻을 순종하심처럼 서로 직결되어 있는 주제들이다. 그러므로 위의 도표에서 '말씀'(a, a′)과 '하나님의 사랑'(c)은 성자와 성부의 관계처럼 서로 분리될 수 없는 연관성 속에 놓여 있음을 알 수 있다.

그렇다면 '계명'(b, b′; 각기 2:3-4과 2:7-8)은 어떻게 등장하게 된 것인가? 먼저 3-4절의 계명은 오히려 '하나님의 계명'처럼 들리기도 하지만, 7-8절의 '새 계명'(ἐντολὴν καινὴν)은 '참빛'(τὸ φῶς τὸ ἀληθινὸν)이신 그 아들 예수 그리스도께서 세상에 오신 종말론적 구속 사건을 배경으로 하는 것이 분명하다.[187] 혹시 '옛 계명'을 수신자 공동체가 설립되었을 때 주어진 계명으로 볼 수도 있지만, 한편 이를 구약의 율법으로 보면서(Konrad, Weiss, Viktor Warnach) 새 계명을 그리스도 사건을 통해 주어진 계명으로 해석하는 것이 무리가 없다.[188] 이는 또한 7-8절의 새 계명이 곧바로 9-11절에서 형제 사랑으로 해석되고 있음을 보아서도 분명하다.

그렇다면 '말씀'(a 그리고 a′)은 이 계명과 어떤 관계에 있는가? 3-4절의 계

---

187 Strecker, *The Johannine Letters*, 50-51, '참빛'이 그리스도임이 명시되지는 않았다(참조. 요 12:35). 어쩌면 그리스도와 그를 믿는 공동체의 출현까지를 모두 포함할 수도 있다. '어둠'과 '어둠에 속한 것들'은 종말론적으로 사라지고 있다(참조. 2:17; 고전 7:31).

188 Strecker, *The Johannine Letters*, 49; 또한 김동수, 『요한신학 렌즈로 본 요한서신』, 70-71, 옛 계명은 요한 공동체가 들었던 본래의 말씀, 메시지였지만, 아마도 공통된 전통, 구전이나 혹은 요한복음을 가리킬 것이다(참조. 요 13:34; 15:12, 17). 그 계명이 또한 새것이라 말한다. 왜냐하면 예수에 의해 새로운 방식으로 가르쳐졌기 때문이다(166). 또한 요한일서 어디에도 모세의 율법 준수에 대한 주제는 나오지 않는다. 여기서 '그의 계명'은 그리스도의 서로 사랑 계명과 연결되어 있다고 볼 수 있으며(67), 7절에서는 요한 공동체가 처음부터 들었던 본래의 계명이라는 의미에서 '옛 계명'(요 13:34-35)임을 상기시키고 있고, 요한일서에서 계명(요일 2:3), 옛 계명(요일 2:7), 새 계명(요일 2:8)은 모두 한 가지, 곧 서로 사랑하라는 예수의 계명이다(요 13:34-35; 참고, 요일 3:11).

명은 하나님의 계명을 의미하는 것으로 생각할 수 있지만, 그럼에도 이는 그리스도께서 주신 사랑의 새 계명 외에 본질상 다른 것은 아니다. 예수께서 구약의 율법을 사랑의 이중 계명으로 요약하신 것과 다르지 않은 맥락이다(마 22:42). 또한 요한서신은, 그 서론인 1:1-4의 문맥에서부터 그 아들 자신을 '생명의 말씀'으로 소개한다. 이렇게 보면, '말씀'(a, a´, 특히 2:14)은 그 아들의 임재를 강조하는 표현이라 볼 수 있다(1:10). 그러므로 2:14의 '청년들'의 경우처럼 형제 사랑의 새 계명을 지킬 수 있는 능력은 오히려 그 아들이 '말씀'으로 그들 안에 임재하시는 그 사귐을 통해서만 가능하다고 결론지을 수 있다.[189]

그렇다면 더 나아가서, 하나님의 사랑(c, 2:5)과 말씀(a, a´) 혹은 계명(b, b´)은 어떤 관계에 있는가? 2:5에 처음 등장하는 '하나님의 사랑'이 '온전케 되었다'(τετελείωται)는 동사와 연관되어 나온다는 사실을 고려하면, 아마도 '형제 사랑'과 '하나님의 사랑' 그리고 '온전히 이루어짐'의 개념 모두를 포함하는 4:12이 가장 결정적인 열쇠가 되는 본문이라 할 수 있다.[190] 왜냐하면 이 구절은 '하나님의 사랑'이 우리 안에서 '온전히 이루어지는' 통로가 '형제 사랑' 곧 그리스도의 새 계명을 지키는 것임을 명확히 보여 주고 있기 때문이다. 또한 2:5에서 '하나님의 사랑'(c)이 언급되고,[191] 이어서 '새 계명'(b´, 7-8절)이 소개된 후에 비로소 명확히 '형제 사랑'(c´)을 설명하고 있는 요한서신의 순차를 어렵지 않게 짐작할 수 있다. 드러내 놓고 표현하지는 않았지만, 새 계명(b´)의 내용이 다름 아닌 형제 사랑(c´)임이 뚜렷하다. 한편 이러한 형제 사랑을 통해서 하나님의 사랑이 그들 안에 온전해지는데(2:5, 10; 4:12), 이것은 동시에 그리스도의 새 계명을 지키는 것과 동일한 과정이며, 마치 그 아들이 아버지의 말씀에

---

189 Findlay, *John's Letters*, 206-207, 청년들이 실제적으로 말씀으로 악을 이길 수 있는 방법을 강조하며, 예수 그리스도와 악한 자 간의 싸움도, 이 말씀을 통한 싸움과 연결 짓는다.
190 한편 P. W. van der Horst, "A Wordplay in 1 Joh 4:12?" *ZNW* 63/3-4 (1972): 280-282, 12절에서 '어느 때나 하나님을 본 사람이 없으되'(θεὸν οὐδεὶς πώποτε τεθέαται)는 요한복음 1:18의 '본래 하나님을 본 사람이 없으되'(Θεὸν οὐδεὶς ἑώρακεν πώποτε)를 변형한 것인데, ἑώρακεν 대신 τεθέαται로 표현한 것은, 당시 헬라 문헌들에서 Θεός와 θεάσθαι 사이에 있었던 언어유희에 의한 것이었을 가능성을 제안한다.
191 Strecker, *The Johannine Letters*, 42, 5절의 '하나님의 사랑'의 2격인 목적격(Bultmann)인지, 주격(Balz, Deling, Hubner)인지 혹은, 둘 다를 의미하는 것인지 아니면 '신적인 사랑'(Schackenberg)으로 질적 2격인지 불분명하다.

순종함으로 아버지의 사랑 안에 거하는 것같이, 저들도 주께서 주신 계명에 순종함으로써(3:23-24), 그의 안에 곧 아버지의 사랑 안에 거하게 됨을 알 수 있다(4:16).[192] 그렇다면 '세상을 사랑'하는 것은 이런 일련의 과정 즉, 하나님의 사랑이 그 아들을 통해서 교회로 그리고 교회가 그 계명 곧 형제 사랑을 통해서 그 아버지의 사랑을 온전케 하는 과정에 어떻게 개입하고 어떻게 방해하고 있는가?

이 질문은 결국, '하나님 사랑과 형제 사랑'(2:5, 10)의 주제가 과연 어떻게 해서 2:15-17에서 '세상 사랑'과 '하나님 사랑'의 주제로 이어지는지를 묻는 것이다. 그 단서는, 형제를 사랑하지 않고 미워하는 것(9, 11절)이 곧 '어두운 가운데 행하는 것'(d, 11절)이라는 설명에서 찾아진다. '어둠'의 이미지는 이미 1:5-7에서, 하나님이 빛이시며(1:5), 하나님과 사귐이 있다 하는 자는 빛 가운데 행할 것(1:7)을 가르친 구절에서 명확히 제시되었다. 여기서도 빛 가운데서 행한다는 것은 또한 진리를 행한다는 것이며(1:6), 2장에서 설명하는 식으로 하면, 이는 새 계명을 지키는 것(2:7) 곧 '그의 형제를 사랑하는'(2:10) 것이다.

그렇다면 어둠의 이미지는 어떻게 '세상 사랑'과 관련되는가? 1:5-10의 문맥에서, 어둠 가운데 행한다는 것은, 거짓말을 하는 것(1:6)이며 죄를 짓는 것이다(7절). 또한 세상 사랑과 하나님 사랑이 대조되는 2:12-17 직전 문맥인 2:7-11에서, 종말론적으로 '지나가는' 어둠은 세상에 임하신 '참빛'과 그리스도와 배타적으로 적대되는 세력으로 이해되며(2:8), 형제를 미워하는 증오와 직접 연관된다(9, 11절). 그리고 어두움이 형제를 증오하는 자의 '눈을 멀게 하였다'(11절)는 말씀은 이 어둠이 거짓뿐 아니라, '무지'(無知)와 관련됨을 암시한다.

이렇게 보면, 어둠과 관련된 이러한 특징들, 곧 거짓말, 죄, '지나감', 그리고 적그리스도와 무지는 모두, 악한 자 마귀의 특징들로 귀속되거나 또는 그 악한 자 마귀 아래에 있는 이 '세상'의 특징이기도 하다는 사실을 확인할 수 있다(참조. 3:8-9; 요 8:44). 특별히 8절에서 어둠이 '지나간다'(παράγεται)는 표현은, 17절

---

192 요한서신에서는, 그리스도의 사랑 안에 거한다는 표현은 찾기 어렵고, 사랑 안에 거한다거나, 그런 의미에서 '하나님 안에 거한다'고 표현된다(4:16).

에서 '이 세상은 지나가되'(παράγεται)라는 표현과 직결됨으로써,[193] 어둠의 이미지는 곧바로 세상을 대변하는 이미지이며, 빛이신 하나님과 이원론적 구도 속에 서 있는 마귀의 영역의 특징이라 할 수 있다.

이런 맥락에서, 2:11에서 어둠과 그 어둠 속에서 형제를 증오함으로써 갈 길을 잃었다든지 또한 그 어둠 속에서 무지해지는 상태를 배경으로, 12절부터 죄 사함이 등장하고 '악한 자'가 언급되며(13절), 태초부터 계신 이를 '알았다'(14절)는 표현, 그리고 무엇보다 결정적으로 '하나님의 말씀'이 '너희 속에 거하신다'(14절)는 표현은 1:1-4에서 전개했던 '생명의 말씀'이신 그 아들과의 사귐을 떠올리게 한다.[194] 그리고 곧바로 이렇게 하나님의 말씀이 그 안에 거하는 '청년들' 곧, 생명의 말씀이신 그 아들과의 지속적인 사귐이 있는 청년들이, '그 악한 자'(τὸν πονηρόν, 흉악한 자, 개역한글/개역개정) 마귀를 이긴다는 선포가 나온다(14절; 참조. 3:8-9; 특히 5:3-6). 그러므로 '세상'은 어둠의 세계로서, 악한 자 마귀 아래에 있고, 빛 되신 하나님과 그의 사랑 그리고 그 아들 예수 그리스도의 의, 진리, 영원한 생명과 대립되는, 어둠과 증오, 그리고 죄, 거짓, 죽음으로 특징지어지는 영역이라는 것을 확인할 수 있다. 또한 이런 세상 안에 들어 있는 모든 것들이 하나님과 그 아들을 대적할 뿐 아니라, 그 아들과 아버지와의 사귐 가운데 거하는 교회를 대적하는 것은 물론이다. 여기서 세상 사랑과 하나님 사랑이 적대적으로 대립하는 관계가 성립하게 된다.[195]

그렇다면 어떤 의미에서, '세상을 사랑하면 아버지의 사랑이 그 속에 있지 않다'(15절)고 하는가? 왜 서로 배타적이고 공존할 수 없는 것인가? 우선 존재적으로 하나님과 세상은, 서로 대치되는 위치에 서 있다. 세상은 악한 자 마귀 아래에 처해 있다(5:19). 그리고 하나님은 그 악한 자 아래에 처해 있는 세상으로 자기 아들을 '보내신다'(4:14; 요 3:16). 그리고 그 세상은 그 악한 자의 특징적

193　Strecker, *The Johannine Letters*, 51, 각주 22.
194　김동수, 『요한신학 렌즈로 본 요한서신』, 66, 요한 문헌에서 '안다'는 것은 한 인격체와 친밀한 관계를 이루는 것을 의미한다(요일 2:3, 4, 13, 14; 요 10:14-15). '안다'는 말은 그러므로 요한일서에서 '하나님과 사귐이 있다'나 '하나님 안에 거한다' 등의 어구와 일맥상통한다.
195　Jobes, *1, 2 & 3 John*, 111, 2:10의 '형제 사랑'의 계명과 15절의 '세상 사랑'은 날카로운 이원론을 구성한다.

인 지배를 받는 영역으로, 거짓(1:6, 10; 2:22; 4:1), 죄(1:9; 2:1, 12, 21-22; 5:10), 불의 (1:9; 3:10; 5:17), 증오, 그리고 살인(2:11; 3:12-15; 5:16), 무엇보다 하나님과 그리스도를 대적하는 영이 활동하는 영역이다(2:18; 3:8, 13; 4:1-2; 5:3, 19). 반면에 이런 세상으로 보내어진 그 아들이 대표하는 영역의 특징들은 영원한 생명(1:1-2; 2:17; 4:9; 5:12, 20), 빛(1:5), 의(1:9; 2:1, 29; 3:7, 10), 성결(1:7; 3:1-3), 진리(1:6; 2:4, 8; 4:6; 5:20), 그리고 사랑(2:5, 10, 17; 3:11, 14-18; 4:7-21; 5:1-2)이다. 이렇게 요한일서에서는, 한편에는 하나님과 그 아들 그리고 다른 편에는 악한 자 마귀와 세상이 다양한 주제들을 중심으로 광범위하게 맞서는 모양새로 그려지고 있다.

이렇듯 존재론적으로 양분된 영역들 사이에서 하나님과 세상 가운데 어느 한쪽을 '사랑한다'는 것은, 나머지 다른 쪽을 적대하는 선택이 될 수밖에 없다. 요한의 구도 속에서는, 하나님과 그 아들 그리고 악한 자 마귀와 세상이 서로 이원화된 대립 구도 속에 서 있기 때문이다. 더구나 요한에게 있어서, 세상은 하나님께서 그 아들을 보내셔서 구원하시고 변화시킬 대상이지, 그 아들을 통해 아버지의 사랑을 받은 교회가 있는 그대로 사랑할 대상이 되지 못한다. 하나님도 세상을 사랑하신다. 하지만 세상을 향한 하나님의 사랑은 세상을 변화시키고 구원하는 것이 목적이다. 요한복음 3:16과 요한일서 4:11에 기록된 대로, 하나님이 세상을 '이처럼'(οὕτως) 사랑하셨다고 했을 때, 그 '이처럼'이 결정적인 초점이다. 구체적으로, 요한복음 3:16에서 '이처럼'은 '그가 주셨다'는 것이고, 요한일서 4:11에서 '이처럼'은 '그가 그의 아들을 보내셨다'(4:10)는 것을 전제로 한다. 하나님께서 세상을 사랑하심은, 그러므로 주심과 보내심을 기반으로 한다. 그 목적은 세상을 구원하기 위함이거나(요 3:16) 온 세상의 죄를 위해서이다(2:2).[196]

그렇다면 2:15에서 '세상을 사랑한다'는 것은 어떤 의미인가? 앞에서 설명한 것처럼 하나님께서 세상을 구속하시기 위해 사랑하시는 것처럼 사랑한다면 아무런 문제가 없을 것이다. 본문은 그런 의미가 아님이 명백하다. 또한 15절이 줄 수 있는 첫인상처럼, 세상을 사랑하는 것이 하나님을 사랑하는 것보다 더

---

196 Painter, *1, 2, and 3 John*, 192-193.

하지 않게 하라는 의미로 보기 어렵다(참조. 요 3:19).[197] 왜냐하면 '세상을 사랑한다'(ἀγαπᾷ τὸν κόσμον) 할 때 '사랑한다'는 동사 ἀγαπαω는 '아버지의 사랑'에서 그 '사랑'(ἀγάπη)과 같은 어근의 단어인데, 문맥상으로는 오히려 이렇게 동일한 단어를 사용한 것이 훨씬 극적일 수 있기 때문이다.[198] 같은 종류의 '사랑'의 용어가 서로 배타적인 두 대상에 함께 쓰였다는 것은, "사람이 두 주인을 섬길 수 없다"(마 6:24)는 말씀처럼, 그럴 수 없다는 인상을 최대한 증폭시켜 준다. 이런 맥락에서 15-17절에서 '세상'은 구약의 언약적 용어로는 차라리 '우상'에 가깝다고 할 수 있다(출 20:3-4; 또한 요일 5:21).[199]

그리고 '세상을 사랑'하는 것은 '아버지의 사랑'과 질적으로 다른 면도 있다. Painter에 의하면, 하나님께서 세상을 사랑하시는 것은, 세상을 구속하여 변화시키려 하는 사랑이지만, 요한이 금지하는 '세상을 향한 사랑'은 있는 그대로 두고 '소유하려는' 종류의 사랑이다. 이런 사랑의 결과는 세상을 사랑하는 자가 도리어 세상에 의해 변해 버리게 된다는 것이다(참조. 요 3:19). 요한일서는 '세상적 가치'가 갖고 있는 강력한 흡인력에 대해 잘 알고 있다. 또한 이런 식의 '소유하기 위한 사랑'이라는 내용이 '세상에 있는 모든 것들'(πᾶν τὸ ἐν τῷ κόσμῳ)이라는 표현 속에도 고스란히 들어 있다.[200] 아버지의 사랑은 그 아들을 통해 세상을 구속하고 변화시키려는 것인데, 이런 식으로 세상을 사랑하는 것은 도리어 그 사람을 세상처럼 변질시킬 것이다. 그런 사람 속에 아버지의 사랑이 머물 수가 없다. 그 사랑의 목적과 역행하기 때문이다. 15절에서 '아버지의 사랑'(ἡ ἀγάπη τοῦ πατρὸς)이 목적격 2격인지,[201] 주격 2격인지를,[202] 결정하는 것은 사실 그렇게 중요하지 않다. 두 차원은 서로 분리될 수 없이 하나로 엮여 있다. 그 아

---

197 Olsson, *Letters of John*, 137.
198 Griffith, *Keep Yourselves from Idols*, 106, '아무도 너희를 미혹하지 못하게 하라'(3:7), '세상이 너희를 미워하거든 이상히 여기지 말라'(3:13), '다 믿지 말고 … 시험하라'(4:1), 그리고 '자신을 지켜 우상에서 멀리하라'(5:21)와 함께, '세상을 사랑하지 말라'(2:15)는 명령은, '종말론적'이고 '이원론적'인 수신자 공동체의 배경을 향한 목회적 권면의 일부이다.
199 Olsson, *Letters of John*, 137.
200 Painter, *1, 2, and 3 John*, 192-193.
201 Jobes, *1, 2 & 3 John*, 112.
202 Painter, *1, 2, and 3 John*, 193.

들을 통해 아버지의 사랑을 받지 않은 사람이 하나님을 사랑할 수 없고, 하나님을 사랑한다는 것은 그가 그 아들을 통해 받은 아버지의 사랑을 온전케 하는 것이기 때문이다. 그리고 그 아버지의 사랑을 온전케 하는 과정은, 그의 계명을 지키는 것(2:5), 곧 그 아들이 친히 성취하시고 자신의 대속적 사랑을 근거로(2:1-2; 4:9-11), 새롭게 주신 새 계명(2:7-8; 4:12)인 형제 사랑을 통해서 이루어진다.

확실히, 세상을 사랑한다고 할 때 그 '사랑'은, 형제 사랑의 경우와는 질적으로 다른 종류의 사랑이다. 그 사랑은 빛 가운데서가 아닌 방식으로 대상을 소유하고 즐기고자 하는 집착을 가리킨다. 그렇게 함으로써, 하나님을 대적하는 편에 참여하기를 선택하는 것이다. 반면에 하나님을 사랑하는 것은 형제 사랑으로 표현되기 때문에, 하나님 사랑과 배척되는 세상을 사랑하는 것으로는 형제 사랑을 할 수가 없다.[203] 요한서신의 분리주의자들을 대입해 보면, 이런 의미에서 그들은 세상을 사랑하는 자들이고, 아버지께서 세상을 사랑하사 보내신 그 아들을 전혀 생각지 않는 자들인 셈이다. 혹시 그들이 하나님 아버지께서 그 아들을 세상에 보내셨다는 사실은 인정했을지 몰라도, 그 아들에게 일어난 죽음과 인류를 위한 구속은 생각지 않은 것이다. 이에 반해서, 요한은 세상이 그 아들을 미워했다는 전통을 따랐고(3:13-14; 참조. 요 15:18-25), 하나님께로부터 온 사랑은 형제들을 사랑하는 것으로 나타난다는 가르침을 견지한 것이다.[204]

그러므로 세상을 사랑하느냐 아니냐의 문제에 있어서도, 하나님께서 세상을 사랑하신 방식이 매우 결정적이다. 교회가 세상을 대하는 문제에 있어서, 세상을 사랑하고자 할 때, 그 방식이 그들의 성부 하나님께서 세상을 사랑하신 방식과 같아야 한다. 하나님은 세상을 사랑하사 그 아들을 주셨다. 세상을 살리기 위해 주셨다. 교회도 세상을 이런 식으로 사랑해야 한다. 이때 결정적인 문제는, 그 아들 안에서 세상을 사랑하는 일이다. 교회가 세상을 사랑하는 문제에 있어서도 그 핵심은 다시 기독론으로 돌아온다. 역으로, 요한서신의 분리주의자들

---

203 Jobes, *1, 2 & 3 John*, 111.
204 Olsson, *Letters of John*, 137.

은 그 아들이 없이도 세상을 사랑할 수 있다고 주장한 자들인 셈이다. 이렇듯, 하나님께서 세상을 대하시는 방식은 전적으로 구속적이고 회복적이다. 자신을 떠난 세상 속에 있는 불의와 사망 권세, 허무함과 반역성을 구속하고 치유하고 회복하시기 위함이다. 교회는 하나님의 방식으로 세상을 사랑해야 한다. 성도가 세상을 사랑하는 방식이 세상 사람들의 방식과 같아서는 안 된다. 그는 곧 세상의 소유가 되고 지배를 받게 된다. 즉 교회가 세상을 사랑할 때, 죄와 사망과 허무라는 독성을 의와 생명과 그리스도의 임재라는 필터를 거치지 않고 받아들였을 때, 교회는 세상의 독성을 그대로 받아 그 가치관에 따라 변화되고 도리어 세상처럼 되어버려 세상과 같은 운명의 길을 가게 되는 것이다. 이런 식으로 세상을 사랑하는 것은, 하나님 사랑과 절대적으로 대적 관계에 놓여 있다는 뜻이다.

마지막으로, 하나님을 사랑하는 것이 실은 '하나님의 뜻을 행하는' 것과 동일시된다는 점이 흥미롭다. 이것은 요한이 강조하는 대로 하나님을 사랑하는 것을 아버지의 말씀을 지키는 것으로 증거하셨던 예수님 자신에게도 맞는 표현이다(요 8:55; 14:21, 23, 특히 31절). 이는 앞의 도표에서도 확인할 수 있는 패턴이다. 즉 '계명을 지키는 것'(b)과 '하나님의 사랑'(c) 그리고 그가 행하시는 대로 '행하는'(d) 삶이 서로 긴밀하게 연관되는 2:3-6의 문맥이, 동일한 패턴으로 '새 계명'(b')과 '형제 사랑'(c') 그리고 하나님의 뜻을 '행하는'(d') 것으로 이어지는 7-17절의 문맥에서 그대로 반복됨을 알 수 있다.

다시 말해서, 하나님을 사랑하는 것과 그의 계명을 지키는 것, 혹은 그의 말씀을 순종하는 것은 긴밀한 관계가 있다. 정확히 말해서, 하나님을 사랑하는 일에 성공하려면, 그의 말씀을 이루어야 한다. 요한은 이를 두고, 새 계명을 지키는 것이라고 하면서도, 동시에 그 말씀이 신자의 안에 '거하는' 과정을 통해서 이루어진다고도 말한다. 어찌 보면, 그 말씀이 그의 안에 거함으로써 그는 그 계명, 곧 형제 사랑을 이루게 되고, 그렇게 함으로써 아버지의 사랑을 온전히 이루는 것이다. 이 과정에서 세상을 사랑하는 사랑이 끼어들지 못하게 하라는 것인데, 이것도 역시 '말씀'이 그의 안에 '거함으로써' 가능해진다.

왜 그런가? 그것은 그 말씀이 세상을 이기는 결정적인 열쇠가 되기 때문이다. 요한에게 있어서 말씀은 계명과는 약간 다르다. 계명은 지켜야 할 명령이지만, 말씀은 1:1-4부터 그 아들이신 예수 그리스도의 칭호처럼 소개된다. 그는 '생명의 말씀'이시다(1:1; 요 1:1-3). 그렇다면 그 아들이 오셔서 세상 임금인 그 악한 자의 일을 멸하셨고(3:8-9), 또한 '너희 안에 계신 이'가 '세상에 있는 이'보다 크신 것처럼(4:4), 그 아들이 세상을 이기신 것은 분명하다. 그래서 그 아들을 믿는 자마다 세상을 이기는 것이다(5:4-5).

그런데 요한은 2:15-17에서 특별히 신자들이 세상을 사랑하는 것을 극복하고 하나님을 사랑하게 되는 비결을 '말씀이 너희 속에 거하시는' 것으로 밝힌다. 이들이 '악한 자를 이겼다'(14절). 악한 자를 이기신 분은 그 아들이시다(3:8). 그리고 그 아들은 '생명의 말씀'으로 소개된 바 있다(1:1). 그러므로 '너희 속에 거하는 말씀'은 그 아들 자신의 임재라고 할 수밖에 없는 것이다. 참으로 아름다운 신학적 고리들이 서로 절묘하게 엮여 있음을 보게 된다.

또한, 세상을 이기는 혹은, 세상을 사랑하는 정욕을 이기게 하는 말씀은 동시에 영원히 거하시는 것이다. 요한은 이것을 '하나님의 뜻을 행하는 이'가 영원히 거한다고 표현한다(17절). 14절에서 '말씀이 그 속에 거하는 너희'나 17절에서 그래서 '하나님의 뜻을 행하는 이'는 동일한 대상을 다르게 표현한 것이라 볼 수 있다. 말씀이 내주하는 것을 강조하는 것과 그래서 그 말씀이 그의 행함으로 드러나게 됨을 강조하는 차이이다. 이처럼, 16-17절의 배경은 이사야 40:6-8일 가능성이 높다.[205] 풀과 풀의 꽃, 그리고 그 꽃의 영광으로 상징되는 '세상'은 사라지지만, 하나님의 말씀은 영영히 거한다. 그러나 지금 요한일서 2:17에서 영원히 거하는 것은 말씀 자체라기보다는, 그 말씀이 그 안에 거할 뿐 아니라, 그로 말미암아 그 말씀 곧 하나님의 뜻을 '행하는' 자가 영영히 거하는 것이다. 그가 영영히 거할 수 있는 이유는 바로 이 '영원한 생명의 말씀'이 그의 안에 거할 뿐 아니라, 그 말씀을 받아들여 그의 행함으로 이루어냈기 때문일 것이다.

말씀을 구원의 문제와 연관시키는 것이나, 그 말씀을 받아들임으로써 그

---

205 한편 Strecker, *Johannine Letters*, 59, 2:8 그리고 고린도전서 7:31과의 연관성만을 언급한다.

구원을 온전히 이룬다는 사상은 사실, 공동서신의 특징적인 구원론의 일부이다.[206] 야고보서 1:18은 신자의 중생이 하나님의 뜻, 곧 진리의 말씀을 통해 이루어진 것임을 선포한다. 21절은, 신자가 중생하게 된 그 통로인 복음 곧 말씀은 그들의 심령에 '심겨져' 있다고 언급한다. 그리고 그들은 자신들을 '능히 구원할' 그들 안에 '심긴 말씀'을 '온유함으로 받아야' 한다. 그것이 그들이 인내함으로 '생명의 면류관'(약 1:12)을 받는 길이다.

베드로전서 1:22-25도 다르지 않다. 신자의 거듭남은 '살았고 영영히 있는 말씀'으로 된 것으로 설명한다. 그 배경도 이사야 40:6-8이다. 베드로는 이사야의 그 '하나님의 말씀'을 '너희가 들은 복음'으로 확증해 준다(벧전 1:25).[207] 야고보서의 경우에도 1:9-11에서 이미 이사야 40:6-8을 인용하고 암시하지만, 정작 '하나님의 말씀은 영영히 서리라'(사 40:8)는 구절은 생략한다. 이 생략된 부분이 말씀-구원론을 선포하는 1:18과 21절에서 완연하게 본문의 표면으로 드러나는 것이다. 말씀이 영영히 서기 때문에, 그 말씀이 그 심령에 심긴 신자가 그 말씀을 온유함으로 받으면서, 영영히 서는 곧 생명의 면류관을 받게 되는 것이다.

요한일서 역시, 공동서신이 공유하는 이러한 '말씀-구원론'을 확증해 준다. 1:1-2에서 이미 그 아들은 '생명의 말씀'이시다. 말씀이신 그 아들 안에 생명, 영원한 생명이 있다(2절). 그러므로 그 아들을 받는 자는, 말씀이 그의 안에 거하는 자이다(1:10; 2:14). 그리고 그 말씀이 그의 안에 거하는 자는, 그분의 계명 곧 사랑의 계명을 지킨다. 이로써 그에게 그 아들을 주신 아버지의 사랑을 온전케 한다(2:5). 아버지의 사랑을 통해 그 아들을 받고, 그 생명의 말씀이 그의 안에 거함으로 그는 계명을 순종하는 자녀가 된다.

하나님의 뜻을 행하는 자는, 그 말씀이 영원한 생명이며(1:1-2) 또한 영영히 거하는 것처럼(사 40:8), '풀은 마르고 꽃은 떨어져도'(사 40:6-7) 즉 '세상은 지나가도'(2:17) 영원히 거하게 되는 것이다. 결국, 기독론도 말씀이요, 구원론도, 성

---

206 참조. 채영삼, "야고보서 1:21b의 신학적 중심성", 469-470, 500-513.
207 채영삼, 『십자가와 선한 양심』, 107-115 참조.

화론도 모두 '말씀'으로 풀어가는 공동서신의 구원론의 특징을 잘 보여 준다고 할 수 있다.

3.2 세상의 증오와 형제 사랑(3:11-18)

요한은 2장에서 '아버지의 사랑'이 어떻게 '세상을 사랑하는 것'과 공존할 수 없는지, 왜 서로 배타적인지를 설명했다(2:15-17). 이어서 3장에서는 '세상을 사랑하는 것'의 위험성뿐 아니라, '세상이 너희를 미워하는 것'에 대하여도 말하고자 한다(3:13-18).[208] 교회는 단지 세상을 사랑하지 않을 뿐 아니라, 세상이 미워하는 것도 감내하고 이겨내야 한다. 여기서 교회가 세상을 사랑하는 것과 대조된 것이 '아버지의 사랑'이었다면, 세상이 교회를 미워하는 것과 대조되는 것이 '형제 사랑'이라는 점도 흥미롭다.

그렇다면 왜 세상이 교회를 미워하게 되었을까? 그것은 아버지의 사랑에서부터 기인한다. 하나님이 세상을 사랑하셨다. 그 증거는 그의 아들을 보내신 것이다(요 3:16; 요일 4:14). 그런데 하나님의 사랑의 증거로서 세상에 보내진 그 아들을 받아들이는 자들과 받아들이지 않는 자들이 나뉘게 되었다(2:18-19). 복음서에서 요한은 그것을 빛과 어둠의 이미지로 설명한다(요 1:5). 요한일서에서, '하나님의 빛'이시며(1:5), 그 아들을 받아 그 아버지와의 사귐 가운데 거하는 자들은 이 빛 가운데 머묾으로써 자신이 하나님께 속해 있음을 드러내어야 한다.

반대로, 하나님의 아들을 받아들이지 않는 사람들 즉, 하나님의 사랑을 받아들이지 않는 사람들과 그런 세상은 어둠에 속해 있는 영역이다. 그리고 하나님이 빛이신 것처럼, 어둠의 배후에는 악한 자 마귀가 있다. 세상은 그의 아래에 놓여 있어서, '참빛'이신 그 아들이 이 세상에 이미 왔지만, 마귀는 그 빛을 받아들이지 못하도록, 세상 사람들을 미혹하고 그 눈을 가린다(요 1:5; 참조. 고후 4:3-4). 심지어는, 그 아들과 그 아버지의 사랑을 받아들인 교회마저 계속해서 미혹

---

[208] 참조. Kruse, *The Letters of John*, 134-135, 3:13에 나타난 '세상의 증오'는 인접한 전후 문맥에서 '형제 사랑'(3:11, 14)과 함께 나타나는데, 이는 요한복음에서 서로 사랑할 것(요 15:9-17)과 '세상의 증오'(요 15:18-25)가 연속해서 나오는 형식과 유사하다.

하고 어둠 속에 거하도록 끌어들인다(2:9-11; 4:20). 요한이 그리는 이원론적 구도는 대강 이러하다. 이것을, 온전하지는 않지만 도표로 그리면 아래와 같을 것이다:

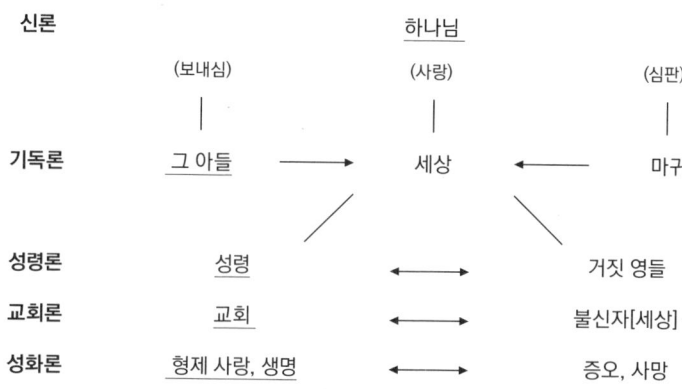

군이 신론이라든지 기독론이라는 체계적인 언급이랄 것은 없으나 다만 그런 차원으로 볼 때, 요한서신의 배후에 있는 신학적 구도는 대략 이러하다고 할 수 있다. 한편에는 하나님 아버지, 아버지가 보내신 아들, 그 아들을 증거하시는 성령, 그리고 이 삼위 하나님과 교제하는 교회가 있고, 다른 한편에는 마귀와 그에게 속한 불신자와 '적대적인 세상'이 놓여 있다. 그리고 교회는 형제 사랑을 통해서 세상을 사랑하신 아버지의 사랑을 온전케 하는 반면, 불신자와 세상은 근본적으로 증오와 살인 즉, 사망에 거한다.

그러므로 세상이 교회를 미워하는 것은, 사실, 악한 자 마귀가 자신에게 속한 세상으로 들어오신 그 아들을 대적하는 것과 같은 맥락인 것을 알 수 있다(기독론). 그것은 동시에, 그 아들을 보내신 아버지의 사랑을 거절하는, 이를테면 '신학적' 행위인 것이다(2:23). 또한 아버지의 사랑을 거절하는 것은 따라서, 그 아들을 부인하는 것이고, 그것은 그 아들이 주신 계명, 곧 '서로 사랑하라'는 형제 사랑의 계명을 지키지 않는 성화론적(?) 차원으로도 나타난다(2:3-6; 3:23-24; 4:19-21). 그래서 그 아들을 받은 교회는 그 아들이 주신 형제 사랑을 지키는 자들이고, 그 아들과 아버지를 부인하는 세상에 속한 자들, 곧 악한 자 마귀에게 속한 자들은, 형제 사랑이 아니라, '증오'와 살인이라는 삶의 특징을 보이게 된다.

그것은, 그들의 배후에 있는 악한 자 마귀의 특징이기도 하다. 마귀의 세 가지 특징은, 죄요, 거짓말이요, 그리고 증오 곧 살인이다(요 8:44; 요일 3:8). 또한 요한은 3:1에서 하나님께로부터 난 자들, 곧 아버지의 사랑을 통해 그 아들을 받아, 그 아들의 생명을 갖게 됨으로써 자녀가 된 자들과 그 아들을 거절한 세상을 대조시킨다. 그런 '세상'은 하나님의 자녀들을 '알지 못하는데' 그것은 그들이 하나님을 알지 못하기 때문이다. '알지 못한다'는 것, 곧 무지(無知)는 어둠의 특징이다. 요한에게 있어서, 어둠은 빛의 부재(不在)이며, 빛은 생명에서 오고(요일 1:1, 5; 요 1:4), 생명은 그 아들 안에 있으며(요 1:4), 그 아들은 아버지의 사랑으로부터 세상으로 보내진다(요일 4:14; 요 3:16). 그러므로 그 아들이 없다는 것은 생명이 없다는 것이고, 생명이 없다는 것은 빛이 없다는 것이며, 빛이 없으므로 볼 수 없게 된다.

그러나 하나님의 자녀들, 곧 그 아들의 생명을 가진 자들은 빛 속에서 밝히 보게 된다. 그들은 장래에도 그들이 그리스도와 '같을 줄'을 아는데, 이는 그때에는 그의 계신 그대로 '볼 것'이기 때문이다(3:2). 또한 악한 자 마귀의 특징은 '불법'인데, 여기서 이 '불법'은 그리스도를 대적하는 표현이다. 세상에 보내진 그 아들을 부인하는 것이다. 그것은 마귀의 일인데, 그 마귀의 가장 두드러진 특징이 '죄'이다(3:4). 그리고 이 '죄'는, 반대로 하나님께로부터 난 자녀들의 특징인 '의를 행하는' 것과 뚜렷한 대조를 이룬다(3:9-10).

그리고 10절은 문맥상 드디어, 이 '의를 행함'이 곧 '형제를 사랑함'과 다르지 않은 것임을 암시한다.[209] 곧, 형제를 사랑한다는 것은, 의를 행한다는 것이고, 그것은 죄를 짓지 않는 것이며, 그것은 다시 그가 마귀에게 속해 있지 않고 하나님께로부터 난 자녀임을 드러내는 증거인 셈이다. 또한 그가 하나님의 자녀라는 것은, 그 아들의 생명을 받았다는 것이며, 그 아들을 받았다는 것은 아버지의 사랑을 입은 자라는 뜻이다. 반대로, 세상은 이 자녀들을 증오할 수밖에

---

[209] Strecker, *The Johannine Letters*, 105, '또는'(καὶ, 개역한글)을 '즉'(namely)으로 해석하면서, '의를 행함'과 '형제 사랑'을 동일한 것으로 지칭했다고 본다; 한편 1:9-10에서도, 죄 사함과 의가 병렬로 나온다. 요한이 '의'라고 할 때, 그것은 정결함, 바른 관계를 가리킨다고 볼 수 있다.

없는데, 세상은 그 아들을 부인함으로써 아버지의 사랑을 거절한 자들이기 때문이다. 그들 안에는 형제를 진정으로 사랑할 수 있는, 이를테면, 기독론적, 신학적 근거가 없다는 뜻이다.

도리어 이들은 세상에 속해 있고, 그 세상을 일시적이고 제한적으로나마 장악하고 있는 악한 자 마귀에게 속해 있는 자들임이 드러난다. 그들은 그러므로 그들이 속해 있는 악한 자 마귀의 특징인 증오와 살인을 그대로 드러낸다. 따라서 교회와 세상이 각기 형제 사랑과 증오라는 최전선(最前線)에서 맞부딪치지만, 그 배후에는 아버지의 사랑으로 보냄을 받은 아들과 그 아들을 거부하는 악한 자 마귀가 서 있는, 이를테면 '대리(代理)전쟁'이 되는 셈이다. 교회는 이 전쟁의 최전선에서, 자신의 목숨을 주기까지 형제 사랑을 행함으로써(3:18), 그 아들이 세상에 오셨다는 사실과 마찬가지로 그 아들을 세상에 보내신 아버지의 사랑을 증거하게 되는 것이다.

그렇다면 형제를 사랑한다는 것은 어떻게 한다는 것인가? 요한은 이것을 야고보서의 경우처럼, 율법의 명령 혹은 '자유하게 하는 온전한 율법'(약 1:25; 2:12)을 따른 긍휼의 요구 차원에서 소개하지 않는다(약 2:13, 14-26). 오히려, 매우 기독론적이고 근본적으로 이원론적 구도라는 차원에서 소개한다고 할 수 있다. 그 증거가 3:11-12에 잘 드러나 있다. 11절에서 '서로 사랑하라'는 것은 그리스도의 새 계명이다(요 13:34-35). '처음부터(ἀπ' ἀρχῆς) 들은 소식'은 1:1에서도 나온 표현으로, 여기서는 우선적으로 공동체의 설립 초기에 전해졌던 그리스도의 새 계명을 가리킨다고 보는 것이 타당할 것이다.[210]

하지만 1:1에서 '창세전'이라는 의미가 농후한 ἀπ' ἀρχῆς의 용례를 고려하고 또한, 3:12에 등장하는 창세기의 가인과 아벨 이야기(창 4:1-24)의 예시는, 11절에서 말하는 '처음부터 들었던 소식'이라는 표현이 단지 공동체 설립 초기만이 아니라, 그리스도의 새 계명으로서, 그 아들을 세상에 보내신 아버지 하나님의 사랑을 상기시키는 사랑의 명령, 곧 구약 율법에도 녹아 있는 사랑의 명령

---

210 Yarbrough, *1-3 John*, 263-264, 197.

을 배제하지 않는다고 보는 것이 적절하다.[211] 이는 요한의 다중적이고 포괄적인 어법(語法)에 적합한 해석이 될 것이다.

그렇다면 형제가 서로 사랑한다는 것은 어떻게 한다는 것인가?(11절) 이 질문은, 실천적으로나 신학적으로나 중요한 질문이다. 과연 요한이 말하는 '형제사랑'이 무엇인가를 이해하는 것이 교회가 세상을 이기는 일에 결정적이기 때문이다. 이를 위해 요한은 12절에서, 형제를 사랑하는 것과 반대인 경우를 들어 설명한다. 즉 가인이 아벨을 증오하여 죽인 사건이다. 다시 말해서, 10절에서 형제를 사랑한다고 할 때 그 '사랑한다는'(ἀγαπῶν) 것은 가인이 그 동생 혹은 '그의 형제'(τοῦ ἀδελφοῦ αὐτου)를,[212] 죽이기까지 미워한 그 증오의 본질을 설명해 주고 있는 것이다. 12절에서는 '미워한다'는 용어가 등장하지 않지만, 13절에서는 '세상이 너희를 미워하거든'이라고 소개함으로써 '증오'의 개념을 등장시켜서 12절의 형제를 '사랑'하는 것과 대조시킨다. 즉 13절의 '증오한다'(μισεῖ)가 11절의 형제를 '사랑한다'를 설명하는 것이며, 12절은 그 첨예한 예시가 되는 것이다.

살인에 이르게 하는 증오는 어떤 것인가? 12절의 예시 즉, 가인이 아벨을 죽인 사건이 이 증오의 본질을 가장 잘 설명한다: '어쩐 연고로 죽였는가?'(χάριν τίνος ἔσφαξεν) 요한은 일부러 이런 질문을 부각시키면서, 아벨의 증오가 본질상 어떤 것이었는지를 폭로하고자 한다. 원래 성경에서 죽음은 죄의 결과이다. 죄의 삯은 사망이기 때문이다(롬 6:23). 그것이 의로운 것이고 정당한 법이다. 하지만 13절이 밝히는 바, 아벨의 죽음은 그렇지 않다. 아벨의 행위는 '의로웠고' 그를 죽인 가인의 행위는 '악하였다.' 그가 악한 자에게 속했기 때문이다.[213] 그러니까 가인이 아벨을 살인한 이유 즉, 증오한 이유는 단지 사랑하기를 실패해서

---

211 Hass, *The Letters of John*, 95, 우선적으로는 2:7의 경우처럼 수신자들에게 복음이 전해지기 시작한 때를 가리킨다고 보지만, 요한의 포괄적인 용례를 지적한다(1-2).

212 Strecker, *The Johannine Letters*, 105, ὁ μὴ ἀγαπῶν τὸν ἀδελφὸν αὐτου는 때로 부연으로 첨가된 설명으로 여겨지기도 한다(Windisch and Preisker). 하지만 이 문구는 11-12절을 잇는 연결 고리 역할을 하며 동시에 문맥 안에서 δικαιοσύνη의 의미를 규정하는 역할을 하기도 한다.

213 Kruse, *Letters of John*, 133, 가인이 악한 자에게 속해 있다는 것은 혹시 창세기 4:6-7로부터 추측할 수 있을지 모르나, 명확한 언급은 후대에 *T. Benjmin* 7:1-5나 *Apocalypse of Abraham* 24:3-5에서 찾을 수 있다.

가 아니다. 그가 악한 자에게 속한 그대로를 드러낸 것이다. 더 분명하게 말한다면, 가인은 아벨이 악해서가 아니라 '의로웠기 때문에' 그를 증오하고 죽인 것이다.

결국, 가인의 예는, 요한이 말하고 있는 '사랑과 미움'이 무엇을 의미하는지 문맥적인 이해를 돕는 결정적인 단서이다. 요한이 말하는 사랑과 미움은 단지 감정적인 것이 아니다. 그렇다고 도덕적인 차원도 아니다. 도덕적 차원을 말한다면, 악은 미워하고 선은 사랑해야 한다. 악행은 미워하고 선행은 사랑하는 것이 정상이다. 그러나 요한이 말하는 사랑과 미움은 그런 도덕적 차원에 따르는 마땅한 정서가 아니다. 가인은 아벨이 의로웠음에도, 아벨을 미워했다. 그 미움은 살인에 이르렀다. 살인은 죽음의 현상이다. 그러므로 가인이 드러낸 증오는 죽음의 현상이다. 그래서 3장에서 형제를 '미워하는'(개역개정, 13, 15절) 것이라고 번역하지 말고, 차라리 '증오, 혐오'하는 것이라고 표현해야 더 정확할 것이다. 이 증오나 혐오는 그 정당한 이유가 없는 것이기 때문이다. 의나 선, 악이나 죄와 같은 도덕적 판단에 따르는 정서가 아니다.

그러므로 가인의 증오는 '이유가 없는 증오'이다. 이런 증오나 혐오는 죽음에서 나오는 종류이다. 그래서 12절에서 가인과 아벨의 이야기를 하고 난 다음에, 곧바로 13절에서 '세상이 너희를 증오하거든'이 언급되고, 14절에서는 사망과 생명이라는 구분이 나온다. 즉 증오, 혐오는 사망의 두드러진 특징이라는 것이다. 반면에 사랑은 생명 즉, '영원한 생명', 부활 생명, 영적 생명의 특징이다. 이 둘은 양립할 수가 없다. 사랑과 증오가 양립할 수 없는 것은, 영생과 죽음이 양립할 수 없는 것과 같다.

또한 이는 다분히 기독론적 차원의 발현이다. 즉 12절에서도 가인은 명확하게 '악한 자에게 속해' 있다고 단언한다. 그의 악함은 '악한 자'에게서 나오는 것이다. 하지만 이것보다 더 악한 것은, 가인이 의로운 아벨을 증오하고 살인했다는 사실이다. 이것이 악한 자 마귀의 본질이라 할 수 있다. 마귀는 이미 8절에서 언급되는데, 여기서는 단지 '죄'만을 그 특징으로 지적했지만, 마귀의 중요한 특징들 가운데 하나는 증오와 살인이다(요 8:44). 명시하지는 않았지만, 요한은 암묵적으로 이러한 전제를 깔고 마귀의 활동에 대해 전개해 나가고 있는 것이다. 형제를 살인하기에 이르게 한 가인의 증오는 그러므로 단순한 감정도 아니고 도덕적인 정당한 근거가 있는 것도 아니다. 도리어, 의로운 아벨을 증오하고 죽일 만큼 '불법'(ἡ ἀνομία, 3:4)에 근거한 증오이며 그래서 그것은 본질상 마귀에 속한 특징을 드러낸 것이라고 할 수밖에 없는 것이다.

반대로, 이런 설명을 배경으로 11절에서 '형제를 서로 사랑하라'는 명령은 단순한 감정적 사랑이나 도덕적으로 근거가 있을 때만 사랑하라는 즉, 의로운 행위를 한 경우에만 마땅히 사랑하라는 말이 아님이 분명해진다. 11절의 형제 사랑은 12절의 악한 자에게 속한 증오와 정반대의 축에 서 있다는 문맥적인 틀 안에서 읽혀져야 하는 것이다. 그렇다면 '형제를 사랑하는' 것은 어떻게 하는 것인가? 14절 이하는 이를 명확히 밝힌다. 그에 앞선 13절은 교회가 마치, 아벨이 가인의 증오를 마주했던 것처럼, 교회도 세상의 증오를 마주하고 있다는 사실을 상기시킨다. 그래서 '놀라지 말라'(μὴ θαυμάζετε, 이상히 여기지 말라, 개역개정)는 표현은, 세상의 증오가 합리적으로 생각했을 때 그리고 도덕적 근거에 의해 생각했을 때에도 마땅치 않을 것이라는 전제가 깔려 있는 표현이다. 아무리 생각해도 교회에 대한 세상의 증오는 이유가 없다는 것이다. 왜 그러한가? 그것은 (세상이) 악한 자 안에 속해 있어서, 원래 교회가 의롭든지 말든지, 마귀가 그 아들을 부인하고 대적하듯이, 세상으로 하여금 교회를 증오하고 죽여 없애도록 부추긴다는 이원론적 구조적 대립과 갈등 상황이 드러나는 경우이기 때문이다.

그래서 14절은 사망과 생명의 영역을 명확히 나누고, '옮겼다'는 표현과 '거한다'는 표현을 통해서, 증오와 형제 사랑이 각기 사망과 생명에 속한 일임을 확실히 밝히는 것이다. 우선 형제를 사랑하는 것이 사망에서 옮겨 생명으로 들어간 원인이 아님은 문맥상 분명하다. 여기서 완료 형태의 '옮겼다'(μεταβεβήκαμεν)는 것은 하나님의 주권적 구원의 역사, 즉 그 아들을 보내심으로 그 아들을 받은 자에게 영원한 생명 안으로 그 존재의 근거를 옮기신 하나님의 주권적 역사를 가리키기 때문이다.[214] 오히려 형제 사랑은, 요한이 자주 강조

---

214 Strecker, *The Johannine Letters*, 113, 14절에서 μεταβεβήκαμεν은, μεταβαίνω에서 왔다. '넘어서 갔다'는 뜻인데, 굳이 말하자면, 그 기초를 옮겼다는 말과도 같다. 또한 14절에서, '기초를 옮겼다'는 것과 μένω(머문다)는 표현은 서로 완연하게 대조된다.

하는 것처럼, 그렇게 '이미 옮겨진' 새로운 존재 영역에 속해 있다는 증거로 제시된다.[215] 그래서 반대로 사랑치 않는 자, 곧 증오에 의해 움직이는 자는 자신이 아직 사망의 영역에 속해 있을 수 있다는 정당한 의심을 해야 하는 것이다.

또한 15절에서, 형제를 증오하는 자는 '살인하는 자'(ἀνθρωποκτόνος)라는 뜻은, 그가 처음부터 살인한 자인 악한 자 마귀에게 속해 있는 자라는 증거를 드러낸다는 의미로 표현된 것이다.[216] 그래서 '살인하는 자마다' 영생이 그 속에 '거하지' 않는다는 것은, 마귀에게 속해 있다는 증거가 되는 근거 없는 증오와 살인을 행하면서 동시에, 형제 사랑이 그 특징이 되는 영원한 생명의 영역, 곧 그 아들과 아버지의 사랑 안에서의 사귐의 영역 속에 들어 있을 수 없다는 뜻이다. 두 영역은, 마치 그 아들과 악한 자가 배타적인 것처럼 배타적이어서 양쪽에 동시에 소속될 수 없기 때문이다. 요한은 현상적으로 드러나는 형제 사랑이나 증오라는 삶의 특징들조차 그것의 소속과 출처가 되는 영적이고 존재론적인 영역의 분리와 구분을 반영하는 것으로, 이와 따로 존재할 수 없는 현상임을 분명히 하고 있다는 사실을 알 수 있다.

그래서 16절에서, 형제 사랑의 표본으로 그 아들의 사랑을 제시한다. 그가 우리를 위하여 목숨을 버리셨다는 것은, 그가 죄인을 위하여 자신의 생명을 내주기까지 사랑했다는 사실을 가리킨다. 죄인을 사랑하는 것은, 의인을 증오하는 것만큼이나 근거가 없는 일이다. 그것은 단지 감정적인 그리고 단지 도덕적인 근거에 의해서 하는 사랑이 아니기 때문이다. 마치, 악한 자 마귀의 증오가 맹목적인 살인으로 내달리는 것처럼, 그 아들의 사랑은 맹목적으로 불의한 자를 살리는 쪽으로 내달리는 사랑이라고 역설하는 셈이다. 그래서 '남을 죽이는 것' 곧 살인(15절)과 남을 살리는 것 곧 구원(16절)이 날카롭게 대조되는 것이다. 요한은 가장 근본적인 존재 영역인 사망과 생명을 소개하면서, 증오와 사랑마

---

215 Jobes, *1, 2 & 3 John*, 156-157, 요한의 '실현된 종말론'(realized eschatology)과 '개념적 이원론'(conceptual dualism)이 두드러진 본문이다.

216 Strecker, *The Johannine Letters*, 113-114, ἀνθρωποκτόνος는 '사람을 죽이는 자로, 세속 헬라어에서는 잘 사용되지 않는 단어이다. 가인의 경우나 노아의 법을 생각나게 한다(창 9:6, 무릇 사람의 피를 흘리면 사람이 그 피를 흘릴 것이니, 이는 하나님이 자기 형상대로 사람을 지었음이니라). 신약에서는, 요한복음 8:44에서 한 번 사용된다.

저 그 사망과 생명의 형식을 빌려서 표현하고 있다. 즉 악한 자에게 속한 증오란 근거 없이 남을 죽이는 것이며, 반대로 그 아들에게 속한 사랑이란 근거 없이 죄인을 살리는 것이다.

그래서 요한이 말하는 사랑 역시, 당연한 사랑이 아니다. 자신이 할 수 있는 만큼 하는 사랑이 아니라, 자신을 희생하면서까지 사랑하는 사랑이다. 마치 '눈먼 증오'(2:9, 11)가 있듯이, 이런 사랑은 '눈먼 사랑'인 셈이다. 이것이 16절과 17절에 그대로 설명되어 있다. 형제들을 위하여 '목숨을 버리는'(τὰς ψυχὰς θεῖναι) 사랑은 어떤 사랑인가?[217] 상대를 위하여 자신의 것, 삶을 내려놓는다는 의미인가(참조. 막 10:45; 마 20:28), 자신의 생명을 걸만큼 헌신적으로 하라는 것인가(E. Schweizer), 자신의 생명을 위험에 처하게 하면서까지 하라는 것인가?(Bultmann)[218]

그렇다면 혹시, 형제들을 위하여 순교를 각오하라는 것인가? 어쩌면, 요한의 분리주의자들은 배교자들로서 세상의 유혹 앞에서 그리스도를 부인하고 형제 사랑을 포기하여, 순교의 상황을 피하고 교회를 떠난 자들일 수 있다.[219] 즉 형제들을 버리지 않기 위해서는, 세상에 속한 목숨도 버릴 수 있는 사랑을 가리키는 경우이다. 이는 일리가 있는 해석이지만, 문맥상 명확한 것은, 형제 사랑이 단순한 감정이나 도덕적 정당성 위에 서 있지 않고, 도리어 악한 자 마귀를 대적하며, 그리스도를 대적하는 세상과 싸워 이기는 사랑, 세상에 그 아들을 주신 하나님의 사랑에 근거한 사랑, 죄인이나 불의한 자라도 살려내는 사랑을 의미한다는 것은 분명하다. 그래서 '형제를 위하여 목숨을 준다'는 것은 그저 맹목적으로 자신을 잃어버리라는 뜻이 아니다. 혹은 자신을 포기하고 형제를 살리라는 단순한 행위를 천거함도 아니다. 정확히 말하면, 나에게는 영원한 생명이 있으니, 내가 가진 생명, 시간, 물질, 관심, 이런 것들을 그 형제를 살리는 일을

---

217 Findlay, *John's Letters*, 294-295, 그리스도의 대속적인 죽으심과 그 어떤 경우에도 동질일 수 없다는 것과 동시에, 그리스도의 죽으심에 참여함을 강조한다(빌 3:10; 롬 8:29).
218 Strecker, *The Johannine Letters*, 115, 이런 표현은 요한복음에 자주 사용된다(요 10:11, 15, 17-18; 13:37-38; 15:13).
219 Edwards, *The Johannine Epistles*, 171-172, 193.

위해 버릴 수 있다는 것이다.[220]

이런 면에서 17-18절은, 세상을 이기는, 오직 그 아들의 희생과 아버지의 사랑에 근거하는 '맹목적인 사랑'의 예를 들고, 그 아들과 아버지에게 속한 자들이라면 당연히 생명에 이르게 하는 그와 같은 형제 사랑이 행동으로 드러나야 함을 역설한다. 구체적으로 17절에서, '세상 재물'로 번역된 것은, '세상의 생명'이며,[221] 이 '생명'(βίος)은 2:16에 나오는 '이생의 자랑'에서 '이생'과 같은 용어이다. 또한 가정법 형태의 κλείσῃ는 '닫는다면, 막는다면'의 의미이다.[222] 그리고 '그의 긍휼'에서 '긍휼'(τὰ σπλάγχνα; 도와줄 마음, 개역한글)은 원래 '애간장'이라 할 때처럼 사람의 오장육부를 가리키는 용어로(잠 12:10; Sir. 30.7), 신약에서 주로 '마음'(καρδία)이 있는 처소를 가리키는데 '마음의 깊은 중심으로부터 흘러나오는 긍휼'을 표현한다.[223] 이를테면, 마태복음 9:36에서, 예수님이 보여 주셨던 양 무리를 향한 목자의 긍휼, 하나님의 긍휼과 같은 것이다(참조. 호 11:8).

문맥상 더 정확히 말하면, 그다음에 바로 나오는 '하나님의 사랑'이다. 그러니까, 그의 안에 거하는 '하나님의 사랑'은 그 사랑의 대상을 향해 흘러 나가는데, 그 사람의 '이 세상의 생'을 사용하시는 것이다. 그런데 그 사람이 자신의 생, 이 세상의 생을 아끼느라, 자기 안에 거하는 그 하나님의 긍휼, 하나님의 사랑을 흘러가지 못하게 막은 것이다. 단절이다. 차단이다. 이것이 가장 큰 문제, 죄이다. 그 결과는 하나님의 사랑이 그 안에 더 이상 '머물지' 못하게 된다는 것이다. 그것은 결국 그 사람 자신의 손해이다. 치명적인 손상이다. 하나님의 이 사랑은 본질적으로, 살리는 사랑, 영원한 생명의 사랑이다. 15절의 '그 안에 영

---

[220] Thompson, *1-3 John*, 103, 여기서 예수 그리스도의 '자신을 주신' 사랑은 모범(example)과 동시에 계시(revelation)로 제시되어 있다; Jobes, *1, 2 & 3 John*, 158, 본문(3:16)은 요한복음 15:12-17를 배경으로 하고 있다; 그렇다면 요한일서는 요한복음 15:13의 '친구'(φίλος)를 '형제'로 해석한 것이나 다름없다. 실상 고대에서 φίλος란, 가치와 이익, 그리고 운명까지를 함께 연대하는 동맹의 관계이다(참조. 약 4:4)

[221] Strecker, *The Johannine Letters*, 116, βίος는 우선적으로 이 세상의 생명, 소유, 재산을 가리킨다(참조. 2:16).

[222] Kruse, *Letters of John*, 138, '마음을 닫는다'는 것은 '긍휼을 갖지 않는다'는 것인데, 신명기 15:7-9을 배경으로 보면, 이해타산과 계산하는 마음으로 하지 말고, 긍휼이 동기가 되어 형제를 물질적으로 돕기를 거절하지 말라는 의미이다.

[223] Strecker, *The Johannine Letters*, 116.

원한 생명이 거한다'는 것과 17절의 '하나님의 사랑이 그 안에 거한다'는 것은 서로 병행되면서 서로 상호 보완을 이룬다.

그러니까, 여기서 영원한 생명을 우리 안에 머물게 하는 방법이 제시된다. 그것은 하나님의 긍휼을 우리 안에 계속 머물게 하는 것인데, 하나님의 긍휼은 우리가 갖고 있는 이 세상의 생명을 사용하신다. 그것을 흘려 보내게 하신다. 즉 '통'(通)하게 하는 것이다. 영원한 생명을 우리 안에 거하게 하는 것은 어떻게 하는 것인가? 그 영원한 생명이 흘러가고자 하는 대로 흘러가게 두며, 내가 그 하나님의 긍휼을 따라가는 것이다. 그것을 막지 않는 것이다. 이렇듯, 하나님과 지속적으로 사귀려면, 그가 가는 길로 함께 가야 한다. 그가 흘러가시고자 하는 길, 그 영원한 생명이 죽은 자를 살리고자 흘러가시는 그 길로 함께 가야 한다.

그렇다면 18절에서, '말과 혀로만 사랑한다'는 것은 어떤 것인가? 18절은 전적으로, 17절의 끝에서 '하나님의 사랑이 그 안에 머물게 하라'는 말씀을 설명한 것이다. 하나님의 사랑이 그 사람 안에 머물려면, 그가 그 하나님의 긍휼을 그것을 받아야 하는 다른 이에게 흘러가게 하면 된다. 그렇게 흘러가게 하는 것은, 자신이 갖고 있는 이 세상의 생명을 내주는 것이다. 이는 16절에서, 우리도 형제를 위하여 자신의 목숨(ψυχή)을 내놓아야 한다는 것과 근본적으로 같은 말이다. 이런 문맥에서 보면, '말과 혀' 하는 태도는, 실제로는 그 속에 거하고 있는 하나님의 긍휼이 흘러가지 못하도록 만드는 위선적인 장치이다.[224] 결국, 하나님의 사랑은, 죽은 사람을 살리는, 즉 생명을 주는 사랑이다.

그런데 '말과 혀'만으로는 죽은 사람을 살릴 수 없다. 배고픈 사람이 배가 부를 수가 없고, 추운 사람이 춥지 않게 될 수 없다. 그것은 그 자신 안에 있는 하나님의 긍휼을 흘려 보내는 바른 방법이 아니다. 이 세상과 이 세상에 있는 모든 것들, 이 세상에 속한 내 제한된 육신의 생명과 그에 속한 모든 것을, 죽은 자를 살리는 일에, 생명의 역사를 이루는 일에 드리는 것이다. 이것이 정

---

[224] Haas, *A Handbook on The Letters of John*, 102, '말'과 '혀'는 동의어로서 서로를 강화시키는 표현이다. '우리는 말로만 사랑해서는 안 된다'라든지, '사랑에 관해서 말로만 해서는 안 된다'는 의미이다.

확히, 마귀 곧 악한 자가 하는 일의 정반대로 하는 것이다. 악한 자는 이 세상과 그 안에 있는 모든 것들을 통해, 거짓말로 사람을 죽이는 일에 사용하기 때문이다. 우리는, 교회는, 진리의 말씀을 통해 사람을 살리는 일에 이 모든 것을 사용해야 한다. 이것이 그의 말씀 안에 거하는 것이며, 그의 사랑 안에 거하는 삶이다.

18절에서, 또한 '행함과 진실함'에서 '행함'은 '역사'이다. 믿음의 표현이고 표시이다. 믿음이 활동해서 드러나는 역사, 증거이다. 믿음은 살아 있어야 한다. 18절에서 '행함으로'(ἐν ἔργω)는 문맥상, 23절에 나오는 '우리가 믿고'에서의 그 '믿음'과도 잘 어울린다.[225] '진실함'은 역시 진리의 증거이다. 진리의 말씀의 증거이다. '참되게 그러하다'는 뜻이다. 모든 역경을 딛고 실재로 이루어지는 무엇이다. 그것의 참됨을 실재로 드러내어 증거하는 무엇이다.

3.3 온전한 사랑과 교회(4:7-21)

하나님의 사랑에 관해서, 요한일서 전체에서 이 주제를 가장 집약적으로 전개하는 본문이 4:7-21이다. 흥미롭게도 이 문단의 시작인 7절과 끝 절인 20-21절은 모두 '서로 사랑하라'는 '형제 사랑'에 대한 명령을 언급한다. 20절에서 '형제 사랑'으로 언급된 내용이 21절에서 보다 명확히 '계명'(τὴν ἐντολὴν)으로 확대된 점이 7절과 비교해서 다소 다를 뿐이다. 그리고 7절과 21절은 하나님의 사랑이라는 주제로 한 문단으로 묶이며, 그 내용도 13-16절에서 '온전한 사랑'과 '상호 거주'라는 주제에 이르러 절정에 달하는데, 이 중심 본문을 축으로 전후 대칭적이라는 사실도 알 수 있다. 이를 쉽게 볼 수 있도록 도표로 그리면 다음과 같다:

---

225 Kruse, *Letters of John*, 139, 야고보서 2:15-16 참조.

　　　　a 형제 사랑(7-8절)
　　　　　b 하나님 사랑(9-10절)
　　　　　　c 온전한 사랑(11-12절)
　　　　　　　d 사랑과 상호 거주(13-16절)
　　　　　　c′ 온전한 사랑과 종말(17-18절)
　　　　　b′ 하나님 사랑(19절)
　　　　a′ 형제 사랑(20-21절)

　　우선 하나님의 사랑이라는 주제를 다룬 전체 본문(7-21절)이, 실제로는 형제 사랑에 대한 권면으로 열리고 닫힌다는 사실을 다시 주목해 보자(a, a′). 7절은 '우리가 서로 사랑하자'로 시작하지만, 20절은 '형제 사랑'을 그리고 21절은 '계명'을 언급하는데, 이는 그리스도의 새 계명을 지칭함이 분명하다(2:3-5; 5:1-3; 요 13:34-35).[226] 더욱 중요한 것은, 바로 7절과 20-21절 곧 하나님의 사랑이 주제가 되는 전체 본문의 시작과 끝을 장식하는 형제 사랑의 주제는 이 문단의 중심 부분인 13-16절(d)에서 절정을 이룬다는 사실이다. 여기서는 '서로 사랑'뿐 아니라, 하나님께서 교회를 사랑하신 하나님의 사랑, 그리고 하나님의 사랑이 그들 가운데 온전하게 이루어짐으로써 그 결과로 성령을 통하여 하나님과 교회의 '상호 거주'가 이루어지는 모습까지 그려지고 있다. 이러한 '상호 거주'의 실재(reality)는 하나님께로부터 시작한 사랑이 형제 사랑을 통해 그들 가운데 '온전히' 이루어짐을 전제한다.

　　이렇게 '온전한 사랑'을 주제로 다룬 본문들이, 문단의 중심인 13-16절(d)을 전후에서 감싸고 있는데, 11-12절(c)은 형제 사랑이 하나님의 사랑을 온전케 하여 보이지 않는 하나님을 증거하는 모습을 그리며, 그 결과로 '상호 거주'까지 이루어진 모습을 그린 중심부를 지나(d), 17-18절(c′)에 이르러 이렇게 이

226　참조. Yarbrough, *1-3 John*, 263-264, 4:20의 ἐάν τις는 예수 자신의 어법이기도 하다(요 6:51; 7:17, 37; 8:51, 52; 10:9; 11:9; 12:26, 47; 14:23). 21절의 '계명'을 '그로부터' 받았다고 할 때, '그'를 하나님으로 보는 경우(Painter; 신 6:5; 마 22:36), 그리고 예수 자신으로 보는 경우(Holtzmann)가 있다. 요한은 '신적 계명'(divine commands)을 자주 언급한다(요일 2:3, 4, 7-8; 3:22-24).

루어진 '온전한 사랑'이 종말의 심판과 어떠한 관계에 있는지를 전망한다. 물론, '상호 거주'나 '온전한 사랑' 그리고 '형제 사랑'조차 그 출발점은 언제나 '하나님의 사랑'임이 전반부에서는 9-10절(b)에서, 후반부에서는 19절(b′)에서 재차 강조되고 있다. 결국, 하나님의 사랑이 형제 사랑의 근거이며, 형제 사랑 곧 교회의 '서로 사랑'은 하나님의 사랑이 '온전케 된' 사랑이며 이로써 하나님과 교회의 상호 거주가 가능하게 된다는 사실을 알 수 있다.

(1) 형제 사랑 (a, a′)

우선 7절에서 요한은 '사랑은 하나님께로부터 난 것'이라고 선언한다. 한글 번역은 이를 '사랑은 하나님께 속한 것'이라고 하는데, 원문에 사랑이 '하나님께로부터'(ἐκ τοῦ θεοῦ) 나왔다는 표현은 역으로, 하나님께서 아들을 세상의 구주로 보내신 사실(4:14)을 가리키는 듯하다. 하나님께서 그 아들을 세상에 보내신 것은 '이처럼 사랑하셨기'(οὕτως γὰρ ἠγάπησεν) 때문이다(요 3:16). 여기서 말하는 '사랑'(ἡ ἀγάπη)이 하나님께로부터 나온 현저한 증거는 '우리가' 보고 만지고 믿은 '그 아들' 자신이다. 그러므로 그 아들을 믿고 받은 자가 곧 아버지께로부터 나온 사랑을 가진 자이다. 또한 7-8절에서 요한이 전제하는 '사랑'은 그저 아무 사랑이나 가리키는 것이 아니다.

특별히 하나님께서 세상을 '사랑하사' 그 사랑의 증거가 되신 그 아들이 오신 구속 역사적 사건을 전제로 한 표현이다. 그래서 7절에서 '사랑하는 자마다'라든지, 8절에서 '사랑하지 아니하는 자는'이라는 표현은, 일반적으로 자신이 정의 내린 방식의 사랑을 하거나 하지 않는 그런 경우를 가리키지 않는다.[227] 오히려, 하나님 아버지께서 보내셔서 그 아들로 나타난 사랑을 받은 자들 가운데, '그 사랑으로 형제를 사랑하는 자는 모두', 혹은 '그 사랑으로 그렇게 사랑하지 않는 자마다'라는 의미로 이해해야 한다. 7-8절에서 보듯, 요한에게 있어서

---

227 Bray, *James, 1-2 Peter, 1-3 John, Jude*, 212-213, "어떤 종류의 사랑을 말하는 것인가? 그것은 사람들이 이 단어로 사용하는 의미가 아니라 참사랑을 가리킨다. 그것은 깨끗한 마음으로부터 나와야 한다. 왜냐하면 악한 것들을 사랑하는 사랑도 있기 때문이다. 강도들은 강도들을 사랑한다. 살인자들도 서로 사랑한다. 선한 양심으로부터가 아니라 악한 것에서부터 나오는 사랑이다"(Chrysostom, Catena, *CEC* 133).

'하나님께로부터 났다'(ἐκ τοῦ θεοῦ γεγέννηται)든지, '하나님을 안다'(γινώσκει τὸν θεόν/ ἔγνω τὸν θεόν)는 표현은, 오직 그 아들과의 사귐이 있는 하나님의 자녀들에게 해당되는 표현이다.[228]

이런 맥락에서 8절에 나오는 '하나님은 사랑이시라'(ὁ θεὸς ἀγάπη ἐστίν)의 의미도, 하나님께서 세상을 사랑하사 그 아들을 보내신 구속사적 사건(9, 14절)과 문맥적으로 깊은 관련이 있다. 즉 하나님이 사랑이시라고 했을 때, 그것은 단순히 하나님의 속성이나 성품을 가리키는 표현이 아니라는 것이다. 설사 그렇다 하더라도, 오직 신약에 이르러서 '하나님은 사랑이시라'는 명제가 명확히 떠오르는 이유, 그리고 무엇보다 요한이 특징적으로 하나님 아버지께서 그 아들을 보내신 사건 위에 자신의 신학을 전개하는 맥락에서 '하나님은 사랑이시라'고 표현하는 이유는, 그 하나님의 사랑이 그 아들을 보내신 구속 역사적 사건과 필연적인 관계에 있기 때문이다. 혹은 하나님이 사랑이시라 할 때, 그 삼위 하나님 안에 존재하는 사랑의 관계를 묘사하는 것으로 보기도 하지만(Brown), 본문에서는 구속사의 계시로 드러나는 대로, 하나님께서 사랑으로 드러나셨다는 정도만 확인된다고 할 수 있다.[229]

(2) 하나님 사랑(b, b')

8절 끝의 '하나님은 사랑이시라'는 표현은 그대로 9-10절에서 하나님의 사랑이 그 아들을 보내셨다는 말씀으로 직접 이어지면서, 더욱 깊고 폭넓게 설명된다. 하나님이 사랑이시라는 뜻은 그러므로, (i) '나타내신 바 된' 사랑이요, (ii) 그의 '독생하신 아들을 보내신' 사랑이요, (iii) 또한 우리를 '살리려는' 목적을 가진 사랑으로 설명된다. 첫 번째로, '나타내신 바 된'(ἐφανερώθη) 사랑이라는 것은, 이미 1:2에서 '생명의 말씀'이 '나타내신 바'(ἐφανερώθη) 되었다든지 또는 '영

---

228 Jobes, *1, 2 & 3 John*, 190, γεγέννηται의 완료형이 보여 주듯, 거듭남(new birth)이 하나님을 아는 지식과 그들이 하는 사랑에 앞서는 전제이다.
229 Strecker, *The Johannine Letters*, 149, Feuillet 같은 경우는, '하나님은 사랑이시라'는 표현을 요한복음의 요약으로 보는데, 1-12장까지는 하나님께서 세상을 사랑하사 그 아들을 세상에 보내신 이야기이고, 13-21장은 그 아들이 다시 제자들을 사랑으로 세상에 보내시는 이야기이며, '하나님은 사랑이시라'는 표현은 이 둘 다를 포함한다고 주장한다.

원한 생명'이 '나타내신 바'(ἐφανερώθη) 되었다는 식으로, 그리스도의 오심과 직결되어 설명되었다.[230] 이것은 동시에, 보이지 않는 하나님 아버지의 사랑이 생명의 말씀이신 그 아들을 나타내심으로써 우리로 하여금 눈으로 보고 손으로 만지고 들으며, 먹고 마시듯이, 경험하고 증거하게 하셨다는 사실을 함축한다.

즉 하나님 아버지의 사랑이 그 아들을 세상에 보내심으로 나타나게 하셨듯이, 그리고 그 생명의 말씀으로 교회를 탄생하게 하셨듯이, 그 아버지의 사랑을 받은 교회 역시, '서로 사랑'을 통해서 그 아버지의 사랑이 나타나 보이게 해야 한다는 당위성이 포함된 것이다. 하나님의 사랑이 '나타내신 바 된' 것을 강조하는 직설적 설명(indicative)은 그러므로 그런 성부 하나님의 사랑을 형제 사랑으로 나타나 보이게 해야 한다는 당위적 명령(imperative)을 함축하는 표현인 셈이다(4:14, 20).

두 번째로, '독생하신 아들을 보내신' 사랑이다. '보내셨다'는 표현은, 성부 하나님의 사랑이 곧 그 아들을 보내신 것으로 나타난 것임을 확증한다. 강조점은 오히려, '독생하신(τὸν μονογενῆ, 참조. 요 1:14, 18; 3:16, 18) 그 아들'에 있는데, 이 표현은 요한복음 3:16을 배경으로 했을 가능성이 높다.[231] 조금 더 확대해서 요한복음 3:16-17은 '독생자', '보내심' 그리고 '살리게 하심' 혹은 '영원한 생명' 등의 중요한 주제들도 요한일서 4:9와 공유하고 있음을 알 수 있다. '독생하신 아들'이라는 표현은, '하나밖에 없는 그런 류의 아들'(one-of-a-kind Son)이라는 의미이다. 하나님이 주신 그 은혜의 위대함, 특별함을 강조한다. 더불어, 성부 하나님께서 그런 유일하고 특별한 아들을 세상을 위해 내주심은 성부의 사랑이 '희생'임을 강조하는 것으로 볼 수 있다.[232]

마찬가지로 요한일서 4:9에서도 '독생하신 그 아들'은 그 '배타성과 유일무이함'(exclusiveness and uniqueness)에 있어서 성부 하나님의 사랑을 고유한 방

---

230   한편 Yarbrough, *1-3 John*, 238, ἐφανερώθη 속에 있는 신적 수동태는, D. Smith와 더불어, 그리스도의 성육신에 나타난 하나님의 주권을 강조한다고 본다.
231   Hass, *The Letters of John*, 122.
232   Köstenberg, *John*, 129, 아브라함도 하나밖에 없는 아들을 제물로 내주었다(창 22장; Brown).

식으로 드러낸 증거이다.[233] 더 나아가, 다른 것으로 대치될 수 없는 그 아들을 내주심은 자기의 목숨을 내주는 것과 같은 희생임을 알 수 있다. 또한 앞서 '나타내심'의 경우에서 성부께서 그 사랑을 나타내심과 같이 형제 사랑도 하나님의 사랑을 나타내 보여야 함을 함축했듯이, 여기서도 하나님께서 '독생하신 아들'을 보내셨다는 직설적 설명(indicative)은 곧바로 형제 사랑도 역시 '목숨을 버리기까지'(3:16-17) 감당해야 하는 당위적 명령(imperative)을 함축하는 것임을 알 수 있다. 4:11에서 '서로 사랑'함이 '마땅하니라'(ὀφείλομεν)라고 하는 표현은 이런 의미 즉, 하나님의 사랑이 드러난 성격에 근거한 형제 사랑의 당위적 방식을 가리키는 것이다.

마지막으로, 9절에서 '살리려 하심이라'(ζήσωμεν)는 표현은 이 구절과 직접 관련된 요한복음 3:16-17에서 하나님께서 그 아들을 세상에 보내심은 저를 믿는 자마다 '영생을 얻게 하려'(ἔχῃ ζωὴν αἰώνιον) 하심이요, '세상을 심판하려 하심이 아니라 구원받게(ἵνα σωθῇ) 하심이라'는 말씀의 축약이라 할 수 있다. 이렇게 보면, '살리려 하심'이라 할 때 그 첫 번째 의미는 정죄하고 심판하려 함이 아님을 알 수 있다. 이것이 그 아들을 보내셔서 나타내신 하나님의 사랑의 성격이다. 살리는 것이다. 또한 영원한 생명을 얻게 하고 구원해내는 것이 그 목적이다. 그것은 영원한 생명 곧 요한이 강조해서 설명하는바 삼위 하나님과의 종말론적인 사귐의 삶이다(1:1-4). 그러나 동시에, 이런 사랑이 나타난다는 것은 재물을 나누어 형제의 육체적인 굶주림과 헐벗음을 돕고 이 세상에서의 생명도 돌보는 사랑을 포함한다는 사실도 강조된다(3:16-17). 그 아들을 보내셔서 살리는 사랑은 또한, 형제 사랑으로 구체적으로 나타나고 보이는 사랑으로 드러나 세상 속에서 실재화(實在化)되어야 하기 때문이다.

형제 사랑의 근거로 제시되는 하나님의 사랑은 9-10절(b)과 19절(b′)에서 반복되는데, 19절의 내용은 9-10절의 내용보다 오히려 간단하면서도, 색다른 강조점을 제시한다. 즉 b에서는 '나타내 보인' 사랑, '독생자를 보내신' 사랑 그리고 '살리려 하신' 사랑을 강조했다면, b′에서는 단지 그가 '먼저'(πρῶτος) 우리

---

233 Yarbrough, *1-3 John*, 238.

를 사랑하셨다는 점을 부각시킨다. 더 자세히 들여다보면, 19절(b′)에서 표면에 드러난 '먼저' 사랑하셨다는 표현은, 실상 10절(b)에서 우리가 하나님을 사랑한 것이 '아니라 다만 하나님 자신이'(ἀλλ' ὅτι αὐτὸς; 아니요 오직 하나님이, 개역한글) 우리를 사랑하셔서 그 아들을 보내셨다는 표현 속에 함축된 내용이다.[234] 그러므로 19절은 10절에 함축된 하나님의 주권적인 구속 행동의 한 측면을 부각시켜서 강조한 것이 분명하다.

이렇듯 형제 사랑에 있어서, 하나님께서 먼저 그 사랑을 시작하셨다는 사실을 기억하는 것은, 상대방의 악으로 인해 그들을 사랑하는 일이 쉽지 않은 형제 사랑의 약한 부분을 얼마든지 온전케 해 주는 중요한 특징이 아닐 수 없다. 다시 말해서, 하나님께로부터 시작된 사랑이 그 아들을 통해 전달되고 그렇게 전달된 사랑을 '서로 사랑'의 형제 사랑을 통해 '온전하게' 함에 있어서 근본적으로 방해받을 장벽이 원칙적으로 제거되는 것이다. '서로 사랑'함이 좌절될 때마다, 하나님 자신이 그들을 '먼저' 사랑했다는 사실은 그들로 하여금 언제든지 다시금 서로 사랑할 수 있는 당위와 능력의 근거가 되어 준다.

(3) 온전한 사랑(c, c′)

그래서 요한은 하나님의 사랑을 근거로 한 형제 사랑이 '서로 사랑'에 있어서 비로소 '온전함'에 이른다는 사상을 전개하기 시작한다. 이 부분은 자기 아들을 세상에 보내심으로써 그 사랑을 시작하신 하나님의 사랑이 절정에 이르는 단계라 할 수 있다. 흥미로운 점은, 하나님의 사랑이 주제가 되는 전체 단락(7-21절)에서, 그 절정이요 핵심이 되는 13-16절(d)에서는 '온전케 된 사랑'이라는 표현이 나오지 않고 그 대신 그 온전케 된 사랑의 결과인 '상호 거주' 개념이 집중적으로 반복되는 반면, 13-16절을 둘러싸고 있는 11-12절(c)과 17-18절(c′)에는 '온전케 된 사랑'이 집중적으로 드러나며 또한 설명되고 있다. 먼저 하나님께서 우리를 사랑하신 사랑을 따라 우리가 마땅히 '서로 사랑'하면(11절), 하

---

[234] 개역개정은 개역한글의 '오직'이라는 표현을 삭제했다. 원문에 '오직'이라 번역할 수 있는 단어는 없지만, 충분한 강조는 ἀλλ' ὅτι αὐτὸς의 구조 속에 포함되어 있다고 보아야 한다.

나님께서 우리 가운데 '거하시고'(μένει) 그 결과로 그의 사랑이 우리 안에서 '온전하게 된다.' 여기서 '온전하게 된다'(τετελειωμένη ἐστίν)는 표현은 완료형으로, 하나님께서 그의 사랑을 그 아들을 통해 나타내셨다는 확고한 구속 역사적 사건을 전제하는 듯하다.[235] 그리고 특별히 강조된 ἐστίν과 함께, 그런 사랑의 나타남이 '지금도 지속적으로' 그들 안에 머물고 있음을 부각시킨 표현이다.

더구나 요한은 하나님께로부터 시작된 사랑이 그 아들 안에서 온전해졌다고 표현하지 않는다. 그 아들을 통해 전해져서 그 아들을 받은 믿음의 공동체 안에 '서로 사랑'을 통해 그 사랑이 거할 때 비로소 '온전하게 된 채로 거하고' 있다고 선언하는 것이다. 즉 하나님에게서 '시작된 사랑'은 그 아들을 통해 '전달된 사랑'을 거쳐서 비로소 교회의 서로 사랑 안에서 '온전한 사랑'이 되는 것이다. 이런 사실은, 세상 속에 처한 교회에게 있어서 형제 사랑이 참된 교회의 얼마나 결정적인 표식(sign)인지를 다시금 생각해보게 만든다.

이런 점에서 11-12절(c)과 대조를 이루는 17-18절(c´)은, '온전하게 된 하나님의 사랑'이라는 주제를 반복하면서도 종말론적 심판과 연결하여 심화하고 확장시킴을 볼 수 있다. 특별히 이렇게 그 아들을 받은 믿음의 공동체 안에서 '서로 사랑'을 통하여 '온전케 된 사랑'의 목적 혹은 결과를 강조하는데, 최후의 심판과 관련된 두려움과 담대함을 들어 설명한다. 먼저 하나님의 사랑은 형제 사랑을 통해서, 결국 하나님과 교회의 '상호 거주'(mutual indwelling)를 이루어낸다(16절). 나중에 설명하겠지만, 이 상호 거주는 동시에 하나님의 사랑이 '우리 안에서 온전하게 되는'(τετελείωται) 결과가 된다. 즉 형제 사랑은 하나님과 교회의 상호 거주를 가능하게 하고 바로 이것이 하나님의 사랑이 우리 안에서 그 온전함에 이르는 결과가 된다.

여기서 하나님 사랑의 온전함과 '상호 거주'는 긴밀한 관계에 놓여 있어서, 어떤 것이 어떤 것의 원인이며 결과인지 모를 만큼 동시적이다. 즉 문맥적으로 볼 때, 11-12절(c)에서 온전한 사랑은 12-13절(d)의 하나님과 교회의 상호 거

---

235 Painter, *1, 2 and 3 John*, 271-272. 12절은 '하나님이 우리 안에 거하심'(참조. 3:24; 4:13, 15, 16)만을 언급하는 유일한 본문이다. 우리가 하나님 안에 거함은 생략되어 있다(참조. 2:6, 24, 27, 28; 3:6). 또한 '하나님의 사랑'은 주격 2격으로서, 온전케 된 것이 우리를 위한 하나님의 사랑임을 가리킨다(2:15; 4:17).

주의 원인이며 계기인 것처럼 묘사되지만, 반대로 13-16절(d) 이후에 17-18절 (c′)로 이어지는 문맥에서는, 특히 17절의 '이로써'(Ἐν τούτῳ)라는 표현에서처럼,[236] '상호 거주'(16절)가 마치 하나님의 사랑이 온전케 되는(17절) 계기요 근거인 것처럼 읽힌다.

하지만 어느 것이 앞서는 원인인지를 찾는 것보다, 17-18절(c′)이 두드러지게 강조하는 바는, 교회가 이처럼 하나님의 사랑을 온전케 하여 그와 상호 거주를 이루는 결과이다. 그것은 종말의 심판 앞에서의 두려움 없는 담대함이다(17a). 그런데 심판 날에 담대함을 갖는 것과 '저가 그러하심과 같이 우리도 이 세상에서 그러하다'(17b)은 말은 무슨 연관이 있는가? 여기서 '저'(ἐκεῖνός)는 아마도 예수를 가리킨다. 왜냐하면 '이 세상에서'라는 표현에서 보듯이, 하나님의 아들이 세상에 계셨기 때문이다. 하지만 문제는 그리스도가 '그러하심 같이'라 할 때 그것이 정확히 무엇을 가리키며 '우리도 그러하다'는 것이 앞서, 심판 날에 두려움이 없는 것과 무슨 상관인지에 관한 질문이다.

그리스도와 우리가 공통으로 갖는 '그러함'(καθὼς)의 내용이 무엇인가? Painter는 '이같이'(καθὼς)에 초점을 맞추어, 이 구절의 배경으로 요한복음 17장에 기록된 예수의 기도를 거론한다. 특히 17:9-26에서, 이제 세상을 떠나시기 전에 제자들을 세상에 남겨두시며 기도하실 때, '우리와 같이(καθὼς) 저희도 하나가 되게 하옵소서'(요 17:11)라든지,[237] '내가 세상으로부터 나지 않음 같이(καθὼς) 저희도 세상으로부터 나지 않았으며'(요 17:14, 16), 아버지께서 그를 세상에 보내신 것 같이(καθὼς), 예수께서도 제자들을 세상에 보내신 것 등이다. 하지만 이렇게 그리스도와 우리가 병행될 수 있는 여러 내용들 가운데 17절의 전후 문맥을 고려할 때, 초점이 어디인지 물을 수 있다. 우선 최소한, 그리스도께서 세상에서 계실 때 그 자신이 하나님 아버지의 사랑 안에 계셨던 것처럼, 우리도 그 아들을 통해 아버지의 사랑 안에 그대로 거한다는 뜻 정도로 국한해서

---

236 Samlley, *1, 2, 3, John*, 233; 한편 Ἐν τούτῳ가 이후에 오는 17a를 받는 것으로 보기도 한다. Jobes, *1, 2 & 3 John*, 204; Yarbrough, *1-3 John*, 257.

237 Painter, *1, 2, and 3 John*, 281.

말할 수 있다.[238]

혹은 '심판'에 초점을 맞추어, 심판에 대한 두려움이 없다는 것에 공통분모를 둘 수도 있다. 하나님의 아들인 예수께서 심판에 대한 두려움이 있었을 리가 없다. 하나님의 자녀 된 성도들도 이제 그 아들이신 예수 그리스도가 심판주이신 마당에, 두려워할 필요가 없다는 논리이다.[239] 또한 '담대함'에 초점을 맞출 수도 있다. 그리스도는 그 안에 하나님의 사랑이 온전하여져서 정말로 아무런 두려움 없이 이 세상에 존재했던 유일한 분인 것처럼, 우리도 세상에서 그러할 수 있다고 볼 수 있다.[240] 문맥적으로 볼 때, 17절과 이어지는 18절의 첫 명제는 '사랑 안에 두려움이 없다'는 것이다. 그러므로 17절의 '이같이'(καθὼς)의 초점도, 두려움이 없다는 사실, 그리고 그 전제가 되는 '아버지의 사랑 안에 거함'이라 보는 것이 적절해 보인다.

18절에서는 '온전한 사랑'이 설명되는 11-12절(c)과 17-18절(c')을 통틀어 단지 '온전해진 사랑'이 아니라, '온전한 사랑'(ἡ τελεία ἀγάπη)이라는 표현이 뚜렷하게 등장한다. 이 '온전한 사랑'은 하나님에게서 시작된 사랑이 형제 사랑을 통해 '온전해진' 사랑일 뿐 아니라, 그 결과로 하나님과의 상호 거주를 이루어 낸 사랑이며, 곧 그리스도께서 이 세상에서 성부 하나님과의 사랑 안에서 하나가 되셔서 아무런 두려움 없이 오직 담대함으로 사역하시게 했던 바로 그 '온전한 사랑'인 셈이다. 바로 이런 '온전한 사랑'이 두려움을 내쫓는다.

흥미롭게도, '내쫓는다'(ἔξω βάλλει)는 표현은 문자적으로 '밖으로 내던진다'는 의미인데, 이는 심판의 결과로 정죄를 받은 죄인을 의인의 회중에 들지 못하도록 성 밖으로 내던져 버리는 모양새를 그려 준다(마 22:13; 25:30; 또한 마 5:13; 13:48; 참조. 요 12:31).[241] 마치 예루살렘 밖에 있던 쓰레기 소각장 '힌놈의 골짜기'

---

238 Smalley, *1, 2, 3 John*, 259.
239 Brown, *Epistles of John*, 529.
240 Ben Witherington III, *A Socio-Rhetorical Commentary on Titus, 1-2 Timothy and 1-3 John* (vol. 1 of Letters and Homilies for Hellenized Christians; Downers Grove: IVP, 2006), 536.
241 Strecker, *The Johannine Letters*, 167, 이러한 법정적, 종말론적 측면의 메아리(echo)가 있다고 본다. 또한 그리스도께서 '나는 그들을 내쫓지 않으리라'(μὴ ἐκβάλω ἔξω, 요 6:37) 하신 것도 같은 맥락으로 볼 수 있다.

를 이르는 '게헨나'(Gehenna)를 떠올릴 수도 있게 만든다. 만일 이런 유비적 이미지가 옳다면, '온전한 사랑'은 심판을 당해 두려움으로 쫓겨 다니는 것이 아니라, 오히려 그 두려움을 심판하여 그 두려움 자체를 정죄하여 성 밖으로 쫓아내는 역설적인 이미지를 산출한다. 그만큼, '온전한 사랑'은 하나님의 사랑과 형제 사랑을 함께 이룬 즉, 율법의 요구를 충족하여 온전한 의(義)의 상태를 표현하는 것이고, 그래서 심판을 이기는 모습으로 나타난다고 할 수 있다.

'온전한 사랑'은 세상을 너머, 세상 끝에 있는 심판에 이르기까지 그 온전한 사랑을 가진 교회에게 승리를 안겨다 준다. 여기에는 하나님께서 그 아들을 세상에 보내신 뜻이 온전히 이루어진다는 깊은 의미가 있음도 알 수 있다. 즉 '온전한 사랑'이 '온전하게 된다'(τετελείωται)는 것은, 하나님께서 '이처럼 사랑하셔서'(요 3:16) 그 아들을 세상에 보내신 그 사랑이 원래의 목적지까지 다 이르게 됨을 뜻한다. 결국, 하나님께서 그 아들을 보내신 최종 목적지는 세상이다. 그래서 요한일서에서, 그 아들이 '육체로 오셨다'(4:2)는 사실, '물과 피로 오셨다'(5:6)는 사실이 결정적이고, 또한 이 사실을 부인하는 자들에게 아버지 하나님의 사랑이 있지 않으며, 더 나아가 이들은 거짓에 속해 있고 마귀에게서 난 자들임이 드러나게 되는 것이다.

하나님께서 그 아들을 세상에 보내셨다는 것과, 아버지께서 세상을 이처럼 사랑하셨다는 사실은 그러므로 서로 동의어인 셈이다. 더구나 그 목적지가 동일하기까지 하다. 그 아들은 세상에 오셔서 단지 성육신하신 것이 아니라, 세례와 대속적인 죽으심을 통해, 세상 뒤에 서 있는 악한 자 마귀의 일까지 멸하러 오신 것이기 때문이다(3:8-9). 만일 하나님 아버지께서 보내신 그 아들이 세상 뒤에 서 있는 마귀의 일을 멸하는 데에까지 오지 않으셨다면 즉, '물과 피와 성령'으로 오지 않으셨다면, 교회 곧 하나님의 사랑이 그 아들을 통해 그 안에 거하시는 그런 종말의 사랑의 공동체는 세상 속에 존재할 수 없었을 것이다. 그러므로 세상을 이기고 또한 악한 자 마귀의 일을 멸한 결과로 존재하게 된 교회 자체가 아버지의 사랑이 '온전하게 된' 결과이다.

이렇듯, 온전한 사랑의 결과인 교회는 세상뿐 아니라, 그 뒤에 서 있는 악한 자 마귀와 그의 일, 그리고 그 너머에 있는 심판까지 이긴다. 세상 끝에 있는 심판의 날, 심판의 자리에까지라도, 하나님 아버지의 사랑이 이르러 온전하게 되는 것이다. 그 '온전한 사랑'은 세상을 지나 마귀의 일을 멸하고, 심판의 자리에서도 승리를 안겨준다. 단지 하나님에게서 시작한 사랑으로서가 아니라, 그 사랑으로 온전케 된 교회의 사랑, 형제 사랑으로 이기는 것이다. 만일 역으로 말한다면, 그러므로 형제 사랑을 이루지 못한 교회는, 하나님께로부터 시작한 사랑, 그 아들을 통해 받은 사랑을 온전케 하지 못하는 단계에 있다고 할 수 있다. 그 결과는 심판에 대한 두려움일 것이다.

하지만 그것보다 더 결정적인 문제는, 세상을 '사랑하사' 그 아들을 세상에 보내신 하나님의 그 뜻, 그 최종 목적이 그 아들을 통해 그 아버지의 사랑을 받은 자들 안에서 좌절된다는 사실이다. 그래서 하나님의 사랑의 최종 목적은 '온전한 사랑'이다. 그리고 이 '온전한 사랑'의 결과는 이 세상에서 누리는 교회의 사랑에만 국한되어 있지 않다. 이 세상 끝에 있는 하나님의 심판대 앞에서도 승리를 가져오는 것이다. 하나님의 사랑이 온전케 되는 일은, 그러므로 세상이 끝난 후에 심판대 앞에서 두려움 없는 담대함으로 나타나게 된다.

(4) 사랑과 상호 거주(d)

마지막으로, 이렇게 온전해진 사랑의 결과 혹은 특징으로서 하나님과 교회 사이의 상호 거주 개념이 나오는 13-16절(d)은 전체 문단의 가장 중심부에 놓여 있다. 여기가 핵심이고 절정인 셈이다. 이 부분은 13절 초두부터 '성령'(πνεύματος)을 언급하면서 시작한다. 특별히 13절의 성령은 뒤에 나오듯 '아느니라'(γινώσκομεν)와 직접 연관되어 있다. 성령은 하나님과 교회의 상호 거주를 알게 하는 역할을 하시는 것으로 보인다.

14절과 15절은 13절에서 언급되었던 이 상호 거주가 어떻게 해서 가능하게 되었는지를 설명한다. 그것은 아버지께서 그 아들을 세상에 보내신 까닭이요(14절), 또한 교회가 그렇게 세상에 오신 그 아들을 시인하고 받았기 때문이다(15절). 그리고 그 아들을 받은 것은 그 아버지가 세상을 사랑하신 것에 기초하므로, 그 아들을 받은 자들 안에는 아버지의 사랑이 거하게 된다(16절). 여기서 요한은 단지 사랑하는 자만 하나님 안에 거한다고 하지 않고, 하나님도 그들 안에 거하신다고 하는데, 이것이 상호 거주의 개념이다. 이 상호 거주와 그 배경이 되는 새 언약에 관한 논의는, 요한일서에서 해법으로 제시된 '그 아들과 아버지와의 사귐'에서 성령 하나님께서 차지하는 중대한 역할에 관련되어 있다.

4. 사귐의 해법(3): 새 언약의 성령과 세상

요한일서에서 Κόσμος가 사용된 본문들 가운데 '하나님의 영' 또는 '성령'의 역할과 깊은 관계를 드러내는 본문들이 많이 있다. 대표적으로 2:20의, '너희는 거룩하신 자에게서 기름부음(χρῖσμα)을 받고 모든 것을 안다'(οἴδατε)고 한 말씀이 가장 직접적으로 성령과 지식을 연결시킨 본문이라 할 수 있다.[242] 또한 3:1에서 ὁ Κόσμος οὐ γινώσκει ἡμᾶς(세상이 우리를 알지 못한다)는 표현은 해당 본문에서 하나님 '아버지의 사랑'을 강조하는 문맥으로도 볼 수 있지만, 하나님의 아들을 받아들이지 않은 세상이 '알지 못하는' 이유는 전적으로 그들이 성령을 받지 못했기 때문으로 볼 수 있다.

요한일서에는, '안다'는 표현도 상당수 나오는데, 이는 특히 '성령'과 관련이 깊은 문맥에서 자주 등장한다. 이처럼 '알게 하시는 성령'의 역할은 다시 다양한 주제들과 연관되어 나오는데, 먼저 '하나님께로부터' 혹은 '하나님께 속한'이라는 개념, 그리고 예수께서 육체로 오신 사실과 관련되는 기독론적 증언, 그리고 하나님의 사랑을 알게 하시는 역할, 마지막으로 가장 결정적으로 하나님과 성도 사이의 '상호 거주'를 깨닫고 누리고 알게 하신다는 주제이다. 이를 차례로 살펴보자.

4.1 성령의 지식과 '하나님께로부터'

우선 성령과 지식이 연관된 본문들 가운데서, '하나님께로부터(ἐκ τοῦ θεοῦ) 오신' 거룩한 영, 성령이시라는 특징이 언급되는 본문들이 있다. 대표적으로

---

242 Strecker, *The Johannine Letters*, 64-65, '거룩하신 자'(τοῦ ἁγίου)는 하나님(요 17:11), 예수 그리스도(요 6:69), 또는 성령(요일 4:2, 6; 요 1:33; 14:26; 20:22)을 가리킬 수 있다. 어떤 경우이든, 이 기름부으심은 신적인 것이며 요한복음에서처럼 보혜사 성령의 역할 즉 진리를 알게 하며 진리의 길을 따르게 하는 역할을 강조한다; 반면에 Brown, *Spirit in the Writings of John*, 240-256, 요한복음의 경우와는 달리 요한일서에서, '기름부음'은 성령이라기보다 '하나님의 말씀'으로 간주한다. 성령은 직접적으로 성도 안에 '임재한다'는 표현이 나오지 않고, 요한일서의 강조는 성령을 중재자(Paraclete)로 간주함으로써 예수 그리스도의 중보를 피상적으로 만든 적대자들을 향해, 예수 그리스도가 중재자(Paraclete)임을 강조했다고 주장한다(2:2).

4:1의 경우, 영들이 '하나님께로부터'(ἐκ τοῦ θεοῦ, 하나님께 속하였나, 개역한글/개역개정) 분별할 것을 권면한다(또한 4:3).²⁴³ 성령 자신이 '하나님께로부터' 오신 영이므로, '하나님께로부터 나지 않은'(οὐκ ἔστιν ἐκ τοῦ θεοῦ) 자들은 하나님도 '우리'도 알지 못한다(4:6). 마찬가지로 '하나님께로부터 난' 자들은 하나님을 안다(4:7). 동일한 맥락에서, 하나님의 자녀 된 우리가 '하나님께로부터'(하나님께 속하고, 개역한글/개역개정) 났다는 것을 '아는 것'도 성령의 역할로 보인다(5:19).

그러므로 요한에게 있어서 영적인 그리고 참된 앎은 그 영적 존재의 근원과 소속에 필연적으로 관련되어 있다. 하나님께로부터 난 자녀들은, 하나님께로부터 오신 성령, 거룩한 영을 받았고 그래서 '알게' 되는데, 반대로 하나님께로부터 오신 성령을 받지 못한 사람들과 세상은 그래서 하나님의 자녀들이나 성령, 그리고 그 성령이 그로부터 오신 하나님도 알지 못한다. 즉 '안다'는 현상은 요한에게 있어서, '하나님께로부터'라는 기원(起源)이나 소속에 의해 분리되는 이원론적 구도 속에서 결정되는 것이다. 즉 영적 존재의 이원론이 그대로 인식론적 이원론으로 확대 적용된다.

흥미로운 점은, 이러한 존재와 인식의 이원론적 구도 속에서, 교차적인 인식에 관한 내용이다. 곧 하나님께로부터 나지 않은 세상은, 하나님이나 하나님께로부터 난 자들을 '알 수 없다'(4:6; 또한 3:1). 하지만 반대의 경우는 그렇지 않다. 하나님께로부터 난 자들은 모든 것을 알고, 분별한다(2:20; 4:1, 7). 하나님께로부터 나지 않았고 세상에 속하여 악한 자 아래에 처한 자들이 왜 하나님을 모르고, 하나님께로부터 난 자들도 알지 못하는지도 '안다.' 존재론적 이원론 구도 속에서 이런 비대칭적인 인식론적 현상은, '하나님은 빛이시라'(1:5)는 사실과 선포 때문이다. 하나님은 빛이시기 때문에, 그로부터 난 성령은 알게 하신다. 하나님께로부터 난 자들도 그러므로 빛 가운데 거하고(1:5-6; 2:8), 어둠에 속해 있지도 그 안에 거하지도 않도록 되어 있다(2:9-10). 어둠은 보지 못하는 것 곧, 무지이기 때문이다(2:11).²⁴⁴

---

243 Edwards, *The Johannine Epistles*, 170, '이것으로 알지'는 두 종류의 영들(4:1-6)을 분별하는 소위 '검증 공식'(test formula)이다.
244 Olsson, *Letters of John*, 123, 빛은 또한, 새 언약 공동체가 종말론적으로 임한 '참빛'이신 그리스도(참

그러니까 요한에게 있어서 존재론적 이원론 구도는, 인식론적으로는 '앎과 무지'로 갈리는데, 세상과 마귀에게 속한 자에게는 보이지 않고 알 수 없는 것이, 하나님과 그리스도에게 속한 자들에게는 빛 가운데서 보듯이 밝히 보이고 알 수 있게 된다는 것이다. 물론 둘 사이에는 존재론적으로 건널 수 없는 괴리가 있는 것처럼, 인식론적으로도 근본적인 불통(不通)이 있다는 사실이 전제된다. 그러나 이런 인식론적 무지와 단절은, 하나님께서 그 아들을 세상에 보내신 사랑과 대속 제물로 오신 그 아들이 죄의 문제를 해결하심으로, 악한 자 마귀가 방해하는 그 거짓과 무지, 단절의 문제도 해결할 길을 내셨다(1:7; 2:2; 3:4-9).

4.2 성령의 지식과 '그 아들'

그래서 성령의 '알게 하시는' 역할은, 예수 그리스도를 증거하는 문맥과 깊이 관련된다. 무엇보다, 하나님의 영인지 아닌지 알 수 있는 방법과 그 특징은, 예수께서 육체로(ἐν σαρκί) 오신 것을 시인하는지 여부로 판단할 수 있고 또 그래야 한다(4:2). 또한 예수를 시인하지(ὁμολογεῖ) 않는 영마다 '하나님께로부터'(ἐκ τοῦ θεοῦ) 온 영이 아님을 알 수 있다(4:3).[245] 그렇다면 예수께서 육체로 오신 것과 성령께서 하나님께로부터 오셨다는 사실이 어떻게 연관되는지 생각해 볼 수 있다. 하나님께서 그 아들을 세상에 보내셨다는 사실(4:14; 요 3:16)을 고려하면, 역시 하나님께로부터 오신 영이신 성령께서 하나님께서 보내신 그 아들을 증거하신다는 사실은 자연스럽게 들린다. 출처가 같기 때문이다.

즉 하나님 아버지께서 자신이 보내신 그 아들을, 하나님께로부터 난 성령 곧 하나님의 영에 의해 증거하셔서 우리로 하여금 믿게 하고 고백하게 하시는 것이다(참조. 3:1). 하나님께서 행하신 구속 역사적 행동을 하나님께로부터 오신 거룩한 영에 의해 깨닫게 하시고 알게 하신다. 하나님 자신이 친히 자신의 구속

조. 요 8:12; 또한 1:9-10) 안에 지속적으로 거함을 의미한다.
245 Brown, *Spirit in the Writings of John*, 243. 그 영이 하나님께로서 왔는지 그렇지 않은지를 어떤 말이나 가르침의 형태로 분별한다는 것은, 신명기 18:15-22에서 거짓 선지자를 구별해내는 방식과 유사한 점이 있다.

역사적, 계시적 행동을 인식적 영역에서도 자신의 영으로 알게 하시는 것이다. 역으로 하면, 하나님께서 행하신 종말의 구속 역사적 행동의 절정인 그 아들을 보내신 계시의 사건(히 1:1-3; 갈 4:4; 요 3:16)은 오직 하나님 자신에게서 오신 종말의 영 곧 성령 하나님을 통해서만이 알 수 있다는 것이다. 이것이 요한에게 있어서, 성령께서 알게 하시는 지식이 성부께서 세상에 보내신 성자 예수 그리스도를 시인하는 것과 필연적으로 관련되는 이유일 것이다.

이처럼, 성령께서는 예수께서 '물과 피'로 오신 사실, 곧 세례와 십자가 사건을 통해서 진정으로 세상에 오신 사건, 진정으로 육체를 입으시고 우리의 죄를 담당하셨으며, 진정으로 죄의 결과인 사망을 짊어지고 우리 대신 죽으셨다는 사실을, 또한 믿는 자들의 심령에 증거하시는 것이다(5:8). 그래서 '성령과 물과 피'(τὸ πνεῦμα καὶ τὸ ὕδωρ καὶ τὸ αἷμα)는 함께 구속사적 사건과 그것을 믿는 성도들의 심령에, 예수 그리스도를 증거하는 강력한 증거가 된다. 결국 이는 하나님 아버지께서 그 아들을 세상에 '보내셨다'(4:14)는 사실을 믿음의 공동체에 증거하시고 알게 하시는 성령의 역할 때문인 것이다.

한편 5:20에는 '안다'는 표현이 2회나 나오고 '지각(διάνοιαν)을 주셨다'는 표현도 사용된다. 성령에 대한 직접적인 언급은 없지만 그 연관성을 찾기에는 개연성이 높은 본문이다. 먼저 20절 앞부분에 '우리가 안다'는 표현은 18절과 19절에서도 반복되어 나온다.[246] 19절에서는 '우리가 하나님께로부터(ἐκ τοῦ θεοῦ) 난 것'과 대조적으로 온 세상은 악한 자 안에 처한 것을 '우리가 안다'(οἴδαμεν)고 명백히 말하는 대목이다. 또한 18절에서도 '우리가 안다'(οἴδαμεν)는 것은, 성도를 가리키는 '하나님께로부터(ἐκ τοῦ θεοῦ) 난 자는 모두'라는 표현과 직결되어 있다. 이렇듯 19절에서는 '하나님께로부터'와 '안다'가 연결되어 있고 세상이나 악한 자와 대조된 점으로 미루어 보아, 이런 식의 영적 지식과 분별력은 성령의 선물임을 짐작하기 어렵지 않다. 그러므로 18-19절에서처럼 20절에서도 마찬가지로, '우리가 안다'(οἴδαμεν)로 시작하는 병행 구조는, 20절

---

246 Yarbrough, *1-3 John*, 315-318. 18절에서 요한은 '우리가 아노니'라는 표현으로써 신자들이 함께 알고 있는 공통의 지식을 지칭한다(3:2, 14). 두 번째 '우리가 아노니'(19절)에 이어서, 마지막 20절의 표현은 전체를 요약하는 의미이다.

이하의 내용 역시 성령이 알게 하심이라고 보는 데에 큰 어려움이 없게 한다.

하지만 5:20에서 '안다'는 것과 성령의 역할을 연결함에 있어서 흥미로운 부분은, '하나님의 아들'이 오셔서 우리에게 '지각을 주셔서' 참된 자를 '알게 하셨다'는 대목이다. 여기서 참된 자(τὸν ἀληθινόν)는 누구인가?[247] 또한 '우리에게 지각을 주셨다'(δέδωκεν ἡμῖν διάνοιαν)는 것은 무슨 의미인가? 만일 '참된 자'가 예수 그리스도 자신이라면, '지각을 주셨다'든지 그 결과로 알게 하셨다는 것은, 성령을 통하여 그 아들을 알게 되었다는 의미가 될 것이다. '지각을 주셨다'는 것은 하나님 아버지의 사랑을 깨달아 알게 하셨다는 의미가 될 수도 있을 것이다.[248] 물론 함축적으로, 성령을 주셨다는 사실과 그 아들을 보내신 아버지의 사랑을 알게 하셨다는 것은 동시적일 것이다. 그 아들을 증거하시는 성령의 역할은 곧 그 아들을 보내신 하나님 아버지의 사랑을 증거하는 것과 다르지 않기 때문이다.

4.3 성령의 지식, 사랑, 그리고 '상호 거주'

그래서 성령을 통해 알게 하시는 내용 가운데 중요한 것은 하나님 아버지의 사랑이다. 3:1은 직접적으로는 성도와 세상 간의 분별력에 관한 말씀이다. 세상이 하나님의 자녀가 된 우리를 '알지' 못하는데, 그것은 세상이 '그를' 알지 못하기 때문이다. 여기서 그를 알지 못한다는 것은, 그에게로부터 나지 않았음을 의미한다. 영적 존재가 다르므로 그에 따른 영적 인식도 다른 종류의 것이 되고

---

247 Griffith, *Keep Yourselves from Idols*, 73-76, '참된 자'는 (i) 하나님을 지칭할 수도 있고, (ii) '예수'를 가리킬 수도 있다. 후자가 문법적으로나 문맥적으로 더욱 자연스럽다; 또한 Malatesta, *Interiority and Covenant*, 320; 한편 Strecker, *The Johannine Letters*, 210-211, 둘 다일 수 있고, 둘 중 하나를 결정하는 것보다 모호한 채로 두는 편이 옳다. 저자의 용법이 유동적(flexible)이기 때문이다. 더구나 "참되신 하나님 안에 존재하는 것은 또한 하나님의 아들 안에 존재하는 것이며, 마찬가지로 참되신 하나님의 존재는 오직 그 아들을 통해서만 알려지기 때문이다. 아버지께서 자신을 그 아들을 통해 계시하시듯이(4:9), 아버지를 아는 지식은 오직 그 아들을 통해서만 가능하다(참조. 4:16; 요 10:38; 14:7; 17:7, 25)."
248 Strecker, *The Johannine Letters*, 211, "수신자 공동체는 그것에(하나님과 그 아들을 아는 지식) 참여하는데, 이는 성령을 통해서이며, 그들이 진리 안에 있는 것은 일종의 영적 상태(pneumatic state of being)이다(5:6; 참조. 4:6; 요 14:17; 15:26; 16:13).

마는 원리이다. 그런데 본문은 우리가 하나님의 자녀가 된 사실을, '아버지께서 사랑을 주신'(ἀγάπην δέδωκεν) 사건으로 묘사한다. 아버지의 사랑과 자녀 된 것을 통해 세상은 모르는 것을 우리는 아는 지식과 간접적으로나마 관련된 본문이라 할 수 있다.

하나님의 사랑과 성령의 지식을 보다 직접적으로 연관시키는 본문으로 4:16이 있다. 이 구절에 의하면, 하나님이 우리를 사랑하시는 사랑을 '우리가 알고'(ἡμεῖς ἐγνώκαμεν) 믿게 하는 것이 성령의 역할로 나타난다. 하나님의 사랑을 아는 결과는, 그렇기 때문에 형제를 사랑하는 것이고 그래서 서로 사랑하는 것은 하나님을 아는 증거가 된다. 또한 4:7에서 사랑하는 자마다 '하나님께로부터'(ἐκ τοῦ θεοῦ) 나서 하나님을 '알고'(γινώσκει)라고 한 것은, '하나님께로부터' 난 자라는 표현과 더불어 하나님의 사랑을 아는 증거로서 형제 사랑이 지목된 경우이다. 그러므로 '하나님의 사랑'이라 할 때, 하나님께서 우리를 사랑하시는 것이나 우리가 하나님을 사랑함으로써 형제를 사랑하는 것까지 모두, 성령이 주시는 지식 안에서 일어나는 활동으로 묘사됨을 볼 수 있다. 성령께서 그 아들을 믿고 받아 그 안에 거하는 성도에게 알게 하시는 내용 가운데 하나님의 사랑은 결정적인 주제이다. 하나님께서 그 아들을 보내셨음을 아는 것은 곧 그 아들을 보내신 이유, 계시인 아버지의 사랑을 안다는 뜻이다. 그리고 그 아버지의 사랑을 아는 지식은, 그가 그 사랑으로 형제를 사랑하는 것에서 더욱 확고한 지식으로 자리 잡게 되는데, 이러한 하나님의 사랑의 공동체적 확증 역시 성령의 활동에 포함된다고 할 수 있다.

이처럼 하나님의 사랑을 아는 것과 그 사랑으로 형제를 사랑하게 됨으로써 하나님을 더욱 알게 되는 지식은 성령의 활동과 깊은 관련이 있다. 그러나 요한은 여기서 한 걸음 더 나아가, 성령께서 깊이 관여하는 인식적 활동 가운데 '상호 거주'가 있음을 확연히 밝히고 있다. 하나님과 성도의 상호 거주와 이에 대한 지식은 일찍이 2:5부터 드러난다. 요한은 하나님의 사랑이 그 안에서 '온전하게 된' 경우, '그의 안에 있는' 줄을 '우리가 안다'(γινώσκομεν)고 설명한다.

하지만 여기서 알게 된 내용이 정확히 '상호 거주'(indwelling)는 아니다. 즉 우리가 '그의 안에 있다'(ἐν αὐτῷ ἐσμεν)는 것을 아는 것일 뿐이다. '상호' 즉 하나님과 우리가 서로 내주한다는 것도 아니며, 더구나 '머문다'는 의미의 μένειν 동사(참조. 2:6)를 사용하는 '거주'(居住) 개념이라기보다는, 우리가 하나님 안에 속해 있다는 '내주'(內住)를 가리키는 존재론적 표현인 것이다. 이런 점에서, 2:5의 표현은 유사한 점은 있으나, 아직까지는 상호 내주에 관해서라기보다 '하나님께로부터' 온 것을 성령께서 알게 하시는 지식에 가깝다고 할 수 있다.

하지만 2:5은, 사랑이 온전케 되었다는 정황과 지식을 연결하는 점, 그리고 내주에 가까운 임재의 개념을 소개한다는 점에서, 요한일서에서 '상호 거주와 성령의 지식'의 주제가 등장하는 분명한 신호가 되는 본문이라 할 수 있다.[249] 한편 '상호 거주와 성령의 지식'은 '기름부음'이랄지 '성령'이 보다 표면에 드러나게 언급된 이후에 더욱 두드러진다. 예를 들어, 2:27의 경우, '기름부음이 너희 안에' '거한다'(μένει)라는 선명한 표현 이후에, 곧바로 아무도 너희를 가르칠 필요가 없으며, 기름부음이 모든 것을 너희에게 가르치기 때문에, 그 참된 가르침을 따라 지속적으로 '주 안에' '거하라'(μένετε)고 권면한다.

여기서 '기름부음'이 정확히 무엇을 가리키는지에 관해서는 여러 견해가 있을 수 있지만,[250] 성령을 포함하거나 성령의 역할을 전제한다는 사실을 배제하기는 어렵다. 또한 '상호'는 아니지만 '거주' 개념은 연관되어 있음을 볼 수 있고, '가르친다'라든지 '가르칠 필요가 없다'는 말은 '안다'든지 '모르지 않는다'는 결과를 함축하는 표현들이다. 성령과 내주 그리고 지식이 종합적으로 연관

---

249 Malatesta, *Interiority and Covenant*, 289, 2:5을 특정하여 지목하지는 않았지만, 요한일서의 앞부분은 하나님과 그리스도의 공동체에 관해서, 그들이 새 언약의 동반자라는 점에서 '내면성'이라는 주제를 소개한다고 본다. 서신의 두 번째 부분은 2:29-3:10로서 상호 사랑으로 함께 묶인 형제들, 자매들, 한 믿음으로 묶인 자녀들임을 강조하며, 4:1-6에서 저자는 "성령을 소개하는데, 동시에 그의 기독론을 해명하며, 거함에 있어서 상호 관계에 있어서 하나님의 파트너임을 강조한다. 이 본문은 그러므로 더 큰 개인화와 더 큰 내면화를 강조한다"고 본다.

250 Brown, *Spirit in the Writings of John*, 240, 2:20의 경우와 더불어, 대부분 '성령'을 가리킨다고 본다(요. 14:16-17, 26; Schunack, Ruckstuhl, Kysar, Painter, von Wahlde, Schnackenburg, Edwards). 하지만 성령과 '하나님의 말씀' 모두를 포함한다고 보기도 한다(Marshall, Whitacre, Smalley, Hiebert). Brown은 오히려 요한일서에서는 '하나님의 말씀'도 '거함'의 용어와 함께 나오며(2:14; 3:9), '영원한 생명'(3:15), 하나님의 사랑(3:17), 그리고 '하나님' 자신(3:24; 4:13-16)도 성도 안에 '거한다'고 표현되는 반면, 어디에서도 노골적으로 성령이 성도 안에 '거한다'는 직접적 표현이 없음을 지적한다. 3:24나 4:13에서도, 성령을 소유한 사실은 신자들 안에 하나님이 거하시는 '증거'이지, 그 자체로 임재하는 실재로 묘사되어 있지는 않다고 주장한다.

된 본문임에는 틀림이 없다. 요한일서에서 '하나님의 말씀'과 더불어 성령은 그리스도(Χριστὸς)를 받아들인 자들 안에 부어 주신 '기름부음'(χρῖσμα)의 표시이며,[251] 그렇게 기름부으신 사실의 중대한 특징은 참과 거짓, 진리와 미혹을 분별하는 근본적 지식에 관한 한, 다른 종류의 지식들을 배울 필요가 없을 만큼 명확한 영적 지식과 분별력을 선물로 주셨다는 것이다.

상호 내주와 이에 대한 지식이 성령과 직접 관련이 있다는 사실은, '기름부음'(2:20, 27)이 언급된 이후 그리고 '영들'에 관한 직접적인 권면이 나오는 4장 직전인 3장의 마지막 구절인 24절에서 확연히 드러난다: "우리에게 주신 성령으로 말미암아, 그가 우리 안에 거하시는 줄을 우리가 아느니라." 이 본문 안에서, '우리에게 성령을 주신' '그'(αὐτὸς, 주, 개역개정)가 성부 하나님을 가리키는지 그리스도를 가리키는지 명확치 않다.[252] 하지만 성령께서 하시는 일은 명확하다. 그의 계명 곧 사랑의 새 계명을 지키는 자는, '주의 안에 거하고(μένει) 주도 그의 안에 [거한다]'는 것인데, 요한은 이어서 '우리가 그의 안에 거한다'(μένει)고 말함으로써, 비단 개별적인 것이 아니라 공동체적으로도 사실상 상호 거주를 암시한 것이라고 볼 수 있다. 결국, 성령께서 우리 안에 하시는 중대한 사역은, 사랑의 계명에 순종하게 함으로써 아버지의 사랑을 온전케 하는 것에 깊은 관련이 있을 뿐 아니라, 또한 그 결과로서 하나님과 성도 사이의 상호 거주가 이루어진 사실을 '알게' 하시는 일임을 뚜렷하게 확인할 수 있는 본문이라 할 수 있다.

마치 롤러코스터가 가파른 레일을 따라 정점까지 서서히 오르듯, 요한일서에서 상호 거주에 대한 묘사와 성령의 지식에 관한 주제는 4:13-16에 이르러 절정에 이른다고 할 수 있다.[253] 이 본문이 '하나님의 사랑과 형제 사랑'이라는 주제를 다루는 4:7-21 전체 문단 가운데서 핵심과 절정에 해당한다는 점은 앞

---

251 Brown, *Spirit in the Writings of John*, 240. 그리스도(Χριστὸς), '기름부음'(χρῖσμα), 그리고 적그리스도(ἀντίχριστος)는 언어유희(word-play)에 해당한다. 적그리스도를 대항하여 그리스도를 고백할 수 있는 근거가 저들 안에 기름부음으로 존재한다는 사실이 언어유희를 통해 확연히 드러난다(Smalley).
252 Yarbrough, *1-3 John*, 216.
253 Malatesta, *Interiority and Covenant*, 293. 대체로 4:7-5:13이 저자의 주장의 절정이라 본다.

서 논증한 바 있다. 이렇게 중심적인 본문인 13-16절은 상호 거주를 묘사하는 표현들로 가득한데, 그 집중도는 요한일서 전체에서 가장 높은 지점이다. 이를테면 13절에는, 성령, 상호 내주, 그리고 지식이라는 세 가지 결정적인 주제가 모두 나오는데, 이는 앞서 다룬 3:24의 경우보다, '공동체적 상호 거주'라는 측면에서 훨씬 더 진전된 표현이다. 왜냐하면 3:24에서는 단지 '그가 우리 안에 거하시는' 면만을 언급했지만, 4:13에서는 '그가 우리 안에 거하심'뿐 아니라 '우리가 그 안에 거하고'라는 함으로써 공동체적이고 상호적인 언급이 선명하기 때문이다.

이 본문(13절)이 절정인 이유는, 이제 하나님께서 그의 종말의 새 백성 안에 온전히 거주하시는 모습이 여기서 드러날 뿐 아니라, 또한 그 종말의 새 언약 백성인 교회도, 그 아들과 성령을 통해 그리고 그가 주신 새 계명에 대한 순종과 그 결과인 온전한 사랑을 통해, 하나님 자신 안에 거주하는 '상호 거주'의 모습을 완연히 드러내기 때문이다. 그리고 이에 걸맞게 14절은 요한일서에서 처음으로, 하나님과 그 아들과 세상의 관계를 마치 '대헌장'(Magna Carta)처럼 요한복음 3:16을 반복하듯이 선명하게 선포한다. 즉 '아버지가 그 아들을 세상의 구주로 보내셨다'고 하며, '우리가 보았고 증거한다'고 덧붙임으로써 1:1-4에서 언급했던 증언 그리고 이어서 선포했던, 세상을 이기는 교회의 해법인 '그 아들과 아버지와의 사귐'이라는 주제를 이제 '온전한 사랑 안에서의 상호 거주'라는 개념으로 확대 선포하는 것이다.

13절은 선명하고도 강렬하게, 하나님과 그의 새 백성의 상호 거주와 이를 알게 하시는 성령의 지식을 표현한다. 그리고 14절에서 '하나님과 그의 백성이 친히 함께 거하시는' 종말의 상호 거주를 가능하게 하신 하나님 자신의 사역 즉, 그의 아들을 세상에 보내신 사건이 다시 선포되고 나서 15절에 이르면, 하나님과 그의 새 백성 사이의 상호 거주가 기독론을 매개로 설명되어 있음을 볼 수 있다. 흥미롭게도 14절은 사실상 성부, 성자, 성령 모두를 언급하는 구절로 볼 수 있는데, 이렇게 보는 것이 맞는다면, 13절부터 16절은 사실상 모두 '상호 거주'라는 개념을 둘러싼 삼위 하나님의 역할과 모습을 하나씩 그리고 모두 표현해내는 놀라운 본문일 수 있다. 이를 간단한 도표로 표시하면 아래와 같다:

A. 13절 - 성령, 지식, 상호 거주

(14절 - a. 성부께서, b. 성자를 세상에 보내심, c. 성령의 증거)

B. 15절 - 성자, 시인, 상호 거주

C. 16절 - 성부, 사랑, 상호 거주

13절에서 성령이 언급된 후에, 14절 이후 성령은 다시 뚜렷이 언급되지 않는다. 대신 14절에서 성부께서 성자를 세상에 보내시고, 증인들이 아마도 그리고 확실히 성령을 통해서(1:1-2; 5:7-10; 또한 무엇보다, 4:1-6) 이를 증거한 내용이 다루어진다. 그 후에 15절은 하나님과 새 백성 사이의 상호 거주가, 성부께서 세상에 보내신 성자를 '시인하는'(ὁμολογήσῃ) 사실에 달려 있음을 밝히 말한다.[254] 그리고 16절에 오면, 성령이나 성자에 대한 언급이 없고, 도리어 하나님 즉 성부 하나님은 사랑이시라는 사실만 부각된다. 그리고 종말의 이 놀라운 '상호 거주'는 사랑을 통해서 이루어짐을 천명한다.

흥미롭게도 Malatesta는 13-16절에 나타난 '상호 거주'의 개념을 두고, "우리가 사랑이신 하나님 안에 그리고 그 하나님이 우리 안에 거하고 있다는 이 관계는, 아마도 신약이 이 땅에서 새 언약을 따라 우리에게 줄 수 있는 가장 완벽한 표현"이라고 설명한다.[255] 왜냐하면 옛 언약의 문제는 언약 백성이 그 언약 안에 들어왔지만 거기에 지속적으로 머물지(remaining-in) 못했다는 데에 있었는데, 이제 하나님께서 그 아들을 보내심으로 성취하신 새 언약으로 생겨난 종말의 새 백성이 누리는 '상호 거주'(mutual remaining-in)는 단지 '상호 내주'(mutual being-in) 정도가 아니기 때문이다.[256] 즉 하나님과 그의 백성이 내면적으로 서로의 안에 거주함으로 인해 내면적인 친밀함(intimacy)을 누리고, 사랑으로 서로 내면적으로 묶여 있는 상태에서 신실하게 인내하는 내면적 관계

---

254 Painter, *1, 2, and 3 John*, 273, '고백한다'(ὁμολογήσῃ)는 표현은 2:23; 4:2, 3, 15, 요한서 7절에서도 언급된다. 죄와 관련해서도 사용되었다(1:9). 그리스도인의 삶의 근간이 되는 신앙의 공개적 고백을 가리킨다.
255 Malatesta, *Interiority and Covenant*, 308.
256 Olsson, *Letters of John*, 215-222, 4:7-21은 독특한 내용과 구성인데, 이에 상응하는 성서 외적인 자료들과의 병행구를 찾을 수 없을 정도로 독특하다. 그래서 더욱더 장로의 고유한 메시지의 핵심으로 간주되는데, 다만 4:1-6과 함께 '새 언약 안에서 하나님의 법'을 설명하는 부분이라 할 수 있다(3:23).

속에 들어가 있기 때문이라는 것이다.[257]

이렇듯 하나님과 그의 백성이 서로를 서로에게 내어주는 이 상호 거주는, 예레미야와 에스겔을 통해 선포된 새 언약(렘 31:33; 겔 36:24)의 성취이다.[258] 구약의 언약 공식인 '나는 너의 하나님이 되고 너는 나의 백성이 되리라'(참조. 출 6:7; 겔 36:28)는 약속이 이제는 비단 '나는 너희 안에 있고, 너희는 내 안에 있다'는 정도가 아니라, '나는 너희 안에 거하고 너희는 내 안에 거한다'는 내면적 상호 거주의 실재가 성취된 사실을 의미한다. 실로 13-16절은 삼위 하나님과의 상호 거주가 어떻게 세상에 구주로 보내심을 받은 그 아들과, 그 아들을 증거하시는 성령, 그리고 그 아들과 증거를 통해서 알아지는 하나님의 사랑을 통해서, 세상을 이기는 교회로 드러나는지 웅장하고도 강렬하게 증거하고 있음을 알 수 있다.

더 나아가 요한은, 이러한 삼위 하나님과의 종말론적인 상호 거주가 이 세상으로부터의 구원(14절) 곧 세상을 이기는 승리에 그치지 않음을 알려 준다. 세상 끝에 있는 심판 날의 모든 두려움도 이기게 하는 담대함을 선물해 준다는 것이다(18절). 그러므로 요한에게 있어서는, 하나님께서 세상에 보내신 그 아들로 말미암아 성취된 이 새 언약의 실재 곧 하나님과 그 백성의 상호 거주로서의 교회야말로, 종말에 완성될 하나님 나라, 그의 통치, 새 하늘과 새 땅의 본질적 내용인 것이다.

4.4 요한일서의 결론 – 삼위 하나님과의 사귐과 세상을 이김

결론적으로, 요한일서는 서론 격인 1장에서부터 전개한 '삼위 하나님 안에서의 사귐'이야말로, 2장부터 본격적으로 드러나는 세상과 그 세상의 지배자 악한 자 마귀의 거짓, 불의, 증오와 죽음을 이기는 교회의 해법임을 제시한다. 그

---

257 Malatesta, *Interiority and Covenant*, 307.
258 Malatesta는 *Interiority and Covenant*, 307-308에서, 요한이 서신에서 묘사하는 내면적 상호 거주가 새 언약의 전망보다 훨씬 더 나아간, 직접적이고 내면적인 실재라고 보지만, 그만큼 다른 종류라고 할 수는 없을 것 같다. 아직도 온전한 '상호 거주'는 종말에 실현될 것으로 미루어져 있다고 보는 편이 옳을 것이다(참조. 계 21:1-4; 22:1-5).

러므로 세상을 이기는 교회의 해법인 삼위 하나님과의 사귐으로서의 교회의 정체성과 본질은, 삼위 하나님께서 세상과 그 세상을 쥐고 있는 마귀를 멸하시기 위해 행하신 일들에 기초한다.

먼저 하나님께서는 그 아들을 세상에 보내셨는데, 그 아들이 오셨다는 것은 종말이 왔다는 것이며 따라서 참빛이 와서 어둠이 물러가듯이, 세상은 '이미 지나가며' 사라지고 있다는 사실이 선포된다. 이제는 세상 안에 있는 것이 아니라, 그 아들을 받음으로써 그의 안에 있는 영원한 생명 곧 하나님 아버지와의 사귐 가운데 거하는 것이 구원임이 선포된다. 이처럼 그 아들은 곧 '생명의 말씀'으로서 그를 믿는 자들에게 '영원한 생명' 곧 성령 안에서 그 아들과 아버지와 함께 사귐을 실재화시키신다. 그리고 바로 이러한 삼위 하나님과의 사귐이 곧 악한 자의 일시적이고 제한적인 지배 아래에 놓인 세상을 이기는 요한의 해법이다.

왜냐하면 이 세상의 특징은 이 세상을 지배하는 자 마귀의 특징인 거짓과 불의, 그리고 무엇보다 증오와 살인인데, 그 아들을 받아 그 아버지와의 사귐 가운데로 들어간 자들은, 그 아들을 세상에 보내신 아버지의 사랑 안에 거하기 때문이다. 그 사랑이 온전하게 이루어지는 것이 곧, 그 아들을 세상에 보내신 아버지의 목적이며, 그래서 온전한 사랑이 이루어진 교회가 곧 그 아들이 세상에 오신 목적지이기도 하다. 이러한 교회는 이 세상을 이길 뿐 아니라, 세상 그 끝에 있는 심판의 두려움도 이기는 담대함에 거하게 된다는 것이 요한의 확신이다.

하나님은 그 사랑을 시작하신다. 그리고 세상을 그처럼 사랑하셔서 그 아들을 보내신다. 아들은 그 사랑을 전달하신다. 물론 그 아들도 아버지의 사랑 안에서 온전한 사귐 가운데 거하셨다. 그처럼, 그 아들을 통해서 아버지의 사랑을 받은 교회도 형제 사랑을 통해 아버지의 사랑을 온전케 한다. 그리고 바로 거기에 하나님과 그의 종말의 새 백성 사이에 새 언약의 실재인 '상호 거주'가 실현된다. 하나님께서 우리 안에, 우리가 하나님 안에 거하게 되는 것이다. 이것이 하나님께서 그 아들을 보내심으로 이루신 종말의 하나님 나라의 통치의 본질이며, 바로 이러한 교회가 세상 한복판에서 하나님의 종말의 통치와 종말에 온전하게 확대될 그의 나라를 누리는 교회인 것이다. 그들에게 세상을 이김은 선물이요 당연한 결과임은 당연한 일이다.

5. 요한이서와 요한삼서에 나타난 '사귐'의 해법

요한이 '그 아들과 아버지와의 사귐'을 세상을 이기는 교회의 해법으로 제시한다는 사실은, 요한이서와 삼서에서도 확인된다. 정경적 순서에 따라 요한서신을 연속으로 읽으면, 요한일서 5:19-21과 요한이서 1-3절이 서로 질문과 대답을 주고받듯이 연관된다는 인상을 받는다.[259] 즉 하나님께로부터 난(요일 5:19) 자들이, 악한 자 안에 처한 온 세상 속에 살면서도(19절) 우상을 멀리하며(21절), 참되신 하나님을 알고 그 아들 예수 그리스도 안에서 영생을 누리며 산다는 것(20절)은 어떻게 해야 한다는 것인가?

요한이서와 삼서는 마치 요한일서가 남긴 이런 질문에 답이라도 하듯이, 일서보다는 훨씬 구체적인 인물들에 대한 언급과 함께 현실적인 정황을 배경으로, 특별히 '진리와 사랑 안에서 사귀는 교제의 삶'을 대안으로 제시한다. 실로 '진리와 사랑'은 요한일서뿐 아니라, 요한이서와 삼서를 꿰뚫는 중요한 주제이다. 하지만 강조점의 차이도 있다. 요한이서가 '진리'를 강조한다면, 삼서는 '사랑'을 강조한다는 점이 중요하다. 이는 진리와 사랑이라는 주제를 따라 각기 이서와 삼서를 해석할 때 가장 적절히 해석될 수 있음을 의미하기도 한다. 요한이서 1-3절까지 단 3절 안에서 '진리'($\dot{\alpha}\lambda\eta\theta\epsilon\acute{\iota}\alpha$)라는 단어는 무려 4회나 반복되면서 강조된 반면(한글 번역 3회), 삼서의 시작인 1-4절 안에서는 상대적으로 '진리'와 더불어 '사랑'이 3회나 언급되고,[260] 또한 삼서 안에서는 이서에서는 찾아볼 수 없는 '사랑하는 자여'('Αγαπητέ, 요삼 2, 5, 11절)라는 호칭이 3회나 반복되는 현상이 이를 증거한다.

이러한 강조점의 차이는 비단 용어의 선택과 빈도수뿐 아니라, 내용적으로도 뒷받침될 수 있다. 요한이서에서는 다분히 '그리스도의 교훈 안에(ἐν τῇ

---

259 참조. Painter, "The Johannine Epistles as Catholic Epistles", 252-254, 요한일서는 요한삼서에 비해서 요한이서에 더 가깝고, 요한이서는 요한일서에 비해 요한삼서에 더 가깝다. 요한이나 삼서 모두 '환대' 혹은 사랑의 문제를 다루지만, 요한이서와 요한일서의 연속적인 고리는 기독론적 이단을 다루는 7절에서 가장 크게 발견된다(요일 2:18-24; 4:1-6).

260 한편 상대적으로, 요한이서에서 '사랑'은 "내가 사랑하는"(ἀγαπῶ,1절)과 "진리와 사랑(ἀγάπῃ) 안에서"(3절)의 경우와 같이 2회 사용에 그친다.

διδαχη) 거하는 것'(요이 9-10절)이 결정적으로 중요한 권면으로 등장하는 반면, 삼서에서는 디오드레베가 '형제들을 영접하지 않고(οὔτε αὐτὸς ἐπιδέχεται τοὺς ἀδελφοὺς) 배척하는'(요삼 9-11절) 문제가 핵심을 차지한다. 차례대로 논증하겠지만, 요한이서와 삼서는 이렇듯 '진리와 사랑 안에서, 아버지 하나님과 예수 그리스도와 함께'(요이 3절) 거하는 것이, 실제로 어떻게 교회 공동체 속에 나타나며, 진리와 사랑 중 한쪽이 결핍되거나 문제가 되었을 때 또한 어떻게 균형을 맞추어 그 진리와 사랑 안에서의 삼위 하나님과의 사귐을 공동체 속에서 담보해 나갈 것인가를 가르친다고 볼 수 있다. 이를 요한이서와 삼서 안에서 살피고 논증해 보자.

5.1 요한이서, '사귐과 진리'

요한이서는 사랑이 넘치지만, 진리를 놓칠 위험이 있는 교회에 대해 경고한다. 진리의 말씀을 담보한 공동체 안에서 다른 교훈을 가진 자들을 용납함으로써, 참된 교제 즉 '그 아들과 아버지와 함께하는 사귐'이 깨질지도 모르는 위험을 경고하는 것이다. 이론적으로는 크게 문제될 바가 없어 보일지 모르나, 이 문제는 교회가 세상을 이길 뿐 아니라, 진리를 보전하는 방식으로서도 공동체의 바른 사귐을 유지하는 것이 결정적임을 가르친다. 우선 요한이서는 그 서두에서부터 '진리'를 상당히 강조하는데, 3절까지 무려 4회나 진리를 언급한다.

(I) '진리'라는 주제(1-3절)

1절에서 "내가 '진리 안에서'(ἐν ἀληθείᾳ) 사랑하는"이라는 표현은,[261] 성도의 사랑이 어떤 제한으로 규정되는지 또는 무엇에 근거한 사랑인지를 보여 준다. 동시에, 이는 요한이서 전체의 주제를 암시하는 인사말이기도 할 것이다. 사랑하지만 '진리 안에서' 한다는 '장로'('Ο πρεσβύτερος)의 인사말은,[262] 하나님의 사

---

261 개역개정/개역한글은 1절에서 '진리 안에서'(ἐν ἀληθείᾳ)라는 구절을 번역하지 않았다.
262 Strecker, *The Johannine Letters*, 219, 발신자인 '장로'는 누구인가? 확언할 수는 없으나, 아직 형식적인 교회의 체제가 있었다고 보지 않기에 교회의 직분자로서의 장로라기보다는, 유대교의 전통에 따라 나이 든

랑 안에 거하는 수신자 공동체가 반드시 기억해야만 하는 중대한 조건을 시사하는 셈이다.[263] 또한 1절에서 발신자인 장로가 언급하는 '모든 자들' 역시 '진리를 아는 자들'(πάντες οἱ ἐγνωκότες τὴν ἀλήθειαν)로 묘사되는 점도 특징적이다. '모든'(πάντες)이라는 강조는 단지 장로와 함께 있는 자들을 묘사하는 것이라기보다, 예수 그리스도를 믿고 따르는 종말의 새로운 공동체 전체를 묘사하는 특징으로서, 앞으로 펼칠 저자의 주장을 뒷받침하는 수사적인 강조처럼 들린다.

'진리'에 대한 2절의 묘사는 더욱 흥미롭다. 2절 전체가 '진리'에 대한 묘사인데, 종국적으로는 1절에서 '사랑한다'(ἀγαπῶ)에 걸리는 매우 긴 전치사구에 해당하는 부분이다. 다른 이유 때문이 아니라, 바로 '그 진리 때문에'(διὰ τὴν ἀλήθειαν) 사랑한다는 것이다. 1절에서 '진리 안에서'(ἐν ἀληθείᾳ) 사랑한다는 표현에 이어서 다시 한 번 '진리'가 공동체의 사랑의 근거이며 또한 조건이라는 사실을 강조한 것이다. 이 진리는 '우리 안에 거하였으며 또한 영원토록 우리와 함께할 것'이다. 우리 안에 '거하신'(τὴν μένουσαν)이라는 표현은 아오리스트 형태로, 마치 예수께서 육체로 오신 성육신 사건처럼 단회적이고 확정적인 사건과 관련이 있어 보인다.[264] 만일 이런 사실이 맞는다면, 장로가 말하는 '진리'는 '그 아들 예수 그리스도'와 결정적인 관계 속에 있다는 것과 다르지 않은 의미

원로를 가리키는 표현으로 본다. 파피아스의 기록에 의하면, 장로에 Aristion과 John이 있는데, 이 John이 사도 요한일 가능성이 높으며, 요한이서의 저자와 동일 인물로 본다.

263 Olsson, *Letters of John*, 48, 50, κυρία 즉, '부녀'는 지역 교회를 의미하는 것으로, κύριος와의 관련을 따라, '주의 부녀'라고 의미 부여를 하는 경우도 있다; 또한 Strecker, *The Johannine Letters*, 220-221, '택하심을 입은 부녀'라는 말은, '*Eleckta*'라는 이름을 가진 '부녀'라는 견해도 있는데(Albert Bengel) 가능성이 낮다. 혹은 '영예로운 부녀'라고 읽는 것도 가능성이 낮은데, '주'와 '자녀'가 대조되기 때문이다. 혹은 '택 받은 κυρία'라는 식으로 한 개인으로 보는 것은 적절치 않다. 고대에는 지금까지, 어떤 도시들을 여성 명사로 부른 경우가 많은데, 그 도시에 있는 그리스도인 공동체를 두고 '부녀'라고 했을 수 있다. 부녀에 해당하는 κυρία를 어떤 '모임'(ἐκκλησία)에 적용한 예도 있다(Aristophanes, *Acharnenses* 19). 신약에서 성도들은 종종, '택하심을 입은 자들'로 불리운다(벧전 1:1; 계 17:14). 즉 수신자 공동체를 하나님의 택하심을 받은 κυρία로 부른 것으로 추정한다.

264 Yarbrough, *1-3 John*, 335-336, 요한서신에서 진리는 다양한 방식으로 묘사된다: (i) 진리는 우선 참되신 성령(요일 4:6; 5:6; 요삼 12절; 참조. 요 14:17; 15:26; 16:13a)에 의해 주어짐(요일 2:20), (ii) 진리는 하나님의 계명으로 표현된 의의 기준(요일 1:6; 2:21a; 3:18; 요이 4절; 요삼 3b, 4절, (iii) 진리란 사랑이나 속죄처럼, 하나님의 성품을 반영하는 능력을 부여하는 성화의 실재(요일 1:8; 2:4, 21b), (iv) 그리고 진리는 예수 그리스도의 복음을 가리킴(요일 3:19; 요이 1, 2, 3절; 요삼 1, 8절); 또한 Bray, *James, 1-2 Peter, 1-3 John, Jude*, 232, '진리'는 성령을 가리킨다고 보기도 한다(Hilary of Arles).

가 된다.[265]

또한, 이 '진리'는 마치 부활하신 예수께서 그의 제자들과 영원토록 함께하시는 것처럼 '우리와 영원토록 우리와 함께할 것'(μεθ᾽ ἡμῶν ἔσται εἰς τὸν αἰῶνα)이다. 이와 같은 표현은 요한복음에서 '또 다른 보혜사'이신 '성령'께서 교회와 영원토록 함께하신다는 예수님 자신의 가르침을 떠오르게 한다. 특히 요한복음 14:16-18이 직접적인 연관이 있어 보이는데, 16절에서 예수께서 '또 다른 보혜사'를 주셔서 '영원토록 너희와 함께 있게 할'(μεθ᾽ ὑμῶν εἰς τὸν αἰῶνα ᾖ) 것이라고 말씀하신 내용이나, 또한 17절에서 저가 '진리의 영'(τὸ πνεῦμα τῆς ἀληθείας)이라고 하신 부분이, 요한이서 2절과 선명하게 병행된다.

그렇다면 요한이서 1-3절에서 '진리'라고 언급하는 것이 실상은 '성령'을 염두에 둔 것인가? 그렇지 않다. 2절에서 '거하신'(τὴν μένουσαν)이라는 표현은 하나님의 아들이 '육체로 오신' 사건 즉, 말씀이 육신이 되사 '우리 가운데 거하셨다'(ἐσκήνωσεν ἐν ἡμῖν, 요 1:14)는 표현에 가장 가깝다. 또한 요한일서에서도 '말씀' 또는 '진리'는 이미 '생명의 말씀'(τοῦ λόγου τῆς ζωῆς, 요일 1:1)이신 '그 아들'을 가리키는 다른 칭호임이 밝혀져 있다는 점도 기억해야 한다. 이런 점에서, 요한이서 7절에서 '미혹하는 자' 혹은 '적그리스도'가 미혹하는 핵심적인 '거짓' 가르침이 바로 '예수 그리스도께서 육체로(ἐν σαρκί) 임하심'을 부인하는 것임을 지적한 것은, 1-3절에서 '진리'에 대하여 묘사한 내용들이 실은 '예수 그리스도'를 묘사한 내용과 상응한다는 확신을 주기에 충분하다.

또한 2절에서 '우리 안에 거하여 영원히 우리와 함께할 진리'라는 표현은, 요한일서 1:10에서 '그의 말씀(ὁ λόγος αὐτοῦ)이 우리 속에 있지 않다'는 표현이나, 특히 2:4에서 '진리(ἡ ἀλήθεια)가 그 속에 있지 않다'는 표현과도 유사한 맥락에 속해 있음을 알 수 있다. 더구나 요한일서 2:14에서 '하나님의 말씀(ὁ λόγος τοῦ θεοῦ)이 너희 속에 거하시는' 청년들이 '악한 자(τὸν πονηρόν)를 이긴다'는 말씀처럼 '말씀' 또는 '진리'가 '악한 자'와 대적하는 문맥을 고려하면, 요한이서 2절에서 '우리 안에 거하는 진리'가 어떻게 7절에서 예수께서 육체로 오신 것을

---

265 Olsson, *Letters of John*, 48-49, '진리를 아는 것'은 '참된 자'(요 17:3; 요일 5:20)를 앎을 뜻한다.

부인하는 '미혹하는 자'(ὁ πλάνος) 곧 '악한 자' 마귀와, 그리고 적그리스도의 대적하는 활동과 연관되는지 어렵지 않게 그 관계를 추적할 수 있는 것이다.[266]

마지막으로, 요한이서 3절에서 장로가 수신자에게 '진리와 사랑 안에서' 은혜와 긍휼과 평강을 비는 축원이 나온다. 흥미로운 점은, '진리와 사랑 안에서'라는 전치사구에서 '진리'와 '사랑'이, 각기 그 앞에 언급된 '아버지의 아들 예수 그리스도'와 '하나님 아버지'와 대응하느냐 하는 문제이다. 즉 진리는 그 아들에게, 그리고 사랑은 그 하나님 아버지에게 대응할 가능성이다. 3절에 나타난 대응 관계를 간단한 도표로 그리면 아래와 같다:

    a '아버지' 하나님으로부터
        b 아버지의 '아들' 예수 그리스도로부터
        b' '진리' 안에서
    a' 그리고 '사랑' 안에서

이런 대응 관계의 가능성은 결코 적지 않다. 앞서 우리는 이미 '진리'와 '그 아들'의 연관성을 살펴보았다. 같은 맥락에서, '사랑 안에서'(a')라는 표현이 '아버지 하나님으로부터'(παρὰ θεοῦ πατρὸς)와 직결된다는 사실은 거의 의심의 여지가 없기 때문이다.[267] 아버지 하나님께서는 그 아들을 세상에 구주로 '보내셨다'(요일 4:14). 그리고 이렇게 하나님께서 자신의 독생자를 세상에 '보내신' 사실은 곧, 하나님의 사랑(ἡ ἀγάπη)이 그렇게 '나타나신 바 된' 것이다(요일 4:9). 마찬가지로 그 생명의 '말씀'(τοῦ λόγου)이신 그 아들이 나타나신 바 된 것도 하나님 아버지의 사랑으로 말미암은 것임이 분명하다(요일 1:1).

그러므로 요한이서 3절에서 '진리와 사랑 안에서'라는 표현은 사실, '그 아들과 아버지와의 사귐 안에서'(요일 1:3)라는 표현과 본질적으로 다르지 않다. 전자

---

266 Yarbrough, *1-3 John*, 335-336, 그리스도에 관한 거짓된 고백이나 주장을 하는 자는 '적그리스도들'이라는 범주에 속한다. ὁ πλάνος나 ὁ ἀντίχριστος에 있는 정관사(ὁ)는 그런 범주, 영역에 속함을 표시한다고 보아야 한다(Wallace).

267 Painter, "The Johannine Epistles as Catholic Epistles", 280 참조.

가 그 '사귐'을 교회 공동체 안에서 두드러진 교리나 덕으로 표현한 것이라면, 후자는 동일한 사귐의 조건을 신학이나 기독론적으로 표현한 차이가 있을 뿐이다. 한 가지 더 주목해서 볼만한 것은, '진리와 사랑 안에서'라는 표현에서도 진리가 먼저 언급되었고, 위의 도표에서도 역시 짧은 문구지만, 예수 그리스도와 진리가 중심부에 놓여 있다는 사실이다. 그만큼 요한이서는 진리 곧 예수 그리스도에 관한 가르침이 교회 공동체의 교제에 있어서 결정적이라는 점을 암시하는 셈이다. 그렇다면 요한이서가 보다 구체적으로 진리의 문제 또는 예수 그리스도에 대한 신앙 고백과 교회의 사귐이 어떤 관계에 있어야 한다고 주장하는지를 살펴보자.

(2) 계명과 진리 (4-6절)

먼저 요한이서의 구조를 보면, 1-3절이 인사말로서 '진리'라는 주제를 두드러지게 강조함은 앞서 설명한 바 있다. 그다음 문단은 4-6절인데 흥미롭게도 이 세 절은 모두 '계명'과 두드러지게 관련된다. 그리고 7-8절에서는 본격적으로 진리에 반립(反立)하는 거짓 가르침을 퍼뜨리는 자들 곧 미혹하는 자와 적그리스도의 활동이 나오고 이를 경고하는 내용으로 구성된다. 그리고 9-10절은 다시 두드러지게 '그리스도의 교훈'에 대해 강조하며 권면한다. 마지막으로 11-13절은 인사말인데, 본격적으로는 12절부터 시작하지만, 11절에 교제에 관한 내용을 담고 있으므로 이를 포함시킬 때, 이 문단의 주제는 진리의 중요성을 다시금 강조하면서 교제에 관한 권면들을 마무리한다고 볼 수 있다. 이 구조를 간략히 도표로 표현하면 아래와 같이:

> A 1-3절, '진리'와 사랑
> 　B 4-6절, 계명(ἐντολη)
> 　　C 7-8절, 미혹과 경고
> 　B' 9-10절, 교훈(διδαχή)
> A' 11-13절, 진리와 '사랑'

도표를 보면 중앙에 위치한 7-8절이 가장 명확히 드러남을 알 수 있다. 이러한 분석이 맞는다면 요한이서는 실상 7-8절(C)에서 그 가장 깊은 관심사를 드러낸다고 할 수 있다. '사랑 안에서'(3절) 교제하는 것이 귀하지만, 진리를 거스르면서까지 할 수는 없다는 한계선을 명확하게 하는 부분이다. 진리와 사귐은 그러므로 서로 뗄 수 없는 관계에 있다. 특히 '그리스도에 관한 진리'와 '사랑의 공동체의 사귐'은 서로 필연적인 관계로 엮여 있다는 사실이 핵심이다. 중심부인 7-8절(C)을 둘러싸고 있는 4-6절(B)과 9-10절(B′)은, 이를 뒷받침이나 하듯이 각기 '계명'과 '교훈'을 강조한다. 이미 1-3절(A)에서 예고했듯이, 사랑 안에서의 사귐은 진리가 동반되지 않으면 안 된다는 명확한 강조인 셈이다(진리와 사랑 안에서, 3절).

마지막으로 11-13절은 작별 인사인데, 11절은 9-10절(B′) 혹은 1절부터 시작해서 10절까지 이어지는 이전 문맥과 12-13절의 실제 인사말을 연결하는 고리 역할을 한다. 강조점은 1-3절(A)과 마찬가지로 진리를 견지하는 한에서 사랑의 사귐을 돈독히 하는 데에 있다.

이제 4-6절(B)을 살펴보자. 우선 4절부터 6절까지 단 세 절 안에서 ἐντολή가 무려 4회나 사용된다. 4절에서는, '아버지께로부터 받은 계명'이요, 5절에서는 '새 계명'이고, 6절에서는 사랑을 정의하면서 사용된 '계명' 그리고 '어떻게 행하라' 하는 의미에서 '계명'으로 2회 사용되었다.[268] 이렇게 4회 사용된 계명은 모두 완전히 동일한 의미로 쓰인 것처럼 보이지는 않는다. 그렇다면 어떤 의미로 사용되었는가?

먼저 4절에서 '아버지께로부터 받은 계명'은 무엇을 가리키는가? 장로는 '너의 자녀들'이라 표현된 수신자 성도들이, '진리 안에서 행한다'는 사실을 크게 기뻐한다. 3절에서 '진리와 사랑 안에서'라는 종합적인 관점을 제시한 것에 비하면, 여기서 단지 '진리 안에서'(ἐν ἀληθείᾳ)라고 단독적으로 진리를 강조하는 표현은 이채롭다. 이는 지금 문제 상황이 사랑에 관해서가 아니라 '진리 안에

---

[268] Strecker, *The Johannine Letters*, 228, ἐντολη를 사랑의 계명으로 본다. '사랑의 계명'은 신적 기원을 가진 종말론적 명령이다. '아버지께로부터' 온 것이기 때문이다(요 10:18). 구약 배경(레 19:18)이나 공관복음의 이중 계명(막 12:28-34)에 대한 언급은 없지만, 사랑의 계명은 상호 사랑의 명령이다(요 13:34-35).

서 행하는' 것임을 강조하는 효과를 가져온다. 또한 장로는 '진리 안에서'라는 전치사구를 다시 설명이나 하듯 이어서 '아버지께로부터 계명을 받은 대로'라고 풀어 준다. 따라서 문맥상, '진리 안에서'라는 것은 곧 '받은 계명대로'(καθὼς ἐντολὴν) 행하는 것이며, 그 계명은 아버지 하나님께로부터 온 것임이 명백하다.

그러므로 '진리 안에서' 행한다는 것은, 다른 것을 좇아 행하는 것이 아니다. 오직 아버지 하나님께서 주신 계명을 '받은(ἐλάβομεν) 그대로' 행하는 것이다. 하나님 아버지께서 명하지 않은 것을 따라 행하지 말라는 것이다. 하나님께서 새 언약의 공동체인 교회에게 주신 계명은 무엇인가? 그것은 요한일서 3:23이 가장 명확히 밝히는바, 첫째 그리스도를 하나님의 아들로 믿으라는 것과 둘째, 그 아들이 주신 명령을 따라 서로 사랑하는 것, 이 두 가지 모두를 포함한다.[269] 그렇다면 요한이서 4절에서 '계명'은 단지 언약 백성이 지켜야 하는 의무만을 가리키지 않는다. 하나님께서 그 아들을 보내신 사실을 믿는 것이 '진리 안에서 행함'을 구성하는 우선되는 요소인 셈이다. 앞서 언급했듯이, '그 아들'이 진리로 대변된다면, 그 아들을 보내신 아버지는 '사랑'으로 대변되는데(요일 4:9-10, 14), 이런 의미에서, '사랑 안에' 거한다는 것은 '진리 안에' 거하지 않으면 불가능한 것이 된다. 그 아들을 믿고 받아들이지 않은 사람이 그 아버지의 사랑 안에 거할 수 없기 때문이다.

한편 5절에서 장로는 '서로 사랑하자'(ἀγαπῶμεν ἀλλήλους)는 내용의 '계명'을 언급한다. 그리고 이는 '새로운 계명'(ἐντολὴν καινὴν)을 쓰는 것이 아니라, '처음부터 우리가 가진' 것이라고 말한다(요일 2:7). 여기서 '계명'(ἐντολὴν)은 단수로서 '서로 사랑'하라는 명령만을 뜻하는 것으로 보인다. 하지만 이내 6절에서 '계명'은 또다시 설명되고 보다 풍성하게 정의되는 것을 볼 수 있다. 짧기는 하지만,

---

[269] Kruse, *The Letters of John*, 207, '아버지께로부터 우리가 받는 계명'은, (i) 변화산에서 받은 하늘로부터의 소리, '이는 내 사랑하는 아들이라. 저에게 순종하라'(막 9:7; 마 17:5)이거나, (ii) 예수의 가르침이 아버지 하나님께서 전달하라고 하신 그 가르침이라는 의미에서, 예수께서 가르치신 가르침(요 12:50), (iii) 혹은 복음의 내용 자체를 아버지가 주신 계명과 동일시하는 것(요일 3:23); 또한 Jobes, *1, 2 & 3 John*, 261; 한편 Streckr, *The Johannine Letters*, 229, 여기 3절의 계명은 '서로 사랑하라'는 계명을 의미하는 것으로 국한시킨다(참조. 요일 2:7-11; 요 13:34-35).

5-6절은 복합적인 전후 대칭 구조인데 이를 도표로 나타내면 다음과 같다:[270]

(새 계명이 아니라)
a 처음부터 가졌던 대로, 서로 사랑하라(5c)
  b 이것이 사랑이니(6a)
    c 그의 계명들을 따라 행하라(6b)
  b' 이것이 계명이니(6c)
a' 처음부터 들었던 대로, 그 안에서 행하라(6d)

요한의 문장은 간결하면서도 반복적이고 전후 대칭 구조가 많다. 이 구절들도 예외가 아니다. '처음부터'라는 표현도 앞뒤로 반복된다(a와 a'). '이것이 … 이다'(αὕτη ἐστὶν)라는 문구도, 각기 주어가 사랑과 계명이라는 차이가 있지만 역시 전후 대칭적이다(b와 b'). 그리고 중심부에 놓인 권면은 '그의 계명들을 따라 행하라'(c)는 것이다. 여기서는 다시 '계명들'(ἐντολὰς)로서 복수이다. 이렇듯 반복적이면서도 대칭적인 구조 속에서, 중심부에 놓인 권면의 핵심은 단순히 '서로 사랑'하라는 새 언약 공동체 안에서의 의무 조항만이 아니라 보다 포괄적으로 '계명들'로 표현된다. 물론 '계명들'이라 했지만, 이 복수의 계명들이 실상은 '사랑의 계명'으로 통합될 수 있다는 의미에서 단수의 계명(c)으로 표현되었을 수도 있다.[271]

하지만 이 단수의 계명은 차라리 앞의 3절에서(한글 성경, 4절) '진리 안에서 행하는' 것과 동일시되는 '아버지께 받은 계명'이 그 아들을 믿는 것과 서로 사랑하는 명령을 모두 포함했던 것과 일맥상통한다고 보는 것이 문맥상 더욱 적절하게 여겨진다. 비록 3절에서는 단수로서 계명이었지만, 이는 원문의 6절 중

---

270 이 도표는, Yarbrough, *1-3 John*, 341-342를 참조하였다.
271 Jobes, *1, 2 & 3 John*, 262, Marshall의 견해를 따라, 십계명의 두 번째 부분에 속한 여러 계명들이 이웃을 사랑하라는 하나의 계명 속으로 요약이 되듯이(참조. 롬 13:8-10), 사랑의 계명이, 하나님이 명하신 다른 계명들을 포괄하기 때문이라 본다(참조. 요일 4:21).

심부(c)에서 '계명들'로 복수로 표현한 내용과 다르지 않다고 보는 것이다.[272] 또한 5절에서 '처음부터 가졌던 계명' 역시 단수로 표현되기는 했지만, 하나님 아버지께서 보내신 그 아들을 믿어야 한다는 3절의 '아버지의 계명' 그리고 원문의 6절에서 복수로 표현된 '계명들'과 결코 분리될 수 없는 것으로 판단된다.

(3) 미혹과 경고(7-8절)

다음은, 7-8절(C)에서 표현된 미혹(7절)과 경고(8절)에 관한 말씀이다. '많은 미혹하는 자들'은 거짓으로 가르치는 자들인데, 7절 하반절에서 '미혹하는 자' 그리고 '적그리스도'를 지칭하는 것은 이들의 배후에서 활동하는 악한 자 곧 마귀의 활동을 떠올리게 한다. 이들의 핵심적인 주장은 예수 그리스도께서 육체로 오심을 '고백하지 않는'(μὴ ὁμολογοῦντες, 부인하는, 개역한글/개역개정) 것이다.[273] 요한일서에서는 적그리스도의 거짓말로 인해 '예수께서 그리스도이심을 부인하는'(요일 2:22) 일, 또한 거짓 선지자의 활동으로 '예수 그리스도께서 육체로 오신 것을 부인하는'(요일 4:2) 일이 언급되었다. 표현에 차이가 있지만, 이는 궁극적으로 분리주의자들이 주장한 내용들일 것인데, 또한 '예수께서 하나님의 아들이심'(요일 5:5)을 부인하는 것과 같은 맥락이다.

요한일서에서 묘사된 이런 주장들 가운데 가장 유사한 형태는 4:2에 있는데, 요한이서 7절에는 '오신'(ἐρχόμενον, 임하신, 개역한글)이라 되어 있는 데 반해, '오셨다는 것'(ἐληλυθότα)으로 완료형으로 된 차이가 있을 뿐이다.[274] 굳이 의미를 분간하자면, 요한일서 4:2에서는 그리스도가 성육신하시고 세상으로 오셨다는 사실이 강조되었다면, 요한이서 7절의 현재형은 그렇게 해서 그 아들을 믿고 아

---

272 Yarbrough, *1-3 John*, 342.
273 Olsson, *Letters of John*, 52, '고백하다'(ὁμολογέω)는 요한서신에서 두 가지 용도로 쓰였는데, 죄를 고백하는 경우(요일 1:9)도 있지만, 예수가 그리스도임을 고백하는 경우(요일 2:22; 4:2-3; 5:1, 5; 요이 7절)가 압도적이다.
274 Strecker, *The Johannine Letters*, 232-233, 요이 7절의 현재형, ἐρχόμενον와 4:2의 완료형 ἐληλυθότα의 차이는 작지 않다. 후자의 완료형의 경우는 요한일서의 적대자가 그리스도가 육체로 오심 즉, 그의 성육신(incarnation)을 부인하는 가현설적(Docestic) 이단인 데 반해, 전자의 경우는 '예수께서 육체로 임하심'의 현재성을 부인하는 것으로써 성례(sacrament)를 통한 임재를 부인하는 경우거나, 혹은 미래에 종말의 심판주로서 오시는 것을 부인하는 경우라 본다.

버지의 사랑 안에서 서로 사랑하는 공동체의 현존을 더 강조한다는 차이가 있을 것이다. 하지만 핵심적 주장은 같다. 하나님의 아들이 실제로 세상에 오셨다는 사실을 고백하지 않는 거짓이다. 참된 것 곧 진리는, 하나님께서 그 아들을 세상에 보내셨다는 사실이다. 그래서 그 아들이 세상에 오셨다는 사실을 부인하는 사람은, 지켜야 할 '아버지께 받은 계명'이 없는 셈이고, 그래서 진리 안에서 행함도 없는 셈이다(3절).

더 나아가, 진리 안에서 행함이 없다면 그 공동체는 '사랑 안에' 거할 수도 없다. 아버지께서 그 아들을 세상에 보내신 것이 사랑이기 때문이다(요일 4:9, 14). 장로는 요한이서에서 이와 같은 연관성을 전제하고 있다. 이것이 3절부터 '진리와 사랑'이 함께 등장하는 이유이며, 4-5절에서 계명을 이야기하고 곧바로 6절에서 '사랑'을 설명하는 근거이다. 6절에 나오는 '사랑'은, 계명 곧 아버지께서 그 아들을 세상에 보내신 것을 믿고, 그 아들을 보내신 아버지의 사랑 안에서 서로 사랑하며 사는 것이다. 그리고 이제 7절은 핵심적으로, 진리 안에 거할 수 없는 자들이란 곧 하나님께서 그 아들을 세상에 보내신 참된 사실을 부인하는 자들임을 명백히 한다.

장로는 이렇게 그 아들에 관한 사실을 부인하는 거짓에 대해 강력히 경고한다. 이제 적들의 정체가 밝히 드러났다(7절). 저들은 진리 안에 거하지 못하는 자들이다. 그리고 8절에서 장로는 이제 '자신들을 살피라'(βλέπετε ἑαυτούς)고 함으로써, 그런 거짓된 미혹의 공격을 당하는 수신자 공동체 자신에게로 관심을 돌린다. 이런 미혹을 맞닥뜨린 수신자 교회는, 무엇보다 그들 '자신을 살펴서', 그리스도에 관한 진리를 부인하는 자들로부터 자신들을 지켜내야 한다. 그렇게 하기 위해서 그들은, 첫째, 이미 그들 안에 시작된 '일'을 망하게 해서는 안 되며, 둘째, 그 충만한 상(8절)을 받도록 힘써야 한다.

이런 맥락에서, 8절의 '우리가 일한 것'(ἃ εἰργασάμεθα)은 무슨 의미인가? 장로를 비롯한 사도들이 수신자 공동체 안에서 했던 일은 무엇을 가리키는가? 이전 문맥으로 보면, 예수 그리스도께서 육체로 오셨다는 사실을 믿는 믿음의 기초에 관한 것이 분명하다(7절).[275] 그리고 기독론에 관한 이 진리를 받아들인다는 것은, 단지 기독론에 그치지 않음은 물론이다. 그것은 신론과 직결된다. 그 아들을 받은 자는 그를 보내신 아버지의 사랑을 받는 자이기 때문이다. 그리고 그것은 다시 교회론을 세우는 근간이 된다. 그렇게 아버지의 사랑을 받은 자들은 서로 사랑하지 않을 수 없고, 그래야만 하기 때문이다(요일 4:7-16).

수신자들은 장로와 다른 사역자들이 그들 안에 시작해 놓은 일, 기초를 놓은 '진리와 사랑의 사귐'으로서의 교회를 견고히 유지해야 한다. 그 기초에서 즉, 그리스도에 관한 진리에서 흔들린다면 그것은, 곧 결정적으로 '망하게 되는'(ἀπολέσητε) 길이다.[276] 그들은 '충만한 상'을 받도록 자신들을 돌아보고 점검하고 지켜내야 한다. 여기서 '충만한 상'(μισθὸν πλήρη)은 무슨 뜻일까? 일단 요한일서에서는 나오지 않은 표현이다. 하지만 신약 일반에서 강조된 것으로 본다면, 우선적으로 종말론적인 복을 가리킨다고 할 수 있다(마 5:12; 10:41; 막 9:41; 눅 6:23, 35; 요 4:36; 고전 3:8, 14; 9:17-18; 계 11:18; 22:12).[277]

만일 이런 일반적인 의미가 적절하다면, 8절 전후의 문맥에서는 적그리스도, 곧 거짓 가르침의 문제가, 영원한 생명과 영벌과 관련된 것임을 시사한다고 할 수 있다. 하지만 '충만한 상'이라는 표현은, 이미 주어진 '상'이 있는데 그것을 견인(堅忍)을 통해 그 충만한 분량까지 채워지도록 주의하고 인내하라는 의미로 들린다. 영생과 영벌을 결정하는 것은 진리의 문제 곧, 그리스도께서 육체로 오신 사실을 받아들이는가, 그렇지 않은가의 문제에 달려 있다고 할 것이다. 하지만 8절에서 장로가 경고하는 것은, 그들이 그 진리를 받아들임으로써 이미 받은 상을 더 충만히, '가득 차게' 온전히 받을 것을 격려하는 의미가 짙다.

---

275 Kruse, *The Letters of John*, 211-212, "'우리의 일한 것'의 핵심은 '그리스도에 관한 가르침'이다. 이것이 장차 온전한 상을 얻을 근거가 된다."
276 '망하게 되지 않도록'(μὴ ἀπολέσητε)에서 ἀπολέσητε는 가정법, 아오리스트 형태인데, 마치 기초가 무너지듯 어떤 결정적인 일이 일어나지 않게 하라는 의미로 해석할 수 있다.
277 Yarbrough, *1-3 John*, 345.

(4) '그리스도의 교훈'과 교제(9-10절)

그렇다면 '온전한 상'을 얻기 위해서는 어떻게 하라는 것인가? 문맥적으로 보면, 9-10절이 이에 대한 답을 제시하는 셈이다. 우선 그리스도의 가르침이 중요하다. 이것이 근거이기 때문이다. 하지만 그것을 아는 것만으로는 부족하다. 그 바른 기독론적 가르침 '안에 거해야' 한다. 그럴 때에 하나님 아버지를 갖게 된다. 즉 아버지의 사랑 안에 거하게 된다. 또한 그럴 때에 아버지와 아들을 갖게 된다. 즉 영원한 생명의 사귐 안에 거하게 된다. 결국, '충만한 상' 혹은 '온전한 상'이란, 그리스도 곧 하나님이 보내신 아들을 받는 사실로부터 시작해서 그 견고한 진리 안에서 그 아들과 아버지와의 사귐을 지속해 갈 때 얻을 수 있다는 것이 분명해진다.

무엇보다 그리스도에 관한 교훈을 견고하게 붙들어야 한다. 9절부터는 10절과 함께 '그리스도의 교훈'이라는 단어가 소단락을 묶는 연결 고리가 된다. '그리스도의 교훈'(τῇ διδαχῇ τοῦ Χριστου)은 무엇을 가리키는가? 여기에 포함된 2격을 목적격으로 보면 그리스도에 관한 가르침이고,[278] 주격으로 보면 그리스도께서 가르치신 내용 곧, 서로 사랑의 계명일 것이다. 모호한 표현이지만 둘 다를 포함한다고 보는 것이 문맥에도 적절하다.[279] 즉 예수 그리스도께서 육체로 오셨다는 사실에 관한 가르침이며(7절), 4절에서 '하나님의 계명'이라 했을 때, '하나님께서 보내신 그 아들을 믿으라는 계명'(요일 3:23)을 포함한다. 동시에, 그리스도께서 주신 서로 사랑의 계명(요일 3:23) 즉, 요한이서 5절에 나오는 '서로 사랑하라'는 계명도 함께 의미하는 것으로 보는 편이 옳다.

장로는 9절에서도 7절에서 지적한 예수 그리스도가 육체로 오신 진리에 대해 부인하는 자들을 경계하는 일을 늦추지 않고 있다. 이번에는 '그리스도의 교훈'이라는 표현으로 대신할 뿐이다. 4-6절(B)에서 '계명'(ἐντολη)으로 설명했던 바를, 이제 9-10절(B′)에서 교훈(διδαχή)으로 설명하는 셈이다. 만일 4-6절에서 계명을 들어 설명한 것이 하나님 아버지 중심적으로 설득하려 한 것이라면,

---

[278] Painter, *1, 2, and 3 John*, 354, "9절에서 '그리스도 교훈'이라 한 표현은, 목적격 2격으로, '그리스도에 관한 가르침' 곧 그가 육체로 세상에 오신 것에 대한 신앙 고백을 가리킨다."
[279] Kruse, *The Letters of John*, 212; Jobes, *1, 2 & 3 John*, 270.

9-10절에서 교훈을 강조하며 설명하는 것은 기독론 중심적인 설득이라 할 수도 있을 것이다. 이 둘은 물론 연결되어 있다. 장로는 9절에서 그리스도의 교훈 안에 거하지 않는 자는 '하나님을 갖지도 못한' 것으로 단언하기 때문이다.

'하나님을 갖는다' 혹은 '아버지를 갖는다'는 표현(요이 9절; 요일 2:23)은 단연코 '아들을 갖는다'는 표현과 이어진다(요이 9절; 요일 5:12; 참조. 히 4:14-15; 8:1, 우리에게 대제사장이 있느니라).[280] 한편 '그리스도의 교훈 안에 거한다'(μένων ἐν τῇ διδαχῇ)는 표현은 요한일서에는 나오지 않는다. 거함의 대상이 하나님이거나 그리스도인 경우(요일 2:6; 3:24; 4:13, 15) 혹은 하나님의 사랑(요일 4:16), 그리고 하나님의 말씀(요일 2:14)이나 저들이 '처음부터 들은 것'(요일 2:24)의 경우만 나온다. 이 중에서 요한이서 9절의 '가르침'(διδαχή, 교훈, 개역한글/개역개정)과 가장 가까운 내용은, '하나님의 말씀'이거나 '처음부터 들은 것'이 대상인 경우들이라 할 수 있다. 하지만 이를 뚜렷하게 '가르침'이라고 명시한 것은 요한이서의 특징이며, 그리스도에 관한 하나님의 말씀이나 사도들의 증언이 교회의 가르침의 형태로 자리 잡은 것을 보여 주는 듯하다.

중요한 것은, 하나님의 말씀(요일 2:14)이나 혹은 하나님의 계명(요이 4절)에 합당한 그리스도의 가르침을 고백하기를 부인할 때, 그 또는 그들에게는 하나님이 계시지 않다는 사실이다. 반대로, 장로는 오직 '그 가르침 안에 머무는 자'라야 '그 아버지와 그 아들'을 가진 자라고 단언한다(9절; 참조. 요 14:23).[281] 그 가르침은 그리스도에 대한 참된 증언이기 때문이고, 그 증언대로 그리스도 곧 그 아들을 받은 자라야 그 아들을 세상에 보내신 아버지의 사랑을 입은 자 곧 아버지를 가진 자가 되기 때문이다. 그러므로 그리스도의 가르침, 그 아들을 받음, 그리고 그 아들을 보내신 아버지를 받는 것은 모두 분리시킬 수 없이 연결되어 있다.

이 끊을 수 없는 연결 고리를 끊겠다는 자들을, 장로는 '앞서가는 모든 자'(Πᾶς ὁ προάγων)로 묘사한다. 이들은 어떤 자들인가? 이들을 아예 '새로운 것

---

280 Strecker, *The Johannine Letters*, 242.
281 Kruse, *The Letters of John*, 212, "아버지와 아들을 갖는다는 것은, 비단 그들을 알 뿐 아니라, 성령을 통하여 아버지와 아들이 그들 가운데 거하는 것을 뜻한다."

을 만들어 내는 자들'(everyone who innovates)로 번역하는 경우도 있듯이,[282] 이들은 종종 진보주의자, 계몽주의자, 혹은 근대주의자로 묘사되는데, '그리스도 사건'에 관한 장로의 해석에 반대하는 자들이다.[283] 이들은 장로의 소위 '오래된, 구닥다리 신학'을 반대하며 자신들을 '진보된'(progressive) 자들로 여겼을 것으로 추정한다.[284] 항상 새로운 것들을 찾으며, 그들이 전해 받은 전통의 바른 가르침으로부터 멀어져 가서,[285] 결국 교회로부터 이단의 낙인을 받을 자들인 것이다. 이들은 아마도 자신들의 가르침은 '새것'이라 호소했을 것인데(요이 5절),[286] 장로가 자신이 전했던 그 말씀을 새 계명이 아니라 처음부터 들었던 말씀이라 강조한 이유도 여기에 있다고 판단된다.

흥미롭게도, '앞서가는 자'(ὁ προάγων, 지나쳐, 개역개정)라 할 때, '앞서간다'(προάγω)는 표현은 원래 목자가 양 무리에 앞서가며, 그들을 인도하는 모습을 가리킬 때 쓰는 반(半)전문(semi-techincal) 용어이기도 했다(참고. 마 26:31).[287] 만일 이런 이미지가 적절한 것이라면, 분리주의자들은 그리스도에 대한 사도들의 전통적인 가르침을 반대하여, 그 양 무리의 주인이신 그리스도를 따르지 않고 오히려 그들 스스로 '앞서 나가' 그리스도의 주권을 부인하는 거짓 교사들의 특징을 갖고 있다고 할 수 있다(참조. 벧후 2:1).

이런 해석의 장점은, 저들이 그리스도의 가르침 안에 거하지 못하는 근본적인 원인이 어디에 있는지를 보여 준다. 요한이서 9절 앞부분을 자세히 뜯어보면, 저들이 '앞서 나가'는 자들이기 때문에 그 결과로(καὶ) 그들이 그리스도의

---

282 Yarbrough, *1-3 John*, 349.
283 Painter, *1, 2, and 3 John*, 350, *Gospel of Egyptians*(N. H. IV 41.7-8)에도 ὁ προάγων과 같은 표현이 있지만, 의미 있는 연관성은 없다. 이들은 전통적으로 급진주의자들, 현대주의자들로 알려져 왔다.
284 Strecker, *The Johannine Letters*, 244.
285 Kruse, *The Letters of John*, 212, 특히 가르침에 있어서 앞서가는 것, *avant-garde*처럼 인습적인 권위나 전통에 반항하는 전향적인 가르침을 선호하는 태도를 가진 자들로 본다.
286 Strecker, *The Johannine Letters*, 242-243.
287 Rudolf Pesch, *Das Markusevangelium* (Freiburg: Herder, 1977), 2:381, '목자를 가리키는 전문 용어'(Terminus technicus der Hirtensprache); Joachim Gnilka, *Mattäusevangelium* (Herders theologischer Kommentar zum Neuen Testament, Freiburg/Basel/Wein: Herder, 1988-1992), 2:407; 참조. Young S. Chae, *Jesus as the Eschatological Davidic Shepherd*, 199-200.

가르침 안에 머물 수 없었다는 인상이 짙다.[288] 즉 '앞서가는'(προάγων)이라는 표현은, 단지 저들의 '새로운 가르침'에 초점을 둔 것이 아니라, 저들이 어떻게 해서 그리스도의 가르침을 부인하는 새로운 교리를 만들어 내고자 했는지 그 '근본적 원인'을 암시해 준다. 다시 말해서, 저들은 그리스도의 가르침으로 드러난 하나님 아버지와 그리스도의 주권을 대적하여, 자신들이 주를 따라가는 양 무리가 아니라 도리어, 스스로 주인의 지위와 권세를 행사하고자 했던 것이다. 이렇게 보면, 저들이 어떻게 하나님과 그리스도를 대적하는 적그리스도의 세력으로서 믿음의 공동체를 파괴하려 했는지를 가늠할 수도 있다.

그러므로 저들의 '앞서가는' 행위는, 비단 그리스도에 관한 가르침의 문제뿐 아니라, 이를 발단으로 한 하나님과 그리스도의 주권에 대적하는 문제이며 동시에 공동체의 파괴에 관련된 중대한 문제였던 것이다. 그래서 10절은, 그리스도의 교훈에 관련된 문제가 공동체의 연합과 분리, 교제와 단절에 관한 문제로 확대된다는 사실을 보여 준다.

10절 상반절은 마치 순회 전도자들이 한 도시에 있는 가정교회를 방문하는 모양을 떠올리게 한다(롬 16:5; 고전 16:19; 골 4:15; 딤전 3:15; 몬 2절; 고전 16:15; 빌 4:22). 어떤 이가 그들'에게로 오면서'(ἔρχεται πρὸς) 무언가를 '가져온다'(φέρει). 그런데 그가 가져오는 것이 그리스도에 관한 '바로 그 전통적인 참된 가르침'이 아니라면, 장로는 그를 받아들이지도 말고 그에게 인사의 말도 하지 말라고 명한다. 여기서 '받아들이지 말라'(μὴ λαμβάνετε)든지 '인사의 말도 하지 말라'(χαίρειν αὐτῷ μὴ λέγετε)는 표현은 단순히 나그네를 받아들이고 안부를 주고받는 일상의 만남 정도를 염두에 둔 것이 아님을 알 수 있다. 1세기 지중해 문화권에서 낯선 이방인은 '법이나 관습으로도 아무런 권리도 지위도 없는 자들'이었다. 그래서 낯선 이방인을 환대한다는 것은, 단지 숙소를 제공한다는 뜻이 아니었다. 당시 문화에 '보편 인류'라는 개념이 없었다는 사실을 고려하면, 낯선 이방인을 집으로 환대한다는 것은, 그가 더 이상 이방인이나 적이 아니라, 자신

---

288 Painter, *1, 2, and 3 John*, 352, προάγων을 해석하면서, 장로와 남은 자들의 관점에서 "저들이 세상으로 '나간'(going out) 것"으로 해석할 수도 있다. 분리주의자들이 수신자 공동체로부터 '떨어져 나간' 것이고 (요일 2:19), 이것을 요한이서 7절의 배경으로 보는 것이다.

이 속한 공동체의 일원으로 받아들인다는 의미와 신호였을 것이다.[289]

또한 신약에서 '인사의 말을 한다'는 것도 종종 '가벼운 인사'(bland greeting)를 가리키지만(행 15:23; 23:26; 약 1:1) 당시 세속 사회 배경을 생각하면 조금 더 구체적으로 기독교적 색채를 띤다고 볼 수 있다(예컨대, 고전 1:3). 이런 의미에서 인사란, 앞서 설명한 대로 1세기 지중해 문화권에서는 더욱더, 동류의 집단 안에서 서로 구성원임을 확인하는 신호와 같은 역할을 했다. 더구나 기독교인으로서 인사한다는 것은, 상대방이 기독교 신앙을 갖고 있다는 그 지위를 인정하는 맥락에서 이루어지는 것을 의미했다.[290] 그러므로 그리스도의 교훈에 관하여 거짓된 가르침을 가르치는 자들에 대한 10절의 권면은, 그들에게 아무런 말도 하지 말고 모른 척하며 아예 관계를 단절하라는 뜻은 아니다.

실제적으로, 가족이나 친척이 이단적인 가르침에 흔들리거나 잠시 빠져 있을 때에, 그들을 거기서 구해내려 하지 않는 성도는 없을 것이기 때문이다. 이런 점에서 유다서 22-23절도, 거짓 교사들의 거짓 가르침에 흔들리는 자들을 위해 그들을 긍휼히 여기며, 끌어낼 수 있는 자들은 구원하며, 주를 두려워하며 그들의 죄를 경계하면서도 그들을 불쌍히 여길 것을 부탁하고 있다는 사실을 기억해야 한다. 다만 요한이서 10절에서 그리스도의 가르침을 부인하는 자들을 '집에 들이지도 말고' 또한 '인사하지도 말라'는 명령은, 그들을 정상적인 교회로 인정하지 말고 함부로 교회의 모임에 끌어들여 그들의 거짓 가르침에 오염되는 지체들이 없게 하라는 경계로 받아들일 수 있는 말씀이다.

(5) 교제와 진리 (11-13절)

마지막으로, 11-13절(A′)은 다시 진리와 사랑 곧 진리와 공동체의 사귐에 관한 부분이며 서신을 마무리하는 끝인사가 포함된 구절이다. 11절은 10절의 연속이지만, 보다 명확하게 진리와 사귐에 대해 경고한다. 그리스도의 교훈에 관

---

289 Bruce J. Malina, "The Received View and What It Cannot Do: III John and Hospitality", *Semeia* 35 (1986): 181-183, Kruse, *The Letters of John*, 213-214에서 재인용.

290 Kruse, *The Letters of John*, 213-215; 또한 Painter, *1, 2, and 3 John*, 355. 이그나티우스의 경우에도 이런 용례가 있다(Ign. *Eph.* 7:1; 8:1; 9:1; Ign. *Smyrn.* 4:1; 5:1; 7:2).

해 거짓을 가르치는 자에게 인사하는 자는 곧 '그의 악한 일들에 참여'하는 것임을 경고하는 것이다. '그의 악한 일들'(τοῖς ἔργοις αὐτοῦ τοῖς πονηροῖς)은 '그 악한 자'(ὁ πονηρὸς)를 생각나게 하는데, 장로는 이미 이것이 적그리스도의 활동임을 명시했기 때문에(7절) 관련이 없지 않다고 판단할 수 있다.[291] 원문에 단수가 아니라 복수로 '일들'이라 한 것에, 그들의 다른 활동들이 포함되겠지만 우선적으로 예수 그리스도에 관한 거짓 가르침을 퍼뜨리는 일임은 분명하다.

요한에게 있어서 그 아들을 받아들이지 않는 것은, 그 아들을 보내신 아버지의 사랑을 받아들이지 않는 것이다. 그러므로 저들은 특히 요한일서에서 여러 번 언급하는, 형제를 증오하는 자들의 부류에 속할 것이다(요일 4:10-18). 비록 하나님과 사귐이 있다고 말하지만(요일 1:6), 여전히 어둠 가운데서 형제를 미워하며(요일 2:7-11), 그 어둠과 함께 사라져가는 그 악한 자 안에 처한 세상에 속한 정욕을 따라 살며(요일 2:15-17), 참빛으로 이미 임하신 그 생명의 말씀을 버리고(요일 1:1-4; 2:8-11), 진리 안에서 행치 않으며 불의와 죄를 지으면서(요일 2:4-6; 3:4-8), 여전히 사망 안에 거하는 자들이라 할 수 있을 것이다(요일 3:14-15).

장로는 진리와 사랑의 공동체를 파괴하는 이러한 해악(害惡)의 홍수를 여는 문이 바로, 그리스도에 대한 거짓 가르침을 전하는 이들을 교회의 교제 가운데 용인하여 받아들이는 행위라고 지적한다. 그러므로 요한의 관점에 있어서, 그리스도에 관한 진리는 그를 믿는 공동체와 분리될 수 없는 관계에 놓여 있다. 특별히 요한이서 10b-11절은, 참된 교훈 안에서 교제하기 위해서는 오히려 교제를 단절해야 하는 경우도 있다는 것을 알려 준다. 그럴 수밖에 없는 것은 2절에서 밝힌 대로, 그 진리는 '우리 안에 거할'(τὴν μένουσαν ἐν ἡμῖν) 뿐 아니라 '영원토록 우리와 함께 있을 것'(μεθ' ἡμῶν ἔσται εἰς τὸν αἰῶνα)이기 때문이다.

그러므로 같은 공동체 안에 그리스도에 관한 진리와 이를 대적하는 거짓이 함께 공존할 수도, 영원히 함께할 수도 없다.[292] 또한 진리는 그것을 믿는 공동

---

291 Findlay, *John's Letters*, 59.
292 Strecker, *The Johannine Letters*, 227, "진리는 그러므로 절대적이고, 포괄적인 실재이다. 단지 공간 안에서만 그럴 뿐 아니라 시간적으로도 그러하다. 진리는 공동체를 규정하고 미래로 영원히 인도한다. 어떤

체 안에서 영원히 존속된다는 사실도 의미심장하다. 진리가 공동체를 규정하고 존속하게 하기도 하지만, 반대로, 요한이 묘사하는 새 언약적인 진리 역시 공동체 없이 따로 실재하지 않는 것이다. 예수 그리스도께서 육체를 입고 세상에 오신 것처럼, 그리스도에 관한 그리고 하나님에 대한 이 진리는, 역사와 시간 속에서, 세상 안에서 그리고 사람들 속에서 실현된 약속의 성취이기 때문이다. 하나님의 아들이 육체를 입고 나타나신 것처럼, 진리 역시 교회라는 믿음의 공동체의 처소에 임하여 거기 머물고, 그것과 함께 영원히 거하는 것이다.

결론적으로, 요한일서에서 중심 개념으로 전개했던 '사귐'(κοινωνία)이라는 그리스도교 공동체의 특징적인 존재 방식은, 단순히 하나님과의 인격적 사귐이나 성도 간의 사랑의 사귐이라는 정서적 측면만 의미하는 것이 아님이 너무도 분명하다. 최소한 요한이서가 담보하려 하는 것은, 그가 인정하는 코이노니아의 핵심적인 기초는 그리스도에 관한 진리여야 한다는 것이다. 이것이 빠지거나 왜곡되고 나면 코이노니아는 도리어 악한 자의 악한 일에 참여하는 것이 되는 셈이다. 그렇다면 교회 공동체를 규정하는 코이노니아에서 기독론이 왜 그리도 중요하고 결정적인가?

그것은 그 아들을 받은 자들에게만 아버지의 사랑, 세상을 사랑하사 세상을 구원하시려고 그 아들을 보내신 아버지의 사랑이 그 안에 거하기 때문이다. 그리고 그 아들을 통해 하나님의 종말론적인 사랑을 받은 공동체는 그 사랑으로 서로를 사랑하는 새 계명을 받은 것이다. 그러므로 이 모든 것이, 세상을 사랑하셔서 그 아들을 보내신 아버지의 뜻을 따라, 그 아들을 고백하고 받아들임으로써 시작된 것이다. 더구나 이렇게 시작된 그 아들과 아버지와의 사귐 즉 코이노니아는, 요한에게 있어서 거대한 우주론적 이원론의 구도 안에서, 결코 영원토록 해체되거나 혼합될 수 없는 최종적 연대(solidarity)를 형성한다.

코이노니아가 당시 로마 세계에서 '동일한 목적에 합의한 법적 구속력'을 의미했고 그래서 요한이 설명하는 새 언약 공동체 역시 그런 종류의 '단체'와 비

미래인가. 그 공동체에 의해 이미 인정되고 고백된 그 일이 일어나는 미래이다. 그리고 그 안에서 그 진리가 고양되고 공동체 안에 있는 모두가 그 진리를 알게 될 때이다."

숫하다고 보는 입장도 있지만,[293] 요한이 서신을 통해서 제시하는 코이노니아는 이보다는 훨씬 더 인격적인 사귐이 전제된 연합이고 연대이다. 그 안에서 성도는 그들과 사귐 가운데 있는 그 아들과 생명적 관계로 연결되어 있고, 그 생명의 말씀에 따라 의롭게 변화되기까지 한다. 그러므로 요한이 말하는 새 언약 공동체로서의 코이노니아를 단지 로마 세계에 존재했던 '동일한 목적을 위한 법적 합의' 정도로 축소시킬 수는 없다. 하지만 어떤 의미에서 코이노니아는 그보다 더한 법적 구속력을 가진 연대라고 할 수도 있다. 그것은 새 언약의 성취로 말미암은 삼위 하나님과의 연대이며, 신비한 사귐과 변화를 동반하는 이 신적 연대는, 그 나머지 세상과 그 세상을 장악한 악한 자 마귀와 적대적 관계에 놓이고, 그 내용과 본질에 있어서도 생명과 사망이 서로 뒤섞일 수 없는 것처럼 영원한 분리로 나뉘어 있다.

그러므로 요한이서에서 경고하는 그리스도에 관한 진리를 기초로 코이노니아 공동체를 보호하고 유지하는 것은, 단순히 사랑도 진리 안에서 해야 한다는 원칙론을 반복하는 것 그 이상의 중대하고 결정적인 의미가 있는 것이다. 그것은, 수많은 차원에서 이원론적 대조와 전투지를 설정하는 돌이킬 수 없는 연대를 결정하는 일이기 때문이다. 그리스도와 적그리스도, 아버지의 사랑과 세상의 쾌락, 그 아들과 악한 자, 의와 불의, 긍휼과 증오, 참빛과 어둠, 그리고 삼위 하나님과의 사귐과 사라지는 세상, 또한 영원한 생명과 영원한 사망 사이에서, 어떤 것과 연대하며 교제하고 그 안에 거할 것인가를 확인하는 결정적인 기준이기 때문이다.

5.2 요한삼서, '사귐과 사랑'

요한이 말하는 '코이노니아'가, 이런 우주적 이원론, 영적이고 공동체적이고 실제적인 이원론적 구도 안에 있다는 사실은, 믿음의 공동체가 받고 누리고 나누어야 하는 '사랑'도 단순히 감성적이거나 사회적인 요소로 국한될 수 없는 것

---

293 Perkins, "Koinonia in 1 John 1:3-7", *CBQ* 45 (1983): 633-634를 참조하라.

임을 시사한다. 요한삼서는 그리스도에 관한 진리가 과연 공동체의 어떠한 사랑 안에 거해야만 하는지를 역설하고 있다. 흥미로운 사실은, 요한이서와 삼서의 공통적이고 대조적인 면모이다. 두 서신의 공통점과 대조되는 면을 부각시켜서 간단한 도표로 그리면 아래와 같다:

	요한이서	요한삼서
a. 수신:	부녀와 그 자녀들(1절)	가이오(1절)
b. 인사:	진리와 사랑(1-3절)	진리와 사랑(1-4절)
c. 문제:	예수가 육체로 오심 부인(7절)	형제를 영접하지 않음(9절)
d. 원인:	'앞서 나감', 주를 부인(9절)	'으뜸 되기'를 좋아함, 주를 부인(9절)
e. 해법:	인사도, 영접도 말라(10-11절)	선을 행하여, 영접하라(11, 8절)
f. 강조:	진리, 계명, 교훈	사랑, 영접, 선행
g. 신학:	기독론, 그리스도의 가르침	신론, 아버지의 사랑
h. 윤리:	진리 안에, 교제 안에 머물라	사랑 안에, 교제 안에 연합하라

두 서신을 대조해보면, 둘 다 인사말에서 '진리와 사랑'을 언급하지만(b), 강조점은 각기 다르다. 요한이서가 그리스도의 교훈 즉 진리를 강조한다면, 삼서는 형제를 영접하고 서로 연합하는 사랑의 문제를 다루고 있음을 알 수 있다(f). 즉 다루고 있는 중심 주제에 따라, 문제를 일으킨 원인도 다른데, 요한이서는 '앞서 나가는' 자들 때문에 생긴 상황이고, 삼서는 '으뜸 되기'를 좋아하는 디오드레베 때문에 생긴 상황이다(d). 각기 이렇게 다른 원인들로 불거진 문제도 다른데, 이서가 '예수가 육체로 오심을 부인'하는 거짓 가르침을 가르치는 자들이 교회의 교제 안으로 들어오려는 것이었다면, 삼서에서는 같은 교훈을 믿는 형제를 받아들이지 않으려는 사랑 결핍이 문제가 된다(c). 당연히 장로가 각 상황에 따라 제시하는 해법도 달라진다. 요한이서에서는 결국 다른 것을 가르치는 자를 영접하지 말라고 했다면, 삼서에서는 가르침이 다르지 않은 형제를 거절하지 말라고 권면하는 셈이다(e).

그러니까, 이서에서는 '진리, 계명, 교훈'이 중요한 용어들이었다면, 삼서에서는 '사랑, 영접, 선행'이 핵심 용어들로 나타난다(f). 결론적으로 요한이서와 삼서가 대변하는 신학적 맥락이나 윤리적 강조점도 다를 수밖에 없다. 요한이서는 기독론 중심으로 그리스도에 관한 교훈이 교회 공동체에게 얼마나 결정적인지를 가르쳐 준다면, 삼서는 사실상 신론에 강조점이 있고 특히 아버지의 사랑이 어떻게 교회 공동체를 규정하고 형성해야 하는지를 가르쳐주는 셈이다(g). 한마디로, 요한이서의 윤리적 메시지를 '진리를 지킴으로 교제 안에 머물라'고 요약한다면, 삼서는 '사랑 안에서 형제를 영접하라'는 메시지로 요약할 수 있다(h).

(1) '사랑'이라는 주제(1-4절)

요한삼서는 진리와 사랑을 언급하면서 사랑을 강조하는 면모를 보인다(b와 f). 요한삼서도 이서처럼, 진리와 사랑을 표면에 내세운다. 인사말에 해당되는 1-4절에서, '사랑'에 대한 언급은 3회(1[x2], 2절), 그리고 '진리'에 대한 언급도 3회나 된다(3[x2], 4절). 언급 회수로 보면 동등하다. 반면에 요한이서에서는 '진리'라는 표현이 모두 5회 나오는데(요이 1[x2], 2, 3, 4절), '사랑'에 관련된 표현은 2회에 그친다(요이 1, 3절). 이렇게 보면 이서와 삼서가 진리와 사랑에 대한 언급에 있어서 대동소이한 것처럼 보인다.

하지만 요한이서와 삼서가 각기 진리와 사랑을 강조하는 방식은 사뭇 다르다. 두드러진 것은, 이서는 원문의 1-3절까지 '진리'를 4회(요이 1[x2], 2, 3절)나 반복하면서 강조하는 데에 반해, 삼서는 1-2절에서 '사랑'을 3회나 반복하는 면이 차이가 난다. 물론 이런 순차나 강조의 차이가 본문 전체를 이해하는 데에 얼마나 결정적인지는 본문의 내용을 살펴보아야 할 것이다. 하지만 요한삼서의 경우, '사랑'에 대한 강조는 내용뿐 아니라 형식적으로도 두드러진다. 그것은, 이서에는 단 한 번도 사용되지 않은, '사랑하는 자여'('Αγαπητέ)라는 호격이 삼서에서는 무려 3회나 사용되었다는 사실에서 확인된다(2, 5, 11절).[294] 삼서는 분명

---

294 반면에 요한이서에서 호격은 '부녀여'(κυρία)밖에 없다(요이 5절).

히 '사랑'에 대하여 더 많은 관심을 보이고 있다고 할 수 있는 대목이다.

2절에서 가이오에게 인사하며 그를 축복하는 본문도, 이처럼 가이오가 '진리 안에서 사랑을 행하는' 것을 칭찬하며 격려하는 문맥 속에 놓여 있다. 종종 이 본문은 예수를 믿어 구원을 얻는 복을 누리는 것과 더불어, 세상적인 축복 예를 들어, 사업이 잘되고 병이 낫고 건강해지는 것을 기원하는 축원으로 이해되곤 한다. 실제로, 2절에 포함된 인사말은 통상 신약의 서신들에 나오는 인사말과도 다르고 또한 바울이 주로 사용하는 인사말과도 다르다. 오히려 당시 헬라의 세속 사회에서 사용하던 인사말과 유사한 면들이 있다. 그 예가 '잘되고'와 '강건하기를'이라는 기원이다. '잘되고'(εὐοδοῦσθαι)는 단순히 길이 열려 나아감을 얻는 등 진보를 이루는 상태를 가리키고(롬 1:10; 고전 16:2), '강건하기를'(ὑγιαίνειν)은 헬라 서신에서 인사말로 자주 등장하는데(BGU 27, 38, 423, 846; Ep. Arist. 41) 육체적 건강의 의미로 사용되기도 한다(눅 5:31; 마 8:13).[295]

이런 맥락에서, Heather L. Landrus는 영향사적(Wirkungsgeschichte) 방법론을 채택하여 Tertullian이나 St. Augustine으로부터 시작해서 조용기에 이르기까지 요한삼서 2절의 해석 역사를 살핀 후에, 본문은 그저 '김빠진 문자'(flat text)가 아니며 성령께서 해석자들의 삶에 관여하셔서 본문의 더 풍성한 의미를 밝혀내셨다고 주장한다.[296] 예컨대, Tertullian이 요한삼서 2절을 인용하면서 '영혼을 타락으로 이끌 수 있는 것들로부터 분리되는 것을 강조'(참조. 시 37:27; 벧전 3:2)한 것은 그의 다분히 금욕주의적인 성향과 태도 때문이었다고 한다. 또한 Augustine이 시편 4:7에 대한 그의 주해에서 자신이 세상적인 물질로 인해 풍요해져서 도리어 영혼의 번성이 육체의 번성에 의해 크게 손상될 것을 우려하면서, 내면적인 보화가 더 충만해지기를 추구한 맥락에서 요한삼서 2절을 인용한 것도 역시, Augustine 자신이 '영육 이원론적 마니키안' 종파에서 9년을 보냈던 이력이라든지 또는 부요한 상속녀와의 결혼을 거부한 사실, 그리고 자

---

295 Strecker, *The Johannine Letters*, 257.
296 Heather L. Landrus, "Hearing 3 John 2 in the Voices of History", *Journal of Pentecostal Theology* 11.1 (2002): 70-88.

신의 상속재산까지 팔았던 그의 금욕주의적 내력 때문이라고 보는 것이다.[297]

하지만 Venerable Bede 같은 이부터 비로소 요한삼서 2절의 '번성' 개념은 물질적 풍요와 연관되기 시작하며, 비록 유명하지는 않지만 수도사였던 Lancelot Politi 같은 이는 '범사에'(περὶ πάντων) 대신 다른 사본을 택해 '무엇보다 먼저'로 읽었고 '잘되고' 역시 '눈에 보이는 성공과 번영'의 개념으로 읽었다는 점에 주목한다.[298] 이처럼 Landrus는 요한삼서 2절에서 '물질적 성공과 번영'이라는 개념이 원래부터 들어 있었고 그것이 해석자들 안에 역사하는 성령의 활동으로 후에 점차로 드러나게 되었다고 본다. 요한삼서 2절을 '자신의 핵심 성경 구절'이라 불렀던 오순절파 설교자 Oral Roberts에 와서 결정적인 이해를 얻었다고 보는 이 구절에 관해서 그는, "세상을 살아가는 사람에게 극히 중요하며, 이들은 하나님으로부터 그가 우리에 대해서 느끼는 선하신 방식, 그리고 전인적인 번영에 관해서 명확한 말씀들을 필요로 한다. 하나님은 (무엇보다 먼저) 우리가 그것을 소유하기를 (천국에 이르기 전에) 원하신다"고 단언했다.[299]

여기서 한 걸음 더 나아가, Kenneth Hagin은 이 구절이 "모든 그리스도인들에게 중요한 말씀"이며 "하나님은 우리가 물질적이고, 육체적인, 그리고 영적인 건강을 소유하기를 원하신다"고 선언했고 또한 "그리스도인들은 차고 넘치는 부가 혹시나 영적 건강을 해칠까 염려하지 않아도 된다. 왜냐하면 하나님이 궁극적으로 그 번영의 뒤에 계시기 때문이다"라고 주장했다.[300] Landrus에 의하면, 이런 해석은 Oral Roberts에게 막대한 영향을 받은 조용기에게서 절정에 이르렀다고 한다. 이 대목을 잠시 인용해보자:

---

297 Landrus, "Hearing 3 John 2", 72-73.
298 Landrus, "Hearing 3 John 2", 74-75, 역시 지명도가 거의 없는 주석의 경우로서, Issac-Louis Le Maistre De Sacy의 해석을 들면서, 요한삼서 2절이 '영적 상태를 드러내는 세상적 축복과 건강을 기원'한 것이라고 하며(77), 유사하게 신약해석 역사에서 이름을 찾기 힘든 John Bird Sumner, Albert Barns, Judd Montgomery, Oral Roberts 등 그리고 조용기(78-87)의 경우를 들어 물질적 축복의 해석이 성령께서 본문의 충만한 의미를 드러낸 것이라고 주장한다.
299 또한 Paul Yonggi Cho, *Salvation, Health and Prosperity: Our Threefold Blessings in Christ* (Altamonte Springs, Florida: Creation House, 1987), 8.
300 Landrus, "Hearing 3 John 2", 82.

한국전쟁 이후 조용기는 '예수 그리스도의 구원하는 메시지'를 Oral Roberts의 책과 테이프를 통해 발견했다. 그리고 이 '구원 메시지'는 곧 요한삼서 2절과 직결되었다 … Oral Roberts처럼, 조용기는 요한삼서 2절의 메시지를, 병이나 가난을 견디는 자들을 위한 구원의 약속으로 보았다. 조용기 자신이 병을 앓았었다. 의사가 되고자 했으나, 예수가 그에게 나타나 그로 하여금 선포하라 하였다 한다. 그는 한국의 1950년대에 절박한 필요 속에 있었던 사람들에게 치유를 선포했다. 이것이 조용기가 요한삼서 2절을 통해 구원의 메시지를 전하고자 했던 배경이다. 그 메시지는 다양한 측면들이 있다. 한국 백성의 자긍심을 높이고 그들로 하여금, 하나님은 그들이 실패하는 것을 보고 싶어 하지 않으신다는 확신을 주었다.[301]

사실상, 요한삼서 2절을 두고 이를 '병이나 가난을 견디는 자들을 위한 구원의 약속'으로 해석하는 것은 상당한 무리가 따른다. 그렇기 때문에, Landrus가 오순절 계통의 이러한 해석들이 가능하다고 주장하는 것은 '영향사적'(*Wirkungsgeschichte*) 방법론을 적용해야 비로소 조금이라도 그 정당성을 고려할 수 있다. 무슨 말인가? 영향사적 방법론이란, 본문 자체 안에 들어 있는 의미보다는 그 본문이 후대의 해석자들에 의해 어떻게 해석되었는가에 따라 의미를 부여하는 해석학이기 때문이다. 더구나 Landrus는 요한삼서 2절에서 물질적인 축복과 그 우선성과 필연성을 '발견'한 주석가들은 모두 소위 '성령'께서 그들의 삶의 상황을 통해 그 의미를 볼 수 있도록 역사하셨다는 해석학적 전제를 활용한다. 즉 본문의 의미가 저자나 본문 안에서 혹은 그 문맥 안에서 발견된다기보다는, 해석자 자신의 주관적인 삶의 정황에 더 큰 영향을 받는다고 보는 방법론 자체는 논란거리가 될 수 있다. 그런 영향사적 해석은 하나의 자료가 될 수 있을지언정, 본문의 적법한 의미로 간주되기에는 무리가 있을 수밖에 없다.

하지만 비록 오순절 계통의 해석자들이 요한삼서 2절 안에 있는 '물질적 축복에 관한 기원'(祈願)의 가능성을 극대화시키고 일반화시킨 면은 있지만, 그렇다고 이 본문에서 그러한 의미가 전혀 잠재해 있지 않다고 보기도 어렵다. 문제

---

301 Landrus, "Hearing 3 John 2", 86-87.

는 본문에 그런 의미가 전혀 없거나 혹은 절대적으로 있다는 식의 주장이 과연 얼마만큼 본문 안에서, 그리고 본문의 문맥 안에서 확증될 수 있는지의 여부가 될 것이다. 이렇게 보면, Landrus가 주장하는 오순절 계통의 해석에 대하여 대략 몇 가지의 중대한 반론을 제기할 수 있다.

첫째는, 요한삼서 2절에서 '영혼이 잘됨 같이'(개역개정)에서 그 '영혼'(ψυχή)이 정말 인간의 영적인 면만을 가리키는가 하는 문제이다. 요한 문헌에서 그리고 이 본문에서도 역시 ψυχή는 인간 전체를 가리킨다고 보는 것이 더욱 타당하기 때문이다.[302] 그렇다면 여기서 말하는 '범사에'(개역개정) 즉, '모든 것에 관하여'(περὶ πάντων)는 단지 육적이고 물질적인 면만을 가리킨다고 보기 어렵게 된다. '강건한' 것 역시 마찬가지이다. 차라리 '모든 것에 관하여'와 '강건한' 것을 포함해서 모두 영육 간의 삶 전체에 해당하는 것으로 보는 편이 적합한 것이다. 그러므로 이 본문에서, 영적, 물질적(재물) 그리고 육체적인 '잘됨'으로 삼분하여 소위 '삼박자 구원'을 논하는 것은, 본문의 용어 선택과 그 의미에 있어서 적절한 지지를 받지 못한다.[303]

둘째는, 2절에서 '잘되고'(εὐοδοῦσθαι)라는 표현 역시, '물질적인' 번성을 뜻한다고 보기 어렵다. 문맥상 그럴만한 이유를 찾기 어렵기 때문이다. 우선, 이런 표현이 신약에서 나오는 예로 로마서 1:10과 고린도전서 16:2을 드는데, 두 경우 모두 구체적으로 물질적으로 잘된다든지, 재산이 늘어난다든지, 번성한다든지 하는 뉘앙스를 찾을 수 없다. 도리어 두 본문은 흥미롭게도 모두, 복음의 전파 곧 전도나 선교의 사역이 진척되는 것과 깊은 관련이 있음을 알 수 있다. 즉 문자적으로 '길이 곧게 나서 방해를 받지 않고 형통하게 되는' 것을 기원하는 이유나 목적은 모두, 구체적으로 복음 전파의 길, 선교 사역의 길이 그렇게 형통하기를 기원하는 맥락인 셈이다.

---

302 Yarbrough, *1-3 John*, 367, '그/그녀의 전체로서의 전인'[the whole person]을 가리킨다(Schnackenberg); Brown, *The Epistles of John*, 726.
303 M. Roberts, "A Hermeneutic of Charity: Response to Heather Landrus", *Journal of Pentecostal Theology* 11 (2002): 89-97, "해석자들은 오늘날 그 어느 누구도, 하나님께서 그의 백성의 번영을 원하신다는 뜻을 요한삼서 2절에 근거시키도록 독려해서는 안 될 것이다"(96).

셋째, '잘되고'라는 표현이 놓인 이러한 문맥은 요한삼서 2절의 경우에도 다르지 않다. 무엇보다, 여기서 장로가 가이오를 축복한 것은, 그가 '진리 안에서 행하고'(3, 4절) 있었기 때문이고, 장래에도 '진리 안에서 사랑을 더욱 행하기' 바랐기 때문이다.[304] 다시 말해서, 단순히 물질적 풍요와 개인의 건강을 기원하는 문맥이 아니라, 구체적으로 가이오가 지속적으로 순회 전도자들을 환대하고 섬기는 일을 계속하기를 기원하는 맥락인 것이다. 그래서 이 구절을 진리나 그 진리 안에서 행하는 사랑의 행위와는 상관없이, 혹은 그것과 대립하면서까지 맹목적으로 예수를 믿으면 무조건 건강이나 재물의 축복을 받는다는 식으로 해석하는 것은 문맥을 완전히 떠난 해석일 수밖에 없다.

넷째, 결국 2절을 3-4절뿐 아니라 5절 이하의 문맥 안에서 이해할 때, 가이오가 진리에 합당한 신실한 사역 즉, 돈을 받지 않고 이방인들에게 복음을 전하는 순회 전도자들을 돕고 또한 파송하는 그의 사역을 장로가 칭찬하고 있다는 문맥을 놓친다면, 2절의 해석은 엉뚱하게도 본문의 의도와는 전혀 반대로 해석하게 될 수 있다. 2절에서 장로가 가이오를 칭찬하면서 축복하는 이유는, 그가 바로 이러한 '진리 안에서 사랑을 행하는 일' 즉, '돈을 탐하지 않고 이방인들에게 은혜의 복음을 전하는' 순회 전도자들을 잘 섬기고 돕는 일에 전혀 방해를 받지 않기를 기원하는 뜻에서 주어진 인사말인 것이다.

다섯째, 그렇다면 가이오가 방해를 받지 않고 모든 일에 '곧은 길, 걸림이 없이 형통한 길'로 행하여 '잘된다'는 것은 무엇인가? 이는 역으로, 가이오의 칭찬받을만한 '신실한 행위'(5절) 곧 '사랑의 행위'(6절)에 걸림돌이 되는 일이 과연 무엇인지를 묻는 것과 같다. 가이오가 계속해서 순회 전도자들을 도와 복음 사역을 해나가는 동안, 그의 이런 모든 일들이 잘 풀리려면, 어떤 방해가 사라져야 한다는 것일까? 그것이 바로 장로가 본문에서 '디오드레베'의 방해를 거론하는 이유가 아닐까?(9-10절)

디오드레베는 어떤 사람이었는가? 그의 특징은, '으뜸 되기를 좋아하

---

304 Strecker, *The Johannine Letters*, 257, 각주 11, "장로는 가이오를 '진리 안에서'(1절) 사랑하고, 형제와 자매들도 가이오가 '진리 안에서 행함'(3절)을 증거한다. '너의 영혼이 잘됨'은 이런 맥락이다."

는'(φιλοπρωτεύων) 것이었다(9절). 이것이 정확히 무슨 태도인지는 나중에 밝히 겠지만, 최소한 권력을 자신에게 집중시키는 '탐욕'(lust)에서 나온 것임에는 틀림이 없다. 그렇다면 앞서 소개한 오순절파가 해석한 것과 유사하게, 만일 장로가 2절에서 가이오에게 물질적인 것을 '탐욕'하는 것이 복음과 상반되지 않을 수도 있다는 식으로 기원했다고 해석한다면, 정작 이런 해석이야말로 본문에 나타난 장로의 의도와는 정면으로 배치된다는 사실을 알게 된다. 도리어, 장로가 가이오에게 소위 '만사형통'을 기원한 것은, 디오드레베처럼 '탐욕스러운' 태도를 지양(止揚)하고 앞으로도 더욱더, 값없이 복음을 전하는 순회 전도자들을 따라 그러한 은혜의 복음의 선교 사역을 감당하기 위해, 아무런 걸림이 없기를 소원한 것으로 결론지을 수 있다.

결론적으로, 2절에서 장로가 가이오의 소위 '형통'함을 기원한 것은, 진리를 떠난 것도, 그 진리 안에서 행하는 신실한 사랑의 행위를 떠난 것도 결코 아니다. 장로가 그토록 강조하는 '진리' 곧 그 아들이 세상에 오신 것과 또한 '사랑' 곧 그 아들을 세상에 아끼지 않으시고 보내신 하나님 아버지의 사랑을 떠나서는, 어떤 것도 형통한 것이 아니기 때문이다. 항간에 2절을 해석함에 있어, 그리스도의 진리나 하나님의 사랑을 떠나서, 세속적인 탐욕을 채우는 세속적 복음으로 이해하고 전파하는 일이 있다면, 이것은 본문의 의도를 완연히 왜곡하는 것이 아닐 수 없다.[305] 장로가 가이오의 형통을 기원하는 것은, 도리어 디오드레베 같이 탐욕스러운 자들의 방해를 받지 않고, 그의 청렴하고 희생적인 선교 사역이 거침없이 계속되어 나아가기를 기원하는 내용이기 때문이다.

이처럼, 요한삼서에서 장로는 그것이 '잘되는' 일이든 또는 진리에 대한 강조이든, 모두 진리에 합당한 신실한 사랑의 행위를 강조하는 문맥에서 권면과 경고를 펼쳐간다. 대조해보면, 요한이서에서 '진리'를 언급할 때는 모두 '행함'과 직접 관련이 있는 문맥이 아니었다. '진리를 아는 모든 자'(요이 1절), '우리와

---

305 Landrus, "Hearing 3 John 2", 87, "하지만 조용기의 메시지의 아이러니는 그 메시지의 전달의 문맥에서 발견된다. 즉 조용기가 잔잔하게 하고자 했던 그 풍랑, 그가 완화시키려 했던 그 실패는 바로 그것으로 인해 예수 그리스도께서 알려지게 되시는 그 수단이 된 것이다." 다시 말해서, 세상적 축복을 받아야만 예수 믿은 증거가 된다는 식으로 복음이 물질적 축복으로 고착된 것을 시인한다.

함께할 진리'(요이 2절), 그리고 '진리와 사랑 가운데서'(요이 3절), 이렇게 3회 모두 진리를 '행한다'는 문맥은 아니다.[306] 하지만 삼서는 다르다. '진리'가 언급되는 3회 모두, 진리가 사랑으로 표현되어 나타나는 행함을 강조하는 문맥이다.

예컨대, 3절에서 '진리를 증언하되'라는 표현은, 정확히 말해서 그 뒤이어 나오는 '진리 안에서 행한다'는 사실을 증언한 것을 의미한다. 즉 요한이서의 경우처럼 그리스도에 관한 진리를 변호하는 것이 아니라. 그 진리에 합당하게 행하는 것을 강조한다. 그래서 3절에서 두 번이나 언급된 진리는 모두 그 진리를 '행하는' 것에 관련된다. 마찬가지로 4절에서 장로는 수신자 교회가 '진리 안에서 행하는'(ἐν τῇ ἀληθείᾳ περιπατοῦντα) 것보다 더 큰 기쁨은 없다고 토로하면서, 서신의 본론에서 펼쳐질 주제를 예고한다. 그렇다면 진리 안에서 행하는 것은 어떻게 한다는 것인가?

(2) 가이오의 사랑의 행위(5-8절)

그것이 바로 5-8절에 펼쳐져 있는데, 이 부분은 동일한 주제를 다루는 9-10절과 완연히 대조된다. 전자는 진리 안에서 행하는 긍정적인 예로서 가이오의 선행을 들어 권면하는 것이라면, 후자는 반대로 부정적인 예로서 디오드레베의 악행을 들어 경고하는 장면이다. 그리고 11-12절은 결론적으로 다시 한 번 '악을 행하는 자'에 관한 부정적인 경고성 권면(11절)이 나오고 또한 데메드리오의 긍정적인 예를 들어 권면함으로써 본론을 마친다(12절). 이를 간단한 도표로 나타내면 아래와 같다:

      a 진리 안에서 사랑을 행함 – '가이오'(5-8절)
         b 진리 안에서, 사랑을 행하지 못함 – '디오드레베'(9-10절)
         b' 선이 아니라, '악을 행하는 자'에 대한 경고(11절)
      a' 진리에게 증거를 받은 경우 – '데메드리오'(12절)

---

306 요한이서에서는 인사말이 아닌 4절에서 '진리 안에서 행한다'(περιπατοῦντας ἐν ἀληθείᾳ)는 표현이 나온다. 하지만 여기서도 '하나님께 받은 계명'이라는 포괄적인 진리를 가리키는데, 5절이 바로 설명하는 것처럼 주로 '서로 사랑'에 강조점이 있다. 하지만 6절 이하에서 '계명'의 강조점은 '그리스도에 관한 교훈'(9절)이라는 중심 주제로 옮겨감을 볼 수 있다.

전후 대칭적인 이 간단한 구조는, 진리 안에서 '사랑을 행하지 못하는' 문제 상황이 그 중심부인 9-10절(b)과 11절(b´)에서 다루어지고 있다는 사실을 한 눈에 보여 준다. 중심 문제에 관한 이런 구조와 배열은, 요한이서에서 그리스도께서 육체로 오심을 부인하는 '미혹하는 자'와 '적그리스도'를 다루는 7절, 그리고 이에 대한 경고성 격려를 담은 8절이, 전체 구조의 중심에 놓였던 것과 같은 맥락이다. 한편 이 중심부(b와 b´)를 둘러싼 전 문맥인 5-8절(a)과 후 문맥인 12절(a´)은 '진리 안에서 사랑을 행하는' 긍정적인 경우로서 문제의 해법을 담고 있는 본문들이다. 더욱이, 진리 안에서 사랑을 행하는 긍정적인 경우는 '가이오'(a)와 '데메드리오'(a´)로 두 번 반복되는 데 비해, 부정적인 예는 9-10절의 '디오드레베'(b) 하나뿐이다.

하지만 10절에 이어 11절에서 장로는, '악을 행하는 자'에 대한 경고로 마무리를 지음으로써 중심 본문의 결론을 짓고 있다. 또한 11절에서 '사랑하는 자여'라는 호격이 각기 2절과 5절에서 반복되는데, 바로 여기서 마지막으로 나온다는 사실도 11절의 결론적인 성격을 뒷받침해 준다.[307] 만일 이런 구조 분석이 타당하다면, 요한삼서의 핵심적인 주제는 진리 안에서 '악을 행하는' 행태를 경고하고 동시에, 진리 안에서 선을 행하는 자들, 곧 믿음의 형제들을 영접하고 교제 속에 환대하는 사랑의 행위를 격려하기 위한 것임을 알 수 있다.

그렇다면 장로가 권면하는 이 '사랑의 행위'는 어떠한 것인가? 인사말에 해당하는 1-3절에서 장로가 염두에 두고 칭찬하고자 하는 사랑의 행위는 곧 가이오가 '진리 안에서 행한다'는 말에 함축되어 있다(2-3절). 요한이서의 경우처럼, 그리스도에 관한 교훈 곧 진리를 잘 믿고 있기 때문이 아니다. 그 진리 '안에서 행하는' 그 행함이 덕스럽기 때문이다. 곧 진리에 기초한 사랑의 행위를 칭찬하고 있음을 알 수 있다.[308] 이 차이는 요한이서와 삼서의 강조점을 가르는 중대한

---

307 Strecker, *The Johannine Letters*, 265, 각주 3, Funk는 11절이, 12절과는 분리된, 보편적으로 타당한 윤리적 명령을 포함한 교훈(parenesis)으로 보지만, 12절의 데메드리오의 경우는 11절의 구체적 예로서 문맥적 연결이 분명하다.
308 한걸음 더 나아가, 조병수, "선교교회와 지역교회의 갈등", 〈신학정론〉 15/2 (1997): 462, "오히려 요한삼서에서 진리는 바른 교훈뿐 아니라, 바른 행위를 지시한다"고 말한다.

차이인데, 실상 장로는 인사말 이후 5-8절까지 '진리 안에서 행함'(περιπατεῖς)에 대해 설명하고 있다. 그것은 곧, 가이오가 자신의 믿음대로 행한 '신실한 일'이며(5절), 또한 그의 '사랑을 증거'한 행위인데(6절), 더 구체적으로는 대가 없이 복음을 전하는 순회 전도자 된 형제들을 자신들의 교제 가운데로 '영접한' 행위이다(7-8절).

먼저 5절에서, 장로는 가이오가 한 일을 '신실한' 일로 묘사한다. 그 일이란, 가이오가 '그 형제들과 그 나그네 된 자들을' '섬긴'(ἐργάσῃ εἰς) 일이다.[309] 장로는 왜 가이오가 형제들과 나그네들을 영접하고 섬긴 행위를 '신실한' 것으로 칭찬했을까? '신실한'(πιστὸν)을 굳이 풀어 말하자면, 믿음을 따라 합당하게 했다는 뜻이 될 것이다. 형제들과 나그네를 영접하는 일이, 그가 믿는 바에 합당한 신실한 행위였다는 것이다. 즉 가이오는 그가 믿는 바를 따라 믿는 그대로 행했는데, 그것이 형제들과 나그네들을 영접한 행위로 나타난 것이다. 만일, 가이오가 믿는 바를 그리스도에 관한 바른 교훈 즉, '그리스도께서 육체로 세상에 오셨다'는 진리(요이 7, 9절)라 한다면, 그가 그 진리를 믿고 또 전하는 다른 형제들을 영접한 것은 곧 그리스도께서 육체로 세상에 오셨다는 진리를 그대로 따른 것이 되는 셈이다.

6절에서 장로는 가이오가 섬긴 형제들과 그 순회 전도자들이, 그가 사랑 안에서 행한다는 사실을 교회 앞에서 증언한 일, 그리고 그가 그들을 하나님 앞에서 합당하게 파송하는(προπέμψας) 일에 대해 매우 칭찬한다. 가이오는 아마도 이방인 선교를 위해서 적극적으로 순회 전도자들을 파송하고,[310] 또한 그 지역에 있는 가정교회들로 하여금 이들을 환대하여 복음이 더욱더 세상 곳곳에 이르게 하는 정책을 펼친 것으로 보인다. 특별히 가이오가 순회 전도자들을 '파송하는' 일도 '너의 사랑'(σου τῇ ἀγάπῃ)으로 묘사되는 점은 흥미롭다(6절). 요한은 자주,

---

309 Strecker, *The Johannine Letters*, 258, 각주 3, 참조. ξένους는 문자적으로 '외국인들'이지만, 장로가 파송한 순회 전도자들이나 선교사들이다. 요한이서 7, 9절에 언급된 '미혹하는 자들'과 대척점에 서 있다.
310 조병수, "선교교회와 지역교회의 갈등", 486, 장로는 선교사들을 이방인들에게 파송함으로써 초대 교회의 전반적인 흐름을 따라 이방인 선교를 실천하였으며, 요한삼서는 교회의 지역성만을 고집하는 입장을 설득하려는 선교적 변증으로 본다.

하나님 아버지께서 그 아들을 세상에 '보내신'(ἀπέσταλκεν) 일이 곧 아버지의 사랑이었기 때문이라고 강조해서 표현하기 때문이다(요일 4:14; 참조. 요 3:16). 그러므로 하나님 아버지께서 그 아들을 세상에 보내신 일이나, 또한 그 아들을 받은 교회가 그 아들의 복음을 더욱 세상 곳곳으로 이방인들에게까지 보내는 일은 모두 아버지의 사랑의 연속이라고 할 수 있다. 그래서 가이오가 순회 전도자들을 환대하고 또한 파송한 일은, 요한에게 있어서 특징적으로 그리고 더욱더 '사랑'의 행위일 수 있는 것이다.

마지막으로 7-8절에서, 장로는 순회 전도자들이 파송된 지역의 교회들이 그 전도자 된 형제들을 영접하고 도와야만 하는 근거를 밝히는데, 그것은 이들이 '주의 이름을 위하여 나가서' 그리스도의 복음을 전하면서 '이방인들로부터 아무것도 받지 않기' 때문이다(7절).[311] 가이오가 실천하고 있는 이런 복음 전파의 방식은, 아마도 예수 자신이 그의 제자들에게 가르치신 그대로, '전대에 금이나 은이나 동을 가지지 말고' 또한 '주머니도 가지지 말고', 그 지역에서 숙식을 해결하는 정도로 살아가는 방식을 따른 것으로 보인다(참조. 마 10:9-11).[312] 이는 또한 예수께서 친히 '거저 받았으니 거저 주라'(마 10:8)고 하신 대로, 하나님 아버지께서 그의 아들을 세상에 주신 것이 값없는 은혜와 사랑의 증거이며,[313] 그런 은혜와 사랑의 복음을 전하기에 합당한 복음 전파의 방식인 셈이다(요일 4:9-10, 19).

장로는, 가이오의 선교 정책이 하나님 아버지의 사랑을 그대로 전달하는 사랑의 표현임을 칭찬하면서 마침내 8절에서 핵심적인 권면을 드러낸다. 그것은, 이방인들에게 하나님 아버지의 사랑의 복음 곧 그 아들의 복음을 값없이 전하는 순회 전도자 된 형제들을 그 지역의 교회들이 '마땅히 받들어 영접해야' 한

---

311 Painter, *1, 2, and 3 John*, 370, ἐθνικός는 신약에서 2회 쓰이는 용어로서, 문자적으로 '이방인들'이라기보다 '불신자들'이다; Yarbrough, *1-3 John*, 373, 흔히 쓰이는 ἔθνος와 달리, 이곳 외에는 마태복음 5:47; 6:7; 18:17에만 쓰인다. '믿지 않는, 세상적인, 다신론적인'의 의미가 강하다.
312 W. D. Davies and Dale C. Allison, *The Gospel According to Saint Matthew* (vol. 2, A Critical and Exegeitical Commentary, Edinburgh: T&T Clark, 1991), 173, 가난과 화평의 상징으로 볼 수 있다.
313 채영삼, 『긍휼의 목자 예수』, 210-211.

다는 것이다. '마땅히 그래야 한다'(ὀφείλομεν)는 표현은 이것이 하나님 아버지의 사랑의 복음을 받은 교회가 당연히 해야 하고 또 그들이 복음을 믿는 한 그렇게 할 수밖에 없는 태도임을 강조한다. 그들이 믿고 받아들인 그리스도께서 그들을 위하여 목숨을 버리셨으니 그들도 이로써 사랑으로 알고, 그들도 형제들을 위하여 목숨을 버리는 것이 '마땅하다'(ὀφείλομεν, 요일 3:16).[314]

마찬가지로 하나님이 우리를 이같이 사랑하셨으니, 우리도 서로 사랑하는 것이 '마땅하다'(ὀφείλομεν, 요일 4:11). 만일 이 두 구절에서 '서로 사랑하는 것'이 '마땅하다'면, 그것은 요한삼서 5-8절을 배경으로 볼 때, 이방인들에게 파송되어 대가를 바라지 않고 복음을 전하는 순회 전도자들과 또한 그들을 흔쾌히 영접하여 섬기는 그 지역의 가정교회들의 헌신적인 사랑이 가장 적실한 예가 될 것이다. 특히 요한삼서 8절에서 '받들어 영접하는'(ὑπολαμβάνειν, 영접하는, 개역개정)의 의미는, 단순히 '영접한다'는 표현보다 훨씬 강한 표현이라 할 수 있다. 어쩌면, 그 아들의 복음을 들고 이방인들에게 아무런 대가도 원치 않으며 나아가는 순회 전도자들의 뜻을 받들어 그들을 섬기듯이 영접해야 한다는 의미도 찾을 수 있다.[315] 더 나아가, 예수께서 제자들을 파송하시면서 '너희를 영접하는 자는 나를 영접하는 것이요 나를 영접하는 자는 나를 보내신 이를 영접하는 것이라'(마 10:40) 하신 그대로, 그들을 영접하는 것은 동시에 그들을 보내신 그리스도를 영접하는 것이며, 그렇게 함으로써 그 아들을 영접하는 자는 곧 그 아들을 세상에 보내신 하나님 아버지의 뜻을 받들어 섬기는 것으로 해석할 수 있다.

장로는 또한 8절에서, 바로 이렇게 순회 전도자들을 받아들이는 것은 '진리와 함께 일하는 자들이 되는 것'임을 밝힌다. '진리와 함께 일하는 자들'(συνεργοὶ τῇ ἀληθείᾳ)이라는 표현은,[316] 먼저 장로가 '진리'를 규정한 내용에 따르는데, 요

---

314 만일 요한일서 3:16이 요한삼서 8절과 관계가 있다면, 이 두 구절은 서로를 해석한다고 볼 수 있다. 즉 요한일서 3:16에서 형제를 위하여 목숨을 버리는 행위란, 구체적으로 말해서, 궁핍과 곤경에 처한 순회 전도자들을 영접하여 그들을 교제 안에 받아들이며 그들과 연대한다는 것을 뜻할 것이다.

315 Yarbrough, *1-3 John*, 374, ὑπολαμβάνειν은 이 문맥에서 '손님으로 환대하다' 혹은 '지지하고 지원하다'(Schnackenberg)는 의미이다; 또한 Hass, *The Letters of John*, 181, '도움을 주고 지원하다'.

316 Olsson, *Letters of John*, 14, (i) '진리를 위하여 일하는 동역자들'로 번역할 수 있다(NIV, CEV, TEV). 동역자들은 순회 전도자들로, 그리고 진리는 통상 복음으로 이해한다. 예컨대, '그러므로 우리가 그들이 복음을 전파하는 일에 참여하도록'(CEV). (ii) 진리와 함께 일하는 동역자들로 옮길 수도 있다. 후자는 '진리'를 의인

한서신에서 '진리'는 특징적으로 그리스도에 관한 진리, 특히 '하나님의 아들이 육체로 세상에 오셨다'는 사실을 가리킨다. 동시에 그 진리는 아버지의 사랑을 배경으로 한다. 즉 그 아들을 세상에 보내신 것은 아버지의 사랑 때문인 것이다 (요일 4:9, 14). 그러므로 '진리에 부합하는 사람'이란, 그 아들이 세상에 육체로 오신 것처럼 그 아들의 복음이 온 세상 곳곳에, 이방인들에게까지 이르게 하는 사람이며, 마찬가지로 그 아들을 세상에 보내신 아버지의 사랑으로 그런 형제들을 사랑하는 삶을 사는 사람을 뜻한다. 마지막으로, 장로가 진리에 부합한 사람들이 '되라'(γινώμεθα)고 강조하는 이유는, 곧이어 9절에서 그렇게 '되지 못한' 경우에 어떠한 문제가 발생하는지를 경고하기 위해서인데, 디오드레베라는 인물이 바로 그런 예로 제시되고 있다.

(3) '디오드레베'의 문제(9-10절)

그러므로 요한삼서의 문맥에서 디오드레베는 가이오가 대표하는 긍정적이고 칭찬할만한 내용의 대척점에 서 있는 부정적인 예로 등장한다. 디오드레베가 언급되는 이전 문맥을 배경으로 하면, 그는 가이오와는 대조적으로 '진리 안에서 행하지'(3, 4절) 않으며, '신실한 일'(5절)을 행한 것이 아니다. 더 구체적으로, '나그네를 접대하는' 것도 하지 않았고(5절; 참조. 10절), 이로써 그는 교회 앞에서 '사랑을 증거'하지 못하고 있는 셈이 된다(6절). 또한 디오드레베가 언급되는 9절 이후의 문맥은, 더욱 분명하게 그가 순회 전도자들을 '접대치도 않았고, 접대하는 자를 금했다'(10절)는 사실을 말하고 있으며, 더 나아가 그의 이러한 행위를 '악한 것' 혹은 '악을 행하는 것'으로 규정하고 있다(11절).

특별히 12절에서 언급하는 데메드리오가 '뭇 사람과 진리에게도 증거를 받았다'는 것은, 앞서 6절에서 가이오가 교회 앞에서 그의 사랑을 증거했다는 것과 병행을 이루는데, 이렇듯 교회 앞에서 사랑과 진리의 증거를 받은 가이오나 데메드리오와는 대조적으로, 9절의 디오드레베는 진리에게서나 사랑으로도 교회 앞에서 전혀 증거를 받지 못한 사례로 표현되는 셈이다. 결국 13절 이하에서

화한 표현이다(요삼 12절; 참조. 요 8:32).

장로가 얼굴과 얼굴을 맞대고 교제하는 그런 사귐을 장려하는 것과는 정반대로 디오드레베가 형제들 간의 교제를 끊고 또 끊도록 영향력을 행사한 것은, 진리에 의해서도 그리고 사랑에 의해서도 지지를 받을 수 없는 악행임이 다시 한 번 강조되는 것이다. 그렇다면 디오드레베는 무슨 이유로 그런 악한 일을 행했는가?

장로는 디오드레베를 '으뜸 되기를 좋아하는 자'(ὁ φιλοπρωτεύων, 9절)라고 불렀다. 표현 그대로를 풀어서 설명한다면, 그는 '자기가 최고가 되지 않으면 견딜 수 없어 하는 자'인 셈이다.[317] 즉 디오드레베가 순회 전도자들을 접대하지도 않고 도리어 접대하는 자들을 금하여 교회에서 내쫓기까지 하며 선교 사역을 방해했던 이유로 장로가 지목한 것은, 적어도 표면적으로는 그의 성품인 셈이다. 그의 성품과 기질 자체가 자신이 우두머리가 되어서 사안을 좌지우지하지 않으면 만족하지 못하는 못된 태도를 갖고 있다고 지적하는 것이다. 물론 요한삼서에 나타나는 장로와 디오드레베 사이의 갈등을 소위 초기 교회들에게서 나타났던 '성령과 직제' 사이의 갈등, '교회 질서와 독립적 은사 운동' 사이의 갈등, 또는 정통 교리와 이단들이 서로 부딪히는 다양한 갈등들 중에 하나로 바라볼 수도 있다.[318]

그러나 장로와 디오드레베 사이의 갈등이 '교리적'인 문제가 아님은 거의 명확하다. 그것은 앞서 밝히고 논증했듯이, 요한이서와 삼서의 주제가 각기 진리와 사랑이라는 사실뿐 아니라, 장로가 디오드레베를 꾸짖는 이유를 언급할 때에 요한이서의 경우처럼 '그리스도의 교훈'(요이 9절)과 같은 교리적 문제를 전혀 언급하지 않는다는 사실로서도 확증된다. 이와 관련해서 그 갈등의 실체를 보다 구체적으로 추측하려는 시도가 많이 있어 왔다. 예컨대, 장로를 아시아 지

---

317 Jobes, *1, 2 & 3 John*, 312-313. φιλοπρωτεύων는 신약에서 여기만 쓰이는 용어이며, φιλόπρωτος는 마태복음 20:27, 마가복음 9:35, 10:44에 사용된다. 문자적으로는, '다른 사람들을 조종하여 이끌기를 좋아하는 사람'이다. 지도력의 근본 동기가 섬김이 아니라 지배인 경우이다.
318 Strecker, *The Johannine Letters*, 216. Walter Bauer의 경우(*Orthodoxy and Heresy*)를 소개하면서, 요한삼서에서 장로의 입장이 곧 '정통'이고 디오드레베의 입장이 '이단'이라는 이분법은, 초기 교회의 많은 공동체들과 지역 교회들에서 이 둘이 서로 명확하게 확립되어 있지 않았다는 사실을 간과하고 있음을 지적한다.

방을 포괄하는 부권적인 선교 조직체의 지도자로 보고 이런 중앙 조직과 치리에 대해 반항하는 어떤 개교회(디오드레베) 사이의 갈등이라고 보는 '교회법적 해석'(Harnack)도 있고, 유사하게 유명한 도시에 있는 교회 지도자로서의 장로가 그의 구역에 있는 개교회들을 조직적으로 결합하고자 시도했을 때 이에 반대하는 지역교회(디오드레베) 사이의 갈등으로 보는 '교회조직적 해석'(Schenek, Fischer), 그리고 오히려 장로가 요한 공동체의 '신입자'로서 지역교회 대다수가 거절하는 상황을 전환시키려 한다는 '교회구조적 해석'(Taeger)도 있다.[319]

하지만 이런 가설적인 주장들의 문제는 증거가 적다는 것이다. 요한삼서에는 장로가 '아시아 지방을 포괄하는 부권적(夫權的)인 교회 지도자'라는 근거가 없고, 또한 장로가 자신의 구역에 있는 개교회들을 '조직적으로 결합하고자' 시도한다는 흔적도 찾기 어려우며, 더구나 디오드레베가 주류이고 장로가 '신입자'라는 흥미로운 가설도 본문의 근거가 희박할 뿐이다.[320] 또한, 장로는 초대교회의 전반적인 흐름을 따라 이방인 선교를 실천하고 있었는데, 이러한 이방인 선교의 지향성을 이해하지 못하는 디오드레베는 '아마도 그의 유대주의적 신학에 붙잡혀서' 지역교회의 유익만을 고집하여, 이방인 선교를 지향하는 장로와 부딪쳤다고 보는 입장도 있다.[321] 이는 개연성이 있는 가설이지만, 역시 본문에서 확인할 수 있는 바는 장로의 이방인 선교 정책뿐이며, 디오드레베가 이를 반대하고 방해한 이유가 '유대적 신학' 때문이었는지는 확인할 길이 없다.

결론적으로 요한삼서의 본문이 말하지 않는 부분이 아니라, 명확히 지목하고 있는 갈등의 원인은, 교리적인 차이나 교회법 혹은 교회 조직에 대한 갈등이

---

319 조병수, "선교교회와 지역교회의 갈등", 469-471.
320 조병수, "선교교회와 지역교회의 갈등", 473-475, 또한 Käsemann의 경우를 소개하는데, 그는 Bauer처럼 '정통과 이단'이라는 틀 안에서, 장로는 요한복음을 저술한 대범한 '기독교적 영지주의자'이며 그래서 이단으로 내쫓겼고, 도리어 그를 내쫓고 거부한 디오드리베는 정통이었다고 본다. 하지만 조병수는 "디오드레베가 장로를 '출교했다'는 근거가 어디에도 나오지 않는다. 또한 정통과 이단의 구조 자체를 발견하는 것이 어렵다. 게다가 디오드리베가 독권적 감독이었으리라는 생각은 본문으로부터 아무런 지지를 받지 못함"(475)을 올바르게 지적한다.
321 조병수, "선교교회와 지역교회의 갈등", 486, 혹시 디오드레베가 유대주의적 신학을 고수했을 가능성에 대하여는, (i) 헬라적 이름인 디오드레베는 히브리어 이름인 그달랴, 그달랴후의 그리스어 번역일 수 있고, (ii) '으뜸 되기를 좋아한다'는 것은 유대 바리새인적인 모습을 드러내는 것이며(마 23:6), (iii) 디오드레베가 '내쫓았다'는 것은 유대인들의 출교를 반영한다(요 9:22; 12:42)고 본다.

라고 확인할 수도 없고, 그렇다고 디오드레베가 갖고 있는 신학이나 교리적 차이라고 확인할 길도 없는 것이다. 다만 장로가 지목하는 '드러난' 원인은 오히려 그의 '부권적이고 배타적인 성격'뿐이다. 하지만 디오드레베의 특징을 '으뜸 되기를 좋아하는 자'(ὁ φιλοπρωτεύων, 9절)라 묘사한 것은, 문제가 단지 개인의 성품에만 머무르는 것이 아님을 암시할 수도 있다. 문맥상, 디오드레베의 이런 성향은 교회의 '주'(主)가 되시는 그리스도와 충돌하는 듯 보이기 때문이다. 무엇보다, 가이오가 지원하는 순회 전도자들은 '주의 이름을 위하여'(ὑπὲρ γὰρ τοῦ ὀνόματος, 7절) 나아갔다고 장로는 기록한다. 말하자면, 장로와 가이오가 협력한 대로 이방인들에게로 나아간 순회 전도자들의 선교 정책은 전적으로 '주의 이름을 위하여' 마땅한 일이었다. 그런데 디오드레베처럼 교회의 일원이 되어서도 그 일을 막고 방해까지 한다면, 그것은 주를 대적하는 셈이다. '으뜸 되기 좋아하는' 그는 단지 장로의 정책과 장로를 대적한 것뿐 아니라, 이 모든 선교 정책의 목적이 되시는 '주'를 대적하는 셈이 된다는 뜻이다.

하지만 여기서 디오드레베가 '으뜸 되기 좋아하는' 자로서 '주의 이름을 위하여' 하는 선교 정책을 대적한다고 해서, 그가 교리적으로 그리스도에 관한 교훈을 저버린 것처럼 보이지는 않는다.[322] 장로는 분명히, 요한이서의 경우와는 다르게(참조. 요이 7-9절), 디오드레베가 '진리'에 관한 한 크게 꾸짖을 바가 없음을 전제하는 듯하기 때문이다. 오히려 디오드레베는 너무 지나치게 '진리만'을 고집해서, 그 진리의 근거와 배경이 되는 하나님의 사랑의 측면, 즉 세상에 보내진 그 아들의 복음을 '받아들이고 또한 보내는' 은혜의 복음의 성격을 망각하고 파괴한 것이 아닌가 판단할 수 있다. 그렇게 함으로써 그는 도리어 그가 굳게 경직된 자세로 붙들었을 법한 그 진리 안에서 '행하지 못하고'(요삼 3-4절), 결국 진리에 근거한 '사랑의 증거'(참조. 5-6절)도 받지 못한 셈이 되어버린 것이다.

특히, 요한서신이 말하는 '사랑'은 하나님께서 세상을 사랑하사 그 아들을 '보내신' 사건에 기초한다(요일 4:7, 14; 요 3:16). 정황상으로 볼 때, 디오드레베의

---

322 베드로후서 2장에 등장하는 거짓 교사들 역시, 예수께서 하나님의 아들이 되심을 부인한다기보다, 그리스도의 '주인'(δεσπότην) 곧 그의 주권을 부인한 자들로 묘사된다.

문제는 진리를 고집했지만, 그 진리의 본질적인 내용인 사랑을 이해하지 못한 데에 있다. 그 하나님 아버지의 '사랑'이란 본질적으로 선교적이다. 아버지께서 그 아들을 세상에 '보내는' 사랑이기 때문이다. 그래서 교회는 본질적으로 세상에 보내진 선교적 존재이다(참조. 요 13-17장). 디오드레베는 이것을 이해하지 못했다. 요한일서 방식으로 말하자면, 예수께서 하나님의 아들이심을 믿는 자, 곧 그가 물과 피로 임하신 것을 믿는 자, 따라서 하나님께로서 난 자는 또한 그에게서 난 자들을 사랑해야 마땅하기 때문이다(요일 5:1-4).

이런 점에서 보면, 디오드레베가 반드시 '유대적' 경향을 가졌다는 것을 확증할 수는 없으나, 적어도 그가 요한서신의 맥락에서는 '사랑, 곧 보내심'을 이해하지 못한, 폐쇄적인 교회 공동체를 대표하는 부류였던 셈이다. 요한의 용어들로 풀어서 다시 말하자면, 디오드레베가 순회 전도자들을 영접하지 않고 이방인 선교 정책에 폐쇄적이었던 것은, 그의 '으뜸 되기 좋아하는' 성격 탓이었지만, 그것은 또한 그가 믿는 진리 곧 하나님 아버지께서 그 아들을 세상에 보내신 그 사랑을 충분히 행함으로 옮기지 못한 것이다. 그리고 이런 형제 사랑의 실패는 곧 그가 믿은 '세상에 오신 그리스도'라는 진리조차 그가 이해하고 있지 못함을 반증한다. 이로써 '주권자'가 되고 싶어 하는 그의 성품은, 이방으로 나아가 그 아들의 진리와 아버지의 사랑이 세상에 이르게 하는 교회가 추구하는 '주의 이름을 위하여'(요삼 7절)라는 목적을 정면으로 배척하는 결과를 불러왔다. 결국, 장로는 디오드레베의 부정적인 예를 경고하고, 가이오와 데메드리오의 긍정적인 예를 격려하면서, '진리와 사랑'을 함께 가져야 하는 '영원한 생명의 사귐으로서의 교회'를 공고히 하고자 한다.

6. 결론 – 세상 속의 교회, 삼위 하나님과의 사귐 안에서 세상을 이김

요한이서와 요한삼서는 모두 '진리와 사랑'이라는 주제를 다루지만, 각기 강조점은 다르다. 이서는 '진리'를 삼서는 '사랑'을 강조한다. 이를 신학적으로 표현하면, 이서는 기독론을, 삼서는 신론을 강조한다고 말할 수도 있다. 요한이서는 '예수께서 육체로 오신 것을 부인하는'(요이 7절) 이단들과 '사랑의 교제'를 나눌 수 없다는 분명한 선을 긋고 있다. 반면에, 요한삼서는 기독론적 진리를 붙들고 있지만, '선을 행하여, 형제를 영접하는 사랑'(요삼 8, 11절)이 부족함을 지적하고 있다. 이는 단지, 진리와 사랑, 기독론과 신론 사이에 '균형'을 유지하라고 권면하고자 함은 아니다. 요한이서와 삼서는 '진리와 사랑'이라는 목회적 주제를 강조하면서도, 요한일서가 집중적으로 가르치는 대로 그 배경이 되는 기독론과 신론적 근거를 확보하라고 말하는 셈이다.

요한서신에서 진리와 사랑은 각기 기독론과 신론을 대표하는 용어라 할 수 있다. 곧 하나님께서 세상에 보내신 그 아들은 곧 '진리의 말씀'이고, 하나님 아버지께서 그 아들을 세상에 보내신 것은 '아버지의 사랑' 때문이다(요 4:10, 14). 교회가 '진리와 사랑'을 둘 다 강조하고 보존해야 하는 이유는, 그렇게 하는 것이 자기 아들을 세상에 보내신 하나님의 구속사적 사건과 이 사실에 대한 견고한 교리를 이 세상 속에 견고히 뿌리내리게 하는 공동체적인 방식이기 때문이다. 요한에 의하면, 이 세상은 '악한 자 아래'에 있다(요일 5:19). 일시적이고 제한적이기는 하지만 이 '세상'은 악한 자 마귀의 통치 아래 있는데, 그의 통치의 특징은 '거짓과 살인, 증오'이다(참조. 요 8:44).

이런 점에서, 요한서신은 공동서신 가운데서도 '세상'에 대하여 가장 극명한 진실을 폭로해 보여 준다. 야고보서에서 세상은 하나님과 경쟁하는 사랑의 대상 정도이다. 그 본질이 완전히 드러나지 않는다. 마귀가 언급되지만, 요한서신처럼 전면에 등장하는 것이 아니라 끝부분 즉, 4장에 잠시 비치는 정도이다. 베드로전서에서 세상은 그 본질이 '더러움과 썩어짐과 허무함'이지만 여전히 교회와 갈등하고 불편한 관계에 있는 정도이며, 또한 교회가 이방인들 속에서 제사장 공동체로 활동할 수 있는 배경으로 묘사된다.

베드로후서로 오면, 그 더럽고 썩어지고 허무한 세상이 교회 안에 침투해서 자리 잡은 모습을 보여 준다. 이제 요한서신은, 본질상 서로 다른 이 세상이 더 이상 교회 안에 있을 수도 없고, 교회도 그런 세상 안에 존재할 수 없는 단계를 보여 주는 듯하다. 요한에게 있어서, 교회와 세상은 근본적으로, 이원론적으로 대립하기 때문이다. 세상은 악한 자 마귀의 일시적 통치 영역이요, 교회는 그 아들과 아버지 성령께서 사귐 가운데 성도와 함께 거하시는 영역이기 때문이다. 둘은 겹칠 수 없다.

실로, 요한이야말로 신약에서 '세상'이라는 용어와 개념을 가장 많이 사용하는 사도이다. 바울이 율법을 상대하여 구원을 설명하면서 이를 주로 '칭의' 개념으로 풀어냈다면, 요한이 구원을 설명하면서 그토록 '생명, 또는 영원한 생명'을 강조했던 이유는, 아마도 그 배경이 죽음이 지배하는 '세상'을 대상으로 했기 때문일 것이다. 또한 요한일서 1:1에서처럼, 요한은 '그 아들'을 특징적으로 '생명의 말씀'으로 소개한다(또한 요 1:1, 14). 그 아들은 '영원한 생명'이면서 또한 '말씀' 자신이다.

이런 사실은 요한의 근본적인 복음 선포에서 있어서 결정적으로 중요하다. '하나님 아버지께서, 악한 자가 지배하는 세상에, 그 아들을 보내셨다'(요일 4:10, 14; 요이 7절)는 것이 그 선포의 중심 내용인데, '악한 자'가 세상을 지배하는 특징적인 통치의 내용이 곧 '거짓'과 '살인, 파괴', 그리고 '증오'이기 때문이다(요일 2-4장). 그래서 하나님 아버지께서 그 아들을 세상에 보내셨다는 사실은, 곧, 이 세상을 지배하고 있는 악한 자의 통치를 파멸하시고(요일 3:8), 그 악한 자 아래 있는 세상을 건져 내시어 이를 하나님의 통치 영역으로 회복하시겠다는 뜻이 되는 것이다.

이런 점에서 요한서신이 말하는 '삼위 하나님과의 사귐 가운데 있는 교회'란 곧, 악한 자가 '거짓과 살인과 증오'로 장악하고 있는 이 세상 속에서, 하나님의 '진리와 생명과 사랑'의 통치의 임재를 누리고 보존하고 지켜내는 하나님 나라의 전초기지인 것이다. 요한서신이 '아버지께서 그 아들을 세상에 보내셨다'는 사실과 이에 관한 교리가 흔들림 없이 보존되어야 한다고 강조하는 이유가 여기에 있다. 그 아들이 세상에 왔다는 사실 자체가, 마귀의 거짓의 통치가 궤멸

되기 시작했다는 의미이기 때문이다.

'그 아들'이 곧 '생명의 말씀'(요일 1:1), '진리'이기 때문이다. 또한, 그 아들을 받아들인 교회 안에는 반드시 그 아들을 보내신 '아버지의 사랑'이 거한다. 그리고 그 아들이 진리라는 것과 그를 보내신 아버지의 사랑을 '알게 하는' 새 언약의 성령이 내주하신다. 그래서 예수 그리스도를 믿는다는 것은, 거짓의 통치 아래 있는 세상 속에서 진리의 말씀을 받아들임으로써, 마귀의 통치를 멸하는 하나님 나라의 진격에 참여함을 뜻한다. 그것은 또한 교회가 그 아들을 보내신 아버지의 사랑과 생명 안에 거함으로써, 하나님과 그의 나라와 의를 향한 눈먼 증오와 파괴를 일삼는 '악한 자'의 통치와 그에 붙들린 세상을 '이겨 낸다'는 것을 뜻한다(요일 3:9-4:21). 증오는 사랑을 이길 수 없고, 거짓은 진리를, 어둠은 참빛을 이길 수 없다.

이 때문에 요한서신의 배경이 되는 거짓 교사들은 극구, '그 아들이 세상에 오지 않았다'고 주장하려 든다. 그것이 악한 자 마귀, 곧 거짓의 영이 휘두르는 거짓 교사들의 훼방의 골자이다. 마귀는 어찌하든지, '하나님이 그 아들을 세상에 보내지 않으셨다'든지, 혹시 보내셨다 하더라도 진짜로 세상 속으로 오지는 않았다고 거짓으로 꾸며 말하고 싶은 것이다. 그 아들이 오심이 악한 자와 악한 자의 통치에 붙들린 세상의 종말을 의미하기 때문이다. 거짓의 통치가 끝나고, 죄와 죽음의 통치, 증오와 살인의 통치가 끝나기 때문이다. 그래서 요한은 그 아들 예수 그리스도께서 '물과 피와 성령' 곧 세례와 죽으심과 성령을 통해 확실히 세상 속으로 임하셨으며, 이 세상의 중심부 곧 마귀의 권좌(權座)를 뚫고 지나가 부활, 승천, 승리하신 주이심을 선포한다(요일 5:5-6).

더욱 흥미로운 것은, 요한일서가 이런 기독론적, 신론적 진리를 선포하는 데에 집중한다면, 요한이서와 삼서는 보다 교회론적인 차원에 집중한다는 사실이다. 여기에는 기독교적 진리의 매우 특징적인 내용이 담겨 있다. 하나님께서 그 아들을 세상에 보내신 것은, 단지 사건이나 진리의 차원에 그치지 않으며, 그 아들을 받은 '신앙 공동체' 곧 그 진리를 심령과 삶과 공동체 안에 담아 지키고 있는 살아 있는 남자와 여자들, 사람들의 공동체라는 차원에 깊이 관여한다는 사실이다. 즉, 하나님께서 그 아들을 보내심으로 주신 진리의 말씀과 그 아들을 보내심으로 부어 주신 아버지의 사랑은, 단지 교리적 차원이 아니라, 교회적 차원 즉, 그 진리와 사랑을 받아서 삶으로 사는 신앙 공동체 곧 '교회를 통해 보존되어 나간다'는 사실이다. 그러므로 예수 그리스도의 진리와 하나님 아버지의 사랑은, 교회 없이 추상적으로 존재하지 않는 셈이다. 신학과 교리는, 그 진리와 사랑을 담고 살아내는 교회 공동체 자신 없이 따로 존재하지 않는다고 말하는 것과 방불하다.

요한은 이것을 '온전한 사랑'이라는 말로 표현한다. 하나님의 사랑은 하나님 아버지에게서 시작하고, 그 아들을 통해 전달되지만, 교회 안에 내주하시는 새 언약의 영이신 성령 하나님에 의해 알려지고 실행되어, 믿음의 공동체가 '진리 안에서 서로 사랑함으로' 행해질 때, 비로소 온전함에 이른다. 교회는 그 아들의 진리와 아버지의 사랑을 이 세상 속에서 담보하는 담지체로서, 장차 온전히 임할 하나님 나라의 전초기지(base-camp)로서, 악한 자의 세상과 싸우며 그 세상으로부터 자신을 지켜 내야하는 것이다. 그것은 교회의 존립뿐만이 아니라, 교회를 통해 악한 자를 멸하시며 세상을 하나님과 주 예수 그리스도의 나라로 회복하시려는 하나님의 뜻의 보존과 강력한 실현을 위해서도 절대적으로 필요하다. 이제 유다서는, 교회가 거룩한 믿음으로 받은 이 진리와 사랑, 이 거룩과 영광을 어떻게 세상으로부터 끝까지 신실하게 지켜내야 하는지를 더 상세히 설명할 것이다.

제6장

유다서에 나타난 '세상에서 자신을 지키는 교회'

1. 거짓 교사들의 정체와 특징
   - 1.1 해석학적 권위 – '꿈꾸는 자들'
   - 1.2 반율법주의적 자유주의자들
   - 1.3 자신의 지위를 떠남

2. 하나님의 사랑과 그리스도 안에서 지키심

3. 유다서 결론 및 총 결론 - 세상 속의 교회, 그 위기와 해법

1. 거짓 교사들의 정체와 특징

공동서신의 서론 격인 야고보서는 '여러 가지 시험'(약 1:2)을 언급하면서, 공동서신 전체의 주제인 '세상 속의 교회'를 소개하고, 이에 따른 문제들과 해법들을 담은 공동서신 전체를 소개하는 위치에 있다고 할 수 있다.[1] 그렇다면 공동서신의 말미에 위치한 유다서는, 이제 공동서신 전체를 마무리하면서 '세상 속의 교회'라는 포괄적인 주제에 대하여 결론적인 권면을 하는 자리에 놓여 있는 셈이다.[2] 마치 이런 구조를 예시라도 하듯이 유다서의 시작에서 저자는,[3] 자

---

1 Painter, "James as the Fist Catholic Epistle", 161-163.
2 Wall, "A Unifying Theology", 특히 27-40.
3 Green, *Jude and 2 Peter*, 1-3, 초대 교회에서 '주의 형제' 유다는 때로 '사도 유다'로 불려지기도 했고, 혹은 '다대오'라 불리기도 했다는 견해도 있으며(마 10:3; 막 3:18), 시리아 계통의 초기 교회에서 '유다'는 '도마'의 다른 이름이라고 보는 경향도 있었다. 하지만 신약에 44회가량 나오는 Ἰούδας라는 인물들 가운데, 사울이 머물렀던 집 주인 '다메섹의 유다'(행 9:11)와 초대 교회 때 예루살렘 출신 선지자인 바나바라 불리던 유다(행 15:22, 27, 32)처럼 가능성이 희박한 경우를 제외하면, 열두 제자 중 '야고보의 아들' 유다(눅 6:16; 요 14:22; 행 1:13)가 유력하지만, 유다서의 저자는 자신을 '예수의 형제'로 소개한다는 점이 결정적이다(마 13:55; 막 6:3).

신을 '야고보의 형제'(ἀδελφὸς δὲ Ἰακώβου)로 소개한다. '주의 종'이라는 점에서 유다서와 야고보서가 공동서신의 시작과 끝에서 짝을 이룬다는 것은 공동서신의 권위를 반증할 수 있는 것이다.[4]

더구나 모두 227단어로 되어 있는 유다서에서 무려 93개의 단어가 야고보서의 단어들과 일치한다는 것도 흥미롭다. J. D. Charles는 유다서와 베드로후서 그리고 골로새서와 에베소서 간의 상응 관계를 제외하면, 유다서의 길이를 고려해 보았을 때 유다서와 야고보서는 서로 신약에서 다른 예를 찾을 수 없는 정도의 유사 관계에 있다고 주장한다.[5] 조금 더 구체적으로 Jörg Frey는 '유다'가 자신을 '야고보의 형제'로 부르고 또 야고보서와 많은 용어들을 공유하는 이유는 바로, 두 서신 모두 바울 당시 그리고 바울 이후에 상당한 영향력을 끼쳤던 '반(反)율법주의적(antinomian) 경향'을 상대했다는 점에 있다고 본다. 유다는 야고보의 이런 관점을 따라서, 바울 이후 시대에 '반율법적이면서 또한 영적'(antinomian and pneumatic)이라고 주장했던 거짓 교사들을 비판하는 선상에 놓여 있다고 주장한다.[6]

즉 유다서에서 거짓 교사들은 '혼적인'(ψυχικοί, 19절, 육에 속한, 개역개정) 자들로 규정되는데, 이는 헬라적 유대주의적 배경을 드러내는 것으로, 바울이 '혼적, 영적'(ψυχικοί - πνεῦματικός)인 이분법을 사용한 것과 동일한 현상이라고 말한다(참조. 고전 2:14; 15:44). 흥미롭게도 야고보서 역시 그의 적대자들을 이렇게 묘사하는데(약 3:14), 이는 유다서가 거짓 교사들의 '영적인 주장들'(pneumatic claims, 참조. 8, 19절)을 대하는 전략과 정체성에 있어서 자신을 마치 '두 번째 야고보'(Second James)처럼 소개한 것이라고 주장한다.[7]

그렇다면 야고보서와 유다서에 나오는 주제에도 통일성이 있는가? 그렇게

---

4   1세기 후반까지 '예수의 형제, 친척들'이 팔레스타인 교회에 끼친 영향력에 대하여는, R. Bauckham, *Jude and Relatives of Jesus in the Early Church* (Edinburgh: T&T Clark, 1990), 45-133; 또한 Neyrey, *2 Peter, Jude*, 43-44.

5   J. D. Charles, "Jude's Use of Pseudepigraphic Source-Material as Part of a Literary Strategy", *NTS* 37 (1991): 74-77, Frey, "The Epistle of Jude", 325-326에서 재인용.

6   Frey, "The Epistle of Jude", 326.

7   Frey, "The Epistle of Jude", 329, 특히 저자 '유다'가 자신을 '주의 형제'라 하지 않고 '야고보의 형제'라 했다는 사실에 주목한다.

보인다. 유다서의 인사말은 그런 점에서 상당히 특이하고 주목할 만하다(1절). 우선 유다는 수신자들을 '부르신 자들'(κλητοῖς)로 묘사한다. 구원을, 하나님 편에서 먼저 택하시고 부르신 은혜로 이해하는 것은 공동서신 저자들의 일관된 특징이다. 야고보서는 수신자를 택함 받은 '열두 지파'(약 1:1)로 묘사하며, 베드로전서는 더욱 분명하게 '택하심을 입은 자들'(ἐκλεκτοῖς, 벧전 1:1, 개역한글 1:2)로 그리고 하나님을 그들을 '부르신 자'(τὸν καλέσαντα, 벧전 1:15; 참조. 1:17)로 묘사한다. '믿음을 굳게' 한다는 것은 다름이 아니라, '그리스도 안에서 너희를 부르신' 하나님께서 잠시 고난 가운데 친히 온전케 하심에 순복하는 것이다(벧전 5:9-10). '부르심과 택하심'(벧후 1:10)은 하나님의 몫이지만, 부르심의 '굳센 데'(벧후 3:17)서 떨어지지 않도록 주요 구주이신 예수 그리스도를 아는 지식에서 자라가는 것은 성도에게 주어진 명령이다.

요한서신은 부르심이나 택하심이라는 표현을 직접 사용하지는 않지만, '우리가 하나님을 사랑한 것이 아니요 하나님이 우리를 사랑한 것'이며(요일 4:9), 우리가 서로 사랑하는 것은 '그가 먼저(πρῶτος) 우리를 사랑하셨기'(요일 4:19) 때문임을 분명히 한다. 유다서 역시 흥미롭게도 인사말에서부터 '아버지 하나님 안에서 사랑받는 자들'(τοῖς ἐν θεῷ πατρὶ ἠγαπημένοις, 1절)이라는 표현으로 시작한다. 이는 마치, 베드로전후서가 강조했던 '부르심'과 요한서신이 강조했던 '하나님의 사랑'을 동시에 담아내는 듯한 표현이다. 여기다가 유다는 '예수 그리스도에 안에서 지키심을 받은'(Ἰησοῦ Χριστῷ τετηρημένοις)이라는 표현도 덧붙인다.[8] '지키심을 받았다'는 것은 완료형으로 '이미' 그리스도에 의해서 지키심을 받고 있고,[9] 그리스도 역시 그를 잃지 않으실 것이라는 의미가 내포되어 있다(참조. 요 6:39, 44).

하지만 하나님께서 부르시고 사랑하시고 또한 그리스도로 말미암아 지

---

8   Bauckham, *Jude, 2 Peter*, 25, '부르심'(called), '사랑받음'(loved), 그리고 '지키심'(kept)의 세 가지 용어가 특히 이사야의 '여호와의 종의 노래'(사 40-55장)에 반복적으로 등장한다고 말한다. 그렇다면 이 표현은 '하나님의 종'(마 3:15-17)으로서 예수 그리스도 안에서 새 언약 백성 전체를 가리키는 특징들이다.

9   여기서 '예수 그리스도를 위하여'(개역개정)로 번역된 원문은, '예수 그리스도로 말미암아' 혹은 '예수 그리스도에 의해서'라고 옮길 수도 있다; 또한 Senior, *1 Peter, Jude and 2 Peter*, 186, 1절에서 전치사 '안에'(ἐν)는 '아버지 하나님'에게만 해당된다고 본다.

키시는 것과 더불어, 오히려 이런 믿음을 위하여 성도 편에서 '힘써 싸울'(ἐπαγωνίζεσθαι) 필요가 있다는 것이 이 서신의 목적임을 밝힌다(3절). 유다는 원래 '우리의 공통의 구원에 관하여' 즉, 아마도 유대인들이나 이방인들이나 차별이 없이 예수 그리스도를 믿음으로 얻는 구원에 관하여(참조. 행 15장) 애써 쓰기를 원했지만,[10] 그것보다 더 긴급하고 중요한 문제를 다루고 그 해법을 제시하는 일 때문에 유다서를 쓰게 되었던 것이다.[11] 결론 부분에 나오는 '자신을 그 지극히 거룩한 믿음 위에 건축하라'(20절)는 표현 역시 3절에서 밝힌 서신의 의도를 재확인시켜준다. 그렇다면 이렇듯 긴박한 문제를 일으켰던 유다서의 거짓 교사들은 어떤 자들이었으며, 어떤 것들을 가르쳤고 또 어떤 영향을 끼쳤는가?

전통적으로 유다서의 배경에 있는 거짓 교사들은 영지주의자들로 알려져 왔다. 알렉산드리아의 클레멘트를 비롯해서, 학자들은 이들이 2세기의 영지주의 분파로서 성적 방종을 조장했던(Strom. 3.2) 초기의 카르포크라티안(Carpocratians)들과 유사하다고 보았다.[12] 이들은 영지주의의 전형적인 이원론적 세계관뿐 아니라, 신비적 계시를 받았다고 주장하며 자신들을 영적인 자들로 본 자유 방종적인 초기의 영지주의자들로 추정된다.[13] 하지만 이들에게서 물질세계 및 육체에 대한 경멸적인 태도나 창조주에 대한 거부를 찾아보기 어렵고,[14] 설혹 그럴만한 부분이 있다고 해도 그것이 영지주의자들에게만 국한된 것인지, 혹은 유다서가 묘사하는 그들의 특징이 실제로 그런 것인지, 아니면 수사

10　하지만 Kelly, *The Epistles of Peter and Jude*, 246, 유대적 그리스도인들과 이방인 출신 그리스도인을 염두에 둔 것이라고 보기보다는, 헬라적 신앙에서 구원이 개인적인 일로 치부되는 것과 대조되는 의미에서 공동체적 구원을 가리킨다고 본다; 한편 개역한글은 '우리의 일반으로 얻은 구원'으로 번역했지만, '특별하게' 얻은 구원이 아니라 '공통으로'(common)의 의미라면, 유다는 야고보의 형제로서, 야고보와 함께 사도행전 15장에 나오는 예루살렘 총회에 있었거나 그것을 충분히 알았을 가능성을 배제하는 것이 더 부자연스럽다; 더구나 Kraftchick, *Jude, 2 Peter*, 31, 3절에서 '모든 성도들에게 단번에 전해진 믿음'이라는 표현이 교회에서 정통으로 받아들여진 믿음의 체계를 가리킨다는 사실이 이를 뒷받침한다(갈 1:23; 롬 10:8; 행 6:7); 한편 Davids, *2 Peter and Jude*, 42, 여기서 '공동의 구원'을 거짓 교사의 가르침과 대조해서 저자인 유다와 수신자들이 함께 나누어 갖고 있는 믿음을 가리킨다고 본다.

11　Green, *Jude and 2 Peter*, 18.

12　Green, *Jude and 2 Peter*, 8, 19.

13　Kelly, *The Epistles of Peter and Jude*, 231; 참조. Bauckham, *Jude, 2 Peter*, 93, '하나님'과(4절) '그리스도'에 대한 부정(4절), '주 되심'에 대한 거절(8절), 인간의 영과 육으로의 양분설(19절) 등을 언급한다.

14　최홍진, "유다서의 거짓 교사들은 누구인가?", 〈신학이해〉 43 (2012): 71.

학적인 묘사들이라 이를 근거로 역(逆)추적하는 것이 정확한 실재를 반영하는 것인지에 관해서는 당연한 논란들이 있어 왔다.

무엇보다 유다서의 거짓 교사들과 유사한 모습으로 나타나는 베드로후서의 경우도,[15] 최근의 학자들은 그 배후로 영지주의보다는, 당시 세속 사회의 '쾌락주의적'(Epicurean) 사상에 영향을 받아 하나님의 주권적 섭리와 예언의 말씀을 부인하는 경향을 지목한다.[16] 그렇다면 유다서의 거짓 교사들도, 세속 철학의 영향을 받은 쾌락주의자들에 가까운가? 하지만 유다서의 거짓 교사들은 베드로후서의 경우와 다른 점들도 있다. 예를 들면, 베드로후서는 그 거짓 교사들이 사도들의 가르침이나 성경의 예언을 무시하고 '종말이 없다' 하는 가르침을 퍼뜨린 사실을 부각시키고 이를 신중하게 경고하지만(벧후 3:1-10), 유다서에서는 재림이나 새 하늘과 새 땅의 소망을 강조하지는 않는다.[17]

더구나 베드로후서의 거짓 교사들은 자신들이 어떤 신적 계시의 영감을 받았다고 주장하지는 않았다. 그들은 성경을 '자의적으로'(ἰδίας, 벧후 1:20) 해석하거나 '억지로, 왜곡되게 해석할'(στρεβλοῦσιν, 벧후 3:16) 뿐, 전반적으로는 다분히 실천적 무신론(無神論)에 가까운 세속 철학적 영향 속에 있던 자들로 생각된다. 반면에 유다서의 거짓 교사들은 기록된 성경의 계시를 적극적으로 무시할 뿐 아니라(3, 17, 22절), 자신들이 직접 신적 영감을 받았다고 주장하는 자들이라는 점에서 큰 차이가 난다고 할 수 있다(8절).[18]

---

15   통상 베드로후서와 유다서에 나타난 거짓 교사들은 서로 같은 부류인 것으로 이해되었다. Kelly, *The Epistles of Peter and Jude*, 229; Desjardins, "The Portrayal of the Dissidents in 2 Peter and Jude", 89-90, 또한 이들은 '영지주의자들'로 보이지는 않는다.

16   Neyrey, *2 Peter, Jude*, 122-28; Bauckham, *Jude, 2 Peter*, 154-57.

17   Cavallin, "The False Teachers of 2 PT as Pseudo-Prophets", 263-270, 베드로후서의 거짓 교사들은 유다서에 나타난 거짓 교사들처럼 '반율법적 자유주의'(libertinism)의 특징을 보이지만, 종말을 부인하는 점과 이에 관련된 '가르침'이 두드러진다는 점에서 차이를 보인다; 참조. F. Lapham, *Peter: The Myth, the Man, and the Writings* (Sheffield: Sheffield Academic Press, 2003), 164.

18   Green, *Jude and 2 Peter*, 23-25.

1.1 해석학적 권위 – '꿈꾸는 자들'

그래서 이들의 특징들 가운데 두드러진 면모는, 이들이 '꿈꾸는 자들'(8절) 즉 자신들이 직접 신적인 계시를 받았다고 주장했던 데에 있다. '꿈꾸는 자들'($\dot{\epsilon}\nu\upsilon\pi\nu\iota\alpha\zeta\dot{o}\mu\epsilon\nu o\iota$)이라는 표현은, 구약과 제2성전기의 유대교에서 종종 꿈이나 환상을 통해 하늘에 올라가 계시를 받는다는 전통과 관련되어 있다. 특히 8절에서 이 '꿈꾸는 자들'이 "주권자들($\kappa\upsilon\rho\iota\dot{o}\tau\eta\tau\alpha$)을 거부하며, 영광을 '모독한다'($\beta\lambda\alpha\sigma\phi\eta\mu o\tilde{\upsilon}\sigma\iota\nu$)"고 했는데 이는 하늘의 법을 땅에 전달하는 역할을 맡은 천사들(영광들, 참조. 벧후 2:10)을 모독함으로써,[19] 자신들이 직접 신적 계시를 받았다는 주장을 근거로 '육체를 더럽히는' 범죄를 정당화한 것으로 보인다.

그래서 이들은, 영적 황홀경을 경험했다는 주장을 근거로 전통을 무시하고 사적인 권위를 주장하던 순회 전도자들 혹은 방랑 선교사들로 간주되기도 한다(G. Sellin).[20] 또한 19절에서 '성령은 없는 자니라'는 유다서의 반론은, 그 거짓 교사들이 어떤 영적 경험을 주장했던 반증이 될 수 있다. 그들은 자신들만이 어떤 환상적인 황홀경에서 신비적 체험을 했다는 것을 자랑하며, 자신들이 일반 성도들보다 더 영적이고 뛰어난 통찰력을 갖고 있다고 주장하고, 그래서 어떤 권위나 율법 체제에 종속될 필요 없이 자신의 행위를 스스로 주관할 수 있는 자유자라는 의식을 가졌던 듯하다.[21]

그러므로 이들이 기록된 성경의 계시를 무시했던 방식은, 베드로후서의 거짓 교사들처럼 성경의 예언을 '해석하는' 방식의 차이 즉, 성경을 '자의적'으로 풀거나 '억지로' 푸는 해석학적 차이 정도가 아님을 알 수 있다. 이들은 기록된 성경 계시나 사도들의 가르침이라는 전통을 떠났을 뿐 아니라, 베드로후서의

19　강대훈, "유다서의 우주론", 〈신약연구〉 12/4 (2013): 884-888, 유대 전통에서 천사들의 여러 역할 중의 하나는 하늘의 법을 땅에 전달하고(예. Jub. 1:27-29; 참조. 행 7:38, 53; 히 2:2; 갈 3:19), 하나님의 창조 세계의 질서를 지키는(참조. 고전 11:10) 것이다(887); 또한 Bauckham, *Jude, 2 Peter*, 57-59.

20　정창교, "유다서의 거짓 교사와 저자의 신학적, 수사학적 대응 전략", 〈신학과 문화〉 22 (2013): 95, 특별히 천사 숭배를 반대하고, 천사와 우주적인 권세를 경시 내지 멸시했던 골로새서와 에베소서의 적대자들과의 유사성도 지적된다.

21　최흥진, "유다서의 거짓 교사", 53-84.

경우보다는 훨씬 더 '이단적'인 색채 즉, 사적(私的)인 영적 경험을 근거로 '하늘의 법'을 전달해 준다고 믿어졌던 천사들 곧 영광들을 모독함으로써, 스스로 천상의 계시의 '중매자'로 자처한 것이다.[22] 결과적으로 그들은 '주재'(δεσπότην)이신 예수 그리스도의 주권을 부인했을 뿐 아니라, 그가 '주'(κύριον)이시라는 것도 부인하는 이단의 자리에 놓여 있는 것이다(4절).[23]

베드로후서의 경우에도, '자기들을 사신 주'(주인, δεσπότην)를 부인했다는 표현이 있지만, 이들이 '주'(κύριος)를 부인했다는 점은 명확치 않다(벧후 2:1). 그만큼 유다서의 거짓 교사들은 이단적 주장에 가까운데, 그것은 아마도 베드로후서의 거짓 교사들의 주장이 성경을 자의적으로 해석하고 왜곡하거나 혹은 무시하는 정도였던 것에 반해, 유다서의 거짓 교사들은 독자적인 계시의 통로를 갖고 있다고 주장했던 것과 필연적인 연관이 있어 보인다. 이렇게 보면, 유다서의 거짓 교사들은 율법 혹은 하나님의 법을 부인하는 데에 있어서도 더 과감하고 그에 따른 타락상도 더욱 심하다고 볼 수 있다. 예컨대, 베드로후서와 유다서 모두의 경우에 거짓 교사들이 '[허탄한] 자랑의 말'을 한다고 지적하지만(벧후 2:18; 유 16절), '원망하며, 불만을 토할 뿐 아니라'(16절) '당 짓는 자'(19절)들이라는 설명은 유독 유다서에만 강조되어 나오는 표현이다.[24] 그만큼 유다서의 거

---

22 이런 현상은, 예수 그리스도의 권세나 그를 통해서 새롭게 주어진 '하나님의 법'을 무시하고, 율법의 중매자인 천사들을 숭배하는 구태(舊態)로 돌아가려 했던 골로새서(2:18)에 나타난 반대자들과 사뭇 다른 양상이다. 유다서의 거짓 교사들은 아예 천사들을 모독하고, 자신들이 직접 중매자라고 주장한 셈이다. 참조. 정창교, "유다서의 거짓 교사", 97.

23 Keating, *First and Second Peter, Jude*, 201, 그들은 아마도, 요한일서 2:22의 경우처럼 그리스도에 관한 신앙 고백도 부인했을 것이라 본다; 한편 Davids, *2 Peter and Jude*, 신약에서 κύριος의 일반적 사용에 기대고 또한 δεσπότς와 다르지 않은 의미로 보아, 4절의 거짓 교사들이 예수 그리스도에 관한 특정한 교리를 부인한 것이 아니라, 그들의 행위와 삶이 그리스도를 부인하는 종류의 것이었다고 주장한다; 또한 Green, *Jude and 2 Peter*, 60, 디모데전서 6:1-2, 디모데후서 2:21, 디도서 2:9, 베드로전서 2:18에서처럼 통상 '주인'을 뜻하는 δεσπότς는, 종종 기독론적 칭호로도 쓰인다(벧후 2:1; 하나님, 눅 2:29; 행 4:24; 계 6:10). 또한 κύριος는 자주 하나님의 칭호로 쓰인다. 더구나 '부인하는'(ἀρνούμενοι)이라는 표현은 '고백한다'와 대조되는 것으로, 유다서의 거짓 교사들이 배교의 지경에 이른 것을 시사한다고 언급한다. 하지만 그럼에도 불구하고, 이 거짓 교사들은 지속해서 교회의 식탁교제 안에 섞여 있고, 그리스도에 대한 그들의 부인은 주로 그들의 행동으로 드러난다고 본다.

24 Curtis P. Giese, *2 Peter and Jude* (Saint Louis: Concordia Publishing House, 2012), 335, 고라의 경우처럼(11절), 그들은 '한 주, 한 믿음, 한 세례'(엡 4:5)로 된 교회의 일치성을 깨뜨리고 분당을 조장한다. 특별히 그들은 주의 만찬에 잘못되게 참여함으로써 감춰인 암초가 되어(유 12절), 그리스도의 몸과 피를 더럽힌

짓 교사들은 분리주의적인데 그것은 그들의 가르침이 '다른 계시'에 근거한 이단성이 짙기 때문일 것으로 추측할 수 있다.

결국 유다서는 이렇게 분리주의적 방향으로 갈 수밖에 없는 거짓 교사들을 처음부터 '육에 속한 자'(ψυχικοί)이며 '성령은 없는 자'(πνεῦμα μὴ ἔχοντες)로 판명을 내린다.[25] 이런 표현이 그들에게 분명히 모욕적이었을 수 있는 것은, 그들 자신이 스스로를 어떤 특별한 영적 경험을 통해 특별한 계시를 따로 받는 '꿈꾸는 자들'(8절)로 내세웠기 때문이다. 유다서는 이런 판단을 통해서 그들이 받은 영이, 요한서신에서 더욱 노골적으로 선언되는 것처럼(참조. 요일 2:18-24) 실은 거짓 영이며, 적그리스도의 영임을 시사한 것이다. 그러므로 성령 곧 거룩하신 영이 아닌, 육적인 것을 영적인 것으로 호도해서 그들이 퍼뜨린 삶의 행태는 불경건을 그 특징으로 할 수밖에 없는 것이었다.

1.2 반율법주의적 자유주의자들

거짓 교사들은 일단 이렇게 권위의 문제에 있어서 기록된 성경이나 예수 그리스도로 말미암은 성령과는 다른 근거를 확보한 후에, 곧바로 그들의 부패한 행실을 얼마든지 정당화할 구실을 찾았다. 특히 이들은 자주 바울의 '오직 믿음, 오직 은혜의 복음'을 극단적으로 오해한 반(反)율법적주의(anti-nomianism) 경향과 연결되어왔다.[26] 저들은 외부로부터 '가만히 들어온' 자들로서,[27] 초대교회에서 자주 이러한 문제들을 야기했던 '율법 폐기론적, 자유주의적 경향

다(참조. "지속적으로 육체를 더럽히며", 유 8절). 거짓 교리들은 필연적으로 분당을 일으킨다(딤전 4:1-3; 요일 2:18-19); 또한 Green, *Jude and 2 Peter*, 117.

25   Richard, *Reading 1 Peter, Jude, and 2 Peter*, 240-241, 영지주의적 배경보다는, '육적인(psychic) 것'과 '영적인 것'의 구분을 근거로 논증하는 고린도전서 2:14-16과 비교한다; Green, *Jude and 2 Peter*, ψυχικός는 유대-헬라 문화에서 주로 σωματικός와 대조되었지만, 신약에서는 '성령이 없는 상태' 즉 자연적이고 더 나아가 '땅에 속한, 영적이지 않은, 죄 된 상태'를 의미한다(고전 2:14; 15:44-46; 약 3:15).

26   Green, *Jude and 2 Peter*, 17-18; Bauckham, *Jude, 2 Peter*, 115, "바울학파의 극단적인 형태로서 현재는 배교자로 단정된 이방인 출신의 방랑 선교사일 가능성."

27   John Painter and David A. deSilva, *James and Jude* (Grand Rapids: Baker Academic, 2012), 177-179, 190, 순회 교사들이나 선지자들은 초기 교회에서 자주 문제를 일으키는 근원지가 되었다(마 7:15-20; 24:4-5; 행 19:11-16; 갈 1:6-9; 고후 10-11; 요일 4:1; 계 2:2, 6, 14-15; *Did.* 11-13장).

을 가진 카리스마적 순회 전도자들'과 유사하다(마 7:15; 고후 10:11; 요일 4:1; 요이 10절).[28] 특히 바울이 고린도에서 당면했던 자들 또는 요한이 아시아의 일곱 교회에서 맞닥뜨렸던 반율법주의적 거짓 교사들과 동류로 보기도 한다.[29]

이들이 그들의 사상에서 반율법적일 수 있었던 것은, 자신들이 하나님과 특별한 영적 관계에 있다고 믿었기 때문인데, 그래서 자신들은 윤리적인 제한이나 의무, 기준들, 특히 성적 문제에 있어서, 보통 인간들이 묶여 있는 그런 법에 묶여 있지 않다고 주장했을 것이다.[30] 특별히 4절에서, 하나님의 은혜를 '색욕거리로 바꾸었다'는 표현에서 엿볼 수 있듯이 이들은 하나님의 은혜를 남용하던 자들임을 알 수 있다. '색욕거리'(ἀσέλγειαν)란 금기(禁忌) 없는 성적 방종을 가리키는데,[31] 성경이 마땅히 존중하는 성적 관계에 대한 틀에 전혀 괘념치 않는 방종한 태도와 삶을 시사한다. 또한 이들은 '회개 없는 은혜'를 가르치던 자들로서,[32] 하나님의 은혜를 이런 금기 없는 성적 방종으로 '변질시키는'(μετατιθέντες) 일에 면죄부처럼 사용했음을 짐작할 수 있다.

이처럼 4절에서부터 두드러지듯이 유다서의 거짓 교사들의 윤리적으로 부패한 태도는, 베드로후서의 거짓 교사들의 경우보다 훨씬 더 성적 방종에 초점이 맞추어져 있다고 할 수 있다(4-8절, 12절, 16절, 18절).[33] 7절에서 밝히듯이 교사

---

28 정창교, "유다서의 거짓 교사", 71.
29 Frey, "The Epistle of Jude", 312, "바울이 고린도에서 맞닥뜨렸던, 그리고 계시록의 저자가 소아시아의 교회들과 씨름했던 자유방임주의적 그리고 반율법적 가르침들."
30 Kelly, *The Epistles of Peter and Jude*, 230.
31 Senior and Harrington, *1 Peter, Jude and 2 Peter*, 190, 여기서 ἀσέλγεια는 ἀσεβεία(15절[x2], 18절)와도 짝을 이룬다. 베드로후서 2:18의 경우처럼 부적절한 성적 방종을 뜻하며, 우상 숭배(호세아), 이단적 가르침과도 깊은 연관을 이룬다; 최홍진, 『요한 1, 2, 3서/유다서』(한국장로교출판사: 2015), 368, "은혜의 교리를 과도한 성적인 행위를 할 수 있도록 허락하는 자격을 주는 것으로 이해했던 것이다. 곧 하나님의 은혜가 사죄의 은총을 마음대로 죄를 범해도 된다는 허가증으로 해석한 것이며(롬 3:8; 6:1; 갈 5:13; 벧후 2:19), 니골라 당의 교훈을 지키는 자들과 유사하다(계 2:14-15). 또한 유다가 지적하는 '방탕함'(ἀσέλγεια)은 악의 목록에 일반적으로 언급되는 것으로(막 7:22; 롬 13:13; 고후 12:21; 갈 5:19; 엡 4:19; 벧전 4:3; 벧후 2:2, 7, 18), 자기 절제가 부족한 사람이나, 육체적 부정을 가리킬 때 사용된다. 이는 방종한 생활양식을 뜻하며 특히 성적인 방탕의 의미를 포함한다. 자유방임적인 삶의 태도를 가리킨다."
32 정창교, "유다서의 거짓 교사", 54-57.
33 Green, *Jude and 2 Peter*, 25, 유다가 거짓 교사들의 성적 방종을 강조하지만, 영지주의의 일종인 '카르포크라티안(Carpocratian) 이단과 같은 성적 방종의 정도까지는 아니라고 본다.

들의 성적 방종은 불의 심판을 받았던 소돔과 고모라의 죄악과 같은 종류의 것이었다(참조. 창 19:1-19). 그들은 '간음'(ἐκπορνεύσασαι)뿐 아니라 '다른 육체의 뒤를 쫓는' 행위를 했는데, 여기서 '다른 육체'(σαρκὸς ἑτέρας)는 무엇을 가리키는가? 7절에서 '이와 같은 방식으로'라는 표현 때문에, 7절에 기록된 거짓 교사들은 6절에서 '자기 지위를 지키지 않은' 천사들의 죄악과 병행 구도 속에 놓인다. 그렇다고, 거짓 교사들 자신이 천사들은 아니므로, 타락한 천사들과 '동일한' 죄를 지었다고 할 수 없다. 최소한의 초점은, 7절의 거짓 교사들의 죄가 '자기 지위를 지키지 않는' 방식이었다는 사실뿐이다.

그렇다면 7절에서 '다른 육체를 쫓았다'는 것이 중요한 단서가 된다. 6절의 타락한 천사들은 두 가지 점에서 자신들의 위치를 버렸다고 할 수 있는데, 첫째는 하늘에서 쫓겨난 사실이고 둘째는 땅의 여인들과 성적 관계를 맺으려 했다는 점이다(참조. 창 6:1-2).[34] 이렇게 보면, 7절에서 거짓 교사들이 하늘에서 쫓겨나는 것과 '동일한 방식으로'(τὸν ὅμοιον τρόπον) 지은 죄는 그들의 성적 범죄에 초점이 맞추어지는 것이 당연하다. 하지만 여전히 그들이 쫓았던 '다른 육체'가 무엇이었느냐 하는 문제가 남는다. 창세기 19:4-11을 배경으로 하는 동성애를 가리키는 것인지,[35] 혹시 천사와의 성적 관계를 추구하는 행위를 이야기하는 것인지를 생각해 볼 수 있다. 후자의 경우, 6절이 암시하는 대로 천사들이 '다른 육체'인 땅의 여인들과 성적 관계를 추구한 것처럼, 거짓 교사들이 '사람으로 나타난 천사들'과 관계를 가지려 했다면 그 방식이 매우 유사하다고 생각할 수 있다.[36]

하지만 유다서의 거짓 교사들은 주로 교회 안으로 들어왔고(4절) 거기서 음

---

34 강대훈, "유다서의 우주론", 877-878. 유다서 6절은, 창세기 6:1-4 자료에 기초한다. 타락한 천사들은 자신의 위치(참조. 신 32:8)를 지키지 않고 하늘의 처소를 떠난 죄 때문에 영원히 결박된다(참조. *1 En.* 13.1; 14.5, 21; 54.3-5; 56.1-4). 그들은 최후 심판 때까지 흑암에 갇히게 된다(*1 En.* 10.4-6).
35 Richard, *1 Peter, Jude, and 2 Peter*, 265, 예컨대, "자연스럽지 않은(unnatural) 탐욕 혹은 악덕을 쫓아가는"(NRSV)처럼 번역하는 경우이다; 또한 Giese, *2 Peter and Jude*, 275.
36 최흥진, 『요한 1, 2, 3서/유다서』, 380; 또한 강대훈, "유다서의 우주론", 880, "동성연애 행위는 '같은 육체'와의 성행위인 반면, '다른 육체'는 '천사들의 육체'와 관련된다고 할 수 있다. 위치 이탈을 죄로 보는 저자의 평가에 따르면, 파수꾼들은 땅을 향해 가장 높은 하늘을 이탈했고(*1 En.* 12.4; 15.3, 7), 이와 정반대로, 성적 유희를 즐기려는 소돔 사람들은 하늘을 향했다."

란한 행실을 퍼뜨렸기 때문에, 굳이 따로 '사람의 모습으로 나타난 천사들'과의 성적 관계를 추구했다고 보기에는 본문에서 다른 근거를 찾기 어렵다. 또한 이들이 천사들의 지위나 역할에 대해 부정적이고 그들을 모독하는 자들이라는 점을 감안하면(8절), 그들의 성적 방종이 천사들과 관련되어 있다고 보기는 더욱 어렵다. 그렇다면 거짓 교사들이 '다른 육체를 좇아' 음란한 일을 행했다는 것은 그들이 교회 안에서 동성애적 성행위를 조장했다는 것으로 읽을 수밖에 없다.[37]

분명코 소돔과 고모라에서 횡행했던 동성애적 행태는, 가난한 자들에 대한 학대와 더불어, 부인할 길이 없이 명확한 본문이 남아 있다(창 19:5-11). 나그네로 롯을 찾아온 천사들에 대하여 폭력을 가하여 주권을 행사하려 했던 소돔의 주민들은 그런 폭력적 억압을 동성애적 방식으로 드러냈다.[38] 대조적으로 소돔과 고모라가 언급된 유다서 7절에는 성적 타락이 강조되어 있다. 8절에서 '육체를 더럽히며'라든지, 18절에서 '그 자신의 불경건한 정욕을 따라 행하는' 모습, 그리고 23절에서 '육체로 더럽힌 옷' 등은, 이들의 성적 방종을 강조하는 표현들이다. 한편 소돔과 고모라에서 가난한 자들에 대한 학대와 성적 타락이 짝을 이룬 것처럼, 역(逆)으로 유다서의 거짓 교사들의 경우에도 그들의 성적 타락과 더불어 탐욕이 짝을 이룬다고 할 수 있지 않을까.

그렇게 볼 수 있는 본문들이 있다. 12절에서, 저들은 '자기 몸만 기르는 목자'(ἑαυτοὺς ποιμαίνοντες)라는 표현의 배경은 아마도 에스겔 34:1-16일 것이다.[39] '살진 양을 잡아 그 기름을 먹으며, 그 털을 입되 양 무리는 먹이지 않는' 전형적인 거짓 목자의 탐욕스러운 모습이다(겔 34:3). 하지만 유다서는 베드로후서와는 다르게, 거짓 교사들의 탐욕보다는 성적 방종을 더 집중적으로 조명한다. 탐욕이 함께 맞물려 있지 않은 것은 아니지만, 굳이 성적 방종을 더 강조하는 이

---

37 예컨대, Louw, J. P. & Nida, E. A., *Greek-English lexicon of the New Testament based on Semantic domains* (2nd Ed., Vol. 1, 1996), 771.

38 참조. Robert A. J. Gagnon, *The Bible and Homosexual Practice: Texts and Hermeneutics* (Nashville: Abingdon, 2001), 90-91.

39 Green, *Jude and 2 Peter*, 95, 유다서는 에스겔 34:2, 8-10, 18-19가 묘사하는 이스라엘의 악한 목자들을 떠올리게 한다. ποιμαίνω 동사는 신약에서 지도자의 직무와 연관되어 자주 사용된다(요 21:16; 행 20:28; 벧전 5:2).

유는 무엇일까.

어쩌면, 유다서 서문과 결론에서 강조하듯이, 거짓 교사들의 핵심적인 도전과 유다서의 응전이 모두 '사랑'의 문제에 집중되어 있기 때문인지도 모른다. 1절에서 '하나님 아버지 안에서 사랑을 입은 자'라든지, 21절에서 '하나님의 사랑 안에서'라는 표현, 그리고 중간에 여러 번이나 '사랑하는 자들아'(3, 17, 20절)라고 부른 것도 관련이 없지 않을 것이다. 사랑은 사랑으로 치유되는 것이다. 거짓 교사들의 성적 방종, 즉 잘못된 사랑은, 하나님의 사랑 안에서 올바른 방향으로 치유받고 지켜지고 인도될 수 있음을 시사한 것으로 생각된다. 특별히 유다서는, '예수 그리스도를 위하여 지키심'을 입었다든지(1절), '하나님의 사랑 안에서 자신을 지키라'(21절)는 권면을 서신의 시작과 끝에서 강조한다. 역으로 보면, 이는 거짓 교사들의 타락의 성격을 시사하는 것일 수 있다. 즉 유다서는 그들이 특징적으로 '자신의 지위를 지키지 못한' 것이 그들의 타락과 부패의 결정적인 원인이라고 지목한다.

1.3 자신의 지위를 떠남

유다서에서 거짓 교사들의 죄악의 주된 특징을 찾으려면, 그들의 죄악상에 상응하는 심판을 언급하는 5-16절의 구조를 살펴볼 필요가 있다. 8절에서 '꿈꾸는 자들'로 표현된 거짓 교사들에 대한 묘사를 중심으로 이 문단은 대체적으로 변형된 전후 대칭 구조를 이룬다. 간단한 도표로 나타내면 아래와 같다:

a 애굽에서 나왔지만 광야에서 죽은 옛 언약 백성(5절)
  b 자기 지위를 지키지 않고 처소를 떠난 천사들(6절)
    c 소돔과 고모라, 성적 타락과 심판(7절)
      d 꿈꾸는 자들, 육체 더럽힘, 권위와 영광 훼방(8절)
  b' 거짓 교사들, 알지 못하는 천사들, 영적 권위를 모독함(9-10절)
    c' 가인, 발람, 고라의 타락과 심판(11-13절)
a' 에녹의 예언과 정해진 심판에 대한 경고(14-16절)

우선 5절과 14-16절의 상응 관계가 정확치 않을 수 있지만(a, a'), 전체적으로 8절(d)을 중심으로 변조된 대칭을 이룬다는 것은 어렵지 않게 확인할 수 있다.[40] 특히 8절을 중심으로 직전에 있는 소돔과 고모라의 타락과 심판에 기초한 경고(7절, c)와 가인, 발람, 고라의 죄에 심판(11-13절)에 대한 말씀은 분명히 상응함을 알 수 있다. 더 중요하게는, 6절의 '자기 지위를 지키지 않고 처소를 떠난 천사들'(b)과, 9-10절에서 천사들의 권위를 모독함으로써 역시 자신의 지위를 떠나게 되는 거짓 교사들이 서로 상응하고 있다는 사실이다(b').

거짓 교사들을 설명하는 이런 구도는, 그들의 죄에 대한 심판의 확실성과 함께, 그들의 죄의 본질이 무엇이었는지를 선명하게 드러내 보여 준다. 주로 천사들에 관련된 죄악인데, 이들은 첫째 천사들의 영적 권위를 모독했고(b'), 더 나아가 둘째로 스스로 '꿈꾸는 자들'이 되어 하나님으로부터 직접 신적인 계시를 받았다고 허위 주장을 퍼뜨렸으며(d), 셋째 바로 이런 사실은 자신들의 지위를 떠나 타락한 천사들과 그들이 받을 심판과 본질상 다르지 않음을 보여준다(b). 거짓 교사들은 자신들이 알지도 못하는 권위자들 곧 천사들을 '모독했는데'(훼방, 개역한글, βλασφημοῦσιν, 10절), 이는 천사장 미가엘이 모세의 시체를 두고 '주 앞에서' 마귀와 변론할 때, 마귀의 참소가 잘못된 것인 줄을 알지만,[41] 직접 마귀를 심판하는 선고를 내리는 식으로 말하지 않고 그 판결을 '주께서(κύριος) 심판하시도록'(참조. 슥 3:2) 맡기는 자세와 극적으로 대조되는 태도이다.

결국 거짓 교사들은 천사들과 관련해서 두 가지 방식으로 잘못을 저지른 것이다. 첫째는 소극적인 방식으로, 천사장 미가엘도 감히 하려고 하지 않았던 하나님의 주권에 대한 모독을 한 것, 즉 하나님께서 그 지위와 권위를 임명한 천

---

40   J. Daryl Charles, "Literary Strategy in the Epistle of Jude" (Ph.D. Dissertation, Philadelphia: Westminster Theological Seminary, 1991), 146-147, 더 나아가, 야고보서와 유사한 구조를 갖고 있다고 논증한다. 유다서는 3세기경 오리겐(Origen)에 의해, "짧지만, 하늘의 은총으로 차고 넘치는 서신"으로 불리기도 했다(1).

41   Davids, *2 Peter and Jude*, 59-63, 유다서 9-10절의 정황은 신명기 34:1-2에는 직접 거론되어 있지 않다. 알렉산드리아의 클레멘트의 증언에 의하면(*Fragments on the Epistle of Jude*), 유다가 외경인 *Assumption of Moses*를 인용했다고 한다. 이 책은 소실되었는데, R. Bauckham은 '모세의 승천기'가 *Testament of Moses*의 마지막 부분이었을 것으로 추정한다; 참조. Bauckham, *Jude and the Relatives of Jesus*, 235-280.

사들을 '모독'함으로써 결국 그들을 통치하시는 하나님의 주권을 모독했다. 둘째는 더욱 적극적으로, 자신들이 하나님께로부터 직접 신적 계시를 받았다는 허위 주장을 함으로써, 천사들을 통해 주어지는 '하나님의 법'의 지위를 스스로 주장하여 결과적으로 중보자이신 그리스도의 지위와 하나님의 율법의 자리를 찬탈한 것이다.

이런 점에서, 유다서가 4절부터 명확하게 '주재'(δεσπότην)와 '주'(κύριον)이신 예수 그리스도를 부인한 자들이라고 선언하는 이유를 충분히 이해할 수 있다. 저들이 비단 그리스도의 '주권'뿐 아니라, 스스로 '꿈꾸는 자들'로서 초월적 계시를 사적(私的)으로 독점하려 한 일은 곧바로 율법은 물론 그리스도의 지위까지 찬탈하고자 하는 적그리스도적 행위인 것이다. 베드로후서의 거짓 교사들의 경우에도 역시 그들이 사도들의 전한 바 전통적인 가르침을 조롱하면서(벧후 3:1-3) 동시에 예언의 말씀을 '제멋대로'(벧후 1:20) 해석하거나, 사도 바울의 서신을 '억지로'(벧후 3:16) 풀려 했던 측면은 그리스도의 가르침 혹은 율법을 성취하시고 성육화된 율법(Torah-Incarnate)으로서의 그리스도를 부인하는 모습이다.

하지만 유다서의 거짓 교사들의 경우는 '성육화된 율법'으로서 그리스도의 주 되심의 지위를 보다 적극적으로 부인하는 형태를 보인다고 할 수 있다. 물론 유다서나 베드로후서의 거짓 교사들은 모두 그리스도의 실제적으로 '주 되신' 주권을 모독하는 부패한 행실로 교회를 무너뜨리려 했다는 점에서는 다름이 없다. 다만 베드로후서의 경우 그들의 음란과 더불어 탐욕의 죄가 강조되었다면, 유다서의 경우는 탐욕과 더불어 음란이 강조되어 있다는 점이 다소 다르다. 그렇다면 유다서는 이러한 거짓 교사들의 이단적이고 부패한 공격을 어떻게 막아내며 극복하라고 가르치는가?

2. 하나님의 사랑과 그리스도 안에서 지키심

거짓 교사들의 대한, 현대인들에게는 다소 낯선 묘사들과 무서운 심판의 내용들이 기록된 유다서를 두고, 주후 3세기경 교부였던 Origen은 "짧지만, 하늘의 은혜로 가득한 서신"으로 묘사했다(Commentariorum in Evangelium secundum Matthaeum 17.30).[42] 그만큼 이 짧은 유다서는 하나님의 사랑을 특징적으로 강조한다. 확실히, 인사말에서 소개된 '하나님의 사랑'과 '그리스도 안에서 지켜짐'(1절)의 주제는 유다서 서신을 관통하는 핵심 주제이다. '사랑'이라는 모티브는 바로 이어서 2절에서, 그리고 '사랑하는 자들아'라는 호격으로 3절과 17절과 20절에서 반복되다가, 21절에서 다시 1절과 마찬가지로 '하나님의 사랑 안에서'(ἐν ἀγάπῃ θεοῦ)라는 동일한 표현으로 등장한다. 흥미롭게도 21절의 '하나님의 사랑 안에서'라는 표현은 또한 1절에서와 마찬가지로 '지킴'의 주제와 함께 나오는데 이번에는 '자기를 지키며'(ἑαυτοὺς … τηρήσατε)로 표현된다(또한 24절).

즉 1절에서 하나님의 주권적 은혜를 강조하는 '그리스도로 말미암아 지키심을 받는다'는 표현이, 이제 21절에서는 성도의 책임을 강조하는 식으로 '자기를 지키며'로 새롭게 표현되는 것이다. 그러므로 유다서를 해석한다는 것은, 인사말인 1절과 결론 부분인 21절에서 동일하게 강조된 '하나님의 사랑 안에서 자신을 지킨다'는 것이 과연 어떤 것인지를 규명하는 일이 되는 것이며, 이 주제는 그만큼 유다서의 핵심이라 할 수 있다. 그렇다면 하나님의 사랑 안에서 자신을 지킨다는 것은 어떻게 하는 것인가? 이 질문은 역으로, 유다서는 어떤 이유로 이 주제를 해법으로 제시하게 되었는지를 묻는 것과 같으며, 그것은 동시에 거짓 교사들의 근본적인 문제와 맞닿아 있다는 사실을 상기시킨다.

다시 말해서, 거짓 교사들의 핵심적인 문제가 가진 특징 때문에 유다서가 제시하는 해법도 이런 식으로 표현된다는 것이다. 본문에서 이런 연관성을 찾기는 어렵지 않다. 즉 거짓 교사들의 가장 중대한 문제는 그들이 '자기의 지위를

---

42 Charles, "Literary Strategy in the Epistle of Jude", 1, 또한, "교회사에 있어서 유다서가 신약에서 거의 가장 선호되는 책이었던 시절이 있었다는 것은 결코 과장이 아니다"(365).

지키지 않고 자기 처소를 떠난'(6절) 천사들과 동일한 특징을 갖고 있다. 유다서는 이들을 결국, 캄캄한 흑암에 돌아갈 '유리하는 별들'(13절)로 묘사한다. 비유적이기는 하지만, '유리하는'(πλανῆται)이라는 표현은,[43] 하나님께서 창조하실 때에 정해 주신 그 자리, 그의 주권적 통치 아래서 원래 놓인 그 자리를 이탈하여 나락으로 떨어지는 모양을 그려 준다고 할 수 있다.

특히 하나님의 '진리의 말씀'에서 떨어져 나가, 실족하고, 거짓에 속아서, 길을 잃은 상태를 가리킨다(참조. 약 5:19-20). 역시, 자신의 지위와 처소를 '떠난' 것이다. 이렇게 보면, 유다서에 등장하는 모든 범죄한 경우와 그 패턴들은 일관된 공통점을 갖는데, 그것은, 이들이 전부 '자기 지위와 자리를 떠나 미끄러져 떨어진 처지'(a place of deterioration and recession into which each has lapsed)를 가리킨다는 사실이다. 믿지 않는 이스라엘, 가인, 발람과 고라, 그리고 타락한 천사들과 거짓 교사들 자신들 전부는, 이렇듯 제 위치에서 '떨어져 나간'(departed) 자들이며, 모두가 그에 따라 심판을 받게 된 자들이다.[44] 이처럼, 유다서에서 심판을 초래하는 죄란 하나님의 통치와 의의 질서 아래서 자신에게 주어진 지위와 위치를 '떠난' 것으로 묘사된다. 그것은 다름 아닌, 하나님의 '주권'(4절)을 무시하고 반역한 현격한 표현이기 때문이다.

그렇다면 이들에 대한 심판은 어떻게 묘사되고 있을까? 흥미롭게도, '하나님의 사랑 안에서 지키심'을 받지 못하면, 최종적인 심판을 위해 '지켜짐'을 받게 된다. 6절에서 하나님께서는, 자기 지위를 '지키지 않은'(μὴ τηρήσαντας) 천사들을 '큰 날의 심판' 때까지 영원한 결박으로 흑암에 '가두어두셨다'(τετήρηκεν; 또한 τετήρηται, 13절). 동일하게 τηρέω라는 동사를 사용한 역설적 표현이다.[45] 이렇게 지켜지든 저렇게 지켜지든 '지킴을 받을' 수밖에 없다는 뉘앙스로, 구원

---

43   Kraftchick, *Jude, 2 Peter*, 52-53, 원래 '유리하는 별들'이라는 표현은 제1에녹서 80:6에서 유래한다. 묵시론적 개념으로서, 천사들이 별들과 행성들을 다스리는데, 각기 질서 있는 궤도를 따라 운행하지만, 제 길을 잃은 변칙적인 행성들은 천상계의 위계질서를 불순종한 것으로 설명된다(*1 En*. 18.14-16); Bauckham, *Jude, 2 Peter*, 89.

44   Charles, "Literary Strategy in the Epistle of Jude", 361-362, 역시 이런 관점으로 유다서를 본다.

45   강대훈, "유다서의 우주론", 893, 유다서에서 τηρέω는 공간적 의미를 강조하면서, 중요한 주제를 형성하는 핵심 단어이다(1, 6, 13, 21절).

을 위해 지키심을 받든지 아니면 심판을 위해 지키심을 받든지 선택하라는 의미까지 함축되어 있다. 더구나 1절에서 그리스도 안에서 혹은 그리스도를 통해('Ἰησοῦ Χριστῷ) '지켜짐을 받는' 성도들의 경우도 6절에서 최종적 심판을 위해 지금도 흑암 속에서 지켜짐을 받는 타락한 천사들의 경우처럼 완료형으로 기록되어 있다. 즉 지금은 각기 구원과 심판의 결과가 최종적으로 드러나 있지 않지만, 이들은 각기 다른 결말을 위해 확정적으로 지키심을 받았고 그 결과로 현재적으로도 지키심을 받고 있는 중인 것이다. 그러므로 하나님의 이 지키심은 현재 눈에 보이지는 않지만, 완료적으로 이미 일어난 사건으로 그리고 최종적으로 실현될 사건으로 신실한 성도와 거짓 교사들의 상태와 결말을 구분 짓는, 하나님의 행동에 관한 결정적인 개념이다.

그렇다면 성도들은 무엇으로부터 지키심을 얻는다는 것일까? 1절의 문맥에서, 수신자들은 '지키심을 입은 자들'(τετηρημένοις)들인데, 이는 세 가지 부가적인 내용들로 수식된다. 첫째, 이들은 '하나님 아버지 안에서 사랑을 입은 자들'이다. '하나님의 사랑 안에서'라는 표현은 마치 저들이 위치해 있는 장소를 뜻하는 공간적 영역을 떠올리게 만든다.[46] 그들이 지키심을 받는 영역은 '하나님의 사랑 안'이라는 의미이다. 하나님의 사랑의 결정적인 증거는, 아버지 하나님께서 세상을 이처럼 사랑하사 그 아들을 보내셨다는 것이다(요 3:16; 요일 4:14).

이렇게 보면, 유다서 1절에서 '지키심을 입은 자들'을 수식하는 두 번째 표현인 '예수 그리스도로 말미암아'('Ἰησοῦ Χριστῷ)에 사용된 3격은 방법이나 수단을 의미할 가능성이 많다. 수신자들이 하나님의 사랑 안에 위치해 있을 수 있고 또한 그 안에 거하는 방식은 '그리스도를 통해서'임이 강조된 것이다. 일례로, 4절에서 그 정체가 밝혀지는 '가만히 들어온 사람들'의 결정적인 특징은 '주재'(δεσπότην)요 '주'(κύριον)이신 예수 그리스도를 부인하는 것이었다. 그렇다면 반대로, 하나님의 사랑 안에서 그리스도를 통해 지키심을 받는 자들은 단연코 그리스도를 '주인'이요 '주'로서 인정하고 그의 통치 아래 거하는 자들일 것이다. 동일한 4절의 문맥에서 그리스도는 곧 '하나님의 은혜'의 나타나심이며 그

---

46 Neyrey, *2 Peter, Jude*, 91.

래서 그리스도를 주로 인정하고 그의 주권 아래 거하는 것은, 그의 은혜를 방탕한 '색욕거리로 바꾸지'(μετατιθέντες εἰς ἀσέλγειαν) 않는 삶을 의미할 것이다.[47]

또한 이는 성도들이 지키심을 입은 자라는 것을 수식하는 세 번째 표현인, '부르심을 입은 자'(κλητοῖς)에 함축된 그 부르심의 목적을 이루는 것과 관련된다. 즉 하나님의 은혜를 무법한 방탕으로 뒤바꾸지 않고 그 은혜 안에 지속적으로 머물 때에 이루어지는 부르심의 목적이다. 이 부르심의 목적은 무엇인가? 그것은 거짓 교사들이 받을 영원한 심판(6, 13절)과는 대조적인 영원한 구원일 것이다. 이런 점에서, 하나님의 사랑과 지키심 그리고 부르심이라는 세 가지 주요 주제가 모두 다시 등장하는 21절에서 '영생에 이르도록'(εἰς ζωὴν αἰώνιον)이라는 표현은, 동일한 세 가지 주제가 모두 소개되는 1절의 '부르심'에 상응하는 개념이다. 즉 그리스도 안에서 지키심을 입는다는 것은, 영원한 심판을 피하고 영원한 생명에 이르도록 하나님의 사랑과 그 은혜에서 이탈하지 않고 그 안에 지속적으로 거하는 것을 의미하는 셈이다.

마지막으로, 유다서의 결론에 해당하는 20-23절에서, '자신을 지키라'(τηρήσατε, 21절)는 주동사는 3개의 부대적인 분사구를 동반하면서 그것이 어떻게 하는 것인지를 설명하고 있다.[48] 첫째는, (i) '지극히 거룩한' 믿음 위에 '너희 자신을 건축하라'(ἐποικοδομοῦντες ἑαυτούς, 20절)는 것이다. 믿음에 대한 '지극히 거룩한'(τῇ ἁγιωτάτῃ)이란 최상급의 묘사는 더러움과 썩어짐과 허무함을 특징으로 가진 세상과는 분리된 믿음이라는 사실을 강조한다. 거짓 교사들의 부패한 삶을 떠받치는 불신앙과 대조하며, 수신자들의 믿음이 성결한 삶을 가져와야 함을 강조한다. 또한 이런 표현은 성도 자신을 집 혹은 하나님이 거하시는 성전으로 여기는 생각이 전제되어 있다고 할 수 있다(특히 벧전 2:1-10; 참조. 엡

---

47   Kelly, *The Epistles of Peter and of Jude*, 251-252. '은혜'란 '하나님의 자녀들이 누리는 영광스러운 자유'(롬 8:21; 참조. 고후 3:17)를 의미한다. 이를 '색욕거리'로 '뒤바꾼다'는 것은, 저들이 '반율법주의'(antinomianism)를 주창함을 의미할 수 있는데, 이는 바울이 이미 여러 번 경계한 바이다(롬 3:8; 6:1, 15; 갈 5:13; 참조. 벧전 2:16; 벧후 2:19; 계 2:24). 이는 '이신칭의'의 복음을 왜곡한 것이며, 육체를 경시하는 이원론 때문에 초기 영지주의와도 깊은 연관이 있다고 본다. Kim, "The Concept of Atonement", 100-116 참조.

48   Charles, "Literary Strategy in the Epistle of Jude", 363.

4:1-16; 요 2:13-22).⁴⁹ 여기서 믿음은 단지 기초라는 점이 강조되어 있다. 중요한 일 곧, 성도들이 자신을 지키는 일은 그 지극히 거룩한 믿음 위에 굳게 서서 흔들리지 않고 그들 자신을 보호할 수 있도록 믿음 외에 필요한 신앙의 다른 요소들을 공급하여 온전한 신앙(참조. 벧후 1:4-5), 온전한 교회, 온전한 성전으로 지어져 가야 함이 강조된 것이다. 유다서의 이런 강조점은 공동서신의 일관된 주장과 부합한다. 더구나 이렇듯 믿음 위에 교회 자신을 건축하는 일은 공동체적인 명령 즉, 성도가 자신들을(복수, ἑαυτοὺς, 20절) 하나님의 거하시는 집으로 '함께' 건축해 나갈 것을 부탁하는 것이다.

둘째, (ii) 자신을 지키는 방식으로 유다서가 권면한 내용은 '거룩한 성령 안에서 기도하라'는 것이다(20절). 우선 '거룩한'(ἁγίῳ)이 강조된 것도 인상 깊다. 앞 절에서 '믿음'을 '지극히 거룩한'으로 수식한 것과 같은 맥락으로, 세상과는 다른 성결함을 강조한 표현이다. '성령 안에서'(ἐν πνεύματι) 기도하라는 표현도 의미가 깊다.⁵⁰ 왜냐하면 유다서에서 거짓 교사들은 결국 '성령을 갖지 못한 자'(πνεῦμα μὴ ἔχοντες, 19절)로 판명이 나기 때문이다. 즉 거짓 교사들은 성령이 없는 자들이고, 수신자인 성도들은 성령 안에 있는 자들이라는 명확한 대조가 성립하게 된다. 더구나 19절에서 단순히 '[성]령'(πνεῦμα)이라 한 것을 바로 21절에서, '거룩한'(ἁγίῳ) 성령으로 수식한 것도 의미심장하다. 저들은 스스로 영적이라고 주장했음에 틀림이 없고, 자신들이 하나님으로부터 직접 계시와 법을 받는 자들 곧 독자적으로 신비적 체험을 하는 '꿈꾸는 자들'(8절)이라고 주장했기 때문이다.

그럼에도 불구하고, 그들의 삶은 부패하고 더럽기 짝이 없었다. 그들의 부패한 삶이야말로 그들이 받은 영이 '거룩한' 영이 아니라, 더러운 영이었음을

---

49 Green, *Jude and 2 Peter*, 120. '건축' 이미지는 분열된 공동체의 연합을 도모하는 문헌에서 자주 사용되는 주제(*topos*)이다(Mitchell). 바울의 경우에도 자주 찾아볼 수 있다(롬 15:2, 20; 고전 8:1; 10:23; 14:3-5, 12, 26; 고후 10:8; 12:19; 13:10; 살전 5:11; 엡 2:21; 4:12, 16, 29).

50 참조. Davids, *2 Peter and Jude*, 94-95. 복음서나 바울서신에서도 '성령 안에서 기도한다'는 표현이 종종 사용된다(요 4:23-24; 고전 14:15-16; 엡 6:18). 통상 '성령 안에서 기도함'은 성령 안에서 무엇을 행하는 것과도 일맥상통한다(막 12:36; 행 19:21; 롬 14:17; 고전 12:3; 엡 5:18). 즉 성령에 의해 통제되고 인도되는 기도이다.

증명하는 셈이다. 반대로 성령은 그리스도를 증거하는 영이시며(요 8:28; 15:26; 16:13), 하나님의 말씀을 순종케 하는 하나님의 영이시다(참조. 겔 36:24-28; 렘 31:31-34). 성령 안에서 기도하는 것은 곧 말씀에 순종하여 의의 열매를 맺는 삶을 위한 기도인 셈이다.

세 번째는, (iii) '우리 주 예수의 긍휼을 기다리라'는 권면이다. 이것이 자신을 지키는 방식으로 유다서가 제시하는 마지막 권면이다. 종말론적인 소망이나 인내의 문맥에서 그리스도를 '주'(τοῦ κυρίου)로 표현하며 그의 '긍휼'(τὸ ἔλεος)을 기다리라는 권면은 전혀 낯설지 않은 조합이다(참조. 약 5:7-11, 특히 11절). 그것은 성도의 인내의 끝에서 그 결말 혹은 열매를 주시는 분이 '주' 되신 그리스도이며, 그분이 통치하시고 섭리하시는 기간 동안 성도는 오직 그의 긍휼하심이 아니면 견뎌낼 수 없는 인내의 기간을 지나기 때문이다. 그리고 그들이 얻게 되는 최종적인 구원 곧 인내의 열매도 '주'께서 주시는 결말 즉, 선물로서 그의 많으신 자비와 긍휼의 결과라고 할 수 있기 때문이다.

여기서 한 가지 더, 21절에 언급된 '긍휼'이, 종말을 인내하며 하나님의 사랑 안에서 자신의 지위와 자리를 지키고자 하는 성도들에게 결정적으로 중요한 이유가 있다. 유다서는 22-23절에서 '긍휼'을 중심으로, 성도들이 시험에 든 자들을 어떻게 대하여야 하는지, 그리고 그런 자들을 대면하면서 성도가 자신을 어떻게 지켜가야 하는지를 자세히 설명한다. 즉 주 예수 그리스도의 긍휼을 기다린다는 것은 단지 수동적인 태도가 아니라, 믿음 위에 굳게 서서 이제는 적극적으로 믿음의 형제들을 향해 긍휼을 흘려 보내며 살아감을 뜻하는 것이다. 먼저 22절과 23절에서 각기 한 번씩 '긍휼'이 언급됨을 알 수 있다. 그러므로 그리스도의 긍휼을 기다리는 것은, 그분의 긍휼로 말미암아 '어떤 의심하는 자들'을 긍휼히 여기는 것(22절), 그리고 이미 시험에 들어 실족한 이들을 긍휼히 여기는 것을 포함한다(23절).

22절의 '어떤 의심하는 자들'(διακρινομένους)은 매우 흥미로운 표현이다.[51]

---

[51] Green, *Jude and 2 Peter*, 126, 이 표현은 신약 이전에 헬라 문헌에서는 사용되지 않았는데(마 21:21; 막 11:23; 롬 4:20; 14:23; 약 1:6; 2:4; 아마도 행 10:20; BDAG 231; LSJ 399), 유다서의 문맥에서는 거짓 교사들의 가르침에 현혹되어 그들의 영향권 아래에 들어가기 시작한 자들이다. 거짓 교사들 자신을 가리키지 않는

야고보서 1:6에서 '의심하는 자'(ὁ διακρινόμενος)는 실상 마음이 둘로 나뉘기 시작한 성도이다(약 1:8, δίψυχος). 하나님과 세상 사이에서, 세상의 유혹을 받아 여러 가지 시험에 들기 시작한 성도를 가리키는 용어인 것이다. 야고보서의 이런 표현은 유다서에서도 그대로 적용할 수 있을 만큼, 상호 문맥이 다르지 않다. 오히려 유다서에서는 보다 적극적으로 거짓 교사들의 유혹을 받아 흔들리는 성도를 가리킨다. 요약하면, 성도가 자신을 지키는 신앙이란 곧 주 예수 그리스도의 긍휼을 기다리는 삶이고, 그리스도의 긍휼을 기다리는 삶이란 또한 시험에 흔들리는 형제들을 긍휼로 대하는 삶인 것이다. 23절은 보다 적극적으로, 이런 긍휼이 실제로 시험에 빠져 스스로를 더럽힌 형제들을 건져내어 돌이키는 활동도 포함하는 것임을 알 수 있다.

'불에서부터'(ἐκ πυρὸς)라는 표현은 '불같은 시험'(벧전 4:12)의 경우와 유사하게 볼 수도 있고, 혹은 그보다 더 급박하고 심각한 상황을 지칭하는 것으로 생각할 수 있다.[52] 유다서는 이들까지도 건져낼 수 있다면 그렇게 하라고 권면한다. 목적은 구원임을 잊지 말라는 것이다. 이런 자들을 그 임박한 불의 심판에서 '건져내라'(ἁρπάζοντες)고 하는데, 이는 마치 불에 타기 시작한 장작을 더 이상 타지 않도록 불에서 꺼내는 모양을 그려 준다(참조. 암 4:11; 슥 3:2).[53] 그런 후에 '구원하라'(σῴζετε)는 표현은 그들을 단지 시험에서 건질 뿐 아니라, 그 때문에 더럽혀진 행실과 심령을 모두 치유하고 회복시키는 과정까지를 포함한다고 할 수 있다(참조. '빼냄'과 '돌아옴', 암 4:11).[54] 마찬가지로 하나님을 두려워함으로

것은, 유다서가 그들에게는 오직 '심판'을 선고하기 때문이다.

52   Arichea and Hatton, *The Letter from Jude and The Second Letter from Peter*, 56, '최후의 심판'이나 '불같은 시험' 어느 쪽으로도 번역, 이해할 수 있다고 본다; 한편 Davids, *2 Peter and Jude*, 101, 23절의 '불'은 최후의 심판이거나 그에 따르는 파멸(destruction)일 것이다. 그들이 이미 지옥에 있다(Windisch)는 것이 아니라, 임박한 최후의 심판에 대한 기대에 따라, 그 지옥 문턱에 서 있다는 이미지이다; 한편 베드로전서 4:12의 경우는, '너희 안에 있는 불같은'(τῇ ἐν ὑμῖν πυρώσει) 시련인데 이는 '너희를 시험하려는'(πρὸς πειρασμὸν ὑμῖν) 불이다; 또한 Kelly, *The Epistles of Peter and of Jude*, 288-289.

53   Kraftchick, *Jude, 2 Peter*, 66, '의심하는 자'는 용서하고 '두려움 안에서 긍휼'을 베풀어야 할 대상이지만, '건져내야' 할 대상은 이보다 심각한 대상들로서 긴급한 구조가 필요한 이들이다.

54   한편 Kelly, *The Epistles of Peter and of Jude*, 288, '건져내어 구원하라'(save them by snatching)는 식으로 분사구를 살려 번역한다; 하지만 Arichea and Hatton, *The Letter from Jude and The Second Letter from Peter*, 56, 정확하게 말해서, '구원한다'는 것은 '건져내는' 행위의 목적이나 결과를

써 '옷을 더럽힌' 죄에 대해 경계적인 태도를 취하면서도,[55] 이들을 향한 긍휼을 그치지 말라고 당부한다.

결론적으로 '자신을 지킨다'는 것은 우선적으로, '공통으로 얻은 구원'이나 '단번에 주신 믿음'(1절)뿐 아니라, 이렇듯 '세속'(worldliness)과는 분리된 영원한 생명을 얻는 지극히 거룩한 믿음을 위해 '힘써 싸우는'(ἐπαγωνίζεσθαι, 3절) 일,[56] 즉 그 믿음 위에 '자신을 건축하는 일'에 힘쓰는 것을 의미한다(20절). 또한 그것은 거룩한 성령 안에서 간구함으로, 하나님의 말씀을 순종하여 의로운 행실과 삶의 열매를 맺는 것이다(20절). 그리고 자신을 지킨다는 것은 특별히 하나님의 사랑 안에 거하는 것인데, 현재와 종말에 하나님께서 그리스도를 통하여 베푸시는 긍휼을 기다리는 삶이며, 그런 삶은 시험에 시달리거나 이미 시험에 들어 더럽혀진 형제들이라도 하나님을 두려워하고 죄를 미워함으로써 그들을 불쌍히 여기고 건져내며 돌이켜 회복하는 긍휼의 삶을 의미하는 것이다. 그리고 끝내 이들을 '지키셔서'(φυλάξαι),[57] 그 영광 앞에 흠이 없이 즐거움으로 서게 하시는 분은 하나님이신데(24절),[58] 그것은 그렇게 하실 수 있는 영광과 위엄, 힘과 권세가 영원토록 그분에게만 있기 때문임이 송영(doxology)에서 확실하게 선포된다(25절).

뜻한다; 결론적으로 말해서, '건져냄'은 결국 '구원'을 즉, 여기서는 치유, 회복을 위한 수단이 되는 셈이다. 이런 '건져냄'과 '구원함 혹은 회복함'(돌이킴)의 구분은 유사 본문인 아모스 4:11에서도 유지됨을 알 수 있다: "너희가 불붙는 가운데서 빼낸 나무 조각 같이 되었으나, 너희는 내게 돌아오지 아니하였느니라. 여호와의 말씀이니라."

55   최흥진, 『요한 1, 2, 3서/유다서』, 430, "그들 자신의 '육체'를 더럽힌 거짓 교사들(8절)에 대한 유다 자신의 언급은 스가랴 3:3-4에 나오는 더러운 옷(죄)의 형상을 회상시킨다"(Bauckham, 116); Green, *Jude and 2 Peter*, 126-127, 유다는 성적인 부도덕을 염두에 두고 있다.

56   Desjardins, "The Portrayal of the Dissidents in 2 Peter and Jude", 99-100, 베드로후서와 유다서에 나타난 교회는 마치 요한계시록의 교회처럼 그리고 당시, '세상 긍정적인'(world-affirming) 주류 교회의 흐름에 역행하는, 자체 내에 엄격한 규율과 임박한 종말을 기다리는 '세상 부인적인'(world-denying) 분리주의적 분파로 판단된다.

57   참조. 베드로전서 1:5(φρουρουμένους)과 유사한 사용이며, 유다서에서 각기 구원(1, 21절)과 심판(6, 13절)을 위한 '지키심'을 뜻하는 τηρέω와 일맥상통하는 동사이다.

58   강대훈, "유다서의 우주론", 896-897, 24절은 최후 심판이 벌어지는 하늘 법정을 묘사하고 있다. 최후 심판이 벌어지는 하늘 법정에서 모든 인간은 재판장 앞에 서게 되고, 자신을 흠 없이 드린 자는 영생(21절)과 기쁨(24절)을 얻게 되는 반면, 거짓 교사들처럼 경건치 않은 길을 간 자들은(4, 15, 18절) 유죄 판결을 받아 흑암(6, 13절)과 불(23절)의 고통을 겪을 것이다. 이처럼, 저자는 송영에서 최후 심판과 자기의 위치를 지킨 자들이 얻게 될 종말의 선물을 묘사하며, 이를 위해 하늘 법정, 또는 하늘의 세계를 그려 준다.

3. 유다서 결론 및 총 결론 – 세상 속의 교회, 그 위기와 해법

확실히, 유다서는 베드로후서 다음에 위치하는 것보다는 요한서신 다음에 위치하는 편이, 그 내용이나 용어들 그리고 신학적 주제에 있어서 정경적으로 더욱 적절하다고 생각된다. 유다서 1절에서부터 유독 강조되며 서신 내내 그리고 마지막에 이르러서 더욱 강조되는 '하나님의 사랑'이라는 주제는 요한서신에서 가장 두드러지게 나타난 주제이기도 하다. 또한 유다서가 야고보서와 갖는 유사성과 각기 공동서신의 초두와 말미에 위치한다는 사실도 유다서가 공동서신의 결론으로서 정경적 역할을 한다는 사실을 뒷받침할 수 있다. 유다서 1-4절에 등장하는 서론적 주제들은, 야고보서 1:1-4에서 소개된 '여러 가지 시험들'과 무관하지 않으며, 유다서가 강조하는 믿음 '위에 자신을 건축하는' 싸움은 특징적으로 공동서신이 강조하는 인내와 신앙적 온전함이라는 주제와 잘 어울린다.

더구나 유다서 22절에 나오는 '의심하는 자' 혹은 '마음이 나뉘기 시작한 자들'(διακρινομένους)이라는 표현은 야고보서 1:6의 시험에 들기 시작해서 (διακρινόμενος) 마음이 나뉜(δίψυχος, 약 1:8) 성도의 모습과 완벽히 짝을 이루며, 공동서신의 서문으로서 야고보서가 제시한 여러 가지 시험을 극복하는 문제에 대하여, 공동서신의 결론으로서 요약적인 해법을 제시한다고 할 수 있다. 결국, 유다서는 '하나님의 사랑 안에서 자신을 지킴'이라는 해법을 결론으로 제시한다. 그것은 바울의 복음을 빌려서 표현하면, 하나님의 은혜를 방탕한 죄악을 정당화하는 식으로 사용하지 않는다는 것을 의미한다.

실로 공동서신은, 하나님의 은혜의 복음을 왜곡하고 변질시킨 거짓 교사들의 공격을 염두에 두고 있다. 그들은 바울의 칭의(稱義)의 복음을 세속적 탐욕과 방탕을 정당화하는 거짓 가르침으로 변질시킨 자들인데, 공동서신 안에서 다양한 모습으로 소개된다. 사실 야고보서에서 믿음과 행함이 분리되기 시작한 2장, 그리고 말씀을 떠난 말, 믿음에서 행함이 나오지 않는 헛된 말, 파괴적인 말의 사용을 언급한 3장은, 그 이후 베드로후서와 요한서신 그리고 유다서에 언급된 거짓 교사들의 발단을 보여 주는 듯하다. 하지만 거짓 교사들의 종류와 특징들도 모두 같지는 않다. 베드로후서의 거짓 교사들은 정확히 예수 그리스도를 부인하는 이단의 성격을 찾아보기 어려운, 오히려 더욱 위험한 모습을 띤다. 저들은 종말이 없다는 거짓 가르침을 퍼뜨리며 '자의적' 성경 해석으로 교회를 혼란하게 하는 전형적인 현세적이고 세속주의적인 거짓 교사들이다. 반면에 요한서신의 적대자들은 영지주의적 이단임이 거의 분명하다. 이들은 하나님께서 그 아들을 세상에 '보내신' 사실을 거부하고 부인함으로써 아버지 하나님의 사랑도 받아들이지 않는 이단이다. 아마도 이보다 더 심각한 이단적 거짓 교사들이 유다서에 소개되는 것 같다. 이들은 방랑 선교사들로서 바울의 복음을 오해하여 반율법적인 거짓 가르침을 퍼뜨렸을 뿐 아니라, 율법을 무시하고 스스로 하나님께로부터 직통 계시를 받는 영적인 자들이라고 자신들을 소개하며 다녔던 것 같다. 이들의 부패한 행실, 탐욕과 음란과 방탕한 행실은 당시의 교회에 큰 위협이 되었던 것으로 보인다.

공동서신은 바울이 견고하게 놓았던 새 언약 교회의 기초 곧 율법의 행위로가 아니라 예수 그리스도를 믿음으로 말미암은 믿음을 재차 설명하는 데에 전력을 기울이지 않는다. 오히려 그렇게 '단번에 전해 받은 믿음'(유 3절; 참조. 벧후 1:1; 요일 1:1; 2:24)을 위해 '힘써 싸울' 것을 요청한다. 그래서 인내와 온전함이 강조되고, 신적 성품(벧후 1:4-5)과 삼위 하나님 안에서의 사귐이 강조된다. 유다서는 그것을 '하나님의 사랑 안에서 자신을 지킴'으로 요약하는 것이다. 결국, 하나님의 사랑 안에서 자신을 지킨다는 것은, 하나님 아버지께서 세상을 이처럼 사랑하사 보내신 그 아들 안에서(요 3:16; 요일 4:14) 자신을 지킨다는 뜻이다. 그것은 죄와 사망 그리고 세상의 허무로부터 자신을 지키는 것과 같은 일이다(참조. 벧전 1:2-4). 그것은 온 세상이 그 손 아래에 처해 있는 악한 자 마귀(요일 5:19)의 거짓말과 증오를 대적하여(요일 3:7-8) 진리의 말씀을 온유함으로 받으며(약 1:18, 21) 아들을 이 땅에 보내심과 같이 그의 교회를 이 땅에 세우시고 열방을 위한 제사장 나라로 삼으신(벧전 1:1-2:10) 그 삼위 하나님과의 사귐 안에 머무는 교회를 지켜나가는 것이다.

공동서신의 순차를 고려하면, 결국 바울이 공헌하여 기초를 놓은 그 예수 그리스도를 믿는 믿음 위에서, 교회는 세상을 맞닥뜨려 여러 가지 시험들을 만날 수밖에 없지만, 고난 속에서 참된 것으로 증명되는 믿음의 연단을 통해, 반드시 하나님을 향한 전심의 사랑, 온전한 사랑을 지켜가야 함을 강조한다. 시험에 들어 나뉘어 가는 성도의 마음을 붙드시는 분은 하나님 자신이시다. 야고보서와 베드로전서는 특히, 신자의 중생을 '말씀'으로 곧 '생명의 말씀'으로 설명한다. 풀과 그 풀의 영광인 꽃 즉 세상은 모두 지나가고 사라져도, 하나님의 말씀은 살았고 영영히 선다(사 40:6-8; 약 1:9-11, 18-21; 벧전 1:22-25; 요일 2:15-17). 공동서신이 일관되게 신자의 중생을 '생명의 말씀'(요일 1:1)으로 설명하는 이유가 여기에 있다. 말씀이 세상을 이기기 때문이다(요일 1:14). 요한서신은 이 말씀이 그 아들 즉, 하나님께서 세상을 사랑하셔서 보내신 그 아들이라는 말씀-기독론까지 전개한다(요일 1:1-10; 참조. 요 1:1-18).

하나님의 살아 있는 말씀으로 중생한 성도 곧 교회는 그 말씀을 '온유함으로 받아야' 한다(약 1:21). 여기서 살아 있는 믿음 곧 행함이 나오는 믿음이 증명된다. 또한 그 말씀을 온유함으로 받는다는 것은, 복음의 핵심인 긍휼을 따라 그들 안에 심겨 있는 그 말씀의 핵심인 긍휼을 흘려 보낸다는 것이며(약 1:21; 2:13), 순전하고 긍휼이 가득한 위로부터 나오는 지혜로 산다는 것을 뜻한다. 그리고 이렇게 말씀을 따른 성화의 삶은 곧 '주' 되신 그리스도의 주권적 통치 아래에 거한다는 것을 뜻한다(약 3:17-18). 그 아들을 통해 회복된 하나님의 주권적 통치 아래서 자신의 지위와 위치를 회복하고 그 자리에 굳게 서는 것이다.

이렇게 그 부르심과 택하심을 굳게 하는 교회, 곧 그들 안에 심긴 말씀을 온유함으로 받음으로써 하나님을 전심으로 사랑하고 그 사랑 안에 거하는 교회라야, 비로소 이 세상을 '임시 체류자와 여행자'로 지나갈 수 있을 것이다. 그들은 그리스도 자신의 십자가의 길 곧 '선한 양심'의 길 즉, 의인으로서 불의한 자를 대신하여 그들을 하나님 앞으로 인도하는 제사장의 길을 따라가는 교회이다(벧전 3:16, 18-22).

하지만 그들이 세상을 지나가는 동안, 세상의 세속적 흙탕물 즉, 거짓 교사들의 거짓된 가르침과 부패한 삶의 유혹을 받지 않을 수 없다. 베드로후서는 교회 속에 들어온 세상의 위협을 잘 그려 주며, 교회가 이 위협적인 세속의 공격

즉, 현세적이고 세속적인 거짓 교사들이 교회 안에 들어와 퍼뜨리는 거짓 가르침(벧후 3장)과 부패한 행실의 유혹(벧후 2장)을 이겨내는 해법은 신적 성품(벧후 1:4-5)과 신적 계시에 기초한 정당한 성경 해석(벧후 1:19-21)임을 강조한다.

요한서신에 이르면, 마치 교회 속에 들어온 세상을 완전히 몰아내기라도 하듯, 요한은 그 아들과 아버지와 함께하는 온전한 사귐의 교회를 세상 속에 처한 교회의 해법으로 제시한다(요일 1:1-10). 이런 참된 코이노니아의 교회는 곧바로 그 악한 자의 손안에 놓여 있는 이 세상 한복판에 실현된 하나님의 통치의 영역 즉, 회복된 에덴동산과 같은 하나님 나라를 표현한다. 저들이야말로, 즉 하나님께서 마귀의 일을 멸하시고자 보내신 그 아들을 받아들이고, 그 아들을 보내신 아버지 하나님의 사랑 안에 거하는 교회야말로 세상을 이기는 교회이기 때문이다(요일 5:1-5).

바로 이러한 교회가 하나님의 사랑 속에서 자신을 지키는 교회이다. 세상의 유혹과 위협 앞에 서 있는 교회에게 요구되는 것은 그러므로, 일차적으로 그들이 스스로의 힘이나 어떤 이념이나 원리로 이 세상을 변혁시키고 뒤바꾸어야 한다는 것이 아니다. 혹은 그 반대로 세상과 완전히 분리되어 동떨어진 채, 하나님께서 가져오시는 종말만 기다리는 온전히 폐쇄적인 공동체가 되라는 것도 아니다. 공동서신이 세상 속에 있는 교회, 세상을 맞닥뜨린 교회에게 요청하는 것은, 결국 '진리와 사랑'의 문제에서 승리하라는 요구라고 할 수도 있다. 야고보서식으로 하면, 하나님과 세상을 함께 사랑하여 시험에 들지 말라는 것이다. 베드로전서 식으로 하면, 썩지 않고 더럽지 않고 쇠하지 않는 나라를 받은 거듭난 심령의 교회는 오직 그 많으신 긍휼을 베푸신 하나님의 택하심과 부르심의 사랑 안에서, 이 세상을 십자가의 길 곧 선한 양심의 길로 가시며 불의한 자들을 하나님 앞에서 인도하신 그리스도를 좇아 제사장의 임무를 다하라는 것이다.

그것은 베드로후서식으로 하면, 결국 '사랑'에서 그 정점에 이르는 신적 성품의 교회만이 이룰 수 있는 사명이다. 세상은 험하고 악하기 때문이다. 임시체류자와 여행자와 같은 교회로 이 세상을 지나가려면, 교회는 반드시 신적 성품의 교회가 되어야 한다. 믿음만으로는 부족하다. 믿음에 덕을, 덕에 지식을, 지식에 절제를, 절제에 인내를, 인내에 경건을, 경건에 형제 우애를, 그리고 결국 사랑에 이르는 교회가 되어야 한다. 요한서신에 따르면, 이들은 진리의 말씀이신 아들과 그 아들을 보내신 아버지의 사랑 안에 '머무는' 자들이며 그 삼위 하나님과의 사귐 안에 거하는 새 언약의 공동체이다. 이들이 세상을 이긴다. 그들이 세상을 이기는 이유는, 그들 안에 그 아들이 계시기 때문이다. 그 아들이 진리의 말씀이며 아버지의 사랑의 증거이기 때문이다. 오직 거짓말을 그 특징으로 하며 증오와 살인을 목적으로 하는 악한 자 마귀와 그의 휘하에 놓인 세상을 이기는 자는 오직 그 아들 예수 그리스도뿐이기 때문이다. 그래서 아버지 하나님께서 그 아들을 세상에 보내신 것이고, 그 아들을 받는 교회는, 세상을 그 악한 자의 손아귀에서부터 해방시키고 회복시키시는 진리의 말씀과 그 생명의 말씀이신 아들을 보내신 아버지의 사랑, 그리고 그 진리와 사랑을 알게 하시고 살게 하시는 성령 하나님과의 사귐 안에 거한다. 교회는 삼위 하나님과의 이 거룩하고 영원한 사귐 안에서, 그 아들의 진리와 아버지의 사랑을 지키고 보존하고 확대한다. 그리고 그것은 곧 악한 자의 궤멸, 세상의 회복을 의미한다.

이로써 유다서가 가르치듯, 교회는 그 사랑 안에서 자신을 지킴으로써, 그 사랑이 그리고 그 사랑의 증거이신 그 아들의 통치가 어떻게 세상과 그 악한 자를 굴복시키는지 목격하게 될 것이다. 결국 세상이 아니라 하나님을 사랑하며, 세상을 임시 거주 외국인과 행인처럼 지나가면서 외면적으로는 세상 속에서 제사장 나라의 사명을 다하고, 내면적으로 새 하늘과 새 땅의 신적 성품에 참여하고 성장하는 교회, 그리고 그런 사명의 성취와 영적 성장을 위해 삼위 하나님과의 깊은 사귐 가운데 거하는 그런 교회가 '세상을 이기는 교회'이다. 누가 세상을 이기는가?

> "무릇 하나님께로부터 난 자마다 세상을 이기느니라 세상을 이기는 승리는 이것이니 우리의 믿음이니라 예수께서 하나님의 아들이심을 믿는 자가 아니면 세상을 이기는 자가 누구냐"(요일 5:4-5)

부록
공동서신
참고 문헌

—

공동서신 전반에 관한 연구
야고보서
베드로전후서, 유다서
요한서신

공동서신 참고 문헌

공동서신 전반에 관한 연구

채영삼. "공동서신에 나타난 구원과 선한행실." 〈신약연구〉 15/1 (2016): 154-205.

_____. "공동서신의 새 관점." 〈신약논단〉 21/3 (2014, 가을): 761-796.

Balch, David L. "Household Codes." In *Greco-Roman Literature and the New Testament: Selected Forms and Genres*. Edited by David E. Aune, 25-50. Atlanta: Scholars, 1988.

Bauckham, R. "James, 1 and 2 Peter, Jude." In *It Is Written: Scripture Citing Scripture: Essays in Honour of Barnabas Lindars, SSF*. Edited by D. A. Carson and H. G. M. Williamson, 303-17. Cambridge: Cambridge University Press, 1988.

Bray, Gerald (ed.). *James, 1-2 Peter, 1-3 John, Jude*. ACCS vol. 11. Downers Grove: IVP, 2000.

Calvin, John. *Commentaries on the Catholic Epistles*. trans. J. Owen. rep. Grand Rapids: Eerdmans, 1948.

Chester, Andrew, and Ralph P. Martin. *The Theology of the Letters of James, Peter, and Jude*. NTT. Cambridge: Cambridge University Press, 1994.

Davids, Peter H. "The Use of Second Temple Traditions in 1 and 2 Peter and Jude." In *The Catholic Epistles and the Tradition*. Edited by J. Schlosser, 409-31. BETL 176. Leuven: Leuven University Press, 2004.

deSilva, David A. *Honor, Patronage, Kinship and Purity: Unlocking New Testament Culture*. Downers Grove: IVP, 2000.

Hengel, Martin. *Judaism and Hellenism: Studies in their Encounter in Palestine during the Early Hellenistic Period*. Trans. J. Bowden, Philadelphia: Fortress, 1974.

Metzger, B. M. *The Canon of the New Testament*. Oxford: Clarendon, 1987.

Niebuhr, Karl-Wilhelm and Robert W. Wall (eds.), *The Catholic Epistles & Apostolic Tradition: A New Perspective on James to Jude*. Baylor University Press, 2009.

Wall, Robert W. "The Function of the Pastoral Epistle within the Pauline Canon of the New Testament: A Canonical Approach." In *The Pauline Canon*. Edited by S. E. Porter. Leiden: Brill, 2004.

_____. "A Unifying Theology of the Catholic Epistles: a Canonical Approach." In *The Catholic Epistles and the Tradition*. Edited by J. Schlosser. Bibliotheca ephemeridum theologicarum lovaniensium 176, 43-71. Leuven: Leuven University Press, 2004.

야고보서

김득중. "야고보서의 反바울주의와 反世俗主義."〈神學과 世界〉56 (2006): 11-35.

박수암. "야고보서 구조에 관한 석의적 고찰."〈장신논단〉18 (2002): 119-145.

박윤선. "야고보서의 은혜론과 신앙론."〈신학지남〉40/2 (1973): 70-78.

박창영. "야고보서 2:14-26에 나타난 믿음과 행위의 문제."〈한국개혁신학〉6 (1999): 263-288.

박창환. "입조심, 말조심."〈성경연구〉6/10 (2000): 30-41.

배종렬. "야고보서 구성."〈신약연구〉6/1 (2007): 123-146.

배철호. "야고보서 1,2-27에 나타나는 이중도입구조에 관한 고찰." 부산카톨릭대학교 대학원, 2002.

이승호.『야고보서』. 한국 교회창립 100주년 기념 표준주석. 한국장로교출판사, 2013.

이준호. "야고보와 바울의 행함과 믿음."〈신약연구〉10/3 (2011): 653-688.

임진수. "야고보서의 경제윤리."〈神學과 世界〉50 (2004): 96-121.

장홍준. "야고보서의 율법이해." 목원대 신학대학원 석사논문, 2007.

조재천. "질투하는 영: 야고보서 4:5에 대한 주석적 연구."〈개신논집〉10 (2011): 87-103.

조택현. "우리를 자유롭게 하는 율법." 〈성경연구〉 6/10 (2000): 1-18.

채영삼. "Towards a Theology of Words, not just Works, in the Epistle of James." *2012 SBL International Meeting*, Catholic Epistles, July 24th, Amsterdam University, Netherlands.

_____. "야고보서의 tel-어군(語群)의 사용과 '온전함'의 의미." 〈신약연구〉 11/1 (2012): 93-128.

_____. "'마음에 심긴 도를 온유함으로 받으라': 야고보서 1:21b의 신학적 중심성." 〈신약연구〉 9/3 (2010): 465-515.

최종수. "해방의 시각에서 풀이한 야고보서 강해(1)." 〈세계의 신학〉 56 (2002): 123-150.

_____. "해방의 시각에서 풀이한 야고보서 강해(2)." 〈세계의 신학〉 57 (2002): 93-103.

Adamson, James B. *The Epistle of James*. NICTNT, Grand Rapids: Eerdmans, 1976.

Allison, Dale C. Jr. "Blessing God and Cursing People: James 3:9-10." *Journal of Biblical Litertature* 130/2 (2011): 397-405.

Baker, William R. *Personal Speech-Ethics in the Epistle of James*. WUNT 2/68. Tübingen: Mohr Siebeck, 1995.

_____. "Christology in the Epistle of James." *EvQ* 54 (2002): 47-58.

_____. "Who's your daddy? Gendered birth images in the soteriology of the Epistle of James (1:14-15, 18, 21)." *EQ* 79.3 (2007): 195-207.

Bassland, E. "Literarische Form, Thematik und geschichtliche Einordnung des Jakobusbriefes." *ANRW* 2.25.5 (1988): 646-684.

Bauckham, R. *James. Wisdom of James, Disciple of Jesus the Sage*. London: Routledge, 1999.

Blomberg, Craig L. & Mariam J. Kamell. *James*. Exegetical Commentary on the New Testament, Grand Rapids: Zondervan, 2008.

Byron, John. "Living in the Shadow of Cain: Echoes of a Developing Tradition in James 5:1-6." *NovT* 48/3 (2006): 261-274.

Calvin, John. *Commentaries on the Catholic Epistles*. Trans. John Owen. Grand Rapids: Baker Book House, 2005.

Camp, Ashby L. "Another View on the Structure of James." *Restoration Quarterly* 36/2

(1994): 111-119.

Cargal, T. *Restoring the Diaspora: Discursive Structure and Purpose in the Epistle of James*. Atlanta: Scholars, 1993.

Carpenter, Craig B. "James 4.5 Reconsidered." *NTS* 46 (2000): 189-205.

Chester, A. "The Theology of James." In *The Theology of the Letters of James, Peter, and Jude*. Edited by A. Chester, R. P. Martin. Cambridge: Cambridge University, 1994.

Clark, K. W. "The Meaning of ἘΝΕΡΓΩ in James iii 6." *Ex ser.* 7, 8 (1909): 318-325.

Cooper, Derek. "The Analogy of Faith in Puritan Exegesis: Scope and Salvation in James 2:14-26." *Stone-Campbell Journal* 12 (2009): 235-250.

Cranfield, C. E. B. "The Message of James." *SJT* 18 (1965): 182-193, 338-345.

Crotty, R. B. "The Literary Structure of the Letter of James." *AusBibRev* 40 (1992): 47-48.

Cummins, Tony. "Orality and Embodiment: The Presence of Jesus in the Letter of James." Unpublished Paper, SBL Meeting, 1999.

Davids, Peter H. *The Epistle of James: A Commentary on the Greek Text*. Grand Rapids: Eerdmans, 1982.

_____. "Tradition and Citation in the Epistle of James." In *Scripture, Tradition, and Interpretation* (for E. F. Harrison). W. W. Gasque and W. S. LaSor (eds.), 113-126. Grand Rapids: Eerdmans, 1978.

_____. "Jesus and James." In *The Jesus Tradition outside the Gospels*. Edited by David Wenham. Vol. 5 of Gospel Perspectives, 63-85. Sheffield: JSOT Press, 1985.

Deasley, A. R. G. "The Idea of Perfection in the Qumran Texts", Ph.D. diss. Manchester, 1972.

Deppe, Dean. "The Sayings of Jesus in the Epistle of James." Ph.D. Thesis, Free University of Amsterdam, 1996.

Dibelius, M. *A Commentary on the Epistle of James*. Trans. M. Williams; Hermeneia; Philadelphia: Fortress Press, 1976.

Elliott-Binns, "James 1.18: Creation or Redemption?" *NTS* 3 (1956-57): 148-161.

_____. "James I 21 and Ezekiel xvi. 36: An Odd Coincidence", *ExpTim* 66 (1955): 148-161.

Fornberg, Torn. *An Early Church in a Pluralistic Society: A Study of 2 Peter.* ConBNT 9. Lund: CWK Gleerup, 1977.

Francis, F. O. "The Form and Function of the Opening and Closing Paragraphs of James and I John." *ZNW* 61 (1970): 110-126.

Frankenmölle, H. *Der Brief des Jakobus*. Gütersloh: Gütersloher, 1994.

Gotaas, D. "The Old Testament in the Epistle to the Hebrews, the Epistle of James, and the Epistle of Peter." Ph.D. diss. Northen Baptist Theological Seminary, Chicago, 29-58.

Green, Joel B. *1 Peter*. The Two Horizons New Testament Commentary. Grand Rapids: Eerdmans, 2007.

Guthrie, George H. "The Structure of James." *CBQ* 68 (2006): 681-704.

Hartin, P. J. *James*. Sacra pagina 14. Collegeville, Minn: Liturgical, 2003.

_____. *A Spirituality of Perfection: Faith and Action in the Letter of James.* Collegeville: Liturgical, 1999.

_____. *James and the Q Sayings of Jesus. JSNTSupS* 47. Sheffield: Sheffield Academic Press, 1991.

_____. "Who is Wise and Understanding among You? (James 3:13): An Analysis of Wisdom, Eschatology and Apocalypticism in the Epistle of James." In *Society of Biblical Literature Seminar Papers*, 483-503. Atlanta: Scholars Press, 1996.

Hughes, David. M. "The Best Seat in the House: James 2:1-10, 14-17." *RevExp* 97 (2000): 223-227.

Jackson-McCabe, Matt A. *Logos and Law in the Letter of James: The Law of Nature, the Law of Moses, and the Law of Freedom*. NovTSup Vol. C. Leiden: Brill, 2001.

_____. "The Messiah Jesus in the Mythic World of James". *JBL* 22/4 (2003): 701-730.

_____. "A Letter to the Twelve Tribes in the Diaspora: Wisdom and

'Apocalyptic' Eschatology in the Letter of James." *SBLSP*, 504-517. Atlanta: Scholars Press, 1999.

Johnson, Luke Timothy. "The Use of Leviticus 19 in the Letter of James." *JBL* 101 (1982): 391-401.

_____. "Friendship with the World/Friendship with God: A Study of Discipleship in James." In *Discipleship in the New Testament*. Edited by F. F. Segovia, 166-183. Philadelphia: Fortress Press, 1985.

_____. *Brother of Jesus, Friend of God: Studies in the Letter of James*. Grand Rapids: Eerdmans, 2004.

Kloppenborg, John S. "Diaspora Discourse: The Construction of *Ethos* in James." NTS 53 (2007): 242-270.

Konradt, Matthias. *Christliche Existenz nach dem Jakobusbrief: Eine Studie zu seiner soteriologischen und ethischen Konzeption*. Studien zur Umwelt des Neuen Testaments 22. Göttingen: Vandenhoeck & Ruprecht, 1998.

_____. *The Letter of James* (AB, New York: Doubleday), 1995.

Laws, Sophie. *The Epistle of James*. Black's New Testament Commentary. London: A & C Black, 1980.

Loh, I-Jin and Howard A. Hatton, *A Handbook on The Letter from James*. United Bible Societies, 1997.

Marcus, Joel. "Evil Inclination in the Epistle of James." *CBQ* 44 (1982): 606-621.

Martin, Ralph P. *James*. WBC 48. Waco: Word, 1988.

McCartney, Dan G. *James*. Baker Exegetical Commentary on the New Testament. Grand Rapids: Baker Academic, 2009.

McKnight, Scot. *The Letter of James*. NICNT, Grand Rapids: Eerdmans, 2011.

Mitchell, Margaret. "The Letter of James as a Document of Paulinism." In *Reading James with New Eyes: Methodological Reassessments and the Letter of James*. Robert L. Webb and John S. Kloppenborg (eds.), LNTS 342. London: T&T Clark, 2007.

Moo, Douglas J. *The Letter of James*, The Pillar New Testament Commentary. Grand Rapids: Eerdmans, 2000; 『야고보서』, 이승호 역, 기독교문서선교회, 2013.

Mußner, Franz. *Der Jakobusbrief. Herders theologischer Kommentar zum Neuen Testament.* Bd. XIII/1, Freiburg im Breisgau 1964; 5. Auflage 1987; 『야고보서』, 윤선아 역, 국제성서주석 44, 한국신학연구소, 1987.

Palmer, F. H. "James i.18 and the Offering of First-Fruits." *Tyndale House Bulletin* 3 (1957): 1-2.

Penner, T. C. *The Epistle of James and Eschatology: Re-Reading an Ancient Christian Letter.* Sheffield: Sheffield Academic Press, 1996.

_____. "The Epistle of James in Current Research." *CurBS* 7 (1999): 257-308.

Popkes, Wiard. "Two Interpretations of 'Justification' in the New Testament Reflections on Galatians 2:15-21 and James 2:21-25." *Studia Theologia* 59 (2005): 129-146.

Reicke, Bo. *The Epistle of James, Peter, and Jude.* 2nd ed. The Anchor Bible. New York: Doubleday, 1978.

Rhoads, David. "The Letter of James: Friend of God." *CurTM* 25 (1998): 473-486.

Ropes, James H. *A Critical and Exegetical Commentary on the Epistle of St. James.* Edinburgh: T&T Clark, 1916.

Shepherd, Massey H. "The Epistle of James and the Gospel of Matthew." *JBL* 75 (1956): 40-51.

Spitaler, Peter. "James 1:5-8: A Dispute with God." *CBQ* 71 (2009): 560-579.

Strange, James Riley. *The Moral World of James: Setting the Epistle in its Greco-Roman and Juidaic Environment.* Studies in Biblical Literature 136. Peter Lang, 2010.

Stulac, George M. *James.* The IVP New Testament Commentary Series. Edied by Grant R. Osborne. Downers Grove: IVP, 1993.

Taylor, Mark E. "Recent Scholarship on the Structure of James." *Currents in Biblical Research* 3/1 (2004): 86-115.

_____. *A Text-Linguistic Investigation into the Discourse Structure of James.* Library of New Testament Studies 311, London: T&T Clark, 2006.

Tamez, E. *The Scandalous Message of James: Faith Without Works Is Dead.* New York: Crossroad, 1990.

Varner, William C. "The Main Theme and Structure of James." *Master's Seminary Journal* 22/1 (2011): 115-129.

Verseput, Donald. "James 1:17 and the Jewish Morning Prayers." *NovT* 38 (1996): 1-15.

_____. "Wisdom, 4Q185, and the Epistle of James." *JBL* 117/4 (1998): 691-707.

Wall, R. W. *Community of the Wise: The Letter of James*. The New Testament in Context. Valley Forge: Trinity, 1997.

Whitlark, Jason A. "ἔμφυτος λόγος: A New Covenant Motif in the Letter of James." *Horizons in Biblical Theology* 32 (2010): 144-165.

Wilson, Walter. "Sin as Sex and Sex with Sin: The Anthropology of James 1:12-15." *Harvard Theological Review* 95 (2002): 147-168.

Wuellner, W. H. "Der Jakobusbrief im Licht der Rhetorik und Textpragmatic." *Linguistica Biblica* 44 (1978-79): 5-66.

베드로전후서, 유다서

강대훈. "유다서의 우주론." 〈신약연구〉 12/4 (2013): 875-899.

박경미. "베드로전서의 집 없는 나그네들과 하나님의 집." 〈神学思想〉 90 (1995): 131-151.

박창환, 김경희. 『베드로전후서, 유다서』. 대한기독교서회 성서주석 48, 1996.

석원태. 『베드로전후서 강해』. 경향문화사, 2002.

왕인성. "유다서, 베드로후서 대적자들의 비교 연구 및 메시지 고찰." 〈부산장신논총〉 13 (2013): 111-130.

이상근. 『공동서신』. 대한예수교 장로회 총회교육부, 1961.

정창교. "유다서의 거짓 교사와 저자의 신학적, 수사학적 대응 전략." 〈신학과 문화〉 22 (2013): 89-120.

채영삼. "'오직 선한 양심이 하나님을 향하여 찾아가는 것이라': 베드로전서 3:21c의 번역과 해석." 〈신약논단〉 16/2 (2009): 589-628.

_____. "'너희 마음에 떠오르기까지': 베드로후서 1:19에 나타난 '기다림'의 해석학." 〈신약연구〉 10/3 (2011): 689-730.

_____. "신학(神學)과 '신적 성품(性品)': 베드로후서 1:1-11에 따른 신학의 의미." 〈성경과신학〉 62 (2012): 253-296.

최승락. "베드로서신에 나타난 세상 속 그리스도인의 신행일체(信行一體)." 〈신약연구〉 7/1 (2008): 71-106.

최흥진. "유다서의 거짓 교사들은 누구인가?" 〈신학이해〉 43 (2012): 53-84.

_____. "거짓 교사들을 어떻게 대할 것인가?" 〈신학이해〉 48 (2015): 261-291.

Achtemeier, Paul J. *1 Peter: A Commentary on First Peter*. Edited by Eldon Jay Epp, Hermenia - A Critical and Historical Commentary on the Bible. Minneapolis: Fortress Press, 1996.

_____. "The Christology of 1 Peter: Some Reflections." In *Who Do You Say That I Am? Essays on Christology Presented to Jack Dean Kingsbury*. Edited by Mark Allan Powell and David R. Bauer, 140-54. Louisville: Westminster John Knox, 1999.

_____. "Newborn Babes and Living Stones: Literal and Figurative in 1 Peter." In *To Touch the Text: Biblical and Related Studies in Honor of Joseph A. Fitzmyer, S. J.*, ed. Maurya P. Horgan and Paul J. Kobelski, 207-36. New York: Crossroad, 1989.

_____. "Suffering and Servant and Suffering Christ in 1 Peter." In *The Future of Christology: Essays in Honor of Leander E. Keck*. Edited by Abraham J. Malherbe and Wayne A. Meeks, 176-88. Minneapolis: Fortress, 1993.

Arichea Daniel C and Howard A. Hatton, *The Letter from Jude and The Second Letter from Peter*. UBS Handbook Series, United Bible Societies, 1993.

Balch, David L. "Hellenization/ Acculturation in 1 Peter." In *Perspectives on First Peter*, Edited by Charles H. Talbertm, 79-101. NABPRSS 9. Macona: Mercer University Press, 1986.

_____, *Let Wives Be Submissive: The Domestic Code in 1 Peter*. SLBDS 26. Chico: Scholars Press, 1981.

Bauckham, R. *Jude, 2 Peter*. WBC 50, 1983.

Bauman-Martin, Betsy J. "Women on the Edge: New Perspectives on Women in the

Petrine Haustafel." *JBL* 123 (2004): 253-79.

Bechtler, Steven Richard. *Following in His Steps: Suffering, Community, and Christology in 1 Peter*. SBLDS 162. Atlanta: Scholars, 1998.

Best, Ernst. "1 Peter and the Gospel Tradition." *NTS* 16 (1970): 95-113.

_____. "1 Peter II. 4-10: A Reconsideration." *NovT* 11 (1969): 270-93.

Boring, M. Eugene. "First Peter in Recent Study." *Word & World* 24/4 (2004): 358-367.

_____. *1 Peter*. Abingdon New Testament Commentaries. Nashville: Abingdon Press, 1999.

Bray, Gerald (ed.). *James, 1-2 Peter, 1-3 John, Jude*. ACCS vol. 11. Downers Grove: IVP, 2000.

Brooks, Oscar S. "1 Peter 3:21 - The Clue to the Literary Structure of the Epistle." *NovT* 16/4 (1974): 290-305.

Brox, Norbert. *Der erste Petrusbrief*. EKK 21. 4th ed. Zürich: Benziger: Neukirchen-Vluyn: Neukirchener, 1993.

Callan, Terrance. "A Note on 2 Peter 1:19-20." *JBL* 25/1 (2006): 143-150.

_____. "The Syntax of 2 Peter 1:1-7." *CBQ* 67/4 (2005): 632-640.

_____. "The Christology of the Second Letter of Peter." *Biblica* 83 (2001): 253-263.

Campbell, Barth L. *Honor, Shame, and the Rhetoric of 1 Peter*. SBLDS 160. Atlanta: Scholars, 1998.

Casurella, Anthony. *Bibliography of Literature on 1 Peter*. SBLDS 160. Atlanta: Scholars, 1998.

Caulley, Thomas S. "The Idea of inspiration in 2 Peter 1:16-21." *Theologische Literaturzeitung* 109/1 (1984).

_____. "The False Teachers in Second Peter." *Studia biblica theologica* 12 (1982): 27-43.

Charles, J. Daryl. *Virtue amidst Vice*. JSNTSupS 150. Sheffield: Sheffield Academic Press, 1997.

Chester, A., and R. P. Martin, *The Theology of the Letters of James, Peter and Jude*.

Cambridge: Cambridge University Press, 1994.

Chin, Moses. "A Heavenly Home for the Homeless: Aliens and Strangers in 1 Peter." *Tyndale Bulletin* 42 (1991): 92-112.

Dalton William J. *Christ's Proclamation to the Spirits: A Study of 1 Peter 3:18-4:6.* 2nd ed. AnBib 23. Rome: Pontifical Biblical Institute, 1989.

Danker, F. W. "2 Peter 1: A Solemn Decree." *CBQ* 40 (1978): 64-82.

_____. "II Peter 3:10 and Psalm of Solomon 17.10." *ZNW* 53 (1962): 82-86.

Davids, Peter H. *The First Epistle of Peter.* The New International Commentary on the New Testament. Grand Rapids: Eerdmans, 1990.

_____. *The Letters of 2 Peter and Jude.* Grand Rapids: Eerdmans, 2006.

Desjardis, M. "The Portrayal of the Dissidents in 2 Peter and Jude: Does It Tell Us More about the 'Godly' Than the 'Ungodly'?" *JSNT* 30 (1987): 89-102.

Dryden, J. Waal. *Theology and Ethics in 1 Peter: Paranetic strategies for Christian church.* WUNT 2/209. Tübingen: Mohr Siebeck, 2006.

Dubis, Mark. *Messianic Woes in First Peter: Suffering and Eschatology in 1 Peter 4:12-19.* SBL 33. New York: Peter Lang, 2002.

Dunham, Duane A. "An Exegetical Study of 2 Peter 2:18-22." *Bibliotheca Sacra* 140/557 (1983): 40-54.

Eckstein, H. -J. *Der Begriff Syneidesis bei Paulus: Eine neutestamentlich-exegetisch Untersuchung zum "Gewissensbegriff."* WUNT 2/10. Tübingen: Mohr Siebeck, 1983.

Elliott, John H. "The Rehabilitation of an Exegetical Step-Child: 1 Peter in Recent Research." *JBL* 95 (1976): 243-254.

_____. *A Home for the Homeless: A Sociological Exegesis of 1 Peter, Its Situation and Strategy.* Minneapolis: Fortress Press, 1990.

_____. *1 Peter: A New Translation with Introduction and Commentary.* AB 37B. New York: Doubleday, 2000.

_____. "The Epistle of James in Rhetorical and Social Scientific Perspective: Holiness-Wholeness and Patterns of Replication." *BTB* 23 (1993): 71-81.

_____. "1 Peter, Its Situation and Strategy: A Discussion with David Balch." In *Perspectives on First Peter*. Edited by Charles H. Talbert, 61-78. NABPRSS 9. Macon: Mercer University Press, 1986.

_____. "Disgraced yet Graced: The Gospel according to 1 Peter in the Key of Honor and Shame." *BTB* 25 (1995): 166-78.

_____. *The Elect and the Holy: An Exegetical Examination of 1 Peter 2:4-10 and the Phrase* βασίλειον ἱεράτευμα. NovTSup 12. Leiden: Brill, 1966.

_____. "Ministry and Church Order in the NT: A Traditio-Historical Analysis (1 Pt 5, 1-5 & plls)." *CBQ* 32 (1970): 367-91.

Feldmeier, Reinhard. *The First Letter of Peter: A Commentary on the Greek Text*. Trans. Peter H. Davids. Waco: Baylor University Press, 2008.

Fornberg, Torn. *An Early Church in a Pluralistic Society: A Study of 2 Peter*. ConBNT 9. Lund: CWK Gleerup, 1977.

France, R. T. "Exegesis in Practice: Two Examples." *New Testament Interpretation: Essays on Principles and Methods*. Grand Rapids: Eerdmans, 1977.

Furnish, V. P. "Elect Sojourners in Christ: An Approach to the Theology of 1Peter." *Perkins Journal* 28 (1975): 1-11.

Goppelt, Leonhard. *A Commentary on 1 Peter*. Edited by Ferdinand Hahn. Trans. John E. Alsup. Grand Rapids: Eerdmans, 1993.

Green, Gene L. "The Use of the Old Testament for Christian Ethics in 1 Peter." *TynB* 41 (1990): 276-89.

_____. *Jude and 2 Peter*. Grand Rapids: Baker Academie, 2008.

Green, Joel B. "Narrating the Gospel in 1 and 2 Peter." *Interpretation* 60/3 (2006).

_____. "Identity and Engagement in a Diverse World: Pluralism and Holiness in 1 Peter." *ATJ* 55 (2000): 85-92.

_____. "Living as Exiles: The Holy Church in the Diaspora in 1 Peter." In *Holiness and Ecclesiology*. Edited by Kent E. Brower and Andy Johnson. Grand Rapids: Eerdmans, 2007.

_____. "Narrating the Gospel in 1-2 Peter." *Int* 60 (2006): 262-77.

_____. *1 Peter*. The Two Horizons New Testament Commentary. Grand Rapids:

Eerdmans, 2007.

Green, Michael. *The Second Epistle of Peter and the Epistle of Jude*. Grand Rapids: Eerdmans, 2007.

Gross, Carl D. "Are the Wives of 1 Peter 3.7 Christians?" *JSNT* 35 (1989): 89-96.

Grudem, Wayne. *1 Peter*. Tyndale New Testament Commentaries. Grand Rapids: Eerdmans, 1988.

Grudem, Wayne. *The First Epistle of Peter*. The Tyndale New Testament Commentaries. Grand Rapids: Eerdmans, 1988, 2002.

Harink, Douglas. *1 & 2 Peter*. Grand Rapids: Brazos Press, 2009.

Harvey Robert & Philip H. Towner, *2 Peter & Jude*. Downers Grove: IVP, 2009.

Heide, Gale Z. "What is New about the New Heaven and the New Earth? A Theology of Creation from Revelation 21 and 2 Peter 3." *JETS* 40/1 (1997): 37-56.

Hill, D. "On Suffering and Baptism in 1 Peter." *NovT* 18/3 (1976): 181-189.

Jobes, Karen H. *1 Peter*. Baker Exegetical Commentary on the New Testament. Grand Rapids: Baker Academic, 2005.

Käsemann, Ernst. "Apologia for Primitive Christian Eschatology." *Essays on the New Testament Themes*. SBT 41. trans. W. J. Montague, London: SCM Press, 1964.

Keating, Daniel. *First and Second Peter, Jude*. Grand Rapids: Baker Academic, 2011.

Kelly, J. N. D. *A Commentary on the Epistle of Peter and of Jude*. London: A&C Black, 1969.

Kraftchick, J. Steven. *Jude, 2 Peter*. Abingdon New Testament Commentaries. Nashville: Abingdon Press, 2002.

Kruger, Michael J. "The Authenticity of 2 Peter." *JETS* 42/4 (1999): 645-671.

Leonhard, Goppelt. *A Commentary on 1 Peter*. Grand Rapids: Eerdmans, 1993.

Luther, Martin. *Commentary on Peter & Jude*. Trans. John Nichols Lenker. Grand Rapids: Kregel Classics, 1990.

Marshall, I. Howard. *1 Peter*. IVPNTC. Downers Grove: IVP, 1991.

Martin, Troy W. *Metaphor and Composition in 1 Peter*. Atlanta: Scholars Press, 1992.

McKnight, Scot. *1 Peter*. The NIV Application Commentary, Grand Rapids: Zondervan, 1996.

Michaels, J. Ramsey. *1 Peter*. WBC. Waco: Word Books, 1988.

Moo, Douglas. *2 Peter, Jude*. Grand Rapids: Zondervan, 1996.

Neyrey, Jerome H. *2 Peter, Jude*. AB 37C. New York: Doubleday, 1993.

_____. "The Apologetic Use of the Transfiguration in 2 Peter 1:16-21." *CBQ* 42 (1980): 504-519.

Paulsen, Henning. *Der Zweite Petrusbrief und der Judasbrief*. MeyerK, Göttingen: Vandenhoeck & Ruprecht, 1992.

Perkins, Pheme. *First and Second Peter, James and Jude*. Louisville: John Knox, 1995.

Reese, Ruth Anne, *2 Peter and Jude*. Grand Rapids: Eerdmans, 2007.

Richard, Earl J. *Reading 1 Peter, Jude, and 2 Peter: A Literary and Theological Commentary*. Macon: Smyth & Helwys, 2000.

Picirilli, Robert E. "Allusions to 2 Peter in the Apostolic Fathers." *JSNT* 33 (1988): 57-83.

Robert L. Webb. *The Apocalyptic Perspective of First Peter*. Vancouver: unpublished thesis, Regent College, 1986.

Robert L. Webb and Betsy Bauman-Martin (eds.), *Reading 1 Peter with New Eyes: Methodological Reassessments of the Letter of First Peter*. LNTS; London and New York: T&T Clark, 2007.

Schelkle, Karl Hermann. *Die Petrusbriefe, der Judasbriefe*. HTKNT 13.2. 3rd ed. Freidburg: Herder, 1976.

_____. *Die Petrusbriefs-Die Judasbrief*. HTKNT, XIII/2, Freiburg: Herder, 1980.

Schreiner, Thomas R. *1, 2 Peter, Jude*. New American Commentary 37. Nashville: Broadman & Holman, 2003.

Seland, Torrey. "παροίκος καὶ παρεπιδήμος: Proselyte Characterizations in 1 Peter?" *BBR* 11 (2001): 239-68.

Selwyn, Edward Gordon. *The First Epistle of St. Peter: The Greek Text with Introduction, Notes, and Essays*. 2nd ed. London: Macmillan, 1947; reprint ed. Grand Rapids: Baker, 1981.

_____. *Strangers in the Light: Philonic Perspectives on Christian Identity in 1 Peter*. Biblical Interpretation Series 76. Leiden: Brill, 2005.

Senior, Donald. "The Conduct of Christians in the World (2:11-3:12)." *Review & Expositor* 79 (1982): 427-38.

Senior, Donald and Daniel J. Harrington. *1 Peter, Jude and 2 Peter*. Sacra Pagina 15. Liturgical Press, 2003.

Skaggs, Rebecca. *The Pentecostal Commentary on 1 Peter, 2 Peter, Jude*. New York: T&T Clark International, 2004.

Sly, Dorothy I. "1 Peter 3:6b in the Light of Philo and Josephus." *JBL* 110 (1991): 126-29.

Talbert, Charles H. (ed.), *Perspectives on First Peter*. Macon: Mercer University Press, 1986.

Thiede, C. P. "A Pagan Reader of 2 Peter: Cosmic Conflagration in 2 Pet 3 and Octavius of Minucius Felix." *JSNT* 26 (1986): 79-96.

Thurén, Lauri. *Argument and Theology in 1 Peter: The Origins of Christian Paraneasis*. JSNTSup 114. Sheffield: Sheffield Academic Press, 1995.

Wall, Robert W. "The Canonical Function of 2 Peter." *Biblical Interpretation* 9/1 (2001): 64-81.

Wolters, Al. "'Partners of the Deity': A Covenantal Reading of 2 Peter 1:4." *CTJ* 25/1 (1990): 28-44.

요한서신

김동수. 『요한신학 렌즈로 본 요한서신: 설교를 위한 요한서신 연구』. 한국성서학연구소, 2009.

유동식. 『요한서신』. 선교70년기념신약성서주석 13. 大韓基督敎書會, 1958.

임진수. "요한서신들의 영과 직제에 관한 연구(Der Geist und das Amt in den johanneischen Briefen)." 〈신약논단〉 10/2 (2003): 455-484.

조병수. "선교교회와 지역교회의 갈등." 〈신학정론〉 15/2 (1997): 454-488.

최왕락. 『요한서신들에 나타난 적대자와 대응방식 연구』. 석사학위논문, 감리교신학대학교 대학원, 2010.

Anderson, P. N. *The Christology of the Fourth Gospel*. Valley Forge: Trinity (1996).

Barrosse, T. "The Relationship of Love to Faith in St. John." *Theological Studies* 18 (1957): 538-559.

Bauckam, Richard. *Jesus and the Eyewitness: The Gospels of Eyewitness Testimony*. Grand Rapids: Eerdmans, 1988.

Baylis, C. "The Meaning of Walking 'in the Darkness'(1 John 1:6)." *Bibliotheca Sacra* 14 (1992): 214-222.

Beale, G. K. *The Temple and the Church's Mission: A Biblical Theology of the Dwelling Placeof God*. New Studies in Biblical Theology 17. Leicester: Apollos, 2004.

Beckwith, R. *Elders in Every City: The Origin and Role of the Ordained Ministry*. Carlisle: Paternoster, 2003.

Black, D. A. "An Overlooked Stylistic Argument in Favor of pa/nta in 1 John 2:20." *Filología neotestamentaria* 5 (1992): 205-208.

Blocher, H. "Biblical Metaphors and the Doctrine of the Atonement." *JETS* 47 (2004): 629-645.

Boobyer, H. "The Indebtedness of 2 Peter to 1 Peter." *New Testament Essays: Studies in Memory of Thomas Walter Manson 1893-1958*. Edited by A. J. B. Higgins, 34-53. Manchester: Manchester University Press, 1959.

Bray, Gerald (ed.). *James, 1-2 Peter, 1-3 John, Jude*. ACCS vol. 11. Downers Grove: IVP, 2000.

Brown, R. E. *The Epistle of John*. AB 30, Garden City. New York: Doubleday, 1982.

Brown, T. G. *Spirit in the Writings of John: Johannine Pneumatology in Social-Scientific Perspective*. JSNTSup 253. New York: T&T Clark, 2003.

Bruce, F. F. *The Epistle of John*. London: Pickering & Inglis. Old Tappan: Revell, 1970.

Bruns, J. E. "A Note on John 16:33 and 1 John 2:13-14." *JBL* 86 (1967): 451-53.

Bultman, Rudolf. *The Johannine Epistle*. trans. R. P. O'Hara. Edited by R. W. Funk, Hermeneia, Philadelphia: Fortress, 1973.

Callahan, A. D. *A Love Supreme: A History of the Johannine Tradition*. Minneapolis: Fortress, 2005.

Candlish, R. *A Commentary on 1 John*. rep. Carlisle: Banner of Truth, 1973.

Cavalin, H. C. C. "The False Teachers of 2 Pt as Pseudo-Prophets." *NovT* 21(1979): 263-270.

Culpepper, R. Alan. *The Gospel and Letter of John*. IBT. Nashville: Abingdon, 1998.

Culy, M. *1, 2, 3 John: A Handbook on the Greek Text*. Waco: Baylor University, 2004.

Davids, Peter H. *The First Epistle of Peter*. The New International Commentary on the New Testament. Grand Rapids: Eerdmans, 1990.

_____. *The Letters of 2 Peter and Jude*. Grand Rapids: Eerdmans, 2006.

Desjardins, Michel. "The Portrayal of the Dissents in 2 Peter and Jude: Does it tell us more about the 'godly' than the 'ungodly'?" *JSNT* 30 (1987): 89-102.

Dodd, C. H. *The Johannine Epistle*. London: Hodder & Stoughton, 1946.

Dryden, J. D. "The Sense of in 1 John 3:9 in Light of Lexical Evidence." *Filología neotestamentaria* 11 (1998): 85-100.

Edwards, R. *The Johannine Epistles*. Sheffiled: Sheffiled Academic Press, 1996.

Firth Frank J. *The Acts of Apostles, The Epistles and The Revelation of St. John the Divine: A Comparison of the Text*. New York: Fleming H. Revell Company, 1912, 508-509.

Greenlee, J. "1 John 3:2: 'If It/He Is Menifested." *Notes on Translation* 14 (2000): 47-48.

Griffith, T. *Keep Yourselves from Idols: A New Look at 1 John*. JSNTSup 233. Sheffield: Sheffield Academic Press, 2002.

Hass C., M. de Jonge and J. L. Swellengrebel. *A Handbook on The Letters of John*. New York: UBS, 1972.

Heckel, T. K. "Die Historisierung der johanneischen Theologie im Ersten Johannesbrief." *NTS* (2004): 425-432.

Hill, C. E. *The Johannine Corpus in the Early Church*. Oxford: Oxford University Press, 2004.

Hodges, Z. C. "Fellowship and Confession in 1 John 1:5-10." *Bibliotheca sacra* 129 (1972): 48-60.

Hoffmann, R. J. "1 John and the Qumran Scrolls." *Biblical Theological Bulletin* 8 (1978): 117-125.

_____. "Love for Love: Conceptual Unity and Idiomatic Difference in the Johannine Tradition." *Theological Review-Near East School of Theology* 23/2 (2002): 67-94.

Horst, P. W. van der. "A Wordplay in 1 Joh 4:12?" *ZNW* 63/3-4 (1972): 280-282.

Houlden, J. L. "Salvation Proclaimed, II: 1 John 1:5-2:6: Brief and Growth." *Expository Times* 93 (1982): 132-136.

Jobes, Karen H. *1, 2 & 3 John: Exegetical Commentary on the New Testament*. Edited by Clinton E. Arnold, Grand Rapids: Zondervan, 2014.

Keener, C. *The Gospel of John: A Commentary*. 2 vols. Peabody: Hendrickson, 2003.

Kim, Jintae. "The Concept of Atonement in Hellenistic Thought and 1 John." *Journal of Greco-Roman Christianity and Judaism* 2 (2001-2005), 100-116.

Klauck, H.-J. "In der Welt-aus der Welt (1 Joh 2, 15-17): Beobachtungen zur Ambivalenz des Johanneischen Kosmosbegriffs." *Franziskanische Studien* 71 (1989): 58-68.

_____. *Die Johannesbriefe*. Darmstadt: Wissenschaftliche Buchgesellschaft, 1991.

Köstenberger, A. J. *John*. Baker Exegetical Commentary on the New Testament.

Grand Rapids: Baker Academic, 2004.

Kotzé, P. P. "The Meaning of 1 John 3:9 with Reference to 1 John 1:8 and 10." *Neotestamentica* 13 (1979): 68-83.

Kruse, C. G. *The Letters of John*. Pillar New Testament Commentary. Grand Rapids: Eerdmans/Leichester: Apollos, 2000.

_____. "Sin and Perfection in 1 John." *Australian Biblical Review* 51 (2003): 60-70.

Landrus, H. L. "Hearing 3 John 2 in the Voices of History." *Journal of Pentecostal Theology* 11 (2002): 70-88.

Law, R. L. *The Tests of Life: A Study of the First Epistle of St. John*. Edinburgh: T&T Clark, 1909.

Lieu, J. M. *The Theology of the Johannine Epistles*. Cambridge: Cambridge University Press, 1991.

_____. *I, II & III John: A Commentary*. NTL. Louisville: Westminster John Knox, 2008.

_____. "What Was from the Beginning: Scripture and Tradition." *NTS* 39 (1993): 458-477.

_____. "'Authority to Become Children of God': A Study of 1 John." *NovT* 23 (1981): 210-228.

Lindars, Barnabas., Ruth B. Edwards & John M. Court, *The Johannine Literature*. Sheffield: Sheffield Academic Press, 2000.

Loader, W. *The Johannine Epistle*. London: Epworth, 1992.

Louw, J. P. "Verbal Aspect in the First Letter of John." *Neotestamentica* 9 (1975): 98-104.

Malatesta, E. *Interiority and Covenant: An Exegetical Study of* εἶναι ἐν *and* μένειν *in the First Letter of Saint John*. Rome: Pontifical Biblical Institute Press, 1978.

Marshall, I. H. *The Epistles of John*. NICNT. Grand Rapids: Eerdmans, 1987.

Neander, A. *The First Epistle of John. Practically Explained*. trans. H. C. Conant. New York: Colby, 1852.

Noack, B. "On 1 John 2:12-14." *NTS* 6 (1960): 236-41.

Olsson, Birger. *A Commentary on the Letters of John: An Intra-Jewish Approach*. trans. Richard J. Erickson, Eugene Oregon: Pickwick, 2013.

Painter, John. *1, 2, and 3 John*. Sacra pagina 18. Collegeville: Liturgical Press, 2002.

Panikulam, G. *Koinonia in the New Testament: A Dynamic Expression of Christian Life*. Rome: Pontifical Biblical Institute Press, 1994.

Persson, A. "Some Exegetical Problems in 1 John." *Notes on Translation* 4 (1990): 18-26.

Schnabel, E. *The Johannine Epistles: Introduction and Commentary*. trans. R. Fuller and I. Fuller. New York: Crossroad, 1992.

Sloyan, G. S. *Walking in the Truth: Perseveres and Deserters: The First, Second, and Third Letters of John*. Valley Forge: Trinity, 1995.

Smalley, S. S. *1, 2, 3 John*. rev. WBC 51. Nashville: Nelson, 2007.

Smith, D. M. *First, Second, and Third John*. Louisville: John Knox, 1991.

Stott, J. R. W. *The Epistles of John*. Leicester: InterVarsity/Grand Rapdis: Eerdmans, 1988.

Strecker, G. *The Johannine Letters: A Commentary on 1, 2, and 3 John*. trans. L. M. Maloney. Edited by H. W. Attridge, Hermenia, Minneapolis: Fortress, 1996.

Swadling, H. C. "Sin and Sinlessness in 1 John." *SJT* 35 (1982): 205-211.

Tan, R. K. J. "Should We Pray for Straying Brethren?" John's Confidence in 1 John 5:16-17." *JETS* 45 (2002): 599-609.

Thatcher, T. "'Water and Blood' in AntiChrist Christianity (1 John 5:6)." *Stone-Cambell Journal* 4 (2001): 235-248.

Thompson, M. M. *1-3 John*. IVP New Testament Commentary. Downers Grove: IVP, 1992.

Wahlde, U. C. von. *The Johannine Commandments: 1 John and the Struggle for the Johannine Tradition*. New York: Paulist, 1990.

Witherington, B., III. *Letters and Homilies for Hellenized Christians, vol 1: A Socio-Rhetorical Commentary on Titus, 1-2 Timothy, and 1-3 John*. Downers Grove: IVP Academic/Nottinghan: Apollos, 2006.

Yarbrough, R. W. *1-3 John*. Baker Exegetical Commentary on the New Testament. Grand Rapids: Baker Academic, 2008.

Yarid, J. R. "Reflections on the Upper Room Discourse in 1 John." *Bibliotheca sacra* 160 (2003): 65-76.